Karsten Porezag

Zwangsarbeit in Wetzlar

Der „Ausländer-Einsatz“ 1939 – 1945

Die Ausländerlager 1945 – 1949

2002
Karsten Porezag, Wetzlar

Titelbild: Zwangsarbeiter im Stahlwerk der Röchling-Buderus AG in Wetzlar (oben), und bei den optischen Werken Ernst Leitz GmbH, Wetzlar (unten). Die beiden so unterschiedlichen Ansichten dürfen jedoch keinen falschen Eindruck erwecken: Die seltenen Farbaufnahmen der Leitz'schen Ostarbeiter/innen wurden im Frühsommer und bei sonnigem Wetter in deren Freizeit und mit adretter Kleidung aufgenommen. Die Schwarzweißfotos bei Röchling hingegen in der kalten Jahreszeit bei mäßigem Licht im Stahlwerk mit zerschlissener Arbeitskleidung und wohl relativ unvorbereitet.
Die verschiedenartigen Szenen sind jedoch gut dazu geeignet, die ganze Bandbreite des Zwangsarbeiterdaseins in der Stadt Wetzlar zu verdeutlichen.

Umschlagrückseite: Sterbeurkunde der Gemeinde Hohensolms über den Tod eines polnischen Zwangsarbeiters am 9. April 1942 (links). Der Pole wurde von der Gestapo zuerst im Wald bei Biebertal-Königsberg mit einem Klappgalgen gehenkt und später, nachdem er in der Gießener Anatomie noch Lebenszeichen von sich gegeben hatte, von Gestapobeamten durch Genickschuss ermordet.
Rechts die berüchtigte „Verordnung über die Behandlung von Ausländern" des Reichsführers SS und Chefs der Deutschen Polizei, Heinrich Himmler, vom 7. September 1939.

Zwangsarbeit in Wetzlar – Der „Ausländer-Einsatz" 1939 – 1945
Die Ausländerlager 1945 – 1949

Hrsg. von Karsten Porezag, Wetzlar 2002

ISBN 3-9807950-1-2

Die Drucklegung dieser Arbeit wurde unterstützt durch:

Kreisausschuss des Lahn-Dill-Kreises
Magistrat der Stadt Wetzlar

Hensoldt AG, Wetzlar
Leica Camera AG, Solms
Leica Microsystems Holdings GmbH, Wetzlar

Kremp-Wetzlar-Präzisionszahnräder
Privatbrauerei Gebr. Waldschmidt, Wetzlar

Inhaltsverzeichnis

DRITTES KAPITEL

Die Betriebe

Zum Geleit

Zu den umstrittensten Kapiteln bei der Aufarbeitung der Geschichte des nationalsozialistischen Deutschland gehört sicher das Thema „Zwangsarbeiter“, das vor allem durch die kontroversen Debatten um den deutschen Entschädigungsfonds in den letzten Jahren öffentliche Aufmerksamkeit erfahren hat.

Mit der detaillierten Auswertung zahlreicher gedruckter und ungedruckter Quellen und Dokumente aus den verschiedensten Archiven sowie mit Aussagen von Zeit- und Augenzeugen hat sich Karsten Porezag die Aufgabe gestellt, mehr Wissen zu dem komplexen Thema zu vermitteln und den Versuch einer differenzierten und objektiven Darstellung auf Basis der Quellenlage und im Kontext der damaligen Verhältnisse zu unternehmen.

Sein Buch „Zwangsarbeit in Wetzlar“ mit den Untertiteln „Der Ausländer-Einsatz 1939 – 1945“ und „Die Ausländerlager 1945 – 1949“ umfasst neben einer Darstellung der Zwangsarbeit im damaligen Deutschen Reich vor allem die für die Geschichte unserer Stadt aufschlussreiche Darstellung der Zwangsarbeit in Wetzlar mit Einzelheiten über Arbeitseinsätze und Lebensumstände der ausländischen Arbeiter sowie eine Beschreibung der von den Wetzlarer Betrieben unterhaltenen Lager. Zu bemerken ist hier, dass besonders die Nachkriegs-Ausländerlager bis heute fast unbearbeitet geblieben sind. Porezag behandelt das Thema Zwangsarbeit aus allen nur möglichen Blickwinkeln: beispielsweise aus Sicht der Zwangsarbeiter und Zwangsarbeiterinnen selbst, der Wetzlarer Bevölkerung, der Betriebe, sowie aus Sicht des Landrats und der NSDAP-Kreisleitung.

Dass die bisher wenigen Veröffentlichungen zur Thematik „Zwangsarbeit“ nun mit dem vorliegenden Band nachhaltig ergänzt werden, ist ein Verdienst des Autors Karsten Porezag, der zahlreiche, bisher nicht erschlossene Quellen ausgewertet und umfangreiche Forschungsarbeit betrieben hat. Ich sage ihm dafür herzlichen Dank und wünsche dem Buch, dass es von vielen gelesen und diskutiert werden möge, um dadurch zu einem eigenen unvoreingenommenen Urteil zu kommen.

Wolfram Dette
Oberbürgermeister

Vorwort

Über die militärischen Ereignisse während des Zweiten Weltkrieges im Raum Wetzlar liegen umfangreiche Publikationen vor.[1] Die Zeit des Nationalsozialismus hingegen ist bisher in den Veröffentlichungen zur Wetzlarter Stadtgeschichte absolut unterrepräsentiert.[2] Der Zwangsarbeiter-Einsatz in Wetzlar von 1939 bis 1945 wurde dabei lediglich an zwei Stellen behandelt.[3] Den Wetzlarer Ausländer-Lagern von 1945 bis 1949 wurde noch weniger Aufmarksamkeit geschenkt.[4]
Warum hat die Geschichtsforschung in Wetzlar den Nationalsozialismus und seine Auswirkungen bisher so weit vernachlässigt?[5] Der Hauptgrund mag die Scheu vor einer umfangreichen Thematisierung dieses Bruchs in der deutschen Geschichte sein, vor allem mit der Konsequenz einer heute absehbar kontroversen Diskussion, auch – und dann besonders – mit noch lebenden Zeit- und Augenzeugen.
Der Nationalsozialismus war in die Ferne gerückt. Judenverfolgung und Zwangsarbeiter-Beschäftigung in der eigenen Stadt wurden von den heutigen Generationen kaum noch wahrgenommen. Erst in jüngster Zeit, und auch erst durch die öffentliche Diskussion um den deutschen Entschädigungsfonds für Zwangsarbeiter, sind diese Themen wieder in den Vordergrund gerückt. Dabei ist jedoch festzustellen: Die Konturen sind verzerrt, das Wissen ist meist lückenhaft, die Meinungen sind oft einseitig und vielfach ungeprüft übernommen worden.

Der Schlüssel zur Überwindung dieser Probleme liegt in der konsequenten Versachlichung der Diskussion durch Schaffung historischer Sicherheit. Dabei ist wichtig, dass die damaligen Geschehnisse auch im Kontext der damaligen Verhältnisse gesehen und gewertet werden. Eine Betrachtung allein aus Sicht unseres heutigen geistigen Allgemeingutes heraus würde zwangsläufig zu einer Schieflage in der Bewertung jener Ereignisse führen.
Ein Augenzeuge formulierte dies einmal so: *„Was damals geschah, war Unrecht. Aber alle, die ich kannte, fühlten sich im Recht.“*

Das Hauptanliegen dieser Arbeit ist ein Versuch der Wahrheitsfindung in einem wichtigen Abschnitt der Regionalgeschichte Wetzlars. Dabei waren weder die Frage der finanziellen Wiedergutmachung von Zwangsarbeiter/innen noch das Schicksal deutscher Staatsangehöriger in der Hand der Siegermächte Gegenstand der Untersuchungen. Beide Themen bedürften einer gründlichen Bearbeitung an anderer Stelle.

Die Auswertung schriftlicher Unterlagen bot die weit überwiegende Arbeitsgrundlage. Aussagen von Zeitzeugen vermittelten dann detailliertere Kenntnisse über die tatsächlichen Geschehnisse jener Zeit und lieferten Berichte, Hinweise und Illustrationen zur konkreten Auswertung des Materials: Waren die Verordnungen vor Ort bekannt? Wurden sie befolgt? Wenn ja, wie wurden sie umgesetzt? Wie sahen sich Einzelpersonen oder Firmeninhaber in diesem System? Zeitzeugen-Aussagen kommentieren Dokumente.

Da Kriegsgefangene nur einen geringeren Prozentsatz der Ausländer in Wetzlar ausmachten, konzentriert sich diese Arbeit auf die Geschichte der zivilen ausländischen Zwangsarbeiter in Wetzlar. Die wenigen noch vorhandenen Unterlagen zu hier eingesetzten Kriegsgefangenen-Arbeitskommandos wurden dabei jedoch mit ausgewertet.
Ein Arbeitseinsatz jüdischer KZ-Häftlinge im Raum Wetzlar konnte nicht nachgewiesen werden.[6]

Obwohl eigentlich geplant, ließ sich eine exakte lokale Abgrenzung dieser Arbeit letztendlich doch nicht durchführen. Zwar konnte der Regionalteil des Buches grundsätzlich auf den Bereich des Wetzlarer Stadtgebietes begrenzt werden; bei den Augenzeugenberichten, insbesondere bei jenen im Zusammenhang mit den Geschehnissen in der Landwirtschaft, erwies sich jedoch ein Rückgriff auf das Wetzlarer Kreisgebiet als unumgänglich.
Ein weiteres Problem waren die oft ungenügenden oder widersprüchlichen Aussagen und Zahlenangaben in zeitgenössischen Quellen. Sie waren bedingt durch zeitversetzte Publikationen, aber auch durch die allgemeinen Wirrnisse der letzten Kriegsmonate.

Wenn über Zwangsarbeit in Wetzlar geforscht wird, kann das Kapitel „Displaced Persons" nicht übergangen werden. Der Nachkriegsaufenthalt Tausender einstiger Zwangsarbeiter in der Domstadt war das logische Ergebnis der Ausländerbeschäftigung in der Stadt.

Diese Arbeit hat in entscheidendem Maße profitiert von den Beständen historischer Archive und der Unterstützung durch deren Mitarbeiter. Mein besonderer Dank gilt dabei Doktor Volker Eichler vom Hessischen Hauptstaatsarchiv in Wiesbaden, ferner Doktor Diether Degreif, Doktor Klaus Eiler und Doktor Hartmut Heinemann, ebenda.
Darüber hinaus danke ich den Mitarbeitern des Bundesarchivs/Militärarchiv Freiburg, des Internationalen Suchdienstes des Roten Kreuzes (ITS) in Bad Arolsen, des Hessischen Wirtschaftsarchivs in Darmstadt, der Gedenkstätte Hadamar, des Historischen Archivs der Stadt Wetzlar, des Historischen Archivs der Hensoldt AG, Wetzlar, und des Historischen Archivs der Leica Microsystems Holdings GmbH, Wetzlar.
Dem Magistrat der Stadt Wetzlar ist zu verdanken, dass mir die Auswertung historischer Unterlagen des Bau-Ordnungamtes, der Einwohner-Meldebehörde und des Friedhofsamtes ermöglicht wurde. Ein Gleiches gilt für das Amtsgericht Wetz-

lar – Registergericht – und für die Industrie- und Handelskammer Wetzlar. Der Stadtbibliothek Wetzlar möchte ich Dank sagen für die Unterstützung bei der Beschaffung historischer Unterlagen und Literatur im Wege der Fernleihe.

Einen ganz besonderen Anteil an dieser Arbeit hat schließlich Wolfgang Form von der Kriminologischen Abteilung der Philipps-Universität Marburg, der mir in zahlreichen Gesprächen wertvolle Anregungen und Ergänzungen gab. Doktor Hedwig Brüchert vom Institut für Geschichtliche Landeskunde an der Universität Mainz danke ich ebenso für die Durchsicht eines Manuskript-Teils wie Professor Doktor Otto Wanik in Rodgau.

Zum Schluss sei endlich den zahllosen Personen gedankt, ohne deren bereitwillige mündliche und schriftliche Berichte dieses Buch nur eine trockene Aktenauswertung geblieben wäre: Den Bürgerinnen und Bürgern der Stadt Wetzlar, für die ich diese Arbeit gerne auf mich genommen habe.

Karsten Porezag

Der Autor

Karsten Porezag, am 11. Juni 1944 in Goslar am Harz geboren, lebt nach Wirtschaftsabitur, Bankvolontariat und langjähriger Tätigkeit als leitender Angestellter eines Versicherungskonzerns als selbstständiger Versicherungskaufmann in Wetzlar.

Als Mitherausgeber von drei und als Autor von bisher acht Buchpublikationen zur Montan-, Kriegs- und Zeitgeschichte nicht nur der Wetzlarer Region zählt er zu den herausragenden Kennern der Regionalgeschichte. Seine Fähigkeit, komplexe historische und naturwissenschaftliche Zusammenhänge allgemein verständlich zu formulieren, wurde in zahlreichen weiteren Publikationen, in Vorträgen und als Stadtführer der Stadt Wetzlar deutlich. Er ist Sachverständiger beim Industrie- und Handelskammertag.

Neben seiner langjährigen ehrenamtlichen Tätigkeit im Gerichtswesen – er war ehrenamtlicher Richter am Hessischen Sozialgericht Gießen und übt dieselbe Tätigkeit noch am Hessischen Finanzgericht Kassel aus, war langjährig Schöffe am Amtsgericht Wetzlar und am Landgericht Limburg – gehört sein besonderes Interesse der Bergbau- und Hüttengeschichte der Region. Als Mitbegründer und Erster Vorsitzender des Fördervereins Besucherbergwerk Fortuna in Wetzlar hat er entscheidend zum Erhalt dieses letzten klassischen deutschen Eisenerzbergwerkes als Besucherbergwerk sowie zum Aufbau eines Feld- und Grubenbahnmuseums an der Grube Fortuna beigetragen. Neben verschiedenen weiteren Ehrenämtern liegt ihm besonders seine Vorstandstätigkeit im Hessischen Landesverband der Bergmanns-, Hütten- und Knappenvereine am Herzen.

Karsten Porezag ist Träger der Verdienstmedaille des Verdienstordens der Bundesrepublik Deutschland.

Einleitung

1.

Das Deutsche Reich, das zwischen 1939 und 1945 mit der halben Welt im Krieg lag, konnte diesen Krieg nur führen, indem es sich der Ressourcen der von ihm eroberten oder von ihm abhängigen Länder in Europa bemächtigte. Das galt für die Wirtschaft dieser Länder, für deren Rohstoff-, Devisen- und Goldvorräte, für militärtechnische Ausrüstung – und für Arbeitskräfte.

In einem Kommentar in den „Mitteilungen der Landesversicherungsanstalt Oberfranken und Mittelfranken" hieß es 1983 im Zusammenhang mit solchen Arbeitskräften:[1]
„Durch den Ausbruch des 2. Weltkrieges und die damit verbundene Einberufung junger Menschen zu den Streitkräften und später durch Ausfälle infolge von

Nur für den Dienstgebrauch!

Dies ist ein geheimer Gegenstand im Sinne des § 88 Reichsstrafgesetzbuchs (Fassung vom 24. April 1934). Mißbrauch wird nach den Bestimmungen dieses Gesetzes bestraft, sofern nicht andere Strafbestimmungen in Frage kommen.

Der Arbeitseinsatz
im Großdeutschen Reich

Herausgeber:
Der Beauftragte für den Vierjahresplan / Der Generalbevollmächtigte für den Arbeitseinsatz
Berlin SW 11 Saarlandstraße 96

Jahrgang 1944 Berlin, den 30. Dezember 1944 Nummer 11/12

INHALT

Titelblatt der geheimen Zeitschrift des Generalbevollmächtigten für den Arbeitseinsatz, Fritz Sauckel, vom 30. Dezember 1944 mit der grafischen Darstellung der Beschäftigtenzahlen 1940 bis 1944 im Großdeutschen Reich. Die trotz stetiger Einberufungen von Millionen deutscher Männer zum Kriegsdienst immer weiter steigenden Beschäftigtenzahlen im Deutschen Reich resultierten nicht nur aus der Übernahme der besetzten ausländischen Gebiete, sondern auch aus den ständig zunehmenden Ausländerzahlen in der deutschen Wirtschaft.
Diese heute nur noch in wenigen Exemplaren existierende Zeitschrift enthielt zahlreiche statistische Angaben auch zum Arbeitsamtsbezirk Wetzlar.

Die Tabelle wurde erstellt nach: „Der Arbeitseinsatz im Großdeutschen Reich“, Nr. 10 vom 31. Oktober 1944 und Nr. 11/12 vom 30. Dezember 1944 (siehe gegenüberliegende Seite). Die Kriegsgefangenen-Zahlen stellen den Stand vom 15. August 1944 dar. Die Zivilarbeiter-Zahlen den Stand vom 30. September 1944.

Tabelle 1[11]

Ausländische Zivilarbeiter und Kriegsgefangene im Arbeitseinsatz im „Großdeutschen Reich“, August/September 1944[a]

Nationalität	Kriegsgefangene	Zivilarbeiter männlich	Zivilarbeiter weiblich	Zivilarbeiter zusammen	insgesamt
Belgien	50.386	170.379	29.379	199.437	249.823
Baltenländer[b]		28.450	16.349	44.799	44.799
Bulgarien		14.207	2.050	16.257	16.257
Dänemark		12.179	3.791	15.970	15.970
Großbritannien	80.725				80.725
Frankreich	599.967	603.767	42.654	646.421	1.246.388
Griechenland		12.532	3.126	15.658	15.658
Italien	427.238[c]	265.030	22.317	287.347	714.685
Jugoslawien[d]	89.359	72.263	23.497	97.760	187.119
Niederlande		233.591	20.953	254.544	254.544
Polen[e]	28.316	1.088.540	573.796	1.662.336	1.690.642
Tschechoslowakei[f]		252.825	61.065	313.890	313.890
Schweiz		11.835	5.179	17.014	17.014
Sowjetunion	631.559	1.062.507	1.112.137	2.174.644	2.806.203
Ungarn		17.206	7.057	24.263	24.263
Insgesamt	1.930.087	3.986.308	1.990.367	5.976.673	7.906.760

a Nach: „Der Arbeitseinsatz im Großdeutschen Reich“ Nr. 10 v. 31.10.1944 und Nr. 11/12 v. 30.12.1944. Kriegsgefangene: Stand v. 15.8.1944, Zivilarbeiter: Stand v. 30.9.1944.

Kampfhandlungen in der Zivilbevölkerung ergaben sich für die deutsche Wirtschaft erhebliche Probleme, für die auf Hochtouren laufende Produktion die notwendigen Arbeitsplätze zu besetzen. Daraus entstand die Notwendigkeit, die zunehmenden Lücken durch ausländische Arbeitskräfte aus allen besetzten Teilen Europas aufzufüllen. Erst recht traf dies zu bei Fortschreiten des Krieges. Immer mehr mußten ausländische Arbeitskräfte eingesetzt werden, weil das deutsche Arbeitskräftepotential nicht ausreichte.

... Hauptsächlich wurden jüngere, arbeitstüchtige und auch unter erschwerten Bedingungen belastbare ausländische Arbeitskräfte eingesetzt ...“

Im Zeitraum zwischen dem 15. August und 30. September 1944 waren im Gebiet des „Großdeutschen Reiches“ 7.906.760 ausländische Arbeitskräfte als „eingesetzt“ gemeldet.[2] Es waren 5.976.673 ausländische Zivilarbeiter – im Volksmund zumeist pauschal „Fremdarbeiter“, amtlich auch „Wanderarbeiter“,[3] „Zivildienstpflichtige“[4] oder „Dienstverpflichtete“[5] genannt (bestimmte Volksgruppen wurden als „Ostarbeiter“ und „Westarbeiter“ bezeichnet) - und 1.930.087 Kriegsgefangene.[6] Sie stammten aus 26 Ländern. Unter ihnen befanden sich 3.041.395 Sowjets und Ukrainer, 1.847.851 Polen,[7] 1.246.388 Franzosen, 714.585 Italiener, 254.544 Holländer und 249.823 Belgier, sowie 648.385 „Schutzangehörige des Deutschen Reichs“[8] und 74.305 „Staatenlose“.[9]

Hinzuzurechnen sind aber noch etwa 500.000 KZ-Häftlinge, im Laufe der ersten fünf Kriegsjahre Ermordete, aus Hunger, Schwäche und Krankheit Verstorbene, Geflüchtete, Abgeschobene (Kranke, Schwangere und Arbeitsunfähige), nicht aus dem Urlaub Zurückgekehrte, sowie Tausende, vielleicht Zehntausende, die schon während der Deportationstransporte vor Hunger, Kälte und Krankheit umkamen. Es ist danach nicht unwahrscheinlich, dass insgesamt etwa 14 Millionen auslän-

dische Arbeiter, Kriegsgefangene und KZ-Häftlinge in Deutschland Zwangsarbeit geleistet haben.[10] „Europa arbeitete im Reich".[11]
Reichsführer SS Heinrich Himmler hatte in diesem Zusammenhang in einer geheimen Rede vor dem Führerkorps der SS am 4. Oktober 1943 unter anderem bemerkt:[12]
„Ob die anderen Völker verrecken oder verhungern, interessiert mich nur insoweit, als wir sie als Sklaven für unsere Kultur brauchen."

Fast die Hälfte aller in deutschen Rüstungsbetrieben Beschäftigten waren Ausländer. Dasselbe gilt für die deutsche Landwirtschaft, die schon Ende 1940 ohne die etwa 2 Millionen dort eingesetzten Zwangsarbeiter[13] nicht mehr in der Lage gewesen wäre, die Lebensmittelproduktion auf dem erforderlichen Niveau zu halten. Die gesamte deutsche Kriegswirtschaft war trotz konsequenter Rationalisierung und des späteren Masseneinsatzes deutscher Frauen alternativlos auf ausländische Zwangsarbeiter angewiesen.

Dieser „Reichs-Einsatz" von Millionen Zwangsarbeiter/innen[14] hatte es dem nationalsozialistischen Deutschland überhaupt erst ermöglicht, zusätzlich zur Ernährung der Reichsbevölkerung den Krieg noch weiterzuführen, als seine eigenen Arbeitskraft-Quellen längst versiegt waren. Nur so war der NS-Staat schließlich in der Lage, den im Laufe des Krieges bald zahlenmäßig und materiell um ein Vielfaches überlegenen Gegnern gegenüberzutreten.

Das Durchschnittsalter der Zwangsarbeiter lag bei etwa 20 Jahren. Ein Drittel von ihnen waren Frauen und Mädchen, bei denen aus Polen und der Sowjetunion über 50 Prozent, die meisten unter 20 Jahren. Aber auch zahlreiche Kinder von 13 oder 14 Jahren waren als „beschäftigt" gemeldet.[15] Sie alle waren ein gutes Geschäft für das Deutsche Reich, denn ihnen wurden überhöhte Steuern und Beiträge zur Gesetzlichen Rentenversicherung vom ohnehin kärglichen Lohn abgezogen.[16]
Die Reichsdeutsche Rentenversicherung vereinnahmte von Millionen ausländischen Zwangsarbeitern Beitragsleistungen in Milliardenhöhe, wohl wissend, dass deren Beiträge – den erwarteten deutschen Endsieg vor Augen – voraussichtlich niemals Rentenzahlungen auslösen würden.[17]

Unter den Millionen ausländischen Zivilarbeitern gab es nur einen ganz geringen Prozentsatz von Personen, die freiwillig nach Deutschland gekommen waren.[18]
Der vormalige Thüringer Gauleiter und seit 21. März 1942 „Generalbevollmächtigte für den Arbeitseinsatz" („GBA") Fritz Sauckel räumte im Zuge des Nürnberger Prozesses dazu später selbst ein:[19]
„Von den fünf Millionen ausländischen Arbeitern, die nach Deutschland gekommen sind, sind keine 200.000 freiwillig gekommen."

Amtliche Mitteilung in der Zeitschrift „Die Rhein-Mainische Wirtschaft“ vom April 1944 über die vermutlich weltweit erste Einführung von Postleitzahlen. Der Grund war – wie auch schon im Ersten Weltkrieg bei den DIN-Normen in der gesamten Industrie – eine enorme Personal- und Materialeinsparung bei der Deutschen Reichspost, denn bis dahin konnten Postbeamte die Adressen auf den Sendungen häufig erst nach einer zeitaufwendigen Suche zuordnen. Die durch das neue System frei gewordenen Arbeitskräfte konnten anschließend in der sonstigen Kriegswirtschaft eingesetzt werden.
Auch die besetzten Gebiete Polen, Estland, Lettland, Litauen und die Ukraine hatten damals deutsche Postleitzahlen.

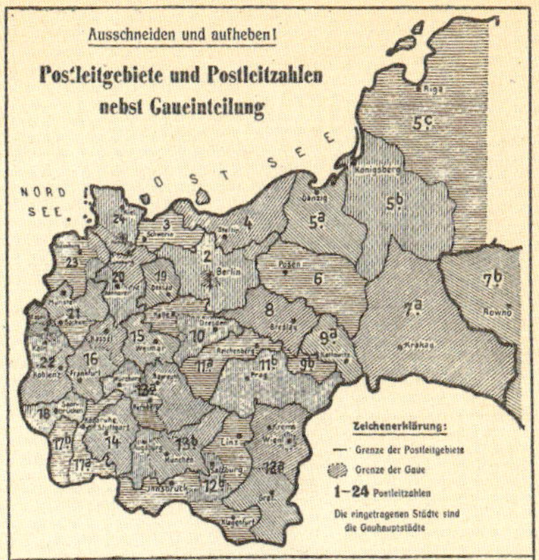

Übersicht der Postleitgebiete

Postleitgebiet		Postleitgebiet		Postleitgebiet	
Postleitzahl	umfaßt	Postleitzahl	umfaßt	Postleitzahl	umfaßt
1	Gau Berlin	11a	Gau Sudetenland (West)	18	Gau Westmark
2	Gau Mark Brandenburg und v. Gau Pommern den Stadtkreis Schneidemühl und die Landkreise Arnswalde, Friedeberg (Neum) und Netzekreis	11b	Protektorat Böhmen und Mähren	19	Gau Magdeburg-Anhalt
		12a	Gau Wien, Gau Niederdonau, Gau Steiermark	20	Gau Ost-Hannover, Gau Süd-Hannover-Braunschweig
3	Gau Mecklenburg	12b	Gau Kärnten, Gau Oberdonau, Gau Salzburg, Gau Tirol-Vorarlberg	21	Gau Westfalen-Nord, Gau Westfalen-Süd
4	Gau Pommern			22	Gau Düsseldorf, Gau Essen, Gau Köln-Aachen, Gau Moselland
5a	Gau Danzig-Westpreußen				
5b	Gau Ostpreußen				
5c	Reichskommissariat Ostland	13a	Gau Bayreuth, Gau Franken, Gau Mainfranken		
6	Gau Wartheland			23	Gau Weser-Ems und v. Gau Ost-Hannover die Landkreise Bremervörde, Wesermünde, Verden (Aller), Rotenburg (Hannover) und Osterholz-Scharmbeck sowie v. Gau Süd-Hannover-Braunschweig die Landkreise Grafschaft Hoya und Diepholz
7a	Generalgouvernement				
7b	Reichskommissariat Ukraine	13b	Gau München-Oberbayern, Gau Schwaben und v. Gau Bayreuth den Bezirk Niederbayern		
8	Gau Niederschlesien und v. Gau Sudetenland (Ost) den Landkreis Grulich	14	Gau Württemberg-Hohenzollern		
9a	Gau Oberschlesien	15	Gau Thüringen	24	Gau Hamburg, Gau Schleswig-Holstein und v. Gau Ost-Hannover die Landkreise Land Hadeln, Stade, Lüneburg u. Harburg sowie Stadt Cuxhaven
9b	Gau Sudetenland (Ost)	16	Gau Hessen-Nassau, Gau Kurhessen		
10	Gau Sachsen, Gau Halle-Merseburg und v. Gau Thüringen den Kreis Altenburg	17a	Gau Baden		
		17b	Teil v. Gau Baden: Elsaß		

Einführung einer „Postleitzahl“ auf Postsendungen!

Der Reichspostminister legt allen Absendern von Postsendungen nahe, zur Erzielung einer schnellen und richtigen Postbeförderung künftig in der Anschrift aller Sendungen des Inlandsverkehrs die Nummer des Postleitgebiets anzugeben. Diese „Postleitzahl“, die bei den Postämtern erfragt werden kann (und über die auch die beigefügte Karte unterrichtet), soll vom Absender in einer kreisförmigen Umrandung links neben dem Bestimmungsort — bei Paketen auch auf der Paketkarte — niedergeschrieben werden. Alle bisher für die nähere Bezeichnung des Ortes oder für die Unterscheidung von gleich- oder ähnlich lautenden Ortsnamen vorgesehenen zusätzlichen Angaben (z. B. Münster/Westfalen) bleiben auch weiter bestehen, sind also stets den Ortsnamen anzufügen. U. a. darf auch bei Orten, die von Landkraftposten versorgt werden, die vorgesehene Bezeichnung „über“, also z. B. Nöda über Erfurt, nicht fehlen.

15

Ein völlig anderer Aspekt ist hingegen die Tatsache, dass Millionen überwiegend junger Männer und Frauen – vorwiegend diejenigen aus Osteuropa – durch die Deportation nach Deutschland dem Kriegsdienst in der Roten Armee und dem gnadenlosen Kampfgeschehen in ihren Heimatländern entgangen sind. Das brachte ihnen bei der Rückkehr nach Kriegsende millionenfach den Vorwurf der Kollaboration mit dem Deutschen Reich ein: Sie wurden erneut drangsaliert und deportiert – jetzt durch die eigenen Landsleute.[20]

Im Gebiet des heutigen Bundeslandes Hessen befanden sich am 15. August 1941 insgesamt 130.100 Ausländer, im August 1942 waren es bereits 188.444 und im Mai 1943 schon 242.386 (171.030 ausländische Zivilarbeiter und 71.356 Kriegsgefangene). Der Frauenanteil lag hier bei 44 Prozent.[21]

Von der Zwangsarbeit waren in der Hauptsache vier Personengruppen betroffen: KZ-Häftlinge, zivile Ausländer, Kriegsgefangene und Strafgefangene. Aus moralischer Sicht am verwerflichsten wurden die deportierten und zur Arbeit gezwun-

genen KZ-Häftlinge behandelt, die ihren baldigen Tod stets vor Augen hatten. Ihnen folgten die zivilen Ausländer, welche ebenfalls fast ausschließlich deportiert und zur Arbeit gezwungen wurden. Kriegsgefangene hingegen mussten nach der Genfer Konvention alle Arbeiten ausführen, die auch von einem Arbeiter des Siegerlandes ausgeführt wurden.[22] Das galt nach dem Genfer Abkommen vom 27. August 1929 jedoch nur für Mannschaftsdienstgrade und für Arbeiten, die nicht den Kriegszielen des Gegnerlandes dienten.[23]
Fritz Sauckel hatte hingegen schon am 20. April 1942 in seinen „Allgemeinen Grundsätzen des GBA" verfügt:[24]
Alle schon in Deutschland befindlichen Kriegsgefangenen, sowohl aus den West- wie den Ostgebieten, müssen, soweit dies noch nicht geschehen ist, ebenfalls restlos der deutschen Rüstungs- und Ernährungswirtschaft zugeführt, ihre Leistung muß auf den denkbar höchsten Stand gebracht werden.
Millionen Kriegsgefangene, die so zur Arbeit in der deutschen Rüstungsindustrie gezwungen wurden, müssen demnach ebenfalls als Zwangsarbeiter angesehen werden.[25] Strafgefangene hingegen hatten gegen geltendes Recht verstoßen[26] und mussten daher von vornherein mit schlechterer Behandlung rechnen.
Alle Zwangsarbeiter/innen in Deutschland waren darüber hinaus oft schutzlos den alliierten Bombenangriffen ausgesetzt – die polnischen und russischen Zwangsarbeiter nach Kriegsende zudem in ihren Heimatländern der Bestrafung als Kollaborateure des Deutschen Reiches, die Frauen und Mädchen unter ihnen darüber hinaus durch sexuelle Übergriffe ihrer eigenen Landsleute.

2.

Das historische Gewicht und die geographische Spannbreite des Themas erforderte die Auswertung zahlreicher gedruckter und ungedruckter Quellen.
Gedruckte Quellen fanden sich in den Universitäts-Bibliotheken Marburg und Gießen, bei der Kriminologischen Abteilung der Philipps-Universität Marburg, im Archiv der IHK Wetzlar und im Archiv des Arbeitsamtes Wetzlar. Darüber hinaus konnten verschiedene relevante Quellen im Wege der Fernleihe über die Stadtbibliothek Wetzlar ausgewertet werden. An gedruckten Quellen wurden in der Hauptsache herangezogen:
Das Reichsgesetzblatt, das Reichsarbeitsblatt, die „Runderlasse für die Arbeitseinsatz-, Reichstreuhänder- und Gewerbeaufsichtsverwaltung" – das amtliche Organ des Reichsarbeitsministers und des Generalbevollmächtigten für den Arbeitseinsatz –, die „Ergänzbare Sammlung der geltenden Vorschriften mit ausführlichen Erläuterungen und Verweisungen: Die Beschäftigung von ausländischen Arbeitskräften in Deutschland", das „Handbuch für die Dienststellen des Generalbevollmächtigten für den Arbeitseinsatz und die interessierten Reichsstellen im Großdeutschen Reich und den besetzten Gebieten", die „Amtlichen Nach-

richten für die Reichsversicherung", die Mitteilungen des Beauftragten für den Vierjahresplan/des Generalbevollmächtigten für den Arbeitseinsatz: „Der Arbeitseinsatz im Deutschen Reich" (ab Juli 1943: „Der Arbeitseinsatz im Großdeutschen Reich"), die Mitteilungen des Reichsarbeitsamtes in Berlin: „Der Arbeitseinsatz im Großdeutschen Reich", die „Dienstnachrichten des Reichsnährstandes" in Berlin, die Mitteilungen des Landesarbeitsamtes Hessen in Frankfurt: „Der Arbeitseinsatz in Hessen", die Publikationen: „Die Wirtschaft im Bezirk der Gauwirtschaftskammer Rhein-Main, Zahlen und Schaubilder" und das „Verzeichnis der Öffentlichen Dienststellen der Provinz Hessen-Nassau", ferner die „Rhein-Mainische Wirtschaftszeitung", das amtliche Organ der Wirtschaftskammer Hessen – ab Januar 1943 Gauwirtschaftskammer Rhein-Main.[27] In ihnen wurden die grundlegenden Verordnungen, wie Polen- und Ostarbeitererlasse sowie alle Vorschriften für die Gewerbe- und Landwirtschaftsbetriebe betreffend die Vermittlung, Unterbringung und Verpflegung, Behandlung, Entlohnung usw. der Zwangsarbeiter veröffentlicht und kommentiert.
Der historische Aussagewert der Reichsgesetze und Erlasse ist insgesamt jedoch begrenzt, da die Rechtswirklichkeit vor Ort in den meisten Fällen erheblich davon abwich. Wie die Umsetzung der zahlreichen Gebote und Verbote in der Praxis tatsächlich erfolgte, musste durch andere, regional bezogene Quellen geklärt werden.

Die archivalische Grundlage dieser Arbeit bildeten die Bestände des Bundesarchivs Berlin, des Bundesarchivs – Militärarchiv Freiburg, des Hessischen Hauptstaatsarchivs Wiesbaden, des Archivs des Internationalen Suchdienstes des Roten Kreuzes (ITS) in Bad Arolsen, des Archivs des Ministère de la Santé-Publique et de l'Environnement Administration des Victimes de la Guerre in Brüssel, des Hessischen Wirtschaftsarchivs Darmstadt, des Historischen Archivs der Gedenkstätte Hadamar, des Archivs der IG Metall in Gießen, des Historischen Archivs der Stadt Wetzlar, des Historischen Archivs der Leica-Microsystems Holdings GmbH, Wetzlar, des Historischen Archivs der Hensoldt AG, Wetzlar, des historischen Archivs des Verfassers, des Archivs der Industrie- und Handelskammer Wetzlar, des Archivs der Wetzlarer Neuen Zeitung, des Archivs des Bauordnungsamtes der Stadt Wetzlar sowie der Archive der Wetzlarer Friedhofsverwaltung und des Arbeitsamtes Wetzlar.

Im Bundesarchiv Berlin wurde die „Reichs-Betriebskartei Industrie" (Bestand R3) ausgewertet. Es ist dies eine in der „Arbeitsgruppe Maschinelles Berichtswesen des Reichsministeriums für Rüstung und Kriegsproduktion" entstandene Kartei, welche in erster Linie diejenigen Betriebe der Reichsgruppe Industrie erfasste, für die ein rüstungswirtschaftliches Interesse bestand. Sie gab im Wesentlichen Auskunft über Produktionsprofil, Betriebsfläche und Anzahl der Beschäftigten, die verantwortlichen Betriebsführer, Abwehrbeauftragten und Werkschutzleiter.

Im Bundesarchiv – Militärarchiv Freiburg wurden die Kriegstagebücher des Rüstungskommandos Gießen des Reichsministers für Bewaffnung und Munition (Bestand RW 21-22), das Kriegstagebuch der Rüstungsinspektion IX Kassel (Bestand RW 20-9) sowie die Tätigkeits- und Lageberichte des Wehrwirtschaftsoffiziers des Wehrkreiskommandos IX (Bestand RW 46) ausgewertet. Diese Unterlagen waren von besonderem Zeugniswert, da sie detaillierte Angaben über die rüstungstechnischen Abläufe und das Verhalten der einzelnen Betriebe im Zusammenhang mit der Erlangung von Rüstungsaufträgen und Zwangsarbeiter-Kontingenten enthielten. Die protokollartigen Berichte vermittelten dabei einen weit gefächerten Überblick über die Besonderheiten im Zusammenspiel von Industrie und militärischen Dienststellen.

Im Hessischen Hauptstaatsarchiv Wiesbaden wurden die Akten des damaligen Landratsamtes Wetzlar (Bestand 423), die Spruchkammer-Akten der Entnazifizierungs-Verfahren (Bestände 520 We und Gi), die Gestapo-Kartei Frankfurt am Main (Bestand 486), die Akten der „Deutschen Arbeitsfront, Gauwaltung Wetzlar" (Bestand 483), die Verfahrensakten der Staatsanwaltschaften Frankfurt und Limburg (Bestände 458a und 461), die Gefangenenakten des Untersuchungsgefängnisses Preungesheim (Bestand 409/4), die Akten des Landes-Arbeitsamtes Hessen (Bestand 482), die Akten „Wiedergutmachungsansprüche der jüdischen Gemeinde Wetzlar und Materialsammlung zur Situation der Juden nach dem 2. Weltkrieg, Laufzeit 1947-1956" (Bestand 663, Nr. 310: Hessisches Landratsamt Wetzlar), die Akten der „Suchaktion: Ausländer in Wetzlar 1945 und 1947" (Bestände 663/96 und 663/97), sowie die Unterlagen des US-Office of Military Government for Hesse (OMGH, Bestand 649 8/ff.) ausgewertet.

In den Akten des einstigen Landratsamtes Wetzlar fanden sich die Erlasse des „Reichsführers SS und Chefs der Deutschen Polizei im Reichsministerium des Innern" (RFSS) – Heinrich Himmler – zur Behandlung von Ausländern. Während die Reichsgesetz- und Reichsarbeitsblätter die rein legislative Seite des Ausländer-Einsatzes im Deutschen Reich darstellten, offenbarten die Erlasse des Reichsführers SS die rassen-ideologische Seite der Ausländerbehandlung im Deutschen Reich. Daneben fanden sich die Ausführungsbestimmungen des „Generalbevollmächtigten für den Arbeitseinsatz" (GBA), welche die planerische Durchführung des Ausländer-Einsatzes nachvollziehbar machten.

Von besonderem regionalen Wert waren mehrere zeitlich aufeinander folgende Aufstellungen des Wetzlarer Landratsamtes und der DAF über die Anzahl der im Raum Wetzlar eingesetzten Zwangsarbeiter und ihre Beschäftigungs- und Unterbringungsorte,sowie ihre Nationalitäten und Geschlechter. Erst sie ermöglichten eine verlässliche Bewertung des Umfangs der Beteiligung einzelner Unternehmen am Zwangsarbeiter-Einsatz.

Die Spruchkammer-Akten[28] vermittelten vor allem durch zahlreiche Augenzeugenaussagen vielschichtige Erkenntnisse über die Behandlung von Ausländern im Krieg, besonders hinsichtlich der Übergriffe der unteren Ebene in den einzelnen Wetzlarer Betrieben. Die Verfahren hatten jedoch grundsätzliche Schwachstellen. Eine ehemalige Beisitzerin einer Gießener Spruchkammer urteilte darüber später:[29]

„Es stellte sich dann bald heraus, daß das Ganze schief lief. Am Anfang war das noch nicht so schlimm, aber dann hat man einen Fehler gemacht. Die Hauptschuldigen hatten sich alle abgesetzt und verhielten sich sehr ruhig, sie waren nicht faßbar. Was hat man gemacht? Man hat die Kleinen drangenommen. ... Die Kleinen henkt man, und die Großen läßt man laufen. Weil (... man ...) *gesehen hat, daß die Kleinen durch diese Geldstrafen hart betroffen waren und die Großen immer mit Persilscheinen*[30] *ankamen. ... Ein Persilschein hat immer etwas gekostet, Naturalien oder Geld, und das hatten die Kleinen nicht, also mußten sie bluten ...“*

Hinzu kam, dass das Zeugenverhalten gerade in den Spruchkammer-Verfahren besonders emotional war: Die einstmals Gedemütigten – Zeugen wie die oft kommunistischen Kammer-Beisitzer – beglichen natürlich manche alte Rechnung. Zusätzlich waren die Verfahren stark durch örtliche Gegebenheiten geprägt. So umfasste zum Beispiel die Spruchkammer-Akte des als liberal bekannten Dr. Ernst Leitz senior nur 104 Blatt und führte zu dem Urteil: „Entlasteter“. Die Akten des bekannten Wetzlarer Nationalsozialisten Dr. Carl Hensoldt umfassten hingegen mehr als 700 Blatt – Urteil: „Minder Belasteter“.

Bei der Auswertung dieser Akten konnte nicht auch nur andeutungsweise erkannt werden, dass die Unterlagen der Gestapo Frankfurt am Main über die Bestrafung von Zwangsarbeitern in Wetzlar in den Spruchkammer-Verfahren mit zur Urteilsbildung herangezogen worden wären. Der Gerechtigkeitswert dieser Verfahrensakten muss demnach insgesamt als begrenzt bezeichnet werden.

Für die Buderus'schen Eisenwerke ließen sich aus den Spruchkammer-Akten keine Erkenntnisse gewinnen: Die dünne Akte des Werksleiters Dr. Heinrich Giesbert enthielt keinerlei Hinweise zu Ausländern, und der berüchtigte Werksschutzleiter Franz Müller (genannt „Geheim-Müller“) wurde kurz nach Kriegsende von freigelassenen Zwangsarbeitern erschlagen. Es gibt demzufolge keine Spruchkammer-Akte dieses Werkschutzleiters, welche Rückschlüsse auf die Ausländer-Behandlung bei den Buderus'schen Eisenwerken zugelassen hätte.

In der nahezu vollständig erhaltenen Gestapo-Kartei Frankfurt am Main fanden sich allein für das Gebiet des damaligen Stadtgebietes von Wetzlar 360 Bestrafungsfälle von Zwangsarbeitern. Anders als die meisten Beteiligten der Spruchkammer-Verfahren dürften die Mitarbeiter der Gestapo die Bestrafungsfälle von Ausländern eher technokratisch verwaltet haben. Den Gestapo-Akten kommt daher ein hoher Zeugniswert zu. Erst sie ermöglichten verlässliche Erkenntnisse darüber, wie die einzelnen Unternehmen die bei ihnen beschäftigten Zwangsarbeiter tatsächlich behandelt haben.

In den Unterlagen der DAF fanden sich vielfältige Zeugnisse über jene Zeit mit schriftlichen Vorgängen aus fast allen Wetzlarer Betrieben. Durch sie konnte ein lebendiges Bild der lokalen Ereignisse im Zusammenhang mit den Zwangsarbeitern nachgezeichnet werden. Interessanterweise fanden sich in diesem Bestand fast keine Belege über die Firmen Ernst Leitz GmbH und die Hensoldt AG. Lediglich einige wenige Blätter betreffend das Leitz'sche Hausertorwerk und den Hausertorstollen waren der offensichtlichen Vernichtung entgangen.

Die Unterlagen des US-Office of Military Government for Hesse (Bestand OMGH) enthielten präzise Angaben zu den beiden „Displaced-Persons"- und Juden-Camps in Wetzlar ab Sommer 1945, besonders betreffend die Nationalitäten und Glaubensgemeinschaften sowie die Anzahl, Geschlechter und Altersgruppen der damaligen Lagerbewohner.

Beim Internationalen Suchdienst des Roten Kreuzes in Bad Arolsen (ITS) waren 2002 zwar keine Unterlagen über Zwangsarbeiter während des Zweiten Weltkrieges in Wetzlar zugänglich; die Auswertung der Archivalien der United Nations Relief and Rehabilitation Administration (UNRRA), der Preparation Commission of the International Refugee Commission (PCIRO) und der International Refugee Organisation (IRO) betreffend Displaced Persons (DP's) in den Wetzlarer Ausländer-Sammellagern nach dem Ende des Zweiten Weltkrieges brachte aber ebenfalls wertvolle Erkenntnisse in Bezug auf die Nationalitäten und Glaubensgemeinschaften sowie die Anzahl, Geschlechter und Altersgruppen der damaligen DP-Lagerbewohner in Wetzlar.

Aus den Archivalien des „Service des Victimes de la Guerre – Service Archives Et Documentation" – beim „Ministere federal des Affaires sociales de la Sante publique et de l'Environnement" in Brüssel konnten Berichte einstiger belgischer Zwangsarbeiter der Firmen Röchling-Buderus AG und Pfeiffer Apparatebau GmbH in Wetzlar ausgewertet werden.

Im Hessischen Wirtschaftsarchiv Darmstadt wurde die Materialsammlung Engelke (Bestand 1104) ausgewertet, in welcher sich aufschlußreiche Unterlagen besonders aus dem einstigen Aktenbestand der Buderus'schen Eisenwerke in Wetzlar fanden.

Im Historischen Archiv der Gedenkstätte Hadamar wurden die Altakten der Euthanasie-Verfahren von ausländischen Zivilarbeitern des Raumes Wetzlar ausgewertet und so weit als möglich den einzelnen Firmen zugeordnet.

Im Archiv der IG Metall in Gießen konnten noch Fragmente der Vorlagen zur Buchveröffentlichung der IG Metall Wetzlar von 1987: „Panzerrohre zur Pflugscharen“ ausgewertet werden.

Die Quellenlage in Wetzlar selbst war unergiebiger als erhofft.
Im Historischen Archiv der Stadt Wetzlar fanden sich verhältnismäßig wenige relevante Akten. Dabei schmerzte besonders das Fehlen jeder Ausländerkartei oder etwa auswertbarer Steuerkarten, wie sie in anderen hessischen Städten vorhanden sind.[31] Allerdings ermöglichte der Bestand „Verwaltungspolizei Wetzlar“ ebenso den Nachweis von Einzelschicksalen wie die Akten „Einwohnermeldeamt: Geburten 1929 – 1949, Eheschließungen 1929 – 1952 und Sterbefälle 1929 – 1949“. Die Akten über die Luftangriffe auf Wetzlar gaben Aufschluß über Todesfälle von Zwangsarbeitern. Die historische Einwohner-Meldekartei erleichterte das Auffinden damals beteiligter, inzwischen verstorbener Wetzlarer Bürgerinnen und Bürger. Darüber hinaus wurden die Akten „Besatzungsamt 1945 – 1946“ und „Beschaffungsamt 1945“ in Bezug auf die DP-Camps in Wetzlar bis zum März 1949 ausgewertet. Die Akten „Wochenberichte an die Militärregierung Juni 1945 – August 1948“, „Anordnungen der Militärregierung Nov. 1946 – Febr. 1949“ und „Berichte für Radiosender Frankfurt/Main, Band 1“ brachten darüber hinaus einige Erkenntnisse zum Schwarzmarktgeschehen in Wetzlar bis 1949.

Relevante Archivalien betreffend die Buderus'schen Eisenwerke und die einstige Röchling-Buderus AG, die sich möglicherweise noch im Historischen Archiv der Buderus AG in Wetzlar befanden, waren 2002 nicht zugänglich.[32] Auch das 1987 noch von Rossmann benutzte umfangreiche Fotoarchiv des verstorbenen Paul Görnert, in dem sich unter anderem zahlreiche Bilddokumente über Zwangsarbeiter bei der Röchling-Buderus AG befanden, muss heute als verloren gelten.[33]

Im Historischen Archiv der Leica Microsystems GmbH, Wetzlar, fanden sich 2002 nur noch wenige Schriftstücke mit einem direkten Bezug zu dieser Thematik. Fast alle relevanten Unterlagen sollen dort Anfang der Fünfziger Jahre vernichtet worden sein.[34] Reiche Entschädigung boten dort hingegen zwei historische Bildsammlungen: Ein Album mit schwarzweißen Propaganda-Fotos der Bewohner/innen der Leitz-Ausländerlager, welche 1943 auf Veranlassung der NSDAP angefertigt werden mussten,[35] sowie zahlreiche von Professor Siegfried Rösch aufgenommene Farbdias von Zwangsarbeitern/-innen der Leitzwerke. Diese meist im Grünen fotografierten Farbbilder sind allein deshalb besonders seltene Zeugnisse (vor allem für Wetzlar), weil auf ihnen einige freundlich blickende, oft sogar lachende Ukrainerinnen mit dem an der Kleidung befestigten Zeichen „OST“ zu sehen sind. Es handelt sich hierbei also eindeutig <u>nicht</u> um Propaganda-Aufnahmen, da das Fotografieren von Personen mit dem Zeichen „OST“ oder „P“ in der Öffentlichkeit damals streng verboten war.[36]

Diese Farbdias mit freundlichen Szenen stehen damit im krassen Gegensatz zu den damals von Paul Görnert überwiegend in tristen Fabrikhallen der Röchling-Buderus AG und bei düsterem Wetter aufgenommenen Schwarzweiß-Fotos von Zwangsarbeitern. Es besteht daher die Gefahr, dass die beiden Bildarten jeweils Extremsituationen suggerieren – im Negativen wie im Positiven.

Im Historischen Archiv der Hensoldt AG, Wetzlar, – dieses befand sich 2002 noch im Aufbau – konnten verschiedene erst kürzlich aufgefundene Akten ausgewertet werden.[37] Dabei gaben besonders die Jahres-Abschlüsse und die Bilanzen der Jahre 1940 – 1945 weitreichende Aufschlüsse über Unterbringungs- und Verpflegungskosten der Zwangsarbeiter, über Zwangsarbeiterzahlen und -personendaten.

Im historischen Archiv des Verfassers befinden sich verschiedene relevante Unterlagen, von denen besonders die schon vor Jahrzehnten auf dem freien Markt teuer angekauften amerikanischen Luftaufnahmen Wetzlars vom 15. März 1945 sowie verschiedene in den 80er Jahren auf einem Trödelmarkt entdeckten Namenslisten der Ausländer-Suchaktion 1946 der Firmen Buderus'sche Eisenwerke, Stahlwerke Röchling-Buderus AG, Spinnerei & Weberei (unvollständig) und der Stadt Wetzlar von grundsätzlicher Bedeutung für diese Arbeit waren.[38]

Im Altakten-Bestand der IHK Wetzlar konnten die noch vorhandenen Bestände der „Rhein-Mainischen Wirtschaftszeitung“ der Jahrgänge 1939 – 1945 bearbeitet werden, aus denen eine Fülle von Veröffentlichungen bezüglich der Behandlung, Unterbringung und Verpflegung, Entlohnung und Besteuerung der Zwangsarbeiter entnommen werden konnten. Als besonders wertvoll für die Kriegshistorie der Wetzlarer Betriebe erwies sich zudem die Akte: „Wirtschaftsgeschichtliche Unterlagen 1942 – 1947“. In ihr fanden sich Aufstellungen über die Verlagerungsorte der einzelnen Firmen mit Personenzahlen und eine Statistik über Belegschaftszahlen, Jahresumsätze und Erzeugnisse der größeren Wetzlarer Betriebe in den Jahren 1942 – 1945.

Im Archiv des Bauordnungsamtes der Stadt Wetzlar fanden sich noch verschiedene Baugenehmigungs-Akten für Barackenlager usw. aus dem Zweiten Weltkrieg. Die darin enthaltenen Baubeschreibungen und Baupläne sind sprechende Zeugnisse für die Dimension des Zwangsarbeiter-Einsatzes bei den einzelnen Industriebetrieben in Wetzlar. Durch sie war eine präzise zeitliche Einordnung der einzelnen Bauvorhaben möglich.

Im Archiv der Friedhofsverwaltung Wetzlar ließ sich anhand der „Liste der Fremdarbeitergräber auf dem Friedhof Wetzlar-Niedergirmes“ vom 7. Juni 1951 sowie der Liste: „Friedhof Niedergirmes, Block 13a – Kinderteil Ausländer“ und im Zusammenhang mit verschiedenen anderen – nicht zum Friedhof gehörenden

- Einzelunterlagen eine recht genaue Auflistung der während des Krieges in Wetzlar getöteten Ausländer erstellen. Darüber hinaus wurde die „Gräberliste der in den Jahren 1946 – 1949 beigesetzten israelitischen Verstorbenen" (jüdischer Friedhof an der Bergstraße in Wetzlar) und des Kriegsgefangenen-Friedhofs in Büblingshausen ausgewertet.

Obwohl alle Unterlagen der hessischen Arbeitsämter aus dem Zweiten Weltkrieg grundsätzlich als verloren gelten müssen,[39] fanden sich beim Arbeitsamt Wetzlar noch verschiedene Fragmente von Altakten betreffend die verwaltungsmäßigen – besonders die arbeitsamtlichen – Gliederungen im Deutschen Reich. Darüber hinaus konnten noch Statistiken und Anweisungen des Landesarbeitsamtes Hessen im Zweiten Weltkrieg ausgewertet werden.

Die Unterlagen des einstigen Gewerbeaufsichtsamtes Limburg,[40] des Finanzamtes[41] oder von Banken in Wetzlar, aus denen Erkenntnisse über die Einstellung, Entlohnung oder Arbeitszeiten der Zwangsarbeiter hätten gewonnen werden können, müssen vollständig als verloren gelten. Dasselbe gilt für die Unterlagen der einstigen Kreisbauernschaft des „Reichsnährstandes Hessen-Nassau-Nord" in Herborn, zu der Wetzlar im Krieg gehörte.[42]

Auch die Akten der Gestapo-Außenstelle Wetzlar existierten nicht mehr; sie wurden Augenzeugenberichten zufolge am 27. März 1945 – also zwei Tage vor dem Einmarsch der Amerikaner in Wetzlar – verbrannt.[43]

Die historische Mitglieder-Kartei der AOK Wetzlar,[44] welche im Mai 1999 dort noch in Stichproben eingesehen werden konnte, war im August 2002 in der Zentrale der AOK Hessen in Frankfurt am Main nicht mehr für eine Auswertung zugänglich.[45]

Unterlagen weiterer damals beteiligter Firmen oder Betriebe sind ebenfalls nicht mehr vorhanden: Das Hollmann-Werk und die Carolinenhütte wurden 1971 bzw. 1986 geschlossen, bei den Wetzlarer Stadtwerken[46] gab es keine historischen Unterlagen mehr, und die Pfeiffer Vacuum Technology AG in Aßlar – Rechtsnachfolger der 1953 liquidierten Pfeiffer-Apparatebau GmbH, Wetzlar – reagierte 2002 auf zwei schriftliche Anfragen nicht.[47]

Der Einsatz von Zwangsarbeitern konnte sowohl für den Bereich der damaligen katholischen Domgemeinde Wetzlar[48] als auch für die evangelische Kirchengemeinde zu Wetzlar nicht nachgewiesen werden.[49]

Die in Wetzlar während des Zweiten Weltkrieges unterhaltenen Kriegsgefangenenlager wurden von der Wehrmacht überwacht. Originalakten über diese Lager waren schon 1949 in Wetzlar nicht mehr vorhanden, da sie offensichtlich im März 1945 beim Abrücken der Dienststellen mitgenommen wurden.[50] Zwei solcher Lager in den Buderus'schen Eisenwerken konnten in einem Bericht des Wetzlarer Landrates vom 1. April 1943 nachgewiesen werden.[51] Darüber hinaus fanden sich Hinweise in den Unterlagen des Internationalen Suchdienstes des Roten Kreuzes in Bad Arolsen (ITS) auf sechs Kriegsgefangenen-Arbeitskommandos in Wetzlar,[52] und sechs weitere Kommandos konnten mit Hilfe der Gedenkstätte und Museum Trutzhain – zum Stalag IX A – in Schwalmstadt nachgewiesen werden.

Einen breiten Raum nahmen schließlich Gespräche mit Zeit- und Augenzeugen ein. Darüber hinaus konnten ehemalige polnische und russische Zwangsarbeiter/innen persönlich und schriftlich befragt werden. Auch hierdurch konnten wertvolle Erkenntnisse darüber gewonnen werden, wie sich das Leben der Zwangsarbeiter im Raum Wetzlar in jenen Jahren tatsächlich abgespielt hat, wie die Ausländer im Einzelfalle behandelt wurden – aber auch über das Nachkriegsleben mit den „Displaced Persons“ in den beiden Wetzlarer UNRRA-Lagern.

Zwei Buchpublikationen ehemaliger Zwangsarbeiter in Wetzlar – ein Pole, der bei Pfeiffer-Apparatebau gearbeitet hatte und ein Niederländer, der bei Röchling-Buderus war – gaben schließlich umfangreiche Aufschlüsse über die Geschehnisse auch außerhalb der Betriebe selbst und über die Ereignisse in Wetzlar bei Kriegsende aus Sicht der Ausländer.

Erstes Kapitel

Zwangsarbeit im Deutschen Reich

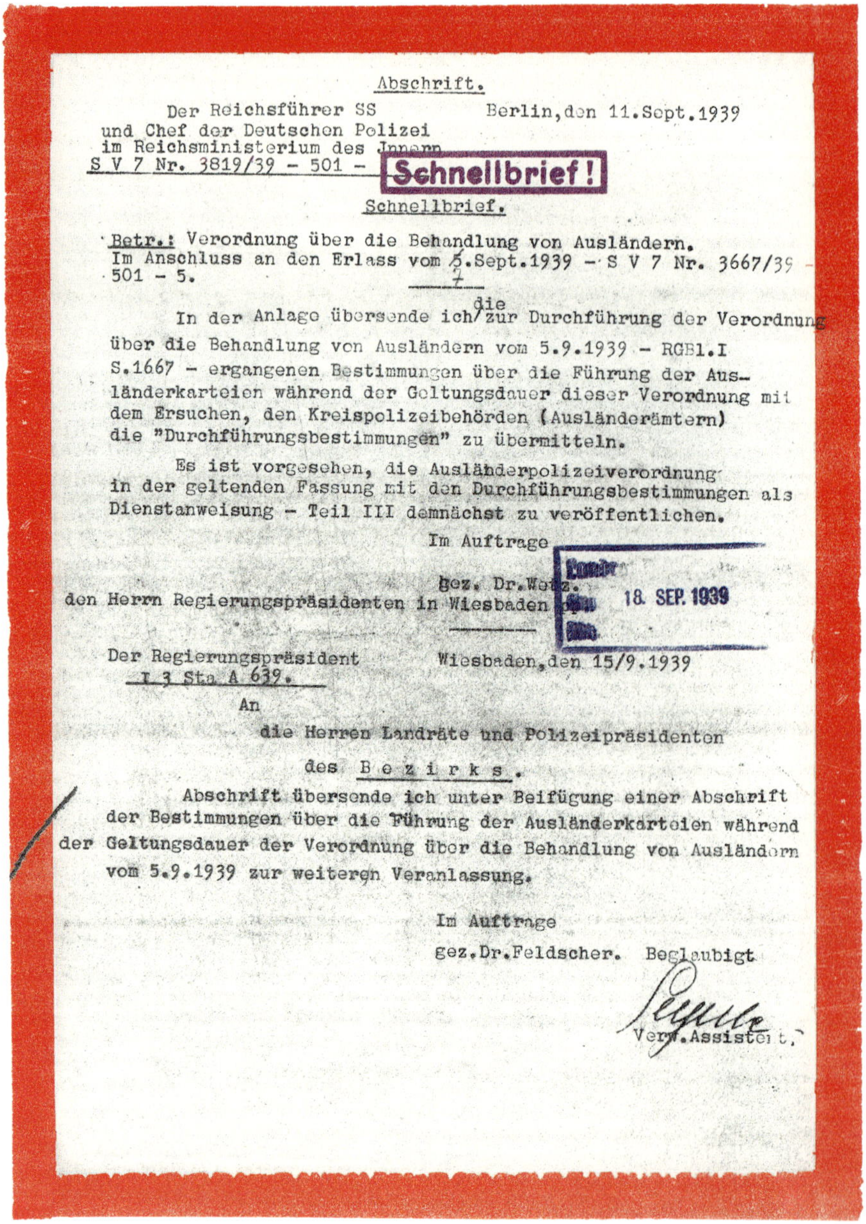

Abschrift.

Der Reichsführer SS
und Chef der Deutschen Polizei
im Reichsministerium des Innern
S V 7 Nr. 3819/39 - 501 -

Berlin, den 11. Sept. 1939

Schnellbrief!

Schnellbrief.

Betr.: Verordnung über die Behandlung von Ausländern.
Im Anschluss an den Erlass vom 5. Sept. 1939 - S V 7 Nr. 3667/39 - 501 - 5.

In der Anlage übersende ich die zur Durchführung der Verordnung über die Behandlung von Ausländern vom 5.9.1939 - RGBl. I S. 1667 - ergangenen Bestimmungen über die Führung der Ausländerkarteien während der Geltungsdauer dieser Verordnung mit dem Ersuchen, den Kreispolizeibehörden (Ausländerämtern) die "Durchführungsbestimmungen" zu übermitteln.

Es ist vorgesehen, die Ausländerpolizeiverordnung in der geltenden Fassung mit den Durchführungsbestimmungen als Dienstanweisung - Teil III demnächst zu veröffentlichen.

Im Auftrage

gez. Dr. Wetz.

den Herrn Regierungspräsidenten in Wiesbaden

18. SEP. 1939

Der Regierungspräsident
I 3 Sta. A 639.

Wiesbaden, den 15/9.1939

An

die Herren Landräte und Polizeipräsidenten

des Bezirks.

Abschrift übersende ich unter Beifügung einer Abschrift der Bestimmungen über die Führung der Ausländerkarteien während der Geltungsdauer der Verordnung über die Behandlung von Ausländern vom 5.9.1939 zur weiteren Veranlassung.

Im Auftrage

gez. Dr. Feldscher. Beglaubigt

Verw. Assistent.

Verordnung des Reichsführers SS Heinrich Himmler über die Behandlung von Ausländern vom 11. September 1939. Die Verordnung wurde den Regierungspräsidenten durch Schnellbrief zugestellt. Sie stand am Anfang einer endlosen Reihe von Ausländerverordnungen und Ausländergesetzen, mit denen die Behandlung der Zwangsarbeiter/innen und Kriegsgefangenen aus politischer, rassistischer und ökonomischer Sicht reichsweit einheitlich geregelt werden sollte. Die Rechtswirklichkeit vor Ort wich von diesen Bestimmungen jedoch zum Teil ganz erheblich ab.

Wer geglaubt hatte, die Sklaverei sei mit dem Ende des amerikanischen Sezessionskrieges 1862/63 endgültig abgeschafft worden, musste sich getäuscht sehen. Das 20. Jahrhundert brachte eine Versklavung von Menschen in einem nie zuvor gekannten Ausmaß:[1]
„In den unzähligen Zwangsarbeiterlagern der Sowjetunion waren in der Zeit Stalins in manchen Jahren mehr als 20 Millionen Menschen interniert, die Zahl der Todesopfer wird heute durchgängig mit mehr als 30 Millionen veranschlagt. In diesen Lagern befanden sich neben den Kriegsgefangenen auch über eine Million zur Zwangsarbeit deportierte Rußlanddeutsche und Volksdeutsche u. a. aus Ungarn und Rumänien. Hinzu kam der eigentliche ‚GULag', Straflager für verurteilte politische oder kriminelle Häftlinge."
Noch 1939 ließ Stalin alle Besitzenden in Rußland kategorisch enteignen und machte sie zu Zwangsarbeitern. Sie wurden in den Ural deportiert, wo Hunderttausende von ihnen ums Leben kamen.[2]
Der nationalsozialistische Ausländereinsatz schließlich stellte den größten Fall des massenhaften zwangsweisen Einsatzes ausländischer Arbeitskräfte seit dem Ende der Sklaverei im 19. Jahrhundert dar.[3] Generalfeldmarschall Hermann Göring definierte die Deportation ganzer Volksgruppen der okkupierten Länder zur Zwangsarbeit in das Deutsche Reich in einem Schreiben an die obersten Reichsbehörden vom 8. März 1940 wie folgt:[4]
„Der Masseneinsatz von Arbeitern fremden Volkstums ist so einmalig und neuartig, daß dem deutschen Volk für das notwendige Zusammenleben mit den Fremdstämmigen keine bindenden, ins Einzelne gehenden Vorschriften gemacht werden können. Der Belastungsprobe, die dem deutschen Volk in volkstumspolitischer Hinsicht dadurch gestellt wird, muß die innere Festigkeit des Volkes entgegengestellt werden."[5]
Das alles sollte jedoch zurücktreten hinter die von der Deutschen Reichsführung im Zweiten Weltkrieg erstmals in der Menschheitsgeschichte in industriellem Umfang betriebene Massenvernichtung von Juden aller erreichbarer Nationen.

Der Ausländereinsatz bis 1939

In Ostdeutschland hatte es zu Beginn des 19. Jahrhunderts schon immer, wenn die deutschen Landwirte zusätzliche Arbeitskräfte benötigten, illegale Grenzübertritte polnischer und russischer Landarbeiter gegeben. Unzählige solcher „Saisonarbeiter" befanden sich so in der Hochrüstungsphase des Jahres 1914 im Deutschen Reich.
Schon wenige Tage nach dem Beginn des Ersten Weltkrieges hatte das Preußische Kriegsministerium die Stellvertretenden Generalkommandos angewiesen, alle auf dem Gebiet des Deutschen Reiches befindlichen Landarbeiter aus dem nunmehr feindlichen Ausland an der Rückkehr in ihre Heimatländer zu hindern und sie *„so*

weit möglich zur Einbringung der Ernte und zu anderen dringenden Arbeiten heranzuziehen".[6]
Mit der Ausweitung dieses Befehls auch auf die in der deutschen Industrie beschäftigten „feindlichen Ausländer" am 4. Oktober 1914 wurden bald mehr als 300.000 russische und polnische Arbeiter gezwungen, gegen ihren Willen in Deutschland zu arbeiten: „Arbeit als Beute, der Feind als Kollege".[7]

In der Weltwirtschaftskrise nach dem Ersten Weltkrieg war die friedliche Zuwanderung osteuropäischer Arbeiter nach Deutschland zum Stillstand gekommen. Die rapide anschwellende Rüstungskonjunktur hatte jedoch ab Mitte der dreißiger Jahre in kurzer Zeit zu einem erheblichen Mangel an Rohstoffen, Arbeitskräften und Devisen in der deutschen Volkswirtschaft geführt. Der Überschuss an Arbeitskräften der Krisenjahre wandelte sich dadurch alsbald in einen steten Arbeitskräftemangel, der insbesondere Facharbeiter in der Industrie und Landarbeiter betraf.

Da in Polen gleichzeitig eine extrem hohe Arbeitslosigkeit von bis zu 40 Prozent herrschte, nahm der illegale Grenzübertritt nach Deutschland rasant zu. Trotzdem stieg der Arbeitermangel in der deutschen Wirtschaft weiter stark an, und so schloss die Reichsregierung mit folgenden befreundeten und neutralen Staaten Abkommen über den „Arbeitskräfteaustausch": Italien (bis 1943), Bulgarien, Kroatien, Slowakei, Spanien und Ungarn.[8] Mitte 1939 beschäftigte so die deutsche Landwirtschaft rund 37.000 Italiener, 15.000 Jugoslawen, 12.000 Ungarn, 5.000 Bulgaren.[9]
Mit dem „Anschluss" Österreichs, vor allem aber mit der Annexion des Sudetenlandes als „Protektorat Böhmen und Mähren" (später: Tschechoslowakei, heute Tschechien und Slowakien) entstand auch im Hinblick auf den deutschen Arbeitsmarkt eine neue Situation. In Österreich gab es im Sommer 1938 etwa 400.000 Arbeitslose, von denen in der Folgezeit rund 100.000 für die Arbeit in Deutschland angeworben wurden. Gleichzeitig arbeiteten schon etwa 70.000 Polen in Deutschland.[10]
Anders als etwa bei den Österreichern hatten die deutschen Sicherheitsbehörden bei den polnischen Saisonarbeitern und bei Tschechen ein Kontrollproblem, das zunächst auf der Basis der bis dahin schon geübten „Ausländerpolizeilichen Erfassung" gelöst wurde. Im August 1938 wurde in der Berliner Polizeizentrale eine Ausländer-Zentralkartei eingerichtet. Noch im selben Monat – am 22. August 1938 – wurde eine neue „Ausländerpolizeiverordnung" (APVO)[11] erlassen, die unter anderem das Mittel der Abschiebung als leicht greifbares Druckmittel vorsah. Da dieses Sanktionsmittel in Zeiten des Arbeitermangels natürlich widersinnig war, erließ die Gestapo am 26. Juni 1939 – also noch vor Kriegsbeginn – für die Tschechen Sonderbestimmungen, wonach gegen sie bei Arbeitsverweigerung mit aller Schärfe vorzugehen und gegebenenfalls „Schutzhaft" anzuordnen sei.[12]
Bereits am 5. September 1939 – vier Tage nach dem deutschen Einmarsch in

Polen – hatte der Reichsführer SS eine „Verordnung über die Behandlung von Ausländern"[13] erlassen, nach der sich die in Deutschland lebenden Angehörigen der Feindstaaten – hierzu zählten Frankreich, England, Polen und die Tschechoslowakei – innerhalb von 24 Stunden bei der nächsten deutschen Ortspolizeibehörde zu melden hatten (§ 1) und dann in Internierungslager zu verbringen waren (§ 3).
Deutsche Staatsangehörige, die gleichzeitig Angehörige der Feindstaaten waren, hatten sich ebenfalls sofort zu melden, wurden jedoch nicht interniert (§ 7). Nach den angefügten Ausführungsbestimmungen – unterzeichnet von Heydrich – wurde ihnen allerdings ebenfalls eine regelmäßige Meldepflicht auferlegt.
Alle Personendaten mussten für die Ausländer-Zentralkartei in Berlin auf neu entwickelten Karteikarten erfasst werden. Fremdländische Namen waren dabei grundsätzlich in Deutsch zu wiederholen: Zum Beispiel „Szule" als Schulz, oder „Szarlota" als Charlotte.[14]

Für polnische Staatsangehörige war spätestens hier der Übergang vom gern gesehenen Saisonarbeiter zum Zwangsarbeiter im nationalsozialistischen „Ausländer-Einsatz" vollzogen.
In der Folge setzte eine Flut von Erlassen und Verordnungen zum „Ausländer-Einsatz" im Deutschen Reich ein. Sie gliedern sich in mehrere Hauptbereiche auf, welche die Behandlung der ausländischen Zwangsarbeiter aus völlig verschiedenen Blickwinkeln und Kompetenz-Ebenen betrafen:

1. Die rassen-ideologischen Bestimmungen der NSDAP, hier besonders die Verordnungen des „Reichsführers SS und Chefs der Deutschen Polizei im Reichsministerium des Innern" Heinrich Himmler zur „Behandlung von Ausländern", die Anordnungen der Reichspropaganda-Leitung, und die Verfügungen der Geheimen Staatspolizei (Gestapo), deren Hauptziele unter anderem die Ausbeutung „minderwertigen Volkstums" für die Ziele des Nationalsozialismus war.

2. Die arbeitsrechtlichen, finanzrechtlichen und sozialrechtlichen Erlasse der zuständigen Reichsminister betreffend den Arbeitseinsatz der Ausländer und Kriegsgefangenen in Deutschland, die durch eine minutiös geführte und tief gegliederte Verwaltung die längerfristige Umsetzung der rassen-ideologischen Ziele der Reichsführung gewährleisteten. Erst durch sie wurde die wirtschaftliche Ausbeutung der Zwangsarbeiter durch das Reich und die deutsche Kriegswirtschaft überhaupt ermöglicht.

3. Die ideologische Lenkung und Betreuung der gewerblichen Betriebe durch die Deutsche Arbeitsfront (DAF) und die der landwirtschaftlichen Betriebe durch den Reichsnährstand (RNSt).

Ausgabe A

Runderlasse

699

für die Arbeitseinsatz-, Reichstreuhänder- und Gewerbeaufsichtsverwaltung

— Nur für den inneren Dienst —

6. Jahrgang | Berlin, 30. Dezember 1944 | Nummer 79

Nachdruck und Vervielfältigung von Runderlassen oder Wiedergabe des Inhalts der Erlasse sind unzulässig

INHALT

Zum Jahreswechsel!

Ein Jahr härtesten Einsatzes liegt hinter uns, Front und Heimat haben schwerste Belastungsproben bestanden. Das gesamte deutsche Volk arbeitet, insbesondere in den Grenzbezirken und in den luftgefährdeten Gebieten, mit beispiellosem Opfermut und unbeugsamem Siegeswillen. Zu der Arbeit der Heimatfront hat die Reichssozialverwaltung bei der Betreuung aller Werktätigen sowie der verwundeten Soldaten und der Hinterbliebenen wesentlich beigetragen. Ich möchte deshalb allen Gefolgschaftsmitgliedern des Reichsarbeitsministeriums und seiner nachgeordneten Dienststellen für die treue und hingebende Arbeit herzlich danken und ihnen zugleich für das neue Jahr meine besten kameradschaftlichen Wünsche für sie selbst und die Ihrigen übermitteln.

Unser ehrendes Gedenken gilt den Kameraden, die für Führer und Reich, Volk und Vaterland den Heldentod gestorben sind. Auch in der Heimat ist mancher treue Mitarbeiter durch Feindeinwirkung gefallen. Unsere gefallenen Kameraden werden uns stets Vorbild und Verpflichtung sein.

Dankbare Grüße richten wir an diejenigen von uns, die an der Front stehen und unter schärfsten Kampfbedingungen die Heimat schützen. Zu allen verwundeten Arbeitskameraden gehen unsere besten Grüße und Wünsche für baldige Genesung.

Das Jahr 1944 hat das kriegerische Ringen mit der feindlichen Welt dem Höhepunkt nahegebracht. Die Generaloffensive, die uns zu Boden schmettern sollte, ist nicht nur gescheitert, sondern hat in unserem Volke neue Abwehrkräfte geweckt, die den Gegenschlag vorbereiten. Wir hoffen, daß das Jahr 1945 uns den ehrenvollen Frieden und den Sieg bringt. Wenn aber blinde Wut und unersättlicher Haß der Feinde keine Einsicht finden, dann kämpfen wir unerschüttert und zäh weiter. Wo Führer und Volk in Treue zueinander geeint sind, ist die Gewähr der Unbesiegbarkeit gegeben.

An die Arbeit des neuen Jahres gehen wir mit dem Gelöbnis, für Führer und Reich, Volk und Vaterland unser Letztes herzugeben, um die glückliche Zukunft unseres Volkes durch eine siegreiche Beendigung des Krieges zu sichern.

Berlin, den 30. Dezember 1944.

Heil Hitler!

FRANZ SELDTE, Reichsarbeitsminister.

4. Die regional erheblich differierenden Anweisungen und Erlasse der Regierungspräsidenten, NSDAP-Gau- und -Kreisleitungen, Gestapoleitstellen, Landräte, Bürgermeister, DAF-Kreiswaltungen und Ortslandwirte.

Die Fülle dieser Institutionen und Personen, die oft jede für sich einen individuellen Weisungsanspruch reklamierte, führte insbesondere gegen Kriegsende zu einem derartigen Kompetenz-Wirrwarr, dass von einer reichsweit einheitlichen Behandlung der ausländischen Zwangsarbeiter zumindest auf den mittleren und unteren Ebenen kaum noch die Rede sein konnte.
Wie unterschiedlich oft aber selbst die Sichtweisen der oberen Reichsinstitutionen waren, zeigt folgendes Beispiel: In einer „Anordnung über die arbeitsrechtliche Behandlung der polnischen Beschäftigten" des Reichsarbeitsministers vom 5. Oktober 1941 hieß es:[15]
„Die neue Anordnung weist den polnischen Beschäftigten eine besondere Stellung im Arbeitsleben zu, wobei man von dem Gedanken ausgeht, daß es dem gesunden Volksempfinden nicht entsprechen würde, den Polen als dem Deutschen gleichwertig zu behandeln."
Die Reichspropagandaleitung hatte das schon am 15. August 1940 aus strafrechtlicher Sicht wie folgt beurteilt:[16]
„Der Pole ist grundsätzlich dem Juden gleichzustellen. Der Pole ist Volksfeind als Mörder von 60.000 Volksdeutschen. Der Pole hat 1½ Millionen Deutsche aus den Grenzen seines Staates vertrieben und weitere Millionen innerhalb seines Staates verfolgt. Der Pole ist nach seiner rassischen Veranlagung der schärfste Gegner des Deutschen. Der Pole ist von Natur der geborene Verschwörer, Lügner und Großsprecher ... Der Pole ist ein geborener Knecht und gut verwendbar, solange er als solcher behandelt wird. Die Polen sind scharf, aber trotzdem gerecht anzufassen."
Am 16. September 1939 hatte der Reichsführer SS in einem Erlass unter anderem bestimmt, jeder Landrat und Polizeipräsident habe: *„... der zuständigen Staatspolizeistelle Listen der nicht internierten feindlichen Ausländer zu übersenden, ferner Listen der Deutschen, die gleichzeitig die Staatsangehörigkeit des Feindstaates besitzen."*[17]
Am 5. Oktober 1939 teilte der Wetzlarer Bürgermeister daraufhin der Gestapo in Frankfurt am Main mit, in der Stadt Wetzlar befänden sich drei Personen, die neben der deutschen auch die französische Staatsangehörigkeit besäßen.[18] In einem weiteren Schreiben vom 30. Oktober 1939 gab er an, im Kreis Wetzlar seien 17 französische Staatsangehörige wohnhaft.[19]

Text zur nebenstehenden Seite: Jedes Reichsministerium hatte seine eigenen Publikationsorgane: Hier die Runderlasse des Reichswirtschaftsministeriums, in denen unter der Rubrik „Gewerbeaufsichtsverwaltung" auch zahlreiche Verordnungen für die Beschäftigung von Zwangsarbeitern bekannt gemacht wurden.

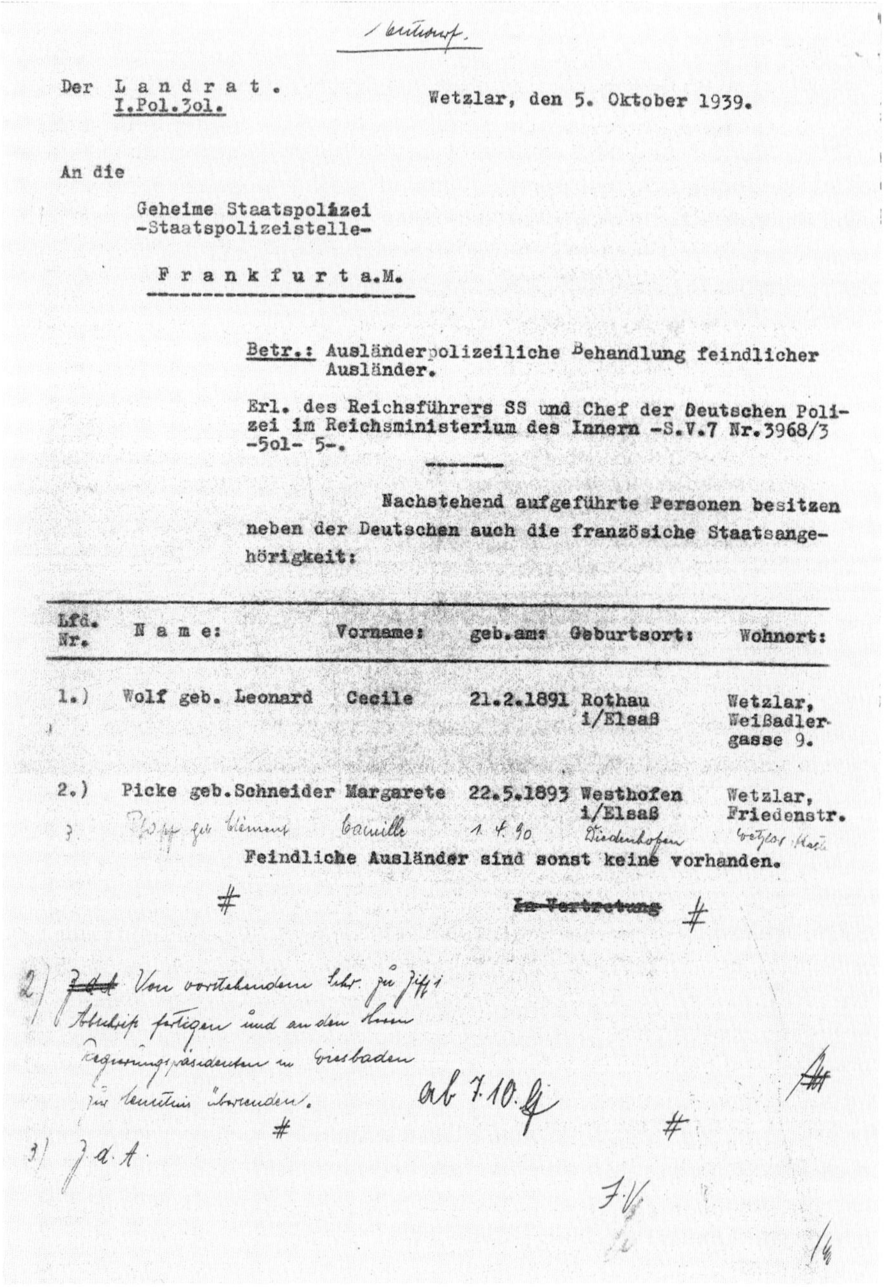

Der Landrat.
I.Pol.3ol.

Wetzlar, den 5. Oktober 1939.

An die

Geheime Staatspolizei
-Staatspolizeistelle-

Frankfurt a.M.

Betr.: Ausländerpolizeiliche Behandlung feindlicher Ausländer.

Erl. des Reichsführers SS und Chef der Deutschen Polizei im Reichsministerium des Innern -S.V.7 Nr.3968/3 -5ol- 5-.

Nachstehend aufgeführte Personen besitzen neben der Deutschen auch die französische Staatsangehörigkeit:

Lfd. Nr.	Name:	Vorname:	geb.am:	Geburtsort:	Wohnort:
1.)	Wolf geb. Leonard	Cecile	21.2.1891	Rothau i/Elsaß	Wetzlar, Weißadlergasse 9.
2.)	Picke geb.Schneider	Margarete	22.5.1893	Westhofen i/Elsaß	Wetzlar, Friedenstr.
3.	Pfaff geb. Clement	Camille	1.4.90	Diedenhofen	Wetzlar

Feindliche Ausländer sind sonst keine vorhanden.

~~In Vertretung~~

2) Von vorstehendem Schr. zu Ziff. 1 Abschrift fertigen und an den Herrn Regierungspräsidenten in Wiesbaden zur Kenntnis übersenden.

ab 7.10.

3) z.d.A.

Nachdem der Reichsführer SS mit Erlass vom 16. September 1939 unter anderem bestimmt hatte, jeder Landrat und Polizeipräsident habe der zuständigen Staatspolizeistelle Listen der nicht internierten feindlichen Ausländer zu übersenden, berichtete der Wetzlarer Landrat am 5. Oktober 1939 an die Gestapo in Frankfurt am Main.

Der „Polen-Einsatz“

Um die zeitlich und inhaltlich unterschiedlichen Behandlungsweisen der Polen, „Westarbeiter“ und „Ostarbeiter“ im Zweiten Weltkrieg aufzeigen zu können, soll jede dieser Volksgruppen separat behandelt werden. Dabei muss jedoch berücksichtigt werden, dass viele Erlasse und Verordnungen, die ab 1939 für den Polen-Einsatz geschaffen wurden, später ebenso Gültigkeit hatten für die West- und Ostarbeiter (z. B. Unterbringung und Verpflegung oder ärztliche Versorgung). Eine strikte Trennung nach Volksgruppen war hier also nicht möglich, und so sind Mehrfachnennungen unvermeidlich.

Anwerbung

Die ersten polnischen Kriegsgefangenen wurden schon wenige Tage nach Kriegsbeginn in das Deutschen Reich verbracht: Bereits im Oktober 1939 arbeiteten mehr als 213.000 und im Februar 1940 etwa 295.000 Polen überwiegend in der deutschen Landwirtschaft.[20] Ein Bericht in der Rhein-Mainischen Wirtschaftszeitung vom 3. Dezember 1940 schilderte die Situation jener Monate sehr deutlich:[21]

„Schon unmittelbar im Anschluß an den polnischen Feldzug waren in großer und ständig wachsender Zahl polnische Kriegsgefangene nach Deutschland gebracht und dort – namentlich in der Landwirtschaft – eingesetzt worden. Auf diese Weise konnte die Einbringung der Hackfruchternte, besonders in den ost- und mitteldeutschen Gebieten, wesentlich erleichtert werden. Während der Herbstmonate des Jahres 1939 waren bei der Hackfruchternte im Reich durchschnittlich monatlich 300.000 Kriegsgefangene beschäftigt.

... Mit Anfang des Sommers 1940 beginnt dann der Kriegsgefangeneneinsatz ... ein neues Gesicht anzunehmen. Einerseits strömen nun die Massen der westlichen Kriegsgefangenen, noch während die Kämpfe in Frankreich und in Belgien im Gange sind, nach Deutschland hinein, andererseits werden auf Grund eines Gnadenaktes des Führers allmählich die polnischen Kriegsgefangenen aus dem Gefangenenverhältnis entlassen und in zivile Arbeitsverhältnisse überführt, eine Aktion, die bis zum Herbst d. J. schon sehr weit vorgeschritten, in vielen Gegenden abgeschlossen war.

Von den neu hinzugekommenen westlichen Kriegsgefangenen, von denen die Farbigen vom Einsatz ausgeschlossen bleiben, wurde der weitaus größte Teil zunächst ebenfalls der Landwirtschaft zugeführt, um die Einbringung der Ernte völlig zu sichern. Schon zwei Monate nach Beginn der Offensive im Westen waren im Reich 350.000 westliche Kriegsgefangene eingesetzt.

... Im Spätherbst d. J. war nach einer Mitteilung des Staatssekretärs Dr. Syrup im ganzen Reich eine Zahl von reichlich 1 Million Kriegsgefangenen beschäftigt.“

Einteilung der Zon

Reichskriminalpolizei

***Kriminalpolizeileitstellen** und Kriminalpolizeistellen.*

1
KÖNIGSBERG
a Königsberg
b Tilsit
c Zichenau

2
STETTIN
a Stettin
b Schwerin
c Schneidemühl

3
BERLIN
a Berlin
b Frankfurt/O.

4
BRESLAU
a Breslau

5
DRESDEN
a Dresden
b Chemnitz
c Leipzig
d Zwickau
e Karlsbad
f Reichenberg

6
HALLE
a Halle
b Magdeburg
c Erfurt
d Dessau
e Weimar

7
MÜNCHEN
a München
b Augsburg
c Nürnberg
d Regensburg
e Würzburg

8
STUTTGART
a Stuttgart
b Karlsruhe
c Ludwigshafen
d Saarbrücken

9
FRANKFURT/M
a Frankfurt
b Kassel
c Darmstadt

10
KÖLN
a Köln
b Aachen
c Trier
d Koblenz

11
DÜSSELDORF
a Düsseldorf
b Essen
c Dortmund
d Recklinghausen
e Bochum
f Wuppertal

12
HANNOVER
a Hannover
b Braunschweig

13
BREMEN
a Bremen
b Wilhelmshaven

14
HAMBURG
a Hamburg
b Kiel
c Flensburg

15
WIEN
a Wien
b Linz
c Graz
d Salzburg
e Klagenfurt
f Innsbruck

16
DANZIG
a Danzig
b Graudenz
c Bromberg

17
POSEN
a Posen
b Hohensalza
c Litzmannstadt

18
KATTOWITZ
a Kattowitz
b Oppeln
c Troppau

19
PRAG
a Prag
b Brünn

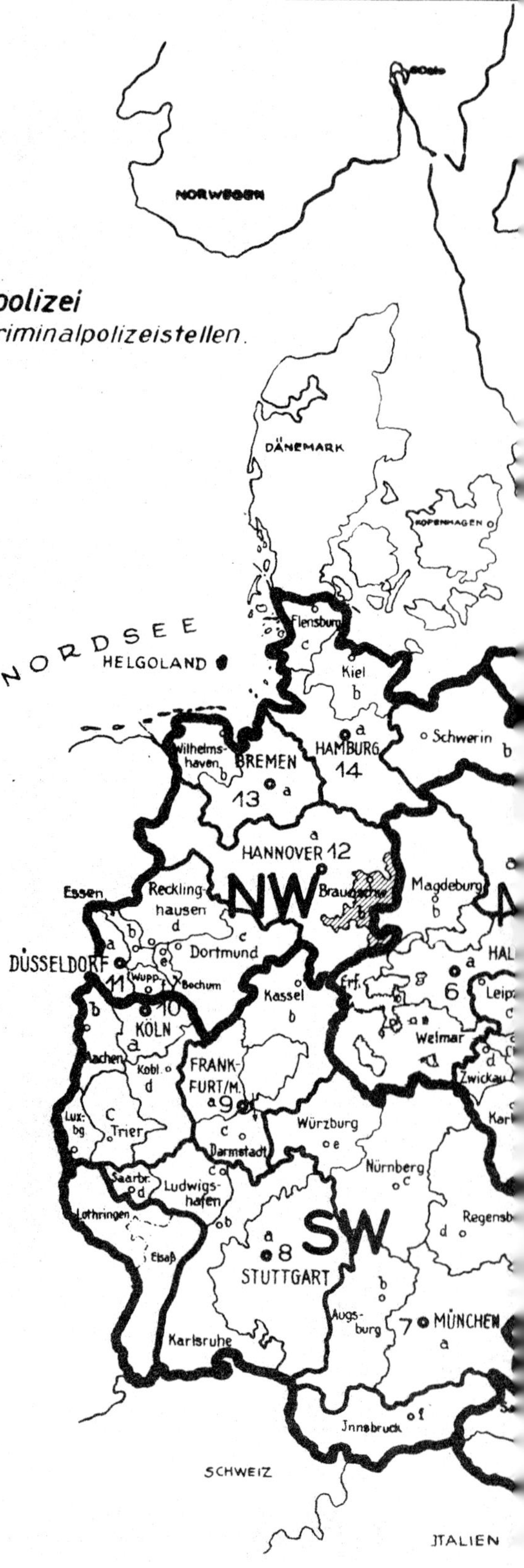

OREVAL
ESTLAND
RIGAER
MEERBUSEN
LENINGRADER
GEBIET
GOTLAND
ORIGA
LETTLAND
KALININ
GEBIRGE
DUNABURG
LITAUEN
Tilsit
KOWNO
WILNA
MINSK
KÖNIGSBERG
DANZIG
NO
Bialystok
Schneide-
mühl
Bromberg
Graudenz
Zichenau
Hohensalza
Warschau
POSEN
Litzmannstadt
Radom
Lublin
UKRAINE
BRESLAU
GENERALGOUVERNEMENT
Oppeln
Lemberg
KATTOWITZ
Troppau
Krakau
Brünn
SLOWAKEI
UNGARN
RUMÄNIEN
SO
WIEN
Graz
UNGARN
KROATIEN
AMT V - REICHSKRIMINALPOLIZEIAMT
KRIMINALTECHNISCHE ZEICHEN- U. ABFORM-
STELLE.

Bildtext zur vorhergehenden Doppelseite: Plan der Kriminalpolizei-Leitstellen und Kriminalpolizeistellen im Deutschen Reich. Das Generalgouvernement (d. h., die nicht in das Deutsche Reich eingegliederten besetzten polnischen Gebiete) und das Gebiet Bialystok (beide grau unterlegt) bildeten hier Sondergebiete. Der Kreis Wetzlar bildete einen Teil des Kriminalpolizei-Leitstellenbereiches 9a.

Die farbigen französischen Kriegsgefangenen blieben also vom Arbeitseinsatz im Deutschen Reich verschont. Dennoch nahm der Arbeitermangel in Deutschland weiter stark zu. Göring wies daraufhin am 16. November 1939 die Arbeitsverwaltung an, *„die Hereinnahme ziviler polnischer Arbeitskräfte, insbesondere polnische Mädchen, in größtem Ausmaß zu betreiben. Ihr Einsatz und ihre Entlöhnung müssen zu Bedingungen erfolgen, die den deutschen Betrieben leistungsfähige Arbeitskräfte billigst zur Verfügung stellen.“*[22]

Schon zu Beginn dieses Masseneinsatzes polnischer Zwangsarbeiter hatte die deutsche Reichsführung entschieden, dass gewisse Teile Polens einen Sonderstatus behalten sollten. Das geschah vor folgendem Hintergrund:
Der nordöstlichste polnische Bezirk Bialystok[23] und das südöstlich gelegene Galizien[24] waren eigentlich ukrainische – also sowjetische – Gebiete, die 1920 nach der Schlacht bei Warschau von Polen annektiert worden waren. Die Deutschen hatten sie 1939 mit besetzt – behandelten sie aber vorerst als „Sondergebiete“, deren Bevölkerung nicht als Polen galten.[25] Diese Regelung war vermutlich aus Rücksicht auf das Verhältnis zur Sowjetunion getroffen worden.
Bereits am 1. August 1941 – die deutsche Wehrmacht war im Juni 1941 in die Sowjetunion einmarschiert – wurde der Bezirk Galizien jedoch dem Generalgouvernement zugeschlagen.[26] Der Kreis Bialystok blieb aber noch selbstständig. Die Einwohner beider Gebiete wurden von da an ebenfalls als Polen behandelt, um sie deutlich von den neu hinzu gekommenen Russen abzusetzen. Jedenfalls lautete die amtliche Definition für Polen am 15. Februar 1943:[27]
„Als Polen gelten diejenigen Arbeitskräfte polnischen Volkstums, aus dem Generalgouvernement und den eingegliederten Ostgebieten, die am 1.9.1939 in den eingegliederten Ostgebieten einschließlich des Bezirks Bialystok sowie dem Generalgouvernement einschließlich des Bezirks Lemberg ansässig waren und im Reichsgebiet ... zum zivilen Arbeitseinsatz eingesetzt sind oder werden.“

Die Behandlungsvorschriften für polnische Arbeiter in Deutschland wurden bereits 1939 verschärft. In einem Erlass des Reichsführers SS vom 23. Dezember 1939 betreffend die „Behandlung arbeitsunwilliger polnischer Arbeiter“ hieß es unter anderem:[28]
„Nach vorliegenden Berichten häufen sich in der letzten Zeit die Fälle, daß sich polnische Staatsangehörige, die in das Reichsgebiet zur Beschäftigung in der

Landwirtschaft oder zu gewerblichen Arbeiten hereingeholt worden sind, ohne Genehmigung ihre Arbeitsstelle verlassen und ziel- und mittellos ... im Lande herumziehen.
Diese arbeitsscheuen Polen bedeuten in jeder Hinsicht eine Gefahr für die öffentliche Sicherheit. Ich ersuche, ... nach derartigen Personen zu fahnden. Werden solche ... ergriffen, ist ihre Bestrafung ... herbeizuführen.
Nach der Strafverbüßung sind sie dem zuständigen Arbeitsamt zur Zuweisung in Arbeit zuzuführen. Dabei ist ihnen die Unterbringung in ein Konzentrationslager anzudrohen, falls sie ihre Arbeitsstelle erneut unerlaubt verlassen sollten. Werden Polen betroffen, die trotz der Bestrafung und erneuter Zuweisung einer Arbeitsstelle diese wieder ohne Genehmigung verlassen haben, sind sie in ein Konzentrationslager einzuweisen."

Nach der Besetzung Polens durch die deutsche Wehrmacht waren die Erlasse des Reichführers SS, nach denen polnische Zivilarbeiter in Deutschland als „feindliche Ausländer" zu behandeln waren, überflüssig geworden: Polen hatte aufgehört zu existieren. Am 5. Februar 1940 erfolgte daraufhin ein neuer Erlass:[29]
„Im Hinblick auf den Ablauf der Ereignisse in Polen ist nun mehr der Zeitpunkt gekommen, die durch Runderlaß vom ... angeordnete Internierung der polnischen Staatsangehörigen als feindliche Ausländer wieder aufzuheben ... Auszunehmen von der Entlassung sind insbesondere
1. Alle Polen, denen im Falle ihrer Entlassung eine Spionage- oder Sabotagetätigkeit zuzutrauen ist ... 2. Alle polnischen Juden und alle staatenlosen Juden mit zuletzt polnischer Staatsangehörigkeit.
Die Polen, die nach dem Ergebnis der Überprüfung für eine Freilassung nicht in Frage kommen, sind ... in die Konzentrationslager zu überführen."

Schon im Januar 1940 war der Masseneinsatz polnischer Zivilarbeiter in Deutschland durch eine Anordnung des Generalgouverneurs in Polen – Frank – geplant worden:[30]
„Bereitstellung und Transport von mindestens 1 Million Land- und Industriearbeitern ins Reich – davon etwa 750.000 landwirtschaftliche Arbeitskräfte, von denen mindestens 50 % Frauen sein müssen – zur Sicherstellung der landwirtschaftlichen Erzeugung im Reich und als Ersatz für im Reich fehlende Industriearbeiter."
Solche Zahlen waren aber mit den bisherigen Anwerbemethoden für Saisonarbeiter keinesfalls erreichbar, und den deutschen Behörden wurde schnell klar, dass das geforderte Ergebnis nur unter Druck und Zwang zu erzielen war.
Zuerst erfolgte nun die bürokratische Erfassung der Arbeitslosen und ihre Verpflichtung zur Arbeitsaufnahme in Deutschland. Zahllose Polen entzogen sich in der Folge der Erfassung, flüchteten in die Wälder oder kamen der angeordneten Dienstverpflichtung nach Deutschland ganz einfach nicht nach. Daraufhin wurden

den einzelnen Distrikten und Gemeinden Gestellungskontingente für Arbeiter auferlegt, und für die Geburtsjahrgänge 1915 bis 1925 – also die 15- bis 25-Jährigen – wurde die Arbeitspflicht in Deutschland angeordnet.[31] Da sich auch diese Methode als nicht sehr effektiv erwies, gingen die deutschen Behörden bald zu einer drastischeren Maßnahme über: der Menschenjagd.
Vor allem an Feiertagen wurden Razzien vor Kirchen, in Parks und auf den Straßen durchgeführt. In Blachownia/Schlesien wandte man ein Täuschungsmanöver an, indem die Ortsjugend aufgefordert wurde, sich im Landratsamt zum Austausch der Personalausweise einzufinden. Als die jungen Leute zahlreich erschienen, wurden sie von Polizei umstellt, zum Bahnhof gebracht und sofort abtransportiert.[32]
Diese Transporte gingen in „Auffanglager", die sich noch in den besetzten Ostgebieten und zumeist im Bereich einer Großstadt befanden. Von dort wurden die jungen Leute nach einigen Tagen Aufenthalt mit der Bahn in deutsche Durchgangslager transportiert. Diese dienten den deutschen Landesarbeitsämtern als Verteilerstellen. Örtliche Landwirte und Gewerbebetriebe konnten sich dort die gewünschten Arbeitskräfte aussuchen.[33]
Derartige Massentransporte konnten mit den bisherigen passtechnischen Vorschriften nicht mehr bewältigt werden. Der Reichsarbeitsminister erließ daher am 4. März 1940 eine neue Verordnung zur „Paßtechnischen Behandlung des Grenzübertritts der ausländischen Arbeitskräfte". Darin hieß es unter anderem:[34]
„1. Sammeltransporte ausländischer Arbeiter können die Reichsgrenze überschreiten, ohne daß der einzelne ausländische Arbeiter einen Einreise- oder einen Ausreisesichtvermerk hat, wenn die Sammeltransporte einen verantwortlichen deutschen Transportführer haben. Der Transportführer selbst und das übrige Begleitpersonal müssen im Besitz von Sichtvermerken sein.
2. Sammeltransporte, die ohne Sichtvermerk die Grenze überschreiten sollen, sind mir so rechtzeitig – gegebenenfalls durch Fernschreiben oder Ferngespräch – zu melden, daß ich den Reichsführer SS und Chef der Deutschen Polizei im RMdI. und dieser die Grenzpolizeistellen über die Sammeltransporte unterrichten kann. Wenn es ausnahmsweise auf diese Weise nicht mehr möglich sein sollte, die Grenzpolizeistellen rechtzeitig zu unterrichten, so können die Sammeltransporte auch dem Reichsführer SS ... unmittelbar gemeldet werden.
Fahrpläne der Sonderzüge für die Einreise der neuangeworbenen ausländischen Arbeiter und für die Abreise der rückkehrenden Arbeiter werden von mir ohne weitere Meldung der beteiligten Landesarbeitsämter dem Reichsführer SS gemeldet."

Bis Ende Juli 1940 wurden etwa 310.000 polnische Arbeiter zum „Reichs-Einsatz" nach Deutschland verbracht. Zusammen mit den polnischen Kriegsgefangenen, die im Sommer 1940 durch „Führererlaß" kurzerhand in den Status von „Zivilarbeitern" übergeführt worden waren,[35] mussten zu dieser Zeit also etwa 700.000 Polen in Deutschland Zwangsarbeit leisten.

Ihre Entlohnung geschah nach der „Reichstarifordnung für polnische landwirtschaftliche Arbeitskräfte" („RTO", siehe dazu Kapitel „Entlohnung"). Diese sah 1940 allerdings grundsätzlich noch die Rückkehr der Polen in ihr Heimatland vor. Dem wurde jedoch sogleich ein Riegel vorgeschoben. Der Reichsbauernführer veröffentlichte am 17. Oktober 1940 dazu eine Verordnung betreffend „Überwinterung der ausländischen Arbeitskräfte in den landwirtschaftlichen Betrieben". Darin hieß es unter anderem:[36]

„I. Von den zur Zeit in der Landwirtschaft beschäftigten Ausländern wird nach Abschluß der Hackfruchternte und der Herbstbestellungsarbeiten ein größerer Teil derjenigen, die nicht der RTO unterliegen, (Italiener, Slowaken, Ungarn, Ukrainer) in ihre Heimat zurückkehren.

... II. Die polnischen Zivilarbeiter – Gesindekräfte, Wanderarbeiter und die entlassenen ehem. poln. Kriegsgefangenen – werden in ihren Arbeitsstellen überwintern.

Im Gegensatz zu der in der RTO für Monatslöhner geschaffenen Regelung, die ein Verlassen des Arbeitsplatzes nur nach vorausgegangener Kündigung möglich macht, endet das Arbeitsverhältnis der polnischen Stundenlöhner nach Abschluß der Hackfruchternte, spätestens am 15. 12. 1940.

Ich habe beantragt, den § 13 der RTO wie folgt zu ergänzen:

‚Es ist den Parteien jedoch unbenommen, das befristete Arbeitsverhältnis in ein unbefristetes umzuwandeln. Geschieht dies nicht, so ist zu dem Ausscheiden des Stundenlöhners spätestens 14 Tage vorher die Zustimmung des zuständigen Arbeitsamtes einzuholen. Lehnt das Arbeitsamt die Zustimmung ab, so gilt das Arbeitsverhältnis auf unbestimmte Zeit geschlossen.'

... Sobald dieser Zusatz zur RTO in Kraft getreten ist, können die Stundenlöhner ebenso wie die Monatslöhner ihren Arbeitsplatz nur nach vorausgegangener Kündigung, die der Zustimmung des Arbeitsamtes bedarf, verlassen. Ich habe den Reichsarbeitsminister um Weisung an die Arbeitsämter gebeten, die Zustimmung nur dann zu erteilen, wenn es sich nach Auskunft des Betriebsführers und damit übereinstimmender Auffassung des Arbeitsamtes um leistungsunfähige, arbeitsunlustige und widersätzliche polnische Arbeitskräfte handelt. In allen anderen Fällen sollen die Arbeitsämter die Zustimmung zur Kündigung versagen und dadurch die Arbeitskräfte an die Arbeitsstellen binden."

Dem kategorischen Rückreiseverbot für Polen wurde also nur noch ein formaler Deckmantel umgehängt.

Am 21. März 1942 verfügte Adolf Hitler einen Erlass, nach dem der Thüringer Gauleiter Fritz Sauckel zum „Generalbevollmächtigten für den Arbeitseinsatz" („GBA") eingesetzt wurde. Er hatte die gleichen Befugnisse wie der Reichsarbeitsminister, und ihm unterstanden die Abteilungen III (Lohn) und V (Arbeitseinsatz) des Reichsarbeitsministeriums.[37] Seine Hauptaufgabe bestand darin, möglichst viele Ausländer nach Deutschland zu bringen, was in den „Allgemeinen Grundsätzen des GBA – herausgegeben am Geburtstag des Führers 1942“ näher definiert wurde:[38]

„Die Rüstungs- und Ernährungsaufgaben machen ... neben der totalen Erfassung aller deutschen Arbeitskräfte die Hereinnahme fremder Arbeitskräfte zur dringendsten Notwendigkeit.
Ich habe daher das Transportprogramm, das ich bei der Übernahme meines Auftrags vorgefunden habe, sofort verdreifacht.
Der Schwerpunkt dieses Transportes wurde zeitlich in die Monate Mai/Juni vorverlegt, so daß die Hereinnahme fremder Arbeitskräfte aus den besetzten Gebieten für eine vermehrte Produktion im Hinblick auf die kommenden Operationen des Heeres, wie auch für die landwirtschaftlichen Arbeiten im Sektor der deutschen Ernährungswirtschaft, noch unter allen Umständen wirksam werden kann.
Alle schon in Deutschland befindlichen Kriegsgefangenen, sowohl aus den West- wie den Ostgebieten, müssen, soweit dies noch nicht geschehen ist, ebenfalls restlos der deutschen Rüstungs- und Ernährungswirtschaft zugeführt, ihre Leistung muß auf den denkbar höchsten Stand gebracht werden.
Es ist daher unumgänglich notwendig, die in den eroberten sowjetischen Gebieten vorhandenen Menschenreserven voll auszuschöpfen. Gelingt es nicht, die benötigten Arbeitskräfte auf freiwilliger Grundlage zu gewinnen, so muß unverzüglich zur Aushebung derselben bzw. zur Zwangsverpflichtung geschritten werden.
Neben den schon vorhandenen, noch in den besetzten Gebieten befindlichen Kriegsgefangenen gilt es also vor allem, Zivil- und Facharbeiter und -arbeiterinnen aus den Sowjetgebieten vom 15. Lebensjahr ab für den deutschen Arbeitseinsatz zu mobilisieren.“

Sauckels „Anordnung Nr. 10“ vom 22. August 1942 regelte diesen „Einsatz von Arbeitskräften der besetzten Gebiete“ grundsätzlich wie folgt:[39]

„Diese Anordnung erstreckt sich auf alle während dieses Krieges von der deutschen Wehrmacht besetzten Gebiete, soweit sie unter deutscher Verwaltung stehen.
Die verfügbaren Arbeitskräfte der besetzten Gebiete sind in erster Linie zur Befriedigung des kriegswichtigen Bedarfs in Deutschland selbst einzusetzen.
In den besetzten Gebieten sind sie nach folgender Rangordnung einzusetzen:
a) Für notwendige Aufgaben der Truppe, der Besatzungsdienststellen und der zivilen Dienststellen,
b) für deutsche Rüstungsaufgaben,
c) für Aufgaben der Ernährungs- und Landwirtschaft,
d) für gewerbliche im deutschen Interesse liegende Aufgaben außerhalb der Rüstungswirtschaft,

Der einstige polnische Zwangsarbeiter Mieczyslaw K. (*6. März 1924 Trzcianka, Kreis Kielce, Polen) – hier auf einem Propagandafoto von 1941 – lebt heute in Wetzlar. Er wurde am 26. Juli 1941 in Boksycka, Kreis Kunow, von der Gestapo und polnischer Polizei auf offener Straße mit Waffengewalt bedroht und anschließend im Güterzug ins Deutsche Reich deportiert.

e) für gewerbliche Aufgaben im Interesse der Bevölkerung des betreffenden Gebietes."

1999 bot sich die Gelegenheit, drei ehemalige polnische Zwangsarbeiter und eine Zwangsarbeiterin, die heute in Wetzlar leben, nach ihren Erlebnissen während des Krieges zu befragen. Das Schicksal hatte sie nach Kriegsende zufällig in den Raum Wetzlar verschlagen, wo sie dann geblieben sind.[40]
Waldemar Z. wurde am 30. Juli 1916 in Wola-Chorzelowska, Polen geboren. Er erzählte:[41]
„Im April 1941 – ein genaues Datum ist mir nicht mehr erinnerlich – kam ich morgens aus der Ortskirche in Wola-Chorzelowska. Draußen standen polnische Polizisten und die Gestapo. Ich wurde zusammen mit anderen jungen Leuten ohne Umschweife festgenommen und zum Bahnhof geführt.

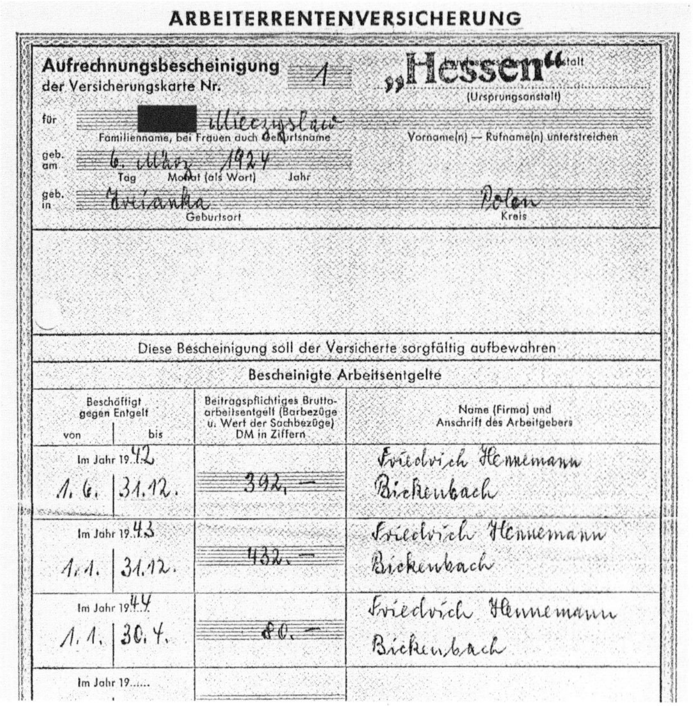

ARBEITERRENTENVERSICHERUNG

Aufrechnungsbescheinigung der Versicherungskarte Nr. 1 „Hessen“ (Ursprungsanstalt)

für [redacted] Mieczyslaw
Familienname, bei Frauen auch Geburtsname — Vorname(n) — Rufname(n) unterstreichen

geb. am 6. März 1924
Tag Monat (als Wort) Jahr

geb. in Trzianka Polen
Geburtsort Kreis

Diese Bescheinigung soll der Versicherte sorgfältig aufbewahren

Bescheinigte Arbeitsentgelte

Beschäftigt gegen Entgelt von	bis	Beitragspflichtiges Bruttoarbeitsentgelt (Barbezüge u. Wert der Sachbezüge) DM in Ziffern	Name (Firma) und Anschrift des Arbeitgebers
Im Jahr 1942			
1.6.	31.12.	392,–	Friedrich Hennemann Bickenbach
Im Jahr 1943			
1.1.	31.12.	432,–	Friedrich Hennemann Bickenbach
Im Jahr 1944			
1.1.	30.4.	80,–	Friedrich Hennemann Bickenbach
Im Jahr 19......			

Aufrechnungsbescheinigung der deutschen Arbeiterrentenversicherung vom 22. August 1966 für Mieczyslaw K. in Wetzlar. Da er nach dem Krieg in Deutschland blieb, gehört er zu der absoluten Minderheit ehemaliger Zwangsarbeiter, deren Rentenversicherungs-Beiträge aus den Kriegsjahren bis 1945 tatsächlich auch zu einem Leistungsanspruch in Deutschland führten. Für Millionen von Zwangsarbeitern wurden während des Zweiten Weltkrieges Beiträge zur deutschen Arbeiterrentenversicherung entrichtetet, die wegen der Heimkehr der Arbeiter/innen in ihre Heimatländer niemals zu einem Leistungsanspruch in Deutschland führten.

Ich durfte nicht einmal zu Hause Bescheid sagen, dass ich nach Deutschland kam, und konnte nur das mitnehmen, was ich zufällig auf dem Leib trug.
Am Bahnhof wurden wir aufgefordert, in Güterwagen zu steigen. Dann fuhren wir unter Bewachung deutscher Soldaten mehrere Tage und Nächte lang – ohne sanitäre Anlagen, Verpflegung oder Heizung (nachts war es doch noch ziemlich kalt im Waggon) – nach Deutschland. In Darmstadt kamen wir in ein umzäuntes Lager, wo alle Leute entlaust und am ganzen Körper geschoren wurden.
Einige Tage später mussten wir alle antreten, und es kamen deutsche Männer und Frauen, die sich junge Leute für Zwangsarbeit aussuchten. Ich kam zu einem Bauern in Baden-Württemberg (der genaue Ortsname ist mir entfallen).
Ich musste bis zum Kriegsende dort arbeiten, und zwar 15 Stunden täglich. Ich bekam monatlich 10 Reichsmark gezahlt.

Nach Kriegsende haben die Amerikaner ehemalige polnische Zwangsarbeiter rekrutiert und militärisch ausgebildet. Ich kam in eine amerikanische Einheit, die in einem Buderus'schen Wohnblock in Wetzlar einquartiert war. So kam ich nach Wetzlar, wo ich heute noch lebe. Bis heute hat außer Ihnen kein Deutscher danach gefragt, was ich alles erlitten habe.“

Mieczyslaw K. berichtete:[42]
„Ich wurde am 6. März 1924 in Trzcianka, Kreis Kielce, Polen, geboren. Am 26. Juli 1941 – ich war also 17 Jahre alt – wartete ich in Boksycka, Kreis Kunow, morgens gegen 9 Uhr vor einer Fabrik, in der mein älterer Bruder arbeitete. Er wollte versuchen, mir dort ebenfalls Arbeit zu verschaffen. Da kam plötzlich polnische Polizei mit Gestapo. Sie fragten mich, was ich da mache. Ich antwortete, dass ich hier in der Fabrik um Arbeit nachfragen wolle. Der Polizist richtete seinen Karabiner auf mich, und der Gestapo-Mann sagte zu mir: ‚Du bekommst jetzt Arbeit!‘ Dann wurde ich ohne weitere Erklärungen in das örtliche Gefängnis gebracht.
Nach einer Nacht im Gefängnis brachte man mich zusammen mit anderen jungen Leuten mit einem Güterzug in ein Lager nach Tschenstochau, und später in ein Gefangenenlager bei Darmstadt. Wir wurden desinfiziert und am ganzen Körper geschoren. Das Desinfektionsmittel tat auf der Haut höllisch weh.
Später – ich meine, es war am 8. August 1941 – wurde ich von einem Bauern ausgesucht und kam zu ihm auf den Hof in Bickenbach, bei Seeheim-Jugenheim an der Bergstraße.
Ich musste zwar täglich 14 bis 15 Stunden arbeiten, wurde aber grundsätzlich gut behandelt. Ich konnte im Zimmer des einzigen Sohnes, der an der Front war, schlafen. Außerdem durfte ich bei der Familie immer mit am Tisch essen. Eines Tages

Amtliches Lichtbild eines polnischen Zwangsarbeiters, der mit dem heutigen Wetzlarer Bürger Stanislaw H. zusammen auf einem Bauernhof im Raum Biberach an der Riß arbeiten musste (*„mein Freund Tadeusz“*). Auf dem um 1944 entstandenen Foto trug der Mann pflichtgemäß das nach der „Polizeiverordnung über die Kenntlichmachung im Reich eingesetzter Zivilarbeiter und -arbeiterinnen polnischen Volkstums“ des Reichsführers SS Himmler vom 8. März 1940 vorgeschriebene „P“ an der Kleidung (violett auf gelbem Grund). Bei der angehefteten Nummer „584“ dürfte es sich um die Arbeitskarten-Nummer des Polen gehandelt haben.

während des Essens stand plötzlich der Ortspolizist in der Tür und sagte böse zu meinem Bauern: ‚Friedrich, du weißt doch, das so etwas verboten ist! Ich will aber diesmal nichts gesehen haben.'
Trotzdem meine ich aus der Erinnerung, dass einige Ukrainer, die bei anderen Bauern arbeiteten, besser als wir Polen behandelt wurden.
Ich habe ab August 1941 dort gearbeitet, aber erst ab 1. Juni 1942 Geld bekommen – dann allerdings 20 Reichsmark im Monat (ich meine, der Mindestlohn war 15 Reichsmark). Ich bin noch im Besitz der Ersatzbescheinigung für meine Rentenversicherung, die mir nach dem Krieg von der Gemeinde Bickenbach ausgestellt wurde.
Nach und nach mussten wir Zwangsarbeiter uns möglichst gut angezogen bei einer Fotografin in Seeheim-Jugenheim melden. Von mir wurde ein Bild vor einer Kulisse gemacht, das ich nach Polen schicken musste. Ich habe heute noch einen Abzug davon."

Am 23. Oktober 1999 sprach ich mit dem Ehepaar H. in Wetzlar. Sie waren beide während des Krieges als Zwangsarbeiter nach Deutschland verschleppt worden. Kennengelernt haben sie sich aber erst lange nach dem Krieg in Wetzlar. Stanislaw H. erzählte:[43]
„Ich wurde am 13. April 1923 in Sarzyna, Polen, geboren. Im Mai 1940 – ich war also gerade 17 Jahre alt – bekam ich einen Befehl, daß ich mich am 30. Mai 1940 morgens auf dem Bürgermeisteramt in Sarzyna zu melden hätte. Ich musste zur Arbeit nach Deutschland.

Stanislaw H. (*13. April 1923 Sarzyna, Polen) lebt heute mit seiner Ehefrau Christina (*27. November 1925 Szoepanose, Polen) in Wetzlar. Beide mussten in Deutschland Zwangsarbeit leisten. Das Foto entstand 1944 auf dem Hof „seines" Bauern im Raum Biberach an der Riß (südlich Ulm).
Er war dem Befehl gefolgt, sich auf dem Bürgermeisteramt seines Heimatortes für den Arbeitseinsatz im Deutschen Reich zu melden.

ALLGEMEINE ORTSKRANKENKASSE BIBERACH AOK

Mitgliedschafts- und Arbeitsunfähigkeitsbescheinigung

Es wird hiermit bescheinigt, daß Herr Standislaus [redacted]

geboren am 13.04.1923 in Sarzyna/Polen

wohnhaft in z.Zt. 7950 Biberach 1, Weisses Bild 43 - Straße

in nachstehenden Zeiten bei unserer Kasse versichert war: b. Bombosch

von	bis	Arbeitgeber	Verdienst DM
05.06.40	31.12.42	Georg [redacted], Bauer, Mittelbuch	L.St. III und
01.01.43	22.01.44	dto. mtl.	29,- fr.St.
29.03.44	28.09.44	Josef [redacted], Bauer, Mittelbuch	mtl. 30,- und freie Station
		ab 1.7.44	mtl. 40,- und freie Station
		ab 1.9.44	mtl. 30,- und freie Station
01.11.44	30.05.45	Franz [redacted], Bauer, Hattenburg	mtl. 30,- und freie Station

7950 Biberach, den 26.02.1976

Allg. Ortskrankenkasse Biberach Kolpingstraße 16 Postfach 120 7950 Biberach 1

Im Auftrag:

Nachträglicher Arbeitsnachweis der AOK Biberach an der Riß für den einstigen polnischen landwirtschaftlichen Zwangsarbeiter Stanislaw H., der heute mit seiner Ehefrau Christina in Wetzlar lebt. Diese Bescheinigung belegt, dass sich zumindest die damals dort beteiligten Landwirte korrekt an die Vorschriften für Entlohnung bzw. Unterbringung und Verpflegung gehalten hatten (siehe dazu auch Abschnitt „Entlohnung und Arbeitszeit" in diesem Kapitel).

Wir fuhren mehrere Tage mit dem Güterzug. In Deutschland, in Biberach an der Riß, wurden wir auf dem Bahnhof von deutschen Bauern in Empfang genommen. Ich kam zuerst auf einen Bauernhof in Mittelbuch. Später arbeitete ich dann auf einem Hof in Hattenburg, wo ich das Kriegsende erlebte. Ich habe noch zwei alte Bilder von mir und meinem Freund Taddeusz, mit dem ich in Mittelbuch zusammen arbeitete. Außerdem besitze ich noch einen Arbeitsnachweis von damals. Nach Kriegsende ging ich zu den Franzosen, denn Biberach gehörte ja zur französischen Zone. Später kam ich mit den Amerikanern nach Wetzlar, wo ich auch meine Frau kennen lernte."

Seine Ehefrau Christina H. bestätigte dies grundsätzlich und streifte dann kurz ihr eigenes Schicksal:

„Ich wurde am 27. November 1925 in Szoepanose in Polen geboren. Ende April 1941 musste ich mich beim Bürgermeister melden, weil ich nach Deutschland zur

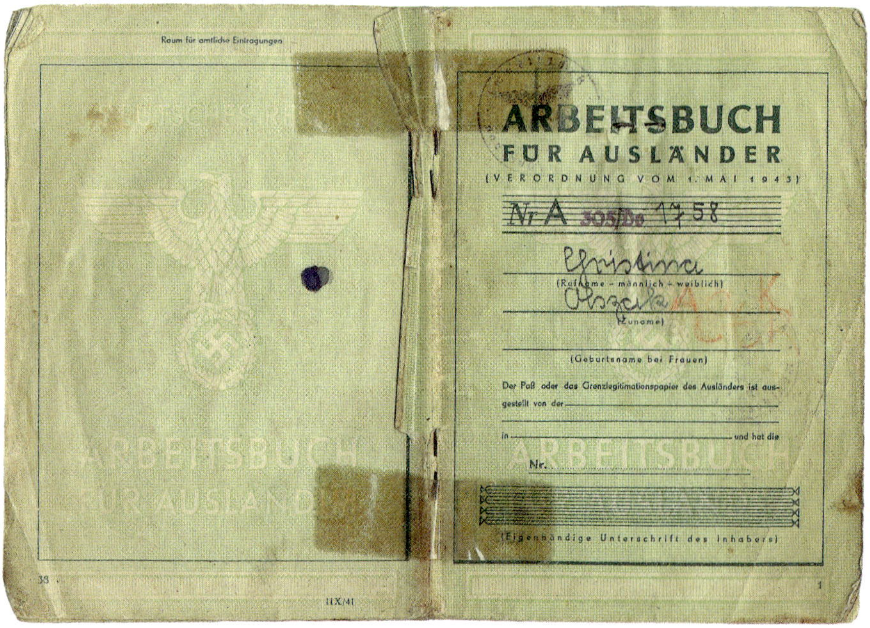

Bildtext zur Doppelseite: Nach der „Verordnung über das Arbeitsbuch für ausländische Arbeitskräfte vom 1. Mai 1943" waren alle Zwangsarbeiter im Deutschen Reich durch ein „Arbeitsbuch für Ausländer" in die allgemeine deutsche Arbeitsbuchpflicht einbezogen worden. Die Arbeitsbücher wurden vom zuständigen Arbeitsamt ausgestellt und dem jeweiligen Unternehmer zur Aufbewahrung übergeben. Dieser Maßnahme lag der Gedanke zu Grunde, *„dem ausländischen Arbeiter durch die Aushändigung eines besonderen Arbeitsbuches die innere Überzeugung zu geben, daß er in einem Rechtsstaat lebt und sein Arbeitsverhältnis demgemäß rechtlich geordnet ist"*.
Im Bild das am 27. April 1944 vom Arbeitsamt Mühldorf/Oberbayern ausgestellte Arbeitsbuch der polnischen Zwangsarbeiterin Christina Olszak, die nach dem Krieg nach Wetzlar kam, Stanislaw H. heiratete, und noch heute hier lebt.

Arbeit sollte. Ich kam dann mit Güterzügen bis nach Oberbayern, wo ich am 15. Mai 1941 auf einem Bauernhof mit der Arbeit anfing. Das ist belegt durch mein ‚Arbeitsbuch für Ausländer'[44] *welches ich noch immer besitze. Dort blieb ich bis Kriegsende. Nach dem Krieg kam ich durch viele Wirren irgendwann nach Wetzlar, wo ich später meinen Mann kennenlernte."*

In der Tat scheint die Deportation Hunderttausender von Polen in der Anfangszeit unter einfachsten Bedingungen geschehen zu sein. Jedenfalls fand sich erst im Mai 1944 ein Runderlass des GBA über „Trinkwasser für Arbeitertransporte", in dem insgesamt 404 Bahnhöfe im Deutschen Reich, Österreich, Böhmen und Mähren, dem Generalgouvernement usw. aufgeführt waren, wo Trinkwasser abgegeben werden konnte. Der Erlass begann mit den Worten:[45]

„Nach Mitteilung der Deutschen Reichsbahn können Arbeitertransporte auf den nachstehend aufgeführten Bahnhöfen Trinkwasser erhalten. Die Abgabe des Trinkwassers ist im allgemeinen nur während der frostfreien Zeit möglich. Für die Dauer der Frostzeit können geschlossene Transporte nur insoweit mit Wasser versehen werden, als frostfreie Hydranten vorhanden sind.“

Während der Frostperiode war eine Trinkwasserversorgung der tagelangen Transporte also nur dort möglich, wo tatsächlich auch fließendes Wasser in genügender Menge zur Verfügung stand. Aber selbst dort dürfte es kaum möglich gewesen sein, mehrere Hundert Menschen eines Transportzuges vernünftig zu versorgen.

Es kann davon ausgegangen werden, dass die Hintergründe und Umstände dieser „Arbeitskräfte-Beschaffung“ dem deutschen Normalbürger damals kaum bekannt waren, und so hießen die polnischen Arbeiter im allgemeinen Sprachgebrauch ganz einfach „Fremdarbeiter“. Für die meisten älteren deutschen Zeitzeugen gilt dies auch heute noch.

Vermittlung

Der Einsatz ausländischer Zwangsarbeiter im Deutschen Reich war im Abschnitt „Anwerbung und Arbeitseinsatz“ der „Ergänzbaren Sammlung der geltenden Vorschriften mit ausführlichen Erläuterungen und Verweisungen“ der DAF von 1942 unter der Rubrik „Die Beschäftigung von ausländischen Arbeitskräften in

DIE BEZIRKE DER LANDESARBE
IM DEUT
Stand v
NORDMARK
NIEDERSACHSEN
WESTFALEN
HESSEN
RHEINLAND
ZWEIGSTELLE NÜRNBERG
BAYERN
ALPENLAND
FLENSBURG
SCHLESWIG
KIEL
HEIDE
RENDSBURG
NEUMÜNSTER
LÜBECK
ELMSHORN
STRALSUND
ROSTOCK
WISMAR
GÜSTROW
SCHWERIN
WAREN
HAMBURG
STADE
EMDEN
LEER
OLDENBURG
BREMEN
VECHTA
BASSUM
UELZEN
CELLE
NORDHORN
OSNABRÜCK
MINDEN
HANNOVER
STENDAL
WITTENBERGE
NEURUPPIN
BERLIN
MAGDEBURG
BURG
MÜNSTER
DETMOLD
HALBERSTADT
DESSAU
BITTERFELD
TORGAU
HALLE
KASSEL
EISENACH
GOTHA
ERFURT
WEIMAR
JENA
GERA
SAALFELD
SONNEBERG
DRESDEN
KÖLN
SIEGEN
MARBURG
GIESSEN
FULDA
LIMBURG
HANAU
WETZLAR
KOBLENZ
GEROLSTEIN
TRIER
LUXEMBURG
DIEDENHOFEN
METZ
SAARBURG
KAISERSLAUTERN
PIRMASENS
LANDAU
DARMSTADT
WORMS
MAINZ
WIESBADEN
ASCHAFFENBURG
WÜRZBURG
SCHWEINFURT
COBURG
HOF
BAMBERG
BAYREUTH
WEIDEN
NÜRNBERG
ANSBACH
REGENSBURG
PASSAU
HEILBRONN
HALL
KARLSRUHE
STUTTGART
ESSLINGEN
GMÜND
AALEN
ULM
NAGOLD
HAGENAU
STRASSBURG
KOLMAR
FREIBURG
MÜLHAUSEN
LÖRRACH
KONSTANZ
RAVENSBURG
KEMPTEN
AUGSBURG
MÜNCHEN
ROSENHEIM
TRAUNSTEIN
WEILHEIM
LANDSHUT
BRAUNAU
BREGENZ
LANDECK
INNSBRUCK
VILLACH
Bearbeitet im Reichsarbeitsministerium, Abt. Vd

UND DER ARBEITSÄMTER
ICH
941
Ostpreussen
Danzig-Westpreussen
Wartheland
Generalgouvernement
Oberschlesien
Mähren
KÖNIGSBERG
DANZIG
WARSCHAU
POSEN
RADOM
LUBLIN
KRAKAU
BRESLAU
WIEN
Zeichenerklärung:
Grenzen und Sitze der Landesarbeitsämter
Grenzen und Sitze der Arbeitsämter
Grenzen der Länder und Provinzen
Grenzen der unteren Verwaltungsbezirke
Namen (NUR GROSSE BUCHSTABEN) - Landesarbeitsämter
Namen (NUR GROSSE BUCHSTABEN) - Arbeitsämter
Namen (GROSSE und kleine Buchstaben) - Übrige untere Verwaltungsbezirke
RHEIN-RUHR-BEZIRK
WESTFALEN
RHEINLAND
DORTMUND
ESSEN
DÜSSELDORF
Maßstab 1:1500000
Maßstab 1:500000

Bildtext zur vorhergehenden Doppelseite: Die Bezirke der Landesarbeitsämter und Arbeitsämter des Deutschen Reiches nach dem Stand vom 1. Juni 1941. Der Arbeitsamtsbezirk Wetzlar war dabei deutlich kleiner als der Arbeitsamtsbezirk Dillenburg (dieser umfasste die Kreise Dillenburg und Biedenkopf), hatte aber eine höhere Beschäftigtenzahl (Stand 15. August 1941: Dillenburg 22.704 Beschäftigte – davon 792 Ausländer, Wetzlar 26.162 Beschäftigte – davon 1.119 Ausländer).

Deutschland" genau definiert worden. Danach war das Antragsverfahren von Betrieben für ausländische Arbeiter wie folgt geregelt:[46]
„... 4. Welche Betriebe können ausländische Arbeiter erhalten?
Da die Anwerbung allein in der Hand der Reichsarbeitsverwaltung liegt, müssen die Betriebe Anträge auf Vermittlung von ausländischen Arbeitskräften an ... die Arbeitsämter richten. Die Arbeitsämter prüfen auf Grund ihrer Kenntnis der örtlichen und bezirklichen Verhältnisse verantwortlich die Dringlichkeit und die Höhe des angemeldeten Bedarfs ... und entscheiden darüber, ob der Antrag dem Landesarbeitsamt weitergegeben werden kann. Das Landesarbeitsamt beschließt nach Prüfung der überbezirklichen Verhältnisse über die Weitergabe an das Reichsarbeitsministerium. Beide Stellen müssen sich darüber schlüssig werden, ob der angemeldete Bedarf ... aus dem Inland befriedigt werden kann. Die Aufträge der Betriebe lauten daher schlechthin auf Vermittlung von Arbeitskräften.[47] *Können Kräfte aus dem deutschen Reichsgebiet nicht beschafft werden, so gilt der Antrag gleichzeitig als Antrag auf Zuweisung von ausländischen Arbeitskräften und als Antrag auf Erteilung der Beschäftigungsgenehmigung für Ausländer.*
... Hat das Landesarbeitsamt die Dringlichkeit und den Umfang des Arbeiterbedarfs anerkannt und bestehen keine Möglichkeiten der Bedarfsbefriedigung im Inland, so geht der Antrag an das Reichsarbeitsministerium. Dieses leitet den Auftrag dem ausländischen Werbebezirk zu ...

5. Der Auftrag auf Vermittlung ausländischer Arbeiter.
Für den Vermittlungsauftrag sind Vordrucke vorgesehen, die die Arbeitsämter kostenlos abgeben. Der Vordruck ist sorgfältig und vollständig ausgefüllt in fünffacher Ausfertigung bei dem für den Sitz des Betriebes zuständigen Arbeitsamt einzureichen. Es sind genaue Angaben über die Art der geforderten Arbeitskräfte, über die von ihnen zu verrichtenden Arbeiten und den Beginn und die Dauer der Arbeit einzutragen.
... Ebenso wichtig ist es, daß die wohnliche Unterbringung der fremdländischen Arbeiter bereits bei der Auftragserteilung sichergestellt ist. Angesichts der großen Zahl der Ausländer ist es ... meist nicht möglich, Einzelquartiere zu beschaffen. Die Betriebe müssen daher für lagermäßige Unterbringung sorgen. Die Verwaltung der Lager sowie die Freizeitgestaltung übernimmt die DAF – Amt für Arbeitseinsatz –, die bereits bei der Auftragserteilung zu prüfen hat, ob die Unterkünfte gesichert und einwandfrei sind. Danach bringt die DAF auf dem Auftrag einen

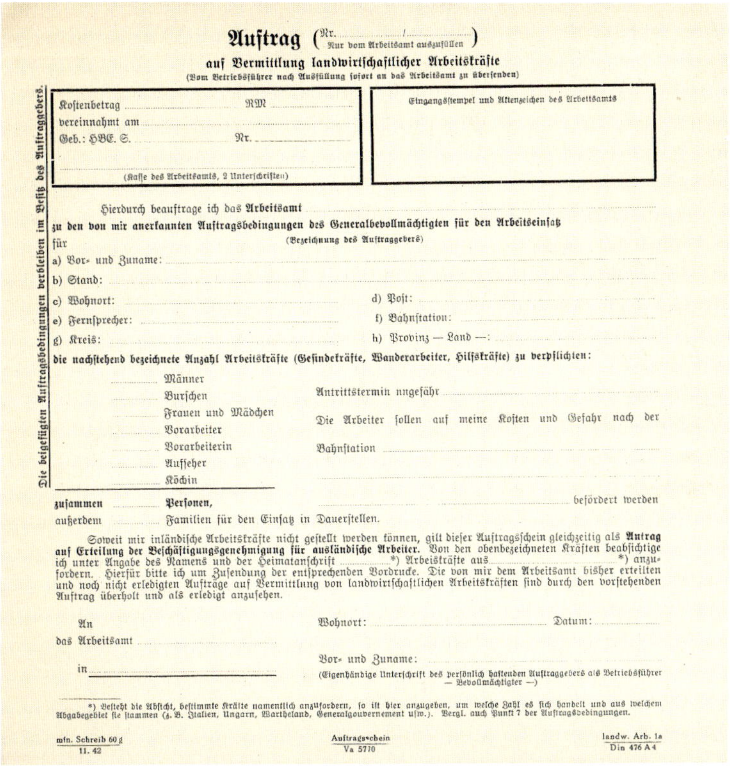

Die beigefügten Auftragsbedingungen verbleiben im Besitz des Auftraggebers.

Auftrag (Nr. .... / .... Nur vom Arbeitsamt auszufüllen)

auf Vermittlung landwirtschaftlicher Arbeitskräfte

(Vom Betriebsführer nach Ausfüllung sofort an das Arbeitsamt zu übersenden)

Kostenbetrag .... RM .... vereinnahmt am .... Geb.: HBE. S. .... Nr. .... (Kasse des Arbeitsamts, 2 Unterschriften)	Eingangsstempel und Aktenzeichen des Arbeitsamts

Hierdurch beauftrage ich das **Arbeitsamt** ....

zu den von mir anerkannten Auftragsbedingungen des Generalbevollmächtigten für den Arbeitseinsatz

für .... (Bezeichnung des Auftraggebers)

a) Vor- und Zuname: ....

b) Stand: ....

c) Wohnort: .... d) Post: ....

e) Fernsprecher: .... f) Bahnstation: ....

g) Kreis: .... h) Provinz — Land —: ....

die nachstehend bezeichnete Anzahl Arbeitskräfte (Gesindekräfte, Wanderarbeiter, Hilfskräfte) zu verpflichten:

.... Männer
.... Burschen
.... Frauen und Mädchen
.... Vorarbeiter
.... Vorarbeiterin
.... Aufseher
.... Köchin

zusammen .... **Personen,**

außerdem .... Familien für den Einsatz in Dauerstellen.

Antrittstermin ungefähr ....

Die Arbeiter sollen auf meine Kosten und Gefahr nach der Bahnstation .... befördert werden

Soweit mir inländische Arbeitskräfte nicht gestellt werden können, gilt dieser Auftragsschein gleichzeitig als **Antrag auf Erteilung der Beschäftigungsgenehmigung für ausländische Arbeiter.** Von den obenbezeichneten Kräften beabsichtige ich unter Angabe des Namens und der Heimatanschrift .... *) Arbeiskräfte aus .... *) anzufordern. Hierfür bitte ich um Zusendung der entsprechenden Vordrucke. Die von mir dem Arbeitsamt bisher erteilten und noch nicht erledigten Aufträge auf Vermittlung von landwirtschaftlichen Arbeitskräften sind durch den vorstehenden Auftrag überholt und als erledigt anzusehen.

An
das Arbeitsamt ....
in ....

Wohnort: .... Datum: ....

Vor- und Zuname: ....
(Eigenhändige Unterschrift des persönlich haftenden Auftraggebers als Betriebsführer — Bevollmächtigter —)

*) Besteht die Absicht, bestimmte Kräfte namentlich anzufordern, so ist hier anzugeben, um welche Zahl es sich handelt und aus welchem Abgabegebiet sie stammen (z. B. Italien, Ungarn, Wartheland, Generalgouvernement usw.). Vergl. auch Punkt 7 der Auftragsbedingungen.

mfn. Schreib 60 g 11. 42 — Auftrags-schein Va 5770 — landw. Arb. 1a Din 476 A 4

Auftrag zur Vermittlung landwirtschaftlicher Arbeitskräfte. Zwar war hier nicht ausdrücklich der Begriff „Ausländer" genannt. In jenen Jahren war aber jedem klar, dass deutsche Arbeitskräfte für eine Vermittlung durch das Arbeitsamt schon lange nicht mehr zur Verfügung standen. Nach Zustimmung durch das örtliche Arbeitsamt wurde der ausgefüllte Auftrag dann weitergegeben an das Landesarbeitsamt, welches ihn dann den deutschen „Anwerbestellen" in den besetzten Gebieten zuleitete.
Dieser Anforderungsauftrag war Teil eines umfangreichen Verwaltungsverfahrens bei der Beschäftigung ausländischer Arbeiter.

Vermerk an, ob die Gemeinschaftsunterkünfte und die Verpflegungsmöglichkeiten geprüft und in Ordnung befunden sind. Ohne diesen Vermerk findet eine Weitergabe des Auftrages nicht statt."

Die reichsweit erlassene „Lagerverordnung" vom 14. Juli 1943 vermerkte dazu im § 2 – Anzeigepflicht:[48]
„Wer Arbeitskräfte lagermäßig unterbringen will ... ist verpflichtet, der Aufsichtsbehörde ... unverzüglich Lage der Unterkunft, Zahl der lagermäßig unterzubringenden ... Arbeitskräfte sowie den Namen desjenigen anzuzeigen, der für die Einhaltung der Vorschriften dieser Verordnung verantwortlich ist."

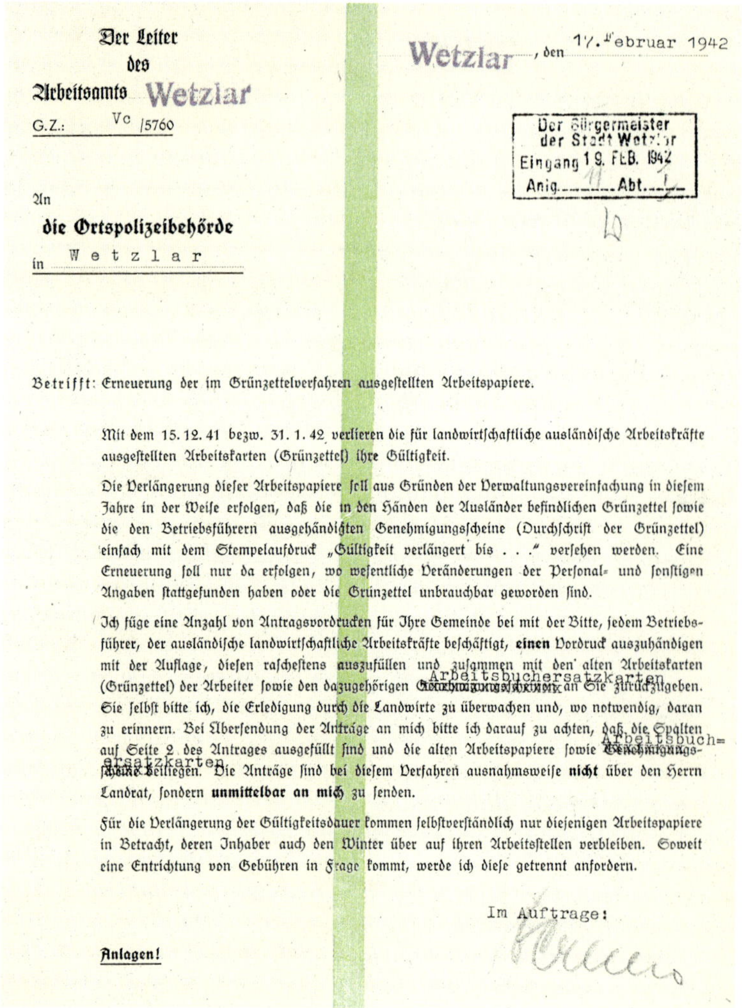

Der Leiter des Arbeitsamts Wetzlar

G.Z.: Vc /5760

Wetzlar, den 17. Februar 1942

Der Bürgermeister der Stadt Wetzlar
Eingang 19. FEB. 1942
Anlg. 11 Abt. 1

An
die Ortspolizeibehörde
in Wetzlar

Betrifft: Erneuerung der im Grünzettelverfahren ausgestellten Arbeitspapiere.

Mit dem 15. 12. 41 bezw. 31. 1. 42 verlieren die für landwirtschaftliche ausländische Arbeitskräfte ausgestellten Arbeitskarten (Grünzettel) ihre Gültigkeit.

Die Verlängerung dieser Arbeitspapiere soll aus Gründen der Verwaltungsvereinfachung in diesem Jahre in der Weise erfolgen, daß die in den Händen der Ausländer befindlichen Grünzettel sowie die den Betriebsführern ausgehändigten Genehmigungsscheine (Durchschrift der Grünzettel) einfach mit dem Stempelaufdruck „Gültigkeit verlängert bis . . .“ versehen werden. Eine Erneuerung soll nur da erfolgen, wo wesentliche Veränderungen der Personal- und sonstigen Angaben stattgefunden haben oder die Grünzettel unbrauchbar geworden sind.

Ich füge eine Anzahl von Antragsvordrucken für Ihre Gemeinde bei mit der Bitte, jedem Betriebsführer, der ausländische landwirtschaftliche Arbeitskräfte beschäftigt, **einen** Vordruck auszuhändigen mit der Auflage, diesen raschestens auszufüllen und zusammen mit den alten Arbeitskarten (Grünzettel) der Arbeiter sowie den dazugehörigen Arbeitsbuchersatzkarten an Sie zurückzugeben. Sie selbst bitte ich, die Erledigung durch die Landwirte zu überwachen und, wo notwendig, daran zu erinnern. Bei Übersendung der Anträge an mich bitte ich darauf zu achten, daß die Spalten auf Seite 2 des Antrages ausgefüllt sind und die alten Arbeitspapiere sowie Arbeitsbuch=ersatzkarten beiliegen. Die Anträge sind bei diesem Verfahren ausnahmsweise **nicht** über den Herrn Landrat, sondern **unmittelbar an mich** zu senden.

Für die Verlängerung der Gültigkeitsdauer kommen selbstverständlich nur diejenigen Arbeitspapiere in Betracht, deren Inhaber auch den Winter über auf ihren Arbeitsstellen verbleiben. Soweit eine Entrichtung von Gebühren in Frage kommt, werde ich diese getrennt anfordern.

Im Auftrage:

Anlagen!

Mitteilung des Arbeitsamtes Wetzlar über die Erneuerung des „Grünzettelverfahrens“ für landwirtschaftliche Zwangsarbeiter. Das „Grün- und Grauzettelverfahren“ (grün für landwirtschaftliche Arbeiter und grau für alle anderen gewerblichen Arbeiter) betraf sowohl die Beschäftigungsgenehmigung als auch die Arbeitserlaubnis für die Zwangsarbeiter. Es wurde nur für diejenigen Ausländergruppen eingeführt, welche im Masseneinsatz nach Deutschland kamen – in der Hauptsache also für Polen und Ostarbeiter.

Betriebe, die ausländische Zivilarbeiter beschäftigen wollten, mussten also zuerst einmal umfangreiche und kostspielige Voraussetzungen für die Unterbringung und Versorgung großer Personenzahlen schaffen und konnten erst dann in einem aufwendigen Auftragsverfahren „zur Anwerbung ausländischer Arbeitskräfte“ über das örtliche Arbeitsamt solche Arbeiter anfordern.

Für größere Firmen machte es also keinen Sinn, ohne den vorherigen Bau der erforderlichen Gemeinschaftslager und die Sicherstellung von Ver- und Entsorgung für Hunderte von Menschen beim Arbeitsamt Anträge auf Zuteilung von Zwangsarbeitern zu stellen. Kleineren Betrieben mit einigen wenigen Zwangsarbeitern fiel der Nachweis für Unterbringung und Verpflegung natürlich wesentlich leichter, da sie oft nur einen oder zwei Betriebsräume für die Unterbringung der Ausländer herrichten mussten.

Dem Arbeitseinsatz von Zwangsarbeitern gingen darüber hinaus noch zwei weitere Verfahren voraus, die nach der „Verordnung über die Beschäftigung ausländischer Arbeitnehmer" vom 23. Januar 1943 geregelt war. Dazu hieß es in den entsprechenden Ausführungsbestimmungen:[49]
„Nach dieser Verordnung bedarf ein Unternehmer zur Beschäftigung einer ausländischen Arbeitskraft im Reichsgebiet der Beschäftigungsgenehmigung, ein Ausländer zur Ausübung einer Beschäftigung im Reichsgebiet als Arbeiter oder Angestellter der Arbeitserlaubnis ..."

Die Verfahrensweise, wie die in Deutschland angekommenen Ausländer verwaltungsmäßig zu behandeln waren, war vom Reichsarbeitsminister mit Erlass vom 30. März 1940 bekannt gegeben worden. Danach bekamen die landwirtschaftlichen Arbeiter einen „Grünzettel" und die gewerblichen Arbeiter einen „Grauzettel" ausgestellt. Der Reichsbauernführer erläuterte das Verfahren am 17. April 1940 in den „Dienstnachrichten des Reichsnährstandes":[50]
„... Danach haben die Arbeitsämter die Ausstellung der ‚Grün'- und ‚Grauzettel' nebst den für den Lohntransfer vorgeschriebenen Umschlagblättern sofort nach Eintreffen der Arbeitskräfte an der Zugziel- oder an Aussteigestationen und noch vor Weiterleitung der Transportteilnehmer an die Arbeitsstellen vorzunehmen. Die Polizeibehörden sind angewiesen, den Arbeitsämtern hierbei behilflich zu sein.
Die Arbeitskarten sollen lt. Bestätigung des Reichsführers SS und Chef der Deutschen Polizei nicht ... unmittelbar durch die Arbeitsämter, sondern durch die Polizeibehörden ausgehändigt werden, die die Arbeitskarte vor Aushändigung an die Arbeiter mit Lichtbild und Fingerabdruck versehen.
Die Arbeitsämter sind angehalten, sicherzustellen, daß unmittelbar nach Eintreffen der Transporte und zweckmäßig während des durch die ärztlichen Untersuchungen bedingten Aufenthaltes an Hand der Transportlisten die Arbeitskarten mit Umschlagblättern ausgestellt werden.
Hierzu müssen an der Sonderzugzielstation auch die nötigen technischen Voraussetzungen ... geschaffen werden."

Alle hier in Frage kommenden Verfahren waren jedoch umständlich und zeitraubend. Zuerst war vom Unternehmer beim zuständigen Arbeitsamt ein Antrag auf

Beschäftigungsgenehmigung zu stellen. Bei der stark ansteigenden Zahl neu ankommender Zwangsarbeiter waren aber sowohl die Unternehmer als auch die Ämter bald hoffnungslos überfordert. Als Erstes wurde daher das Auftragsverfahren „zur Anwerbung ausländischer Arbeitskräfte" mit dem Verfahren der Beschäftigungsgenehmigung zusammengelegt. Somit schloss der Anwerbungs-Auftrag den Antrag auf Beschäftigungsgenehmigung mit ein.
Auch die Anträge auf Arbeitserlaubnis für die Zwangsarbeiter waren in ihrer ursprünglichen Form bald nicht mehr durchführbar. Mit Wirkung vom 20. März 1942[51] wurde daher das „Grün- und Grauzettelverfahren" stark vereinfacht. Dazu hieß es in den Bestimmungen:[52]
„Der Masseneinsatz ausländischer Arbeitskräfte wäre – auch von der Seite des Betriebes her – nicht zu bewältigen gewesen, wenn nicht ein vom normalen Erfassungsverfahren abweichendes, vereinfachtes Verfahren eingerichtet worden wäre. Dementsprechend ist das sogenannte Grün- und Grauzettelverfahren geschaffen worden. Dieses Verfahren erstreckt sich nur auf diejenigen ausländischen Arbeitskräfte, die in größeren Mengen amtlich angeworben worden sind (Masseneinsatz). ... Bei der Durchführung des Grün- und Grauzettelverfahrens ist ein besonderer Antrag des Unternehmers auf Erteilung der Beschäftigungsgenehmigung nicht erforderlich. Vielmehr gelten die Aufträge auf Vermittlung von ... Arbeitskräften gleichzeitig als Anträge auf Erteilung der Beschäftigungsgenehmigung für ausländische Arbeitskräfte.
... Die Arbeitsämter stellen für landwirtschaftliche Arbeitskräfte Grünzettel, für alle übrigen Grauzettel aus."

Behandlung

Bereits am 8. März 1940 waren eine Reihe von Sondererlassen und Verordnungen zur Behandlung der polnischen Zwangsarbeiter verfügt worden: Der Beginn der sogenannten „Polenerlasse". Reichsführer SS Heinrich Himmler erließ an diesem Tag in seiner Eigenschaft als Reichsminister des Innern eine „Polizeiverordnung über die Kenntlichmachung im Reich eingesetzter Zivilarbeiter und -arbeiterinnen polnischen Volkstums". Darin hieß es in § 1, Absatz 1:[53]
„Arbeiter und Arbeiterinnen polnischen Volkstums, die im Reichsgebiet zum zivilen Arbeitseinsatz eingesetzt sind oder eingesetzt werden, haben auf der rechten Brustseite jedes Kleidungsstückes ein mit ihrer jeweiligen Kleidung fest verbundenes Kennzeichen stets sichtbar zu tragen."
Das violette „P" im umrandeten Quadrat auf gelbem Untergrund stellte die Polen im Deutschen Reich fortan auch rein optisch unter Ausnahmerecht – ebenso, wie später auch die Juden mit dem Davidstern und die russischen Zivilarbeiter mit dem Zeichen „Ost".

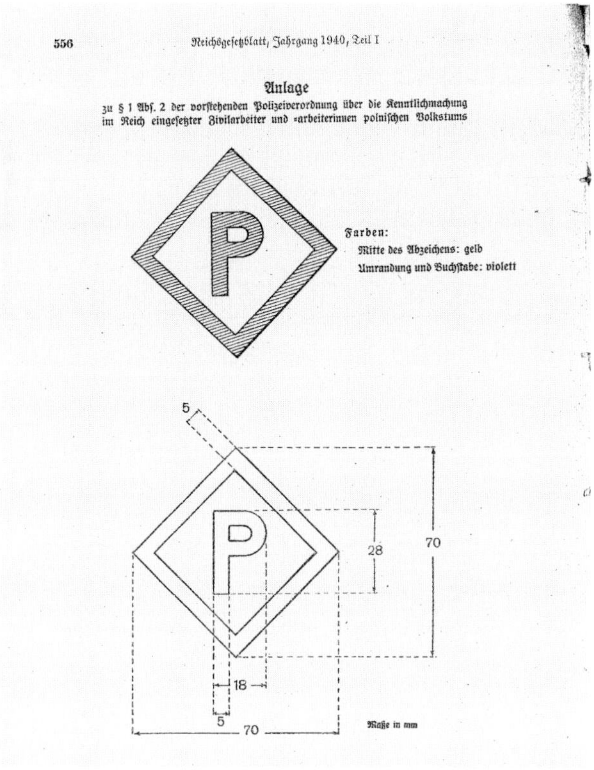

556 Reichsgesetzblatt, Jahrgang 1940, Teil I

Anlage

zu § 1 Abs. 2 der vorstehenden Polizeiverordnung über die Kenntlichmachung im Reich eingesetzter Zivilarbeiter und -arbeiterinnen polnischen Volkstums

Veröffentlichung im Reichsgesetzblatt vom 8. März 1940 betreffend die „Polizeiverordnung über die Kenntlichmachung im Reich eingesetzter Zivilarbeiter und -arbeiterinnen polnischen Volkstums. Danach hatten *„Arbeiter und Arbeiterinnen polnischen Volkstums, die im Reichsgebiet zum zivilen Arbeitseinsatz eingesetzt sind oder eingesetzt werden, auf der rechten Brustseite jedes Kleidungsstückes ein mit ihrer jeweiligen Kleidung fest verbundenes Kennzeichen stets sichtbar zu tragen"*.
Das violette „P" im umrandeten Quadrat auf gelbem Untergrund stellte die Polen im Deutschen Reich fortan auch rein optisch unter Ausnahmerecht – ebenso, wie später auch die Juden mit dem Davidstern und die russischen Zivilarbeiter mit dem Zeichen „OST".

Parallel dazu wies Himmler in einem Schnellbrief „an alle Staatspolizeileit- und Staatspolizeistellen"[54] besondere Richtlinien zur Behandlung der polnischen Zwangsarbeiter an. Die umfangreiche Anweisung war in mehrere Hauptgruppen unterteilt: *„Bekämpfung der Widersetzlichkeit und Arbeitsunlust ..., Bekämpfung eines unerwünschten Verhaltens der Arbeiter ... gegenüber der deutschen Bevölkerung, Bekämpfung reichsfeindlicher Bestrebungen ..., Fahndung nach flüchtigen Zivilarbeitern ... Maßnahmen gegenüber der deutschen Bevölkerung."*
In einem weiteren Schnellbrief vom selben Tag an den Reichsarbeitsminister ordnete er unter anderem an:[55]

Merkblatt für deutsche Betriebsführer

über das Arbeitsverhältnis und die Behandlung von Zivilarbeitern polnischen Volkstums aus dem Generalgouvernement und den eingegliederten Ostgebieten.

(gilt sinngemäß auch für Zivilarbeiter aus Sowjetrußland)

Die Beanspruchung der gesamten deutschen Volkswirtschaft während des Krieges erfordert den Einsatz aller verfügbaren Arbeitskräfte. Die deutsche Regierung hat daher in großem Umfange Arbeiter und Arbeiterinnen polnischen Volkstums im Reichsgebiet zur Arbeit eingesetzt.

A.

Allgemeines Verhalten gegenüber Zivilarbeitern polnischen Volkstums.

Jeder deutsche Betriebsführer hat sich stets bewußt zu sein, daß die ihm unterstellten Zivilarbeiter polnischen Volkstums Angehörige eines Feindvolkes sind, und sein Verhalten danach einzurichten. Jeder gesellige Verkehr zwischen diesen Zivilarbeitern und Deutschen ist verboten. Die Betriebsführer haben darauf zu achten, daß die diesen Arbeitskräften auferlegten Beschränkungen genauestens eingehalten werden. Diese Beschränkungen sind u. a.:

1. der Zwang, ein stets sichtbares, mit der jeweiligen Oberkleidung fest verbundenes Abzeichen (P) auf der rechten Brustseite zu tragen,
2. das Verbot, den Aufenthaltsort ohne besondere Genehmigung der Ortspolizeibehörde zu verlassen,
3. ein Ausgehverbot für die Nachtstunden,
4. das Verbot der Benutzung von öffentlichen Verkehrsmitteln oder Fahrrädern ohne ortspolizeiliche Erlaubnis,
5. das Verbot des Besuchs von Theatern, Kinos, Gaststätten u. a., gemeinsam mit der deutschen Bevölkerung,
6. das Verbot des Fotografierens und der Benutzung fotografischer Apparate,
7. das Verbot des geselligen und insbesondere des intimen Verkehrs mit Deutschen.

Verstöße gegen Ziffer 1 werden gemäß Reichspolizeiverordnung vom 8. 3. 1940, Reichsgesetzblatt I, Seite 555, Verstöße gegen die Ziffern 2 bis 6 durch die von den höheren Verwaltungsbehörden erlassenen Polizeiverordnungen über die Lebensführung der polnischen Zivilarbeiter geahndet. Die Ahndung von Fällen des geselligen und insbesondere des intimen Verkehrs zwischen polnischen Zivilarbeitern und Deutschen erfolgt durch schärfste staatspolizeiliche Maßnahmen.

Deutsche Volksgenossen, die den Erfolg der den polnischen Zivilarbeitern gemachten Auflagen dadurch beeinträchtigen, daß sie zu Polen unerlaubte Beziehungen anknüpfen, für sie Briefe vermitteln, Fahrkarten kaufen, Spirituosen und sonstige verknappte Waren besorgen, Fahrräder zur Verfügung stellen, die den Polen offenstehenden Gaststätten während deren Anwesenheit besuchen u. a. m., werden ebenfalls zur Rechenschaft gezogen.

Jeder Betriebsführer ist verpflichtet, alle ihm zur Kenntnis kommenden Zuwiderhandlungen seiner Arbeitskräfte gegen die bestehenden Anordnungen, sonstiges abträgliches Verhalten der Polen und insbesondere **jedes unerlaubte Verlassen des Arbeitsplatzes** durch die polnischen Zivilarbeiter **unverzüglich der Ortspolizeibehörde** zu melden.

Der Betriebsführer hat dafür zu sorgen, daß die seiner Gefolgschaft angehörenden deutschen Volksgenossen eine Berührung mit den Arbeitskräften polnischen Volkstums während der Arbeit auf das unbedingt notwendige Maß beschränken und außerhalb der Arbeit ganz vermeiden.

B.

Unterbringung der Zivilarbeiter polnischen Volkstums.

Um eine Berührung dieser Arbeitskräfte mit der deutschen Bevölkerung weitgehendst auszuschließen, hat die Unterbringung der polnischen Arbeitskräfte grundsätzlich scharf getrennt von den Unterkünften der deutschen Volksgenossen zu erfolgen. Bei einem Arbeitseinsatz in gewerblichen Betrieben, auf Gütern und größeren Wirtschaften erfolgt die Unterbringung in geschlossenen Sammelunterkünften (Baracken, Schnitterkasernen usw.). Auch bei Einzelunterbringung polnischer Arbeitskräfte (bei kleineren Bauern- [illegible] deutschen Gesinde je [illegible] keiten durchzuführen. Um keine Gefahrenherde für die Gesundheit des deutschen Volkes zu bilden, haben die Unterkunftsräume den hygienischen Anforderungen zu entsprechen. Die sonst übliche Aufnahme von Gesindekräften in die häusliche Gemeinschaft hat bei den Arbeitskräften polnischen Volkstums unter allen Umständen zu unterbleiben. Die Mahlzeiten sind getrennt einzunehmen und die Arbeitspausen in getrennten Aufenthaltsräumen zu verbringen.

Bildtext zur Doppelseite: Die polnischen Zwangsarbeiter im Deutschen Reich unterlagen von Anfang an besonderen arbeitsrechtlichen und rassistischen Beschränkungen. In einschlägigen Verordnungen stand darüber unter anderem zu lesen: *„Wegen der zahlreichen Ausschreitungen und Greueltaten der Polen in diesem Kriege erscheint es nicht vertretbar, sie in vollem Umfange an den Fortschritten unseres Soziallebens teilnehmen zu lassen. ... Insbesondere können die Grundsätze der Treue- und Fürsorgepflicht sowie der sozialen Ehre auf den mit einem Polen abgeschlossenen Arbeitsvertrag keine Anwendung finden."*

Zur konkreten Umsetzung der wichtigsten Sondervorschriften für Polen erhielten jeder Betriebsführer, Bauer oder Haushaltsvorstand ein besonderes Merkblatt.

C.

Beschäftigungsgenehmigung und Arbeitserlaubnis.

Die Beschäftigung polnischer Arbeitskräfte ist nur mit ausdrücklicher vorheriger Genehmigung des zuständigen Arbeitsamtes zulässig. Wer polnische Arbeitskräfte ohne diese Genehmigung einstellt, verstößt gegen die Verordnung des Reichsarbeitsministers über ausländische Arbeitnehmer vom 23. 1. 1933, die auch für Schutzangehörige gilt. Entlassung und Umsetzungen in andere Betriebe, auch dann, wenn Entlassung oder Umsetzung in beiderseitigem Einvernehmen erfolgt, sind nur mit Zustimmung des Arbeitsamtes zulässig. Entsprechend der dem Betriebsführer erteilten Beschäftigungsgenehmigung wird für den polnischen Arbeiter selbst vom Arbeitsamt die Arbeitserlaubnis für die ihm zugewiesene Arbeitsstelle erteilt und darüber eine Arbeitskarte ausgestellt, die dem Arbeiter durch die Ortspolizeibehörde ausgehändigt wird.

D.

Entlohnung.

Die Entlohnung polnischer landwirtschaftlicher Arbeiter ist grundsätzlich niedriger als die der deutschen Arbeiter. Sie erfolgt nach der „Reichstarifordnung für polnische landwirtschaftliche Arbeitskräfte" vom 8. Januar 1940 (Reichsarbeitsblatt Nr. 2 vom 15. Januar 1940). Die Reichstreuhänder der Arbeit haben für ihre Wirtschaftsgebiete Anordnungen erlassen, nach denen bestimmte Lohnsätze nicht überschritten werden dürfen. Soweit bestehende Arbeitsverträge höhere Löhne vorsehen, als sie die Reichstarifordnung festsetzt, können die vereinbarten Löhne gemäß Anordnung des Reichstreuhänders der Arbeit für das Wirtschaftsgebiet Brandenburg als Sondertreuhänder vom 8. 1. 1940 mit einer Aufkündigungsfrist von einer Woche auf die Sätze der Reichstarifordnung zurückgeführt werden. Bürgerliche Rechtsstreitigkeiten aus Arbeitsverhältnissen polnischer Landarbeiter werden unter Ausschluß der Arbeitsgerichtsbarkeit durch ein bei dem zuständigen Arbeitsamt errichtetes Schiedsgericht entschieden.

Die Arbeitsbedingungen für gewerbliche polnische Arbeitskräfte sind die gleichen, wie für entsprechende reichsdeutsche Kräfte, soweit nicht für polnische Arbeitskräfte abweichende Bestimmungen getroffen werden. Im übrigen richtet sich das Arbeitsrecht der polnischen Beschäftigten nach den Anordnungen über die arbeitsrechtliche Behandlung der Polen, die von den Reichstreuhändern der Arbeit bzw. dem Reichstreuhänder für den öffentlichen Dienst erlassen worden sind. Die für die private Wirtschaft geltenden Anordnungen werden demnächst durch eine einheitliche Anordnung des Reichsarbeitsministers ersetzt. Die Anordnungen enthalten das Verbot der Lohnfortzahlung an Feiertagen, von Familien- und Kinderzulagen, Geburten- und Heiratsbeihilfen, Sterbegeldern usw., zusätzlicher Wochenhilfe und Altersversorgung, von Weihnachtszuwendungen und dergl. Hinsichtlich der Familienheimfahrten gilt die Tarifordnung zur Regelung von Familienheimfahrten während der Kriegszeit für ausländische Arbeitskräfte im Deutschen Reich. Der Anspruch auf Urlaub und Familienheimfahrten ruht jedoch einstweilen auf Grund der Anordnung über den Urlaub der im Reich eingesetzten zivilen Arbeiter und -arbeiterinnen polnischen Volkstums vom 31. 3. 1941.

Über die Lohnauszahlung an polnische Zivilarbeiter sowie die Überweisung ihrer Ersparnisse in die Heimat gibt ein besonderes, vom Reichsarbeitsministerium herausgegebenes Merkblatt Auskunft.

E.

Sozialversicherung.

a) Kranken- und Unfallversicherung.

Polnische Arbeitskräfte unterliegen der Pflicht zur Kranken- und Unfallversicherung in gleicher Weise wie deutsche Arbeitskräfte.

b) Invalidenversicherung.

Die im Reich beschäftigten polnischen Arbeiter unterliegen allgemein der Invalidenversicherung. Eine Ausnahme besteht lediglich z. Zt. noch für polnische landwirtschaftliche Arbeiter, die im Generalgouvernement beheimatet sind und keinen Befreiungsschein besitzen. Die hiernach versicherungsfreien polnischen landwirtschaftlichen Arbeiter hat der Betriebsführer binnen 3 Tagen der Landesversicherungsanstalt anzuzeigen. Er hat für diese Arbeiter Zahlungen in Höhe des halben Invalidenversicherungsbeitrags an die Landesversicherungsanstalt zu leisten (§ 1233 Abs. 2 RVO).

c) Arbeitslosenversicherung.

Gewerbliche Arbeitskräfte unterliegen im gleichen Umfange der Beitragspflicht zur Arbeitslosenversicherung wie deutsche Arbeitskräfte. Die Beschäftigung in der Landwirtschaft ist versicherungsfrei.

[illegible] Berlin SW 68, Alte Jakobstr. 23–2[illegible]

„Um den Mißständen, die sich immer wieder, vor allem im Verhalten polnischer Arbeiter zu deutschen Frauen und Mädchen gezeigt haben, vorzubeugen, bitte ich, ... insbesondere in den ländlichen Bezirken nach Möglichkeit mit den Arbeitern polnischen Volkstums örtlich gleichzeitig auch Arbeiterinnen polnischen Volkstums in gleicher Anzahl einzusetzen.
Die Orte, in denen vorwiegend oder ausschließlich männliche Arbeiter in größerer Zahl eingesetzt werden können – dies wird besonders in Industriebetrieben der

Fall sein – bitte ich dem Chef der Sicherheitspolizei des SD mitzuteilen, damit dieser, soweit möglich, durch Einrichtung von Bordellen mit polnischen Mädchen den Gefahren vorbeugen kann. Ich bitte daher, in diesen Fällen bei der Errichtung von Unterkünften für männliche Arbeitskräfte gleichzeitig auch für die Errichtung einer Bordellbaracke besorgt zu sein."

In den „Dienstnachrichten des Reichsnährstandes" vom 11. April 1940 wurde unter der Überschrift „Behandlung der im Reich eingesetzten Zivilarbeiter (-innen) polnischen Volkstums" eine *„Anordnung des Stellvertreters des Führers betr. Verhalten deutscher Volksgenossen gegenüber polnischen Landarbeitern und Landarbeiterinnen"* bekannt gemacht, der ein Merkblatt angefügt war. In der Verordnung hieß es unter anderem:[56]

„Eine ausreichende Versorgung der landwirtschaftlichen Betriebe mit Arbeitskräften ist zur Sicherung der landwirtschaftlichen Erzeugung unerläßliche Voraussetzung. Der Vorsitzende des Ministerrats hat deshalb die Hereinnahme polnischer Arbeitskräfte in großem Ausmaß angeordnet. Mit dem Antransport wurde begonnen.

Da die polnischen Arbeitskräfte auch in Gesindestellen eingesetzt werden, kommen sie zwangsläufig in engere Berührung mit der Bevölkerung. Aufgabe der Partei ist es, durch ständige Aufklärung der Bevölkerung im einzelnen und in Versammlungen dafür Sorge zu tragen, daß der notwendige Abstand gehalten wird. Grundlage der Aufklärung ist das beiliegende Merkblatt. Es ist durch Politische Leiter allen landwirtschaftlichen Betriebsführern und Bauern, die polnische Arbeitskräfte halten,[57] *gegen unterschriftliche Bestätigung zur Kenntnis zu bringen. Für die eindringliche Unterrichtung der Familien- und Gefolgschaftsangehörigen sind die Bauern und Betriebsführer verantwortlich.*

Die Drucklegung des Merkblattes regelt die Reichspropagandaleitung. Der Inhalt des Merkblattes darf keinem Unberufenen, vor allem nicht den Polen selbst, zur Kenntnis kommen, um die Werbung weiterer polnischer Arbeitskräfte nicht unnötig zu erschweren.

Die Hoheitsträger sind dafür verantwortlich, daß dies geschieht. Sie haben keinen Zweifel daran zu lassen, daß bei Nichtbefolgung der im Merkblatt gegebenen Hinweise mit schärfsten Mitteln gegen Verräter an der deutschen Volksgemeinschaft vorgegangen wird.

Der Reichsführer SS und Chef der Deutschen Polizei wird noch besondere Polizeivorschriften (Kennzeichnung der Polen, Regeln des Gasthausbesuches usw.) hierzu erlassen. Diese Vorschriften sind genauestens zu beachten."

Das Merkblatt selbst beinhaltete folgende Abschnitte:

„Wie verhalten wir uns gegenüber den Polen? Haltet Abstand von den Polen! Werdet nicht zu Verrätern an der deutschen Volksgemeinschaft! Laßt Polen nicht mit an Eurem Tisch essen! Bei Euren Feiern und Festen haben die Polen nichts zu suchen! Nehmt die Polen nicht in Eure Gasthäuser mit! Gebt den Polen auch sonst

keine Vergünstigungen! Seid gegenüber den Polen selbstbewußt! Haltet das deutsche Blut rein! Größte Vorsicht im Umgang mit Kriegsgefangenen! Denkt vor allem an die Spionagegefahr! Deutsche, seid zu stolz, Euch mit Polen einzulassen!"

Nicht unter Himmlers Polen-Verordnungen vom 8. März 1940 fielen zu diesem Zeitpunkt Arbeitskräfte, die vor dem 1. September 1939 in das Deutsche Reich gekommen waren: Volksdeutsche, Ukrainer, Weißruthenen, Großrussen, Kaschuben (Reg.-Bez. Danzig und Bromberg), Masuren (Kreise Soldau und Suwalki) und Slonsaken (Reg.-Bez. Kattowitz).[58]

In der Industrie und in Ballungsräumen wurden die Polen gezwungen, in Lagern zu leben – auf dem Lande aber mindestens in einer von den Deutschen getrennten Einzelunterkunft. Dabei war ihre Freizügigkeit stark eingeschränkt: Sie hatten zwar in der Zeit vom 1. April bis 30. September von 5 bis 21 Uhr und in den Wintermonaten von 6 bis 20 Uhr Ausgang,[59] durften jedoch ihren Arbeitsort nur mit polizeilicher Genehmigung verlassen. Die Benutzung öffentlicher Verkehrsmittel war ihnen ohne besondere Erlaubnis ebenso verboten wie das Fotografieren oder der Besuch von Theatern, Kinos und Gaststätten. Die rassen-ideologische Einordnung und scharfe Trennung der Polen von den Deutschen ging so weit, dass sie noch geringer als bei einem Untersuchungsgefangenen eingeordnet wurden. So beschwerte sich der Leiter des Kreisrechtsamtes der NSDAP in Weilburg mit Schreiben vom 3. Februar 1941 bei dem Generalstaatsanwalt in Frankfurt:[60]
„Betr.: Behandlung des Parteigenossen Z. ... im Untersuchungsgefängnis in Usingen.
Kurz vor Weihnachten 1940 wurde der Obengenannte wegen Diebstahlsverdachts verhaftet und in das Untersuchungsgefängnis Usingen eingeliefert. Dort wurde er über die Weihnachtstage mit Polen zusammen in eine Zelle gesperrt.
... Das Zusammensperren eines Volksgenossen mit Polen hat in der Bevölkerung Erregung hervorgerufen. Ich bringe dies zur Kenntnis und bitte, Vorsorge treffen zu wollen, daß sich ein derartiger Vorfall nicht wiederholt, und mir eine gefl. Mitteilung zukommen lassen zu wollen."

Ein besonderes Kapitel stellen die sexuellen Kontakte von Ausländern und Deutschen dar – und hier besonders die sogenannten „GV-Verbrechen" (Verbrechen des Geschlechtsverkehrs).[61] Diese Thematik wurde bislang kaum oder nur oberflächlich behandelt.[62] Polnische Männer wurden in solchen Fällen mit dem Tode bestraft.[63] Darüber hieß es in den *„Polizeiverordnungen über die Lebensführung der polnischen Zivilarbeiter":*
„Die Ahndung von Fällen des geselligen und insbesondere des intimen Verkehrs zwischen polnischen Zivilarbeitern und Deutschen erfolgt durch schärfste staatspolizeiliche Maßnahmen". Das bedeutete „Sonderbehandlung", nämlich Exeku-

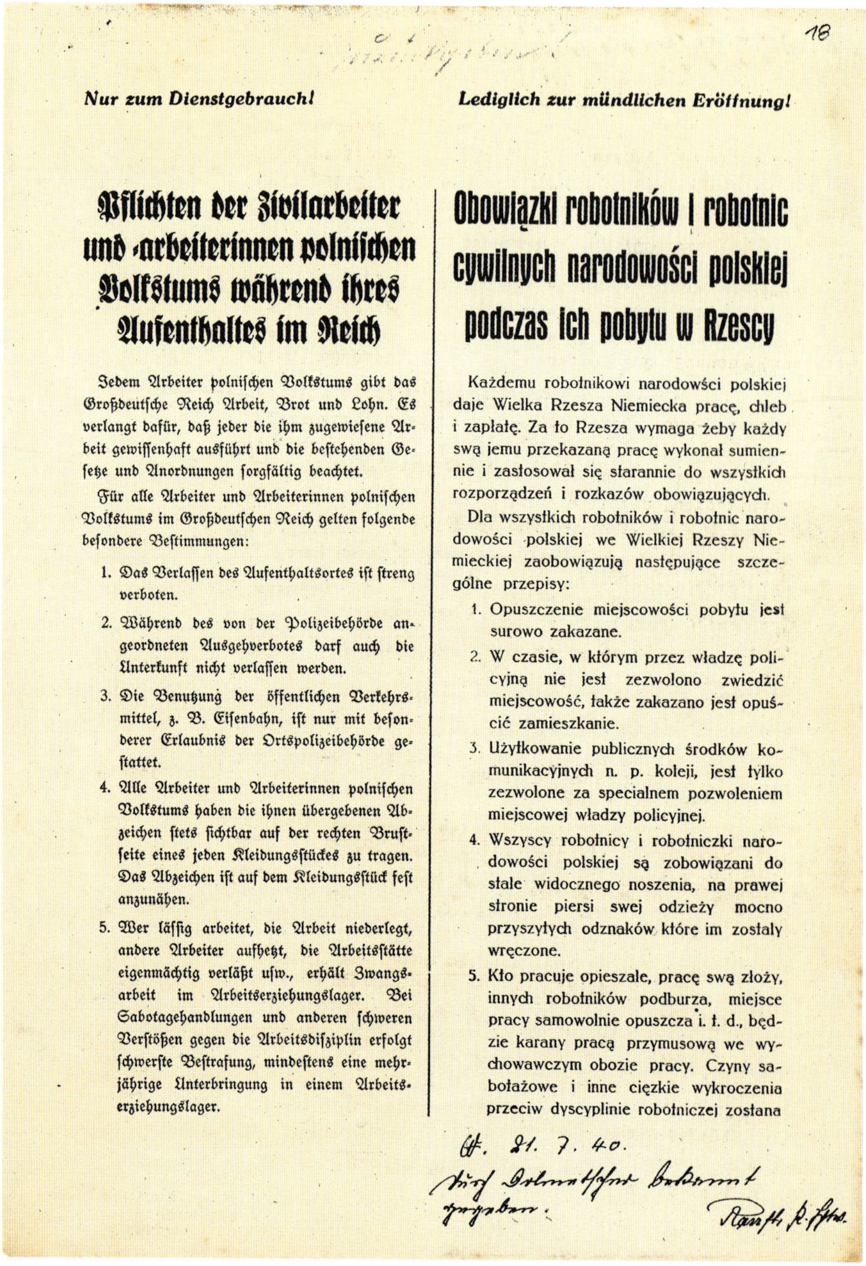

18

Nur zum Dienstgebrauch! *Lediglich zur mündlichen Eröffnung!*

Pflichten der Zivilarbeiter und -arbeiterinnen polnischen Volkstums während ihres Aufenthaltes im Reich

Jedem Arbeiter polnischen Volkstums gibt das Großdeutsche Reich Arbeit, Brot und Lohn. Es verlangt dafür, daß jeder die ihm zugewiesene Arbeit gewissenhaft ausführt und die bestehenden Gesetze und Anordnungen sorgfältig beachtet.

Für alle Arbeiter und Arbeiterinnen polnischen Volkstums im Großdeutschen Reich gelten folgende besondere Bestimmungen:

1. Das Verlassen des Aufenthaltsortes ist streng verboten.
2. Während des von der Polizeibehörde angeordneten Ausgehverbotes darf auch die Unterkunft nicht verlassen werden.
3. Die Benutzung der öffentlichen Verkehrsmittel, z. B. Eisenbahn, ist nur mit besonderer Erlaubnis der Ortspolizeibehörde gestattet.
4. Alle Arbeiter und Arbeiterinnen polnischen Volkstums haben die ihnen übergebenen Abzeichen stets sichtbar auf der rechten Brustseite eines jeden Kleidungsstückes zu tragen. Das Abzeichen ist auf dem Kleidungsstück fest anzunähen.
5. Wer lässig arbeitet, die Arbeit niederlegt, andere Arbeiter aufhetzt, die Arbeitsstätte eigenmächtig verläßt usw., erhält Zwangsarbeit im Arbeitserziehungslager. Bei Sabotagehandlungen und anderen schweren Verstößen gegen die Arbeitsdisziplin erfolgt schwerste Bestrafung, mindestens eine mehrjährige Unterbringung in einem Arbeitserziehungslager.

Obowiązki robotników i robotnic cywilnych narodowości polskiej podczas ich pobytu w Rzescy

Każdemu robotnikowi narodowści polskiej daje Wielka Rzesza Niemiecka pracę, chleb i zapłatę. Za to Rzesza wymaga żeby każdy swą jemu przekazaną pracę wykonal sumiennie i zastosował się starannie do wszystkich rozporządzeń i rozkazów obowiązujących.

Dla wszystkich robotników i robotnic narodowości polskiej we Wielkiej Rzeszy Niemieckiej zaobowiązują następujące szczególne przepisy:

1. Opuszczenie miejscowości pobytu jest surowo zakazane.
2. W czasie, w którym przez władzę policyjną nie jest zezwolono zwiedzić miejscowość, także zakazano jest opuścić zamieszkanie.
3. Użytkowanie publicznych środków komunikacyjnych n. p. koleji, jest tylko zezwolone za specialnem pozwoleniem miejscowej władzy policyjnej.
4. Wszyscy robotnicy i robotniczki narodowości polskiej są zobowiązani do stale widocznego noszenia, na prawej stronie piersi swej odzieży mocno przyszytych odznaków które im zostaly wręczone.
5. Kto pracuje opieszale, pracę swą złoży, innych robotników podburza, miejsce pracy samowolnie opuszcza i. t. d., będzie karany pracą przymusową we wychowawczym obozie pracy. Czyny sabotażowe i inne ciężkie wykroczenia przeciw dyscyplinie robotniczej zostana

21. 7. 40.

Bildtext zur Doppelseite: Über die für sie geltenden arbeitsrechtlichen Beschränkungen wurden die polnischen Zwangsarbeiter nicht unterrichtet. Die besonderen rassistischen Vorschriften und Verbote für Polen wurden ihnen hingegen mündlich eröffnet. Eine Übergabe dieses Schriftstückes an die Polen war dabei strengstens verboten.

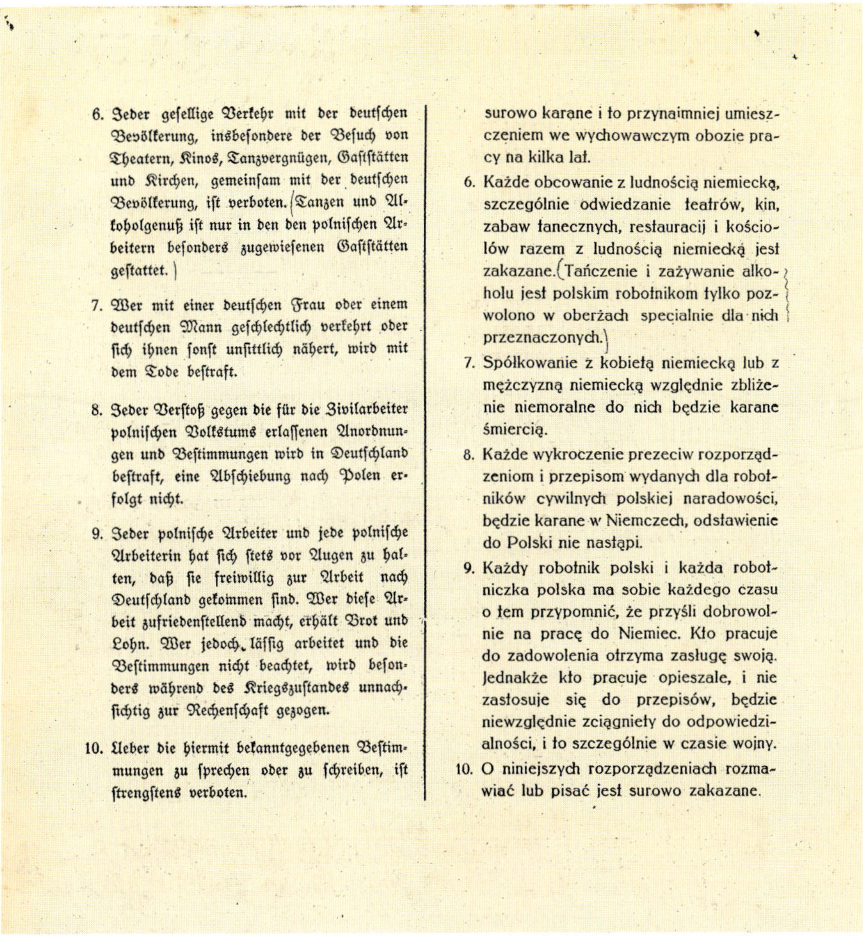

6. Jeder gesellige Verkehr mit der deutschen Bevölkerung, insbesondere der Besuch von Theatern, Kinos, Tanzvergnügen, Gaststätten und Kirchen, gemeinsam mit der deutschen Bevölkerung, ist verboten. (Tanzen und Alkoholgenuß ist nur in den den polnischen Arbeitern besonders zugewiesenen Gaststätten gestattet.)

7. Wer mit einer deutschen Frau oder einem deutschen Mann geschlechtlich verkehrt oder sich ihnen sonst unsittlich nähert, wird mit dem Tode bestraft.

8. Jeder Verstoß gegen die für die Zivilarbeiter polnischen Volkstums erlassenen Anordnungen und Bestimmungen wird in Deutschland bestraft, eine Abschiebung nach Polen erfolgt nicht.

9. Jeder polnische Arbeiter und jede polnische Arbeiterin hat sich stets vor Augen zu halten, daß sie freiwillig zur Arbeit nach Deutschland gekommen sind. Wer diese Arbeit zufriedenstellend macht, erhält Brot und Lohn. Wer jedoch lässig arbeitet und die Bestimmungen nicht beachtet, wird besonders während des Kriegszustandes unnachsichtig zur Rechenschaft gezogen.

10. Ueber die hiermit bekanntgegebenen Bestimmungen zu sprechen oder zu schreiben, ist strengstens verboten.

surowo karane i to przynaimniej umieszczeniem we wychowawczym obozie pracy na kilka lat.

6. Każde obcowanie z ludnością niemiecką, szczególnie odwiedzanie teatrów, kin, zabaw tanecznych, restauracij i kościołów razem z ludnością niemiecką jest zakazane. (Tańczenie i zażywanie alkoholu jest polskim robotnikom tylko pozwolono w oberżach specialnie dla nich przeznaczonych.)

7. Spółkowanie z kobietą niemiecką lub z mężczyzną niemiecką względnie zbliżenie niemoralne do nich będzie karane śmiercią.

8. Każde wykroczenie prezeciw rozporządzeniom i przepisom wydanych dla robotników cywilnych polskiej naradowości, będzie karane w Niemczech, odstawienie do Polski nie nastąpi.

9. Każdy robotnik polski i każda robotniczka polska ma sobie każdego czasu o tem przypomnić, że przyśli dobrowolnie na pracę do Niemiec. Kto pracuje do zadowolenia otrzyma zasługę swoją. Jednakże kto pracuje opieszale, i nie zastosuje się do przepisów, będzie niewzględnie zciągniety do odpowiedzialności, i to szczególnie w czasie wojny.

10. O niniejszych rozporządzeniach rozmawiać lub pisać jest surowo zakazane.

tion, vollstreckt durch die Gestapo. Dazu hatte Reichsführer SS Himmler am 4. November 1941 in einem Schnellbrief an alle Staatspolizei-Leitstellen „betreffend Sonderbehandlung der im Reichsgebiet eingesetzten polnischen Zivilarbeiter und Kriegsgefangenen“ unter anderem verfügt:[64]

„Aus Vereinfachungsgründen und Materialersparnisgründen sind in Zukunft den Sonderbehandlungsvorschlägen für polnische Zivilarbeiter und Kriegsgefangene Lichtbilder der Exekutionsstätten nicht mehr beizufügen.“

Wie dabei im Einzelnen zu verfahren war, ging bereits aus einer Anweisung Himmlers vom 3. September 1940 hervor. Darin wird eindrucksvoll der Stellenwert der Polinnen erkennbar, die als Zwangsarbeiterinnen und als Frauen einer doppelten Unterdrückung unterlagen:[65]

„1. Geschlechtsverkehr zwischen deutschen Männern und weiblichen Arbeitskräften polnischen Volkstums

Die über diese Fälle eingehenden Berichte zeigen, daß fast durchweg die intimen Beziehungen zu den Polinnen von dem betreffenden deutschen Mann gesucht worden sind, dazu kommt noch, daß die Polinnen sehr häufig in einem Abhängigkeitsverhältnis zu diesen deutschen Männern stehen. Vielfach sind es die Bauernsöhne oder dienstliche Vorgesetzte, in einzelnen Fällen sogar die Dienstherren selbst, die die Polinnen zum Geschlechtsverkehr veranlassen. Gerade diejenigen Polinnen, die ihrer Arbeitsverpflichtung nachkommen und sich ihre Arbeitsstätte erhalten wollen, werden leicht geneigt sein, sich dem Verlangen ihrer Arbeitgeber oder Aufsichtspersonen zu beugen.
Aus diesem Grunde ist bei Geschlechtsverkehr zwischen deutschen Männern und weiblichen Arbeitskräften polnischen Volkstums keine Sonderbehandlung zu beantragen.
... Die Polin ist kurzfristig (bis zu 21 Tagen) in Schutzhaft zu nehmen ... Nach Haftentlassung ist die Polin in eine andere Arbeitsstelle zu vermitteln.
... Der deutsche Mann ist grundsätzlich auf die Dauer von drei Monaten einem Konzentrationslager zuzuführen ... Handelt es sich bei dem Mann ... um einen Betriebsführer, ... ist dafür Sorge zu tragen, daß ihm die Arbeitskräfte polnischen Volkstums entzogen und künftig keine mehr zugewiesen werden.

2. Sonderbehandlung

... Vorschläge auf Sonderbehandlung sind grundsätzlich nur für männliche Arbeitskräfte polnischen Volkstums zu machen ... Wird Sonderbehandlung für Geschlechtsverkehr mit deutschen Frauen beantragt, ist in Zweifelsfällen die Volkstumszugehörigkeit der deutschen Frau darzulegen. Für die Behandlung der deutschen Frau ist ferner die Feststellung unerläßlich, ob Schwangerschaft besteht oder nicht, gegebenenfalls in welchem Monat und ob sie gleichzeitig auch Verkehr mit deutschen Männern gehabt hat.“

Am 26. Juli 1942 erließ der Reichsführer SS einen Erlass betreffend *„Behandlung der im Reichsgebiet eingesetzten polnischen Zivilarbeiter – hier seelsorgerische Betreuung“.*[66] Danach wurden ihnen zwar eigene Sondergottesdienste erlaubt; diese durften aber nur am ersten Sonntag eines Monats von 10 bis 12 Uhr stattfinden. Der Gebrauch der polnischen Sprache und das Singen polnischer Lieder waren dabei verboten. Religionsunterricht und kirchliche Trauung wurden den Polen untersagt. Die Teilnahme an deutschen Gottesdiensten war ihnen strikt verboten.

Die genauen Vorschriften zur Behandlung der polnischen Zwangsarbeiter fanden sich in einer Anweisung der Geheimen Staatspolizeistelle Frankfurt/Main vom 15. Februar 1943. Darin hieß es unter Ziffer 4:[67]

„Polen. a) Kennzeichnung: Violettes ‚P‘ auf gelbem Grund.
b) Unterbringung: Die Unterbringung hat scharf getrennt von den Unterkünften der deutschen Volksgenossen zu erfolgen.
c) Aufenthaltszwang am Arbeitsplatz: Es ist verboten, den Aufenthaltsort ohne Genehmigung der Ortspolizeibehörde zu verlassen.
d) Ausgehverbot: In der Zeit vom 1. April bis 30. September von 21 bis 5 Uhr und in der Zeit vom 1. Oktober bis 31. März von 20 bis 6 Uhr besteht Ausgehverbot. Dabei darf auch die Unterkunft nicht verlassen werden.
e) Benutzung öffentlicher Verkehrsmittel nur mit Genehmigung.
f) Der Besuch von Veranstaltungen ist verboten. Gaststättenbesuch nur in besonders zugewiesenen Gaststätten.
g) Sondergottesdienste nur am 1. Sonntag des Monats von 10-12 Uhr. Der Gebrauch der polnischen Sprache und das Absingen von Liedern in polnischer Sprache ist verboten.
h) Postverkehr mit den Angehörigen ist gestattet.
i) Die Benutzung von Photoapparaten ist verboten.
k) Das Tragen von Orden und Ehrenzeichen ist verboten.
l) Die Benutzung von Fernsprechanlagen ist verboten.
m) Polen dürfen nicht im Besitz von Fahrrädern sein.
n) Die Anwendung des deutschen Grusses ist verboten.
o) Politische und kriminelle Delikte werden ausschließlich von der Gestapo behandelt.
p) Bei polnischen Zivilarbeitern steht auf Geschlechtsverkehr mit deutschen Frauen die Todesstrafe.“

Unterbringung

Wie alle anderen Maßnahmen bei Zwangsarbeitern wurde auch ihre Unterbringung durch Erlasse und Verordnungen geregelt. 1942 wurden dazu die Rahmenbedingungen festgelegt:[68]
„Die Unterkunft ist das Heim des ausländischen Arbeiters. Für ihn ist der Schlafraum häufig der einzige Wohn- und Aufenthaltsraum. Die Forderung nach schöner und bequemer Ausgestaltung der Unterkunft liegt als Selbstverständlichkeit im Interesse der Erhaltung der Arbeitsfreude des ausländischen Arbeiters. Darüber hinaus ist in Deutschland die Unterbringung des arbeitenden Menschen in einer sauberen und gesundheitlich einwandfreien Wohnstätte eine vom Nationalsozialismus geforderte sozialistische Pflicht ...
Die Gemeinschaftsunterbringung ausländischer Arbeiter wird zweckmäßig und sauber in genormten Baracken, wie sie auch im Reichsarbeitsdienst verwandt werden, durchgeführt ...

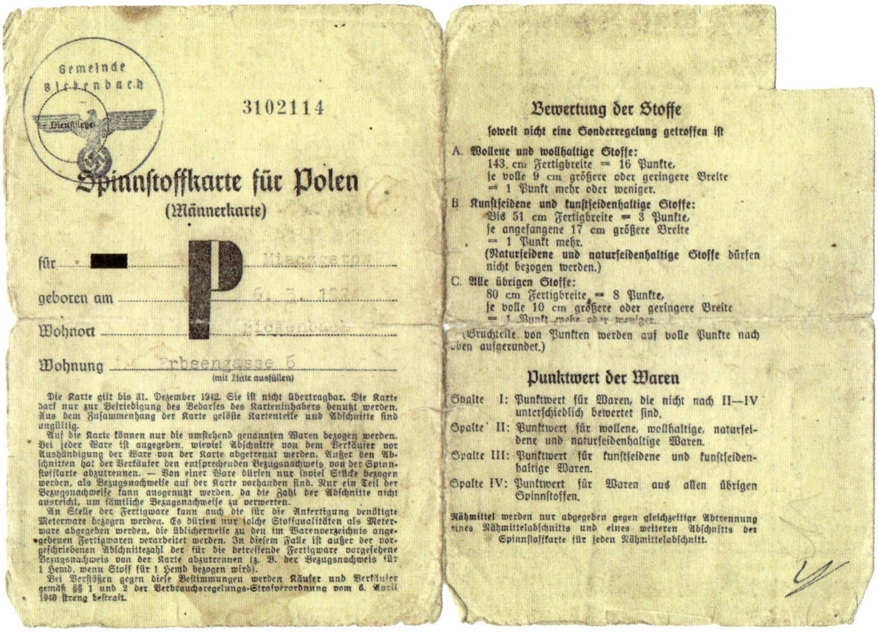
3102114

Spinnstoffkarte für Polen

(Männerkarte)

für [redacted] ...

geboren am ...

Wohnort ...

Wohnung ... Erbsengasse 6

(mit Tinte ausfüllen)

Die Karte gilt bis 31. Dezember 1942. Sie ist nicht übertragbar. Die Karte darf nur zur Befriedigung des Bedarfes des Karteninhabers benutzt werden. Aus dem Zusammenhang der Karte gelöste Kartenteile und Abschnitte sind ungültig.

Auf die Karte können nur die umstehend genannten Waren bezogen werden. Bei jeder Ware ist angegeben, wieviel Abschnitte von dem Verkäufer vor Aushändigung der Ware von der Karte abgetrennt werden. Außer den Abschnitten hat der Verkäufer den entsprechenden Bezugsnachweis von der Spinnstoffkarte abzutrennen. — Von einer Ware dürfen nur soviel Stücke bezogen werden, als Bezugsnachweise auf der Karte vorhanden sind. Nur ein Teil der Bezugsnachweise kann ausgenutzt werden, da die Zahl der Abschnitte nicht ausreicht, um sämtliche Bezugsnachweise zu verwerten.

An Stelle der Fertigware kann auch die für die Anfertigung benötigte Meterware bezogen werden. Es dürfen nur solche Stoffqualitäten als Meterware abgegeben werden, die üblicherweise zu den im Warenverzeichnis angegebenen Fertigwaren verarbeitet werden. In diesem Falle ist außer der vorgeschriebenen Abschnittezahl der für die betreffende Fertigware vorgesehene Bezugsnachweis von der Karte abzutrennen (z. B. der Bezugsnachweis für 1 Hemd, wenn Stoff für 1 Hemd bezogen wird).

Bei Verstößen gegen diese Bestimmungen werden Käufer und Verkäufer gemäß §§ 1 und 2 der Verbrauchsregelungs-Strafverordnung vom 6. April 1940 streng bestraft.

Bewertung der Stoffe

soweit nicht eine Sonderregelung getroffen ist

A. Wollene und wollhaltige Stoffe:
143 cm Fertigbreite = 16 Punkte,
je volle 9 cm größere oder geringere Breite
= 1 Punkt mehr oder weniger.

B. Kunstseidene und kunstseidenhaltige Stoffe:
Bis 51 cm Fertigbreite = 3 Punkte,
je angefangene 17 cm größere Breite
= 1 Punkt mehr.
(Naturseidene und naturseidenhaltige Stoffe dürfen nicht bezogen werden.)

C. Alle übrigen Stoffe:
80 cm Fertigbreite = 8 Punkte,
je volle 10 cm größere oder geringere Breite
= 1 Punkt mehr oder weniger.

(Bruchteile von Punkten werden auf volle Punkte nach oben aufgerundet.)

Punktwert der Waren

Spalte I: Punktwert für Waren, die nicht nach II—IV unterschiedlich bewertet sind.

Spalte II: Punktwert für wollene, wollhaltige, naturseidene und naturseidenhaltige Waren.

Spalte III: Punktwert für kunstseidene und kunstseidenhaltige Waren.

Spalte IV: Punktwert für Waren aus allen übrigen Spinnstoffen.

Nähmittel werden nur abgegeben gegen gleichzeitige Abtrennung eines Nähmittelabschnitts und eines weiteren Abschnitts der Spinnstoffkarte für jeden Nähmittelabschnitt.

Bildtext zur Doppelseite: Spinnstoffkarte für Polen (Männerkarte) des Wetzlarers Mieczyslaw K., der einst als landwirtschaftlicher Zwangsarbeiter gearbeitet hatte. Polen erhielten nicht die Reichskleiderkarte, sondern diese spezielle Spinnstoffkarte. Sie diente dazu, *„den für den Arbeitseinsatz der Polen erforderlichen Bekleidungsbedarf in dem unbedingt notwendigen Umfange sicher zu stellen. Diesem Zweck dient das im Vergleich zur Reichskleiderkarte beschränkte Warenverzeichnis.“*
Die Spinnstoffkarte für Polen gab es in fünf Kartengruppen: Für Kinder im 2. und 3. Lebensjahr (Kleinkinderkarte), Knaben vom 3. bis zum 15. Lebensjahr (Knabenkarte), Mädchen vom 3. bis zum 15. Lebensjahr (Mädchenkarte), Männer vom vollendeten 15. Lebensjahr an (Männerkarte) und Frauen vom vollendeten 15. Lebensjahr an (Frauenkarte).

Notwendige Voraussetzung der Wohnlichkeit ist in jedem Falle Ordnung und Sauberkeit ...
Dem verschiedenen Temperament der einzelnen Nationen entsprechend muß mit den psychologisch richtigen Mitteln auf die Einhaltung der Ordnungs- und Sauberkeitsvorschriften von der Lagerleitung hingewirkt werden ...“

Am 15. Juli 1942 konnte man in der „Rhein-Mainischen Wirtschafts-Zeitung“ unter der Überschrift „Die Beschäftigung gewerblicher ausländischer Arbeiter unter anderem lesen:[69]
„Beim Einsatz ausländischer Arbeitskräfte ist unbedingt auf eine gute Behandlung und Betreuung zu achten ... Bei lagermäßiger Unterbringung ist diese Sorg-

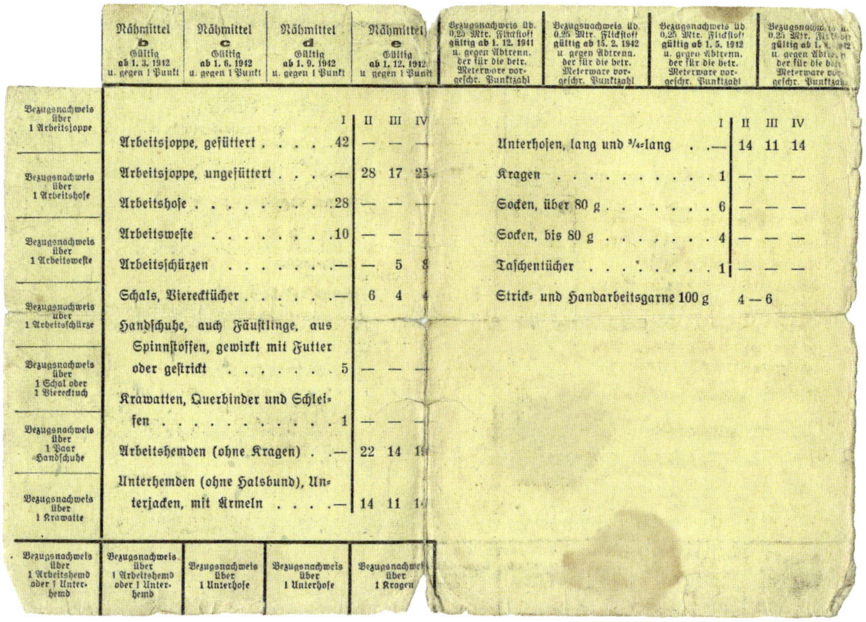

Nähmittel b Gültig ab 1. 3. 1942 u. gegen 1 Punkt	Nähmittel c Gültig ab 1. 6. 1942 u. gegen 1 Punkt	Nähmittel d Gültig ab 1. 9. 1942 u. gegen 1 Punkt	Nähmittel e Gültig ab 1. 12. 1942 u. gegen 1 Punkt	Bezugsnachweis üb. 0,25 Mtr. Flickstoff gültig ab 1. 12. 1941 u. gegen Abtrenn. der für die betr. Meterware vorgeschr. Punktzahl	Bezugsnachweis üb. 0,25 Mtr. Flickstoff gültig ab 15. 2. 1942 u. gegen Abtrenn. der für die betr. Meterware vorgeschr. Punktzahl	Bezugsnachweis üb. 0,25 Mtr. Flickstoff gültig ab 1. 5. 1942 u. gegen Abtrenn. der für die betr. Meterware vorgeschr. Punktzahl	Bezugsnachweis üb. 0,25 Mtr. Flickstoff gültig ab [illegible] u. gegen Abtrenn. der für die betr. Meterware vorgeschr. Punktzahl

	I	II	III	IV
Arbeitsjoppe, gefüttert	42	—	—	—
Arbeitsjoppe, ungefüttert	—	28	17	25
Arbeitshose	28	—	—	—
Arbeitsweste	10	—	—	—
Arbeitsschürzen	—	—	5	8
Schals, Vierecktücher	—	6	4	[illegible]
Handschuhe, auch Fäustlinge, aus Spinnstoffen, gewirkt mit Futter oder gestrickt	5	—	—	—
Krawatten, Querbinder und Schleifen	1	—	—	—
Arbeitshemden (ohne Kragen)	—	22	14	[illegible]
Unterhemden (ohne Halsbund), Unterjacken, mit Ärmeln	—	14	11	[illegible]

	I	II	III	IV
Unterhosen, lang und 3/4-lang	—	14	11	14
Kragen	1	—	—	—
Socken, über 80 g	6	—	—	—
Socken, bis 80 g	4	—	—	—
Taschentücher	1	—	—	—
Strick- und Handarbeitsgarne 100 g	4 — 6			

Bezugsnachweis über 1 Arbeitsjoppe

Bezugsnachweis über 1 Arbeitshose

Bezugsnachweis über 1 Arbeitsweste

Bezugsnachweis über 1 Arbeitsschürze

Bezugsnachweis über 1 Schal oder 1 Viereckttuch

Bezugsnachweis über 1 Paar Handschuhe

Bezugsnachweis über 1 Krawatte

Bezugsnachweis über 1 Arbeitshemd oder 1 Unterhemd	Bezugsnachweis über 1 Arbeitshemd oder 1 Unterhemd	Bezugsnachweis über 1 Unterhose	Bezugsnachweis über 1 Unterhose	Bezugsnachweis über 1 Kragen

falt ebenfalls notwendig. Müssen Baracken gebaut werden, so hat sich der Betrieb an die zuständige Außenstelle der Abteilung Rüstungsbau des Reichsministers für Bewaffnung und Munition zu wenden (Dt. Reichsanzeiger vom 28. 4. 1942).
Bei der Unterbringung ist darauf zu achten, dass Angehörige des gleichen Volkstums aus Gründen der Betreuung sowie der abwehrmäßigen und polizeilichen Überwachung möglichst zusammengelegt werden. Die Betreuung erfolgt – beim Eintreffen sowie auch während der Dauer der Beschäftigung – durch das Amt für Arbeitseinsatz der DAF ...
Bei Unterbringung in einem Lager erhalten ausländische Arbeiter zwei Handtücher und je eine Woll- und Grobgarndecke ...
Polen erhalten die ‚Spinnstoffkarte für Polen' – in Form und Aufmachung ähnlich der Reichskleiderkarte – die den erforderlichen Bedarf an Arbeitskleidung sicherstellen soll."

Am selben Tag erließ der „Generalbevollmächtigte für den Arbeitseinsatz" seine „Anordnung Nr. 9 über die Überprüfung der Unterkünfte, der Ernährung, der Heizung und Instandhaltung der Lager durch Handwerker". Sie begann mit den Worten:[70]
„Alle Arbeitsämter prüfen bis zum 10. August 1942 alle Betriebe, die fremdländische Arbeiter beschäftigen, in ihrem Bereich daraufhin nach, ob sie alle Anordnungen und Erlasse über Unterbringung, Ernährung, Behandlung fremdländischer Arbeiter, Arbeiterinnen und Kriegsgefangenen ordnungsgemäß durchge-

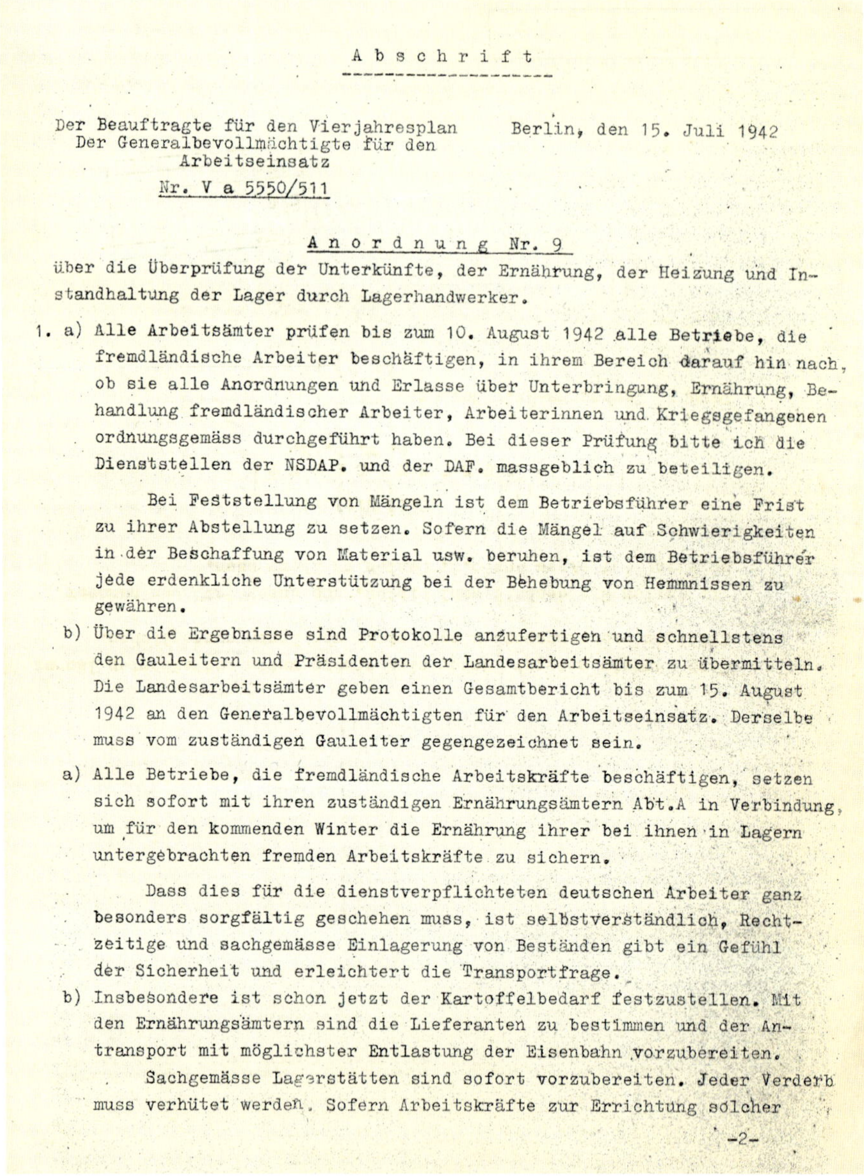

A b s c h r i f t

Der Beauftragte für den Vierjahresplan
Der Generalbevollmächtigte für den
Arbeitseinsatz

Nr. V a 5550/511

Berlin, den 15. Juli 1942

A n o r d n u n g Nr. 9

über die Überprüfung der Unterkünfte, der Ernährung, der Heizung und Instandhaltung der Lager durch Lagerhandwerker.

1. a) Alle Arbeitsämter prüfen bis zum 10. August 1942 alle Betriebe, die fremdländische Arbeiter beschäftigen, in ihrem Bereich darauf hin nach, ob sie alle Anordnungen und Erlasse über Unterbringung, Ernährung, Behandlung fremdländischer Arbeiter, Arbeiterinnen und Kriegsgefangenen ordnungsgemäss durchgeführt haben. Bei dieser Prüfung bitte ich die Dienststellen der NSDAP. und der DAF. massgeblich zu beteiligen.

Bei Feststellung von Mängeln ist dem Betriebsführer eine Frist zu ihrer Abstellung zu setzen. Sofern die Mängel auf Schwierigkeiten in der Beschaffung von Material usw. beruhen, ist dem Betriebsführer jede erdenkliche Unterstützung bei der Behebung von Hemmnissen zu gewähren.

b) Über die Ergebnisse sind Protokolle anzufertigen und schnellstens den Gauleitern und Präsidenten der Landesarbeitsämter zu übermitteln. Die Landesarbeitsämter geben einen Gesamtbericht bis zum 15. August 1942 an den Generalbevollmächtigten für den Arbeitseinsatz. Derselbe muss vom zuständigen Gauleiter gegengezeichnet sein.

a) Alle Betriebe, die fremdländische Arbeitskräfte beschäftigen, setzen sich sofort mit ihren zuständigen Ernährungsämtern Abt.A in Verbindung, um für den kommenden Winter die Ernährung ihrer bei ihnen in Lagern untergebrachten fremden Arbeitskräfte zu sichern.

Dass dies für die dienstverpflichteten deutschen Arbeiter ganz besonders sorgfältig geschehen muss, ist selbstverständlich. Rechtzeitige und sachgemässe Einlagerung von Beständen gibt ein Gefühl der Sicherheit und erleichtert die Transportfrage.

b) Insbesondere ist schon jetzt der Kartoffelbedarf festzustellen. Mit den Ernährungsämtern sind die Lieferanten zu bestimmen und der Antransport mit möglichster Entlastung der Eisenbahn vorzubereiten.

Sachgemässe Lagerstätten sind sofort vorzubereiten. Jeder Verderb muss verhütet werden. Sofern Arbeitskräfte zur Errichtung solcher

-2-

Bildtext zur Doppelseite: Der „Generalbevollmächtigte für den Arbeitseinsatz" (GBA) Fritz Sauckel erließ am 15. Juli 1942 seine „Anordnung Nr. 9 über die Überprüfung der Unterkünfte, der Ernährung, der Heizung und Instandhaltung der Lager durch Lagerhandwerker."
Diese Anordnung trug durchaus positive, fast sogar fürsorgliche Züge gegenüber den Zwangsarbeitern – in erster Linie diente sie aber natürlich der Sicherstellung ihrer Arbeitskraft und der Hebung ihrer Arbeitsmoral.

Lagerstätten benötigt und aus den Reihen der fremdländischen Arbeiter des Betriebes nicht gestellt werden können, sind sie beim Arbeitsamt anzufordern.

Ähnlich ist bei allen Nahrungsmitteln, die gelagert werden können, zu verfahren.

c) In allen Lagern und Unterkünften, in denen es nur immer möglich ist, soll noch in diesem Jahre Spätgemüse angepflanzt werden (natürlich durch die fremden Arbeiter selbst). Für das nächste Jahr ist der Anbau grundsätzlich und systematisch durchzuführen, u.a. auch Sonnenblumen.

Bei gemeinsamen Ausgängen soll unter Anleitung und unter Aufsicht Wildgemüse gesammelt werden.

3. Alle Betriebe treffen Vorsorge, dass die Lager und Unterkünfte bei eintretender kalter Witterung geheizt werden können und das notwendigste Heizmaterial rechtzeitig bestellt und gelagert wird. Sie haben ihren Bedarf sofort ihrem zuständigen Wirtschaftsamt mitzuteilen. Durc strenge Vorschriften muss bei der Heizung die grösste Sparsamkeit gewährleistet sein und jede Vergeudung unterbunden werden. Sicherheitsvorschriften sind zu erlassen.

Die Stunden, während deren geheizt werden darf, sind festzulegen Für das Heizen selbst sind bestimmte Personen anzuleiten und verantwortlich zu machen.

4. Von grösster Bedeutung ist die gute Instandhaltung der Lager und Unterkünfte aller fremdländischen Arbeiter und Arbeiterinnen. Es muss dies durch sie selbst geschehen.

Zu diesem Zweck sind für jedes Lager mehrere geeignete fremde beiter zu bestimmen, die für ihre Landsleute diese Instandhaltung durc führen. Sie werden vom Betrieb bezahlt. Sie haben für Sauberkeit und Ordnung zu sorgen und alle notwendigen Reparaturen durchzuführen.

Sie können auch zur Verbesserung und Verschönerung der Anlagen durch gärtnerische Arbeiten usw. beitragen.

Ebenso lohnend, ja wichtig, ist es, eine Schuster- und Schneiderwerkstatt in jedem Lager einzurichten.

Darüber hinaus soll allen fremdländischen Arbeitskräften Gelegenheit gegeben werden, ihre Freizeit in ihrem eigenen Interesse zur Verbesserung ihrer Unterkünfte und zur Anfertigung notwendiger Gebrauchsgegenstände auszunutzen. Natürlich nur im Rahmen der kriegswirtschaftlichen Möglichkeiten.

gez. Sauckel

führt haben. Bei dieser Prüfung bitte ich die Dienststellen der NSDAP. Und der DAF. maßgeblich zu beteiligen.
Bei Feststellung von Mängeln ist dem Betriebsführer eine Frist zu ihrer Abstellung zu setzen ... Über die Ergebnisse sind Protokolle anzufertigen und schnellstens den Gauleitern und Präsidenten der Landesarbeitsämter zu übermitteln."

Die Unterbringung und Verpflegung der Zwangsarbeiter war zu jener Zeit also noch Chefsache.

Am 14. Juli 1943 wurde die „Verordnung über die lagermäßige Unterbringung von Arbeitskräften während der Dauer des Krieges“[71] erlassen. Dieser auch als „Lagerverordnung“ bekannt gewordene Erlass[72] regelte die Einrichtung der Baracken bis ins letzte Detail. Interessant ist in diesem Zusammenhang, dass hier nicht etwa den Zwangsarbeitern das Verlassen der Lager durch Zäune verwehrt werden sollte, sondern fremden Personen der Zugang zum Lager. Der § 3 lautete nämlich:
„Die Unterkunft soll übersichtlich und so umgrenzt sein, daß der Zutritt Unbefugter zu den Unterkunftsräumen verhindert werden kann.“
In § 4 war die Einrichtung der Schlafräume geregelt:
„Jeder Arbeitskraft ist eine Bettstelle zur Verfügung zu stellen. Mehr als zwei Betten dürfen nicht übereinanderstehen. Der seitliche Abstand zwischen den Betten muß mindestens Stuhlbreite betragen ... Bei Frauenunterkünften dürfen in einem Schlafraum nicht mehr als zwölf Frauen untergebracht sein ...“

Ein „Merkblatt für deutsche Betriebsführer“ formulierte das schärfer:
„Um eine Berührung dieser Arbeitskräfte mit der deutschen Bevölkerung weitgehendst auszuschließen, hat die Unterbringung der polnischen Arbeitskräfte grundsätzlich scharf getrennt von den Unterkünften der deutschen Volksgenossen zu erfolgen.“

Zur Aufsicht über das Lager war eine Lagerleitung einzusetzen. In größeren Lagern gab es einen „A-Lagerleiter“ und einen „B-Lagerleiter“. Die A-Lagerleiter wurden bei größeren Lagern vom Unternehmen gestellt, die B-Lagerleiter waren durch die Deutsche Arbeitsfront eingesetzt.[73]
Wenn die Anzahl der Zwangsarbeiterinnen einen bestimmten Richtwert überstieg, konnten auch „Unterlagerführerinnen“ eingesetzt werden.[74]

Welche Kosten den polnischen Zwangsarbeitern für die Unterbringung im Lager berechnet wurden, konnte nicht eindeutig geklärt werden. Es kann aber angenommen werden, dass ihnen – wie später auch den Ostarbeitern – RM 45,- monatlich für Unterbringung und Verpflegung[75] vom Lohn abgezogen wurden.

Verpflegung

Die Verpflegungs-Situation der deutschen Bevölkerung während des Krieges war – besonders in den Städten – extrem schlecht. Im Gegensatz zu den Zwangsarbeitern konnten sich die meisten Deutschen aber wenigstens satt essen – wenn auch

üblicherweise nur mit Grundnahrungsmitteln. Die tägliche Verpflegung der Zwangsarbeiter bestand in vielen Betrieben hingegen oft nur aus einer wässrigen Brühe mit einigen Kartoffelschalen oder Kohl- bzw. Rübenschnipseln.
Bei der Verpflegung zeigt sich besonders krass, wie weit die Realität von den Vorschriften abwich. So vermittelten die gesetzlichen Verpflegungsbestimmungen für Zwangsarbeiter die Vorstellung einer geradezu fürsorglichen Rundumversorgung:[76]
„Der ausländische Arbeiter erhält durch die deutschen Wirtschaftsämter die Bezugsberechtigung auf die gleichen Lebensmittelmengen, die dem deutschen Verbraucher zustehen ...
Betriebe, die in großer Zahl ausländische Arbeiter beschäftigen und diese in eigengeführten und verwalteten Gemeinschaftslagern untergebracht haben, sind verpflichtet, die zweckmäßige und ausreichende Versorgung ihrer ausländischen Arbeiter in Form der Gemeinschaftsverpflegung sicherzustellen ...
Die Zubereitung und Abwechslung der Speisen richtet sich notwendigerweise nach den im Kriege zur Verfügung stehenden Lebensmitteln. Wenn auch gegenüber normalen Zeiten im Kriege wesentliche Beschränkungen im Nahrungsmittelbezug gelten, so kann und muß die Verpflegung für arbeitende Menschen doch ausreichend und schmackhaft sein. In keinem Falle kann eine unzureichende Gemeinschaftsverpflegung mit kriegsbedingten Schwierigkeiten begründet werden.“
In Wahrheit jedoch gab die schlechte und unzureichende Verpflegung der Zwangsarbeiter – und damit die Schwächung ihrer Arbeitskraft – durchgängig bis zum Kriegsende vieltausendfach Anlass zu Klagen.
Zwar wurden die ausländischen Arbeiter in der Landwirtschaft, in Haushalten und Kleinbetrieben wohl leidlich ernährt – in der Industrie und in Ballungsräumen hingegen war ihre Verpflegungslage oft katastrophal.[77]

Entlohnung und Arbeitszeit

Die Polen nahmen eine Sonderstellung im deutschen Arbeitsleben ein. In den entsprechenden Vorschriften fanden sich dazu folgende Ausführungen:[78]
„Wegen der zahlreichen Ausschreitungen und Greueltaten der Polen in diesem Kriege scheint es nicht vertretbar, sie in vollem Umfang an den Fortschritten unseres Soziallebens teilnehmen zu lassen. Durch eine Reihe von Vorschriften haben die Polen deshalb auf arbeitsrechtlichem Gebiet ein Sonderrecht erhalten ...
Tritt ein Pole bei einem deutschen Unternehmer in Arbeit, so kommt kein Arbeitsverhältnis im Sinne der für die Deutschen geltenden Vorschriften zustande. Insbesondere können die Grundsätze der Treue- und Fürsorgepflicht sowie der sozialen Ehre auf den mit einem Polen abgeschlossenen Arbeitsvertrag keine Anwendung finden ...

Auf den polnischen Beschäftigten sind jedoch die Tarif- und Betriebsordnungen (Dienstordnungen) anwendbar ...“

Die erste Lohnverordnung für polnische Zwangsarbeiter wurde bereits am 8. Januar 1940 vom Reichsarbeitsminister erlassen: die „Reichstarifordnung für polnische landwirtschaftliche Arbeitskräfte“ („RTO“), nach der es zwei „Lohngebiete“ gab.[79]

Die „Allgemeine Anordnung über die Entlohnung von Arbeitern und Angestellten polnischer Volkstumszugehörigkeit“ vom 17. Mai 1940 bestimmte, dass die Lohn- und Gehaltsfestsetzung nach den gleichen Grundsätzen wie für deutsche Gefolgschaftsmitglieder zu erfolgen habe.[80]

In der gewerblichen Wirtschaft entsprach ihre Entlohnung zwar auf dem Papier der Entlohnung deutscher Hilfsarbeiter. Die Praxis zeigte aber, dass sie weniger Lohn bekamen und auch noch länger dafür arbeiten mussten. Den deutschen Arbeitgebern sollten billigste Arbeitskräfte zugeführt werden, ohne dabei eine Warenkaufkraft zu erzeugen – schließlich hatte schon die deutsche Zivilbevölkerung seit langem unter absolutem Warenmangel zu leiden.

Die „Anordnung für die arbeitsrechtliche Behandlung der polnischen Beschäftigten“ vom 5. Oktober 1941[81] bestimmte dazu unter § 9:
„... soll grundsätzlich an polnische Beschäftigte nur die niedrigste betriebsübliche Vergütung ihrer Alters- und Tätigkeitsgruppe gezahlt werden.“
Darüber hinaus galt für Polen dasselbe Prinzip, welches seit kurzem schon bei den Juden angewendet wurde:[82] (§ 2, 1) „Arbeitsverdienst nur gegen Arbeitsleistung“, d. h., Lohnfortzahlung (§ 2, 2), Familien- und Kinderzulagen (§ 4, 1), Geburten- und Heiratsbeihilfen (§ 4, 2), Weihnachtszuwendungen (§ 4, 3), Altersversorgung (§ 6) u. Ä. durften ihnen nicht gewährt werden.

Andererseits war eindeutig geregelt, dass sie jede Mehrarbeit zu leisten hatten:[83]
„Wie das deutsche Gefolgschaftsmitglied, so übernimmt der ausländische Beschäftigte gewöhnlich im Rahmen der geltenden Vorschriften ebenfalls die Verpflichtung, auf Verlangen des Unternehmers Mehrarbeit, Sonntags- und Feiertagsarbeit sowie Nachtarbeit zu leisten.“

Die grundsätzliche Gleichstellung der Polen galt bis zum 5. Oktober 1941. Von da an galt für sie die „Anordnung über die arbeitsrechtliche Behandlung der polnischen Beschäftigten“ des Reichsarbeitsministers.[84]

Für die in der Landwirtschaft beschäftigten polnischen Zwangsarbeiter galt die „Reichstarifordnung für landwirtschaftliche Arbeitskräfte“ vom 14. Juni 1940.[85]

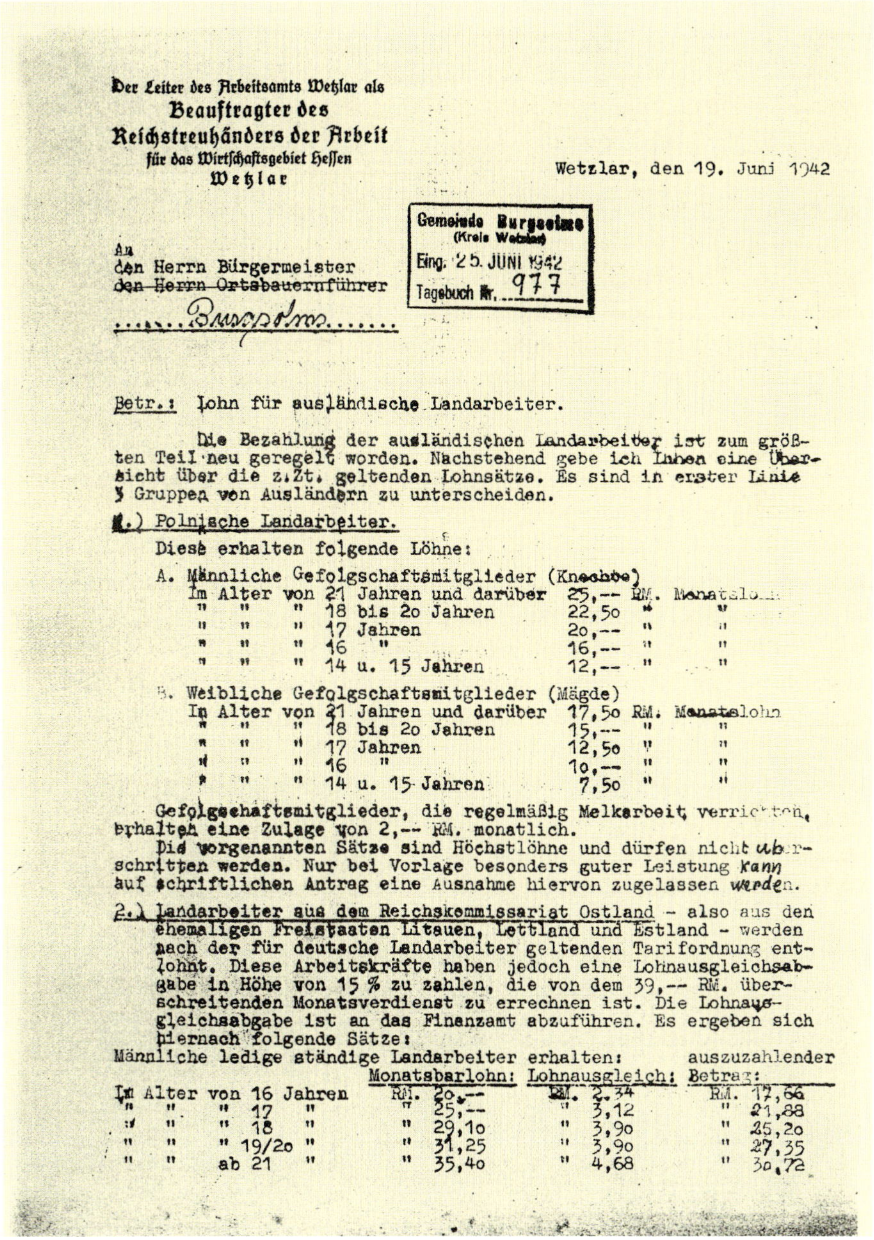
Der Leiter des Arbeitsamts Wetzlar als
Beauftragter des
Reichstreuhänders der Arbeit
für das Wirtschaftsgebiet Hessen
Wetzlar

Wetzlar, den 19. Juni 1942

Gemeinde Burgsolms (Kreis Wetzlar)
Eing.: 25. JUNI 1942
Tagebuch Nr. 977

An
den Herrn Bürgermeister
~~den Herrn Ortsbauernführer~~
......Burgsolms......

Betr.: Lohn für ausländische Landarbeiter.

Die Bezahlung der ausländischen Landarbeiter ist zum größten Teil neu geregelt worden. Nachstehend gebe ich Ihnen eine Übersicht über die z.Zt. geltenden Lohnsätze. Es sind in erster Linie 3 Gruppen von Ausländern zu unterscheiden.

1.) Polnische Landarbeiter.

Diese erhalten folgende Löhne:

A. Männliche Gefolgschaftsmitglieder (Knechte)

Im Alter von 21 Jahren und darüber	25,-- RM.	Monatslohn
" " " 18 bis 2o Jahren	22,5o "	"
" " " 17 Jahren	2o,-- "	"
" " " 16 "	16,-- "	"
" " " 14 u. 15 Jahren	12,-- "	"

B. Weibliche Gefolgschaftsmitglieder (Mägde)

Im Alter von 21 Jahren und darüber	17,5o RM.	Monatslohn
" " " 18 bis 2o Jahren	15,-- "	"
" " " 17 Jahren	12,5o "	"
" " " 16 "	1o,-- "	"
" " " 14 u. 15 Jahren	7,5o "	"

Gefolgschaftsmitglieder, die regelmäßig Melkarbeit verrichten, erhalten eine Zulage von 2,-- RM. monatlich.
Die vorgenannten Sätze sind Höchstlöhne und dürfen nicht überschritten werden. Nur bei Vorlage besonders guter Leistung kann auf schriftlichen Antrag eine Ausnahme hiervon zugelassen werden.

2.) Landarbeiter aus dem Reichskommissariat Ostland - also aus den ehemaligen Freistaaten Litauen, Lettland und Estland - werden nach der für deutsche Landarbeiter geltenden Tarifordnung entlohnt. Diese Arbeitskräfte haben jedoch eine Lohnausgleichsabgabe in Höhe von 15 % zu zahlen, die von dem 39,-- RM. überschreitenden Monatsverdienst zu errechnen ist. Die Lohnausgleichsabgabe ist an das Finanzamt abzuführen. Es ergeben sich hiernach folgende Sätze:

Männliche ledige ständige Landarbeiter erhalten:	Monatsbarlohn:	Lohnausgleich:	auszuzahlender Betrag:
Im Alter von 16 Jahren	RM. 2o,--	RM. 2,34	RM. 17,66
" " " 17 "	" 25,--	" 3,12	" 21,88
" " " 18 "	" 29,1o	" 3,9o	" 25,2o
" " " 19/2o "	" 31,25	" 3,9o	" 27,35
" " ab 21 "	" 35,4o	" 4,68	" 30,72

Im Juni 1942 hatte der „Generalbevollmächtigte für den Arbeitseinsatz“ (GBA) neue Lohnsätze für ausländische Arbeiter festgelegt. Der Leiter des Arbeitsamtes Wetzlar teilte diese Lohnsätze am 19. Juni 1943 den Ortsbürgermeistern des Kreises Wetzlar mit. Interessant ist hierbei, dass die neue Tarifordnung erstmals auch Lohnsätze für 14- bis 15-jährige Zwangsarbeiter enthielt. Später sollten auch noch Lohnsätze für 12- bis 13-Jährige hinzukommen.

Danach waren sie bei freier Unterkunft und Verpflegung wie deutsche Landarbeiter zu entlohnen.
Im Juni 1942 wurden vom GBA neue Lohnsätze für ausländische Arbeiter festgelegt, die jetzt in der jüngsten Altersklasse auch Tariflöhne für 14- und 15-jährige Jungen und Mädchen vorsahen.[86]

Am 29. Juni 1944 erließ der GBA schließlich eine neue „Reichstarifordnung für die in der Landwirtschaft eingesetzten polnischen Beschäftigten".[87]
Danach war den Polen immer noch freie Unterkunft und Verpflegung zu gewähren, ihre Löhne wurden nun aber separat festgesetzt: Im Lohngebiet II (unter anderem Rhein-Main) erhielten Männer („Knechte") 27,– RM monatlich und Frauen („Mägde") 21,– RM. Im Lohngebiet III (unter anderem Kurhessen) waren an Männer 24,– RM und an Frauen 19,– RM zu zahlen. Davon mussten noch alle sonstigen Kosten, z. B. für Bekleidung u. Ä. abgezogen werden. So blieben unter dem Strich auch den Zwangsarbeitern in der Landwirtschaft vermutlich kaum nennenswerte Lohnteile übrig.

Durch diese Neuregelung setzte eine weitere Ausbeutungsstufe ein. Während den polnischen Landarbeitern bis dahin die gleichen Stundenlöhne wie den deutschen Arbeitern zu zahlen waren, wurden für sie ab sofort Monatslöhne festgesetzt, ohne jedoch dabei ihre Arbeitszeiten festzulegen.
Ab sofort wirkte sich daher für den Arbeitgeber bei korrektem Entlohnungsverhalten der Faktor Arbeitszeit besonders günstig aus: Bei einem 15-stündigen Arbeitstag (wie von den Zeitzeugen weiter vorn im Buch angegeben) hatte er einem Zwangsarbeiter bisher auch 15 Stunden zu bezahlen. Bei dem neuen Monatslohn von RM 21,- war es prinzipiell egal, wieviel Stunden ein Pole monatlich tatsächlich gearbeitet hatte.[88]
Diese Situation wurde nur wenig später amtlich fixiert. Mit Wirkung vom 31. August 1944 erließen der Reichsarbeitsminister und der Generalbevollmächtigte für den Arbeitseinsatz für die deutsche Wirtschaft eine „Verordnung über die Sechzigstundenwoche". Die Verordnung begann mit folgendem Wortlaut:[89]
„Das deutsche Volk steht unter Aufbietung seiner äußersten seelischen und körperlichen Kräfte im entscheidenden Stadium des Kampfes um seine Lebensrechte und seine nationalsozialistische Ordnung. Der deutsche Soldat an allen Fronten leistet Übermenschliches. In einer großen Zahl von Betrieben der Kriegswirtschaft vollbringt schon jetzt die Elite der deutschen Arbeiterschaft höchste Leistungen. Es wird daher in der Durchführung der Maßnahmen des totalen Kriegseinsatzes für die gesamte deutsche Kriegswirtschaft folgendes verordnet: § 1. In allen Betrieben und Verwaltungen, in denen es der Arbeitsanfall und die Produktionslage bedingen, ist ab sofort die regelmäßige Arbeitszeit von 48 Wochenstunden um 12 Überstunden wöchentlich zu erhöhen ..."

Dennoch gestaltete sich das Leben der polnischen Zwangsarbeiter in der Landwirtschaft wohl insgesamt menschlicher als in der Industrie, vor allem durch den ständigen persönlichen Kontakt zu „ihrem" Bauern und seiner Familie. Auch für die gewerbliche Wirtschaft bleibt grundsätzlich festzuhalten: Je kleiner der Betrieb war, desto erträglicher konnte sich der Arbeitseinsatz der Zwangsarbeiter gestalten, sofern die Vorgesetzten eine menschliche Einstellung hatten.

Steuern

Die polnischen Zwangsarbeiter wurden in mehrfacher Hinsicht durch die deutsche Reichsführung ausgebeutet. Sie waren nicht nur wie jeder deutsche Arbeiter abgabenpflichtig, sondern ihnen wurden darüber hinaus noch weitere Abgaben auferlegt. Die einschlägigen Bestimmungen dazu vermerkten:[90]
„Die Polen erfahren eine besondere steuerliche Behandlung, deren wesentlichste Merkmale die eingeschränkte Berücksichtigung des Personenstandes nach zwei Steuergruppen sowie die Erhebung einer Sozialausgleichsabgabe sind."
Die Sozialausgleichsabgabe war mit Verordnung vom 5. August 1940 zusätzlich zur Lohnsteuer eingeführt worden.[91] Sie betrug 15 Prozent des über 39,- RM hinausgehenden[92] Monatslohnes.
Damit wurde zweierlei erreicht: Erstens bekam der Staat von Millionen ausländischen Arbeitern zusätzliche Steuerzahlungen, und zweitens behielt selbst der einfache deutsche Arbeiter – trotz der Erhebung von Kriegssteuern und der fast zur Pflicht gewordenen Spenden für Winterhilfswerk, DAF usw. – immer noch einen faktischen Lohnvorsprung vor den Polen.
Am 14. August 1940 wurde eine eigene „Lohnsteuertabelle für polnische Arbeitnehmer" veröffentlicht,[93] die allerdings keine höheren Steuerbeträge als die normale deutsche Lohnsteuertabelle erkennen lässt.[94] Die „Eingeschränkte Berücksichtigung des Personenstandes" kam so zur Geltung: Unverheiratete Polen fielen in die Steuergruppe I, Verheiratete in die Steuergruppe II.[95] Die Steuer war an das zuständige örtliche Finanzamt abzuführen.[96] Mit Wirkung vom 1. Juni 1941 wurden die Polen grundsätzlich auch zur Bürgersteuer herangezogen;[97] da ihnen aber ein monatlicher Steuerfreibetrag von 75,– RM zustand, dürfte diese Steuerart bei ihnen nur in seltenen Fällen zur Anwendung gekommen sein.
Auch durch die Sozialausgleichsabgabe der polnischen Arbeiter verschaffte sich der deutsche Staat zusätzliche Steuereinnahmen in vielstelliger Millionenhöhe.

Sozialversicherung

Die Themenbereiche „Sozialversicherung der Ausländer" und „Lohnüberweisung in deren Heimatländer" wurden bislang kaum beachtet.[98]

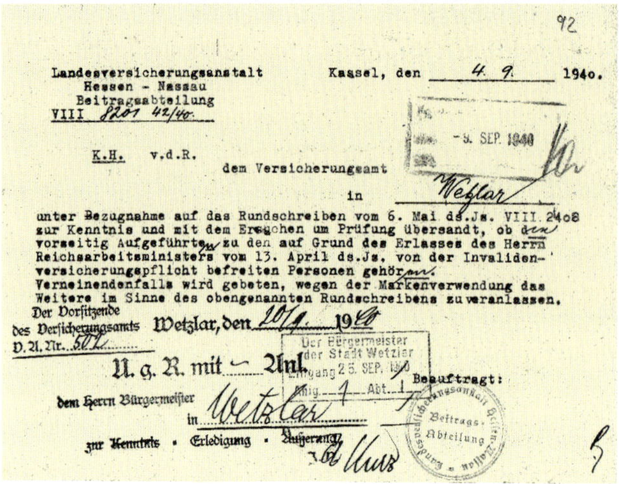

92

Landesversicherungsanstalt Hessen - Nassau Beitragsabteilung
VIII 8201 42/40.

Kassel, den 4. 9. 1940.

-9. SEP. 1940

K.H. v.d.R.

dem Versicherungsamt

in Wetzlar

unter Bezugnahme auf das Rundschreiben vom 6. Mai ds.Js. VIII 2408 zur Kenntnis und mit dem Ersuchen um Prüfung übersandt, ob den vorseitig Aufgeführten zu den auf Grund des Erlasses des Herrn Reichsarbeitsministers vom 13. April ds.Js. von der Invalidenversicherungspflicht befreiten Personen gehören.
Verneinendenfalls wird gebeten, wegen der Markenverwendung das Weitere im Sinne des obengenannten Rundschreibens zu veranlassen.

Beauftragt:

Der Vorsitzende des Versicherungsamts
V.A.Nr. 502

Wetzlar, den 20/9. 1940

U. g. R. mit – Anl.

dem Herrn Bürgermeister in Wetzlar

zur Kenntnis · Erledigung · Äußerung

Der Bürgermeister der Stadt Wetzlar
Eingang 25. SEP. 1940
Anlg. 1 Abt. 1

Beitrags-Abteilung

Unter anderem nach dem Erlass des Reichsarbeitsministers vom 13. April 1940 unterlagen die Polen grundsätzlich nicht der Invalidenversicherungs-Pflicht. Die LVA Kassel (Träger der hessischen Arbeiterrentenversicherung) legte dem Versicherungsamt in Wetzlar daher am 4. September 1940 eine Personenliste vor mit der Bitte um Mitteilung, welche der in der Liste genannten Personen versicherungspflichtig seien.

Am 7. März 1901 hatte der Reichskanzler in Berlin bestimmt:[99]
„Der Bundesrath hat in seiner Sitzung vom 21. 2. 1901 ... beschlossen, daß polnische Arbeiter russischer und österreichischer Staatsangehörigkeit, welchen der Aufenthalt im Inlande nur für eine bestimmte Dauer behördlich gestattet ist, ... der Versicherungspflicht nach dem Invalidenversicherungsgesetze nicht unterliegen sollen ...“
Diese Verordnung galt grundsätzlich bis zum 14. November 1939. Von da an bestimmte der Reichsarbeitminister:[100]
„Betr.: Sozialversicherung für Arbeitskräfte ausländischer Staatsangehörigkeit.
Aus Anlaß eines mir vorgelegten Einzelfalles weise ich darauf hin, daß nicht kriegsgefangene polnische Staatsangehörige, die im Inland eine Beschäftigung ausüben und Tariflohn beziehen, nach den allgemeinen Vorschriften versicherungspflichtig sind.“
Diese Bestimmung differenzierte er jedoch am 13. April 1940 für polnische Landarbeiter:[101]
„Betr.: Invalidenversicherung der polnischen landwirtschaftlichen Wanderarbeiter.
... Ich habe bereits in meinem Erlaß vom 14. November 1939 ... darauf hingewiesen, daß nicht kriegsgefangene polnische Staatsangehörige ... nach den allgemeinen Vorschriften versicherungspflichtig sind. Dieser Erlaß ist nicht etwa dahin zu verstehen, daß nunmehr alle polnischen Staatsangehörigen ohne weiteres versicherungspflichtig sind.
... Nach ... dem Invalidenversicherungsgesetz vom 7. März 1901 ... unterliegen somit die in den eingegliederten Ostgebieten beheimateten polnischen Landwirtschaftlichen Arbeiter auch während ihrer Beschäftigung in anderen Reichsteilen

der Invalidenversicherung, während die polnischen landwirtschaftlichen Wanderarbeiter aus dem Generalgouvernement für die besetzten polnischen Gebiete ... versicherungsfrei ... sind.
... Polnische Wanderarbeiter aus dem Generalgouvernement sind invalidenversicherungsfrei, weil das Generalgouvernement in der Sozialversicherung als Ausland behandelt wird.
... Die polnischen Wanderarbeiter aus den eingegliederten Ostgebieten sind invalidenversicherungspflichtig, da sie im Inland beheimatet sind."

Erst mit Wirkung vom 1. Januar 1943 unterlagen dann auch alle polnischen Landarbeiter der Invalidenversicherungs-Pflicht. Der Reichsarbeitsminister verkündete am 19. Dezember 1942:[102]
„Die Bekanntmachung, betreffend die Befreiung von Ausländern von der Versicherungspflicht nach dem Invalidenversicherungsgesetz vom 7. März 1901, und mein zur Erläuterung dieser Bekanntmachung ergangener Erlaß vom 13. April 1940 ... werden mit dem 1. Januar 1943 aufgehoben.
Vom 1. Januar 1943 an sind somit für alle im Deutschen Reich beschäftigten polnischen Arbeitskräfte einschließlich der polnischen landwirtschaftlichen Arbeiter aus dem Generalgouvernement die Beiträge zur Invalidenversicherung nach den allgemeinen Vorschriften zu entrichten."
Der Erlass schloss mit dem Satz:
„Die Regelung der den polnischen Arbeitskräften zustehenden Leistungen der Invalidenversicherung bleibt vorbehalten."

Alle ausländischen Arbeiter unterlagen von da an der Krankenversicherungs-Pflicht[103] und der gesetzlichen Unfallversicherung[104] in gleicher Weise wie deutsche Arbeiter. Darüber hinaus mussten sie Beiträge zur Arbeiterrentenversicherung (damals: Invalidenversicherung)[105] und Arbeitslosenversicherung (damals: „Reichsstock für Arbeitseinsatz")[106] entrichten.[107] Der NS-Staat belegte die Zwangsarbeiter also mit Abgaben für Versicherungsarten, bei denen von vornherein klar war, dass die Versicherungsträger kaum jemals dafür zu leisten hatten: Nach wie vor ging die Reichsführung ja davon aus, dass der Krieg bald gewonnen sein würde. Dann kämen die deutschen Männer zurück von den Fronten und die ausländischen Zwangsarbeiter würden wieder in ihre Heimatländer zurückgeschickt werden. Millionen von Zwangsarbeitern zahlten also Beiträge zur gesetzlichen Rentenversicherung und zur Arbeitslosenversicherung, ohne nach der geplanten Rückkehr in ihre Heimatländer in den Genuss von Rentenleistungen kommen zu können: Selbst bei der damals geringsten gesetzlichen Wartezeit der deutschen Rentenversicherung von 65 Monaten hätten sie dann keinen Leistungsanpruch erwirken können. Außerdem galt die deutsche Sozialversicherung nicht im Ausland. Die einschlägigen Verordnungen vermerkten dazu:[108]

„Die Vorschriften der deutschen Sozialversicherungsgesetze gelten für die Arbeiter natürlich nur so lange, wie sich diese im Reich aufhalten. Mit dem Überschreiten der Reichsgrenze entfällt ihre Anwendung. Das liegt in der Natur der Sache, denn die reichsdeutsche Gesetzgebung kann nicht ohne weiteres auch im Auslande, d. h., auf dem Gebiet eines anderen Staates, wirksam werden. Jedes Land hat seine eigenen Gesetze.
... Es wird häufig die Meinung vertreten, daß die ausländischen Arbeitskräfte keine Beiträge zur Rentenversicherung entrichten brauchten, weil sie infolge der langen Wartezeiten von 260 bzw. 520 bzw. 780 Beitragswochen doch keine Gelegenheit hätten, Rentenansprüche zu erwerben. Diese Auffassung ist irrig. An sich besteht zwar die Möglichkeit, ausländische Arbeitskräfte in diesem Versicherungszweig versicherungsfrei zu erklären. § 1233 RVO[109] *besagt, daß die Reichsregierung bestimmen kann, daß Ausländer versicherungsfrei sind, wenn die Behörde den Aufenthalt im Inland nur für eine bestimmte Dauer genehmigt hat. Es hat sich allgemein aber nicht als zweckmäßig erwiesen, von dieser Ermächtigung Gebrauch zu machen."*

Lohnauszahlung

Bei einem angenommenen Durchschnittsverdienst von RM 160,– monatlich[110] ergab sich so bei einer 50-Stunden-Woche bis zum 31. August 1944 für einen erwachsenen, unverheirateten polnischen Zwangsarbeiter in der Industrie folgende Entgeltabrechnung:
RM 160,– minus RM 15,20 Lohnsteuer,[111] minus RM 18,– Sozialausgleichsabgabe, minus 6 Prozent Krankenversicherungsbeitrag[112] = RM 9,60, minus 6,5 Prozent Reichsstock für den Arbeitseinsatz = RM 10,40, minus 5,6 Prozent Invalidenversicherung = RM 8,96. Das ergab einen theoretischen Auszahlungsbetrag von RM 97,84. Davon waren dann die Kosten für Unterbringung und Verpflegung abzuziehen. Wenn man davon ausgeht, dass hierfür – wie später bei den Ostarbeitern – etwa RM 45,-[113] berechnet wurden, blieben noch RM 52,80 übrig, von denen dann Bekleidung und sonstige Kosten bezahlt werden mussten. Der Restbetrag hätte dann noch für eine Überweisung in die Heimat zur Verfügung gestanden.

Festzustellen ist, dass die Lohneinstufung der Zwangsarbeiter entsprechend den deutschen Hilfsarbeitern den Arbeitgebern alsbald erhebliche Kostenvorteile brachte: Zwar war diese Einstufung bei der Arbeitsaufnahme des Ausländers etwa in einem Industriebetrieb grundsätzlich nicht unangemessen; sie änderte sich jedoch auch später – wenn der Arbeiter durchaus als „angelernter Arbeiter" anzusehen war – praktisch nicht. Allein dadurch sparte der Arbeitgeber dann etwa ein Viertel an Lohnkosten ein.[114]

Darüber hinaus zeigte die Praxis, dass die Zwangsarbeiterlöhne noch weit unter den vergleichbaren deutschen Hilfsarbeiterlöhnen lagen. Hinzu kam ab 31. August 1944 die reichsweite Anordnung über die Sechzigstundenwoche,[115] wodurch jedoch die Monatslöhne der Zwangsarbeiter – allerdings auch diejenigen der deutschen Arbeiter – nicht erkennbar verändert wurden.

Lohnüberweisung in die Heimat

Wenn ein polnischer Zwangsarbeiter Geld in die Heimat überweisen wollte, musste dies durch den Arbeitgeber geschehen. Dieser musste das Geld – 1940 bei landwirtschaftlichen Arbeitern begrenzt auf RM 300,–, bei gewerblichen Arbeitern höchstens RM 600,–[116] – auf das Postscheckkonto Nr. 888 des Postscheckamtes Warschau beim Postscheckamt Berlin (Sonderkonto Lohnersparnisse) überweisen. Von dort aus wurde das Geld dann in der Landeswährung Zloty weitergeleitet.[117] Die Deutsche Reichspost hatte somit das Monopol für Auslandsüberweisungen nach Polen.

Diese Überweisungen bereiteten Anfangs jedoch Schwierigkeiten. Im April 1940 gab der Reichsbauernführer in den „Dienstnachrichten des Reichsnährstandes" daher ein Schreiben des Reichswirtschaftsministers vom 20. März 1940 bekannt, in dem es unter anderem hieß:[118]

„Die Überweisung der Lohnersparnisse geschieht im Rahmen der mit dem Reichsarbeitsminister und dem Reichspostminister abgesprochenen Regelung ohne devisenrechtliche Genehmigung im Wege der Postschecküberweisung. Ein Transfer der auf diese Weise im Postwege überwiesenen Beträge erfolgt erst nachträglich bei der Abrechnung der Salden des Postverkehrs zwischen der Deutschen Reichspost und der Deutschen Post im Osten.
... Nach Mitteilung des Reichspostministers ist sowohl das Postscheckamt Berlin als auch über die Deutsche Post im Osten das Postscheckamt Warschau auf die besondere Dringlichkeit einer beschleunigten Erledigung der Überweisungsaufträge hingewiesen worden.
... Die landwirtschaftlichen Betriebsführer sind auf die Möglichkeit und Notwendigkeit der schnelleren Überweisung der Lohnersparnisse der bei ihnen beschäftigten polnischen Zivilarbeiter hinzuweisen. Das Ausbleiben der Lohnüberweisungen hat in den Abgabegebieten im Generalgouvernement die Anwerbung sehr stark beeinträchtigt. Beschleunigte Überweisungen sind daher wirksamste Mittel zur Überwindung des durch entstellende Gerüchte geweckten Mißtrauens."

Spätestens im Winter 1944/45, als die sowjetischen Truppen Polen erreichten, war an eine Geldüberweisung nach Polen jedoch nicht mehr zu denken.

Krankenversorgung und Schwangerschaft

Es kann angenommenen werden, dass die ärztliche Versorgung ähnlich wie bei den Deutschen geregelt war. Sofern eine ärztliche Versorgung nicht im Betrieb durchgeführt wurde, konnten die Polen das Lager ja verlassen, um die normale ärztliche Sprechstunde aufzusuchen.
Da die Reichsführung Pflege- und Betreuungskosten vermeiden wollte, dürften nicht arbeitsfähige Polen und Polinnen – ebenso wie später die arbeitsunfähigen Ostarbeiter/innen – in den ersten Jahren des Arbeitseinsatzes in ihre Heimat zurückgeschickt worden sein. Nach einem Erlass des Reichsarbeitsministers vom 13. August 1941 wurden auch schwangere Polinnen zuerst in die Heimat zurückgeschickt. Darüber hieß es in einer Veröffentlichung unter der Überschrift „Arbeitseinsatz von Ausländerinnen, Entbindung und Rücktransport“:[119]
„In vielen Fällen können schwangere ausländische Arbeiterinnen nicht mehr rechtzeitig vor der Entbindung in die Heimat zurückbefördert werden, weil das Arbeitsamt zu spät von der bevorstehenden Entbindung erfährt. Da die Entbindung meist im Lager oder in der sonstigen Unterkunft nicht möglich ist, ist häufig Krankenhaus- oder Heimaufnahme erforderlich.
Um die daraus erwachsende Beanspruchung des Reichsstocks für Arbeitseinsatz zu begrenzen – ein Anspruch auf Leistungen der Krankenkasse ist häufig nicht erworben – ordnet der Reichsarbeitsminister mit Erlaß vom 13. August 1941 folgendes an:
Die Betriebsführer sind verpflichtet, dem Arbeitsamt unverzüglich Kenntnis zu geben, wenn sie von der Schwangerschaft eines ausländischen Gefolgschaftsmitgliedes erfahren. Schwangere ausländische Arbeitskräfte werden grundsätzlich sofort nach Bekanntwerden der Schwangerschaft, unabhängig von deren Dauer und dem Zeitpunkt der Feststellung, in die Heimat zurückbefördert.
Von der Rückbeförderung kann dann abgesehen werden, wenn der Betriebsführer auf das Verbleiben der Arbeitskraft besonderen Wert legt und sich schriftlich verpflichtet, für die weitere Unterbringung der Ausländerin und des zu erwartenden Kindes zu sorgen. Es bleibt dem Ermessen des Betriebsführers überlassen, sich die Unterbringungskosten des Kindes von der Mutter oder dem Kindesvater, sofern dieser sich im Reichsgebiet befindet, erstatten zu lassen.
Die Leistungspflicht der Krankenkasse wird dadurch nicht berührt. Sie kommt dann in Betracht, wenn eine Vorversicherungszeit von 10 Monaten zurückgelegt ist.
... Ist eine rechtzeitige Rückbeförderung der Arbeiterin vor der Entbindung nicht mehr möglich, so geschieht sie nach der Entbindung, sobald Transportfähigkeit gegeben ist.
... Falls Ausländerinnen vertragsbrüchig werden und ihr Kind im Reichsgebiet zurücklassen, ist dieses in den Heimatort der Kindesmutter zurückzuführen und

den dort etwa lebenden Verwandten oder den Fürsorgebehörden zu übergeben.“ Für alle ausländischen Zwangsarbeiterinnen war eine Schwangerschaft zu diesem Zeitpunkt also eine gute Gelegenheit, ihrer Zwangssituation in Deutschland zu entgehen.

Erst am 16. Oktober 1942 erließ GBA Sauckel eine Verfügung, welche die „Nichteinsatzfähigen Ostarbeiter“ betraf.[120] Von da an wurden für alle Ausländer erheblich verschärfte Maßstäbe angelegt, und eine Rückführung in das Heimatland fand nicht mehr statt.[121]

Urlaub

Auf dem Papier hatten die Polen grundsätzlich auch Anspruch auf Urlaub und Familienheimfahrten; dieser wurde jedoch durch die „Anordnung über den Urlaub der im Reich eingesetzten zivilen Arbeiter und Arbeiterinnen polnischen Volkstums“ vom 31. März 1941 kurzerhand für „ruhend“ erklärt.[122] Ab 9. September 1942 wurde der Urlaubsanspruch aber grundsätzlich neu geregelt:[123]

„Unter der Voraussetzung, daß der betreffende Pole sich bisher voll bewährt und gut geführt hat, ... genehmigt das zuständige Arbeitsamt den Urlaub für die Dauer von drei Wochen einschließlich der Reisetage.“

Um die Zwangsarbeiter zur Rückkehr aus dem Heimaturlaub nach Deutschland anzuhalten, wurden ihnen aber zuvor Lohnteile einbehalten:

„Der Unternehmer ist verpflichtet, vom Lohn des beurlaubten Polen ... zwei Wochenlöhne, bei landwirtschaftlichen Arbeitern einen Monatslohn, einzubehalten. Dieser einbehaltene Lohn ist bei ordnungsmäßiger Rückkehr dem Polen auszuzahlen. Bei nichtordnungsmäßiger Rückkehr[124] erfolgt Bestrafung wegen Arbeitsvertragsbruchs. Der einbehaltene Lohn ist in diesem Fall an den Reichsstock für Arbeitseinsatz (Arbeitsamt) abzuführen.“

„Westarbeiter“

Anwerbung

Anfang Mai 1940 hatte das Reichssicherheitshauptamt in Berlin bestimmt, dass sich nun auch alle in Deutschland befindlichen Belgier und Niederländer bei den deutschen Ortspolizeibehörden zu melden hatten. Sie waren in polizeilichen Gewahrsam zu nehmen und anschließend in Internierungslager zu verbringen.[125]

Nach den Vorstellungen der Arbeitseinsatz-Stäbe bei den zivilen und militärischen Behörden sollten Hunderttausende weitere Arbeitskräfte vor allem aus drei Berei-

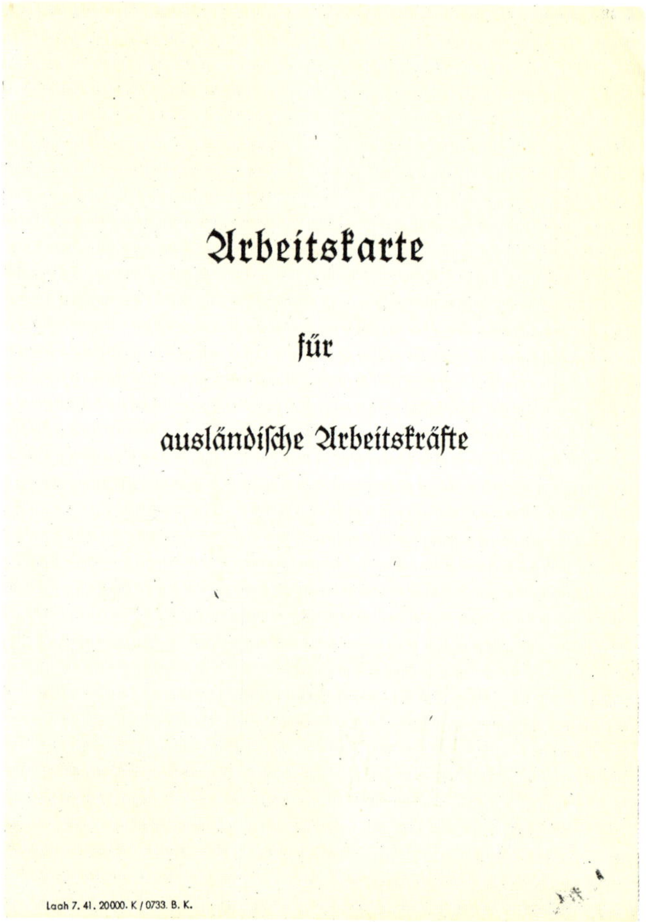

Arbeitskarte

für

ausländische Arbeitskräfte

Laah 7. 41. 20000. K / 0733. B. K.

chen zum „Reichs-Einsatz" herangezogen werden: Zum einen wie bisher aus Polen – durch Zwang – für den Bedarf der Landwirtschaft, zweitens weiterhin legal angeworbene zivile Arbeiter aus den befreundeten, abhängigen und besetzten Ländern, und drittens Kriegsgefangene, vorwiegend aus Frankreich.[126]
Vor allem durch die schnellen Siege im Westen verfügte das Deutsche Reich jetzt über ein gewaltiges Reservoir an Arbeitskräften. Ende Oktober 1940 arbeiteten bereits etwa 1,2 Millionen französische Kriegsgefangene in Deutschland, und auch die Zahl der angeworbenen ausländischen Zivilarbeiter stieg weiter an. Dabei versprachen die auf Provisionsbasis arbeitenden Anwerbestellen in den Westgebieten den Arbeitern das Blaue vom Himmel herunter, wenn es darum ging, die Verhältnisse in Deutschland zu beschreiben: Franzosen und Flamen wurden mit Zusicherungen gelockt, sie könnten privat wohnen, würden übertariflich

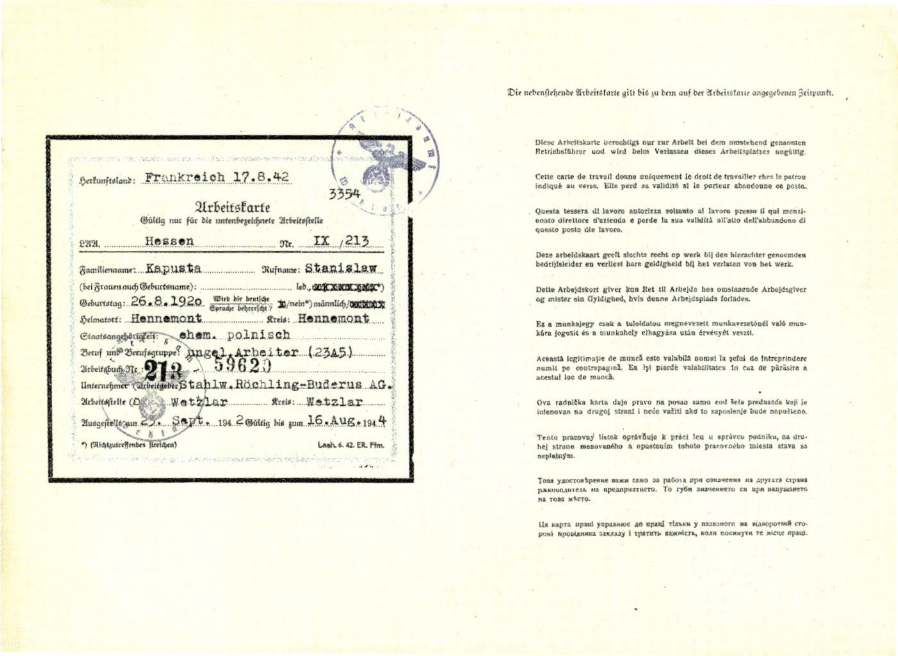

Herkunftsland: Frankreich 17.8.42

3354

Arbeitskarte

Gültig nur für die untenbezeichnete Arbeitsstelle

LAA. Hessen Nr. IX /213

Familienname: Kapusta Rufname: Stanislaw

(bei Frauen auch Geburtsname): .... led., XXXXXXXXX*)

Geburtstag: 26.8.1920 Wird die deutsche Sprache beherrscht? X/nein*) männlich/XXXXXX

Heimatort: Hennemont Kreis: Hennemont

Staatsangehörigkeit: ehem. polnisch

Beruf und Berufsgruppe: ungel. Arbeiter (23A5)

Arbeitsbuch-Nr.: 213 - 59620

Unternehmer (Arbeitgeber) Stahlw. Röchling-Buderus AG.

Arbeitsstelle (O): Wetzlar Kreis: Wetzlar

Ausgestellt am 23. Sept. 1942 Gültig bis zum 16. Aug. 1944

*) (Nichtzutreffendes streichen)

Laah. 6. 42. ER. Ffm.

Die nebenstehende Arbeitskarte gilt bis zu dem auf der Arbeitskarte angegebenen Zeitpunkt.

Diese Arbeitskarte berechtigt nur zur Arbeit bei dem umstehend genannten Betriebsführer und wird beim Verlassen dieses Arbeitsplatzes ungültig.

Cette carte de travail donne uniquement le droit de travailler chez le patron indiqué au verso. Elle perd sa validité si le porteur abandonne ce poste.

Questa tessera di lavoro autorizza soltanto al lavoro presso il qui menzionato direttore d'azienda e perde la sua validità all'atto dell'abbandono di questo posto die lavoro.

Deze arbeidskaart geeft slechts recht op werk bij den hierachter genoemden bedrijfsleider en verliest hare geldigheid bij het verlaten von het werk.

Dette Arbejdskort giver kun Ret til Arbejde hos omstaaende Arbejdsgiver og mister sin Gyldighed, hvis denne Arbejdsplads forlades.

Ez a munkajegy csak a tuloldalon megnevezett munkavezetönél való munkára jogosit és a munkahely elhagyása után érvényét veszti.

Această legitimaţie de muncă este valabilă numai la şeful de întreprindere numit pe contrapagină. Ea îşi pierde valabilitatea în caz de părăsire a acestui loc de muncă.

Ova radnička karta daje pravo na posao samo cod šefa preduzeća koji je imenovan na drugoj strani i neće važiti ako to zaposlenje bude napušteno.

Tento pracovný lístok oprávňuje k práci len u správcu podniku, na druhej strane menovaného a opustením tohoto pracovného miesta stava sa neplatným.

Това удостовѣрение важи само за работа при означения на другата страна ръководитель на предприятието. То губи значението си при напущането на това мѣсто.

Ця карта праці управнює до праці тільки у названого на відворотній стороні провідника закладу і тратить важність, коли покинути те місце праці.

Text zu nebenstehender und oberer Abbildung: Arbeitskarte eines polnischstämmigen Franzosen, der ab dem 23. September 1942 bei den Stahlwerken Röchling-Buderus AG in Wetzlar arbeiten musste. In den dortigen Ausländerlisten wurde er jedoch als Pole geführt.
Anders als die Zwangsarbeiter „im Masseneinsatz" (Polen und Ostarbeiter), für die das Grün- oder Grauzettelverfahren eingeführt worden war, erhielten die Westarbeiter und andere Ausländer eine (zeitlich ebenfalls befristete) Arbeitskarte. Sie trug in zehn Sprachen den Hinweis: *„Diese Arbeitskarte berechtigt nur zur Arbeit bei dem umstehend genannten Betriebsführer und wird beim Verlassen dieses Arbeitsplatzes ungültig."*

bezahlt, könnten zusammen mit der Ehefrau in der gleichen Firma arbeiten, und Urlaub nehmen, wann sie wollten usw.[127]

Ab dem August 1942, als in den besetzten westlichen Ländern bekannt geworden war, dass die einstmals legal angeworbenen Zivilarbeiter gewaltsam in Deutschland festgehalten wurden,[128] blieben die Interessenten aus. So ging die deutsche Reichsführung alsbald dazu über, ganz nach dem Muster der in Polen durchgeführten „Anwerbemethoden" nun auch in Frankreich, Belgien und Holland zu verfahren. Mit der „Anordnung Nr. 10" des Generalbevollmächtigten für den Arbeitseinsatz vom 22. August 1942 wurden die dortigen deutschen Behörden angewiesen, sofort entsprechende gesetzliche Regelungen für Zwangsmaßnahmen zu erlassen: Meldepflicht und Dienstverpflichtung, d. h., Zwangsanwerbung.

Mit Polizeirazzien, Rollkommandos und ähnlichen Aktionen wurden die meisten jungen Leute festgenommen und nach Deutschland verbracht. Der Belgier Gustave Meurant berichtete nach dem Krieg auf Befragung durch belgische Regierungsstellen,[129] er sei am 3. Oktober 1942 in Brüssel durch die Gestapo festgenommen worden und dann bis zum 12. November 1942 in einem Gefängnis in St. Gilles festgehalten worden. Anschließend habe man ihn in das deutsche Auffanglager von Aix-la-Chapelle gebracht. Dort erfuhr er, dass er nach Deutschland zur Arbeit in den Wetzlarer Leitzwerken gebracht werden sollte.
Weiterhin gab er an, er sei nicht wegen eines Vergehens festgenommen worden, sondern er habe einen „Überweisungsschein No. 6" bekommen, worauf gestanden habe: „Dienstverpflichtet lt. Verordnung des Militärberfehlshabers Belgien-Frankreich vom 6. Oktober 1942".

Behandlung

Nach dem Ende der Kämpfe im Westen wurden mit Erlass vom 3. Oktober 1940 auch die bis dahin in Deutschland internierten französischen Zivilisten auf freien Fuß gesetzt und konnten in ihre Heimat zurückkehren.[130] Bei ihrer passtechnischen Behandlung unterschied die Reichsführung jetzt nach zwei Kriterien:[131]

1. *„Angehörige der Staaten, die infolge der Ereignisse des Krieges aufgehört haben zu bestehen (z. B. Polen, Luxemburg, Jugoslawien)", und*
2. *„Angehörige der Länder, die in den deutschen Machtbereich getreten sind und zur Zeit keine eigene Vertretung im Reich haben (z. B. Norwegen, Niederlande, Frankreich, Griechenland)".*

Außer den Polen, welche ja längst eine Sonderstellung in diesem System hatten, und den hier genannten Luxemburgern, Jugoslawen, Norwegern, Holländern, Franzosen und Griechen wurden unter dem Begriff „Westarbeiter" aber auch Personen aus den Baltenländern (Estland, Lettland und Litauen) sowie aus Bulgarien, Dänemark, Italien, Tschechoslowakei, Ungarn und der Schweiz zusammengefasst.[132]

Der Postverkehr mit Frankreich, Holland und Belgien funktionierte zu diesem Zeitpunkt fast reibungslos. Der Wetzlarer DAF-Kreisamtsleiter Helsper teilte dem Betriebsführer der Stahlwerke Röchling-Buderus AG, Friedrich Riekeberg, in einem Schreiben vom 8. Februar 1941 dazu mit:[133]
„Nach Mitteilung des Reichspostministers besteht zwischen Deutschland und den Niederlanden bereits wie früher ein Paketdienst. ... Den belgischen Arbeitern in Deutschland ist gestattet, sich alle zwei Monate von ihren Angehörigen ein Paket

mit warmen Kleidungsstücken, Wäsche und anderen wichtigen Bedarfsgegenständen schicken zu lassen.
Die den belgischen Arbeitern zugestandene Vergünstigung wird auch den in Deutschland arbeitenden französischen Arbeitern aus dem besetzten Frankreich gewährt."

Nur wenig später, mit Erlass des Reichsführers SS vom 11. März 1941[134], wurde aber bestimmt, dass die noch in Deutschland verbliebenen Franzosen – in der Hauptsache wirklich angeworbene französische Zivilarbeiter – ebenso als „feindliche Ausländer" zu behandeln seien wie die niederländischen und belgischen Zivilarbeiter. Ihnen wurde praktisch die Freizügigkeit genommen, und sie mussten sich alle vier Wochen bei der örtlichen Polizei melden. Damit waren sie ebenfalls zu Zwangsarbeitern geworden.
Am 28. Oktober 1941 verfügte der Reichsführer SS einen „Erlaß zur paßtechnischen und ausländerpolizeilichen Behandlung der im Reichsgebiet eingesetzten ausländischen Arbeiter".[135] Danach hatten alle ausländischen Arbeiter einen Heimatpass zu besitzen, der ab sofort nur mit einem deutschen Sichtvermerk Gültigkeit hatte. Die Gültigkeit des Sichtvermerks war auf die Dauer der Beschäftigung im Reich – maximal auf sechs Monate – begrenzt. Im Übrigen waren unter „Ausländischen Arbeitern" im Sinne des Erlasses auch Angestellte, Schüler, Beamte usw. zu verstehen, denn unter den Zwangsdeportierten befanden sich prinzipiell alle Berufsgruppen.[136]

Der Unmut hunderttausender ausländischer Zwangsarbeiter blieb für die deutsche Reichsführung nicht ohne Wirkung, denn die deutsche Kriegswirtschaft war längst auf Gedeih und Verderb auf sie angewiesen. Allein in der Landwirtschaft hätte ihr Ausfall innerhalb kürzester Zeit zum Zusammenbruch der Produktion geführt. Diese Arbeitskräfte konnten nur mit Zwangsmaßnahmen und Repressalien bei der Arbeit gehalten werden.
Um die Spannungen etwas zu entschärfen, ordnete der Reichsführer SS daher mit Erlass vom 16. Mai 1942 zuerst einmal an, die französischen, belgischen und niederländischen Staatsangehörigen seien ab sofort nicht mehr als Angehörige von Feindstaaten zu behandeln.[137]

Unterbringung und Verpflegung

Dadurch, dass sich die Westarbeiter frei am Ort bewegen konnten, war ihnen auch eine Unterbringung in Privatquartieren möglich. Anders als Polen und Ostarbeiter mussten sie demnach nicht grundsätzlich in Barackenlagern leben. Darüber hinaus wurde ihnen gegebenenfalls Heimaturlaub gewährt, und viele von ihnen bekamen Pakete aus der Heimat. So standen sie sich bei der Verpflegung sicher besser als die Angehörigen

anderer Volksgruppen.[138] Dennoch gab es Unregelmäßigkeiten. So beklagte ein Lagerführer mit Schreiben vom 2. Mai 1941 an DAF-Kreisamtsleiter Helsper:[139]
„Die Holländer haben sich erneut darüber beschwert, daß sie bei der langen Arbeitszeit mit Brot allein nicht auskämen. Es ist erneut zum Ausdruck gebracht worden, daß ich dafür eintreten soll, daß das Essen in den Betrieb gebracht werden soll."

Urlaub

Ausländische Arbeiter, die Urlaub im Heimatland machen oder endgültig in die Heimat zurückkehren wollten, benötigten einen Sichtvermerk, der bei vorübergehender Ausreise wiederum zeitlich zu begrenzen war. Für diesen Fall durfte der Sichtvermerk nur erteilt werden, wenn der Arbeiter nachweislich im Heimatland nahe Angehörige hatte. Außerdem hatten zuvor der Betriebsführer und das zuständige Arbeitsamt einen Urlaubsschein auszufertigen, der durch die Gestapo zu genehmigen war.
Französische, belgische und niederländische Arbeiter durften nur über die Grenzübergangsstelle Herbesthal ausreisen.

Entlohnung

Die Westarbeiter waren den deutschen Arbeitern gleichgestellt, d. h., ihre Entlohnung erfolgte grundsätzlich nach dem deutschen Tarif. Möglicherweise bekamen sie zusätzlich ein monatliches „Trennungsgeld" in Höhe von RM 45,–.[140]
Auf Antrag des Unternehmers und nach Genehmigung des Reichstreuhänders der Arbeit konnten Westarbeiter mit in die Akkordarbeit aufgenommen werden. Als Akkordlohn-Grundlage diente dabei 1942 eine „Neue Lohnordnung" mit acht Lohngruppen. Vermutlich erhielten die Westarbeiter dabei aber nicht den gleichen Lohn wie Deutsche, sondern ihre Arbeit wurde über einen vorgegebenen Verrechnungsfaktor bewertet. Hinzu kam, dass den Deutschen überwiegend die höheren Lohngruppen 6, 7 und 8 vorbehalten war.[141]

Steuern und Sozialversicherung

Bis zum Spätsommer 1941 waren etwa 270.000 Italiener, 120.000 Belgier, 93.000 Holländer und 48.000 Franzosen in Deutschland eingesetzt.[142] Arbeitsrechtlich wurden sie wie deutsche Beschäftigte behandelt, d. h., sie wurden tariflich entlohnt und hatten Lohn- und Bürgersteuer sowie Beiträge zur gesetzlichen Kranken-, Unfall- und Rentenversicherung zu entrichten.

Lohnüberweisung

Bei den Lohnüberweisungen der ausländischen Arbeiter in ihre Heimatländer hatte neben der deutschen Reichspost die Deutsche Bank eine Art Monopolstellung: Von 18 Überweisungswegen waren allein 9 über ihre Lohntransferstellen zu leiten (Belgien, Bulgarien, Dänemark, Finnland, Frankreich, Italien, Norwegen, Serbien und Ungarn).[143]

Der „Ostarbeiter-Einsatz"

Im Spätherbst 1941 tauchten erstmals russische Staatsangehörige in den Verordnungen auf. Warum aber erst jetzt, wo doch die deutschen Armeen im Osten längst Millionen sowjetischer Kriegsgefangener gemacht hatten?
Die deutsche Führung war im Sommer 1940 nach den „Blitzkriegen" in Polen und Frankreich von einem ebenso schnellen Sieg über die Sowjetunion überzeugt, in dessen Folge die deutschen Männer an ihre Arbeitsplätze zurückkehren würden. Aus diesem Grund wurden auch keinerlei Vorkehrungen dafür getroffen, russische Arbeitskräfte nach Deutschland zu bringen. Vielmehr wurden Pläne für die Umsiedlung von Millionen Sowjetbürgern in den Norden der UDSSR entwickelt. So unglaublich es klingt – es gab darüber hinaus tatsächlich keine Planungen für die Behandlung der zu erwartenden Massen von Kriegsgefangenen. Obwohl man mit zwei bis drei Millionen Gefangenen rechnete, wurden weder Transport noch Unterkunft oder Verpflegung für derart große Menschenmassen organisiert. Ein Interesse zur Erhaltung des Lebens dieser Gefangenen zum Zwecke der Ausbeutung ihrer Arbeitskraft in der deutschen Wirtschaft bestand zu diesem Zeitpunkt also nicht.
Die Folgen dieser Handlungsweise waren grauenhaft. Durch Hunger und Seuchen begann schon wenige Wochen nach Beginn des Rußlandkrieges ein Massensterben unter den sowjetischen Gefangenen: 60 Prozent der bis Ende des Jahres 1941 in deutsche Gefangenschaft geratenen 3.350.000 sowjetischen Soldaten kamen ums Leben, 1,4 Millionen von ihnen bereits vor September 1941.[144] 1941/42 tötete die SS mehr als 10.000 sowjetische Kriegsgefangene im KZ Sachsenhausen.[145] Millionen andere wurden in „Lagern" eingepfercht: Unter freiem Himmel, so dass sie sich mit ihren Essgeschirren Erdhöhlen graben mussten, ohne Verpflegung und in Eiseskälte. Augenzeugen berichteten von Kannibalismus in zahllosen Fällen.[146] Von den insgesamt 5,7 Millionen sowjetischen Kriegsgefangenen des Zweiten Weltkrieges kamen 3,3 Millionen in deutschem Gewahrsam um.[147]
Es gab allerdings eine ideologisch ausgerichtete Diskussion zum „Ostarbeitereinsatz", wobei hier vor allem noch sowjetische Kriegsgefangene gemeint waren:[148]

Der RFSS lehnte ihren Einsatz in Deutschland entschieden ab, da „rassisch minderwertige Menschen" nicht ins Reich kommen dürften. Der GBA und die Industrie erwogen hingegen für den Fall von alliierten Luftangriffen auf das Reich, diese „Arbeitssklaven" einzusetzen.

Spätestens im September 1941 musste der deutschen Führung aber vollends klar sein, dass der „Blitzkrieg in Rußland" ein langer Abnutzungskrieg werden würde. Mit einer baldigen Rückkehr der deutschen Soldaten von der Ostfront an ihre heimischen Arbeitsplätze war nicht mehr zu rechnen.
So nahm der Arbeitskräftemangel weiter vehement zu: 500.000 offene Stellen in der Landwirtschaft, 300.000 im Metallbereich, 140.000 in der Bauindustrie. Die deutsche Kriegswirtschaft brauchte dringend weitere ausländische Arbeitskräfte.

Anwerbung

Die deutsche Führung legte ihr Augenmerk nunmehr auch auf die sowjetischen Kriegsgefangenen. Am 7. November 1941 erließ daraufhin Reichsmarschall Hermann Göring seine berüchtigten „Ausführungsbestimmungen zum Russeneinsatz".[149] Die Liste der darin enthaltenen Drangsalierungen ist unsäglich: Schlechteste Behandlung und Ernährung, Todesstrafe bei geringsten Vergehen, keine Berührung mit der deutschen Bevölkerung, Schaffung eigener Kost (Katzen, Pferde usw.), Kleidung, Unterbringung und Verpflegung etwas besser als zu Hause (wo die Leute angeblich oft in Erdhöhlen wohnten), Strafen von Ernährungsentzug bis zur standrechtlichen Exekution.
Dabei war auch festgelegt worden, wer den Einsatz der Sowjetrussen leitete. Darüber wurden die Rüstungs-Inspektionen am 8. Dezember 1941 schriftlich unterrichtet:[150]
„Der Reichsmarschall hat inzwischen angeordnet, ... daß der nicht wehrmachtseigene Einsatz der Russen (Kriegsgefangene und freie Arbeiter) im Reich einschließlich Protektorat und Generalgouvernement sowie in den Reichskommissariaten von seiner Geschäftsgruppe Arbeitseinsatz zentral geleitet wird."

Die Reichsführung musste jedoch bald erkennen, dass von den etwa 1,1 Millionen Überlebenden zu dem Zeitpunkt nur noch wenige transport-, geschweige denn arbeitsfähig waren. Maximal 400.000 Russen konnten noch zwangsweise in der deutschen Kriegswirtschaft eingesetzt werden. Ihr Einsatz war allerdings organisatorisch relativ einfach. In der Hauptsache musste die deutsche Arbeitsverwaltung jetzt aber zur Anwerbung sowjetischer Zivilarbeiter (hier verbargen sich hinter dem Begriff „Arbeiter" übrigens auch Zehntausende sowjetische Facharbeiter)[151] übergehen, was nicht nur vom organisatorischen Aufwand her, sondern auch in ideologischer Hinsicht erhebliche Probleme bereitete.[152]

Trotz der in Polen gemachten Erfahrung, dass große Zahlen ausländischer Zivilarbeiter nur mit Gewalt zur Arbeit ins Deutsche Reich gebracht werden konnten, hat es in der Frühphase tatsächlich normale Anwerbungen in Rußland gegeben. Die wenigen Arbeiter, welche diesem Ruf gefolgt waren, wurden an ihren Arbeitsplätzen in Deutschland aber genau wie die Polen behandelt. Die Rüstungsinspektion IX in Kassel bemerkte dazu im Dezember 1941:[153]

„Zur Gewinnung eines Überblicks über den vordringlich zu deckenden Bedarf an sowjetischen Arbeitskräften (Kriegsgefangene und freie Arbeiter) für die Wehrmachtfertigung sind die ... Betriebe anzuweisen, sofort zu prüfen, wo, wie und in welchem Umfange derartige Kräfte beschäftigt werden können. Dabei ist davon auszugehen, daß die sowjetischen Arbeitskräfte in abgesonderten Betriebsabteilungen und Werkstätten, unter Aufsicht deutscher Vorarbeiter und Meister, sowie in geschlossenen Gruppen von mindestens 20 Mann eingesetzt werden sollen ... Die Betriebe, die die Erfüllung dieser Bedingungen und der übrigen Voraussetzungen ..., insbesondere gesonderte Unterbringung und Verpflegung, sowie Einfachheit der Bewachung gewährleisten, sind aufzufordern, den Bedarf an sowjetischen Arbeitskräften ... bis zum 15. 12. 41 dem zuständigen Rüstungskommando (Rüstungs-Inspektion) zu melden."

Die frei angeworbenen sowjetischen Arbeiter fühlten sich betrogen. Das Rüstungskommando Gießen notierte dazu in seinem Kriegstagebuch am 19. März 1942:[154]

„Die 2 Betrieben zugewiesenen russischen Zivilarbeiter sind darüber verbittert, dass ihnen bei der Anwerbung Versprechungen gemacht wurden, die jetzt nicht gehalten werden. Insbesondere die Beschränkung ihrer persönlichen Freiheit erfolge im Gegensatz zu den Bedingungen der deutschen Anwerbestellen, die in russischen Zeitungen veröffentlicht wurden."

Und noch am 8. Juli 1942 wurde dort protokolliert:[155]

„Bei den russischen Zivilarbeitern macht sich zum Teil ein erheblicher Leistungsrückgang wegen mangelnder Verpflegung ... und in anderen Fällen wegen Unzufriedenheit mit der Entlohnung bemerkbar. Bei der Anwerbung sind den Russen Versprechungen gemacht worden, die naturgemäss jetzt nicht gehalten werden können. Die Unzufriedenheit steigert sich in Einzelfällen zu geheimen Zusammenrottungen ... und zu erhöhten Fluchtversuchen. Schärfere Bewachung und bessere Sozialbetreuung scheint angebracht."

Die normale Anwerbung sowjetischer Zivilarbeiter war aber die Ausnahme und begrenzt auf die Frühphase des Ostarbeiter-Einsatzes in Deutschland. Schon seit dem Winter 1941/42 liefen hingegen in den von der deutschen Wehrmacht besetzten Teilen der Sowjetunion die zwangsweisen „Anwerbungs-Kampagnen für Ostarbeiter".

In der deutschen Öffentlichkeit hingegen trat die Reichsführung ganz anders auf. Die 1942 vom Reichsarbeitsministerium und dem Amt für Arbeitseinsatz der

„Deutschen Arbeitsfront" („DAF") herausgegebene Vorschriften- und Gesetzessammlung „Die Beschäftigung von ausländischen Arbeitskräften in Deutschland" vermerkte dazu:[156]

„6. Die Anwerbung. ... Leitender Grundsatz ist die Freiwilligkeit der Anwerbung. Das gilt auch für die besetzten Gebiete, wie entgegen den Behauptungen der Feindpropaganda ausdrücklich festgestellt werden muß. Nur von freiwilligen Arbeitskräften kann erwartet werden, daß sie in den deutschen Betrieben vollwertige Arbeit leisten."

Fritz Sauckel, „Generalbevollmächtigter für den Arbeitseinsatz" („GBA"), wurde da im April 1942 schon deutlicher:[157]

„Es ist ... unumgänglich notwendig, die in den eroberten sowjetischen Gebieten vorhandenen Menschenreserven voll auszuschöpfen. Gelingt es nicht, die benötigten Arbeitskräfte auf freiwilliger Grundlage zu gewinnen, so muß unverzüglich zur Aushebung derselben bzw. zur Zwangsverpflichtung geschritten werden.

Neben den schon vorhandenen, noch in den besetzten Gebieten befindlichen Kriegsgefangenen gilt es ... vor allem, Zivil- und Facharbeiter und -arbeiterinnen aus den Sowjetgebieten vom 15. Lebensjahr ab für den deutschen Arbeitseinsatz zu mobilisieren."

Mit „Anwerben" hatte die Rekrutierungs- und Deportationspraxis der SS, der deutschen Wehrmacht und der sofort in den besetzten Gebieten eingesetzten deutschen Arbeitsverwaltung in der Tat schon längst nichts mehr zu tun. Ebenso wie seinerzeit in Polen wurden nun auch den einzelnen russischen Bezirken Kontingente für zu rekrutierende Arbeitskräfte auferlegt, die durch „Dienstverpflichtung" und jahrgangsweise Aushebung zu erfüllen waren. Inzwischen gingen alle deutschen Behörden davon aus, dass *„freiwillige Werbung ... keinen Erfolg haben werde"*.[158]

Die „Dienstverpflichtung" war noch das einfachste Rekrutierungsmittel. Die Betroffenen bekamen vom örtlichen deutschen Arbeitsamt einen „Verpflichtungsbescheid" zugestellt, nach welchem sie sich „zur Ausweisung nach Deutschland" zu melden hätten. Dabei wurden ihnen und ihrer Familie für den Fall der Nichtbefolgung drastische Strafen angedroht: Sippenhaftung. Klawdija Tolstikowa war im Herbst 1942[159] 16 Jahre alt und wohnte in Mariupol auf der Krim. 2000 erinnerte sie sich:[160]

„Unsere Stadt wurde von deutschen Truppen umstellt. Es wurde ein Arbeitsamt eingerichtet, wo wir uns zu einer bestimmten Zeit melden mußten. Zuerst mußten wir in Mariupol Waggons be- und entladen. Später haben wir einen Bescheid bekommen, daß wir nach Deutschland geschickt würden. Ich füge meinem Brief die Kopie eines solchen Bescheides bei.

Danach wurden wir wie Sklaven behandelt. Sie haben uns in Güterzügen nach Deutschland gebracht. Die Waggons waren überfüllt, es war wenig Platz. Sie haben uns wie das Vieh transportiert.

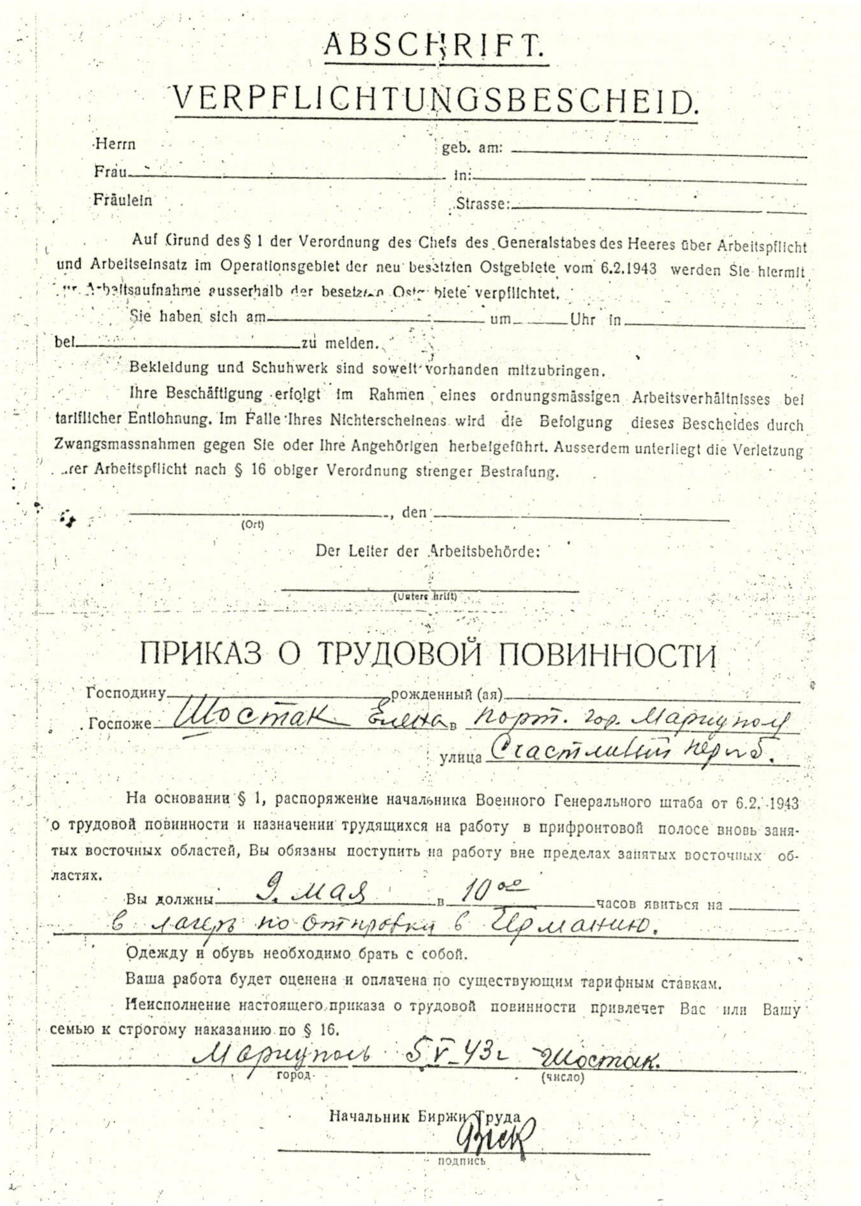

ABSCHRIFT.

VERPFLICHTUNGSBESCHEID.

Herrn geb. am:

Frau in:

Fräulein Strasse:

Auf Grund des § 1 der Verordnung des Chefs des Generalstabes des Heeres über Arbeitspflicht und Arbeitseinsatz im Operationsgebiet der neu besetzten Ostgebiete vom 6.2.1943 werden Sie hiermit zur Arbeitsaufnahme ausserhalb der besetzten Ostgebiete verpflichtet.

Sie haben sich am ______ um ____ Uhr in ______

bei ______ zu melden.

Bekleidung und Schuhwerk sind soweit vorhanden mitzubringen.

Ihre Beschäftigung erfolgt im Rahmen eines ordnungsmässigen Arbeitsverhältnisses bei tariflicher Entlohnung. Im Falle Ihres Nichterscheinens wird die Befolgung dieses Bescheides durch Zwangsmassnahmen gegen Sie oder Ihre Angehörigen herbeigeführt. Ausserdem unterliegt die Verletzung Ihrer Arbeitspflicht nach § 16 obiger Verordnung strenger Bestrafung.

______, den ______
(Ort)

Der Leiter der Arbeitsbehörde:

______
(Unterschrift)

ПРИКАЗ О ТРУДОВОЙ ПОВИННОСТИ

Господину ______ рожденный (ая) ______

Госпоже Шостак Елена в порт. гор. Мариуполь

улица Счастливый переул.

На основании § 1, распоряжение начальника Военного Генерального штаба от 6.2.1943 о трудовой повинности и назначении трудящихся на работу в прифронтовой полосе вновь занятых восточных областей, Вы обязаны поступить на работу вне пределах занятых восточных областях.

Вы должны 9. мая в 10 ос часов явиться на ______

в лагерь по отправки в Германию.

Одежду и обувь необходимо брать с собой.

Ваша работа будет оценена и оплачена по существующим тарифным ставкам.

Неисполнение настоящего приказа о трудовой повинности привлечет Вас или Вашу семью к строгому наказанию по § 16.

Мариуполь 5.V-43г Шостак.
город (число)

Начальник Биржи Труда

______
подпись

Klawdia Tolstikowa geb. Nikitenko (*15. Februar 1926) aus Mariupol an der Krim musste ab dem 20. August 1942 bei der Hensoldt AG in Wetzlar arbeiten. 2000 teilte sie mit, dass sie damals einen solchen „Verpflichtungsbescheid" bekommen hatte – ebenso wie ihre Freundin im Mai 1943, von der das hier abgebildete Dokument stammt. Der Text dieses „Bescheids" spricht für sich: Für den Fall des Nichterscheinens wurde neben strenger Bestrafung der betroffenen Person auch die „Sippenhaftung" – also Sanktionen gegen Familienangehörige – angedroht.

So kamen wir in Frankfurt am Main an. Dort wurden wir aufgeteilt. Wir wurden alle in eine Reihe gestellt. Die deutschen Besitzer kamen und prüften unsere Muskeln und schauten in den Mund hinein.
Wer etwas kräftiger war, der wurde mitgenommen. Alle anderen kamen in Fabriken. Ich war dünn und klein und gerade mal 16, so kam ich nach Wetzlar zu Hensoldt.“

Wie die hauptsächliche Rekrutierungspraxis in den besetzten russischen Gebieten aussah, geht aus einem Bericht der deutschen Auslandsbrief-Zensurstelle Berlin vom November 1942 hervor:[161]
„Männer und Frauen einschließlich Jugendlicher vom 15. Lebensjahr ab werden auf der Straße, von den Märkten und aus Dorffestlichkeiten herausgegriffen und fortgeschafft. Die Einwohner halten sich deshalb ängstlich verborgen und vermeiden jeden Aufenthalt in der Öffentlichkeit. Zu der Anwendung der Prügelstrafe ist nach den vorliegenden Briefen seit etwa Anfang Oktober das Niederbrennen der Gehöfte bzw. ganzer Dörfer als Vergeltung für die Nichtbefolgung der an die Gemeinden ergangenen Aufforderungen zur Bereitstellung von Arbeitskräften getreten. Die Durchführung dieser Maßnahme wird aus einer ganzen Reihe von Ortschaften gemeldet.“
Der Kommandeur der Ordnungspolizei in Riga beschwerte sich telefonisch empört über die Menschenjagd in der Stadt:[162]
„... Ein Lastwagen fuhr an dem Verkehrsknotenpunkt der Stadt vor, erfaßte eine gerade vorhandene Menschengruppe, verlud sie in den Lastwagen und schleppte sie ins Auffanglager ab. ... Die Personen wurden beim Verladen von betrunkenen Greifkommandos, die unter der Führung von SS-Männern standen, geschlagen und beschimpft. ... Vor der Zentralmolkerei wurden sämtliche nach Milch anstehenden Frauen umstellt, verladen und zum Auffanglager geschleppt. Dabei entband eine hochschwangere Frau im Schockzustand. Am Nachmittag waren die Straßen wie ausgestorben und unter der Bevölkerung herrschte Panik und Furcht. ... Als besonders hart wird empfunden, daß durch die Verschleppungen Mütter von ihren kleinen Kindern und Schulkinder von der Familie getrennt werden.“
Herbert Rühl aus Wetzlar-Naunheim war 1942 als Soldat in der Nähe von Dnepropetrowsk in Weißrußland stationiert. 2000 erinnerte er sich:[163]
„Ich erinnere mich noch sehr gut an die damaligen Ereignisse. Wir waren in einem kleinen Städtchen in Stellung gegangen – ich meine, es hieß Magiewka – und kamen in Kontakt mit der örtlichen Bevölkerung.
Ich habe auch selbst einmal gesehen, wie die Mädchen im Ort von der SS und auch von deutschen Wehrmachtssoldaten zusammengetrieben und abtransportiert wurden. Damals erlebte ich einen fast unglaublichen Zufall. Wir erfuhren nämlich, dass schon einige Zeit vorher viele junge Mädchen und Frauen zwangsweise nach Deutschland transportiert worden waren – und zwar nach Wetzlar zu den Buderus'schen Eisenwerken.

Aufstellung von Ostarbeiterinnen, welche bei der Firma Pfeiffer Apparatebau G.m.b.H. eingesetzt sind. (Unterbringung im Lager Umgehungsstrasse.)

Eintritt 25.11.1942

Nr.	Name	Vorname	Geb. Dat.	Wohnort	Bezirk	Fam. Stand	früh. Beschäftigung
251	Temschenkow	Anna	20.7.23.	Tschuschwariowka	Radowski	ledig	Landwirtschaft
252	Dudnik	Warbara	26.12.26.	Machniuka	Lobinski	ledig	Landwirtschaft
253	Balijewicz	Natja	3.1.23.	Obisniuka	Hloben	ledig	Landwirtschaft
254	Nenschinko	Natazia	24.8.23.	~~Obisniuka~~ wie 251	~~Hloben~~	ledig	Landwirtschaft
255	Paulicz	Alexandra	28.3.27.	Pusikowo	Hloben	ledig	Landwirtschaft
256	Oliaschtschinko	Anna	23.11.24.	Pusikowo	Hloben	ledig	Landwirtschaft
257	Harasenko	Warwara	23.11.20.	Pusikowo	Hloben	ledig	Landwirtschaft
258	Koretzka	Maria	23.5. 25.	Pusikowo	Hloben	ledig	Landwirtschaft
259	Serenko	Jeodokia	16.	Pusikowo	Hloben	ledig	Landwirtschaft
260	Dutkina	Nastja	15.7.25 .	Pusikowo	Hloben	ledig	Landwirtschaft
261	Sihtscherbako	Olga	17.12.14.	Pusikowo	Hloben	verh. (Soldat)	Landwirtschaft
262	Harkowenko	Odorka	20. 7.25.	Pusikowo	Hloben	ledig	Landwirtschaft
263	Larik	Mario	25. 5.24.	Pusikowo	Hloben	ledig	Landwirtschaft
264	Siranko	Katharina	25. 5.23.	Pusikowo	Hloben	ledig	Landwirtschaft
265	Kuschoriowa	Maleheia	2. 5.22.	Pusikowo	Hloben	ledig	Landwirtschaft
266	Hrebinuk	Maria	4.4. 25.	Obisniuka	Hloben	ledig	Landwirtschaft
267	Bahnowa	Anna	31.1. 25.	Obisniuka	Hloben	ledig	Landwirtschaft
268	Bahnowa	Nina	25.9. 26	Obisniuka	Hloben	ledig	Landwirtschaft
269	~~Katharin~~ Bahnowa	Katharina	10.4. 25.	Obisniuka	Hloben	ledig	Landwirtschaft
270	Bahnowa	Anna II	20.6. 25.	Obisniuka	Hloben	ledig	Landwirtschaft
271	Bahnowa	Maria	20.3. 26.	Obisniuka	Hloben	ledig	Landwirtschaft
272	Bahnowa	Wirka	17.11.26.	Obisniuka	Hloben	ledig	Landwirtschaft
273	Batrak	Wera	16.12.25.	Obisniuka	Hloben	ledig	Landwirtschaft
274	Pasetschkow	Anna	5. 8.24.	Obisniuka	Hloben	ledig	Landwirtschaft
275	Tschube	Jeliana	16. 5.2[illegible].	Obisniuka	Hloben	ledig	Landwirtschaft
276	Rudnik	Katharina	5.12.22.	Obisniuka	Hloben	ledig	Landwirtschaf

\- 2 -

Nr.	Name	Vorname	Geb. Dat.	Wohnort	Kreis	Fam. Stand	fr. Beschäftigung
277	Martinenko	Jewdokia	26.12.26.	Obisniuka	Hloben	ledig	Landwirtschaft
278	Pomorowa	Marfa	6. 5.23.	Lebihiuka	Hradiski	ledig	Landwirtschaft
279	Pomorowa	Olga	11.11.22.	Lebihiuka	Hradiski	ledig	Landwirtschaft
280	Baheri	Hana	10.12.26.	Lebihiuka	Hradiski	ledig	Landwirtschaft
281	Matsenko	Olana	10.12.16.	Lebihiuka	Hradiski	ledig	Landwirtsogaft
282	Spotun	Anna	15. 2. 23.	Lebihiuka	Hradiski	ledig	Landwirtschaft
283	Kriuk	Anna	10.12.22.	Lebihiuka	Hradiski	ledig	Landwirtschaft
284	Jeremenko	Natalko	24.10.21.	Lebihiuka	Hradiski	ledig	Landwirtschaft
285	Hanjo	Natalko	8. 9.25.	Schuschwliuka	Hradiski	ledig	Landwirtsogaft
286	Buhaj	Aana	24. 7.13.	Schuschwliuka	Hradiski	ledig	Landwirtschaft
287	Tiriumsen	Soflia	20. 1.19.	Schuschwliuka	Hradiski	verh. (Soldat)	Landwirtschaft
288	Schainoha	Alexandra	4. 4.20.	Schuschwliuka	Hradiski	ledig	Landwirtschaft
289	Dibrowa	Maria	5. 2.22.	Schuschwliuka	Hradiski	ledig	Landwirtschaft
290	Owtscheranko	Maria	9.10.22.	Schuschwliuka	Hradiski	ledig	Landwirtschaft
291	Temschanko	Maria	5.10.21.	Schuschwliuka	Hradiski	ledig	Landwirtschaft
292	Lesork	Maria	17.12.26.	Schuschwliuka	Hradiski	ledig	Landwirtschaft
293	Dorosch	Maria	19. 7.20.	Schuschwaliuka	Hradiski	ledig	Landwirtschaft
294	Usenko	Katharina	12.12.20.	Schuschwliuka	Hradiski	ledig	Landwirtschaft
295	Usenko	Katharina II	22.11.05.	Schuschwliuka	Hradiski	verh. (Soldat)	Landwirtschaft
296	Zibulska	Oleana	10.12.20.	Schuschwliuka	Hradiski	ledig	Landwirtschaft
297	Lesenko	Warka	27. 2.25.	schuschwliuka	Hradiski	ledig	Landwirtschaft
298	Lesenko	Nadatja	24. 1.23.	Schuschwliuka	Hradiski	ledig	Landwirtschaft
299	Bohowa	Anna	3. 1.20.	Schuschwliuka	Hradiski	ledig	Landwirtschaft
300	Ledwinienko	Karathina	15.10.19.	Schuschwliuka	Hradiski	ledig	Landwirtschaft

Diese Ausschnitte aus Ostarbeiterlisten der Wetzlarer Firma Pfeiffer Apparatebau GmbH vom November 1942 deuten darauf hin, dass die arbeitsfähigen Kräfte ganzer russischer Ortschaften kollektiv zur Zwangsarbeit in das Deutsche Reich deportiert wurden.
Diese Ostarbeiterinnen waren im „Lager Umgehungsstraße“ (Zwangsarbeiterlager zwischen dem heutigen Karl-Kellner-Ring und der Seibertstraße) untergebracht.

Während eines Urlaubs in Wetzlar bin ich mit einem Arbeitskollegen, der bei Buderus arbeitete, zu den russischen Mädchen gegangen und habe tatsächlich einige aus diesem russischen Ort getroffen. Ich habe ihnen gesagt, dass es ihren Familien in Weißrußland gut ginge und habe bei der Rückreise auch Grüße aus Wetzlar mit nach Rußland genommen."

Mit den beschriebenen Methoden – im Amtsdeutsch: *„Hereinbringung ausländischer Zivilarbeiter"* – gelang es in kürzester Zeit, Hunderttausende Arbeitskräfte aus der Sowjetunion nach Deutschland zu deportieren: 1942 wurden innerhalb von neun Monaten etwa 1,3 Millionen ziviler Arbeitskräfte ins Deutsche Reich gebracht – das sind wöchentlich etwa 40.000 Menschen, davon je zur Hälfte Männer und Frauen. Dazu kamen 1942 noch etwa 450.000 sowjetische Kriegsgefangene, so dass im Winter 1942/43 schon mehr als 1,7 Millionen Russinnen und Russen in Deutschland Zwangsarbeit leisten mussten.
Dennoch war die Zwangsarbeit im Deutschen Reich für zahllose zivile russische junge Männer am Ende ein Schicksal, das sie vor viel Schlimmerem bewahrte: So schizophren es klingt, durch ihre Deportation nach Deutschland entgingen sie dem Militärdienst in der Sowjetarmee, der Millionen ihrer Kameraden im Kampf gegen die Deutschen den Tod brachte. Das wiederum brachte den russischen Zwangsarbeitern nach der Rückkehr in ihre Heimatländer neue Drangsale: Man sah in ihnen Verräter und bezeichnete sie oft sogar als Kollaborateure mit den Deutschen, und man deportierte sie erneut zur Zwangsarbeit – diesmal nach Sibirien und in den Ural.[164]

Für alle Russen wurde im Februar 1942 der Begriff „Ostarbeiter" eingeführt.[165] Diese gliederten sich auf in a): Ostarbeiter aus den angestammten sowjetischen Verwaltungsgebieten, und b): Ostarbeiter aus den neuen sowjetischen Westgebieten, d. h., die Bewohner jener Gebiete, die von der UdSSR nach den Vereinbarungen im Ribbentrop-Molotov-Pakt annektiert worden waren. Die Bewohner der baltischen Länder stellten dabei ein eigenes Kontingent, während die Bewohner der West-Ukraine und der westlichen Gebiete Weißrusslands hauptsächlich dem neu gebildeten Generalgouvernement und dem separaten Bezirk Galizien angehörten.[166]

Später definierte die Reichsführung den Begriff „Ostarbeiter" wie folgt:[167]
„Als solche gelten die nach dem 22.6.1941 zum Arbeitseinsatz nach Deutschland geholten Arbeitskräfte nicht-deutscher Volkszugehörigkeit aus dem altsowjet-russischen Gebiet, ausgenommen die aus den ehemaligen Staaten Litauen, Lettland, Estland, dem Bezirk Bialystok und dem Distrikt Galizien[168] *zugereisten."*
Die Einwohner des Distriktes Galizien – er war deckungsgleich mit dem einstigen Distrikt Lemberg – galten ja als Polen. Das kam auch in einem Runderlass des GBA vom September 1942 zum Ausdruck: „Entlassung sowjetischer Kriegsge-

fangener ukrainischen Volkstums aus dem galizischen Distrikt Lemberg (Generalgouvernement) nach Deutschland". Darin hieß es unter anderem:[169]
„Das OKW hat im Einvernehmen mit mir die Wehrkreiskommandos mit nachstehend wiedergegebenem Befehl vom 11. August 1942 angewiesen, aus dem galizischen Bezirk Lemberg stammende sowjetische Kriegsgefangene ukrainischen Volkstums zum Zwecke ihres Arbeitseinsatzes im Reichsgebiet zu entlassen."

Behandlung

Am 2. Februar 1942 erließ der Reichsführer SS die sogenannten „Ostarbeitererlasse".[170] Danach waren ab sofort alle sowjetischen Zivilarbeiter aus den besetzten Gebieten der Sowjetunion in den Grenzen von 1938[171] als „Ostarbeiter" zu bezeichnen. Die Bestimmungen und Ergänzungsbestimmungen dieser Erlasse ergaben zusammengefasst für das Jahr 1942 folgende Situation:
Striktes Kennzeichnungsgebot wie bei den polnischen Zwangsarbeitern. Die sowjetischen Arbeiter/innen mussten ab sofort ein mit der Kleidung fest verbundenes Abzeichen „OST" tragen. Unterbringung in geschlossenen und umzäunten Lagern, getrennt nach Geschlechtern. Jede Bewegung außerhalb des Lagers war – anders als bei sonstigen ausländischen Zwangsarbeitern – untersagt. Rücktransport von Arbeitsunfähigen, Kindern unter 15 Jahren und Schwangeren. „Freizeitbetreuung" durch die DAF. Ausflüge mit deutschem Begleitpersonal als Belohnung möglich. Verhinderung jeder Solidarisierung zwischen Deutschen und Russen. Bewachung durch Werkschutz und ausgesuchte deutsche Arbeiter – dabei Bewachung der Frauen ausschließlich durch Männer. Führung der Lager durch politisch zuverlässige Lagerleiter. Verbot der seelsorgerischen Betreuung. Theoretisch zweimal monatlich Möglichkeit zum zensierten Briefverkehr. Rücksichtsloses Durchgreifen bei Ungehorsam, auch mit Waffengewalt. Eigenes Strafsystem: Stubendienst, Straftrupp, Entziehung der warmen Tagesverpflegung bis zu drei Tagen, Arrest bis zu drei Tagen, Züchtigungserlaubnis für Lagerleiter; alle anderen Bestrafungen nur durch Gestapo. Bei Arbeitsflucht: Einweisung in Arbeitserziehungs- oder Konzentrationslager. Todesstrafe bei Kapitalverbrechen, politischen Delikten und Geschlechtsverkehr mit Deutschen.

Mit der Anordnung Nr. 4 des GBA vom 7. Mai 1942 bekam die Deutsche Arbeitsfront den „alleinigen und ausschließlichen Auftrag der Betreuung aller im Reichsgebiet eingesetzten ausländischen Arbeitskräfte", wobei die landwirtschaftlichen Arbeiter/innen ausgenommen waren.[172] Von da an entschied einzig und allein die DAF in jedem deutschen Betrieb über die Art der Behandlung der Ausländer.
Mit seiner Anordnung Nr. 10 „über den Einsatz von Arbeitskräften aus den besetzten Gebieten" vom 22. August 1942 regelte der GBA dann grundsätzlich das Ver-

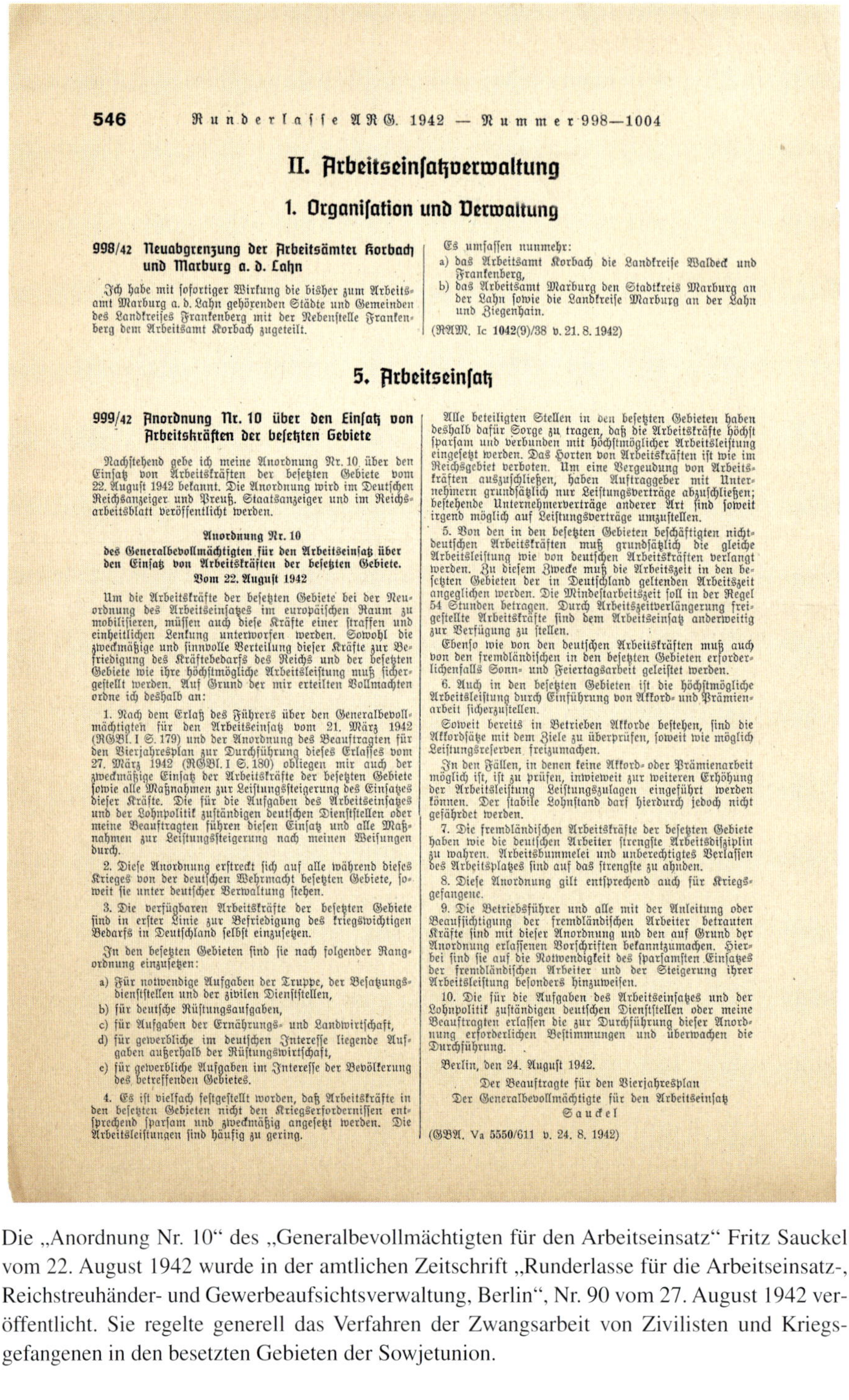

546 Runderlasse ARG. 1942 — Nummer 998—1004

II. Arbeitseinsatzverwaltung

1. Organisation und Verwaltung

998/42 Neuabgrenzung der Arbeitsämter Korbach und Marburg a. d. Lahn

Ich habe mit sofortiger Wirkung die bisher zum Arbeitsamt Marburg a. d. Lahn gehörenden Städte und Gemeinden des Landkreises Frankenberg mit der Nebenstelle Frankenberg dem Arbeitsamt Korbach zugeteilt.

Es umfassen nunmehr:

a) das Arbeitsamt Korbach die Landkreise Waldeck und Frankenberg,

b) das Arbeitsamt Marburg den Stadtkreis Marburg an der Lahn sowie die Landkreise Marburg an der Lahn und Ziegenhain.

(RAM. Ic 1042(9)/38 v. 21. 8. 1942)

5. Arbeitseinsatz

999/42 Anordnung Nr. 10 über den Einsatz von Arbeitskräften der besetzten Gebiete

Nachstehend gebe ich meine Anordnung Nr. 10 über den Einsatz von Arbeitskräften der besetzten Gebiete vom 22. August 1942 bekannt. Die Anordnung wird im Deutschen Reichsanzeiger und Preuß. Staatsanzeiger und im Reichsarbeitsblatt veröffentlicht werden.

Anordnung Nr. 10
des Generalbevollmächtigten für den Arbeitseinsatz über den Einsatz von Arbeitskräften der besetzten Gebiete.
Vom 22. August 1942

Um die Arbeitskräfte der besetzten Gebiete bei der Neuordnung des Arbeitseinsatzes im europäischen Raum zu mobilisieren, müssen auch diese Kräfte einer straffen und einheitlichen Lenkung unterworfen werden. Sowohl die zweckmäßige und sinnvolle Verteilung dieser Kräfte zur Befriedigung des Kräftebedarfs des Reichs und der besetzten Gebiete wie ihre höchstmögliche Arbeitsleistung muß sichergestellt werden. Auf Grund der mir erteilten Vollmachten ordne ich deshalb an:

1. Nach dem Erlaß des Führers über den Generalbevollmächtigten für den Arbeitseinsatz vom 21. März 1942 (RGBl. I S. 179) und der Anordnung des Beauftragten für den Vierjahresplan zur Durchführung dieses Erlasses vom 27. März 1942 (RGBl. I S. 180) obliegen mir auch der zweckmäßige Einsatz der Arbeitskräfte der besetzten Gebiete sowie alle Maßnahmen zur Leistungssteigerung des Einsatzes dieser Kräfte. Die für die Aufgaben des Arbeitseinsatzes und der Lohnpolitik zuständigen deutschen Dienststellen oder meine Beauftragten führen diesen Einsatz und alle Maßnahmen zur Leistungssteigerung nach meinen Weisungen durch.

2. Diese Anordnung erstreckt sich auf alle während dieses Krieges von der deutschen Wehrmacht besetzten Gebiete, soweit sie unter deutscher Verwaltung stehen.

3. Die verfügbaren Arbeitskräfte der besetzten Gebiete sind in erster Linie zur Befriedigung des kriegswichtigen Bedarfs in Deutschland selbst einzusetzen.

In den besetzten Gebieten sind sie nach folgender Rangordnung einzusetzen:

a) Für notwendige Aufgaben der Truppe, der Besatzungsdienststellen und der zivilen Dienststellen,

b) für deutsche Rüstungsaufgaben,

c) für Aufgaben der Ernährungs- und Landwirtschaft,

d) für gewerbliche im deutschen Interesse liegende Aufgaben außerhalb der Rüstungswirtschaft,

e) für gewerbliche Aufgaben im Interesse der Bevölkerung des betreffenden Gebietes.

4. Es ist vielfach festgestellt worden, daß Arbeitskräfte in den besetzten Gebieten nicht den Kriegserfordernissen entsprechend sparsam und zweckmäßig angesetzt werden. Die Arbeitsleistungen sind häufig zu gering.

Alle beteiligten Stellen in den besetzten Gebieten haben deshalb dafür Sorge zu tragen, daß die Arbeitskräfte höchst sparsam und verbunden mit höchstmöglicher Arbeitsleistung eingesetzt werden. Das Horten von Arbeitskräften ist wie im Reichsgebiet verboten. Um eine Vergeudung von Arbeitskräften auszuschließen, haben Auftraggeber mit Unternehmern grundsätzlich nur Leistungsverträge abzuschließen; bestehende Unternehmerverträge anderer Art sind soweit irgend möglich auf Leistungsverträge umzustellen.

5. Von den in den besetzten Gebieten beschäftigten nichtdeutschen Arbeitskräften muß grundsätzlich die gleiche Arbeitsleistung wie von deutschen Arbeitskräften verlangt werden. Zu diesem Zwecke muß die Arbeitszeit in den besetzten Gebieten der in Deutschland geltenden Arbeitszeit angeglichen werden. Die Mindestarbeitszeit soll in der Regel 54 Stunden betragen. Durch Arbeitszeitverlängerung freigestellte Arbeitskräfte sind dem Arbeitseinsatz anderweitig zur Verfügung zu stellen.

Ebenso wie von den deutschen Arbeitskräften muß auch von den fremdländischen in den besetzten Gebieten erforderlichenfalls Sonn- und Feiertagsarbeit geleistet werden.

6. Auch in den besetzten Gebieten ist die höchstmögliche Arbeitsleistung durch Einführung von Akkord- und Prämienarbeit sicherzustellen.

Soweit bereits in Betrieben Akkorde bestehen, sind die Akkordsätze mit dem Ziele zu überprüfen, soweit wie möglich Leistungsreserven freizumachen.

In den Fällen, in denen keine Akkord- oder Prämienarbeit möglich ist, ist zu prüfen, inwieweit zur weiteren Erhöhung der Arbeitsleistung Leistungszulagen eingeführt werden können. Der stabile Lohnstand darf hierdurch jedoch nicht gefährdet werden.

7. Die fremdländischen Arbeitskräfte der besetzten Gebiete haben wie die deutschen Arbeiter strengste Arbeitsdisziplin zu wahren. Arbeitsbummelei und unberechtigtes Verlassen des Arbeitsplatzes sind auf das strengste zu ahnden.

8. Diese Anordnung gilt entsprechend auch für Kriegsgefangene.

9. Die Betriebsführer und alle mit der Anleitung oder Beaufsichtigung der fremdländischen Arbeiter betrauten Kräfte sind mit dieser Anordnung und den auf Grund der Anordnung erlassenen Vorschriften bekanntzumachen. Hierbei sind sie auf die Notwendigkeit des sparsamsten Einsatzes der fremdländischen Arbeiter und der Steigerung ihrer Arbeitsleistung besonders hinzuweisen.

10. Die für die Aufgaben des Arbeitseinsatzes und der Lohnpolitik zuständigen deutschen Dienststellen oder meine Beauftragten erlassen die zur Durchführung dieser Anordnung erforderlichen Bestimmungen und überwachen die Durchführung.

Berlin, den 24. August 1942.

Der Beauftragte für den Vierjahresplan
Der Generalbevollmächtigte für den Arbeitseinsatz
Sauckel

(GBA. Va 5550/611 v. 24. 8. 1942)

Die „Anordnung Nr. 10“ des „Generalbevollmächtigten für den Arbeitseinsatz“ Fritz Sauckel vom 22. August 1942 wurde in der amtlichen Zeitschrift „Runderlasse für die Arbeitseinsatz-, Reichstreuhänder- und Gewerbeaufsichtsverwaltung, Berlin“, Nr. 90 vom 27. August 1942 veröffentlicht. Sie regelte generell das Verfahren der Zwangsarbeit von Zivilisten und Kriegsgefangenen in den besetzten Gebieten der Sowjetunion.

fahren der Zwangsarbeit von Zivilisten und Kriegsgefangenen in den besetzten Teilen der Sowjetunion.[173]

Die Lebens- und Arbeitsbedingungen der ausländischen Arbeitskräfte unterlagen einer klar gegliederten rassistischen Hierarchie. Für die Angehörigen der Nationen, die mit dem deutschen Reich verbündet waren oder sich im Krieg neutral verhielten (etwa Italien, Rumänien, Bulgarien), waren Staatsverträge abgeschlossen worden, nach denen die Ausländer den deutschen Arbeitern etwa gleichgestellt waren. Auch Arbeiter aus den besetzten Gebieten, deren Bevölkerung nach den nationalsozialistischen Rassevorstellungen der germanischen Rasse zugeordnet war (z. B. Niederlande, Norwegen, Dänemark und bestimmte Teile Belgiens), standen ziemlich weit oben. Dabei ging die Differenzierung so weit, dass belgische Zwangsarbeiter in germanische Flamen und französische Wallonen aufgeteilt und behandelt wurden. Letztere standen zusammen mit den Franzosen etwa in der Mitte der Rangfolge. Die zahlenmäßig bedeutendsten Zwangsarbeitergruppen – Polen und Russen – lagen weit darunter. Die untersten Stufen bildeten jedoch Kriegsgefangene – unter ihnen besonders die „I.M.I's",[174] Zigeuner und zuletzt die Insassen von Konzentrationslagern. Die genauen Vorschriften zur Behandlung der einzelnen Volksgruppen sind einer Anweisung der Geheimen Staatspolizeistelle Frankfurt/Main vom 15. Februar 1943 zu entnehmen:[175]

„*Gruppe A – Italiener. Die Richtschnur für die Behandlung ital. Arbeitskräfte gibt das enge deutsch-ital. Bündnis, das die Grundlage für die Neuordnung Europas ist.*

Gruppe B – Angehörige germanischer Völker (Flamen, Dänen, Norweger, Holländer). Der Einsatz dieser Arbeitskräfte muss unter dem Gesichtspunkt betrachtet werden, die Angehörigen germanischer Völker für den Gedanken des Grossgermanischen Reiches, der Zusammengehörigkeit aller germanischer Völker zu gewinnen.

Gruppe C – Angehörige nicht-germanischer Völker, mit denen wir verbündet sind oder mit denen wir auf Grund ihrer kulturellen und gesamteuropäischen Bedeutung verbunden sind (Slowaken, Kroaten, Rumänen, Bulgaren, Ungarn, Spanier, Franzosen). Auch der Einsatz der dieser Gruppe angehörenden Arbeitskräfte im Reich ist der Ausrichtung ihrer Völker auf die Neuordnung Europas und den berechtigten Führungsanspruch Gross-Deutschlands nutzbar zu machen.

Gruppe D – Angehörige nicht-germanischer (slawischer) Völker, die mehr oder weniger unter der unmittelbaren Hoheitsgewalt des Deutschen Reiches leben (Protektoratsangehörige, Serben, Slowenen, Arbeitskräf-

te aus den Baltenländern, Polen, fremdvölkische Arbeitskräfte nichtpolnischen Volkstums aus dem Generalgouvernement und den eingegliederten Ostgebieten, Ostarbeiter).“

Im Frühjahr 1943 wurden die Behandlungsbestimmungen für Ostarbeiter weiter konkretisiert. Am 15. Februar 1943 versandte die Geheime Staatspolizeistelle Frankfurt/Main an alle Landräte des Gaues Hessen-Nassau besondere Vorschriften zur Behandlung der Ostarbeitern. Darin hieß es unter anderem:[176]

„... *6. Ostarbeiter.* a) *Strikte Trennung von der deutschen Bevölkerung.*

b) *Kennzeichnung: Auf jedem Kleidungsstück ein mit diesem festverbundenes Kennzeichen aus einem Rechteck mit dem Kennwort ‚OST‘ in weißer Schrift auf blauem Grund mit blau-weißer Umrandung.*

c) *Arbeitseinsatz: Die Ostarbeiter sind von der deutschen Bevölkerung und anderen ausl. Arbeitern abzusondern.*

d) *Unterbringung: Abschließung in geschlossenen Lagern (Baracken) mit einer zweckentsprechenden Umzäunung (aber kein Stacheldraht).*

e) *Bewachung: Die Arbeitskräfte und die Unterkünfte stehen unter dauernder Bewachung. Der Weg zwischen dem Lager und den Arbeitsstellen ist geschlossen zurückzulegen.*

f) *Besuch der Lager: Nur Polizeidienststellen, NSDAP und DAF.*

g) *Freizeitgestaltung: Die Freizeit der Ostarbeiter spielt sich im Lager ab. Nach Möglichkeit Ausgang unter Aufsicht eines ‚Lagerdienstes‘ in Gruppen von 10-20 Mann, bei Frauen 5 Personen. Der Besuch von Kinos, Geschäften, Gaststätten oder Veranstaltungen ist verboten. Deutsches Radio-Musikprogramm darf gehört werden.*

h) *Seelsorgerische Betreuung: Ist unerwünscht.*

i) *Umgang mit anderen ausl. Arbeitskräften: Ist auf ein Mindestmaß zu beschränken. Kontakt mit Kriegsgefangenen ist verboten.*

j) *Postverkehr: Allmonatlich zweimal nach Hause möglich.*

k) *Politische und kriminelle Verfehlungen: Ausschließlich von der Gestapo zu behandeln.*

l) *Geschlechtsverkehr: Auf Geschlechtsverkehr mit deutschen Frauen steht die Todesstrafe. Geschlechtsverkehr mit anderen ausl. Arbeitskräften ist schwere Disziplinlosigkeit. Es erfolgt Einweisung in ein KZ. Geschlechtsver-*

kehr untereinander erlaubt, sofern dadurch nicht die Ordnung im Lager gefährdet wird.

m) Einsatz in deutschen Haushaltungen: Nur bei politisch zuverlässigen Familien. Ein Anspruch auf Freizeit besteht nicht."

Noch am 15. Oktober 1942 wurde in einem Artikel in der „Rhein-Mainischen Wirtschafts-Zeitung", dem amtlichen Organ der Wirtschaftskammer Rhein-Main, unter der Überschrift „Leistungssteigerung der Ostarbeiter" geäußert:[177]

„Der Beschäftigung von Ostarbeitern im Reichsgebiet kommt eine besondere Bedeutung zu ... Die Leistungssteigerung wird ... auch dadurch gefördert, daß der Ostarbeiter psychologisch richtig behandelt wird. Der Ostarbeiter muß zwar stets streng, jedoch gerecht und menschlich behandelt werden. Körperliche Züchtigung ist unzweckmäßig."

Im darauffolgenden Heft fand sich dann unter derselben Überschrift eine Berichtigung:[178]

„Der letzte Satz des in Nummer 29 dieser Zeitschrift erfolgten Hinweises, der die obige Überschrift trägt, muß lauten: ‚Körperliche Züchtigung ist unzulässig'."

Mit der vernichtenden deutschen Niederlage in Stalingrad Ende Januar 1943 und der damit erkennbar werdenden Kriegswende wurde der deutschen Führung und dem größten Teil der Bevölkerung in Deutschland zum ersten Mal wirklich bewusst, dass es jetzt nicht mehr darum ging, wann man den Krieg gewinnen würde, sondern darum, ihn nicht zu verlieren. Dabei erforderte die militärische Lage nun auch vermehrt die Einziehung deutscher Facharbeiter zum Dienst an der Waffe. Der deutschen Kriegswirtschaft fehlten so im ersten Halbjahr 1943 etwa 1,5 Millionen Arbeitskräfte.[179]

Zwar wurden nun auch deutsche Frauen verstärkt in der Rüstung eingesetzt; die verbleibende Lücke war jedoch allein durch verstärkte Deportation ausländischer Arbeitskräfte kurzfristig nicht mehr zu schließen. Ein entsprechend großes Potential lag hingegen noch bei den schon in Deutschland arbeitenden Ausländern, und da vor allem bei den aus der Behandlung und Verpflegung resultierenden schwachen Arbeitsleistungen der sowjetischen Zwangsarbeiter. Um ihre Arbeitsleistungen zu erhöhen, mussten sie also besser behandelt und verpflegt werden. Ihre Ernährungssätze wurden daraufhin erhöht, umfangreiche Maßnahmen zur beruflichen Anlernung eingeleitet und gewisse Lockerungen beim Ausgang eingeführt. Ein Merkblatt des Reichsnährstandes vom 15. April 1943 vermerkte dazu unter anderem:[180]

„... Im übrigen haben auch die Ostarbeiter grundsätzlich mindestens am arbeitsfreien Tag die Möglichkeit, auszugehen."

In der Tat meldeten fast alle deutschen Betriebe seit Mitte 1943 steigende Arbeitsleistungen.

Das Wechselbad der Reichs-Erlasse und Verordnungen im Zusammenhang mit den ausländischen Zwangsarbeitern wurde dennoch fortgesetzt. Am 5. Juli 1943 wurde in den „Runderlassen für die Arbeitseinsatz-, Reichstreuhänder- und Gewerbeaufsichtsverwaltung" in Berlin eine „Anweisung des Reichs-Innungsmeisters des Friseurhandwerkes zur Regelung der Behandlung von Polen und Ostarbeitern in Friseurbetrieben" veröffentlicht. Darin hieß es:[181]

„Männliche und weibliche ausländische Arbeitskräfte, die durch besondere Abzeichen als Polen oder Ostarbeiter gekennzeichnet sind, dürfen während der allgemeinen Geschäftszeit in deutschen Friseurbetrieben nicht mehr behandelt werden.

In jedem Lager von Polen und Ostarbeitern wird ... von der Lagerverwaltung eine Friseurstube eingerichtet. Bei räumlich nicht weit voneinander entfernten Lagern kann auch eine gemeinsame Friseurstube in einem dieser Lager errichtet sein."

Am 2. August 1943 erließ der GBA einen weiteren Runderlass:[182]

„Ostarbeiter – hier: Betreten deutscher Geschäfte.

... Waren an die mit dem Kennzeichen ‚OST' versehenen Personen darf der Kaufmann ... nur abgeben, wenn die Bedürfnisse deutscher Käufer trotzdem befriedigt werden können oder wenn nur mit einer geringen Nachfrage durch deutsche Käufer zu rechnen ist.

Diese Beschränkungen gelten nicht für Ostarbeiterinnen, die für deutsche Haushalte einkaufen und den Kaufleuten als Hausmädchen deutscher Familien bekannt sind."

Zur weiteren Steigerung der Arbeitsleistung setzte die Reichsführung im Sommer 1943 psychologische Mittel ein. Um den Ostarbeitern die dauernde Ungewissheit darüber zu nehmen, wann eine endgültige Rückkehr in ihre Heimat möglich sein würde, wurde ihre Einsatzzeit im Deutschen Reich formell begrenzt. Das wurde jedoch an mehrere Vorbedingungen geknüpft, die eine tatsächliche Umsetzung mehr als fraglich machten.

Mit Wirkung vom 23. Juli 1943 erließ der GBA die „Anordnung Nr. 11 über die Begrenzung der Dauer des Beschäftigungsverhältnisses der Ostarbeiter sowie die Gewährung von Prämien und Urlaub". Darin hieß es unter anderem:[183]

„Anläßlich der hervorragenden Bewährung der im Großdeutschen Reich eingesetzten Ostarbeiterinnen und Ostarbeiter ordne ich auf Grund der mir erteilten Ermächtigung als Anerkennung ihrer Leistung in der Arbeitsschlacht gegen den Bolschewismus und die Weltplutokratie folgendes an:

I. Begrenzung der Dauer des Beschäftigungsverhältnisses.

Die Dauer des Beschäftigungsverhältnisses der Ostarbeiter im Großdeutschen Reich beträgt zwei Jahre. Dieser Zeitraum rechnet vom Tage des Eintreffens im ersten deutschen Betrieb oder Haushalt, frühestens aber ab 1. August 1942. Der Rücktransport der Ostarbeiter erfolgt nach Beendigung des Beschäftigungsver-

Buderus'sche Eisenwerke   Wetzlar, den 27.August 1943
Gefolgschaftsamt
Dr.Hg/Schu.

Rundschreiben Nr. 39

Betr. Anordnung über die Begrenzung der Dauer des Beschäftigungsverhältnisses der Ostarbeiter sowie die Gewährung von Prämien und Urlaub.

Der Generalbevollmächtigte für den Arbeitseinsatz hat am 23.7.1943 eine Anordnung über die Begrenzung der Dauer des Beschäftigungsverhältnisses der Ostarbeiter sowie die Gewährung von Prämien und Urlaub erlassen. Die Anordnung hat nachstehenden Wortlaut:

"Anläßlich der hervorragenden Bewährung der im Großdeutschen Reich zur Arbeit eingesetzten Ostarbeiterinnen und Ostarbeiter ordne ich auf Grund der mir erteilten Ermächtigung als Anerkennung ihrer Leistung in der Arbeitsschlacht gegen den Bolschewismus und die Weltplutokratie folgendes an:

I.

Begrenzung der Dauer des Beschäftigungsverhältnisses.

Die Dauer des Beschäftigungsverhältnisses der Ostarbeiter im Großdeutschen Reich beträgt zwei Jahre. Dieser Zeitraum rechnet vom Tage des Eintreffens im ersten deutschen Betrieb oder Haushalt, frühestens aber ab 1.August 1942. Der Rücktransport der Ostarbeiter erfolgt nach Beendigung des Beschäftigungsverhältnisses unter Berücksichtigung der Erfordernisse des Arbeitseinsatzes, der Interessen des geregelten Verkehrs und der Kriegslage.
Das Beschäftigungsverhältnis der Ostarbeiter kann um ein weiteres Jahr verlängert werden, wenn es die Notwendigkeiten des Arbeitseinsatzes im Kriege erfordern. Eine Rückkehr ist in diesem Falle jedoch möglich, wenn der Ostarbeiter in den besetzten Ostgebieten eine kriegswichtige Arbeit aufnimmt und einen Ersatzmann für die Beschäftigung im Großdeutschen Reich – möglichst aus seiner Familiengemeinschaft stellt.

II.

Besondere Lohn- und Urlaubsvergünstigungen.

1.) PRÄMIEN:

Diejenigen Ostarbeiterinnen und Ostarbeiter, die sich durch gute Leistung und Treue bei der Arbeit dauernd bewährt und ausgezeichnet haben, erhalten auf Grund der Verordnung des Reichsministers der Finanzen vom 23.7.1943 nach Vollendung des ersten Jahres ihres Einsatzes im Großdeutschen Reich eine laufende Prämie von 20.v.H. Nach Vollendung des zweiten Jahres des Einsatzes im Großdeutschen Reich erhöht sich die Prämie auf 30.v.H. und nach Vollendung des dritten Jahre auf 50.v.H. des ihnen auszuzahlenden Betrages. Diese Prämien gehen zu Lasten der Ostarbeiterabgabe.

2.) URLAUB:

a. Deutschland-Urlaub

Die Ostarbeiter können im zweiten Jahr der Beschäftigung im Großdeutschen Reich einen Urlaub von einer Woche erhalten, wenn sie sich durch ihre Leistungen und ihr Verhalten, insbesondere durch Treue zum Betrieb, bewährt haben. Während des Urlaubes hat der Unternehmer das

2/

Mit Rundschreiben Nr. 39 vom 27. August 1943 gaben die „Buderus'schen Eisenwerke, Gefolgschaftsamt" ihrer Unternehmensbelegschaft die Anordnung Nr. 11 des GBA vom 23. Juli 1943 zur Kenntnis, nach welcher den Ostarbeitern bestimmte Verbesserungen eingeräumt wurden. Unter anderem wurde damit ihr Zwangsaufenthalt im Deutschen Reich bestenfalls zeitlich begrenzt bis zum 1. August 1944 – was sich jedoch später durch den weiteren Kriegsverlauf erübrigte.
Auch ein hier angekündigter „Deutschland-Urlaub" für Ostarbeiter blieb reine Theorie, denn sie hätten dafür an ihrer Arbeitsstelle einen Ersatzmann stellen müssen, den es kaum gegeben haben dürfte.

hältnisses unter Berücksichtigung der Erfordernisse des Arbeitseinsatzes, der Interessen des geregelten Verkehrs und der Kriegslage.
Das Beschäftigungsverhältnis der Ostarbeiter kann um ein weiteres Jahr verlängert werden, wenn es die Notwendigkeiten des Arbeitseinsatzes im Kriege erfordern. Eine Rückkehr ist in diesem Falle jedoch möglich, wenn der Ostarbeiter in den besetzten Ostgebieten eine kriegswichtige Arbeit aufnimmt und *einen Ersatzmann für die Beschäftigung im Großdeutschen Reich – möglichst aus seiner Familiengemeinschaft – stellt."*

Das war in der Praxis überhaupt nicht realisierbar: Die sowjetischen Armeen standen bereits wieder an der Grenze zur Ukraine, und so war abzusehen, dass die Heimat der meisten Ostarbeiter bald zum Kriegsschauplatz werden würde. Darüber hinaus war es einem Ostarbeiter praktisch unmöglich, einen Ersatz für seine Arbeitskraft zu beschaffen. Fälle, in denen Ostarbeiter während des Krieges endgültig in ihre Heimat zurückgekehrt sind, konnten bei den Recherchen zu diesem Buch nicht nachgewiesen werden.

Nach der teilweisen Verbesserung der Lebensbedingungen der Ostarbeiter beschloss die Reichsführung, sie einerseits durch eine besondere moralische Aufwertung, andererseits aber wieder mit psychischem Druck zu weiteren Steigerungen der Arbeitsleistung anzuspornen. Im Sommer 1943 erließ der Reichsführer SS eine neue „Verordnung zur Kennzeichnung der Ostarbeiter", die mit Wirkung vom 10. August 1943 auch allen Betriebsführern und Haushaltungen Hessens durch ein Mitteilungsblatt des Gauobmannes der DAF Frankfurt am Main mitgeteilt wurde. Danach wurde das bisherige Ostarbeiter-Abzeichen („OST") in Zukunft nach zwei Stufen getragen:

1. *„Wie bisher auf der rechten Brustseite durch die Ostarbeiter mit schlechter Führung und schlechter Leistung sowie durch alle neu hereinkommenden Ostarbeiter", und*
2. *„Tragung des Ostarbeiterabzeichens auf dem linken Ärmel durch alle Ostarbeiter mit einwandfreier Führung und Leistung."*

Am 8. Januar 1944 erließ der Reichsarbeitsminister eine „Anordnung über den Arbeitsschutz ausländischer Arbeitskräfte und Ostarbeiter", wonach unter anderem die wöchentliche Arbeitszeit der Zwangsarbeiter neu geregelt wurde. Darin hieß es unter § 3:[184]
„Arbeiter über 16 Jahre dürfen wöchentlich bis zu 60 Stunden, Arbeiterinnen über 16 Jahre wöchentlich bis zu 56 Stunden und Jugendliche unter 16 Jahren wöchentlich bis zu 54 Stunden – ausschließlich *der Ruhepausen – beschäftigt werden, soweit nicht für deutsche Gefolgschaftsmitglieder längere Arbeitszeiten festgesetzt sind."*

Selbst unter Hinzurechnung der täglichen Ruhepausen entsprach diese Verordnung nicht der Realität. Längst war es üblich, an fünf Wochentagen 10 Stunden und samstags zusätzlich sieben Stunden zu arbeiten.[185]

Mit Wirkung vom 19. Juni 1944 löste der Reichsführer SS das bisherige blauweiße Kleidungsabzeichen „OST", das ihre Träger als zur rassisch untersten Volksgruppe der Zwangsarbeiter gehörend kennzeichnete (ob auf der Brustseite oder am Arm getragen), durch drei verschiedene mehrfarbige sogenannte „Volkstumsabzeichen" ab: Ein ovaler Sonnenblumenkranz, der für Ukrainer einen Dreizack umrahmte, für Weißrussen eine Ähre mit Zahnrad und für Russen ein Andreaskreuz. Anscheinend gleichzeitig wurde verfügt, dass besonders qualifizierte sowjetische Zwangsarbeiter/innen von den Ostarbeiterbestimmungen befreit werden konnten. Die Geheime Staatspolizei-Stelle Frankfurt/Main teilte diese Sachlage den Ortspolizeibehörden in einem Schreiben vom 9. August 1944 mit. Darin hieß es unter anderem:[186]

„Betrifft. Kenntlichmachung der Ostarbeiter. Die neuen Volkstumsabzeichen werden grundsätzlich von allen Ostarbeitern (innen), auch von neu hereinkommenden getragen. Ausgenommen sind die Ostarbeiter(innen), die als qualifizierte Arbeitskräfte aus den Ostarbeiterbestimmungen herausgenommen und somit von der Kennzeichnungspflicht befreit sind.

Die Verleihung der Volkstumsabzeichen hat bei den bereits im Reich befindlichen Ostarbeitern(innen) aus propagandistischen und stimmungsmäßigen Gründen in feierlicher Form in den Gemeinschaftsunterkünften oder innerhalb der Betriebe zu erfolgen, um den Charakter der Anerkennung besonders herauszustellen.

Eine unmittelbare Mitwirkung der Polizei bei der Verleihung selbst hat aus diesem Grunde zu unterbleiben.

... Die Betriebsführer (Haushaltungsvorstände) werden durch die DAF. bzw. den Reichsnährstand aufgefordert, umgehend eine namentliche Liste mit Vor- und Zunamen, Geburtsdatum und -ort sowie Volkstumszugehörigkeit der bei ihnen beschäftigten Ostarbeiter(innen) der zuständigen Ortspolizeibehörde vorzulegen, die die Bestellungen über die erforderliche Anzahl Volkstumsabzeichen ... gesammelt weiterleitet.

... Unter Berücksichtigung der Rohstofflage sind die bisher von den Ostarbeitern getragenen blauen ‚Ost'-Kennzeichen im Zuge der Aushändigung der neuen Volkstumsabzeichen einzuziehen.

... Ostarbeiter, die in Ehren aus den Freiwilligen-Verbänden des Ostens (früher Hilfswilligen-Verbände) ausgeschieden und ins Reich zum Arbeitseinsatz gekommen sind, erhalten zusätzlich zum Volkstumsabzeichen ... einen Ärmelstreifen.

... Es ist beabsichtigt, die Angehörigen der kaukasischen, tatarischen und turkestanischen Völkerschaften sowie die Kosaken von den Ostarbeiterbestimmungen zu befreien. Sie fallen somit nicht unter diese Bestimmungen. Sondererlaß ergeht demnächst.

Die Deutsche Arbeitsfront

Gauwaltung Hessen-Nassau

Der Gauobmann
Hauptabteilung Arbeitseinsatz II/2

Frankfurt/Main, den 10. August 1943
Bürgerstraße 69/77
Fernsprecher 20024

An die
Betriebsführer und Haushaltungsvorstände!

Betreff: Kennzeichnung der Ostarbeiter.

Bezug: Ohne Vorgang.

Auf Vorschlag des Generalbevollmächtigten für den Arbeitseinsatz hat der Reichsführer SS und Chef der Deutschen Polizei die Kennzeichnung der im Reich beschäftigten Ostarbeiter neu geregelt. Da auf die Kennzeichnung der Ostarbeiter keinesfalls verzichtet werden kann, wird das bisherige Ostarbeiterabzeichen in der Zukunft nach zwei Stufen getragen:

Stufe 1: Tragung des Ostarbeiterabzeichens wie bisher auf der rechten Brustseite durch die Ostarbeiter mit schlechter Führung und schlechter Leistung sowie durch alle neu hereinkommenden Ostarbeiter.

Stufe 2: Tragung des Ostarbeiterabzeichens auf dem linken Ärmel durch alle Ostarbeiter mit einwandfreier Führung und Leistung.

Die Entscheidung über die Einstufung der Ostarbeiter in eine der beiden vorgenannten Stufen erfolgt in den Betrieben
durch den Betriebsführer
im Benehmen mit Betriebsobmann und dem Lagerführer der DAF.

Bei Einzeleinsatz in Haushaltungen und im Gaststättengewerbe entscheidet der Haushaltungsvorstand bzw. der Betriebsführer und die zuständige Kreiswaltung der DAF.

Bei neu hereinkommenden Ostarbeitern ist frühestens nach einer dr[illegible] Beschäftigung entsprechend zu entscheiden, ob eine Kennzeichnung nach Stufe 2 zu erfolgen hat.

Bei der Kennzeichnung nach Stufe 2 soll nicht engherzig verfahren werden.

In der Stufe 1 sollen in erster Linie diejenigen Ostarbeiter verbleiben, deren Leistung und Führung in keiner Weise zufriedenstellend sind. Bei schlechter Leistung und Führung kann nach Verwarnung von den gleichen Stellen auch wieder über eine Rückführung in die Stufe 1 entschieden werden.

Bildtext zur Doppelseite: Mit Rundschreiben der DAF vom 10. August 1943 wurde den Betriebsführern und Haushaltsvorständen eine Verordnung des Reichsführers SS bekannt gemacht, nach welcher Ostarbeiter, die sich durch „einwandfreie Führung und Leistung" bewährt hatten, das Tragen des Zeichens „OST" anstatt auf der rechten Brustseite auf dem linken Ärmel erlaubt wurde. Sie sollten so von ihren Landsleuten mit schlechter Leistung und von neuen Ostarbeitern optisch abgehoben und damit besonders motiviert werden.

Die in **Stufe 2** eingruppierten Ostarbeiter erhalten eine vom Betriebsführer bzw. Haushaltungsvorstand, **sowie** von der zuständigen Stelle der DAF. (Betriebsobmann, Lagerführer oder Kreiswaltung) **gemeinsam** unterzeichnete Bescheinigung, daß sie zum Tragen des Ostarbeiterabzeichens auf dem linken Aermel berechtigt sind. Diese Bescheinigung soll in Größe eines Achtel-Blattes, welche in die Arbeitskarte eingelegt werden kann, folgenden Text haben:

(Gültig zusammen mit der Arbeitskarte)

Der (die) Ostarbeiter(in)

....

ist berechtigt, das Ostarbeiterabzeichen *auf dem linken Ärmel* zu tragen.

....

(Rechts unterzeichnet der Betriebsführer bzw. der Haushaltungsvorstand, links der Betriebsobmann bzw. die zuständige DAF-Dienststelle)

Ich bitte Sie, die entsprechende Auswahl unter den bei Ihnen beschäftigten Ostarbeitern zu treffen und dieselben darauf aufmerksam zu machen, daß das Tragen des Ostarbeiterabzeichens auf dem linken Aermel als Auszeichnung für gute Führung und Leistung anzusehen ist. Das Ostarbeiterabzeichen darf allerdings erst dann auf dem linken Aermel getragen werden, wenn die vorgeschriebene Bescheinigung in der Arbeitskarte eingelegt ist.

Heil Hitler!

Hatter

Gauhauptstellenleiter.

... Den mit diesem Ärmelstreifen ausgezeichneten Ostarbeitern und -arbeiterinnen ist der Besuch von öffentlichen Veranstaltungen und von Gaststätten sowie die Benutzung öffentlicher Verkehrsmittel innerhalb des Ortsbereiches gestattet.“

Etwa zur selben Zeit hatte Adolf Hitler zum „Deutschen Adlerorden“ eine bronzene Verdienstmedaille geschaffen, die auch an ausländische Arbeitskräfte verliehen werden konnte. Ein entsprechendes Rundschreiben der DAF wurde im August 1944 veröffentlicht. Darin hieß es unter anderem:[187]
„Die Verleihung wird zunächst auf die Angehörigen der eigentlichen Rüstungswirtschaft ... beschränkt. ... Der Betriebsführer hat die Vorschläge vor der Weiterleitung dem Betriebsobmann zur Stellungnahme zuzuleiten. ... Der Betriebsobmann ... hat bei lagermäßig untergebrachten Ausländern die Stellungnahme des

Lagerführers einzuholen. Dieser soll dazu den betreffenden ausländischen Lagerverbindungsmann hören.
... Für die Verleihung ist davon auszugehen, daß in der Regel eine Auszeichnung nicht vor einer etwa zweijährigen einwandfreien Tätigkeit erfolgen soll. ... Von dem Erfordernis der etwa zweijährigen Tätigkeit in Deutschland kann abgesehen werden, wenn es sich um ein über die allgemeine Bewährung hinausgehendes, besonders verdienstvolles Verhalten handelt (insbesondere bei Luftangriffen)."

An den scharfen „Sicherheitspolizeilichen Sondervorschriften" für die Zwangsarbeiter wurde aber dennoch nichts geändert, und im Amtsdeutsch hießen sie weiterhin „Ostarbeiter". Litauer fielen nicht unter die „Erlasse für Ostarbeiter".[188]

Am 13. März 1945 – eine Woche zuvor hatte die 7. US-Panzerdivision die Rheinbrücke von Remagen unbeschädigt eingenommen, am 28. März 1945 sollten ihre Soldaten vor Wetzlar stehen[189] – wurde die letzte bekannt gewordene Verordnung für Ostarbeiter erlassen, und am 7. April 1949 im Reichsgesetzblatt veröffentlicht. Sie setzte dem Ganzen ein Ende. Die „Verordnung über Aufhebung der arbeitsrechtlichen, steuerrechtlichen und sozialversicherungsrechtlichen Sondervorschriften für Ostarbeiter" des GBA Sauckel vom 13. März 1945 begann mit den Worten:[190]
„In Anerkennung der guten Arbeitsleistungen und der Haltung und Bewährung der im Reich eingesetzten Ostarbeiter, insbesondere auch in der letzten Zeit, bestimmen wir auf Grund des § 13 der Verordnung über die Einsatzbedingungen der Ostarbeiter vom 25. März 1944 ... folgendes:
Auf Ostarbeiter sind von dem Lohnabrechnungszeitraum ab, der nach dem 31. März 1945 beginnt, die für sonstige ausländische Arbeitskräfte geltenden Bestimmungen anzuwenden."
Damit waren die noch im Reich befindlichen 2,8 Millionen Sowjetrussen und -russinnen[191] in der Entlohnungs- und Abgabenpraxis den Polen und Westarbeitern gleichgestellt.

Was mag der Beweggrund für diesen in jener Endphase des Krieges völlig wirkungslosen Erlass gewesen sein? Eine weitere Steigerung der Arbeitsleistung der Ostarbeiter/innen konnte damit jedenfalls nicht mehr erreicht werden. Vielleicht hatte sich ja der deutsche Beamtengeist durchgesetzt, der nun als letzten Akt die Ostarbeiter „ordentlich aus ihren alten Sonderbestimmungen entließ". Sicher war auch die Angst vor der absehbaren Befreiung dieser Menschenmassen von ihrem Joch und den dann frei werdenden, jahrelang aufgestauten Emotionen eine Triebfeder. Jedenfalls war es die Kapitulation vor dem Unausweichlichen.

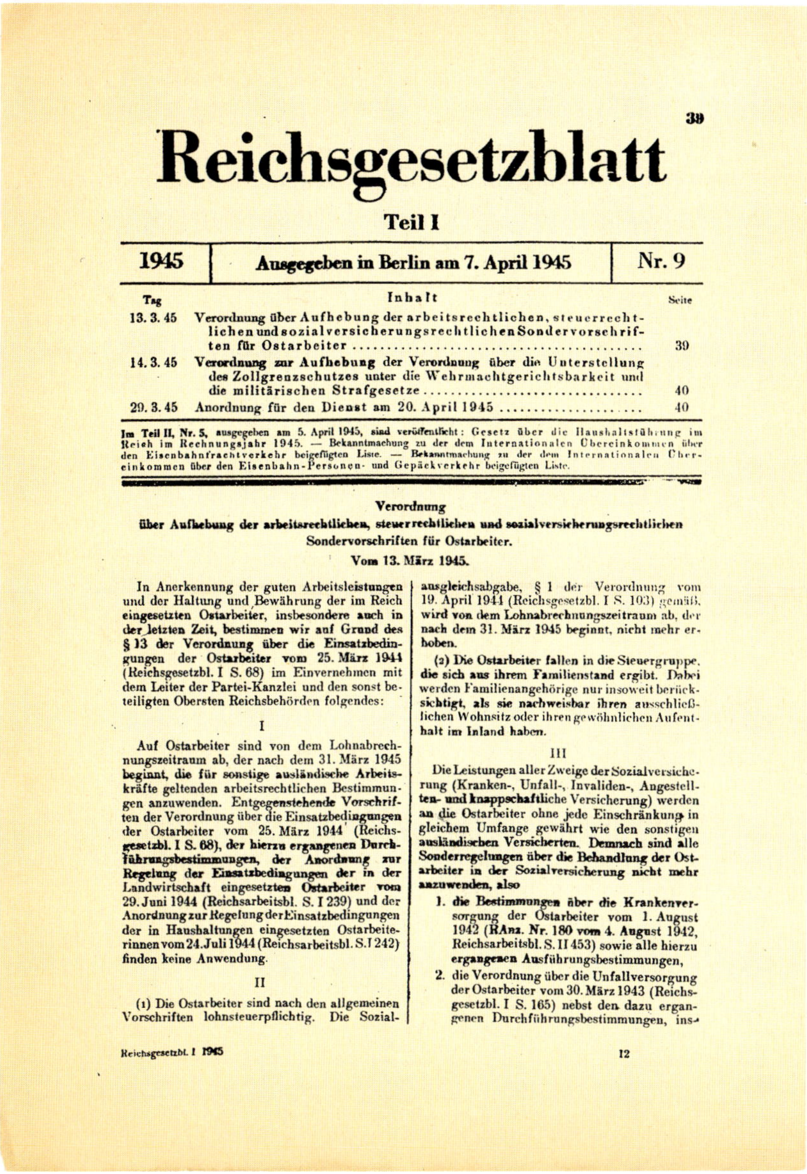

39

Reichsgesetzblatt

Teil I

1945	Ausgegeben in Berlin am 7. April 1945	Nr. 9

Im Teil II, Nr. 5, ausgegeben am 5. April 1945, sind veröffentlicht: Gesetz über die Haushaltsführung im Reich im Rechnungsjahr 1945. — Bekanntmachung zu der dem Internationalen Übereinkommen über den Eisenbahnfrachtverkehr beigefügten Liste. — Bekanntmachung zu der dem Internationalen Übereinkommen über den Eisenbahn-Personen- und Gepäckverkehr beigefügten Liste.

Verordnung über Aufhebung der arbeitsrechtlichen, steuerrechtlichen und sozialversicherungsrechtlichen Sondervorschriften für Ostarbeiter.

Vom 13. März 1945.

In Anerkennung der guten Arbeitsleistungen und der Haltung und Bewährung der im Reich eingesetzten Ostarbeiter, insbesondere auch in der letzten Zeit, bestimmen wir auf Grund des § 13 der Verordnung über die Einsatzbedingungen der Ostarbeiter vom 25. März 1944 (Reichsgesetzbl. I S. 68) im Einvernehmen mit dem Leiter der Partei-Kanzlei und den sonst beteiligten Obersten Reichsbehörden folgendes:

I

Auf Ostarbeiter sind von dem Lohnabrechnungszeitraum ab, der nach dem 31. März 1945 beginnt, die für sonstige ausländische Arbeitskräfte geltenden arbeitsrechtlichen Bestimmungen anzuwenden. Entgegenstehende Vorschriften der Verordnung über die Einsatzbedingungen der Ostarbeiter vom 25. März 1944 (Reichsgesetzbl. I S. 68), der hierzu ergangenen Durchführungsbestimmungen, der Anordnung zur Regelung der Einsatzbedingungen der in der Landwirtschaft eingesetzten Ostarbeiter vom 29. Juni 1944 (Reichsarbeitsbl. S. I 239) und der Anordnung zur Regelung der Einsatzbedingungen der in Haushaltungen eingesetzten Ostarbeiterinnen vom 24. Juli 1944 (Reichsarbeitsbl. S. I 242) finden keine Anwendung.

II

(1) Die Ostarbeiter sind nach den allgemeinen Vorschriften lohnsteuerpflichtig. Die Sozialausgleichsabgabe, § 1 der Verordnung vom 19. April 1944 (Reichsgesetzbl. I S. 103) gemäß, wird von dem Lohnabrechnungszeitraum ab, der nach dem 31. März 1945 beginnt, nicht mehr erhoben.

(2) Die Ostarbeiter fallen in die Steuergruppe, die sich aus ihrem Familienstand ergibt. Dabei werden Familienangehörige nur insoweit berücksichtigt, als sie nachweisbar ihren ausschließlichen Wohnsitz oder ihren gewöhnlichen Aufenthalt im Inland haben.

III

Die Leistungen aller Zweige der Sozialversicherung (Kranken-, Unfall-, Invaliden-, Angestellten- und knappschaftliche Versicherung) werden an die Ostarbeiter ohne jede Einschränkung in gleichem Umfange gewährt wie den sonstigen ausländischen Versicherten. Demnach sind alle Sonderregelungen über die Behandlung der Ostarbeiter in der Sozialversicherung nicht mehr anzuwenden, also

1. die Bestimmungen über die Krankenversorgung der Ostarbeiter vom 1. August 1942 (RAnz. Nr. 180 vom 4. August 1942, Reichsarbeitsbl. S. II 453) sowie alle hierzu ergangenen Ausführungsbestimmungen,
2. die Verordnung über die Unfallversorgung der Ostarbeiter vom 30. März 1943 (Reichsgesetzbl. I S. 165) nebst den dazu ergangenen Durchführungsbestimmungen, ins-

Reichsgesetzbl. I 1945 12

Im Reichsgesetzblatt vom 7. April 1945 – an dem Tag stand Wetzlar bereits seit zehn Tagen unter amerikanischer Verwaltung – wurde die letzte Reichsverordnung für Ostarbeiter veröffentlicht. Mit ihr wurden die noch im Restreich verbliebenen 2,8 Millionen Sowjetrussen und -russinnen in der Entlohnungs- und Abgabenpraxis den Polen und Westarbeitern gleichgestellt. Im untergehenden Deutschen Reich hatte sich wieder einmal der Beamtengeist durchgesetzt: Im letzten Akt wurden die Ostarbeiter nunmehr „ordentlich aus ihren Sonderbestimmungen entlassen“.

Unterbringung

Die Unterbringung der Ostarbeiter in Barackenlagern unterschied sich kaum von derjenigen polnischer Zwangsarbeiter. In den Ostarbeiterlagern waren jedoch ein Wachraum, eine Krankenstube und für je 100 Mann eine Arrestzelle vorgeschrieben.[192] Da ihnen das Verlassen des Lagers nur am arbeitsfreien Tag erlaubt war, spielte sich auch fast ihre ganze Freizeit im Lager ab.
Ab August 1942 bestanden für die Holzbaracken Normgrößen. Sie waren etwa 52 Meter lang und verfügten neben acht Unterkunftsräumen, einem Wasch- und Umkleideraum, dem Abort und dem Heizungsraum auch über einen Aufenthalts- und Speiseraum mit Essensausgabe. Die Größe der Schlafräume war auf 7,50 x 5,00 Meter festgelegt, und in jeder Stube konnten zehn Doppelbetten aufgestellt werden.[193]
Die Einzelheiten hierzu fanden sich auch in der bereits erwähnten Vorschrift für die Behandlung von Ostarbeitern vom 15. Februar 1943, in den Abschnitten d) bis g).[194]
Jedem Ostarbeiter waren nach der „Entgelttabelle für Ostarbeiter" aus der „Verordnung über die Einsatzbedingungen der Ostarbeiter" vom 30. Juni 1942 RM 45,- monatlich für Unterkunft und Verpflegung abzuziehen.[195]

Verpflegung

Am 24. November 1941 wurde die Verpflegung russischer Zwangsarbeiter und Kriegsgefangener in einer Sitzung im Reichsernährungsministerium wie folgt festgelegt:[196]
„I. Art der Lebensmittel.
Die Versuche über ein besonders herzustellendes Russenbrot haben ergeben, daß die günstige Mischung sich aus 50 % Roggenschrot, 20 % Zuckerrübenschnitzel, 20 % Zellmehl und 10 % Strohmehl oder Laub ergibt.
Den Fleischbedarf werden üblicherweise nicht zum Verzehr kommende Tiere niemals im nennenswerten Umfang decken können. Die Russenernährung wird daher restlos auf Pferde- und Freibankfleisch,[197] *die heute in doppelter Menge den Kartenempfängern zur Verfügung gestellt werden, beruhen müssen."*
Die wöchentlichen Verpflegungssätze wurden mit Erlass des GBA vom 23. Oktober 1942 grundsätzlich geregelt, und zwar gleichermaßen für Kriegsgefangene und Ostarbeiter.[198] Wohlgemerkt: Bei diesen Lebensmittel-Zuteilungen handelte es sich um Mengen, welche die Zwangsarbeiter bekommen <u>sollten</u>. In der Realität sah ihre Versorgung mit Lebensmitteln – insbesondere in größeren Industriebetrieben – meist jedoch erheblich schlechter aus. So betonte die Reichsgruppe Industrie im März 1942 nachdrücklich, *„der Arbeitseinsatz der Ostarbeiter ist*

Runderlasse ARG. 1942 — Nummer 1293—1313 **695**

Schlachtfett (roh) oder	100 g	die Woche
Knochenfett bzw. Talg	80 g	„ „
Margarine	100 g	„ „
Nährmittel	300 g	je Zuteilungsperiode
Kaffee-Ersatz	250 g	„ „
Zucker	700 g	„ „

Nährmittel sind in der gleichen Zusammensetzung wie auf der blauen Nährmittelkarte für über 3 Jahre alte Selbstversorger in Getreide (SV/G) auszugeben.

Alle anderen Lebensmittel sind in Höhe der Normalverbrauchersätze der Zivilbevölkerung, außer hochwertigen Lebensmitteln, wie z. B. Vollmilch, Eier usw., zu verabreichen. Die Ausgabe bzw. Verwendung von Butter darf nur erfolgen, wenn die Beschaffung von Margarine mit besonderen Schwierigkeiten verbunden wäre (z. B. keine bisherigen Lieferungsbeziehungen zum Verbrauchsort, Abseitslage u. dgl.).

Voraussetzung für die unter Punkt B II aufgeführten Verpflegungssätze ist, daß die nichtsowjetischen Kriegsgefangenen die gleichen Arbeiten verrichten, wie die Gefolgschaft des landwirtschaftlichen Betriebes, in dem sie eingesetzt sind. Verrichten sie Arbeiten, die außerhalb dieser Tätigkeit liegen (wie z. B. Gärtner, Binnenfischer, Forstarbeiter usw.), so sind sie nur dann nach Punkt II zu beköstigen. wenn sie auf einem als Nebenbetrieb eines landwirtschaftlichen Betriebes anzusehenden Arbeitsplatz beschäftigt werden. Ist dies nicht der Fall, dann gelten sie als Arbeiter der gewerblichen Wirtschaft und sind nach Punkt B I des Erlasses zu verpflegen.

B III

Verpflegungssätze der in der Rüstungsindustrie bzw. der in der gewerblichen Wirtschaft sowie in der Landwirtschaft im Einzeleinsatz eingesetzten nichtsowjetischen Kriegsgefangenen.

Nichtsowjetische Kriegsgefangene im Einzeleinsatz

Entsprechend meinem Fernschreiben vom 9. September 1942 — II/1-9960 — erhalten nichtsowjetische Kriegsgefangene, soweit sie in der Landwirtschaft oder in der gewerblichen Wirtschaft im Einzeleinsatz tätig sind, die für deutsche Volksgenossen festgesetzten Verpflegungssätze. Nichtsowjetische Kriegsgefangene, die in der Landwirtschaft tätig sind, erhalten danach die Rationssätze der landwirtschaftlichen Selbstversorger und sind in die Selbstversorgergemeinschaft des Einsatzbetriebes aufzunehmen.

C I

Verpflegungssätze der in der Rüstungsindustrie bzw. der in der gewerblichen Wirtschaft beschäftigten Ostarbeiter (-arbeiterinnen) im Lagereinsatz.

Ostarbeiter (-arbeiterinnen) im Lagereinsatz:

Gewerbliche Wirtschaft

Es erhalten:

a) **Normalarbeiter:**

Brot	2600 g	die Woche
Fleisch	250 g	„ „
Fett	130 g	„ „
Kartoffeln	7000 g	„ „
Nährmittel	150 g	„ „
Zucker	110 g	„ „
Tee-Ersatz	14 g	„ „
Gemüse nach Aufkommen		

b) **Lang- und Nachtarbeiter:**

Brot	2600 g	die Woche
Fleisch	300 g	„ „
Fett	150 g	„ „
Die übrigen Lebensmittel wie zu a)		

c) **Schwerarbeiter:**

Brot	3400 g	die Woche
Fleisch	400 g	„ „
Fett	200 g	„ „
Die übrigen Lebensmittel wie zu a)		

d) **Schwerstarbeiter:**

Brot	4400 g	die Woche
Fleisch	500 g	„ „
Fett	260 g	„ „
Die übrigen Lebensmittel wie zu a)		

e) **Bergarbeiter unter Tage:**

Brot	4400 g	die Woche
Fleisch	600 g	„ „
Fett	300 g	„ „
Tee-Ersatz	25 g	„ „
Die übrigen Lebensmittel wie zu a)		

Brot ist in der Zusammensetzung wie das R-Brot für die Zivilbevölkerung auszugeben. Auf die Herstellung sättigender Suppen, wie sie der Ernährungsgewohnheit der Russen entsprechen, wird besonderer Wert gelegt. An Stelle von 500 g Brot kann daher 360 g Roggenmehl oder 380 g Roggenschrot oder 360 g Roggengrütze gewährt werden.

Die Fleischportion ist möglichst in Pferde- und Freibankfleisch zum vollen Anrechnungssatz zu verabreichen.

Die Fettportion soll nach Möglichkeit aus Margarine bestehen.

Bei Nährmitteln ist jener Aufteilungsschlüssel zugrunde zu legen, welcher der jeweiligen gebietlichen Aufteilung der Nährmittelkarten in Nährmittel, Teigwaren und Kartoffelstärkeerzeugnissen entspricht. Falls Hirse und Buchweizen, die nach Möglichkeit in vermehrtem Umfang aus dem Osten eingeführt werden sollen, verabreicht werden kann, so ist diese Menge auf die Nährmittelration voll in Anrechnung zu bringen.

Als Gemüse können neben Kohlrüben auch andere Gemüsesorten zugeteilt werden, wenn die Versorgungslage für die Zivilbevölkerung dies gestattet. Es ist dafür Sorge zu tragen, daß rechtzeitig angemessene Vorräte eingelagert werden. Die am Ende eines Markttages übriggebliebenen Gemüseabfälle sind, wenn ihrem Verderb nicht anders begegnet werden kann, unverzüglich den Lagerverwaltungen zuzuweisen.

Entrahmte Frischmilch darf nicht abgegeben werden

C II

Verpflegungssätze der in der Landwirtschaft einschließlich Garten- und Weinbau beschäftigten Ostarbeiter (-arbeiterinnen), soweit sie in Lagern untergebracht sind.

Ostarbeiter (-arbeiterinnen) im Lagereinsatz:

Landwirtschaft

Ostarbeiter in der Landwirtschaft einschl. Garten- und Weinbau erhalten:

Brot	2375 g	die Woche
Fleisch (möglichst Pferde- oder Freibankfleisch) ..	400 g	„ „
Schlachtfett (roh) oder	100 g	„ „
Knochenfett bzw. Talg ..	80 g	„ „
Margarine	100 g	„ „
Nährmittel	300 g	je Zuteilungsperiode
Kaffee-Ersatz	250 g	„ „
Zucker	700 g	„ „

Nährmittel sind in der gleichen Zusammensetzung wie auf der blauen Nährmittelkarte für über 3 Jahre alte Selbstversorger in Getreide (SV/G) auszugeben.

Alle anderen Lebensmittel sind in Höhe der Normalverbrauchersätze der Zivilbevölkerung, außer hochwertigen Lebensmitteln wie z. B. Vollmilch, Eier usw., zu verabreichen. Die Ausgabe bzw. Verwendung von Butter darf nur erfolgen, wenn die Beschaffung von Margarine mit besonderen Schwierigkeiten verbunden wäre (z. B. keine bisherigen Lieferungsbeziehungen zum Verbrauchsort, Abseitslage u. dgl.).

Voraussetzung für die unter Punkt C II aufgeführten Verpflegungssätze ist, daß die Ostarbeiter (-arbeiterinnen) die

In der amtlichen Zeitschrift „Runderlasse für die Arbeitseinsatz-, Reichstreuhänder- und Gewerbeaufsichtsverwaltung, Berlin“, Nr. 110 vom 31. Oktober 1942, wurde ein Erlass des GBA vom 23. Oktober 1942 über neue Verpflegungssätze für Ostarbeiter im Lagereinsatz, in der Landwirtschaft und für Kriegsgefangene veröffentlicht. Diese Sätze dürften aber rein theoretisch gewesen sein, denn die Lebensmittelversorgung für Ausländer sah – besonders in Großbetrieben – erheblich schlechter aus.

insgesamt gefährdet, wenn bei ihrer Verpflegung und Behandlung nicht schnellstens Veränderungen herbeigeführt werden".[199]

Im März/April 1944 waren die monatlichen Zuteilungsraten bereits etwas angehoben worden (auszugsweise Wiedergabe):[200]

Personen-gruppe	Butter	Marga-rine	Speise-öl	Speck	Käse	Quark	Brot	Fleisch
Dt. Normal-verbraucher	375 g	200 g	50 g	125 g	125 g	125 g	12,9 kg	1000 g
Ostarbeiter (gewerbl.)[201]	0	624 g	0	0	125 g	125 g	8,9 kg	1450 g
Zwangsarb. (landwirtsch.)	0	625 g	0	0	125 g	125 g	13,5 kg	1450 g

Darüber hinaus durften Ostarbeiter in der Rüstungsindustrie und in gewerblichen Betrieben – neben einigen anderen Nährmitteln wie etwa 150 g Kaffee-Ersatz – monatlich 20 kg Kartoffeln und Zwangsarbeiter in der Landwirtschaft (alle Nationen, auch Ostarbeiter) 15 kg Kartoffeln beziehen. Die „Lebensmittelbedarfsrechnungen für Arbeiterlager, Kriegsgefangenen-Arbeitskommandos usw." trugen zusätzlich den Vermerk: *„Die Fleischportion für Kriegsgefangene und Ostarbeiter und -arbeiterinnen ist möglichst in Freibankfleisch zum vollen Anrechnungssatz zu verabreichen."*

Insgesamt muss jedoch auch bedacht werden, dass auch die Lebensmittelrationen für die deutsche Bevölkerung schon im April 1942 von der Reichsregierung drastisch gesenkt worden waren.[202]

Urlaub

Am 9. Januar 1943 war die mögliche Urlaubsfrage für Ostarbeiter durch Erlass des GBA grundsätzlich wie folgt geregelt worden:[203]
„Die Anwerbung der Ostarbeiter erfolgte auf unbestimmte Zeit. Arbeitsverträge sind mit ihnen nicht geschlossen worden. Auch wurden irgendwelche Zusicherungen hinsichtlich der Dauer des Beschäftigungsverhältnisses nicht gemacht.
... Eine Entlassung oder Beurlaubung der Ostarbeiter ist bei der jetzigen Einsatzlage nicht möglich. Gesuche der Ostarbeiter um Rückführung in die Heimat oder Beurlaubung müssen grundsätzlich abgelehnt werden."

Mit der Anordnung Nr. 11 des GBA vom 23. Juli 1943[204] – „Anordnung über die Begrenzung der Dauer des Beschäftigungsverhältnisses der Ostarbeiter sowie die Gewährung von Prämien und Urlaub" – wurde ihnen dann aber ein theoretischer Urlaubsanspruch zugebilligt, und zwar in zwei Stufen:[205]

„a. Deutschland-Urlaub.
Die Ostarbeiter können im zweiten Jahr der Beschäftigung im Großdeutschen Reich einen Urlaub von einer Woche erhalten, wenn sie sich durch ihre Leistungen und ihr Verhalten, insbesondere durch Treue zum Betrieb, bewährt haben. Während des Urlaubes hat der Unternehmer das regelmäßige Arbeitsentgelt an den Ostarbeiter weiter zu entrichten. Es wird Sorge getragen, daß besondere Ostarbeiter-Urlaubslager eingerichtet werden, in denen der Ostarbeiter Erholung und Entspannung findet.
b. Heimat-Urlaub.
Die Ostarbeiter, deren Beschäftigungsverhältnis ... auf ein drittes oder weiteres Jahr verlängert worden ist, können ... einen Heimaturlaub erhalten, wenn sie sich durch ihre Leistungen und ihr Verhalten, insbesondere durch ihre Treue zum Betrieb, bewährt haben. Die Dauer des Heimaturlaubes beträgt 2 Wochen. Dazu sind die notwendigen Reisetage zu gewähren.
Beim Heimaturlaub hat der Betriebsführer neben der Weiterzahlung des Arbeitsentgeltes die Hin- und Rückreisekosten bis zur und von der Reichsgrenze zu tragen. Die übrigen Reisekosten einschließlich eines Zehrgeldes trägt der Reichsstock für den Arbeitseinsatz.
Der Zeitpunkt des Urlaubes wird unter Berücksichtigung der Erfordernisse des Arbeitseinsatzes, der Interessen des geregelten Verkehrs und der Kriegslage festgesetzt."

Es gibt keinerlei Hinweise darauf, dass es Urlaubsreisen von Ostarbeitern oder Ostarbeiter-Urlaubslager tatsächlich auch gegeben hat. Allerdings scheint die Anordnung vor Ort umgesetzt worden zu sein; jedenfalls empfahl das Rüstungskommando Gießen mit Rundschreiben Nr. 62/44 vom 7. Juli 1944 den Betrieben in seinem Wirkungsbereich:[206]
„... Die Ostarbeiter ... haben unter gewissen Voraussetzungen Anspruch auf Gewährung von Urlaub. Soweit dieser Urlaub nicht mit einer Familienheimfahrt verbunden werden kann, soll er in besonders eingerichteten Urlaubslagern, oder soweit die Ostarbeiter lagermäßig untergebracht und verpflegt werden, auch in diesem Lager verbracht werden.
Einige Betriebe sind nun mit Erfolg dazu übergegangen, die Ostarbeiter mit deren Einverständnis in landwirtschaftliche Betriebe ihrer deutschen Gefolgschaftsmitglieder zu beurlauben. Die Ostarbeiter sind im allgemeinen gern bereit, ihren Urlaubsanspruch so zu verwenden, weil hiermit meist eine Verbesserung der Verpflegung verbunden ist. Der Urlaub muß den Ostarbeitern dann nur in Zeiten der

Anlage

(Zu § 3 und 10 der Verordnung über die Einsatzbedingungen der Ostarbeiter)

Entgelttabelle für Ostarbeiter

C. Entgelttabelle bei monatlicher Lohnzahlung

Bruttolohn des vergleichbaren deutschen Arbeiters (Zeitlohn, Akkordlohn, Prämienlohn) für einen Monat von mehr als — bis	Entgelt des Ostarbeiters			Ostarbeiterabgabe (§ 10)
	Insgesamt für einen Monat (§ 3 Abs. 2)	davon sind für freie Unterkunft und Verpflegung abzusetzen	Auszuzahlender Betrag	
in Reichsmark	in Reichsmark	in Reichsmark	in Reichsmark	in Reichsmark
bis 42,00	48,00	45,00	3,00	—
42,00— 43,50	48,60	45,00	3,60	—
43,50— 45,00	49,50	45,00	4,50	—
45,00— 48,00	50,10	45,00	5,10	—
48,00— 51,00	51,00	45,00	6,00	—
51,00— 54,00	51,60	45,00	6,60	—
54,00— 57,00	52,50	45,00	7,50	3,00
57,00— 60,00	54,00	45,00	9,00	4,50
60,00— 64,50	55,50	45,00	10,50	6,00
64,50— 69,00	57,00	45,00	12,00	9,00
69,00— 73,50	58,50	45,00	13,50	12,00
73,50— 78,00	60,00	45,00	15,00	15,00
78,50— 82,50	61,50	45,00	16,50	18,00
82,50— 87,00	63,00	45,00	18,00	21,00
87,00— 91,50	64,50	45,00	19,50	24,00
91,50— 96,00	66,00	45,00	21,00	27,00
96,00—100,50	67,50	45,00	22,50	30,00
100,50—105,00	69,00	45,00	24,00	33,00
105,00—109,50	70,50	45,00	25,50	36,00
109,50—114,00	72,00	45,00	27,00	39,00
114,00—118,50	73,50	45,00	28,50	42,00
118,50—123,00	75,00	45,00	30,00	45,00
123,00—127,50	76,50	45,00	31,50	48,00
127,50—132,00	78,00	45,00	33,00	51,00
132,00—138,00	79,50	45,00	34,50	54,00
138,00—144,00	81,00	45,00	36,00	58,50
144,00—150,00	82,50	45,00	37,50	63,00
150,00—156,00	84,00	45,00	39,00	67,50
156,00—162,00	85,50	45,00	40,50	72,00
162,00—168,00	87,00	45,00	42,00	76,50
168,00—174,00	88,50	45,00	43,50	81,00
174,00—180,00	90,00	45,00	45,00	85,50
180,00—186,00	91,50	45,00	46,50	90,00
186,00—192,00	93,00	45,00	48,00	94,50
192,00—198,00	94,50	45,00	49,50	99,00
198,00—204,00	96,00	45,00	51,00	103,50
204,00—210,00	97,50	45,00	52,50	108,00
210,00—217,50	99,00	45,00	54,00	112,50
217,50—225,00	100,50	45,00	55,50	117,00
225,00—232,50	102,00	45,00	57,00	121,50
232,50—240,00	103,50	45,00	58,50	127,50
240,00—247,50	105,00	45,00	60,00	133,50
247,50—255,00	106,50	45,00	61,50	139,50
255,00—262,50	108,00	45,00	63,00	145,50
262,50—270,00	109,50	45,00	64,50	151,50
270,00—277,50	111,00	45,00	66,00	157,50
277,50—285,00	112,50	45,00	67,50	163,50
285,00—292,50	114,00	45,00	69,00	169,50
292,50—300,00	115,50	45,00	70,50	175,50
300,00—307,50	117,00	45,00	72,00	181,50
307,50—315,00	118,50	45,00	73,50	187,50
315,00—322,50	120,00	45,00	75,00	193,50
322,50—330,00	121,50	45,00	76,50	199,50
330,00—337,50	123,00	45,00	78,00	205,50
337,50—345,00	124,50	45,00	79,50	211,50
345,00—352,50	126,00	45,00	81,00	217,50
352,50—360,00	127,50	45,00	82,50	223,50
360,00—367,50	129,00	45,00	84,00	229,50
367,50—375,00	130,50	45,00	85,50	235,50
375,00—382,50	132,00	45,00	87,00	241,50
382,50—390,00	133,50	45,00	88,50	247,50

Herausgegeben vom Reichsministerium des Innern — Verlag: Reichsverlagsamt — Druck: Reichsdruckerei

Bildtext zur nebenstehenden Seite: Durch die „Verordnung über die Einsatzbedingungen der Ostarbeiter" vom 30. Juni 1942 wurde die Entlohnung der Ostarbeiter in der gewerblichen Wirtschaft neu geregelt. Ebenso wie auch bei den Polen war danach nun auch der Ostarbeiterlohn theoretisch dem Lohn eines deutschen Hilfsarbeiters gleichgestellt, wurde dann aber so weit herunterbesteuert, dass kaum mehr als RM 50,- im Monat übrig blieben. Davon waren dann noch RM 45,- für Unterkunft und Verpflegung abzuziehen, so dass gerade noch etwa RM 5,- für Bekleidung oder Ähnliches zur Verfügung standen.

Erntespitzen gewährt werden, damit auch eine tatsächliche Hilfe für die Landwirtschaft erzielt wird.
Es dürfte sich empfehlen, dieses Verfahren in den Betrieben allgemein, soweit Ostarbeiter vorhanden sind, einzuführen. Es ergibt sich damit nämlich gleichzeitig die Möglichkeit, die zusätzlichen, z. T. nicht unberechtigten Urlaubswünsche von deutschen Gefolgschaftsmitgliedern mit eigenen landwirtschaftlichen Betrieben auf ein Mindestmaß herabzusetzen."

Entlohnung

Die Entlohnung wurde in der gewerblichen Wirtschaft durch die „Verordnung über die Einsatzbedingungen der Ostarbeiter" vom 30. Juni 1942[207] geregelt. Ebenso wie bei den Polen war danach auch der Ostarbeiterlohn theoretisch dem Lohn eines deutschen Hilfsarbeiters gleichgestellt, wurde dann aber so weit herunterbesteuert, dass kaum mehr als RM 50,- im Monat übrig blieben. Davon waren dann noch RM 45,– für Unterkunft und Verpflegung abzuziehen, so daß gerade noch etwa RM 5,– für Bekleidung und Ähnliches zur Verfügung standen. Das System funktionierte auch bei höheren Löhnen: Die Ostarbeitersteuer war nämlich progressiv. Je höher die Arbeitsleistung und damit der Lohn waren, desto stärker stieg auch die Steuer an. Dem Ostarbeiter selbst blieb kaum mehr etwas übrig.[208]

Die Verordnung ließ dabei auch noch eine absolut willkürliche Entlohnungspraxis zu. Der Paragraph 3 – „Arbeitsentgelt" – vermerkte dazu:
„Dem Ostarbeiter ist ein Arbeitsentgelt nur für die tatsächlich geleistete Arbeit zu gewähren. ... Bleibt der Ostarbeiter in seiner Arbeitsleistung hinter der Durchschnittsleistung eines deutschen Arbeiters zurück, so ist bei der Feststellung des ihm zu zahlenden Entgelts von einem entsprechend verringerten Vergleichslohn auszugehen."
Der § 8 – „Entgeltabrechnung" – war in diesem Zusammenhang ebenso kurz gehalten wie bedeutsam:
„Entgeltabrechnungen sind den Ostarbeitern nicht zu erteilen."

Die Entscheidung, ob der jeweilige Ostarbeiter „gut genug“ arbeitete, lag also allein beim Betriebsführer. Damit waren radikale Lohnkürzungen von vornherein vorprogrammiert, und es bestand nicht einmal die Verpflichtung, dem Arbeiter darüber in irgendeiner Weise Rechenschaft abzulegen.
Am 15. Oktober 1942 hatte die „Rhein-Mainische Wirtschafts-Zeitung“ in Bezug auf die Arbeitszeiten der Ostarbeiter gemeint:[209]
„In seiner Heimat ist der Ostarbeiter so sehr an das System des Akkords und der Leistungsentlohnung gewöhnt, daß bei einer Beschäftigung im Zeitlohn mit einem Rückgang der Leistung zu rechnen ist. Daher ist auch der Ostarbeiter möglichst im Akkord- oder Prämienlohn zu beschäftigen.“

Mit Datum vom 5. April 1943 wurde eine „Verordnung zur Durchführung und Änderung der Verordnung über die Einsatzbedingungen der Ostarbeiter“[210] erlassen, welche die Verhältnisse in den unteren Lohngruppen durch die Schaffung einer neuen Entgelttabelle ein wenig verbesserte. Dabei waren ab sofort auch Entgeltabrechnungen zu erteilen, aus denen sich neben den Berechnungsgrundlagen das Gesamtentgelt, die Abzüge für Unterkunft und Verpflegung und die Abzüge für sonstige Sachleistungen zu ergeben hatten (§ 2 – „Entgeltabrechnungen“).[211]

Hatte der Ostarbeiter bisher bei einem angenommenen Monatslohn von RM 160,- in der 50-Stunden-Woche – dem Durchschnittslohn eines deutschen Hilfsarbeiters – einen tatsächlichen Lohn von RM 85,50 gehabt, so betrug dieser nach der neuen Tabelle RM 102,–.
Tatsächlich wurde den Ostarbeitern aber erheblich weniger gezahlt, und sie mussten überwiegend mehr als 60 Wochenstunden arbeiten.[212] Ein finanzieller Arbeitsanreiz war also für die Masse dieser Arbeiter nicht vorhanden. Das wurde auch von der Reichsführung erkannt. Der GBA verfügte daher am 14. April 1943 einen „Durchführungserlaß“ zu der neuen Entgelttabelle:[213]
„Die wesentlich verbesserte neue Entgelttabelle enthält noch in den untersten Lohngruppen *Entgeltsätze, die bei einem Abzug von kalendertäglich 1,50 RM für Unterkunft und Verpflegung dem Ostarbeiter nur sehr geringe Barbeträge zuerkennen. Die Verordnung ... sieht daher ... vor, daß in solchen Fällen gewährte Unterkunft und Verpflegung geringer als mit 1,50 RM je Kalendertag bewertet werden kann. Den Betriebsführern ... soll auf diese Weise die Möglichkeit geboten werden, auch in den unteren Lohngruppen gute Leistungen durch etwas höhere Barentgelte zu belohnen.*
... Ich bestimme daher, daß der Betriebsführer Ostarbeitern und Ostarbeiterinnen, denen nach der Entgelttabelle ein geringerer Betrag als 40 RPF täglich, 2,80 RM wöchentlich, 12,– RM monatlich ausgezahlt werden müßte, bei guter Leistung und einwandfreiem Verhalten unter entsprechender Kürzung der Abzüge für gewährte Unterkunft und Verpflegung Beträge bis zu ... 12,– RM monatlich auszahlen kann.“

Im August 1943 wurden die Entlohnungsverhältnisse der Ostarbeiter nochmals verbessert – und zwar diesmal erheblich. Nach der bereits erwähnten „Anordnung Nr. 11 über die Begrenzung der Dauer des Beschäftigungsverhältnisses der Ostarbeiter sowie die Gewährung von Prämien und Urlaub“[214] des GBA vom 23. Juli 1943 konnten ab sofort Prämien gewährt werden:
„Diejenigen Ostarbeiterinnen und Ostarbeiter, die sich durch gute Leistung und Treue bei der Arbeit dauernd bewährt und ausgezeichnet haben, erhalten auf Grund der Verordnung des Reichsministers der Finanzen vom 23.7.1943 nach Vollendung des ersten Jahres ihres Einsatzes im Großdeutschen Reich eine laufende Prämie von 20 v.H. Nach Vollendung des zweiten Jahres des Einsatzes im Großdeutschen Reich erhöht sich die Prämie auf 30 v.H. und nach Vollendung des dritten Jahres auf 50 v.H. des ihnen auszuzahlenden Betrages.
Diese Prämien gehen zu Lasten der Ostarbeiterabgabe.“
In einem Anhang wurde der letzte Satz dann noch ergänzt und konkretisiert:
„... nach Vollendung des dritten Jahres seines Einsatzes im Großdeutschen Reich um eine Prämie von 50 v.H., höchstens jedoch um den Betrag, der vom Arbeitgeber für die Beschäftigung des Ostarbeiters als Ostarbeiterabgabe zu zahlen ist.“
Damit wurde die bewusst durchgeführte Überbesteuerung der Ostarbeiter de facto in weiten Bereichen zurückgenommen.

Im Frühjahr 1944 wurden die Lohn- und Abgabenverhältnisse der Ostarbeiter erneut geregelt und dem Verfahren mit den polnischen Zwangsarbeitern angeglichen. Am 25. März 1944 erließ der Reichsführer SS eine neue „Verordnung über die Einsatzbedingungen der Ostarbeiter“.[215]
Der bisherige „Freibrief“ für willkürliche Lohnkürzungen durch den Betriebsführer wurde jetzt eingeschränkt. In § 7 – „Änderung der Lohn- und Arbeitsbedingungen“ – hieß es nunmehr:

„1. Günstigere Lohn- und Arbeitsbedingungen ... dürfen nur mit Zustimmung des Reichstreuhänders der Arbeit gewährt werden.
2. Ungünstigere Lohn- und Arbeitsbedingungen kann der Betriebsführer nur festlegen, wenn Leistung und Haltung des Ostarbeiters dies rechtfertigen. Der Betriebsführer hat dies dem Reichstreuhänder der Arbeit anzuzeigen.“

Sozialzulagen wurden dennoch weiterhin nicht gewährt. Die verächtliche Begründung dazu fand sich in § 4:
„Da zahlreichen Ostarbeitern die Sorge für den Unterhalt ihrer Familienangehörigen abgenommen worden ist, sind Familien- und Kinderzulagen an Ostarbeiter nicht zu zahlen.“

Nach den Ergänzungsbestimmungen zu dieser Verordnung vom 26. März 1944[216] mussten die Firmen dem Ostarbeiter *„eine Entgeltabrechnung erteilen, aus der*

Bruttoentgelt, Zulagen, Zuschläge, Prämien und die Höhe der einzelnen Abzüge, insbesondere die Steuern, einschließlich der Sozialausgleichsabgabe, Sozialversicherungsbeiträge, die Abzüge für Unterkunft und Verpflegung sowie die Abzüge für sonstige Sachleistungen ersichtlich sind" (§ 3, 11).
In § 8 – „Sachleistungen" – wurden die Kosten für Unterkunft und Verpflegung in Barackenlagern (Originalton: *„Gemeinschaftsunterkünfte"*) für Erwachsene auf 50 Pf pro Tag und für Normalverpflegung auf RM 1,– pro Tag festgesetzt. Das bedeutete gegenüber der alten Regelung – RM 45,– monatlich für Unterkunft und Verpflegung – kaum eine Änderung. Damit entsprach die vorher in diesem Kapitel für polnische Zwangsarbeiter exemplarisch durchgeführte Lohnabrechnung nun auch der Abrechnung für erwachsene Ostarbeiter. Auch hier gilt: Die Arbeitgeber hatten nach einiger Zeit, wenn der Ausländer durchaus als „angelernter Arbeiter" hätte bezahlt werden können, einen Lohnkosten-Vorteil von etwa 25 Prozent gegenüber deutschen Arbeitern.
Neu war, dass der Unternehmer ab sofort bei Ostarbeiterkindern im Alter unter 14 Jahren den Satz für Unterkunft auf 25 Pf und den Verpflegungssatz auf 75 Pf täglich (RM 30,- monatlich) reduzieren konnte.[217]

In der Landwirtschaft galt zuerst eine Verordnung des GBA vom Juni 1942 über Lohnsätze für ausländische Arbeiter. Danach wurden nun vier Gruppen gebildet: Polnische Landarbeiter, Landarbeiter aus dem Reichskommissariat Ostland (ehemals Litauen, Lettland und Estland), solche aus den neu besetzten Ostgebieten (Russland) und Ukrainer aus dem Generalgouvernement.[218]

Am 10. Juli 1942 folgte dann eine weitere „Anordnung über die Löhne der in der Landwirtschaft eingesetzten Ostarbeiter" des GBA.[219] Danach war ihnen freie Unterkunft und Verpflegung zu gewähren, und es bestand keine Sozialversicherungspflicht. Die Löhne waren demzufolge erheblich niedriger als in der Industrie, wobei die Geschlechter in der Lohnauszahlung gleich behandelt wurden: Männer sollten RM 15,– monatlich minus RM 7,50 Ostarbeiterabgabe = RM 7,50 erhalten. Frauen erhielten RM 12,– minus RM 4,50 Ostarbeiterabgabe, also ebenfalls RM 7,50. Davon waren dann alle sonstigen Kosten, wie z. B. für Bekleidung, zu bestreiten. Wie dann noch etwas für eine Überweisung in die Heimat gespart werden sollte, bleibt offen.

Am 29. Juni 1944 erließ der GBA eine neue „Anordnung zur Regelung der Einsatzbedingungen der in der Landwirtschaft eingesetzten Ostarbeiter"[220] nach welcher eine Tabelle mit regional gegliederten Lohnbereichen eingeführt wurde. Im Lohngebiet II (unter anderem Rhein-Main) waren Ostarbeitern bei freier Unterkunft und Verpflegung RM 27,– und Ostarbeiterinnen RM 21,– an Lohn zu zahlen. Wie bereits im Abschnitt „Der Polen-Einsatz" erwähnt, erließ der GBA am selben Tag auch eine „Reichstarifordnung für die in der Landwirtschaft einge-

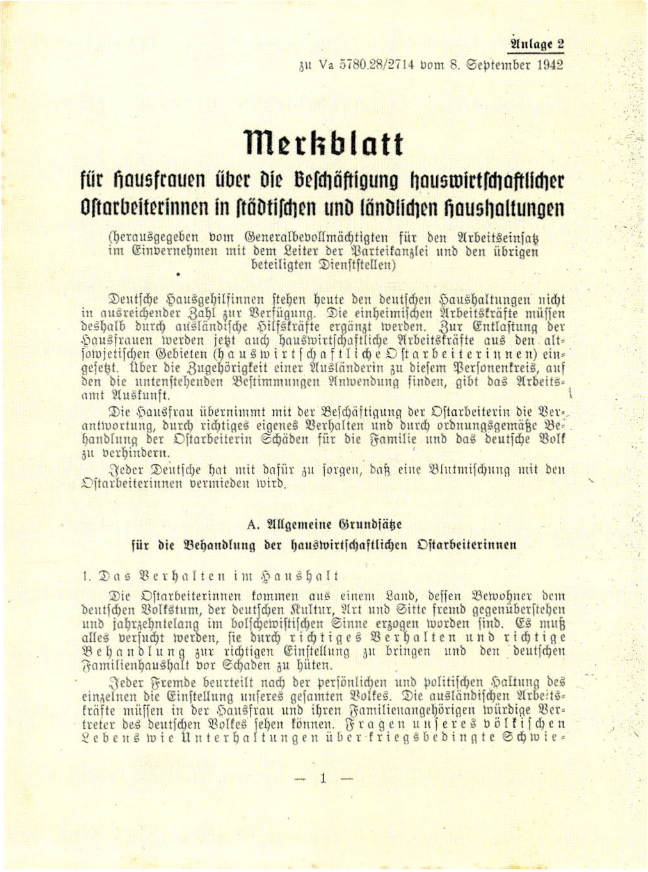

Anlage 2

zu Va 5780.28/2714 vom 8. September 1942

Merkblatt

für Hausfrauen über die Beschäftigung hauswirtschaftlicher Ostarbeiterinnen in städtischen und ländlichen Haushaltungen

(herausgegeben vom Generalbevollmächtigten für den Arbeitseinsatz im Einvernehmen mit dem Leiter der Parteikanzlei und den übrigen beteiligten Dienststellen)

Deutsche Hausgehilfinnen stehen heute den deutschen Haushaltungen nicht in ausreichender Zahl zur Verfügung. Die einheimischen Arbeitskräfte müssen deshalb durch ausländische Hilfskräfte ergänzt werden. Zur Entlastung der Hausfrauen werden jetzt auch hauswirtschaftliche Arbeitskräfte aus den altsowjetischen Gebieten (hauswirtschaftliche Ostarbeiterinnen) eingesetzt. Über die Zugehörigkeit einer Ausländerin zu diesem Personenkreis, auf den die untenstehenden Bestimmungen Anwendung finden, gibt das Arbeitsamt Auskunft.

Die Hausfrau übernimmt mit der Beschäftigung der Ostarbeiterin die Verantwortung, durch richtiges eigenes Verhalten und durch ordnungsgemäße Behandlung der Ostarbeiterin Schäden für die Familie und das deutsche Volk zu verhindern.

Jeder Deutsche hat mit dafür zu sorgen, daß eine Blutmischung mit den Ostarbeiterinnen vermieden wird.

A. Allgemeine Grundsätze

für die Behandlung der hauswirtschaftlichen Ostarbeiterinnen

1. Das Verhalten im Haushalt

Die Ostarbeiterinnen kommen aus einem Land, dessen Bewohner dem deutschen Volkstum, der deutschen Kultur, Art und Sitte fremd gegenüberstehen und jahrzehntelang im bolschewistischen Sinne erzogen worden sind. Es muß alles versucht werden, sie durch richtiges Verhalten und richtige Behandlung zur richtigen Einstellung zu bringen und den deutschen Familienhaushalt vor Schaden zu hüten.

Jeder Fremde beurteilt nach der persönlichen und politischen Haltung des einzelnen die Einstellung unseres gesamten Volkes. Die ausländischen Arbeitskräfte müssen in der Hausfrau und ihren Familienangehörigen würdige Vertreter des deutschen Volkes sehen können. Fragen unseres völkischen Lebens wie Unterhaltungen über kriegsbedingte Schwie-

— 1 —

Auch die Ostarbeiterbeschäftigung in städtischen und ländlichen Haushalten wurde nach einer Verordnung vom 8. September 1942 reichsweit genau geregelt. Dabei wurden den Haushaltsvorständen auch besondere rassistische und politische Auflagen gemacht, die einer besonders guten Behandlung oder gar Verbrüderung mit den Ausländern vorbeugen sollten.

setzten polnischen Beschäftigten",[221] welche die gleichen Lohnsätze enthielt. Damit waren die bis dahin unterschiedlichen Lohnregelungen für Polen und Ostarbeiter beseitigt worden.

Danach ergab sich folgende Berechnung für eine Lohnauszahlung:
Der Monatslohn eines Mannes von RM 27,– war wie folgt zu kürzen: 15 Prozent Sozialausgleichsabgabe = RM 4,05, 5,6 Prozent Invalidenversicherung = RM 1,51 und 6,5 Prozent Reichsstock für Arbeitseinsatz = RM 1,76. Lohnsteuer fiel bei diesem geringen Lohn nicht an.[222] Theoretisch bekam der Ostarbeiter in der Landwirtschaft also RM 19,68 monatlich ausgezahlt, Ostarbeiterinnen noch etwa RM 15,–. Glaubt man jedoch den Angaben der betroffenen Zeitzeugen, so hatten sie erstens 12 bis 15 Stunden täglich zu arbeiten und zweitens bekamen sie zeitweise überhaupt keinen Lohn oder doch kaum die Hälfte des vorgeschriebenen Betrages.

Steuertabelle für Arbeitskräfte aus den neu besetzten Ostgebieten

Wochenlohn *RM*	Steuer *RM*	Wochenlohn *RM*	Steuer *RM*	Wochenlohn *RM*	Steuer *RM*
mehr als—bis		mehr als—bis		mehr als—bis	
10	0				
10—11	0,50	30—31	16,40	50—51	34,95
11—12	0,75	31—32	17,30	51—52	35,90
12—13	1,00	32—33	18,20	52—53	36,85
13—14	1,40	33—34	19,10	53—54	37,80
14—15	2,00	34—35	20,00	54—55	38,75
15—16	2,90	35—36	20,90	55—56	39,70
16—17	3,80	36—37	21,80	56—57	40,65
17—18	4,70	37—38	22,70	57—58	41,60
18—19	5,60	38—39	23,60	58—59	42,55
19—20	6,50	39—40	24,50	59—60	43,50
20—21	7,40	40—41	25,45	60—61	44,45
21—22	8,30	41—42	26,40	61—62	45,40
22—23	9,20	42—43	27,35	62—63	46,35
23—24	10,10	43—44	28,30	63—64	47,30
24—25	11,00	44—45	29,25	64—65	48,25
25—26	11,90	45—46	30,20	65—66	49,20
26—27	12,80	46—47	31,15	66—67	50,15
27—28	13,70	47—48	32,10	67—68	51,10
28—29	14,60	48—49	33,05	68—69	52,05
29—30	15,50	49—50	34,00	69—70	53,00
				mehr als 70	Lohnbetrag abzüglich 17 Reichsmark

Nach der amtlichen Steuertabelle aus der „Verordnung über die Besteuerung und die arbeitsrechtliche Behandlung der Arbeitskräfte aus den neu besetzten Ostgebieten (StVAOst)" vom 20. Januar 1942 unterlag der Lohn der russischen Arbeiter – sowohl in der Industrie als auch in der Landwirtschaft – von vornherein einer Kürzung. Danach wurde ihnen eine derart hohe Steuerbelastung auferlegt, dass ihnen nach Abzug weiterer Kosten – zum Beispiel RM 45,- für Unterbringung und Verpflegung – de facto kaum Bargeld mehr übrig blieb.

Mit Erlass des Reichsführers SS vom 20. Februar 1942 wurde erstmals der Einsatz von Ostarbeiterinnen in Privathaushalten offiziell gestattet.[223] Mit Runderlass vom 17. Juli 1942 wurde diese Erlaubnis auch auf das Gaststättengewerbe ausgedehnt. Dem folgte ein Erlass vom 10. September 1942 betreffend den Einsatz von Ostarbeiterinnen in Krankenanstalten, Lazaretten und Pflegeheimen.[224]

Die Entlohnung der dauerhaft in Privathaushalten eingesetzten Ostarbeiterinnen wurde zuerst am 28. September 1942 geregelt. Diese Verordnung wurde durch Anordnung des Reichstreuhänders der Arbeit vom 1. Juni 1943 ersetzt, wonach für Ostarbeiterinnen unter 18 Jahren ein Barlohn von RM 13,50 monatlich festgelegt wurde. Für ältere Ostarbeiterinnen musste ein Barlohn von RM 18,- bei einer

Ostarbeiterabgabe von RM 1,50 gezahlt werden. Für alle war gleichermaßen ein monatlicher Krankenversicherungsbeitrag in Höhe von RM 4,– an die Krankenkasse zu zahlen.[225]

Am 24. Juli 1944 wurde dann die „Anordnung zur Regelung der Einsatzbedingungen der in den Haushalten eingesetzten Ostarbeiterinnen" in Kraft gesetzt.[226] Der § 2 bestimmte, dass sie nach Ortsklassen zu entlohnen seien. Nach § 5 wurden zusätzlich zwei Lohntarife eingeführt: *„Arbeitseinsatz in den ersten beiden Jahren"* und *„nach zweijähriger hauswirtschaftlicher Tätigkeit"*.

Für Wetzlar galt die Ortsklasse III (Rhein-Main). Danach erhielten Ostarbeiterinnen in den ersten zwei Jahren neben freier Kost und Unterkunft an Monatsentgelt: Vierzehnjährige RM 8,–, Fünfzehnjährige RM 10,–, Sechzehn- und Siebzehnjährige RM 13,– und ab achtzehn Jahren aufwärts RM 15,–. Ab dem dritten Beschäftigungsjahr entfiel die Alterseinteilung. Beschäftigte im dritten und vierten Jahr bekamen RM 19,– und ab dem fünften Jahr RM 21,– monatlich.

„Bei besonders hervorragenden Leistungen sowie sonstigem tadellosem Verhalten" konnte eine Leistungszulage bis zu RM 5,– monatlich gezahlt werden. Der § 3 regelte die Arbeitszeit:

„Die regelmäßige Arbeitszeit einschließlich der Pausen und der Arbeitsbereitschaft soll, soweit nicht besondere Verhältnisse eine andere Regelung erfordern, zwischen 6 und 21 Uhr liegen."

Das waren 15 Stunden täglich.

§ 4 regelte die Freizeit:

„In jeder Woche ist der Ostarbeiterin eine angemessene Freizeit zu gewähren. Soweit diese außerhalb des Haushalts verbracht wird, sind die sicherheitspolizeilichen Sondervorschriften zu beachten."

Steuern

Anders als bei den polnischen Zwangsarbeitern, die von Beginn an lohnsteuer- und sozialversicherungspflichtig waren und eine zusätzliche „Sozialausgleichsabgabe" in Höhe von 15 Prozent des 39,– RM übersteigenden Lohnes zu zahlen hatten, unterlag der Lohn der russischen Arbeiter – sowohl in der Industrie als auch in der Landwirtschaft – von vornherein einer Kürzung nach einer amtlichen Steuertabelle aus der „Verordnung über die Besteuerung und die arbeitsrechtliche Behandlung der Arbeitskräfte aus den neu besetzten Ostgebieten (StVAOst)" vom 20. Januar 1942[227]. Danach wurde ihnen eine derart hohe Steuerbelastung auferlegt, dass ihnen de facto kein Bargeld mehr übrig blieb:

Bei einem angenommenen Monatslohn von RM 80,– waren RM 29,60 Steuern zu zahlen, wonach RM 50,40 verblieben. Nach Abzug der RM 45,– für Unterbringung und Verpflegung verblieben dann noch RM 5,40 für andere Ausgaben, wie Bekleidung oder vielleicht ein wenig Tabak o. Ä. Nimmt man einen Monatslohn von RM 100,– an, so waren RM 44,– an Steuern und RM 45,– für Unterkunft und Verpflegung zu zahlen. Es verblieb dann gerade noch eine einzige Mark.

Mit der „Verordnung über die Einsatzbedingungen der Ostarbeiter“ vom 30. Juni 1942 wurden die Steuerbeträge vom Januar 1942 ersetzt durch die „Ostarbeiterabgabe“.[228] Die Lohnkürzung erfolgte dabei je nach Höhe des Entgeltes mit einer Progression zwischen 20 und 65 Prozent. Der gekürzte Betrag musste vom Arbeitgeber an das örtliche Finanzamt abgeführt werden. Er floss damit ausschließlich dem Deutschen Reich zu.
Nach der „Verordnung über die Einsatzbedingungen der Ostarbeiter vom 25. März 1944“[229] wurden die Lohn- und Abgabenverhältnisse aller im Reich befindlichen Ostarbeiter wiederum neu geregelt. Das Verfahren wurde jetzt dem der polnischen Zwangsarbeiter angeglichen. Danach wurde Folgendes bestimmt:
Die Ostarbeiterabgabe entfiel. Dafür mussten nun Lohnsteuer (grundsätzlich Steuerklasse I) und 15 % Sozialausgleichsabgabe – anders als bei den Polen vom vollen Lohn – entrichtet werden.

Sozialversicherung

Bis zum 25. März 1944 waren Ostarbeiter – sowohl gewerblich als auch in der Landwirtschaft – nicht sozialversicherungspflichtig. Sie waren jedoch krankenversichert, und zwar in derjenigen Krankenversicherung, in der auch die pflichtversicherten deutschen Betriebsangehörigen versichert waren. Den Krankenversicherungsbeitrag in Höhe von 6 Prozent des Gesamtlohnes hatten die Unternehmer allein zu entrichten.[230]
Nach der schon erwähnten neuen „Verordnung über die Einsatzbedingungen der Ostarbeiter“ des Reichsführers SS vom 25. März 1944 mussten Ostarbeiter nun von ihrem Lohn 5,6 Prozent Invalidenversicherung und 6,5 Prozent Reichsstock für Arbeits-einsatz entrichten.[231] Fast gleichzeitig wurde der gesetzliche Unfallversicherungs-Schutz auch auf sie ausgedehnt: Mit der „Verordnung über die Unfallversicherung der Ostarbeiter“ vom 30. März 1943 erlangten sie zwar im Leistungsfalle keinen Rechtsanspruch (§ 2.2), konnten dann aber eine „Unterstützung“ bekommen (§3.1–4).[232]

Lohnauszahlung

Ebenso wie bei den polnischen Zwangsarbeitern sollen für 1942 auch hier theoretisch RM 160,–, also der durchschnittliche Arbeitslohn eines deutschen Hilfsarbeiters in der metallverarbeitenden Industrie, angenommen werden[233] (80 Pf Stundenlohn bei 50 Wochenstunden). Nach der Entgelttabelle ergab sich dann für

den Ostarbeiter ein tatsächlicher Monatslohn RM 85,50. Gleichzeitig musste der Arbeitgeber RM 72,– Ostarbeiterabgabe an das Finanzamt abführen. Den Ostarbeitern, die in Barackenlagern untergebracht waren, wurden sodann für Unterkunft und Verpflegung monatlich RM 45,– abgezogen, so dass ihnen theoretisch noch RM 40,50 für sonstige Kosten wie Bekleidung usw. und für eine Überweisung in die Heimat verblieben. In der Praxis wurden jedoch erheblich geringere Löhne gezahlt und es musste länger dafür gearbeitet werden.[234]
Durch die neue „Verordnung über die Einsatzbedingungen der Ostarbeiter vom 25. März 1944“[235] ergab sich dann folgende Berechnung:
Bei dem angenommenen Monatslohn von 160,- RM waren abzuziehen: 15 Prozent Sozialausgleichsabgabe = RM 24,–, 5,6 Prozent Invalidenversicherung = RM 8,96 und 6,5 Prozent Reichsstock für Arbeitseinsatz = RM 10,40 sowie ca. RM 6,- an Lohnsteuer. Darüber hinaus kamen 45,– RM für Unterkunft und Verpflegung in Abzug, so dass noch RM 65,64 für sonstige Ausgaben wie Bekleidung, Schuhe,[236] Tabak u. Ä. übrig blieben. Der verbleibende Rest konnte dann für eine Überweisung in die Heimat angespart werden.

Lohnüberweisung in die Heimat

Eine Lohnüberweisung in die Heimat war für Ostarbeiter – wenn überhaupt – nicht einfach. Die einschlägigen Bestimmungen sahen vor, dass ersparte Beträge in Form von „Ostarbeiter-Sparmarken“ auf „Ostarbeiter-Sparkarten“ aufzukleben seien. Diese Karten durften erst in ihre Heimat versandt werden, wenn mindestens ein Betrag von RM 90,– angespart war.[237]
Nachdem die sowjetischen Armeen in Sommer 1944 die Ukraine zurückerobert hatten, war jedoch auch hier an eine Geldüberweisung überhaupt nicht mehr zu denken.

Krankenversorgung und Schwangerschaft

Auch sie dürfte wie bei den Polen gehandhabt worden sein. Da die Reichsführung Pflege- und Betreuungskosten vermeiden wollte, wurden physisch nicht mehr einsatzfähige Ausländer/innen und schwangere Ausländerinnen in den ersten Jahren des Arbeitseinsatzes in „Rückkehrsammellager“ eingewiesen und dann in ihre Heimat zurücktransportiert. Das wurde im November 1941 wie folgt bestimmt:[238]

„Nach einem neueren Erlaß des Reichsarbeitsministers vom 8. Oktober 1941 muß die Aufnahme ausländischer Arbeitskräfte in Krankenhäusern und Pflegeanstalten wegen der starken Belastung dieser Häuser auf die unbedingt notwendigen Fälle beschränkt werden.

... Voraussetzung ist in allen Fällen, daß nach ärztlichem Urteil die Art der Krankheit erwarten läßt, daß die Arbeitsfähigkeit des Ausländers innerhalb einer kürzeren, in der Regel dreiwöchigen Krankenhausbehandlung wieder hergestellt wird und auch voraussichtlich längere Zeit erhalten bleibt oder daß die Schwere der Krankheit eine Rückbeförderung in die Heimat nicht gestattet.
In allen übrigen Fällen muß die Rückführung in die Heimat erfolgen, soweit Reisefähigkeit gegeben ist. Die Heimbeförderung geschieht auch dann, wenn nach ärztlichem Urteil die Transportfähigkeit nur bei Gestellung eines oder mehrerer Begleiter vorhanden ist und die dadurch entstehenden Mehrkosten voraussichtlich geringer sind als die Kosten der weiteren ärztlichen Betreuung.“

Am 16. Oktober 1942 erließ GBA Sauckel aber eine Verfügung, welche die „Nichteinsatzfähigen Ostarbeiter“ betraf.[239] Danach war ab sofort in jedem Betrieb zuerst zu prüfen, ob der Kranke nicht doch bei einfacheren Arbeiten eingesetzt werden könnte. Erst danach mussten transportfähige Kranke zurück in die Sowjetunion geschickt werden. Für transportunfähige Kranke wurden Kranken-Sammellager eingerichtet, die sich in separaten, krankenhausähnlichen Baracken befanden. Auf diese Weise wurde die Zahl der in die Heimat zurückzusendenden Zwangsarbeiter/innen drastisch gesenkt.
Anfang Juni 1943 wurden die Rücktransporte physisch nicht mehr einsatzfähiger Zwangsarbeiter in deren Heimat dann vermutlich vollständig eingestellt. Dazu hieß es in Punkt 9 einer am 10. März 1943 abgehaltenen Besprechung im Reichspropagandaministerium über die Behandlung der im Reich tätigen ausländischen Arbeitskräfte:[240] *„Eine Rückbeförderung von kranken und schwangeren Arbeiterinnen soll nicht mehr stattfinden.“*
Nachdem der Rücktransport gestoppt worden war, entwickelten sich die Sammellager, die eigentlich als Durchgangslager geplant waren, zumindest für die Kranken und Siechen zu reinen Sterbelagern.

Ein besonderes Kapitel bilden darüber hinaus die Zwangsarbeiter/innen, welche als psychisch nicht mehr einsatzfähig eingestuft wurden. Sie kamen in Anstalten und wurden dort in großer Zahl ermordet. Mit Schreiben vom 6. September 1944 unter anderem an die Regierungspräsidenten hatte der Reichsminister des Inneren dazu eine Liste der Sammelstellen veröffentlicht.[241]
Für das heutige Bundesland Hessen gibt es Anzeichen dafür, dass in der Heil- und Pflegeanstalt Hadamar auch zahlreiche Tbc-Kranke ermordet wurden.[242]
Die schwangeren Frauen hingegen scheinen nach der Entbindung mit ihren Neugeborenen wieder in den Arbeitsprozess eingegliedert worden zu sein; jedenfalls warb die deutsche Arbeitsverwaltung im April 1944 in einem Aufruf unter der Überschrift: „Unterbringungsmöglichkeiten von Ostarbeiterinnen und Polinnen mit Klein-Kindern“ für die Wiedereinstellung von polnischen und russischen Müttern mit Kleinkindern in den Betrieben.[243]

Widerstand und Bestrafung

Schon zu Beginn des Einsatzes von Zwangsarbeitern in Deutschland rechnete die Reichsführung damit, dass diese sich gegen ihre Unterdrückung und unwürdige Behandlung auflehnen würden. So beinhaltete schon die Polenverordnung vom 8. März 1940 geeignete Instrumentarien, alle derartigen Aktivitäten gegebenenfalls mit härtesten Strafen zu ahnden.
Zu diesem Zweck wurden in allen wichtigen Betrieben Gestapo-Vertrauensleute als Spitzel eingesetzt, die jede unerlaubte Aktivität aufzudecken hatten. Darüber hinaus war vom Betriebsleiter ein Abwehrbeauftragter vorzuschlagen, der dann – wenn von der DAF akzeptiert – durch die Wehrmacht ernannt wurde.[244] Die unterste Ebene bildeten die Lager- oder Werkschutzleitungen.

In den ersten Jahren äußerten sich Opposition und Widerstand der Zwangsarbeiter in der Hauptsache in Arbeitsbummelei, unerlaubtem Verlassen der Arbeitsstelle, Arbeitsvertragsbruch und Flucht.

Die Bestrafungen wurden bis zum Frühjahr 1943[245] allein durch die Gestapo vorgenommen, welche auch das Strafmaß nach eigenem Ermessen und ohne eine heute erkennbare Gesetzmäßigkeit festlegte. Zur Entlastung ihrer Arbeit übertrug der GBA jedoch die Bestrafung von Zwangsarbeitern bei unwesentlichen Vergehen oder Verstößen gegen die jeweilige Betriebsordnung ab 1. November 1943 generell den Betrieben selbst.[246] Lediglich schwerere Vergehen wie Arbeitsverweigerung, Arbeitsvertragsbruch, Sabotage u. Ä. waren noch der Gestapo zu melden, die dann wieder über das Strafmaß entschied: Mehrwöchige Haft, in Hessen Überstellung in das berüchtigte, von der SS geführte „Arbeitserziehungslager Frankfurt-Heddernheim“ oder sogar in ein Konzentrationslager.

Mit der Nachricht von der deutschen Niederlage bei Stalingrad verschwand der Mythos vom nahezu unbesiegbaren deutschen Heer. In der Folge stieg der Widerstand von Zwangsarbeitern – Arbeitsbummelei, kritische Äußerungen, Streik und Flucht – sprunghaft an. Im selben Umfang nahmen die Verhaftungen und Bestrafungen mit Einweisung in Arbeitserziehungslager oder Konzentrationslager bis Kriegsende immer mehr zu.
Von polizeilichen Strafverfügungen bei Westländern sind keine Besonderheiten bekannt. Über die polizeiliche Bestrafung von Polen und Ostarbeitern erließ der Reichsführer SS hingegen am 28. Mai 1943 folgende Verfügung:[247]

1. *„Polizeiliche Strafverfügungen gegen Polen sind den Beschuldigten – soweit möglich – zunächst mündlich zu eröffnen ...*
2. *Die gegen polizeiliche Strafverfügungen eingelegten Beschwerden von Polen sind in der Regel ohne zeitraubende Ermittlungen zu erledigen. In geeigneten Fällen sind sie formularmäßig zurückzuweisen.*

Abschrift.

Der Reichsführer SS
und Chef der Deutschen Polizei
im Reichsministerium des Innern
0-VuR.R.III 3945/43 u.S. III A 5b Nr.

Berlin, den 28.Mai 1943.

Vertraulich!

Betr.: Polizeiliche Strafverfügungen gegen Polen.

Beim Erlaß polizeilicher Strafverfügungen gegen Polen ist folgendes zu beachten:

1) Polizeiliche Strafverfügungen gegen Polen sind den Beschuldigten -soweit möglich- zunächst mündlich zu eröffnen. Im Anschluß an die mündliche Eröffnung sind sie den Empfängern, sofern dies nach den landesgesetzlichen Bestimmungen vorgeschrieben ist, in schriftlicher Form zu behändigen.

2) Die gegen polizeiliche Strafverfügungen eingelegten Beschwerden von Polen sind in der Regel ohne zeitraubende Ermittlungen zu erledigen. In geeigneten Fällen sind sie formularmäßig zurückzuweisen.

3) Die gegen Polen festgesetze Strafe kann, ohne die Rechtskraft abzuwarten, unmittelbar im Anschluß an die Behändigung der Strafverfügung vollstreckt werden. Insoweit wird Nr. 3 der Preuß. Ausf.Best. zu § 63 PVG. außer Kraft gesetzt. § 449 St.P.O. gilt nur für gerichtliche Urteile, nicht aber für polizeiliche Strafverfügungen.

Ich ersuche, die nachgeordneten Dienststellen entsprechend vertraulich verständigen zu lassen. Von einer Veröffentlichung dieses Erlasses oder Ihrer Anweisung ist abzusehen.

I. A.
gez.:Bracht.

An die Landesregierungen pp.

Der Regierungspräsident
I 3
A St.Nr.123.

Wiesbaden, den 4.Juni 1943.

Vertraulich!

An die Herren Landräte und Polizeipräsidenten des Bezirks.

Abschrift übersende ich zur weiteren vertraulichen Veranlassung.

I. V.
gez. Prohasel.

Der Reichsführer und Chef der
Deutschen Polizei
im Reichsministerium des Innern.
0-VuR R III 3981/43 S III A 5 b Nr.3/43.

Berlin, den 30.August 1943.

Vertraulich!

An pp. Regierungspräsident Wiesbaden.

Polizeiliche Strafverfügungen gegen sowjetrussische Zivilarbeiter im Reich.

Der RdErl.vom 28.5.1943 -0-VuR R III 3945/43 u.S. III A 5 b Nr. 3 V. VIII /43- 176.3- betr. polizeiliche Strafverfügungen gegen Polen (nicht veröffentlicht) ist gleichmäßig auch gegen sowjetrussische Zivilarbeiter im Reich anzuwenden.

I. A.
gez.von Wigandt.

Der

Mit Erlass des Reichsführers SS vom 28. Mai 1943 wurde das polizeiliche Strafverfahren gegen Polen drastisch vereinfacht. Die hier beschriebenen Maßnahmen waren weit entfernt von einem geordneten Rechtsverfahren.

3. Die gegen Polen festgesetzte Strafe kann, ohne die Rechtskraft abzuwarten, unmittelbar im Anschluß an die Behändigung der Strafverfügung vollstreckt werden.

... Der Runderlaß ... gegen Polen ist gleichmäßig auch gegen sowjetrussische Zivilarbeiter im Reich anzuwenden."

I.M.I.'s

Die Deportation von Zwangsarbeitern aus ganz Europa wurde im Laufe des Krieges mit immer brutaleren Methoden ausgeweitet. So gelang es tatsächlich trotz der deutschen militärischen Rückschläge, von Anfang 1943 bis Kriegsende noch einmal 2,5 Millionen Ausländer ins Deutsche Reich zu bringen.[248]
Eine Besonderheit stellten dabei die etwa 600.000 Italiener dar, welche sich nach dem Sturz Mussolinis am 25. Juli 1943 weigerten, auf deutscher Seite als Soldaten weiterzukämpfen.

Sie wurden zuerst in Kriegsgefangenen-Stammlagern („Stalag") interniert und hatten die offizielle Bezeichnung „Italienische Militär-Internierte" („I.M.I."). Das verschaffte ihnen im deutschen Volksmund sogleich den Spitznamen „Imis". Mit Erlass des Reichsführers SS vom 16. August 1944[249] wurden die meisten von ihnen jedoch aus den Internierungslagern entlassen, allerdings nachdem sie sich zuvor schriftlich verpflichten mussten, *„in Deutschland zu den für die in Italien angeworbenen zivilen Arbeitskräften geltenden Bedingungen bis zum Kriegsende zu arbeiten"*.[250] Wenn sie nicht schon zuvor in der deutschen Waffenproduktion arbeiten mussten, waren sie spätestens jetzt vom Status der Kriegsgefangenen übergewechselt zu dem der Zwangsarbeiter.
Sie wurden durch die deutschen Arbeitsämter offiziell als „Italienische Zivilarbeiter" in den normalen Arbeitsprozess eingegliedert.[251] Im Anschluss an ihre Entlassung aus den Internierungslagern wurden sie vom Volksmund nicht mehr „Imis", sondern meist nach dem neuen italienischen Regierungschef Badoglio – „Badoglios" oder „Badoglianer" genannt. Sie trugen überwiegend ihre Uniformen ohne Rangabzeichen weiter.[252]
Neben den sowjetischen Zwangsarbeitern befanden sie sich auf der untersten Stufe der Zwangsarbeiter-Hierarchie, „weil sie Deutschland verraten hatten": Arbeit als Rache. Das hatte das OKW[253] jedoch heftig kritisiert:[254]
„Das Oberkommando der Wehrmacht weist in einer Verfügung vom 21. 3. 44 darauf hin, daß italienische Militär-Internierte in verschiedenen Lagern und besonders im Arbeitseinsatz angeblich oft als ‚Badoglianer' bezeichnet werden. Die italienischen Militär-Internierten werden damit unberechtigt eines Verrats beschul-

digt, für den sie in ihrer Gesamtheit, da politisch ungenügend geschult, nicht mitverantwortlich gemacht werden können.“

Zusammenfassend kann der Einsatz ziviler Ausländer im Deutschen Reich in folgende Gruppen periodisch aufgeteilt werden (jeweils in beiden Geschlechtern zu sehen):

Fremdarbeiter/Saisonarbeiter bis 1939:	Hereingeholte polnische Zivilarbeiter in der deutschen Landwirtschaft östlich der Elbe.
Zwangsarbeiter ab 1939:	In das Deutsche Reich zwangsdeportierte Polen.
Poln. Kriegsgef. ab Sommer 1940:	Polnische Kriegsgefangene, die auf Grund eines „Gnadenaktes“ von Adolf Hitler „aus dem Gefangenenverhältnis entlassen und in zivile Arbeitsverhältnisse überführt wurden“.
Westliche Fremdarbeiter ab 1940:	Aus dem westlichen Ausland angeworbene Zivilarbeiter mit ab Frühjahr 1941 fließendem Übergang zur Zwangsarbeit.
„Westarbeiter“ ab 1942:	In das Deutsche Reich zwangsdeportierte Franzosen, Belgier und Holländer.
„Ostarbeiter“ ab 1941:	Nach dem Scheitern des deutschen Blitzkrieg-Konzeptes im Osten: Zwangsdeportierte Zivilarbeiter aus den altsowjetischen Gebieten mit Ausnahme von Litauen, Lettland, Estland, Bezirk Bialystok und den in das Generalgouvernement eingegliederten Gebieten (Distrikt Galizien).
Besonderheit: „Badoglios“ ab August 1944:	Aus den Internierungslagern entlassene I.M.I.‘s, die zwangsweise in den deutschen Arbeitsprozess eingegliedert wurden.

Die Entlohnung Kriegsgefangener

Die Bezahlung der Kriegsgefangenen war in den ersten Kriegsjahren durch Erlasse des OKW geregelt. Wie dies erfolgte, schilderte ein Bericht in der Rhein-Mainischen Wirtschaftszeitung vom 3. Dezember 1940:[255]

„Grundlage der Überweisung und Beschäftigung der Kriegsgefangenen ist der zwischen Stalag und Unternehmen abgeschlossene Überlassungsvertrag; zwischen dem Kriegsgefangenen und dem Unternehmer selbst besteht naturgemäß kein Vertragsverhältnis. Deshalb erhält auch der Kriegsgefangene keinen Lohn, die vorgeschriebenen Arbeitsentgelte sind vielmehr an das Stalag abzuführen. In Betracht kommen bei Zeitlohn 60 %, bei Stücklohn (Akkord) 80 % der tariflichen, ortsüblichen oder sonst festgelegten Sätze ...

Das Entgelt, von dem dem Kriegsgefangenen der auf ihn entfallende Anteil in Form von Lagergeld ausgezahlt oder gutgeschrieben wird, ist niedriger als der sonst übliche Lohn, weil die Lohnabzüge fortfallen und die besondere Art des Einsatzes sowie die Minderleistungen der Kriegsgefangenen berücksichtigt werden müssen.

Eine Versicherung gegen Krankheit und Invalidität kommt nicht in Betracht, da erkrankte Gefangene dem Stalag zugeführt werden. Dagegen werden auf Grund des Gesetzes vom 3. September 1940 alle Kriegsgefangenen bei den zuständigen Versicherungsträgern gegen Unfall versichert.

Arbeitszeit und Arbeitsdauer richten sich nach den örtlichen Verhältnissen und der Leistungsfähigkeit der Kriegsgefangenen, wobei der Grundsatz gilt, daß die Arbeitskraft der Gefangenen scharf anzuspannen ist.

Für Unterkunft und Verpflegung der Gefangenen und der Wachmannschaften, die vom Unternehmer zu stellen ist, können bestimmte, vom Oberkommando der Wehrmacht festgesetzte Pauschsätze von dem an das Stalag abzuliefernde Entgelt einbehalten werden.“[256]

1941 wurden pauschale Lohntarife für Kriegsgefangene mit Arbeit in der Land- und Forstwirtschaft, Torfindustrie, Meliorationen[257] und in der Zuckerindustrie eingeführt.[258] Eine einheitliche Regelung für alle Kriegsgefangenen erfolgte möglicherweise erst mit dem Erlass des GBA vom 8. September 1943, gültig ab 1. November 1943: „Bezahlung der Kriegsgefangenenarbeit“.[259] Mit ihm wurden erstmals zwei amtliche Monats- und Tageslohntabellen veröffentlicht, und zwar für sowjetische Kriegsgefangene und für nicht sowjetische Kriegsgefangene. Danach war folgendes Verfahren festgelegt:[260]

„1. Der Unternehmer hat für die Überlassung von Kriegsgefangenen eine Entschädigung zu zahlen, die sich aus dem an das Deutsche Reich (Kriegsgefangenen-Mannschaftsstammlager) zu entrichtenden Anteil und dem unmittelbar an den Kriegsgefangenen zu gewährenden Anteil zusammensetzt.

Der Unternehmer geht bei der Berechnung der Entschädigung für die Überlassung von Kriegsgefangenen von dem Verdienst aus, den die im Betrieb beschäftigten gleichartigen und gleichaltrigen deutschen Arbeitskräfte, jedoch ohne Mehrarbeits-, Sonn- und Feiertags- und Sozialzuschläge, erhalten würden.

... *3. Aus dem Stalag-Anteil trägt das Mannschafttsstammlager die Kosten für Unterkunft und Verpflegung des Kriegsgefangenen. Gewährt der Unternehmer selbst Unterkunft und Verpflegung, so erstattet ihm das Stalag dafür für jeden Verpflegungstag einen Durchschnittsbetrag von RM 1,20 täglich, gleichgültig, ob es sich um Normal-, Lang-, Schwer- oder Schwerstarbeiter handelt.*

... *5. Bei ungenügenden Leistungen des Kriegsgefangenen kann der Anteil des Kriegsgefangenen bis auf die Hälfte herabgesetzt werden; um den Kürzungsbetrag erhöht sich der Anteil des Mannschaftsstammlagers.*

... *8. Von dem gesamten Entgelt ... sind 10 v. H. als Pauschalsteuer an das Stalag abzuführen."*

Die Bezahlung der Kriegsgefangenen in der Landwirtschaft wurde schon durch die „Anordnung des GBA über die Bezahlung der Kriegsgefangenenarbeit in der Landwirtschaft und bei Meliorationen" vom 3. März 1943, geändert durch Erlass vom 8. September 1943[261] einheitlich geregelt. Danach waren drei Gruppen gebildet: Für sowjetische Kriegsgefangene war ein Tageslohn von 35 Pf (Monatslohn bei 26 Arbeitstagen also RM 9,10) plus 35 Pf an das Stalag zu zahlen, für polnische Kriegsgefangene ein Tageslohn von 50 Pf (RM 13,– Monatslohn) plus 20 Pf an das Stalag, und für alle anderen Kriegsgefangenen ein Tageslohn von 70 Pf (Monatslohn RM 18,20).
Anders als bei den in Gewerbe und Industrie eingesetzten Kriegsgefangenen war in der Landwirtschaft keine Pauschalsteuer zu entrichten.
Bei Meliorationsarbeiten war jedoch eine pauschale Lohnsteuer in Höhe von 20 Pf täglich abzuführen.

Bildtext zu nebenstehender Seite: Im November 1943 wurde im Reichsarbeitsblatt ein Erlass des GBA vom 8. September 1943 über die „Bezahlung der Kriegsgefangenenarbeit" veröffentlicht. Mit ihm wurden erstmals zwei amtliche Monats- und Tageslohntabellen bestimmt, und zwar für sowjetische und für nichtsowjetische Kriegsgefangene. Danach war der Hauptanteil der Entlohnung an dasjenige Staatslager (Stalag) zu entrichten, zu dem das betreffende Kriegsgefangenen-Arbeitskommando gehörte (im Falle Wetzlar war dies das Stalag IX a in Ziegenhain).

Entlohnung der Kriegsgefangenenarbeit.

Zu dem unter obiger Überschrift in Nr. 21 dieser Mitteilungen veröffentlichten Artikel bringen wir nachstehend die zugehörigen Tabellen.

Monatslohntabelle für n i c h t sowjetische Kriegsgefangene — Anlage 1

Lohnbetrag eines gleichartigen deutschen Arbeiters von mehr als RM	Stalag-anteil RM	Kriegs-gefangenen-anteil RM	Lohnbetrag eines gleichartigen deutschen Arbeiters von mehr als RM	Stalag-anteil RM	Kriegs-gefangenen-anteil RM
1	2	3	1	2	3
60,— bis 65,—	36,—	12,—	240,— bis 245,—	104,—	78,—
65,— „ 70,—	36,—	15,—	245,— „ 250,—	105,—	80,—
70,— „ 75,—	36,—	18,—	250,— „ 255,—	107,—	82,—
75,— „ 80,—	39,—	19,—	255,— „ 260,—	109,—	84,—
80,— „ 85,—	41,—	20,—	260,— „ 265,—	110,—	86,—
85,— „ 90,—	44,—	21,—	265,— „ 270,—	112,—	88,—
90,— „ 95,—	47,—	22,—	270,— „ 275,—	114,—	90,—
95,— „ 100,—	50,—	23,—	275,— „ 280,—	116,—	92,—
100,— „ 105,—	52,—	24,—	280,— „ 285,—	117,—	94,—
105,— „ 110,—	55,—	25,—	285,— „ 290,—	119,—	96,—
110,— „ 115,—	57,—	27,—	290,— „ 295,—	121,—	98,—
115,— „ 120,—	59,—	29,—	295,— „ 300,—	123,—	100,—
120,— „ 125,—	61,—	30,—	300,— „ 305,—	124,—	102,—
125,— „ 130,—	63,—	32,—	305,— „ 310,—	126,—	104,—
130,— „ 135,—	65,—	34,—	310,— „ 315,—	128,—	106,—
135,— „ 140,—	67,—	36,—	315,— „ 320,—	130,—	108,—
140,— „ 145,—	68,—	38,—	320,— „ 325,—	131,—	110,—
145,— „ 150,—	70,—	40,—	325,— „ 330,—	133,—	112,—
150,— „ 155,—	72,—	42,—	330,— „ 335,—	135,—	114,—
155,— „ 160,—	74,—	44,—	335,— „ 340,—	137,—	116,—
160,— „ 165,—	75,—	46,—	340,— „ 345,—	138,—	118,—
165,— „ 170,—	77,—	48,—	345,— „ 350,—	140,—	120,—
170,— „ 175,—	79,—	50,—	350,— „ 355,—	142,—	122,—
175,— „ 180,—	81,—	52,—	355,— „ 360,—	144,—	124,—
180,— „ 185,—	82,—	54,—	360,— „ 365,—	145,—	126,—
185,— „ 190,—	84,—	56,—	365,— „ 370,—	147,—	128,—
190,— „ 195,—	86,—	58,—	370,— „ 375,—	149,—	130,—
195,— „ 200,—	88,—	60,—	375,— „ 380,—	151,—	132,—
200,— „ 205,—	89,—	62,—	380,— „ 385,—	153,—	134,—
205,— „ 210,—	91,—	64,—	385,— „ 390,—	154,—	136,—
210,— „ 215,—	93,—	66,—	390,— „ 395,—	156,—	138,—
215,— „ 220,—	95,—	68,—	395,— „ 400,—	158,—	140,—
220,— „ 225,—	96,—	70,—			
225,— „ 230,—	98,—	72,—			
230,— „ 235,—	100,—	74,—			
235,— „ 240,—	102,—	76,—			

Von jeden weiteren 5,— RM Mehrverdienst nach Spalte 1 beträgt der Stalaganteil . 1,75 RM
der Kriegsgefangenenanteil . . . . . . 2,— „

*

Monatslohntabelle für sowjetische Kriegsgefangene — Anlage 2

Lohnbetrag eines gleichartigen deutschen Arbeiters von mehr als RM	Stalag-anteil RM	Kriegs-gefangenen-anteil RM	Lohnbetrag eines gleichartigen deutschen Arbeiters von mehr als RM	Stalag-anteil RM	Kriegs-gefangenen-anteil RM
1	2	3	1	2	3
60,— bis 65,—	42,—	6,—	190,— bis 195,—	115,—	29,—
65,— „ 70,—	44,—	7,—	195,— „ 200,—	118,—	30,—
70,— „ 75,—	46,—	8,—	200,— „ 205,—	120,—	31,—
75,— „ 80,—	49,—	9,—	205,— „ 210,—	123,—	32,—
80,— „ 85,—	51,—	10,—	210,— „ 215,—	126,—	33,—
85,— „ 90,—	55,—	10,50	215,— „ 220,—	129,—	34,—
90,— „ 95,—	58,—	11,—	220,— „ 225,—	131,—	35,—
95,— „ 100,—	62,—	11,50	225,— „ 230,—	134,—	36,—
100,— „ 105,—	64,—	12,—	230,— „ 235,—	137,—	37,—
105,— „ 110,—	68,—	12,50	235,— „ 240,—	140,—	38,—
110,— „ 115,—	71,—	13,—	240,— „ 245,—	143,—	39,—
115,— „ 120,—	74,—	14,—	245,— „ 250,—	145,—	40,—
120,— „ 125,—	76,—	15,—	250,— „ 255,—	148,—	41,—
125,— „ 130,—	79,—	16,—	255,— „ 260,—	151,—	42,—
130,— „ 135,—	82,—	17,—	260,— „ 265,—	153,—	43,—
135,— „ 140,—	85,—	18,—	265,— „ 270,—	156,—	44,—
140,— „ 145,—	87,—	19,—	270,— „ 275,—	159,—	45,—
145,— „ 150,—	90,—	20,—	275,— „ 280,—	162,—	46,—
150,— „ 155,—	93,—	21,—	280,— „ 285,—	164,—	47,—
155,— „ 160,—	96,—	22,—	285,— „ 290,—	167,—	48,—
160,— „ 165,—	98,—	23,—	290,— „ 295,—	170,—	49,—
165,— „ 170,—	101,—	24,—	295,— „ 300,—	173,—	50,—
170,— „ 175,—	104,—	25,—			
175,— „ 180,—	107,—	26,—			
180,— „ 185,—	109,—	27,—			
185,— „ 190,—	112,—	28,—			

Von jeden weiteren 5,— RM Mehrverdienst nach Spalte 1 beträgt der Stalaganteil . . 2,75 RM
der Kriegsgefangenenanteil . . . . 1,— „

ZWEITES KAPITEL

Zwangsarbeit in Wetzlar

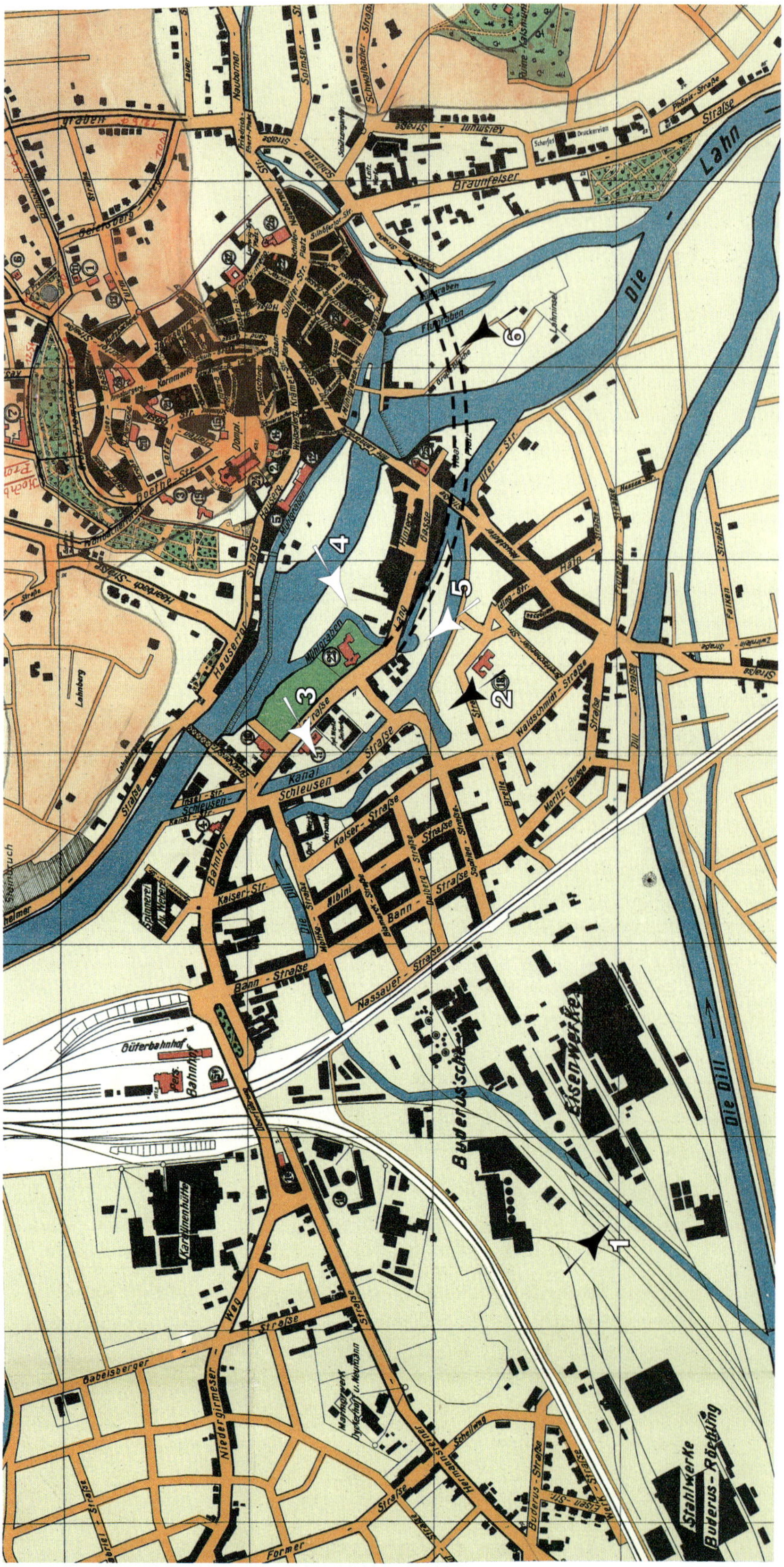

Die Lahn
Die Dill
Braunfelser
Kaiser-Str.
Bahnhof
Bann-Straße
Nassauer-Straße
Schleusen
Kanal
Mühlgraben
Dompl.
Goethe-Str.
Hauser
Güterbahnhof
Pers. Bahnhof
Buderus'sche Eisenwerke
Stahlwerke Buderus-Röchling
Niedergirmeser Weg
Babelsberger
Former
Buderus-Straße
1
2
3
4
5
6

Chronologie

Am 22. Februar 1945 waren im Altkreis Wetzlar 8.155 ausländische Zwangsarbeiter und Kriegsgefangene als „beschäftigt" gemeldet. Unter ihnen befanden sich 4.314 Russen und Ukrainer,[1] 1.162 Franzosen, 796 Italiener, 620 Belgier, 444 Polen, 314 Niederländer, 159 Schutzangehörige,[2] 65 Letten, 58 Litauer, 45 Staatenlose,[3] 28 Rumänen, 16 Esten und 15 Jugoslawen, aber auch einige Ungarn, Kroaten, Türken und Bulgaren sowie 63 Personen ungeklärter Nationalität.[4]
Nach einem internen Vermerk des Wetzlarer Arbeitsamtes vom 15. Februar 1945 könnten sich zu dem Zeitpunkt sogar 9.570 ausländische Zwangsarbeiter und Kriegsgefangene im Kreis Wetzlar aufgehalten haben.[5]
8.155 Ausländer entsprachen etwa acht Prozent der Wetzlarer Kreisbevölkerung.[6]
6.795 Ausländer – also 83,3 Prozent von ihnen – lebten zu dieser Zeit in 22 Firmenlagern des Kreisgebietes.[7] Es müssen also 1.360 Personen und damit 16,7 Prozent der Ausländer in sonstigen Gewerbebetrieben, in der Landwirtschaft und in Privathaushalten des Kreises Wetzlar gearbeitet haben.
In den Ausländerlagern im Stadtgebiet von Wetzlar hielten sich am 18. Januar 1945 insgesamt 4.577 Personen auf.[8] Damit befanden sich 68 Prozent der Lagerbewohner des Kreises in Firmenlagern in der Stadt Wetzlar. Wenn man dabei annimmt, dass sich zusätzlich noch etwa 20 Prozent der im Kreis registrierten, nicht in Lagern untergebrachten Ausländer im Stadtgebiet von Wetzlar aufhielten (etwa 275 weitere Personen),[9] so könnten sich damals ungefähr 4.850 ausländische Zwangsarbeiter und Kriegsgefangene in Wetzlar aufgehalten haben.[10] Das entsprach etwa 22 Prozent der Stadtbevölkerung.[11] Da jedoch die meisten männlichen Einwohner Wetzlars zu der Zeit Kriegsdienst leisten mussten und sich somit nicht in der Stadt aufhielten, lag der tatsächliche Anteil der Ausländer in Wetzlar vermutlich über 35 Prozent.
Bereits am 25. September 1942 hatte der Wetzlarer Kreisobmann der DAF in einem internen Rundschreiben mitgeteilt:[12]
„... Der Arbeitskräftebedarf wird laufend durch die Hereinnahme ausländischer Arbeitskräfte ergänzt, sodaß in vollem Umfange die Wehrmachtsfertigungen erfolgen können. Im Stadtgebiet von Wetzlar ist aus den vorgenannten Gründen ein vielfältiges Sprachgewirr zu vernehmen. In einer Reihe von Großlagern sind nahezu 2000 russische Zivilarbeiter und Arbeiterinnen untergebracht."

Bildtext zur nebenstehenden Seite: Plan der Stadt Wetzlar von 1926 mit der Situation vor dem Zweiten Weltkrieg: das Industriegebiet Niedergirmes mit dem Verlauf der alten Dill (Pfeile 1 und 2), der Schleusenkanal (Pfeil 3) und der alte Mühlgraben entlang der Langgasse (Pfeile 4 und 5). Die gestrichelte Linie (Pfeil 6) deutet den Verlauf der Jakob-Sprenger-Straße an (heute: Karl-Kellner-Ring), welche erst 1936-1939 als Umgehung der Altstadt zwischen Bahnhofstraße und Schützenstraße mit einer Länge von etwa 80 Metern angelegt wurde.

Am 1. Dezember 1943 hatte Fritz Riekeberg, Betriebsführer der Stahlwerke Röchling-Buderus AG und Präsident der „Bezirksstelle Wetzlar der Gau-Wirtschaftskammer Rhein-Main“,[13] unter anderem gesagt:[14]
„Der Anteil der Ausländer liegt in den meisten Betrieben bei über 50 %, teilweise bis zu 90 %.“

Das Rüstungskommando Gießen vermerkte dazu am 4. April 1944 in seinem Kriegstagebuch:[15]
„... In diesem Zusammenhang dürfte erwähnenswert sein, daß nach einer neueren Untersuchung des Gauarbeitsamtes der Bezirk des Arbeitsamtes Wetzlar und Dillenburg den größten Teil an Ausländern im Verhältnis zur Gesamtbelegschaft im Bereich des Gauarbeitsamtes hat.“

Doch damit nicht genug. In der Stadt befanden sich 1945 auch noch einige hundert deutsche Soldaten[16] und eine größere Zahl dienstverpflichteter „Arbeitsmaiden“.[17] Es erscheint daher durchaus möglich, dass sich damals in Wetzlar fast so viele Zwangsarbeiter, Kriegsgefangene und fremde Deutsche aufhielten wie Einwohner.

Durch den Einsatz der Zwangsarbeiter und Kriegsgefangenen konnten die Wetzlarer Industrie- und Gewerbebetriebe ihre Belegschaftsstärke trotz der Einberufung großer Teile ihrer Stammbelegschaft zum Militärdienst sogar noch steigern: Bei den Buderus'schen Eisenwerken von 2.513 Beschäftigten (1942) auf 3.049 (1945), bei der Ernst Leitz GmbH von 3.008 (1942) auf 3.579 (1944) und bei der Hensoldt AG von 1.546 (1942) auf 1.952 Personen (1944).[18]

In den Wetzlarer Betrieben wurden folgende Kriegsproduktionen ausgeführt (Auszug):[19]

Buderus'sche Eisenwerke:	Munition (Granaten, Sonder- und Stahlguss), Panzer-Gleisketten (Elektrostahl), Geschützrohre (Elektrostahl)
Röchling-Buderus AG:	2-cm-Flakgeschütze, Geschützrohre, Panzerbleche für Schutzschilde, Drehstabfedern für Panzer[20]
Röchling'sche Eisen- und Stahlwerke GmbH, Entwicklungsabteilung:	Spezialgeschützrohre (Schleuderguss), Spezialgranaten für die „V 3“ („Rö-Granaten“)[21]
Jung & Co. Carolinenhütte:	Bearbeitung von Granaten- und Geschützteilen

Hollmann-Werk:	Munition (Granaten)
Ernst Leitz GmbH:	Optische Beobachtungs- und Richtgeräte, optische Steuerungen für Fla-Raketen,[22] Granaten-Zünder[23]
Hensoldt AG:	Dienstgläser, Scherenfernrohre, Rundblickfernrohre, Richtkreise, Entfernungsmesser, Blinkgeräte[24]
Arthur Pfeiffer, Wetzlar:	Hochvakuum-Pumpen und Zubehör
Pfeiffer Apparatebau GmbH:	Automatische Flugsteuerungen für die „V 1“[25]
Georg Kremp, Optik und Mechanik:	Winkelmesser, Planzeiger, Vorsatzfernrohre (ab 1941 nur noch optische Lohnarbeiten für die Ernst Leitz GmbH, Wetzlar)[26]
Georg Kremp Söhne, Wetzlar:	Zahnräder für mech. Apparate, Kleinmaschinenbau
Bruno Mülln:	Wehrmachtshandschuhe, Nähen von Luftschutzbrillen

Die ersten ausländischen Zivilarbeiter des Zweiten Weltkrieges kamen am 7. September 1939 nach Wetzlar. Der Zweite Weltkrieg hatte sechs Tage zuvor begonnen.
Diese Ausländer waren jedoch noch keine Zwangsarbeiter im Wortsinne, sondern drei regulär angeworbene Italiener, die bei den Buderus'schen Eisenwerken arbeiteten.[27] Nach wenigen Tagen folgten ihnen fünf weitere Italiener, die zu den Stahlwerken Röchling-Buderus AG kamen: Zwei Mann am 9. September 1939,[28] zwei weitere am 11. September 1939[29] und der fünfte Mann am 16. Oktober 1939.[30]

Bildtext zu den nachfolgenden Ausländertabellen: *„Monatliche Meldung über die im Dienstbereich wohnhaften Ausländer nach Nationalitäten und Geschlecht getrennt.“*
Die zahlenmäßige Entwicklung des Zwangsarbeiter-Einsatzes im Kreis Wetzlar im Zeitraum September 1942 bis Februar 1945, in der Hauptsache nach Statistiken der geheimen Reichszeitschriften „Der Arbeitseinsatz im Deutschen Reich“ und „Der Arbeitseinsatz in Hessen“, nach Listen der „Deutschen Arbeitsfront, Gauwaltung Hessen-Nassau, Hauptstelle Arbeitseinsatz in Frankfurt am Main“, Ausländerlisten des Wetzlarer Landrates sowie Meldungen des Wetzlarer Landratsamtes an die Geheime Staatspolizeistelle Frankfurt am Main und den Regierungspräsidenten in Wiesbaden über den Einsatz ausländischer Zivilarbeiter im Kreis Wetzlar.

	Sep 42			Dez 42			Jan 43			Feb 43			Mrz 43			Apr 43			Mai 43			Jun 43			Jul 43		
	m	w	Σ	m	w	Σ	m	w	Σ	m	w	Σ	m	w	Σ	m	w	Σ	m	w	Σ	m	w	Σ	m	w	Σ
Belgien			75	268	8	276	264	10	274	316	23	339	360	31	391	414	37	451	413	35	448	407	37	444	453	40	493
Flamen																											
Wallonen																											
Bulgarien																											
Frankreich			42	218	55	273	348	54	402	515	53	568	623	55	678	778	41	819	766	40	806	849	44	893	855	42	897
Italien			249	146	8	154	142	8	150	138	8	146	120	8	128	74	7	81	71	10	81	67	10	77	38	10	48
Jugoslavien			27	13	6	19	13	6	19	13	5	18	11	6	17	11	6	17	11	6	17	11	6	17	11	6	17
Kroatien																											
Niederlande			58	45	3	48	38	3	61	38	2	40	27	1	28	24	2	26	24	2	26	23	2	25	231	2	233
Ungarn			1	1		1	1		1	1		1	1		1	1		1	1		1	1		1	1		1
Protektorat			4	33	1	34	33	1	34	33	1	34	33	1	34	33	1	34	33	1	34	33	1	34	33	1	34
Litauen			135	105	19	124	96	19	115	93	19	112	96	19	115	96	19	115	96	19	115	96	19	115	96	19	115
Lettland																											
Estland																											
Generalgouvernement			420	307	131	438	307	131	438	307	129	436	307	131	438	307	131	438	307	131	438	307	131	438	307	131	438
Polen			175	162	9	171	157	7	164	156	7	163	155	5	160	150	18	168	150	18	168	146	19	165	146	19	165
Slowakei			60	21	18	39	20	16	36	18	16	34	20	16	36	24	16	40	23	16	39	23	16	39	23	16	39
Staatenlose			94	17	24	41	17	24	41	17	24	41	17	24	41	17	24	41	17	24	41	17	24	41	17	24	41
Sowjetunion			2113	1397	1421	2818	1439	1801	3240	1431	1794	3225	1389	1795	3184	1421	1812	3233	1442	1825	3267	1442	1935	3377	1435	1978	3413
Schweiz				8	11	19	8	11	19	8	11	19	8	11	19	8	11	19	8	11	19	8	11	19	8	10	18
USA				4	1	5	4	1	5	4	1	5	4	1	5	4	1	5	4	1	5	4	1	5	4	1	5
Norwegen					1	1		1	1		1	1		1	1		1	1		1	1		1	1		1	1
Spanien				2		2	2		2	2		2	2		2	2		2	2		2	2		2	2		2
Dänemark				2	1	3		1	1		1	1	1	1	2	1	1	2		1	1		1	1		1	1
England					1	1		1	1		1	1		1	1		1	1		1	1		1	1		1	1
Rumänien				9	3	12	9	3	12	9	3	12	9	3	12	9	3	12	9	3	12	9	3	12	9	3	12
Ukraine																											
Schutzangehörige																											
Türkei																											
Japan																											
Sonstige																											
Ungeklärt																											
Gesamtzahl			3453			4603			5140			5322			5417			5630			5646			5831			6098

	Sep 43			Okt 43			Dez 43			Jan 44			Feb 44			Mrz 44			Apr 44			Mai 44			Jun 44		
	m	w	Σ	m	w	Σ	m	w	Σ	m	w	Σ	m	w	Σ	m	w	Σ	m	w	Σ	m	w	Σ	m	w	Σ
Belgien																											
Flamen	390	25	415	387	25	412	390	25	415	364	24	388	281	24	305	272	24	296	191	20	211	185	20	205	180	19	199
Wallonen	125	10	135	125	10	135	131	16	147	92	16	108	90	16	106	81	16	97	180	16	196	174	17	191	174	17	191
Bulgarien																											
Frankreich	1217	45	1262	1213	44	1257	1211	47	1258	1117	47	1164	996	47	1043	964	41	1005	1035	46	1081	1019	46	1065	1010	43	1053
Italien	59	10	69	59	10	69	145	10	155	148	10	158	152	10	162	153	10	163	182	10	192	178	10	188	178	10	188
Jugoslavien	10	5	15	10	5	15	10	5	15	9	5	14	9	6	15	11	6	17	103		103	10	3	13	10	3	13
Kroatien																			2	1	3	2	1	3	2	1	3
Niederlande	300	7	307	298	7	305	294	6	300	291	6	297	287	15	302	285	15	300	263	9	272	262	9	271	259	9	268
Ungarn	3	3	6	3	3	6	3	3	6	3	3	6	3	3	6	3	3	6	3	2	5	3	2	5	3	2	5
Protektorat																											
Litauen	92	12	104	92	12	104	93	12	105	87	12	99	85	12	97	84	12	96	33	22	55	33	22	55	31	22	53
Lettland		1	1		1	1		1	1		1	1	1	1	2	1	1	2	1	1	2	1	1	2	1	1	2
Estland																											
Generalgouvernement																											
Polen	294	104	398	389	101	490	385	101	486	384	101	485	376	102	478	352	98	450	312	102	414	312	101	413	312	101	413
Slowakei	9	33	42	3	33	36	7	13	20	7	13	20	7	13	20	7	13	20	7	4	11	7	4	11	7	4	11
Staatenlose	19	22	41	19	22	41	19	22	41	19	22	41	19	22	41	19	22	41	20	23	43	20	23	43	20	23	43
Sowjetunion	1664	2002	3666	1657	2010	3667	1725	2050	3775	1723	2046	3769	1803	2051	3854	1792	2043	3835	1889	2149	4038	1896	2224	4120	1927	2318	4245
Schweiz	9	13	22	9	13	22	9	13	22	9	13	22	9	13	22	9	13	22	9	13	22	9	13	22	9	13	22
USA	2	1	3	2	1	3	2	1	3	2	1	3	2	1	3	2	1	3	2	1	3	2	1	3	2	1	3
Norwegen																				1	1		1	1		1	1
Spanien	2		2	2		2	1		1	1		1	1		1	1		1	1		1	1		1	1		1
Dänemark	1	2	3	1	2	3	1	2	3	1	2	3	1	2	3	1	2	3	1	2	3	1	2	3	1	2	3
England		1	1		1	1		1	1		1	1		1	1		1	1		1	1		1	1			
Rumänien	11	5	16	11	5	16	11	6	17	11	6	17	10	6	16	20	6	26	22	6	28	22	6	28	22	6	28
Ukraine	51	55	106	50	54	104	51	57	108	51	57	108	50	57	107	49	75	124	88	66	154	88	66	154	88	66	154
Schutzangehörige																			132	30	162	132	30	162	132	30	162
Türkei																				1	1		1	1		1	1
Japan																											
Sonstige																			11	2	13	11	2	13	11	2	13
Ungeklärt																			47	3	50	47	3	50	47	3	50
Gesamtzahl			7133			6689			6879			6705			6584			6508			7065			7024			7125

	Jul 44			Aug 44			Sep 44			Nov 44			Dez 44			Jan 45			Feb 45		
	m	w	Σ	m	w	Σ	m	w	Σ	m	w	Σ	m	w	Σ	m	w	Σ	m	w	Σ
Belgien																					
Flamen	396	30	426	395	30	425	392	30	422	394	30	424	406	31	437	407	48	455	406	31	437
Wallonen	167	18	185	167	18	185	164	18	182	166	16	182	166	16	182	166	17	183	166	17	183
Bulgarien							1		1	1	1	2	1	1	2	1	1	2	1	1	2
Frankreich	980	40	1020	989	38	1027	997	48	1045	1020	49	1069	1080	66	1146	1082	70	1152	1091	71	1162
Italien	179	10	189	199	10	209	198	10	208	783	10	793	782	11	793	781	11	792	781	15	796
Jugoslavien	10	3	13	10	3	13	10	3	13	10	3	13	11	4	15	11	4	15	11	4	15
Kroatien	2	1	3	2	1	3	2	1	3	2	1	3	2	1	3	2	1	3	2	1	3
Niederlande	258	9	267	256	9	265	254	12	266	265	25	290	263	25	288	262	26	288	288	26	314
Ungarn	3	2	5	3	2	5	3	2	5	3	2	5	3	2	5	3	2	5	3	3	6
Protektorat																					
Litauen	31	22	53	31	22	53	31	22	53	33	25	58	33	25	58	33	25	58	33	25	58
Lettland	1	1	2		1	1		2	2	8	15	23	15	50	65	15	50	65	15	50	65
Estland										3	5	8	3	5	8	7	8	15	8	8	16
Generalgouvernement																					
Polen	310	99	409	325	125	450	323	125	448	320	125	445	320	124	444	320	124	444	320	124	444
Slowakei	7	6	13	7	6	13	7	6	13	7	6	13	7	6	13	7	6	13	7	6	13
Staatenlose	20	23	43	20	23	43	20	23	43	21	24	45	21	24	45	21	24	45	21	24	45
Sowjetunion	1913	2327	4240	1919	2318	4237	1885	2313	4198	1880	2308	4188	1808	2374	4182	1798	2368	4166	1797	2364	4161
Schweiz	9	13	22	9	13	22	9	13	22	9	13	22	9	13	22	9	13	22	9	12	21
USA	2	1	3	2	1	3	2	1	3	1		1	1		1	1		1	1		1
Norwegen		1	1		1	1		3	3		3	3		3	3		3	3		2	2
Spanien	1		1	1		1	1		1	1		1	1		1	1	1	2	1	1	2
Dänemark	1	2	3	1	2	3	1	2	3	1	2	3	2	2	4	2	2	4	2	2	4
England																					
Rumänien	22	6	28	22	6	28	22	6	28	22	6	28	22	6	28	22	6	28	22	6	28
Ukraine	88	66	154	87	66	153	87	66	153	86	68	154	86	68	154	86	68	154	86	67	153
Schutzangehörige	132	30	162	132	30	162	132	30	162	132	30	162	131	30	161	130	29	159	130	29	159
Türkei		1	1		1	1		1	1		1	1		1	1		1	1		1	1
Japan																				1	1
Sonstige	11	2	13	11	2	13	11	2	13	11	2	13	11	2	13	11	2	13			
Ungeklärt	47	3	50	47	3	50	47	3	50	47	3	50	47	3	50	47	3	50	58	5	63
Gesamtzahl			7306			7366			7341			7999			8124			8138			8155

Der danach zunächst in Wetzlar nachgewiesene ausländische Zivilarbeiter war ein Pole, der seit dem 1. Dezember 1939 im Presswerk der Röchling-Buderus AG als „Schwerstarbeiter" beschäftigt war und im Gemeinschaftslager Altenberger Straße wohnte. Auch er war noch kein Zwangsarbeiter im Wortsinne, denn er befand sich schon seit 1916 in Wetzlar.[31] Im September 1939 befanden sich auch noch andere Ausländer in der Stadt, von denen einige wohl ehemalige Kriegsgefangene aus dem I. Weltkrieg waren.[32]

Am 21. Februar 1940[33] und am 9. Mai 1940[34] kamen zwei weitere Polen in die Stahlwerke Röchling-Buderus, die das Werk jedoch bereits nach zwei bzw. vier Wochen wieder verließen. Am 10. Mai 1940 kamen drei weitere Polen zu Röchling, von denen aber zwei das Werk nach kurzer Zeit ebenfalls wieder verlassen hatten.[35]
Am 15. März 1940 kamen vermutlich die ersten wirklichen Zwangsarbeiter nach Wetzlar. Es waren 20 Landarbeiter aus dem östlich an das damalige Generalgouvernement angrenzenden Bezirk Galizien.[36] Dieses ukrainische Gebiet war 1920 nach der Schlacht bei Warschau von Polen annektiert worden. Die Ausländer waren also eigentlich Ukrainer;[37] sie wurden in Wetzlar verwaltungsmäßig aber wie Polen behandelt.[38] Nach den NS-Rassegesetzen nahmen sie hingegen zuerst eine Sonderstellung ein: Sie wurden weder als Polen noch als Russen behandelt.[39] Die Leute arbeiteten auf folgenden Höfen: Bei Landwirt Johann Olbrich in der Neustadt, bei Ortsbauernführer[40] Wilhelm Redhardt in der Leitzstraße, bei Richard Kelle auf dem Lahnberg, bei Georg Bunne in Magdalenenhausen, bei der Brauerei Gebr. Waldschmidt[41] – damals der größte landwirtschaftliche Betrieb in Wetzlar –, bei Wilhelm Kampmann in der Neustadt, in der Wieler'schen Hausermühle und auf dem Hofgut Helm in Büblingshausen. Der Ukrainer Iwan Huck, der bei Bauer Redhardt arbeitete, hatte sich allerdings schon nach kurzer Zeit wieder abgesetzt.[42] Die Fluktuation war also schon damals groß.

Unter den Zwangsarbeitern auf dem Hofgut Helm befanden sich auch zwei Personen, die sich möglicherweise als ausländische Saisonarbeiter in Deutschland aufgehalten hatten und dann unversehens in den Strudel der Zwangsarbeit geraten waren. So schrieb der Wetzlarer Bürgermeister am 3. März 1942 an den Landrat in Wetzlar unter anderem:[43]
„... Die Geschwister Boleslaw und Maria Glondala sind in Deutschland, und zwar Boleslaw in München-Gladbach[44] und Maria in Belmen/Rheinland, geboren und sprechen gut deutsch. Die Eltern haben als Saisonarbeiter in Deutschland geweilt, doch besaßen sie weder die deutsche Staatsangehörigkeit, noch waren sie deutschblütig. Angeblich soll die Mutter eine Deutsche sein. Nachweise sind nicht erbracht worden."
Bald kamen weitere Ukrainer nach Wetzlar. Sie arbeiteten bei A. Meister in der Langgasse.[45]

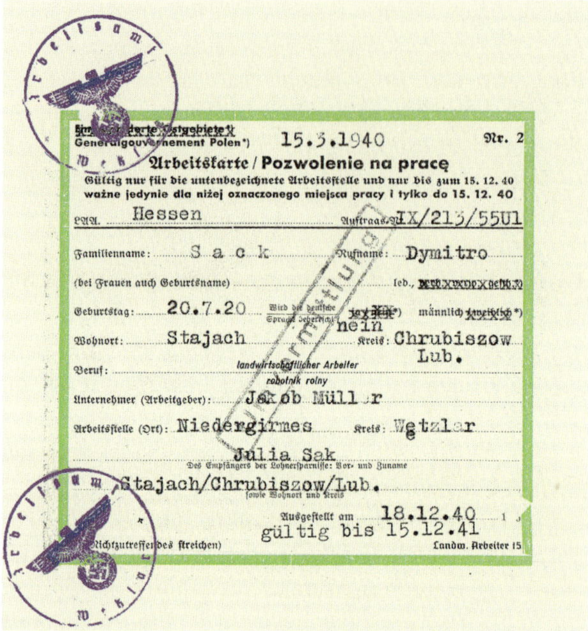
Eingegliederte Ostgebiete*)
Generalgouvernement Polen*) 15.3.1940 Nr. 2
Arbeitskarte / Pozwolenie na pracę
Gültig nur für die untenbezeichnete Arbeitsstelle und nur bis zum 15. 12. 40
ważne jedynie dla niżej oznaczonego miejsca pracy i tylko do 15. 12. 40
LAA. Hessen Auftrags-Nr. IX/213/55U1
Familienname: Sack Rufname: Dymitro
(bei Frauen auch Geburtsname) led.,
Geburtstag: 20.7.20 Wird die deutsche Sprache beherrscht? ja/nein*) nein männlich/weiblich*)
Wohnort: Stajach Kreis: Chrubiszow Lub.
Beruf: landwirtschaftlicher Arbeiter robotnik rolny
Unternehmer (Arbeitgeber): Jakob Müller
Arbeitsstelle (Ort): Niedergirmes Kreis: Wetzlar
Julia Sak
Des Empfängers der Lohnersparnisse: Vor- und Zuname
Stajach/Chrubiszow/Lub.
sowie Wohnort und Kreis
Ausgestellt am 18.12.40
gültig bis 15.12.41
*) Nichtzutreffendes streichen) Landw. Arbeiter 15

Arbeitskarte des polnischen Zwangsarbeiters Dymitro Sack aus dem Kreis Lublin (Generalgouvernement), der seit dem 15. März 1940 bei Landwirt Jakob Müller in Niedergirmes arbeiten musste. Die Karte war vom Arbeitsamt Wetzlar nach dem sogenannten „Grünzettelverfahren“ für landwirtschaftliche Arbeiter ausgestellt worden.

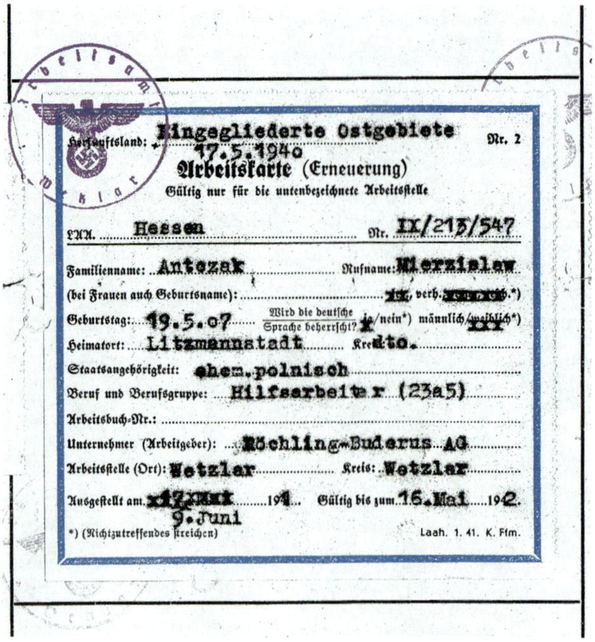
Herkunftsland: Eingegliederte Ostgebiete Nr. 2
17.5.1940
Arbeitskarte (Erneuerung)
Gültig nur für die untenbezeichnete Arbeitsstelle
LAA. Hessen Nr. IX/213/547
Familienname: Antczak Rufname: Mierzislaw
(bei Frauen auch Geburtsname): verh.*)
Geburtstag: 19.5.07 Wird die deutsche Sprache beherrscht? ja/nein*) männlich/weiblich*)
Heimatort: Litzmannstadt Kreis: dto.
Staatsangehörigkeit: ehem. polnisch
Beruf und Berufsgruppe: Hilfsarbeiter (23a5)
Arbeitsbuch-Nr.:
Unternehmer (Arbeitgeber): Röchling-Buderus AG
Arbeitsstelle (Ort): Wetzlar Kreis: Wetzlar
Ausgestellt am 9. Juni 194. Gültig bis zum 16. Mai 1942
*) (Nichtzutreffendes streichen) Laah. 1. 41. K. Ffm.

Arbeitskarte des polnischen Zwangsarbeiters Mierzislaw Antczak, der laut Ausländer-Personenliste der Röchling-Buderus AG vom 20. Mai 1940 bis zum 27. März 1945 (Kriegsende) dort arbeitete. Das Arbeitsamt Wetzlar hatte die Karte nach dem sogenannten „Grauzettelverfahren“ für gewerbliche Arbeiter ausgestellt.

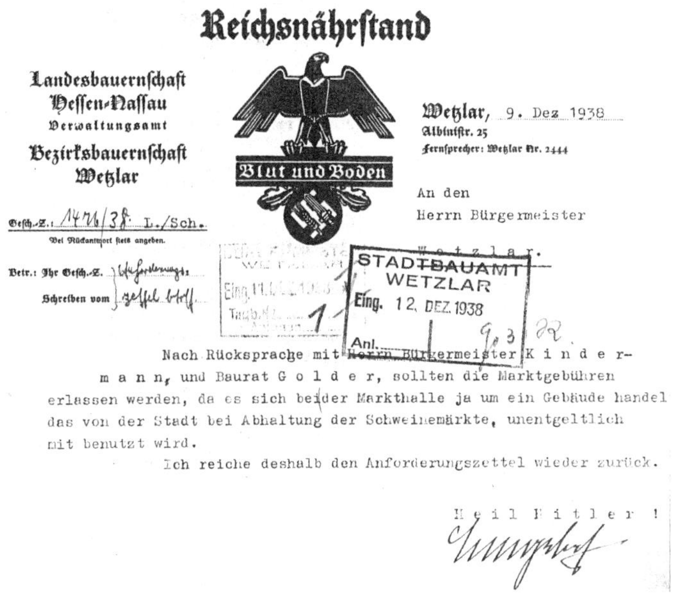

Reichsnährstand

Landesbauernschaft Hessen-Nassau
Verwaltungsamt
Bezirksbauernschaft Wetzlar

Wetzlar, 9. Dez 1938
Albinistr. 25
Fernsprecher: Wetzlar Nr. 2444

Blut und Boden

Gesch.-Z.: 1476/38 L./Sch.
Bei Rückantwort stets angeben.

Betr.: Ihr Gesch.-Z.
Schreiben vom

An den
Herrn Bürgermeister

Wetzlar.

STADTBAUAMT WETZLAR
Eing. 12. DEZ. 1938
Anl.

Nach Rücksprache mit Herrn Bürgermeister K i n d e r m a n n, und Baurat G o l d e r, sollten die Marktgebühren erlassen werden, da es sich bei der Markthalle ja um ein Gebäude handel das von der Stadt bei Abhaltung der Schweinemärkte, unentgeltlich mit benutzt wird.

Ich reiche deshalb den Anforderungszettel wieder zurück.

Heil Hitler!

Schreiben der Bezirksbauernschaft Wetzlar des Reichsnährstandes an den Wetzlarer Bürgermeister vom 9. Dezember 1938. Während alle deutschen gewerblichen Betriebe unter Aufsicht der Deutschen Arbeitsfront standen, war hierfür im land- und forstwirtschaftlichen Bereich der Reichsnährstand zuständig.

Am 20. Mai 1940 kam wieder ein Transport polnischer Zwangsarbeiter nach Wetzlar. Wie viele Personen es genau waren, ist nicht bekannt; 92 von ihnen kamen aber zur Röchling-Buderus AG[46] und 66 zu den Buderus'schen Eisenwerken.[47] Offensichtlich waren inzwischen die ersten Baracken-Unterkünfte für Zwangsarbeiter in Wetzlar errichtet worden.
Am 22. Juni 1940 trafen bei Röchling-Buderus weitere 41 polnische Zwangsarbeiter ein.[48]

Die Ankunft der Ukrainer und Polen auf dem Wetzlarer Bahnhof dürfte sich jeweils so abgespielt haben, wie es der Reichsführer SS in einem Schnellbrief an den Reichsarbeitsminister vom 8. März 1940 für alle Zwangsarbeiter-Transporte verfügt hatte:[49]
„Die Zivilarbeiter und -arbeiterinnen polnischen Volkstums werden sofort bei Verlassen des Transportzuges durch die Arbeitsämter erfaßt, mit den bisher üblichen Arbeitskarten ... versehen und angewiesen, sich sofort bei der zuständigen örtlichen Polizeibehörde zu melden."

Der Wetzlarer Günter Kaps – er war damals Schuljunge in Wetzlar und hat diese Zeit miterlebt – erzählte im Januar 2001:[50]
„Ich erinnere mich noch gut an den Tag, als der erste große Transport mit Ukrainerinnen für die Leitzwerke in Wetzlar eintraf. Ich war zufällig in der Altstadt und sah, wie die jungen Frauen und Mädchen in endlos langen Kolonnen unter deutscher Begleitung durch die Innenstadt zum Leitz'schen Barackenlager an der

Sowjetische Zwangsarbeiterinnen 1943 bei der Ankunft am „Lager Stadion" der Leitzwerke. Das von der Jakob-Sprenger-Straße (heute: Karl-Kellner-Ring) her mit Blickrichtung nach Nordosten aufgenommene Foto zeigt im Hintergrund die Hospitalkirche und davor die Dächer des Hospitalhofes. Im Bildhintergrund rechts befindet sich heute der große Parkplatz Lahninsel. Das Foto kann im Zeitraum zwischen Frühsommer und Herbst aufgenommen worden sein, denn die Bäume waren belaubt. Dennoch trugen die Frauen dicke Winterkleidung, da sie für einen Arbeitsaufenthalt in Deutschland natürlich auch ihre wärmste Kleidung aus der Heimat mitbringen mussten.

Umgehungsstraße geführt wurden. Die Ukrainerinnen hatten fast alle dicke Steppjacken an und trugen Kopftücher.
Ich fragte mich damals, warum man diese Arbeiterinnen alle durch die Innenstadt führte, wo doch der Weg vom Bahnhof her über die Jakob-Sprenger-Straße zum Barackenlager viel näher war. Vielleicht tat man es, um den deutschen Einwohnern ein besonders eindrucksvolles Bild der neuen Arbeitskräfte zu vermitteln – vielleicht aber auch, um die Ukrainerinnen durch die gepflasterten Straßen und die vielen sauberen Häuser und Geschäfte zu beeindrucken.
Erst später erfuhr ich, daß sich ja das Arbeitsamt, in dem die Ukrainerinnen alle angemeldet werden mußten, damals noch in der Garbenheimer Straße befand.[51] *So war der Weg durch die Innenstadt auch kein Umweg."*
Der Wetzlarer Bürger Stefan S.,[52] der in einem Dorf ca. 60 Kilometer nordwestlich von Lemberg[53] geboren worden war und dort auch seine frühe Jugend verbracht hatte, kam 1940 zwangsweise nach Wetzlar. Am 7. August 2000 erinnerte er sich:[54]
„Ich bin von Geburt eigentlich Ukrainer, denn die Polen hatten die Region Lemberg schon vor dem Krieg besetzt. In der Schule lernten wir deswegen abwech-

selnd ukrainisch und polnisch lesen und schreiben. Unsere Eltern hatten einen Bauernhof, und ich hatte zwei ältere Brüder.
Es war 1940, ich war 18 Jahre alt, als der Dorfschulte zu uns auf den Bauernhof kam und sagte, einer von uns Brüdern müsse für ein Jahr nach Deutschland zur Arbeit gehen. Wenn nicht, müsse einer ins Kohlenbergwerk. Da ich der Jüngste war, fiel das Los auf mich. Und da ich eine höllische Angst vor einem Bergwerk hatte, meldete ich mich nach Deutschland. Aus dem einen Jahr sind dann fünf Jahre Zwangsarbeit in Wetzlar geworden.
In Lemberg wurde ein Eisenbahntransport von etwa 150 bis 200 jungen Männern zusammengestellt. Aus unserem Ort waren einige dabei, die ich kannte. Wir fuhren mit normalen Personenwagen.
Die Fahrt ging zuerst in ein Auffanglager, ich meine, es war wohl bei Lodz. Dort wurden wir registriert und neu eingeteilt. Anschließend fuhren wir weiter bis nach Dresden, wo wir erneut Aufenthalt hatten. Schließlich kamen wir auf dem Wetzlarer Bahnhof an, wo der Transport endete.

Der belgische Automechaniker Emile Sermens kam am 19. August 1940 nach Wetzlar zu den Stahlwerken Röchling-Buderus AG, wo er bis Kriegsende arbeitete. Er dürfte 1940 noch zu jenen sogenannten „Westländern" gehört haben, die sich freiwillig für einen Arbeitsaufenthalt im Deutschen Reich gemeldet hatten. Nur wenige Monate später – ab dem März 1941 – stand aber auch er unversehens unter den reichsdeutschen Ausländerverordnungen, die ihn zum Zwangsarbeiter machten.

Auch der Belgier Silvain Vallee, von Beruf Dreher, war am 17. August 1940 wohl noch freiwillig zur Röchling-Buderus AG nach Wetzlar gekommen. Den Ausländerlisten von Röchling ist zu entnehmen, dass er dort bis zum 8. Januar 1944 arbeiten musste. Danach arbeitete er – vermutlich bis zum Kriegsende – bei der Firma „Georg Kremp, Optik und Mechanik, Wetzlar", in der Ernst-Leitz-Straße 48.

Französische Kriegsgefangene im Herbst/Winter 1940/41 bei der Reparatur des Lahnwehres an der „Alten Lahnbrücke" in Wetzlar. Das Wehr war bei einem Hochwasser im November/Dezember 1939 stark beschädigt worden. Die Soldaten dieses Kriegsgefangenen-Arbeitskommandos wurden bei der Stadt Wetzlar untergebracht und verpflegt und waren der bauausführenden Firma J. G. Müller zur Verfügung gestellt worden.
Das mit Blickrichtung nach Südosten aufgenommene Bild zeigt das Einrammen schwerer eiserner Spundwände mit einem gleisgebundenen Dampfbagger. Im Bildhintergrund links die Stadtmauer mit den aufgesetzten Giebeln von zwei Fachwerkhäusern im Besitz der Familie des Buchautors (siehe Pfeile).

Vom Bahnhof aus wurden wir abends unter Bewachung zum Arbeitsamt geführt, das sich damals noch in der Garbenheimer Straße an der Eisernen Lahnbrücke befand. Wir wurden dort registriert und anschließend in eine große Halle bei den Hollman-Werken gebracht, wo wir übernachteten.
Am anderen Tag kamen lauter Bauern aus der Umgebung, die sich einen oder mehrere meiner Kameraden zur Arbeit aussuchten. Alle meine Landsleute von diesem Transport sind im Kreis Wetzlar eingesetzt worden.
Ich blieb in Wetzlar bei einem Bauern, wo ich mit einer Unterbrechung bis Kriegsende arbeiten mußte. Nach dem Krieg bin ich in Wetzlar geblieben und habe die Tochter des Bauern geheiratet. Wir leben noch heute zusammen in Wetzlar.[55]

Im August 1940 erschienen Belgier in Wetzlar – unter ihnen auch Facharbeiter, die bei den Stahlwerken Röchling-Buderus eingesetzt wurden[56] – sowie Holländer.[57] Im September 1940 machte sich der Arbeitskräftemangel derart gravierend bemerkbar, dass die Arbeitsämter zu drastischen Mitteln griffen. Das Rüstungskommando Gießen vermerkte dazu in seinem Protokoll vom 7. September 1940 unter anderem:[58]

„... *Für die Erhöhung bzw. das Wiederanlaufen der abgedrosselten Kriegsfertigung wird es von entscheidender Bedeutung sein, dass es gelingt, Firmen in den von der Wehrmacht besetzten Gebieten für Unterlieferungen in den Produktionsprozeß einzuspannen, da die Produktionskapazität der reichsdeutschen Firmen voll ausgenutzt ist.*

... Da der Arbeitskräftemangel als größtes Hindernis zur Ausweitung der Produktionskapazität anzusehen ist, versuchen die Arbeitsämter durch Dienstverpflichtung die erforderlichen Arbeitskräfte zu beschaffen. Dabei greifen die Arbeitsämter auf ein Menschenreservoir (Prostituierte) zurück, die in keiner Weise für den Einsatz in Rü(stungs)-*Betrieben geeignet sind, da sie einerseits den Umgangston in den Betrieben ungünstig beeinflussen und andererseits geeignete Arbeitskräfte von der Meldung zum freiwilligen Einsatz abhalten.*"

Im September 1940 arbeiteten bereits 30 französische Kriegsgefangene für die Wetzlarer Stadtverwaltung,[59] die bei der Baugesellschaft J.G. Müller für Bauarbeiten an städtischen Einrichtungen eingesetzt wurden. In diesem Zusammenhang vermerkte die DAF in einem Protokoll über einen Betriebsbesuch bei der Firma J.G. Müller am 9. September 1940 unter anderem:[60]

Das mit Blickrichtung nach Nordwesten aufgenommene Foto von der Reparatur des Lahnwehres zeigt Arbeiter der Wetzlarer Baufirma J. G. Müller und einen französischen Kriegsgefangenen, vermutlich im Jahre 1940. Es scheint, als ob der auf dem Kompressorfahrgestell stehende Mann die Maschine gerade mit einer Handkurbel anwerfen wollte. Im Bildhintergrund das Anwesen, in welchem sich heute das „Café Franz" befindet. Das Gebäude links außen im Bild wurde nach dem Krieg abgerissen.

„In dem Baugeschäft Müller werden zur Zeit 215 Gefolgschaftsmitglieder und 30 Franzosen beschäftigt.
... Innerhalb des Kreises Wetzlar befindet sich eine Baustelle, und zwar führt dieselbe Reparaturen am Lahnwehr aus. Für diese Ausbesserungsarbeiten hat die Stadt 30 Franzosen zur Verfügung gestellt. Für die Unterkunft und Verpflegung sorgt die Stadt."

Im Oktober kamen wieder Italiener zu den Buderus'schen Eisenwerken.[61]

Bei den Franzosen, Belgiern und Niederländern handelte es sich zu diesem Zeitpunkt vermutlich aber noch nicht in jedem Fall um Zwangsarbeiter. Es sollte aber nur wenige Monate dauern, bis sie alle unter die rassistischen deutschen „Ausländer-Bestimmungen" gestellt wurden und von da an ebenfalls Zwangsarbeiter waren: Nach dem Erlass des Reichsführers SS vom 11. März 1941 waren von da an alle im Reich befindlichen französischen, niederländischen und belgischen Zivilarbeiter als „feindliche Ausländer" zu behandeln. Fortan war ihnen grundsätzlich die Freizügigkeit genommen, und sie mussten sich alle vier Wochen bei der örtlichen Polizei melden.[62] Damit waren nach den einstigen polnischen Saisonarbeitern nun auch die ausländischen Zivilarbeiter aus Frankreich, den Niederlanden und Belgien zu Zwangsarbeitern im Deutschen Reich geworden.
In diesem Zusammenhang fragte der Landrat in Wetzlar am 18. April 1941 bei der Gestapo in Frankfurt/Main an, ob denn die bei der hiesigen Industrie geschlossen zum Arbeitseinsatz kommenden und in den von den einzelnen Firmen errichteten Lagern untergebrachten Franzosen, Belgier und Niederländer ebenfalls der andauernden Meldepflicht unterlägen.[63] Die Gestapo antwortete am 23. April 1941:[64]
„Bei geschlossener Unterbringung ist von einer Meldepflicht abzusehen."

Auch die Brauerei Gerlach & Euler beschäftigte im Krieg einige Zwangsarbeiter. Das 1943 aufgenommene Bild zeigt vermutlich einen Braueriangestellten (rechts) mit sechs Zwangsarbeitern vor einer Gastwirtschaft im ländlichen Raum. Der Lastkraftwagen trug die Beschriftung „Brauerei Gerlach & Euler".

Spätestens im September 1941 arbeiteten elf „Westländer“ in verschiedenen Betrieben und Haushaltungen in Wetzlar:[65] Je eine Person bei Anton Knorz, Dalbergstr. 4, bei Karl Süß, Neustädter Platz, bei Schlachter Moser in der Lahnstraße, bei Edmund Schaidt am Schillerplatz, bei Hans Wolf in der Weißadlergasse, in der Bäckerei Hübner, Langgasse, sowie in der Carolinenhütte. Jeweils zwei Personen arbeiteten im Hotel Kaltwasser und im Hotel Rheinischer Hof.

Am 6. Oktober 1941 verfasste der Landrat einen Entwurf zu einem Rundschreiben an die Bürgermeister des Kreises Wetzlar:[66]
„... Im allgemeinen bin ich mit dem Reichsführer SS der Ansicht, dass die Auferlegung einer 4-wöchigen, regelmäßigen Meldepflicht der Angehörigen der Feindstaaten als ausreichend angesehen werden kann.
Unter den Kreis der Angehörigen der feindlichen Ausländer sind zu stellen: Franzosen, Belgier, Niederländer, Jugoslawen, Russen und Polen.“
Von späterer Hand wurde dann jedoch der Passus: *„Im allgemeinen bin ich mit dem Reichsführer SS der Ansicht ...“* geändert in: *„Im allgemeinen bin auch ich der Ansicht“*.

Das Rundschreiben wurde am 9. Oktober 1941 unter dem Betreff: „Meldepflicht der Angehörigen der Feindstaaten“ versandt.[67]

Da Engländer, Belgier, Niederländer, Iren, Ägypter, Iraker usw., die in früheren Reichs-Erlassen ebenfalls zu feindlichen Ausländern erklärt worden waren,[68] vom Landrat hier nicht erwähnt wurden, war der Braunfelser Bürgermeister verunsichert. Er fragte daher am 11. Oktober 1941 beim Landrat in Wetzlar an:[69]
„Betr.: Ausländer. Die Ehefrau des bekannten Dr. Kanngießer, hier, ist Engländerin, durch ihre Verheiratung mit Dr. Kanngießer besitzt sie die deutsche Staatsangehörigkeit. Ich bitte um Angabe, ob dieselbe auch irgendwelchen Vorschriften unterliegt.“
Der Landrat übersandte diesen Brief am 23. Oktober 1941 der Gestapo Frankfurt/Main, welche die Frage des Braunfelser Bürgermeisters mit Datum vom 27. Oktober 1941 mit „nein“ beantwortete.[70]

Nachdem die neue Verfügung in den einzelnen Wetzlarer Betrieben bekannt gemacht worden war, mussten hunderte Zivilarbeiter aus dem Westen erkennen, dass sie unversehens in der Falle saßen: Zwar durften sie sich noch in den Kreisen Wetzlar, Gießen, Dillenburg und Weilburg frei bewegen, konnten diesen Bereich jedoch ohne polizeiliche Genehmigung nun nicht mehr verlassen.[71] Sie wurden überwacht und konnten selbst nach Ablauf ihres Arbeitsvertrages nicht oder nur unter erheblichen Schwierigkeiten in ihr Heimatland zurückkehren. Das führte natürlich zu Protesten. Der Wetzlarer Bürgermeister berichtete darüber in einem Schreiben vom 6. Dezember 1941 an den Landrat:[72]

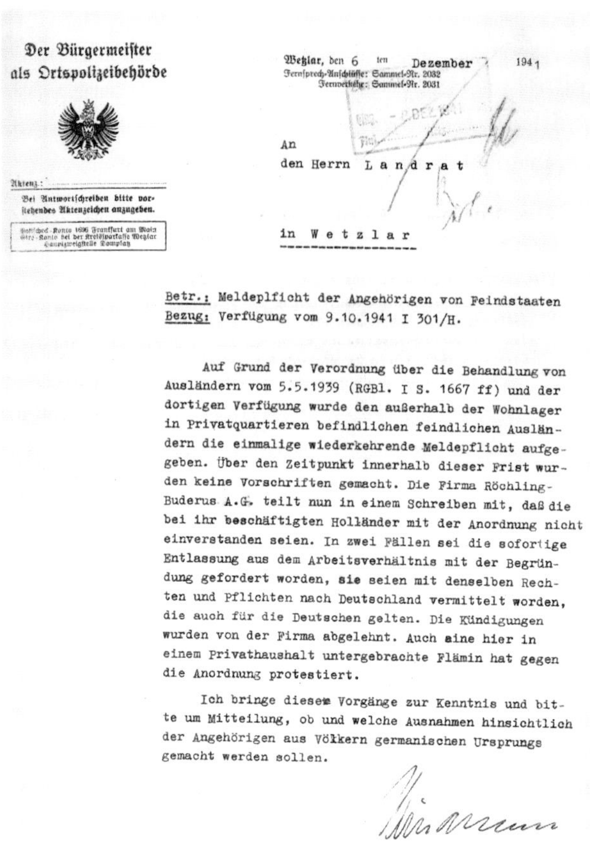

Der Bürgermeister
als Ortspolizeibehörde

Aktenz.:

Bei Antwortschreiben bitte vorstehendes Aktenzeichen anzugeben.

Postscheck-Konto 1696 Frankfurt am Main
Giro-Konto bei der Kreissparkasse Wetzlar
Hauptzweigstelle Domplatz

Wetzlar, den 6ten Dezember 1941
Fernsprech-Anschlüsse: Sammel-Nr. 2032
Fernverkehr: Sammel-Nr. 2031

An
den Herrn Landrat

in Wetzlar

Betr.: Meldeplficht der Angehörigen von Feindstaaten
Bezug: Verfügung vom 9.10.1941 I 301/H.

Auf Grund der Verordnung über die Behandlung von Ausländern vom 5.5.1939 (RGBl. I S. 1667 ff) und der dortigen Verfügung wurde den außerhalb der Wohnlager in Privatquartieren befindlichen feindlichen Ausländern die einmalige wiederkehrende Meldepflicht aufgegeben. Über den Zeitpunkt innerhalb dieser Frist wurden keine Vorschriften gemacht. Die Firma Röchling-Buderus A.G. teilt nun in einem Schreiben mit, daß die bei ihr beschäftigten Holländer mit der Anordnung nicht einverstanden seien. In zwei Fällen sei die sofortige Entlassung aus dem Arbeitsverhältnis mit der Begründung gefordert worden, sie seien mit denselben Rechten und Pflichten nach Deutschland vermittelt worden, die auch für die Deutschen gelten. Die Kündigungen wurden von der Firma abgelehnt. Auch eine hier in einem Privathaushalt untergebrachte Flämin hat gegen die Anordnung protestiert.

Ich bringe diese Vorgänge zur Kenntnis und bitte um Mitteilung, ob und welche Ausnahmen hinsichtlich der Angehörigen aus Völkern germanischen Ursprungs gemacht werden sollen.

Nach dem Erlass des Reichsführers SS vom 11. März 1941 waren von da an alle im Reich befindlichen französischen, niederländischen und belgischen Zivilarbeiter als „feindliche Ausländer“ zu behandeln. Diese Ausländer, die bis dahin überwiegend freiwillig zum Arbeitseinsatz nach Deutschland gekommen waren, durften fortan ihren Arbeitsort nur noch mit amtlicher Genehmigung verlassen und waren nun ebenfalls zu Zwangsarbeitern geworden.

„Auf Grund der Verordnung ... wurde den außerhalb der Wohnlager in Privatquartieren befindlichen feindlichen Ausländern die einmalig wiederkehrende Meldepflicht aufgegeben ...
Die Firma Röchling-Buderus A.G. teilt nun in einem Schreiben mit, daß bei ihr beschäftigte Holländer mit der Anordnung nicht einverstanden seien. In Zwei Fällen sei die sofortige Entlassung aus dem Arbeitsverhältnis mit der Begründung gefordert worden, sie seien mit denselben Rechten und Pflichten nach Deutschland vermittelt worden, die auch für Deutsche gelten. Die Kündigungen wurden von der Firma abgelehnt.
Auch eine hier in einem Privathaushalt untergebrachte Flämin hat gegen die Anordnung protestiert.“

1940 herrschte wegen der ständig steigenden Rüstungsaufträge einerseits und der Einberufungen zum Kriegsdienst andererseits chronischer Arbeitskräftemangel. Das Rüstungskommando Gießen vermerkte dazu am 15. August 1940:[73]
„Infolge des ungeheuren Mehrbedarfs an Facharbeitern im gesamten Reichsgebiet, der durch erweiterte Aufträge der Luftwaffe, Marine und der schnellen Truppen erhöht worden ist, erscheint es aussichtslos, den betreffenden Firmen die erforderlichen Arbeitskräfte zuweisen zu können.“
Um die angenommenen Rüstungsaufträge dennoch ausführen zu können, gingen

viele Betriebe zu extrem langen Arbeitszeiten über. In diesem Zusammenhang hatte das Rüstungskommando schon am 23. September 1940 notiert:[74]
„Um den Rüstungsbetrieben, die Gemeinschaftsverpflegung eingeführt haben, zu ermöglichen, den Gefolgschaftsmitgliedern, die mehr als 60 Std. wöchentlich arbeiten, eine zusätzliche Mahlzeit zu verabreichen, können diese Betriebe auf Antrag von den Ernährungsämtern Verpflegungssonderzulagen erhalten."
Im Dezember 1940 waren in 72 Rüstungsbetrieben im Bezirk des Rüstungskommandos Gießen insgesamt 1.064 Kriegsgefangene und 269 „ausländische Zivilarbeiter" beschäftigt.[75] Bis zum Juni 1941 hatte sich die Zahl der Kriegsgefangenen in diesen Betrieben auf 569 reduziert, während sich die der „Zivilen Ausländer" auf 672 erhöht hatte.[76]

Der früheste statistische Nachweis für ausländische Zwangsarbeiter im ehemaligen Altkreis Wetzlar fand sich in einer „Arbeitsbucherhebung" des Reichsarbeitsministeriums vom 15. August 1941.[77] Zu dem Zeitpunkt waren in Wetzlar 26.162 Beschäftigte gemeldet, davon 960 Ausländer und 159 Ausländerinnen; das entsprach einem Ausländeranteil von 4,3 Prozent.
Die nächste Statistik fand sich in einer Erhebung des Landesarbeitsamtes Hessen vom Oktober/November 1942, welche u. a. auf Daten vom 16. Februar 1942 fußte.[78] Danach waren im Februar 1942 im Arbeitsamtsbezirk Wetzlar[79] insgesamt 25.793 Beschäftigte gemeldet (18.346 Männer und 7.447 Frauen). Unter ihnen befanden sich 1.159 Zwangsarbeiter (1.030 Männer und 129 Frauen) und 1.531 Kriegsgefangene (ausschließlich Männer). Im Februar 1942 hielten sich also 2.690 Ausländer im Altkreis Wetzlar auf.

Die Beschäftigtenzahlen im Arbeitsamtsbezirk Wetzlar zeigen im Zeitraum vom August 1941 bis zum Februar 1945 folgende Entwicklung:[80]

	Deutsche		Zivile Ausländer		Kriegsgefangene	Gesamt
	Männer	Frauen	Männer	Frauen	Männer[81]	
1941[82]	17.483	7.560	960	159	0	26.162
10/1942[83]	18.821	8.490	2.327	1.066	2.235	27.311
02/1943[84]	19.428	9.272	3.236	2.091	2.002	28.698
05/1943[85]	19.644	10.999	3.837[86]	2.048	2.091	30.643
07/1943[87]	?	?	4.048	2.207	?	?
11/1943[88]	?	?	4.243	2.349	?	?
03/1944[89]	?	?	4.317	2.524	?	?
08/1944[90]	?	?	4.387	2.508	?	?
09/1944[91]	?	?	4.107	2.645	?	?
12/1944[92]	?	?	4.334	2.703	?	?
1945[93]	12.600	8.650	4.600	2.700	2.270	30.820

Nur für den inneren Dienst! Jede Veröffentlichung verboten!

Der Arbeitseinsatz in Hessen

Herausgegeben vom Landesarbeitsamt Hessen

Frankfurt a. M. Gartenstraße 140

Jahrgang 1943 Frankfurt a. M., Juli 1943 Nummer 1/7

Zahlen zum Arbeitseinsatz im Landesarbeitsamtsbezirk Hessen 1)

Uebersicht I

	Stichtag oder Berichtszeit	Geschlecht	25 Juni 1938	5. Juli 1940	15. Aug. 1941	1942				1943				
						Februar	Mai	August	Novemb.	Januar	Februar	März	April	Mai
1	2	3	4	5	6	7	8	9	10	11	12	13	14	15
Beschäftigte in- und ausländische Arbeiter und Angestellte (zuzügl. Kriegsgefangene)	.	insgef.	1086726 4)	1110832 3) 4) 5)	1128457 3) 5)	1064217 3) 5)	.	1096022 3) 5) 7)	1097870 3) 5) 7)	.	1095532 3) 5) 7)	1133375 3) 5) 8)	.	1177285 3) 5) 7)
		männl.	780503	717923 5)	734977 5)	676318 5) 7)	.	677 708 5) 7)	677 017 5) 7)	.	676 476 5) 7)	686 499 5) 8)	.	691 042 5) 7)
		weibl.	306223	392909	393480	387899 7)	.	418 314 7)	420 353 7)	.	419 056 7)	446 876 8)	.	486 243 7)
davon: a) Inländer	.	insgef.	.	.	998 357 5)	935714 5) 7)	.	907 578 5) 7)	884 150 5) 7)	.	869 019 5) 7)	895 977 5) 8)	.	934 899 5) 7)
		männl.	.	.	618200 3) 5)	560785 3) 5) 7)	.	523 904 3) 5) 7)	508 144 3) 5) 7)	.	497 907 3) 5) 7)	499 247 3) 5) 8)	.	501 146 3) 5) 7)
		weibl.	.	.	380157	374929 7)	.	383 674 7)	376 006 7)	.	371 112 7)	396 730 8)	.	433 753 7)
b) Zivile Ausländer (einschl. Ostarbeiter)	.	insgef.	.	.	63 745	61 670 7)	.	115 206 7)	139 182 7)	.	153 324 7)	164 276 8)	.	171 030 7)
		männl.	.	.	50 422	48 700 7)	.	80 566 7)	94 835 7)	.	105 980 7)	114 130 8)	.	118 540 7)
		weibl.	.	.	13 323	12 970 7)	.	34 640 7)	44 347 7)	.	47 944 7)	50 146 8)	.	52 490 7)
c) Kriegsgefangene	Monatsmitte 2)	männl.	.	24105 6)	66 355	66 833	.	73 238	74 038	73 189	.	73 122	.	71 356
Beschäftigte Dienstverpflichtete	Monatsmitte	insgef.	.	23492	.	.	.	.	.	32 578	.	.	35 256	.
		männl.	.	18356	.	.	.	.	.	16 481	.	.	17 380	.
		weibl.	.	5136	.	.	.	.	.	16 097	.	.	17 876	.
Unbesetzte offene Stellen	Monatsende	insgef.	.	.	.	76 439	60 989	56 920	44 108	47 678	67 271	64 427	58 350	51 111
		männl.	.	.	.	47 300	36 212	36 850	26 332	28 508	34 430	31 837	30 302	27 348
		weibl.	.	.	.	29 139	24 777	20 070	17 776	19 170	32 841	32 590	28 048	23 763
Unter Mitwirkung des Arbeitsamts eingestellte Arbeitskräfte	Monat	insgef.	.	.	.	19 706	35 453	22 051	49 428	20 350	28 326	68 713	55 801	30 907
		männl.	.	.	.	11 559	20 511	12 698	34 820	12 942	14 786	20 487	14 437	10 257
		weibl.	.	.	.	8 147	14 942	9 353	14 608	7 408	13 540	48 226	41 364	20 650
davon: a) Vermittlungen und namentl. Anforderg.	Monat	insgef.	.	.	.	13 594	26 010	17 198	35 774	15 488	23 794	60 731	49 576	26 870
		männl.	.	.	.	7 477	13 427	8 897	23 824	9 399	12 186	16 055	11 347	8 354
		weibl.	.	.	.	6 117	12 583	8 301	11 950	6 084	11 608	44 676	38 229	18 516
b) Dienstverpflichtung.	Monat	insgef.	.	.	.	1 901	2 987	1 258	2 218	1 049	1 858	3 028	2 534	2 000
		männl.	.	.	.	679	1 736	831	616	347	720	661	450	492
		weibl.	.	.	.	1 222	1 251	427	1 602	702	1 138	2 367	2 084	1 508
c) Einweis. v. Kriegsgef.	Monat	männl.	.	.	.	2 940	4 945	2 725	9 550	2 852	1 525	3 415	2 509	1 270
d) Zustimmungen zur Einstellung	Monat	insgef.	.	.	.	1 271	1 511	870	1 886	966	1 149	1 539	1 182	767
		männl.	.	.	.	463	403	245	830	344	355	356	131	141
		weibl.	.	.	.	808	1 108	625	1 056	622	794	1 183	1 051	626
Neu aus dem Ausland hereingenommene Ausländer	Monat	insgef.	.	.	.	.	.	.	16 891	5 400	7 007	9 949	5 917	5 151
		männl.	.	.	.	.	.	.	11 861	4 298	5 934	8 086	4 256	2 639
		weibl.	.	.	.	.	.	.	5 030	1 102	1 073	1 863	1 661	2 512
Eingestellte Pflichtjahrmädchen	Monat	weibl.	.	.	.	96	1 624	276	264	277	167	66	12 405	1 400
Eingesetzte Meldepflichtige	Monat	insgef.	.	.	.	.	.	.	.	.	6 465	51 709	24 047	11 398
		männl.	.	.	.	.	.	.	.	.	284	2 081	604	379
		weibl.	.	.	.	.	.	.	.	.	6 181	49 628	23 443	11 019
Noch nicht untergebrachte Versehrte (einschl. im Lazarett befindliche)	Monatsende	männl.	.	.	.	.	.	.	.	.	.	917	.	.
Untergebrachte Versehrte	Monatsende	männl.	.	.	.	.	.	.	.	.	.	2 109	.	.

1) Ab August 1939: einschl. Neckarzipfel von Hirschhorn, ab März 1943: einschl. Restkreis Bergstraße, aber ausschl. Kreis Hann.-Münden. — 2) bis Januar 1943: Monatsende. — 3) ohne die im Not- und Luftschutzdienst Tätigen. — 4) einschl. der ausländischen Saisonarbeiter (geschätzt). — 5) einschl. der Arbeitsurlauber. — 6) Ende Juni. — 7) Monatsmitte. — 8) Monatsende.

Titelblatt der geheimen Zeitschrift des Landesarbeitsamts Hessen, Nr. 1/7 vom Juli 1943. Nach der hier aufgeführten Statistik arbeiten im Mai 1943 in Hessen insgesamt 171.030 Zwangsarbeiter/innen und 71.356 Kriegsgefangene (siehe Pfeile). Darüber hinaus waren noch 35.256 „Dienstverpflichtete" im Einsatz (Deutsche, die einen Arbeitseinsatz ableisten mussten). Trotzdem gab es noch 51.111 offene Stellen, wofür deutsche Arbeitskräfte nicht mehr zur Verfügung standen.

Die beschäftigten in- und ausländischen Arbeiter und Angestellten (zuzüglich Kriegsgefangene) in den Arbeitsamtsbezirken des Landesarbeitsamtsbezirks Hessen

Stand vom 15. August 1942

Arbeitsamtsbezirke	Beschäftigte in- u. ausländische Arbeiter u. Angestellte[1]) zuzügl. Kriegsgefangene: insgesamt, Grundzahl	insgesamt, in v. H. der Summe des LAA.-Bezirks	Männer, Grundzahl	Frauen, Grundzahl	davon: reichsdeutsche Arbeiter und Angestellte[7]): insgesamt, Grundzahl	insgesamt, in v. H. der Summe des LAA.-Bezirks	Männer, Grundzahl	Frauen, Grundzahl	Frauen, in v. H. der Spalte 6	zivile ausl. Arbeiter und Angestellte (einschl. Ostarbeiter)[4]): insgesamt, Grundzahl	insgesamt, in v. H. der Summe des LAA.-Bezirks	Männer, Grundzahl	Frauen, Grundzahl	Kriegsgefangene[6]): Grundzahl	i. v. H. der Summe des LAA.-Bezirks	Von 100 Arbeitskräften waren: Reichsdeutsche	zivile Ausländer und Ostarbeiter	Kriegsgefangene	in- und ausländ. Frauen
1	2	3	4	5	6	7	8	9	10	11	12	13	14	15	16	17	18	19	20
Frankfurt	254 407	*23,2*	142 652	111 755	223 562	*24,6*	118 512	105 050	**47,0**	24 123	*20,9*	17 418	6 705	6 722	*9,2*	*87,9*	*9,5*	*2,6*	*43,9*
Offenbach	45 433	*4,1*	26 444	18 989	42 233	*4,7*	23 939	18 294	**43,3**	2 139	*1,9*	1 444	695	1 061	*1,4*	*93,0*	*4,7*	*2,3*	*41,8*
Hanau	44 689	*4,1*	28 877	15 812	37 469	*4,1*	22 925	14 544	**38,8**	3 429	*3,0*	2 161	1 268	3 791	*5,2*	*83,8*	*7,7*	*8,5*	*35,4*
Gießen	69 484	*6,3*	44 661	24 823	52 975	*5,8*	31 244	21 731	**41,0**	8 533	*7,4*	5 441	3 092	7 976	*10,9*	*76,2*	*12,3*	*11,5*	*35,7*
Darmstadt	87 427	*8,0*	52 199	35 228	75 850	*8,4*	42 870	32 980	**43,5**	6 641	*5,8*	4 393	2 248	4 936	*6,7*	*86,8*	*7,6*	*5,6*	*40,3*
Worms	31 046	*2,8*	18 148	12 898	26 069	*2,9*	14 180	11 889	**45,6**	2 616	*2,3*	1 607	1 009	2 361	*3,2*	*84,0*	*8,4*	*7,6*	*41,5*
Mainz	104 609	*9,5*	64 459	40 150	85 781	*9,5*	48 664	37 117	**43,3**	10 429	*9,1*	7 396	3 033	8 399	*11,5*	*82,0*	*10,0*	*8,0*	*38,4*
Wiesbaden	66 750	*6,1*	35 265	31 485	59 849	*6,6*	30 276	29 573	**49,4**	4 146	*3,6*	2 234	1 912	2 755	*3,8*	*89,7*	*6,2*	*4,1*	*47,2*
Dillenburg	23 978	*2,2*	17 646	6 332	19 772	*2,1*	14 318	5 454	**27,6**	1 779	*1,5*	901	878	2 427	*3,3*	*82,5*	*7,4*	*10,1*	*26,4*
Wetzlar	27 311	*2,5*	18 821	8 490	21 683	*2,4*	14 259	7 424	**34,2**	3 393	*2,9*	2 327	1 066	2 235	*3,0*	*79,4*	*12,4*	*8,2*	*31,1*
Limburg	33 454	*3,1*	23 874	9 580	27 378	*3,0*	18 605	8 773	**32,0**	2 428	*2,1*	1 621	807	3 648	*5,0*	*81,8*	*7,3*	*10,9*	*28,6*
Niederlahnstein	27 444	*2,5*	19 044	8 400	22 563	*2,5*	15 055	7 508	**33,3**	2 214	*1,9*	1 822	892	2 667	*3,6*	*82,2*	*8,1*	*9,7*	*30,6*
Gau Hessen-Nassau[2])	816 032	*74,5*	492 090	323 942	695 184	*76,6*	394 847	300 337	**43,2**	71 870	*62,4*	48 265	23 605	48 978	*66,9*	*85,2*	*8,8*	*6,0*	*39,7*
Kassel	158 489	*14,5*	104 940	53 549	122 300	*13,5*	74 470	47 830	**39,1**	25 209	*21,9*	19 490	5 719	10 980	*15,0*	*77,2*	*15,9*	*6,9*	*33,8*
Korbach	15 072	*1,4*	9 670	5 402	10 340	*1,1*	5 959	4 381	**42,4**	2 441	*2,1*	1 420	1 021	2 291	*3,1*	*68,6*	*16,2*	*15,2*	*35,8*
Marburg	40 492	*3,7*	27 226	13 266	30 255	*3,4*	18 175	12 080	**39,9**	5 265	*4,6*	4 079	1 186	4 972	*6,8*	*74,7*	*13,0*	*12,3*	*32,8*
Hersfeld	37 451	*3,4*	26 629	10 822	27 173	*3,0*	17 938	9 235	**34,0**	6 276	*5,4*	4 689	1 587	4 002	*5,5*	*72,5*	*16,8*	*10,7*	*28,9*
Fulda	28 209	*2,6*	16 876	11 333	22 049	*2,4*	12 238	9 811	**44,5**	4 145	*3,6*	2 623	1 522	2 015	*2,8*	*78,2*	*14,7*	*7,1*	*40,2*
Gau Kurhessen[3])	270 065	*24,6*	179 349	90 716	203 713	*22,5*	123 785	79 928	**39,2**	42 659	*37,0*	31 871	10 788	23 693	*32,4*	*75,4*	*15,8*	*8,8*	*33,6*
LAA.Bez. Hessen	**1 095 745**	*100,0*	**677 431**	**418 314**	**907 301**	*100,0*	**523 627**	**383 674**	**42,3**	**115 206**	*100,0*	**80 566**	**34 640**	**73 238**	*100,0*	*82,8*	*10,5*	*6,7*	*38,2*
Deutsches Reich[5])	26382 600	.	15915 400	10467 200	21427 200	.	12020 500	9 406 700	**43,9**	3 412 700	.	2 352 200	1 060 500	1 542 700	.	*81,2*	*12,9*	*5,8*	*39,7*

[1]) Ohne Arbeitsurlauber.
[2]) Ohne die Gemeinde Lampertheim und den früheren Kreis Heppenheim, aber einschließlich Neckarzipfel von Hirschhorn.
[3]) Der nahezu mit dem Kreis Hann.-Münden übereinstimmende Nebenstellenbezirk Hann.-Münden nicht mit einbezogen.
[4]) Stand vom 20. August 1942
[5]) Ohne die ehemals polnischen Gebiete und die neuen West- und Südgebiete, aber einschließlich Ostoberschlesien (für Kriegsgefangene Gesamtreich).
[6]) Stand von Ende August 1942
5 [7]) ohne Notdienst.

Bildtext zur vorhergehenden Seite: Statistik aus der geheimen Zeitschrift „Der Arbeitseinsatz in Hessen", Nr. 10/11 vom Oktober/November 1942. Danach arbeiteten am Stichtag 15. August 1942 im Arbeitsamtsbezirk Wetzlar 3.393 Zwangsarbeiter (12,4 Prozent der Beschäftigten) und 2.235 Kriegsgefangene (8,2 Prozent der Beschäftigten). Im Dillkreis waren es 1.779 Zwangsarbeiter (7,4 Prozent) und 2.427 Kriegsgefangene (10,1 Prozent der Beschäftigten).

Die Zahl der beschäftigten deutschen Männer war 1945 gegenüber 1941 also um 28 Prozent gesunken, die der deutschen Frauen jedoch um 15 Prozent gestiegen. Die Zahl der männlichen ausländischen Arbeiter stieg im selben Zeitraum um 380 Prozent, die der Zwangsarbeiterinnen um das Sechzehnfache. Die Zahl der Kriegsgefangenen schwankte nur unwesentlich. Die Gesamtzahl der Beschäftigten stieg bis 1945 um 18 Prozent.

Beachtenswert ist der starke Anstieg der berufstätigen deutschen Frauen von 1942 auf 1943 um 20 Prozent, vermutlich, da in jenem Zeitraum im gesamten Reichsgebiet die Arbeitspflicht auch auf Frauen ausgedehnt worden war.[94] Der dann folgende Rückgang des Frauenanteils bis 1945[95] könnte dann aber zeigen, dass die Maßnahmen nur teilweise Erfolg hatten. So schrieb zum Beispiel der Betriebsobmann der Firma Pfeiffer am 12. Januar 1944 in seinem Jahresbericht für 1943 an den Kreisobmann der DAF in Wetzlar unter anderem:[96]

„Durch die erfolgten Maßnahmen wurden uns deutsche Gefolgschaftsmitglieder neu zugeführt, von denen insbesondere die Frauen teilweise mit einem gewissen Widerstreben an die ihnen ungewohnte Beschäftigung herangegangen sind. Ein größerer Teil gerade der Frauen hat sich recht gut in die neue Umgebung eingelebt, ein anderer Teil allerdings ist als produktiver Mitarbeiter nicht recht in Erscheinung getreten, weil diese Frauen durch häusliche Belastungen verschiedener Art häufig ausgefallen sind, oder auch wieder entpflichtet werden mußten."

Die Ernst Leitz GmbH hatte ab Mai 1941 auf dem Gelände an der „Weiherwiese" (beim heutigen Parkplatz an der Franziskanerstraße, unterhalb der Avignon-Anlage) eine 550 qm große Holzbaracke aufstellen lassen.[97] Ab März 1942[98] war das Gebäude mit 100 „Arbeitsmaiden" belegt, die im RAD dienstverpflichtet waren. Im Sommer 1942 bereitete die Unterbringung der zahlreichen Zwangsarbeiter in Wetzlar große Probleme. Zwar gab es leerstehende Kasernenteile; die zuständigen Wehrmachtsstellen weigerten sich aber, diese zur Verfügung zu stellen. Das Rüstungskommando Gießen vermerkte dazu im Juli 1942:[99]

„Die Aktion zur provisorischen Unterbringung von ausländischen Arbeitskräften entsprechend den Anordnungen von Reichsminister Speer, der oberen Reichsinstanzen und der Wehrmachtteile scheitert an der ungenügenden Bereitwilligkeit der unteren Stellen (Wehrkreisverwaltung und Luftgau). Seit 1939 leerstehende Unterkünfte und Barackenlager[100] *in Wetzlar und Giessen wurden für diesen Zweck nicht freigegeben."*

Am 31. August 1942 hatte der RP in Wiesbaden eine Verfügung erlassen, wonach die Landräte des Gaues Hessen-Nassau ihm die Zahl und Staatsangehörigkeit der im jeweiligen Kreisgebiet eingesetzten Zwangsarbeiter zu melden hatten. Diese Meldungen waren ab dem 2. Dezember 1942 vierteljährlich und nach Geschlechtern getrennt zu machen. Nach der ersten Meldung des Wetzlarer Landrates vom 7. September 1942[101] waren zu der Zeit im Kreis Wetzlar insgesamt 3.453 Zwangsarbeiter beschäftigt, davon 2.289 in Lagern, unter ihnen 1.917 in Wetzlar. Die einzelnen Wetzlarer Firmenlager hatten danach folgende „Belegungsstärken“:

Lager Nr.	1 Buderus[102]	550 Personen
	2 Röchling[103]	760 Personen
	3 Hensoldt	115 Personen
	4 Leitz	195 Personen
	5 Pfeiffer	120 Personen
	6 Hollmann	13 Personen
	7 Reichsbahn	80 Personen
	8 Spinnerei	55 Personen
	9 Hofgut Helm	15 Personen
	10 Kremp	8 Personen
	11 Mülln	6 Personen
	12 Hofmann, Garbenheim	42 Personen
	Gesamt:	1.959 Personen.

Nach einer Aufstellung der DAF[104] befanden sich am 26. Oktober 1942 bereits 2.680 Zwangsarbeiter in 22 Lagern im Kreis Wetzlar.[105] Verglichen mit der vorgenannten Aufstellung des Wetzlarer Landrates vom 7. September 1942 müssen sich zu der Zeit also noch zusätzlich etwa 770 Ausländer in der Landwirtschaft oder in Haushalten des Wetzlarer Kreisgebietes aufgehalten haben.
Zu diesem Zeitpunkt befanden sich 17 der 22 Zwangsarbeiter- und Kriegsgefangenenlager des Kreises im heutigen Stadtgebiet von Wetzlar:

Buderus'sche Eisenwerke, Wetzlar:	210 Personen in 6 Lagern
Hensoldt & Söhne, Wetzlar:	187 Personen in 1 Lager[106]
Georg Kremp, Optik u. Mechanik:	8 Personen in 1 Lager
E. Leitz G.m.b.H., Wetzlar:	198 Personen in 1 Lager
Pfeiffer-Apparatebau, GmbH:	92 Personen in 1 Lager
Stahlwerke Röchling-Buderus:	920 Personen in 4 Lagern
Hollmannwerke, Wetzlar:	15 Personen in 1 Lager
Spinnerei & Weberei, Wetzlar:	34 Personen in 1 Lager
Herkules-Werk, Wetzlar:	9 Personen in 1 Lager
Handschuhfabrik Mülln, Wetzlar:	6 Personen in 1 Lager und
Stadtwerke Wetzlar:	11 Personen in 1 Lager
Textilwerk Hofmann, Garbenheim:	25 Personen in 1 Lager

Auch dieses Bild aus dem Jahr 1943 zeigt sowjetische Zwangsarbeiterinnen bei der Ankunft am „Lager Stadion“ der Leitzwerke. Das von der Jakob-Sprenger-Straße (heute: Karl-Kellner-Ring) her mit Blickrichtung nach Nordwesten aufgenommene Foto zeigt offensichtlich die Situation kurz vor dem ersten Einzug der Mädchen und Frauen in das Barackenlager. Rechts auf dem Bürgersteig standen wohl Wetzlarer Einwohner, die das neue Spektakel in der Stadt bestaunten. Etwa in der Bildmitte im Hintergrund erkennt man die „Villa Erika“. Sie steht dort noch heute nahezu unverändert.
An der Stelle, wo hier die Holzbaracken stehen, befindet sich heute ein Parkplatz.

Am 1. April 1943 erstellte die Deutsche Arbeitsfront in Frankfurt am Main eine weitere, detailliertere Liste, und zwar über die Unterbringung aller Zwangsarbeiter und Kriegsgefangenen in Hessen-Nassau. Unter den dort verzeichneten 720 Lagern fanden sich allein 45 im Altkreis Wetzlar, womit sich ihre Zahl innerhalb eines halben Jahres mehr als verdoppelt hatte. In ihnen lebten zu der Zeit 5.071

Ostarbeiterinnen der Stahlwerke Röchling-Buderus AG im Jahre 1942 vor einer Küchenbaracke im Zwangsarbeiterlager. Möglicherweise handelte es sich bei diesen Frauen um die Küchenmannschaft. Foto: Paul Görnert.

Zwangsarbeiter.[107] Allein im Stadtgebiet von Wetzlar gab es am 1. April 1943 folgende 28 Zwangsarbeiter- und Kriegsgefangenen-Unterkünfte:

M. Hensoldt & Söhne, Wetzlar:	
Iding-Lager, Hensoldtstraße:	1 Volksdeutsche[108], 2 Fläminnen 145 Franzosen und 14 Französinnen Gesamt: 162 Personen[109]
Ernst Leitz G.m.b.H., Wetzlar:	
Notlager Leitzwerk:	76 Franzosen
Lager Kornmarkt:[110]	41 Ukrainer, 457 Ukrainerinnen 17 Russinnen, 75 Flamen, 15 Wallonen 1 Tatar[111]
Goethe Garten,[112] Leitzstr.:	20 Flamen, 5 Wallonen, 88 Franzosen und 1 Französin Gesamt: 796 Personen[113]
Georg Kremp, Wetzlar	
Leitzstr. 50:	7 Ukrainerinnen
Pfeiffer Apparatebau GmbH, Wetzlar:	
	16 Flamen, 6 Wallonen, 12 Franzosen 87 Russen und 98 Russinnen Gesamt: 219 Personen
Spinnerei & Weberei Wetzlar K.G:	
	7 Polen und 39 Russinnen Gesamt: 46 Personen
Buderus'sche Eisenwerke:[114]	
Lager Lahnhof, Buderusstr.:	97 Volksdeutsche
Lager Hermannsteiner Str. 13:	139 Kriegsgefangene
Lager Schellweg:	293 Kriegsgefangene[115]
Lager Kalkbruch Niedergirmes:	25 Flamen und 15 Franzosen
Gasthaus Rühl, Hermannstein:	63 Franzosen
Lager Holzbaracke I, Hermst.Str.:	16 Holländerinnen 37 Franzosen, 34 Italiener und 1 Wallone
Lager Holzbaracke II, Hermst.Str.:	25 Ukrainer 2 Ukrainerinnen 22 Russen, 3 Russinnen 25 Weißruthenen und 4 Weißrutheninnen
Lager Holzbaracke III, Hermst.Str.:	51 Ukrainer,
Lager Holzbaracke IV, Hermst.Str.:	133 Franzosen und

Lager Holzbaracke V, Hermst.Str.:	18 Französinnen
Lager Steinbaracke, Hermst.Str.:	51 Volksdeutsche
Polenlager, Sophienhütte, Hermst.Str.:	18 Polen
Ostarbeiterinnenlager, Hermst.Str.:	183 Ukrainerinnen und 1 Weißruthenin
	Gesamt: 1.256 Personen

Hollmann-Werke, Wetzlar, Garbenheimer Straße:

	4 kriegsgefangene Franzosen
	3 Franzosen, 38 Russen und 22 Russinnen
	Gesamt: 67 Personen
Herkuleswerk, Bahnhofstraße:	11 Franzosen und 11 Russen
	Gesamt: 22 Personen

Bruno Mülln, Handschuhfabrik, Wetzlar, Frankenstraße:[116]

	7 Polinnen und 7 Ukrainerinnen
	Gesamt: 14 Personen

Stahlwerke Röchling-Buderus AG:[117]

Lager Gabelsbergerstr.:	28 Ukrainerinnen
Polenlager im Werk:	95 Polen
Ostlager im Werk:	650 Ostarbeiter
	Gesamt: 773 Personen
Stadtwerke Wetzlar, Hermannsteiner Str. 1:	20 Ukrainer
Reichsbahn Wetzlar, Altenbergerstraße:	34 „Ausländer“
In Wetzlar insgesamt:	3.416 Ausländer[118]

Ostarbeiterinnen der Stahlwerke Röchling-Buderus AG – vermutlich 1942 – bei verschiedenen Arbeiten im Werk: Risskontrolle und Punzierung von Metallstäben (links), Zusammenbinden der Stäbe (rechts oben), an einer Blechstanzmaschine (mitte rechts) und beim Reinigen der Arbeitsräume. Fotos: Paul Görnert.

Die Farbfotos auf dieser Doppelseite – sie zeigen ukrainische Zwangsarbeiterinnen und Aufsichtspersonen im Mai 1943 – sind Raritäten der Zeitgeschichte. Die Bilder gehören zu einer Serie von Farbdias, die der damalige Leiter der historischen Bibliothek der Leitzwerke, Professor Siegfried Rösch, fotografierte. Neben der Tatsache, dass Farbfotos von Zwangsarbeitern des Zweiten Weltkrieges ohnehin außerordentlich selten sind, gibt es noch eine andere bedeutende Besonderheit: Professor Rösch machte diese Aufnahmen möglicherweise im Firmenauftrag – keinesfalls jedoch als Propagandafotos, denn sie zeigen die Ostarbeiterinnen in ihrer einfachen Arbeitskleidung, dabei oft barfuß und viele von ihnen mit dem Zeichen „OST" auf der Kleidung. Gerade das Fotografieren von Personen mit diesem Zeichen war strengstens verboten und hätte im Entdeckungsfalle drastische Zwangsmaßnahmen nach sich gezogen.

Erläuterung zu Bildern auf der gegenüberliegenden Seite: Mai 1943 am Leitzplatz. Ostarbeiterinnen der Leitzwerke zu Beginn der Mittagsschicht auf dem Weg vom Zwangsarbeiterlager zum Hauptwerk – vielleicht auch am Ende der Mittagspause bei der Rückkehr vom Essen in der Lagerkantine zum Hauptwerk. Beide Fotos wurden kurz nacheinander von zwei dicht nebeneinander liegenden Standorten vom heutigen Leitzplatz in nordwestliche Richtung aufgenommen. Links (mit aufgesetztem Schornstein) die einstige Metallgießerei Richter, welche nach dem Krieg abgerissen wurde (in dem Bereich befindet sich heute der Treppenaufgang der Fußgänger-Unterführung in Richtung Neues Rathaus). Rechts im Hintergrund die Baracken des Leitzschen Zwangsarbeiterlagers am Stadion.

Erläuterung zu Bildern auf dieser Seite: Ebenfalls im Mai 1943: Warten in der Abendsonne und Abmarsch zum Zwangsarbeiterlager: Ostarbeiterinnen der Leitzwerke nach Schichtende – wohl gegen 18 Uhr – am „Schützengarten", fotografiert in südöstliche Richtung. Oben im Vordergrund links: Ein Lageraufseher im Gespräch mit den Frauen. Im Bildhintergrund links hinter den Bäumen sieht man den spitzen Turm der Brühlsbacher Warte. Viele der auch jüngeren Mädchen waren barfuß.

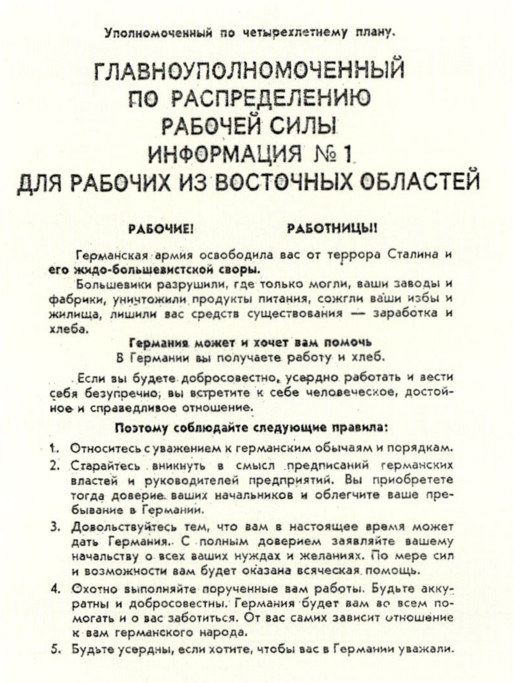

Уполномоченный по четырехлетнему плану.

ГЛАВНОУПОЛНОМОЧЕННЫЙ
ПО РАСПРЕДЕЛЕНИЮ
РАБОЧЕЙ СИЛЫ
ИНФОРМАЦИЯ № 1
ДЛЯ РАБОЧИХ ИЗ ВОСТОЧНЫХ ОБЛАСТЕЙ

РАБОЧИЕ! РАБОТНИЦЫ!

Германская армия освободила вас от террора Сталина и **его жидо-большевистской своры.**

Большевики разрушили, где только могли, ваши заводы и фабрики, уничтожили продукты питания, сожгли ваши избы и жилища, лишили вас средств существования — заработка и хлеба.

Германия может и хочет вам помочь

В Германии вы получаете работу и хлеб.

Если вы будете добросовестно, усердно работать и вести себя безупречно, вы встретите к себе человеческое, достойное и справедливое отношение.

Поэтому соблюдайте следующие правила:

1. Относитесь с уважением к германским обычаям и порядкам.
2. Старайтесь вникнуть в смысл предписаний германских властей и руководителей предприятий. Вы приобретете тогда доверие ваших начальников и облегчите ваше пребывание в Германии.
3. Довольствуйтесь тем, что вам в настоящее время может дать Германия. С полным доверием заявляйте вашему начальству о всех ваших нуждах и желаниях. По мере сил и возможности вам будет оказана всяческая помощь.
4. Охотно выполняйте порученные вам работы. Будьте аккуратны и добросовестны. Германия будет вам во всем помогать и о вас заботиться. От вас самих зависит отношение к вам германского народа.
5. Будьте усердны, если хотите, чтобы вас в Германии уважали.

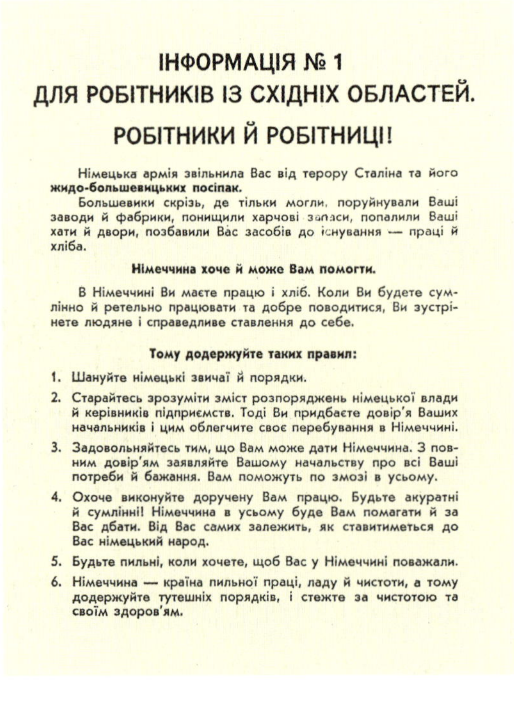

ІНФОРМАЦІЯ № 1
ДЛЯ РОБІТНИКІВ ІЗ СХІДНІХ ОБЛАСТЕЙ.
РОБІТНИКИ Й РОБІТНИЦІ!

Німецька армія звільнила Вас від терору Сталіна та його **жидо-большевицьких посіпак.**

Большевики скрізь, де тільки могли, поруйнували Ваші заводи й фабрики, понищили харчові запаси, попалили Ваші хати й двори, позбавили Вас засобів до існування — праці й хліба.

Німеччина хоче й може Вам помогти.

В Німеччині Ви маєте працю і хліб. Коли Ви будете сумлінно й ретельно працювати та добре поводитися, Ви зустрінете людяне і справедливе ставлення до себе.

Тому додержуйте таких правил:

1. Шануйте німецькі звичаї й порядки.
2. Старайтесь зрозуміти зміст розпоряджень німецької влади й керівників підприємств. Тоді Ви придбаєте довір'я Ваших начальників і цим облегчите своє перебування в Німеччині.
3. Задовольняйтесь тим, що Вам може дати Німеччина. З повним довір'ям заявляйте Вашому начальству про всі Ваші потреби й бажання. Вам поможуть по змозі в усьому.
4. Охоче виконуйте доручену Вам працю. Будьте акуратні й сумлінні! Німеччина в усьому буде Вам помагати й за Вас дбати. Від Вас самих залежить, як ставитиметься до Вас німецький народ.
5. Будьте пильні, коли хочете, щоб Вас у Німеччині поважали.
6. Німеччина — країна пильної праці, ладу й чистоти, а тому додержуйте тутешніх порядків, і стежте за чистотою та своїм здоров'ям.

Solche Aufrufe wurden in den Ostarbeiterlagern in russischer und ukrainischer Sprache verteilt. Der hier in Russisch (oben) und Ukrainisch (unten) gedruckte Aufruf begann mit den Worten:

„Bevollmächtigter für den Vierjahresplan. ... Information Nr 1. Für die Arbeiter aus dem Osten.

Arbeiter und Arbeiterinnen! Die deutsche Armee hat Sie vom Stalinterror und seiner Bolschewikenbande befreit. Die Bolschewiken zerstörten Ihre Fabriken, ... vernichteten die Lebensmittel, verbrannten Ihre Hütten und Wohnungen, ... raubten Ihnen die Existenzmöglichkeit, den Lohn und das Brot.

Deutschland kann und will Ihnen helfen. In Deutschland bekommen Sie Arbeit und Brot. Wenn Sie fleißig und gewissenhaft arbeiten, bekommen Sie ein menschliches und aufrichtiges Verhältnis zu den Deutschen. Deswegen beachten Sie folgende Regel:

Ehren Sie die deutschen Sitten und Bräuche. ... Seien Sie mit dem zufrieden, was Deutschland Ihnen im Moment bieten kann. Falls Sie Probleme oder Wünsche haben, wenden Sie sich vertrauensvoll an Ihre Vorarbeiter. Es wird Ihnen nach Möglichkeit geholfen ...“

Nicht in dieser Liste mit aufgeführt waren zehn weitere französische Kriegsgefangene, die zum Teil schon seit 1941 bei der Wetzlarer Stadtverwaltung (Stadtbauamt) arbeiten mussten. Die im September 1940 bei der Stadtverwaltung beschäftigten 30 französischen Kriegsgefangenen hingegen waren nur wenig später in andere Gemeinden übergewechselt.[119]

In dieser Liste zeigt sich deutlich, dass der Anteil polnischer Zwangsarbeiter in den Industriebetrieben der Stadt Wetzlar damals relativ gering war: Unter den 2.973 in der Liste aufgeführten Zwangsarbeitern befanden sich lediglich 127 Polen, von denen allein 95 bei Röchling-Buderus arbeiteten. Der Anteil polnischer Zwangsarbeiter in Wetzlarer landwirtschaftlichen Betrieben und Privathaushalten scheint hingegen höher gewesen zu sein. Dieser Trend sollte sich bis Kriegsende fortsetzen.[120]

Die drei Kriegsgefangenen-Arbeitskommandos in den Lagern der Buderus'schen Eisenwerke in der Hermannsteiner Straße, am Schellweg und an der Sophienhütte sind ebenfalls den Zwangsarbeitern zuzurechnen,[121] denn ihre Arbeit in der Panzer-Gleisketten-,[122] Geschützrohr-[123] und Granatenfertigung[124] bei Buderus stellte einen eindeutigen Verstoß gegen die Genfer Konvention vom 27. August 1929 dar: Danach durften Kriegsgefangene im Mannschaftsdienstgrad zwar zur Arbeit herangezogen werden; das galt jedoch nur für Arbeiten, die nicht den direkten Kriegszielen des Gegnerlandes dienten.[125]

Dasselbe gilt vermutlich auch für die vier französischen Kriegsgefangenen im Hollmann-Werk, wo ebenfalls Granaten hergestellt wurden.[126] Ob die 30 französischen Kriegsgefangenen des Kommandos 1.773 des Stalag IX a Ziegenhain,[127] die ab Oktober 1941 vermutlich bis zum Frühjahr 1942 bei der Firma Ernst Leitz arbeiteten,[128] in der dortigen Granatenzünder-Produktion[129] eingesetzt wurden, ist nicht bekannt.
Die zuletzt 25 französischen Kriegsgefangenen bei der Wetzlarer Stadtverwaltung scheinen jedenfalls entsprechend der Genfer Konvention ausschließlich beim Stadtbauamt und in der Friedhofsgärtnerei eingesetzt worden zu sein.[130]

Am 15. Mai 1943 hatte der „Kammerbezirk Wetzlar der Gauwirtschaftskammer Rhein-Main“ mit 16,9 Prozent den höchsten Anteil ziviler Ausländer im Gesamtbezirk der Gauwirtschaftskammer.[131] Es folgten Bingen mit 15,0 Prozent, Frankfurt am Main und Gießen mit je 14,4 Prozent und Friedberg mit 13,8 Prozent. Der Landkreis Wetzlar nahm dabei mit 19,2 Prozent hinter dem Landkreis Alsfeld mit 20,4 Prozent den zweiten Platz unter allen hessischen Landkreisen ein. Bei den Kriegsgefangenen lag der Kammerbezirk Wetzlar mit 7,5 Prozent aber an sechster Stelle hinter Bingen (11,6 Prozent), Gießen und Limburg (je 9,5 Prozent), Friedberg (9,0 Prozent) und Hanau (7,7 Prozent).

Immer mehr Zwangsarbeiter wurden nach Wetzlar geholt. Die Unterbringungskapazitäten hielten damit jedoch nicht Schritt. So gingen etwa die Stahlwerke Röchling-Buderus dazu über, ausländische Arbeiter in Niedergirmeser Wohnungen einzuquartieren. Das wurde vom Kreis-Heimstättenamt in Wetzlar mit Schreiben vom 16. September 1943 an den Gauwohnungskommissar in Frankfurt/Main (mit Durchschrift an den Wetzlarer NSDAP-Kreisleiter Wilhelm Haus) heftig kritisiert:[132]

„Die Gemeinnützige Wohnungsbaugesellschaft m.b.H. hat durch einen Vertrag die Wohnungen in dem Neubaublock IV b in der Gabelsbergerstraße, Ecke Niedergirmeserweg an die Stahlwerke Röchling-Buderus als Massenunterkunft für auswärtige d e u t s c h e Rüstungsarbeiter vermietet. Nach meinen Feststellungen ist das vorgenannte Gemeinschaftsheim durch die Stahlwerke Röchling z. Zt. mit 79 Holländern, 133 Belgiern, 100 Franzosen und nur 98 Deutschen belegt.

Die Stahlwerke Röchling beabsichtigen nun, den bald bezugsfähigen Baublock IV k (mit 24 Wohnungen) ebenfalls als Gemeinschaftshaus für ausländische Arbeitskräfte, u.U. sogar für Ostarbeiter zu verwenden.

Hiergegen bestehen große Bedenken. Die hiesige Bevölkerung kann schon heute nicht verstehen, daß deutschen kinderreichen Familien keine Wohnungen nachgewiesen werden können und dagegen fremdländische Arbeitskräfte in Neubauwohnungen untergebracht sind ...

Ich bitte daher, mit allem Nachdruck darauf hinwirken zu wollen, daß die Genehmigung zur Verwendung weiterer Wohnungen als Unterkunft für ausländische Arbeitskräfte versagt wird.

Heil Hitler!“

Die Lage entspannte sich auch in der Folgezeit nicht. Im Oktober 1943 unternahm das Rüstungskommando Gießen daher erneut einen Anlauf bei der Wehrmacht, um die teilweise leerstehenden Baracken im Flaklager am Klosterwald für die Unterbringung von Zwangsarbeitern überstellt zu bekommen. Im Protokoll vom 12. Oktober 1943 hieß es dazu:[133]

„Bei der Rüstungsinspektion XIIa wurde ein erneuter Antrag auf Freigabe eines Teils der sogenannten Flakkaserne (Barackenlager in Wetzlar) für die Unterbringung von ausländischen Arbeitskräften gestellt. Ein entsprechender Antrag wurde bereits im vergangenen Jahr vom Luftgaukommando XII/XIII in Wiesbaden abgelehnt, da die Baracken voll für die Unterbringung von Flakeinheiten benötigt würden. Inzwischen ist das Barackenlager jedoch immer wieder nur teilweise belegt worden ...“

Am 1. Dezember 1943 erklärte Fritz Riekeberg, Technischer Direktor der Stahlwerke Röchling-Buderus AG und neuer Präsident der „Bezirksstelle Wetzlar der Gau-Wirtschaftskammer Rhein-Main“, auf der ersten Beiratssitzung des um den Bezirk Dillenburg/Biedenkopf erweiterten Bezirksstellen-Bereiches unter anderem:[134]

Die beschäftigten zivilen ausländischen Arbeiter und Angestellten (einschl. der Ostarbeiter aus den altsowjetrussischen Gebieten) in den Arbeitsamtsbezirken des Landesarbeitsamtsbezirks Hessen nach Wirtschaftszweigen

Stand vom 15. Mai 1943 — Uebersicht 7

Wirtschaftszweige	Gießen	Hanau	Hersfeld	Kassel	Korbach	Limburg	Mainz	Marburg	Niederlahnst.	Offenbach	Wetzlar	Wiesbaden	Worms
	Männliche und weibliche Ausländer und Ostarbeiter												
1	16	17	18	19	20	21	22	23	24	25	26	27	28
1. Landwirtsch., Gärtnerei, Tierzucht	7483	1755	8550	6477	3035	1682	5165	3165	1599	489	964	1883	2130
2. Forstwirtschaft, Fischerei . . .	252	1	223	36	47	21	9	15	10	--	31	14	1
3./6. Bergb., Salinen, Torfgräberei	253	—	1467	682	—	117	—	37	102	—	2	—	—
7./8. Baustoffindustrie	53	187	135	211	4	187	371	6	65	57	53	28	10
9. Keramische Industrie	47	9	1	74	—	54	3	—	344	—	—	89	—
10. Glasindustrie	—	5	—	—	—	—	13	—	16	—	—	—	—
11./12. Eisen- und Metallgewinnung	4	274	631	—	—	98	78	—	12	1	2172	6	276
13./16. Eisen-, Stahl-, Metw.-Herst.	42	263	3	489	30	22	165	20	57	599	316	509	2
17. Masch.-, Kess.-, App.-, Fahrzeugb.	819	562	664	21899	2	78	3447	107	61	1913	391	590	180
18. Elektrot. Ind. (einschl. Install.)	75	337	—	147	—	1	79	42	—	45	3	226	21
19. Feinmechanische u. optische Ind.	7	—	—	366	—	3	3	—	—	48	1508	7	2
20. Chemische Industrie	11	11	206	3256	1	1	941	1521	44	228	14	898	28
21. Textilindustrie	144	4	767	1443	—	—	715	14	2	7	50	3	13
22. Papiererzeug. u. Papierverarbtg.	—	51	1	59	—	—	78	3	23	87	—	3	4
23. Druck- und Vervielfältigungsgew.	5	1	2	28	—	—	9	2	1	24	2	10	1
24. Leder- und Linoleumindustrie .	—	42	5	13	1	1	41	2	1	169	34	94	243
25. Kautschuk- und Asbestindustrie .	112	716	—	6	509	2	—	1	—	119	—	2	—
26./28. Holz- und Schnitzstoff-Gew.	178	118	165	429	39	79	150	22	19	82	75	76	126
29. Musikinstrum.-u.Spielwar.-Ind.	—	—	—	—	—	—	2	—	—	1	—	—	—
30./35. Nahr.- und Genußmittelgew.	129	52	99	330	27	78	443	32	16	56	21	184	298
36./38. Bekleidungsgewerbe . . .	355	54	31	219	14	16	30	18	4	81	43	71	27
39. Baugewerbe und Baunebengew.	93	33	348	1890	4	—	696	533	50	59	8	89	1
40. Wass.-,Gas-,Elektr.-Gew.u.-vers.	19	23	6	201	—	—	3	4	1	—	20	1	1
41./43.Hdl.,Bank-,Börs.-,Vers.-Wes.	97	102	55	473	15	16	182	44	15	64	17	154	37
44. Reichspost	7	—	2	34	4	14	1	—	—	—	—	1	10
45. Reichsbahn	142	64	136	1377	1	226	622	20	114	18	40	173	103
46./47. Verkehrswes.(ohne Rp.u.Rb.)	12	6	23	309	6	14	43	2	18	7	3	43	5
48. Gast- und Schankwirtschaftsgew.	210	33	35	284	41	10	108	31	47	31	20	243	18
49./50;52. Verwaltung, Kirche usw.	9	3	6	115	3	2	12	15	2	6	1	19	—
51. Wehrmacht und Arbeitsdienst .	14	3	12	475	6	6	20	9	6	13	14	31	—
53./56. Volks- u. Gesundheitspflege	48	15	17	180	17	4	35	31	28	30	19	43	4
57. Theater, Musik, Film . . .	5	2	—	19	—	1	3	—	—	—	—	12	5
58. Häusliche Dienste	105	55	70	446	19	26	180	91	37	108	46	291	74
Sämtliche Wirtschaftszweige . .	**10730**	**4781**	**8660**	**41967**	**3828**	**2759**	**13647**	**5787**	**2694**	**4342**	**5867**	**5793**	**3620**

¹) Zahlen des Stichtags vom 15. Februar 1943 auf den Gebietsstand vom 15. Mai 1943 umgerechnet.

Statistik aus der Zeitschrift „Der Arbeitseinsatz in Hessen", Nr. 1/7 vom Juli 1943 mit Angabe der Wirtschaftszweige, in denen die Zwangsarbeiter in den einzelnen hessischen Städten untergebracht waren.

„Die meisten Sorgen bereitet die Personalfrage. Von allen Kammerbezirken der Gauwirtschaftskammer Rhein-Main hat Wetzlar die höchsten Personalanforderungen. Täglich kommen ca. 3.600 Berufstätige mit der Bahn nach Wetzlar und 4.000 mit Reichspostomnibussen; im Bereich des Arbeitsamtsbezirks Wetzlar sind 9.000 bis 10.000 Ausländer einschließlich Kriegsgefangener tätig. In absehbarer Zeit werden weitere Kräfte an die Fronten abgegeben werden müssen und nicht unerhebliche ausländische Kräfte aus Italien und dem Balkan kommen.
Der Anteil der Ausländer liegt in den meisten Betrieben bei über 50%, teilweise bis zu 90%. Verpflegung, Unterbringung und fachgerechter Einsatz dieser Ausländer bringen große Schwierigkeiten mit sich."

Mit Führererlass vom 1. April 1944 wurden die Verwaltungsbezirke der Provinz Hessen-Nassau an die Reichsverteidigungsbezirke angepasst, und in die Provinzen Kurhessen (Regierungsbezirk Kassel, § 2) und Nassau (Regierungsbezirk Wiesbaden, § 3) aufgeteilt.[135]
Im Dezember 1944 zählte die Stadt Wetzlar 21.946 Einwohner.[136] Der Ausländer-Lagerliste des Wetzlarer Landrates für die Gestapo in Frankfurt am Main vom 18. Januar 1945 ist zu entnehmen, dass sich zu der Zeit 4.577 ausländische Zwangs-

arbeiter in Firmenlagern in der Stadt aufhielten.[137] Es waren 2.821 Männer, 1.694 Frauen, 62 russische und 3 polnische Kinder, die in den 22 Wohnlagern der Wetzlarer Industriebetriebe ihr Leben fristeten:
2.661 Ostarbeiter (Ukrainer, Weißrussen und Russen), 716 Franzosen, 570 Italiener, 295 Belgier, 175 Polen, 139 Niederländer und einige Litauer, Letten, Esten, Türken, Slowaken und Tataren.
Wie viele Zwangsarbeiter sich darüber hinaus noch in Wetzlarer Haushalten und in der Landwirtschaft befanden, ist nicht genau bekannt. Aus einer Personenaufstellung des Wetzlarer Landrates vom 4. November 1944[138] für die Bestellung von „Volkstumsabzeichen" für die sowjetischen Zwangsarbeiter[139] bei der Berliner Fahnenfabrik Geitel & Co geht aber hervor, dass sich damals allein 4.537 Ostarbeiter (2.782 Ukrainer, 622 Weißrussen und 902 Russen) bei den Betrieben im damaligen Wetzlarer Stadtgebiet – also etwa im heutigen Kernstadtbereich – aufhielten. Das waren 1.876 Personen mehr als in seiner Aufstellung vom 18. Januar 1945 für die Gestapo Frankfurt am Main. Subtrahiert man davon die 175 Zwangsarbeiter der Stahlwerke Röchling-Buderus im Lager Altenberg, die 44 Ostarbeiter der Buderus'schen Eisenwerke im Lager Burgsolms und 43 Ostarbeiter der Deutschen Reichsbahn mit 23 Kindern im Lager Albshausen, so hätten sich in der Stadt Wetzlar immer noch 1.591 Zwangsarbeiter außerhalb der Lager aufgehalten haben müssen. Das deckt sich allerdings nicht ganz mit der Liste vom 18. Januar 1945, nach der sich noch 1.511 Zwangsarbeiter im gesamten Kreis aufgehalten haben sollen.
Diese relativ hohe Zahl erklärt sich in der Hauptsache dadurch, dass im Stadtgebiet von Wetzlar damals noch sehr viel Landwirtschaft betrieben wurde: Die heute längst bebauten Bereiche Dalheim, Bredow-Siedlung, Stoppelberger Hohl, Magdalenenhäuser Weg usw. waren damals allesamt noch unbebaut bzw. standen ganz am Anfang ihrer Bebauung und wurden überwiegend landwirtschaftlich genutzt. Selbst im Altstadtbereich gab es seinerzeit noch viele landwirtschaftliche Kleinflächen.
Wie viele Franzosen, Belgier, Niederländer usw. sich darüber hinaus noch außerhalb der Lager in Wetzlar aufhielten, ist nicht bekannt.

Im Nachweis des Wetzlarer Landrates vom 18. Januar 1945 für die Gestapo Frankfurt am Main[140] waren allein in der Stadt Wetzlar folgende Zwangsarbeiterlager aufgeführt:[141]

Stahlwerke Röchling-Buderus A.G., Wetzlar:

Gemeinschaftsheim Niedergirmes:	371 Personen
„Lahnlager", Gabelsbergerstraße:	739 Personen
Polenlager im Werk:	84 Personen
Italienlager im Werk:	160 Personen
dazu: Lager Altenberg (Oberbiel)	(175 Personen)
	Gesamt: 1.529 Personen

Buderus'sche Eisenwerke, Wetzlar:	
Lager Hermannsteiner Straße 13:	593 Personen
Lager „Sophie" im Werk:	411 Personen
Lager Kalkbruch Niedergirmes:	28 Personen
	Gesamt: 1.032 Personen
H. Jung & Co., Carolinenhütte:	
Lager im Werk:	39 Personen
M. Hensoldt & Söhne, Wetzlar:	
„Idinglager", Wetzlar:[142]	271 Personen
„Lager Lahn":[143]	23 Personen
Lager Güllgasse:[144]	40 Personen
Lager Hensoldtstraße:	67 Personen
Lager Garbenheim:[145]	14 Personen
	Gesamt: 415 Personen[146]
Ernst Leitz, Optische Werke, Wetzlar:[147]	
„Ostlager", Lahninsel:	643 Personen plus 30 Kinder
„Westlager", Stadion Wetzlar:[148]	316 Personen
	Gesamt: 989 Personen
Pfeiffer Apparatebau GmbH, Wetzlar:	
Lager „Umgehungsstraße":[149]	314 Personen
Lager Taubenstein, Wetzlar:	80 Personen
	Gesamt: 394 Personen[150]
Deutsche Reichsbahn Wetzlar:	
Lager Wetzlar:[151]	101 Personen plus 23 Kinder
	Gesamt: 124 Personen
Hollmann-Werke, Wetzlar:	
Lager im Werk:	106 Personen plus 9 Kinder
	Gesamt: 115 Personen
Herkules-Werk, Wetzlar:	
Lager im Werk:	33 Personen
Spinnerei & Weberei, Wetzlar:	
Lager im Werk:	59 Personen
Stadtwerke Wetzlar:	
Lager Hermannsteiner Straße:	23 Personen
In Wetzlar insgesamt:	4.752 Personen

Auch in dieser Liste waren die bei der Wetzlarer Stadtverwaltung im Februar und März 1945 arbeitenden französischen Kriegsgefangenen – es waren jetzt 25 Personen –, sowie drei Westarbeiter (zwei französische Zwangsarbeiter und eine französische Zwangsarbeiterin) nicht mit aufgeführt.[152] Elf von ihnen waren am 29. Oktober 1944 nach Wetzlar gekommen.[153] Die französische Zwangsarbeiterin – ihr Name war Albertine C. – starb bei dem amerikanischen Luftangriff vom 21. November 1944 im Hause der Wetzlarer Friedhofsverwaltung.[154] Sie hatte im Ausländerlager in der Hermannsteiner Straße 61 gewohnt,[155] welches aber in der Lagerliste vom 18. Januar 1945 nicht als „Lager" aufgeführt war (dort befindet sich heute die „Herberge zur Heimat").[156] In dem Gebäude wohnten zahlreiche Franzosen, die auch in anderen Wetzlarer Gewerbebetrieben arbeiten mussten (möglicherweise auch die bei der Stadtverwaltung arbeitenden französischen Kriegsgefangenen, denn diese konnten keinem Stalag-Arbeitskommando zugeordnet werden). Waldemar Gatzert aus Niederkleen erinnerte sich dazu:[157]
„Während des Krieges absolvierte ich eine Fleischerlehre bei der Metzgerei Born in der Wetzlarer Langgasse. Dort arbeiteten auch zwei französische Zwangsarbeiter, die in dem Wohnlager an der Hermannsteinerstraße wohnten. Es befand sich in dem Gebäude mit den vergitterten Fenstern, das dort heute noch steht.
In der ersten Zeit, als die deutschen Bestimmungen noch scharf waren, mußte ich die beiden Franzosen immer begleiten. Dazu fuhr ich morgens mit dem Fahrrad zu ihrem Lager in der Hermannsteinerstraße und ging dann zu Fuß mit ihnen in die Langgasse zurück. Abends gingen wir wieder zur Hermannsteinerstraße, und danach fuhr ich dann mit dem Rad wieder zurück in die Stadt. Später, als die Bestimmungen viel lockerer gehandhabt wurden, mußte ich die Franzosen nicht mehr begleiten."

Darüber hinaus fanden sich für den Bereich des heutigen Wetzlarer Stadtgebietes noch das Textilwerk Hofmann in Garbenheim mit 47 Personen und Wilhelm Heger in Hermannstein mit 40 Personen.

Die in den Aufstellungen der Deutschen Arbeitsfront vom 26. Oktober 1942[158] und 1. April 1943,[159] sowie in einer im historischen Archiv der Stadt Wetzlar befindlichen Liste der Ortspolizeibehörde Wetzlar vom 30. Juni 1944[160] genannten Firmen Kremp & Söhne (5 Personen im Leitz-Lager) und Handschuhfabrik Mülln in der Frankenstraße, sowie der Landwirt Helm in Büblingshausen (12 Personen) sind in der Aufstellung vom 18. Januar 1945 nicht mehr enthalten.

Die Angabe im CCP, ein „Zwangsarbeiterlager Stadt Wetzlar" habe sich zusätzlich in Gießen befunden (ohne weitere Lokalitätsangabe),[161] muss als falsch angesehen werden.
Interessant ist darüber hinaus, dass keines der Lager in der Stadt Wetzlar im „Catalogue of Camps and Prisons in Germany and German-occupied Territories" von

1949 erwähnt wurde. Lediglich das Lager Altenberg der Röchling-Buderus AG wurde dort mit aufgeführt.[162]

Tabelle: Zwangsarbeiter/innen und Kinder, die sich in Lagern im Stadtgebiet von Wetzlar aufhielten[163]

MÄNNER

	Am 26. Oktober 1942	Am 1. April 1943	Am 18. Januar 1945
Ostarbeiter	798	932	976
Polen	106	120	134
Italiener	57	34	617
Franzosen	0	665	579
Holländer	0	16	167
Belgier	0	242	271
Kriegsgefangene	0[164]	559	0

FRAUEN und KINDER

Ostarbeiterinnen	479	840	1.665, ferner 59 Kinder
Polinnen	0	7	38, ferner 3 Kinder
Italienerinnen	0	0	4
Französinnen	20	16	26
Holländerinnen	0	0	3

Wetzlarer zur Zwangsarbeit

Der Einsatz jüdischer KZ-Häftlinge als Zwangsarbeiter konnte für den Raum Wetzlar nicht nachgewiesen werden.[165] Zwar fand sich in der „Gedenkstätte Deutscher Widerstand“ in Berlin-Plötzensee die Angabe, bei den Röchling'schen Stahlwerken GmbH Völklingen, Betriebsabteilung Wetzlar,[166] habe sich eine Außenstelle des KZ Buchenwald befunden; dem muss jedoch widersprochen werden.[167]
Auch in Wetzlar wurden die jüdischen Bürgerinnen und Bürger von den Nationalsozialisten verfolgt und – wenn sie nicht schon vorher ins Ausland emigriert waren – in deutsche Konzentrationslager deportiert. Die letzten jüdischen Einwohnerinnen hatten Wetzlar vermutlich im Sommer 1943 verlassen müssen.[168]

Personalausweis des jüdischen Wetzlarer Bürgers Georg Rabow. Er betrieb ein Wäschestickerei-Geschäft in der Lahnstraße, war mit einer nichtjüdischen deutschen Frau verheiratet und hatte fünf Kinder. 1942 wurde er zusammen mit vielen anderen Wetzlarer Juden in das Konzentrationslager Buchenwald deportiert. Es ist bemerkenswert, dass er von dort 1943 wegen eines Herzleidens entlassen wurde. Nach einer langen Irrfahrt verstarb er im noch selben Jahr in einem jüdischen Frankfurter Krankenhaus.

Die meisten hier noch lebenden Halbjuden hatte man jedoch bis zum Januar 1945 einigermaßen unbehelligt gelassen. Dann allerdings sollten alle bis dahin noch im Raum Wetzlar/Gießen wohnenden halbjüdischen männlichen Einwohner durch Mitarbeiter der Organisation Todt zum Zwangsarbeitseinsatz im berüchtigten „KZ Mittelbau-Dora" bei Nordhausen am Harz verbracht werden.

Einer von ihnen war Walter Rabow aus der Lahnstraße in Wetzlar. Er hatte einen jüdischen Vater und eine deutschstämmige Mutter. Im Jahre 2000 erinnerte er sich:[169]

„Meine Eltern hatten das bekannte Posamenten-Geschäft[170] *in der Wetzlarer Lahnstraße 34. Nebenbei haben wir auch noch für eine Gießener Firma Wäsche zum Reinigen angenommen.*

Es war 1941 oder 1942, als mein Vater von SA-Männern abgeholt und zum Wetzlarer Bahnhof gebracht wurde. Dort hatte man eine große Zahl jüdischer Bürgerinnen und Bürger von Wetzlar zusammengetrieben. Meiner Mutter war gesagt worden, daß der Transport nach Buchenwald ginge. Vor lauter Angst, daß auch uns etwas passieren könnte, sind wir nicht zum Bahnhof gegangen.

Mein Vater kam tatsächlich nach Buchenwald. Von dort wurde er 1943 jedoch wegen seines kranken Herzens wieder nach Wetzlar zur Krankenhausbehandlung

entlassen. Wir konnten das damals kaum glauben, aber es stimmte tatsächlich. Ob das etwas damit zu tun hatte, daß NSDAP-Kreisleiter Wilhelm Haus immer seine Oberhemden zur Reinigung und zum Stärken der Hemdkragen bei uns abgab? Wir haben es nie erfahren.
Das Wetzlarer Krankenhaus hat sich aber geweigert, unseren Vater aufzunehmen. Daraufhin kam er in ein jüdisches Krankenhaus nach Frankfurt am Main, wo es jedoch keine Ärzte oder Medikamente mehr gab. Wenige Tage danach ist er in Frankfurt verstorben.
Ich selbst hatte als Halbjude 1938 eine Lehrstelle im Hollmann-Werk bekommen, wo ich zum Maschinenschlosser ausgebildet wurde. Bei Hollmann wurden sowohl Fruchtpressen gebaut – dort arbeitete ich – als auch Granaten hergestellt. Im Januar 1945 bekam ich die Aufforderung, mich reisefertig beim Wetzlarer Arbeitsamt für einen Arbeitseinsatz zu melden. Als ich dort ankam, warteten schon mehrere Halbjuden aus dem Raum Wetzlar dort. Ich erinnere mich noch an Hans und Paul Moses aus Wetzlar, einen Schmidt aus Albshausen, einen Goldmann aus Brandoberndorf, einen Walter Find aus Wetzlar und jemanden aus Herbornseelbach. Mit dabei waren auch meine Brüder Heinz, Walter, Hans und Ernst.
Ein OT-Mann hat uns dann mit der Eisenbahn nach Frankfurt am Main gebracht. Wir waren insgesamt wohl an die 25 Halbjuden. In Frankfurt wurden wir in das

1943 in Wetzlar: Die halbjüdischen Brüder (von links) Heinz, Walter und Ernst Rabow mit ihrer Mutter Margarethe geb. Staaden. Ganz rechts stand ein Heinz Richter, der damals als Feuerwerker bei der Firma Hollmann die Granatenkörper aus der Produktion prüfte. Die Brüder Rabow mussten im Januar 1945 zusammen mit anderen Halbjuden Wetzlar verlassen, um im „KZ Mittelbau Dora“ bei Nordhausen am Harz Zwangsarbeit zu leisten. Sie wurden jedoch in Clausthal-Zellerfeld (Oberharz) von den Amerikanern befreit und kamen nach Wochen wieder zurück nach Wetzlar.

Gestapo-Gefängnis gebracht. Dort sperrte man uns für einige Stunden in einen vergitterten Käfig, der frei mitten in einem größeren Raum stand.
Anschließend holte uns ein anderer OT-Mann ab und fuhr dann mit uns im Zug in Richtung Harz. Er gab an, wir sollten nach Nordhausen am Harz in ein Lager kommen, wo wir in unterirdischen Fabriken arbeiten sollten.[171] *In Goslar mußten wir dann in einen Zug nach Clausthal-Zellerfeld umsteigen. Der OT-Mann war plötzlich verschwunden, aber irgendwer brachte unsere Gruppe dann nach Clausthal. Von dort ging es aber nicht mehr weiter.*
Ich weiß nicht mehr, warum man uns nicht weiter in den Ostharz nach Nordhausen brachte, denn das war ja gar nicht mehr so weit von dort. Jedenfalls kamen wir in ein Barackenlager bei Clausthal-Zellerfeld, das zu einer großen Munitionsfabrik in der Nähe gehörte. Sie war zu dem Zeitpunkt ziemlich zerbombt. Wir mußten alle für eine Baufirma beim Schutträumen in der Fabrik arbeiten. Ich kam an ein Förderband, an dem auch zahlreiche Russenmädchen den Schutt sortierten.
Nachdem die Amerikaner den Harz eingenommen hatte, sind wir dann zu Fuß wieder zurück nach Wetzlar gelaufen. Das hat drei Wochen gedauert.
Heute weiß ich, daß wir Halbjuden damals als Zwangsarbeiter in ein KZ kommen sollten. Dem Himmel sei Dank dafür, daß uns dieses grauenhafte Schicksal erspart geblieben ist."

Walter Rabow wußte noch andere bemerkenswerte Dinge zu berichten:
„Unsere Mutter war Christin und unser Vater war Jude – ich bin also von halbjüdischer Abstammung. In unserem Haus in der Lahnstraße 34 hatten wir die bekannte Wäschestickereianfertigung, und zusätzlich eine Annahmestelle für die Gießener ‚Wäscherei Edelweiß'.
Ich erinnere mich noch genau daran, daß der NSDAP-Kreisleiter Wilhelm Haus bei uns – also in dem Geschäft eines Juden – immer seine gestärkten Hemdkragen zum Reinigen abgab. Er kam oft zu uns in den Laden, aber ich habe seine gereinigte Wäsche auch oft zu ihm in das ‚Braune Haus' an der Haarbachstraße bringen müssen."

Vermittlung

Wie kamen die ausländischen Zwangsarbeiter in die einzelnen Betriebe? Wurden die Unternehmen einseitig durch Reichsbehörden gezwungen, Zwangsarbeiter aufzunehmen, oder standen die Firmen umgekehrt etwa Schlange bei den Behörden, um solche Arbeitskräfte zu bekommen? Dr. Ludwig Leitz schilderte die „Zuführung der Ausländer" 1986 einmal so:[172]
„Wie die bürokratische Zuführung der Zwangsarbeiterinnen erfolgte, weiß ich nicht. Aber angesichts der ganzen Zwangssituation ist es ausgeschlossen, daß

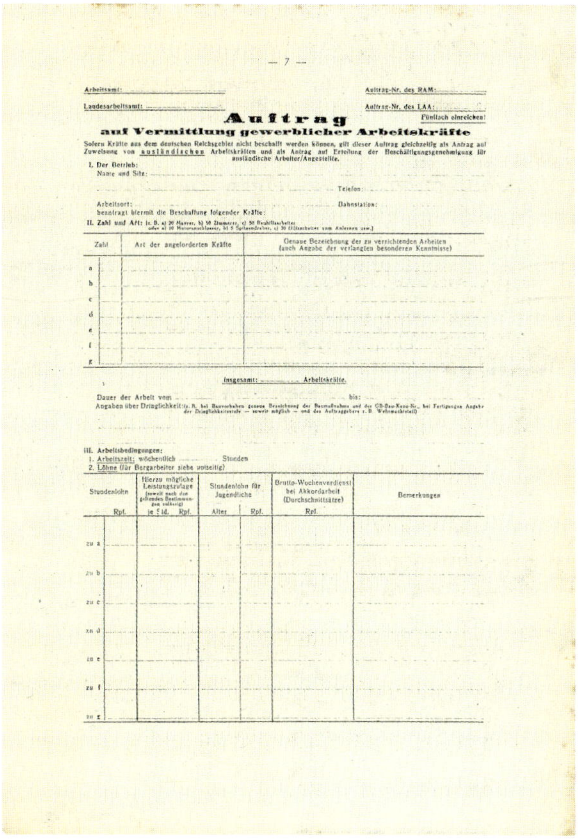
— 7 —

Arbeitsamt: ______ Auftrag-Nr. des RAM: ______

Landesarbeitsamt: ______ Auftrag-Nr. des LAA: ______

Fünffach einreichen!

Auftrag

auf Vermittlung gewerblicher Arbeitskräfte

Sofern Kräfte aus dem deutschen Reichsgebiet nicht beschafft werden können, gilt dieser Auftrag gleichzeitig als Antrag auf Zuweisung von ausländischen Arbeitskräften und als Antrag auf Erteilung der Beschäftigungsgenehmigung für ausländische Arbeiter/Angestellte.

I. Der Betrieb:
Name und Sitz: ______
Telefon: ______
Arbeitsort: ______ Bahnstation: ______
beantragt hiermit die Beschaffung folgender Kräfte:

II. Zahl und Art: (z. B. a) 20 Maurer, b) 10 Zimmerer, c) 50 Bauhilfsarbeiter oder a) 10 Motorenschlosser, b) 5 Spitzendreher, c) 20 Hilfsarbeiter zum Anlernen usw.)

	Zahl	Art der angeforderten Kräfte	Genaue Bezeichnung der zu verrichtenden Arbeiten (auch Angabe der verlangten besonderen Kenntnisse)
a			
b			
c			
d			
e			
f			
g			

Insgesamt: ______ Arbeitskräfte.

Dauer der Arbeit vom ______ bis: ______
Angaben über Dringlichkeit: (z. B. bei Bauvorhaben genaue Bezeichnung der Baumaßnahme und der GB-Bau-Kenn-Nr., bei Fertigungen Angabe der Dringlichkeitsstufe — soweit möglich — und des Auftraggebers z. B. Wehrmachtstell)

III. Arbeitsbedingungen:
1. Arbeitszeit: wöchentlich ______ Stunden
2. Löhne (für Bergarbeiter siehe umseitig)

	Stundenlohn Rpf.	Hierzu mögliche Leistungszulage (soweit nach den geltenden Bestimmungen zulässig) je Std. Rpf.	Stundenlohn für Jugendliche Alter	Stundenlohn für Jugendliche Rpf.	Brutto-Wochenverdienst bei Akkordarbeit (Durchschnittsätze) Rpf.	Bemerkungen
zu a						
zu b						
zu c						
zu d						
zu e						
zu f						
zu g						

Auftragsformular zur Vermittlung gewerblicher Arbeitskräfte. Obwohl auf diesem Formular der Begriff „Ausländer" nicht verwendet wurde, war doch jedem Arbeitgeber im Zweiten Weltkrieg klar, dass freie deutsche Arbeiter für eine Anwerbung längst nicht mehr zur Verfügung standen.
Das ausgefüllte Formular musste dem örtlichen Arbeitsamt vorgelegt werden, das den angeforderten Arbeiterbedarf dem Grunde und der Höhe nach prüfte und den Antrag dann an das Landesarbeitsamt weiterleitete. Dieses gab ihn schließlich an die zuständige deutsche „Anwerbestelle" im Ausland weiter, welche die angeforderten Arbeitskräfte zur Verfügung stellte.

man sich der Zuführung dieser Arbeitskräfte durch die Organisation Todt hätte entziehen können, das wäre als Kriegsverrat geahndet worden."

Dr. Knut Kühn-Leitz schrieb im Oktober 2000 über die Zwangsarbeiter in den Leitzwerken:[173]
„Das Unternehmen mußte immer stärker in die Rüstungsproduktion einsteigen. Da wegen anhaltender Einberufungen keine einheimischen Arbeitskräfte verfügbar waren, wurden von der verbrecherischen Staatsführung in der besetzten Ukraine ungelernte Arbeitskräfte, zumeist Frauen, zwangsweise rekrutiert und nach Wetzlar verbracht. Sie wurden den Firmen zugewiesen, ohne daß diese Einfluß auf ihre Auswahl hatten. Einsatzbedingungen und Entlohnung waren durch Gesetzt geregelt. Die Einhaltung dieser Vorschriften wurde durch die Geheime Staatspolizei streng überwacht."
Diese Sichtweisen entsprachen nicht den Tatsachen, denn weder die Gestapo noch die „Organisation Todt" hatten je etwas mit Vermittlung oder Entlohnung der Aus-

länder zu tun. Die Vermittlung – zum Beispiel die Inspektion des gesamten Ausländer-Einsatzes, die Arbeitsbuchführung usw. – oblag dem örtlichen Arbeitsamt,[174] die ideologische Führung der DAF,[175] und allein die „arbeitsrechtliche Behandlung“[176] der Gestapo – allerdings erst nach vorheriger Anzeige durch den Betrieb. Außerdem war die Organisation Todt eine reine nationalsozialistische Bau-Organisation (in ihr mussten Zehntausende Bauarbeiter, Zwangsarbeiter und Sträflinge die gigantischen Kriegsbauten des Dritten Reiches errichten),[177] die mit der Zuführung von Zwangsarbeitern an deutsche Firmen nichts zu tun hatte.

Hinzu kommt, dass durchaus nicht alle diese Ausländer als ungelernte Arbeitskräfte bezeichnet werden konnten: Es befanden sich auch Facharbeiter unter ihnen.

Auch die Angabe von Sommer:[178] *„Die Zuweisung der Kriegsgefangenen und ausländischen Zivilarbeiter fiel in die Zuständigkeit des Vorsitzenden der IHK von Wetzlar, Riekeberg“* war nicht richtig. Riekeberg, ab 1. Dezember 1943 Präsident der „Bezirksstelle Wetzlar der Gau-Wirtschaftskammer Rhein-Main“,[179] hatte in dieser Eigenschaft mit den Anträgen oder der Zuweisung von Zwangsarbeitern – wenn überhaupt – allenfalls am Rande etwas zu tun.

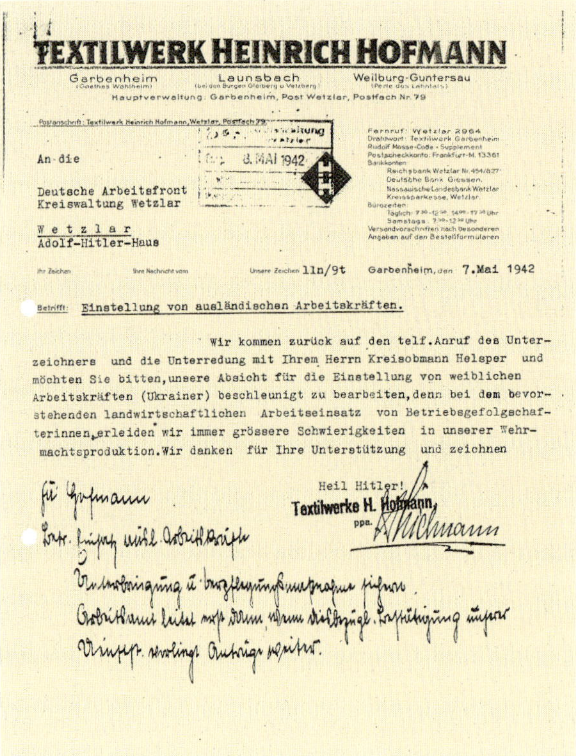

TEXTILWERK HEINRICH HOFMANN

Garbenheim (Goethes Wahlheim) · Launsbach (bei den Burgen Gleiberg u. Vetzberg) · Weilburg-Guntersau (Perle des Lahntals)

Hauptverwaltung: Garbenheim, Post Wetzlar, Postfach Nr. 79

Postanschrift: Textilwerk Heinrich Hofmann, Wetzlar, Postfach 79

An die

Deutsche Arbeitsfront
Kreiswaltung Wetzlar

Wetzlar
Adolf-Hitler-Haus

8. MAI 1942

Fernruf: Wetzlar 2964
Drahtwort: Textilwerk Garbenheim
Rudolf Mosse-Code · Supplement
Postscheckkonto: Frankfurt-M. 13361
Bankkonten:
Reichsbank Wetzlar Nr. 454/827
Deutsche Bank Giessen.
Nassauische Landesbank Wetzlar
Kreissparkasse, Wetzlar.
Bürozeiten:
Täglich: 7³⁰-12³⁰, 14⁰⁰-17³⁰ Uhr
Samstags: 7³⁰-12³⁰ Uhr
Versandvorschriften nach besonderen Angaben auf den Bestellformularen

Ihr Zeichen · Ihre Nachricht vom · Unsere Zeichen 11n/9t · Garbenheim, den 7.Mai 1942

Betrifft: Einstellung von ausländischen Arbeitskräften.

Wir kommen zurück auf den telf.Anruf des Unterzeichners und die Unterredung mit Ihrem Herrn Kreisobmann Helsper und möchten Sie bitten, unsere Absicht für die Einstellung von weiblichen Arbeitskräften (Ukrainer) beschleunigt zu bearbeiten, denn bei dem bevorstehenden landwirtschaftlichen Arbeitseinsatz von Betriebsgefolgschafterinnen, erleiden wir immer grössere Schwierigkeiten in unserer Wehrmachtsproduktion. Wir danken für Ihre Unterstützung und zeichnen

Heil Hitler!
Textilwerke H. Hofmann,
ppa.

Betriebe, die ausländische Arbeiter beschäftigen wollten, mussten zuerst einmal umfangreiche und kostspielige Voraussetzungen für deren Unterbringung und Versorgung schaffen und konnten erst dann in einem aufwendigen Verfahren über das örtliche Arbeitsamt solche Kräfte anfordern.

Für die größeren Betriebe machte es also überhaupt keinen Sinn, ohne den vorherigen Bau der erforderlichen Gemeinschaftslager und die Sicherstellung der Ver- und Entsorgung für Hunderte von Menschen Anträge auf Zuteilung von Zwangsarbeitern beim Arbeitsamt zu stellen. Aber auch kleinere Betriebe waren an dieses Verfahren gebunden, wie hier das Textilwerk Hofmann in Garbenheim.

Die Sichtweise, die Zwangsarbeiter seien den Betrieben praktisch aufgezwungen worden, ohne dass man sich dagegen hätte wehren können, hat sich in weiten Bevölkerungskreisen bis heute hartnäckig gehalten. Im Abschnitt „Anwerbung und Arbeitseinsatz“ der „Ergänzbaren Sammlung der geltenden Vorschriften mit ausführlichen Erläuterungen und Verweisungen“ der DAF von 1942 war das amtliche Verfahren hingegen genau definiert:[180]

„*... 4. Welche Betriebe können ausländische Arbeiter erhalten?*
Da die Anwerbung allein in der Hand der Reichsarbeitsverwaltung liegt, müssen die Betriebe Anträge auf Vermittlung von ausländischen Arbeitskräften an ... die Arbeitsämter richten. Die Arbeitsämter prüfen auf Grund ihrer Kenntnis der örtlichen und bezirklichen Verhältnisse verantwortlich die Dringlichkeit und die Höhe des angemeldeten Bedarfs ... und entscheiden darüber, ob der Antrag dem Landesarbeitsamt weitergegeben werden kann. Das Landesarbeitsamt beschließt nach Prüfung der überbezirklichen Verhältnisse über die Weitergabe an das Reichsarbeitsministerium. Beide Stellen müssen sich darüber schlüssig werden, ob der angemeldete Bedarf ... aus dem Inland befriedigt werden kann. Die Aufträge der Betriebe lauten daher schlechthin auf Vermittlung von Arbeitskräften.[181]
Können Kräfte aus dem deutschen Reichsgebiet nicht beschafft werden, so gilt der Antrag gleichzeitig als Antrag auf Zuweisung von ausländischen Arbeitskräften und als Antrag auf Erteilung der Beschäftigungsgenehmigung für Ausländer.
... Hat das Landesarbeitsamt die Dringlichkeit und den Umfang des Arbeiterbedarfs anerkannt und bestehen keine Möglichkeiten der Bedarfsbefriedigung im Inland, so geht der Antrag an das Reichsarbeitsministerium. Dieses leitet den Auftrag dem ausländischen Werbebezirk zu ...

5. Der Auftrag auf Vermittlung ausländischer Arbeiter.
Für den Vermittlungsauftrag sind Vordrucke vorgesehen, die die Arbeitsämter kostenlos abgeben. Der Vordruck ist sorgfältig und vollständig ausgefüllt in fünffacher Ausfertigung bei dem für den Sitz des Betriebes zuständigen Arbeitsamt einzureichen. Es sind genaue Angaben über die Art der geforderten Arbeitskräfte, über die von ihnen zu verrichtenden Arbeiten und den Beginn und die Dauer der Arbeit einzutragen.
... Ebenso wichtig ist es, daß die wohnliche Unterbringung der fremdländischen Arbeiter bereits bei der Auftragserteilung sichergestellt ist. Angesichts der großen Zahl der Ausländer ist es ... meist nicht möglich, Einzelquartiere zu beschaffen. Die Betriebe müssen daher für lagermäßige Unterbringung sorgen. Die Verwaltung der Lager sowie die Freizeitgestaltung über nimmt die DAF – Amt für Arbeitseinsatz –, die bereits bei der Auftragserteilung zu prüfen hat, ob die Unterkünfte gesichert und einwandfrei sind. Danach bringt die DAF auf dem Auftrag einen Vermerk an, ob die Gemeinschaftsunterkünfte und die Verpflegungsmöglichkeiten geprüft und in Ordnung befunden sind. Ohne diesen Vermerk findet eine Weitergabe des Auftrages nicht statt.“

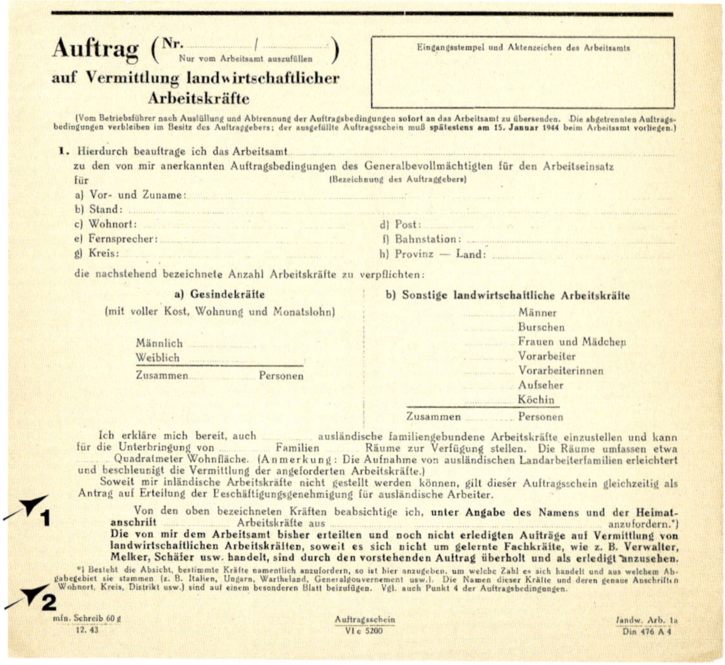

Auftrag (Nr. .... / .... Nur vom Arbeitsamt auszufüllen)

auf Vermittlung landwirtschaftlicher Arbeitskräfte

Eingangsstempel und Aktenzeichen des Arbeitsamts

(Vom Betriebsführer nach Ausfüllung und Abtrennung der Auftragsbedingungen **sofort** an das Arbeitsamt zu übersenden. Die abgetrennten Auftragsbedingungen verbleiben im Besitz des Auftraggebers; der ausgefüllte Auftragsschein muß **spätestens am 15. Januar 1944** beim Arbeitsamt vorliegen.)

1. Hierdurch beauftrage ich das Arbeitsamt ....
zu den von mir anerkannten Auftragsbedingungen des Generalbevollmächtigten für den Arbeitseinsatz
für (Bezeichnung des Auftraggebers)
a) Vor- und Zuname: ....
b) Stand: ....
c) Wohnort: .... d) Post: ....
e) Fernsprecher: .... f) Bahnstation: ....
g) Kreis: .... h) Provinz — Land: ....
die nachstehend bezeichnete Anzahl Arbeitskräfte zu verpflichten:

a) Gesindekräfte
(mit voller Kost, Wohnung und Monatslohn)
Männlich ....
Weiblich ....
Zusammen .... Personen

b) Sonstige landwirtschaftliche Arbeitskräfte
.... Männer
.... Burschen
.... Frauen und Mädchen
.... Vorarbeiter
.... Vorarbeiterinnen
.... Aufseher
.... Köchin
Zusammen .... Personen

Ich erkläre mich bereit, auch .... ausländische familiengebundene Arbeitskräfte einzustellen und kann für die Unterbringung von .... Familien .... Räume zur Verfügung stellen. Die Räume umfassen etwa .... Quadratmeter Wohnfläche. (Anmerkung: Die Aufnahme von ausländischen Landarbeiterfamilien erleichtert und beschleunigt die Vermittlung der angeforderten Arbeitskräfte.)
Soweit mir inländische Arbeitskräfte nicht gestellt werden können, gilt dieser Auftragsschein gleichzeitig als Antrag auf Erteilung der Beschäftigungsgenehmigung für ausländische Arbeiter.

Von den oben bezeichneten Kräften beabsichtige ich, **unter Angabe des Namens und der Heimatanschrift** .... Arbeitskräfte aus .... anzufordern.*)
Die von mir dem Arbeitsamt bisher erteilten und noch nicht erledigten Aufträge auf Vermittlung von landwirtschaftlichen Arbeitskräften, soweit es sich nicht um gelernte Fachkräfte, wie z. B. Verwalter, Melker, Schäfer usw. handelt, sind durch den vorstehenden Auftrag überholt und als erledigt anzusehen.

*) Besteht die Absicht, bestimmte Kräfte namentlich anzufordern, so ist hier anzugeben, um welche Zahl es sich handelt und aus welchem Abgabegebiet sie stammen (z. B. Italien, Ungarn, Wartheland, Generalgouvernement usw.). Die Namen dieser Kräfte und deren genaue Anschriften (Wohnort, Kreis, Distrikt usw.) sind auf einem besonderen Blatt beizufügen. Vgl. auch Punkt 4 der Auftragsbedingungen.

mfn. Schreib 60 g 12. 43 — Auftragsschein VI c 5200 — landw. Arb. 1a Din 476 A 4

Auch im Auftrags-Formular für die Anforderung landwirtschaftlicher Arbeitskräfte kam ursprünglich der Begriff „Ausländer“ nicht vor. Später wurde jedoch – wie hier im Bild – der Zusatz gemacht: *„Soweit mir inländische Arbeitskräfte nicht gestellt werden können, gilt dieser Auftragsschein gleichzeitig als Antrag auf Erteilung einer Beschäftigungsgenehmigung für ausländische Arbeiter“* (siehe Pfeil 1). Darüber hinaus belegt dieses Formular, dass eine namentliche Anforderung von ausländischen Arbeitskräften ohne Weiteres möglich war: *„Besteht die Absicht, bestimmte Kräfte namentlich anzufordern, so ist hier anzugeben, um welche Zahl es sich handelt und aus welchem Abgabegebiet sie stammen (z. B. Italien, Ungarn, Wartheland, Generalgouvernement usw.)“* – siehe Pfeil 2.

Insbesondere wegen der verschiedenen beteiligten Behörden und Dienststellen war das Verfahren umständlich und zeitraubend. So beklagte das Rüstungsamt Gießen im Sommer 1941:[182]
„Der Zugang neuer ausländischer Arbeitskräfte wird dadurch wesentlich erschwert, dass der formelle Weg für die Zuweisung zu lang ist (Arbeitsamt, Landesarbeitsamt, Reichsarbeitsministerium, Treuhänder der Arbeit, DAF, Kreisleiter), wenn auch Bestrebungen im Gange sind, einen Teil (die 3 Letztgenannten) der Instanzen auszuschalten.“
Betriebe, die ausländische Arbeiter beschäftigen wollten, mussten also zuerst einmal umfangreiche und kostspielige Voraussetzungen für deren Unterbringung und Versorgung schaffen und konnten erst dann in einem aufwendigen Verfahren über das örtliche Arbeitsamt solche Kräfte anfordern.
Für die größeren Betriebe machte es also überhaupt keinen Sinn, ohne den vorherigen Bau der erforderlichen Gemeinschaftslager und die Sicherstellung der Ver- und Entsorgung für Hunderte, oft auch Tausende von Menschen Anträge auf

Zuteilung von Zwangsarbeitern beim Arbeitsamt zu stellen. Aber auch kleinere Betriebe waren an dieses Verfahren gebunden. So schrieb das Textilwerk Hofmann in Garbenheim am 7. Mai 1942 an die DAF in Wetzlar:[183]

„Einstellung von ausländischen Arbeitskräften. Wir kommen zurück auf den telef. Anruf des Unterzeichners und die Unterredung mit Ihrem Herrn Kreisobmann Helsper und möchten Sie bitten, unsere Absicht für die Einstellung von weiblichen Arbeitskräften (Ukrainer) beschleunigt zu bearbeiten, denn bei dem bevorstehenden landwirtschaftlichen Arbeitseinsatz von Betriebsgefolgschafterinnen erleiden wir immer grössere Schwierigkeiten in unserer Wehrmachtsproduktion ...“

Kreisobmann Helsper antwortete darauf am 15. Mai 1942:

„Wir bitten Sie, die Vorbereitungen zur Unterbringung und der Verpflegungsmassnahmen so zu treffen und zu sichern, dass dieselben bei Ankunft der ausländischen Arbeitskräfte keinerlei Schwierigkeiten mehr bereiten.

Das Arbeitsamt gibt die Anforderungen von ausländischen Arbeitskräften erst dann weiter, wenn eine Bestätigung unserer Dienststelle vorliegt, dass die Unterbringungs- und Verpflegungsmassnahmen in Ordnung sind. Wir bitten Sie, uns entsprechend zu unterrichten.“

Dem Arbeitseinsatz von Zwangsarbeitern ging außerdem noch ein Antrags- und Genehmigungsverfahren voraus, das nach der „Verordnung über die Beschäftigung ausländischer Arbeitnehmer“ vom 23. Januar 1943 geregelt war. Dazu hieß es in den entsprechenden Ausführungsbestimmungen:[184]

„Nach dieser Verordnung bedarf ein Unternehmer zur Beschäftigung einer ausländischen Arbeitskraft im Reichsgebiet der Beschäftigungsgenehmigung, ein

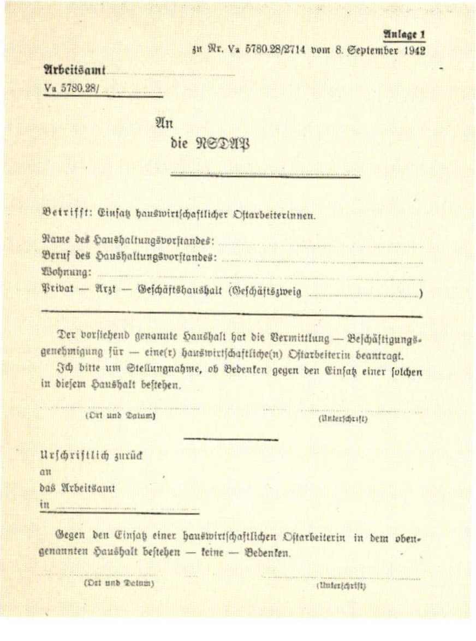

Anlage 1
zu Nr. Va 5780.28/2714 vom 8. September 1942

Arbeitsamt ....
Va 5780.28/ ....

An
die NSDAP
....

Betrifft: Einsatz hauswirtschaftlicher Ostarbeiterinnen.

Name des Haushaltungsvorstandes: ....
Beruf des Haushaltungsvorstandes: ....
Wohnung: ....
Privat — Arzt — Geschäftshaushalt (Geschäftszweig ....)

Der vorstehend genannte Haushalt hat die Vermittlung — Beschäftigungsgenehmigung für — eine(r) hauswirtschaftliche(n) Ostarbeiterin beantragt.

Ich bitte um Stellungnahme, ob Bedenken gegen den Einsatz einer solchen in diesem Haushalt bestehen.

.... (Ort und Datum) .... (Unterschrift)

Urschriftlich zurück
an
das Arbeitsamt
in ....

Gegen den Einsatz einer hauswirtschaftlichen Ostarbeiterin in dem obengenannten Haushalt bestehen — keine — Bedenken.

.... (Ort und Datum) .... (Unterschrift)

Dieses Formular der Arbeitsämter diente zur Überprüfung von Anträgen auf Vermittlung von hauswirtschaftlichen Arbeitskräften – vermutlich durch die Gestapo und die DAF. Dieses Formular beinhaltete wörtlich den Begriff „Einsatz hauswirtschaftlicher Ostarbeiterinnen“.

Ausländer zur Ausübung einer Beschäftigung im Reichsgebiet als Arbeiter oder Angestellter der Arbeitserlaubnis ...“
Alle Unterlagen des Wetzlarer Arbeitsamtes, aus denen nähere Angaben über die Vermittlung von Zwangsarbeitern zu entnehmen gewesen wären, müssen als verloren gelten.[185] Es fanden sich aber noch verschiedene andere Belege zu dieser Thematik. Stellvertretend für alle anderen Wetzlarer Industriebetriebe sollen hier einige Vorgänge bei den Buderus'schen Eisenwerken genannt werden:
Im Geschäftsbericht für das 4. Quartal 1940 hieß es, dass nach langem Bemühen *„uns Gefangene jetzt zugeteilt werden.“*[186] In einer interne Niederschrift über die Betriebsleiterbesprechung vom 24. September 1942 fand sich unter der Rubrik „Ausländereinsatz“ folgender Vermerk:[187]
„Dem Arbeitsamt ist vor einigen Tagen auf Anfordern unser voraussichtlicher Kräftebedarf ... beziffert worden. Durchdruck ist an das Rüstungskommando Gießen gegangen.
... Die für den 1. Dezember benötigten deutschen Arbeitskräfte sind gestrichen und zunächst nur der sofortige Kräftebedarf anerkannt worden. Das Arbeitsamt Wetzlar ist aber nach wiederholten Erklärungen nicht in der Lage, z.Zt. irgendwelche deutschen Arbeitskräfte, auch die dringend angeforderten 8 Betriebsmaurer nicht, zu stellen.
... Aber auch der Erhalt von sowj.(etischen) *Kr.*(iegs)*Gef.*(angenen) *stößt in der letzten Zeit trotz aller Bemühungen auf größte Schwierigkeiten. Es bleibt nichts anderes übrig, als hier die Berliner Stellen des OKH um eine Unterstützungsaktion bei dem Arbeitsamt bzw. Landesarbeitsamt zu bitten, nachdem das Rüstungskommando bereits um Unterstützung angegangen worden ist.“*
Im Juni 1942 hielt der Vorstand dann die systematische Anforderung von Zwangsarbeitern für erforderlich.[188]

Die Zwangsarbeiter und Kriegsgefangenen wurden den betreffenden Firmen also nicht aufgezwungen.[189] Allerdings ist in Wetzlar ein Einzelfall nachweisbar, in dem ein Zwangsarbeiter einer Firma tatsächlich zugewiesen wurde, ohne dass diese ihn haben wollte. Der Inhaber der Firma Georg Kremp, Optik und Mechanik, beschwerte sich am 16. Januar 1943 in einem Brief an das Rüstungskommando Gießen:[190]
„Wir bestätigen Ihren telef. Anruf und die Unterredung mit Ihrem Herrn Major Stratmann und teilen Ihnen mit, daß es uns unmöglich war, die uns vom Arbeitsamt Wetzlar zugewiesene ausländische Arbeitskraft einzustellen, da wir keine Möglichkeit haben, diesem Unterkunft und Verpflegung zu stellen. Wir haben den ganzen Donnerstag dazu verwandt, Unterkunftsmöglichkeiten zu finden ... Auch ein dreimaliges Inserat im Wetzlarer Anzeiger war bis jetzt erfolglos.[191]
Der von Herrn Major Stratmann gestellten Zumutung, diese ausländischen Arbeitskräfte im eigenen Bett des Betriebsführers unterzubringen und sich selbst

ein anderes Quartier zu suchen, haben wir von uns aus nichts hinzuzufügen. Diese Angelegenheit bedauern wir nur außerordentlich.
Im Übrigen möchten wir noch bemerken, daß wir beim Arbeitsamt Wetzlar keine Leute angefordert haben, sondern nur im Rahmen der SE-Aktion[192] *auf Ihre Anweisung hin eine Durchschrift unserer Meldung an Sie dem hiesigen Arbeitsamt zukommen ließen ...“*

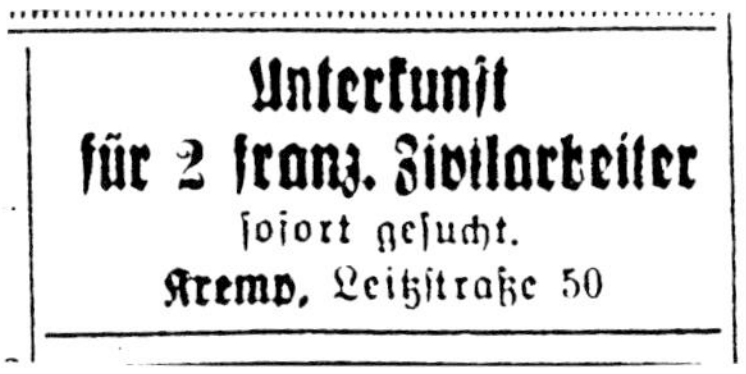
Unterkunft
für 2 franz. Zivilarbeiter
sofort gesucht.
Kremp, Leitzstraße 50

Eine seltene Ausnahme: Die Firma Georg Kremp, Optik und Mechanik in Wetzlar, hatte in der Tat im Januar 1943 einen Zwangsarbeiter vom Arbeitsamt zugewiesen bekommen, ohne diesen angefordert zu haben. Nachdem sie diese Person im Geschäftsgebäude nicht unterbringen konnte, inserierte sie deswegen im Wetzlarer Anzeiger vom 15. Januar 1943 vergeblich.

Auch die Angabe, die Firmen hätten keinen Einfluss auf die Auswahl der Zwangsarbeiter gehabt, ist so nicht richtig. Schon 1941 hatte der Reichsarbeitsminister die „namentliche Anforderung gewerblicher ausländischer Arbeitskräfte“[193] zugelassen. Entsprechende Namens- und Adresslisten waren vermutlich bei den Arbeitsämtern erhältlich. Auf den Antragsvordrucken für die Vermittlung ausländischer Arbeitskräfte fand sich daher folgender Passus:[194]
„Besteht die Absicht, bestimmte Kräfte namentlich anzufordern, so ist hier anzugeben, um welche Zahl es sich handelt und aus welchem Abgabegebiet sie stammen (z. B. Italien, Ungarn, Generalgouvernement usw.). Die Namen dieser Kräfte und deren genaue Anschriften ... sind auf einem besonderen Blatt beizufügen.“
Und schließlich konnte noch vor Ort im deutschen Durchgangslager, wo die Zwangsarbeiter von Firmenvertretern abgeholt werden mussten, in Ruhe eine Auswahl getroffen werden.

Wie die „Anwerbung“ im besetzten Ausland zu jener Zeit erfolgte, soll hier stellvertretend an drei Fällen von Wetzlarer Zwangsarbeitern beschrieben werden.
Waldemar Z.[195] wurde am 30. Juli 1916 in Wola-Chorzelowska, Polen geboren. 1999 erzählte er:[196]
„Im April 1941wurde ich mit vielen anderen Jugendlichen von Polen nach Darmstadt gebracht. Dort kamen wir in ein umzäuntes Lager, wo alle Leute entlaust und am ganzen Körper geschoren wurden.
Einige Tage später mußten wir alle antreten, und es kamen deutsche Männer und Frauen, die sich junge Leute für Zwangsarbeit aussuchten. Da ich durchaus kräftig war, kam ich zu einem Bauern nach Baden-Württemberg.“

Klawdija Tolstikowa war im Herbst 1942[197] 16 Jahre alt und wohnte in Mariupol auf der Krim. 2000 erinnerte sie sich:[198]

„Unsere Stadt wurde von deutschen Truppen umstellt. Es wurde ein Arbeitsamt eingerichtet, wo wir uns zu einer bestimmten Zeit melden mußten. Zuerst mußten wir in Mariupol Waggons be- und entladen. Später haben wir einen Bescheid bekommen, daß wir nach Deutschland geschickt würden. Ich füge meinem Brief die Kopie eines solchen Bescheides bei.

Danach wurden wir wie Sklaven behandelt. Sie haben uns in Güterzügen nach Deutschland gebracht. Die Waggons waren überfüllt, es war wenig Platz. Sie haben uns wie das Vieh transportiert.

So kamen wir in Frankfurt am Main an. Dort wurden wir aufgeteilt. Wir wurden alle in eine Reihe gestellt. Die deutschen Besitzer kamen und prüften unsere Muskeln und schauten in den Mund hinein.

Wer etwas kräftiger war, der wurde mitgenommen. Alle anderen kamen in Fabriken. Ich war dünn und klein und gerade mal 16, so kam ich nach Wetzlar zu Hensoldt."

Der Belgier Gustave Meurant berichtete nach dem Krieg bei einer Befragung durch belgische Regierungsstellen, er sei am 3. Oktober 1942 in Brüssel durch die Gestapo festgenommen worden, ohne ein Vergehen begangen zu haben. Man habe ihm einen sogenannten „Überweisungsschein No. 6" ausgestellt, auf dem gestanden habe: „Dienstverpflichtet lt. Verordnung des Militärberfehlshabers Belgien-Nordfrankreich vom 6. Oktober 1942".

Danach sei er bis zum 12. November 1942 in einem Gefängnis in St. Gilles festgehalten worden. Anschließend habe man ihn in das deutsche Auffanglager von Aix-la-Chapelle gebracht. Dort erfuhr er, dass er nach Deutschland zur Arbeit in den Wetzlarer Leitzwerken gebracht werden sollte. Er kam jedoch am 2. Januar 1943 in das Zwangsarbeiterlager der Firma Pfeiffer Apparatebau GmbH am Taubenstein in Wetzlar, von wo aus er am 14. Januar 1943 flüchten konnte.[199]

Behandlung

Während den polnischen Arbeitern bei ihrer Ankunft im Lager die strengen deutschen Verhaltensregeln nur mündlich vorgetragen werden durften, bekamen die Ostarbeiter gedruckte Anweisungen in russischer und ukrainischer Sprache ausgehändigt. Der Text einer solchen Anweisung lautete:[200]

„Arbeiter und Arbeiterinnen
aus den von den Bolschewiken befreiten Regionen.

Der Führer des deutschen Volkes Adolf Hitler hat Sie von dem Bolschewikenterror befreit.

РАБОЧИЕ И РАБОТНИЦЫ

из освобожденных от большевизма областей!

Вождь германского народа Адольф Гитлер и его победоносная армия освободили вас от большевистского гнета.

Все вы поняли значения этого великого события. Вы с благодарностью приняли свое избавление от всех ужасов и пыток советского строя.

Вы приехали в Германию, чтобы усердным трудом доказать свое искреннее желание участвовать в общем деле.

Большинство из вас проявило на работе подлинное усердие и добросовестное отношение к труду.

Вождь Великогермании Адольф Гитлер и Уполномоченный по проведению четырехлетнего плана, рейхсмаршал Герман Геринг, заслушав мой доклад о проявляемом вами усердии, постановили **значительно улучшить вашу зарплату** и предоставить вам следующие льготы:

1. Убрать проволочные ограждения в рабочих лагерях, за исключением тех случаев, если по военным соображениям все предприятие целиком должно быть обнесено такого рода заграждением.
2. Улучшить ваше питание, приравняв вас к нормам питания германского народа.
3. Открыть для вас особые сберегательные кассы для помещения ваших сбережений.
4. Оказывать материальную поддержку вашим родным на родине.
5. Предоставить вам свободу переписки с родными и близкими.
6. Предоставить вам возможность широко использовать часы досуга: вы получите газеты на родном языке, вы будете слушать радиопередачи, вам будут показаны фильмы и т. п.

РАБОЧИЕ И РАБОТНИЦЫ!

Великогермания освободила вас, дала вам работу и хлеб, обеспечила вашу личную безопасность.

УКРАЇНСЬКІ РОБІТНИКИ Й РОБІТНИЦІ!

Фюрер німецького народу Адольф Гітлєр та його непереможна армія звільнили Вас з большевицького ярма.

Всі Ви зрозуміли значення цієї великої події. Ви з вдячністю прийняли своє визволення від усіх жахів і мук совєтського режиму.

Ви поїхали до Німеччини, щоб своєю пильною працею доказати щиру вдячність.

Вільшість із Вас виявила справжню пильність та сумлінне ставлення до праці.

Після моєї доповіді про те, що Ви виявляєте пильність до праці, Фюрер Великої Німеччини Адольф Гітлер і Уповажений для виконання чотирьохлітнього плану Райхсмаршал Герман Ґерінг постановили значно **поліпшити Вашу заробітню платню та надати Вам такі пільги:**

1. Краще впорядити Ваші житлові приміщення, зокрема зняти огорожі з колючого дроту, якщо така огорожа не наказана для всього підприємства.
2. Поліпшити Ваше харчування, прирівнявши Ваш пайок з харчовою нормою для німців.
3. Відчинити для Вас ощадні каси, щоб Ви могли складати свої заощадження.
4. Видавати матеріяльну допомоґу Вашій родині на Україні.
5. Дати Вам змогу вільно листуватися з Вашими знайомими та рідними.
6. Дати Вам змогу корисніше провадити Ваше дозвілля: Ви одержите ґазети рідною мовою, будете слухати радіо, Вам будуть показувати фільми тощо.

Українські робітники й робітниці!

Велика Німеччина звільнила Вас, дала Вам працю і хліб, забезпечила Вам особисту свободу.

Die Titelblätter eines Aufrufs von Gauleiter und Reichsstatthalter Fritz Sauckel an die Ostarbeiter (von 1943?) in russischer (links) und ukrainischer Sprache (rechts). Der Text dieses Aufrufs ist auf dieser Doppelseite und im Folgenden übersetzt.

Sie alle haben die Bedeutung dieses Ereignisses begriffen. Sie haben mit Dankbarkeit die Befreiung von den schrecklichen Verfolgungen aufgenommen.
Sie sind alle nach Deutschland gekommen, um mit Ihrer fleißigen Arbeit den Wunsch zu zeigen, an einem großen Ereignis teilzunehmen.
Die meisten von Ihnen haben eifrigen Fleiß gezeigt und ein gewissenhaftes Verhältnis zur Arbeit gewonnen.
Deutschlands Führer Adolf Hitler und der Bevollmächtigte für den Vierjahresplan, Reichsmarschall Hermann Göring, haben beschlossen, nachdem sie meinen Vortrag gehört haben, Ihnen den Lohn zu heben und folgende Begünstigungen zu gewähren:

1. *Den Drahtzaun um die Arbeitslager zu entfernen. Ausgenommen, es sei wegen der Kriegsumstände notwendig, daß ein Betriebsgelände umzäunt bleiben muß.*
2. *Die Ernährung zu verbessern, damit Sie die gleiche Nahrung wie auch die Deutschen bekommen.*

3. Separate Sparkassen für Ihre Ersparnisse zu eröffnen.
4. Ihre Verwandten im Herkunftsland zu unterstützen.
5. Freien Briefwechsel mit Ihren Verwandten zu gewähren.
6. Sie bekommen die Möglichkeit, Ihre Freizeit besser zu gestalten: Sie bekommen Zeitungen in der Muttersprache, Sie dürfen sich Radiosendungen anhören, Filme ansehen usw.

Arbeiter und Arbeiterinnen!
Deutschland hat Sie befreit, Ihnen Brot gegeben und Ihnen persönliche Sicherheit verschafft.
Beweisen Sie durch fleißige und genaue Ausführung Ihrer Arbeit, daß Sie das gute Verhältnis von Adolf Hitler zu Ihnen verdienen. Das gibt Ihnen das Recht, diese Begünstigungen in Anspruch zu nehmen, das Recht auf ein ruhiges Leben eines ehrlichen Arbeiters, auf eine friedliche Freizeit, die mit Ihren Wünschen und Gewohnheiten verbunden ist.
Achten Sie darauf, daß Ihre Landsleute gut funktionierende Arbeiter in allen Verhältnissen sind. Sie sind alle für einander verantwortlich. Vermeiden Sie in ihren Gruppen Personen, die die Arbeit bremsen. Ein schlechter Arbeiter verdient diese Vergünstigungen nicht.
Das deutsche Volk führt einen Heldenkampf für die Befreiung der Menschheit. Es bringt bewußt schwere Opfer und findet sich freiwillig mit den Einschränkungen der Kriegszeit ab.
Der Führer bietet Ihnen die selben Ernährungsbedingungen wie auch dem deutschen Volk. Beurteilen Sie diese gutmütige Gerechtigkeit richtig. Durch fleißige Arbeit und genaue Ausführung der Arbeitsanweisungen und der Hausordnungen zeigen Sie dem deutschen Volk am besten Ihren Dank für das gute Verhältnis zu Ihnen.
Achten Sie streng auf alle Vorschriften. Merken Sie sich, daß im Krieg überall Disziplin herrschen muß. Seien Sie höflich zu Ihren Vorgesetzten, führen Sie alle ihre Anweisungen aus. Das gibt Ihnen die Möglichkeit, ein friedliches und versorgtes Leben zu führen.
Achten Sie auf Ihr Aussehen, halten Sie Ihre Wohnstätten in Sauberkeit und Ordnung. Damit schützen Sie sich besser vor Krankheiten.
Ich hoffe, nur noch Positives von Ihnen und Ihrer Arbeit zu hören, und freue mich, es dem Führer mitteilen zu können.

Hauptbevollmächtigter für den Arbeitseinsatz
Fritz Sauckel
Gauleiter und Reichsstatthalter"

Die Behandlung der Zwangsarbeiter war in erster Linie abhängig von der menschlichen Einstellung des Betriebsinhabers und seiner deutschen Mitarbeiter. Aber

Stahlwerke Röchling-Buderus AG, 1943: Ostarbeiter beim Transport von Säurebehältern. Bei den Schwerarbeiten in der Eisen erzeugenden (Hochofen) und Eisen verarbeitenden Industrie Wetzlars (Gießereien, Walzwerke usw.) waren überwiegend männliche Zwangsarbeiter beschäftigt, während in der optisch-feinmechanischen Industrie der Frauen- und Mädchenanteil bei weitem überwog.
Die Männer im Bild trugen Holzschuhe, die sich bei derartigen Tätigkeiten durchaus bewährten.

auch deren politische Sichtweise war natürlich von besonderer Bedeutung für den Umgang mit den Ausländern.
Allerdings zeigt das Beispiel der Wetzlarer Hensoldt AG, dass eine linientreue nationalsozialistische Haltung der Betriebsleitung nicht unbedingt einhergehen musste mit besonders schlechter Behandlung der Zwangsarbeiter.[201]
Darüber hinaus gab es noch drei zusätzliche Kriterien, die den Umgang mit den Zwangsarbeitern besonders beeinflussten: Betriebsgröße, Industrie- oder Gewerbezweig und der Einsatzort.
Innerhalb der Betriebsgrößen lassen sich ebenfalls wieder drei verschiedene Bereiche erkennen: Industriebetriebe mit mehreren hundert Zwangsarbeitern, kleinere Gewerbebetriebe oder Hofgüter, und Einzelgehöfte oder Privathaushalte. In Großbetrieben war die Behandlung der Zwangsarbeiter grundsätzlich unpersönlicher als in Kleinbetrieben oder etwa bei Einzellandwirten. Mehrere hundert in Barackenlagern eines Industriebetriebes untergebrachte ausländische Arbeiter mussten eben anders behandelt werden als etwa die ukrainische Hausgehilfin des Firmeninhabers[202] oder der junge Pole auf dem Bauernhof.[203] Die Einschätzung

eines Direktors der Kasseler Fieseler-Flugzeugwerke für die Behandlung massenhaft eingesetzter Zwangsarbeiter waren dabei allerdings extrem:[204]

„Der größte Vorteil der Ausländerbeschäftigung ... liegt darin, daß wir nur Befehle zu erteilen brauchen, kein Widerspruch erfolgt, kein Verhandeln ist nötig. ... der Ausländer ist sofort zur Stelle, wenn er für Überstunden oder Sonntagsarbeit benötigt wird. ... Viel überflüssige Schwatzzeit ist in Fortfall gekommen, und eine nahezu hundertprozentige Anwesenheit des Ausländers am Arbeitsplatz ist der Fall. Selbst die Abortzeit wird kontrolliert, überwacht und bei Übertretung bestraft. Der Arbeitsbeginn ist pünktlich, da die Ausländer zum größten Teil abgeholt werden. Der Arbeitszeitanteil ist im ganzen größer als bei deutschen Gefolgschaftsmitgliedern."

Und dann fügte er hinzu:

„Da Ausländer nur als Nummer existieren, reicht eine Verständigung in deutscher Befehlsform vollständig aus."

Allerdings dürfte es für einen Vorgesetzten in einem Großbetrieb, bei dem mehrere hundert Zwangsarbeiter verschiedenster Nationalitäten in mehreren Schichten arbeiteten in der Tat nahezu unmöglich gewesen sein, die fremdländischen Namen aller Zwangsarbeiter zu behalten. Man rief sie wohl mit ihrer Personalnummer. Klawdija Tolstikowa aus Mariupol an der Krim erinnerte sich im Jahre 2000:[205]

„Wir wurden nicht mit dem Namen angesprochen. Unter uns haben wir uns zwar beim Namen genannt, sonst wurden wir aber nur mit der Personalnummer gerufen. Meine Nummer war 204 und ich hieß damals Nikotenko."

Der einstige russische Zwangsarbeiter Tomasz Kiryllow berichtete von seiner Ankunft im Barackenlager der Firma Pfeiffer-Apparatebau am Taubenstein in Wetzlar im Juni 1944, als ihnen der Dolmetscher einschärfte:[206]

„Achtung! ...Jeder von Euch hat in dieser Reihenfolge eine Nummer erhalten. Ihr müßt sie deutsch lernen und behalten. Man wird euch nicht mit dem Namen, sondern mit der Nummer rufen. Verstanden?"

Hinzu kam noch die enorme Fluktuation unter den Zwangsarbeitern. Eine Tendenz kann aus der folgenden Aufstellung entnommen werden:[207]

Unternehmen/ Nationalität	Ausländer Insgesamt:	am 1. 4. 1943	Ausländer am 18. 1. 1945
Röchling-Buderus AG	**2.902** (100 %)	**773** (39,7 %)	**1.529** (52,3 %)
Rußland	939		720
Frankreich	487		250
Italien	474		210
Belgien	383		124
Holland	329		103
Polen	234		105
Andere (Esten, Litauer Türken)	56		17

Buderus'sche Eisenwerke	**1.790** (100 %)	**1.159** (64,7 %)	**1.076** (60 %)
Rußland	648		455
Frankreich	481		228
Italien	317		222
Polen	193		60
Holland	81		41
Belgien[208]	70		70
Hensoldt AG	**572** (100 %)	**162** (28,3 %)	**415** (72,5 %)
Rußland	314		271
Frankreich	189		77
Italien	60		67
Belgien	9		
Spinnerei & Weberei	**86** (100 %)		**59** (68 %)
Rußland	59		35
Polen	16		7
Frankreich	11		14
Belgien[209]	0		3

So hatten zum Beispiel allein in der Zeit vom 11. Mai 1943 bis zum 16. Mai 1944 insgesamt 68 Franzosen, 63 Belgier und 23 Holländer das „Gemeinschaftsheim Niedergirmes" der Röchling-Buderus AG (ein Wohnblock an der Ecke Niedergirmeser Weg/Gabelsbergerstraße)[210] wieder verlassen.[211]
Im kleineren Gewerbebetrieb oder auf dem Bauernhof stellte sich die Situation oft anders dar. Betrieb und Personenzahl waren überschaubar, man lernte sich näher kennen und nannte sich wohl auch beim Namen, die Ausländer vielleicht bei ihrem Vornamen. Die Beispiele dafür, dass Ausländer hier – entgegen den strengen Verboten – oft fast völlig in deutsche Familien integriert wurden, sind ebenso zahlreich wie die Erinnerungen deutscher Zeitzeugen an „unseren Wladimir" oder an „unsere Olga". Andererseits wurde auch von fanatischen Einzellandwirten berichtet, die ihre Zwangsarbeiter besonders schlecht behandelten.

Für eine weitere Differenzierung sorgte der jeweilige Industriezweig. In der Wetzlarer Schwerindustrie – also zum Beispiel bei der Röchling-Buderus AG und den Buderus'schen Eisenwerken – waren die Arbeiten körperlich schwerer und in der Hauptsache gröber und schmutziger als in der optisch-feinmechanischen Indus-

Russland

Zu und Vorname		Angabe ob Kriegs-gefangener, Arb.- oder andere Pers.-	Gemeinde	Zeit des Aufenthaltes	Bemerkung
Prochasenko,	Illarion	Zivielarbeiter	Wetzlar	7. 2.44-27. 3.45	
Prochorenko,	Iwan	"	"	7. 2.44-27. 3.45	
Prokozep,	Mitrofan	"	"	23. 5.42-27. 3.45	
Pronina,	Marija	"	"	26.11.43-24. 5.44	
Propenko,	Boris	"	"	27. 6.42- 2. 4.44	
Protassowa,	Katharina	"	"	5. 1.43-27. 3.45	
Prusskij,	Iwan	"	"	27. 6.42-24. 7.44	
Prutuljak,	Nikolai	"	"	29. 6.42-27. 3.45	
Ptaschkina,	Marija	"	"	20.11.42-25. 3.43	
Pusowa,	Marija	"	"	28. 8.43- 7.10.43	
Kwalischenkowa,	ULijana	"	"	28. 8.43- 7.10.43	
Radtschenko,	Raisa	"	"	1o. 5.43- 9. 7.43	
Rafalowski,	Iwan	"	"	16. 6.42-27. 3.45	
Ragula,	Maria	"	"	28. 8.43-27. 3.45	
Raobey geb. Klipel,	Yusefa	"	"	28. 8.43-27. 3.45	
Raschonjuk,	Nikolai	"	"	21.1o.42-27. 3.45	
Ratawnin,	Fedor	"	"	26.11.43-27. 3.45	
Repetka,	Alexander	"	"	27. 6.42- 2. 4.44	
Resnikow,	Nikolaij.	"	"	23. 5.42-27. 3.45	
Rissinez,	Iwan	"	"	20. 6.42-27. 3.45	
Richlik,	Iwan	"	"	1o. 8.42-27. 3.45	
Rjabko,	Nadeshda	"	"	5. 1.43-27. 3.45	
Rogalewitsch,	Alecei,	"	"	29. 6.42-27. 3.45	
Rohalewitsch,	Wlad,	"	"	29. 6.42-27. 3.45	
Rolinsky,	Kyril	"	"	23. 5.42-25. 1.43	
Romanijuk,	Justin	"	"	21.1o.42-27. 3.45	
Romaniuk,	Panas	"	"	27. 6.42-24. 7.44	
Roschkowa,	Natalija	"	"	5. 1.43- 7.1o.43	
Rubonowa,	Lena	"	"	1. 9.42-27. 3.45	
Rudenko,	Alexy	"	"	29. 6.42-21. 9.42	
Rudenko,	Matwey	"	"	31. 1.44-27. 3.45	
Rudienko,	Leondin	"	"	29. 6.42-20.12.43	
Rudik,	Afanessi	"	"	27. 6.42-31. 8.44	
Rudol,	Marija	"	"	28. 8.43- 7.1o.43	
Rutschyk,	Nikolay	"	"	21.1o.42-15. 1.44	
Runsew,	Pjoter	"	"	23. 5.42-27. 3.45	
Rusij,	Alexander	"	"	23. 5.42-27. 3.45	
Ryapsow,	Wasily	"	"	27. 6.42-27. 3.45	
Rybowlow,	Pawel	"	"	29. 6.42-27. 3.45	
Sacharew,	Gihorij	"	"	29. 6.44-27. 3.45	
Sacharew,	Igor	"	"	28. 6.44-27. 3.45	
Sachwonowa,	Anna-	"	"	27. 3.44-1o. 6.44	
Saharewa,	Anna	"	"	28. 6.42-27. 3.45	
Saika,	Iwan	"	"	8. 8.42-27. 3.45	
Saizew,	Iwan	"	"	26.11.43-27. 3.45	
Sajcew,	Iwan	"	"	29. 7.42-25. 3.43	
Sakrowsky,	Paul	"	"	23. 5.42-27. 4.44	
Salmanow,	Saradin	"	"	16. 8.44-27. 3.45	
Saleminski,	Iwan	"	"	unbekannt-11.12.42	
Samarenko,	Maria	"	"	27.1o.42-31.12.44	
Samochwalow,	Grig.	"	"	23. 5.42-27. 3.45	
Sanin,	Iwan	"	"	29. 6.42-27. 3.45	
Saporosetz,	Fronia	"	"	23. 6.42-27. 3.45	
Saporoschez,	Iwan	"	"	26. 4.44-27. 3.45	
Saportsewetz,	Iwan	"	"	29. 7.42-2o.1.44	
Saposchnikowa,	Nina	"	"	5.1o.44-27. 3.45	
Saratow,	Fedor	"	"	23. 5.42-18. 2.43	

Dieser Auszug aus einer „Russenliste" der Röchling-Buderus AG lässt erahnen, welche Fluktuation während des Krieges unter den Tausenden von Zwangsarbeitern herrschte.

trie. So lag der Anteil der männlichen Zwangsarbeiter im Januar 1945 bei der Röchling-Buderus AG bei 83 Prozent und bei den Buderus'schen Eisenwerken bei 69 Prozent. Bei den Leitzwerken hingegen lag er bei 38 Prozent und bei der Hensoldt AG bei 45 Prozent.[212]

Die große Zahl männlicher Zwangsarbeiter bei Röchling und Buderus bereitete natürlich erheblich größere Ordnungs- und Überwachungsprobleme als die meist jungen Frauen und Mädchen bei Leitz oder Hensoldt. Hinzu kommt, dass in der optisch-feinmechanischen Industrie überwiegend saubere „Motivationsarbeiten" ausgeführt wurden: Bei diesen Präzisionsarbeiten konnte ja viel schneller Ausschuss produziert werden als etwa bei der Granatenfertigung in einer Gießerei. Das kommt so auch in der unterschiedlichen Zahl der Bestrafungen von Ausländern in den einzelnen Unternehmen zum Ausdruck.[213]

Das dritte Kriterium – der Einsatzort der Zwangsarbeiter – war zumindest für die Ostarbeiter entscheidend für ihre Freizügigkeit am Ort. Bei Großfirmen mit Ausländerlagern wurden die Ostarbeiter morgens und abends unter Aufsicht in Kolonnen von den Lagern in die Betriebe und zurück geführt, während Westarbeiter und Polen später die Wege allein zurücklegen konnten. Klawdija Tolstikowa, die als sechzehnjährige Ukrainerin 1942/43 bei Hensoldt arbeiten musste, erinnerte sich 57 Jahre später:[214]

„Zur Arbeit wurden wir ... morgens um 6 Uhr in Reihen aufgestellt, unter polizeilicher Führung[215] gebracht ... Ich kann mich noch genau an die Holzschuhe erinnern, die auf den Steinwegen immer so geklopft haben."

Gisela Jäckel aus Wetzlar erinnerte sich an ähnliche Szenen:[216]

„Ich habe oft gesehen, wie die Ukrainerinnen in Viererreihen unter deutscher Aufsicht vom Barackenlager am Stadion zur Arbeit im Leitzwerk geführt wurden."

Während die Ostarbeiter das Firmenlager in der Stadt – mit wenigen Ausnahmen – nur in entsprechender Begleitung verlassen durften, konnten sie sich auf den Dörfern meistens frei bewegen. Selbst wenn jeder Bauer es gewollt hätte, er wäre ja gar nicht in der Lage gewesen, „seinen" Ostarbeiter dauernd zu überwachen.

Und auf den Dörfern gab es noch eine andere Besonderheit: Die dort in der Landwirtschaft und bei kleinen Gewerbebetrieben eingesetzten Polen und Ostarbeiter waren zwar auch verpflichtet, das diskriminierende „P" bzw. „OST" an der Kleidung zu tragen; dies wurde auf den Dörfern aber nicht immer kontrolliert und ist

1944 vor dem Anwesen der Metzgerei Gatzert in Niederkleen. Links im Bild der junge polnische Zwangsarbeiter Stach Gil, welcher – wie auch die meisten anderen Zwangsarbeiter im Dorf – das vorgeschriebene Zeichen „P" nicht trug. Dritter von rechts der Sohn Waldemar Gatzert, der im Jahre 2000 von seinen Kriegserlebnissen berichtete.

an manchen Orten sogar völlig unterblieben.[217] Elisabeth Bladt aus Erda erinnerte sich im Jahre 2000:[218]
„Wir hatten auf unserem Hof einen jungen Polen. Er hatte zwar einen Arbeitskittel mit dem aufgenähten »P«. Diesen trug er aber nie, sondern führte ihn nur vorsichtshalber zusammengerollt auf dem Fahrrad mit – mit dem er ja den Bestimmungen zufolge eigentlich auch nicht fahren durfte.
Eines Tages wurde er vom Ortspolizisten angehalten und gefragt, wie er denn dazu käme, Fahrrad zu fahren. Er antwortete, daß er schnell aufs Feld müsse. Auf das fehlende ‚P'-Abzeichen angesprochen antwortete er: Meine Kleidung gehört dem Chef, und Chef bekommt kein ‚P'."
Auch Waldemar Gatzert aus Niederkleen bestätigte Ähnliches:[219]
„Meine Eltern hatten die Metzgerei in der Niederkleener Burgstraße. Von 1940 bis Kriegsende hatten wir einen jungen Polen bei uns im Geschäft. Er hieß Stach Gil und sprach sehr gut deutsch. Ich erinnere mich deutlich daran, daß er niemals ein ‚P' auf seiner Kleidung trug, obwohl das doch Vorschrift war. Es hat aber auch niemand im Dorf danach gefragt."

Eine Parallele dazu hat es aber auch in Wetzlar gegeben. Gretel Herbel aus Wetzlar und Anna Rühl aus Naunheim waren im Krieg bei der Firma Georg Kremp, Optik und Mechanik, beschäftigt. Es war ein mittelständischer Betrieb mit knapp 50 Mitarbeitern/innen. Im Oktober 2000 erinnerten sie sich:[220]
„Bei uns waren während des Krieges sieben junge Ukrainerinnen beschäftigt, denen es dort wirklich nicht schlecht ging. So haben wir unter anderem niemals gesehen, daß eine von ihnen das vorgeschriebene Zeichen ‚OST' an der Kleidung trug."

Zur Aufrechterhaltung der Disziplin unter den Zwangsarbeitern wurden in den einzelnen Betrieben also völlig unterschiedliche Mittel angewendet.
Besonders brutale Verhaltensweisen wurden von den Werkschutzleitern[221] der Stahlwerke Röchling-Buderus AG (Albert Sommerey und dessen Stellvertreter Louis Klöckner), dem der Buderus'schen Eisenwerke (Franz Müller), und dem der Herkules-Werke (Heinrich Rudolf) bekannt.
Albert Sommerey bei Röchling-Buderus – ein glühender Nationalsozialist – war Herr über 50 mit Pistole und Seitengewehr ausgerüstete Werkschutzleute in Uniform.[222] Er war unmittelbar dem Betriebsleiter Dr. Riekeberg unterstellt. Während des Krieges wurde aber noch der Abwehrbeauftragte Bernhard Freiesleben dazwischengeschaltet.[223]

Der Zeuge Dietrich S.[224] schilderte die Person Sommereys in der Spruchkammer-Verhandlung in Wetzlar am 8. Oktober 1948 wie folgt:[225]
„Wenn (... Sommerey ...) *durchs Werk ging, fragten sich alle politisch anders Denkenden, wer wohl heute wieder dran sein wird. ... Nicht nur den Ausländern, son-*

dern auch den deutschen Arbeitskollegen gegenüber hat er sich unmenschlich benommen. Wenn ihn die Ausländer nach dem Zusammenbruch gekriegt hätten, wäre heute keine Verhandlung mehr notwendig. Er war unbeliebt von dem Tag an, als er das Werk betrat. Das mag an der Art seines Berufes liegen, es kommt aber darauf an, wie man seinen Beruf ausübt."

Der Zeuge Walter L. hatte von Sommerey folgende Meinung:[226]

„Sommerey war der böse Geist des Betriebes, jeder Arbeiter hatte Angst vor ihm, weil im Betrieb allgemein bekannt war, daß er mit der Gestapo Hand in Hand arbeitete und bei jeder Kleinigkeit mit der Gestapo drohte."

Ein Wetzlarer Polizeibeamter beschrieb ihn einem Bericht am 22. Juli 1946 so:[227]

„Die Ermittlungen , den Albert Sommerey ... betreffend, ergaben folgendes: S. war während des Krieges bei den Röchlingwerken in Wetzlar Leiter des Werkschutzes. Schon auf dem Einwohnermeldeamt in Wetzlar wurde mir von Seiten der dortigen Beamten der S. als ein Mensch bezeichnet, der es verdiene, ohne Gericht aufgehängt zu werden. Er habe die ausländischen Arbeiter geschlagen und drangsaliert und die deutschen Arbeiter in die NSDAP zwingen wollen.

Durch Befragen der Betriebsobmänner der Röchlingwerke ... konnte ich feststellen, daß S. die ausländischen Arbeiter unter dem Pförtnerhaus in den Keller sperrte und sie durch Werkschutzleute schlagen ließ oder sie selbst schlug. Außerdem sperrte er Arbeiter in den Bunker.

Kurz vor dem Einmarsch der amerik. Truppen flüchtete er, sonst hätten ihn die Arbeiter erschlagen. Ausl. Arbeiter plünderten seine Wohnung und holten große Vorräte an Lebensmitteln heraus, die, wie allgemein bekannt, den ausl. Arbeitern entzogen worden waren.

S. war überall in Wetzlar, wie ich bei anderen Einwohnern erfragte, sehr, sehr übel beleumdet und als eifriger Aktivist der NSDAP bekannt."

Sommerey selbst schilderte seine Flucht aus Wetzlar am 16. April 1947 in einem Brief an die Hüttenverwaltung der Röchling-Buderus AG:[228]

„Ich bin am 28. März 1945, nachdem die Herren Caesar und Ribbentrop in der Nacht vorher das Werk verlassen hatten, von Wetzlar abgefahren, nachdem mir dies von den vorgenannten beiden Herren angeraten worden war."

Über die Geschehnisse im Keller unter dem Pförtnerhaus sagte der einstige Werkschutzmann Arnold G. vor dem Amtsgericht Wetzlar aus:[229]

„Ich habe zwei oder dreimal gesehen, daß Ausländer mißhandelt worden sind ... Wir hatten vier Bunker. Sie wurden belegt, sobald die Zellen voll waren ...

Ich bin einmal in den Keller, weil ein Ausländer geläutet hatte. Ich öffnete die betreffende Zelle, da lag ein älterer Mann am Boden, nur mit der Hose bekleidet. Die übrigen Kleider hatte er ausgezogen, weil es furchtbar heiß drin war. Der Heizkörper geht durch diese Zelle. Es brauchte aber keine absichtliche Quälerei gewesen zu sein."

Bei einer Vernehmung am 18. Februar 1947 sagte der Zeuge Josef Z. aus:[230]

„Ungefähr im Jahre 1944 wurde ich zu Reparaturarbeiten zum Pförtnerhaus geschickt. Ich kam in den Keller, wo sich die Zellen befanden. In einer Zelle fand ich einen kriegsgefangenen Belgier ganz nackt vor. Der Raum war mit Dampf angefüllt, daß ich nichts sehen konnte, bis ich eine Lampe zu Hilfe nahm. Ich habe den Kriegsgefangenen gefragt, warum er hier wäre, er sagte mir, er hätte 20 Tage verschärften Arrest und bekäme alle drei Tage warmes Essen, sonst Wasser und Brot. Zeuge dieser Sache ist noch Jakob F., ... der die Sache mit angesehen hat."
In der Spruchkammer-Verhandlung vom 8. Oktober 1948 ergänzte er seine Angaben noch:[231]
„Ich stellte fest, daß der Dampf durch eine fehlende Schraube aus dem Rohr ausströmte und behob den Schaden. Wodurch die Schraube entfernt wurde, weiß ich nicht; es ist mir auch nicht bekannt, ob der Betroffene etwas damit zu tun hatte."
Aus der Vielzahl der Zeugenaussagen über körperliche Mißhandlungen von Zwangsarbeitern durch Sommerey – allein in seiner Spruchkammer-Verhandlung am 8. Oktober 1948 wurden 32 Zeugen vernommen[232] – sollen nur einige exemplarische Fälle erwähnt werden. So gab der Schlosser Ernst M. am 18. Februar 1947 zu Protokoll:[233]
„Im Jahre 1944 war ich Augenzeuge folgenden Vorfalles: Eine holländische Zivilarbeiterin hatte Differenzen mit einem deutschen Arbeiter. Als dieser nicht mit dem Mädchen fertig wurde, wurde Sommerey gerufen. Er zog sofort die Pistole und gab einen Schreckschuß ab, trat dem Mädchen in den Hintern und führte sie mit zwei Werkschutzmännern ab. Was es dann noch im Pförtnerhaus gegeben hat, ist mir nicht bekannt."
Von einem ganz ähnlichen Fall berichtete Karl B.:[234]
„Der Kontrolleur P. A. ... hat einer Holländerin ... deren Handarbeit aus der Hand gerissen, die Holländerin hat darauf A. angegriffen, um wieder in den Besitz ihrer Handarbeit zu kommen. Sie setzte sich auf einen Stuhl, da kam Sommerey und riss sie an den Haaren in die Höhe, trat ihr in den Hintern, hat sie fortgestoßen, wieder zurückgerissen und geschlagen und geschossen. Sie wurde dann abgeführt."
Der spätere Kellner Ernst B. gab am 19. Februar 1947 zu Protokoll:[235]
„Ende 1943 oder Anfang 1944 sah ich, wie Sommerey zwei Russen holte und sie unterwegs geschlagen hat. Der eine Russe kam zurück und zeigte mir seinen Rücken, der mit Blut unterlaufen war."
Heinrich M. aus Kinzenbach sagte in der Spruchkammerverhandlung von Sommerey am 8. Oktober 1948 Folgendes aus:[236]
„Als ich im Juli 1944 bei Dr. Bode[237] *zur Untersuchung war, führte eine Schwester vier Ausländer heraus und bedeutete ihnen, sie sollten hier warten, bis sie abgeholt würden. Der Betroffene kam, verlas die Namen der Leute und sagte: Na dann kommt mal ihr Schweine, da will ich euch mal gesund machen."*
Der Elektriker Walter L. gab am 20. Februar 1947 zu Protokoll:[238]
„Einmal war ich Augenzeuge folgenden Vorfalles: Nach einem Fliegeralarm kam ein junger Russe aus dem Bunker zurück ins Werk und hatte einen kleinen Apfel in

der Hand. Als S. den Apfel sah, mißhandelte er den Russen und ließ ihn in die berüchtigte Zelle im Keller sperren.“
Der Obermeister Wilhelm Anton aus Wetzlar gab am 18. Februar 1947 an:[239]
„Eines Abends, es war Fliegeralarm, begab ich mich in den Lahnbergbunker. Auf einmal kam S. mit zwei älteren Werkschutzleuten auch in den Bunker. Er zeigte auf einen älteren Mann und sagte zu den Werkschutzleuten, wenn ihr den Kerl nicht heraus holt, dann seid ihr die längste Zeit Werkschutzleute gewesen. Hierauf holte S. mit seinen beiden Begleitern den Mann heraus, schleiften ihn über die Feldbahngleise und mißhandelten ihn.“
Der Zeuge Willi L. berichtete von einem anderen Fall aus dem Frühjahr 1944:[240]
„Eines Sonntags morgens war ich auf Schicht, als etwa 15 bis 20 russische Zivilarbeiter einen Waggon mit Schlacke entladen mußten. Das Arbeitstempo war entsprechend ihrer Verpflegung langsam.
... Ein Werkschutzmann, der die Arbeiter beaufsichtigte, ging dort mit einem Kabelende bewaffnet spazieren. Er tat den Leuten nichts. ... Der (... Sommerey ...) *kam vom Stahlwerk her auf die Gruppe zu, trat an den Werkschutzmann heran, dem er den Kabel-Knüppel aus der Hand nahm und damit einen Russen auf den Rücken schlug.“*

Aber auch deutsche Arbeiter waren vor Sommerey nicht sicher. Walter L. gab am 20. Februar 1947 dem vernehmenden Beamten sinngemäß Folgendes an:[241]
„S. verdächtigte mich zu Unrecht, im Werk gestohlen zu haben. Als ich dagegen protestierte, sagte er, sind Sie ruhig, sonst bringe ich Sie dahin, wo Ihre Mutter auch ist. Meine Mutter befand sich damals im KZ. ... ich bin Halbjude und mußte zu jeder Zeit damit rechnen, der Gestapo übergeben zu werden.
Die Sache wurde dann angezeigt, und ich wurde zu sechs Wochen Haft verurteilt ohne bei der Verhandlung zugegen gewesen zu sein.
Die Haft mußte ich im Gefängnis Wetzlar verbüßen, und zwar wurde ich nachts eingesperrt und am Tage mußte ich bei der Firma Röchling arbeiten. Während dieser Zeit wurden mir die Lebensmittelkarten gesperrt und S. veranlaßte, daß ich dieselbe Kost bekam wie die im Werk arbeitenden Polen. Auch verlangte er, daß ich im Werk einen Sträflingsanzug tragen sollte, welches der damalige Gefängniswärter aber ablehnte.“
Friedrich Müller aus Münchholzhausen gab am 19. Februar 1947 zu Protokoll:[242]
„... ferner habe ich gesehen, wie Sommerey eines Morgens nach der Nachtschicht auf einen Arbeiter , der nicht seinem Befehl zum Stehenbleiben Folge leistete, die Pistole zog und auf ihn schießen wollte. Der Schuß ging aber infolge Ladehemmung nicht los. Der Arbeiter W. mußte die Kugel dann aus dem Lauf entfernen.“
Natürlich waren dies alles Angaben, die subjektive Eindrücke schilderten. Aber sollten sie alle hoffnungslos übertrieben haben? Und, wenn ja, warum? Wollten sie sich etwa alle an Sommerey rächen – Augenzeugen wie Betroffene?

Sein Stellvertreter Louis Klöckner war nicht viel besser. Der ehemalige Werkschutzmann Arnold G. gab in einer Amtsgerichtsverhandlung gegen Sommerey und Klöckner am 26. Juli 1947 Folgendes zu:[243]

„... Möglich, daß mal jemand einen Gummiknüppel getragen hat, ... aber nicht am Koppel oder zur Uniform gehörend. Einen Schlauch oder ein Kabel vielleicht. Kabel habe ich auch gesehen ...

Vor den Zellen war ein kurzer Raum. Dort hat Glöckner (... die Ausländer ...) verhauen. Ich sah wie Klöckner mit einem Gegenstand auf sie eingehauen hat. Mehrere Male immer je einen Ausländer. Immer hat er vielleicht vier bis fünf Mal kräftig auf sie eingeschlagen. Ob sie geblutet haben, habe ich nicht gesehen. Er schlug auf den Rücken, auf den Arm, auch auf den Kopf. Ich kümmerte mich nicht um die Sache, weil er mein Vorgesetzter war."

Klöckner selbst räumte in der Verhandlung grundsätzlich ein:[244]

„Ich habe die Leute mit dem Gummischlauch geschlagen, das gebe ich zu. An die einzelnen Fälle kann ich mich nicht mehr erinnern ... Ich führte sie in den Keller. Geschlagen habe ich sie mit meinem Schlauch. Diesen Schlauch hatte ich im Keller aufbewahrt."

Auch im Zwangsarbeiterlager der Röchling-Buderus AG an der Gabelsbergerstraße („Lahnlager") beim Schlachthof[245] geschahen vermutlich schlimme Dinge. Kurt Reinhardt aus Wetzlar erinnerte sich im Oktober 1986:[246]

„In der Gabelsbergerstraße in Niedergirmes war in den Kriegsjahren ein Lager für russische Kriegsgefangene, das später als Lager für Zwangsarbeiter aus dem Osten genutzt wurde ... Zu dieser Zeit war ich 9 bis 11 Jahre alt ...

Diese Menschen wurden morgens, mittags und abends, wie Vieh unter Bewachung, zur Arbeit geführt. Ihre Kleidung war zerlumpt und der Hunger stand ihnen ins Gesicht geschrieben. Es war streng verboten, ihnen etwas anzubieten. Wir Kinder sparten unser Pausenbrot in der Schule auf und gaben es diesen Menschen. Ihre Dankbarkeit war unbeschreiblich. Sie schnitzten uns aus Holz Vögel und sonstiges Spielzeug.

Wir reichten einander die Geschenke durch den Stacheldraht. Wurde jemand am Zaun ertappt, bekamen wir – und unsere Eltern – einen Verweis von der Ortspolizei. Den Zwangsarbeiter, den man dabei erwischt hatte, führte man in die Verwaltungsbaracke. Hier wurde ihm die Oberbekleidung abgenommen, und man hat ihn mit einem Ochsenziemer gezüchtigt. Durch die Fenster konnte da jeder, auch wir Kinder, zusehen. Wenn einer dieser Leute gestorben ist, wurde er auf einem zweirädrigen Karren, wie im Mittelalter, zum Friedhof gefahren. Die Behandlung dieser Leute kann man an der Sterblichkeitsrate ersehen ...

Sonntags war es einigen von ihnen gestattet, das Lager für einen Spaziergang zu verlassen. Als sich einige von ihnen bei einem Fliegeralarm in den Bunker am Niedergirmeser Sportplatz flüchteten, wurden sie von Parteibonzen der NSDAP mit Fußtritten wieder hinaus befördert.

Dies sind Tatsachen, die auf persönlichen Erlebnissen beruhen. In den Betrieben soll es nach Auskunft meines Vaters nicht anders zugegangen sein.“[247]
Das hörte sich aus dem Munde des ehemaligen Lagerleiters Heinrich Arabin jedoch ganz anders an:[248]
„... *In dem Lager befanden sich etwa 650 Ostarbeiter und Ostarbeiterinnen, die in Baracken wohnten und gut untergebracht waren. Männer und Frauen wohnten getrennt. Außerdem waren ganze Familien mit Kindern dabei, die eigene Wohnräume hatten.*
... *Wir hatten verschiedentlich Sonderfilmvorführungen für unsere Leute, auch Theater- und Varieté-Veranstaltungen. Ferner waren im Lager je ein Blas- und Streichorchester vorhanden, deren Instrumente die Firma besorgt hatte. Diese Orchester gaben an Sonntagen Konzerte und trugen auch zur Verschönerung von Kameradschaftsveranstaltungen und sonstigen Feiern im Lager bei.*
... *Betriebsleiter Direktor Riekeberg hat sich persönlich um das Lager und um die dort untergebrachten Ostarbeiter gekümmert. Er kam laufend unangemeldet in das Lager, meistens abends und an Sonntagen, wobei er sich regelmäßig persönlich davon überzeugte, daß die Vorschriften in Bezug auf Ordnung, Sauberkeit und insbesondere Verpflegung beachtet wurden.*
... *Ich habe wiederholt beobachtet, daß er auch direkt mit den Ostarbeitern gesprochen und sich bei diesen unmittelbar erkundigt hat, ob sie ordentlich behandelt und verpflegt würden. Mir ist nicht bekannt, daß sich jemals ein Ostarbeiter bei Herrn Riekeberg beschwert hätte.*
... *Meistens war er bei Feiern im Lager persönlich anwesend, oft in Begleitung seiner Frau. Er zeigte überhaupt ein gutes kameradschaftliches Verhältnis gegenüber Deutschen und Ausländern. Beispielsweise kam es öfters vor, daß er in der Kantine mit den gerade anwesenden Ostarbeitern gemeinsam ein Bier trank.“*

Sommerey und Klöckner, die als Zeugen in einem anderen Spruchkammerverfahren jede Gewaltanwendung bestritten hatten, wurden am 26. Juli 1947 vom Amtsgericht Wetzlar wegen uneidlicher vorsätzlicher Falschaussage vor der Spruchkammer zu je drei Monaten Gefängnis verurteilt. Außerdem hatten sie die Kosten des Verfahrens zu tragen.[249]
Albert Sommerey wurde am 8. Oktober 1948 von der Spruchkammer Wetzlar in die Gruppe I der Belasteten eingeordnet und zu drei Jahren Arbeitslager sowie Einzug seines Vermögens verurteilt. Auch hier hatte er die Kosten des Verfahrens zu tragen. In seinem Schlusswort äußerte er:[250]
„Ich bitte hier nicht um Gnade, sondern um ein gerechtes Urteil. Ich habe nur festgestellt, daß ich hier nicht in der Lage gewesen bin, etwas zu meiner Verteidigung zu sagen. Mit diesen Ausführungen des öffentlichen Klägers bin ich nicht mitgekommen. Die waren zu hoch.“
Das war zwar eine harte Strafe, aber er war wenigsten noch am Leben. Anders als der Werkschutzleiter der Buderus'schen Eisenwerke, Franz Müller (im Volks-

mund hatte er den Spitznamen „Geheim-Müller"),[251] hatte Sommerey bei Kriegsende Wetzlar schnell verlassen. Franz Müller war hingegen am Nachmittag des 2. April 1945 von freigelassenen Zwangsarbeitern im Bereich der Röchlingstraße mit Holzknüppeln erschlagen worden. Ein Augenzeuge berichtete später, die Ausländer sollen ihn zuvor noch gezwungen haben, seine eigenen Exkremente zu schlucken. Müller sei nach dem Überfall so übel zugerichtet gewesen, dass er kaum noch identifiziert werden konnte.[252]
Einem vermutlich ähnlichen Schicksal ist auch der Betriebsleiter der Buderus'-schen Eisenwerke, Hermann Wehmeier, kurz nach Kriegsende gerade noch entgangen. Dr. Friedemann Pitzer aus Wetzlar erinnerte sich:[253]
„Unsere Familie wohnte damals in der Breiten Straße in Wetzlar. Herr Wehmeier hatte in den Kriegsjahren eine leitende Funktion im Verhüttungsbereich der Firma Buderus in Wetzlar. Er wohnte in der Moritz-Budge-Straße.
Nach Kriegsende, im Sommer 1945, versuchten sechs bis sieben Italiener, sogenannte Badoglio-Soldaten, Herrn Wehmeier in der Moritz-Budge-Straße in der Nähe ihres Lagers zu erhängen. Laut schreiend hatten sie Herrn Wehmeier mit Gewalt aus seiner Wohnung entführt und zerrten ihn durch die Breite Straße.
Beherzte Deutsche sprangen auf die Straße, obwohl ... Ausgangssperre verordnet worden war, und bedrohten die Italiener mit der Forderung, Herrn Wehmeier sofort freizugeben. Bei einem Handgemenge gaben die Italiener ihr Vorhaben auf, ließen Herrn Wehmeier frei, derweil ich zum Neustädter Platz lief und die amerikanische Militärpolizei herbeiholte. Diese führte die Badoglio-Soldaten ab, und Herr Wehmeier konnte unbehelligt wieder nach Hause gehen."
Warum die Italiener Herrn Wehmeier lynchen wollten, ist nicht bekannt. Völlig grundlos wird es aber kaum gewesen sein. In seinem Spruchkammer-Verfahren im Juni 1948 kamen aber irgendwelche Vorkommnisse im Zusammenhang mit Zwangsarbeitern nicht vor.[254]

Da also für den einstigen Werkschutzleiter Müller der Buderus'schen Eisenwerke kein Spruchkammer-Verfahren mehr durchgeführt werden konnte, liegen Gerichtsakten über die Behandlung von Ausländern bei Buderus in Wetzlar auch nicht vor. Und da sich in der Spruchkammer-Akte von Direktor Dr. Heinrich Giesbert keinerlei Angaben zu irgendwelchen Zwangsarbeitern fanden, konnte nur noch auf Angaben von Zeitzeugen zurückgegriffen werden.
So berichtete der ehemalige Buderus-Arbeiter Ernst Velten 1982:[255]
„Es gab zwei ganz böse Nazi-Schergen bei Buderus. Der eine war der eingesetzte Betriebsobmann Kohlhauer, und der zweite der sogenannte ‚Geheime' Müller. Letzterer war für die Zwangsarbeiter, Männer und Frauen aus Rußland, zuständig und hatte ansonsten aber seine Nase wie ein Bluthund überall drin.
Dieser Müller hat die Gefangenen derart brutal behandelt, geschlagen und wegen Nichtigkeiten in Arrest geworfen. Diese armen Leute hatten unheimlich Hunger,

weil sie nichts zu essen bekamen. Wir haben ihnen oft etwas mitgebracht, und das war schon lebensgefährlich.
Beide Obernazis, der Kohlhauer und der ‚Geheime' Müller, haben ihre verdiente Strafe bekommen. Kohlhauer hat sich noch vor dem Einmarsch der Amerikaner selbst erschossen und der ‚Geheime' Müller wurde in Hermannstein vor der Gaststätte Seipp ganz erbärmlich erschlagen."
Der Vater von Ursula Schmidt aus Wetzlar arbeitete während des Kriegs im Autobetrieb bei den Buderus'schen Eisenwerken. Sie erinnerte sich im Oktober 1986:[256]
„Zwischen Zementwerk und Bauabteilung befand sich ein großes Rohr der Zementmühle. Es wurde ‚Bunker' genannt. Dorthin wurden die Leute zum Prügeln gebracht. Die Werkschutzleute führten sie hin, und der Werkschutzleiter führte die Strafe aus. Jeder, der sie schreien hörte, wußte, daß sie geschlagen wurden. Mein Vater sah selbst, wie sich ein Russe aus diesem Bunker schleppte und kurz danach die Werkschutzleitung herauskam. Er sah auch, daß der Betriebsobmann (von der NSDAP eingesetzt) einen Zwangsrabeiter, nur weil er sich einen Zigarettenstummel aufgehoben hatte, vor sich herstieß und mit Füßen trat ...
Auf der Ladefläche des Buderus-LKW, den mein Vater fuhr, mußte ein etwa 12- bis 13jähriger Junge mitfahren, um während der Fahrt nach feindlichen Flugzeugen Ausschau zu halten. Es sei nicht das einzige Kind gewesen. Viele Jugendliche und Kinder hätten sich unter den Zwangsarbeitern befunden."[257]

Der Wetzlarer Kreisobmann Helsper der Deutschen Arbeitsfront (DAF) bei seiner Glückwunschansprache zum 70. Geburtstag von Ernst Leitz II am 1. März 1941.

Über die Zustände im Herkules-Werk gab die Spruchkammer-Akte des Betriebsleiters Dr. Otto Coers Auskunft, in der sich auch Belege aus dem Spruchkammerverfahren gegen den einstigen Lagerleiter Heinrich Rudolf fanden.[258]
Der Zeuge Reinhard N. gab im Verfahren gegen Rudolf am 4. und 5. September 1947 an:[259]
„Die Ausschreitungen gegen die Ausländer sind weit über den Rahmen des sonst Üblichen hinausgegangen. Von den ersten russischen Arbeitern waren zwei Jungs von 14-15 Jahren fortgelaufen. Jedoch wurden sie wieder eingefangen, in den Keller gesperrt und von einem Arbeiter mit der Kette geschlagen.
Tags darauf kam der ... (Angeklagte) *auch in den Keller und hat den Kleinsten davon so geschlagen, daß ihm das Blut von der Nase lief. Ein andermal habe ich gesehen, wie der ...* (Angeklagte) *mit einem Eisenstiel einen Ausländer von der Treppe bis zum Waschraum traktierte. Ein Russenjunge, der sich über das Essen beschwerte, bekam deshalb von Rudolf Schläge."*
Alfred B., nach dem Krieg Behördenangestellter, gab im selben Verfahren zu Protokoll:[260]
„1942 kamen die ersten Ausländer zu uns. Es waren lauter jüngere Ostarbeiter. Nach ungefähr zwei Wochen waren drei Mann davon plötzlich fortgelaufen, wurden aber in Münchholzhausen wieder eingefangen und zurückgebracht.
Der Betroffene (Anm.: Rudolf) *sprang mit den Fäusten gleich an den Ersten und schlug ihm ins Gesicht, das gleiche tat er auch mit den beiden anderen. Er nahm dann einen Schippenstiel und schlug auf sie ein. Die drei Mann flüchteten in einen Kartoffelkeller, wo er sie unter lautem Gebrüll und den Rufen: ‚Ihr Sauvolk, ihr Russenpack, verrecken sollt ihr' wieder hervorholte und erneut auf sie einschlug.*
... Im Januar 1945 sah ich im Waschraum, wie der Betroffene einen Franzosen am Hals packte, ihn mit der Faust schlug und auch vor den Magen trat. Das alles geschah deshalb, weil der Franzose mit mir gesprochen hatte. Sodann hielt er mich an, machte mir Vorwürfe, ... daß ich auch dahin gehöre, wo die Franzosen hingehörten.
... Der Betroffene war der Diktator des Betriebes und Coers hat zu allem Ja und Amen gesagt."
Auch Friedrich K. hatte diese Vorfälle beobachtet. Er gab dazu später Folgendes an:[261]
„Eines Morgens hörte ich, daß zwei Ostarbeiter stiften gegangen wären und – da sie wieder eingefangen wurden – über Nacht eingesperrt waren. Weil ich Rudolf als Schläger kannte, bin ich zu dem Keller ... und sah den Betroffenen und Schwab, der ein Vierkantholz in der Hand hatte. Als die Tür geöffnet wurde, schlug Schwab mit dem Holz auf die beiden ein, wie auf einen nassen Sack, und der Betroffene versetzte dem einen Ostarbeiter einen Schlag gegen den Hals.
Ich nehme an, daß diese Zustände auch Coers bekannt waren."
Interessant ist in diesem Zusammenhang die Aussage einer Ella B. vom 12. März 1947:[262]

„Im Hause Coers war über ein Jahr lang eine russische Hausangestellte beschäftigt, die eine sehr gute Behandlung genoß. Zu den Festtagen wurde sie stets beschenkt. Sie hatte ein schönes weißes Bett und durchaus die gleiche Verköstigung wie die Familie Coers."

Weder bei den optischen Werken Ernst Leitz noch bei der Hensoldt AG konnten derart schlechte Behandlung im Werk oder gar körperliche Züchtigung von Zwangsarbeitern nachgewiesen werden.[263] Dr. Ernst Leitz schrieb darüber im Frühjahr 1947:[264]
„... Bei der Betreuung der zugewiesenen Fremdarbeiter wurde mit den nur durch den Krieg beschränkten Mitteln alles getan, um diesen Menschen ihr Los zu erleichtern.
... Die soziale Betreuung und besonders die gesundheitliche war bei den Fremdarbeitern dieselbe wie bei den deutschen Arbeitern. Mit demselben deutschen medizinischen Stab, Arzt, Schwestern und einer besonderen Abteilung für die Kranken. Zwei Sozialpflegerinnen, Fräulein von Baer und Frau Dr. Elsie Kühn-Leitz, beschafften Kleidung, überwachten die Nahrungsmittelverteilung sowie die Hygiene und die Unterkunftsbedingungen. Aufenthaltsbaracken wurden errichtet, Waschanlagen, Flickstuben und eine Schusterwerkstatt eingerichtet.
Die Behandlung, die die Ausländer vonseiten Leitz erfuhren, führten oft zu Kontroversen mit der DAF und der Gestapo."
Interessant ist in dem Zusammenhang auch, dass die Franzosen und Belgier bei Leitz – anders als die Ostarbeiter – offensichtlich wie deutsche Mitarbeiter als „Gefolgschaftsmitglieder" bezeichnet wurden.[265]

Allerdings wurden auch bei Leitz die diskriminierenden Vorschriften der DAF eingehalten; so hieß es unter anderem in der Betriebsmitteilung Nr. 13 vom 18. Dezember 1942, die den Vermerk: *„Nur für die Herren Abteilungsleiter!"* trug:[266]
„... Ausserdem soll die gleichzeitige Ausführung ein und derselben Arbeit von einem Deutschen und einem Ausländer vermieden werden".
Und auch andere Dinge kamen vor. So wandte sich der Wetzlarer Kreisobmann der DAF am 14. September 1943 schriftlich an den Betriebsobmann Krombach im Leitz'schen Hausertorwerk:[267]
„Ich erhalte davon Kenntnis, dass im Hausertorwerk Frauen auf den Klosettanlagen durch Männer kontrolliert werden, um festzustellen, ob diese sich nicht von der Arbeit drücken.
Wenn es an sich schon bedauerlich ist, dass eine derartige Massnahme überhaupt in Erwägung gezogen werden musste, so bitte ich Sie aber zu veranlassen, dass derartige Kontrollen durch eine von der Betriebsfrauenwalterin für Ihr Werk beauftragte weibliche Person durchgeführt werden.
Von dem Vollzug dieser Anweisung wollen Sie mich baldigst unterrichten. Heil Hitler!"

Der SS-Angehörige Albert Moser war Leiter des Zwangsarbeiterlagers der Hensoldt AG. Obwohl er immer eine Pistole trug und das Wachpersonal dazu anhielt, *„die für die Behandlung von Ausländern ergangenen Vorschriften peinlichst genau einzuhalten und keinerlei Zugeständnisse irgendwelcher Art zu machen"*, sprachen sowohl die Zeugen in seinem Spruchkammer-Verfahren als auch später befragte Personen übereinstimmend von „keinen Vorkommnissen" im Zusammenhang mit der Behandlung der Ausländer.

Betriebsobmann Krombach machte auch später noch von sich Reden. Im Juni 1944 meldete er dem Kreisobmann der DAF (der undatierte Brief trägt den Eingangsstempel der DAF vom 22. Juni 1944):

„Da es sich am heutigen Vormittag, am Stollenbau der Leitzwerke Hausertor,[268] *um einen auch für Sie interessanten Fall handelt, gebe ich Ihnen wie folgt bekannt. Es erlaubt sich ein polnischer Arbeiter, der von einem deutschen Gefolgschaftsmitglied, zur Arbeit ermahnt wurde, und deswegen zu einer kleinen Auseinandersetzung kam!*
Schlug der Ausländer auf den Deutschen los, und verletzte den Deutschen an mehreren Stellen im Gesicht, worauf wir sofort die Polizei benachrichtigten, die denselben sofort in Haft nahm.
Ich bitte doch das Gefolgschaftsmitglied Heinrich Lotz, der sich von einem Ausländer schlagen lässt, auf seine feige Haltung hinzuweisen. Heil Hitler!"

Bei der Hensoldt AG trat der Lagerleiter Albert Moser zwar immer in SS-Uniform auf,[269] war mit einer Pistole ausgerüstet und hielt das Wachpersonal dazu an, *„die für die Behandlung von Ausländern ergangenen Vorschriften peinlichst genau einzuhalten und keinerlei Zugeständnisse irgendwelcher Art zu machen"*.[270] Sowohl die Zeugen in seinem Spruchkammer-Verfahren als auch später befragte Zeugen sprachen jedoch übereinstimmend entweder von „keinen Vorkommnissen" oder aber von guter Behandlung der Ausländer.[271] Personalabteilung und Betriebsrat bestätigten der Spruchkammer in einer Auskunft vom 26. Februar 1947 unter anderem:[272]

„Es liegen keinerlei Angaben darüber vor, daß er sich Mißhandlungen ausländischen Arbeitern gegenüber zuschulden kommen ließ."

Moser selbst gab in der Spruchkammer-Verhandlung von Dr. Carl Hensoldt am 11. August 1948 zu Protokoll:[273]

„Wir waren die ersten, die eine Sanitäts-Station hatten, wir hatten eine eigene Lagerschwester. Es ist mir alles vom Betrieb genehmigt worden, um das Los der Lagerinsassinnen zu erleichtern. Ich kann wohl sagen, dass da Mädels drunter waren, auf die ich stolz war. Es waren tüchtige Mädels darunter, sie waren fleissig und sind nicht angetrieben worden, und die Werksküche gab sich alle Mühe, und hat Fleisch besorgt und machte Sonntags Kotelett. Es gab Bier und zu Weihnachten wurden sie mit Schmuck beschenkt."

In der Verhandlung äußerte sich auch Dr. Hans Hensoldt zu seiner Einstellung zu den Zwangsarbeiterinnen und Zwangsarbeitern:[274]
„... Man kann nicht sagen, dass ich Menschen gequält hätte und auf meiner Linie wird der Beweis erbracht werden, dass ich diesen Menschen auch geholfen habe. Ich habe Anbauverträge mit Bauern gemacht. Ich habe Tausende Zentner Kartoffeln gekauft und habe hineingepumpt, was ich nur konnte."
Der Vorsitzende bestätigte daraufhin, dass die Franzosen und Italiener bei Hensoldt gut behandelt worden seien, bezweifelte jedoch, dass dies von Anfang an geschehen sei. Daraufhin verteidigte sich Dr. Hans Hensoldt:[275]
„... Vom ersten Tage an habe ich mich hingestellt und habe die Suppe ausgegeben. Ich habe das Essen herbeigeschleppt und ich habe gesehen, dass die Betten in Ordnung kamen. Ich habe eine Schwester, die von der Gestapo verfolgt wurde, eingestellt. Mir wurden die größten Schwierigkeiten gemacht, aber ich habe diese Schwester besonders gestützt und habe sie den Ostarbeiterinnen zur Verfügung gestellt, weil ich überzeugt war, dass sie sich für die Ausländerinnen einsetzen würde.
... Neben Herrn Adam, Moser und Dr. Steinbeck[276] hatten wir im Lager auch noch einen französischen, einen russischen Lagerleiter und eine russische Lagerleiterin, die als Lagerälteste eingesetzt waren. Diese Leute hatten auch eine Art Disziplinargewalt und konnten auch eine Bestrafung vorschlagen. Die russische Lagerleiterin, Frau Josenkina,[277] war zuletzt die Beraterin der Militärregierung – und die hat mir bestätigt, dass es bei uns menschlich zuging ..."
Und weiter führte er aus:[278]
„Ich habe mich ganz besonders um die Betreuung des Lagers gekümmert, und zwar habe ich mich für die bessere Verpflegung, Unterbringung und für den Urlaub, Familienzusammenbringung gekümmert und gesorgt."[279]

Augenzeugen haben immer wieder berichtet, die Zwangsarbeiter hätten bei Fliegeralarm nicht mit in die Luftschutzstollen gedurft, und es sei ihnen damals auch verboten gewesen, in der Stadt auf den Bürgersteigen zu gehen. Es konnte jedoch kein Beleg dafür gefunden werden, dass den Zwangsarbeitern das Betreten der Luftschutzstollen grundsätzlich verboten worden war.
Im Gegenteil. Dr. Hans Hensoldt gab am 29. November 1949 im Spruchkammer-Verfahren des ehemaligen Lagerleiters Albert Moser dazu an:[280]

„Wir waren der einzige Betrieb, der den Stollenbau nicht nur für den Betrieb, sondern auch für die Ausländer, Kinder und Frauen aus den umliegenden Häusern freigegeben hat."
Das galt aber auch für Leitz. Der Zeuge Horst H. gab am 24. Juli 1947 im Spruchkammer-Verfahren Franz Bauer, des einstigen Betriebsleiters und Abwehrbeauftragten der optischen Werke Ernst Leitz, an:[281]
„... *er* (Anm.: Bauer) *habe im Gegensatz zur Kreisleitung neben der Firma einen Stollen auch für Fremdarbeiter gebaut, was ihm viele Unannehmlichkeiten eingebracht hätte."*
Dr. Ernst Leitz und Ludwig Leitz gaben im Spruchkammer-Verfahren von Dr. Ernst Leitz dazu übereinstimmend an:[282]
„... Unter anderem gab die Unterbringung der ausländischen Arbeiter in dem gleichen Luftschutzstollen mit den Deutschen 1944 Anlaß zu einer heftigen mündlichen Verwarnung des Kreisamtsleiters von der Osten. Es wurde Leitz der Vorwurf gemacht, daß die ausländischen Arbeiter bevorzugte Behandlung erhielten, weil Leitz eine deutsche Niederlage erwarte."

Aber auch in anderen Luftschutz-Stollen kamen damals die Zwangsarbeiter unter. Gisela von Schneidemesser, die als Kind in Garbenheim aufwuchs, erinnerte sich:[283]
„Bei Luftangriffen liefen viele Bürger zum Ludwigs-Stollen der einstigen Grube Raab an der Garbenheimer Straße, der zwei Ausgänge hatte. Im Hauptstollen suchten die Einheimischen Schutz, in einem Nebenstollen kamen die Zwangsarbeiter der in der Nähe befindlichen Lager von Pfeiffer-Apparatebau, Hollmann oder des Textilwerkes Hofmann in Garbenheim unter."
Waldemar Gatzert aus Niederkleen, der im Krieg bei der Metzgerei Born in der Wetzlarer Langgasse zusammen mit zwei Franzosen arbeitete, berichtete Ähnliches:[284]
„Die Behauptung, Zwangsarbeiter hätten nicht in die Luftschutzbunker gedurft, ist schlichtweg falsch. Wer hätte denn das in dem Drunter und Drüber bei den zahlreichen Luftangriffen auch überprüfen sollen? Da hätte ja vor jedem Bunker eine Wache stehen müssen. Völlig unmöglich. Aber vielleicht hat es ja mal solche Einzelfälle gegeben.
Bei Fliegeralarm rannten wir – die beiden französischen Zwangsarbeiter und ich – immer von der Langgasse über die Ochsenwiese[285] *und die Eiserne Brücke zum Luftschutzraum im Hausertorstollen."*
In der Tat sind aber Einzelfälle bekannt geworden, in denen Zwangsarbeitern der Zugang zum Luftschutzstollen verweigert werden sollte. So soll der Firmeninhaber Georg Kremp bei einem Fliegeralarm vor einem Luftschutzstollen gegen einen mit gezogener Pistole drohenden Blockwart durchgesetzt haben, dass die bei ihm beschäftigten sieben Ostarbeiterinnen mit in den Schutzstollen durften.[286]
Es gibt aber noch ein anderes Indiz dafür, dass die Zwangsarbeiter bei Gefahr

eines Luftangriffes in die Stollen durften: Von den schätzungsweise 4.800 Zwangsarbeitern, die sich 1944/45 in der Stadt Wetzlar aufhielten, kamen 32 bei amerikanischen Luftangriffen ums Leben – 13 von ihnen in Bunkern oder Splittergräben.[287]
Auf das vermeintliche Verbot des Betretens von Bürgersteigen durch die Ostarbeiter fand sich allerdings ein Hinweis. So beklagte sich Kreisleiter Haus am 15. Mai 1943 in einem Schreiben an die NSDAP-Gauleitung Hessen-Nassau in Frankfurt am Main unter anderem:[288]
„... Weiterhin war das Strassenbild der Hauptstrassen in Wetzlar fast ausschließlich von diesen Ostarbeitern- und Arbeiterinnen bevölkert, die in Trupps auf den Bürgersteigen standen, so dass deutsche Frauen den Bürgersteig verlassen mussten und auf der Strasse laufen usw.
Diese Mißstände hatten den Bürgermeister als Ortspolizeiführer veranlaßt einzuschreiten."

Es gab aber auch kleine Lichtblicke in dieser dunklen Welt der Zwangsarbeit. So fanden sich in den Buchungsunterlagen der Herkules-Werke unter anderem folgende Eintragungen:[289]
17. und 18. Dezember 1942: *„Zutaten für Gebäck an Ostarbeiter, RM 2,25"*, am 9. Januar 1943: *„Harmonika für Ostarbeiter, RM 1,30"* und am 12. April 1943: *„Ausgaben für Zeitungen Ostarbeiter, RM 11,-."*

Vergessen werden dürfen bei allem Leid jener Epoche aber keinesfalls die zahllosen Augenzeugen und Zwangsarbeiter selbst, die von menschlichem und vertrautem Umgang miteinander berichteten. Wie sonst ist es wohl erklärlich, dass noch Jahrzehnte nach dem Ende des Zweiten Weltkrieges immer wieder ehemalige Zwangsarbeiter durch halb Europa reisten, um ihre einstigen „Arbeitgeber" oder Kollegen zu besuchen, und ihnen für die gute und menschliche Behandlung während des Krieges zu danken?[290]
Selbst in den großen Industriebetrieben, die ja Hunderte von Zwangsarbeitern beschäftigten, setzte sich oft die Menschlichkeit im Kleinen durch. Obwohl es streng verboten war, gab man ihnen zusätzliche Lebensmittel. Brot und Arbeit wurden geteilt, der Feind als Kollege.[291] Nur durften Werkschutz, Fanatiker und Spitzel nichts davon erfahren. Wenn das doch geschah, wurden oft empfindliche Strafen verhängt:
Hildegard Löll hatte seit dem 6. November 1939 als Hilfsarbeiterin in der Optik bei Hensoldt gearbeitet. Am 2. Februar 1943 war sie in das Angestelltenverhältnis übernommen worden und arbeitete seitdem in der Buchhaltung.[292] Zu den jungen Ukrainerinnen im Werk hatte sie ein gutes Verhältnis. Die einstige Zwangsarbeiterin Anna Pustowoitschenko aus dem Donezgebiet – sie weilte 1995 auf Einladung des „Arbeitskreises für die Begegnung mit ehemaligen sowjetischen Zwangsarbeitern und Zwangsarbeiterinnen" mit anderen ehemaligen Zwangsar-

beiterinnen im Raum Wetzlar – beschrieb das in einem Brief an den Arbeitskreis so:[293]

„Hilda Löll, ein 18/19-jähriges Mädchen ... war für uns die einzige, die das Menschliche verkörperte ... Sie half uns mit allem: Mit Lebensmitteln und viel mehr mit ihrem menschlichen Verhalten zu uns ... Sie war für uns eine Freundin ...“

Hildegard Löll wurde im März 1945, als sie den Ukrainerinnen wieder einmal Brot zusteckte, von einer Kollegin denunziert. Daraufhin wurde sie vom Betriebsführer Dr. Hans Hensoldt wieder aus dem Angestelltenverhältnis in den Arbeiterstand versetzt.[294]

Walter Keul aus Rodenroth, der damals bei Leitz arbeitete, erinnerte sich im August 2000 an den Sommer 1943:[295]

„Dort, wo heute das Gebäude der Commerzbank in Wetzlar steht, befand sich damals das Anwesen der Firma Adolf Interthal.[296] *Da hier Lagerräume frei waren, hatte die Firma Leitz dort ein Seiden- und Packpapierlager eingerichtet. Wegen der befürchteten Luftangriffe wurden die Papierballen jedoch später nach Burgsolms umgelagert. Uns wurden vier Ostarbeiter zugeteilt, welche die Verladearbeiten ausführten. Ich war dort eingeteilt und mußte die verladenen Rohstoffe in eine Liste eintragen.*

Während der Arbeiten fiel mir auf, daß einer der Russen gewaltig hinkte. Ein anderer Russe, der sich im Marmorbruch in Villmar vier Finger abgequetscht hatte, konnte ein bißchen deutsch sprechen. Auf meine Frage, was sein Kamerad denn am Fuß hätte, zeigte dieser mir seine Füße: Sie waren über und über mit Hühneraugen oder ähnlichem bedeckt. Ich ging darauf in die benachbarte Langgass-Apotheke und kaufte ihm Hühneraugen-Pflaster. Nach Beendigung unserer Arbeit gingen die vier Russen später wieder in das Leitz-Lager zurück.

Das Hühneraugen-Pflaster muß wohl geholfen haben. Jedenfalls begegnete ich diesen Russen einige Tage später in der Bahnhofstraße in einem Trupp von Ostarbeitern wieder, als ich zusammen mit einem Arbeitskollegen abends nach Feierabend zum Bahnhof ging: Als sie mich sahen – die Ostarbeiter hatten am Bahnhof Kohlen auf die Leitz-LKW geschippt – begannen sie ein großes Palaver und grüßten mich laut und deutlich. Das war mir peinlich, denn der Kollege fragte mich sogleich, was ich denn immer mit diesen Russen hätte. Das war durchaus nicht ungefährlich, und so gab ich ihm irgend eine banale Antwort.“

Walter Keul erinnerte sich auch noch gut an das Frühjahr 1944 im Leitzwerk, als er dort in der Versandabteilung beschäftigt war:

„Ich hatte die Aufgabe, Zedernöl aus einem großen Behälter in kleine Fläschchen abzufüllen. Die Fläschchen wurden dann mit einem Korken verschlossen, der anschließend in einem besonderen Verfahren mit einem Zelluloid-Käppchen überzogen wurde. Das war keine kriegswichtige Arbeit.

Eines Tages erreichte mich der Gestellungsbefehl zum Reichsarbeitsdienst, und so mußte ein Nachfolger her. Ich schlug meinem Chef vor, eine Ostarbeiterin anzufordern. Bald kam ein etwa zwanzigjähriges russisches Mädchen, das ich nun anlernte.
Nach einigen Tagen meinte ich, sie müsse es nun können. Sie antwortete aber immer nur „nie ponimaisch" – „nicht verstehen". Auch heimlich zugesteckte Butterbrotstücke konnten sie nicht umstimmen. Das machte mich wütend.
Einen oder zwei Tage, bevor ich zum Arbeitsdienst einrücken mußte, fing sie plötzlich an zu reden – und zwar in recht gutem Deutsch! Zu meiner Überraschung erzählte sie mir, sie stamme aus Odessa, habe dort studiert und auch etwas deutsch gelernt. Sie zeigte mir Fotos eines stattlichen Hauses am Meer und sagte, das sei ihr Elternhaus. Wegen ihres Schicksals habe sie sich geschworen, den Deutschen nicht zu helfen.
Hätte ich das gemeldet, hätte das für sie unabsehbare Folgen gehabt."

Wie recht er damit hatte, konnte Walter Keul damals nur erahnen: In der Tat wurden Zwangsarbeiter der Firma Leitz des öfteren wegen „Arbeitsbummelei" der Gestapo gemeldet, die sie dann festnahm und in das berüchtigte Arbeitserziehungslager Frankfurt-Heddernheim verbrachte („KZ Rhein-Main").[297] Noch rigoroser wurde in der Firma Leitz bei Arbeitsverweigerung verfahren.[298]

Auch Edith Gerlach aus Wetzlar konnte sich 2001 an bemerkenswerte Vorgänge erinnern:[299]
„Bis zu dem schrecklichen Luftangriff im November 1944 (Anm.: vom 21. November 1944) *wohnten wir im Hinterhaus der Familie Otto Gaerthe, heute Karl-Kellner-Ring.*
Direkt an der Grundstücksgrenze – ca. drei Meter von unserer Haustür entfernt – war ein hoher Bretterzaun. Dahinter war das Lager der Fremdarbeiter, die in Wetzlarer Fabriken arbeiteten.[300]
Ich kann mich erinnern, daß Sonntags eine junge Russin zu uns aus dem Lager kam und von uns bewirtet wurde. Sie durfte auch manchmal schon Samstags kommen und über Nacht bleiben, was eigentlich nicht üblich war. Warum das sein durfte, entzieht sich meiner Kenntnis. Julia, so hieß die junge Frau, fühlte sich in unserer Familie sehr wohl. Wir mochten sie als Kinder auch sehr.
Meine Mutter, meine Tante und Frau Gaerthe nahmen Julia sogar mit ins Kino, dieses war für Fremdarbeiter streng verboten. Für die, die sie mitnahmen, ein schweres Vergehen. Sie staffierten Julia so aus, daß sie von deutschen Frauen nicht zu unterscheiden war. Ihr wurde gesagt: „Du mußt den Mund halten und ja nicht mit uns reden!"
Für Julia war es sicher ein großes Erlebnis, für die drei couragierten Frauen, deren Männer seit Jahren an der Front waren, ein großes Wagnis, dieser jungen Frau eine Freude zu machen."

Die Handlungsweise der drei deutschen Frauen war jedoch äußerst leichtsinnig, denn im Entdeckungsfalle hätten ihnen allen empfindliche Strafen gedroht – der Ostarbeiterin möglicherweise die Einweisung in ein KZ.
Die junge Russin mit Vornamen Julia dürfte im „Iding-Lager" der Hensoldt AG oder dem direkt daran angrenzenden Lager der Firma Pfeiffer Apparatebau GmbH gewohnt haben. In den noch vorhandenen, allerdings unvollständigen Personenlisten der Firma Pfeiffer[301] fand sich aber keine Ostarbeiterin mit diesem Vornamen. In den Unterlagen der Hensoldt AG hingegen fand sich eine Russin namens „Juljia Grischenowa aus Mariupol auf der Krim (*15. Juni 1921)". Sie war seit dem 30. August 1942 bei Hensoldt beschäftigt.[302]

Horst Dinkel aus Bissingen in Schwaben erinnerte sich im Frühjahr 2002 ebenfalls an jene Zeit:[303]
„Wir wohnten damals in der Braunfelser Straße in Wetzlar, etwa auf Höhe der ‚Eisernen Hand'. Mein Vater war Abteilungsleiter bei Leitz. Mit im Haus wohnte auch meine Tante Helene Rust, die in Wuppertal ausgebombt worden war. Sie war im Leitz'schen Zwangsarbeiterlager angestellt. Ich kann mich nicht mehr genau an ihre dortige Tätigkeit erinnern, meine aber, sie hat dort wohl die Küche geleitet.
Abends und an Wochenenden konnten wir bei uns zu Hause oft hören, wenn die ukrainischen Mädchen und Frauen im Leitz'schen Zwangsarbeiterlager am Stadion laut mit der Balalaika sangen. Sie müssen dann wohl sehr fröhlich und ausgelassen gewesen sein. Wir hörten das so gut, weil unser Haus ja nur wenige Hundert Meter vom Lager entfernt lag.
Oft kamen zwei Ukrainer – es waren zwei Brüder, die in der Abteilung meines Vaters arbeiteten – zu uns nach Hause, um bei der Gartenarbeit zu helfen. Sie bekamen dann immer ein Essen von uns, manchmal auch Kleidungsstücke u. ä. Sie waren sehr freundlich und wir hatten ein gutes Verhältnis zu ihnen.
Kurz vor Kriegsende wurde mein Vater dann doch noch zum Militär eingezogen, und so war er bei Kriegsende nicht in Wetzlar.
Im Frühsommer 1945 kamen die beiden Ukrainer, welche immer bei uns gearbeitet hatten, zu uns und sagten, sie würden jetzt abgeholt und kämen wieder zurück in ihre Heimat. Und dann: Wenn sie unseren Vater, der sich ja vermutlich in Gefangenschaft befand, unterwegs treffen sollten, so würden sie sich um ihn kümmern und ihn erst einmal mit in die Ukraine nehmen, damit es ihm gut erginge."

Auch Kurt Dross aus Greifenstein-Ulm hat damals den Zwangsarbeitern geholfen. 2001 erinnerte er sich:[304]
„Ich war im Krieg Dreherlehrling bei der Firma Hollmann in Wetzlar und hatte ein freundschaftliches Verhältnis zu den Zwangsarbeitern. Ich habe ihnen heimlich Brot, Äpfel und auch mal andere Lebensmittel zugesteckt. Dieses blieb aber nicht geheim, und ich wurde mehrmals verwarnt. Ich erhielt dann den Auftrag,

3,7 cm-Panzersprenggranaten zu reparieren, die angeblich von Zwangsarbeitern zu Ausschuß gedreht worden waren, was aber nicht stimmte.
Dieser Vorgang wurde an das Rüstungskommando gemeldet, daraufhin wurde ich von der Gestapo in Untersuchungshaft genommen. Bei den Vernehmungen wurden mir immer diese beiden „Straftaten" vorgehalten und vorgeworfen. Trotzdem hat man mich dann nach 14 Tagen wieder freigelassen."

Gretel Herbel aus Wetzlar und Anna Rühl aus Naunheim, die schon im Zusammenhang mit dem Zeichen „OST" der Ukrainerinnen bei der Firma Kremp, Optik und Mechanik, berichteten, gaben übereinstimmend zur Behandlung dieser Zwangsarbeiterinnen an:[305]
„Es ist uns nicht mehr genau erinnerlich, wann die ersten Ukrainerinnen zu uns in die Firma kamen. Wir wissen aber noch sehr genau, daß sie alle ausgezehrt waren, die Ruhr hatten und gar nicht arbeitsfähig waren. Unser Chef ließ daraufhin sofort die benötigten Arzneimittel in der Schwanen-Apotheke besorgen und die Ukrainerinnen damit von der Gemeindeschwester der Sozialstation Pariser Gasse behandeln.
Im Souterrain des Hauses Ernst Leitz-Straße 46 – dort wohnte unser Chef mit seiner Familie – wurde den Frauen ein Raum mit Betten eingerichtet. Sie bekamen neue Kleider und Schuhe. Soweit uns bekannt ist, trug unser Chef dafür die Kosten. Als die Genesung fortgeschritten war, wurden sie zur Badeanstalt im alten Hallenbad und zum Friseur geführt. Diese Ukrainerinnen – es waren keine zehn Personen[306] *– wurden von unserem Chef und seiner Frau fast wie Familienmit-*

Die Ukrainerin Anna Cholos im Mai 1944 bei der Firma „Georg Kremp, Optik und Mechanik, Wetzlar" in der Ernst-Leitz-Straße 48. Für diese Firma waren bis zum 30. Juni 1944 insgesamt 5 Zwangsarbeiter nachweisbar. Sie lebten vermutlich in einem Raum im Untergeschoss des Wohnhauses (Braunfelser Straße 46) und sollen von der Lagerküche der Ernst Leitz GmbH mit verpflegt worden sein.

glieder behandelt. Es waren ‚Zwangsarbeiterinnen mit Familienanschluß'. Wir haben nie erlebt, daß sie ungerecht oder gar hart behandelt wurden. Selbstverständlich kamen sie bei Fliegeralarm immer mit in den Luftschutzbunker.
Nach Kriegsende kam eine von ihnen – sie hieß Anna Cholos – wieder zu uns in die Firma und bot uns jede nur mögliche Hilfe an, falls wir Probleme mit der Besatzungsbehörde hätten."

Ungezwungener als in den großen Industriebetrieben konnten die Zwangsarbeiter oft in der Landwirtschaft leben. Der Wetzlarer Bürger Stefan S. berichtete darüber:[307]
„Ich bin als Zwangsarbeiter von den Deutschen nicht schlecht behandelt worden. Ich wurde bei meinem Bauern in Wetzlar praktisch in den Haushalt aufgenommen, hatte freie Kost und Logis, schlief zusammen mit einem Sohn des Bauern im selben Zimmer und wurde ordentlich entlohnt.
Da ich aus dem Raum Lemberg – also aus Galizien – stamme, wurde ich in Wetzlar auch nicht als Pole behandelt, und mußte nicht das ‚P' an der Kleidung tragen. Ich konnte mich frei bewegen, Gaststätten aufsuchen, ins Kino gehen oder mit der Bahn fahren."
Stefan S. hat Glück gehabt: Nachdem die Reichsführung die einstigen ukrainischen Gebiete Bialystok und Lemberg im Juni 1941 nach dem Einmarsch in die Sowjetunion zu Polen geschlagen hatte,[308] hätte er eigentlich amtlich zum Polen erklärt werden müssen mit dem Ergebnis, dass dann alle diskriminierenden „Polenerlasse" auch für ihn gegolten hätten.
Aber viel Schlimmeres ist ihm erspart geblieben, denn er hatte 1943 ein Liebesverhältnis mit der Tochter „seines" Bauern, welches nicht ohne Folgen geblieben war.[309] Darauf stand für ihn die Todesstrafe.[310] Daß es nicht dazu kam, ist in der Hauptsache der städtischen Hebammenschwester Annamargarethe Pitzer aus Wetzlar zu verdanken, die auf dem amtlichen Stammbogen des neugeborenen Kindes unter der Rubrik „Vater" vermerkte: *„Fronturlauber, Name unbekannt."*[311]

Gerade in der Landwirtschaft waren die Zwangsarbeiter oft in den Betrieb integriert. Von einem solchen Beispiel – es lässt uns heute schmunzeln – wusste Ralf Bramesfeld aus Steindorf zu berichten:[312]
„Unsere Familie war im Sommer 1944 von Darmstadt nach Wetzlar übergesiedelt. Ich war damals 14 Jahre alt. Im Spätherbst 1944 fuhr ich mit einmal dem Fahrrad nach Naunheim, das damals noch ein wirkliches Dorf war. Auf der Hauptstraße stand ein Ochsenfuhrwerk, das von einer jungen Frau geführt wurde. Sie versuchte mit verschiedenen Mitteln, den Ochsen zum Laufen zu bringen, doch der rührte sich nicht vom Fleck. Da fluchte sie irgend so etwas Fremdes, und ich merkte, daß sie wohl eine Russin war.
In dem Moment sah eine Bäuerin aus dem Fenster und rief ihr zu, was denn los sei. Daraufhin rief die Russin zurück: „Ei das Mißgeburt will doch naut!"

Der Westarbeiter Henri Gazeau und der Ostarbeiter Wassilij im Jahre 1944 auf dem Hof des Bauern Ludwig in Niederkleen.

Da wir aus Südhessen kamen, kannte ich den rollenden Wetzlarer Dialekt natürlich noch nicht. Oh dachte ich: Russisch ist ja wirklich nicht schwer!"

Stellvertretend für viele andere deutsche Zeitzeugen aus der Landwirtschaft mag auch der Bericht von Ottilie Gatzert[313] aus Niederkleen stehen:
„Unser Hof befindet sich in der Kirchgasse 2 in Niederkleen, genau gegenüber dem Gemeindehaus. Während des Krieges befand sich im Gemeindehaus ein Lager für Belgier und Franzosen, die im Ort bei den Landwirten arbeiteten. Zwar waren die Fenster des Gemeindehauses vergittert und abends befand sich auch ein Wachmann im Haus; ansonsten aber konnten sich die Ausländer frei im Ort bewegen.
Wir hatten auf dem Hof einen jungen Franzosen, einen jungen Russen und eine ältere Ukrainerin. Der Franzose hieß Henri Gazeau und kam aus Tours. Der Russe hieß mit Vornamen Wassilij, an den Nachnamen können wir uns leider nicht mehr erinnern. Die Ukrainerin hieß Kulina Konowal und kam aus einem Dorf im Kreis Stehernikow. Sie war Analphabetin und kannte ihr Geburtsdatum nicht – war aber so etwa 48 Jahre alt. Von den beiden Männern haben wir noch Fotos, von Kulina leider nicht, denn immer, wenn sie fotografiert werden sollte, hielt sie sich die Hände vors Gesicht und lief weg.

Der Henri schlief zusammen mit den anderen Franzosen und den Belgiern gegenüber im Haus der Gemeindeverwaltung, der Wassilij und die Kulina hatten jeder bei uns ein Zimmer, das früher die Mägde benutzt hatten.
Oft kamen Sonntags viele junge Ukrainerinnen auf unseren Hof. Sie saßen dann alle in der Sonne und sangen ukrainische Lieder und tanzten miteinander. Manchmal haben sie auch Schnaps aus Korn oder Kartoffeln gebrannt. Dann waren immer einige von ihnen bald sehr betrunken.
Da sich unser Anwesen genau gegenüber dem Gemeindehaus befindet, hatte die Ortsleitung einen unserer Gewölbekeller zum Luftschutzkeller für die Zwangsarbeiter bestimmt. Er wurde notdürftig für diesen Zweck hergerichtet und abgestützt. Bei den zahlreichen Luftangriffen der letzten Kriegsmonate saßen wir oft dort unten dichtgedrängt mit den Ausländern. Heute wissen wir aber, daß es eigentlich nutzlos gewesen war: Wären tatsächlich Bomben auf unser Gehöft gefallen, hätte der Keller überhaupt keinen Schutz geboten.
Wenn man die damalige Zeit und den Kriegszustand berücksichtigt, haben es die Ausländer bei uns – wie im ganzen Dorf – bestimmt nicht schlecht gehabt. Ausnahmen gab es und gibt es sicherlich immer, zu jeder Zeit und überall.
Zwanzig Jahre später – 1964 – hat uns der Franzose dann auch ganz überraschend einmal mit seiner Familie und seinem Schwager besucht und seinen alten Arbeitsplatz noch einmal in Augenschein genommen. Wir haben bis tief in die Nacht gemütlich zusammen gesessen und dachten zurück an die Kriegszeit. Sie haben in einem Gasthof im Ort übernachtet, und am nächsten Tag haben wir dann alle bei uns gefrühstückt. Er hat uns dann herzlich zu sich nach Tours eingeladen."
Ein seltenes Zeugnis ist eine Postkarte, welche diese Ostarbeiterin Kulina Konowal vermutlich im Herbst 1943 von Niederkleen aus an ihre Schwester in der Ukraine schicken ließ.[314] Die Karte kam aber später wieder zurück an die Absenderin, da sie sicher wegen der Rückeroberung der Ukraine durch sowjetische Truppen von der deutschen Reichspost nicht mehr ausgeliefert werden konnte. Der Kartentext lautete:
„Brief von der Schwester. Guten Tag meine lieben Verwandten. Ich freue mich schon über den Moment, wenn Ihr diese Karte bekommt. Ich wünsche Euch alles Gute in Eurem Leben.
Liebe Schwester, liebe Kinder, ich grüße Euch ganz herzlich. Macht Euch keine Sorgen um mich. Ich danke dem lieben Gott, daß er für mich sorgt, daß ich zu essen und zu trinken habe. Es geht mir gut.
Ich wünschte mir, vor meinem Tod noch einmal meine Heimat besuchen zu können. Ich würde gerne noch einmal über die ukrainischen Felder und Wiesen spazieren. Es wäre schön, wenn wir uns noch einmal zusammensetzen könnten, und uns alles von der Seele sprechen würden. Leider geht das auf Grund meiner Gesundheit nicht mehr.
Der Bauernhof ist sehr groß, die Maschinen müssen bedient werden, leider kommen sie ohne Hände nicht aus.

Die Ostarbeiterin Kulina Konowal, die 1943 auf dem Hof von Bauer Ludwig in Niederkleen arbeiten musste, schickte diese Postkarte an ihre Verwandten in der Ukraine. Die Karte kam jedoch im Spätherbst des Jahres als unzustellbar wieder zurück. Da die Rote Armee ihre Heimat inzwischen wohl wieder zurückerobert hatte, konnte die Karte von der Reichspost nicht mehr zugestellt werden. Das versetzte die Frau in tiefe Bestürzung.

Meine Lieben, ich habe Eure drei Postkarten erhalten, obwohl sie sechs Wochen unterwegs waren. Vielen Dank für alles.
Herzliche Grüße an alle. Auf Wiedersehen."
Ottilie Gatzert aus Niederkleen erzählte weiter:
„Es war wohl Ende 1943, als auf einmal die Postkarte der Kulina wieder zurück kam. Wir zeigten ihr die Karte, aber sie wollte sie auf keinen Fall wieder zurück haben, sondern fing furchtbar an zu weinen und jammerte, nun sei ja alles vorbei, und sie käme jetzt niemals wieder in ihre Heimat zurück.
Wir haben dann die Karte aufgehoben und sie zu den Feldpostbriefen meines Vaters getan. Dort liegt sie noch heute."
Postsendungen, die in Rußland oder der Ukraine wegen des Vordringens der Roten Armee nicht mehr zugestellt werden konnten, waren in Deutschland inzwischen zu einem allgemeinen Problem geworden. Das Rüstungskommando Gießen vermerkte dazu im Dezember 1943:[315]
„Bei den Ostarbeiterinnen macht sich ein unverkennbarer Leistungsabfall bemerkbar. Dieser wird verstärkt durch Gerüchte, die hauptsächlich von Westlän-

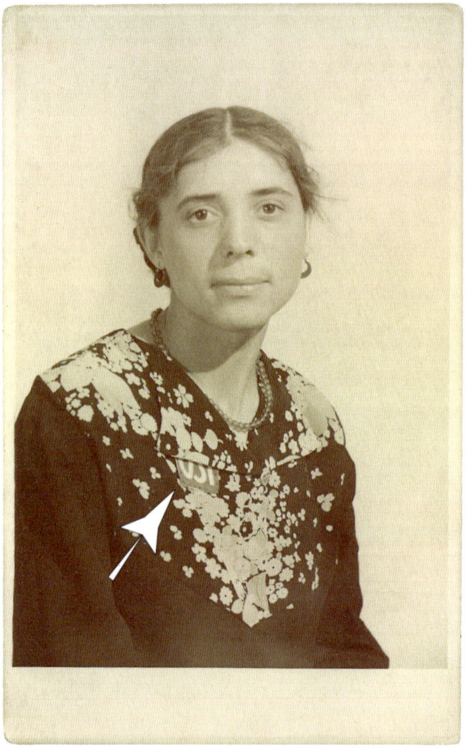

Die Ostarbeiterin Oneska Sacheruwa musste im Krieg bei den Leitzwerken arbeiten. An den Wochenenden half sie oft in dem Haushalt eines Leitzianers in Garbenheim aus, wofür sie dann Kleider und zusätzliches Essen bekam. Beim ersten Mal hatte der Leitzianer sie mitgebracht; später kam sie immer alleine und völlig ohne Begleitung nach Garbenheim.
Zum Dank für die gute Behandlung schenkte sie der Familie bei Kriegsende dieses Foto, auf dem sie etwas verschämt das Zeichen „OST“ – die russischen Zwangsarbeiter mussten es deutlich sichtbar auf der Kleidung tragen – mit dem Kragen des Kleides verdeckt hatte (siehe Pfeil).

Auch die Ostarbeiterin Nadia Kissal musste bei den Leitzwerken arbeiten. Das Foto von ihr wurde 1944 angefertigt, als sie nebenbei im Haushalt eines Leitzianers in der Wetzlarer Braunfelser Straße arbeitete.

dern verbreitet werden und die zu einer lebhaften Beunruhigung führen. Insbesondere erzählen die Franzosen den Ostarbeiterinnen, daß deutsche Soldaten in ihrer Heimat auf dem Rückmarsch alles zerstörten.
Außerdem wirkt die Rücksendung der Post außerordentlich beunruhigend auf die Ostarbeiterinnen, die infolge ihrer primitiven Denkungsart in solchen Fällen zu heftigen Gefühlsausbrüchen neigen. Es wäre zu überlegen, ob die nicht zustellbare Post nicht einfach eingezogen werden könnte, anstatt sie an den Absender zurückzusenden."

Auch in Kleinbetrieben und Haushalten konnte das Leben der Zwangsarbeiter erträglicher sein. Hier konnten sie baden und bekamen ordentliche Kleider und Schuhwerk, man unterhielt sich und spaßte miteinander. Das galt insbesondere für die Westarbeiter und Polen, die sich ja frei am Ort bewegen konnten.

Im September 1941 arbeiteten mindestens 11 Belgierinnen in Wetzlar:[316] Jeweils zwei von ihnen in den Hotels „Rheinischer Hof" und „Kaltwasser", bei Ferdinand Jung auf der Carolinenhütte, Anton Kortz in der Dalbergstraße 4, Karl Süß am Neustädter Platz 4, bei der Bäckerei Hübner in der Langgasse, bei Fritz Moser in der Lahnstraße, Edmund Schaidt am Schillerplatz und bei Hans Wolf in der Weißadlergasse 9.

Im Zeitraum vom 16. bis 28. August 1943 waren sieben Ukrainerinnen in Wetzlarer Privathaushalte gekommen.[317] Es waren drei 17-jährige, eine 18-jährige, eine 20-jährige und eine 25-jährige Ukrainerin. Zwei von ihnen wohnten in der Obertorstraße 21, die anderen in der Garbenheimer Straße 20, Sophienstraße 22, Silhöfer Straße 26 und Geiersberg 7. Auch sie sahen bald nach ihrer Ankunft gar nicht mehr zerlumpt aus. Nach einiger Zeit konnten die meisten von ihnen für „ihre" Familie einkaufen gehen und andere Besorgungen machen – ganz anders als ihre in den Barackenlagern untergebrachten Leidensgenossen.
Die genaue Zahl der während des Krieges in Wetzlarer Haushalten eingesetzten Zwangsarbeiterinnen ist aber nicht bekannt, da weitere Unterlagen hierfür nicht gefunden werden konnten.

Auch die bei den Buderus'schen Eisenwerken und der Röchling-Buderus AG eingesetzten russischen Kriegsgefangenen hatten sicher kein leichtes Los. Den bei der Wetzlarer Stadtverwaltung und in kleineren Wetzlarer Betrieben arbeitenden französischen Kriegsgefangenen hingegen ging es erheblich besser. Heinz Fritz, bis zur Aufgabe des Betriebes vor einigen Jahren Inhaber der alteingesessenen Metzgerei Fritz in der Silhöfer Straße, erinnerte sich 2002:[318]
„Ich bin Jahrgang 1928 und habe daher die Kriegsereignisse in Wetzlar als Junge ganz hautnah miterlebt.
Bereits 1940, schon kurz nach dem ‚Frankreichfeldzug', tauchten die ersten französischen Kriegsgefangenen in Wetzlar auf. Viele von ihnen waren in der Wetzla-

rer Altstadt unter gebracht: Einige im „Westfälischen Hof" in der Lahnstraße, und ein anderer Trupp in der ehemaligen Synagoge in der Pfannenstielsgasse. Diese arbeiteten wohl in der Hauptsache bei den Wetzlarer Metzgern: Bei den Metzgern Moser und Leister in der Lahnstraße, Metzger Süß am Neustädter Platz, Metzger Leun in der Nauborner Straße („Zum Goldenen Horn"), Metzger David Rau in der Hausertorstraße, und zwei von ihnen in unserer Metzgerei in der Silhöferstraße (der eine hieß René). Sie wurden morgens von Wehrmachtssoldaten – später und in Einzelfällen wohl auch von Hitlerjungen – morgens zur Arbeit gebracht und abends wieder abgeholt.
Diesen Kriegsgefangenen ging es in Wetzlar für damalige Verhältnisse sehr gut – insbesondere deswegen, weil sie ja bei den Metzgern arbeiteten. Ich erinnere mich gut, daß sie abends oft vor der Synagoge saßen und Würste und Koteletts grillten. Auch Alkohol war meist mit im Spiel, denn die Brauerei Waldschmidt lag ja nur einen Steinwurf entfernt. Nach Kriegsende sind sie dann in ihre Heimat zurück gekehrt. Von ‚unserem René' haben wir lange nichts mehr gehört.
Ein Viertel Jahrhundert später war er jedoch plötzlich wieder da. Er besuchte uns und erkundigte sich nach den Berufsmöglichkeiten in Wetzlar. Anfang 1969 siedelte er dann nach hier über, weil es in Frankreich eine so hohe Arbeitslosigkeit gab, und weil er sich – wie er sagte – trotz allem immer gern an die ‚Wetzlarer Zeit' erinnerte. Ich habe damals dafür gesorgt, daß er im neu eröffneten Handelshof Dutenhofen eine Stelle als Metzger bekam."

Er blieb in Wetzlar und heiratete ein Wetzlarer Mädchen. Sie wohnten zuerst in der Schützenstraße 5 und dann am Liebfrauenberg 4. René-Nestor Beguin – so hieß er richtig – verstarb am 28. November 1998 im „Altenheim an der Minneburg" in der Haarbachstraße, nachdem ihm seine Frau schon Jahre zuvor vorausgegangen war.[319]

Viele Zeit- und Augenzeugen sind hier mit ihren ganz persönlichen Erlebnisschilderungen zu Wort gekommen. Dazu ergänzend sollen nun aber noch zwei Wetzlarer Augenzeugen zu Wort kommen, deren grundsätzliche Gedanken zu jenen Ereignissen besonders für die heute jüngeren Generationen eine gute Diskussionsgrundlage bieten können – helfen sie doch zu verstehen, wie die Kriegssituation von den damals Beteiligten selbst gesehen und empfunden wurde.

Der Wetzlarer Physiker Dr. Helmuth Frenk war als junger Artillerie-Leutnant in Peenemünde im Stab von Wernher von Braun und hat dort mit Leitz'scher Optik das militärisch exakte Richtverfahren für die V 2 eingeführt. 50 Jahre später, am 10. Oktober 1994, erinnerte er sich an seine Jugendzeit:
„In der Schule war uns gelehrt worden, die Tugenden hießen Vaterlandsliebe, Disziplin, Pflichterfüllung und Gehorsam. Kritisches Denken grenzte an Verrat. ... Zivilcourage, Menschenrechte, diese Worte kamen nicht vor. ... Das führte am

Gymnasium zu politischen Äußerungen. Für uns waren bald die ‚rechten' Kritiken und Versprechungen richtig. Rechts sein, hieß, anständig sein! Die Lehrer machten dazu ihre Bemerkungen: ‚Jungs, vergeßt nie, unser Erbfeind ist Frankreich!'
Alle Diktatoren handelten und handeln genau so – einige ohne jedes Gesetz, andere erlassen erst die Gesetze dazu. Die (uns damals ja nur bekannten) Monarchien gingen bei Majestätsbeleidigungen, Landfriedensbruch u. ä. großzügig mit der Todesstrafe um. Und Kriege, die heute zum Glück geächtet sind, wurden bis zum Ersten Weltkrieg von fast allen Herrschern angestrebt, als Weg zum Ruhm. Für deren Untertanen waren das unabwendbare Schicksalsschläge.
Eine lückenlose Propaganda hatte in einer Überzahl aller Deutschen die Überzeugung gefestigt: Der Führer selbst war gut, seine Theorie war gut, die Erfolge zeigten sich. So erhob man eben – trotz aller erkannten Fehler – die Hand: ‚Heil Hitler'.
Jeder war sicher: Wenn wir verlieren, wird es viel schlimmer für uns, als wenn wir gewinnen. Selbst überzeugte Gegner Hitlers kämpften eben so überzeugt ‚fürs Vaterland'.
... Du bist nichts. Dein Volk ist alles. Gemeinnutz geht vor Eigennutz. Führerprinzip mit absolutem Gehorsam. Kritik ist Verrat. Ein Widerstand Einzelner dagegen war absolut aussichtslos.
Was ich heute weiß und denke, was heute geistiges Allgemeingut ist, hat sich erst in den Jahrzehnten danach gebildet.
Mußte man nicht diese harten Gesetze in Kauf nehmen? Wieviel konnte ich durch Widerstand erreichen – und wie sehr mir schaden?
... Aus Feigheit nicht das Richtige tun. Dies ist der eigentliche Vorwurf der Jungen an uns heute. Doch war das Übergewicht der möglichen eigenen Vernichtung so gewaltig, der Erfolg so unwahrscheinlich, daß nur ‚Helden' den aussichtslosen Weg gegangen wären (sind!). Ich bin kein Held, habe nie angestrebt, einer zu werden. Die Mehrheit meiner Generation besteht nicht aus Helden. Die der heutigen noch viel weniger!
Ich kann es nicht mehr hören, das Gerede vom ‚Versagen der ganzen Nation' bei Hitler. Von den all zu klugen Meinungsmachern der Folgegenerationen, die uns hämisch fragen, wie weit wir an den Verbrechen dieser Zeit – zumindest als Mitwisser – Teil hatten, und ob es Skrupellosigkeit oder Dummheit, Machtgier oder Sadismus waren, die uns davon abgehalten haben, Widerstand zu leisten."

Manfred Joneck aus Wetzlar war im Krieg wie fast alle Jugendlichen seiner Generation bei der Hitlerjugend. Am 2. August 2002 faßte er seine damalige Sicht der Dinge mit einigen knappen, aber prägnanten Worten zusammen:
„Was damals mit den Ausländern im Deutschen Reich passierte, war großes Unrecht. Ich persönlich hatte aber den Eindruck, dass sich alle dabei im Recht fühlten."

Unterbringung und Verpflegung

Nicht alle Zwangsarbeiter, die in Wetzlarer Betrieben arbeiteten, wohnten auch in Firmenlagern. So monierte der Betriebsobmann der Firma Pfeiffer am 12. Januar 1944 in einem Schreiben an den Kreisobmann der DAF in Wetzlar unter anderem:[320]

„... Es wurde auch beanstandet, daß noch immer einige Westländer auf Grund besonderer Zusagen, die man ihnen bei der Anwerbung gemacht hat, in Privatquartieren untergebracht sind, während auf der anderen Seite für von auswärts neu hierher gekommene deutsche Gefolgschaftsmitglieder keine Möglichkeit der Unterbringung in Privatzimmern gegeben ist.
Seitens der Betriebe kann in dieser Hinsicht wohl kaum etwas gemacht werden, vielmehr sollte angestrebt werden, eine grundsätzliche Regelung in der Weise allgemeinverbindlich durchzusetzen, daß westländische Zivilarbeiter in Gemeinschaftslagern untergebracht sein müssen."

Die ersten Lager für Polen und Ostarbeiter waren noch mit Stacheldraht umzäunt, was aber schon nach einer Anweisung Hitlers vom Frühjahr 1942 aufgegeben werden sollte.[321] In den Behandlungsbestimmungen für Ostarbeiter, die im Frühjahr 1943 von der Gestapostelle Frankfurt am Main an alle Landräte des Gaues Hessen-Nassau versandt wurden,[322] fand sich so neben zahlreichen besonders diskriminierenden Anweisungen aber auch der Hinweis: *„Unterbringung: Abschließung in geschlossenen Lagern (Baracken) mit einer zweckentsprechenden Umzäunung (aber kein Stacheldraht)."*
Dennoch war das Lahnlager der Röchling-Buderus AG in der Gabelsbergerstraße vermutlich noch 1943 mit Stacheldraht umzäunt,[323] und das Zwangsarbeiterlager der Firma Pfeiffer Apparatebau auf der ehemaligen Grube Raab soll sogar noch 1944 von Stacheldraht umgeben gewesen sein.[324]
Ganz anders bei Leitz, wo die Firmenleitung im Sommer 1942 offensichtlich angeordnet hatte, die Fenster der Gebäude von „Göths Garten" – dort wohnten seit Juni 1942 etwa 200 Ostarbeiterinnen der Leitzwerke[325] – nicht zu vergittern. Am 31. August 1942 beschwerte sich darüber der Leiter der NSDAP-Ortsgruppe Wetzlar-Unterstadt schriftlich bei Bürgermeister Kindermann:[326]
„... möchte ich Sie darauf aufmerksam machen, daß von den Bewohnern der Umgebung von Göth's Garten behauptet wird, die dort untergebrachten Ausländer würden in der Nacht in die Gärten einbrechen, um diese auszuräubern. In fast allen Fällen werden die Fenster zum Aussteigen benutzt, sodaß sich die Anordnung, eine Vergitterung der Fenster solle unterbleiben, als wenig glücklich erwiesen hat."

Die Unterbringung der Zwangsarbeiter in Wetzlar kann insgesamt als den Verhältnissen entsprechend zufriedenstellend bezeichnet werden. Beschwerden über

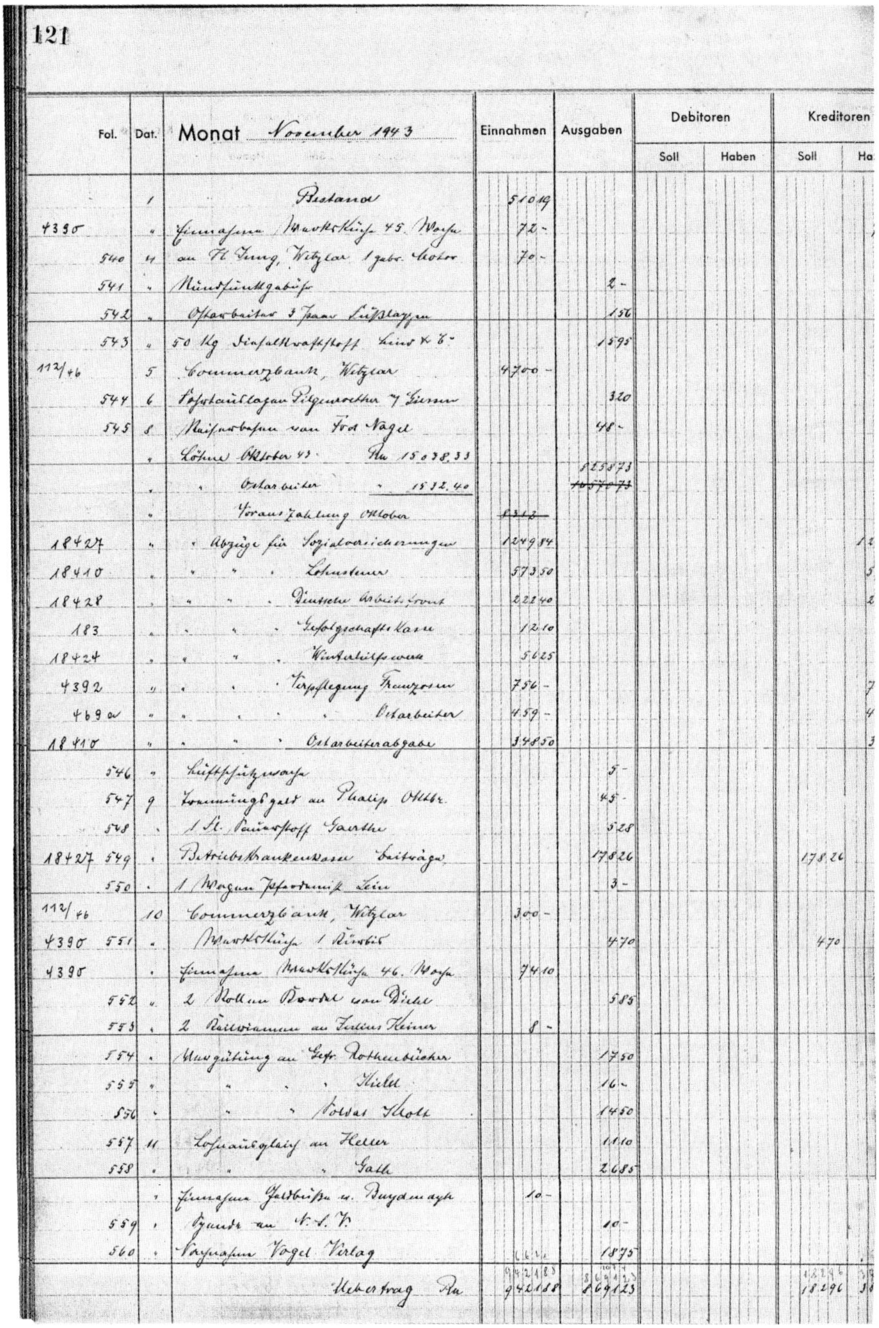

121

Fol.	Dat.	Monat November 1943	Einnahmen	Ausgaben	Debitoren Soll	Debitoren Haben	Kreditoren Soll	Kreditoren Haben
	1	Bestand	510.19					
4390	"	Einnahmen Marktküche 45. Woche	72.-					
540	4	an Fl. Jung, Wetzlar 1 gebr. Motor	70.-					
541	"	Rundfunkgebühr		2.-				
542	"	Ostarbeiter 3 Paar Fußlappen		1.56				
543	"	50 kg Dieselkraftstoff Lind & [illegible]		15.95				
112/46	5	Commerzbank, Wetzlar	4700.-					
544	6	Postauslagen [illegible] 7 Gießen		3.20				
545	8	Reisespesen von Fr. Nagel		48.-				
	"	Löhne Oktober 43. RM 15038.33						
	"	" Ostarbeiter " 1532.40		8255.73 ~~10570.73~~				
	"	Vorauszahlung Oktober	~~[illegible]~~					
18427	"	" Abzüge für Sozialversicherungen	1249.84					
18410	"	" " " Lohnsteuer	573.50					
18428	"	" " " Deutsche Arbeitsfront	22.40					
183	"	" " " Gefolgschaftskasse	12.10					
18424	"	" " " Winterhilfswerk	56.25					
4392	"	" " " Verpflegung Franzosen	756.-					
469a	"	" " " " Ostarbeiter	459.-					
18410	"	" " " Ostarbeiterabgabe	348.50					
546	"	Luftschutzwache		5.-				
547	9	Trennungsgeld an Philipp Oktbr.		45.-				
548	"	1 Fl. Sauerstoff Garthe		5.28				
18427 549	"	Betriebskrankenkasse Beiträge		178.26			178.26	
550	"	1 Wagen Pferdemist Lein		3.-				
112/46	10	Commerzbank, Wetzlar	300.-					
4390 551	"	Marktküche 1 Kürbis		4.70			4.70	
4390	"	Einnahmen Marktküche 46. Woche	74.10					
552	"	2 Rollen [illegible] von Diehl		5.85				
553	"	2 [illegible] an Julius Heiner	8.-					
554	"	Vergütung an Gefr. Rothenbücher		17.50				
555	"	" " [illegible]		16.-				
556	"	" " Soldat [illegible]		14.50				
557	11	Lohnausgleich an Heller		11.10				
558	"	" " Gath		26.85				
	"	Einnahmen [illegible]	10.-					
559	"	Spende an N.S.V.		10.-				
560	"	Nachnahme Vogel Verlag		18.75				
		Uebertrag RM	9421.88	8691.23			182.96	

Auszug aus dem Hauptbuch der Herkuleswerke vom November 1943. Unter den Eintragungen fanden sich auch Vermerke über die Verpflegung, Entlohnung, Besteuerung und Sozialversicherung der dort arbeitenden Franzosen und Ostarbeiter.

einen schlechten Zustand der Lager konnten jedenfalls nicht nachgewiesen werden. Der Grund liegt wohl hauptsächlich darin, dass es sich bei den größeren Lagern in der Hauptsache um Neueinrichtungen mit genormten Wehrmachts- oder Arbeitsdienst-Baracken handelte, die mit deutscher Gründlichkeit nach den geltenden Bauvorschriften und mit Überwachung durch die Baupolizei, das Gewerbeaufsichtsamt und mehrere andere Institutionen errichtet worden waren. Auch viele zeitgenössische Fotos belegen den guten Zustand der Lager.
Der einstige russische Zwangsarbeiter Tomasz Kiryllow schilderte 1985 seine Erlebnisse vom Herbst 1944 im neuen Lager der Firma Pfeiffer-Apparatebau GmbH[327] an der Jacob-Sprenger-Straße (heute: Karl-Kellner-Ring):[328]
„... Doch in der Nachbarschaft, gleich hinter dem Zaun, befand sich ein großes Lager mit russischen Mädchen ... , die in der Fabrik für optische Geräte ‚Leitz' arbeiteten. ... Wir gingen in die Baracke. Sie sah wohl wie alle Ausländerbaracken aus, doch spürte man hier die hausfrauliche Mädchenhand: Die Betten waren sorgfältig gemacht, der Fußboden gescheuert, Gardinen an den Fenstern."
Firmenunterlagen über die Unterbringung und Verpflegung von Zwangsarbeitern fanden sich lediglich noch bei der Hensoldt AG, Wetzlar, und im Herkules-Werk – heute in Oberbiel, früher in der Wetzlarer Bahnhofstraße.
Obwohl es sich in beiden Fällen nur noch um Fragmente handelte, konnte doch bei Kenntnis der einschlägigen Reichsgesetze und Verordnungen nahezu vollständig belegt werden, wie das staatlich geregelte System der Unterbringung, Verpflegung und Entlohnung von Zwangsarbeitern administrativ und kaufmännisch abgewickelt wurde.[329]

Schon früh hatten alle beteiligten deutschen Dienststellen erkannt, dass eine gute Verpflegung der Zwangsarbeiter eine der Grundvoraussetzungen für eine zufriedenstellende Arbeitsleistung war. Nachdem vielerorts Klagen über eine mangelhafte Ausländer-Verpflegung laut geworden waren, hatte der GBA am 23. Oktober 1942 in einem Rundschreiben an alle Gauleiter wegen Verbesserung der Ostarbeiter-Verpflegung unter anderem ausgeführt:[330]
„... sind in den letzten Monaten in zunehmendem Maße immer wieder Beschwerden über unzureichende Ernährung der Ostarbeiter an mich herangetragen worden, so daß ich mich veranlaßt sah, mit dem Reichsminister für Ernährung und Landwirtschaft hierüber noch einmal zu verhandeln. Der Reichsminister ... hat sich dabei bereit erklärt, einige weitere Verbesserungen der Ostarbeiterverpflegung vorzunehmen.
... Pflichtgemäß mache ich nochmals darauf aufmerksam, daß nicht Liebe oder Zuneigung zu den Ausländern mich veranlassen, für Ernährung und Gesundheit dieser Menschen zu sorgen, sondern die unbedingte Notwendigkeit, im Interesse der Fertigstellung der Führerprogramme für die Rüstung aus ihnen die höchste Leistung herauszuholen."

Das Reichsministerium für Bewaffnung und Munition hatte mit Schreiben vom 10. November 1942 ebenfalls ein Rundschreiben versandt, welches detaillierte Anweisungen zur Verpflegung der ausländischen Arbeitskräfte enthielt. In dem an die Rüstungskommandos gerichteten Schreiben hieß es unter anderem:[331]

„... Der Ostarbeiter ist im Essen, was die Qualität anbetrifft, genügsam. Jedoch verlangt er eine entsprechende Quantität, die von den Betriebsleitungen auch in heutiger Zeit leicht erreicht werden kann ...

Es ist in keinem Falle entschuldbar, wenn die Ostarbeiter des Morgens fast nüchtern zur Arbeit geführt werden und während der ersten Halbschicht so gut wie keine Nahrungsmittel zu sich nehmen. Wie es gemacht werden muss, hierfür nachstehende Hinweise:

Erstes Frühstück 1 Stunde bis 1/2 Stunde vor Arbeitsbeginn: entweder eine angedickte Suppe (etwa 1 Liter) oder Kaffeeersatz mit ausreichender Brotmenge. Zweites Frühstück: Entweder Brot oder eine dünnere Suppe (1 Liter). Mittagsmahlzeit: Eine dicke Suppe 1-1 1/2 Liter mit Kartoffeln, nachmittags eine dickere Suppe (1 bis 1 1/2 Liter) ...

Da die meisten Werke, die Ostarbeiter beschäftigen, über eigene Werkskantinen verfügen, wird empfohlen, den deutschen Kaffeersatz, der von der deutschen Gefolgschaft benutzt wird, für die Ostarbeiter nochmals zu verwenden (zweiter Aufguss) ...

Um das Essen der Ostarbeiter reichhaltiger zu gestalten, werden aus den Werkskantinen zusätzlich Nahrungsmittel, Gemüse usw. entnommen. ... Wird zum Beispiel in der deutschen Werkküche Weißkohl verabfolgt, so werden die äußeren Blätter als zusätzliche Verpflegung für die Ostarbeiter zurückgelegt ...

In jeder deutschen Werkskantine gibt es bekanntlich große Mengen Abfall, der sich, wenn er entsprechend behandelt wird, noch ganz hervorragend für die Ostarbeiterverpflegung eignet. Auch hier können bei richtiger Behandlung und Verwertung markenfreie zusätzliche Gerichte hergestellt werden. Das gesundheitsschädigende Entleeren von Abfalltonnen durch Ostarbeiter wird hierdurch unterbunden.“[332]

Zur Verpflegung in den Wetzlarer Betrieben fanden sich einige Hinweise in den verschiedenen Spruchkammer-Akten. Im Verfahren gegen den einstigen Lagerführer Albert Moser bei Hensoldt sagte der ehemalige Wachmann im Iding-Lager Wilhelm S. am 27. Februar 1947 aus:[333]

„Im Verhältnis zu anderen Firmen, die ebenfalls Fremdarbeiter in ihrem Werk beschäftigten, hat sich Moser besonders darum bemüht, daß die Unterbringung und Verpflegung der Fremdarbeiter in einen guten Zustand versetzt wurde. Außerdem hat Herr Moser dafür gesorgt, daß in unserem Lager, als dem einzigsten, Bier verkauft wurde.

Wegen mangelhafter Bekleidung, schlechtem Essen oder sonstiger Zustände wurden hin und wieder von den Fremdarbeitern der verschiedensten Staatsangehörigkeit die Arbeit verweigert ...“

Wenn man bedenkt, dass ein ehemaliger Wachmann den Zustand des Zwangsarbeiterlagers, in dem er damals arbeitete, in einem Rechtsverfahren nach dem Krieg natürlich immer besonders positiv darzustellen versuchte,[334] so ist der letzte Satz bemerkenswert und gibt der Aussage einen durchaus ehrlichen Anschein.
Die einstige Zwangsarbeiterin Klawdija Tolstikowa gab hingegen zur Verpflegung im Hensoldt-Lager an:[335]
„Das Essen war sehr schlecht. Meistens gab es Gemüse: Kohlrabi, Spinat usw ... ... Die Chance, sonntags bei einem Vorgesetzten Hausarbeit zu leisten, ... war sehr gering, ... obwohl für die Hausarbeit nichts gezahlt wurde. Aber dafür hat man Essen bekommen (wir waren die meiste Zeit hungrig).
Wir haben sogar manchmal gestreikt."
Dennoch scheint sich die Firma Hensoldt auch Mühe mit der Verpflegung gemacht zu haben. Jedenfalls schloss man unter Umgehung der Wirtschaftsordnung mit den Bauern der Umgebung Anbauverträge, wodurch die Ernte direkt der Werksverpflegung zugute kam. Dr. Hans Hensoldt gab dazu in seiner Spruchkammer-Verhandlung an:[336]
„Ich habe Anbauverträge mit Bauern gemacht. Ich habe Tausende Zentner Kartoffeln gekauft ..."
Der ehemalige Hensolt'sche Lagerführer Willi Adam gab dazu am 27. Februar 1947 an:[337]
„Herr Moser hat sich stets dafür eingesetzt, daß die für Fremdarbeiter vorgeschriebenen Verpflegungs- und Bekleidungssätze eingehalten wurden."
Ähnliches wird auch von Leitz berichtet, wo die Firmenleitung mit einem Bauern Direktlieferverträge für Steckrüben abgeschlossen haben soll.[338] Dazu erinnerte sich Gisela Jäckel aus Wetzlar:[339]
„Wir wohnten am Eisenmarkt. Ich war damals etwa zehn Jahre alt und kann mich noch gut daran erinnern, daß die Firma Leitz im Keller des ‚Herzoglichen Hauses' am Dom[340] *große Mengen Kohlrabi, Steckrüben und Gemüse eingelagert hatte. Wenn die beladenen Pferdefuhrwerke ankamen, mußten die Ukrainerinnen unter deutscher Aufsicht das Gemüse abladen und auf hölzernen Rutschen in den Keller befördern. Umgekehrt ging es ähnlich. Dann haben die Frauen den Kohl nach oben getragen und auf Karren geladen, die zur Lagerküche fuhren. Wegen der ständigen Einlagerung roch die ganze Altstadt immer nach Kohl."*
Vom Leitzwerk wurde aber auch anderes berichtet. Wilhelm S.[341] war damals in der Abteilung Optik-Schliff beschäftigt. Im August 2000 gab er an, *„die Ukrainerinnen waren mit unserem Essen immer sehr unzufrieden"*.
Auch die Buderus'schen Eisenwerke unterhielten einen eigenen Kartoffelkeller. Er befand sich im Bereich der Altenberger Straße in einem kleinen Stollen an der Halde der „Dalheimer Kapelle.[342]

In den Unterlagen des Rüstungskommandos Gießen fand sich zur Eigenversorgung der größeren Unternehmen eine grundsätzliche Bestätigung. Im Vierteljahresbericht für das erste Quartal 1944 wurde dort vermerkt:[343]

„Die Firmen sind teilweise dazu übergegangen, Gemüse von den Erzeugern zu Überpreisen anzukaufen. Bestrafungen durch die Preisbehörden werden hierbei in Kauf genommen."

Die Ostarbeiter wurden offensichtlich anders verpflegt als die Westarbeiter. So lieferte zum Beispiel beim Herkuleswerk ausnahmslos ein „Kottmann" die Lebensmittel für die Ostarbeiter, für die Franzosen und Holländer ein Schlachter Siegfried.[344]

Eine Aussage von Reinhard R. im Spruchkammerverfahren des Betriebsleiters des Herkulerwerkes, Dr. Coers, am 15. Dezember 1947 bestätigte dies grundsätzlich:[345]

„Die Franzosen im Werk hatten besseres Essen als die Russen."

Hinzu kommt, dass die Westarbeiter offensichtlich auch Lebensmittelmarken bekamen. Jedenfalls gab eine französische Zwangsarbeiterin bei einer polizeilichen Vernehmung am 16. Oktober 1943 in Wetzlar unter anderem an:[346]

„Ich hatte einige Brotmarken, für die ich mir Brot kaufte."

Was die sonstigen Verpflegungsverhältnisse im Herkuleswerk angeht, kam außerdem in der Spruchkammerverhandlung von Dr. Coers am 23. Januar 1947 einiges zur Sprache. Dort gab der Former Friedrich S. an:[347]

„... ich weiß nur, daß die Ausländer nicht die volle Verpflegung bekamen."

Und am 13. Februar 1947 erinnerte sich der ehemalige dortige Gießerei-Leiter Louis M.:[348]

„Am 2. November 1944 kam der ... russische Arbeiter Kablinck zu mir ... und berichtete, daß er von Rudolf Ausgangsverbot bekommen hätte. Er wie auch sein Kamerad Michel seien wiederholt von Rudolf geschlagen worden. Rudolf hätte ihn bei den Ohren gefaßt und ihn dann mit dem Kopf gegen die Wand geschlagen. Der

Ostarbeiterinnen bei der Röchling-Buderus AG, vermutlich im Winter 1942. Über besonders schlechte Verpflegung wurde nach dem Krieg von den Buderus'schen Eisenwerken, der Röchling-Buderus AG, der Carolinenhütte (dort kam die Verpflegung von Röchling) und der Firma Pfeiffer-Apparatebau GmbH berichtet. Foto: Paul Görnert.

Bildtext zu dieser Seite: Ostarbeiter und Ostarbeiterinnen der Leitzwerke im Mai 1943 beim Essenfassen in der Kantine des Barackenlagers am Stadion in Wetzlar. Über den Wartenden stand mit Kreide auf einer Schiefertafel in russischer Sprache geschrieben:
„Achtung! Es ist streng verboten, Gras zu zupfen und in den Zimmern zu verteilen. Alle Mädchen, in deren Zimmern ich Gras entdecke, werden bestraft."
Nach Angaben einer Ukrainerin im Jahre 2001 dürfte es sich dabei um einen in ihrer Heimat weit verbreiteten Pfingstbrauch gehandelt haben, frische Birkenzweige vom Pfarrer segnen zu lassen und dann im Haus – meist um die Ikone herum – aufzustellen. In Ermangelung von Birkenzweigen hatten die Ostarbeiterinnen hier vielleicht Gras gezupft. Fotos: Siegfried Rösch.

Grund wäre seine Beschwerde gewesen, daß er längere Zeit um die ihm zustehende Zuckerration betrogen worden sei.“

Über besonders schlechte Verpflegung wurde ansonsten von den Buderus'schen Eisenwerken, der Röchling-Buderus AG, der Carolinenhütte (dort kam die Verpflegung von Röchling) und der Firma Pfeiffer-Apparatebau GmbH berichtet.[349] Zeugenaussagen zufolge hätten polnische Zwangsarbeiter bei Buderus einen abgestellten Eisenbahnwaggon mit Lebensmitteln aufgebrochen und geplündert. Der Werksschutz erschoss daraufhin einen der Beteiligten und trug ihn zur Abschreckung durch das Werksgelände. Kriegsgefangene bei Buderus seien am Küchenblock aus der Kolonne ausgebrochen und hätten in den gemauerten Abfallbehältern nach Essensresten gewühlt.

Der einstige holländische Zwangsarbeiter Piet Pollemans berichtete von einem ganz ähnlichen Fall bei Röchling-Buderus:[350]
„... Als ich auf das Fabrikgelände fuhr, sah ich ein seltsames Schauspiel: Zwei russische Jungs mit einem Kartonschild auf Brust und Rücken – wie bei einem Sandwichman –, auf dem jeweils in Großbuchstaben geschrieben stand: „Plündern wird mit dem Tod bestraft“. Sie trugen auf einer Bahre die Leiche eines ihrer Freunde. Sie selbst sollten ebenfalls standrechtlich bestraft werden. Sie waren scheinbar beim Diebstahl von Nahrungsmitteln erwischt worden und jetzt wurde durch sie ein Exempel statuiert, mit dem anderen Plünderungen entgegengewirkt werden sollte. Und das, obwohl das Ganze nur geschehen war, um überleben zu können.“

Direktor Dr. Heinrich Giesbert schrieb bezüglich der Verpflegung der Zwangsarbeiter in einem Brief an den Berliner Vertreter der Buderus'schen Eisenwerke, Generalleutnant a. D. Erich von Bonin am 8. September 1942 unter anderem:[351]
„... Bei der Beurteilung der Lage und der Entwicklung des Arbeitseinsatzes darf natürlich der Zusammenhang mit der Verwendung ausländischer, insbesondere russischer Arbeiter und Arbeiterinnen nicht übersehen werden. Die freien russischen Arbeiter und Arbeiterinnen[352] *sind höchst unzufrieden, hauptsächlich wegen der Ernährung, vielfach aber auch wegen der Unterbringung. Redensarten wie ‚Stalinbrot sooo groß, Hitlerbrot nur so groß‘ sind heute schon sehr in Schwung.*
... So wird heute in den Kantinen gleichzeitig in mehreren Töpfen gekocht: Für deutsche Arbeiter, für Kriegsgefangene, für freie russische Arbeiter und vielfach noch besonders für Italiener. Die Unterschiede in den Zutaten und in der Zubereitung sind aber nicht so groß, um allein aus diesem Grunde das getrennte Kochen zu rechtfertigen.“

Von der Röchling-Buderus AG wurde Ähnliches berichtet: Als das Küchenpersonal eine leere Konservendose in eine Abfallgrube warf, sollen mehrere russische

Zwangsarbeiter hinuntergesprungen sein in der Hoffnung, sie würden darin noch Essensreste finden.[353] Diese Verhältnisse wurden grundsätzlich durch Waldemar Gatzert aus Niederkleen bestätigt:[354]

„Ich war damals als Lehrbub bei der Metzgerei Born in der Langgasse beschäftigt, die auch die Buderus`schen Eisenwerke belieferte. Mehrfach bekam ich den Auftrag, Wurst zur Werksküche von Buderus zu bringen. Dort habe ich manchmal zugesehen, wie das Essen für die Ausländer zurechtgemacht wurde. Es war armselig. Zwar hatten die Deutschen auch nicht viel zu Essen – so schlecht ging es uns aber nicht, schon gar nicht auf dem Lande."

Der schon erwähnte Holländer Piet Pollemans leistete seit dem 24. November 1944 bei der Röchling-Buderus AG Zwangsarbeit. Er fuhr oft mit einem Elektrokarren vom Werk zum Ostarbeiterlager in der Gabelsbergerstraße. 1997 berichtete er über die Essens-Zubereitung im Stahlwerk während des Krieges:[355]

„Das Essen, das wir bekamen, war schlecht und zu wenig, aber was die Russen zu essen bekamen, war einfach menschenunwürdig.

In der Fabrik gab es einen Raum, in den einige einen Meter hohe Betonbecken von drei mal fünf Meter gebaut waren. In diese Becken wurden die Zutaten gekippt, aus denen die Russen Suppe bereiten mussten. Die Zutaten waren Zucker- und Futterrüben – im Winter kamen diese völlig erfroren an –, Steckrüben mit Blatt und aller möglicher Abfall aus der deutschen Küche. Der Abfall bestand aus Blättern, Schalen und Köpfen von Wurzeln, Kartoffeln, Äpfeln, Kohl, allerlei Sorten Gemüseabfall. Die Kohlstrünke wanderten in ein Faß mit einer Säure und veränderten sich innerhalb kürzester Zeit in einen weichen Brei. Kurzum, die Zutaten waren allesamt Abfall.

Die Rüben und Steckrüben wurden gewaschen, gemahlen und in das Becken gekippt. Beinahe alles wurde zuerst mit einer Mühle zerkleinert, bevor es in dem Becken landete. Unter Zugabe von Wasser ließ man das volle Becken mit der undefinierbaren Soße ein paar Wochen gären. Ab und zu wurde in den Becken mit dem Brei gerührt, und der Grundstoff zum Bereiten der Suppe war fertig.

In dieser Abteilung arbeiteten einige russische Mädchen unter der Leitung eines holländischen Jungen. Er behauptete, daß durch die Gärung keine Nährstoffe verloren gingen und der Brei gerade sehr vitaminreich würde, aber ich fand, daß das graue Zeug sehr gemein und sauer stank.

Dieser Brei wurde in Milchkannen gefüllt, die ich fast täglich zur Küche ins Russenlager brachte."

Auch damalige Beschäftigte der Carolinenhütte bestätigten die schlechte Qualität des Essens, welches die Ostarbeiter in Kübeln von Röchling gebracht bekommen hätten. Es bestand aus Kohlrüben, Dickwurz und ein wenig Brühe. Wenn es in der Carolinenhütte ankam, war es kalt.[356]

Die Verpflegungssituation bei Röchling wurde jedoch vom ehemaligen Leiter des Röchling'schen Ostarbeiterlagers an der Gabelsbergerstraße, Heinrich Arabin, in einer schriftlichen Erklärung zum Spruchkammerverfahren von Dr. Riekeberg völlig anders dargestellt:[357]

„... Das gesamte Lager- und Küchenpersonal einschließlich des ersten Kochs bestand aus Ostarbeitern bzw. Ostarbeiterinnen. Die mit dieser Regelung verbundene Absicht, daß den Ostarbeitern ihrem Geschmack entsprechend gekocht werden konnte und daß ihnen auch die Lebensmittelrationen im vollen Umfange zukamen, wurde voll und ganz erreicht.

... Direktor Riekeberg hat wiederholt die Anweisung gegeben, daß die Lagerinsassen alles das bekommen sollten, was ihnen zustand. Hierbei erklärte er ausdrücklich, diese Menschen müßten gut behandelt werden, und in der Verpflegung müßte alles getan werden, was irgend möglich sei. Er selbst sorgte dafür, daß ständig zusätzliche Lebensmittel beigeschafft wurden, um die gesetzlich vorgeschriebenen Rationen zu verbessern.

... Zur Kontrolle des Essens war aus den Reihen der Lagerinsassen eine dreiköpfige Kommission gebildet, die in ihrer Zusammensetzung die Aufgabe hatte, täglich das Essen und die Arbeitsweise der Lagerküche zu kontrollieren. Außerdem hatte Direktor Riekeberg angeordnet, daß jeden Tag einer der Betriebsleiter in das Lager kommen und die Hauptmahlzeit mitessen mußte, um auch von deutscher Seite aus eine unparteiische Kontrolle zu haben."

Ebenfalls in einer Eidesstattlichen Erklärung zu dem Verfahren äußerte sich der einstige Betriebsleiter des Walzwerkes, Dipl.-Ing. Ernst Wiedemann:[358]

„... Er hatte für die Nöte der Arbeiterschaft volles Verständnis, insbesondere ließ er es sich sehr angelegen sein, den im Werk beschäftigten ausländischen Zivilarbeitern und Kriegsgefangenen in jeder Weise zu helfen. Z. B. wurden auf seine Veranlassung hin die in der Werksküche verbliebenen Essensreste (nicht Küchenabfälle) jeden Tag den russischen Kriegsgefangenen zusätzlich zu geben.

... Herr Riekeberg legte Wert darauf, daß das Essen gut und schmackhaft zubereitet sein sollte. So ließen sich derartige Beispiele noch in großer Zahl der Wahrheit entsprechend anführen."

Die Lagerverpflegung bei der Pfeiffer-Apparatebau GmbH soll üblicherweise aus einer wässrigen Brühe mit ein paar Kohlrübenstücken bestanden haben. Kartoffeln gab es so gut wie nie.[359] Wegen dieser Zustände entschlossen sich im Herbst 1944 einige junge Ostarbeiter in der Dreherei im Hauptwerk[360] zu streiken. Da ihre Aktion jedoch durch Spitzel bei der Betriebsleitung denunziert wurde, brach ihr Widerstand zusammen.[361]

Propaganda

Zu jener Zeit liefen im Deutschen Reich verschiedene Werbeaktionen mit dem Ziel der *„Hebung der Arbeitsfreudigkeit und Werbewirkung ... in den Heimatge-*

Betriebsobmann

Der Kreisobmann

Wetzlar, den 14. April 1943
He./W.

Rundschreiben

Betreff: Bildaktion in Ostarbeiterlagern.
Bezug : Ohne Vorgang.

Als bestes Propagandamittel zur Anwerbung weiterer Ostarbeiter in den besetzten Ostgebieten hat sich das Bild erwiesen, insbesondere das Gruppen- und Einzelphoto von bestimmten Ostarbeitern, welches diese an ihre Angehörigen versenden.

Da eine Anwerbeaktion weiterer Ostarbeiter unmittelbar bevorsteht, muss sofort eine Bildaktion durchgeführt.werden.

In gut geführten und eingerichteten Lagern werden sofort Gruppen- und Einzelaufnahmen von Ostarbeitern und Ostarbeiterinnen beim Spiel und KDF.-Veranstaltungen, in der Katine, in Gemeinschaftsräumen und in Schlafräumen gemacht, ebenso Aufnahmen, die nur Einzelpersonen und Gruppen darstellen. Vin diesen Aufnahmen sind Postkarten herzustellen. Jedem auf der Postkarte abgebildeten Ostarbeiter ist ein Abzug auszuhändigen. Jeder Ostarbeiter hat seine Postkarte mit einem Text für seine Angehörigen oder für sonstige Bejannte und deren Anschrift zu versehen. Die fertigen Postkarten sind vom Lagerführer einzusammeln und an die Gauwaltung, Abt. Lagerbetreuung, Frankfurt/M., Bürgerstr. 69 - 77 einzusenden.

Weitere Abzüge des gleichen Photos sind von der Lagerleitung mit dem Namen der darauf abgebildeten Ostarbeiter, iher Heimatanschrift, dem Ort, in welchem sich das Lager befindet, (nicht der Name des Lagers) und dem Stempel des Bildberichters oder des Photographen zu versehen. Die so von der Lagerleitung beschriebenen Postkarten sind mit einem weiteren Abzug ebenfalls an die Gauwaltung Abt. Lagerbetreuung einzusenden. Auf den Bildern dürfen die Ostarbeiter keine besonderen Kennzeichen wie Armbinden oder Ähnliches tragen. Ebenso darf das Abzeichen "Ost" nicht ersichtlich sein.

Die Aufnahmen sollen von Bildberichtern durchgeführt werden. Stösst die Beauftragung eines Bildberichters auf Schwierigkeiten, so können sonstige Photographen und Werksphotographen mit der Aufgabe betraut werden. Die Kosten trägt das Reichspropagandministerium. Die Rechnungen sind mit folgender Adresse zu versehen: "Reichsministerium für Volksaufklärung und Propaganda, Berlin Abt. Ost über Reichspropagandamt Hessen-Nassau, Frankfurt/M. Adolf Hitler-Haus". Die so ausgestellten Rechnungen sind an das Reichspropagandamt Hessen-Nassau, Frankfurt/M. Adolf-Hitler-Haus einzusenden.

Ich bitte Sie, sofort die Durchführung dieser Aufgabe zu veranlassen es wird erwartet, dass es Ihnen in kürzester Frist möglich sein wird eine ganze Serie der gewünschten Bilder der Kreiswaltung zur Verfügung zu stellen. Eventuell sich erbende Schwierigkeiten sind der Kreiswaltung sofort mitzuteilen.

Heil Hitler!

Abschnittsleiter der NSDAP.

Rundschreiben des DAF-Kreisobmannes an alle Wetzlarer Betriebe, die Ostarbeiter beschäftigten, wegen der Anfertigung von Propagandafotos. Das Reichsministerium für Volksaufklärung und Propaganda hatte entschieden, dass für weitere Anwerbemaßnahmen in den besetzten Ostgebieten Fotos anzufertigen seien, auf denen die Zwangsarbeiter/innen gut angezogen und in besonders positiven Situationen darzustellen seien – keinesfalls bei der Arbeit und mit dem strikten Verbot, Armbinden oder gar Personen mit dem Zeichen „OST“ aufzunehmen. Die Kosten dafür trug das Reichsministerium.

Propagandafoto von Ostarbeiterinnen der Leitzwerke vom 16. Mai 1943. Das vermutlich sonntags aufgenommene Bild zeigt ausschließlich wohlbekleidete und freundlich lächelnde Mädchen und junge Frauen, die sich meist untereinander eingehakt vor der Kulisse der Wetzlarer Altstadt aufgestellt hatten. Links und rechts im Bildhintergrund erkennt man die Hospitalkirche und den Dom, und unter der quer durch das Bild führenden Jakob-Sprenger-Brücke (heute: Lahnbrücke Karl-Kellner-Ring) schimmerte zwischen den Büschen die Silhouette der „Alten Lahnbrücke" hindurch.
Solche Bilder wurden später ganz gezielt durch die NSDAP in die Heimatorte der fotografierten Frauen versandt.

Das Leitzwerk mit dem Zwangsarbeiterlager auf dem Stadiongelände am 16. Mai 1943, aufgenommen vom nördlichen Lahnufer in südöstlicher Richtung. Auch hier ist zu erkennen, dass das Lager zwar eingegrenzt, aber nicht mit Stacheldraht umzäunt war.

Helene Rust wohnte 1944 in der Braunfelser Straße und soll im Zwangsarbeiterlager der Leitzwerke den Küchenbetrieb geleitet haben.

bieten der Ostarbeiter".[362] In diesem Zusammenhang ordnete der Wetzlarer Kreisobmann der DAF, Helsper, am 14. April 1943 in einem Rundschreiben an alle Firmen mit Ostarbeiterlagern im Altkreis Wetzlar eine Bildaktion an:[363] „*Als bestes Propagandamittel zur Anwerbung weiterer Ostarbeiter in den besetz-*

Theodor Barth aus der Wetzlarer Dillstraße war während des Krieges Wachmann im Zwangsarbeiterlager der Leitzwerke am Stadion. Er hatte sich vom angelernten Arbeiter in der Optik emporgearbeitet. Besonders geeignet für den Posten eines Wachmannes im Ukrainerlager war er deswegen, weil er vermutlich gebürtiger Ukrainer war. Augenzeugen berichteten jedenfalls, dass er bis zum Ende des Ersten Weltkrieges im Wetzlarer Ukrainerlager Büblingshausen als Kriegsgefangener gelebt hatte. Nach dem Krieg war er in Wetzlar geblieben und hatte ein Mädchen aus der Neustadt geheiratet.

ten Ostgebieten hat sich das Bild erwiesen, insbesondere das Gruppen- und Einzelphoto von bestimmten Ostarbeitern, welche diese an ihre Angehörigen versenden.
... In gut geführten und eingerichteten Lagern werden sofort Gruppen- und Einzelaufnahmen von Ostarbeitern und Ostarbeiterinnen beim Spiel und KDF.-Veranstaltungen, in der Kantine, in Gemeinschaftsräumen und in Schlafräumen gemacht ...
Auf den Bildern dürfen die Ostarbeiter keine besonderen Kennzeichen wie Armbinden oder ähnliches tragen. Ebenso darf das Abzeichen „Ost" nicht ersichtlich sein ...[364]

Solche Fotos wurden auch in den anderen Wetzlarer Betrieben angefertigt. So fanden sich zum Beispiel im Hauptbuch der Herkules-Werke[365] neben den Kosten für „3 Paßbilder Ostarbeiter" von RM 7,20 am 22. Februar 1943 am 26. Juni 1943 – also nach der bekannten Anordnung – der Eintrag: „Photoaufnahmen Ostarbeiter Görtel, RM 23,40."
Der einstige Lagerleiter der Hensoldt AG, Albert Moser, erklärte zu solchen Fotos in seiner Spruchkammer-Verhandlung am 29. November 1949:[366]
„Das mit dem Fotografieren, das war Bestimmung."

Arbeitszeiten

Mit wenigen Unterbrechungen wurde bei den meisten Wetzlarer Firmen während des gesamten Krieges zehn bis zwölf Stunden täglich gearbeitet. Schon am 5. September 1939 war in dem Protokoll einer Betriebsbesichtigung der DAF bei der Firma W. u. H. Seibert, optisches Institut, Wetzlar, Bahnhofstraße,[367] unter anderem vermerkt worden:[368]
„... Mit Ausnahme der Schreinerei wird täglich von 6 – 6 Uhr mit 2 Stunden Pause gearbeitet. Eine Nachtschicht ist z. Zt. noch nicht eingelegt."
Ein Betriebsbesuch bei Seibert am 6. November 1939 ergab sogar eine zwölfstündige tägliche Arbeitszeit:[369]
„... Die auswärts wohnenden Gefolgschaftsmitglieder arbeiten von 6 – 18 Uhr mit einer Stunde Mittagspause. 3 Gefolgschaftsmitglieder aus Wetzlar selbst haben 3/4 Stunde Mittagspause mehr und arbeiten diese Zeit abends heraus.
... Eine Besprechung ergab, daß für Nahrungsmittel hinreichend gesorgt werden müsse, wenn man verlange, daß die Gefolgschaftsmitglieder täglich zwölf Stunden arbeiten müßten."
Eine Betriebsbesichtigung bei der Firma Arthur Pfeiffer am 29. April 1940 ergab unter anderem:[370]
„Die Arbeitszeit im Betrieb läuft zur Zeit von 6-14 Uhr, von 6-17 Uhr und für einige Abteilungen von 6-18 Uhr."

Das Rüstungskommando Gießen vermerkte am 21. Mai 1940 in seinem Wochenbericht:[371]
„Durch Anordnung des Reichsministers für Bewaffnung und Munition ist mit sofortiger Wirkung in allen Rü(... stungs ...)*-Betrieben mit Ausnahme der Sprengstoffbetriebe die 60-Stunden-Woche (Arbeitszeit) einzuführen."*
Unter dem 30. Juni 1940 vermerkte man dann allerdings:[372]
„Die nunmehr vorliegende Übersicht über die Durchführung der 60-Stunden-Woche zeigt, daß noch nicht in allen Betrieben diese Regelung sich durchgesetzt hat."
Der Wetzlarer DAF-Kreisamtsleiter Helsper schrieb dazu im Januar 1941 an den Landrat in Wetzlar:[373]
„Betr.: Gasfeiertag der Firma Röchling. Ich habe Ihnen hierzu schon mündlich berichtet und dabei betont, daß die Ferngasversorgung es notwendig macht, daß an einzelnen Wochentagen der Betrieb ruht und hierfür Sonntags gearbeitet wird, da an diesem Tag die Gasversorgung gewährleistet ist."

Am 15. August 1941 protokollierte das Rüstungskommando Gießen unter anderem:[374]
„... Viele Firmen mussten, um die übertragenen Produktionsaufgaben zu erfüllen, zur 14-stündigen Schicht übergehen."
Die Hollmann-Werke meldeten dem Wetzlarer Arbeitsamt am 11. Oktober 1941:[375]
„Infolge des Mangels an Arbeitskräften haben wir unsere Werkwache nur mit 2 Werkschutz-Wachmännern besetzt. Dieselben versehen ihren Dienst täglich in zwei Schichten und arbeiten somit ein jeder 12 Stunden. Der eine am Tage, der andere zur Nachtzeit.
Außerdem sind wir nicht in der Lage, unseren Wachmännern alle 14 Tage einen freien Sonntag zu gewähren, da uns nur eine Ablösekraft ... zur Verfügung steht."
Über die Arbeitszeiten bei der Röchling-Buderus AG vermerkte das Rüstungskommando Gießen im März 1942:[376]
„Auf Befehl des OKH muss bei der Fertigung der Pak 38 und 40 sofort die 24-Stundenschicht eingeführt werden. Die entsprechenden Massnahmen wurden bei der Firma Stahlwerke Röchling-Buderus A.G., Wetzlar, die im hiesigen Bereich allein von der Anordnung betroffen wird, sofort veranlasst."
Ein Bericht im Wetzlarer Anzeiger am 11. April 1942 unter der Überschrift: „Dienstverpflichtete gut aufgehoben, Wohnlager Gabelsbergerstraße"[377] vermerkte dazu:[378]
„... Um 17 Uhr ißt die Nachtschicht, deren Dienst um 18 Uhr beginnt, und die um 18 Uhr von der Tagschicht kommende Gruppe erhält um 19 Uhr ihr Abendessen."
Das bestätigte Heinz-Kurt Schmidt aus Braunfels:[379]
„Bei Röchling wurde von sechs bis sechs gearbeitet, und zwar zweischichtig, Tag und Nacht."

Das Gewerbeaufsichtsamt Limburg genehmigte der Herkules-Werk GmbH am 27. Mai 1942 folgende Arbeitszeiten:[380]

„Montag bis Freitag von 6°° Uhr bis 17°° Uhr (Pausen von 9°° Uhr bis 9.15 Uhr, von 12.15 Uhr bis 12.45 Uhr) und Sonnabend von 6°° Uhr bis 14°° Uhr (Pause von 9°° Uhr bis 9.15Uhr).

Die wöchentliche Arbeitszeit beträgt somit 59 Stunden.“

Am 25. September 1942 erhielten die Hollmann-Werke folgende Genehmigung:[381]

„Montag bis Freitag von 6 – 18 Uhr mit Pausen von 9 –9.20 Uhr, und Sonnabend von 6 – 13 Uhr mit einer Pause von 9 – 9.20 Uhr.

Die wöchentliche Arbeitszeit beträgt somit 62 1/2 Stunden.“

Am 10. Februar 1943 schrieb die Hensoldt AG an den Wehrkreisbeauftragten XIIa in Gießen unter anderem:[382]

„Um die von uns geforderte Produktionssteigerung für das Panzerprogramm zu erreichen, haben wir uns veranlaßt gesehen, die Arbeitszeit unserer Gefolgschaftsmitglieder erheblich auszudehnen, so daß ein großer Teil unserer Belegschaft bis 74 Stunden wöchentlich arbeitet.

Leider erhält nach den Bestimmungen des Gewerbeaufsichtsamtes Limburg nur ein kleiner Teil dieser Gefolgschaftsmitglieder Lebensmittelzulagekarten für Langarbeiter ...“

Auch bei Hensoldt wurde also rund um die Uhr 72 Stunden im Zweischicht-Betrieb gearbeitet: Von 6 bis 18 Uhr und von 18 bis 6 Uhr.[383] Das bestätigte auch die einstige ukrainische Zwangsarbeiterin Klawdija Tolstikowa am 3. August 2000:[384]

„Ich habe von August 1942 bis August 1943 bei Hensoldt in Wetzlar gearbeitet. Wir haben 12 Stunden am Tag gearbeitet, von 6 Uhr bis 18 Uhr, ... an sechs Tagen in der Woche, außer Sonntags.“

Das Landesarbeitsamt Hessen in Frankfurt schrieb am 1. März 1943 in einem Brief an den GBA in Berlin wegen der Arbeitszeitverlängerungen bei Röchling-Buderus unter anderem:[385]

„Die Forderung, in der Bearbeitungswerkstatt 66 Stunden in der Woche und an zwei Sonntagen im Monat zu arbeiten, wurde vom zuständigen Wehrkreisbeauftragten ... gestellt.

... Die Beteiligten sehen restlos die Notwendigkeit der jetzigen Arbeitsweise ein. Sie haben lediglich den Wunsch, an Sonnabenden zwei kurze Schichten (von 6-14 bzw. 14-22 Uhr) statt zwei lange Schichten verfahren zu können. Die durchschnittliche wöchentliche Arbeitszeit würde dadurch von 70 auf 67 Stunden absinken, wobei für jeden zweiten Sonntag eine Achtstundenschicht vorgesehen ist.“

Die Buderus'schen Eisenwerke veröffentlichten am 8. Februar 1944 mit einem internen „Rundschreiben Nr. 4“ die „Anordnung über den Arbeitsschutz ausländischer Arbeitskräfte und Ostarbeiter“ des Reichsarbeitsministers vom 8. Januar 1944. Darin hieß es im § 3 – Arbeitszeit:[386]

„Arbeiter über 16 Jahre dürfen wöchentlich bis zu 60 Stunden, Arbeiterinnen über 16 Jahre bis zu 56 Stunden und Jugendliche unter 16 Jahren bis zu 54 Stunden – ausschließlich der Ruhepausen – beschäftigt werden ...“

In einigen Rüstungsbereichen wurde zu diesem Zeitpunkt bereits grundsätzlich an 72 Wochenstunden gearbeitet. Das Rüstungskommando Gießen vermerkte dazu am 6. April 1944:[387]

„Der Reichsminister für Rüstung und Kriegsproduktion hat angeordnet, daß zur Durchführung des Jäger-Programmes die Werke und Zulieferbetriebe zur Leistungssteigerung ihre Wochenarbeitszeit für männliche Arbeitskräfte bis zu 72 Stunden und für weibliche und jugendliche Arbeitskräfte bis zu 60 Std. einschließlich der Pausen ausdehnen. Bis zu welcher Dauer die Arbeitszeit im Einzelfall verlängert wird, hängt davon ab, ob Männer, deutsche Frauen und Jugendliche oder ausländische Arbeitskräfte beschäftigt werden.

... Es bestehen keine Bedenken, die Arbeitszeiten der ausländischen Frauen, die zumeist in Lagern untergebracht sind und die daher keine Einkäufe zu tätigen haben, auf 72 Stunden auszudehnen.“

Der ehemalige Ostarbeiter Tomasz Kiryllow berichtete, daß 1944 auch bei Pfeiffer-Apparatebau 12 Stunden täglich gearbeitet wurde, und zwar ebenfalls in zwei Schichten von 6 bis 18 Uhr und von 18 bis 6 Uhr. Dabei ließ er allerdings offen, ob auch an Samstagen gearbeitet wurde.[388]

Hier zeigt sich auch, dass der normale Arbeitsrhythmus wegen der stark zunehmenden Luftangriffe und der daraus resultierenden Produktions-Unterbrechungen durch Zerstörungen von Betriebsteilen längst durchbrochen war. Dadurch stieg zwar die Zahl der Arbeitsstunden nicht sehr stark an, Überstunden und Sonntagsarbeit nahmen jedoch enorm zu.[389]

Am 31. August 1944 erließ der Reichsarbeitsminister schließlich für das gesamte Deutsche Reich die „Verordnung über die Sechzigstundenwoche“. Sie begann mit den Worten:[390]

„Das deutsche Volk steht unter Aufbietung seiner äußersten seelischen und körperlichen Kräfte im entscheidenden Stadium des Kampfes um seine Lebensrechte und seine nationalsozialistische Ordnung. Der deutsche Soldat an allen Fronten leistet Übermenschliches.“

Ein interner Vermerk der Buderus'schen Eisenwerke vom Oktober 1944[391] verzeichnete für die Elektro-Stahlgießerei einschließlich der Bearbeitungswerkstätten im Werk Wetzlar eine durchschnittliche wöchentliche reine Arbeitszeit – also ohne Ruhepausen – von 68 Stunden bei Männern und 70 bis 72 Stunden bei Frauen. Einem weiteren Vermerk vom 6. Juli 1945 ist zu entnehmen, dass den polnischen Zwangsarbeitern die geleisteten Überstunden mit 25 Prozent Zuschlag entlohnt worden waren.[392]

Aber auch in den Wetzlarer Kleinbetrieben wurde mindestens zehn Stunden täglich gearbeitet. Waldemar Gatzert aus Niederkleen, dessen Ehefrau schon über die Behandlung der Ausländer auf ihrem Hof in Niederkleen berichtete, erinnerte sich:[393]
„Ich war fünfzehn Jahre alt. Seit dem 1. April 1943 ging ich bei der Metzgerei und Wirtschaft Born in der Langgasse 18 in die Lehre. Wir haben an sechs Tagen in der Woche mindestens zehn Stunden täglich gearbeitet. Aber das haben ja alle machen müssen. Dort waren auch zwei Franzosen und ein Ukrainer-Mädchen beschäftigt. In der ersten Zeit mußte ich die Franzosen morgens von ihrem Lager in der Hermannsteiner Straße abholen und abends wieder hinbringen. Später gingen sie dann alleine. Die flachen Lagergebäude stehen noch heute genau gegenüber der einstigen Firma Heger, und zwar diesseits der Bahnstrecke, direkt an der Wetzlarer Stadtgrenze. Die Fenster sind noch immer vergittert. Im Gebäude – es wurde von einem Wachmann bewohnt – befand sich ein Mittelgang und zu beiden Seiten zweistöckige Betten und kleine Tische.
In diesem Lager wohnten einige Franzosen und Belgier, die in Wetzlarer Gewerbebetrieben arbeiteten. Mittags, wenn der Mittagstisch für die Gäste vorbei war, saßen wir in der Gastwirtschaft Born mit unseren Franzosen zusammen am Tisch und aßen."

Auch der Wetzlarer Bürger Stefan S. – er war im Krieg als landwirtschaftlicher Zwangsarbeiter in Wetzlar – erinnerte sich:[394]
Ich mußte bei meinem Bauern zwar hart und oft täglich bis zu 15 Stunden arbeiten – das mußten die deutschen Bauern aber auch.

Außer ihrer wöchentlichen Arbeit in den Betrieben gingen die meisten Zwangsarbeiter zusätzlich noch sonntags zu Privatleuten.[395] Klawdija Tolstikowa, die bei Hensoldt monatelang an 72 Wochenstunden arbeiten musste, erinnerte sich daran im August 2000:[396]
„Manchmal kamen die Vorgesetzten sonntags und suchten sich Arbeiter für Hausarbeiten aus. Die Chance, darunter zu kommen, war sehr gering, weil sie ja nur kräftige und gesunde Leute brauchten. Da ich sehr klein und dünn war, hatte ich nie die Chance gehabt, unter die Zahl der Glücklichen zu kommen. Das war sehr frustrierend. Obwohl für die Hausarbeit nichts gezahlt wurde. Aber dafür hat man Essen bekommen (wir waren die meiste Zeit hungrig)."
Ein sechzehnjähriges ukrainisches Mädchen, das ohnehin schon an sechs Tagen in der Woche jeweils 12 Stunden zu arbeiten hatte, riss sich also förmlich darum, auch noch am Sonntag zu arbeiten – vor allem, um an ein weiteres Essen zu kommen.

Das klang aus dem Munde von Dr. med. Georg Neeb, Zeuge in der Spruchkammer-Verhandlung des einstigen Lagerleiters von Hensoldt, Albert Moser, am 29. November 1949 in Gießen ganz anders:[397]

„Ich weiß, daß gerade diese Ausländer die Möglichkeit hatten, sich noch nebenher etwas zu verdienen. Die Mädchen wurden für Privathaushalte freigestellt."

In der selben Verhandlung gab der einstige stellvertretende Betriebsleiter der Hensoldt AG, Dr. Hans Hensoldt, zu Protokoll:[398]

„Die ganze Belegschaft konnte über Sonntag Russinnen mit nach Hause nehmen."

Die meisten Zwangsarbeiter dürften demnach an sieben Tagen in der Woche gearbeitet haben. Marianne Krause geb. Lotz erinnerte sich:[399]

„Sie konnten sich auch außerhalb der Firma etwas dazuverdienen ... So kam einmal in der Woche Maria zu uns zu Putzarbeiten. Sie durfte aber nicht alleine gehen. Mein damals zehnjähriger Bruder mußte zum Lager kommen, um sie abzuholen und auch wieder zurückzubringen. Im Lager war eine perfekt deutsch sprechende Dolmetscherin, die sich sehr für ihre Landsleute einsetzte und sicher manche Vergünstigung für sie erreichen konnte.

Es ging ihnen, von unserem Standpunkt aus gesehen, wohl nicht schlecht. Und doch beschäftigte mich oft der Gedanke, was ich empfinden würde, wenn ich so aus der Familie und der gewohnten Umgebung herausgerissen in einem fremden Land, das noch dazu von feindlichen Truppen besetzt war, leben und arbeiten müßte. Ich glaube, daß ich großes Heimweh gehabt hätte, und sicher ging es vielen dieser Arbeiterinnen auch so. Gewiß hatten manche von diesen Mädchen und Frauen auch eine gute Schul- und Berufsausbildung genossen und entsprechende Zukunftspläne gehabt. Alle Chancen für die Ausübung ihres erlernten Berufes oder eines Studiums waren ihnen so genommen worden. Alle familiären Bande zu Mann und Kindern, den Eltern oder Geschwistern waren unterbrochen und niemand von ihnen wußte, für wie lange Zeit."

Ihr Bruder Dr. Guntram Lotz ergänzte diese Angaben:

„Ich mußte Maria einmal in der Woche zu uns nach Hause in die Schützenstraße abholen. An das erste Mal kann ich mich nicht erinnern – ich weiß also nicht mehr, ob ich das alleine gemacht habe und welche Formalitäten dabei erledigt werden mußten.

Später aber habe ich Maria immer alleine abgeholt: Ich ging zum Pförtner am Lagereingang und sagte, daß ich Maria abholen möchte. Der Pförtner sagte jemandem Bescheid, dann kam Maria und ging mit mir zu uns nach Hause. Wegen des weiten Weges tat ich das zwar nicht gerne, andererseits aber verstanden Maria und ich uns gut und wir unterhielten uns ausgiebig. Maria sprach verhältnismäßig gut deutsch, so daß die Verständigung mit ihr meist nicht schwierig war. Ich habe sie dann nach Strich und Faden ausgefragt und sie hat mir bereitwillig gesagt, was ich wissen wollte, z. B. wie sie heiße (Antwort: Kontschorenko), wo sie zu Hause sei Simferopol auf der Krim und ob es dort auch Straßenbahnen gäbe (Ja). Auch Maria wollte vieles von mir wissen, vor allem über die deutsche Sprache.

Maria putzte auch bei unserer Hauseigentümerin[400] *... und deren Untermieterin, einer hochgradig hysterischen und unordentlichen Baronin. Maria beklagte sich eines Tages: ‚In Frau Baronin Zimmer viel Dreck, viel Scheiß, viel Stink!'*
Die Russinnen waren schon bald nach ihrer Ankunft in Deutschland äußerlich kaum mehr von den Einheimischen zu unterscheiden: Ihre Russenjacken trugen sie höchstens noch bei kaltem Wetter, und barfuß ging niemand mehr.
Nicht alle „Fremdarbeiterinnen" waren in der Industrie tätig. So war z. B. bei unserem Nachbarn auf der anderen Seite des Wetzbachs in der Nauborner Straße, Rechtsanwalt Dr. Koch, eine Russin als Hausangestellte beschäftigt. Beim Fliegerangriff auf Wetzlar am 20. Juli 1944 wurde das Koch'sche Haus von einer Sprengbombe getroffen und schwer beschädigt. Die Russin starb an den Folgen der dabei erlittenen Verletzungen."[401]
Auch Gisela von Schneidemesser aus Wetzlar hat diese Zeit als Kind miterlebt:[402]
„Wir wohnten in Garbenheim. Auch zu unserer Familie kam Sonntags eine junge Russin, die Hausarbeiten verrichtete. Schon nach kurzer Zeit bestand ein geradezu inniges Verhältnis zu ihr. Sie bekam meines Wissens keinen Lohn dafür, sondern wurde – soweit es damals überhaupt möglich war – gut verpflegt, bekam abgelegte Kleidung und Schuhe von unserer Mutter, konnte bei uns baden und sich ein wenig zurechtmachen. Was hätte sie denn auch mit Geld gesollt? Waren gab es sowieso nur auf Marken zu kaufen, und die hatte sie ja nicht.[403] *Ich erinnere mich genau, daß sie jedes Mal, wenn sie mit uns am Tisch aß oder ein Kleidungsstück bekommen hatte, ganz glücklich war."*
Gisela Jäckel aus Wetzlar wusste dazu zu erzählen:[404]
„Meine Schwiegereltern wohnten in der Röchling'schen Wohnsiedlung an der Altenbergerstraße. Die Schwiegermutter erzählte, eines Tages seien junge ukrainische Zwangsarbeiterinnen[405] *in ihrer Freizeit zu ihr gekommen und hätten um Arbeit nachgefragt, um etwas zu Essen zu bekommen. Sie haben dann öfters das eine oder andere im Haushalt und im Garten gemacht.*
Eines Tages saßen sie im Garten, als ein Nachbar kam und schimpfte, er habe genügend Arbeit für die Mädchen. Daraufhin mußten sie bei ihm die Jauchegrube entleeren. Später kamen sie dann wieder zu meiner Schwiegermutter und haben geweint, weil sie so schlecht behandelt worden seien.
Nach Kriegsende, als die Zwangsarbeiter wieder zurück in ihre Heimat fahren konnten, kamen diese Mädels noch einmal zu meiner Mutter und haben sie gesegnet. Sie waren ja alle sehr gläubig."

Entlohnung

Die reichsweit einheitliche Regelung der Entlohnung von Zwangsarbeitern, wonach sie grundsätzlich wie deutsche Hilfsarbeiter einzustufen waren, ist reine Theorie geblieben. Auch in Wetzlarer Unternehmen konnten keine Stundenlohn-

Sätze festgestellt werden, die denen der deutschen Hilfsarbeiter entsprochen hätten. Zur Ermittlung der tatsächlich gezahlten Stundenlöhne konnten aber die Arbeitszeiten als Berechnungsgrundlage genutzt werden.
Grundsätzlich wurden die Westarbeiter und Polen erheblich besser entlohnt als Ostarbeiter, denen nach der „Verordnung über die Einsatzbedingungen der Ostarbeiter" vom 30. Juni 1942[406] die Lohnsätze praktisch willkürlich gekürzt werden konnten, *„sofern ein ausländischer Arbeiter in seiner Arbeitsleistung hinter der Durchschnittsleistung eines deutschen Arbeiters zurückblieb";* ein gewisser Mindestlohn ergab sich jedoch zwangsläufig durch die vom Staat vorgegebenen Abgaben. Während ein deutscher Hilfsarbeiter 1944 in der Metall verarbeitenden Industrie bei einem durchschnittlichen Stundenlohn von 79 Pfennig[407] und 60 Wochenstunden einen Monatslohn von RM 190,80 brutto erhielt, ließen sich für Zwangsarbeiter im Raum Wetzlar lediglich Durchschnitts-Monatslöhne von ca. RM 120,- bis 130,- (Buderus 1942, das entsprach 63-68 Prozent des deutschen Tariflohnes), ca. RM 95,- (Hensoldt 1944, gleich 50 Prozent) und etwa RM 80,- (Herkules 1944, gleich 42 Prozent) nachweisen. Bei einer angenommenen 60-Stunden-Woche ergab das umgerechnet durchschnittliche Stundenlöhne von jeweils etwa 46 Pfennig (Buderus), 40 Pfennig (Hensoldt) und 34 Pfennig (Herkules).[408]
Woraus leiten sich diese Zahlen ab?
Bei den Buderus'schen Eisenwerken waren 2002 zwar keine Personalunterlagen zugänglich; aus der Betriebsabteilung Biedenkopf gab es aber noch Zahlen.[409] Die betriebliche Statistik verzeichnete dort für den Juli 1942 für 187 Ostarbeiter bei 48.430 geleisteten Arbeitsstunden eine Bruttolohnsumme von RM 22.631,80. Das ergibt einen durchschnittlichen Monatslohn von RM 121,- bei einer 64,7-Stunden-Woche mit einem durchschnittlichen Stundenlohn von 46 Pfennig.
Bei der Hensoldt AG müssen fast alle Lohnunterlagen der Zwangsarbeiter als verloren gelten;[410] es fanden sich aber noch Bilanzunterlagen aus den Kriegsjahren 1942-1945. Diese waren zwar lückenhaft, ließen aber trotzdem eine recht verlässliche Berechnungen der Löhne und Ausgaben für Zwangsarbeiter zu:
In der Firmenbilanz vom 31. Dezember 1944[411] waren „Erlöse aus Unterkünften" für Zwangsarbeiter in Höhe von RM 207.665,75 aufgeführt. Da diese Arbeiter alle in Firmenbaracken wohnten und durch die Werksküche verpflegt wurden,[412] waren auch ihnen monatlich RM 45,- für Unterkunft und Verpflegung vom Lohn abzuhalten: Die gebuchten „Erlöse aus Unterkünften".
Teilt man diese Erlöse durch RM 45,-, so erhält man die Zahl der beschäftigten Zwangsarbeiter im jeweiligen Monat. Abweichungen konnten sich nur dadurch ergeben, daß den besonders jungen Zwangsarbeitern möglicherweise der gesetzlich erlaubte Verpflegungsgeldzuschuss gewährt wurde,[413] oder wenn neue Zwangsarbeiter im Laufe eines Monats in den Betrieb kamen, und daher nur Teilbeträge abzuhalten waren.
Insgesamt ließen sich so für 1944 durchschnittlich 383 Zwangsarbeiter bei Hensoldt errechnen. Die hierdurch für Dezember 1944 errechnete Zahl von 419 Per-

sonen[414] deckte sich auch fast mit den am 18. Januar 1945 im Nachweis des Landrates für die Gestapo in Frankfurt am Main angegebenen 415 Zwangsarbeitern bei Hensoldt.[415]

Die durchschnittlichen Monatslöhne der Zwangsarbeiter ließen sich anschließend aus einer anderen Aufstellung in der Bilanz von 1944 errechnen: Die Beiträge zur gesetzlichen Krankenversicherung der Zwangsarbeiter betrugen für 1944 insgesamt RM 26.211,01. Bei dem damaligen Krankenversicherungsbeitrag von 6 Prozent vom Bruttolohn[416] belief sich also der Jahreslohn aller Zwangsarbeiter bei Hensoldt auf RM 436.850,-. Teilte man diesen Betrag durch 383 Arbeiter und 12 Monate – also durch 4596 – so ergab sich ein durchschnittlicher Monatslohn von RM 95,05. Das entsprach bei einer 60-Stunden-Woche einem durchschnittlichen Stundenlohn von 40 Pfennig, also 6 Pfennig weniger als bei Buderus. Dabei muss jedoch berücksichtigt werden, dass bei Buderus körperliche Schwer- oder Schwerstarbeit geleistet wurde, während die Arbeit der Zwangsarbeiter bei Hensoldt – fast alle waren in der Optikfertigung beschäftigt – nicht als körperlich besonders schwer zu bezeichnen war. Das bestätigten auch zwei Schreiben der DAF Wetzlar. Die Kreiswaltung der DAF Wetzlar, Abteilung Frauen, berichtete mit Schreiben vom 22. September 1940 der DAF-Gauwaltung in Frankfurt am Main:[417]

„Bei den Buderus'schen Eisenwerken ... waren die Klagen zum Teil berechtigt, da es den dort im Alter von 16-20 Jahren – zum größten Teil – beschäftigten Frauen nicht möglich sei, täglich ungefähr 250 (... Stück ...) 10,5 (... kg ...) schwere Bomben aufzuheben, dann einen Weg von ca. 5 Metern zu gehen, um sie dort dem Weitertransport zu übergeben."

In der optisch-feinmechanischen Industrie hingegen lagen die Probleme anders. So hatte die DAF-Kreiswaltung Wetzlar am 2. Januar 1940 an ihre Gauwaltung in Frankfurt unter anderem berichtet:[418]

„Optische Werke E. Leitz, Wetzlar, und Optische Werke Hensoldt & Söhne, Wetzlar ... ist aufgefallen, daß nirgends Sitzgelegenheiten für die weiblichen Gefolgschaftsmitglieder mit Rückenlehnen vorhanden waren, mit der Begründung, daß noch niemals Klagen gekommen wären."

Darüber hinaus lag noch eine undatierte handschriftliche Aufstellung[419] aus den Hensoldt-Werken vor. In ihr fanden sich unter den Rubriken *„Ostarbeiterinnen der Abtlg. Schlitt"* und *„Ostarbeiter der Abtlg. Schlitt"*[420] die Namen und Personalnummern von 27 Ostarbeiterinnen und 4 Ostarbeitern. Bei 25 Ostarbeiterinnen war zusätzlich unter der Rubrik *„Lohn"* jeweils ein Pfennigbetrag vermerkt (es handelte sich dabei offensichtlich um den jeweiligen Stundenlohn): Drei Personen mit 20 Pf, vier mit 27 Pf, zwei mit 34 Pf, sieben mit 38 Pf und neun Personen mit 45 Pfennig. Bei einer 60-Stunden-Woche ergaben sich danach folgende Monatslöhne:

Stundenlohn	Monatslohn
20 Pf	RM 48,—
27 Pf	RM 64,80
34 Pf	RM 81,60
38 Pf	RM 91,20
45 Pf	RM 108,—

Das arithmetische Mittel dieser Monatslöhne betrug RM 78,80. Da der Durchschnitts-Monatslohn bei der Hensoldt AG in 1944 tatsächlich RM 95,05 betrug, muss die Mehrheit der Zwangsarbeiter hier Lohnsätze im oberen Bereich gehabt haben. Das wurde auch bestätigt durch eine Lohnaufstellung aus einer Schadensaufnahme vom 21. November 1944[421] über die Werksschäden bei Hensoldt nach dem amerikanischen Luftangriff vom 19. September 1944.[422] Danach war beim Schutträumen im Werk an Stundenlöhnen gezahlt worden:

Ostarbeiterinnen über 21 Jahre	45 Pf
Ostarbeiterinnen unter 21 Jahre	38 Pf
Ostarbeiter über 20 Jahre	54 Pf
I.M.I.'s	54 Pf und
Italienische Kriegsgefangene	54 bzw. 60 Pf

Das arithmetische Mittel dieser Stundenlöhne entsprach 50,2 Pfennig x 240 Monatsstunden = RM 120,48 Monatslohn.

Es kann angenommen werden, dass in diesen Fällen auch noch Lohnteile an die Ausländer ausgezahlt wurden, wodurch kleine Ausgaben oder eine Überweisung in die Heimat möglich waren: Monatslohn RM 120,-[423] (das entsprach 50 Pfennig Stundenlohn bei einer 60-Stunden-Woche) minus RM 12,15 Sozialausgleichsabgabe minus RM 6,- Lohnsteuer[424] minus RM 14,52 Sozialversicherung[425] minus RM 45,- für Unterkunft und Verpflegung = RM 42,33 auszuzahlender Betrag.

Das wird grundsätzlich auch durch die noch bekannten Stundenlohnsätze bei Hensoldt bestätigt: 1941 betrug der durchschnittliche Stundenlohn in der Abteilung Schlitt (Rundoptik) 90,6 Pfennig, und im gesamten Unternehmen 91,2 Pfennig.[426] Bei den Stundenlöhnen von 20 Pf und 27 Pf in der Lohnliste der Abteilung Schlitt handelte es sich um 14- und 15-jährige Ukrainerinnen.[427] Das entsprach etwa den Lohnsätzen der Lehrlinge in der Mechanik bei Hensoldt, die 1939 einen durchschnittlichen Stundenlohn von 14,2 Pfennig, 1940 von 15,9 Pfennig und 1941 von 20,5 Pfennig hatten.[428]

Die deutschen Tarifordnungen sahen eben für junge Arbeiter erheblich geringere Lohnsätze vor.[429] So hatte die sechzehnjährige Hilfsarbeiterin Frieda N. bei der

HENSOLDT · WETZLAR ·

Gesamtkosten

der Aufräumungsarbeiten bei der am 19.9.1944 zerstörten Lagerhalle

~~Fuka~~-Auftragsnr.: 5000 a

weibl.Ostarb.	42	über 21 Jahre à 8 Std.	336 Std.	0,45	151.20
" "	158	unter " " " 8 "	1264 "	0,38	480.32
männl. "	40	über 20 " " 8 "	320 "	0,54	172.80
IMI	20	" 20 " " 8 "	320 "	0,54	172.80
Kontr.Nr.636	1	Betti z.N.91019	124 1/2	0,60	73.50
" 612	1	Casadai " 91022	122 1/2	0,60	73.50
" 620	1	Bresciani " 91023	98 1/2	0,60	59.10
" 1964	1	Galliano " 212381	89	0,60	53.40
" 1966	1	Hebot " 212331	89	0,60	53.40
" 1971	1	Chischirimi " 212341	89	0,60	53.40
" 1982	1	Bontry " 212371	89	0,54	48.06
" 1978	1	Carrone " 212351	89	0,54	48.06
	~~268~~		~~3.030 1/2~~		~~1.439.54~~
Verschiedene Gefolgschaftsmitglieder der:					
Kostenstelle	14 a		265 3/4		157.27
"	21 + 24		55		26.34
"	54		167 3/4		150.93
			3 518 1/2		1.774.08

+ 21 % Zuschlag für gesetzliche und freiwillige soziale Leistungen, anteilige Prämien und Beiträge zu Versicherungen u. Haftpflicht-Versicherung 372.55

Rm. 2.146.63

II/0441 10 44

Eine Kostenaufstellung der Hensoldt AG für Aufräumungsarbeiten nach dem amerikanischen Luftangriff vom 19. September 1944 auf Wetzlar, bei dem auch das Hensoldtwerk erheblich beschädigt worden war. Dies ist einer der für den Raum Wetzlar seltenen erhalten gebliebenen Originalbelege über die tatsächlich an Zwangsarbeiter gezahlten Lohnsätze. Sie differierten zwischen RM 91,20 monatlich (Ostarbeiterinnen unter 21 Jahren) und RM 129,60 monatlich (Ostarbeiter über 20 Jahre und I.M.I.'s). Für die französischen Kriegesgefangenen wurden hier durchgängig RM 144,- an das Stalag gezahlt.

Pfeiffer Apparatebau GmbH in Wetzlar im Januar 1944 ebenfalls einen Stundenlohn von 20 Pfennig.[430]
Auch die „Reichstarifordnung für die in der Landwirtschaft eingesetzten polnischen Beschäftigten“ vom 29. Juni 1944[431] sah für die jüngeren Zwangsarbeiterinnen erheblich geringere Brutto-Stundenlöhne (bei freier Kost und Verpflegung) vor: 14 und 15 Jahre alt: 14 Pf, 16 Jahre alt: 16 Pf, 17 Jahre alt: 18 Pf, 18 bis 20 Jahre alt: 19 Pf und ab 21 Jahren 20 Pfennig Stundenlohn. Hinzu kam, dass den Jüngeren auch nicht RM 45,- monatlich für Unterkunft und Verpflegung vom Lohn abgezogen wurden, sondern nur Beträge zwischen RM 15,- und RM 30,-.
Unter diesen Voraussetzungen blieb bei einer 60-Stunden-Woche selbst in der untersten Lohnstaffel mit 20 Pf. Stundenlohn noch ein wenig zur Auszahlung übrig:
Monatslohn RM 48,- minus RM 7,20 Ostarbeiterabgabe (15 Prozent), minus RM 5,80 Sozialversicherung (12,1 Prozent), minus RM 15,- bis RM 30,- für Unterkunft und Verpflegung ergaben zwischen RM 5,- und RM 20,- zur Auszahlung (eine Lohnsteuer fiel bei diesem geringen Lohn noch nicht an). Das war gerade so viel, dass davon noch Kleidung o. ä. gekauft werden konnte.[432]
Damit das Lohnsystem überhaupt funktionierte, mussten erwachsene Ostarbeiter mindestens einen Monatslohn von etwa RM 65,- beziehen: RM 65,- Monatslohn minus RM 9,75 Sozialausgleichsabgabe (15 Prozent) minus RM 8,10 Sozialversicherungsbeiträge (12,1 Prozent)[433] minus RM 45,- für Unterbringung und Verpflegung = Auszahlung RM 2,15.[434] Dieser Monatslohn wurde in der Sechzigstundenwoche etwa bei einem Stundenlohn von 27 Pf erreicht. Wohlgemerkt: Hierbei hätte der Zwangsarbeiter zwar alle seine Kosten bezahlen können – für eine Lohnauszahlung wäre aber ebenfalls kaum noch etwas übrig geblieben.
Die einstige ukrainische Zwangsarbeiterin Klawdija Tolstikowa hatte bei der Hensoldt AG gearbeitet. Am 3. August 2000 berichtete sie auf die Frage nach der damaligen Entlohnung:[435]
„... Geld haben wir für die Arbeit nicht bekommen. Außer Verpflegung und irgendeiner Uniform[436] *gab es nichts. ... Wir haben nie etwas kaufen können.“*
Dennoch scheint Bargeld – wenn auch vermutlich nur in geringen Beträgen – an die Ostarbeiter geflossen zu sein. Bei Hensoldt ließ sich dies durch zwei Einträge in dem „Buch über besondere Vorkommnisse“ belegen: Am 18. Oktober 1943 wurde gegen 13 Ostarbeiterinnen eine Strafe von jeweils RM 5,- und eine Ausgangssperre für zwei Sonntage verhängt, weil sie „bei Fliegeralarm der Lagerwache keine Folge geleistet“ hatten, und am 25. Februar 1944 einer Ostarbeiterin ein Tagesverdienst wegen „Verstoßes gegen die Arbeitsdisziplin“.[437] Diese Zwangsarbeiterinnen müssen also über Barmittel verfügt haben.
Es gab aber auch noch andere Hinweise. Ria M.[438] aus einem Wetzlarer Ortsteil, die nach dem Krieg in der Personalabteilung der Firma Leitz arbeitete, erinnerte sich an Lohnunterlagen von Zwangsarbeitern, die etwa 1952/53 auf Anordnung der Geschäftsleitung vernichtet werden mussten:

„Ich habe damals die Lohnunterlagen der Zwangsarbeiter von Leitz eingesehen. Dabei kann ich mich noch deutlich an Stundenlohn-Sätze für die Ukrainerinnen erinnern, die zwischen 30 und 45 Pfennig lagen. Besonders fiel mir damals auf, daß man ihnen verschiedene Abzüge gemacht hatte, unter anderem ein „Seifengeld". Dieser Begriff ist mir deshalb sofort aufgefallen, weil ich so etwas vorher noch nie gehört hatte."
Natürlich wurden den Zwangsarbeitern andere Lohnabzüge gemacht, darunter auch für Hygieneartikel. Tatsächlich tauchten Ende 2000 noch mehrere historische Unterlagen der Leitzwerke mit Hinweisen dazu auf. Eine Liste der Abteilung Optik I für die Firmenleitung Leitz vom 24. Juni 1943 mit 33 namentlich genannten Personen trug die Überschrift:[439]
„Zur Neufestsetzung unserer Zuteilung an Waschmittel geben wir Ihnen nachstehend eine Aufstellung der in unserer Abteilung mit besonders schmutzigen Arbeiten beschäftigten Ostarbeiterinnen."

Ein Nachweis für die oft vorgetragene Sichtweise, die Zwangsarbeiter hätten – wenn überhaupt – anstatt Bargeld nur Kantinen-Bons bekommen, die ausschließlich in den werkseigenen Ausländer-Kantinen eingelöst werden durften,[440] konnte für Wetzlar nicht geführt werden. Zwar beantragte die Firma Leitz im November 1943 bei der Stadtverwaltung eine Schankerlaubnis für das Ostarbeiterlager, die vermutlich auch erteilt wurde[441] und im August 1944 zusätzlich die Konzession für eine Schankwirtschaft im Westarbeiterlager,[442] und auch im Ausländerlager der Hensoldt AG soll Bier verkauft worden sein.[443] Das ist jdoch kein Beleg für die Ausgabe von Kantinen-Bons.

Dass von Ostarbeitern tatsächlich Geld auf die sogenannten Ostarbeiter-Sparkarten eingezahlt wurde, wird belegt durch das Gesetz Nr. 53 – Devisenbewirtschaftung – der amerikanischen Militärregierung von 1946. In Artikel IX. III. – Sachlicher Wirkungsbereich – hieß es dazu:[444]
„Ostarbeitersparen, Arbeitersonderkonten. Nach den deutschen Devisenbestimmungen galten die Arbeitersonderkonten sowie das Ostarbeitersparen als Ausländerkonten. Jetzt sind sie als Inländerkonten zu führen, wenn sich die Kontoinhaber in Deutschland aufhalten.
... Auszahlungen von Ostarbeitersparguthaben sind zur Zeit nicht möglich, da bei der Bank der Deutschen Arbeit keine Einzugsmöglichkeit besteht."
Allerdings scheint diese Bestimmung zu dem Zeitpunkt bereits fiktiv gewesen zu sein, denn im Sommer 1946 befanden sich anscheinend kaum noch ehemalige Ostarbeiter in Deutschland.[445]

Darauf, dass es bei der Bezahlung der Zwangsarbeiter offensichtlich mit rechten Dingen zugegangen war, deutet auch ein Schreiben der Hensoldt AG vom 11. März 1955 an die Bank Deutscher Länder in Frankfurt am Main (die spätere Bun-

desbank) hin. Darin wurde mit dem Betreff: „Vor dem 8. 5. 1945 entstandene Zahlungsverpflichtungen gegenüber dem Ausland" unter anderem ausgeführt:[446]
„Französische Staatsangehörige (Fremdarbeiter im Kriege) RM 7.559,74 und belgische Staatsangehörige (Fremdarbeiter im Kriege) RM 38,-.
... Die ... Beträge betreffen Lohngelder für französische und belgische Zivilarbeiter aus den letzten Kriegstagen. Durch ihren plötzlichen Abtransport waren wir nicht mehr in der Lage, den Empfangsberechtigten noch die Lohngelder auszuzahlen."

Die Bezahlung der Westarbeiter war anders geregelt als die der Ostarbeiter. Bei Leitz wurden sie sogar – anders als die Ostarbeiter – mit in das Akkordlohnsystem einbezogen. Allerdings bekamen sie anscheinend nicht den gleichen Lohn wie die Deutschen. Darüber informierte eine interne „Betriebsmitteilung Nr. 13" vom 18. Dezember 1942:[447]
„Betr.: Bezahlung ausländischer Arbeitskräfte.
Der Reichstreuhänder der Arbeit hat auf unseren Antrag hin die Akkordlohngestaltung ausländischer Arbeitskräfte mit Ausnahme von Ostarbeitern wie folgt genehmigt:
Die für die Akkordarbeit in Frage kommenden Arbeitskräfte erhalten den der Schwierigkeit der Arbeit entsprechenden Verrechnungsfaktor unter Zugrundelegung eines Leistungsgrades von 1 oder 100 %.
... Als Akkordgrundlage dient die ‚Neue Lohnordnung' mit acht Lohngruppen gemäß Anlage (Nur für persönlichen Gebrauch des Meisters).
Erreichen diese Arbeitskräfte die 100%ige Arbeitsleistung, so erhalten sie den Verdienst, der als Grundlage für eine solche Leistung festgesetzt ist.
... Werden in diesen Fällen bei normaler Leistung ... Verdienste erreicht, die über das festgesetzte Soll (Akkordbasis) hinausgehen, so sind die Zeitvorgaben entsprechend zu berichtigen.
... Bei der Einstufung der Arbeiten für Ausländer ist besonders zu prüfen, ob die auszuführende Arbeit in allen Phasen mit genau der gleichen Selbständigkeit ausgeführt wird, wie dieses bei einem deutschen Gefolgschaftsmitgliede der Fall wäre.
Nach Möglichkeit sollen Arbeiten der Lohngruppen 6, 7 und 8 deutschen Gefolgschaftsmitgliedern übertragen werden, solange noch genügend deutsche Arbeitskräfte vorhanden sind."

Bei den Westarbeitern kann also davon ausgegangen werden, dass sie mehr Bargeld zur Verfügung hatten. Welchen Sinn hätte es sonst auch gehabt, ihnen bei kleineren Vergehen Geldstrafen bis zu einem Wochenlohn aufzuerlegen? Das „Buch über besondere Vorkommnisse" der Hensoldt AG verzeichnete allein in 13 von 38 Fällen solche Geldstrafen bei „französischen Zivilarbeitern".[448] Die Westarbeiter durften sich ja auch frei in der Stadt bewegen. So ist ein Fall bekannt, in

B e t r i e b s m i t t e i l u n g.

Nur für die Herren Abteilungsleiter !   Nr. 13 vom 18. Dez.1942.

Gruppe II / Lohnfragen.

Betr.: Bezahlung ausländischer Arbeitskräfte.

Der Reichstreuhänder der Arbeit hat auf unseren Antrag hin die Akkordlohngestaltung ausländischer Arbeitskräfte mit Ausnahme von Ostarbeitern wie folgt genehmigt:

Die für Akkordarbeit in Frage kommenden Arbeitskräfte erhalten den der Schwierigkeit der Arbeit entsprechenden Verrechnungsfaktor unter Zugrundelegung eines Leistungsgrades von 1 oder 100 % .

Als Akkordgrundlage dient die "Neue Lohnordnung" mit acht Lohngruppen gemäss Anlage. (Nur für persönlichen Gebrauch des Meisters.)

Erreichen diese Arbeitskräfte die 100 %-ige Arbeitsleistung, so erhalten sie den Verdienst, der als Grundlage für eine solche Leistung festgesetzt ist. Siehe Spalte AB.

Normalverdienst oder Akkordbasis = Verrechnungsfaktor x Vorgabezeit.

Werden also in diesen Fällen bei normaler Leistung (Leistungsgrad 1 oder 100 %) Verdienste erreicht, die über das festgesetzte Soll (Akkordbasis) hinausgehen, sind die Zeitvorgaben entsprechend zu berichtigen. In diesem Falle ist die richtige Zeit zu ermitteln und diese dann in Verbindung mit dem jeweiligen Verrechnungsfaktor einzusetzen.

Bei einem Leistungsgrad von 1,15 oder 115 % sind die in Spalte AMg (Akkordmeldegrenze) angegebenen Verdienste zulässig, Alle über die in dieser Spalte hinausgehenden Verdienste sind sofort über das Zeitstudienbüro der Technischen Leitung zu melden, auch wenn es sich um Verdienste handel die angeblich durch einen über 1,15 oder 115 % liegenden Leistungsgrad bedingt sind.

Betreff Einstufung der auszuführenden Arbeiten entsprechend der Schwierigkeit in eine der vorgesehenen Lohngruppen sind die gesondert herausgegebenen Richtlinien zu beachten. Die endgültige Verrechnung jeder Arbeit muss bis auf weiteres für die Lohngruppen 1 - 5 vom Zeitstudienbüro (Herrn Kuhl) und von 6 - 8 über das Zeitstudienbüro von der Technischen Leitung genehmigt sein.

Bei der Einstufung der Arbeiten für Ausländer ist besonders zu prüfen, ob die auszuführende Arbeit in allen Phasen mit genau der gleichen Selbständigkeit ausgeführt wird, wie dieses bei einem deutschen Gefolgschaftsmitglied der Fall wäre.

Nach Möglichkeit sollen Arbeiten der Lohngruppen 6, 7 und 8 deutschen Gefolgschaftsmitgliedern übertragen werden, solange noch genügend deutsche Arbeitskräfte vorhanden sind. Ausserdem soll die gleichzeitige Ausführung ein und derselben Arbeit von einem Deutschen und einem Ausländer vermieden werden.

Wetzlar, den 18. Dezember 1942.   Technische Leitung :

Mit dieser Betriebsmitteilung informierten die optischen Werke Ernst Leitz GmbH am 18. Dezember 1942 ihre Abteilungsleiter über die zukünftigen Modalitäten für die Akkord-Entlohnung von Zwangsarbeitern. Erreicht wurde dies über einen Verrechnungsfaktor, der allerdings durchaus variabel gestaltet werden konnte.

dem vier belgische Zwangsarbeiter der Röchling-Buderus AG eine ausschweifende Feier veranstalteten. Eine Gerichtsakte vermerkte dazu im September 1941:[449]
„Alfred A. ist belgischer Staatsangehöriger und Zivilarbeiter und fand ...zur Zeit der Tat als Hilfsarbeiter bei der Fa. Röchling, Wetzlar, im Gemeinschaftslager Altenberg Verwendung.
... Der Angeklagte traf am 6. Sept. 41 gegen 23 Uhr in der Gastwirtschaft des Rudervereins Wetzlar mit seinem Bruder ... , seinem Schwager... und dem Walzer Hermann O. sowie zwei Mädels zusammen ...
An dem fraglichen Abend trank die oben bezeichnete Gesellschaft etwa fünf Flaschen Wein, wovon der Angeklagte allein zwei Flaschen getrunken haben soll.
... Auf dem Heimweg kam es ... zu einem Wortwechsel und ... zu einer Stecherei."

Auch die italienischen Arbeiter[450] wurden besser entlohnt. Das Rüstungskommando Gießen vermerkte dazu am 15. September 1941:[451]
„Bei der Fa. Buderus'sche Eisenwerke, Wetzlar ... beklagten sich die Italiener über den Lohn, da ihnen ein höherer Lohn (RM 7,- netto statt RM 7,- brutto) versprochen worden sei."
Ein Tageslohn von RM 7,- (denn nur um einen solchen kann es sich gehandelt haben) hätte bei der damaligen Sechs-Tage-Woche einen Monatsverdienst von RM 168,- bedeutet.

Mehrere Vorgänge belegen, dass auch polnische Zwangsarbeiter besser entlohnt wurden als Ostarbeiter. So meldete die Wetzlarer Polizeistation dem Landrat in Wetzlar am 9. Oktober 1940, drei polnische Zivilarbeiter seien am 7. August gegen 12 Uhr mittags total betrunken in das Wohnlager der Röchling-Buderus AG zurückgekommen. Sie hätten nach ihrer Ausnüchterung angegeben, in einer Aßlarer Wirtschaft gezecht und größtenteils Wein getrunken zu haben. Dazu vermerkte der Polizeiposten:[452]
„Da den polnischen Civilarbeitern in der Stadt Wetzlar keine alkoholigen Getränke verabreicht werden, suchen sie in letzter Zeit die Gasthäuser in den Landgemeinden auf."
Mit Schreiben vom 18. April 1941[453] erhielt der Kellner der Wetzlarer Bahnhofsgaststätte, Fiorenzo Contino[454] eine Verwarnung des Bürgermeisters, da dem polnischen Zwangsarbeiter Wladislaw Zysk am 15. April 1941 im Wartesaal III. Klasse des Bahnhofes ein Glas Bier verkauft worden war. Für den Wiederholungsfall wurde dem Wirt Bestrafung angedroht.
Bei den Buderus'schen Eisenwerken fand sich schließlich ein interner Vermerk über eine am 3. Juli 1945 – also nach Kriegsende – mit ehemaligen polnischen Zwangsarbeitern geführte Lohndiskussion.[455] Auf die Vorhaltung der Polen, sie seien während des Krieges gegenüber den übrigen Ausländern zurückgesetzt worden, wurde ihnen erklärt, dass man ihnen die Überstunden mit 25 Prozent Zuschlag vergütet hätte.

Aus einer Berechnung wegen noch ausstehender Urlaubsvergütungen für die Jahre 1942-1945 ging dann hervor, dass die polnischen Zwangsarbeiter mit einem Tagesverdienst von RM 6,- entlohnt worden waren. Das hätte bei 72 Wochenstunden einem Monatslohn von RM 132,- entsprochen.

Eine dazu 2001 in der Buderus-Chronik, Band 3, gemachte Angabe ist hingegen aus mehreren Gründen unverständlich:[456]
„Die Löhne der Zwangsarbeiter mußten an das Deutsche Reich gezahlt werden; dieses behielt einen Betrag ein und zahlte den Betroffenen nur einen Hungerlohn, der kaum das Existenzminimum sicherte. ... Lediglich den Dienstverpflichteten aus Westeuropa zahlte Buderus den Lohn direkt, doch wurden die Kosten für Unterkunft und Verpflegung abgezogen."

Auch die noch vorhandenen Unterlagen des Herkules-Werks[457] aus jener Zeit gaben einige Aufschlüsse über die Lohnzahlungen. Im Zeitraum vom August 1942 bis März 1943 schwankte der monatliche Durchschnittslohn der Ostarbeiter zwischen RM 66,- und RM 75,-. Das entsprach bei einer 60-Stunden-Woche einem durchschnittlichen Stundenlohn von 29 Pfennig und damit etwa 37 Prozent des Durchschnittslohnes eines deutschen Hilfsarbeiters.
Im April 1943 tauchten in den entsprechenden Belegen des Herkules-Werkes erstmals Kosten für die Verpflegung von „Zivil-Franzosen" auf, für die jedoch bis zur letzten noch vorhandenen Buchung am 22. Juli 1944 keine Lohnkosten verbucht wurden. Ab Mai 1943 stiegen aber die Beträge der verbuchten „Lohnkosten für Ostarbeiter" um etwa 100 Prozent an, ohne dass sich deren Belegschaftszahl erkennbar verändert hätte. Es kann daher angenommen werden, dass sich in der Folge die Lohnkosten der Westarbeiter mit im Betrag der Ostarbeiter befanden.
Unter dieser Voraussetzung betrug der monatliche Durchschnittslohn aller Zwangsarbeiter bei Herkules im Dezember 1944 RM 83,-, im Januar 1944 RM 75,10, Januar bis März 1944 RM 75,80 und im April 1944 RM 83,90. Das entsprach etwa 52 Prozent des vergleichbaren deutschen Durchschnittslohnes.
Für die Monate Mai bis Juli 1944 fanden sich zwar noch die Buchungen für Zwangsarbeiterverpflegung; obwohl die Monatsbuchungen ordnungsgemäß mit Salden abgeschlossen wurden, gab es aber keinerlei Buchungen für Lohnkosten mehr.
Wenn man berücksichtigt, dass die Franzosen und Holländer in der Entlohnung generell besser gestellt waren als die Ostarbeiter, dürften die durchschnittlichen Monatslöhne der Ostarbeiter im Herkuleswerk von RM 66,- bis RM 75,- aus dem Zeitraum 08/1942 bis 04/1943 auch für die späteren Monate gegolten haben.
Wie bereits erläutert, betrug der Mindestlohn, der alle Abgaben abdeckte, etwa RM 65,- monatlich. Es kann also davon ausgegangen werden, dass den Ostarbeitern der Herkules-Werke nur noch geringe Lohnbeträge ausgezahlt wurden, die z. B. für Bekleidung ausgegeben werden mussten. Möglicherweise handelte es sich aber auch um jüngere Personen, die keine Familie in der Heimat zu unterstützen hatten.

Die Schlechterstellung der Ostarbeiter gegenüber allen anderen ausländischen Arbeitern im Deutschen Reich wurde erst kurz vor Kriegsende durch die „Verordnung über die Aufhebung der arbeitsrechtlichen, steuerrechtlichen und sozialversicherungsrechtlichen Sondervorschriften für Ostarbeiter" vom 13. März 1945[458] beseitigt. Da diese Verordnung aber erst am 7. April 1945 im Reichsanzeiger veröffentlicht wurde, hat sie im Raum Wetzlar keine Auswirkungen mehr gehabt: Hier hatte der Zweite Weltkrieg mit dem Einmarsch der Amerikaner am 29. März 1945 sein Ende gefunden.[459]

Aus dem Bereich der Landwirtschaft im Raum Wetzlar konnten noch einige Einzeldokumente ausgewertet werden. Sie belegten, dass diese Zwangsarbeiter durchaus korrekt entlohnt wurden:
Nach der „Anordnung über die Löhne der in der Landwirtschaft eingesetzten Ostarbeiter" vom 17. Juli 1942[460] war einem männlichen Ostarbeiter RM 15,- monatlich bei freier Unterkunft und Verpflegung zu zahlen. Die ersten in Wetzlar nachgewiesenen Zwangsarbeiter erhielten dagegen neben freier Unterkunft folgende Entgelte:
Die vier Ukrainer in der Brauerei Waldschmidt bekamen im ersten Monat RM 25,- und danach RM 30,-,[461] bei Landwirt Richard Kelle wurden RM 22,50 gezahlt (1 Mann),[462] bei Landwirt Wilhelm Redhardt RM 25,- (1 Mann),[463] bei Landwirt Johann Olbrich RM 25,- (1 Mann),[464] bei Landwirt Georg Bunne RM 19,- (1 Frau)[465] und bei Wilhelm Kampmann RM 25,- (1 Mann).[466] Die drei Ukrainer/innen in der Hausermühle bekamen RM 20,- (1 Frau), RM 27,- (1 Mann) und RM 30,- (1 Mann, vermutlich der Vater),[467] und auf dem Hofgut Helm wurden einmal RM 22,- (1 Frau), einmal RM 22,50, fünfmal RM 25,- und einmal RM 30,- bezahlt.[468]
Abgesehen von ihrer bedauernswerten Zwangslage ging es den Ukrainern für damalige Verhältnisse in Wetzlar also nicht extrem schlecht, und von diesen Lohnsätzen konnte man sicher ein wenig sparen und vielleicht sogar in die Heimat überweisen[469]

Stefan S., der zwangsweise in der Wetzlarer Landwirtschaft arbeiten musste, berichtete von folgenden Lohnsätzen neben freier Unterkunft und Verpflegung:[470]
Im ersten Jahr (1940) RM 22,- mtl., im zweiten Jahr RM 25,- im dritten Jahr RM 27,- und im vierten Jahr RM 30,- monatlich. Von dem Geld habe er sich immer etwas auf Marken gekauft, was er dann oft mit der Familie seines Bauern geteilt habe.
Elisabeth Bladt aus Hohenahr-Erda, die später in diesem Kapitel auch als Zeitzeugin bei einem Fall von „Rassenschande" zu Wort kommt, wusste zu berichten:[471]
„In allen Orten unserer Umgebung arbeiteten polnische Zwangsarbeiter auf den Bauernhöfen – so auch auf unserem Hof. Ich erinnere mich noch genau, daß die-

ser junge Mann neben freier Kost und Unterbringung monatlich RM 25,- als Lohn erhielt.“

Der Landwirt Heinrich Weber aus Atzbach beantragte im September 1943 beim Arbeitsamt Wetzlar die Herausnahme des kroatischen Arbeiters Josef Meyer aus der Tarifordnung wegen Unzuverlässigkeit.[472] Er hielt sich also offensichtlich korrekt an die „Verordnung über die Einsatzbedingungen der Ostarbeiter“ vom 25. März 1944,[473] wonach jede Abweichung von der Verordnung genehmigungspflichtig war.

Waldemar Gatzert aus Niederkleen, dessen Eltern die Metzgerei in der Burgstraße 4 in Niederkleen hatten, erzählte:[474]

„Wir hatten damals einen jungen Polen namens Stach Giel. Ich war ja damals gerade fünfzehn, und so weiß ich nicht, wie er außer freier Kost und Logis entlohnt wurde. Mein Vater berichtete aber nach dem Krieg, der Pole sei ein ganz sparsamer Junge gewesen und hätte sich ein Sparbuch angelegt.“

Ausgang und Urlaub

Franzosen, Niederländer und Belgier – die „Westarbeiter“ – und Polen konnten sich außerhalb ihrer Unterkünfte relativ frei bewegen. Der einstige belgische Zwangsarbeiter Victor Langendries hatte bei der Röchling-Buderus AG im Stahwerk gearbeitet und im Lahnlager an der Gabelsbergerstraße gewohnt. Nach dem Krieg berichtete er auf Befragung durch belgische Behörden:[475]

„Wir gingen völlig frei zu Arbeit im Stahlwerk, wo man uns mit unserem Werksausweis einließ. Abends nach der Arbeit konnten wir bis 22 Uhr in der Stadt verbringen – mußten allerdings immer unseren Ausweis dabei haben. Später zogen wir um in die Stadt in Betonhäuser, von wo aus wir zu Fuß frei bis ins Werk gingen.

... Nach der Arbeitszeit waren alle (Anm.: ... belgischen ...) *Lagerbewohner völlig frei. Wir wurden lediglich beim Betreten und Verlassen des Stahlwerkes kontrolliert.“*

Ostarbeiter durften das Lager eigentlich nur ausnahmsweise und in besonderer Begleitung verlassen; es sind aber auch Fälle bekannt, in denen sich Ostarbeiterinnen völlig frei in der Stadt bewegen konnten. Der Reichsführer SS hatte dazu am 9. April 1942 in seinem Erlass betreffend die „Behandlung der Arbeitskräfte aus dem altsowjetischen Gebiet“ unter anderem verfügt:[476]

„4. Die Arbeitskräfte aus dem altsowjetischen Gebiet dürfen nach wie vor ihre Unterkünfte nur zur Verrichtung ihrer Arbeit verlassen. Das absolute Ausgehverbot wird jedoch dahin gelockert, daß bewährten Arbeitskräften – gewissermaßen als Belohnung – in geschlossenen Gruppen unter hinreichender deutscher Aufsicht Ausgang gewährt werden darf. Die Aufsicht ist von den Wachmannschaften

oder dem Betriebspersonal zu stellen. Bei Mißständen, Flucht u.ä.m. ist die Ausgangserlaubnis zu sperren."

Ein Merkblatt des Reichsnährstandes vom 15. April 1943 vermerkte dazu:[477]

„...Im übrigen haben auch die Ostarbeiter grundsätzlich mindestens am arbeitsfreien Tag die Möglichkeit, auszugehen."

Elsie Kühn-Leitz schrieb darüber unter anderem:[478]

„... sämtliche ... Ostarbeiterinnen durften sich mit ihren Abzeichen nur zu ganz bestimmten Tagen und Stunden außerhalb des Lagers frei bewegen."

Das stimmte jedoch nur zum Teil, denn frei bewegen durften sie sich eigentlich nicht. Einem Schreiben des Kreisleiters Wilhelm Haus vom 15. Mai 1943 an die NSDAP-Gauleitung Hessen-Nassau in Frankfurt am Main ist dazu zu entnehmen:[479]

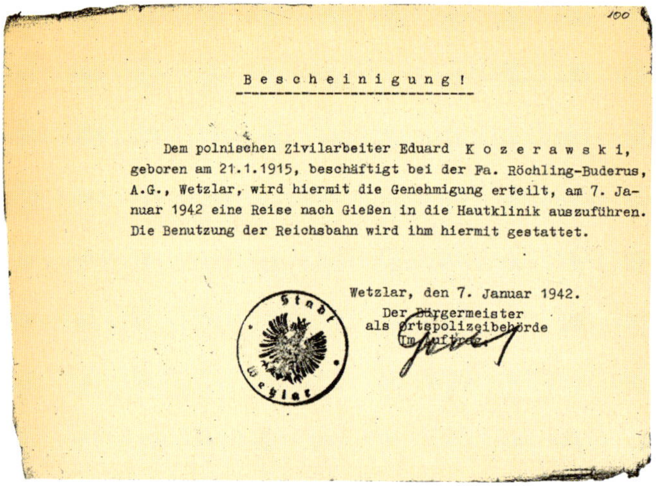
100

Bescheinigung!

Dem polnischen Zivilarbeiter Eduard K o z e r a w s k i, geboren am 21.1.1915, beschäftigt bei der Fa. Röchling-Buderus, A.G., Wetzlar, wird hiermit die Genehmigung erteilt, am 7. Januar 1942 eine Reise nach Gießen in die Hautklinik auszuführen. Die Benutzung der Reichsbahn wird ihm hiermit gestattet.

Wetzlar, den 7. Januar 1942.
Der Bürgermeister
als Ortspolizeibehörde
Im Auftrag:

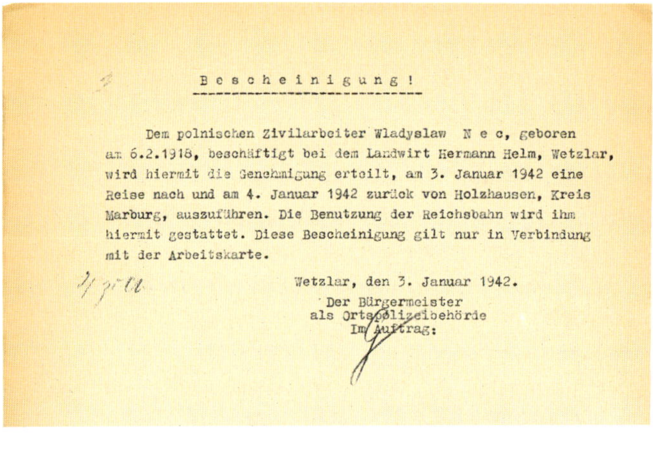
Bescheinigung!

Dem polnischen Zivilarbeiter Wladyslaw N e c, geboren am 6.2.1918, beschäftigt bei dem Landwirt Hermann Helm, Wetzlar, wird hiermit die Genehmigung erteilt, am 3. Januar 1942 eine Reise nach und am 4. Januar 1942 zurück von Holzhausen, Kreis Marburg, auszuführen. Die Benutzung der Reichsbahn wird ihm hiermit gestattet. Diese Bescheinigung gilt nur in Verbindung mit der Arbeitskarte.

Wetzlar, den 3. Januar 1942.
Der Bürgermeister
als Ortspolizeibehörde
Im Auftrag:

Franzosen, Niederländer, Belgier und Polen konnten sich außerhalb ihrer Unterkünfte relativ frei am Ort bewegen. Um jedoch ihren Aufenthaltsort verlassen zu können, benötigten sie eine Sondererlaubnis der örtlichen Polizeibehörde, die ohne einen speziellen Anlass nicht zu bekommen war.

„In der Frage der Ausländerüberwachung sind in Wetzlar einige Schwierigkeiten entstanden.
Gemäß Anordnung der Staatspolizei konnten diese Ostländer in Trupps – 10 Männer und 5 Frauen – ausgehen und zwar unter Führung eines sogenannten „Lagerdienstes“. Dieser Lagerdienst war entweder ein Ostarbeiter oder eine Ostarbeiterin, die Armbinden trugen mit dem Firmenaufdruck des Werkes, in dem die Ostarbeiter u. Ostarbeiterinnen beschäftigt sind.“
Leider war die Sache aber etwas aus dem Ruder geraten, denn Haus beschwerte sich im Anschluss daran gleich über die lasche Behandlung der Ostarbeiter beim bewachten Freigang:
„Von Woche zu Woche hatte sich diese Ausgehform gelockert und zwar in der Art, daß wohl die Führung diesen Trupp aus dem Lager brachte, dann aber diese Ostländer sich in alle Winde zerstreuten, sich auf den Feldern mit Ostarbeitern und Franzosen trafen.“

Nur Westarbeiter und Polen durften sich in den Kreisen Wetzlar, Gießen, Dillenburg und Weilburg frei bewegen.[480] Urlaub gab es nur auf Antrag des Arbeitgebers und mit besonderer Genehmigung des Bürgermeisters als Ortspolizeibehörde. So gewährten die Buderus'schen Eisenwerke den dort seit 1940 beschäftigten polnischen Zwangsarbeitern im Jahre 1941 insgesamt 6 Tage bezahlte Freizeit.[481]

Nachdem jedoch in den besetzten westlichen Ländern bekannt geworden war, dass die einstmals legal angeworbenen Zivilarbeiter gewaltsam in Deutschland festgehalten wurden, blieben die Interessenten aus. So ging die deutsche Reichsführung alsbald dazu über, ganz nach dem Muster der in Polen und Russland durchgeführten „Anwerbemethoden“ nun auch in Frankreich, Belgien und Holland zu verfahren: Mit der „Anordnung Nr. 10“ des GBA vom 22. August 1942 wurden die dortigen deutschen Behörden angewiesen, sofort entsprechende gesetzliche Regelungen für Zwangsmaßnahmen zu erlassen: Meldepflicht und Dienstpflicht, d. h., Zwangsanwerbung.
Mit Polizeirazzien, Rollkommandos und ähnlichen Aktionen wurden die meisten jungen Leute festgenommen und nach Deutschland verbracht.[482]
Von diesem Zeitpunkt an war auch für keinen der Westarbeiter in Deutschland eine Rückkehr in die Heimat mehr absehbar.[483] Zwar gab es für sie in besonderen Fällen noch von der DAF organisierte Urlaubsfahrten in das Heimatland; diese wurden jedoch immer seltener durchgeführt, da sich viele der Arbeiter einfach der Rückkehr nach Deutschland entzogen. Das führte zu aufwendigen Suchaktionen durch die Gestapo.[484] So teilte zum Beispiel das Personalbüro der Pfeiffer-Apparatebau GmbH mit Schreiben vom 9. Januar 1943 der Wetzlarer Verwaltungspolizei – sie befand sich damals in der Hauptwache am Domplatz – mit:[485]
„Betr.: Belgischen Zivilarbeiter Alfons Braekmans. Der oben näher bezeichnete belgische Zivilarbeiter wurde von uns vom 22. 12. 42 bis 3. 1. 43 wegen Erkran-

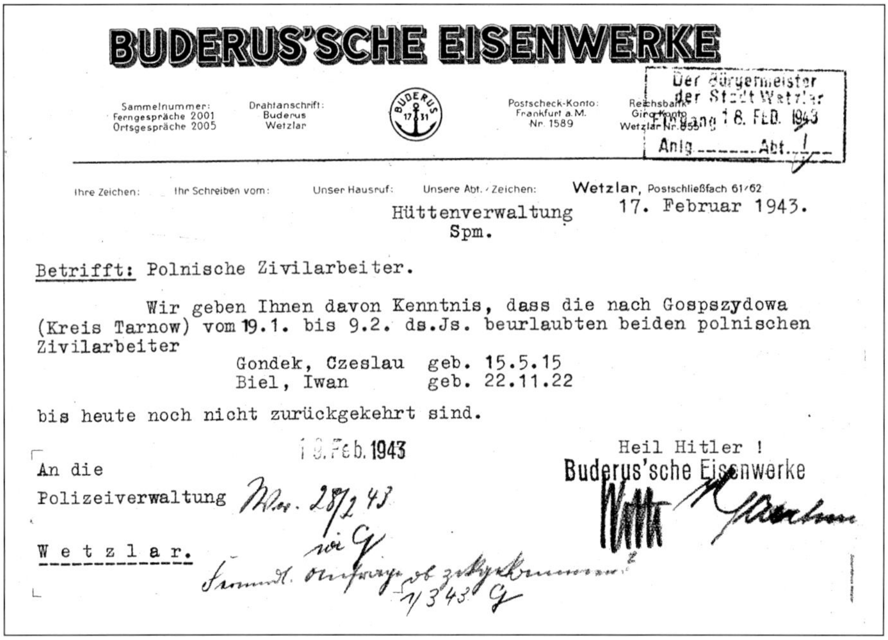

BUDERUS'SCHE EISENWERKE

Sammelnummer: Ferngespräche 2001 Ortsgespräche 2005 — Drahtanschrift: Buderus Wetzlar — Postscheck-Konto: Frankfurt a.M. Nr. 1589 — Reichsbank Giro-Konto Wetzlar

Der Bürgermeister der Stadt Wetzlar Eingang 18. FEB. 1943 Anl. ...... Abt. ......

Ihre Zeichen: — Ihr Schreiben vom: — Unser Hausruf: — Unsere Abt. / Zeichen: Hüttenverwaltung Spm. — Wetzlar, Postschließfach 61/62, 17. Februar 1943.

Betrifft: Polnische Zivilarbeiter.

Wir geben Ihnen davon Kenntnis, dass die nach Gospszydowa (Kreis Tarnow) vom 19.1. bis 9.2. ds.Js. beurlaubten beiden polnischen Zivilarbeiter

Gondek, Czeslau geb. 15.5.15
Biel, Iwan geb. 22.11.22

bis heute noch nicht zurückgekehrt sind.

19. Feb. 1943

An die
Polizeiverwaltung
Wetzlar.

Heil Hitler !
Buderus'sche Eisenwerke

Ein großer Teil der Zwangsarbeiter, denen – aus welchen Gründen auch immer – Heimaturlaub gewährt worden war, kehrte nie wieder zurück nach Deutschland. Hier meldeten die Buderus'schen Eisenwerke der Wetzlarer Polizeibehörde das Verschwinden zweier polnischer Zwangsarbeiter. Solche Meldungen gingen dann weiter an die Gestapo, die im Erfolgsfalle meist zu drastischen Mitteln griff.

kung seiner Mutter beurlaubt. Und hat bis heute seinen Arbeitsplatz noch nicht wieder eingenommen."
Der Mann war nun ein Fall für die Gestapo. Dasselbe galt für zwei Polen, die von den Buderus'schen Eisenwerken vom 19. Januar 1943 bis zum 9. Februar 1943 beurlaubt worden waren, jedoch am 17. Februar 1943 noch nicht wieder zurück waren.[486]

Im Herbst 1942 hatte die Hensoldt AG dennoch Vorbereitungen dafür getroffen, französischen Zwangsarbeiterinnen geschlossen zu Weihnachten einen Heimaturlaub zu ermöglichen. Mit Schreiben vom 1. Oktober 1942 bat die Firmenleitung die DAF in Frankfurt am Main um Angabe möglicher Eisenbahnverbindungen nach Paris und weitere Unterstützung bei der Reiseabwicklung.
Zu der Zeit waren solche Urlaube aber prinzipiell längst widersinnig: Während die deutsche Reichsführung in Frankreich und den Benelux-Ländern flächendeckende Razzien nach Zivilisten durchführen ließ, wollte man bei Hensoldt Zwangsarbeiterinnen zum Urlaub in ihr Heimatland schicken, ohne zu wissen, ob sie denn überhaupt wieder zurück nach Deutschland kämen.

Ob und wann solche Urlaubsfahrten von Hensoldt aus tatsächlich stattgefunden haben, konnte 2002 nicht mehr geklärt werden.
Es gab aber auch noch einen anderen Aspekt. So vermerkte das Rüstungskommando Gießen am 30. Oktober 1943:[487]
„Die Firma Ernst Leitz GmbH, Wetzlar, hat Bedenken gegen die Beurlaubung ausländischer Zivilarbeiter, insbesondere Franzosen, in ihre Heimat.
Durch den Urlaub ist nach Ansicht der Firma der Spionage Tür und Tor geöffnet. Die beurlaubten Arbeiter, die durch den Konnex mit anderen Arbeitern die Fertigungs-Programme der Firmen sehr genau kennen, können in der Heimat mit feindlichen Agenten in Verbindung treten."
Trotzdem gab es noch ein Jahr später Familienheimfahrten von Westarbeitern. Jedenfalls war in der Buchführung der Firma Herkules unter dem 27. Oktober 1943 vermerkt:[488]
„Fahrgeld Urlauber Huguenin, RM 29,30."
So hart die Röchling-Buderus AG einerseits mit den Zwangsarbeitern umging, so bemerkenswert erscheint ein Eintrag in der Gestapo-Kartei Frankfurt aus dem Jahr 1944:[489]
„Der Pole Antoni S., der im Stahlwerk Röchling-Buderus in Wetzlar beschäftigt war, kehrte im August 1944 von einem Heimaturlaub bei seiner kranken Ehefrau nicht zurück."

Das Verfahren für solche Urlaube war kompliziert. Nach dem „Erlaß zur paßtechnischen und ausländerpolizeilichen Behandlung der im Reichsgebiet eingesetzten ausländischen Arbeiter" des Reichsführers SS vom 28. Oktober 1941[490] hatten alle ausländischen Arbeiter einen Heimatpass zu besitzen, der ab sofort nur mit einem deutschen Sichtvermerk Gültigkeit hatte. Die Gültigkeit des Sichtvermerks war auf die Dauer der Beschäftigung im Reich – maximal auf sechs Monate – begrenzt. Zwangsarbeiter, die ihr Heimatland für einen Urlaub aufsuchen wollten, benötigten einen weiteren Sichtvermerk, der ebenfalls zeitlich zu begrenzen war. Für diesen Fall durfte der Sichtvermerk nur erteilt werden, wenn der Arbeiter nachweislich im Heimatland nahe Angehörige hatte. Außerdem hatten zuvor der Betriebsführer und das zuständige Arbeitsamt einen Urlaubsschein auszufertigen, der durch die Gestapo zu genehmigen war.
Ostarbeiter bekamen bis zum August 1943 grundsätzlich keinen Urlaub. Von da an konnten sie nach der „Anordnung über die Begrenzung der Dauer des Beschäftigungsverhältnisses der Ostarbeiter sowie die Gewährung von Prämien und Urlaub" vom 1. August 1943 in bestimmten Fällen theoretisch Urlaub erhalten. Das scheint in Einzelfällen zumindest innerhalb des Raumes Wetzlar auch geschehen zu sein – allerdings nach einer Empfehlung des Rüstungskommandos Gießen vom 7. Juli 1944 an die heimischen Betriebe nur, um in der hiesigen Landwirtschaft beim Ernte-Einsatz zu helfen.[491]

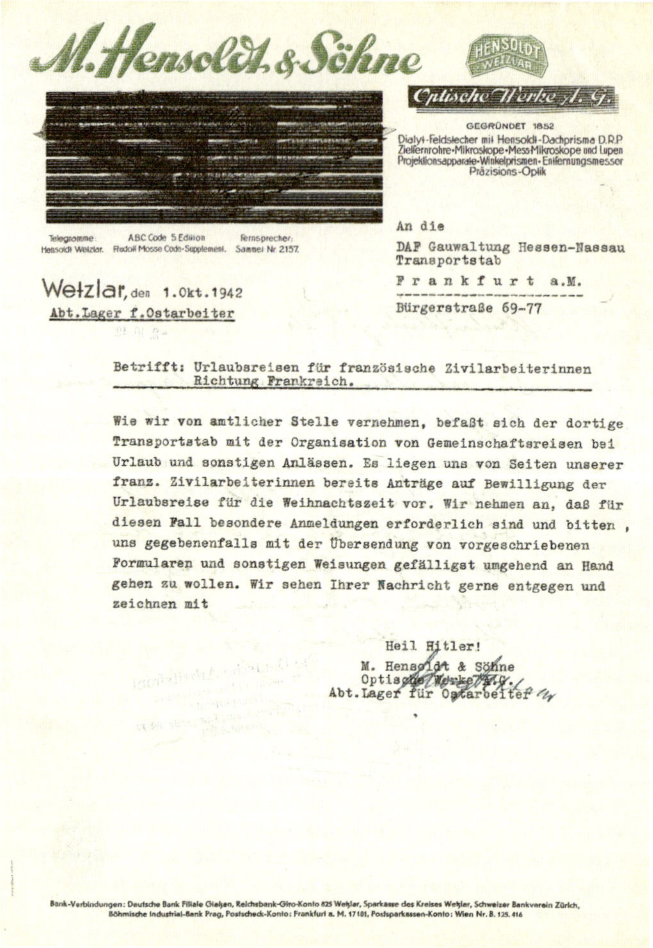

M. Hensoldt & Söhne

HENSOLDT WETZLAR

Optische Werke A. G.

GEGRÜNDET 1852

Dialyt-Feldstecher mit Hensoldt-Dachprisma D.R.P.
Zielfernrohre·Mikroskope·Mess-Mikroskope und Lupen
Projektionsapparate·Winkelprismen·Entfernungsmesser
Präzisions-Optik

[redacted]

Telegramme: Hensoldt Wetzlar. ABC Code 5. Edition Rudolf Mosse Code-Supplement. Fernsprecher: Sammel Nr. 2157.

An die
DAF Gauwaltung Hessen-Nassau
Transportstab
Frankfurt a.M.
Bürgerstraße 69-77

Wetzlar, den 1.Okt.1942
Abt.Lager f.Ostarbeiter

Betrifft: Urlaubsreisen für französische Zivilarbeiterinnen Richtung Frankreich.

Wie wir von amtlicher Stelle vernehmen, befaßt sich der dortige Transportstab mit der Organisation von Gemeinschaftsreisen bei Urlaub und sonstigen Anlässen. Es liegen uns von Seiten unserer franz. Zivilarbeiterinnen bereits Anträge auf Bewilligung der Urlaubsreise für die Weihnachtszeit vor. Wir nehmen an, daß für diesen Fall besondere Anmeldungen erforderlich sind und bitten, uns gegebenenfalls mit der Übersendung von vorgeschriebenen Formularen und sonstigen Weisungen gefälligst umgehend an Hand gehen zu wollen. Wir sehen Ihrer Nachricht gerne entgegen und zeichnen mit

Heil Hitler!
M. Hensoldt & Söhne
Optische Werke A.G.
Abt.Lager für Ostarbeiter

Bank-Verbindungen: Deutsche Bank Filiale Gießen, Reichsbank-Giro-Konto 825 Wetzlar, Sparkasse des Kreises Wetzlar, Schweizer Bankverein Zürich, Böhmische Industrial-Bank Prag, Postscheck-Konto: Frankfurt a. M. 17181, Postsparkassen-Konto: Wien Nr. B. 125.416

Text zu den Abbildungen: Es ist bemerkenswert, dass die Hensoldt AG noch im Oktober 1942 einer größeren Zahl französischer Zwangsarbeiterinnen einen ganz regulären Weihnachtsurlaub mit Bahnreise in ihre Heimat gewähren wollte. Nicht minder bemerkenswert ist die Tatsache, dass die DAF der Hensoldt AG dafür auch noch postwendend die

Selbstverstümmelung

Für jeden Zwangsarbeiter kam für eine Rückkehr in sein Heimatland praktisch nur das Kriegsende in Frage – bis Ende 1942 allerdings auch der Verlust seiner Arbeitskraft.[492] So kam es immer wieder zu Fällen von Selbstverstümmelung. Am 26. Oktober 1942 erließ der Reichsführer SS daraufhin eine Anordnung betreffend „Selbstverstümmelung der Ostarbeiter". Darin hieß es unter anderem:[493]

„In zahlreichen Fällen haben zur Arbeit eingesetzte Ostarbeiter den Rücktransport in die Heimat dadurch erzwingen wollen, daß sie sich selbst gesundheitliche Schäden bis zu Selbstverstümmelungen beibringen. Sehr gebräuchlich ist die Verwendung von Pflanzensäften, ätzenden Flüssigkeiten und Säuren zur Erzeugung

Verkehrstage der entsprechenden Reichsbahnzüge mitteilte. Ob eine solche Sammel-Bahnfahrt der hier erwähnten Französinnen tatsächlich auch stattgefunden hat, ist nicht bekannt. Es kann aber davon ausgegangen werden, dass dann ein großer Teil von ihnen nicht mehr nach Wetzlar zurückgekehrt wäre. Davon ist jedoch nichts bekannt geworden.

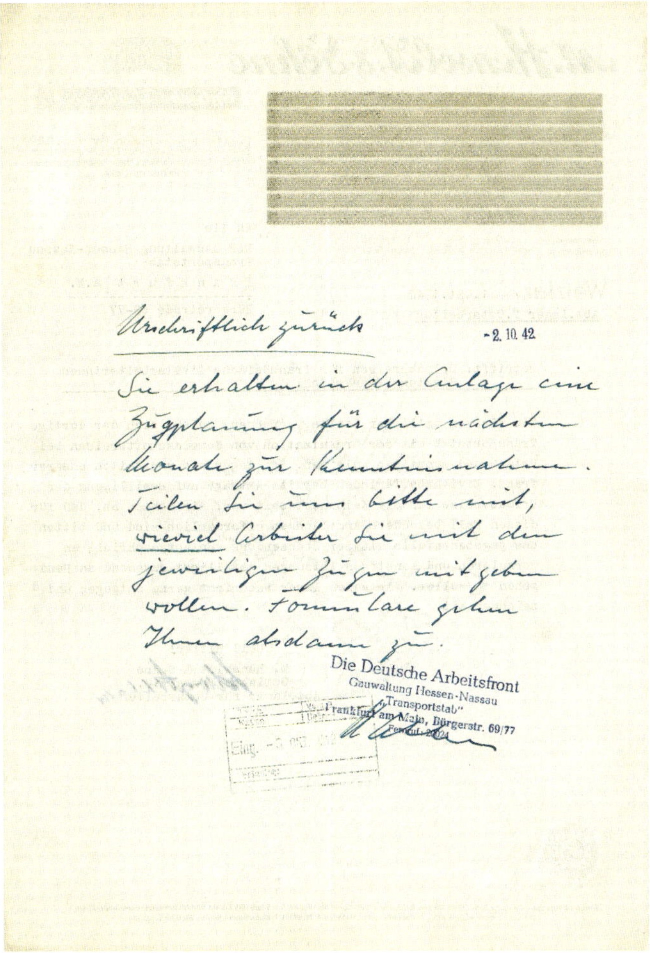

[redacted]

Urschriftlich zurück -2.10.42

Sie erhalten in der Anlage eine Zugplanung für die nächsten Monate zur Kenntnisnahme. Teilen Sie uns bitte mit, wieviel Arbeiter Sie mit den jeweiligen Zügen mitgeben wollen. Formulare gehen Ihnen alsdann zu.

Die Deutsche Arbeitsfront
Gauwaltung Hessen-Nassau
„Transportstab"
Frankfurt am Main, Bürgerstr. 69/77

von Entzündungen und Ekzemen, das Beschmutzen von Wunden mit Tintenstiften oder anderen Mitteln zur Erzeugung von Blutvergiftungen ...
Soweit derartige Sabotagehandlungen von ärztlicher Seite festgestellt werden, ist ausnahmslos sofortige Meldung an die örtlich zuständige SD-Dienststelle zur weiteren Veranlassung erforderlich."

Selbstbeschädigungen sind oft vorgekommen. Der Pole Johann Z. aus Litzmannstadt arbeitete bei den Stahlwerken Röchling-Buderus AG. Er wurde am 17. Januar 1941 zu drei Monaten Haft verurteilt,[494] *„weil er sich nach einem Betriebsunfall den rechten Arm mit einer Mullbinde derart fest gewickelt hatte, daß der Arm an dieser Stelle stranguliert und im übrigen durch das Abbinden angeschwollen war".*

Die Hensoldt AG meldete am 17. März 1944 zwei französische Zwangsarbeiter der Gestapo *„wegen angeblicher selbst hervorgerufener Krankheitserscheinung“*.[495]

Walter Rabow aus Wetzlar erinnerte sich an einen anderen Fall:[496]

„Während des Krieges arbeitete ich bei den Hollmann-Werken in der Garbenheimer Straße, und zwar beim Rohrbiegen in der Schmiede. Die Rohre wurden dort im Schmiedefeuer glühend gemacht und dann von Hand – d.h., mit Zangen – in die gewünschte Form gebracht.

1941 oder 1942 – ich war damals etwa 18 Jahre alt – arbeitete ein älterer Franzose aus Rennes mit mir zusammen. Er war früher freiwillig aus Frankreich zur

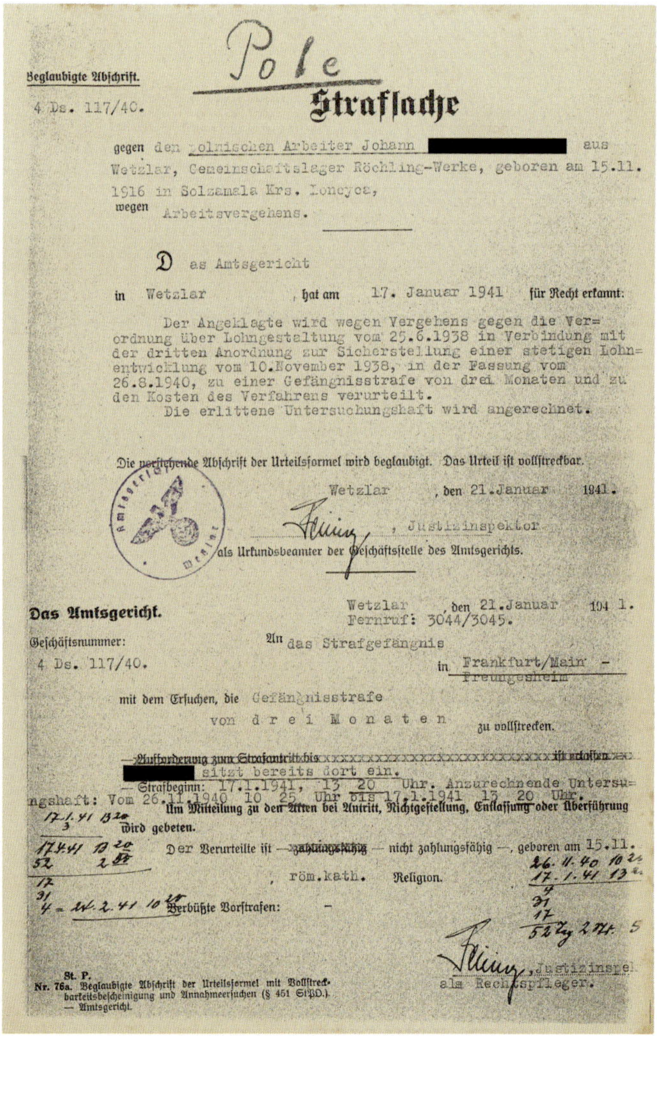

Pole

Beglaubigte Abschrift.

4 Ds. 117/40.

Strafsache

gegen den polnischen Arbeiter Johann [redacted] aus Wetzlar, Gemeinschaftslager Röchling-Werke, geboren am 15.11. 1916 in Solzamala Krs. Loncyca,
wegen Arbeitsvergehens.

Das Amtsgericht

in Wetzlar, hat am 17. Januar 1941 für Recht erkannt:

Der Angeklagte wird wegen Vergehens gegen die Verordnung über Lohngestaltung vom 25.6.1938 in Verbindung mit der dritten Anordnung zur Sicherstellung einer stetigen Lohnentwicklung vom 10.November 1938, in der Fassung vom 26.8.1940, zu einer Gefängnisstrafe von drei Monaten und zu den Kosten des Verfahrens verurteilt.
Die erlittene Untersuchungshaft wird angerechnet.

Die ~~vorstehende~~ Abschrift der Urteilsformel wird beglaubigt. Das Urteil ist vollstreckbar.

Wetzlar, den 21.Januar 1941.

Justizinspektor
als Urkundsbeamter der Geschäftsstelle des Amtsgerichts.

Das Amtsgericht.
Geschäftsnummer:
4 Ds. 117/40.

Wetzlar, den 21.Januar 1941.
Fernruf: 3044/3045.

An das Strafgefängnis
in Frankfurt/Main – Preungesheim

mit dem Ersuchen, die Gefängnisstrafe
von drei Monaten zu vollstrecken.

~~Aufforderung zum Strafantritt bis xxxxxxxxxxxxxxxxxxxxxxxxxxxxxxx ist erlassen~~
[redacted] sitzt bereits dort ein.
– Strafbeginn: 17.1.1941, 13 20 Uhr. Anzurechnende Untersuchungshaft: Vom 26.11.1940 10 25 Uhr bis 17.1.1941 13 20 Uhr.
Um Mitteilung zu den Akten bei Antritt, Nichtgestellung, ~~Entlassung~~ oder Überführung wird gebeten.

Der Verurteilte ist ~~zahlungsfähig~~ – nicht zahlungsfähig –, geboren am 15.11.
, röm.kath. Religion.
Verbüßte Vorstrafen: –

Justizinspektor
als Rechtspfleger.

St. P.
Nr. 76a. Beglaubigte Abschrift der Urteilsformel mit Vollstreckbarkeitsbescheinigung und Annahmeersuchen (§ 451 StPO.). – Amtsgericht.

Für jeden Zwangsarbeiter kam für eine Rückkehr in sein Heimatland praktisch nur das Kriegsende in Frage – bis Ende 1942 allerdings auch der Verlust seiner Arbeitskraft. Bis dahin haben sich viele von ihnen in ihrer Verzweiflung selbst körperliche Schäden zugefügt in der Annahme, dass man sie dann als arbeitsunfähig wieder zurückschicken würde. Ein solches Verhalten wurde streng bestraft.

724/43 Ostarbeiter; hier: Erkrankung durch Selbstbeschädigung

Die dermatologische Klinik der Universität in Gießen hat bei der Erkrankung eines Ostarbeiters folgende Beobachtung gemacht, die ich hiermit zur Kenntnis und Beachtung bringe:

„Von dem prakt. Arzt .... wurde uns heute der Russe W. O. überwiesen. Angeblich bestehen bei O. seit mehreren Wochen Hauterscheinungen an beiden Unterschenkeln, die von oben genanntem Arzt und im Krankenhaus Niederweisel behandelt worden sind. Es handelt sich um künstlich herbeigeführte Hautschäden an beiden Unterschenkeln, die nach den bisherigen Erfahrungen auf diesem Gebiet mit Saft von Hahnenfußgewächsen herbeigeführt sein dürften. Es handelt sich also um eine Selbstbeschädigung."

Ich bitte, den ärztlichen Dienst zu unterrichten.

(GBA. VI 2-1940.28/105 v. 12. 6. 1943)

Der GBA gab dem deutschen ärztlichen Diensten am 12. Juni 1943 zur Kenntnis, dass die Uniklinik in Gießen einen Ostarbeiter der Selbstbeschädigung durch ein Hahnenfußgewächs überführt hatte.

Arbeit nach Deutschland gekommen, durfte jetzt aber nicht mehr zurück in seine Heimat. Eines Tages wollten wir wieder zusammen ein Rohr biegen. Da griff er ohne jede Vorwarnung auf das fast weißglühende Rohr und verletzte sich dadurch ganz furchtbar. Ich bin ganz sicher, daß er das bewußt getan hat, denn er wollte immer zurück nach Frankreich. Ich habe ihn dann sofort in unseren Sanitätsraum gebracht. Ich habe ihn später nie wieder gesehen."

Zu diesem Vorfall gab es im Herbst 1944 eine bemerkenswerte Parallele. Nur wenige hundert Meter entfernt vom Hollmann-Werk, im Lager Taubenstein der Firma Pfeiffer-Apparatebau GmbH an der Garbenheimer Straße (auf dem Gelände der ehemaligen Grube Raab),[497] befanden sich russische Zwangsarbeiter. Tomasz Kiryllow war einer von ihnen. 1985 berichtete er von seinen Erlebnissen in Wetzlar:[498]

„Ich träumte davon, daß es einem Kranken erlaubt sein würde, nach Hause zurückzukehren. Zu diesem Zweck sammelte ich viele Ranunkelblätter und zerrieb sie in den Händen zu Brei. Ich zog den rechten Schuh aus. Um die Haut zu verletzen, begann ich, mit den Nägeln leicht die (Fuß)*Sohle an der Stelle zu kratzen, an der die Innenwölbung zur Ferse beginnt. Ich trug den Brei aus Ranunkelblättern auf und umwickelte den Fuß mit einem Lappen. Nach zwei Tagen bildeten sich auf dem Fuß große, mit einer gelblichen Flüssigkeit gefüllte Blasen. Es schmerzte nicht, doch ich begann zu hinken. Ich begab mich zum Arzt, der das Bein ansah. „Was hast du dir getan?" fragte er verwundert.*

... Nach zwei Wochen war die Wunde so weit verheilt, daß ich ins Lager zurückgeschickt wurde. Wieder begann die Schufterei in der Fabrik. Die ewig hungrigen Jungen wollten nicht arbeiten. Michael Kozolup hungerte absichtlich, setzte seine Lebensmittelration noch mehr herab und aß täglich eine Handvoll Salz und trank viel Wasser hinterher. Er rechnete jeden Tag damit, daß er schlapp macht und die Deutschen ihn nach Hause schicken. Fast alle hatten einige Wörter Deutsch gelernt und riefen, wobei sie auf sich zeigten: „Nach Hause! Nach Hause!".

Krankheit, ärztliche Versorgung, Schwangerschaft

Die ärztliche Versorgung der Zwangsarbeiter war nach der „Lagerverordnung" vom 14. Juli 1943 geregelt. Diese schrieb im § 10 vor:[499]

„In jeder Unterkunft ist Verbandszeug für Erste Hilfe in ausreichender Menge und einwandfreier Beschaffenheit vorrätig zu halten. Eine in der ersten Hilfe ausgebildete Hilfskraft muß jederzeit erreichbar sein.

Die ärztliche Betreuung muß für alle in den Unterkünften untergebrachten Arbeitskräfte sichergestellt sein. Wohnung und Fernsprecher des zuständigen Arztes sind durch Anschlag in der Unterkunft bekanntzugeben.

Für jede Unterkunft, die in der Regel mit mehr als fünfzig Arbeitskräften belegt ist, muß eine Krankenstube, für jede Unterkunft mit mehr als zweihundert Arbeitskräften außerdem die Möglichkeit der Absonderung infektiös Erkrankter (Isolierzimmer) eingerichtet sein; für je fünfzig Arbeitskräfte sind mindestens zwei Betten aufzustellen."

Die meisten Ostarbeiter bei Leitz und Hensoldt scheinen bei der Wetzlarer „Ortskrankenkasse für Mechaniker und Optiker" versichert gewesen zu sein,[500] viele aber auch bei der AOK Wetzlar.[501] Bei Röchling-Buderus überwog wohl die Mitgliedschaft in der Betriebskrankenkasse.[502] Die im Heimatland verbliebenen Familienangehörigen verheirateter Westarbeiter waren kostenlos mit krankenversichert. Über das Abrechnungsverfahren der Familienangehörigen im Ausland gab das „Krankenbuch für ausländische Hilfsarbeiter der Leitzwerke" Auskunft:[503]

„Betr.: Krankenversicherung der Familienangehörigen ausländischer Zivilarbeiter (Belgier u. Franzosen).

Von den verheirateten ausländischen Zivilarbeitern geht von der hiesigen Krankenkasse eine Bescheinigung (doppelt) an die Deutsche Krankenkasse in Paris (Deutsche Krankenkasse, Hauptzweigstelle Paris, Av. de l'Opera 26). Die zweite Ausfertigung erhält die betreffende Ehefrau. Sie erhält freie ärztliche Behandlung einschl. der Kinder und die Hälfte der Arzneikosten. Auch bei der Entbindung ist die Hebamme und der Arzt frei, Medikamente zur Hälfte.

... Die Gewährung der vorerwähnten Sachleistung tritt jedoch nur dann ein, wenn der Mann 10 Monate in Deutschland beschäftigt war oder nachweisen kann, daß er in seinem Land während der letzten zwei Jahre regelmäßig Lohnarbeit verrichtet hat ...

Der entsprechende Kurschein für freie Arztbehandlung ist bei dem zuständigen Bürgermeister erhältlich."

Für Ostarbeiter fand die Behandlung wohl im jeweiligen Betrieb zu bestimmten Terminen durch die niedergelassenen Wetzlarer Ärzte statt. Bei Hensoldt hielt 1943 Dr. med. Georg Neeb dreimal wöchentlich eine Sprechstunde im Werk ab.[504] Polen und Westarbeiter hatten es im Krankheitsfalle besser. Sie konnten das Wohnlager verlassen und einen Arzt in seiner Sprechstunde aufsuchen. Im bereits

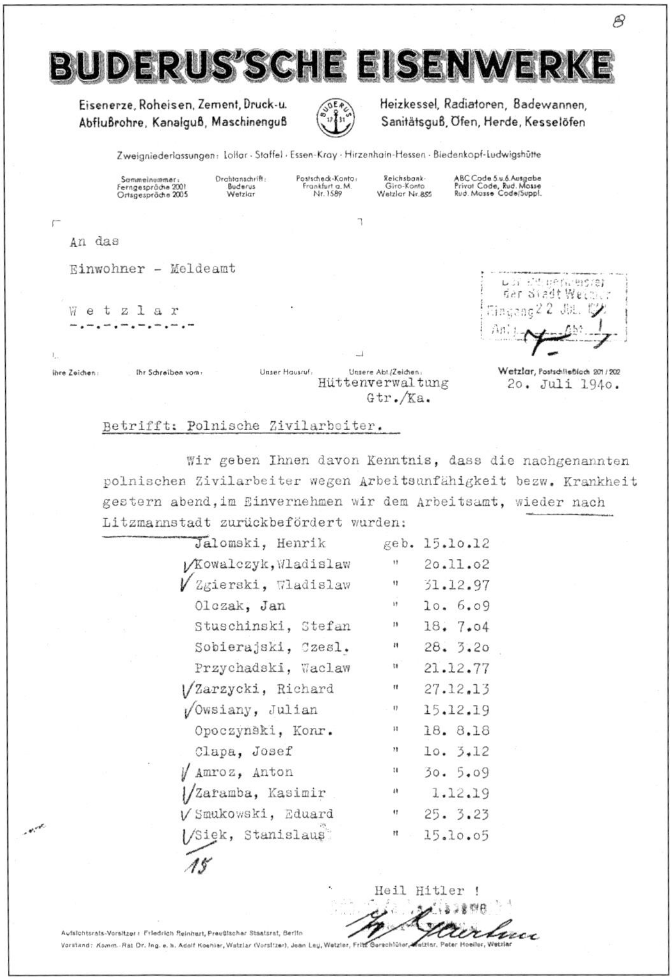
8

BUDERUS'SCHE EISENWERKE

Eisenerze, Roheisen, Zement, Druck-u. Abflußrohre, Kanalguß, Maschinenguß

Heizkessel, Radiatoren, Badewannen, Sanitätsguß, Öfen, Herde, Kesselöfen

Zweigniederlassungen: Lollar · Staffel · Essen-Kray · Hirzenhain-Hessen · Biedenkopf-Ludwigshütte

Sammelnummer: Ferngespräche 2001 Ortsgespräche 2005 — Drahtanschrift: Buderus Wetzlar — Postscheck-Konto: Frankfurt a. M. Nr. 1589 — Reichsbank-Giro-Konto Wetzlar Nr. 855 — ABC Code 5. u. 6. Ausgabe Privat Code, Rud. Mosse Rud. Mosse Code/Suppl.

An das

Einwohner - Meldeamt

W e t z l a r
-.-.-.-.-.-.-

Ihre Zeichen: Ihr Schreiben vom: Unser Hausruf: Unsere Abt./Zeichen: Hüttenverwaltung Gtr./Ka. Wetzlar, Postschließfach 201/202 2o. Juli 194o.

Betrifft: Polnische Zivilarbeiter.

Wir geben Ihnen davon Kenntnis, dass die nachgenannten polnischen Zivilarbeiter wegen Arbeitsunfähigkeit bezw. Krankheit gestern abend, im Einvernehmen wir dem Arbeitsamt, wieder nach Litzmannstadt zurückbefördert wurden:

Jalomski, Henrik	geb.	15.1o.12
Kowalczyk, Wladislaw	"	2o.11.o2
Zgierski, Wladislaw	"	31.12.97
Olczak, Jan	"	1o. 6.o9
Stuschinski, Stefan	"	18. 7.o4
Sobierajski, Czesl.	"	28. 3.2o
Przychadski, Waclaw	"	21.12.77
Zarzycki, Richard	"	27.12.13
Owsiany, Julian	"	15.12.19
Opoczyński, Konr.	"	18. 8.18
Clapa, Josef	"	1o. 3.12
Amroz, Anton	"	3o. 5.o9
Zaramba, Kasimir	"	1.12.19
Smukowski, Eduard	"	25. 3.23
Siek, Stanislaus	"	15.1o.o5

15

Heil Hitler !

Aufsichtsrats-Vorsitzer: Friedrich Reinhart, Preußischer Staatsrat, Berlin
Vorstand: Komm.-Rat Dr. Ing. e. h. Adolf Koehler, Wetzlar (Vorsitzer), Jean Ley, Wetzlar, Fritz Gerschlüter, Wetzlar, Peter Hoeller, Wetzlar

Am 20. Juli 1940 teilten die Buderus'schen Eisenwerke dem Wetzlarer Einwohnermeldeamt mit, dass sie 15 polnische Zwangsarbeiter – alle aus Litzmannstadt – wegen dauernder Arbeitsunfähigkeit wieder in ihre Heimat zurückgeschickt hatte.

zitierten „Krankenbuch für ausländische Hilfsarbeiter der Leitzwerke" waren folgende ärztliche Sprechstunden vermerkt:
Dr. Brandau (HNO-Arzt) 10-13 Uhr täglich. Dr. Benner (Hautarzt) desgleichen. Dr. Krause (Augenarzt) 16-18 Uhr täglich, auch samstags. Dr. Bode (prakt. Arzt) 14-16 Uhr täglich, auch Samstags. Dr. Lauber (prakt. Arzt) 8-9.30 Uhr täglich. Dr. Rinn (prakt. Arzt) 8-10 Uhr, 13-15 Uhr außer Mittwoch und Sonnabend. Dr. Wetz (prakt. Arzt) 7-9 Uhr, 13-15 Uhr täglich. Dr. Neeb (Vertrauensarzt) montags, mittwochs, donnerstags und samstags 8-13 Uhr.
Die Krankenhausbehandlung für Westarbeiter wurde offensichtlich im Lazarett in der ehemaligen Jugendherberge durchgeführt. Diese befand sich am Verbindungsweg von der Idingstraße zur Breiten Straße.[505] Dr. Friedemann Pitzer erinnerte sich:[506]

„Wir wohnten damals in der Breiten Straße, daher kannte ich die dortigen Verhältnisse gut. Die Jugendherberge war Lazarett für Kriegsgefangene, später auch für Zwangsarbeiter. Es wurde von einem französischen Militärarzt geführt, der in einem sehr guten Kontakt zu dem damaligen Homöopathen Karl Görlach stand. Dieser wohnte Ecke Breite Straße/Moritz Budge-Straße. Görlach erzählte mir, er habe den Franzosen häufig mit Medikamenten versorgt, welche diesem nicht zur Verfügung standen."

Einem Bericht des einstigen holländischen Zwangsarbeiters Piet Pollemans zufolge wurden Zwangsarbeiter aber auch im städtischen Krankenhaus an der Frankfurter Straße behandelt.[507] Ob auch Polen und Ostarbeiter in den Wetzlarer Krankenhäusern behandelt wurden, ist nicht bekannt.[508]

Wie bereits erwähnt, wurden Schwerkranke, physisch nicht mehr arbeitsfähige Ausländer und schwangere Zwangsarbeiterinnen bis zum Oktober 1942 wieder in ihre Heimatländer abgeschoben.[509] Alle derartigen Zwangsarbeiter der Gauarbeitsamtsbezirke „Kurhessen" in Kassel und „Rhein-Main" in Frankfurt am Main – also auch die Zwangsarbeiter aus Wetzlar – wurden im „Rückführungslager Pfaffenwald" gesammelt und dann abgeschoben.[510] Es handelte sich um ein ehemaliges RAD-Lager, das 1938 zum Bau der Asbachtalbrücke der Reichsautobahn bei Bad Hersfeld angelegt worden war.[511] Das Barackenlager befand sich früher im Wald zwischen Asbach und Beiershausen nahe der Autobahnbrücke der A 4 bei Bad Hersfeld.

Nachdem die Rückführung der Kranken und Schwangeren in ihre Heimatländer ab Oktober 1942 erheblich erschwert[512] und ab Juni 1943 völlig gestoppt worden war,[513] wurde das Lager Pfaffenwald zum Sterbe-, Geburten- und Abtreibelager.[514] Dr. Elsie Kühn-Leitz schrieb später über ihre Erlebnisse und Eindrücke bei einer Besichtigung dieses Lagers:[515]

„(... Anfang September 1943 ...) *war ich mit dem Lagerführer unseres Ostarbeiterlagers, Herrn Barth, zu einem Besuch eines sogenannten ‚Rückführungslagers'*[516] *für ausländische Arbeiter in Pfaffenwalde im Vogelsberg gefahren. In dieses Lager kamen sämtlichen schwer kranken Fremdarbeiter männlichen und weiblichen Geschlechts aus dem Gau Hessen-Nassau; ebenfalls die meisten weiblichen Fremdarbeiterinnen, die entbanden, und für die im eigenen Lager keine Entbindungsstation vorgesehen war.*

Da ich von der Deutschen Arbeitsfront als Unterlagerführerin[517] *in unserem 750 Köpfe zählenden Ostarbeiterinnenlager eingesetzt war, war es mir ein Bedürfnis, selbst dieses Lager, von dem ein sehr schlechter Ruf ausging, kennen zu lernen. Verschiedene Lagerführer von anderen, in der Umgegend liegenden Lagern waren schon dort gewesen und hatten mir gesagt, dass dieses Lager, das als sogenanntes Rückführungslager für Fremdarbeiter aufgezogen war, in Wirklichkeit ein Vernichtungslager sei.*[518]

... Die Menschen erhielten dort pro Kopf mittags und abends einen halben Liter Wassersuppe. Dazu gab es etwas Brot und pro Tag 2-3 Gramm Fett – ein Essen, das weder zum Leben noch zum Sterben reichte.
... Der Lagerleiter erklärte uns: ‚Für dieses Dreckzeug von Mensch ist das Essen, das sie hier bekommen, noch viel zu viel. Sie gehören am besten alle über den Haufen geschossen oder sonstwie vernichtet.'
... Als wir das Lager verlassen hatten, war ich so erschüttert, dass ich lange auf einem Baumstamm sitzen blieb und mir die herrliche Natur rings umher verekelt war. Ich brauchte Tage, um den Anblick dieser sterbenden Mädchen, die noch ein Kinder- oder Engelsgewicht hatten, loszuwerden und das Röcheln der um Atem ringenden Sterbenden aus den Ohren zu verlieren."
Für das Lager Pfaffenwald bei Bad Hersfeld ist der Tod von fast 400 Menschen und die Geburt von über 750 Kindern nachgewiesen.[519]
Auch aus dem Leitz-Lager kamen also schwer kranke Zwangsarbeiter nach Pfaffenwald. Aus Wetzlar fand sich ansonsten nur noch für Hensoldt ein ähnlicher Nachweis: Nach der „Ausländer-Liste" der Firma vom 17. November 1949 wurden die Ostarbeiterinnen Meliana Belzkleskaria (*31. 12. 1900) und Natalia Biwin (*1905) am 10. bzw. 11. Dezember 1942 nach Pfaffenwald abtransportiert.[520] Zusätzlich kann wohl davon ausgegangen werden, dass eine Anna Nowodroskay (*15. 5. 1925) am 16. Oktober 1944 ebenfalls nach Pfaffenwald kam.[521]
Niemand weiß, ob sie je wieder in ihr Heimatland zurück kamen.
Von den anderen Wetzlarer Betrieben, die mit Sicherheit ebenfalls Überstellungen nach Pfaffenwald vornahmen, waren keine Belege mehr zu finden.

Die Einweisungen der Zwangsarbeiterinnen in das Lager zur Entbindung wurden durch die Gauarbeitsämter veranlasst. Schwangerschaftsabbrüche waren vom zuständigen Arbeitsamt an den „Höheren SS- und Polizeiführer Westmark als Beauftragten des Reichskommissars für die Festigung deutschen Volkstums" in Wiesbaden zu melden.[522] Dieser hatte mit Schreiben vom 16. Mai 1944 an den Präsidenten des Gauarbeitsamtes Rhein/Main in Frankfurt am Main unter anderem Folgendes angewiesen:[523]
„... Ich bitte daher, die einzelnen Arbeitsämter anzuweisen, beantragte Schwangerschaftsunterbrechungen, bei denen die uneingeschränkte Zustimmung der Vertreter der Reichsärztekammer vorliegt, ohne Weiteres zu veranlassen.
Die Zustimmung zur Schwangerschaftsunterbrechung bei Ostarbeiterinnen gilt in allen Fällen als gegeben, wo es sich bei dem Kindesvater um einen Mann nicht deutschen oder artverwandten Blutes handelt, ebenso bei Polinnen, wenn diese einen rassisch schlechten Eindruck machen."
Mit Schreiben vom 24. Mai 1944 präzisierte der Höhere SS- und Polizeiführer seine Angaben weiter:
„Bei Anträgen auf Schwangerschaftsunterbrechungen bei Ostarbeiterinnen und Polinnen bedarf die Genehmigung der Zustimmung des Reichskommissars für die

Festigung deutschen Volkstums, vertreten durch den Höheren SS- und Polizeiführer.
Diese Zustimmung gilt bei Fremdvölkischen allgemein als erteilt. Aus Gründen, die einer näheren Erläuterung nicht bedürfen, die aber nicht mit Schwangerschaftsunterbrechung zusammenhängen, werden sämtlich schwangere ausländische Arbeitskräfte überprüft.
Es besteht ein Interesse daran, daß von der Möglichkeit der Schwangerschaftsunterbrechung bei Ostarbeiterinnen weitgehendst Gebrauch gemacht wird. Ebenso besteht aber auch ein Interesse daran, daß möglichst aller Nachwuchs, der für das deutsche Volk voraussichtlich von Wert sein würde, erhalten und entsprechend behandelt wird.“

Schwangerschaftsabbrüche sollten auch noch nach dem vierten Schwangerschaftsmonat durchgeführt werden.[524]
Im Anschluss an eine Abtreibung oder Entbindung wurden die Mütter aus dem Lager entlassen und wieder in den Arbeitsprozess eingegliedert. Über die Abtreibungen konnte man im Mai 1944 im Mitteilungsblatt des Gaues Kurhessen der NSDAP, zu dem auch das Lager Pfaffenwald gehörte, lesen:[525]
„Ostarbeiter und Bevölkerungspolitik. Im Hinblick auf die Schwangerschaftsunterbrechungen bei Ostarbeiterinnen taucht immer wieder die Ansicht auf, daß ein Interesse an dem Geborenwerden zukünftiger Ostarbeiterhilfskräfte bestehe.
Hierzu muß betont werden, daß diese Ansicht völlig abwegig ist. Es besteht ein dringendes Kriegsinteresse daran, daß die Ostarbeiterinnen jetzt in der Rüstungsproduktion arbeiten. Sich um die Zahl zukünftiger Ostarbeiter und Ostarbeiterinnen Gedanken zu machen, besteht angesichts der bevölkerungspolitischen Lage nicht die mindeste Veranlassung.
Eine solche Meinung läßt eine völlige Unkenntnis der Sachlage und mangelndes Verständnis für die bevölkerungspolitischen Fragen erkennen.“
Wurden dennoch Kinder geboren, war nicht auszuschließen, dass sie im Lager zurückgelassen werden mussten. So sollen in dem mit Pfaffenwald vergleichbaren Lager Kelsterbach Säuglinge auf grausame Weise ermordet worden sein, *„da aus ökonomischen und ideologischen Gründen kein Interesse bestand, die Kinder rassisch minderwertiger Völker am Leben zu erhalten“.*[526]
Nach Angabe von Dr. Elsie Kühn-Leitz sollen die meisten schwangeren Zwangsarbeiterinnen aus Wetzlarer Betrieben nach Pfaffenwald gekommen sein. Wenn das zutrifft, scheint dies jedoch nur bis zum Sommer 1943 geschehen zu sein. Das bereits erwähnte Merkblatt des Reichsnährstandes vom 15. April 1943 vermerkte dazu jedenfalls:[527]
„Für schwangere Arbeiterinnen sind die notwendigen Entbindungsmöglichkeiten vorzusehen, auch sind Stilleinrichtungen und Kleinkinderstätten im erforderlichen Umfang zu schaffen. Zur Betreuung ist auf weibliche Angehörige des betr.

Volkstums zurückzugreifen. Rückbeförderungen von schwangeren Arbeiterinnen finden nur in besonderen Ausnahmefällen auf deren Wunsch statt."

In den Aufstellungen der DAF vom 26. Oktober 1942[528] und 1. April 1943[529] über die Ausländerlager in Wetzlar fanden sich keine Angaben über Kinder. Das könnte ein Indiz dafür sein, dass bis zu dem Zeitpunkt in Wetzlar auch keine Zwangsarbeiterinnen entbunden hatten. In der Tat waren von 44 während des Krieges geborenen und in Wetzlar verstorbenen Ausländerkindern lediglich vier vor dem Mai 1943 geboren worden.[530] Für den Zeitraum vom 2. November 1943 bis zum 7. März 1945 konnten dann aber für Wetzlarer Unternehmen folgende Geburten ausländischer Kinder nachgewiesen werden:[531]

Röchling-Buderus AG, Lahnlager Gabelsbergerstraße:	15 Geburten
Buderus'sche Eisenwerke, Lager Hermannst. Straße:	3 Geburten
Opt. Werke Ernst Leitz, Lager Lahninsel:	3 Geburten
Hensoldt AG, Iding-Lager:	3 Geburten
Reichsbahn-Lager, Altenberger Straße:	2 Geburten
Hollmann-Werke, Garbenheimer Straße	1 Geburt

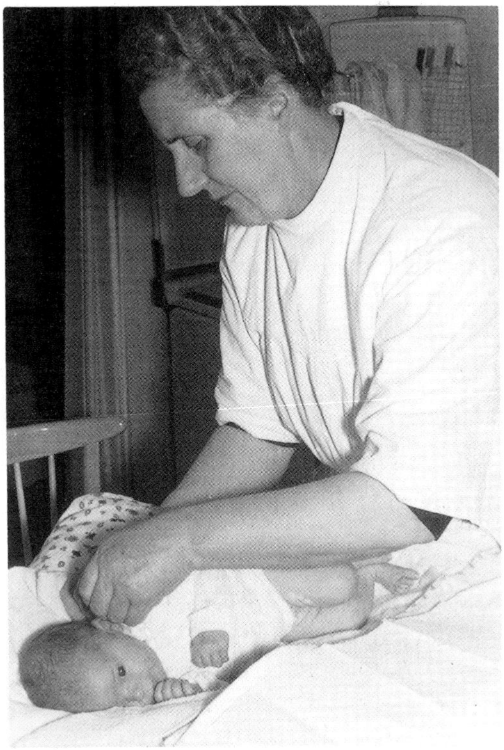

Annamargarethe Pitzer war städtische Hebammen-Schwester und ging während des Krieges in die einzelnen Firmenlager, um Lager-Entbindungen vorzunehmen. Es ist also anzunehmen, dass es in dem einen oder anderen Zwangsarbeiterlager einen Entbindungsraum gegeben hatte.

Darüber hinaus waren noch je eine Geburt „in der Garbenheimer Straße“ (Hollmann oder Pfeiffer), in der „Jakob-Sprenger-Straße“ (Leitz oder Pfeiffer) und in der Lahnstraße 21 (vermutlich Hensoldt) verzeichnet.
Annamargarethe Pitzer war während des Krieges städtische Hebammenschwester in Wetzlar. Ihr Sohn Dr. Friedemann Pitzer erinnerte sich dazu im November 2000:[532]
„Meine Mutter ging während des Krieges in die einzelnen Firmenlager und hat Lager-Entbindungen vorgenommen. Es muß in den Lagern demnach jeweils einen Entbindungsraum gegeben haben.“

Für Wetzlar ist aber lediglich für das Ostarbeiterlager der Firma Röchling-Buderus in der Gabelsbergerstraße eine „Entbindungsstube“ nachgewiesen. Der einstige Lagerleiter Heinrich Arabin gab dies nach dem Krieg in einer Spruchkammer-Verhandlung an.[533] Das bestätigte 1997 der einstige holländische Zwangsarbeiter Piet Pollemans, der bis Kriegsende bei Röchling Transporte mit einem Elektrokarren durchführen musste:[534]
„Einmal, als ich wieder Suppe ausfahren mußte und im Russenlager war, fragte Marüska mich, ob ich das Babyzimmer des Lagers sehen wollte.
... Marüska stellte mich der Chefin vom Russenlager vor, einer freundlichen Frau Mitte dreißig. Sie lief vor uns her zu einer Baracke, von der ein Teil für die Wöchnerinnen und ein anderer für die Säuglinge eingerichtet war. Zehn Babys lagen gesund und zufrieden in ihren Betten. Alles sah ordentlich und sauber aus. Die Betten und Kommoden hatten die Russen aus „organisiertem“ Abfallholz der Fabrik selbst gebaut. Ein paar russische Pflegerinnen liefen in weißen Schürzen umher.
... Die Chefin erzählte, daß es eine außerordentlich schwierige Aufgabe war, angemessene Nahrungsmittel für die Kinder zu besorgen, was notwendig war, um sie am Leben zu erhalten. Offiziell erhielten sie nichts für die Kinder.[535]
... Sie zeigte mir ein Fläschchen mit Babynahrung. Ich fragte, warum sie so rosa und trüb aussah. Sie antwortete, daß das durch die gekochten und geriebenen Wurzeln, Kartoffeln und Gemüsesäfte kam, die sich darin befänden. Die Säfte stammten von Pflanzen, die entlang der Wege wuchsen. Verschiedene Pflanzen waren reich an Vitaminen. Den Babys ging es sichtbar gut mit dieser Ernährung.“

Im April 1944 hatte die deutsche Arbeitsverwaltung unter der Überschrift: „Unterbringungsmöglichkeiten von Ostarbeiterinnen und Polinnen mit Klein-Kindern“ einen Aufruf veröffentlicht, in dem es hieß:[536]
„Die Betriebe werden gebeten, ihre Aufnahme- und Unterbringungsmöglichkeiten für eine größere Anzahl von Ostarbeiterinnen und Polinnen mit je einem Kleinkind mehr als bisher einer eingehenden Überprüfung zu unterziehen.
Es wird darauf hingewiesen, daß besonders Betriebe mit sog. ‚Fließband-System‘ und leichteren Arbeiten die besten Erfahrungen mit dem Einsatz derartiger Frauen gemacht haben.

Betriebe, die sich zur Aufnahme bzw. zur erweiterten Aufnahme der genannten weiblichen Arbeitskräfte bereit finden, wollen dies unverzüglich ihrem zuständigen Arbeitsamt (Ausländereinsatz) ... melden."

Die Landesbauernschaft Hessen-Nassau in Frankfurt am Main hatte im August 1944 gefordert, umgehend „Ausländerkinder-Pflegestätten" für die angeschlossenen Landkreise einzurichten. In einem Schreiben an die Kreisbauernschaften vom 4. August 1944 hieß es dazu unter anderem:[537]
„... Es wird nochmals um schnellste Bearbeitung gebeten, da durch Errichtung von Ausländerkinderpflegestätten Abhilfe geschaffen werden muß."

Der Reichsbauernführer ordnete schließlich mit Datum vom 16. November 1944 an:[538]
„Betr.: Entbindungsheime und Kinderpflegestätten für Fremdvölkische in der Landwirtschaft.
Durch Erlaß betr. Betreuung nichteinsatzfähiger ausländischer Arbeitskräfte vom 16.10.1944 ... übernimmt der RmdI die Finanzierung der für die Unterbringung nichteinsatzfähiger Fremdvölkischer (einschl. deren Kinder) erforderlichen Einrichtungen.
... Nachstehend gebe ich die die Kinderpflegestätten und -nester betreffenden Abschnitte 3 und 4 des oben angeführten Erl. zur Beachtung bekannt:
3. Für die Kinder, die nicht mit den Eltern oder einem Elternteil zusammen untergebracht werden, werden je nach den örtlichen Verhältnissen die Land- und Stadtkreise , die kreisangehörigen Gemeinden oder die Gau(Landes-)fürsorgeverbände Einrichtungen schaffen, die die Deutsche Arbeitsfront oder der RNSt zu betreiben bereit sind. Auch kommen einfachste Einrichtungen in Frage, in denen Kinder ausländischer Arbeitskräfte am Tage untergebracht werden können, wenn eine ausreichende Anzahl solcher Kinder hierfür vorhanden ist.
4. Die Kosten trägt das Reich, soweit nicht die Träger der Sozialversicherung Leistungen gewähren. Für unaufschiebbare Ausgaben können Ausgabemittel vorschußweise bei mir angefordert werden."

Bereits mit Erlass vom 6. Oktober 1942 hatte der Reichsminister für Ernährung und Landwirtschaft verbindliche Verpflegungssätze für die in Lagern lebenden Ostarbeiterkinder festgelegt. Danach standen ihnen wöchentlich zu: 1500 Gramm Brot, ein halber Liter Vollmilch und die Hälfte der einem Ostarbeiter zustehenden Lebensmittel. Dieser Erlass wurde am 6. Januar 1944 wie folgt modifiziert:[539]
„... Bei Festsetzung dieser Rationen ist davon ausgegangen worden, daß die Ostarbeiterkinder von ihren Müttern gestillt und betreut würden, so daß die Rationen überwiegend als zusätzliche Nahrung für die stillenden Mütter Verwendung fänden. Nunmehr sind aber für die Kinder der Ostarbeiterinnen verschiedentlich Säuglings- und Kleinkinderabteilungen eingerichtet worden. Zur ordnungsmäßigen

Versorgung der hier untergebrachten Ostarbeiterkinder sind die oben aufgeführten Lebensmittelrationen nicht geeignet."
Dann folgten neue Lebensmittelsätze je Kopf und Woche, und zwar gegliedert nach dem Kindsalter: 0-1 Jahr (800 g Brot, 100 g Butter, 250 g Nährmittel, 300 g Zucker, 7 g Tee-Ersatz, 3,5 l Vollmilch und 2,5 kg Brot) und 1-10 Jahre (1,5 kg Brot, 100 g Fleisch, 100 g Butter, 150 g Nährmittel, 225 g Zucker, 14 g Tee-Ersatz, 3,5 l Vollmilch und 3,5 kg Kartoffeln).
Ostarbeiterkinder ab 11 Jahren bekamen danach die Lebensmittelrationen für Erwachsene.

Kinder und jugendliche Zwangsarbeiter

Im Januar 1945 befanden sich im Ostarbeiterlager der Ernst Leitz GmbH 30 Kinder, im Reichsbahnlager in der Neustadt 23 Kinder im Alter von 1 – 10 Jahren,[540] und im Ausländerlager der Hollmann-Werke 3 polnische und 6 russische Kinder.[541]
Wie alt waren die Kinder? Waren es Kleinkinder, die man fürsorglich bei ihren Müttern gelassen hatte, oder waren es Kinder, die Zwangsarbeit leisten mussten? Eine klare Antwort auf diese Frage konnte zuerst nur im Falle des Reichsbahnlagers gefunden werden, da der „Gleisbautrupp 10 der Reichsbahn-Direktion Frankfurt am Main, z. Zt. in Wetzlar" am 31. August 1944 an die Ortspolizeibehörde in Wetzlar gemeldet hatte:[542]
„In unserem Reichsbahnlager in der Altenbergerstraße sind folgende Ostarbeiter untergebracht: 48 Männer, 53 Frauen und 23 Kinder (im Alter von 1 – 10 Jahren)".
Aber auch in Ausländer-Lagern anderer Wetzlarer Betriebe lebten zu der Zeit ausländische Kinder. Diese waren allerdings in der Liste des Landrates vom 18. Januar 1945 nicht mit aufgeführt. Insgesamt konnten jedoch für den Zeitraum vom 2. November 1943 bis zum 7. März 1945 die folgende Ausländerkinder namentlich in Wetzlarer Firmenlagern nachgewiesen werden:[543]

<u>Röchling-Buderus AG:</u> Wladimir-Andreewitsch Owdjejinko (* 2. 11. 43), Viktor Maljuha (* 15. 11. 43 † 14. 1. 44), Natalija Martschenko (* 7. 5. 44), Nadija Wolkowa (* 28. 5. 44), Anatoli Awramenko (* 3. 6. 44), Boris Uesenok (* 29. 9. 44), Alex Ahejewa (* 11. 10. 44 † 24. 10. 44), Klara Osipenko (* 17. 10. 44), Nikolai Wedrikan (* 6. 12. 44), Franziska Clesse (* 23. 12. 44), Werra Jasko (* 31. 12. 44), Georg Polomé (* 9. 1. 45), Viktor Sawitzka (* 24. 1. 45) und Christine Klipel (* 7. 3. 45).
Ferner Viktor Bodarenko (* 2. 3. 44 † 24. 11. 44), Klara Osijenko (* 17. 10. 44 † 5. 12. 44), Leonard Leclerf (* 15. 11. 44 † 18. 12. 44), Miriette Polame (Totgeburt am 9. 1. 45) und Christina Rombay (* 11. 3. 45 † 7. 4. 45).

Buderus'sche Eisenwerke: Walerij Porjadinska (* 22. 2. 45 † 25. 2. 45).

Optische Werke Ernst Leitz: Alexander Klimenko (* 12. 4. 44), Apallon Rewin (* 28. 7. 44) und Luna Durnew (* 25. 8. 44). Ferner Nina Iwanowa (* 2. 1. 44 † 26. 1. 45), Alexander Klimenko (* 12. 7. 44 † 27. 1. 45) und Jura Mochura (* 26. 1. 44 † 10. 2. 45).

Hensoldt AG: Die Zwillinge Anna und Katja Schumal (* 3. 8. 44) und Natia Blisnjuk (* 28. 1. 45).

Reichsbahn-Lager: Solowych, ohne Vorname (* 30. 11. 44) und Galina Prochorenko (* 2. 6. 42 † 2. 8. 44).

Hollmann-Werk: Jakob Hayduck (* 25. 2. 44 † 22. 3. 44) und Hanna Tschertschuk (* 4. 9. 44 † 10. 10. 44).[544]

Handschuhfabrik Mülln: Marie Stephanenko (* 24. 1. 44 † 27. 2. 44).

Pfeiffer-Apparatebau: Ludmila Ryschowa (* ?. 3. 44).[545]

Im Herbst 1944 machten die Leitzwerke folgende Angaben über Ostarbeiter-Kinder in ihrem Lager Stadion:[546]
Am 16. September 1944: *„12 männliche Kinder und 16 weibliche Kinder"*, am 3. Dezember 1944: *„12 Knaben und 20 Mädchen"*, am 3. Januar 1945: *„12 Kinder männlichen Geschlechts und 20 Kinder weiblichen Geschlechts"*, und am 1. Februar 1945: *„11 Kinder männlichen Geschlechts und 19 Kinder weiblichen Geschlechts"*.
Dabei fällt auf, dass am 1. Februar 1945 ein Junge und ein Mädchen weniger im Lager waren als am 3. Januar 1945. In der Tat waren beide in der Zwischenzeit verstorben und in Niedergirmes beerdigt worden: Am 26. Januar 1945 verstarb Nina Iwanowa an Lungenentzündung, am 27. Januar 1945 Alexander Klimenko an Masern. Am 10. Februar 1945 verstarb dann Jura Mochura ebenfalls an Masern.[547]
Wie schon erwähnt waren 6 der zeitweise 32 ausländischen Kinder im Leitz-Lager in Wetzlar geboren worden und lebten bei ihren Müttern. Gisela Jäckel aus Wetzlar erinnerte sich in diesem Zusammenhang an folgende Begebenheit:[548]
„Mein Vater arbeitete damals beim Wetzlarer Fuhrgeschäft Wick. Er hat oft für die Firma Leitz Kohlen vom Bahnhof ins Werk und zum Zwangsarbeiterlager gefahren. Eines Tages kam er nach Hause und erzählte, ‚da unten im Lager' sei ein russisches Kind geboren worden. Das war für unsere kindlichen Gemüter – ich war damals neun oder zehn Jahre alt – ein ganz besonderes Ereignis: Wie sah denn wohl ein russisches Kind aus?

Um das zu sehen, gingen wir hinunter zum Barackenlager am Stadion. Da die Baracken parallel zur Straße und etwas tiefer gelegen waren, konnte man durch die Fenster hinein blicken und die doppelstöckigen Betten sehen. Wir konnten aber nichts Besonderes entdecken."

Da alle anderen Kinder im Lager der Leitzwerke nicht in der Geburtenliste des Standesamtes Wetzlar verzeichnet waren, müssen sie entweder älter gewesen sein oder sie waren in anderen Lagern geboren worden – vielleicht in Pfaffenwald.
Ein Hinweis darauf, dass sich im Leitzlager kleinere Kinder aufhielten, könnten auch die Erinnerungen von Elfriede Benk aus Gießen gewesen sein:[549]
„Die Kinder hat irgendjemand betreut. Kurz vor Fliegeralarm standen die alle an der Mauer bei Leitz mit ihren dicken Wattejäckchen. Ich habe immer ein paar Brote geschmiert und die Kinder haben schon gewartet, bis ich aus der Haustür rausging. Ich ging zu ‚meinen' Kindern auf der anderen Seite und habe das Brot ganz einfach fallen gelassen. Ich durfte es ihnen ja nicht in die Hand geben ..."

Während des Krieges haben auch halbwüchsige Kinder Zwangsarbeit im Deutschen Reich geleistet. Dazu hatte der Reichsarbeitsminister schon am 12. Juni 1942 eine besondere Verfügung wegen „Beschäftigung polnischer Kinder und Kinder aus den besetzten Ostgebieten in gewerblichen Betrieben" erlassen, in der es für polnische Kinder unter anderem hieß:[550]

Eine ukrainische Zwangsarbeiterin zeigte dem Fotografen im Barackenlager der Firma Leitz im Mai 1943 stolz ihren Säugling. Zwar ist nicht bekannt, wo diese Entbindung stattgefunden hatte – das Bild ist aber ein Zeugnis dafür, dass zumindest die Säuglings- und Kleinkinderpflege im Leitzlager offensichtlich gut funktionierte. Foto: Siegfried Rösch.

Zu einem kleinen Ausgang mit ihrem Säugling auf dem Gelände des Leitzschen Zwangsarbeiterlagers hatte diese ukrainische Zwangsarbeiterin offensichtlich ihre beste Kleidung angelegt. Das Foto wurde im Mai 1943 in nordöstlicher Richtung aufgenommen. Foto: Siegfried Rösch.

„... Es bestehen auch keine Bedenken, wenn polnische Kinder über die im (... deutschen ...) Jugendschutzgesetz vorgesehenen Grenzen hinaus beschäftigt werden."
Bezüglich der sowjetischen Kinder hieß es dort:
„Bei Festsetzung der Beschäftigungsgrenzen ist zu berücksichtigen, daß es sich um Kinder von solchen aus den Ostgebieten usw. eingesetzten Arbeitskräften handelt, die arbeitsrechtlich bereits besonders behandelt werden.
... Die Kinder volksdeutscher Arbeitskräfte aus den neubesetzten Ostgebieten und aus dem Generalgouvernement einschließlich des Distrikts Galizien und aus dem Bezirk Bialystok sind danach bei ihrem Einsatz im Reich den Kindern reichsdeutscher Eltern gleichzustellen."

Im November 1943 schrieb die „Rhein-Mainische Wirtschaft", das amtliche Organ der Gauwirtschaftskammer Rhein-Main unter der Überschrift „Einsatzbedingungen der jugendlichen Ostarbeiter unter 14 Jahren":[551]
„In einzelnen Fällen werden auch jugendliche Ostarbeiter unter 14 Jahren als Arbeitskräfte zu Dienstleistungen (z. B. im Baugewerbe zum Steineputzen) herangezogen.

... Unter der Voraussetzung, daß die Arbeitsleistungen dieser jugendlichen Ostarbeiter unter 14 Jahren den Arbeitsleistungen vergleichbarer deutscher Gefolgschaftsmitglieder im Alter von 14 Jahren entsprechen, bestehen lohnmäßig keine Bedenken, wenn als Vergleichslohn für die Berechnung des Ostarbeiterentgeltes der tarifliche Stundenlohn für deutsche Gefolgschaftsmitglieder im Alter von 14 Jahren zugrunde gelegt wird.
Von dem auf Grund dieses Vergleichslohns sich ergebenden Ostarbeiterentgelt sind für Unterkunft und Verpflegung kalendertäglich 1,50 RM einzubehalten. Außerdem wäre bei einem Ostarbeiterentgelt von mehr als 14,35 RM wöchentlich die Ostarbeiterabgabe abzuführen."

Die „Anordnung über den Arbeitsschutz ausländischer Arbeitskräfte und Ostarbeiter" des Reichsarbeitsministers vom 8. Januar 1944 vermerkte dazu unter § 4 – Kinderarbeit:[552]
„Kinder unter 12 Jahren dürfen nicht zur Arbeit eingesetzt werden. Die Beschäftigung von Kindern unter 14 Jahren ist nur in Ausnahmefällen und nur mit geeigneten leichten Arbeiten bis zu 4 Stunden täglich – jedoch nicht in der Nachtzeit und an Sonn- und Feiertagen – zulässig. Die Kinderarbeit ist dem Gewerbeaufsichtsamt anzuzeigen."

Nach der „Verordnung über die Einsatzbedingungen der Ostarbeiter" des Reichsführeres SS vom 25. März 1944 konnte ein Unternehmer von da an bei Ostarbeiterkindern im Alter unter 14 Jahren den Satz für Unterkunft auf 25 Pf und den Verpflegungssatz auf 75 Pf täglich (zusammen RM 30,- monatlich) reduzieren.[553]
Diese Verordnung wurde in der Praxis aber anders beurteilt. So vermerkte das Rüstungskommando Gießen in seinem Kriegstagebuch am 14. April 1944:[554]
„Gegen Ende der Berichtszeit wurden den Arbeitsämtern Wetzlar und Dillenburg auch noch einzelne geringe Ausländer-Transporte zur Verfügung gestellt ...
Schwierigkeiten bereitet der Einsatz der mit den letzten Familien-Transporten angekommenen 10-14jährigen Kinder, die ebenfalls als vollwertiger Ersatz angesprochen werden. Der Einsatz dieser Jugendlichen in der Schwerindustrie (z.B. Gießereien) ist völlig unmöglich."

Dazu erließ der GBA am 19. Juni 1944 einen Erlaß zur „Arbeitsrechtlichen Behandlung der Polen; Einsatz von Familien", in dem es unter anderem hieß:[555]
„Wie mir mitgeteilt wird, sind gelegentlich polnische Beschäftigte mit ihren Familien in einem Betriebs- oder Gemeinschaftslager untergebracht. Werden in solchen Fällen die in der Anordnung vom 1. Juni 1943 genannten ...Kosten für Unterkunft und Verpflegung ...in Anrechnung gebracht, so reichen häufig die Verdienste der arbeitsfähigen Familienangehörigen nicht aus, allein die Kosten für Unterkunft und Verpflegung der Familie zu decken.

... Ich bin daher damit einverstanden, daß in Anlehnung an die für Ostarbeiter getroffene Regelung die einbehaltenen Beträge für Unterkunft und Verpflegung ... ermäßigt werden.“

Möglicherweise hat es auch in Wetzlar Zwangsarbeit bei halbwüchsigen Kindern gegeben. Am 30. August 1944 hatte die Gestapo Frankfurt am Main den Landräten geschrieben:[556]
„Betrifft: Einsatz von aus Warschau evakuierten Polen als Arbeitskräfte im Reich. In nächster Zeit kommt eine grössere Anzahl von aus Warschau evakuierten Polen, überwiegend Frauen und Kinder, im Reichsgebiet zum Arbeitseinsatz. Die Transporte werden in die Durchgangslager bei den Gauarbeitsämtern geleitet und sind, wie üblich, ausländer-polizeilich zu erfassen und zu kennzeichnen.“

Ria M.[557] aus Wetzlar, die nach dem Krieg in der Personalabteilung der Ernst Leitz GmbH beschäftigt war, berichtete, dass sich während des Zweiten Weltkrieges zwölf- und dreizehnjährige Mädchen im Leitz-Ausländerlager aufgehalten haben müssen:
„Im Treppenhaus des Hochhauses II gab es einen Raum, in dem ausschließlich Unterlagen über einstige Zwangsarbeiter und Zwangsarbeiterinnen, sowie alles, was damit zu tun hatte, aufbewahrt wurden. Ich sah die Akten einmal durch und

Dieses Farbfoto vom 13. September 1942 trägt die Bezeichnung: *„Mit Sonntagskleidung im Saal von Göths Garten“*. Die Zwangsarbeiterinnen im Bild gehörten mit zu den ersten Ukrainerinnen, die 1942 zu den Leitzwerken gekommen waren – zu einem Zeitpunkt, als das Großlager am Stadion noch nicht bezugsfertig war. Unter ihnen befanden sich auch einige besonders junge Frauen und Mädchen. Foto: Siegfried Rösch.

stellte verwundert fest, daß sich darunter Personalkarten von zwölf- und dreizehnjährigen russischen Mädchen befanden. Ich nehme an, sie haben in den Lagerbaracken sauber gemacht, vielleicht auch gekocht.
Ich erinnere mich noch genau an die Unterlagen dieser Kinder, und zwar deshalb, weil ich damals fast nicht glauben konnte, daß man im Krieg zwölfjährige Kinder hat arbeiten lassen. Ich habe aber die Karteikarten selbst in den Händen gehalten."
Wenn das zuträfe, hätte es bei Leitz während des Krieges beides gegeben: Fürsorgliche Kleinkinderversorgung und die Beschäftigung ausländischer Kinder – Letzteres vielleicht aber wieder nur, um den jungen Mädchen die Trennung von ihren zur Zwangsarbeit nach Deutschland gebrachten Müttern zu ersparen?

Jugendliche Zwangsarbeiter über 14 Jahre sind bei Wetzlarer Firmen in großer Zahl beschäftigt worden. So bestätigte das Gewerbeaufsichtsamt Limburg der Firma Jung & Co, Carolinenhütte, mit Schreiben vom 17. Februar 1943 unter anderem, dass „*9 jugendliche Arbeiter zwischen 16 und 18 Jahren an den freien Samstagnachmittagen bis 17⁰⁰ Uhr beschäftigt werden dürfen. ... Jugendliche unter 16 Jahren dürfen am Samstag nur bis 14 Uhr beschäftigt werden.*"[558]
Unter den 58 Ostarbeiterinnen, die am 27. August 1943 ihre Arbeit bei der Röchling-Buderus AG antreten mussten, befanden sich fünf 15-jährige, zehn 16-jährige und neun 17-jährige Mädchen.[559]

Widerstand und Bestrafung

Schon zu Beginn des Ausländer-Einsatzes in Deutschland hatten die Nationalsozialisten einkalkuliert, dass sich die Zwangsarbeiter gegen ihre Unterdrückung und Erniedrigung zur Wehr setzen würden. So boten schon die Polenverordnung vom 8. März 1940 und die am 20. Februar 1942 verkündeten Ostarbeiter-Erlasse den NS-Stellen von vornherein die geeigneten Mittel, um „unzulässige Reaktionen" der Ausländer gegebenenfalls mit härtesten Strafen zu unterbinden. Eines der Mittel war der Einsatz von Gestapo-Spitzeln in jedem größeren Betrieb. Das war auch in Wetzlar gängige Praxis. In einer Vernehmung am 11. Februar 1947 im Spruchkammer-Verfahren des einstigen Werkschutzleiters der Röchling-Buderus AG, Albert Sommerey, gab dazu der Zeuge Adolf P. an:[560]
„*Der Denunziant war ein gewisser Gulbinat, welcher im Werk als Spitzel tätig war. Ich habe Sommerey und Gulbinat öfters zusammen gesehen und nehme an, daß dieselben zusammengearbeitet haben.*"
In einer Verhandlung vor dem Wetzlarer Amtsgericht am 26. Juli 1947 gegen Sommerey sagte Walter K. aus, er habe sich im Werk öfters mit dem Gulbinat unterhalten. Anschließend sei er angezeigt und verhaftet worden. Er vermutete stark,

dass der Gulbinat ein Gestapo-Spitzel war.[561] Diese Angabe wurde vom Zeugen Adolf K. bestätigt:
„Ich habe mich ebenfalls mit dem Gulbinad unterhalten und wurde anschließend von Sommerey verhaftet.“
Es wurde aber auch innerhalb der Belegschaft denunziert. Das Rüstungskommando Gießen berichtete darüber am 13. Januar 1943:[562]
„Eine Ostarbeiterin der Buderus'schen Eisenwerke A.G., Wetzlar, hat ausgesagt, daß 2 bei der Firma eingesetzte namentlich genannte Ostarbeiter Juden und Kommunisten seien, die ihre Mitarbeiter aufgefordert hatten, nicht zu viel zu arbeiten, denn mit ihrer Arbeit würden ihre Kameraden getötet und Russland kaputt gemacht. Sie würden noch alle durch Explosion in die Luft fliegen. (Ge)*Stapo ermittelt.“*
Die Identität der beiden betroffenen Ostarbeiter konnte nicht geklärt werden. Möglicherweise war aber einer von ihnen der Ostarbeiter Alexej S., über den sich in der Strafkartei der Gestapo Frankfurt am Main folgender Eintrag fand:[563]
„S., untergebracht im Lager der Firma Buderus in Wetzlar, wurde am 10. März 1943 wegen ‚Aufforderung zur Sabotage' festgenommen und am 10. Juni 1943 in das Konzentrationslager Mauthausen eingeliefert.“
Bei den optischen Werken Ernst Leitz gab es in mehreren Belegschaftsgruppen Spitzel. Im Spruchkammer-Verfahren des ehemaligen Leitz-Betriebsleiters Franz Bauer berichteten die Zeugen, Herr S. und Fräulein I. im Zusammenhang mit einem schriftlichen Bericht des Rüstungskommandos Gießen:[564]
„...Da der Bericht einseitig abgefaßt war, konnte er unseres Erachtens nur von Herrn D. herrühren, der seine Stellung als Obermeister ausschließlich dazu benutzte, den gesamten Betrieb laufend zu kontrollieren. Wir sind ... auch überzeugt, daß er dem SD und der Gestapo über alle Vorkommnisse Informationen zukommen ließ.“
Elsie Kühn-Leitz berichtete nach dem Krieg über einen Spitzel im Leitz'schen Ostarbeiterlager:[565]
„In der Frühe des 10. September 1943 ... wurde ich von einem Wächter des Ostarbeiterlagers angeklingelt, die Ostarbeiterin Maria Holliwata läge im Sterben. Sie war mit 22 Jahren mit einem Trupp von 200 Russinnen aus der Ukraine im Juni 1942 bei Leitz eingetroffen. Sie war mir gleich aufgefallen als eine besonders intelligente, frische, lebendige Person. Zu Hause in Winiza war sie Lehrerin gewesen ... Sie hatte im Gegensatz zu den anderen Russinnen blondes lockiges Haar, strahlend blaue Augen und fiel jedermann sofort durch ihre straffe, stattliche Gestalt auf ... Sie, die von Anfang an etwas deutsch sprach, war immer die Vermittlerin und Dolmetscherin für die Wünsche und Nöte ihrer Kameradinnen gewesen.
... Sie lag in ihrer kleinen Stube auf dem Bett und war schon tot, als ich herunterkam. Die Kameradinnen erzählten mir, sie habe am Abend schreckliche Kopfschmerzen gehabt und furchtbar erbrochen. Und dann sei es mit ihr auch ganz plötzlich zu Ende gewesen.

... Lange Zeit später erfuhr ich von unserem Lagerleiter, daß Maria Holliwata wohl als Spitzelin gegen ihre eigenen Volksgenossen für die deutsche Gestapo gearbeitet haben sollte, denn sie war die einzige Lagerinsassin, die sich außerhalb der Stadt frei bewegen durfte und sogar mit Genehmigung der Gestapo nach Frankfurt fahren konnte – eine ganz außergewöhnliche Vergünstigung, da sämtliche anderen Ostarbeiterinnen sich mit ihren Abzeichen nur zu ganz bestimmten Tagen und Stunden außerhalb des Lagers frei bewegen durften."[566]
Bei Leitz gab es auch unter den Westarbeitern einen Spitzel. Ernst Leitz sen. gab in einer eidesstattlichen Versicherung zum Spruchkammer-Verfahren des ehemaligen Werkschutz-Leiters der Leitzwerke, Ferdinand Mai, am 14. Juli 1948 dazu unter anderem an:[567]
„*Was Herrn Mortier anbelangt, so war dieser zuerst Vertrauensmann für die Westarbeiter, ... bis er eines Tages zusammen mit einigen Franzosen verhaftet wurde wegen Hörens eines Auslandssenders. Merkwürdigerweise kam Mortier, obwohl er der Verantwortliche war, wieder frei. Ich bin überzeugt, daß er nach den bekannten Gestapo-Methoden zu deren Spitzel gemacht wurde, indem man ihm sagte, welche Strafe ihn erwartete, und daß er frei käme, wenn er für die Gestapo arbeitete.*
... Mortier, der auch gleichzeitig SS-Mann war,[568] *und von Januar-Februar 1945 ab volle Uniform trug, verschwand dann auch gleich nach dem Einrücken der Amerikaner ...*"

Einem Bericht in der Wetzlarer Neuen Zeitung vom 23. Juni 1949: „Gestapo-Spitzel in den Hensoldt-Werken"[569] kann jedoch in dieser Form nicht zugestimmt werden. Natürlich stand der Werkschutz bei Hensoldt – wie jeder andere Werkschutz in Wetzlar auch – seit Oktober 1943 unter Aufsicht der Gestapo.[570] Jedem Belegschaftsmitglied bei Hensoldt war daher von vornherein klar, dass der Werkschutz- und Lagerleiter Moser direkten Kontakt zur Gestapo hatte. Folglich war grundsätzlich damit zu rechnen, dass er dort im Einzelfalle Anzeige erstattete. Die Bezeichnung „Spitzel" für ihn war insofern irreführend. Es gab aber auch bei Hensoldt Spitzel. In seiner Spruchkammer-Verhandlung sagte Moser dazu aus:[571]
„*... Der Bruder des Kreisleiters Haus hatte uns eine Frau mitgebracht, die sich als Spitzel betätigt hat. Diese Frau hat eine Meldung wegen einer Ostarbeiterin gemacht.*"

Über die weitere Behandlung von Personen, die der Gestapo in Wetzlar gemeldet worden waren, berichtete der Wetzlarer Bürgermeister in einem Schreiben vom 8. Februar 1949 an den Landrat in Wetzlar:[572]
„*Besondere Gefängnisse für Ausländer waren in Wetzlar nicht vorhanden. Die Ausländer wurden einige Tage in Polizeigewahrsam genommen und dann mittels Sammeltransport meistens in das Gefangenen- oder Arbeitslager Ffm.-Heddernheim überführt. Die über diese Personen geführten Akten befanden sich auf der*

Dienststelle der Geheimen Staatspolizei – Außenstelle Wetzlar. Von der hiesigen Dienststelle wurde nur ein Einlieferungsbuch geführt ...
Die ... Dienststelle der Geheimen Staatspolizei ... in Wetzlar hat in den frühen Morgenstunden des 27. März 1945 und zwar 2 Tage vor dem Einmarsch der amerik. Truppen, sämtliche vorhanden gewesenen Akten verbrannt. Die in dem Geheimschrank bei der hiesigen Dienststelle vorhanden gewesenen Akten wurden im Sommer 1945 an die Militärregierung Wetzlar abgeliefert ...“

Diese Schilderung war nicht ganz zutreffend. Richtig ist, daß die „arbeitsrechtliche Bestrafung“ von Zwangsarbeitern bis zum Frühjahr 1943 ausschließlich der Gestapo oblag. Sie entschied ohne heute erkennbare Grundsätze und ohne jedes ordentliche Rechtsverfahren über das Strafmaß:[573] Mehrtägige Haft, Überstellung in das berüchtigte, von der SS geführte „Arbeitserziehungslager Frankfurt-Heddernheim“ (kurz: „AEL“, auch „KZ Rhein-Main“ genannt)[574] oder Einlieferung in ein KZ.[575] Grundlage für eine Einweisung in ein derartiges Lager war die Einrichtung der sogenannten „Schutzhaft“, die bis zu drei Wochen dauern konnte. Diese drei Wochen Schutzhaft wurden kurzerhand mit sechs Wochen AEL gleichgesetzt.
Die Haftzeit betrug später 56 Tage, zeitweise sogar drei Monate. Die Haft galt als eine Erziehungsmaßnahme, d h., der Häftling galt nach der Strafverbüßung nicht als vorbestraft.
Verlängerungen der Haftzeit oder die Einlieferung in ein KZ lagen allein im Ermessen der Gestapo.[576]

Schon im AEL Heddernheim wurden die Eingelieferten derart gnadenlos behandelt, dass sie bereits nach wenigen Tagen psychisch und physisch gebrochen waren. Kamen sie schließlich zurück in den alten Betrieb, waren sie ausnahmslos „arbeitsam“. Der einstige Ostarbeiter Tomasz Kiryllow – er hatte bei der Firma Pfeiffer Apparatebau GmbH in Wetzlar gearbeitet – erinnerte sich 1985 an seinen Aufenthalt im AEL Heddernheim:[577]
„‚Aussteigen!‘ Brüllte ein ... SS-Mann. ‚Los! schneller! Ich werd‘ euch beibringen, sich schnell zu bewegen!‘ Unerwartet hagelte es Schläge mit der Reitpeitsche auf Kopf und Rücken. Ich schützte mich mit der Hand und rannte vorwärts. ‚Kehrt marsch!‘ befahl der SS-Mann. ‚Ich werde euch Disziplin und Ordnung beibringen!‘
... Der SS-Mann blickte uns mit zusammengekniffenen Augen an, wie eine Katze auf Mausefang. ‚Im Laufschritt marsch!‘ rief er. Wir liefen vorwärts. ‚Nieder! Auf! Im Laufschritt marsch!‘ Mir raste das Herz, vor meinen Augen tanzten bunte Kreise, die Beine waren schwer wie Blei. Ich erhob mich vom Boden, fiel wieder hin und hoffte, daß das nun das letztemal sei, daß der SS-Mann endlich dieses unmenschliche Spiel unterbricht. Geschehe, was mag, ich stehe nicht mehr auf, beschloß ich. Doch ich biß die Zähne zusammen, daß es schmerzte, fiel wieder nieder, stand auf, nieder, auf ...

‚Schlagen sie oft so?' fragte ich meinen Nachbarn, einen Polen. Er hatte schon einige Wochen hier zugebracht. ‚Immer, mein Bruder ... Hier herrscht das Prinzip: Immer im Laufschritt, zum Waschen, zur Toilette, zum Mittagessen oder wo auch immer. Immer mußt du im Galopp eilen, und ständig, auf Schritt und Tritt, an jedem Ort, wo dich die SS-Männer erwischen, schlagen sie. Täglich kommen hier Menschen durch die unablässigen Schläge, das schlechte Essen, die schwere Arbeit um.'
... Plötzlich griff er mit einer raschen Bewegung in seine Kleidung und erwischte einen großen, glänzenden Floh. ‚Ich hab ihn, das Biest', zischte er wütend ... ‚Dieses ekelhafte Ungeziefer läßt uns nicht leben. Die Strohsäcke bewegen sich sogar von den Wanzen, und Flöhe gibt es auf dem Fußboden wie Ameisen, am Tag lassen sie einen nicht ruhig sitzen und des Nachts nicht schlafen.'"
Diese Behandlung war zwar grauenhaft, es gab aber noch Überlebenschancen – anders als bei der Einlieferung in ein KZ, die meist einem Todesurteil gleichkam. Bei der Firma Pfeiffer Apparatebau GmbH in Wetzlar, die Kiryllows Einweisung in das AEL Heddernheim veranlasst hatte, hörte sich das in einem Schreiben vom 12. Januar 1944 an den Kreisobmann der DAF allerdings so an:[578]
„Die bei uns eingesetzten Ostarbeiter sind jetzt gut 1 1/2 Jahre durchschnittlich bei uns und haben im grossen und ganzen nur wenige Beanstandungen ergeben. Bei vorgekommenen Disziplinlosigkeiten, Diebstählen usw. konnte sofort energisch eingegriffen werden."
Der Name Tomasz Kiryllow fand sich in einer Ausländerliste der Firma Pfeiffer Apparatebau GmbH.[579] Hinter seinem Namen stand der handschriftliche Vermerk ohne Datum: *„Nach Frankfurt überführt"*.

Zur Entlastung ihrer Arbeit übertrug die Gestapo vermutlich bereits ab dem Frühjahr 1943 die Bestrafung von Zwangsarbeitern bei kleineren Vergehen oder Verstößen gegen die jeweilige Betriebsordnung – wie Diebstahl, Trunkenheit, Prügelei, aber auch Arbeitsbummelei u. Ä. – den Betrieben selbst.[580] Eine reichsweite Regelung für solche Fälle traf der GBA allerdings erst mit seiner „Anordnung Nr. 10 zur Sicherung der Ordnung in den Betrieben" vom 1. November 1943. Darin hieß es unter anderem in § 2:[581]

„Der Betriebsführer kann Verstöße der Gefolgschaftsmitglieder gegen die Ordnung (Artbeitsdisziplin) oder Sicherheit des Betriebes mit Verwarnungen oder Geldbußen ... ahnden, auch wenn solche Maßnahmen bisher weder in gesetzlichen Vorschriften noch in Bestimmungen der Betriebsordnungen oder arbeitsvertraglichen Regelungen vorgesehen ist, und zwar:
1. *leichte Verstöße, z. B. einmalige Unpünktlichkeit, mit mündlicher oder schriftlicher Verwarnung;*
2. *schwerere Verstöße, z. B. unentschuldigtes oder grundloses Fehlen, wiederholte Unpünktlichkeit oder eigenmächtiges oder vorzeitiges Verlassen der Arbeits-*

stelle, sowie Wiederholung leichterer Verstöße, mit einer Geldbuße bis zum Höchstbetrag eines durchschnittlichen Tagesverdienstes;

3. erhebliche Verstöße, z. B. wiederholte Verstöße nach Ziffer 2 oder bewußte Widerspenstigkeiten gegen Anordnungen des Betriebsführers oder seines Beauftragten, mit einer Geldbuße bis zum Höchstbetrage eines durchschnittlichen Wochenverdienstes.“

Heinz Bühler, Mitarbeiter der Gestapo-Außenstelle Wetzlar von 1943 bis Kriegsende, erklärte dazu am 9. August 1948 in Frankfurt in einer Eidesstattlichen Versicherung zum Spruchkammer-Verfahren von Dr. Carl Hensoldt und Dr. Hans Hensoldt in Wetzlar unter anderem:[582]

„Soweit ich mich erinnere, war es Ende 1943,[583] *als von übergeordneter Dienststelle der Befehl kam, dass zur Entlastung der Geheimen Staatspolizei von überflüssiger Kleinarbeit von nun an die Betriebe selbst berechtigt sein sollten, bei unwesentlicheren Vergehen oder Verstössen der ausländischen Arbeiter gegen die Betriebsdisziplin diese selbst nach eigenem Ermessen zu ahnden und zwar war der Strafrahmen eine Haftstrafe bis zu drei Tagen Arrest und der Entzug sogenannter Vergünstigungen, worunter Ausgang, Urlaub, Tabakrauchen*[584] *und ähnliches verstanden wurde.*

Damit die Kontrolle der Geheimen Staatspolizei als Behörde über die Ausländer gewahrt blieb, waren die Betriebe verpflichtet, jeweils in die Akten bzw. in das Wachbuch der betreffenden Ausländer einen entsprechenden Vermerk über Vergehen und ausgeworfene Strafen aufzunehmen, ohne dass eine besondere Benachrichtigung der Gestapo in jedem Einzelfalle erforderlich gewesen wäre.

... Ich kann mich mit Bestimmtheit daran erinnern, dass irgendwelche Klagen über schlechte Behandlung oder schlechtes Essen der Ausländer gerade von den beiden Grossfirmen Leitz und Hensoldt niemals von Ausländerkreisen oder Dritten an uns herangetragen worden sind.

Unter den Ausländern selbst hingegen gab es häufig Streitigkeiten, Neid, Zwietracht und Eifersucht, was dann irgendwie von der Betriebsleitung geschlichtet werden musste.“

Dr. Hans Hensoldt schilderte hierzu in der mündlichen Spruchkammer-Verhandlung von Dr. Carl Hensoldt in Wetzlar am 11. August 1948:[585]

„... Es sind Fälle vorgekommen, Exzesse, dass Russinnen mit Äther und Spiritus zu arbeiten hatten und die Russen haben den Spiritus zu Trinkzwecken benutzt. So war es einmal, dass 15 Mann wie tot umlagen und diese Dinge mussten bestraft werden, denn in einer so grossen Gemeinschaft muss Disziplin sein. Es war dieserhalb eine Verordnung von der Gestapo gegeben, und es war überall so und diese Arbeiter unterstanden ja der Gestapo.“

Auf die Frage seiner Verteidigerin, Rechtsanwältin Claudia Berlincke aus Wetzlar: *„War das bei Leitz auch so?“* antwortete Dr. Hans Hensoldt: *„Ja, die hatten aber noch mehr Ausländer als wir.“*

Dr. Carl Hensoldt drückte dies in seiner Spruchkammer-Verhandlung am 19. August 1948 so aus:[586]
„Die Betriebsführung, jede, ob es nun Röchling oder Hensoldt war, hatten das Recht und die Pflicht in dieser kasernierten Gemeinschaft ohne Meldung nur als Vollzugsmeldung Strafen zu verhängen wie z.B. 3 Tage Arrest, Tabakentzug, Entzug der Sondervergütung. Dieses Recht stand jeder Betriebsführung zu."
Dazu ergänzte sein Verteidiger, der Frankfurter Rechtsanwalt Dr. Praussnitzer:[587]
Soviel mir bekannt ist, sagt die Haager Landkriegsordnung,[588] *daß alle Vergehen disziplinarisch verfolgt werden können."*

Schwerere „Vergehen" wie Sabotage, Flucht, Arbeitsverweigerung, Arbeitsvertragsbruch u. Ä. waren aber weiterhin der Gestapo zu melden. Von diesem Zeitpunkt an wusste also jede Firmenleitung bei der Meldung eines Betriebsangehörigen oder Ausländers an die Gestapo, dass der Gemeldete mit AEL oder KZ bestraft wurde.
Die Meldungen an die Gestapo gingen grundsätzlich über die Abwehrbeauftragten der Betriebe, die natürlich zur Geschäftsleitung gehörten. Insofern ist davon auszugehen, dass auch die Firmeninhaber von allen derartigen Vorgängen Kenntnis hatten. Es ist auch kaum denkbar, dass es einem Firmeninhaber egal war, wer und wie viele Personen aus seinem Betrieb durch die Gestapo verhaftet wurden.[588a]
Die Mißhandlungen der Zwangsarbeiter wie auch die ständigen Verhaftungen durch die Gestapo dürften also auch dem Betriebsleiter der Röchling-Buderus AG, Wehrwirtschaftsführer[589] Dr. Fritz Riekeberg, bekannt gewesen sein. Der damalige Abwehrbeauftragte Bernhard Freiesleben sagte in der Spruchkammerverhandlung des Sommerey vom 8. Oktober 1948 über diesen folgendes aus:[590]
„Er war mir damals als Werkschutzleiter unterstellt. ... Ich habe ihm freie Hand gelassen; er hat sich auch keine Ratschläge bei mir geholt.
... Daß (... Sommerey ...) *als Nationalsozialist besonders stark aufgetreten ist, kann ich nicht sagen. Aber als nationalsozialistischer Werkschutzleiter konnte er seine brutalen Gelüste austoben.*
... Bei Verhaftungsbefehlen hatte sich die Gestapo angewöhnt, erst mich telefonisch zu verständigen, die Gründe hierfür waren mir nicht bekannt. Ich selbst durfte von mir aus keine Verhaftungen anordnen oder vornehmen ... die Namen jener Gestapo-Leute, die mich anzurufen pflegten, weiß ich nicht, jedenfalls jetzt nicht mehr.
Ich habe mich in den meisten Fällen bei der Werksleitung über die betreffenden Bestraften erkundigt und es handelte sich in der Regel um arbeitsrechtliche Dinge.
... Die Zettel, die ich von Zeit zu Zeit dem (... Sommerey ...) *schicken ließ, waren Anweisungen der Gestapo; diese rief mich jedenfalls an und sagte z. B. ‚der Mann hat drei Tage Haft zu verbüßen'. Diese Anweisungen gab ich darauf dem* (... Sommerey ...) *schriftlich weiter."*

Franz Bauer, Betriebsleiter und Abwehrbeauftragter bei den optischen Werken Ernst Leitz, erwiderte in seinem Spruchkammer-Verfahren auf die Vorhaltung des Leitz-Betriebsrates, er habe im Krieg mehrfach französische Zwangsarbeiter der Gestapo ausgeliefert und fortgesetzt Meldungen an die Gestapo durch Lehrlinge der Firma Leitz befördern lassen:[591]
„Soweit ich überhaupt während meiner Tätigkeit als Abwehrbeauftragter in betriebliche politische Verwicklungen kam, war es mir immer möglich, eine Meldung an die Gestapo oder Kreisleitung zu verhindern und die davon Betroffenen vor weiterer Verfolgung zu schützen."

Auch der Zeuge H. war bei Leitz beschäftigt, und zwar als Betriebsobmann und Mitglied des Betriebsausschusses. Er gab im selben Verfahren vor der Ermittlungsabteilung der Spruchkammer Gießen am 13. September 1947 an:[592]
„Im Lager Darmstadt befindet sich der ehemalige Gestapobeamte Bühler, der damals etwa 17 Franzosen, die sich weigerten, nach dem Bombenangriff auf Gießen Aufräumarbeiten zu machen, ins Arbeits-Erziehungslager Frankfurt transportierte.[593]
Bühler wäre zu vernehmen, von wem ihm der Auftrag erteilt worden ist, da er denselben nur von der Betriebsleitung bekommen haben kann."
In der Spruchkammer-Verhandlung von Franz Bauer am 24. Juli 1947 antwortete Ernst Leitz jun. auf Befragen des Öffentlichen Klägers, ob er die Aussagen des Betriebsobmannes H. anzweifele:[594]
„Der Betriebsrat genießt das Vertrauen der Belegschaft, aber nicht der Geschäftsleitung. Er ist nicht von uns gewählt worden."
Und später in derselben Verhandlung:[595]
„Die Darlegungen des Betriebsausschusses ziehe ich in seiner Objektivität 100 Prozent in Zweifel."
In dem Protokoll der Ermittlungsabteilung der Spruchkammer Gießen vom 13. September 1947 gab außerdem der Leitz-Rentner Heinrich B. an, er habe damals einen Brief gelesen, der von der Geschäftsleitung unterzeichnet war, und in dem zum Ausdruck gebracht wurde, dass ein Betriebsangehöriger von der Gestapo unter Aufsicht genommen werden sollte. Er habe dies den Werkmeistern M. und K. mitgeteilt, die davon also auch Kenntnis haben müssen.[596]

Im Spruchkammer-Verfahren von Dr. Carl Hensoldt erklärte der einstige Lagerleiter der Hensoldt AG, Albert Moser, in der Verhandlung am 11. August 1948 auf Befragen des Vorsitzenden Richters wegen der Strafmeldungen an die Gestapo:[597]
„Dr. Steinbeck war Prokurist und war mein Vorgesetzter in Abwehrfragen. ... Wenn etwas war, habe ich ihm die Meldung hinaufgegeben und gefragt, was zu tun wäre. ... der Weg war teils direkt an Dr. Hans Hensoldt, teils über Steinbeck. ... Nur diejenigen Meldungen betreffend die Betreuung (... der Zwangsarbeiter ...) *und alles, was damit verbunden war, gingen direkt an Dr. Hans Hensoldt."*

Nach einem Vermerk der Wetzlarer Verwaltungspolizeibehörde über einen nach Litzmannstadt zurückgekehrten polnischen Zwangsarbeiter sollte der Werkschutz der Buderus'schen Eisenwerke diesen Fall erst einmal aufklären.

In den ersten Kriegsjahren artikulierten sich Opposition und Widerstand der Zwangsarbeiter wegen der Präsenz und Stärke von SS und Gestapo vorwiegend in verschiedenen Formen des Arbeitsentzugs: Arbeitsbummelei, gelegentlich auch Arbeitsverweigerung, unerlaubtes Verlassen der Arbeitsstelle oder Flucht.
In diesem Zusammenhang hatte Betriebsleiter Dr. Riekeberg von Röchling-Buderus im Oktober 1943 in einer Ansprache vor den französischen Zwangsarbeitern des Werkes unter anderem Folgendes gesagt:[598]
„Wenn ich als Betriebsführer des Werkes Sie hier heute zusammen gerufen habe, dann ist hierfür ein Anlaß gegeben, der nicht gerade freudiger Art ist. In der letzten Zeit sind mir wiederholt Klagen von den einzelnen Betrieben darüber zugegangen, daß unsere französischen Arbeiter sehr oft unpünktlich zur Arbeit kommen oder sogar der Arbeit tageweise ganz fernbleiben.
... Ich darf feststellen, daß es meistens dieselben sind, die sich diese Verstöße gegen die bestehenden Ordnungsvorschriften zu Schulden kommen lassen ...
Es widerstrebt mir immer, Disziplinlosigkeiten bestrafen zu müssen. Im Interesse der Allgemeinheit ist dies aber notwendig. Erziehungsmaßnahmen sollten bei Erwachsenen nicht mehr erforderlich sein. Wenn sie allerdings nicht zu vermeiden sind, dann müssen sie bei denjenigen, die daran Schuld sind, in Anwendung kommen. Ich glaube, ihr habt mich richtig verstanden ...

Offene Arbeitsverweigerungen waren seltener, da die Betroffenen ja sofort mit Sanktionen zu rechnen hatten. Der für Wetzlar wohl spektakulärste Fall ereignete sich nach dem britischen Luftangriff auf Gießen vom 6. Dezember 1944, bei dem auch das Gebäude der Deutschen Bank in Gießen zerstört wurde, wo seit September 1943 das Historische Firmenarchiv und die Wissenschaftliche Bibliothek der Ernst Leitz GmbH ausgelagert worden waren. 13 französische Zwangsarbeiter der Leitzwerke, die zu Aufräumarbeiten nach Gießen abkommandiert wurden, weigerten sich, diesem Auftrag nachzukommen.[599] Daraufhin wurden sie der Gestapo gemeldet, die anschließend zehn von ihnen wegen „gemeinsamer Arbeitsverweigerung“ in das AEL Heddernheim einwies.[600] Die restlichen drei wurden in „Konzentrationslager der Stufe II“[601] verbracht: Albert G., Pierre G. und Claude C.[602] Niemand weiß, was aus ihnen geworden ist.

Von der Hensoldt AG sind dagegen kleinere Vorkommnisse überliefert. Der Zeuge Wilhelm S. berichtete im Spruchkammer-Verfahren des einstigen Lagerleiters der Hensoldt AG, Albert Moser:[603]

„Wegen mangelhafter Bekleidung, schlechtem Essen oder sonstiger Zustände wurde hin und wieder von Fremdarbeitern der verschiedensten Staatsangehörigkeit die Arbeit verweigert.“

Fluchtfälle sind schon früh überliefert. Der Ostarbeiter Peter S. in der Brauerei Waldschmidt *„hatte seinen Arbeitsplatz vermutlich am 4. November 1941 unerlaubt verlassen. Die Fahndungsmaßnahmen wurden eingeleitet.“*[604]

Am 3. März 1942 meldete die Wetzlarer Ortspolizeibehörde dem Landrat in Wetzlar:[605]

„Nach Mitteilung der Firma ... Buderus'sche Eisenwerke ... ist der polnische Zivilarbeiter Stefan Czemiewski ... am 22. 2. 1942 aus dem Lager entlaufen.“

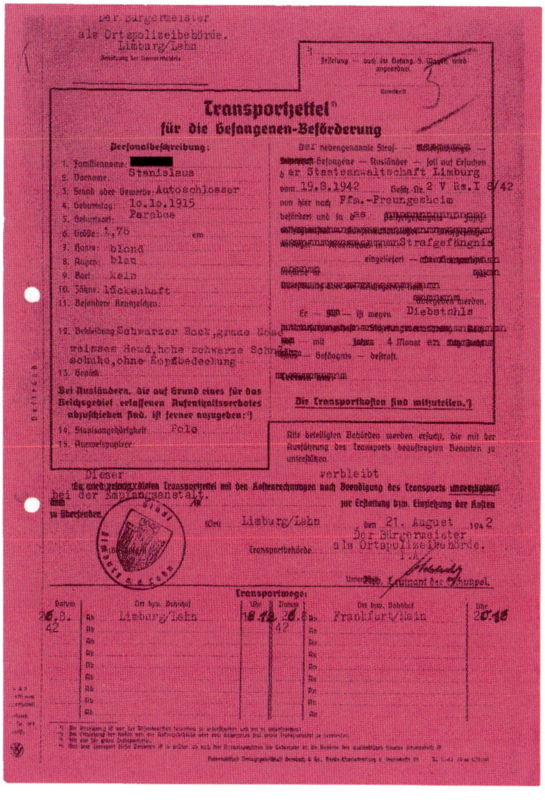
Der Bürgermeister
als Ortspolizeibehörde.
Limburg/Lahn

Transportzettel
für die Gefangenen-Beförderung

Personalbeschreibung:
1. Familienname: [redacted]
2. Vorname: Stanislaus
3. Stand oder Gewerbe: Autoschlosser
4. Geburtstag: 10.10.1915
5. Geburtsort: Parabce
6. Größe: 1,75 cm
7. Haare: blond
8. Augen: blau
9. Bart: kein
10. Zähne: lückenhaft
11. Besondere Kennzeichen:
12. Bekleidung: Schwarzer Rock, graue Hose, weisses Hemd, hohe schwarze Schnürschuhe, ohne Kopfbedeckung
13. Gestalt:

Bei Ausländern, die auf Grund eines für das Reichsgebiet erlassenen Aufenthaltsverbotes abzuschieben sind, ist ferner anzugeben:
14. Staatsangehörigkeit: Pole
15. Ausweispapiere:

Der nebengenannte Straf- Gefangene — Ausländer — soll auf Ersuchen der Staatsanwaltschaft Limburg vom 19.8.1942 Gesch. Nr. 2 V Rs. I 8/42 von hier nach Ffm.-Preungesheim befördert und in das Strafgefängnis eingeliefert — übergeben werden.

Er ist wegen Diebstahls mit 4 Monat en Gefängnis bestraft.

Die Transportkosten sind mitzuteilen.

Alle beteiligten Behörden werden ersucht, die mit der Ausführung des Transports beauftragten Beamten zu unterstützen.

Dieser Transportzettel verbleibt mit den Kostenrechnungen nach Beendigung des Transports bei der Empfangsanstalt.

Ort: Limburg/Lahn, den 21. August 1942
Der Bürgermeister
als Ortspolizeibehörde.
I.A.
Leutnant der Schupol.

Transportwege:

Datum		Ort bzw. Bahnhof	Uhr	Datum		Ort bzw. Bahnhof	Uhr
26.8.42	Ab	Limburg/Lahn	18.12	26.8.42	An	Frankfurt/Main	20.16

Transportzettel für Gefangenen-Beförderung der Ortspolizeibehörde Limburg zur Einlieferung eines polnischen Verurteilten in das Strafgefängnis Frankfurt am Main-Preungesheim.

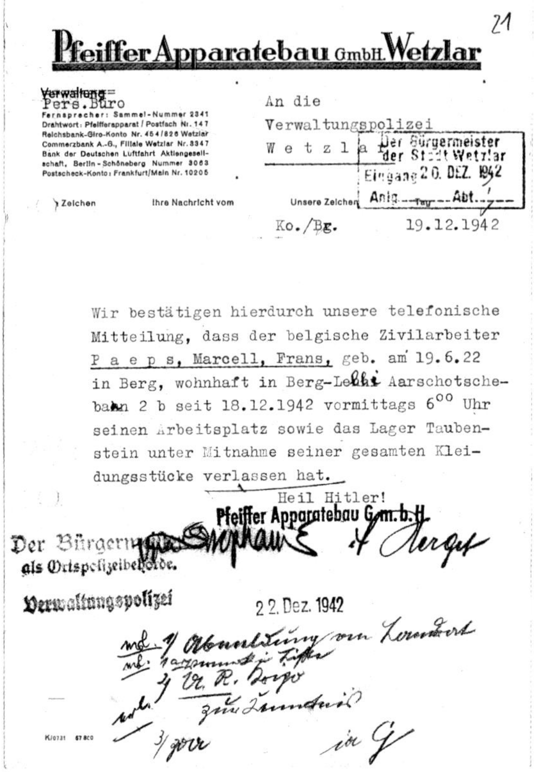

21

Pfeiffer Apparatebau GmbH. Wetzlar

Verwaltung
Pers.Büro
Fernsprecher: Sammel-Nummer 2341
Drahtwort: Pfeifferapparat / Postfach Nr. 147
Reichsbank-Giro-Konto Nr. 454/826 Wetzlar
Commerzbank A.-G., Filiale Wetzlar Nr. 3347
Bank der Deutschen Luftfahrt Aktiengesellschaft, Berlin-Schöneberg Nummer 3063
Postscheck-Konto: Frankfurt/Main Nr. 10205

An die
Verwaltungspolizei
W e t z l a r

Der Bürgermeister der Stadt Wetzlar
Eingang 20. DEZ. 1942
Anlg. — Abt.

Zeichen | Ihre Nachricht vom | Unsere Zeichen |
Ko./Bg. 19.12.1942

Wir bestätigen hierdurch unsere telefonische Mitteilung, dass der belgische Zivilarbeiter P a e p s, Marcell, Frans, geb. am 19.6.22 in Berg, wohnhaft in Berg-Lebbi Aarschotschebaan 2 b seit 18.12.1942 vormittags 6[00] Uhr seinen Arbeitsplatz sowie das Lager Taubenstein unter Mitnahme seiner gesamten Kleidungsstücke verlassen hat.

Heil Hitler!
Pfeiffer Apparatebau G.m.b.H.

Der Bürgermeister als Ortspolizeibehörde.
Verwaltungspolizei
22. Dez. 1942

Ein belgischer Zwangsarbeiter der Firma Pfeiffer Apparatebau GmbH in Wetzlar hatte morgens das Ausländerlager am Taubenstein zur Arbeit im Hauptwerk verlassen. Seitdem war er verschwunden.

Am 11. Juli 1942 floh der polnische Zwangsarbeiter Josef M. aus dem Lager in der Altenbergerstraße. Dabei entwendete er von anderen Polen eine Jacke, ein Hemd, ein Paar Arbeitsschuhe, eine Arbeitshose, und aus dem Spind des Polen R. 80,- oder 90,- RM. Er sandte die Kleidungsstücke jedoch aus seiner Heimat wieder zurück nach Wetzlar. Später wurde er in seiner Heimatstadt verhaftet und nach Wetzlar zurückgebracht. Das Amtsgericht Limburg verurteilte ihn daraufhin zu vier Monaten Straflager.[606]

Ein Belgier bei Pfeiffer-Apparatebau in Wetzlar verließ am 18. Dezember 1942 das Lager Taubenstein morgens um sechs Uhr, um wie immer zur Arbeit in der Stadt zu gehen. Seitdem war er verschwunden.[607]

Im Juni 1942 flüchteten 9 Ostarbeiter aus dem Lager der Buderus'schen Eisenwerke in der Hermannsteiner Straße 13. Die Gestapo fahndete nach ihnen „wegen pflichtwidrigen Verlassens des Arbeitsplatzes".[608] Dieser Vorfall kam auch in der Sitzung des Buderus'schen Vertrauensrates am 5. August 1942 zur Sprache. In dem Protokoll hieß es dazu:[609]

„... Weiter werden die Vertrauensratsmitglieder gebeten, ihr Augenmerk darauf zu richten und auch die Gefolgschaftsmitglieder hierzu anzuhalten, daß die Fluchtgefahr bei den russ.(ischen) *Zivilarbeitern und Kr.*(iegs)*Gef.*(angenen) *möglichst herabgemindert wird. Nachdem der Mangel an deutschen Arbeitskräften dazu zwingt, die Russen nunmehr in einem größeren Umfange auch in der Nachtschicht einzusetzen, ist erhöhte Aufmerksamkeit geboten.*
Die vom Betriebsobmann gemachte Anregung, denjenigen deutschen Gefolgschaftsmitgliedern, die einen entlaufenen Kr.(iegs)*Gef.*(angenen) *oder Ostarbeiter zurückbringen bzw. die Flucht eines solchen vereiteln, eine kleine Prämie zu gewähren, soll geprüft werden."*
In der Betriebsleiterbesprechung der Buderus'schen Eisenwerke am 24. September 1942 wurde in diesem Zusammenhang festgestellt:[610]
„Um die Fluchtgefahr der Ostarbeiter und russ.(ischen) *Kr.*(iegs)*Gef.*(angenen) *auf das geringstmögliche Maß herabzudrücken, soll das deutsche Aufsichtspersonal in den erweiterten Werkschutz einbezogen und das Notwendige hierfür bei der in Frage kommenden Behördenstelle veranlaßt werden.*
Eine Erhöhung des Werkzaunes durch Stacheldraht, entlang des Hüttenpfades, und die Wiederanbringung von Glasscherben auf der Dillmauer wird als notwendig erachtet."

Ebenfalls im Juni 1942 flüchteten 6 Ostarbeiter vom Reichsbahn-Gleisbautrupp in der Altenberger Straße. Nachdem sie wieder gefasst worden waren, wurden vier von ihnen in das AEL Heddernheim eingewiesen.[611] Einer von ihnen wurde anschließend in das KZ Buchenwald eingeliefert, und am 25. April 1944 in das KZ Flossenbürg gebracht.[612] Der Sechste von ihnen wurde „wegen wiederholten Verlassens seines Arbeitsplatzes und Bettelns" in ein Konzentrationslager Stufe II eingewiesen.[613]

Im Ostarbeiterlager der Röchling-Buderus AG in der Gabelsberger Straße („Lahnlager") wurde im Juli 1942 die Planung einer „Massenflucht unter Anwendung von Gewalt" aufgedeckt. Mit den zehn Rädelsführern wurde anschließend wie folgt verfahren:
Simon S. kam am 20. August 1942 in das KZ Buchenwald. Am 13. Oktober 1942 wurde er nach dem KZ Sachsenhausen verlegt, wo er vermutlich am 11. April 1943 ermordet wurde.[614] Petro U. wurde am 17. August 1942 in das KZ Buchenwald eingewiesen. Am 16. Juni 1944 wurde er zum KZ Flossenbürg verlegt.[615] Anatoli W. wurde am 20. August 1942 in das KZ Buchenwald gebracht. Am 13. Oktober 1942 wurde er in das KZ Sachsenhausen „überstellt", wo er wahrscheinlich am 1. Februar 1943 ermordet wurde.[616] Peter S. kam ebenfalls am 20. August 1942 in das KZ Buchenwald. Er wurde am 14. Dezember 1942 nach Natzweiler verlegt.[617] Georges K. wurde bereits am 7. Juli 1942 nach Heddernheim gebracht. Von dort wurde er am 12. September 1942 in das KZ Buchenwald

gebracht, von wo aus er am 18. März 1943 nach Ravensbrück verlegt wurde.[618] Wassilij S. wurde am 20. August in das KZ Buchenwald gebracht.[619] Iwan S. wurde am 17. August in das KZ Buchenwald gebracht. Von dort kam er am 27. November 1942 nach Auschwitz, „wo er ums Leben kam".[620] Alexij. R. kam ebenfalls am 17. August 1942 nach Buchenwald, am 2. März 1943 in das KZ Dachau, und am 13. März 1944 in das KZ Natzweiler.[621] Maxim J. wurde ebenfalls am 17. August in das KZ Buchenwald eingeliefert.[622] Kosma J. wurde vermutlich am 21. Juli 1942 festgenommen, am 20. August 1942 in das KZ Buchenwald eingeliefert, von wo aus er am 13. Oktober 1942 nach dem KZ Sachsenhausen verlegt wurde.[623]

Auch der 19jährige Ostarbeiter Michailo T., der aus dem Lager der Firma Hollmann geflüchtet war, wurde nach seiner Festnahme im August 1942 in das KZ Buchenwald eingewiesen und am 27. November 1942 nach Auschwitz transportiert. Dort wurde er am 17. Februar 1943 ermordet.[624]

Wladislaw S. wurde von der Firma Pfeiffer-Apparatebau im Juli 1942 wegen Arbeitsvertragsbruchs angezeigt. Er kam am 21. Juli 1942 in das KZ Buchenwald, später nach Ravensbrück, und am 5. August 1943 nach Auschwitz.[625]

Bei vier der Genannten ist der Tod aktenkundig. Niemand weiß, welches Schicksal die anderen erlitten haben.

Es gab aber auch andere Reaktionen bei Fluchtfällen. Im Januar 1941 suchte die Gestapo nach einem Polen, der von seiner Arbeitsstelle bei einem Bauern in Wetzlar geflohen war.[626] Es war Stefan S., der heute in Wetzlar lebt. Am 29. August 2000 erinnerte er sich:[627]

„Mein Freund Peter Suchoroncak mußte wie ich bei einem Bauern in Wetzlar arbeiten. Ein Bruder von ihm arbeitete ebenfalls als Zwangsarbeiter in Obergruna bei Dresden. Eines Tages sagten Peter und ich uns: „Wir machen Urlaub."

Da wir wegen unserer Herkunft aus Galizien nicht als Polen galten, konnten wir uns ja frei bewegen. Außerdem verfügten wir über Geld, und so kauften wir uns jeder eine Bahnfahrkarte nach Dresden.

Ohne unseren Bauern etwas zu sagen, fuhren wir dann dort hin.

Wir hatten etwa fünf Wochen in Obergruna gearbeitet, als uns die Polizei holte und wieder nach Wetzlar brachte. Wir hatten große Angst vor einer Bestrafung – aber es ist uns beiden überhaupt nichts passiert. Mein Bauer hat zwar fürchterlich mit mir geschimpft, aber dann konnte ich einfach weiterarbeiten, als sei nichts geschehen.

Übrigens meldete sich mein Freund Peter Suchoroncak 1941 zur SS. Er kämpfte später in der Tschechoslowakei und kam bei Kriegsende zurück nach Wetzlar. Etwa 1947 ist er nach Australien ausgewandert."

Seit der Nachricht von der deutschen Niederlage bei Stalingrad im Januar 1943 stieg die Zahl der Widersätzlichkeiten unter den Zwangsarbeitern sehr stark an. Die Informationen darüber, *„daß die Faschisten in der Sowjetunion ... eine Nie-*

derlage erlitten hatten, ... (verursachten bei den Zwangsarbeitern) ... *eine festliche, gehobene Stimmung".*[628]
Die deutschen Sicherheitsstellen rechneten jetzt mit zunehmenden Aktivitäten unter den Ausländern. Der Wehrwirtschaftsoffizier des Wehrkreiskommandos IX in Kassel berichtete sogar über die Bildung spezieller Kampfverbände zur Unterdrückung von Ausländer-Unruhen:[629]
„Die Dienststelle übersendet den Rüstungsinspektionen zu streng vertraulicher Kenntnisnahme eine neue Übersicht über die sogenannten Kampfverbände ... Diese Kampfverbände sind bestimmt, notfalls bei inneren Unruhen (Ausländer!) eingesetzt zu werden."
Die Lage verschärfte sich weiter. Im August 1943 beklagte sich die Röchling-Buderus AG beim Rüstungskommando Gießen über die Zunahme der Fluchtversuche von Ausländern.[630] Die Werkschutz-Mannschaften, welche die Zwangsarbeiter zu überwachen hatten, konnten diese Entwicklung offensichtlich nicht bremsen. Im Oktober 1943 übernahm aber die Gestapo die Organisation des Werkschutzes in Wetzlar. Das Rüstungskommando Gießen vermerkte dazu am 27. Oktober 1943:[631]
„Infolge Übergang der Werkschutzfragen an die Geheime Staatspolizei wurden die bisher durch hier bearbeiteten Angelegenheiten abgewickelt und an die Stapo die Akten übergeben."
Die meisten Betriebe rechneten nun auch mit vermehrten alliierten Luftangriffen und in deren Folge sogar mit Aufruhr unter den Ausländern. Dr. Heinrich Giesbert von den Buderus'schen Eisenwerken meinte dazu in einem internen Aktenvermerk vom 23. Mai 1944:[632]
„Wenn das hiesige Werk angegriffen und getroffen werden sollte, werden die Betriebsleiter, Meister und Vorarbeiter mit der Bekämpfung der Schäden voll beschäftigt sein und keine Möglichkeit haben, mit den außerhalb des Werkes gelegenen Abwehrstellen die Verbindung aufzunehmen, zumal, wenn tatsächlich die Ausländer feindselige Haltung annehmen sollten.
... Die Lagerunterkünfte der Kriegsgefangenen und Ausländer liegen abwehrmäßig gesehen leider sehr ungünstig, und zwar nicht nur unsere Läger, sondern auch die Läger anderer Firmen ...
Ich habe deshalb vorgeschlagen, auf dem Kalkbruch in Niedergirmes eine Befehlsstelle einzurichten."
Durch die Verschärfung der Maßnahmen nahm die Zahl der Verhaftungen in der Folge stetig zu – das galt allerdings auch für deutsche Straftäter.
Hatte die Zahl aller Festnahmen und Einlieferungen – also Ausländer und Deutsche – in den Polizeigewahrsam in Wetzlar 1941 noch 71 betragen, so waren 1942 bereits 168 Fälle zu verzeichnen, 1943 waren es 308, 1944 insgesamt 585, und 1945 – allein in drei Kriegsmonaten – 1.031 verhaftete Personen.
Die Zahl der Gefangenentransporte stieg noch drastischer an: 1941 waren es 23, 1942 insgesamt 66, 1943 dann 137 und 1944 sogar 225 Transporte.1944 wurde

also fast an jedem Tag ein Gefangenentransport durchgeführt. Damit hatte sich ihre Zahl in vier Jahren praktisch verzehnfacht.[633]

Am 10. März 1943 wurde der Ostarbeiter Alexej S. bei den Buderus'schen Eisenwerken *„wegen Aufforderung zur Sabotage"* festgenommen, und am 10. Juni 1943 in das KZ Mauthausen eingeliefert.[634]
Am 16. April 1943 wurde die Ostarbeiterin Sinaida S. im Iding-Lager der Firma Hensoldt wegen Verdachts der Sabotage festgenommen.[635]
Am 5. August 1943 wurde der Ostarbeiter Konstantin T. *„wegen deutschfeindlicher Einstellung und Attentatsabsichten"* in ein Konzentrationslager Stufe III eingeliefert. Am 16. September 1943 erfolgte seine Verlegung in das KZ Dachau.[636]
Im Lager der Firma Pfeiffer wurde der Ostarbeiter Josef P. am 2. November 1943 wegen *„Aufwiegelung und Spiritusdiebstahl"* festgenommen und anschließend in ein Konzentrationslager eingewiesen. Am 27. Januar 1944 wurde er in das KZ Buchenwald überstellt, wo er vermutlich am 18. August 1944 ermordet wurde.[637] Der Betriebsobmann der Firma Pfeiffer schrieb dazu in seinem Jahresbericht für 1943 an den Kreisobmann der DAF in Wetzlar vom 12. Januar 1944 unter anderem:[638]
„Die bei uns eingesetzten Ostarbeiter sind jetzt gut 1 1/2 Jahre durchschnittlich bei uns und haben im großen und ganzen nur wenige Beanstandungen ergeben. Bei vorgekommenen Disziplinlosigkeiten, Diebstählen usw. konnte sofort energisch eingegriffen werden."

Im Februar 1944 wurde der Franzose Henri H. bei Leitz für 21 Tage in Haft genommen, *„weil er gemeinsam mit anderen Franzosen Briefe mit staatsfeindlichem Inhalt besprochen hatte"*.[639]

Im September 1944 wurden bei Röchling-Buderus eine Ostarbeiterin und ein Ostarbeiter wegen *„dringenden Verdachts der Beihilfe zur Bildung illegaler Gruppen und deutschfeindlicher Einstellung"* in Konzentrationslager eingewiesen.[640]
Es gab aber auch ganz andere Gründe für harte Bestrafungen. So kam der holländische Arbeiter Pieter L. bei Röchling-Buderus wegen *„Verächtlichmachung der Deutschen Wehrmacht"* vom 8. Oktober bis zum 4. November 1941 in Haft.[641]
Aus der Franzosen-Unterkunft der Hensoldt AG in der Wetzlarer Lahnstraße 21 (auf der Rückseite des „Westfälischen Hofes")[642] wurde am 19. März 1943 die Französin Henriette V. wegen *„schlechter Arbeitsleistung und Aufwiegelung von Ostarbeiterinnen"* in ein Frauen-AEL eingewiesen.[643] Ebenfalls aus der Lahnstraße 21 wurde der Franzose Daniel V. am 10. Februar 1944 wegen *„Abhörens feindlicher Radiosender"* verhaftet.[644]
Am 26. Juni 1943 wurde die Französin Henriette L. wegen *„Beleidigung des Führers"* für 4 Wochen in das Frauen-AEL Salzgitter-Watenstedt eingewiesen.[645]
In einem Haushalt in der Wetzlarer Entengasse[646] wurde die Französin Reine D. am 9. Dezember 1943 wegen Plünderungsverdachts festgenommen. Da sich der

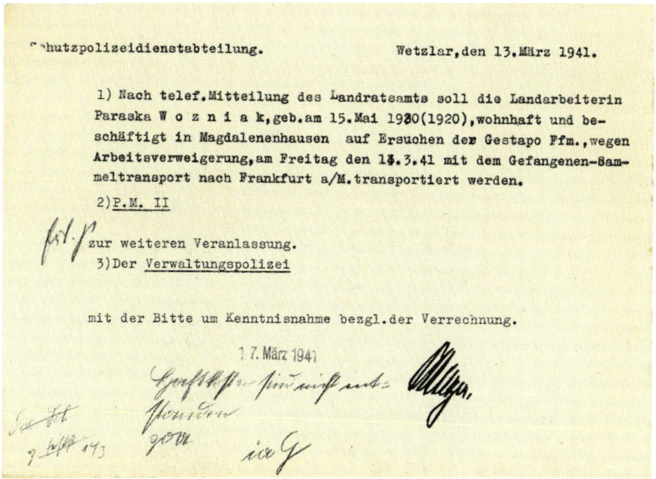

Schutzpolizeidienstabteilung. Wetzlar, den 13. März 1941.

1) Nach telef. Mitteilung des Landratsamts soll die Landarbeiterin Paraska W o z n i a k, geb. am 15. Mai 1930(1920), wohnhaft und beschäftigt in Magdalenenhausen auf Ersuchen der Gestapo Ffm., wegen Arbeitsverweigerung, am Freitag den 14.3.41 mit dem Gefangenen-Sammeltransport nach Frankfurt a/M. transportiert werden.

2) P.M. II

zur weiteren Veranlassung.

3) Der Verwaltungspolizei

mit der Bitte um Kenntnisnahme bezgl. der Verrechnung.

17. März 1941

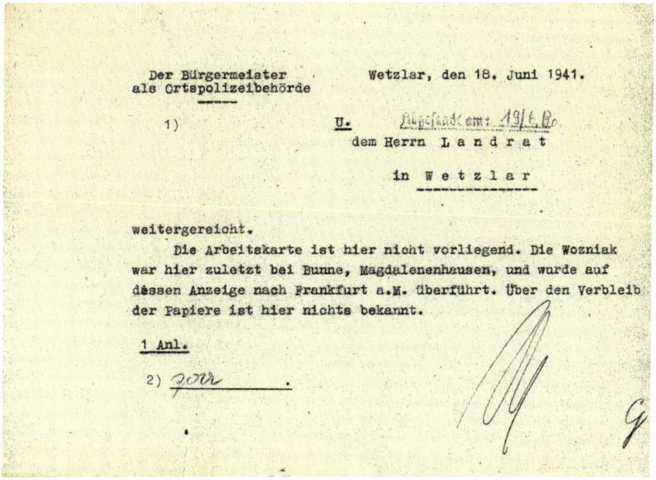

Der Bürgermeister als Ortspolizeibehörde Wetzlar, den 18. Juni 1941.

1) U. dem Herrn L a n d r a t in W e t z l a r

weitergereicht.

Die Arbeitskarte ist hier nicht vorliegend. Die Wozniak war hier zuletzt bei Bunne, Magdalenenhausen, und wurde auf dessen Anzeige nach Frankfurt a.M. überführt. Über den Verbleib der Papiere ist hier nichts bekannt.

1 Anl.

2)

Wer wie diese beiden polnischen Zwangsarbeiter zur Gestapo nach Frankfurt am Main transportiert wurde, den erwartete nichts Gutes. Im schlimmsten Falle drohte die Einweisung in ein Konzentrationslager, was oft einem Todesurteil gleichkam.

Verdacht aber nicht bestätigte, wurde sie am 8. Januar 1944 wieder entlassen. Am 23. Mai 1944 wurde sie jedoch wegen *„Arbeitsbummelei und Simuliererei"* in ein Frauen-AEL eingewiesen.[647]

Am 20. März 1944 wurde der Wilhelm B. bei der Firma Pfeiffer – seine Staatsangehörigkeit war nicht geklärt, er dürfte aber Galizier gewesen sein – *„wegen Arbeitsvertragsbruchs und Flucht sowie Nichttragen des Ostarbeiterabzeichens"* für sechs Wochen in das AEL Heddernheim eingewiesen.[648]

Am 20. Juli 1944 kam die Ostarbeiterin Vera S., die in der Spinnerei & Weberei arbeitete, in Polizeihaft *„wegen Bemalens von Textilwaren mit dem Sowjetstern"*.[649]

Die Auswertung der Gestapo-Kartei Frankfurt am Main ergab für die Stadt Wetzlar bis zum Kriegsende folgende Bestrafungsfälle von Ausländern (geordnet nach ihrer Anzahl, nach Firmen und nach dem verhängten Strafmaß):[650]

Röchling-Buderus AG:	30 gesicherte Einweisungen in KZ, eine fraglich 25 Einweisungen in das AEL Frankfurt-Heddernheim 27 Fälle von Haft, und 14 Fälle von Flucht <u>Insgesamt: 97 Fälle</u>
Buderus'sche Eisenwerke:	11 gesicherte Fälle von KZ 21 Fälle AEL 19 Fälle von Haft und 17 Fälle von Flucht <u>Insgesamt: 68 Fälle</u>
Optische Werke E. Leitz:	9 gesicherte Fälle von KZ, eine fraglich 23 Fälle AEL 9 Fälle Haft und <u>Insgesamt: 42 Fälle</u>
Reichsbahnlager Altenberger Straße:	2 Fälle KZ 4 Fälle AEL 5 Fälle Haft und 14 Fälle von Flucht[651] <u>Insgesamt: 24 Fälle</u>
Arthur Pfeiffer GmbH:[652]	8 Fälle KZ 9 Fälle AEL und 4 Fälle Haft <u>Insgesamt: 21 Fälle</u>
Hensoldt AG:	1 Fall KZ 4 Fälle AEL und 7 Fälle von Haft[653] <u>Insgesamt: 12 Fälle</u>
Hofgut Helm:	4 Fälle AEL 2 Fälle von Flucht <u>Insgesamt: 6 Fälle</u>

Hollmann-Werk:	3 Fälle KZ 1 Fall AEL Insgesamt: 4 Fälle
Spinnerei & Weberei:	3 Fälle von Haft
Carolinenhütte:	1 Fall AEL, 1 Fall von Haft
Hofgut Hermannstein:	1 Fall AEL, 1 Fall von Haft
Herkules-Werk:	1 Fall AEL
Handschuhfabrik Mülln:	1 Fall von Haft
In Haushalten, Landwirtschaft etc.:	1 Fall KZ 13 Fälle AEL 5 Fälle Haft 6 Fälle von Flucht
Andere Firmen (Kling, etc.)	1 Fall KZ 4 Fälle AEL 3 Fälle von Flucht

Eine exakte Bewertung des Bestrafungsverhaltens einzelner Unternehmen bei Fällen, die der Gestapo gemeldet wurden, ist kaum möglich. Eine verlässliche Tendenz ließ sich aber insofern ermitteln, als man die Zahl aller zuzuordnenden Bestrafungsfälle eines Unternehmens – jedoch ohne die Fluchtfälle, weil dies im Falle des (offenen?) Reichsbahnlagers zu Verzerrungen geführt hätte – auf die Anzahl beschäftigter Zwangsarbeiter des jeweiligen Betriebes zum Zeitpunkt der vorhandenen Ausländer-Lagerlisten in Relation setzte:[654]

7. September 1942:[655]

Hofgut Helm:	1 Fall auf	2,5	Zwangsarbeiter/innen
Hollmann:	1 Fall auf	3,25	Zwangsarbeiter/innen
Ernst Leitz GmbH	1 Fall auf	4,64	Zwangsarbeiter/innen
Pfeiffer Apparatbeau:	1 Fall auf	5,71	Zwangsarbeiter/innen
Handschuhfabr. Mülln:	1 Fall auf	6,0	Zwangsarbeiter/innen
Reichsbahnlager:	1 Fall auf	8,0	Zwangsarbeiter/innen
Röchling-Buderus AG:	1 Fall auf	9,15	Zwangsarbeiter/innen
Hensoldt AG:	1 Fall auf	9,58	Zwangsarbeiter/innen
Buderus'sche Eisenw.:	1 Fall auf	10,78	Zwangsarbeiter/innen
Spinnerei & Weberei:	1 Fall auf	18,33	Zwangsarbeiter/innen

26. Oktober 1942:

Hollmann:	1 Fall auf 3,75 Zwangsarbeiter/innen
Buderus'sche Eisenw.:	1 Fall auf 4,11 Zwangsarbeiter/innen
Pfeiffer-Apparatebau:	1 Fall auf 4,38 Zwangsarbeiter/innen
Ernst Leitz GmbH:	1 Fall auf 4,71 Zwangsarbeiter/innen
Handschuhfabr. Mülln:	1 Fall auf 6,0 Zwangsarbeiter/innen
Spinnerei & Weberei:	1 Fall auf 11,33 Zwangsarbeiter/innen
Röchling-Buderus AG:	1 Fall auf 11,35 Zwangsarbeiter/innen
Hensoldt AG:	1 Fall auf 15,58 Zwangsarbeiter/innen

1. April 1943:[656]

Röchling-Buderus AG:	1 Fall auf 9,54 Zwangsarbeiter/innen
Pfeiffer-Apparatebau:	1 Fall auf 10,42 Zwangsarbeiter/innen
Hensoldt AG:	1 Fall auf 13,50 Zwangsarbeiter/innen
Handschuhfabr. Mülln:	1 Fall auf 14,0 Zwangsarbeiter/innen
Spinnerei & Weberei:	1 Fall auf 15,33 Zwangsarbeiter/innen
Hollmann:	1 Fall auf 16,75 Zwangsarbeiter/innen
Ernst Leitz GmbH:	1 Fall auf 18,95 Zwangsarbeiter/innen
Buderus'sche Eisenw.:	1 Fall auf 24,62 Zwangsarbeiter/innen

18. Januar 1945:

Reichsbahn-Lager:	1 Fall auf 12,40 Zwangsarbeiter/innen
Röchling-Buderus:	1 Fall auf 18,42 Zwangsarbeiter/innen
Arthur Pfeiffer:	1 Fall auf 18,76 Zwangsarbeiter/innen
Carolinenhütte:	1 Fall auf 19,50 Zwangsarbeiter/innen
Spinnerei & Web.:	1 Fall auf 19,66 Zwangsarbeiter/innen
Buderus'sche EW:	1 Fall auf 20.23 Zwangsarbeiter/innen
Ernst Leitz:	1 Fall auf 23,54 Zwangsarbeiter/innen
Hollmann:	1 Fall auf 28,75 Zwangsarbeiter/innen
Herkules-Werk:	1 Fall auf 33,00 Zwangsarbeiter/innen
Hensoldt AG:	1 Fall auf 34,58 Zwangsarbeiter/innen
Stadtwerke WZ:	Kein Fall nachgewiesen
Georg Kremp:	Kein Fall nachgewiesen

Setzt man die Bestrafungsfälle hingegen in Relation zur Gesamtzahl der insgesamt während des ganzen Krieges in einem Unternehmen tätig gewesenen Zwangsarbeiter – also unter Berücksichtigung der gesamten Fluktuation – so ergibt sich für die Firmen Röchling-Buderus AG, Buderus'sche Eisenwerke, Hensoldt AG und Spinnerei & Weberei ein durchaus anderes Bild:[657]

Spinnerei & Weberei:	1 Fall auf 29,33 Zwangsarbeiter/innen
Buderus'sche Eisenwerke:	1 Fall auf 35,45 Zwangsarbeiter/innen
Röchling-Buderus:	1 Fall auf 35,95 Zwangsarbeiter/innen
Hensoldt AG:	1 Fall auf 47,75 Zwangsarbeiter/innen

Grundsätzlich muss berücksichtigt werden, dass die Großbetriebe der Schwerindustrie – Röchling und Buderus – weit überwiegend Kriegsgefangene und männliche Zwangsarbeiter beschäftigten, während in den beiden Großbetrieben der optisch-feinmechanischen Indutrie – Leitz und Hensoldt – hauptsächlich ausländische Mädchen und Frauen arbeiteten.[658] Diese Situation beeinflusste die Bestrafungshäufigkeit in der Schwerindustrie natürlich negativ: Kriegsgefangene und männliche Zwangsarbeiter lehnten sich erfahrungsgemäß schneller gegen ihre Unterdrücker auf als junge Frauen und Mädchen in der optischen Industrie.[659] So hatte der Betriebsleiter der Buderus'schen Eisenwerke, Dr. Heinrich Giesbert, im September 1942 in einem privaten Brief unter anderem über Kriegsgefangene und „männliche Zivilarbeiter" bei Buderus bemerkt:[660]
„... *Unter* (... ihnen ...) *befinden sich leider auch sehr viel Jugendliche, die sich ganz besonders bockbeinig anstellen.*"

Wohlgemerkt: Zusätzlich zu den hier angeführten schwereren Bestrafungen hat jeder der genannten Betriebe noch die Bestrafung „einfacherer Vergehen" selbst vorgenommen. Außer im Falle Hensoldt müssen aber die „Bücher über besondere Vorkommnisse" der einzelnen Wetzlarer Unternehmen, in welche die Bestrafungsvorgänge der Ausländer seit dem Frühjahr 1943 einzutragen waren, als verloren gelten.

Die Tatsache, dass die Hensoldt AG – als NS-„Musterbetrieb", dessen Betriebsleiter und späterer Wehrwirtschaftsführer Dr. Carl Hensoldt schon früh offen als Nationalsozialist auftrat – in der Aufstellung der schweren Bestrafungen von Zwangsarbeitern durch die Gestapo relativ gering belastet erscheint, lässt sich unter anderem mit einer Äußerung des damaligen Betriebsleiters Dr. Hans Hensoldt im Spruchkammer-Verfahren des Hensoldt-Lagerleiters Albert Moser am 29. November 1949 in Gießen erklären.[661] Auf die Feststellung des Vorsitzenden Richters: „*Bei den Akten liegt eine Mappe, aus der hervorgeht, daß täglich Meldungen gemacht worden sind, die die Leute wegen Kleinigkeiten anzeigten*" antwortete er:
„*Ja, das stimmt. Es war zu aller Glück noch eine Verfügung erschienen, wonach es dem Geschäftsleiter und dem Betriebsführer möglich war, Leute selbst zu bestrafen, ohne sie der Gestapo zu melden. Dieses Bestrafen habe ich gern unterstützt, damit mir der Fall von der Gestapo wegkam.*"

In der Tat fanden sich in dem noch teilweise überlieferten „Buch über besondere Vorkommnisse“[662] der Hensoldt AG im Zeitraum zwischen dem 18. März 1943 und 13. November 1944 insgesamt 38 Fälle der Bestrafung von Zwangsarbeitern bei Kleinvergehen: 21 Bestrafungen durch Moser (davon einige durch Dr. Hans Hensoldt abgezeichnet), 12 Bestrafungen durch Dr. Hans Hensoldt selbst, 3 Bestrafungen durch den Lagerleiter Adam und 2 Fälle ohne nähere Angabe. Dabei wurden 16 Geldstrafen, 6 Arreststrafen, einmal Tabakentzug und 10 Urlaubs- bzw. Ausgangssperren verhängt. Als Gründe wurden in der Hauptsache genannt: Nicht oder zu spät zur Arbeit erschienen (11 x), Streit mit Kameraden oder Rauferei (4 x), Lager ohne Genehmigung verlassen (4 x), Spiritus gestohlen (3 x), Verstoß gegen die Lagerdisziplin (2 x), Fluchtverdacht (1 x) und ein Fall „wegen Verabreichung von Brot und Wasser an in Arrest sitzende Ostarbeiter“.[663] Bestraft wurden insgesamt 36 Ostarbeiterinnen – 13 von ihnen, weil sie bei Fliegeralarm der Lagerwache nicht Folge geleistet hatten –, 4 Ostarbeiter, 19 französische Zwangsarbeiter und 6 Italiener.
Gerade die Kenntnis über dieses „Bestrafungsbuch“ führte zusammen mit anderen Faktoren[664] später aber zu einer grundsätzlichen Präjudizierung im Hinblick auf das Strafverhalten der Hensoldt-Firmenleitung gegenüber Zwangsarbeitern. So hieß es in der Klageschrift zum Spruchkammer-Verfahren Dr. Carl Hensoldt unter anderem:[665]

Dieses kleine Buch „Meldungen der Werksaufsicht über Vorkommnisse innerhalb des Betriebes“ der Ernst Leitz GmbH ist erhalten geblieben. Die Einträge in ihm betrafen jedoch nicht die im Werk beschäftigten Zwangsarbeiter, sondern nur normale Vorkommnisse im Werk – wie etwa Diebstähle unter deutschen Belegschaftsangehörigen usw.

„Wie aus den Vorgängen der Akte 1 hervorgeht, wurden im Hensoldt-Werk beschäftigte Fremdarbeiter wiederholt mit Geldstrafen, Strafarbeiten, Rauchwaren- und Kostentzug und Arreststrafen bestraft. In verschiedenen Fällen, auch bei deutschen Werksangehörigen, erfolgte Meldung an die Gestapo.
Hieraus ergibt sich die Verantwortlichkeit des Betroffenen nach dem Anhang des Gesetzes ...“
Damit wurde der Realität keinesfalls Rechnung getragen. Gerade das „Buch über besondere Vorkommnisse“ belegte ja, dass Hensoldt die meisten Fälle im „Innenverhältnis“ erledigt hatte.
Hätten die Spruchkammern die vorhandenen Gestapo-Unterlagen ausgewertet, wäre ein solcher Fehler sicher nicht vorgekommen. Es war aber noch nicht einmal andeutungsweise erkennbar, dass die Unterlagen der Gestapo Frankfurt am Main auch nur in einem einzigen Wetzlarer Spruchkammer-Verfahren mit zur Wahrheitsfindung herangezogen worden wären.
Der Aussagewert der im Zusammenhang mit den besonders brutalen Handlungsweisen der Werkschutzleiter bei Röchling-Buderus oder den Burger Eisenwerken gemachten Angaben: *„Betriebsjustiz, Gestapo-Verhaftungen und andere Strafen sind auch im Verfahren Hensoldt zur Sprache gekommen“*,[666] oder: *„Daß es ihnen* (Anm.: Den Zwangsarbeitern) *besser bei Leitz ging als z. B. bei Hensoldt, ist bekannt ...“*,[667] war demnach in Frage zu stellen.

Ebenso wie bei der Röchling-Buderus AG muss auch das „Buch über besondere Vorkommnisse“ im Zusammenhang mit Zwangsarbeitern der Buderus'schen Eisenwerke als verloren gelten. In einer vorgedruckten Personalliste mit der Überschrift *„Der Ausländer“* fand sich aber neben verschiedenen anderen Angaben auch eine Spalte *„Bemerkungen über Führung und etwaige Bestrafungen“*.[668]
Auch das für Zwangsarbeiter anzulegende „Buch über besondere Vorkommnisse“ der Leitzwerke ist verschollen. Die Sekretärin Emmi I. gab dazu aber in der Spruchkammer-Verhandlung von Franz Bauer am 24. Juli 1947 auf Befragen eines Rechtsanwaltes an:[669]
„Es sollte von Herrn Bauer ein Buch geführt werden über „Besondere Vorkommnisse“. Das Buch hat er aber erst zum Schluß angelegt.
... Erst durch wiederholte Anforderungen des Rüstungskommandos wurde es angelegt. Herr Bauer hat selbst die Eintragungen gemacht. Ich habe sie nicht gelesen.“
Ein kleines Buch „Meldungen der Werksaufsicht über Vorkommnisse innerhalb des Betriebes“ ist aber noch erhalten geblieben. Dieses wurde aber nicht von Herrn Bauer, sondern von einem „Siekmeier“ geführt und beinhaltete nur Vorkommnisse innerhalb des normalen Betriebsablaufes: Hauptsächlich Diebstähle deutscher Belegschaftsangehöriger, Beschwerden usw.[669a] Es muss also ein weiteres „Buch über besondere Vorkommnisse – nur für Ausländer – gegeben haben. Dabei kamen im ganzen Buch nur zwei Belgier vor: Luis Cap war im Januar 1943

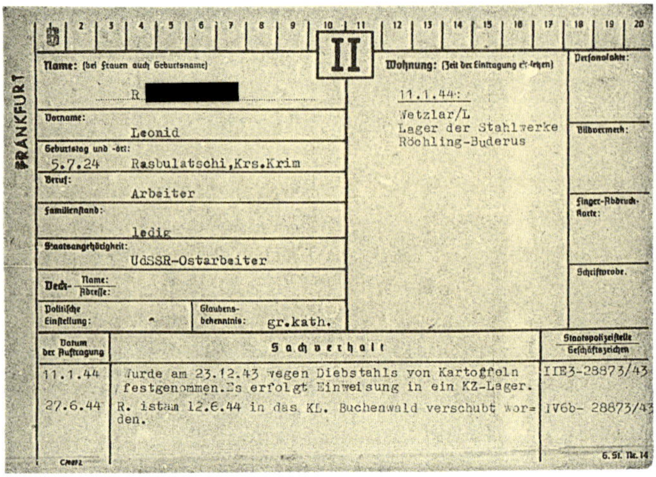

FRANKFURT

B | 2 | 3 | 4 | 5 | 6 | 7 | 8 | 9 | 10 | 11 | 12 | 13 | 14 | 15 | 16 | 17 | 18 | 19 | 20

II

Name: (bei Frauen auch Geburtsname) R.[redacted]

Wohnung: (Zeit der Eintragung einsetzen) 11.1.44: Wetzlar/L Lager der Stahlwerke Röchling-Buderus

Personalakte:

Vorname: Leonid

Bildvermerk:

Geburtstag und -ort: 5.7.24 Rasbulatschi, Krs. Krim

Beruf: Arbeiter

Finger-Abdruck-Karte:

Familienstand: ledig

Staatsangehörigkeit: UdSSR-Ostarbeiter

Schriftprobe:

Deck- Name: Adresse:

Politische Einstellung: -

Glaubensbekenntnis: gr.kath.

Datum der Auftragung	Sachverhalt	Staatspolizeistelle Geschäftszeichen
11.1.44	Wurde am 23.12.43 wegen Diebstahls von Kartoffeln festgenommen. Es erfolgt Einweisung in ein KZ-Lager.	IIE3-28873/43
27.6.44	R. ist am 12.6.44 in das KL. Buchenwald verschubt worden.	IV6b- 28873/43

G.St. Nr. 14

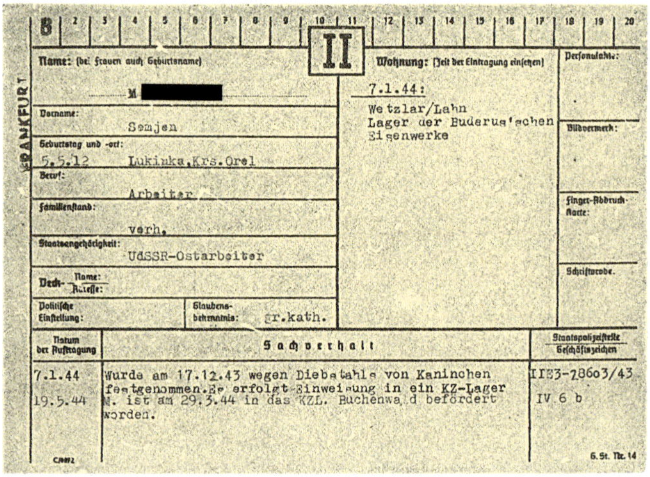

FRANKFURT

B | 2 | 3 | 4 | 5 | 6 | 7 | 8 | 9 | 10 | 11 | 12 | 13 | 14 | 15 | 16 | 17 | 18 | 19 | 20

II

Name: (bei Frauen auch Geburtsname) M[redacted]

Wohnung: (Zeit der Eintragung einsetzen) 7.1.44: Wetzlar/Lahn Lager der Buderus'schen Eisenwerke

Personalakte:

Vorname: Semjen

Bildvermerk:

Geburtstag und -ort: 5.5.12 Lukinka, Krs. Orel

Beruf: Arbeiter

Finger-Abdruck-Karte:

Familienstand: verh.

Staatsangehörigkeit: UdSSR-Ostarbeiter

Schriftprobe:

Deck- Name: Adresse:

Politische Einstellung:

Glaubensbekenntnis: gr.kath.

Datum der Auftragung	Sachverhalt	Staatspolizeistelle Geschäftszeichen
7.1.44	Wurde am 17.12.43 wegen Diebstahls von Kaninchen festgenommen. Es erfolgt Einweisung in ein KZ-Lager	IIE3-28603/43
19.5.44	M. ist am 29.3.44 in das KZL. Buchenwald befördert worden.	IV 6 b

G.St. Nr. 14

Die Beamten der Geheimen Staatspolizeistelle Frankfurt am Main (Gestapo) waren gründlich. Jeder Bestrafungsfall eines ausländischen Zwangsarbeiters wurde penibel auf einer besonderen Karteikarte vermerkt und beschrieben. Die unter der Rubrik „Sachverhalt" notierten Begleitumstände zeigen, dass die Art und Weise der Bestrafung durch die Gestapo offensichtlich im Ermessen der damit befassten Beamten lag. Die Folgen einer solchen Gestapo-Entscheidung waren oft grauenhaft.

eine Jacke gestohlen worden, und bei Nachforschungen deswegen in der Belgier-Unterkunft im Werk wurden bei Josef Daniels zwei Elektro-Motoren entdeckt (letzter eintrag im Buch vom 11. Januar 1943).

Bei Leitz wurden offensichtlich noch nach dem Frühjahr 1943 – als die Gestapo die Bestrafung kleinerer „Vergehen" den Betrieben selbst übertragen hatte – kleinere Vergehen der Gestapo gemeldet. In der Spruchkammer-Verhandlung des ehemaligen Luftschutzleiters bei Leitz, Ferdinand Mai, gab Johannes L. am 9. September 1946 zu Protokoll:[670]

„Als die Baracken am Stadion durch die Firma Leitz erbaut wurden, war ich als Maurer dort beschäftigt. Des morgens, bevor wir zu unserem Arbeitsplatz gingen, kamen wir erst immer in der Baracke zusammen, wo auch des öfteren über Krieg und Politik gesprochen wurde.

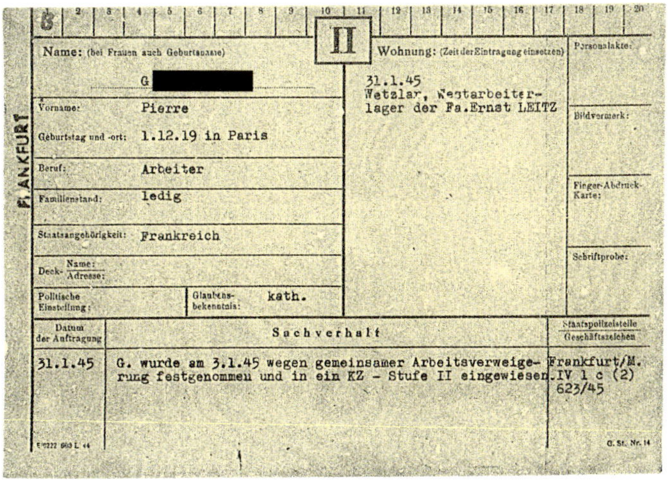

FRANKFURT

II

Name: (bei Frauen auch Geburtsname) G [redacted]

Vorname: Pierre

Geburtstag und -ort: 1.12.19 in Paris

Beruf: Arbeiter

Familienstand: ledig

Staatsangehörigkeit: Frankreich

Deck- Name: / Adresse:

Politische Einstellung:

Glaubensbekenntnis: kath.

Wohnung: (Zeit der Eintragung einsetzen) 31.1.45 Wetzlar, Westarbeiterlager der Fa.Ernst LEITZ

Personalakte:

Bildvermerk:

Finger-Abdruck-Karte:

Schriftprobe:

Datum der Auftragung	Sachverhalt	Staatspolizeistelle Geschäftszeichen
31.1.45	G. wurde am 3.1.45 wegen gemeinsamer Arbeitsverweigerung festgenommen und in ein KZ - Stufe II eingewiesen.	Frankfurt/M. IV 1 c (2) 623/45

G. St. Nr. 14

Da zuvor einige Bombenangriffe auf Wetzlar stattfanden, ... äußerte ich mich, daß wohl heute morgen Wetzlar wieder angegriffen würde. Das hörte der belgische Dolmetscher, der dies sofort dem damaligen Luftschutzleiter Ferdinand Mai meldete. Mai kam dann zu mir und zu Herrn Z. und befrug uns, ob wir dies heute morgen in der Baracke geäußert hätten.
Herr Mai hatte nichts Eiligeres zu tun, als die Gestapo anzurufen. Nachmittags fuhr ein Wagen der Gestapo so gegen 4 Uhr vor und unsere beiden Namen, L. und Z., wurden durch Mai ausgerufen. Wir mußten einsteigen und auf der Gestapo wurden wir vernommen. Man drohte uns mit der Einweisung in das Lager Frankfurt[671] *usw. und lediglich unserem Alter und unserer bisherigen Unbescholtenheit hatten wir es zu verdanken, daß wir wieder auf freien Fuß gesetzt wurden."*

Wie das die Gestapo in anderen Fällen bei leichten Delikten hielt, zeigt folgende Auswahl von Fällen:
Der Ostarbeiter Semjon M. bei Buderus wurde am 17. Dezember 1943 festgenommen, weil er ein Kaninchen gestohlen hatte. Am 29. März 1944 wurde er in das KZ Buchenwald übergeführt.[672] Am 23. Dezember 1943 wurde der Ostarbeiter Leonid R. bei Röchling-Buderus wegen Kartoffeldiebstahls festgenommen und am 12. Juni 1944 ebenfalls in das KZ Buchenwald eingeliefert.[673] Der Ostarbeiter Michail M. bei Buderus wurde am 24. September 1943 wegen Obstdiebstahls in das AEL Heddernheim eingewiesen.[674] Die Ostarbeiterin Wera A. bei Pfeiffer wurde wegen desselben Deliktes vom 26. September 1944 bis 31. Januar 1945 in Haft genommen. Nachdem sie trotzdem wieder dabei ertappt worden war, wurde sie im März 1945 in ein Konzentrationslager eingewiesen.[675]
Von einem ganz besonderen Fall wußte Erika Cloos aus Erda zu berichten:[676]

„1941 – ich war 15 Jahre alt – mußte ich mein ‚Pflichtjahr' als Mädchen in der Gastwirtschaft Sänger in Hohensolms ableisten. Dort war auch ein 16jähriger polnischer Zwangsarbeiter beschäftigt, der im Frühjahr 1942 mit ansehen mußte, wie ein anderer Pole bei Königsberg aufgehängt wurde.[677]
Anfang 1945 fand ‚unser' Pole – wir nannten ihn immer Klaus – beim Holz einschlagen im Wald gefälschte Brotmarken, die offensichtlich von den Amerikanern abgeworfen worden waren. Er schickte sie seinem Bruder, der ebenfalls irgendwo in Deutschland Zwangsarbeit leistete.
Ich nehme an, daß die ganze Sache herausgekommen war, denn einige Zeit später wurde ‚unser' Pole von der Polizei abgeholt. Es hieß, er sei für seine Tat erschossen worden."
Helmut Sänger, einer der Söhne des Gastwirts-Ehepaares, war damals fünf Jahre alt. 2001 erinnerte er sich an die Erzählungen seiner Mutter:[678]
„Der polnische Zwangsarbeiter war sechzehn Jahre alt und hieß Klaus Stocklosa. Den Namen weiß ich deshalb noch so genau, weil er diesen in unsere Stalltür eingeritzt hatte.
Klaus hatte Anfang 1945 im Wald gefälschte Brotmarken gefunden, die er seinem Bruder in Berlin geschickt hatte. Nachdem das herausgekommen war, hat man ihn verhaftet und nach Buchenwald gebracht. Dort soll er ums Leben gekommen sein."

Sexualleben

Millionen überwiegend junge Zwangsarbeiter, Zwangsarbeiterinnen und Kriegsgefangene hatten natürlich sexuelle Bedürfnisse, was besonders durch ihren Aufenthalt in den Großlagern der Industrie zu Problemen führte. Zur Vermeidung absehbarer Missstände hatte der Reichsführer SS dem Reichsarbeitsminister schon mit Schreiben vom 8. März 1940 unter anderem die Errichtung von Bordellbaracken in Zwangsarbeiterlagern vorgegeben,[679] und noch am 23. Dezember 1941 forderte der Reichsinnenminister die Landesregierungen in den einzelnen Reichsgauen auf:[680]
„Betr.: Schaffung von Bordellen für fremdvölkische Arbeiter.
... Auch die Gemeinden, in deren Gebiet fremdvölkische männliche Arbeitskräfte in erheblichem Umfang in der gewerblichen Wirtschaft beschäftigt sind, haben mit Rücksicht auf die Gewährleistung der öffentlichen Ruhe, Ordnung und Sicherheit ein erhebliches Interesse daran, daß erforderlichenfalls derartige Bordelle für fremdvölkische Arbeiter eingerichtet werden.
Ich ersuche daher die Gemeindeaufsichtsbehörden, diejenigen Gemeinden, in denen sich die Schaffung eines solchen Bordells nach Feststellungen der Kriminalpolizeileitstelle für notwendig erweist, hiervon alsbald zu unterrichten und zur Mitwirkung an der Erstellung dieser Einrichtungen anzuhalten."

In diesen Bordellen sollten vorwiegend Frauen des gleichen Volkstums eingesetzt werden. Die Errichtung von Bordellen war jedoch grundsätzlich nur für Westarbeiter vorgesehen.[681] Polen und Ostarbeitern war somit die Befriedigung ihrer sexuellen Grundbedürfnisse in dieser Form verwehrt.
Bis Ende 1943 waren in Deutschland etwa 60 solcher Bordelle mit etwa 600 Prostituierten eingerichtet worden, weitere 50 waren im Bau. Über die Zustände dort berichtete der SD:[682]
„Die Anwerbung der Prostituierten erfolgt auf freiwilliger Grundlage in Paris, Polen und dem Protektorat ohne besondere Bindungen. Die Einnahmen der Prostituierten seien im allgemeinen recht hoch, weil sie vereinzelt bis zu 50 Männer am Tag empfangen."
Die illegale Prostitution war hingegen wesentlich ausgeprägter und soll in nahezu jedem größeren Lager aufgetreten sein.

Trotz der für den Raum Wetzlar bedeutenden Zwangsarbeiterzahlen sind hier jedoch weder Ausländer-Bordelleinrichtungen noch konkrete Fälle von Lagerprostitution nachgewiesen. Lediglich in einem Einzelfall könnte man von Prostitution unter Zwangsarbeitern ausgehen. In einem Schreiben an die Gestapo in Frankfurt vom 8. Oktober 1943 berichtete dazu der Wetzlarer Bürgermeister über die Polin[683] Emilie W.:[684]
„Am 5.10.43 teilte der Gastwirt Sasse, Gastwirtschaft ‚Erholung', hier, fernmündlich mit, daß die bei ihm beschäftigte Hausgehilfin Emilie W. seit 2. d. Mts. verschwunden und nicht wieder aufgetaucht sei. Er bat um Zuführung, falls die W. angetroffen würde.
Am 8. d. Mts. teilte die Firma Hensoldt fernmündlich mit, daß die W. im Westarbeiterlager angetroffen und festgehalten würde.
... Die W. ist hier schon wiederholt in Erscheinung getreten. Im Januar d. Js. kam sie nach Wetzlar und war zunächst im Haushalt der Frau Z. ... tätig.
... Anfangs arbeitete sie zur Zufriedenheit. Dann feierte sie öfter krank, wobei sie sich mit Franzosen herumtrieb. Zuletzt blieb sie tagelang von ihrer Arbeitsstelle fern und kam dann in vollkommen verschmutztem Zustand zurück.
... sie wurde dann dem Gastwirt Sasse zugeteilt ... bis sie am Samstag, den 2. d. Mts. ihre Arbeitsstelle verließ und sich im Westarbeiterlager der Firma Hensoldt herumdrückte. Es ist mit Bestimmtheit anzunehmen, daß sie dort der Gewerbsunzucht nachgegangen ist."
Die Betroffene selbst gab in einer Vernehmung am 8. Oktober 1943 an, ihr Vater sei Pole und ihre Mutter Französin gewesen. Sie bestritt, Geschlechtsverkehr mit den Franzosen gehabt zu haben. Allerdings räumte sie ein:
„Ich bin nicht mehr zu meiner Arbeitsstelle zurückgegangen und habe im Lager[685] *zusammen mit zwei französischen Arbeitern in einem Zimmer geschlafen."*
Die weiteren Geschehnisse gingen aus dem betreffenden Gestapo-Protokoll hervor.[686] Die Betroffene wurde in die Frauenstrafanstalt Frankfurt-Höchst einge-

liefert und später der Gestapo übergeben. Am 21. Juli 1944 wurde sie in das Frauen-Konzentrationslager Ravensbrück und von dort am 27. August 1944 in das Konzentrationslager Buchenwald übergeführt. Ihr weiteres Schicksal ist nicht bekannt.

Natürlich kam es unter den Tausenden dieser jungen Menschen ganz zwangsläufig zu Missständen. So beklagte sich Kreisleiter Haus in dem schon erwähnten Schreiben vom 15. Mai 1943 an die NSDAP-Gauleitung Hessen-Nassau in Frankfurt am Main:[687]
„Von Woche zu Woche hatten sich die ...Ausgehformen gelockert und zwar in der Art, dass wohl die Führung diesen Trupp aus dem Lager brachte, dann aber diese Ostländer sich in alle Winde zerstreuten, sich auf den Feldern mit Ostarbeitern und Franzosen trafen.
Nach Berichten der umliegenden Polizeistellen, haben diese Ausländer ihre Geschlechtstriebe auf freiem Felde befriedigt so dass Jugendliche und andere Deutsche verschiedentlich zusehen konnten.“
Und in einem weiteren Schreiben an die Gauleitung in Frankfurt vom 26. Mai 1943 bemerkte er:[688]
... Desweiteren (... habe ich ...) auch den Standortältesten der Wehrmacht des hiesigen Standortes gebeten, den einzelnen Truppenteilen Anweisung zu geben, daß dieselben auf die Soldaten einwirken, künftighin ihre Annäherungsversuche bei den Ostländerinnen zu unterlassen.“

Ein ganz anderer Fall ereignete sich bei der Röchling-Buderus AG. Am 2. September 1942 protokollierte die Wetzlarer Kriminalpolizei unter der Bezeichnung „Vergehen wider die Sittlichkeit“:[689]
„Freiwillig erschien heute der ..., und bezichtigte sich selbst, mit einem russischen Zivilgefangenen bei der Fa. Röchling-Buderus, wo er selbst beschäftigt ist, unzüchtige Handlungen vorgenommen zu haben. Weiter gab er an, der ... hätte den Vorgang beobachtet und könne nähere Angaben machen.
... Wie er angab, hätte er auf dem russischen Arbeiter gelegen mit entblößtem Geschlechtsteil.“
Einen Tag später findet sich in der Akte der Hinweis:
„Der Vater des ... hat den Angeschuldigten heute in die Univ. Nervenklinik in Gießen zur Beobachtung überwiesen.“
Am selben Tag erklärte der Vater des Beschuldigten, sein Sohn sei anerkannt als Schwerbeschädigter, da er Enzephalitiker[690] sei und mehrere Jahre in der „Heil- und Erziehungsanstalt Treysa“ verbracht habe. Ein Kriminalsekretär kam dann in einem Bericht vom 4. September 1942 unter anderem zu folgendem Ergebnis:
„... Zu irgend einer Handlung ist es nicht gekommen, da beide von den Zeugen ... gestört worden sind. Es war auch nicht einwandfrei festzustellen, ob ... bei dem ... Afterverkehr ausführen wollte ...

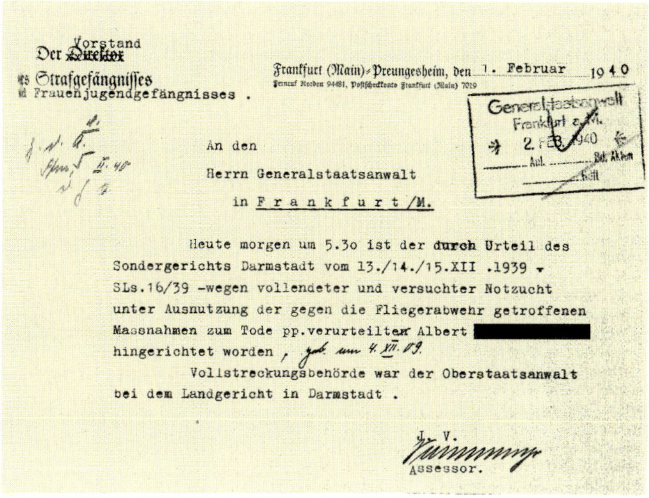
Der Vorstand
des Strafgefängnisses
und Frauenjugendgefängnisses .

Frankfurt (Main)-Preungesheim, den 1. Februar 1940
Fernruf Norden 94481, Postscheckkonto Frankfurt (Main) 7019

Generalstaatsanwalt
Frankfurt a. M.
2. FEB. 1940

An den
Herrn Generalstaatsanwalt
in Frankfurt /M.

Heute morgen um 5.3o ist der durch Urteil des Sondergerichts Darmstadt vom 13./14./15.XII .1939 - SLs.16/39 -wegen vollendeter und versuchter Notzucht unter Ausnutzung der gegen die Fliegerabwehr getroffenen Massnahmen zum Tode pp.verurteilten Albert [redacted] hingerichtet worden ,

Vollstreckungsbehörde war der Oberstaatsanwalt bei dem Landgericht in Darmstadt .

I. V.
Assessor.

Schwerere Sittlichkeitsverbrechen wurden im Zweiten Weltkrieg oft von Sondergerichten abgeurteilt. Daraus resultierende Hinrichtungen wurden bei Personen aus der Preußischen Provinz Kurhessen zentral im Gefängnis Frankfurt am Main-Preungesheim ausgeführt.

... Bekannt ist, daß der ... einen geistigen Defekt hat und daher ab und zu auf Gedanken kommt, sich selbst anzuschuldigen.
... Inwieweit er für seine Tat zurechnungsfähig war, dürfte aus dem noch einzuholenden Gutachten der Univ. Klinik in Gießen zu ersehen sein.“
Gegen den beteiligten Ostarbeiter wurde ein staatsanwaltschaftliches Verfahren wegen „Widernatürlicher Unzucht“ eingeleitet, das jedoch am 12. Februar 1943 eingestellt wurde.[691]

Schwerere Sittlichkeitsverbrechen – homosexuelle Vergehen, Geschlechtsverkehr mit Minderjährigen und Geschlechtsverkehr mit Zwangsarbeitern oder Kriegsgefangenen – kamen damals oft vor Sondergerichte.[692] Daraus resultierende Hinrichtungen wurden bei Personen aus der Preußischen Provinz Kurhessen zentral im Gefängnis Frankfurt-Preungesheim durchgeführt.[693]

„Rassenschande“

Alle erotischen oder sexuellen Beziehungen zwischen Ausländern und deutschen Männern und Frauen im Sinne der Polen- und Ostarbeitererlasse[694] galten als „Rassenschande“.
Der Geschlechtsverkehr von Zwangsarbeitern untereinander war zwar grundsätzlich nicht erwünscht, wurde jedoch geduldet, *„soweit nicht dadurch die Ordnung im Lager gefährdet wurde“*.[695] Bei Geschlechtsverkehr von Ostarbeitern mit Zwangsarbeitern anderen Volkstums war der Ostarbeiter jedoch in ein KZ einzuweisen.[696]

Im Falle von sexuellen Beziehungen mit deutschen Frauen oder Mädchen drohte männlichen Polen und Ostarbeitern (wie auch schon seit 1935 den Juden)[697] die Todesstrafe. Das einzelne Strafmaß war einem Rundschreiben der Gestapostelle Frankfurt am Main vom 15. Februar 1943 zu entnehmen:[698]
„... 4. Polen, ... p) Geschlechtsverkehr. ... Bei polnischen Zivilarbeitern steht auf Geschlechtsverkehr mit deutschen Frauen die Todesstrafe. Poln. Zivilarbeiterinnen werden je nach Lage des Falles bei Geschlechtsverkehr mit deutschen Männern in kürzere Haft genommen oder in ein KZ.-Lager eingewiesen ...
... 6. Ostarbeiter ... m) Geschlechtsverkehr. Bei Ostarbeitern steht auf Geschlechtsverkehr mit deutschen Frauen die Todesstrafe. Ostarbeiterinnen werden bei Geschlechtsverkehr mit deutschen Männern in ein Konzentrationslager eingewiesen. Ebenso werden selbstverständlich deutsche Männer und Frauen, die sich mit Ostarbeitern einlassen, mit scharfen staatspolizeilichen Maßnahmen zu rechnen haben."

Im Frühjahr 1942 wurde in der Gemarkung Hohensolms des Altkreises Wetzlar eine wegen „Rassenschande" verfügte Exekution an einem jungen polnischen Zwangsarbeiter von der Gestapo vollstreckt. Was war geschehen?
Der „Hof Moritzburg" bei Königsberg gehörte 1941 dem Bauern Gustav Walch. Das Anwesen liegt etwa 700 Meter nordöstlich des „Altenberges" auf einer Anhöhe südwestlich oberhalb von Biebertal-Königsberg im Kreis Gießen, nur etwa 200 Meter von der Grenze des Altkreises Wetzlar entfernt. Die zum Hof gehörigen Acker- und Wiesenflächen erstreckten sich jedoch bis auf das Gebiet des Altkreises Wetzlar.
Auf diesem Hof arbeitete damals ein 21-jähriger Pole namens Wladislaw Kaczmarek. Er kam aus dem Generalgouvernement[699] und soll ein ruhiger, arbeitsamer Bursche gewesen sein.[700]

Der Landwirt Gustav Walch war verheiratet und hatte drei Söhne: Herbert, 14 Jahre alt (* 29. 6. 1927), Helmut etwa sieben (* 21. 10. 1934) und Karlheinz vier Jahre alt (* 20. 3. 1938).[701] Außer dem Bauern, seiner Frau, den Söhnen und dem Polen arbeitete auf dem Hof noch ein junges deutsches Mädchen, das hier dienstverpflichtet war. Sie wurde im Winter 1941/42 schwanger und soll den Polen Kaczmarek als Kindsvater angegeben haben.[702] Zeitzeugen berichteten später, damals sei gesagt worden, eine Blutprobe hätte die Vaterschaft des Kaczmarek bestätigt.[703]
Kaczmarek wurde daraufhin verhaftet und in das Gestapo-Gefängnis Frankfurt am Main übergeführt. Später wurde seine Exekution verfügt. Am 9. April 1942[704] wurde er dazu vom Gestapo-Gefängnis Frankfurt aus zurück zu seinem einstigen Arbeitsort beim „Hof Moritzburg" gebracht. Als Hinrichtungsort wurde eine Lichtung in einem nahe gelegenen Waldstück am „Altenberg" bestimmt. Die Stelle liegt etwa vierhundert Meter südwestlich des „Hofes Moritzburg",[705] dabei etwa

100 Meter jenseits der Gießener Kreisgrenze im Altkreis Wetzlar (Gemarkung Hohensolms).

Wladislaw Kaczmarek wurde am 9. April 1942 von der Gestapo ermordet: Zuerst an einem Klappgalgen vergeblich erhängt und später erschossen.[706] Da sich die Hinrichtungsstätte – anders als der „Hof Moritzburg" selbst – bereits auf Hohensolmser Gemarkung befand, wurde der Tod des Polen auch nicht der Gemeinde Königsberg (zum Kreis Gießen gehörend), sondern in Hohensolms (zum Altkreis Wetzlar gehörend) amtlich festgehalten.

Der genaue Verlauf der Ereignisse dieses Tages war dem Protokoll einer kriminalpolizeilichen Vernehmung seines befohlenen Henkers, des einstigen SS-Unterscharführers Bernhard W., am 20. Mai 1964 zu entnehmen.[707] Auf die Vorhaltung der Polizeibeamten, er habe am 9. April 1942 den Polen Wladislaw Kaczmarek in der Gemarkung Hohensolms, Distrikt Altenberg,[708] nach einem vorausgegangenen Erhängungsvorgang mit seiner Dienstpistole erschossen, antwortete W.:[709]

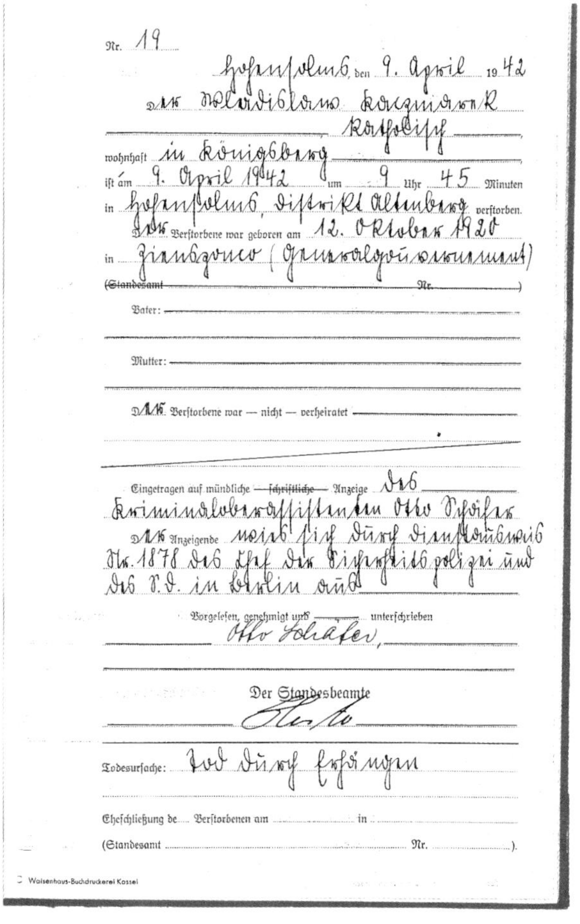

Nr. 19

Hohensolms, den 9. April 1942

Der Wladislaw Kaczmarek

katholisch

wohnhaft in Königsberg

ist am 9. April 1942 um 9 Uhr 45 Minuten

in Hohensolms, Distrikt Altenberg verstorben.

Der Verstorbene war geboren am 12. Oktober 1920

in [illegible] (Generalgouvernement)

(Standesamt Nr.)

Vater:

Mutter:

Der Verstorbene war — nicht — verheiratet

Eingetragen auf mündliche — schriftliche — Anzeige des Kriminaloberassistenten Otto Schäfer

Der Anzeigende wies sich durch Dienstausweis Nr. 1878 des Chef der Sicherheitspolizei und des S.D. in Berlin aus.

Vorgelesen, genehmigt und unterschrieben

Otto Schäfer

Der Standesbeamte

Todesursache: Tod durch Erhängen

Eheschließung des Verstorbenen am ... in ...

(Standesamt ... Nr. ...).

Waisenhaus-Buchdruckerei Kassel

Dem aus dem Generalgouvernement stammenden polnischen Zwangsarbeiter Wladislaw Kaczmarek wurde Rassenschande mit einem deutschen Mädchen vorgeworfen. Daraufhin wurde er am 9. April 1942 im Wald bei Biebertal-Königsberg von Frankfurter Gestapo-Beamten an einem transportablen Klappgalgen erhängt. Nachdem er jedoch in der Gießener Anatomie noch Lebenszeichen von sich gab, brachte die Gestapo ihn wieder zurück an den Ort der Erhängung, wo er endgültig durch Genickschuss getötet wurde.

„Ja! Ich erinnere mich noch, daß ich damals den Galgen in einem Wald in der Nähe von Wetzlar aufbauen mußte ... Bei dem Galgen handelte es sich um eine Bretterkiste, an der lose Holzteile (Pfahl) befestigt werden mußten ... Der Galgen wurde im Keller des Dienstgebäudes in der Frankfurter Lindenstraße aufbewahrt ... Ich erinnere mich noch, daß damals das Reichssicherheitshauptamt Berlin die Anfertigung eines solchen Galgens anordnete.[710]
An dem betreffenden Tag hat mich der Abteilungsleiter G. zur Teilnahme an der Hinrichtung eines Polen befohlen ... Ich bin noch in Frankfurt in den Kastenwagen (franz. Herkunft) zugestiegen, in dem der Pole bereits untergebracht war.
... Auf der Fahrt nach Wetzlar befand ich mich bei dem Polen in dem geschlossenen Aufbau. Ich glaube mich auch zu erinnern, daß der Dolmetscher S. während dieser Fahrt im Kastenaufbau des LKW saß. ... In dem Kastenaufbau waren beiderseits Sitzbänke befestigt. Der Pole trug Handschellen.
Unserem Wagen folgten dann mehrere Pkw, in denen die leitenden Beamten der Stapostelle Frankfurt am Main saßen. Ich muß annehmen, daß der Kraftfahrer B. bereits die genaue Örtlichkeit der Richtstätte kannte, da er ohne anzuhalten zum Ziel fuhr. Es muß nachmittags gewesen sein,[711] *als wir in einem Wald anhielten. Bei unserer Ankunft waren mehrere Amtswalter der NSDAP, einige SS-Leute und mehrere Polen versammelt.*[712] *Mit Hilfe eines Kraftfahrers ... baute ich dann den Galgen auf. Der Pole blieb während meiner Aufbautätigkeit im Wagen unter Bewachung.*
Wenn ich mich recht erinnere, wurde der Pole von dem Dolmetscher S. und vermutlich vom Ausländerreferenten G. zum Galgen geführt. Anschließend verlas der Leiter der Stapostelle Frankfurt am Main, Regierungsrat und SS-Obersturmbannführer P., das sogen. Todesurteil, das dann auch von dem Dolmetscher S. in polnische Sprache übersetzt wurde. Ich stand wenige Meter von dem Galgen entfernt. Dann mußten Polen, die meines Wissens wegen Arbeitsvertragsbruchs in Gestapohaft waren, dem Polen den Strick um den Hals legen und das Bodenbrett der Galgenkiste unter den Füßen des Polen lösen. Beim Bedienen der ca. 60 cm hohen Kiste klappten beide Bretterteile nach innen und das Opfer strangulierte.
Der Pole hing ca. 10 Minuten, bevor der Arzt, es war vermutlich der zuständige Kreisarzt,[713] *den Tod ‚feststellte'. Mir ist noch genau in Erinnerung, daß die Hinrichtungsszenen von einem Angehörigen der Stapostelle fotografiert wurden.*[714]
... Die Polen, es waren zwei oder drei, mußten dann die Leiche abnehmen und einsargen."

Anschließend wurde der Exekutierte mit einem LKW zur Anatomie in Gießen gebracht. Was dort geschah, schilderte der damalige stellvertretenden Leiter des Anatomischen Institutes, Prof. Dr. von H. in seinem Spruchkammer-Verfahren am 30. Juli 1947:[715]
„Es wurde dem Institut mitgeteilt, dass ein durch die Frankfurter Gestapo hinzurichtender Pole der Anatomie Giessen überlassen werden sollte. Daraufhin fuhren

Max und Fritz Ament[716] *zusammen mit dem Fahrer, Herrn Gärtner, ... in ein Dorf bei Wetzlar und holten dort den eingesargten Polen ab und fuhren ihn in das Anatomische Institut nach Giessen.*
Beim Ausladen stellten sie Röcheln aus dem Sarge fest und auch Bewegungen des durch den Strang Hingerichteten (Schaben der Füße am Sarge).
... Nach Aussagen des Polizeidirektors von Giessen ... kamen Herr Gärtner und Herr Fritz Ament beide völlig blaß und verstört, kaum eines Wortes mächtig auf das Polizeirevier und haben nicht viel mehr berichten können, als daß jemand noch leben würde.
... Der bald eingetroffene Beamte der Gestapo Giessen verlangte dann von Max Ament, daß er den Polen töten sollte, was von Max A. entrüstet abgelehnt wurde. Daraufhin ging der Beamte an das Institutstelefon und telefonierte allein mit seiner Dienststelle offenbar. Daraufhin kamen sofort nochmals zwei Beamte der Giessener Gestapo in Zivil und stellten an Herrn Ament nochmals das Ansinnen, den Polen zu töten, was Ament wiederum ablehnte.
... Bald darauf kam auch aus Richtung Wetzlar der von der hiesigen Gestapo offenbar benachrichtigte Lastwagen mit uniformierten Frankfurter Gestapo-Beamten (teilweise Offiziere in schwarzer SS-Uniform), die den Polen in dem Dorfe bei Wetzlar hingerichtet hatten.
... Erst jetzt betrat ich selbst das Institut und wurde gleich am Eingang von dem völlig verstörten und kaum eines Wortes mächtigen Max Ament empfangen ... Ich rief, da es mir klar war, daß aus allen menschlichen selbstverständlichen Gründen der Pole in die Klinik gebracht werden mußte, und zwar augenblicklich, ... die Chirurgische Universitätsklinik an. Der gerade diensttuende Arzt teilte mit, daß der Direktor und dessen Stellvertreter abwesend seien.
Ich ging in den Leichenkeller und brauchte alle Kraft, um meine Fassung zu wahren, als auch ich mich davon überzeugen mußte, dass der Pole, zwar noch tief bewußtlos, aber noch lebte.
Ich wußte, nachdem die Gestapo bereits zwei Mal das Tötungsansinnen an Max Ament gestellt hatte, daß die Gestapo entschlossen war, verbrecherisch zu handeln und war fest entschlossen, ihr entgegen zu handeln. Darum lehnte ich das mir in Gegenwart von Max Ament gestellte Ansinnen (durch zwei nicht uniformierte Gestapoleute) den Polen durch Gifteinspritzung zu töten menschlich empört und unter Hinweis auf die juristische Unmöglichkeit einer solchen Tat ab.
... Das alles hörten sich die Gestapoleute bewegungslos und ohne Gegenäußerung an, im Gegenteil, zog einer seinen Revolver, wollte die Anwesenden entfernen, und äußerte, durch den Sarg schießen zu wollen. Ich hinderte ihn daran, indem ich scharf darauf hinwies, daß nur ich hier im Institut zu sagen hätte.
... Ich forderte von der Gestapo die sofortige Überführung des Polen in eine Klinik. ... Ich rief dann nochmals die Chirurgische Universitätsklinik an ... Noch während des Anrufes erschien Herr Max Ament und teilte mit, daß die Gestapo unter Mitnahme des Polen mit ihrem Lastwagen das Institut verlassen hätte.

... Herr Fritz Ament teilte mir später noch mit, daß angetrunkene Gestapoleute in einem öffentlichen Lokal den Fall erörtert hätten!"

Obwohl der Pole von der Gestapo noch lebend wieder abtransportiert worden war, fand sich im Leichenbuch des Anatomischen Institutes Gießen der Todeseintrag: *„Nr. 23/50 aus 1942, Kaczmarek, Wladislauf, Zienszonto, Polen, Tag des Todes: 9.IV., Abliefernde Behörde: „G.*(eheime) *St.*(aats) *P.*(olizei)*"*.[717]

Das weitere Geschehen schilderte dann wieder der Henker Kaczmareks:
„In Gießen angekommen, wurde die Annahme der ‚Leiche' von den Ärzten des Instituts deswegen verweigert, weil bei der Untersuchung der Pole noch Lebenszeichen von sich gab. Ich weiß noch genau, daß der Pole beim Öffnen des Sarges deutlich stöhnte. Darüber verwundert und aufgeregt hat G. vermutlich den Dienststellenleiter P. von dieser Wahrnehmung in Kenntnis gesetzt und um entsprechende Weisungen gebeten. Nach einem Telefonat des G. fuhren wir mit dem Polen, der weiterhin im Sarg liegenblieb, in ein Waldstück außerhalb Gießens und verweilten dort an einer bestimmten Stelle, um das Eintreffen des Stapostellenleiters abzuwarten.[718] *Nach etwa einer Stunde kam der P. mit seinem Fahrer an und sah sich den Polen an.*
... P. war sehr aufgeregt und ungehalten über das Versagen bei der Hinrichtung. Kurz entschlossen erteilte er mir unmißverständlich den Befehl, den Polen zu erschießen. Die wörtliche Wiedergabe des Befehls ist mir nicht mehr möglich. P. gab mir noch die Anweisung, wohin ich auf das Opfer zu schießen hätte. Ich hatte vorher im Umgang mit Waffen noch keine Erfahrung.
Als ich den Polen mit zwei Schüssen in den Kopf (Genick) tötete, war er noch bewußtlos. Da der Pole auf dem Rücken lag, ging ich mit der Pistole ganz dicht an das Opfer heran, um so im Sarg einen Genickschuß mit folgendem Gnadenschuß anbringen zu können. Nach dem ersten Schuß zuckte der Körper des Opfers zusammen. Ich habe erst auf Befehl des P. den zweiten Schuß als Gewißheit abgefeuert. Mir war diese Handlung alles andere als erfreulich, jedoch sah ich keine Möglichkeit, diesem konkreten Befehl des P. auszuweichen. Anschließend wurde die Leiche nach Frankfurt am Main transportiert und dort zu einem Bestattungsinstitut gebracht. So weit ich mich erinnere, ist die Leiche verbrannt worden.[719]
Bei dem Erschießungsvorgang waren alle Beteiligten, ... zugegen. In den späteren Nachmittagsstunden war in der Kantine des Dienstgebäudes in Frankfurt am Main ein Umtrunk aller Teilnehmer der Hinrichtung. Erst hier habe ich erfahren, daß der größte Teil bereits in einem Nachbarort von Wetzlar in einem Gasthaus verweilt hatte. In der Kantine hatten wir freie Zeche und wir bekamen auch zu rauchen. Auch ich sprach dem Alkohol tüchtig zu und bekam Gewissensbisse.
... Zu meiner Handlungsweise selbst möchte ich noch bemerken, daß ich den Befehl des P. widerwillig, jedoch ohne Widerspruch ausgeführt habe. Der Grund der ‚Sonderbehandlung' des Polen war mir nicht bekannt."

Ein Schuldbeweis für den jungen Polen konnte nicht gefunden werden. Darüber hinaus wurde er im Gegensatz zu den Bestimmungen des Reichs-Blutschutzgesetzes vom 14. November 1935[720] offensichtlich nicht in einem Rechtsverfahren verurteilt, sondern von der Gestapo – vermutlich gestützt auf eine allgemeine Verordnung des Reichsführers SS – exekutiert.[721] Das bestätigte prinzipiell auch ein Lagebericht des Frankfurter Oberlandesgerichtspräsidenten Ungewitter vom 29. April 1942:[722]

„Wie dem Amtsgericht in Wetzlar durch eine Mitteilung des Leiters der dortigen Außenstelle des Sicherheitsdienstes bekannt geworden ist, ist am 9. April 1942 in der Gegend von Hohensolms ein Pole, der als landwirtschaftlicher Arbeiter dort beschäftigt war, durch den Strang hingerichtet worden, weil er mit einem deutschen Mädchen geschlechtlich verkehrt und das Mädchen geschwängert hatte. Die in der Umgegend beschäftigten polnischen Zivilarbeiter wurden, wie ich höre, in einiger Entfernung von dem Ort der Hinrichtung zusammengezogen und nachher zur Warnung an dem Erhängten vorbeigeführt."

Diejenigen Zwangsarbeiter von den Bauernhöfen und Gewerbebetrieben der umliegenden Ortschaften, die der Exekution zur Abschreckung beiwohnen mussten, waren mit verschiedenen LKW zur Hinrichtungsstätte gefahren worden[723] – eine Maßnahme, die offensichtlich ebenfalls vom Reichsführer SS für solche Fälle angeordnet worden war.[724]

In der Stadt Wetzlar selbst ist – neben dem Fall des ebenfalls ohne Rechtsverfahren am 27. März 1945 hingerichteten Wetzlarer Bürgers Wilhelm Sauer[725] – eine weitere Hinrichtung anzunehmen, der allerdings ein Rechtsverfahren voraus gegangen war. In einem Schreiben des Strafgefängnisses Diez an den Generalstaatsanwalt in Frankfurt am Main vom 12. Februar 1940 hieß es dazu unter anderem:[726]

... berichte ich, daß das gegen den Oberpionier Erich N. ergangene Todesurteil am 9. 2. 1940 bestätigt und Vollstreckung angeordnet worden ist ...
Am 12. 2. 1940 – 9.30 Uhr – wurde N. zu der um 11 Uhr in Wetzlar stattfindenden Vollstreckung des Urteils von der Feldgendarmerie im Auto abgeholt."

Es ist allerdings nicht bekannt, ob diese Exekution tatsächlich auch in Wetzlar und nicht im Gefängnis Frankfurt-Preungesheim – dieses war hierfür an sich vorgesehen – stattgefunden hat.

Im November 1942 zeigte ein weiterer Fall von „Rassenschande", diesmal im alten Dillkreis – ein polnischer Zwangsarbeiter hatte sexuelle Beziehungen zu acht (!) deutschen Frauen und Mädchen –, wie sehr die Art der Behandlung von Ausländern durch die Entscheidungen Einzelner und durch örtliche Gegebenheiten geprägt war, und wie weit man dabei oft von den Vorschriften abwich. Am 12. November 1942 wandte sich der Dillenburger Kreisstabsamtsleiter wegen dieses Vorfalles schriftlich an das Arbeitsamt Dillenburg:[727]

„Betrifft: Ausländische Arbeitskräfte in der Gemeinde Bottenhorn.
Einem Bericht des Ortsgruppenleiters von Bottenhorn entnehme ich, dass ein dort beschäftigter Pole ein Verhältnis mit einem deutschen Mädchen betrieben hat, welches nicht ohne Folgen geblieben ist. Insgesamt wurden in dieser Angelegenheit 8 Frauen und Mädchen in Haft genommen, selbstverständlich auch der Pole.
Wie ich nun feststelle, sind die Frauen und Mädchen nach einigen Tagen wieder entlassen worden und vor allen Dingen der Pole ist auch wieder in seinen alten Betrieb zurückgekehrt und ist nun wieder dort tätig.
Um allen weiteren Gefahren zu begegnen, halte ich es für dringend notwendig, dass der Pole sofort in einen anderen Ort versetzt wird, damit er in seinem leider gemachten Bekanntenkreis kein weiteres Unheil mehr anrichten kann.
Heil Hitler!"
Die Antwort des Arbeitsamtes Dillenburg ist nicht bekannt. Das Schreiben des Kreisstabsamtsleiters trägt aber einen handschriftlichen Vermerk vom 20. Januar 1943:
„Wie ich persönlich erfahre, durchs Arbeitsamt, ist der Pole dem Gebiet entzogen worden."

Während der Pole Wladislaw Kaczmarek bei Hohensolms im Altkreis Wetzlar – dem ein sexuelles Verhältnis mit einem deutschen Mädchen möglicherweise nie nachgewiesen wurde – hingerichtet wurde, kam nur Monate später ein Pole in Bottenhorn – der zu nachweislich acht deutschen Mädchen und Frauen sexuelle Beziehungen gehabt hatte – praktisch ohne Strafe davon.

Es sind aber noch weitere Fälle von „Rassenschande" in Wetzlar bekannt geworden. Anna Z. war beim Herkuleswerk in der Bahnhofstraße beschäftigt. 1947 schilderte sie ihr Schicksal im Spruchkammer-Verfahren ihres einstigen Chefs Dr. Otto Coers:[728]
„1942 kam ich zur Firma des Betroffenen ... Mit einem dort beschäftigten Russen ... unterhielt ich ein Liebesverhältnis, von dem niemand wußte. Eines Abends kam der Betroffene gerade in die Küche, als der Ostarbeiter bei mir war. Er hat den Russen geschnappt und ihm einen Tritt versetzt, daß er rausflog. Mich machte er darauf aufmerksam, daß dies verboten sei und schickte mich sofort aus dem Werk. Am nächsten Morgen bin ich zu Coers und bat ihn, daß ich doch weiter arbeiten dürfe. Er lehnte es jedoch ab und schickte mich zu dem Betroffenen. Ich habe dann den Betroffenen gebeten, daß er mich wenigstens nicht der Gestapo melden solle. Er ging im Raum auf und ab und sagte: „Nein, das kann ich nicht, ich muß das der Gestapo melden, sonst melden sie mich." Bis dahin hatte ich das Wort Gestapo nicht gehört und habe es mir deshalb auch besonders gemerkt.
Ich wurde von der Gestapo verhaftet, kam vier Wochen in Untersuchungshaft, wurde entlassen, aber schon im nächsten Jahr erneut verhaftet und war für zehn Monate im KZ. Daß die Gestapo etwas Schlechtes ist, erfuhr ich erst, nachdem sie mich geholt hatten."

Auch bei der Hensoldt AG hat es so etwas gegeben. Der Dreher Erich B. war verheiratet und hatte Kinder. In einer Vernehmung am 6. August 1947 gab er an:[729]
„Dadurch, daß ich mich öfters mit den Fremdarbeitern und Fremdarbeiterinnen ... unterhielt, war allgemein bekannt, daß ich mit ihnen auf gutem Fuße stand. So kam es auch, daß eine bei mir in der Abteilung arbeitende, verheiratete Ostarbeiterin mich bat, ihr einen Koffer in der Stadt zu kaufen, damit sie die Gegenstände, Kleider, Schuhe usw., die ihr von deutschen Familien, bei denen sie arbeitete, geschenkt wurden, diebessicher aufbewahren konnte.
Am 23. 12. 1942 nach Beendigung der Nachtschicht nahm ich dann Gelegenheit, einen solchen Koffer in der Stadt zu kaufen, und habe denselben am gleichen Tage, morgens, nach dem Idinglager gebracht und bei ihrer Freundin abgegeben.
Ich wurde dabei von der im Lager beschäftigten Frau H. ... beobachtet, die dann vermutlich eine entsprechende Meldung an Moser weitergegeben hat.
... Ich wurde dann am 29. 12. 1942 in meiner Wohnung ... durch die Polizei verhaftet und nach Wetzlar in die Hauptwache gebracht. ... Am 3. 1. 1943 wurde ich ... zusammen mit der Ostarbeiterin, die den Koffer erhalten hatte, nach Frankfurt am Main in das Verwaltungsgebäude der Gestapo gebracht. Nach weiteren zwei Tagen wurde ich ... mit einem Sammeltransport in das Lager Heddernheim überführt.
Die mitverhaftete Ostarbeiterin ist nicht mehr nach Wetzlar zurückgekommen.“
Hinter diesem letzten Satz verbarg sich ein schlimmes Schicksal. Die Unterlagen der Gestapo in Frankfurt vermerkten dazu:[730]
„Katja K., sowjetisch, bei der Firma Hensoldt & Söhne in Wetzlar beschäftigt, wurde am 4. Februar 1943 in das Konzentrationslager Ravensbrück eingewiesen, weil sie im Verdacht steht, mit einem Reichsdeutschen sexuell verkehrt zu haben.“
Der einstige Lagerleiter Albert Moser sagte dazu in seiner Spruchkammer-Verhandlung aus:[731]
„... Der Bruder des Kreisleiters Haus hatte uns eine Frau mitgebracht, die sich als Spitzel betätigt hat. Diese Frau hat die Meldung wegen der Ostarbeiterin gemacht ... Es wurde angenommen, daß der Zeuge mit der Ostarbeiterin eine Flucht vorbereitete.
Der Zeuge kann nicht bestreiten, was ich für seinen Sohn und seine Frau getan habe, die sich an mich gewandt hatten wegen der schlechten Familienverhältnisse. Der Zeuge durfte ja nicht mehr nach Hause kommen wegen der Geschichte mit der Ostarbeiterin.“
Mosers Verteidiger bemerkte dazu in einem Brief vom 21. Dezember 1949 an die Spruchkammer in Gießen:[732]
„Der Zeuge B. hatte eine Beziehung zu einer Ostarbeiterin angeknüpft und sich auch im Betrieb geäußert, er wolle mit dieser Ostarbeiterin nach Rußland gehen. Sein ganzes Verhalten war so, daß er im äußersten Maße das Mißfallen der Arbeitskameraden hervorrief. Verwarnungen halfen nichts. Auch seine Ehefrau sprach bei dem Betroffenen vor und ersuchte diesen, auf ihren Mann einzuwirken,

daß er von der Russin ablassen solle, zumal er die Nahrungsmittel, die ihren Kindern zustehen würden, der Ostarbeiterin bringen würde."

Ein ähnlicher Fall im Hensoldt-Werk ging glimpflicher für die Beteiligten aus. Der Optiker J. E. hatte ein Verhältnis mit einer Ukrainerin im Werk angefangen. Daraufhin wurde er der Gestapo übergeben.[733] Ein Zeuge schilderte die Situation in der Spruchkammer-Verhandlung von Dr. Carl Hensoldt in Wetzlar am 11. August 1948:[734]
„E. selbst war ein guter Optiker durch und durch. Ich will vorweg nehmen: Er hatte ein gutes Familienverhältnis. Eines Tages kam der Lagerführer zu mir und sagte: Da stimmt etwas nicht, der E. ist so freundlich mit der einen Russin, ich glaube, er hat ein Verhältnis mit ihr."
Ich habe dazu nichts weiter gesagt und die Sache spitzte sich zu und wie mir nachher K. sagte, ist E. nachher von ihm aufgeklärt worden, daß es bei den anderen nicht gern gesehen würde, wenn er mit einer Russin ein gutes Verhältnis hätte.
Soviel mir erinnerlich, wurde dann das Verhältnis schlimmer und die Aufregung größer und es wurde veranlaßt durch den Leiter der Optik über die Betriebsleitung, daß der Mann nach Schlitz[735] *versetzt wurde. Die* (Anm.: dortige) *Lagerführerin sagte mir dann auch eines Tages, daß E. mit der Russin nach Gießen ins Kino gefahren sei und kurze Zeit darauf ging K. ein Brief zu, den der E. an die Russin geschrieben hatte. Ich möchte es mir ersparen, zu sagen, was darin stand, aber es war ein Liebesbrief. Er war sonst ein guter Kamerad und ein gern gesehener Mann und seine Kameraden konnten nicht verstehen, daß er so etwas machte. Ich bekam dann diesen Brief mit der Maßgabe, der Betriebsleitung hiervon Kenntnis zu geben.*
Ich legte auf Befehl von Dr. Steinbeck ein Aktenstück an und nach einiger Zeit bekam ich den Befehl, den E. weiter zu melden – von Dr. Hans Hensoldt.
E. kam dann nach Heddernheim und dann hat sich Dr. Hans Hensoldt dafür eingesetzt, daß er zurückkam."
Bereits einen Tag vorher hatte der Zeuge Reinhard B. – er war während des Krieges Leiter der Gestapostelle Frankfurt am Main – in der Verhandlung gegen Dr. Carl Hensoldt ausgesagt:[736]
„Im Sommer 1944 hatte der (Anm.: Wetzlarer) *Kreisleiter angerufen und sagte mir, daß Dr. Hans Hensoldt mich sprechen wolle und er sagte mir, daß in Wetzlar ein Arbeiter verhaftet wurde von der Außenstelle, und zwar deswegen, weil er mit einer Russin verbotenen Verkehr hätte. Es sei ein einmaliges Vergehen gewesen und er glaubte, daß die paar Tage ausreichen würden, die er sitzen würde. Ich habe dann verfügt, daß dieser Mann entlassen würde."*
Am Tag darauf wurde Dr. Hans Hensoldt vom Kläger gefragt: *„Warum steckt man erst ein Haus an, und löscht es dann?"*
Dr. Hensoldt antwortete ihm:

„Sie haben von B. diesen Fall gehört, diese Meldung wurde erstmalig gemacht und ich habe erst versucht, die beiden zu trennen und habe keinen Ton gesagt. Dann war Ruhe in der Sache, und es war dann auch so, daß in diesen Sachen die (Ehe-)Frauen kamen. So könnte ich ihnen eine ganze Reihe von Frauen nennen."
Am selben Tag zum späteren Zeitpunkt ergänzte er:[737]
„Die ganze Belegschaft konnte über Sonntag Russinnen mit nach Hause nehmen. Da kamen intime Beziehungen auf und dann kamen die (Ehe-)*Frauen zu mir gelaufen. In allen diesen Fällen habe ich es so getan, daß ich dann die betreffenden Russinnen nach Schlitz oder nach Alsfeld getan habe."*
Auch in diesem Fall gaben die Gestapo-Unterlagen Auskunft über den weiteren Verbleib der Ukrainerin:[738]
„Dunja J., sowjetisch, ... die im Ostarbeiterlager der Firma Hensoldt in Wetzlar untergebracht war, wurde am 22. Mai 1944 wegen des Verdachts des intimen Umgangs mit einem Deutschen festgenommen. Sie wurde vermutlich im Juni 1944 entlassen."

Auch bei den Buderus'schen Eisenwerken gab es verbotenen Umgang mit Zwangsarbeitern. Direktor Dr. jur. Heinrich Giesbert gab dazu in seinem Spruchkammerverfahren am 19. September 1947 an:[739]
„Zwei Frauen, die bei der Hauptverwaltung tätig waren, und gegen die bereits eine Anzeige wegen ‚unerlaubten' Verkehrs mit Ausländern – mit denen sie heute verheiratet sind – vorlagen, habe ich noch rechtzeitig warnen können und ein gegen sie bereits eingeleitetes Verfahren abwenden können."

Im umgekehrten Fall verlief das sicher nicht so glimpflich. Jedenfalls sollte die Ostarbeiterin Olga O. bei Buderus am 4. Mai 1944 *„wegen verbotenen Umgangs mit einem deutschen Arbeiter"* in ein Konzentrationslager eingewiesen werden.[740] Bei Röchling-Buderus wurde die Ostarbeiterin Anna T. am 26. Februar 1943 wegen *„Geschlechtsverkehrs mit einem Reichsdeutschen"* festgenommen und am 25. März 1943 in das KZ Ravensbrück eingeliefert.[741]

Ein denkbar gutes Ende hat eine Liebesbeziehung genommen, die sich 1943 zwischen einem ukrainischen Zwangsarbeiter und der Tochter des Wetzlarer Landwirtes anbahnte, bei dem er arbeiten musste. Stefan S. erinnerte sich:[742]
„Vielleicht zweieinhalb Jahre, nachdem ich nach Wetzlar gekommen war, hatte ich ein Auge auf die Tochter meines Bauern geworfen. Irgendwann war es dann so weit gekommen, daß wir uns liebten. Wir mußten es aber geheim halten, weil eine Beziehung zwischen einem Zwangsarbeiter und einem deutschen Mädchen doch bei schwerer Strafe für beide verboten war."
Seine Ehefrau Margarete ergänzte das Gespräch:
„Wir hatten solche Angst, daß man unsere Beziehung entdeckte, und dann alles zu Ende sein würde. Ich habe zu meinem Freund damals gesagt: „Wenn sie uns ent-

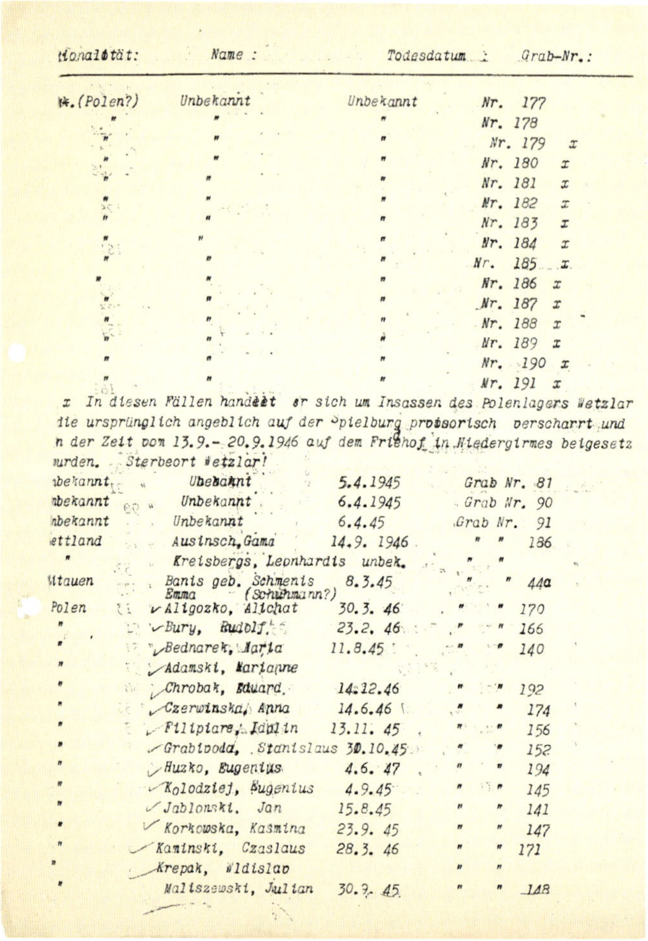

tionaldtät:	Name :	Todesdatum :	Grab-Nr.:
✱.(Polen?)	Unbekannt	Unbekannt	Nr. 177
"	"	"	Nr. 178
"	"	"	Nr. 179 x
"	"	"	Nr. 180 x
"	"	"	Nr. 181 x
"	"	"	Nr. 182 x
"	"	"	Nr. 183 x
"	"	"	Nr. 184 x
"	"	"	Nr. 185 x
"	"	"	Nr. 186 x
"	"	"	Nr. 187 x
"	"	"	Nr. 188 x
"	"	"	Nr. 189 x
"	"	"	Nr. 190 x
"	"	"	Nr. 191 x

x In diesen Fällen handelt es sich um Insassen des Polenlagers Wetzlar die ursprünglich angeblich auf der Spielburg provisorisch verscharrt und n der Zeit vom 13.9.- 20.9.1946 auf dem Friedhof in Niedergirmes beigesetz wurden. Sterbeort Wetzlar!

ibekannt	Ubekannt	5.4.1945	Grab Nr. 81
nbekannt	Unbekannt	6.4.1945	Grab Nr. 90
nbekannt	Unbekannt	6.4.45	Grab Nr. 91
ettland	Ausinsch, Gama	14.9. 1946	" " 186
"	Kreisbergs, Leonhardis	unbek.	" "
Litauen	Banis geb. Schmenis Emma (Schuhmann?)	8.3.45	" " 44a
Polen	Aligozko, Alichat	30.3. 46	" " 170
"	Bury, Rudolf	23.2. 46	" " 166
"	Bednarek, Maria	11.8.45	" " 140
"	Adamski, Marianne		
"	Chrobak, Eduard.	14.12.46	" " 192
"	Czerwinska, Anna	14.6.46	" " 174
"	Filipiare, Jadlin	13.11. 45	" " 156
"	Grabiwoda, Stanislaus	30.10.45	" " 152
"	Huzko, Eugenius	4.6. 47	" " 194
"	Kolodziej, Eugenius	4.9.45	" " 145
"	Jablonski. Jan	15.8.45	" " 141
"	Korkowska, Kasmina	23.9. 45	" " 147
"	Kaminski, Czaslaus	28.3. 46	" " 171
"	Krepak, Wldislaw		" "
"	Maliszewski, Julian	30.9. 45	" " 148

Während des Krieges verstarben in Wetzlar mindestens 77 Ostarbeiter und 16 Ostarbeiterinnen, 14 Franzosen und 4 Französinnen, 15 Polen und 1 Polin, 11 Belgier, 5 Italiener, 2 Tschechen, 2 Litauer und 1 Litauerin, 1 Slowake, 1 Holländer sowie 5 Personen unbekannter Herkunft und 20 Kinder.
Die 15 Polen waren noch im Krieg in der Spilburg „provisorisch verscharrt" worden. Nach dem Krieg wurden sie auf den Friedhof in Niedergirmes umgebettet.

decken und dann trennen, gehe bitte weit weg von Wetzlar. Ich könnte es nicht ertragen, Dich später wieder zu sehen und nicht zu Dir zu können."
Es ging aber alles gut. Nach dem Krieg hat mein Freund die deutsche Staatsangehörigkeit erworben, und wir haben geheiratet. Wir leben noch heute glücklich in Wetzlar."
Daß es gut ging, ist in der Hauptsache der städtischen Hebammenschwester Annamargarethe Pitzer aus Wetzlar zu verdanken, deren Sohn Friedemann Pitzer sich 2000 erinnerte:[743]
„In der zweiten Jahreshälfte 1945 und auch noch 1946 besuchte uns oft der Stefan und brachte Milch. Noch aus dem Krieg war mir bekannt, daß Stefan bei einem Wetzlarer Bauern[744] *Zwangsarbeit geleistet hatte. Ich fragte ihn jeweils, was die Milch denn koste, und er sagte dann immer, sie sei schon bezahlt. Das hat mich*

natürlich irgendwann stutzig gemacht, und so habe ich meine Mutter danach befragt.
Sie erzählte mir daraufhin, daß Stefan der Vater eines Kindes war, das die Tochter ‚seines' Bauern Ende 1943[745] *erwartet hatte. Das hatte die Tochter des Bauern meiner Mutter damals in ihren Ängsten anvertraut.*
Nun war es die Pflicht meiner Mutter als städtische Hebamme, auf dem sogenannten Stammbogen stets den Namen des Kindsvaters anzugeben. Sie wußte natürlich, daß der polnische Stefan – wenn sie ihn denn wahrheitsgemäß als Kindsvater angegeben hätte – dann weggekommen wäre und heute wahrscheinlich nicht mehr leben würde. Sie schrieb daraufhin auf den Stammbogen ‚Vater: Fronturlauber, Name unbekannt.'[746] *Sie sagte mir, das habe sie in solchen Fällen immer getan, was bedeutet, daß dies öfters vorgekommen sein muß."*
Dass es solche Fälle mehrfach gegeben haben muss, ging auch aus einer Biographie über Annamargarethe Pitzer hervor, in der es unter anderem hieß:[747]
„Wie wurde das Gewissen einer im öffentlichen Dienst stehenden Hebamme belastet, wenn es darum ging, die Vaterschaft nicht wahrheitsgemäß zu berichten, weil andernfalls Menschenleben auf dem Spiele standen; ganz gleich, ob es sich um das Kind einer Deutschen von einem Fremdarbeiter oder einer Fremdarbeiterin von einem Deutschen handelte."

Tod

Die genaue Zahl der während des Zweiten Weltkrieges in Wetzlar verstorbenen Zwangsarbeiter und Kriegsgefangenen war 2002 nicht mehr zu ermitteln. Zwar fanden sich in der „Liste der Fremdarbeitergräber auf dem Friedhof Wetzlar-Niedergirmes" vom 7. Juni 1951 für den Zeitraum vom 30. Mai 1942 bis 28. März 1945 insgesamt 93 Grabstellen.[748] Da sich aber schon seit September 1939 ausländische Zivilarbeiter in Wetzlar aufhielten und auch einige sonstige Todesfälle in dieser Liste nicht verzeichnet waren, muss sie als unvollständig angesehen werden. Hinzu kam, dass während des Krieges auch Zwangsarbeiter, die in Wetzlar gearbeitet hatten, in anderen Gemeinden bestattet wurden.[749]
Als gesichert kann hingegen gelten, dass im genannten Zeitraum mindestens 164 Zwangsarbeiter und 32 ausländische Kinder in Wetzlar verstarben – 71 von ihnen allerdings erst nach dem Krieg.[750] Der letzte hier verzeichnete Sterbefall eines ehemaligen Zwangsarbeiters datierte für den 4. Juni 1947.[751]
Fakt ist außerdem, dass auf dem sogenannten „Ukrainer- oder Russenfriedhof" in Büblingshausen 44 russische Kriegsgefangene bestattet wurden, die während des Krieges in oder bei Wetzlar den Tod gefunden hatten:[752] Drei von ihnen bei dem amerikanischen Luftangriff vom 20. Juli 1944, 17 Personen bei dem Luftangriff vom 19. September 1944 und fünf Personen offensichtlich bei dem Luftangriff vom 21. November 1944.[753] Hinzu kam ein im Oktober 1940 bei einem Verkehrs-

unfall in Wetzlar getöteter Slowake,[754] der bei Biebertal-Königsberg exekutierte Pole Wladislaw Kaczmarek[755] sowie mindestens ein in der Medizinischen Klinik in Gießen verstorbener Pole.[756]

Insgesamt dürfte die Dunkelziffer jedoch hoch sein. So soll sich am 29. März 1945 ein tragischer Vorfall mit zwei jungen Ostarbeitern ereignet haben. Der einstige holländische Zwangsarbeiter Pieter Pollemans lag an dem Tag im Städtischen Krankenhaus Wetzlar als Patient. 1997 berichtete er:[757]

„An diesem Mittwoch, dem 28. März 1945 wurde Wetzlar von den Amerikanern besetzt[758] *und wir hatten mit den Deutschen nichts mehr zu tun. Am Nachmittag und Abend brachten die Amerikaner Verletzte in Krankenhaus. In unserem Zimmer waren alle Betten besetzt. Jetzt wurden Matratzen zwischen den Betten auf den Boden gelegt. Auch neben mein Bett wurden auf beide Seiten Matratzen gelegt.*

Auf diese Matratzen legten amerikanische Soldaten des Gesundheitsdienstes zwei junge Russen, die beide einen Genickschuß hatten. Die Jungs waren ungefähr 20 Jahre alt. Sie waren trotz der Evakuierung[759] *in Wetzlar geblieben. Vermutlich übermütig geworden, weil die amerikanische Armee jeden Moment Wetzlar besetzen konnte, hatten sie Nahrungsmittel oder Kleidung aus einer verlassenen deutschen Wohnung oder aus einem Geschäft an sich genommen. Kurz bevor die Amerikaner die Stadt besetzten, wurden sie von einigen Deutschen erwischt, die in der Stadt geblieben waren, um Plünderung zu verhindern und sofort mit einem Genickschuß exekutiert.*

... Sie lagen da, bewegungslos, mit einem losen Tampon von fünf Zentimeter auf den Einschüssen in Hals und Genick. Ein amerikanischer Arzt war noch kurz bei ihnen. Ich denke, daß man wahrscheinlich nichts mehr tun konnte, um ihr Leben zu retten, denn man kümmerte sich praktisch nicht mehr um sie.

Der Junge, der links neben mir lag, ist am selben Abend noch gestorben. Der andere Junge gab mir ab und an zu verstehen, daß er Durst hatte, sprechen konnte er nicht mehr. Ich träufelte ihm dann ein kleines bißchen von meinem Kamillentee auf die Lippen. An seinen Augen konnte man sehen, daß er noch bei vollem Bewußtsein war. Er hat noch beinahe einen vollen Tag dagelegen und geröchelt. Als das Röcheln plötzlich aufhörte, erschrak ich. Ich sah ihn an und sah, daß er starb.

Wie furchtbar traurig ist es, einsam zu sterben in einem fremden Land, zwischen fremden Menschen."

2002 konnte jedoch keine Bestätigung für diese Schilderungen gefunden werden.[760] Allerdings fand sich in der „Liste der Fremdarbeitergräber auf dem Friedhof Wetzlar-Niedergirmes" der Eintrag über zwei Personen, die am 6. April 1945 dort bestattet wurden:[761] Ein „unbekannter Ostarbeiter, Fundstelle Lahnberg" und ein „unbekannter Ausländer, Fundstelle Sandberg" – beide aber nach dem 18. März 1945 verstorben.

Der Tod in der Fremde

Slowakischer Arbeiter tödlich überfahren.

In den letzten Tagen wurde in der Altenbergerstraße ein Mann von einem Kraftwagen angefahren und schwer verletzt. Nach mehrtägigem Krankenlager ist der Verletzte nunmehr im Städtischen Krankenhaus gestorben. Es handelt sich um den 43 Jahre alte Arbeiter Imrich Holubcik, einen slowakischen Staatsangehörigen, der bei den Stahlwerken Röchling-Buderus beschäftigt war. Die Leiche wird in die slowakische Heimat des Toten überführt.

Bericht im Wetzlarer Anzeiger vom 17. Oktober 1940.

Möglicherweise könnte auch ein anderer Vorgang mit dem Erlebnisbericht des Holländers in Zusammenhang gebracht werden: Der Werkschutz der Buderus'schen Eisenwerke hatte mit Schreiben vom 2. März 1945 der Wetzlarer Kriminalpolizei vier 18, 20 und 21 Jahre alte Ostarbeiter übergeben, die zugegeben hatten, am 28. Februar 1945 aus einem im Wetzlarer „Bodenfeld" abgestellten Güterzug Pakete des Deutschen Roten Kreuzes entwendet und geöffnet zu haben.[762] Am 8. März 1945 erließ daraufhin das Amtsgericht Wetzlar Haftbefehl gegen die vier Russen wegen „Verbrechens gegen die Paragraphen 2 und 4 der Volksschädlingsverordnung".[763] Niemand weiß, was aus ihnen geworden ist, aber der Vorwurf eines Verbrechens gegen die Volksschädlingsverordnung ließ nichts Gutes ahnen. Derartige Fälle wurden meist den „Sondergerichten" übergeben.[764]

Während des Krieges verstarben in Wetzlar mindestens 77 Ostarbeiter und 16 Ostarbeiterinnen, 14 Franzosen und 4 Französinnen, 15 Polen und 1 Polin, 11 Belgier, 5 Italiener, 2 Tschechen, 2 Litauer und 1 Litauerin, 1 Slowake, 1 Holländer, 5 Personen unbekannter Herkunft und 20 Kinder.[765]
Die 15 Polen waren noch im Krieg in der Spilburg „provisorisch verscharrt" worden. Nach dem Krieg wurden sie auf den Friedhof in Niedergirmes umgebettet.[766] Die meisten anderen verstorbenen Zwangsarbeiter wurden wohl direkt auf dem Friedhof Niedergirmes, *Block 13a – Teil für Ausländer* – beigesetzt.

Ein besonders tragisches Schicksal erlitten 41 Ausländer, die bei amerikanischen Luftangriffen – und damit von ihren potentiellen Befreiern – getötet wurden.[767] Zwar waren fast alle Zwangsarbeiter der Firma Ernst Leitz bei dem Luftangriff am 20. Juli 1944 unverletzt geblieben, da sich zur Zeit des Angriffes fast niemand in dem schwer getroffenen Barackenlager befand, und auch die meisten Zwangsarbeiter der Hensoldt-Werke blieben bei den amerikanischen Luftangriffen am 19. September 1944[768] und 21. November 1944 verschont.[769] Am 19. September 1944 erhielt jedoch der Splitterschutzbunker des Inding-Lagers einen Treffer, bei dem ein Ostarbeiter getötet wurde.[770] Am 21. November 1944 um 12.30 Uhr[771] wurde hingegen das direkt an das Hensoldt'sche Iding-Lager angrenzende Anwesen der Firma Adolf Interthal durch eine Luftmine total zerstört (dabei fanden zehn Menschen den Tod) und auch der südlichste Teil der Abort- und Waschbaracke Nr. IX im Hensoldt'schen Iding-Lager wurde von einer Sprengbombe getroffen; dort kam aber niemand zu Schaden, da sich offensichtlich alle Zwangsarbeiter gerade an ihren Arbeitsplätzen im Hauptwerk – dieses wurde nicht getroffen – oder im Hensoldt-Stollen[772] befanden. Am schlimmsten traf es an dem Tag das Reichsbahn-Lager an der Altenberger Straße, in dem vier Ostarbeiter, vier Ostarbeiterinnen und drei Ostarbeiterkinder getötet wurden – unter ihnen ein Ehepaar aus dem Witebsk-Gebiet mit ihrer zweijährigen Tochter.[773]

Es gab aber auch andere tragische Fälle, zum Beispiel einen tödlichen Betriebsunfall bei Leitz. In einer Meldung des Kreisleiters Haus an Gauleiter Sprenger in Frankfurt vom 18. Juni 1943 hieß es dazu:[774]
„Am 17. Juni 1943 um 15.00 Uhr ereignete sich im Betrieb der Firma Ernst Leitz, Wetzlar, eine Explosion, welche leider 4 Todesopfer forderte – 3 deutsche Lehrlinge und 1 Ostarbeiterin.
... Die Staubgebläseanlage ist außen an einem Fabrikgebäude angebracht und saugt aus verschiedenen Werkstätten Abfallstaub ab. Die Explosion schleuderte die einzige Klappe dieser Anlage heraus und es schoß eine starke Stichflamme

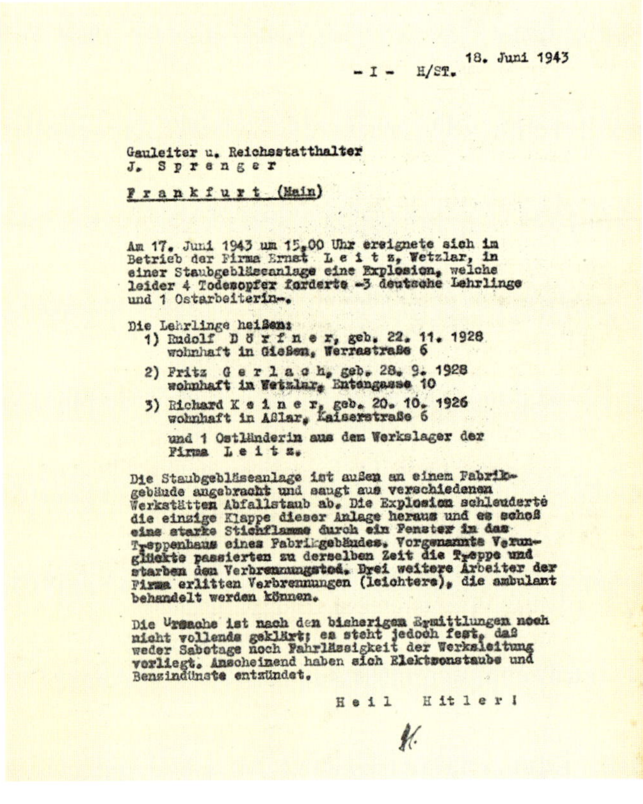

18. Juni 1943
- I - H/ST.

Gauleiter u. Reichsstatthalter
J. S p r e n g e r

F r a n k f u r t (Main)

Am 17. Juni 1943 um 15.00 Uhr ereignete sich im Betrieb der Firma Ernst L e i t z, Wetzlar, in einer Staubgebläseanlage eine Explosion, welche leider 4 Todesopfer forderte -3 deutsche Lehrlinge und 1 Ostarbeiterin-.

Die Lehrlinge heißen:
1) Rudolf D ö r f n e r, geb. 22. 11. 1928 wohnhaft in Gießen, Werrastraße 6
2) Fritz G e r l a c h, geb. 28. 9. 1928 wohnhaft in Wetzlar, Entengasse 10
3) Richard K e i n e r, geb. 20. 10. 1926 wohnhaft in Aßlar, Kaiserstraße 6

und 1 Ostländerin aus dem Werkslager der Firma L e i t z.

Die Staubgebläseanlage ist außen an einem Fabrikgebäude angebracht und saugt aus verschiedenen Werkstätten Abfallstaub ab. Die Explosion schleuderte die einzige Klappe dieser Anlage heraus und es schoß eine starke Stichflamme durch ein Fenster in das Treppenhaus eines Fabrikgebäudes. Vorgenannte Verunglückte passierten zu derselben Zeit die Treppe und starben den Verbrennungstod. Drei weitere Arbeiter der Firma erlitten Verbrennungen (leichtere), die ambulant behandelt werden können.

Die Ursache ist nach den bisherigen Ermittlungen noch nicht vollends geklärt; es steht jedoch fest, daß weder Sabotage noch Fahrlässigkeit der Werksleitung vorliegt. Anscheinend haben sich Elektronstaube und Benzindünste entzündet.

H e i l H i t l e r !

H.

Unfallbericht des Wetzlarer NSDAP-Kreisleiters Wilhelm Haus an Gauleiter Jakob Sprenger. Bei diesem grauenhaften Betriebsunfall im Leitzwerk starben drei Lehrlinge und die 16-jährige Ostarbeiterin Anna Maslowa.

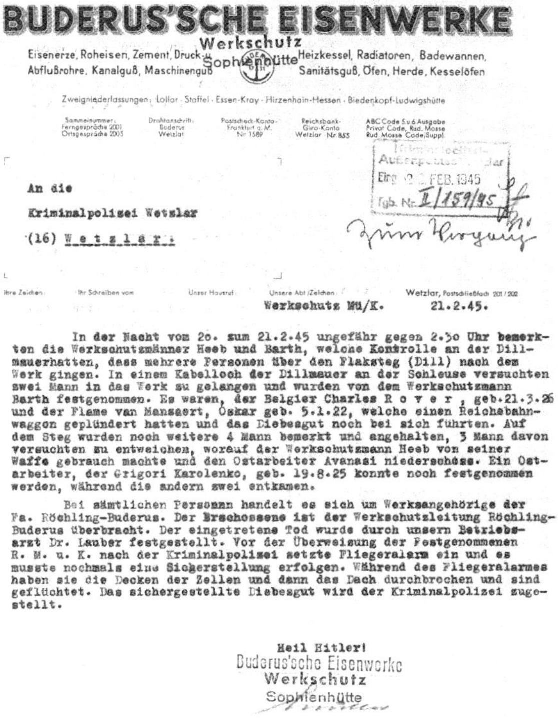

BUDERUS'SCHE EISENWERKE

Werkschutz Sophienhütte

Eisenerze, Roheisen, Zement, Druck- u. Abflußrohre, Kanalguß, Maschinenguß — Heizkessel, Radiatoren, Badewannen, Sanitätsguß, Öfen, Herde, Kesselöfen

Zweigniederlassungen: Lollar · Staffel · Essen-Kray · Hirzenhain-Hessen · Biedenkopf-Ludwigshütte

Sammelnummer: Ferngespräche 2001 Ortsgespräche 2005 · Drahtanschrift: Buderus Wetzlar · Postscheck-Konto: Frankfurt a. M. Nr 1589 · Reichsbank-Giro-Konto Wetzlar Nr. 855 · ABC Code 5 u. 6 Ausgabe Privat Code, Rud. Mosse Rud. Mosse Code/Suppl.

Eing. 22. FEB. 1945

Tgb. Nr. II/159/45

Zum Vorgang

An die

Kriminalpolizei Wetzlar

(16) W e t z l a r .

Ihre Zeichen: Ihr Schreiben vom Unser Hausruf: Unsere Abt./Zeichen: Werkschutz Mü/K. Wetzlar, Postschließfach 201/202 21.2.45.

In der Nacht vom 20. zum 21.2.45 ungefähr gegen 2.30 Uhr bemerkten die Werkschutzmänner Heeb und Barth, welche Kontrolle an der Dillmauerhatten, dass mehrere Personen über den Flaksteg (Dill) nach dem Werk gingen. In einem Kabelloch der Dillmauer an der Schleuse versuchten zwei Mann in das Werk zu gelangen und wurden von dem Werkschutzmann Barth festgenommen. Es waren, der Belgier Charles R o v e r , geb. 21.3.26 und der Flame van Mansaert, Oskar geb. 5.1.22, welche einen Reichsbahnwaggon geplündert hatten und das Diebesgut noch bei sich führten. Auf dem Steg wurden noch weitere 4 Mann bemerkt und angehalten, 3 Mann davon versuchten zu entweichen, worauf der Werkschutzmann Heeb von seiner Waffe gebrauch machte und den Ostarbeiter Avanasi niederschoss. Ein Ostarbeiter, der Grigori Karolenko, geb. 19.8.25 konnte noch festgenommen werden, während die andern zwei entkamen.

Bei sämtlichen Personen handelt es sich um Werksangehörige der Fa. Röchling-Buderus. Der Erschossene ist der Werkschutzleitung Röchling-Buderus überbracht. Der eingetretene Tod wurde durch unsern Betriebsarzt Dr. Lauber festgestellt. Vor der Überweisung der Festgenommenen R. M. u. K. nach der Kriminalpolizei setzte Fliegeralarm ein und es musste nochmals eine Sicherstellung erfolgen. Während des Fliegeralarmes haben sie die Decken der Zellen und dann das Dach durchbrochen und sind geflüchtet. Das sichergestellte Diebesgut wird der Kriminalpolizei zugestellt.

Heil Hitler!

Buderus'sche Eisenwerke
Werkschutz
Sophienhütte

Bei einem nächtlichen Zwischenfall auf dem Gelände der Buderus'schen Eisenwerke, an dem zwei Belgier und vier Ostarbeiter beteiligt waren, wurde ein Ostarbeiter vom Buderus-Werkschutz erschossen. Drei dabei festgenommene Ausländer konnten jedoch während eines anschließenden Fliegeralarms wieder entkommen, nachdem sie die Decken der Arrestzellen durchbrochen hatten.

durch ein Fenster in das Treppenhaus eines Fabrikgebäudes. Vorgenannte Verunglückte passierten zu derselben Zeit die Treppe und starben den Verbrennungstod. Drei weitere Arbeiter der Firma erlitten Verbrennungen (leichtere), die ambulant behandelt werden können ... Anscheinend haben sich Elektrostaube und Benzindünste entzündet."

Die getötete Ostarbeiterin war die Ukrainerin Anna Maslowa, geboren am 15. 7. 1926. Sie starb kaum einen Monat vor ihrem 17. Geburtstag.[775]

Am 11. November 1943 berichtete der Wetzlarer Anzeiger unter der Überschrift *„Tödlicher Unfall bei Buderus. Zwischen den Puffern erdrückt"*:

„Am Sonnabend geriet auf dem Werksgelände der Buderus'schen Eisenwerke ein ausländischer Arbeiter beim Rangieren zwischen die Puffer zweier Waggons und erlitt tödliche Verletzungen."

Es handelte sich um den 20-jährigen Hilfsarbeiter Johann Josef Kaptain aus dem Buderus'schen Zwangsarbeiterlager in der Hermannsteiner Straße 13. Er wurde

am 11. November 1943 in Niedergirmes beerdigt. Am 15. September 1955 wurde er exhumiert und nach Frankfurt am Main-Oberrad übergeführt.[776]
Die „Liste der Fremdarbeitergräber auf dem Friedhof Wetzlar-Niedergirmes" verzeichnete im Zeitraum vom 30. Mai 1942 bis zum 28. März 1945 – neben den 41 Fliegeropfern und zahlreichen „normalen" Sterbefällen folgende Todesursachen von Zwangsarbeitern:
12 Fälle von Lungen-Tbc, 6 Fälle von Schädelbruch, 3 Fälle von Gastod, 3 sonstige Betriebsunfälle, 2 Selbstmorde, ein Todesfall durch Ertrinken, und ein Ostarbeiter wurde am 21. Februar 1945 auf der Flucht nach dem Plündern von einem Werkschutzmann der Buderus'schen Eisenwerke erschossen.

So wie alle Lebensumstände der Zwangsarbeiter im Deutschen Reich weitestgehend geregelt waren, gab es auch ausführliche Vorschriften für deren Todesfall. Am 21. April 1943 erließ der Reichsinnenminister eine Verordnung wegen der „Bestattung in Deutschland verstorbener Ostarbeiter". Darin hieß es unter anderem: [777]
„Ostarbeiter/innen ... werden ... grundsätzlich auf dem öffentlichen Friedhof des Sterbeortes bestattet. Für diese Bestattungen sind von den Friedhofsverwaltungen Grabstellen zur Verfügung zu stellen, die hinreichend getrennt von den für die Bestattung von Deutschen vorgesehenen Grabstellen liegen.
Bei der Auswahl der Grabstellen ist den Glaubensgrundsätzen der Verstorbenen Rechnung zu tragen, z.B. sind Mohammedaner in der Richtung nach Osten zu beerdigen."

Der GBA verfügte am 29. Juni 1943 einen Erlass für „Maßnahmen bei Todesfällen ausländischer Arbeitskräfte" mit folgendem Wortlaut:[778]
„... die Überführung der Leiche des Verstorbenen nach Beendigung des Krieges kann dessen Angehörigen in Aussicht gestellt werden. Die gegenwärtige Verkehrslage, insbesondere bei den in den Osten führenden Bahnen, läßt es aber nicht zu, den Angehörigen ... die Möglichkeit zur Teilnahme an der Beerdigung oder zur Besichtigung des Grabes zu geben.
... Dem Betriebsführer, der den verstorbenen Ostarbeiter beschäftigte, ... wird in der Regel eine Beteiligung (... an den Beerdigungskosten ...) *in Höhe des Betrages zugemutet werden können, den er sonst für die Heimbeförderung des Ostarbeiters ... aufzuwenden hätte.*
... Die Einäscherung ist, sofern es die örtlichen Verhältnisse erlauben, zulässig und sogar erwünscht. Sollten im Einzelfall Glaubensgrundsätze geltend gemacht und gegen eine Einäscherung Bedenken erhoben werden, ist selbstverständlich dem religiösen Empfinden der Ostarbeiter zu entsprechen und von einer Einäscherung abzusehen."
Mit Erlass vom 11. April 1944 regelte der GBA auch die Grabstellenpflege der Ausländer:[779]

„... Die Gauarbeitsämter bzw. auf deren Anweisung die Arbeitsämter haben die Kosten für die Grabpflege und Instandhaltung der Gräber den höheren Verwaltungsbehörden auf Antrag zu erstatten. Die Erstattungssätze betragen gegenwärtig: für die laufende Grabpflege 2,25 RM, für die Instandsetzungen etwa 8,- RM."

Ein besonderes Kapitel stellt die Euthanasie[780] psychisch Kranker dar, welche in geschlossenen Anstalten getötet wurden. Der Reichsminister des Inneren hatte dazu mit Schreiben vom 6. September 1944 an die Regierungspräsidenten eine Liste der „Sammelstellen" für solche Personen veröffentlicht. Darin wurde für die Bereiche Kurhessen, Nassau und den ehemaligen Volksstaat Hessen die Heil- und Pflegeanstalt Hadamar zur amtlichen Sammelstelle bestimmt.[781]
Im Zeitraum vom 5. November 1944 bis zum 24. Februar 1945 wurden mindestens 126 Zwangsarbeiter mit psychiatrischen Diagnosen nach Hadamar verlegt und dort vermutlich ermordet.[782]

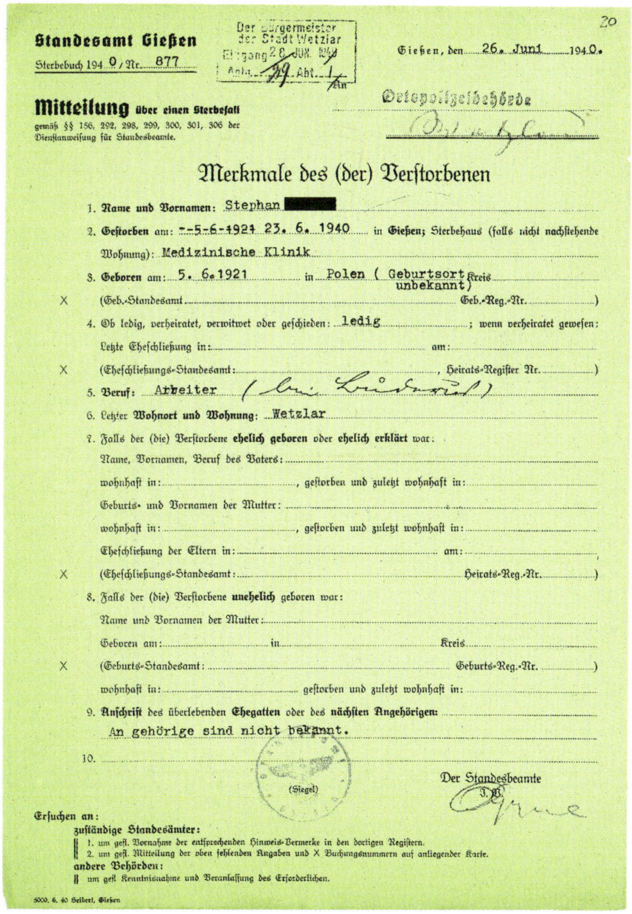

20

Standesamt Gießen
Sterbebuch 1940 / Nr. 877

Der Bürgermeister der Stadt Wetzlar
Eingang 28. JUN. 1940
Anl. 29 Abt. 1

Gießen, den 26. Juni 1940.

Ortspolizeibehörde

Mitteilung über einen Sterbefall
gemäß §§ 156, 292, 298, 299, 300, 301, 306 der Dienstanweisung für Standesbeamte.

Merkmale des (der) Verstorbenen

1. **Name und Vornamen:** Stephan [redacted]
2. **Gestorben** am: ~~5-6-1921~~ 23. 6. 1940 in **Gießen;** Sterbehaus (falls nicht nachstehende Wohnung): Medizinische Klinik
3. **Geboren** am: 5. 6. 1921 in Polen (Geburtsort unbekannt) Kreis
X (Geb.-Standesamt .... Geb.-Reg.-Nr. ....)
4. Ob ledig, verheiratet, verwitwet oder geschieden: ledig; wenn verheiratet gewesen:
Letzte Eheschließung in: .... am: ....
X (Eheschließungs-Standesamt: ...., Heirats-Register Nr. ....)
5. **Beruf:** Arbeiter
6. Letzter **Wohnort und Wohnung:** Wetzlar
7. Falls der (die) Verstorbene **ehelich geboren** oder **ehelich erklärt** war:
Name, Vornamen, Beruf des Vaters: ....
wohnhaft in: ...., gestorben und zuletzt wohnhaft in: ....
Geburts- und Vornamen der Mutter: ....
wohnhaft in: ...., gestorben und zuletzt wohnhaft in: ....
Eheschließung der Eltern in: .... am: ....
X (Eheschließungs-Standesamt: .... Heirats-Reg.-Nr. ....)
8. Falls der (die) Verstorbene **unehelich** geboren war:
Name und Vornamen der Mutter: ....
Geboren am: .... in .... Kreis ....
X (Geburts-Standesamt: .... Geburts-Reg.-Nr. ....)
wohnhaft in: .... gestorben und zuletzt wohnhaft in: ....
9. **Anschrift** des überlebenden **Ehegatten** oder des **nächsten Angehörigen:**
An gehörige sind nicht bekannt.
10. ....

(Siegel)

Der Standesbeamte
I. V.

Ersuchen an:
zuständige Standesämter:
1. um gefl. Vornahme der entsprechenden Hinweis-Vermerke in den dortigen Registern.
2. um gefl. Mitteilung der oben fehlenden Angaben und X Buchungsnummern auf anliegender Karte.

andere Behörden:
um gefl. Kenntnisnahme und Veranlassung des Erforderlichen.

5000. 6. 40 Seibert, Gießen

Der polnische Zwangsarbeiter Stephan N. verstarb 19-jährig in der medizinischen Klinik der Justus-Liebig-Universität in Gießen. Niemand in seiner Heimat hat vermutlich je davon erfahren.

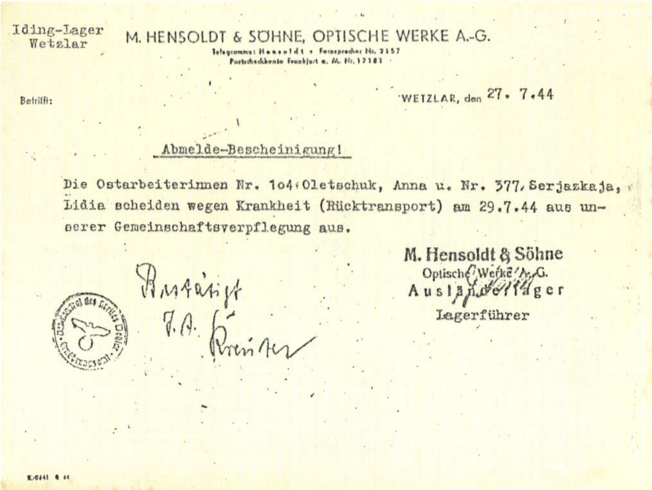

Iding-Lager Wetzlar

M. HENSOLDT & SÖHNE, OPTISCHE WERKE A.-G.
Telegramme: Hensoldt · Fernsprecher Nr. 2157
Postscheckkonto Frankfurt a. M. Nr. 17181

Betrifft:

WETZLAR, den 27. 7.44

Abmelde-Bescheinigung!

Die Ostarbeiterinnen Nr. 104 Oletschuk, Anna u. Nr. 377 Serjazkaja, Lidia scheiden wegen Krankheit (Rücktransport) am 29.7.44 aus unserer Gemeinschaftsverpflegung aus.

M. Hensoldt & Söhne
Optische Werke A.-G.
Ausländerlager
Lagerführer

Bestätigt
I.A.

Die beiden Ostarbeiterinnen Anna Oletschuk (* 16. Dezember 1922 † 3. August 1944) aus Oratisko und Lidia Serjazkaja (* 17. November 1925 † 4. August 1944) aus Kraswodar hatten bei der Hensoldt AG gearbeitet. Sie wurden in Hadamar ermordet.

Im Oktober 2000 konnten in der Gedenkstätte Hadamar 23 als psychisch krank eingestufte Personen aus Wetzlar nachgewiesen werden, die offensichtlich alle der Euthanasie zum Opfer gefallen waren.[783] Vier von ihnen hatten bei den Stahlwerken Röchling-Buderus AG gearbeitet,[784] drei bei der Hensoldt AG[785] und je eine Person bei der Ernst Leitz GmbH[786] und der Pfeiffer-Apparatebau GmbH.[787] 14 dieser Personen aus Wetzlar konnten 2000 keinem Betrieb mehr zugeordnet werden.[788]

Bemerkenswert ist in diesem Zusammenhang, dass die Mutter des Betriebsleiters der Leitzwerke Franz Bauer, Marie Elisabeth Bauer, bereits am 4. Mai 1941 in Hadamar einer früheren Euthanasie-Aktion zum Opfer gefallen war.[789] Vorher war sie am 21. März 1941 von der Landes-Heil- und Pflegeanstalt Gießen zur Landesheilanstalt Weilmünster[790] verlegt worden.[791]

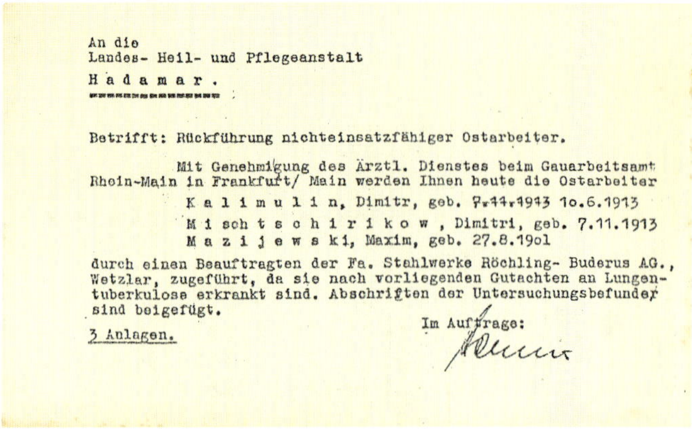

An die
Landes- Heil- und Pflegeanstalt
H a d a m a r .

Betrifft: Rückführung nichteinsatzfähiger Ostarbeiter.

Mit Genehmigung des Ärztl. Dienstes beim Gauarbeitsamt Rhein-Main in Frankfurt/ Main werden Ihnen heute die Ostarbeiter

K a l i m u l i n, Dimitr, geb. ~~7.11.1913~~ 10.6.1913
M i s c h t s c h i r i k o w , Dimitri, geb. 7.11.1913
M a z i j e w s k i, Maxim, geb. 27.8.1901

durch einen Beauftragten der Fa. Stahlwerke Röchling- Buderus AG., Wetzlar, zugeführt, da sie nach vorliegenden Gutachten an Lungentuberkulose erkrankt sind. Abschriften der Untersuchungsbefunde sind beigefügt.

Im Auftrage:

3 Anlagen.

Schreiben an die Landes-Heil- und Pflegeanstalt Hadamar vom 30. September 1944 wegen der Überführung von drei Tbc-kranken Ostarbeitern der Röchling-Buderus AG. Wer weiß, was aus ihnen geworden ist.

Bereits 1941 war in der Öffentlichkeit bekannt geworden, dass in der Heil- und Pflegeanstalt Hadamar psychisch Kranke getötet wurden. Darüber hatte sich der Wiesbadener Landgerichtspräsident Hefermehl mit Schreiben vom 15. Februar 1941 an den Oberlandesgerichtspräsidenten in Frankfurt am Main geäußert:[792]
„In der Stadt Wiesbaden geht zur Zeit ein mündlich verbreitetes Gerücht um, das große Beunruhigung in der Bevölkerung hervorgerufen hat. Es wird behauptet, daß man in den öffentlichen Irrenanstalten auf höhere Weisung seit einiger Zeit dazu übergegangen ist, unheilbar Geisteskranke zu beseitigen. Die Kranken würden ohne Benachrichtigung der Angehörigen in bestimmte andere Anstalten, genannt wird insbesondere die Landesheil- und Pflegeanstalt Hadamar, überführt und dort, angeblich durch Vergasung, getötet.
Die Beunruhigung und Erregung, die dieses Gerücht bereits in weiten Kreisen verursacht hat, ist so groß, daß es meines Erachtens dringend notwendig ist, so schnell wie möglich eine amtliche Aufklärung durch die Presse oder öffentliche Bekanntmachung herbeizuführen."
Der Frankfurter Oberlandesgerichtspräsident Ungewitter selbst vermerkte dazu in seinem Lagebericht vom 26. Juni 1941:[793]
„Eine sehr starke seelische Belastung für die Bevölkerung, namentlich in der näheren Umgebung von Heil- und Pflegeanstalten, bedeuten die bekannten Vorgänge in diesen Anstalten. So beobachtet man in Limburg und Hadamar die täglich zur gleichen Stunde durchkommenden Transporte nach der Liquidationsanstalt in Hadamar, die mitunter bis zu 6 große Kraftwagen umfassen und deren Insassen häufig sichtbar werden, da sie die Verspannungen an den Fenstern auseinander zerren, mit Anteilnahme ...
Infolge der Unklarheit über die wirklichen Verhältnisse entstehen Gerüchte aller Art; insbesondere verbreitet sich steigende Beunruhigung über den Kreis der betroffenen Personen. Vielfach wird behauptet, daß auch Kranke, die keineswegs lebensunfähig wären, sondern noch arbeiten könnten und mit ihren Angehörigen noch durchaus seelischen Kontakt gehabt hätten, liquidiert worden seien. Vor allem fürchtet man für das Leben der Insassen von Alters- und Siechenheimen. Die allgemeine Auffassung geht dahin, daß im Laufe der Zeit der zunächst enger in Aussicht genommene Kreis der Betroffenen immer mehr erweitert worden wäre ...
Als Anhalt für die Zahl der Liquidations-Todesfälle mag dienen, daß beim Amtsgericht Wiesbaden bisher allein 72 Pflegschaften infolge solcher Todesfälle aufgehoben worden sind."
Wie die Benachrichtigung der Angehörigen damals vorgenommen wurde, zeigt ein Schreiben der Landesheil- und Pflegeanstalt Hadamar vom 6. Februar 1942:[794]
„Sehr geehrte Frau W.,
es tut uns aufrichtig leid, Ihnen mitteilen zu müssen, daß Ihre Mutter, Frau R.E .... an einem Hirnschlag in unserer Anstalt plötzlich und unerwartet verstorben ist ...
Bei ihrer schweren unheilbaren Erkrankung bedeutete das Leben für die Verstorbene eine Qual. So müssen Sie ihren Tod als Erlösung auffassen.

Mit dem Transport, mit dem Ihre Mutter in unsere Anstalt kam, wurden auch eine Anzahl hochinfektiöser Patienten und Bazillenträger transportiert. Deshalb mußte auf Anordnung der Gesundheitspolizei und zur Verhütung übertragbarer Krankheiten Ihre Mutter sofort eingeäschert werden. Einer Zustimmung Ihrerseits bedurfte es in diesem Falle nicht mehr."

Ein Beispiel für die Euthanasie-Aktion des Sommers 1944 ist der bereits erwähnte Fall Anna Papelpu, die in Wetzlar bei der Pfeiffer-Apparatebau GmbH gearbeitet hatte. Am 11. August 1944 erstellte der Medizinalrat beim Gesundheitsamt Wetzlar, Dr. E. S.,[795] ein ärztliches Gutachten über sie. Darin hieß es:[796]
„*Der Lagerleiter und die Werkschwester geben an, daß Papelpu seit 14 Tagen schwer geistesgestört sei. Nachts stehe sie auf, störe die Lagerinsassen, weine viel und sei nicht zur Arbeit zu bewegen.*
... Die Untersuchte ist von reduziertem Ernährungs- und Kräftezustand und kränklichem Aussehen. Der Gesichtsausdruck ist ängstlich. Die Bewegungen sind verlangsamt. Sie jammert und klagt, daß sie keinem etwas getan habe. Zuspruch ist sie in keiner Weise zugänglich.
... Die Untersuchte leidet also an einer depressiven Verstimmung, ... ist daher geistesgestört und bedarf ... der Aufnahme in eine Irrenanstalt, was ich nach bestem Wissen amtseidlich bescheinige."
Anna Papelpu kam am 1. September 1944 nach Hadamar. Dort wurde sie am 21. September 1944 ermordet. Das Arbeitsamt Wetzlar schrieb am 21. Oktober 1944 an die Landesheilanstalt Hadamar:[797]
„*Am 21.9.44 ist dort die Ostarbeiterin Papelpu, Anna, geb. 22.7.1921, verstorben. Ihre in meinem Bezirk eingesetzte Mutter hat den Wunsch, die Kleidungsstücke insbesondere Schuhe der Verstorbenen zur eigenen Verwendung zu erhalten. Wir bitten um Übersendung dieser Nachlaßsachen.*"

Zumindest für Hessen gelang der Nachweis, dass auch Tbc-kranke Zwangsarbeiter systematisch ermordet wurden. Im Zeitraum vom 28. Juli 1944 bis 18. März 1945 wurden nach Hadamar unter anderem vom Arbeitsamt Wetzlar 27 und vom Krankenlager Pfaffenwald 162 Tbc-Erkrankte überstellt.[798] Da sich aber unter den Insassen des Lagers Pfaffenwald mit Sicherheit verschiedene Tbc-Kranke aus Wetzlarer Betrieben befanden, dürfte die Zahl der in Hadamar ermordeten Tbc-Erkrankten aus Wetzlar weit höher liegen.[799]

Rüstungsproduktion und Ausländer-Einsatz aus Sicht der Betriebe

Bereits im Ersten Weltkrieg hatte sich gezeigt, dass die Rüstungsproduktion auch für Wetzlarer Industriebetriebe gute Profite brachte. Schon bald nach dem wirtschaftlichen Einbruch der Zwanziger Jahre setzte daher wieder ein Wettlauf um Rüstungsaufträge ein. Dr. Ernst Leitz hob in einem Schreiben vom 15. November 1934 an die Berliner Firmenvertretung besonders die Leitz'schen Militärproduktionen während des Ersten Weltkrieges hervor:[800]

„In Beantwortung Ihrer Anfrage vom 9. ds. M. hinsichtlich der Auskunft an das Waffenamt, inwiefern wir in der Lage wären, militärtechnische Instrumente auszuarbeiten und herzustellen, verweisen wir in erster Linie auf unsere Tätigkeit während des Krieges. Eine Sammlung von Abbildungen der Instrumente, welche wir während des Krieges anfertigten, haben wir seinerzeit der Beschaffungsabteilung von Herrn Major Ansat übergeben ...

... weisen wir darauf hin, daß wir als wissenschaftliche Mitarbeiter 16 Herren und wissenschaftliche Hilfskräfte 17 Herren haben; hierbei verweisen wir insbesondere auf Herrn Ing. Stützer, der bei der Firma Zeiss den letzten Entfernungsmesser und bei uns den Kollimator konstruiert hat.

... Wir betonen nochmals, dass wir unbedingt in der Lage sind, jede optische-militärtechnische Aufgabe zu lösen und Instrumente in dieser Richtung großzügig zu fabrizieren.

Mit deutschem Gruß!"

Wie rücksichtslos in den Dreißiger Jahren der Konkurrenzkampf um Rüstungsaufträge geführt wurde und wie eifersüchtig jeder seine Pfründe schützte, zeigt folgende Begebenheit:[801]

Im Frühjahr 1934 waren offensichtlich kleinere Wetzlarer feinmechanische Betriebe wie Seibert und Kremp bei der NSDAP-Gauleitung Hessen-Nassau vorstellig geworden mit der Bitte, sich beim Reichswehrministerium in Berlin dafür einzusetzen, dass sie von den beiden Großbetrieben Leitz und Hensoldt als Unterlieferanten bei Rüstungsaufträgen berücksichtigt würden. Der Bitte war offensichtlich entsprochen worden, denn die Berliner Vertretung der optischen Werke Ernst Leitz schrieb am 20. Februar 1934 in einem Brief an das Hauptwerk in Wetzlar unter anderem:

„Bei Vergebung der Aufträge für Doppelfernrohre 6 x 30 ist von der Gauleitung Hessen-Nassau beim Reichswehrministerium die Bitte ausgesprochen worden, die optischen und mechanischen Werkstätten in Stadt und Kreis Wetzlar zu berücksichtigen.

Da nun bei dem Auftrag für die Firma Hensoldt von der Gauleitung dies besonders beantragt wurde, sah sich das Beschaffungsamt veranlasst, diese Wünsche auch der Firma Leitz gegenüber zu äussern ...

Da Sie nun in Ihrem Betrieb das ganze Gerät bis auf den Gummizugverschluss selbst herstellen, dürfte für Sie eine Vergebung von Aufträgen ausserhalb des Hauses an die feinmechanische Industrie nicht in Frage kommen ...

Sie wollen daher an das Reichswehrministerium unter obigem Aktenzeichen ein Schreiben richten und mir einsenden, in dem Sie erklären, dass Sie das ganze Gerät in eigenen Werkstätten herstellen und daher keine Unterlieferanten

beschäftigen, dass Sie aber eine gewissen Anzahl von Arbeitslosen zur Herstellung der militärischen Geräte eingestellt haben, so dass ein Ausgleich für die Beschäftigung der Wetzlarer feinmechanischen Industrie für Sie nicht in Frage käme.“
Das Hauptwerk schickte den initiierten Brief am 2. März an das Reichswehrministerium. Gleichzeitig teilte man der Außenstelle in Berlin mit:
„Über die fragliche Angelegenheit haben wir uns mit der Firma Hensoldt verständigt. Diese hat sie in dem gleichen Sinne behandelt wie wir und sich gleichzeitig an die Gauleitung Hessen-Nassau als Pg-Firma[802] gewandt.“
Nicht nur das. Dr. Carl Hensoldt hatte am 28. Februar 1934 ebenfalls einen Brief an den Reichswehrminister geschrieben. Darin hieß es unter anderem:[803]
„Wir haben davon Vormerkung genommen, dass dort auf Grund einer Bitte des Kontrollamtes für Arbeitsbeschaffung der Gauleitung der N.S.D.A.P. Hessen Nassau der Wunsch besteht, dass wir die ortsansässige Kleinindustrie als Unterlieferanten für den bereits erteilten Doppelfernrohr-Auftrag nach Möglichkeit heranziehen.
Wir teilen hierzu mit, dass wir an sich bereit sind, diesem Wunsche zu entsprechen ... Es hat sich jedoch hierbei praktisch herausgestellt, dass teilweise bei den bis jetzt in Betracht gezogenen Firmen nicht die Möglichkeit besteht, die Ansprüche in Bezug auf Preis und Qualität der Einzelteile zu erfüllen ... Die in Betracht kommenden Firmen sind naturgemäss mehr handwerksmässig eingerichtet ...
Es ist hierbei zu berücksichtigen, dass an die Qualität der von uns zu liefernden Doppelfernrohre seitens der abnehmenden Behörde höchste Anforderungen gestellt werden ... Es ist daher nicht möglich, Teilfabrikate verschiedener Firmen nachher zusammenzubauen, da dann die Einheitlichkeit des Fabrikats in keiner Weise gewährleistet ist ...
Wir wollen es uns nicht versagen, in diesem Zusammenhang auch noch auf die volkswirtschaftliche Seite dieser Angelegenheit einzugehen ... Wir haben gerade hier in Wetzlar in den vergangenen Jahren feststellen können, dass durch verschiedene Kleinbetriebe eine erhebliche Schädigung des Ansehens der deutschen Optik und damit der gesamten deutschen Wirtschaft eingetreten ist. Dies ist insbesondere darauf zurückzuführen, dass verschiedene dieser Werkstätten die wichtigsten Teile zu optischen Instrumenten – direkte Copien der Produkte der führenden Firmen – jahrelang zu Schleuderpreisen durch jüdische Einkäufer an das Ausland geliefert und dadurch erst die im Ausland in der Entwicklung befindliche optische Industrie in die Lage versetzt haben, mit den deutschen Erzeugnissen zu konkurrieren ...
Diese Schleuderkonkurrenz war verschiedenen der in Frage kommenden Betriebe nur dadurch möglich, dass sie einmal keinerlei Kosten für die unbedingt zur Herstellung dieser Instrumente notwendigen wissenschaftlichen und technischen Versuchsarbeiten aufwandten, dann aber auch ihren Verpflichtungen in sozialer Beziehung nur in unzureichendem Umfange nachkamen. Die meisten dieser Werk-

stätten sind Inflationsgründungen sowohl hier wie in Jena, Kassel, Berlin, München pp., ihre Inhaber frühere Angestellte der führenden Häuser."
Am 15. März 1934 meldete sich dann die Firma Kremp bei Leitz mit einer entsprechenden Anfrage, auf die Dr. Leitz am 20. März 1934 antwortete:
„Im Verfolg Ihres Briefes vom 15. ds. Mts. sehe ich zurzeit keine Notwendigkeit, anderweitige Hilfe für die fraglichen Aufträge in Anspruch zu nehmen, da wir nach einigen Neueinstellungen die fraglichen Aufträge bequem erledigen können. Ich rate Ihnen jedoch, sich an die Firma Hensoldt wenden zu wollen, da deren Aufträge 50% höher sind als die uns zuteil gewordenen. H. wird deshalb eher in der Lage sein, ihre Hilfe benutzen zu können."
Das ist bemerkenswert. Während Ernst Leitz auf der einen Seite interne Absprachen mit Dr. Carl Hensoldt getroffen hatte, handelte er hier ganz eindeutig gegen Hensoldt.
Kremp scheint sich daraufhin an Hensoldt gewandt zu haben. Das muss bei Dr. Carl Hensoldt so starken Ärger hervorgerufen haben, dass er sich bei dem Vertreter des Landes Hessen in Berlin, Ministerialrat Hans-Werner von Zengen beschwerte. Jedenfalls schrieb dieser am 12. Juni 1934 unter anderem an Dr. Leitz:[804]
„... Ich habe aus einem Brief, den Sie unter dem 20. März an die Firma Kremp richteten, gesehen, dass Sie die Behauptung aufstellen, die Firma Hensoldt hätte 50% höhere Aufträge erhalten. Ich brauche Ihnen wohl nicht zu sagen, dass dies nicht richtig ist und möchte Sie doch bitten, derartige Mitteilungen an kleine Firmen zu unterlassen, da es sonst böses Blut geben könnte ...
Ihrer Rückäusserung sehe ich mit Interesse entgegen."
Schon am darauffolgenden Tag antwortete Dr. Leitz dem Ministerialrat:
„... Ich bedauere, dass die Firme Kremp Ihnen eine vertrauliche Mitteilung weitergegeben hat, von dem Umstand, dass die Firma Hensoldt einen höheren Auftrag als wir erhalten hat. Die Annahme beruht auf bestimmten Mitteilungen, die mir gemacht wurden, nach denen die Firma Hensoldt 12.000 Gläser in Bestellung erhalten hatte und wir bekanntlich 8.000. Die Firma Kremp konnte ich auch deshalb eher an Hensoldt verweisen, weil diese Firma relativ primitiv eingerichtet ist und eher in der Lage sein würde, einen kleinen Unter-Lieferanten zu beschäftigen als unsere Firma ...
Bei dieser Gelegenheit möchte ich nicht unterlassen Sie auch darauf aufmerksam zu machen, dass diese kleinen Firmen, welche sich in Wetzlar und auch in anderen Orten herausgebildet haben, zum Teil ein Krebsschaden für die optische Industrie sind. Es wird von diesen Leuten zu billigsten Preisen, zum Teil durch Heimarbeiter, Mikroskop-Optik hergestellt und zu Schleuderpreisen, namentlich auch nach dem Ausland vertrieben und kommt dort als Wetzlarer Optik zum Verkauf, da die alteingesessene Industrie ihr einen guten Namen gemacht hat.
Wir haben feststellen können, daß Heimarbeiter durchschnittlich 11 Stunden täglich arbeiten, bei guter Beschäftigung sogar bis zu 16 Stunden ... Dabei verlegen

sich solche Firmen rein auf das Kopieren der Instrumente von alt eingeführten Firmen, die mit grossen Unkosten wissenschaftlicher, technischer und kaufmännischer Art arbeiten."

Die Wetzlarer Betriebe hatten dieses Verhalten bis zum Zweiten Weltkrieg grundsätzlich nicht geändert. So sicherten sich die Buderus'schen Eisenwerke im April 1940 den Vorsitz in drei von acht Arbeitsgemeinschaften der Munitionsfirmen, die als regionale Untergliederung des neuen Reichsministeriums für Bewaffnung und Munition arbeiteten. In der reichsweiten „Arbeitsgruppe 50, optische und feinmechanische Geräte" im „Sonderausschuß X, Waffen" dieses Reichsministeriums erhielten die optischen Werke Ernst Leitz den Vorsitz in einem der drei Arbeitskreise, die anderen beiden erhielt die Firma Carl Zeiss in Jena.[805] Der Vorsitz in solchen Arbeitsgemeinschaften und -kreisen brachte natürlich direkte Kontakte zu den entscheidenden Stellen der Ministerien und des Oberkommandos der Wehrmacht, wodurch eine Art Vormachtstellung bei der Vergabe von Rüstungsaufträgen erlangt wurde. Die Hensoldt AG war dabei nicht berücksichtigt worden. Dr. Carl Hensoldt wandte sich daraufhin mit Schreiben vom 5. August 1941 an den Gauwirtschaftsberater Eckhardt in Frankfurt am Main:[806]

„Anfang dieses Jahres ist auf Veranlassung des Reichsministers für Bewaffnung und Munition im Sonderausschuß X Waffen eine Arbeitsgruppe 5c optische und feinmechanische Geräte gegründet worden. Die konstituierende Sitzung hat seinerseits der inzwischen verstorbene Geschäftsleiter Kotthaus von der Firma Carl Zeiss, Jena, geleitet. Herr Kotthaus hat auch innerhalb der Arbeitsgruppe die einzelnen Arbeitskreise festgelegt und die Leiter der einzelnen Arbeitskreise vorgeschlagen.

2 Arbeitskreise werden von Herren des Zeiss-Konzerns geleitet, während ein Arbeitskreis von Herrn Direktor Bauer von der Firma Leitz, Wetzlar, geleitet wird. Obwohl unsere Firma sich schon einige Jahre vor dem Krieg für die Fertigung des Heeresgerätes eingesetzt hat, wurde sie bei Bildung der Arbeitskreise von Herrn Dipl. Ing. Kotthaus nicht berücksichtigt. Da mittlerweile diese Arbeitskreise, die

Text zum nebenstehenden Bild: Ein Vorsitz in den reichsweiten Arbeitsgemeinschaften und -kreisen der Rüstungsindustrie brachte den Betrieben direkte Kontakte zu den entscheidenden Stellen der Ministerien und des Oberkommandos der Wehrmacht. Damit erreichten sie eine Vormachtstellung bei der Vergabe von Rüstungsaufträgen. So konnten sich die Buderus'schen Eisenwerke im April 1940 den Vorsitz in drei von acht Arbeitsgemeinschaften der Munitionsfirmen sichern, die als regionale Untergliederung des neuen Reichsministeriums für Bewaffnung und Munition arbeiteten. In der reichsweiten „Arbeitsgruppe 50, optische und feinmechanische Geräte" im „Sonderausschuß X, Waffen" dieses Ministeriums erhielten die optischen Werke Ernst Leitz den Vorsitz in einem der drei Arbeitskreise. Die Stahlwerke Röchling-Buderus AG und die Hensoldt AG erreichten hingegen nur, dass ihre Betriebsleiter Bezirksbeauftragte in einem untergeordneten Hauptausschuss oder in einem Hauptring wurden.

Beilage zum Mitteilungsblatt der Gauwirtschaftskammer Rhein-Main „Die Rhein-Mainische Wirtschaft" Nr. 13/14/15

Mitteilungen der Rüstungskommission XIIa

des Reichsministers für Rüstung und Kriegsproduktion
und Generalbevollmächtigten für Rüstungsaufgaben im Vierjahresplan

Vorsitzer: Rüstungsinspekteur XIIa Generalmajor Rüggenmann | Stellv. Vorsitzer: Wehrkreisbeauftragter XIIa Gauamtsleiter Präs. Gamer

Geschäftsstelle: Wiesbaden, Lessingstraße 16. Fernsprecher: 59661. Apparat 360 oder 355

Folge 12 | Die Mitteilungen erscheinen nach Bedarf | Wiesbaden, den 25. August 1944

Vertraulich!

116.

Selbstverwaltung der Rüstungswirtschaft im Bereich der Rüstungskommission XII a.

Bezirksbeauftragte der Hauptausschüsse (HA) und Hauptringe (HR).

HA bzw. HR	Bezirksbeauftragter	in Firma:	Fernspr.-Nr.
HR Metalle	Dir. Erich Plesse	VDM-Halbzeugwerke AG., Frankfurt a. M.-Heddernheim	9 40 41
HR Metallhalbzeug	Dir. Erich Plesse	VDM-Halbzeugwerke AG., Frankfurt a. M.-Heddernheim	9 40 41
HR Holz	Sägewerksbesitzer Adam Rummel	Lorsch/Hessen	Bensheim 286
HR Guß	Dr. Rathscheck	W. Ernst Haas & Sohn, Neuehoffnungshütte, Sinn/Dillkr.	Herborn 431
HR Schmiedestücke	Dir. Gerhard	Stahlwerke Röchling-Buderus AG., Wetzlar	20 21
HR Maschinen-Elemente	Ing. Wilh. Besel	P. I. V. Antrieb Werner Reimers KG., Bad Homburg	26 46/47
HR Werkstoff-verfeinerung	Ob.-Ing. Franz Mersch	Dienststelle Gießen des Wehrkreis-beauftragten XIIa, Gießen, Alicestraße 10 (Privat: 6)	43 46
HR Eisenerzeugung	Dir. Fr. Riekeberg	Stahlwerke Röchling-Buderus AG., Wetzlar	20 21
HR Kunst- und Preßstoffe	Braun	Bebrit Preßstoffwerke, Bebra	
HR Steine und Erden	Dir. Hch. Hagemeier	Mitteldeutsche Hartsteinindustrie, Frankfurt a. M., Weserstraße 63	3 04 86
HA Pulver und Sprengstoff	Dr. Erhardt	I. G. Farbenindustrie AG., Ludwigshafen/Rh.	
HA Elektrotechnik	Dir. Dr. Jordan	Voigt & Haeffner AG., Frankfurt a. M., Osthafenplatz 6	4 01 51
HA Feinmechanik und Optik	Dr. Hans Hensoldt	M. Hensoldt & Söhne AG., Wetzlar	21 57
HA Stahl- und Eisenbau	Dir. Dipl.-Ing. Sudergath	M. A. N., Mainz-Gustavsburg	Mainz 4 12 41
HA Rüstungsgerät	Dr. Hans Bruns	Berkenhoff & Drebes AG., Aßlarer Hütte, Aßlar (Krs. Wetzlar)	Wetzlar 20 41
HA Maschinen und Apparate	Dir. Herm. Hartmann	Maschinenfabrik Hartmann AG., Offenbach a. M.	8 01 47
HA Fertigungs-einrichtungen	Dir. Herm. Hartmann	Maschinenfabrik Hartmann AG., Offenbach a. M.	8 01 47

Breidenstein Verlagsgesellschaft — Druck: Brönners Druckerei, Frankfurt am Main, Blücherstraße 20-22

im Auftrag des Reichsministers für Bewaffnung und Munition arbeiten, große Bedeutung gewonnen haben, drohen hieraus erhebliche Nachteile für unsere Firma zu erwachsen. Hinzu kommt noch, daß nach Ableben von Herrn Kotthaus, des Leiters der Arbeitsgruppe 5c optische und feinmechanische Geräte von dem Vorsitzer der Hauptgruppe 5 im Sonderausschuß X Waffen, Herrn Direktor Purucker, der Geschäftsführer der Wirtschaftsgruppe Feinmechanik und Optik, Herr Dr. Albrecht, der bisher stellvertretender Vorsitzender der Arbeitsgruppe 5c war, beauftragt worden ist, diese aktiv zu leiten.

Da wir bisher bei verschiedenen Anlässen feststellen mußten, daß Herr Dr. Albrecht, der unserer Ansicht nach ganz im Zeiss-Fahrwasser schwimmt, die Interessen unserer Firma nicht berücksichtigt, ist auch durch diese Beauftragung eine Schädigung der Interessen unserer Firma zu befürchten, da für alle Fragen der Beschäftigung der einzelnen Werke, Ausnutzung freier Kapazitäten usw. lediglich der Reichsminister für Bewaffnung und Munition zuständig ist, dessen Entscheidung in erster Linie auf den Informationen der Leiter der Arbeitskreise bzw. des Leiters der Arbeitsgruppe optische und feinmechanische Geräte beruht.

Da durch die seinerzeitige Nichtberücksichtigung unserer Firma durch Herrn Kotthaus uns jede Einflußnahme auf die Entscheidungen der Arbeitskreise bzw. der Arbeitsgruppe genommen ist, bitten wir zu prüfen, ob für Sie keine Möglichkeit besteht, darauf hinzuwirken, daß ein maßgebender Herr unserer Firma zur Leitung eines Arbeitskreises der Arbeitsgruppe optische und feinmechanische Geräte hinzugezogen wird."

Der Wetzlarer Stadtkämmerer und Erste Beigeordnete Horn (stehend) beim Überbringen der Glückwünsche der Stadt Wetzlar zum 70. Geburtstag von Ernst Leitz II (sitzend rechts, neben DAF-Gauobmann Helsper) am 1. März 1941. Horn wurde nach dem Krieg von der amerikanischen Militärregierung kurzzeitig zum kommissarischen Bürgermeister von Wetzlar eingesetzt.

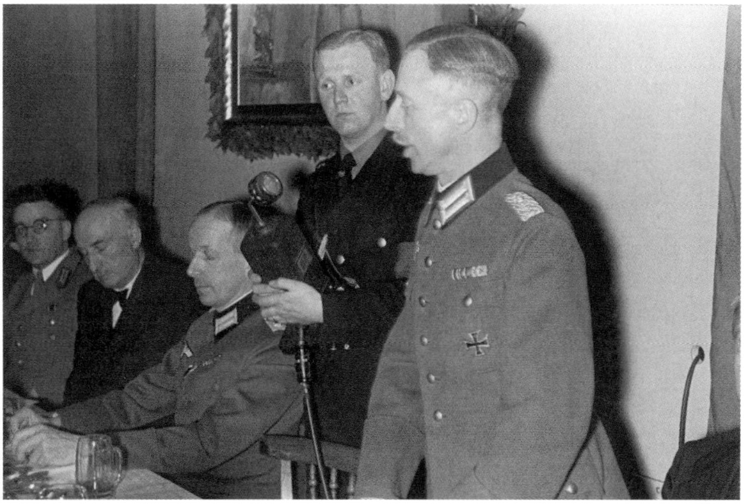

Major Schreiber, Leiter des Rüstungskommandos Gießen, bei seiner Festrede zum 70. Geburtstag von Ernst Leitz II (sitzend 2. von links) am 1. März 1941. Die zahlreichen Fest- und Glückwunschreden wurden über das Mikrofon auf verschiedene Lautsprecher im Leitzwerk übertragen.

Aber auch die Hensoldt AG und die Röchling-Buderus AG erhielten schließlich ihre Schlüsselpositionen bei diesem Rüstungswettlauf – wenn auch erst später und auch nur auf einer unteren Ebene. In der „Selbstverwaltung der Rüstungswirtschaft im Bereich der Rüstungskommission XII a." waren sie unter den „Bezirksbeauftragten der Hauptausschüsse (HA) und Hauptringe (HR)" vertreten: Dr. Hans Hensoldt von der Hensoldt AG als Beauftragter für den „Hauptausschuß Feinmechanik und Optik" und von der Röchling-Buderus AG Direktor Gerhard als Beauftragter des „Hauptringes Schmiedestücke", sowie Direktor Riekeberg als Beauftragter des „Hauptringes Eisenerzeugung".[807]

Schon am 22. Oktober 1940[808] hatte das Rüstungskommando Gießen im Zusammenhang mit den begehrten „SS-Aufträgen"[809] – diese garantierten unter anderem eine vorrangige Versorgung der betreffenden Firma mit Arbeitskräften –, beklagt:[810]

„Um den Wettlauf um die vordringlichste Fertigungsstufe der Firmen und der auftraggebenden Dienststellen abzubiegen, sind die Aufträge ab sofort schon bei Auftragsvergebung von den Beschaffungsstellen der Wehrmacht mit einer Dringlichkeitsbezeichnung ... zu kennzeichnen."

Es änderte sich aber kaum etwas, denn noch am 14. Juni 1941 stellte das Rüstungskommando fest:[811]

„Bei Prüfung der Aufträge werden seitens der Firmen immer noch in größerer Zahl ungültige SS- und S-Bescheinigungen vorgelegt."

Zusammenfassend vermerkte das Rüstungskommando Gießen in seinem Vierteljahresbericht für die Zeit vom 1. April bis 30. Juni 1941 unter anderem:[812]
„Die Auftragslage der Rüstungsindustrie hat infolge der Steigerung der Programme der Wehrmachtteile Luft und Marine einerseits, und der Sucht der Rüstungsfirmen, weitere Aufträge der Sonderstufe anzunehmen, um auf diese Weise ihren Arbeitskräftebestand zu erhalten oder gar zu vergrößern, eine weitere Verschärfung erfahren."
Am 18. Juli 1941 vermerkte der Wochenbericht schließlich:[813]
„OKW-Spezialbetriebe erhalten über Rü Kdo einen Sonderausweis, der als Nachweis besonderer Kriegswichtigkeit der Betriebe gilt. Kennzeichnungen und Bestätigungen der Kennzeichnung der Sonderstufe werden damit überflüssig."
Nur wenig später machten die optischen Werke Ernst Leitz in diesem Zusammenhang von sich reden. Dazu vermerkte das Rüstungskommando Gießen am 3. Oktober 1941:[814]
„Die Fa. Leitz G.m.b.H., Wetzlar, hat ihren OKH-Ausweis missbraucht, um die beschleunigte Lieferung von Produktionsmitteln zu erreichen. Sämtliche OKW-Spezialbetriebe im Bereich des hiesigen Rüstungskommandos wurden durch Rundschreiben belehrt, damit in Zukunft derartiger Missbrauch der Ausweise unterbleibt."[815]

Es gab aber nicht nur die rein wirtschaftlichen Interessen der Unternehmen, sondern die Betriebsleitungen standen auch mehr oder weniger fest hinter dem System. Sicher am extremsten wurde dies deutlich bei dem Betriebsleiter der Hensoldt AG, dem überzeugten Nationalsozialisten Dr. Carl Hensoldt, der bereits mit Wirkung vom 1. Mai 1938 zum Wehrwirtschaftsführer ernannt worden war.[816] In der Festschrift zu seinem 50-jährigen Arbeitsjubiläum[817] stand am 2. Mai 1939 zu lesen:[818]
„In seinem inneren Aufbau und nach dem Verhalten der Gefolgschaftsmitglieder ist das Hensoldt-Werk nationalsozialistisch ausgerichtet, weil an der Spitze ein Betriebsführer steht, der als treuer Gefolgsmann des Führers schon vor der Machtübernahme sich bemüht hat, durch Wort und Tat Verkünder des nationalsozialistischen Gedankengutes zu sein.
Die Aufgabe der kleinen ‚Betriebszelle Hensoldt', einer der ersten im Kreise Wetzlar, ist heute vom ganzen Betrieb übernommen, dessen Bekenntnis durch seinen Betriebsführer Dr. Carl Hensoldt bei dem Appell 1936 anläßlich des Aufrufs zum Vierjahresplan mit folgenden Worten ausgesprochen worden ist:
„Führer, wir folgen Dir, denn wir glauben an Dich! Wir sind eine verschworene Gemeinschaft und werden auch an unserer Stelle dafür mit allen Kräften arbeiten, daß die gesteckten Ziele nicht nur erreicht, sondern überschritten werden, wie wir dies von Dir gewohnt sind.
Für all das Große und Übermenschliche, was Du bis heute getan hast, danken wir Dir!""

In dieses System fügten sich jedoch alle Wetzlarer Unternehmen durchaus bereitwillig ein. Für die optischen Werke Ernst Leitz etwa galt das zwar in erheblich geringerem Maße; dennoch sprach man auch hier eine deutliche Sprache. So sagte Ernst Leitz junior in seiner Begrüßungsrede auf der Festveranstaltung zum 70. Geburtstag seines Vaters Ernst Leitz II im Schützengarten am 1. März 1941 unter anderem:[819]

„Es sind heute 70 Jahre gewesen, daß in Paris die deutschen Truppen zu einer Parade von geschichtlicher Bedeutung angetreten waren. Es war dies der Auftakt zur Gründung des Zweiten Deutschen Reiches, das auf der Person Bismarcks aufgebaut war und das im Weltkrieg zusammenbrach. Heute stehen wir wieder mitten in einem harten Kampf. Wir wissen aus den Worten des Führers, aus seiner letzten Rede, daß wir mit jedem Tage die militärische Entscheidung erwarten können. Trotz des Ernstes und der Schwere der Zeit sind wir hier zu dieser Feier zusammengekommen in der Überzeugung, daß dieser Kampf, in dem es nicht nur um Deutschland, sondern um den ganzen großen Wirtschaftsraum Europa geht, für uns siegreich sein und zu einem guten Ende geführt werden wird.

Wir grüßen unseren Führer Adolf Hitler mit einem dreifachen Sieg Heil!“

Major Schreiber, der Kommandeur des Rüstungskommandos Gießen, meinte in seiner Festrede später unter anderem:[820]

„... Hier war es Ihre Firma, die allen an Sie herangetragenen Wünschen der Wehrmacht mit größtem Engagement gegenübertrat, die alle diese Wünsche nicht nur prüfte und übernahm, sondern die mit wertvollen Anregungen und teilweise fertigen Projekten aufwarten konnte und auf diese Weise die Vorbereitungen für die siegreiche Durchführung des bisherigen Krieges geschaffen hatte.

... Es kann aber heute schon gesagt werden, daß die Arbeit, die Sie hier in Ihrem Werk geleistet haben, bahnbrechend und außerordentlich erfolgreich war und die Kriegführung wesentlich unterstützt hat.

... Die Erfolge in Polen, die Erfolge in Frankreich sind zum großen Teil mit Ihrer hervorragenden Optik durchgeführt worden ...“

Und Regierungsrat Humbert vom Reichswirtschaftsministerium ergänzte:[821]

Mit Ihren Ausfuhrerfolgen, aus denen Sie Devisen auf Devisen uns zuführen konnten, stehen Sie in der ersten Reihe der deutschen Unternehmer. ... wenn das deutsche Volk dem Ausgang dieses uns aufgezwungenen Krieges um seine Lebensrechte mit vollster Zuversicht entgegensehen kann, so dankt es auf dem Sektor der Kriegswirtschaft denen, die dem deutschen Soldaten das beste Kriegsgerät der Welt in die Hand gegeben haben, und denen, die in den Jahren vor dem großen Ringen dem Reich die ausländischen Zahlungsmittel zuführten, mit denen die Rohstoffe im Ausland gekauft werden konnten, die unentbehrlich waren für die Aufrüstung und den Aufbau der Vierjahresplanwerke. ...Sie sind im besten Sinne des Wortes der vom Führer selbst ausgegebenen Parole zu höchster Exportintensität treu geblieben.“

Der Jubilar Ernst Leitz sen. selbst sagte dann in seiner Schlussansprache:[822]

„Die goldene Zeit, die wir Alten früher erlebt haben, wurde abgelöst durch die eiserne Zeit, die nun fast schon 30 Jahre dauert. Sie begann mit dem Weltkrieg und wurde während der darauf folgenden Jahre des Wirtschaftskrieges bis zur heutigen endgültigen kriegerischen Auseinandersetzung fortgesetzt.
... In dieser Zuversicht, unter der Führung unseres genialen Führers gehen wir in dem geeinten Großdeutschland einer Zukunft entgegen, die die größten Möglichkeiten in sich birgt und wieder eine goldene sein möge."

Das alles hörte sich jedoch in einem Schreiben an den Öffentlichen Kläger der Spruchkammer Wetzlar vom 6. März 1947 im Verfahren von Dr. Ernst Leitz und Ludwig Leitz[823] ganz anders an:[824]
„... Beide Herren Leitz nahmen nur widerwillig die Produktion von Kriegsmaterial auf, eine Tatsache, über die in Berlin ungünstig geurteilt wurde."
Und an anderer Stelle: *„In der Tat hat sich die Firma Leitz nur widerwillig an der Herstellung von optischen Geräten für die Kriegsführung beteiligt, und als man schließlich solche Produktion aufnahm, tat man es nur soweit, um eine gewisse Sicherheit gegen die Einziehung wichtiger Schlüsselkräfte zu haben."*

Mit Beginn des Zweiten Weltkrieges waren die Betriebe von der Realität eingeholt worden. Die weit verbreitete Illusion, die endlosen Rüstungsaufträge würden immer weitergehen ohne in einen Krieg zu führen, war zerplatzt wie eine Seifenblase: „Die Geister, die ich rief, werd' ich nun nicht mehr los."
Um das Kriegsziel zu erreichen, mussten immer mehr deutsche Männer an die Waffen und fielen daher für die Rüstungs- und Ernährungsproduktion aus. Der vermeintliche Endsieg war aber – wenn überhaupt – nur mit einem funktionierenden Produktionssystem zu erreichen. Der dafür erforderliche Personalbedarf war aber nur durch den „Ausländer-Einsatz" zu decken. Das gesamte Deutsche Reich war längst auf die Beschäftigung von Millionen Zwangsarbeitern angewiesen.
Die Deutsche Reichsführung hatte also ein vehementes Interesse an der Beschäftigung von Zwangsarbeitern. Und da alle Betriebe längst fest in eine staatlich gelenkte Wehrwirtschaft[825] eingebettet waren, blieb den Einzelunternehmen kaum mehr Bewegungsspielraum: Die Aufsicht darüber führte das zuständige Rüstungskommando, im Falle Wetzlars das Rüstungskommando Gießen als ausführende Behörde der Rüstungsinspektion IX (Kassel) des Reichsministers für Bewaffnung und Munition.[826]

Was wäre mit einem Firmeninhaber geschehen, der sich diesem System der Wehrwirtschaft mit Zwangsarbeiter-Einsatz verweigert hätte?[827] Über die möglichen Konsequenzen äußerte sich Dr. Ernst Leitz sen. später in einem Schreiben an den Öffentlichen Kläger der Spruchkammer Wetzlar vom 6. März 1947:[828]

Während des Krieges hat es zahlreiche „Auskämm-Aktionen“ gegeben – sowohl bei Arbeitskräften als auch bei Maschinen und Materialien. Männer, die in Betrieben als grundsätzlich entbehrlich festgestellt worden waren, wurden so dem Militärdienst zugeführt, und Maschinen aus weniger wichtigen Produktionen den kriegswichtigeren Werken zugeleitet.

Eine solche Beschlagnahme-Verfügung traf am 9. Juni 1943 die Wetzlarer Firma Georg Kremp, Optik und Mechanik. Die hier beschlagnahmte Revolver-Drehbank wurden dem Hensoldt-Werk für Optik und Mechanik in Herborn (Inhaber: Dr. Hans Hensoldt) zugeteilt.

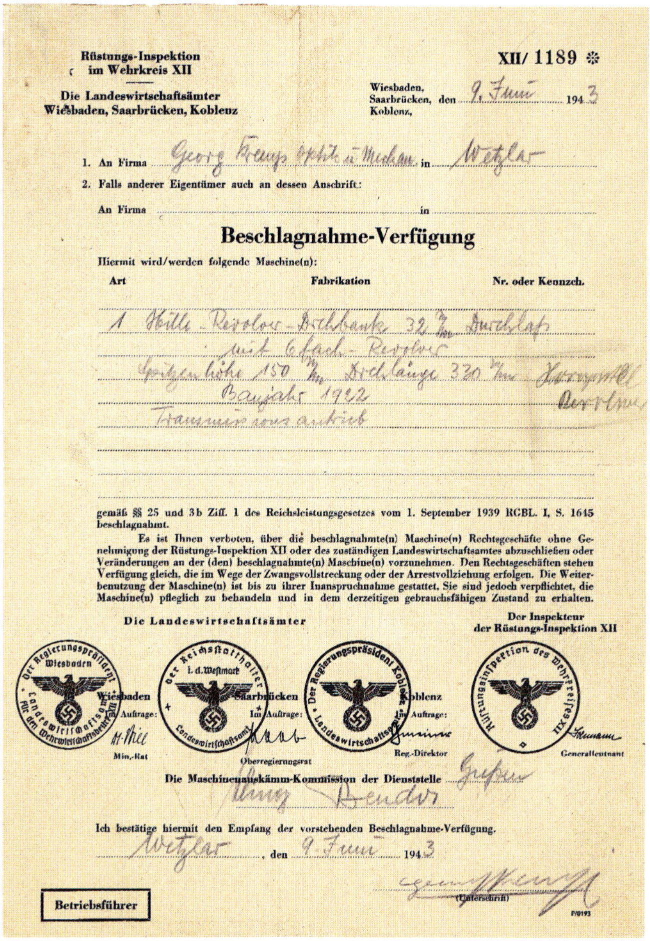
Rüstungs-Inspektion im Wehrkreis XII

Die Landeswirtschaftsämter Wiesbaden, Saarbrücken, Koblenz

XII/ 1189

Wiesbaden, Saarbrücken, Koblenz, den 9. Juni 1943

1. An Firma Georg Kremp Optik u. Mechan. in Wetzlar

2. Falls anderer Eigentümer auch an dessen Anschrift:

An Firma .... in ....

Beschlagnahme-Verfügung

Hiermit wird/werden folgende Maschine(n):

Art — Fabrikation — Nr. oder Kennzch.

1 Stille-Revolver-Drehbank 32 mm Durchlass mit 6fach-Revolver Spitzenhöhe 150 mm Drehlänge 330 mm Baujahr 1922 Transmissionsantrieb

gemäß §§ 25 und 3b Ziff. 1 des Reichsleistungsgesetzes vom 1. September 1939 RGBL. I, S. 1645 beschlagnahmt.

Es ist Ihnen verboten, über die beschlagnahmte(n) Maschine(n) Rechtsgeschäfte ohne Genehmigung der Rüstungs-Inspektion XII oder des zuständigen Landeswirtschaftsamtes abzuschließen oder Veränderungen an der (den) beschlagnahmte(n) Maschine(n) vorzunehmen. Den Rechtsgeschäften stehen Verfügung gleich, die im Wege der Zwangsvollstreckung oder der Arrestvollziehung erfolgen. Die Weiterbenutzung der Maschine(n) ist bis zu ihrer Inanspruchnahme gestattet. Sie sind jedoch verpflichtet, die Maschine(n) pfleglich zu behandeln und in dem derzeitigen gebrauchsfähigen Zustand zu erhalten.

Die Landeswirtschaftsämter — Der Inspekteur der Rüstungs-Inspektion XII

Wiesbaden Im Auftrage: Min.-Rat — Saarbrücken Im Auftrage: Oberregierungsrat — Koblenz Im Auftrage: Reg.-Direktor — Generalleutnant

Die Maschinenauskämm-Kommission der Dienststelle Giessen

Ich bestätige hiermit den Empfang der vorstehenden Beschlagnahme-Verfügung.

Wetzlar, den 9. Juni 1943

(Unterschrift)

Betriebsführer

P/0193

„... Daß schließlich durch meine Aufnahme in die Partei im Jahre 1942 das Schlimmste, wenigstens vorläufig, abgewandt wurde, ergibt sich aus Äußerungen des augenblicklichen Präsidenten der hiesigen Industrie- und Handelskammer, Herrn Maximilian Wiedling, der 1943 in Berlin bei der Wirtschaftsgruppe Feinmechanik und Optik tätig war.

Seinerzeit wurde Herrn Wiedling von ministeriellen Stellen mitgeteilt, daß die Firma Leitz beschuldigt wird, die Rüstungsproduktion dilatorisch[829] *behandelt zu haben, daß sich aber in letzter Zeit die Dinge gebessert hätten und die Ernennung eines Kommissars für die Leitung des Werkes nicht mehr erforderlich sei.“*

Eine deutliche Aussage zu einer solchen Situation fand sich auch am 23. Juni 1949 in der Urteilsbegründung des Spruchkammer-Verfahrens von Dr. Hans Hensoldt:[830]

„... Es ist gerichtsbekannt, daß Betriebe, die auf Rüstungsproduktion umgestellt werden konnten, im Verlauf des Krieges ihre Produktion steigern mußten, um den Anforderungen der Wehrmacht gerecht zu werden. Die Produktionssteigerung lag weniger in dem Ermessen des Betroffenen; vielmehr wäre auch ohne sein Einwirken der Betrieb zur Kriegsproduktion herangezogen worden."
Auch Georg Kremp, damals Inhaber der Firma „Georg Kremp, Optik und Mechanik" in Wetzlar (ca. 50 Mitarbeiter) berichtete in einem Schreiben vom 2. Juli 1946 an die Spruchkammer in Wetzlar von einer ähnlichen Situation:[831]
„... für besonders geheim zu haltende Wehrmachtsaufträge wurde meine Firma ausgeschlossen. Es ging so weit, daß dem Betrieb im Jahre 1943 durch das Rüstungskommando, hinter dem wieder die Partei stand, 6 wertvolle Maschinen genommen wurden. Diese Maschinen wurden ‚zuverlässigeren Firmen' zugeteilt. Das Rüstungskommando hatte sogar mir meinen Ersatz durch einen kommissarischen Leiter angedroht."

Ohne Zweifel hätte die Reichsführung einen Firmeninhaber, der sich jetzt den vorgegebenen Produktionszielen oder dem Einsatz von Zwangsarbeitern hätte entziehen wollen, durch einen linientreuen Kommissar (Treuhänder) ersetzt. Dieser hätte den Betrieb dann vermutlich mit noch strengeren Maßstäben weitergeführt.

Eine Verweigerung machte für einen Betriebsinhaber also nicht nur keinen Sinn, sondern er hätte sogar ohne eine besondere Genehmigung der Reichstreuhänders der Arbeit (Reichsarbeitsministerium) überhaupt nicht aus seinem eigenen Betrieb ausscheiden dürfen. So schrieb der einstige Mitinhaber des Herkules-Werkes, Otto Coers, am 6. Mai 1942 nach einem Zerwürfnis mit dem Mitinhaber Momma an die DAF in Wetzlar:[832]
„Ich teile höfl. mit, dass der Reichstreuhänder der Arbeit meinem Rücktrittsgesuch stattgegeben hat. Ich bitte daher alle Betriebsfragen mit dem nunmehrigen alleinigen Betriebsführer Herrn Momma zu regeln. Heil Hitler! Otto Coers".
Hinzu kommt, das Eigentum eines Firmeninhabers wäre im Falle seiner Verweigerung langfristig sicher gefährdet gewesen. Er hatte also ein ganz ursächliches Interesse daran, seinen Betrieb selbst weiterzuführen und sein Eigentum so für sich zu erhalten.
Wenn dann wegen erheblicher Produktionssteigerungen und des Einsatzes der Zwangsarbeiter auch noch höhere Gewinne anfielen, ging die Rechnung grundsätzlich auf. Das war selbst für an sich liberal eingestellte Firmeninhaber zumeist Grund genug, nicht „nein" zu diesem System sagen: Man tröstete sich damit, dass man ja eigentlich zum Mitmachen gezwungen worden war – aber so schlecht war es dann am Ende auch wieder nicht – *„und man behandelte doch seine Fremdarbeiter wirklich vorbildlich – kümmerte man sich denn nicht ständig persönlich um deren Wohlergehen?"*.

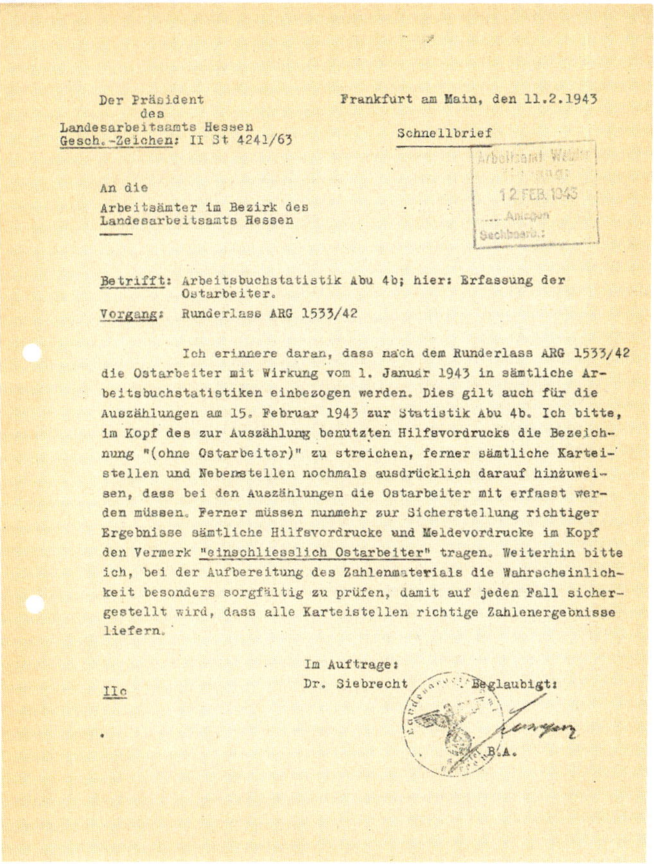

Der Präsident
des
Landesarbeitsamts Hessen
Gesch.-Zeichen: II St 4241/63

Frankfurt am Main, den 11.2.1943

Schnellbrief

Arbeitsamt Wetzlar
Eingang:
12 FEB. 1943
.....Anlagen
Sachbearb.:

An die
Arbeitsämter im Bezirk des
Landesarbeitsamts Hessen

Betrifft: Arbeitsbuchstatistik Abu 4b; hier: Erfassung der Ostarbeiter.

Vorgang: Runderlass ARG 1533/42

Ich erinnere daran, dass nach dem Runderlass ARG 1533/42 die Ostarbeiter mit Wirkung vom 1. Januar 1943 in sämtliche Arbeitsbuchstatistiken einbezogen werden. Dies gilt auch für die Auszählungen am 15. Februar 1943 zur Statistik Abu 4b. Ich bitte, im Kopf des zur Auszählung benutzten Hilfsvordrucks die Bezeichnung "(ohne Ostarbeiter)" zu streichen, ferner sämtliche Karteistellen und Nebenstellen nochmals ausdrücklich darauf hinzuweisen, dass bei den Auszählungen die Ostarbeiter mit erfasst werden müssen. Ferner müssen nunmehr zur Sicherstellung richtiger Ergebnisse sämtliche Hilfsvordrucke und Meldevordrucke im Kopf den Vermerk "einschliesslich Ostarbeiter" tragen. Weiterhin bitte ich, bei der Aufbereitung des Zahlenmaterials die Wahrscheinlichkeit besonders sorgfältig zu prüfen, damit auf jeden Fall sichergestellt wird, dass alle Karteistellen richtige Zahlenergebnisse liefern.

Im Auftrage:
Dr. Siebrecht

Beglaubigt:
B.A.

IIc

Der Einsatz der Zwangsarbeiter war straff organisiert und wurde von den Landesarbeitsämtern konsequent umgesetzt. Gestapo, NSDAP, DAF, Rüstungsinspektion, das Arbeitsamt und viele untergeordnete Institutionen hatten ein dichtes Netz der Produktions- und Arbeitsorganisation geschaffen.

Ein Firmeninhaber erreichte mit diesem Verhalten also drei Ziele: Er erfüllte seine Pflicht gegenüber dem Deutschen Reich, er sicherte sein Eigentum und schützte es vor fremden Zugriffen, und er war den bei ihm beschäftigten Ausländern ein „fürsorglicher Chef". Was konnte besser sein, als etwas, das allen half? Also wurden immer wieder Zwangsarbeiter beantragt und – nach Genehmigung durch die Reichsbehörden – auch „zugewiesen".[833]

Ein großes Problem für die Unternehmen war die Tatsache, dass die Zwangsarbeiter in den hier auszuführenden Arbeiten überwiegend ungelernt waren.[834] Deswegen anzunehmen, alle ausländischen Arbeiter seien damals ungelernt oder von geringem Bildungsstand gewesen, wäre hingegen irrig.[835] Gisela Germann aus Steindorf erinnerte sich 2001:[836]

„Wir hatten einen verhältnismäßig großen Hof in Steindorf. 1943 war mein Stiefvater im Krieg. Ich war damals zwölf Jahre alt und meine beiden Brüder elf und fünf Jahre. Da bekamen wir einen 17 Jahre alten Ostarbeiter aus Weißrußland

zum Helfen. Unsere Mutter behandelte ihn wie uns auch, er aß mit am Tisch und hatte ein eigenes Zimmer mit Bett.
Iwan half uns beim Rechnen und bei den Schulaufgaben. Seine Eltern schrieben ihm Briefe und schickten Päckchen mit getrocknetem Fisch, Kürbiskernen und für uns Deutsche selbst gewebtes Leinen. Sein Vater war wohl Lehrer oder Rektor.“

Wie schafften es aber die Betriebe, die Zwangsarbeiter möglichst schnell für die erforderlichen Arbeiten zu qualifizieren?
Während dies in der Eisen schaffenden und in der Eisen verarbeitenden Industrie mit ihren körperlich schwereren Arbeiten[837] noch leichter denkbar ist, war eine der Hauptanforderungen an optisch-feinmechanische Produkte von jeher die besondere Präzision. Diese Industrie benötigte also schon immer eine größere Zahl qualifizierter Arbeiter und Arbeiterinnen, die sie sich bis dahin überwiegend selbst herangebildet hatte.
Auch kleine Gewerbebetriebe hatten damit ihre Probleme. So hatte sich das Textilwerk Hofmann in Garbenheim[838] im Juni 1942 beim Arbeitsamt Wetzlar über die Arbeitsleistung der Ostarbeiterinnen beklagt. Im Amt wurde daraufhin intern vermerkt:[839]
„Wenn es stimmt, wie Betriebsführer Hofmann angibt, daß er die Ostarbeiterinnen nur mit 30% der Leistung einer deutschen Frau anrechnen kann, dann müßte, wenn es ihm gelingen würde, wie dies in anderen Betrieben auch der Fall ist, diese Arbeitskräfte mit 80 bis 100% einzusetzen, es möglich sein, von seinen 30 Ostarbeiterinnen etwa 20 für Arbeiten von Heimarbeiterinnen einsetzen können.
... Die 20 freigewordenen Ostarbeiterinnen müßten demnach, bei richtigem Einsatz und bei einer Arbeitszeit von 50 Stdn. in der Woche 50 x 20 = 1000 Stdn/Woche Gesamtleistung erreichen.
... Es kann nicht sein, daß eine deutsche Frau überlastet wird, während eine Ausländerin sich faulenzend die Tage vertreibt.“

Ganz anders bei den Buderus'schen Eisenwerken. Am 2. September 1942 schrieb Betriebsleiter Dr. Giesbert in einem privaten Brief unter anderem:[840]
„Mit den ausländischen Arbeitern haben wir bislang verschiedene Erfahrungen gemacht. Die Frauen aus der Ukraine haben zum Teil ausgezeichnete Arbeitsleistungen aufzuweisen, während mit den Kriegsgefangenen, aber auch mit den männlichen Zivilarbeitern nicht so gut zu arbeiten ist.“

Am 23. Oktober 1942 erließ der GBA eine Verordnung zur „Prüfung von Ostarbeitern im Interesse eines zweckvollen betrieblichen Einsatzes“. Darin hieß es:[841]
„Auf die Bedeutung des ‚berufsrichtigen‘ Einsatzes der Ostarbeiter ist von mir bereits in verschiedenen Erlassen hingewiesen worden.
... Darüber hinaus ist aber aus zahlreichen Berichten, in denen allgemein über eine mangelnde Eignung der Ostarbeiter geklagt wird, zu entnehmen, daß in vie-

len Betrieben die spezielle Arbeitseignung der Ostarbeiter überhaupt nicht ernsthaft untersucht worden ist. Bei der starken Differenziertheit der Arbeiten in großen Betrieben und der Ansprüche, die damit an die Arbeitskräfte gestellt werden, muß es möglich sein, auch die Ostarbeiter nach entsprechender Eignungsfeststellung auf Stellen anzusetzen, wo sie zu vollen Leistungen befähigt sind.
... Darüber hinaus ist mir von der Reichsgruppe Industrie mitgeteilt worden, daß bei den betrieben, die Ostarbeiter beschäftigen, sich immer mehr ein Bedürfnis herausbildet, in einen allgemeinen Erfahrungsaustausch über technische, organisatorische und betreuungsmäßige Fragen einzutreten.
... Bei der Bedeutung, die dieser Frage zukommt, bitte ich, die Arbeitsämter anzuweisen, in ihren Bezirken umgehend ... unter Einschaltung der DAF, der Industrieabteilungen der Wirtschaftskammern (... vorzugehen ...) *und mir bis zum 1. Dezember 1942 ... zu berichten.“*

Am 8. Dezember 1942 hatte die IHK Wetzlar auf Veranlassung des Arbeitsamtes Vertreter der großen Firmen zu einem „Erfahrungsaustausch über den bisherigen Russeneinsatz“[842] eingeladen.[843] Dabei berichtete Oberingenieur Giersberg von den Stahlwerken Röchling-Buderus AG, man schule dort systematisch die künftigen deutschen Vorgesetzten und prüfe die Ostarbeiter hinsichtlich ihres Persönlichkeitswertes, ihres Bildungsgrades und ihrer Berufsausbildung. Dabei führte er unter anderem aus:
„Die auf Grund dieses Einsatzes gemachten Erfahrungen sind, soweit sie bisher übersehen werden können, recht günstig. Die durchschnittliche Arbeitsleistung betrug in den ersten Monaten des Einsatzes 30 bis 100 Prozent der Normalleistung eines deutschen Arbeiters. Teilweise sind sogar Ansätze vorhanden, daß die Normalleistung eines deutschen Arbeiters übertroffen wird.“

Die Schilderung des Betriebsleiters Franz Bauer von den Leitzwerken rief zuerst Erstaunen hervor, machte aber nach einigem Nachdenken durchaus Sinn:
„Bei Leitz werden dem Arbeitseinsatz umfassende Eignungsprüfungen vorangestellt. Die Einteilung in sogenannte Schwierigkeitsstufen der Arbeit hat sich bei der Beurteilung der Leistungsfähigkeit sehr bewährt. Es ergab sich nämlich die interessante Tatsache, daß der Leistungsgrad der Arbeiterinnen in der Schwierigkeitsstufe III (komplizierteste Arbeit) wesentlich größer war, als derjenige in der Stufe II und I.
... Die Durchschnittsleistung der Russinnen sämtlicher 3 Schwierigkeitsstufen beträgt 59 Prozent der deutschen Normalleistung. In der Stufe III ist sie jedoch wesentlich höher und erreicht in Einzelfällen die deutsche Leistung. Dieses Ergebnis ist außerordentlich günstig, zumal bei der Beurteilung der Leistungen auch der Schwierigkeitsgrad der Arbeit Berücksichtigung finden muß.
... In der Sitzung gewann man den Eindruck, daß die übrigen Betriebe, die sich nicht so eingehend mit Eignungsprüfungen, Leistungsbeurteilung und Sozialbe-

treuung befassen, wesentlich schlechtere Erfahrungen mit dem Russeneinsatz machten.“ [844]

Ganz anders sahen das noch im Herbst 1943 die Hauptbetriebs-Obmänner der Werke der Eisen schaffenden Industrie. In einem Protokoll ihrer Tagung am 5. November 1943 im „Europäischen Hof“ in Metz fand sich zum Arbeitseinsatz von Zwangsarbeitern folgende Einschätzung:[845]

„... Es wurde festgestellt, daß es Betriebe gibt, die die jugendlichen Ausländer bis zu 2 Jahre umfassend ausbilden. Dies muß unter allen Umständen untersagt werden.

Den Ausländern kann nur eine einseitige Ausbildung für einen bestimmten Arbeitsvorgang gegeben werden. Wir können die Ausländer nicht als umfassend ausgebildete Facharbeiter ausbilden, das ist nicht nur eine Gefahr für den deutschen Arbeiter, sondern auch für unser Volk.

Der Ausländer soll für uns arbeiten und höchste Leistungen vollbringen. Dafür genügt es, daß er einen bestimmten Arbeitsvorgang beherrscht. Ein Mensch, der vieles kann und sich seiner Wertigkeit bewußt ist, will nicht mehr für andere arbeiten und lehnt sich dagegen auf.

... Einem deutschen Facharbeiter muß ein Trupp Ausländer beigegeben werden, von denen jeder nur einen ganz bestimmten Teil des Arbeitsvorganges beherrscht, dann ist es nicht notwendig, die Ausländer zu Facharbeitern heranzubilden und die Arbeit wird doch getan.“

Ein anderes Problem lag bei den deutschen Arbeitskräften. Was mochte ein Facharbeiter beim Anlernen der ausländischen Hilfskräfte empfunden haben – wohl wissend, dass dadurch seine Arbeitskraft vielleicht bald ersetzt sein würde, und er dann an die Front musste? Oder was dachte der einfache deutsche Arbeiter, dem nun ein Aufstieg zum Vorarbeiter und damit zum Vorgesetzten von Zwangsarbeitern möglich wurde?

Auch in Bezug auf die Behandlung der Ausländer gab es aus Sicht der Betriebe einen Aspekt, der nicht unberücksichtigt bleiben darf:

Verständlicherweise gab es bei der großen Zahl deportierter und zur Arbeit gezwungener Menschen alsbald Versuche, aus diesem System auszubrechen. Ein Großbetrieb, der die allgemeine Disziplin erhalten wollte, war also gezwungen, derartige Versuche sofort zu ahnden und dies dann auch allen anderen Zwangsarbeitern zur Kenntnis zu bringen. Hätte er dies nicht getan, wäre das einer Art Dammbruch gleichgekommen, der sofort das gesamte System des „Ausländer-Einsatzes“ in Frage gestellt hätte.

Wie sollte ein Unternehmen wie etwa die Buderus'schen Eisenwerke, wo über eintausend Zwangsarbeiter arbeiten mussten, ohne Sanktionen gegen Einzelpersonen Disziplin und Ordnung unter diesen aufrecht erhalten – unter Zwangsverschleppten und Kriegsgefangenen, deren Arbeitsmoral entsprechend schlecht war, mit denen man sich nur über Dolmetscher verständigen konnte, die völlig andere Lebensgewohnheiten hatten und unter denen eine erhebliche Fluktuation herrschte?

Das hatte die Reichsführung schnell erkannt. Das Rüstungskommando Gießen verschickte dazu am 26. Mai 1943 ein Rundschreiben an die Industriebetriebe des Bezirks unter anderem mit folgendem Wortlaut:[846]

„*... Der immer stärker werdende Einsatz von ausländischen Zivilarbeitern und Kriegsgefangenen in der Luftwaffenindustrie erfordert zwingend, der Sicherung der Betriebe höchste Aufmerksamkeit zuzuwenden.*

Es mehren sich in letzter Zeit Fälle von Widersetzlichkeiten, die sogar wiederholt in Tätlichkeit ausarteten. Dagegen muß sofort schärfstens eingeschritten werden.

... Disziplinwidrigkeiten gleich welcher Art sind sofort dem Werkschutzleiter zu melden und von ihm mit allen zu Gebote stehenden Mitteln schärfstens zu unterdrücken. Verstöße, die innerhalb des Betriebes nicht geahndet werden können, sind umgehend der Abwehrstelle und der Gestapo zu melden.

... Es ist Sorge zu tragen, daß die Bestrafungen umgehend erfolgen und im Betrieb bekannt gemacht werden. In schweren Fällen sind widersetzliche Arbeitskräfte unverzüglich – gegebenenfalls vom Arbeitsplatz weg – festzunehmen und bis zur Übernahme durch die Gestapo in Gewahrsam zu halten. Auf besonders harte Bestrafung der Rädelsführer ist hinzuwirken.

... In Spannungszeiten dürfen Vorgesetzte und deutsche Aufsichtspersonen keinesfalls Zeichen von Schwäche und falscher Rücksichtnahme zeigen. Unterlassungen nach dieser Richtung hin können unübersehbare Folgen nach sich ziehen.“

Derartige Probleme gab es aber nicht nur in der Industrie. Bereits am 3. März 1942 hatte der Wetzlarer Bürgermeister auf eine entsprechende Anfrage des Landrates geantwortet:[847]

„*Die vorgebrachten Klagen hinsichtlich der Arbeitsleistungen sind berechtigt. Der in Büblingshausen befindliche Landposten ist auf Ersuchen des Gutspächters Helm wiederholt eingeschritten und hat die Polen zur Arbeit angehalten. Er hat es jedesmal nicht an den notwendigen Verwarnungen fehlen lassen.*

Oft haben sich die Polen krank gestellt und sind im Bett geblieben. Wenn sie dann der Polizeibeamte in energischer Weise zur Arbeitsleistung aufforderte, stellte sich heraus, daß die Betreffenden simuliert hatten. Mitunter sind Polen zum Arzt gegangen, der sie krank schrieb. Der Vertrauensarzt, der sie auf Ersuchen der Krankenkasse untersuchte, stellte jedesmal Arbeitsfähigkeit fest.

Die Arbeitsweise ist langsam und unslustig, wenn keine Aufsicht da ist, wird gebummelt. Nur ein Pole, und zwar der Franz Podgorniak, wird als fleißig und brauchbar geschildert. Alle anderen sind mehr oder minder aufsässig und bei der Arbeit faul. Die Behandlung und Verpflegung der Polen ist einwandfrei, sie haben keinerlei Anlaß zu Klagen.“

Auf dem Hofgut Helm wurde in der Tat durchgegriffen. Die Polen Boleslaw G. und Jan S. wurden „*wegen Arbeitsunlust, die teilweise bis zur Sabotage führte*“

vom 20. März bis zum 1. Juni 1942 in das AEL Heddernheim eingeliefert.[848] Die Ostarbeiterin Anna R. wurde am 16. April 1943 wegen Lebensmitteldiebstahls in das Frauen-AEL Salzgitter-Watenstedt eingeliefert.[849] Der Pole Andreas P. wurde in diesem Zusammenhang am 2. Mai 1943 *„als Mitwisser eines Diebstahls"* festgenommen und am 28. Mai 1943 in das Polzeigefängnis Frankfurt am Main eingeliefert. Anschließend kam er bis zum 25. Juni 1943 in das AEL Heddernheim.[850]

Kriegsgewinne

Auch die Beschaffung von Umsatz-, Produktions-, Gewinn- und Beschäftigtenzahlen der am Zwangsarbeitereinsatz beteiligten Wetzlarer Betriebe erwies sich als schwierig. Die meisten betriebsinternen Akten der damaligen Zeit waren entweder vernichtet, verloren gegangen oder 2002 für eine Auswertung nicht zugänglich.[851] Und da alle wesentlichen Unternehmensbilanz- und Jahresabschlussdaten seit 1940 einer strikten Geheimhaltungspflicht unterlagen,[852] waren auch den offiziellen Handbüchern und Statistiken keine verwertbaren Daten zu entnehmen. So erforderte die historische Aufarbeitung auch hier wieder detektivische Kleinarbeit. Das Ergebnis kann dennoch einen recht guten Überblick vermitteln.

So wie überall im Krieg erwirtschafteten auch die an der Rüstungsproduktion beteiligten Wetzlarer Unternehmen zum Teil erhebliche Kriegsgewinne.[853] Erreicht wurde dies in der Hauptsache durch Produktivitäts- und Umsatzsteigerungen, teilweise aber auch durch drastische Arbeitszeitverlängerungen.[854]
Eine merkliche Umsatzssteigerung konnte durch Belegschaftserweiterungen erreicht werden. Das wiederum war wegen der laufenden Einberufungen der Stammbelegschaft zum Kriegsdienst nur über den Einsatz von Zwangsarbeitern möglich. So konnten zum Beispiel die Buderus'schen Eisenwerke ihre Belegschaft von Dezember 1939 mit 9.332 Personen bis zum November 1944 um 56 Prozent auf 14.595 Beschäftigte erhöhen. Zu dem Zeitpunkt arbeiteten 6.646 Ausländer im Konzern: 5.870 Zwangsarbeiter und 776 Kriegsgefangene.[855] Das entsprach 45 Prozent der Gesamtbelegschaft.
Die optischen Werke Ernst Leitz erhöhten die Zahl ihrer Mitarbeiter allein am Hauptstandort Wetzlar von 1939 mit 3.249 Personen auf 3.853 Beschäftigte in 1944.[856] Da das Unternehmen jedoch zum Jahreswechsel 1944/45 insgesamt 989 Zwangsarbeiter beschäftigte[857] (was 25 Prozent der Belegschaft entsprach), hatte sich die Zahl der deutschen Mitarbeiter bis dahin auf 2.864 verringert.[858]
Die Hensoldt AG konnte ihre Mitarbeiterzahl von 1939 mit 1.614 Personen bis 1944 auf 1.966 Personen ausweiten.[859] Berücksichtigt man auch hier die 415 Zwangsarbeiter im Werk – 22 Prozent der Belegschaft –, so hatte sich die Zahl der deutschen Belegschaftsmitglieder vor allem durch Einberufungen bis 1944 auf 1.551 reduziert.[860]

Nach dem Krieg hat es von Seiten der Industrie immer wieder Versuche gegeben, das Thema „Kriegsgewinne" zu übergehen oder doch herunterzuspielen. Die Angaben von Dr. Ludwig Leitz: *„Bei allen Firmen wurden sämtliche Gewinne durch die Kriegsgewinnabgabe wieder abgeführt"* oder *„Die Bemerkungen von guten Geschäften ...sind völlig fehl am Platz"*[861] unterstreichen dies eindrucksvoll.
Richtig ist hingegen: Nach der Verordnung zur Begrenzung von Gewinnausschüttungen vom 12. Juni 1941 (Dividendenabgabeverordnung)[862] und der Gewinnabführungsverordnung vom 31. März 1942[863] waren alle Dividenden und Gewinne, die staatlich verordnete Höchstgrenzen überschritten, abgabepflichtig.
Nach der Dividendenabgabeverordnung – sie galt für alle Aktiengesellschaften, Kommanditgesellschaften auf Aktien, Gesellschaften mit beschränkter Haftung, Kolonialgesellschaften und Bergrechtliche Gewerkschaften[864] – wurden für die Dauer des Krieges Gewinnausschüttungen, die mehr als 6 Prozent des eingezahlten Kapitals betrugen, mit einer progressiv steigenden Abgabe belegt. Diese betrug zum Beispiel bei einer siebenprozentigen Dividende 50 Prozent auf den sechs Prozent übersteigenden Betrag – also 0,5 Prozent –, bei einer zwölfprozentigen Dividende waren es bereits 400 Prozent auf den sechs Prozent übersteigenden Betrag – also 24 Prozent.[865] Bei Verstoß gegen die Verordnung war eine Geldstrafe in unbegrenzter Höhe angedroht, und die Bestrafung erfolgte in besonders schweren Fällen ebenso wie bei kriminellen Delikten.[866]
Die Gewinnabführungsverordnung galt für alle gewerblichen Einkünfte von natürlichen Personen, Personengesellschaften oder Körperschaften. Als Basiswert für die Zusatzbesteuerung der Einkünfte wurde das Wirtschaftsjahr 1938 festgelegt. Zu prüfen war jeweils, ob gegenüber dem Wirtschaftsjahr 1938 bei dem betreffenden Unternehmen „eine außergewöhnliche Gewinnsteigerung" erzielt wurde. „Außergewöhnlich" hieß: mehr als 50 Prozent. Wenn das der Fall war, musste der ermittelte Betrag bei Personengesellschaften mit 25 Prozent und bei Körperschaften mit 30 Prozent zusätzlich versteuert werden. Dabei gab es einen Freibetrag von RM 30.000,-.
Ein Beispiel: Eine Personengesellschaft hatte für 1938 einen Gewinn in Höhe von RM 58.000,- ausgewiesen, im Wirtschaftsjahr 1941 hingegen RM 96.500,-. Da die Zusatzbesteuerung erst bei 51 Prozent Gewinnsteigerung gegenüber 1938 einsetzte, war also bis RM 87.000,- (RM 58.000,- x 1,5) keine Gewinnabgabe zu entrichten. Darüber hinaus wurde die Gewinnabführung wie folgt berechnet: Gewinn 1941 = RM 96.500,- minus Freibetrag (bezogen auf 1938) RM 87.000,- ergab einen zu besteuernden Restgewinn von RM 9.500,-. Darauf waren dann 25 Prozent Abgabe, also RM 2.375,-, zu zahlen.

Es wurden also keineswegs *„sämtliche Gewinne durch die Kriegsgewinnabgabe wieder abgeführt"*.
Mehr noch: Betriebe mit Rüstungsproduktion konnten wegen der für ihre Produkte durch das Reichsministerium für Rüstung und Kriegsproduktion verordne-

ten Einheitspreise[867] zusätzlich eine günstigere Berechnung beantragen. Darüber hieß es in der Verordnung:[868]
„Unternehmer, die für den öffentlichen Auftraggeber tätig sind und ihre Lieferungen nach den vom Reichskommissar für die Preisbildung bestätigten Einheitspreisen oder Gruppenpreisen der Gruppe I abrechnen, können den Antrag stellen, daß ihr Gewinnabführungsbetrag im Verhältnis der Lieferungen zu Einheits- bzw. Gruppenpreisen I zum Gesamtumsatz gekürzt wird."

Es gab also durchaus legale Mittel, eine eventuell anfallende Gewinnabgabe zu reduzieren – wenn man denn überhaupt einen abgabenwirksamen Gewinn auswies. Fakt ist, diese Abgabenverordnungen führten zur systematischen Verschleierung der Gewinne in den Bilanzen und Geschäftsabschlüssen der Unternehmen. Die „Berichtigten Betriebsgewinne" – also die offen ausgewiesenen Reingewinne zuzüglich aller betriebsinternen Gewinn-Umschichtungen – lagen demzufolge weit höher. So hatte die Prüfungskommission des Rüstungskommandos Gießen schon in ihrem Wochenbericht vom 13. bis 19. Juli 1941 vermerkt:[869]
„Bisher versuchte immer noch ein großer Teil der Firmen, aufgrund der guten Kriegskonjunktur ihre Werksanlagen zu erweitern, um damit ihre Kapitalien sicher anzulegen und die Preis- und Gewinnvorschriften zu umgehen."
Rossmann berichtete in diesem Zusammenhang über die Buderus'schen Eisenwerke:[870]
„Der ausgewiesene Reingewinn der Buderus'schen Eisenwerke blieb zwar von 1939 bis 1943 konstant bei 1,5 Millionen Reichsmark.[871] Aber 1943 konnte Buderus erstmals wieder 1 Million zusätzlich den Gesetzlichen Rücklagen zuführen und gleichzeitig noch Rückstellungen im Umfang von fast 3 Millionen RM vornehmen. Trotz höherer Steuerabzüge wurde den Aktionären von Buderus bis 1943 eine Dividende von 5,5 % ausgeschüttet.
... Neben einem relativ konstanten Reingewinn von 1,5 Millionen RM ist aber Buderus in der Lage, die Gesetzlichen Rücklagen von 3,6 Millionen RM (1933) auf 8,4 Millionen RM (1940) und die Rückstellungen von 1 Million RM (1933) auf 5,4 Millionen RM (1939) bzw. 9 Millionen RM bis 1943 zu steigern. Diesen Trends entspricht auch die Kursentwicklung der Buderus-Aktien. Einem starken Kursanstieg von 1933 bis 1937 folgte eine leicht rückläufige Entwicklung 1938/39 und ein erneuter Anstieg von 1941 bis Mitte 1943. Die letzten verfügbaren Zahlen für 1943 zeigen gegenüber 1933 eine Verdoppelung des höchsten und eine Verdreifachung des niedrigsten Kurses im jeweiligen Jahr."

In der Tat lagen die tatsächlichen Unternehmensgewinne bei den Buderus'schen Eisenwerken bis 1943 weit über den offen ausgewiesenen Beträgen. Robert Frowein, Mitglied des Buderus'schen Aufsichtsrates und Vorstandsmitglied der Deutschen Bank, bewertete den für 1943 ausgewiesenen Gewinn von 1,4 Millionen RM im Juli 1944 denn auch wie folgt:[872]

„Tatsächlich verdient wurden nach RM 5.100.100,- Abschreibungen RM 6.100.000,-, wovon RM 4.700.000,- zur inneren Stärkung verwendet wurden."
Pohl berichtete im Zusammenhang mit solchen „Berichtigten Betriebgewinnen":[873]
„Schon in der Bilanz des Jahres 1940 wurde eine neue Rücklage für den sozialen Wohnungsbau nach dem Kriege ausgewiesen. Außerdem erhöhte man die Unterstützungsrücklage um 200.000,- RM. Da es mit fortschreitendem Kriegsverlauf aufgrund von Beschaffungsproblemen etc. immer schwieriger wurde, Investitionen vorzunehmen, wurden Gewinne zunehmend der Rücklage zugeführt und Rückstellungen für den Wiederaufbau nach dem Kriege gebildet. So wurde die Sonderrücklage zur Werkserneuerung im Jahre 1943 um 500.000,- RM erhöht.
... Freilich beeinträchtigten vielfältige Kriegs-, Ausfuhrabgaben und steuerliche Belastungen den Gewinn, doch war die Ertragslage so gut, daß erhebliche Abschreibungen vorgenommen werden konnten. Auffällig ist hier vor allem, daß die Abschreibungen auf Anlagen von 1942 auf 1943 um 1,3 Millionen RM – und damit um 40 Prozent – stiegen.
... Die Dividenden- und Gewinnabführungsverordnungen von 1941 und 1942 legten es nahe, ...nicht nur die Rücklagen, sondern auch das Eigenkapital aus eigenen Mitteln zu erhöhen. Röchling-Buderus nahm diese Möglichkeit wahr. Der Aufsichtsrat beschloß am 23. Juli 1942, eine Kapitalberichtigung gemäß der Dividendenabgabeverordnung um 200 Prozent vorzunehmen: von drei auf neun Millionen RM mit Wirkung zum 31. Dezember 1941. Dazu wurden 5.384.000,- RM dem Anlagevermögen zugeschrieben und 616.000,- RM den Rückstellungen entnommen."
Hier bot sich also eine weitere Möglichkeit, die Steuerlast eines Unternehmens nach der Dividendenabgabeverordnung wenn nicht zu umgehen, so doch erheblich zu reduzieren: Die Abgabe wurde ja erst fällig, wenn die Dividende 6 Prozent des ausgewiesenen nominalen Kapitals überstieg. Die – legale – Kapitalaufstockung von RM 3.000.000,- auf RM 9.000.000,- befreite so im selben Umfang auch von der Dividenden-Abgabe. Das bedeutet: Die Aktionärs-Dividenden konnten ohne weiteres erhöht werden, indem das Eigenkapital aufgestockt wurde: Der Prozentsatz der Dividenden konnte dabei trotzdem bei maximal 6 Prozent gehalten werden.[874]

Die Erhöhung der Dividende der Buderus'schen Eisenwerke auf 5,5 Prozent ab 1939 rief die scharfe Kritik des Hauptbetriebs-Obmannes der DAF bei Buderus hervor, da gleichzeitig die Belegschaft ohne Lohnerhöhungen länger arbeiten musste, und da gerade erst die Weihnachtsgratifikation gekürzt worden war. In einem vertraulichen Schreiben vom 25. April 1940 an die DAF, „Fachgruppe Eisen schaffende Industrie" in Berlin, beklagte er sich darüber:[875]
„... Wie ich bereits in dem hier beiliegenden Vierteljahresbericht angegeben habe, will Buderus für das Jahr 1939 eine Dividende von 5 1/2 Prozent ausschütten, wie

es in den Zeitungen gestanden hat, gegenüber der vorhergehenden Jahre von 3 Prozent. Ich halte diese Erhöhung nicht für richtig und das besonders nicht jetzt in der Kriegszeit und in Anbetracht der Preisstoppverordnung. Jeder irgendwie gearteten und noch so gerechtfertigten und auch zulässigen Lohnerhöhung werden die größten Schwierigkeiten entgegengebracht. Von der Gefolgschaft wird die höchste Leistung verlangt und auf der anderen Seite erhöht man den Aktionären das mühelose Einkommen.
Im vergangenen Jahr hat man gejammert, daß für die Auszahlung der Dividenden kaum die flüssigen Mittel vorhanden seien. Bei Besprechungen im vergangenen Jahr bezüglich der Weihnachtsvergütung hat man die Lage so dargestellt, daß wohl nicht mit einem höheren Reingewinn zu rechnen sei als 1938 und jetzt erhöht man die Dividende.
... Ich bin der Ansicht, daß man sich höheren Orts dieser Sache mal annehmen sollte. Die Sparkassen geben schon lange nur 3 Prozent Zinsen, die Reichsbank setzt den Diskont herab und Buderus erhöht die Dividende. Wie die Lohn- und Gehaltssätze sind, geht daraus einwandfrei hervor, daß man sich damit brüstet, daß man bei Buderus keine überspitzten Löhne und Gehälter abzubauen brauche, was vom Reichstreuhänder bestätigt sei.
Heil Hitler! Fuchs."

Mit der Festsetzung der Dividende auf 5,5 Prozent blieb der Konzern knapp unter der Freigrenze nach der Dividendenabgabeverordnung von 6 Prozent. Die Dividenden unterlagen danach nur der normalen Besteuerung.

Für die Ernst Leitz GmbH lagen nur spärliche Daten vor. Der „Berichtigte Betriebsgewinn" betrug 1940 insgesamt RM 3,8 Millionen, 1941 waren es schon RM 6,2 Millionen und 1942 immerhin noch RM 4,1 Millionen, wobei aber nur ein Reingewinn von RM 400.000,- ausgewiesen wurde.[876]
Die Firma Leitz konnte ihren Umsatz, der von 1938 bis 1940 um 5,4 Prozent gesunken war, 1940 sogar um 21,8 Prozent steigern und damit einen neuen Höchststand erreichen.[877]

Die Hensoldt AG konnte ihren Umsatz von RM 6.698.000,- in 1938 auf RM 12.451.000,- in 1944 fast verdoppeln.[878] In den Kriegsjahren wurden folgende Gewinne ausgewiesen: 1940: RM 75.600, 1941: RM 55.000,-, 1942: RM 128.200,-, 1943: RM 73.600,-, 1944: RM 752.800,- und für 1945 einen Verlust von RM 794.500,-.[879]
Das Rein-Vermögen der Hensoldt AG erhöhte sich 1942, als die ersten Zwangsarbeiter ins Werk kamen, um RM 228.000,- 1943 um RM 572.000,- und 1944 um RM 778.000,-. Die Einheitswerte des gewerblichen Betriebsvermögens stiegen von RM 567.000,- am 2. Januar 1935 auf fast RM 5.000.000,- am 1. Januar 1946 (allerdings ohne die Kriegsverluste von RM 3.450.000,-).[880]

Ein Gutachten der Rheinischen Treuhandgesellschaft Mannheim kam im Februar 1948 in Bezug auf die Unternehmensgewinne zu folgendem Ergebnis:[881]
„Der Grund für die außergewöhnliche Gewinnsteigerung in den beiden letzten Kriegsjahren liegt in den Ersparnissen infolge der Beschäftigung schlechter bezahlter Hilfskräfte (Ostarbeiter), in der erhöhten Rationalisierung des Produktionsablaufes, in der weiteren Kostendegression durch die Umsatzausweitung sowie in dem starken Rückgang der Werbungskosten. Auch der Rückgang der Abschreibungen, die in früheren Jahren schon vorweggenommen wurden, wirkte sich in erheblichem Maße auf das Ergebnis aus."

Der Wirtschaftsprüfer der Hensoldt AG äußerte sich dazu im Prüfungsbericht der Jahresabschlüsse 1940-1944:[882]
„Die Fertigungslöhne sind zu den gleichen Verhältniszahlen von 27,7% im Jahre 1941 auf 16,9% im Jahre 1944 zurückgegangen, da für die zur Wehrmacht einberufenen Fachkräfte weniger gut bezahlte Hilfskräfte (Ostarbeiter) eingesetzt wurden und durch Rationalisierung und Produktionserhöhung der Lohnkostenanteil am Produkt gesunken ist."
Das waren fast 40 Prozent Kostensenkung.

Nach den für Staatsaufträge geltenden Vorschriften „RPÖ" (Richtlinien zur Preisbildung bei öffentlichen Aufträgen) und später „LSÖ" (Leitsätze zur Ermittlung der Selbstkosten bei öffentlichen Aufträgen) wurde die Höhe der einzelnen Kosten, die in den Endpreis eines Produktes einfließen durften, von vornherein durch die Amtsgruppe Preisbildung des Reichsministers für Rüstung und Kriegsproduktion festgelegt:[883] Materialverwaltungskosten, Fertigungsgemeinkosten (inklusive der Löhne), Vertriebskosten und Gewinnsatz. Die Umsatzsteuer war dann per Gesetz vorgegeben. Ein entsprechendes Dokument fand sich in alten Firmenunterlagen der Hensoldt AG, Wetzlar:[884] Die mit Datum vom 15. März 1941 erstellte Kalkulations-Aufstellung unter der Überschrift „Nach L.S.Ö. verrechnete Sätze 1940/41" enthielt die Spalten „Ende 1940/41", „1. Prüfung 1941" und „Ab Februar 1941". Danach waren obrigkeitlich die für 1940 noch genehmigten 18,6 Prozent für Materialverwaltungskosten für 1941 auf 12 Prozent gesenkt worden, die Fertigungsgemeinkosten von 115 Prozent in 1940 auf 120 Prozent in 1941 angehoben und die Vertriebskosten von 15,22 Prozent in 1940 reduziert auf 6 Prozent in 1941. Der genehmigte Gewinn betrug 1940 und 1941 gleichmäßig 7 Prozent.
Andererseits war ein Unternehmer natürlich in der Lage, den prüfenden Behördenmitarbeitern besonders aufbereitete Kostenansätze vorzulegen, die zur amtlichen Festlegung von für ihn günstigeren Prozentsätzen führten.

Generell kann gesagt werden: Trotz der staatlichen Maßnahmen blieb den Rüstungsunternehmen immer noch genügend Spielraum für Gewinnabschöpfungen durch erhöhte Dividendenzahlungen, Privatentnahmen und Kapitalaufstockungen im Unternehmen. Entscheidend war dabei allerdings die Erfordernis, das gewonnene Kapital auch in Sachmitteln anlegen zu können.

Auch die Unterbringung und Verpflegung der Zwangsarbeiter erwies sich bald als ein gutes Geschäft für die Unternehmen, wenn auch in erheblich geringerem Umfang als bei den normalen Betriebsgewinnen.
Bei der Hensoldt AG hatte man zwar im eigentlichen Investitionszeitraum für das Zwangsarbeiterlager – von Juni bis Dezember 1942 – nicht gedeckte Aufwendungen in Höhe von RM 25.107,- zu verzeichnen (RM 57.568,- Lohnabzüge für Unterkunft und Verpflegung,[885] minus RM 58.274,- Materialkosten für Lagerunterhaltung etc., minus RM 20.951,- tatsächliche Verpflegungs-Aufwendungen für ausländische Arbeiter, minus RM 3.450,- Kosten für Aufsicht, Führung und Unterhaltung des Ausländerlagers).[886] 1943 betrugen jedoch die Gesamt-Einnahmen aus Lohnabzügen für Unterkunft und Verpflegung der Zwangsarbeiter schon RM 242.451,80.[887] Obwohl für 1943 über die Verpflegungsausgaben für Zwangsarbeiter nur Einzelwerte für die Monate Januar bis November vorlagen, dürfte eine Hochrechnung der Einnahmen auf zwölf Monate der Realität doch sehr nahe kommen:
Erlöse für Unterkunft und Verpflegung der ausländischen Arbeiter in 1943: RM 222.246,- (11/12 von RM 242.451,-) abzüglich (jeweils 01-11/1943):[888] Aufwendungen der Werksküche für ausländische Arbeitskräfte: RM 59.688,-, Materialkosten für Lagerunterhalt etc.: RM 14.910,- und Löhne für Aufsicht und Lagerführung: RM 18.066,-.
Demzufolge betrug der Firmenüberschuss für elf Monate in 1943 insgesamt RM 129.581,-. Hochgerechnet auf zwölf Monate entsprach das einem Jahres-Überschuß von RM 141.361,-.
Rechnet man den Verlust von 1942 in Höhe von RM 25.107,- dagegen, so verblieb in den Jahren 1942/43 immer noch ein Gesamtüberschuss von RM 116.254,- aus Unterbringung und Verpflegung der Zwangsarbeiter.

Für das Jahr 1944 ergaben sich dann folgende Werte: Erlöse aus Unterkunft und Verpflegung der Zwangsarbeiter und Kriegsgefangenen zusammen RM 231.376,70 (RM 207.096,50 + RM 24.280,20)[889] minus RM 71.151,84 „Werksküche für ausländische Arbeiter“ minus RM 25.455,10 „Aufsicht und Lagerführung für Ausländer“[890] ergab allein für 1944 einen Überschuss von RM 134.769, 76. Für den Zeitraum vom Juni 1942 (Ankunft der ersten Zwangsarbeiter) bis Ende 1944 ergab sich so ein Gesamt-Überschuss aus Unterbringung und Verpflegung der ausländischen Arbeiter in Höhe von RM 251.023,-. Insgesamt kann also davon ausgegangen werden, dass die Unterbringung und Verpflegung der Zwangsarbeiter bei der Hensoldt AG jährlich etwa RM 100.000,- Überschuss einbrachte.[891]

Die maximal 33 Zwangsarbeiter des Herkules-Werkes waren in der Fabrik selbst untergebracht, wo man ihnen vermutlich einige Räume zugewiesen hatte. Investitionskosten für Unterbringung fielen daher kaum an, und an laufenden Kosten wird es außer für Strom, Heizung, Wasser und Wasch- bzw. Putzmitteln kaum etwas gegeben haben.

In den Rechnungsunterlagen der Herkules-Werke[892] fanden sich tatsächlich auch nur Unterhaltskosten für die Zwangsarbeiter-Unterkunft, welche kaum ins Gewicht fielen: Am 6. Februar 1943 zehn Handtücher für RM 8,70, am 6. Juli 1943 Seife für die Lagerverwaltung mit RM 1,47, und am 15. Januar 1944 eine Haarschere für das Gemeinschaftslager mit RM 3,50.
Dennoch wurde den Zwangsarbeitern, da sie in einem Gemeinschaftslager untergebracht waren, nach der „Verordnung über die Einsatzbedingungen der Ostarbeiter" vom 30. Juni 1942[893], später nach der „Verordnung zur Durchführung und Änderung der Verordnung über die Einsatzbedingungen der Ostarbeiter" vom 5. April 1943[894] und der „Verordnung über die Einsatzbedingungen der Ostarbeiter" des Reichsführers SS vom 25. März 1944[895] monatlich RM 45,- für Unterkunft und Verpflegung vom Lohn abgezogen (vgl. a. Kapitel „Zwangsarbeit").
Im Vergleich mit den verbuchten Verpflegungskosten zeigt sich hier deutlich, dass ein Betrieb mit geringen Unterbringungskosten durch den reichsweit einheitlich vorgegebenen Abzug für Unterbringung und Verpflegung der Ausländer hier ein besonders gutes finanzielles Ergebnis erzielen konnte.
Im gesamten Jahr 1943 hatte Herkules Einnahmen aus Unterbringung und Verpflegung für – maximal zehn – Ostarbeiter in Höhe von RM 5.095,-. Dem standen gebuchte Verpflegungskosten in Höhe von RM 1.414,30 gegenüber, was zu einem Überschuß von RM 3.680,70 führte.
Selbst wenn hiervon noch gewisse Unkosten für die Unterhaltung der Schlafräume – Licht, Heizung u. Ä. – abgerechnet wurden, blieb der Betrag erheblich. Dabei war die Tendenz noch steigend:
Vom August 1943 bis zum Juli 1944 (der letzten vorhandenen Eintragung) hatte das Werk für Unterbringung und Verpflegung der Ostarbeiter Einnahmen von RM 5.454,50, Kosten von RM 1.063,27, und somit einen Überschuss von RM 4.391,23.
Welcher Kostenschlüssel für Unterbringung und Verpflegung der bei Herkules beschäftigten Franzosen und Niederländer verwendet wurde, ist nicht bekannt. Der Überschuss war hier aber noch höher:
Im Zeitraum vom Mai 1943 bis April 1944 waren Einnahmen für Unterbringung und Verpflegung in Höhe von RM 8.415,60 verbucht worden, denen Ausgaben in Höhe von RM 3.037,58 gegenüberstanden. Mithin entstand zusätzlich zum Überschuss bei den Ostarbeitern hier noch ein Überschuss in Höhe von RM 5.378,02 –, zusammen also etwa RM 9.700,- durch Unterbringung und Verpflegung der Zwangsarbeiter.

Die Firma Hensoldt und das Herkules-Werk machten mit Unterbringung und Verpflegung der Zwangsarbeiter also einen guten finanziellen Schnitt. Leider waren ähnliche Angaben für die anderen damals beteiligten Betriebe nicht mehr vorhanden oder 2002 nicht zugänglich.
Welche Auswirkungen derartige Einnahmen für die anderen Wetzlarer Betriebe gehabt haben könnten, war daher nur mit einer Hochrechnung zu ermitteln. Als Grundlage dienten die Zwangsarbeiter-Zahlen der Liste des Wetzlarer Landrates vom 18. Januar 1945 in Verbindung mit der Annahme, dass alle größeren Wetzlarer Gewerbe- und Industriebetriebe damals etwa den gleichen Standard bei Unterbringung und Verpflegung der Zwangsarbeiter angewendet hätten.

Basis:
415 Ausländer bei Hensoldt ermöglichten einen jährlichen Überschuss von ca. RM 100.000,-
394 Ausländer bei Pfeiffer Apparatebau GmbH einen jährlichen Überschuss von ca. RM 95.000,-
989 Ausländer bei Ernst Leitz, optische Werke einen jährlichen Überschuss von ca. RM 238.000,-
1.032 Ausländer bei Buderus'sche Eisenwerke (nur Wetzlar) einen jährlichen Überschuss von ca. RM 248.000,-
4.656 Ausländer bei Röchling-Buderus AG einen jährlichen Überschuss von ca. RM 1.122.000,-

Dabei hätten Betriebe, welche die Ausländer besonders schlecht verpflegten, sicher noch einen besseren Schnitt machen können.

Welche Möglichkeiten hatten die Unternehmen, ihre Kriegsgewinne Sinn bringend zu verwenden?
Wetzlarer Kapitalgesellschaften wie etwa die Buderus'schen Eisenwerke, die Röchling-Buderus AG und die Hensoldt AG konnten diese – wie schon erläutert – über verdeckt erhöhte Dividenden an die Anteilseigner ausschütten. Darüber hinaus waren sie dann in der Lage, Mittel im Unternehmen zu behalten: Kapitalerhöhung, Rücklagen und Rückstellungen. Gesellschaften mit beschränkter Haftung, wie etwa die optischen Werke Ernst Leitz GmbH,[896] die Carolinenhütte GmbH, die Pfeiffer Apparatebau GmbH[897] oder die Herkules-Werk GmbH hatten geringere Möglichkeiten zur Geldentnahme; hier kam allenfalls eine Erhöhung der Geschäftsführer-Bezüge in Frage.
Inhaber von Personengesellschaften und handelsrechtlich denen gleichgestellte Betriebe – in Wetzlar waren dies das Hollmann-Werk sowie die Firma Georg Kremp Optik und Mechanik – konnten Gewinnbeträge ohne weiteres sofort aus dem Betrieb entnehmen. Voraussetzung für eine sinnvolle Verwendung war allerdings für alle Unternehmen und Firmeninhaber, dass die Gewinne auch

in Waren oder Anlagevermögen umgesetzt werden konnten. Dafür benötigte man die begehrten Bezugsscheine, die wiederum leichter zu bekommen waren, wenn das Unternehmen kriegswichtige Produkte fertigte. Was nutzte es einem Firmeninhaber, wenn er Bargeld besaß, für das er in dieser Notzeit aber kaum etwas erwerben konnte?
Gewinne, die nicht entnommen wurden und damit als Finanzmittel – in welcher Form auch immer – im Unternehmen verblieben, hätten nach dem Krieg entsprechende Verwendung finden können. Sie wurden jedoch alle mit Aufstellung der ersten DM-Eröffnungsbilanz im Jahre 1948 im Verhältnis von 10 : 1 entwertet und waren für den Betrieb damit fast vollständig verloren. Im Betrieb getätigte Investitionen führten hingegen zu Betriebsmitteln, die bei der Währungsumstellung 1 : 1 übernommen wurden. Das war im Krieg aber noch niemandem klar.

Inwieweit die Wetzlarer Industrieunternehmen während des Krieges Investitionen bei Maschinen und Gebäuden vornehmen konnten, war nicht mehr eindeutig zu klären. Es kann aber davon ausgegangen werden, dass allein wegen des allgemein herrschenden Bauverbotes (Material- und Personalknappheit) und sonstiger Beschaffungsprobleme nur sehr wenige Neuinvestitionen vorgenommen werden konnten. Anstatt dessen wurden wohl überwiegend die durch Kriegseinwirkung zerstörten oder beschädigten Betriebsmittel wieder hergestellt.
Bei den Buderus'schen Eisenwerken und der Röchling-Buderus AG wurden während des Krieges erhebliche Dividendenausschüttungen vorgenommen. Bei der Hensoldt AG hingegen hatten seit 1937 wegen Zwistigkeiten mit der Muttergesellschaft Carl Zeiss in Jena Gewinn-Auschüttungen nicht mehr stattgefunden. Man hatte sich selbst blockiert, und so wurden sie jeweils als Gewinnvortrag in das nächste Geschäftsjahr übernommen. Auf diese Weise hatte sich trotz erheblich gesteigerter Finanzrücklagen – die Rücklagen waren von RM 957.000,- in 1939 auf RM 2.072.000,- in 1943 gestiegen und die Rückstellungen von RM 715.000,- in 1939 auf RM 1.640.200,- in 1945 – bis Kriegsende eine Gewinnsumme von RM 1.247.200,- angesammelt. Da auch in den ersten Jahren nach Kriegsende keine Gewinnausschüttungen mehr vorgenommen wurden, sind alle diese Finanzmittel bei der Währungsreform von 1948 im Verhältnis 10 : 1 abgewertet worden.[898]

Betriebe, die vor dem Krieg über hohe Auslandswerte verfügten – wie etwa die optischen Werke Ernst Leitz – , hatten diese darüber hinaus bei Kriegsende verloren.[899]

Die Kriegsgefangenen-Arbeitskommandos in Wetzlar

In der Folge sollen hier die bislang für das Wetzlarer Stadtgebiet nachgewiesenen Kriegsgefangenen-Arbeitskommandos bzw. -lager erwähnt werden. Sie gehörten alle zum Stalag IX a in Ziegenhain, welches regional für dieses Gebiet zuständig war.[900]

Kriegsgefangenen-Arbeitskommando

Nr. 1.012: Buderus'sche Eisenwerke, Franzosen, Lager Hermannsteiner Straße 13. Wachmann: Uffz. Hiennighofen.[901]

Nr. 1.426: Buderus'sche Eisenwerke, 1943: 139 Mann,[902] Italiener und Franzosen,[903] Lager Sophienhütte, Wachmann: Uffz. Göbel.[904]

Nr. 1.502: Lager Garbenheimer Straße (Pfeiffer Apparatebau?), Franzosen, Wachmann: Gefr. Bergmann.[905] Nach anderer Quelle:[906] 15 Russinnen in der Heeresstandortverwaltung, 1940-45. 1945 vereinigt mit durchziehenden Ausländergruppen.

Nr. 1.529: Lager Altenberger Straße, 35 Franzosen (Reichsbahn oder Röchling-Buderus?), Wachmann: SS-Oberscharführer Schaub.[907]

Nr. 1.582: Lager Synagoge in der Pfannenstielsgasse. Franzosen.[908]

Nachdem die Inneneinrichtung der Wetzlarer Synagoge im Zusammenhang mit der „Reichspogromnacht" am 8. oder 9. November 1938 weitgehend zerstört worden war, hatte sie bis zum 12. April 1945 als Unterkunft für französische Kriegsgefangene gedient. Das Schild im Bildvordergrund lässt erkennen, dass diese acht Franzosen allesamt in Schlachtereien in der Altstadt arbeiteten („Ceux de L'Abattoir" = französisch etwa: „Die von der Schlachterei", „vom Schlachthof").
Der zweite Mann von links war René Nestor Beguin. Er siedelte 1969 von Frankreich nach Wetzlar über und verstarb hier 1998 nach 29 Jahren.

Die einstige Wetzlarer Synagoge in der Pfannenstielsgasse im Jahre 1957. Am 18. Mai 1945 fand in ihr auf Veranlassung der amerikanische Militärregierung der erste Gottesdienst nach dem Krieg statt.

Nr. 1.772: Lager Carolinenhütte. Belgier. Wachmann: Uffz. Löchel.[909] Das Lager dürfte jedoch nicht zur Carolinenhütte selbst gehört haben, sondern es befand sich nur in diesem Bereich und gehörte zur Röchling-Buderus AG.[910]

Nr. 1.773: Ernst Leitz GmbH, Hausertorwerk, Franzosen.[911]

Das Innere der Wetzlarer Synagoge in der Pfannenstielsgasse um 1957. Nach dem Abzug der letzten osteuropäischen Juden aus Wetzlar im März 1949 stand die Synagoge zuerst wieder leer. Später, bis zu ihrem Abriss im Jahre 1958, wurde sie von der Brauerei Waldschmidt als Lagerraum genutzt. Heute steht an der Stelle das Altenwohnheim „Lahnblick“.

Nr. 2.503: Buderus'sche Eisenwerke, Lager Schellweg, Russen, 30 Mann.[912] Nach anderer Quelle[913] befanden sich dort am 1. April 1943 insgesamt 293 Kriegsgefangene.

Nr. 2.510: Stahlwerke Röchling-Buderus AG. 30 Russen.[914] Nach anderer Quelle[915] befanden sich dort bis Kriegsende etwa 200 Kriegsgefangene, die wahrscheinlich später mit anderen Ausländergruppen per LKW abtransportiert wurden.

Nr. 2.633: Lager in der Offiziersschule an der Spilburg. 70 Russen, die das Lager nach Kriegsende vermutlich im Fußmarsch verließen.[916]

Nr. 2.654: Lager Klosterwald (heute Dalheim). Personenzahl und Nationalitäten unbekannt.[917]

Nr. 3.123: Lagerort unbekannt. 550 Russen, 1941-45.[918]

Darüber hinaus arbeiteten noch 25 französische Kriegsgefangene beim Wetzlarer Stadtbauamt,[919] für deren lagermäßige Unterbringung jedoch kein Nachweis erbracht werden konnte. Möglicherweise waren sie zusammen mit anderen zivilen Franzosen im Gebäude Hermannsteiner Straße 61 untergebracht.[920]

DRITTES KAPITEL

Die Betriebe

Grundsätzlich unterhielten alle Großbetriebe in Wetzlar eigene Zwangsarbeiter-Barackenlager.[1] Firmen, die nur eine geringere Zahl von Zwangsarbeitern beschäftigten, brachten diese auch im Werk selbst unter (wie etwa das Herkuleswerk mit 33 Ausländern im Januar 1945)[2] oder aber in einem der Ausländerlager von Großbetrieben (die Handschuhfabrik Bruno Mülln etwa nutzte im August 1944 eines der Zwangsarbeiterlager der Firma Pfeiffer Apparatebau GmbH zur Unterbringung ihrer 23 Ausländer).[3]

Die Stahlwerke Röchling-Buderus AG

Bei der Röchling-Buderus AG wurden während des Krieges 2-cm-Flak-Maschinenkanonen, Geschützrohre, Granaten für die „V3" und Panzerbleche für Schutzschilde von Artilleriegeschützen hergestellt. In der westlich der Dill gelegenen Stabfederfabrik[4] wurden zusätzlich Panzerachsen gefertigt (rund 70 Prozent der gesamten Reichsproduktion).[5] 1944 wurden die Stahlwerke Röchling-Buderus AG zum „Kriegsmusterbetrieb" erklärt. Das Rüstungskommando Gießen vermerkte dazu am 6. März 1944:[6]
„Die Stahlwerke Röchling-Buderus A.G., Wetzlar, wurden wegen hervorragender Leistungen als 1. Betrieb des Kommandobereiches Gießen zum Kriegsmusterbetrieb ernannt. Die besondere Ehrung des Werkes wurde in einer Betriebsversammlung bekannt gegeben, an der der Kreisleiter, der Rüstungskommandeur und der Gruppenleiter Heer teilnahmen."
Kriegsbedingte Produktions-Auslagerungen nach weniger angriffsgefährdeten Standorten – wie etwa bei der Ernst Leitz GmbH, der Hensoldt AG oder der Pfeiffer-Apparatebau GmbH – sind weder bei der Röchling AG noch bei den Buderus'-schen Eisenwerken bekannt geworden. Die extrem großen Produktionsanlagen – Gießerei usw. – ließen sich eben nicht einfach auf das flache Land umsetzen.

Die ersten ausländischen Zivilarbeiter kamen am 9. September 1939 in das Röchling-Werk. Es waren zwei Italiener, denen am 11. September zwei Landsleute folgten.[7] Sie waren allerdings noch frei angeworbene zivile Ausländer, die erst später unter deutsche Zwangsverordnungen gestellt wurden.[8]
Der erste polnische Zwangsarbeiter kam am 21. Februar 1940 ins Werk. Ihm folgte ein weiterer am 9. Mai 1940, zwei Landsleute von ihnen kamen am 10. Mai 1940, und am 20. Mai 1940 kam der erste Großtransport mit 92 Polen.[9] Am 22. Juni 1940 wurden erneut 42 Polen eingestellt[10], und bis zum 30. Juli 1940 waren wiederum 77 Polen hinzugekommen.[11] Ihnen allen wurden *„ihre Pflichten durch Vermittlung eines Dolmetschers bekannt gegeben"*.[12]
Am 6. August 1940 kamen 22 Belgier und ein Franzose, am 13. August 1940 43 Belgier, am 19. August 5 Belgier und am 20. August 1940 weitere 63 Belgier.[13] Viele von ihnen wurden aber im Januar 1941 wieder entlassen und durch franzö-

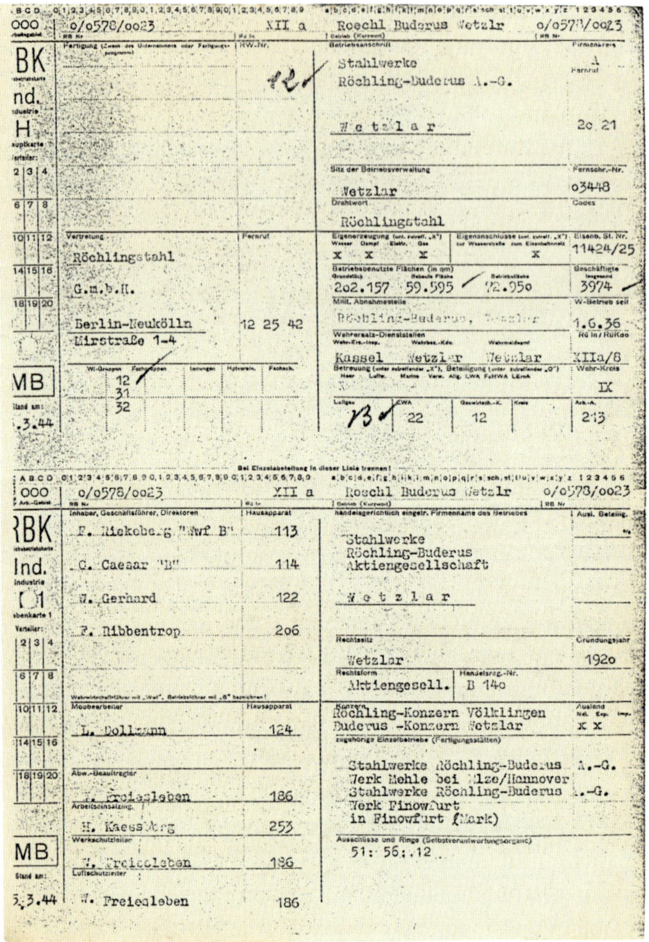

000 o/o578/oo23 XII a Roechl Buderus Wetzlr o/o578/oo23

BK nd. H

Stahlwerke
Röchling-Buderus A.-G.

Wetzlar 2c 21

Sitz der Betriebsverwaltung: Wetzlar — Fernschr.-Nr. o3448

Drahtwort: Röchlingstahl

Vertretung: Röchlingstahl G.m.b.H. Berlin-Neukölln Mirstraße 1-4 — Fernruf 12 25 42

Eisenb. St. Nr. 11424/25

Betriebsbenutzte Flächen (in qm): 2o2.157 59.595 72.95o — Beschäftigte 3974

W-Betrieb seit 1.6.36

Wehrersatz-Dienststellen: Kassel Wetzlar Wetzlar — XIIa/8

Wehr-Kreis IX

MB Stand am: .3.44

Wi-Gruppen: 12, 31, 32

13 — 22 — 12 — 213

Bei Einzelabteilung in dieser Linie trennen!

000 o/o578/oo23 XII a Roechl Buderus Wetzlr o/o578/oo23

RBK Ind.

Inhaber, Geschäftsführer, Direktoren — Hausapparat:

F. Riekeberg "Wwf B" 113
C. Caesar "B" 114
W. Gerhard 122
F. Ribbentrop 2o6

Stahlwerke
Röchling-Buderus
Aktiengesellschaft
Wetzlar

Rechtssitz: Wetzlar — Gründungsjahr 192o

Rechtsform: Aktiengesell. — Handelsreg.-Nr. B 14o

Mobbearbeiter: L. Dollmann 124

Konzern: Röchling-Konzern Völklingen, Buderus-Konzern Wetzlar

Zugehörige Einzelbetriebe (Fertigungsstätten):
Stahlwerke Röchling-Buderus A.-G.
Werk Mehle bei Elze/Hannover
Stahlwerke Röchling-Buderus A.-G.
Werk Finowfurt
in Finowfurt (Mark)

Abw.-Beauftragter: W. Freiesleben 186

Arbeitseinsatzing.: H. Kaessberg 253

Werkschutzleiter: W. Freiesleben 186

Luftschutzleiter: W. Freiesleben 186

Ausschüsse und Ringe (Selbstverantwortungsorgane): 51; 56; 12

MB Stand am: 5.3.44

Die „Reichs-Betriebskartei Industrie“ (RBK) war eine in der „Arbeitsgruppe Maschinelles Berichtswesen des Reichsministeriums für Rüstung und Kriegsproduktion“ entstandene Kartei, welche in erster Linie diejenigen Betriebe der Reichsgruppe Industrie erfasste, für die ein rüstungswirtschaftliches Interesse bestand. Sie gab im Wesentlichen Auskunft über Produktionsprofil, Betriebsfläche und Anzahl der Beschäftigten, die verantwortlichen Betriebsführer, Abwehrbeauftragten und Werkschutzleiter.

sische Kriegsgefangene ersetzt. Der Wetzlarer DAF-Kreisobmann Helsper bemerkte dazu in einem Brief vom 7. Januar 1941 an Kreisleiter Haus:[14]

„Die Firma Röchling erhielt heute den Bescheid, daß sofort 78 Kriegsgefangene flämischer Herkunft in ein Entlassungslager überwiesen werden. Die Firma bemerkt dazu, daß die Leistungen der Flamen besonders in den letzten Monaten zurückgegangen waren, was damit begründet wird, daß durch die verschiedenen Hinweise ... die politische Rücksichtnahme herausgestellt wurde und daher auch diese Kriegsgefangenen schon mit einer baldigen Entlassung rechneten. ... Die Kriegsgefangenen gehören zum Stammlager Ziegenhain.

... Die Firma Röchling benötigt zur Erfüllung vordringlicher wichtiger Aufgaben noch einige Hundert Arbeitskräfte. Es ist jetzt Zusage seitens des Landesarbeitsamtes gegeben worden, daß den Röchlingwerken alsbald 200 holländische Arbeiter zur Verfügung gestellt werden.“

Am 1. April 1941 kamen die ersten 5 Holländer ins Werk. Ihnen folgten immer wieder einzelne Landsleute bis zum ersten größeren Transport von 106 Holländern am 21. April 1941.[15] 20 der holländischen Landarbeiter wohnten im Saalbau Reinhardt.[16]
Am 24. November 1941 kamen weitere 43 Polen,[17] und im Januar 1942 erneut 42 Mann.[18]
Am 5. Januar 1942 kam der erste Sowjetrusse ins Werk, je ein weiterer am 10. April 1942 und 29. April 1942. Dann folgten die großen Gefangenentransporte: Am 23. Mai 125 Sowjetrussen, am 27. Juni 1942 122 Personen, am 29. Juni 1942 128 Personen usw.[19]
Am 8. März 1942 waren die ersten zwei Litauer gekommen, am 9. März 1942 weitere 52 Litauer. 46 von ihnen verließen den Betrieb aber schon wieder am 21. Mai 1942.[20]

Seit dem 6. August 1940 waren immer wieder vereinzelte Franzosen ins Werk gekommen. Am 15. Januar 1943 folgte der erste größere Transport mit 33 Franzosen und einem Griechen,[21] und am 17. Januar 1943 kamen noch einmal 32 Franzosen hinzu.[22] Am 15. Februar 1943 weitere 15 Franzosen.[23]
Die Fluktuation war jedoch groß: Im Zeitraum vom Mai 1943 bis zum 16. Mai 1944 waren insgesamt 155 Westarbeiter wieder bei Röchling-Buderus ausgeschieden: 68 Franzosen, 64 Belgier und 23 Holländer.[24]

Es würde zu weit gehen, hier alle bekannten Daten über die Zwangsarbeiter der verschiedensten Nationalitäten bei der Röchling-Buderus AG anzugeben, insbesondere auch deswegen, weil die Fluktuation unter ihnen enorm hoch war.

Insgesamt konnten für die Röchling-Buderus AG folgende Belegschafts- und Zwangsarbeiterzahlen nachgewiesen werden:

Belegschaftsangehörige:[25]

1942:	3.610 Personen
1943:	3.905 Personen
1944:	3.893 Personen
1945	3.770 Personen[26]

Zwangsarbeiter:

7. September 1942:	760 Personen[27]
26. Oktober 1942:	949 Personen[28]
1. April 1943:	1.465 Personen[29]
18. Januar 1945:	1.529 Personen[30]

Das „Wohnlager Gabelsbergerstraße“ („Lahnlager“)

Schon 1940 erforderte die große Zahl ausländischer Arbeiter bei Röchling – bis dahin in der Hauptsache Italiener, Polen und Belgier – den Bau eines größeren Barackenlagers. Als Standort wurde ein unbebautes Gelände an der Gabelsbergerstraße zwischen dem damaligen Schlachthof und der Lahn gewählt. Dort entstand im Sommer 1940 auf einem von der Stadt Wetzlar angepachteten Grundstück das „Lahnlager“ mit vorerst sieben Holzbaracken.[31]

Im Lahnlager wohnte zuerst vermutlich eine größere Anzahl deutscher Arbeiter sowie Holländer und einige Franzosen. Sie alle arbeiteten bei Röchling.[32]

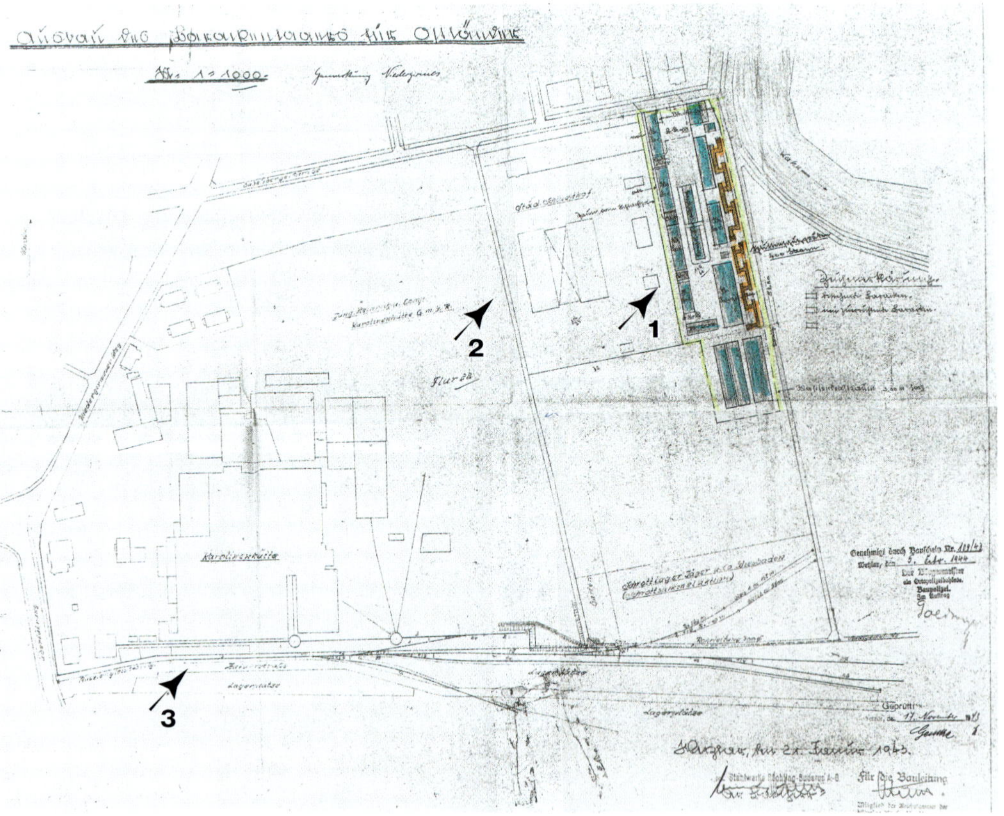

Das „Lahnlager“ der Stahlwerke Röchling-Buderus AG an der Gabelsbergerstraße im Jahre 1944 (Pfeil 1). In der Nähe befanden sich der Wetzlarer Schlachthof (Pfeil 2) und die Carolinenhütte (Pfeil 3). Mit 739 Zwangsarbeitern (seit Frühjahr 1943 Ostarbeiter) war das Lahnlager der Röchling-Buderus AG zu diesem Zeitpunkt das zweitgrößte Zwangsarbeiterlager in Wetzlar – nach dem Ost- und Westarbeiterlager der Ernst Leitz GmbH auf dem Stadiongelände an der Jacob-Sprenger-Straße (989 Ausländer).

Amerikanische Luftaufnahme vom 15. März 1945. Das aus etwa 6.000 Metern Höhe aufgenommene Bild zeigt – hier stark vergrößert – das „Lahnlager" der Röchling-Buderus AG bei der Lahnschleife an der Gabelsbergerstraße (Pfeil 1) und dem Schlachthof (Pfeil 2) aus der selben Sicht wie in der Planzeichnung auf der gegenüberliegenden Seite. Deutlich erkennt man zahlreiche Bombentrichter, und auch das Zwangsarbeiterlager war schwer getroffen worden.

Im August 1942 wurde das Lager in seinem südlichen Teil um fünf Baracken erweitert.[33] Nach einer Liste der DAF wohnten dort im September 1942 allerdings nur 120 Deutsche. Lagerführer war zuerst ein Herr Gaul, im Januar 1945 ein Werner Dorf, wohnhaft in der Kestnerstraße 4 in Wetzlar.[34]

Im Frühjahr 1943 erfolgte nochmals eine Erweiterung um „2 Baracken für Ostarbeiter".[35] Am 1. April 1943 lebten dort 108 Deutsche, 28 Ukrainerinnen, 16 Holländer, 71 Flamen, 12 Fläminnen, ein Franzose, eine Französin und 4 Slowaken.[36]

Wegen der zunehmenden alliierten Luftangriffe stellte die Firmenleitung im November 1943 einen Bauantrag „zur Anlegung von Luftschutz-Deckungsgräben im Ostländerlager".[37] Offensichtlich wohnten im Lahnlager inzwischen nur noch Ostarbeiter und Polen. Die Genehmigung für den Bau der Deckungsgräben wurde am 5. Februar 1944 erteilt.[38]

Im August 1944 wohnten dort 535 Ostarbeiter und 173 Ostarbeiterinnen,[39] im September 1944 waren es 513 Ostarbeiter und 208 Ostarbeiterinnen,[40] im Oktober 1944 532 Ostarbeiter und 212 Ostarbeiterinnen,[41] im November 1944 515 Ostarbeiter und 209 Ostarbeiterinnen,[42] und im Januar 1945 insgesamt 511 Ostarbeiter, 208 Ostarbeiterinnen, 18 Polen und zwei Polinnen. Lagerleiter war zu dem Zeitpunkt ein Werner Dorf aus Wetzlar. Mit 739 Zwangsarbeitern war das Lahnlager der Röchling-Buderus AG zu diesem Zeitpunkt das zweitgrößte Zwangsarbeiterlager in Wetzlar – nach dem Ost- und Westarbeiterlager der Ernst Leitz GmbH auf dem Stadiongelände an der Jacob-Sprenger-Straße (989 Ausländer).[43]

Das „Russenlager“ im Werk

Für die im Frühjahr und Sommer 1942 ins Werk gekommenen sowjetischen Kriegsgefangenen wurde auf dem Werksgelände selbst ein neues Lager errichtet. Nach verschiedenen ausführlichen Schriftwechseln – unter anderem mit der Reichsbahn, denn das Barackenlager sollte direkt an der Bahnstrecke nach Siegen angelegt werden – wurde die Baugenehmigung im August 1942 erteilt.[44] Auf einem mit Stacheldraht umzäunten Gelände zwischen Hammerwerk und Stahlwerk wurden sechs Schlafbaracken, eine Wirtschaftsbaracke, eine „Waschbaracke mit Entlausungsanstalt“, eine Abortbaracke und direkt außerhalb an das Lager angrenzend eine Wachbaracke aufgestellt (alles Holzbaracken).[45]

Nach einer Aufstellung der DAF befanden sich bereits im September 1942 in diesem Lager 600 Sowjetrussen. Lagerführer war ein Herr Küper. Im März 1943 waren schon 650 Mann im Lager. Im August 1944 lebten dort 263 Sowjetrussen und 129 IMI’s,[46] im September 1944 waren es 205 Russen und 160 Italiener,[47] im Oktober 1944 dann 294 Russen und 158 Italiener,[48] im November 1944 271 Russen und 160 Italiener,[49] und im Januar 1945 nur noch 160 Italiener.[50]

Nach Kriegsende wurde dieses Lager zu einem Internierungslager für „Nationalsozialisten unterer Dienstgrade“ umfunktioniert. Ihre Bewachung erfolgte durch Hilfspolizisten aus Darmstadt.[51]

Das „Polenlager“ im Werk

Ein Polenlager wurde auf dem Werksgelände bei Röchling schon kurz nach dem Eintreffen der ersten polnischen Zwangsarbeiter Anfang 1940 eingerichtet. Augenzeugen berichteten, dass die polnischen Arbeiter kaum in der Produktion, sondern mehr im Küchendienst und bei ähnlichen Arbeiten eingesetzt wurden.[52]

Wo sich das Polenlager im Werk befand, ist allerdings nicht überliefert. Es fanden sich aber noch Zahlenangaben: Im September 1942 wohnten 90 Polen in dem Lager, Lagerführer war – wie auch im Russenlager – ein Herr Küper. Im März

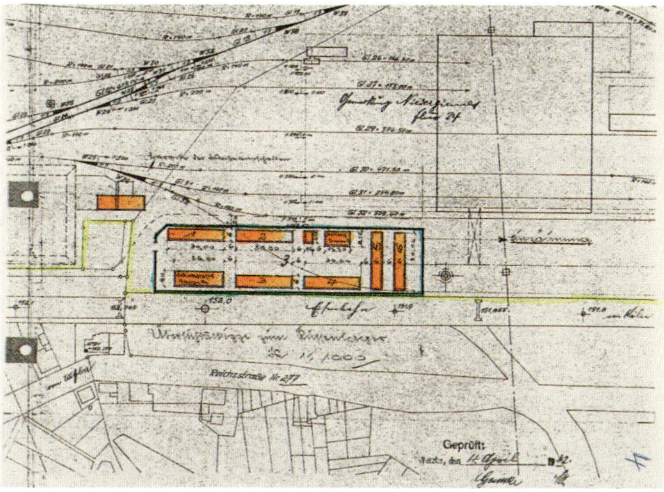

Übersichtsplan der Röchling-Buderus AG vom April 1942 zum Bauantrag für ein „Russenlager im Werk“ – ein Barackenlager für russische Kriegsgefangene, welches direkt parallel der Bahnstrecke nach Siegen angelegt wurde. Es handelte sich um sechs Schlafbaracken, eine Wirtschaftsbaracke, eine „Waschbaracke mit Entlausungsanstalt“, eine Abortbaracke und direkt außerhalb an das Lager angrenzend eine Wachbaracke. In dem Lager befanden sich schon im September 1942 etwa 400 Gefangene.

1943 befanden sich dort 95 Polen, im August 1944 waren es 86 Polen und eine polnische Familie (Ehepaar mit Kind),[53] im September 1944 insgesamt 88 polnische Männer und eine Frau,[54] im Oktober und November 1944 dann 83 Polen,[55] und im Januar 1945 waren es 84 Polen. Lagerleiter war zu dem Zeitpunkt der berüchtigte Albert Sommerey aus Wetzlar.[56]

Kurz nach Kriegsende mit Blick auf Hermannstein, vermutlich vom Wasserturm der Röchling-Buderus AG aus fotografiert: Links das Stahlwerk und rechts ein Teil des einstigen Barackenlagers für russische Kriegsgefangene (siehe Pfeil). Dort hatten die Amerikaner nach Kriegsende die politischen deutschen Häftlinge eingesperrt, welche dann wenig später in das Internierungslager Darmstadt kamen.

Das „Lager Carolinenhütte“

Dieses Lager für belgische Kriegsgefangene[57] wurde vermutlich erst nach dem April 1943 errichtet[58] und bestand wohl auch nicht sehr lange. Es befand sich in Gebäuden auf dem Gelände zwischen der Carolinenhütte und dem Niedergirmeser Weg (im Volksmund: „Jungs Kolonie“). Im August 1944 wohnten dort 72 belgische Kriegsgefangene,[59] im September 1944 waren es 70 Mann[60] und im Oktober 1944 wieder 72 Mann.[61] In einem Schreiben der Röchling-Buderus AG vom 2. Dezember 1944 an die Wetzlarer Verwaltungspolizei[62] wurde dieses Lager nicht mehr erwähnt, und auch in der Lagerliste des Wetzlarer Landrates für die Gestapo vom 18. Januar 1945 kam es nicht mehr vor.

Das „Gemeinschaftsheim Niedergirmes“

Während die Barackenunterkünfte der Polen, Ostarbeiter und sowjetischen Kriegsgefangenen von der Firmenleitung als „Lager“ bezeichnet wurden, hat man die Westarbeiter-Unterkünfte oft als „Gemeinschaftsheim“ bezeichnet. In den Listen der DAF wurden die Röchling'schen Gemeinschaftsheime jedoch ebenfalls als „Lager“ oder „Gemeinschaftslager“ bezeichnet.

Das Gemeinschaftsheim Niedergirmes befand sich etwa ab Mitte 1943 im Neubaublock IV b der GeWoBau Wetzlar an der Ecke Gabelsbergerstraße/Niedergirmeser Weg.[63] Das Gebäude war den Stahlwerken Röchling-Buderus AG zuerst als Unterkunft für deutsche Rüstungsarbeiter vermietet worden. Am 16. September 1943 beschwerte sich jedoch das Wetzlarer Kreisheimstättenamt beim Gauwohnungskommissar in Frankfurt am Main:[64]

„Die Gemeinnützige Wohnungsbaugesellschaft m.b.H. hat durch einen Vertrag die Wohnungen in dem Neubaublock IV b in der Gabelsbergerstraße, Ecke Niedergirmeserweg an die Stahlwerke Röchling-Buderus als Massenunterkunft für auswärtige d e u t s c h e Rüstungsarbeiter vermietet. Nach meinen Feststellungen ist das vorgenannte Gemeinschaftsheim durch die Stahlwerke Röchling z. Zt. mit 79 Holländern, 133 Belgiern, 100 Franzosen und 98 Deutschen belegt.

Die Stahlwerke Röchling beabsichtigen nun, den bald bezugsfertigen Baublock IV k (mit 24 Wohnungen) ebenfalls als Gemeinschafthaus für ausländische Arbeitskräfte, u.U. sogar für Ostarbeiter zu verwenden. Hiergegen bestehen große Bedenken.

Die hiesige Bevölkerung kann schon heute nicht verstehen, daß kinderreichen Familien keine Wohnungen nachgewiesen werden können und dagegen fremdländische Arbeitskräfte in Neubauwohnungen untergebracht sind ...“

Das Gemeinschaftsheim Niedergirmes bestand dennoch bis zum Kriegsende. Es beherbergte bis dahin überwiegend Westarbeiter, die ebenfalls einer starken Fluk-

tuation unterlagen. So teilte die Leitung des Gemeinschaftsheimes am 16. Mai 1944 der Wetzlarer Verwaltungspolizei mit, dass im Laufe des vergangenen Jahres 68 Franzosen, 63 Belgier und 23 Holländer das Gemeinschaftsheim wieder verlassen hätten.[65] Im August 1944 wohnten dort *„264 männl., 24 weibl. Westarbeiter und 1 Ukrainer“*.[66] Im September 1944 waren es 342 Westarbeiter, 28 Westarbeiterinnen, ein Ukrainer und fünf Litauerinnen,[67] im Oktober 1944 335 Westarbeiter, 30 Westarbeiterinnen, 3 Ostarbeiter, 8 Ostarbeiterinnen und eine Italienerin.[68] Im Januar 1945 waren die Wohnungen belegt mit 79 Belgiern, 17 Belgierinnen, 150 Franzosen, 10 Französinnen, 99 Holländern, 3 Holländerinnen, einem Ukrainer, 2 Esten, einer Italienerin, 3 Holländerinnen, 5 Litauerinnen, 3 Lettinnen und einer Türkin.
Lagerleiter war ein Ludwig Weber aus Rodheim.[69]

Das Lager Naunheim

In der ehemaligen Zigarrenfabrik in der Wetzlarer Straße in Naunheim waren zumindest gegen Kriegsende französische und belgische Kriegsgefangene untergebracht, die dort auch arbeiteten.[70] Wie viele es waren, und was dort gefertigt oder repariert wurde, konnte aber nicht mehr ermittelt werden.

Das „Gemeinschaftsheim Altenberg“

Die Stahlwerke Röchling-Buderus AG hatten auch noch am Klostergut Altenberg bei Oberbiel ausländische Zwangsarbeiter untergebracht. Dieses Gemeinschaftsheim soll hier – obwohl von der Zielsetzung des Buches (Stadt Wetzlar) eigentlich nicht relevant – doch kurz beschrieben werden.
Die Unterkunft bestand bereits im Mai 1941[71] – zu einer Zeit, als die Westarbeiter im Deutschen Reich bereits unter Freizügigkeitsbeschränkungen standen.[72] Dort waren hauptsächlich Westarbeiter, in der ersten Zeit aber auch Deutsche untergebracht. Nach der DAF-Lagerliste vom 21. September 1942 wohnten dort 20 Deutsche, 20 Flamen, 40 Wallonen, 29 Holländer, 7 Franzosen, 125 Italiener, 6 Slowaken und 3 Spanier. Lagerleiter war Willi Küper, Altenberg.[73] Im April 1943 waren es 10 deutsche Männer, 10 deutsche Frauen, 4 Volksdeusche, 4 Flamen, 4 Fläminnen, 19 Wallonen, eine Wallonin, 216 Franzosen, eine Französin und 85 Italiener.[74] Im Januar 1945 wohnten dort noch 175 Personen: 24 Belgier, 4 Belgierinnen, 89 Franzosen, eine Französin, 49 Italiener, ein Holländer, 6 Litauer und eine Polin. Lagerleiter war im Januar 1945 ein Ing. Willi Küper, wohnhaft auf dem Altenberg.[75]
Nach Augenzeugenberichten sollen Zwangsarbeiter der Röchling-Buderus AG auch „ausgeliehen“ worden sein an die Firmen Reinhardt in Hermannstein, Wilhelm Heger in Wetzlar und an die Gastwirschaft Wagner.[76]

Die Buderus'schen Eisenwerke

Schon im Ersten Weltkrieg hatten die Buderus'schen Eisenwerke Kriegsgefangene eingesetzt. Ihre Höchstzahl betrug im Jahr 1916 insgesamt 1.584 Mann bei 7.322 Beschäftigten – damals arbeiteten also 21,6 Prozent Ausländer bei Buderus.[77] Am 18. September desselben Jahres hatte Buderus bei der Stadt Wetzlar eine Bauerlaubnis für die Errichtung einer 16 x 6,3 Meter großen Holzbaracke zur Unterbringung von Gefangenen an der Straße nach Oberbiel beantragt (im Bereich des Buderus'schen Kalksteinbruches an der „Dalheimer Kapelle").[78] Die Genehmigung erfolgte noch 1916.[79]

Der damals noch an der Dalheimer Kapelle abgebaute Kalk wurde mit einer eigenen Erzseilbahn zur Sophienhütte transportiert, wo er als Zuschlagstoff zur Roheisengewinnung Verwendung fand. Die Seilbahn kam von der Buderus'schen Roteisensteingrube „Amanda" auf der Magdalenenhäuser Höhe und hatte an der Dalheimer Kapelle eine Winkelstation.[80]

Während des Zweiten Weltkrieges wurden bei Buderus in Wetzlar[81] hauptsächlich Munition (Sonder- und Stahlguss), Gleisketten für Panzerfahrzeuge (Elektrostahl) und Geschützrohre (ebenfalls Elektrostahl) hergestellt.

Bei den Buderus'schen Eisenwerken in Wetzlar arbeiteten die ersten ausländischen Zivilarbeiter des Zweiten Weltkrieges. Es waren drei Italiener, die am 7. September 1939 ins Werk kamen.[82] Auch bei ihnen handelte es sich damals noch um frei angeworbene zivile Ausländer. Die nächsten Italiener sollten aber erst am 14. Januar 1941 zu Buderus kommen.[83]

Die ersten Zwangsarbeiter bei Buderus waren 66 Polen, die am 20. Mai 1940 in das Werk gekommen waren.[84] Ihnen folgte am 14. Juni 1940 ein weiterer Pole, und am 21. Juni 1940 kamen noch einmal 43 Polen ins Werk. Sie alle waren aber schon im Spätherbst 1940 nicht mehr bei Buderus. Die nächsten polnischen Zwangsarbeiter sollten dann erst wieder 1941 zu Buderus kommen: Es waren 20 Mann, die mit einem Transport am 1. Dezember 1941 ankamen und in Buderus'schen Eisenerzgruben eingesetzt wurden.[85]

Die ersten Kriegsgefangenen bei Buderus ließen sich für den November 1941 nachweisen. Das Rüstungskommando Gießen vermerkte dazu am 22. November 1941:[86]
„Im hiesigen Bezirk besteht ein grosser Arbeitskräftebedarf. Da deutsche Arbeitskräfte fehlen und die Auskämmaktionen keinen nennenswerten Erfolg mehr haben, müssen weitere Ausländer und Kriegsgefangene in der Metallindustrie eingesetzt

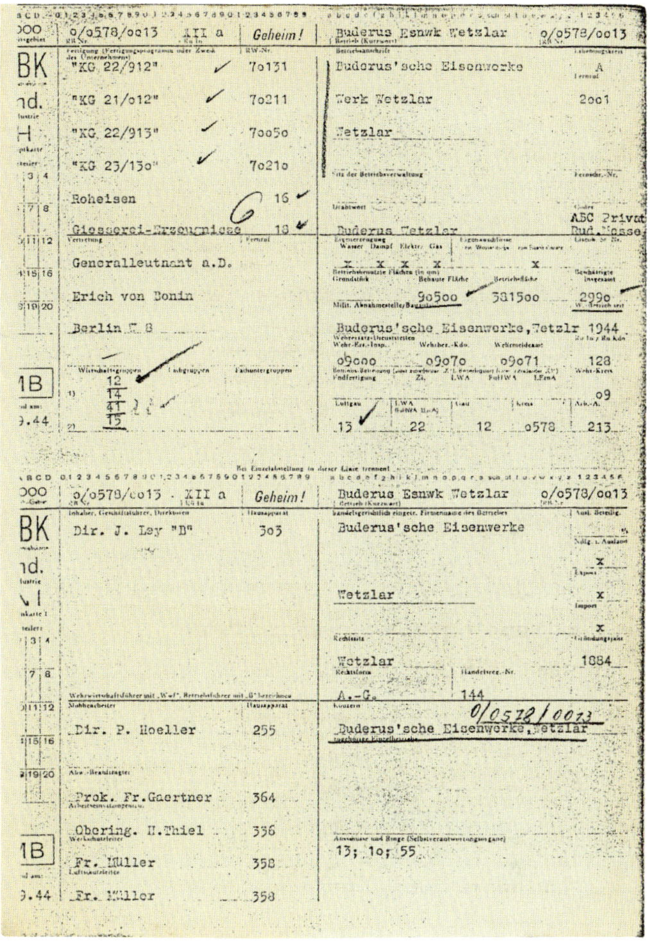
o/o578/oo13 XII a Geheim! Buderus Esnwk Wetzlar o/o578/oo13

"KG 22/912" 7o131 Buderus'sche Eisenwerke A
"KG 21/o12" 7o211 Werk Wetzlar 2oo1
"KG 22/913" 7oo5o Wetzlar
"KG 23/13o" 7o21o
Roheisen 16
Giesserei-Erzeugnisse 18 Buderus Wetzlar ABC Privat Bud. Hesse
Generalleutnant a.D. x x x x x
Erich von Bonin 9o5oo 381500 299o
Berlin W 8 Buderus'sche Eisenwerke, Wetzlr 1944
o9ooo o9o7o o9o71 128
12 14 41 15 o9
13 22 12 o578 213

o/o578/oo13 XII a Geheim! Buderus Esnwk Wetzlar o/o578/oo13
Dir. J. Ley "B" 3o3 Buderus'sche Eisenwerke
x
Wetzlar x
x
Wetzlar 1884
A.-G. 144
0/0578/0013
Dir. P. Hoeller 255 Buderus'sche Eisenwerke, Wetzlar
Prok. Fr. Gaertner 364
Obering. H. Thiel 356
Fr. Müller 358 13; 1o; 55
Fr. Müller 358

Die geheime Karte der Buderus'schen Eisenwerke aus der „Reichsbetriebskartei Industrie“ vom 1. September 1944.

werden. Es erhielten jetzt: Röchling-Buderus, Wetzlar, 52 Italiener, 54 Polen und Buderus A.G., Wetzlar, 10 Italiener, 17 Kriegsgefangene.“

Von welcher Nationalität diese Kriegsgefangenen bei Buderus waren, ist nicht genau bekannt. Es scheinen aber Russen gewesen zu sein, denn die Firma beantragte am 9. Dezember 1941 bei der Stadt Wetzlar eine Baugenehmigung für die Aufstellung einer Wachbaracke am Schellweg mit der Begründung:[87]

„Nach Angabe des Lagerkommandanten ist es bei russischen Kriegsgefangenen nicht zulässig, die Wachmannschaftsräume aus bestimmten Gründen in die Gefangenenbaracke zu legen.“

Insgesamt konnten für die Buderus'schen Eisenwerke folgende Belegschafts- und Zwangsarbeiterzahlen nachgewiesen werden:

Belegschaftsangehörige:[88]

1942:	2.513 Personen
1943:	2.970 Personen
1944:	3.002 Personen
1945:	3.049 Personen[89]

Zwangsarbeiter:

Juni 1942:	630 Personen[90]
7. September 1942:	550 Personen[91]
26. Oktober 1942:	210 Personen[92]
1. April 1943:	917 Personen[93]
18. Januar 1945:	1.076 Personen[94]

Der genaue Standort aller Zwangsarbeiter- und Kriegsgefangenen-Lager der Buderus'schen Eisenwerke war nicht mehr in allen Fällen zu ermitteln. Es konnten aber folgende Lager lokalisiert werden:[95]

Das Lager Hermannsteinerstraße 13

Es war das größte Ausländerlager der Buderus'schen Eisenwerke in Wetzlar – insgesamt das drittgrößte Wetzlarer Lager[96] – und befand sich auf dem Werksgelände im Bereich des heutigen Zementwerkes. Im Januar 1945 standen dort mehr als neun große hölzerne Unterkunftsbaracken.
Im September 1942 wohnten dort 133 deutsche Arbeiter (Auswärtige, in einer Großbaracke), 63 Ostarbeiter und 7 Ostarbeiterinnen (ebenfalls in einer Großbaracke) sowie 36 Italiener (in einer kleineren Baracke). Im Dezember 1942 war dort die Errichtung von zwei weiteren Großbaracken für etwa 200 Ostarbeiterinnen geplant.[97]
Im April 1943 standen dort sieben Baracken, in denen folgende Arbeiter wohnten:

Steinbaracke:	51 Deutsche
Holzbaracke I:	37 Franzosen, 34 Italiener, 16 Holländer und 1 Wallone
Holzbaracke II:	72 Ostarbeiter und 9 Ostarbeiterinnen
Holzbaracke III:	51 Ostarbeiter
Holzbaracke IV:	133 Franzosen und
Holzbaracke V:	18 Franzosen

In der siebenten Baracke war ein Kriegsgefangenen-Arbeitskommando untergebracht: Das „Kommando Nr. 1426 Wetzlar", mit 139 Mann.[98] Darüber hinaus soll

sich noch das Kriegsgefangenen-Arbeitskommando Nr. 1.012 mit Franzosen in diesem Lager befunden haben (Wachmann: Uffz. Hiennighofen).[99]
Wie bereits erwähnt, lebten im Januar 1945 in diesem Lager 593 Ausländer: 222 Italiener, 217 Franzosen, 69 Belgier, 30 Holländer, 25 Polen sowie 28 Polinnen und eine Belgierin.

Das Niedergirmeser Industriegebiet auf einer amerikanischen Luftaufnahme vom 15. März 1945: Die Anlagen der Buderus'schen Eisenwerke (Pfeil 1), im oberen Bildteil die Stahlwerke Röchling-Buderus AG (Pfeil 2). Von oben nach unten durch das Bild verläuft die Dill (Pfeil 3).

Das „Lager Sophie“ im Werk

Wo genau sich dieses Lager auf dem Werksgelände befand, ist unklar. Der Bezeichnung nach wird es sich aber im direkten Bereich der Sophienhütte befunden haben. Nachgewiesen ist bislang lediglich der Bau einer 242 qm großen Leichtbetonplatten-Baracke mit Speisesaal westlich von Gießerei und Mechanischer Werkstatt auf der Sophienhütte. In der Baubeschreibung vom April 1944 hieß es dazu:[100]

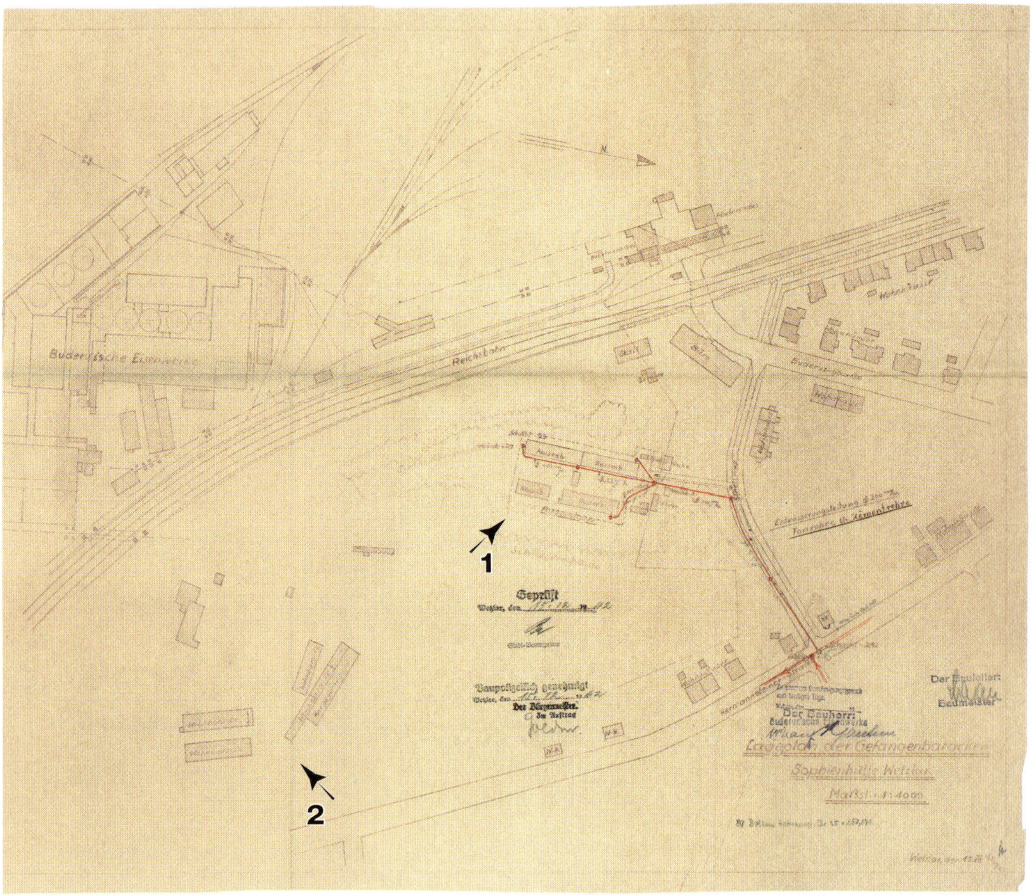

Lageplan eines Teils der Buderus'schen Eisenwerke vom 15. Dezember 1942. Etwa in der Bildmitte sieht man das Kriegsgefangenenlager am Schellweg (Pfeil 1). Es bestand aus vier Wachbaracken, vier großen „Russenbaracken“ und einer Abortbaracke. Im April 1943 war das Lager mit 293 Mann belegt: Das Kriegsgefangenen-Arbeitskommando Nr. 2.503.
Links unten das Lager Hermannsteinerstraße 13. Es befand sich ebenfalls auf dem Werksgelände im Bereich des heutigen Buderus'schen Zementwerkes. Im Januar 1945 standen dort mehr als neun große hölzerne Unterkunftsbaracken (Pfeil 2).

„Auf Grund der vom O.K.H. geforderten Erhöhung der Wehrmachtsfertigung wird es erforderlich, neue ausländische Arbeitskräfte einzustellen. Da es uns an geeigneten Aufenthaltsräumen fehlt, sind wir gezwungen, eine neue Leichtbetonbaracke ... aufzustellen."
Im September 1942 waren im Lager Sophienhütte 75 Ostarbeiterinnen untergebracht,[101] im April 1943 184 Ostarbeiterinnen[102] und im Januar 1945 insgesamt 277 Ostarbeiterinnen und 134 Ostarbeiter.[103]

Das „Polenlager" im Werk

Auch hier ist der ehemalige Standort nicht bekannt. Das Lager scheint sich aber im Bereich des Hauptlagers Hermannsteinerstraße 13 befunden zu haben. Im April 1943 waren dort 18 Polen untergebracht,[104] im August 1944 insgesamt 13 Polen und 26 Polinnen[105], und im Januar 1945 waren es 25 Polen und 28 Polinnen.[106]

Das Lager Schellweg

Dieses Lager befand sich direkt hinter der heutigen Hauptverwaltung der Edelstahlwerke Buderus, zwischen der Buderusstraße und dem Schellweg (Flur 13, Parzelle 174/1).

Die erste, etwa 185 qm große Wohnbaracke muss dort schon vor Dezember 1941 gestanden haben, denn am 9. Dezember 1941 beantragte Buderus eine Baugenehmigung für eine weitere, ca. 62 qm große Wachbaracke aus Betonplatten.[107]
In der Folgezeit wurden dort noch mehrere Baracken aufgestellt. Auf dem Lageplan zu einem am 4. November 1942 bei der Stadt Wetzlar gestellten Antrag für einen Kanalanschluss zur Entwässerung des „Russenlagers am Schellweg"[108] fanden sich bereits 4 Wachbaracken, 4 große „Russenbaracken" und eine Abortbaracke.
Im April 1943 war das Lager mit 293 Mann belegt: das „Kriegsgefangenen-Kommando Nr. 2.503, Wetzlar".[109]

Das „Lager Lahnhof"

Es befand sich vermutlich auf einem freien Geländestück zwischen der Hermannsteiner Straße und der Buderusstraße auf einem Grundstück der Buderus'schen Eisenwerke.[110] Das Lager „Lahnhof"[111] – es war im April 1943 von 97 Deutschen bewohnt[112] – scheint aber nicht sehr lange bestanden zu haben, denn in der Lagerliste des Wetzlarer Landrates vom Januar 1945 war es nicht mehr mit aufgeführt,[113] und auch auf einer amerikanischen Luftaufnahme vom März 1945 ist es nicht mehr auszumachen.

Das Lager Kalkbruch Niedergirmes

Auf dem Simberg, direkt an der Gemarkungsgrenze zwischen Niedergirmes und Hermannstein, befindet sich noch heute das historische Maschinenhaus mit dem Fördergerüst der ehemaligen Buderus'schen Grube „Malapertus". Auf der Anlage standen noch bis vor einigen Jahren mehrere der alten Holzbaracken, in denen sich während des Krieges ein Westarbeiterlager der Buderus'schen Eisenwerke befunden hatte.[114]
Im April 1943 lebten dort 25 Flamen und 15 Franzosen.[115] Im Januar 1945 waren es noch 11 Franzosen, 11 Holländer, 5 Belgier und eine Polin.[116]
In der Bergwerksanlage unter dem Simberg hatte man kurz vor Kriegsende das Historische Archiv der Buderus'schen Eisenwerke und andere wichtige Unterlagen, sowie persönliche Wertgegenstände der Firmenleitung in einem trockenen Raum untergebracht.
Am 31. März 1945 – zwei Tage nach dem Einmarsch der Amerikaner in Wetzlar – wurde dieses Lager von freigelassenen Zwangsarbeitern geplündert und anschließend in Brand gesteckt.[117] Der Buderus'sche Bergmann Nikolaus Koch – er hatte sich den Plünderern möglicherweise in den Weg gestellt – wurde von diesen durch Kopfschuss getötet und anschließend beraubt.[118]

Das Gasthaus Rühl in Hermannstein

Hier waren vermutlich nur in einem begrenzten Zeitraum Zwangsarbeiter untergebracht worden: Während im April 1943 dort 63 Franzosen wohnten,[119] wurde diese Unterkunft in der Liste des Wetzlarer Landrates vom Januar 1945 aber nicht mehr erwähnt. Ludwig Rühl, einer der Söhne des damaligen Gastwirtes, erinnerte sich dazu:[120]
„1943/44 war bei uns eine größere Zahl Franzosen einquartiert, die bei den Buderus'schen Eisenwerken arbeiteten. Soweit ich mich erinnern kann, gingen sie aber alle im Sommer 1944 wieder weg. Dagegen kam im Herbst 1944 eine größere Zahl italienischer Kriegsgefangener – man nannte sie ‚Imi's'. Die blieben dann bis Kriegsende bei uns."
Möglicherweise gehörten diese italienischen Militär-Internierten („I.M.I.'s") zu jenen Kriegsgefangenen, die bei der Firma Pfeiffer Apparatebau GmbH in der Luftwaffenfertigung arbeiteten.[121]

Alle Buderus'schen Ausländerlager wurden im Januar 1945 geleitet von einem August Konrad Doleck aus Bad Nauheim, Kurstraße 1, wohnhaft in Wetzlar, „Lager Buderus".[122]

Die Ernst Leitz GmbH, optische Werke

Die Wetzlarer Familie Leitz wurde schon in den Dreißiger Jahren wegen ihrer liberalen politischen Haltung von den Regierungsstellen argwöhnisch beobachtet. Bereits am 26. Oktober 1933 hatte Ministerialrat Hans-Werner von Zengen, Vertreter des Landes Hessen und des Rhein-Mainischen Industrie- und Handelstages in Berlin,[123] das Reichswehrministerium in einem Schreiben auf die „politisch nicht einwandfreie Gesinnung des Herrn Dr. Leitz“ hingewiesen, der früher führender Reichsbannermann gewesen war.
Die Firma Leitz beschäftigte in den dreißiger Jahren auch einige Ausländer. Aus einem Schreiben der SD-Außenstelle Wetzlar vom 9. September 1937 an den SD-Unterabschnitt Wiesbaden war zu erfahren, dass zu der Zeit bei Leitz sieben Öster-

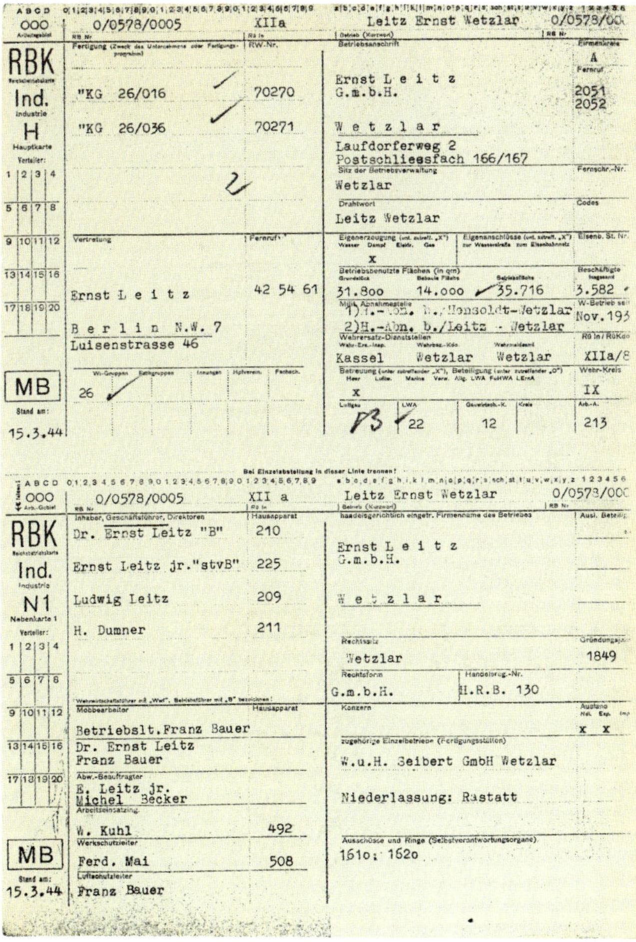

000 0/0578/0005 XIIa Leitz Ernst Wetzlar 0/0578/00
RBK Ind. H Hauptkarte
Fertigung: "KG 26/016 — RW-Nr. 70270
"KG 26/036 — RW-Nr. 70271
Betriebsanschrift: Ernst Leitz G.m.b.H. Wetzlar, Laufdorferweg 2, Postschliessfach 166/167
Firmenkreis: A — Fernruf: 2051, 2052
Sitz der Betriebsverwaltung: Wetzlar
Drahtwort: Leitz Wetzlar
Vertretung: Ernst Leitz, Berlin N.W. 7, Luisenstrasse 46 — Fernruf: 42 54 61
Eigenerzeugung: x
Betriebsbenutzte Flächen (in qm): Grundstück 31.800, Bebaute Fläche 14.000, Betriebsfläche 35.716 — Beschäftigte insgesamt 3.582
Milit. Abnahmestelle: 1) H.-Abn. b./Hensoldt-Wetzlar, 2) H.-Abn. b./Leitz - Wetzlar — W-Betrieb seit Nov. 193
Wehrersatz-Dienststellen: Kassel, Wetzlar, Wetzlar — XIIa/8
Wi-Gruppen: 26
Betreuung: x — Wehr-Kreis: IX
Luftgau: B — LWA: 22 — Gauwirtsch.-K.: 12 — Arb.-A.: 213
MB Stand am: 15.3.44

Bei Einzelabstellung in dieser Linie trennen!

000 0/0578/0005 XII a Leitz Ernst Wetzlar 0/0578/000
RBK Ind. N1 Nebenkarte 1
Inhaber, Geschäftsführer, Direktoren — Hausapparat:
Dr. Ernst Leitz "B" 210
Ernst Leitz jr."stvB" 225
Ludwig Leitz 209
H. Dumner 211
Handelsgerichtlich eingetr. Firmenname des Betriebes: Ernst Leitz G.m.b.H. Wetzlar
Rechtssitz: Wetzlar — Gründungsjahr: 1849
Rechtsform: G.m.b.H. — Handelsreg.-Nr.: H.R.B. 130
Mobbearbeiter: Betriebslt. Franz Bauer, Dr. Ernst Leitz, Franz Bauer
Abw.-Beauftragter: E. Leitz jr., Michel Becker
Arbeitseinsatzing.: W. Kuhl 492
Werkschutzleiter: Ferd. Mai 508
Luftschutzleiter: Franz Bauer
Konzern — Ausfuhr: x x
Zugehörige Einzelbetriebe (Fertigungsstätten): W.u.H. Seibert GmbH Wetzlar, Niederlassung: Rastatt
Ausschüsse und Ringe (Selbstverantwortungsorgane): 1610; 1620
MB Stand am: 15.3.44

Die geheime Karte der Ernst Leitz GmbH, optische Werke, aus der „Reichsbetriebskartei Industrie“ vom 1. September 1944.

reicher, vier Tschechen, zwei Schweizer, ein Estländer, eine Polin und zwei Staatenlose beschäftigt waren.[124]

Nur wenige Wochen vorher hatte Dr. Ernst Leitz einen Brief von der Wehrwirtschafts-Inspektion IX in Kassel mit der Mitteilung erhalten, er sei für Friedens- und Kriegszeiten als Wehrwirtschaftsführer in Aussicht genommen. Dem Brief war unter anderem ein Formblatt beigefügt, auf welchem er eine „Erklärung über rückhaltlose Einstellung zum nationalsozialistischen Staat" abgeben sollte. Mit Schreiben vom 25. August 1937 an die Wehrwirtschafts-Inspektion in Kassel lehnte Ernst Leitz jedoch die Übernahme des Postens ab mit der Begründung:[125]

Diese amerikanische Luftaufnahme vom 15. März 1945 zeigt aus etwa 6.000 Metern Höhe – hier ebenfalls stark vergrößert – die Leitzwerke (Pfeil 1), sowie die Leitz'schen Barackenlager für Westarbeiter (Pfeil 2) und Ostarbeiter (Pfeil 3) auf dem Stadiongelände. Auch auf diesem Foto sind schwere Bombenschäden erkennbar, wobei allerdings die Leitzwerke relativ unbeschädigt geblieben waren. Links unten im Bild sieht man den Kalsmunt-Turm (Pfeil 4).

„... wegen meines hohen Alters – ich bin im 67. Lebensjahr – und auch aus gesundheitlichen Rücksichten. Ausserdem bin ich trotz alledem in meinem eigenen Betrieb noch ausserordentlich stark in Anspruch genommen, was während eines Krieges bestimmt erst recht der Fall sein würde."

Die liberale Einstellung hinderte Ernst Leitz andererseits aber nicht daran, sich in der Firmenfestschrift zu seinem 70. Geburtstag am 1. März 1941 auf einem Foto vor dem „Deutschen Eck" in Koblenz zusammen mit der Werkskapelle vor seiner Belegschaft mit Hitlergruß abbilden zu lassen.[126]
1942 trat er der NSDAP bei. Darüber schrieb er in seiner Rechtfertigung an den Öffentlichen Kläger der Spruchkammer in Wetzlar am 6. März 1947 unter anderem:[127]
„... Ich wurde im Jahre 1942 aufgenommen. Es war der schwerste Gang meines Lebens. Dann habe ich mich nie mehr dort sehen lassen und bin auch zu keiner Versammlung gegangen."

Mit Schreiben vom 21. November 1938 hatte die Kreisfrauenwalterin der DAF, Kreiswaltung Wetzlar, der Gauwaltung der DAF in Frankfurt am Main unter anderem mitgeteilt:[128]
„... Die Firma Leitz beschäftigt eine staatliche Gesundheitsfürsorgerin. Die Buderus'schen Eisenwerke besitzen nur eine Werkpflegerin. Die Firmen Stahlwerke Röchling und Optische Werke Hensoldt haben noch keinerlei dergleichen Einrichtungen."
Am 2. Januar 1940 teilte sie an die gleiche Adresse unter anderem mit:[129]
„... Optische Werke E. Leitz, Wetzlar. Soweit mein Beurteilungsvermögen bei der ersten Besichtigung reichte, war der Gesamteindruck, betreffs Hygiene und Betreuung gut, nur weltanschaulich katastrophal ..."

Die Firma Leitz produzierte während des Krieges optische Beobachtungs- und Richtgeräte[130] – darunter auch Bildwandler und automatische optische Steuerungen für Flugabwehr-Raketen[131] – Granaten-Zünder[132] und Einzelteile für fremde Firmen.

Insgesamt konnten für die Ernst Leitz GmbH folgende Belegschafts- und Zwangsarbeiterzahlen nachgewiesen werden:

<u>Belegschaftsangehörige</u>:[133]

1942:	3.008 Personen
1943:	3.568 Personen
1944:	3.579 Personen
1945:	3.304 Personen

Zwangsarbeiter:

7. September 1942: 195 Personen[134]
26. Oktober 1942: 198 Personen[135]
1. April 1943: 606 Personen[136]
18. Januar 1945: 989 Personen[137]
Spätestens Anfang 1945 kam vermutlich noch eine unbekannte Zahl französischer Kriegsgefangener hinzu, die im Hausertorwerk arbeiteten.[138]

Im Frühjahr 1941 traf man bei Leitz erste Vorbereitungen zum Einsatz ausländischer Arbeitskräfte aus den von Deutschland besetzten Gebieten. Da das Firmengelände nicht so weiträumig war wie etwa bei Buderus oder Röchling-Buderus, ließ man hauptsächlich Barackenlager außerhalb des Betriebes errichten.

Das „Lager Weiherwiese"

Ab Mai 1941 wurde auf dem Gelände an der „Weiherwiese" (beim heutigen Parkplatz an der Franziskanerstraße, unterhalb der Avignon-Anlage) eine 550 m² große, rechtwinklige Holzbaracke für Italiener errichtet.[139] Später wurde sie als „KHD-Lager" genutzt. Im Frühjahr 1943 wurde dort eine weitere, 400 m² große Holzbaracke angebaut.[140]

Junge „Arbeitsmaiden" am 20. Mai 1944 im „RAD-Lager Weiherwiese" der Leitzwerke (am unteren Ende der heutigen Avignon-Anlage). Ab März 1942 war das Lager erst mit 100, später mit 150 „KHD-Frauen" belegt. Es waren im RAD dienstverpflichtete junge Mädchen und Frauen, die sechs Monate lang in der deutschen Wirtschaft arbeiten mussten. Foto: Siegfried Rösch.

Am 20. Mai 1944 saßen hier einige „KHD-Frauen“ in der Mittagssonne vor ihrer Wohnbaracke im „Lager Weiherwiese“. Die Holzbaracke im Bild ist bis heute beim Parkplatz an der Franziskanerstraße, unterhalb der Avignon-Anlage erhalten geblieben. Foto: Siegfried Rösch.

Im Oktober 1941 trafen bei Leitz die ersten 30 französischen Kriegsgefangenen ein,[141] die vermutlich im Lager Weiherwiese untergebracht wurden. Sie scheinen aber schon bald wieder abgezogen worden zu sein, denn ab März 1942[142] war das Lager erst mit 100, später mit 150 „Arbeitsmaiden“ belegt.[143] Es waren im RAD dienstverpflichtete junge Mädchen und Frauen, die sechs Monate lang in der deutschen Wirtschaft arbeiten mussten. Das Rüstungskommando Gießen vermerkte dazu am 19. März 1943:[144]

„Die Werke der Feinmechanik und Optik haben neuerdings infolge der Erweiterungen der Arbeitspflicht von Frauen weniger Interesse an Arbeitsmaiden, da diese eine Anlernzeit von 6 – 8 Wochen benötigen und die Arbeitsstätte nach 6 Monaten wieder verlassen müssen.

Einigen Arbeitsmaiden bei der Firma Ernst Leitz G.m.b.H., Wetzlar, wurde trotz ihrer Eignung und ihres Wunsches, sich freiwillig weiter zu verpflichten, dieses vom RAD abgelehnt.“

Trotz dieser kurzen Arbeitsdauer scheinen bei der Ernst Leitz GmbH aber bis zum Kriegsende immer wieder Arbeitsmaiden gearbeitet zu haben.[145]

Die „Unterkunft Göth's Garten“

Im Juni 1942 kamen die ersten Zwangsarbeiter in das Leitzwerk.[146] Es waren 200 Ukrainerinnen, die im Tanzsaal und anderen Räumlichkeiten des Restaurants „Göth's Garten“ in der Ernst-Leitz-Straße einquartiert wurden.[147]

Nach der Lagerliste der Deutschen Arbeitsfront vom 7. September 1942 beschäftigte Leitz zu dem Zeitpunkt 198 ausländische Arbeiter,[148] die alle in dieser Unterkunft wohnten. Da es sich hierbei nur um die Ukrainerinnen gehandelt haben dürfte, befanden sich also keine französischen Kriegsgefangenen mehr bei Leitz. Bereits im April 1943 wohnten die Ostarbeiterinnen nicht mehr in „Göth's Garten", sondern jetzt waren dort Westarbeiter untergebracht: 88 Franzosen, eine Französin und 25 Belgier.[149]

Wie lange diese Zwangsarbeiter dort gewohnt haben, ist nicht genau bekannt.

Obwohl diese Unterkunft in der Lagerliste des Wetzlarer Landrates vom 18. Januar 1945 nicht mehr erwähnt wurde,[150] waren dort offensichtlich noch Zwangsarbeiter untergebracht. Lothar Karst aus Wetzlar erinnerte sich 2002:[151]

„Mein Vater war damals Soldat in der ‚Nachrichten-Kaserne' an der Braunfelser Straße, und wir wohnten in der Scharnhorst-Straße (Anm.: heute: „Im Winkel"). *Als damals elfjähriger Hitlerjunge hat mich natürlich alles in Wetzlar sehr interessiert. So erinnere ich mich deutlich an etwa 80 bis 90 italienische ‚Badoglios', die gleich um die Ecke bei uns – in Göths Garten – in dem kleinen Tanzsaal untergebracht waren. Der Saal war eigentlich viel zu klein für so viele Menschen, und so herrschte drangvolle Enge in dem Raum.*

Was uns Jungen damals sehr verwunderte, war: Die Italiener trugen noch ihre bräunlichen Uniformen und so komische Spitzhüte mit Federn darauf. Außerdem hatten sie noch alle Dienstgrad-Abzeichen an den Uniformen. Ich erinnere mich

Im Juni 1942 waren die ersten Zwangsarbeiter/innen zu Leitz gekommen. Es waren etwa 200 Ukrainerinnen, die – da sich das große Leitz'sche Zwangsarbeiterlager auf dem Stadiongelände an der Jakob-Sprenger-Straße noch im Bau befand – im Tanzsaal und anderen Räumlichkeiten des Restaurants „Göth's Garten" in der Ernst-Leitz-Straße einquartiert wurden.

Das Foto wurde 1942 offensichtlich im Restaurantgarten am Fuß des Kalmunthanges aufgenommen. Es zeigt junge Ukrainerinnen bei der Hausarbeit. Foto: Siegfried Rösch.

1942 auf dem Gelände der Starkenweide an der Lahn: Junge Zwangsarbeiterinnen der Leitzwerke spielten abends oft mit ihren Musikinstrumenten russische Weisen.
Das leicht in nordöstlicher Richtung aufgenommene Bild zeigt im Hintergrund links den Gasometer der Buderus'schen Eisenwerke und rechts die Wohnbebauung an der Uferstraße. Foto: Siegfried Rösch.

deshalb noch so genau an die Dienstgrad-Abzeichen, weil die Badoglios uns diese Abzeichen gegen Zigaretten im Tausch anboten.“
In der Tat vermerkte die Lagerliste des Wetzlarer Landrates vom 18. Januar 1945 bei der Firma Ernst Leitz 80 Italiener und eine Italienerin. Diese waren demnach nicht zusammen mit den anderen Westarbeitern auf der Lahninsel untergebracht.

Das Notlager im Werk

Im Oktober 1942 befanden sich die beiden Großlager auf dem Stadiongelände offensichtlich noch im Bau. Außerdem gab es Probleme beim Anlernprozess der Ausländer, so dass Leitz von 470 in Wetzlar ankommenden Zwangsarbeitern nur 226 aufnehmen konnte. Das Rüstungskommando Gießen vermerkte dazu in seinem Monatsüberblick für November 1942:[152]
„... Die Anforderungszahlen und Betriebe wurden ... über den GBA den Landesarbeitsämtern angegeben. Im Oktober kam es bei der Aktion zu zahlreichen Fehlleitungen mit Fehlanforderungen, da einzelne Betriebe aufgestockt und berechtigte Forderungen anderer Betriebe nicht berücksichtigt wurden. Teilweise waren die bedachten Betriebe für die plötzlich zugewiesene Zahl von Arbeitskräften nicht annahmefähig, da ein Kräftezuwachs in solcher Zahl nicht auf einmal ‚verdaut‘ werden konnte. So wurden der Firma Ernst Leitz G.m.b.H., Wetzlar, auf Veranlassung der Ringführung 470 Arbeitskräfte zugewiesen. Da die neuen Arbeitskräfte jedoch an ihrem Arbeitsplatz angewiesen und angelernt werden müssen, konnte die Firma davon zunächst nur 226 aufnehmen, während der Rest in dringende Wehrmachtfertigung anderer Betriebe eingesetzt wurde.

Um solche Fehldispositionen zu vermeiden, wurde dem Rüstungskommando im November das Recht der Nachprüfung der Anforderungszahlen und Betriebe zugestanden ...“

Im Hauptwerk scheint man daraufhin ein kleines Ausländerlager errichtet zu haben – vielleicht hatte man auch mehrere Holzbaracken dafür freigemacht. Jedenfalls befanden sich nach der DAF-Liste im April 1943 insgesamt 76 französische Zwangsarbeiter im „Notlager Leitzwerk“.[153] Es handelte sich dabei um ein Lager im 6. Stock des Hochhauses II (dort befanden sich im Januar 1943 Belgier), möglicherweise auch um einige Holzbaracken hinter dem heutigen Haupteingang. Nach dem Krieg befand sich in den Baracken der werksärztliche Dienst.[154]

Das „Lager Kornmarkt“

Hier handelt es sich um ein bislang ungelöstes Rätsel: Sowohl in der DAF-Lagerliste vom 1. April 1943[155] als auch in der Gestapo-Kartei Frankfurt am Main[156] fand sich für die Ernst Leitz GmbH ein „Lager Kornmarkt“ als Unterbringungsort für Ostarbeiter und Westarbeiter.
Diese Bezeichnung konnte bislang nicht geklärt werden. Am Kornmarkt selbst, im oberen Altstadtbereich, kann sich ein solches Großlager für über 600 Personen nicht befunden haben. Zwar hätte man in dem Bereich mehrere hundert Zwangsarbeiter provisorisch in verschiedenen Sälen o. Ä. unterbringen können; der Saal vom „Römischen Kaiser“ wurde aber zu jener Zeit für Unterrichtszwecke genutzt, und im ehemaligen Gymnasium oberhalb des Kornmarktes befand sich das Lyzeum. Auch konnten sich Zeitzeugen, die damals dort wohnten, nicht an eine derart große Zahl von Zwangsarbeitern in der Altstadt erinnern.
Auch die drei von der Firma Leitz im Herbst 1941 bzw. Sommer 1943 an der Weiherwiese errichteten Holzbaracken kamen hierfür nicht in Frage, da sie erstens seit März 1942 mit „Arbeitsmaiden“ belegt waren, und außerdem für über 600 Personen viel zu klein waren.
Andererseits erscheint es unwahrscheinlich, dass die DAF-Liste derart fehlerhaft war.
Eine reine Spekulation ist die Annahme, bei dem Begriff „Lager Kornmarkt“ könne es sich um einen Übermittlungsfehler gehandelt haben: Es sei vielleicht ein „Lager Kühmark“ gewesen, das sich in der Gemarkung „Kühmark“ befand, die sich oberhalb von Wetzlar, östlich von Garbenheim bis an die Spilburg-Kasernen hin erstreckt. Dann hätte sich das erwähnte Leitz-Lager im Bereich der Spilburg-Kaserne befunden, wo allerdings genug Raum für die Unterbringung von über 600 Zwangsarbeitern vorhanden gewesen wäre.

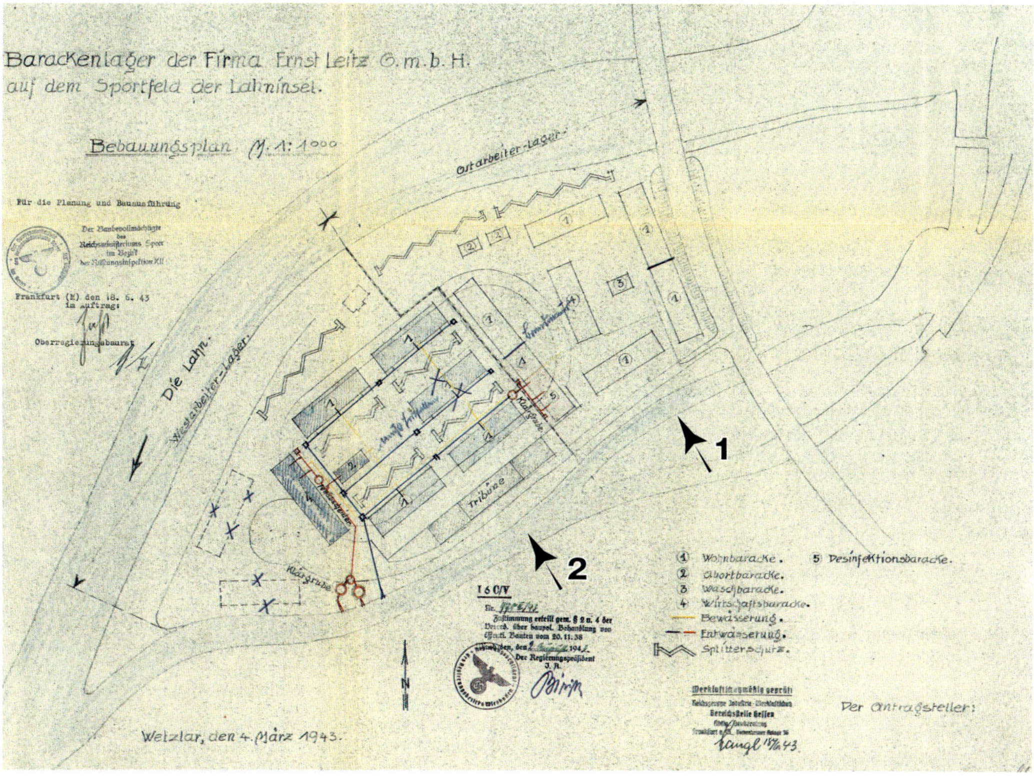

Planzeichnung vom 17. November 1943 des Ostarbeiter- (Pfeil 1) und Westarbeiterlagers (Pfeil 2) der Ernst Leitz GmbH. Die beiden voneinander getrennten Lager nahmen praktisch das gesamte Gelände zwischen der Lahn an der Bachweide im Norden, dem Flutgraben/Mühlgraben im Süden und der Jakob-Sprenger-Straße im Osten ein (heute: Karl-Kellner-Ring).

Das „Ostlager Lahninsel" und das „Westlager Stadion"

Bereits am 24. Juni 1942 hatte der Wetzlarer Bürgermeister den Firmen Hensoldt, Leitz, Pfeiffer und Buderus in einem Rundschreiben[157] mitgeteilt, dass im Einvernehmen mit der DAF auf dem Gelände des 1936 zugeschütteten Schleusenkanals[158] Baracken für russische Arbeiter errichtet werden sollten. Die Firmen wurden aufgefordert, sich mit dem Stadtbauamt wegen Zuweisung von Gelände in Verbindung zu setzen. Ein interner Vermerk des Bürgermeisters für das Stadtbauamt gab dazu Zahlen der erwarteten Zwangsarbeiter an:
„Hensoldt: 200 Russinnen und 200 Russen, Leitz: 300 Russinnen und 300 Russen (handschriftlich ergänzt: *„Leitz 400 Fr., Leitz 400 M."), Pfeiffer: 100 Russinnen, Buderus: 100 Russinnen."*
Alsbald hatte sich aber gezeigt, dass die geplanten Baracken wegen der räumlichen Enge dort so nicht platziert werden konnten. Nach Errichtung der Lager für

Das Ost- und Westarbeiterlager der Ernst Leitz GmbH im Mai 1943, teilweise noch im Bau befindlich. Das Foto mit Blick nach Nordwesten wurde vermutlich vom Hochhaus I des Leitzwerkes aus gemacht. In Vordergrund rechts die Jakob-Sprenger-Straße und die Wetzbachstraße. Die Häuser im Bildvordergrund wurden später entweder ausgebombt oder abgerissen. An der Stelle befindet sich heute der Parkplatz der Wetzlarer Stadtverwaltung. Lediglich das große Transformatorengebäude steht noch heute. Foto: Siegfried Rösch.

Hensoldt und Pfeiffer – das Hensoldt-Werk lag z. B. in direkter Nähe – wäre für Leitz nur noch ein schmales Geländestück für die Aufstellung zweier Baracken übrig geblieben. Der Leiter der DAF-Wetzlar, Kreisobmann Helsper, schlug daraufhin vor, das Leitz-Lager auf dem „SA-Gelände" (Stadiongelände, in städtischem Besitz) zu errichten. Das wollte die Stadt aber nicht.
In der Folge wurde das Gelände der Firma Leitz an der Eisernen Hand ins Auge gefasst. Dort war jedoch die statisch erforderliche Erdauffüllung noch nicht fertig. Kreisobmann Helsper schlug daraufhin erneut das Gelände am Stadion vor, und NSDAP-Kreisleiter Haus erklärte, er wolle deswegen bei der Stadt vorstellig werden. Dort wurde dem Vorhaben schließlich am 8. August 1942 zugestimmt.[159]

Leitz begann noch während der verschiedenen Genehmigungsverfahren mit dem Bau zweier Barackenlager auf dem Stadiongelände:[160] Das „Ostlager" für Ukrainer/innen nahe der Jacob-Sprenger-Straße (auch „Umgehungsstraße" genannt, heute: Karl-Kellner-Ring) und das „Westlager" für Belgier, Franzosen und Italiener auf dem westlichen Teil der Insel. Beide Lager waren von einem hölzernen Zaun umgeben – nicht mit Stacheldraht eingezäunt –, jedoch untereinander abgetrennt.

Zuerst wurden die Baracken an der Jacob-Sprenger-Straße errichtet, später diejenigen weiter westlich. Bei der extremen Wohnraum-Knappheit für Zwangsarbeiter wurde jedes der Gebäude offensichtlich sofort nach seiner Fertigstellung bezogen. Im April 1943 scheinen dort bereits 474 Ostarbeiterinnen, 42 Ostarbeiter und 90 Belgier gewohnt zu haben.[161] Das wurde durch einen Schriftwechsel in den städtischen Bauamtsunterlagen grundsätzlich bestätigt: Am 25. Juni 1943 hatte der RP in Wiesbaden als Höhere Baupolizeibehörde von der Wetzlarer Baupolizei die Mitteilung gefordert, welche Baracken im Leitz-Lager nun schon errichtet und welche noch geplant seien.
Auf Anfrage der Wetzlarer Baupolizei vom 12. Juli 1943 antwortete die Firma Leitz mit Schreiben vom 16. Juli 1943, das Ostarbeiterlager sei nun mit 599 Personen belegt (geplant 649) und das Westarbeiterlager mit 271 Personen (geplant 452). Man hatte also vor, 1.101 Zwangsarbeiter in den Lagern unterzubringen.[162]
Am 2. August 1943 erteilte der RP schließlich nachträglich die Genehmigung für den Bau der beiden Lager:[163]
„Wie ich festgestellt habe, sind die Baracken bis auf zwei errichtet. In der Anlage gebe ich zwei der übersandten Anzeigeunterlagen – Lagepläne – mit Zustimmungsvermerk versehen zurück.

Blick auf Lahninsel, Hospitalkirche und Jakob-Sprenger-Straße, fotografiert am 9. Mai 1943 von einem Hochhaus der Leitzwerke. Links unten erkennt man die drei Straßenbrücken (von vorn nach hinten): Mühlgraben-, Flutgraben- und Lahnbrücke. Rechts die Gebäude und Silos der Amendmühe (sie existieren längst nicht mehr; dort befindet sich heute eine Wasserturbine im Mühlgraben) und im Vordergrund das Sägewerk Höpfner (an der Stelle steht heute die ARAL-Tankstelle am Karl Kellner-Ring).

Zwangsarbeiter im Barackenlager der Ernst Leitz GmbH im Mai 1943. Auch dieses Foto ist ein Beleg dafür, dass es sich hierbei nicht um ein Propagandafoto handelte, denn es zeigt die Ostarbeiter mit dem Zeichen „OST“ auf der Kleidung. Gerade das Fotografieren von Personen mit diesem Zeichen war strengstens verboten und hätte im Entdeckungsfalle drastische Zwangsmaßnahmen nach sich gezogen. Foto: Siegfried Rösch.

Im Mai 1943 vor einer Wohnbaracke im Ostarbeiterlager der Leitzwerke auf dem Stadiongelände. Obwohl diese jungen Frauen nur unter Zwangsanwendung nach Deutschland gekommen waren, machten sie nicht den Eindruck geschundener Kreaturen – im Gegenteil: Sie blickten durchaus selbstbewusst in das Kameraobjektiv und befanden sich in einem wohlgenährten und adretten Zustand (vielleicht hatten sie eine etwas höhere Stellung im Lager?). Dennoch mussten sie das diskriminierende Zeichen „OST“ auf ihrer Kleidung tragen (siehe Pfeile), welches sie schon rein optisch als zur rassisch untersten Volksgruppe der Zwangsarbeiter im Deutschen Reich gehörig erkennbar machte. Foto: Siegfried Rösch.

Die Zustimmung erfolgt nachträglich und auf Widerruf, befristet auf die Dauer des Krieges ...“

Mehrere der hölzernen Lagerbaracken aus dem Leitz-Lager auf dem Stadiongelände sind im Original erhalten geblieben. Sie befinden sich heute auf dem einstigen Leitz-Gelände an der „Eisernen Hand“ in Wetzlar, wo sie von anderen Firmen genutzt werden.

Das „Lager Hausertorwerk“

Im Hausertorwerk arbeiteten während des Krieges französische Kriegsgefangene.[164] Dabei sind allerdings weder Personenzahlen noch Zeiträume überliefert.

Im Sommer 1943 war prinzipiell abzusehen, dass die alliierten Bomberflotten auch kleinere Städte wie Wetzlar zum Angriffsziel nehmen würden. Wie alle anderen Industriebetriebe traf auch die Leitz-Führung jetzt die von der Reichsführung vorgeschriebenen Vorkehrungen für den Ernstfall. Im September 1943 wurden das

Drei Putzfrauen der Leitzwerke am 21. Oktober 1943 auf dem Grundstück der Deutschen Bank in Gießen, wo sich seit September 1943 das Historische Firmenarchiv und die Wissenschaftliche Bibliothek der Ernst Leitz GmbH befanden: Eine Frau Schimpf (links) mit zwei Ostarbeiterinnen namens Olga (19 Jahre alt, mit dem Zeichen „OST“) und Anna (38 Jahre alt).
Das Gebäude der Deutschen Bank in Gießen wurde bei dem britischen Luftangriff vom 6. Dezember 1944 zerstört. 13 französische Zwangsarbeiter der Leitzwerke, die zu Aufräumarbeiten nach Gießen abkommandiert wurden, weigerten sich, diesem Auftrag nachzukommen. Daraufhin wurden sie der Gestapo gemeldet, die anschließend zehn von ihnen wegen gemeinsamer Arbeitsverweigerung in das AEL Heddernheim einwies. Die restlichen drei wurden in Konzentrationslager der Stufe II verbracht.

Historische Firmenarchiv und die Wissenschaftliche Bibliothek in das Gebäude der Deutschen Bank in Gießen ausgelagert.[165] Im November 1943 wurde der Bau von sechs Luftschutz-Deckungsgräben in den Zwangsarbeiterlagern auf dem Stadiongelände beantragt.[166] Das Bauvorhaben wurde vermutlich im Dezember 1943 genehmigt.[167]

Anders als die Wetzlarer Schwerindustrie – Röchling-Buderus, Buderus'sche Eisenwerke, Carolinenhütte, Herkuleswerk etc. – war man bei Leitz und anderen vergleichbaren Unternehmen in der Lage, bestimmte Betriebsbereiche auszulagern in ländliche Gegenden, wo die Gefahr massiver alliierter Luftangriffe relativ gering war. Neben der Verlegung des Historischen Firmenarchivs und der wissenschaftlichen Bibliothek nach Gießen konnten folgende Auslagerungen der Firma Ernst Leitz nachgewiesen werden:[168]
Innerhalb der Stadt Wetzlar die Produktionsstollen im Lahnberg am Hausertor (Hausertorstollen) ab 13. November 1944.[169] Die Anlage war unter Aufsicht des Buderus'schen Bergwerksdirektors Dr. Wilhelm Witte durch Fellingshäuser Bergleute und italienische Militär-Internierte (I.M.I.'s) zusammen mit der Organisation Todt aufgefahren worden. In den Stollen befanden sich die gesamte Automatendreherei und der Werkzeugbau. Bearbeitet wurden Graugussteile für Scherenfernrohre und Panzer-Turmzielfernrohre.[170]

Weitere Auslagerungsorte waren: Drei Holzbaracken im Finsterloh (heute: Büblingshausen) ab 6. Januar 1944 (dort arbeiteten im Februar 1945 insgesamt 68 Ostarbeiterinnen),[171] in die Volkshalle Erdhausen, Kreis Biedenkopf ab 14. September 1944 (Wissenschaftliche Abteilung),[172] zur Fa. Georg Philipp Gail in Rodheim ab 6. Januar 1944, in die Turnhalle des Turnvereins Friesen in Oberndorf ebenfalls ab 6. Januar 1944, und in die einstige Zigarrenfabrik Rinn & Cloos in Fellingshausen.

Die Luftschutz-Maßnahmen im Leitz'schen Barackenlager hätten die Zwangsarbeiter nicht schützen können. Die Gebäude wurden bei einem amerikanischen Luftangriff am 20. Juli 1944 um 12.03 Uhr – danach waren in Wetzlar 50 Tote, 104 Verletzte und 350 Obdachlose zu beklagen – schwer getroffen. Dies geschah Gott sei Dank zu einer Tageszeit, als sich fast alle Zwangsarbeiter an ihren Arbeitsplätzen im Leitzwerk oder im Hausertorstollen befanden. Dabei hatte das Bombardement der 47 „B-17-Flying Fortress-Bomber" der 8. US-Airforce mit ihren zahlreichen Begleitjägern an diesem Tag eigentlich den Leitzwerken selbst gegolten,[173] war jedoch teils weitab westlich und nordwestlich im weiteren Stadtgebiet niedergegangen. Die Gebäude der Leitzwerke erhielten dabei nur einige wenige Bombentreffer, und so ist es lediglich dem Zufall zu verdanken, dass aus dem Kreis der Leitz'schen Zwangsarbeiter nur ein Belgier ums Leben kam.[174]

Auch bei der Ernst Leitz GmbH war Anfang 1944 eine Anzahl italienischer Militär-Internierter („I.M.I.‘s“) untergebracht, die bei der Firma Pfeiffer Apparatebau GmbH in der Luftwaffenfertigung arbeiteten.[175]

Im Januar 1945 waren bei der Ernst Leitz GmbH folgende Aufsichtspersonen für die Ausländerlager zuständig:[176]

Lagerleiter:	Michael Becker, Wetzlar, Friedenstraße 18b
Wachmänner:	Albrecht Reinhardt, Wetzlar, Naubornerstraße 102
	Theodor Barth, Wetzlar, Dillstraße
	Friedrich Koob, Wetzlar-Büblingshausen, Unter dem Ahorn 1
	Heinrich Scheld, Atzbach
	Karl Schäfer, Wetzlar, Obertorstraße
	Wilhem Martin, Naunheim und
	Johann Koch, Wetzlar, Mühlgrabenstraße

M. Hensoldt & Söhne, Optische Werke AG

Während die Familie Leitz eine liberale Grundeinstellung pflegte, hatte die Familie Hensoldt schon bald nach 1933 das nationalsozialistische Gedankengut übernommen. Dafür gab es in der Hauptsache zwei Gründe:
Zum einen dürfte Dr. Carl Hensoldt in der „Neuen Bewegung“ die Gelegenheit gesehen haben, die seit je her im Wetzlarer Bevölkerungsbewusstsein verankerte, stark untergeordnete Stellung Hensoldts gegenüber den Leitzwerken deutlich zu verbessern. Schon immer waren die Leitz-Werke und ihre Mitarbeiter „etwas Besseres“ gewesen. So hieß es unter anderem im Wetzlarer Volksmund, die Hensoldt-Mitarbeiter müssten morgens „zur Arbeit“, während die Leitzianer „ins Geschäft“ gingen.
Der Ursprung für diese Sichtweisen war vor allem in einer Anweisung von Ernst Leitz I zu sehen, welche er einem Dr. Julius Hinckel in Neuwied – dieser war Verfasser der Schrift „Carl Kellner, der Begründer der optischen Industrie in Wetzlar“ – in einem Brief vom 5. Februar 1910 erteilte:[177]
„Von Herrn Carl Hensoldt wird neuerdings versucht, seinen Vater Moritz Hensoldt als Begründer der optischen Industrie Wetzlars Kellner zur Seite zu rücken. ... Die Dankbarkeit gegen Kellner ... und die Anerkennung seiner Verdienste um Wetzlar ... gebieten es, einen solchen Anspruch Hensoldts zurückzuweisen.
Ich halte es für angebracht, ... daß Hensoldt die Möglichkeit abgeschnitten wird, noch ernstlich einen solchen Anspruch zu erheben.
1849 gründete er (Anm.: Kellner) *sein Geschäft; in diesem Jahre trat Hensoldt als Mechaniker in die Werkstätte Kellners ein ...*
Wir sehen in Hensoldt nur den ersten Mechaniker, den Kellner beschäftigte.[178]

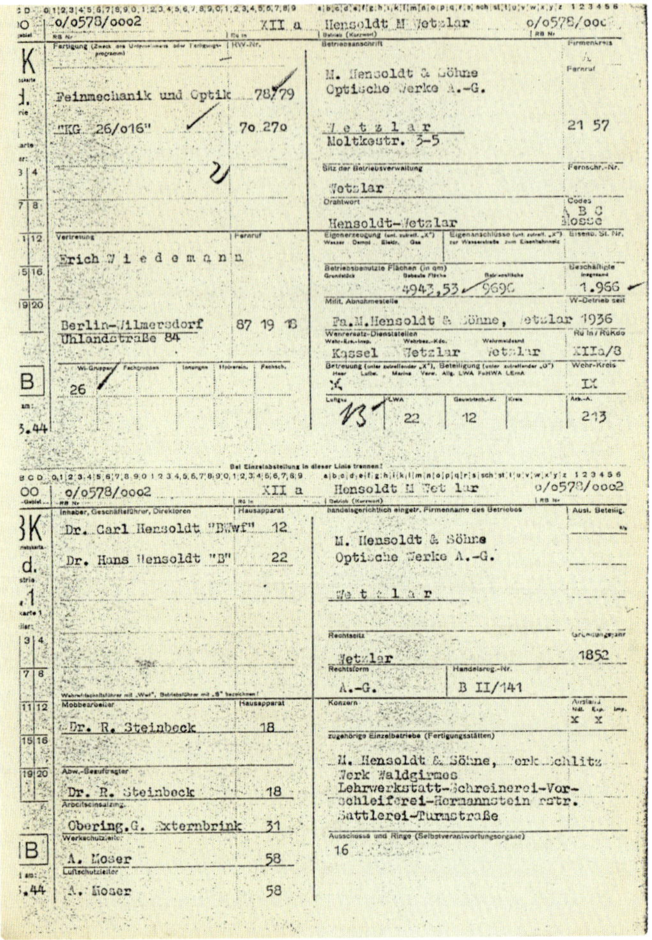

o/o578/ooo2 XII a Hensoldt M Wetzlar o/o578/ooo2

Fertigung: Feinmechanik und Optik 78/79
"KG 26/o16" 7o 27o

Betriebsanschrift: M. Hensoldt & Söhne Optische Werke A.-G. Wetzlar Moltkestr. 3-5
Fernruf: 21 57

Sitz der Betriebsverwaltung: Wetzlar
Drahtwort: Hensoldt-Wetzlar
Codes: A B C Mosse

Vertretung: Erich Wiedemann Berlin-Wilmersdorf Uhlandstraße 84
Fernruf: 87 19 13

Betriebsbenutzte Flächen (in qm): 4943,53 9696
Beschäftigte: 1.966

Milit. Abnahmestelle: Fa. M. Hensoldt & Söhne, Wetzlar
W-Betrieb seit: 1936

Wehrersatz-Dienststellen: Kassel Wetzlar Wetzlar
Rü In / RüKdo: XIIa/3

Wi-Gruppe: 26
Wehr-Kreis: IX

LWA: 22 12
Arb.-A.: 213

o/o578/ooo2 XII a Hensoldt M Wetzlar o/o578/ooo2

Inhaber, Geschäftsführer, Direktoren:
Dr. Carl Hensoldt "BWwf" 12
Dr. Hans Hensoldt "B" 22

handelsgerichtlich eingetr. Firmenname des Betriebes: M. Hensoldt & Söhne Optische Werke A.-G. Wetzlar

Rechtssitz: Wetzlar
Gründungsjahr: 1852
Rechtsform: A.-G.
Handelsreg.-Nr.: B II/141

Mobbearbeiter: Dr. R. Steinbeck 18
Abw.-Beauftragter: Dr. R. Steinbeck 18
Arbeitseinsatzing.: Obering. G. Externbrink 31
Werkschutzleiter: A. Moser 58
Luftschutzleiter: A. Moser 58

zugehörige Einzelbetriebe (Fertigungsstätten):
M. Hensoldt & Söhne, Werk Schlitz
Werk Waldgirmes
Lehrwerkstatt-Schreinerei-Vorschleiferei-Hermannstein rstr.
Sattlerei-Turmstraße

Ausschüsse und Ringe (Selbstverantwortungsorgane): 16

Die geheime Karte der Hensoldt AG aus der „Reichsbetriebskartei Industrie" vom 15. März 1944.

Hensoldt, der seine optischen Kenntnisse, die ihn befähigten ein optisches Institut zu leiten, Kellner verdankt, ist also ebenso aus der Kellner'schen Schule hervorgegangen, wie auch der Gründer und Leiter der dritten Wetzlarer optischen Werkstätte, die der Gebr. W. & H. Seibert.“

Diese Situation herrschte in Wetzlar noch in den achtziger Jahren des 20. Jahrhunderts vor.

Darüber hinaus hatte Dr. Carl Hensoldt natürlich erkannt, dass die wirtschaftliche Lage des Unternehmens – der Fortbestand des Betriebes war 1928 nur noch über eine Sanierung durch die Firma Carl Zeiss in Jena gesichert worden[179] – im Zuge der militärischen Aufrüstung Deutschlands einen schwunghaften Aufstieg nehmen würde. In der Tat konnte die Belegschaftszahl der Hensoldt AG von 1928 mit

249 Personen um 780 Prozent auf 1.945 Beschäftigte im Kriegsjahr 1944 gesteigert werden (die optischen Werke Ernst Leitz vergrößerten ihre Belegschaft im gleichen Zeitraum um 149 Prozent von 1.476 auf 3.676 Personen).[180]

Insgesamt konnten für die Hensoldt AG folgende Belegschafts- und Zwangsarbeiterzahlen nachgewiesen werden:

Belegschaftsangehörige:[181]

1942:	1.546 Personen
1943:	1.902 Personen
1944:	1.945 Personen
1945:	1.920 Personen

Zwangsarbeiter:

Datum	Personenzahl
7. September 1942:	115[182]
26. Oktober 1942:	187[183]
1. April 1943:	162[184]
Ende 1943:[185]	459
Januar 1944:[186]	426
Februar 1944:	405
März 1944:	391
April 1944:	391
Mai 1944:	380
Juni 1944:	360
Juli 1944:	362
August 1944:	349
September 1944:	355
31. Oktober 1944:	412
November 1944:	429
Dezember 1944:	419[187]
18. Januar 1945:	415[188]
31. Januar 1945:	407[189]

Anders als Leitz hatte Hensoldt schon vor dem Krieg überwiegend Militäraufträge ausgeführt:[190]

Jahr	**Anteil der Militäraufträge an der Gesamtproduktion**
1938	66 Prozent
1939	?
1940	93 Prozent
1941	90 Prozent
1942	87 Prozent
1943	90 Prozent
1944	98 Prozent

Die ersten Zwangsarbeiter und Zwangsarbeiterinnen kamen vermutlich am 22. Juni 1942 in das Hensoldt-Werk.[191] Sie wurden von einem Mitarbeiter aus der Buchhaltung namens Alsbach (Albach?) betreut.[192] Vermutlich gegen Ende 1942 wurde diese Aufgabe an einen Albert Moser übertragen, der dem Betriebsführer Dr. Hans Hensoldt Anfang 1939 vom Gauwirtschaftsberater Eckhardt zur Anstellung empfohlen worden war. Moser kam am 1. Dezember 1938 von den Adler-Werken in Frankfurt am Main, wo er Reisender gewesen war.[193] Der bisherige Personalleiter bei Hensoldt hatte damals den Wunsch geäußert, in die Außenvertretung nach Wien zu gehen.[194] Moser wurde Personalleiter, war SA-Obersturmbannführer, V-Mann der SS,[195] Werks-Luftschutzleiter,[196] wurde später von Gestapo und DAF als „Oberlagerführer" eingesetzt[197] und war Jugendwalter der DAF.[198]

Die Geschwister Marianne Krause geb. Lotz und Dr. Guntram Lotz – beide gehören zum weiteren Kreis der Familie Hensoldt – erinnerten sich am 29. August 1998 an den Juni 1942:[199]
Marianne Krause: *„Ich ... vergesse nie den Eindruck, den die ersten Gruppen von Frauen und Mädchen auf mich machten. Für mich sahen sie zuerst alle gleich aus in ihren grauen Steppjacken und Kopftüchern, und ich hatte das Gefühl, daß sie alle sehr verängstigt waren. Für sie waren auf einem bisher als Schrebergarten genutzten Grundstück an der Kaiserstraße Baracken errichtet worden* (Anm.: Es war das „Iding-Lager"). *Es gab da wohl täglich warmes Essen, und die Zuteilung an Brot und anderen Lebensmitteln soll reichlicher gewesen sein als für uns Normalverbraucher."*
Dr. Guntram Lotz: *„Auch ich kann mich noch gut an die Ankunft der Russinnen in Wetzlar erinnern ... Wir Kinder standen am Straßenrand und bestaunten die auf uns sehr fremdartig wirkenden Frauen, die fast alle in dicke Jacken gekleidet waren und große Kopftücher trugen, merkwürdigerweise aber zum großen Teil barfuß gingen."*

Im September 1942 befanden sich bereits 167 Ostarbeiterinnen und 20 Französinnen im Werk. Anfang April 1943 war ihre Zahl wieder auf 162 Personen gesunken, wobei nach der Lagerliste der DAF vom 1. April 1943[200] aber keine Ostarbeiterinnen mehr bei Hensoldt waren, sondern 145 Franzosen, 14 Französinnen, eine Volksdeutsche und zwei Belgierinnen. Im Jahresdurchschnitt waren 1943 etwa 450 Ausländer hier beschäftigt.[201]
Im April 1944 waren außer den Ostarbeitern noch 145 italienische „Badoglios“[202] ins Werk gekommen. Ihre Zahl sank zum November jedoch ab auf 58.[203] Sie dürften in der Baracke in der Hensoldtstraße gewohnt haben, in der für den 18. Januar 1945 wieder 67 Personen gemeldet waren.[204]

Am 31. Oktober 1944 arbeiteten bei Hensoldt insgesamt 412 Zwangsarbeiter:[205] 219 Ostarbeiterinnen und 47 Ostarbeiter, 77 Westarbeiter (Franzosen und Niederländer, darunter 5 Frauen), 2 Belgier und 67 „Badoglios“. Von diesen Ausländern befanden sich laut dieser Meldung 19 Ostarbeiter und 12 Italiener „am Westwall“.[206]

Am 18. Januar 1945 waren es 415 Zwangsarbeiter:[207] 271 Ostarbeiter im „Iding-Lager“ und in den ausgelagerten Betriebsteilen Waldgirmes, Rodheim und Alsfeld, 23 Franzosen im „Lager Lahn“,[208] 14 Franzosen im „Lager Garbenheim“,[209] 67 Italiener – wohl die „Badoglios“ – in der Baracke Hensoldtstraße, und 40 Franzosen im „Westfälischen Hof“ in der Wetzlarer Lahnstraße 21 („Lager Güllgasse“).[210]

Das Lager Hensoldtstraße

Bereits im März 1941 befand sich eine 42,5 x 12,5 Meter große Baracke auf dem Gelände der heutigen Moritz-Hensoldt-Straße, etwa im Bereich der ab 1936 zugeschütteten Schiffsschleuse,[211] in der später französische Zwangsarbeiter und italienische Kriegsgefangene untergebracht waren.[212]

Die Baracke wurde später vermutlich wieder demontiert. Jedenfalls stellte Hensoldt am 12. Februar 1943 erneut einen Antrag für die Aufstellung einer Baracke an gleicher Stelle[213] *„zur Unterbringung von französischen Facharbeitern“*.[214] Der Bürgermeister legte daraufhin am 12. Januar 1943 einen Bauplatz an gleicher Stelle fest und avisierte Hensoldt einen Pachtvertrag.
Dagegen protestierte die Firma Ernst Leitz.[215] Der Bürgermeister übersandte daraufhin den Vorgang am 12. Februar 1943 dem „Baubevollmächtigten des Generalbevollmächtigten für die Regelung der Bauwirtschaft“ in Frankfurt am Main mit der Bitte um Lösung dieses Problems.[216] Der Vorgang wurde dort geprüft und mit Schreiben vom 12. März 1943 wie folgt beantwortet:[217]

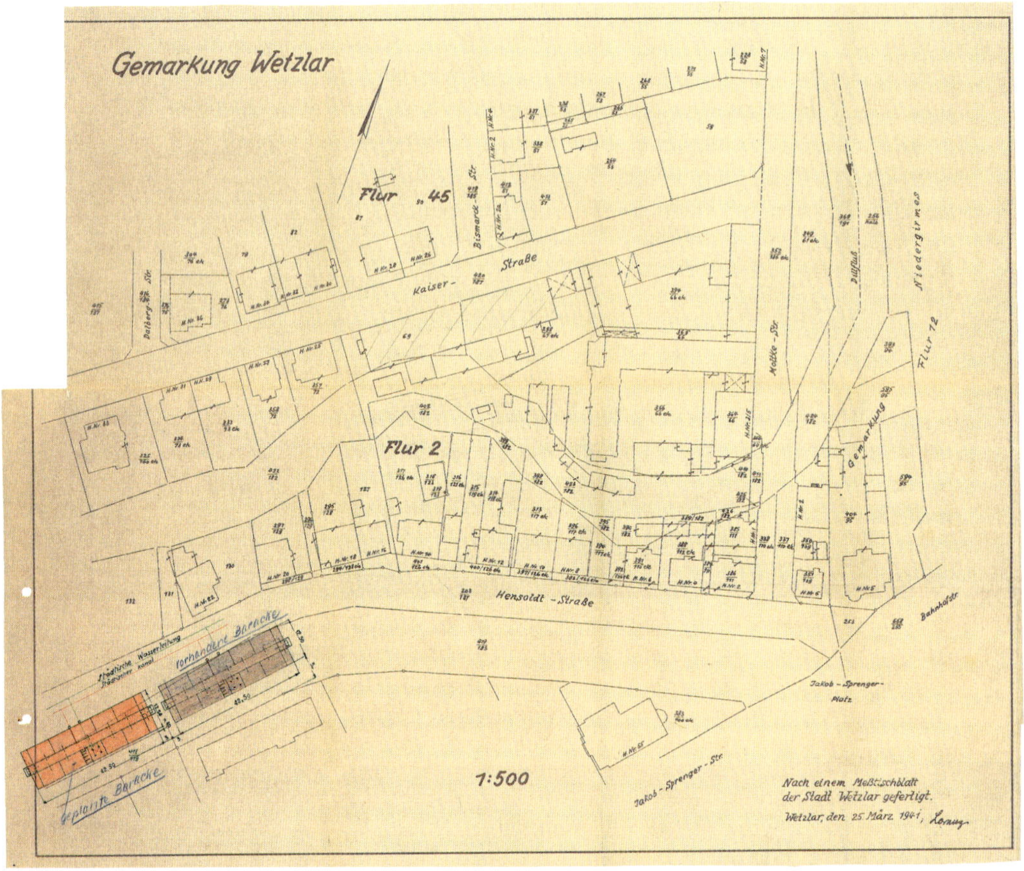

Planzeichnung zum Bauantrag vom April 1941 für eine zweite Zwangsarbeiterbaracke auf dem Gelände der heutigen Moritz-Hensoldt-Straße, etwa im Bereich der ab 1936 zugeschütteten alten Schiffsschleuse. In den Baracken waren später französische Zwangsarbeiter und italienische Kriegsgefangene untergebracht. Etwa in der Bildmitte sieht man das Hensoldtwerk, dessen Bauten sich am 1939 im Zuge des Ausbaus der Jakob-Sprenger-Straße zugeschütteten Arm der „Alten Dill“ befanden.

„Bei einer mündlichen Rückfrage meines Außenbediensteten bei der Firma Ernst Leitz mit Herrn E. Leitz jun., teilte dieser mit, daß er an sich nichts gegen die Errichtung der Baracke der Hensoldt-Werke einzuwenden hätte. Der Einspruch sei lediglich zu dem Zwecke erfolgt, daß bei etwa eintretendem Schadensfalle die Firma vorsorglich Einspruch erhoben hätte. Die Angelegenheit ist damit erledigt.“

Der Baubevollmächtigte des Reichsministeriums Speer befürwortete daraufhin am 6. Juli 1943 den Bauantrag.[218] Die Baugenehmigung wurde schließlich am 22. September 1943 von der Wetzlarer Baupolizei erteilt.[219]

Das „Iding-Lager"

Es kann davon ausgegangen werden, dass schon im Frühjahr 1942 beim örtlichen Arbeitsamt die Zuweisung einer größeren Zahl von Zwangsarbeitern[220] beantragt worden war. Gleichzeitig wurden Vorbereitungen für den Bau eines größeren Zwangsarbeiterlagers getroffen: Anfang Juni 1942 erwarb man für RM 7.500,- aus dem Betrieb Beilstein der „Westdeutschen Hartstein-Gesellschaft m.b.H., Wiesbaden" eine Holzbaracke mit der Grundfläche 10 x 15 Meter.[221]

Am 16. Juni 1942 übersandte Hensoldt dem Wetzlarer Bürgermeister den Plan für ein Barackenlager, das im Bereich der heutigen Straßenkreuzung Moritz-Hensoldt-Straße, Sophienstraße und Seibertstraße angelegt werden sollte (Flur 4: „Hinter der Mühle, vorm Iding", daher der Name „Iding-Lager"). Gleichzeitig teilte man mit, dass sich dort bereits eine „normale transportable Mannschaftsbaracke" fertig zur Aufstellung befände (es handelte sich offensichtlich um die zerlegte Baracke aus Beilstein).[222] Die Genehmigung zur Aufstellung dieser Baracke wurde am 22. Juni 1942 erteilt.

Das vorgesehene Areal – direkt südlich angrenzend wurde später auch das etwas kleinere Zwangsarbeiterlager der Firma Pfeiffer Apparatebau GmbH, Wetzlar, errichtet – war jedoch zu dem Zeitpunkt noch nicht für die Anlage eines Barackenlagers geeignet. Zwar waren die dort verlaufende alte Dill und der Schleusenkanal ab 1936 nach und nach zugeschüttet worden;[223] das Gelände war jedoch noch nicht endgültig aufgefüllt, verfestigt und planiert. Die Baufirma J. G. Müller, *„deren Planierraupe zufällig auf der Durchfahrt nach Wien festgehalten werden konnte"*,[224] machte der Stadt daraufhin am 12. Juni 1942 das Angebot, das betreffende Areal zum Preis von RM 1.650,- zu planieren.[225] Der Auftrag wurde auch ausgeführt, und zwar vermutlich zwischen dem 12. und 22. Juni 1942. Die Rechnungskosten der Firma J. G. Müller in Höhe von 1.634,10 wurden unter den beteiligten Firmen Hensoldt und Pfeiffer mit 58,5 zu 41,5 Prozent aufgeteilt.[226]

Inzwischen hatten sich jedoch die Ereignisse überstürzt, denn am 22. und 23. Juni 1942 waren die ersten beiden größeren Ostarbeitertransporte bei Hensoldt angekommen.[227] Auf Anordnung des Wetzlarer Arbeitsamtes hatte sie der spätere Beauftragte für die Zwangsarbeiter bei Hensoldt, Albert Moser, aus Kelsterbach abgeholt.[228] Da sich das geplante Zwangsarbeiterlager zu der Zeit aber noch im Bau befand, wurden sie zuerst im „Saalbau Diener"[229] in Niedergirmes untergebracht, wo sie auf Strohsäcken und Holzwolle schlafen mussten.[230]

Weil die Zeit drängte und die Firmenleitung der Auffassung war, eine Baracke mit Pfahlfundament sei nicht bauanzeigepflichtig,[231] wurde die Baracke im Bereich des späteren Iding-Lagers gleich nach Fertigstellung des Geländes noch im Juni

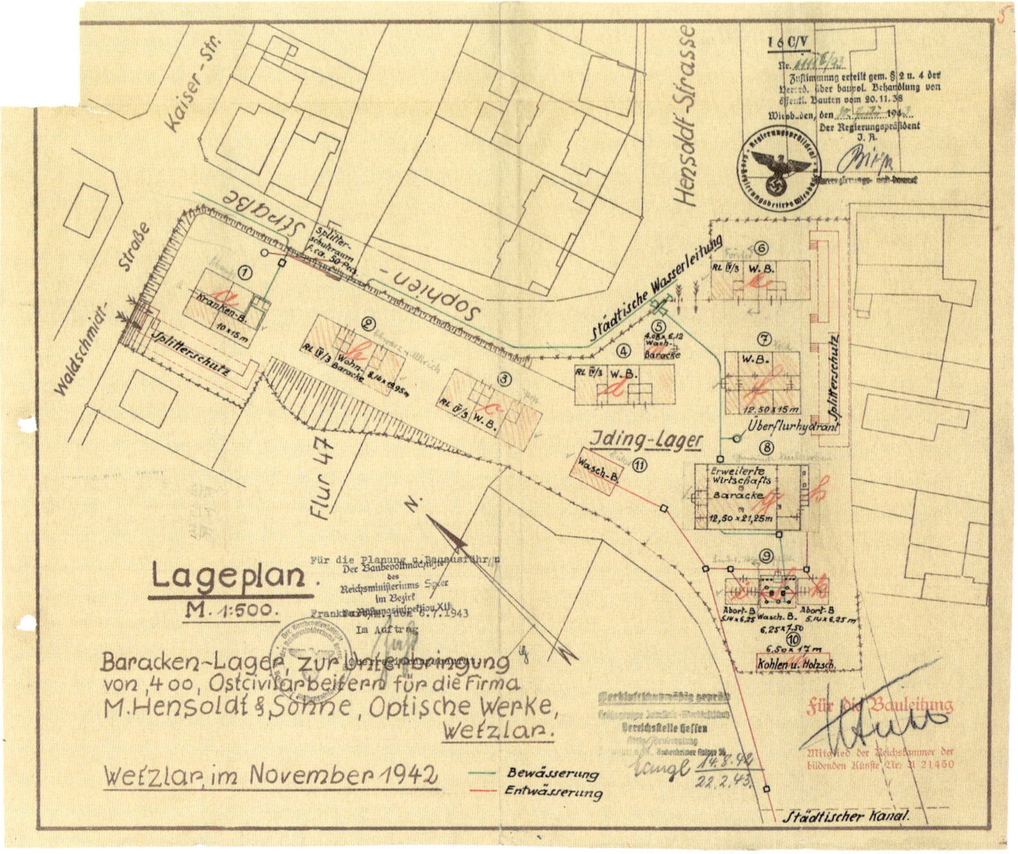

Planzeichnung zum Bauantrag der Hensoldt AG vom Juni 1942 für die Errichtung von sechs Mannschaftsbaracken, einer Wirtschaftsbaracke, einer Waschbaracke und einer Abort- und Waschbaracke eines neuen Zwangsarbeiterlagers im Bereich zwischen Sophienstraße und Hensoldtstraße, Gemarkungsteil „Vorm Iding". Das Lager erhielt daher die Bezeichnung „Iding-Lager".

1942 aufgestellt. Die städtische Baupolizei teilte der Firma jedoch am 22. Juni 1942 mit, für jede der geplanten Baracken sei ein eigener Bauantrag zu stellen. Die eigenmächtige Aufstellung der ersten Baracke wurde gerügt, aber nachträglich unter der Bedingung genehmigt, dass die Entwässerungseinrichtungen an das städtische Kanalnetz anzuschließen seien. Gleichzeitig wurde mitgeteilt, dass dort nunmehr ein Frauenlager für mehrere Firmen vorgesehen sei.[232] Dr. Hans Hensoldt antwortete der Baupolizei daraufhin mit Schreiben vom 27. Juni 1942:[233]
„Die Genehmigung zur Aufstellung der Baracke I wurde unserem Betriebsführer, Herrn Dr. Hans Hensoldt, sowie unserem Herrn Dr. Steinbeck persönlich von Herrn Baurat Golder mündlich erteilt. Den Vorwurf, die Baracke ohne Fühlung-

nahme mit dem Stadtbauamt aufgestellt zu haben, müssen wir daher zurückweisen.
Im übrigen geht das Schreiben von falschen Voraussetzungen aus ... Laut Schreiben des Herrn Reichsministers für Bewaffnung und Munition, Abt. Rüstungsausbau, vom 18.4.1942 – AL 4000 35/42 – unterliegen die Baracken keiner örtlichen baupolizeilichen Genehmigung, da sie unter Leitung von Beamten des höheren bautechnischen Verwaltungsdienstes vorbereitet und ausgeführt werden.
... Ein gemeinsames Frauen- und Männerlager mehrerer Firmen müssen wir, soweit es uns betrifft, aus triftigen Gründen ablehnen. Heil Hitler!
Dr. H. Hensoldt."

Im Juli 1942[234] erwarb Hensoldt über das staatliche „Rüstungskontor" in Berlin vier große genormte Mannschaftsbaracken (8,14 x 19,95 Meter Grundfläche), Typ RL IV/3, zum Preis von je RM 8.038,15 (Liefernummer 46.253 einer Firma Götz in Zeulenroda, Nr. 50.243 einer Firma Nehl in Bünde/Westf., sowie die Nrn. 59.391 und 59.393 einer Firma Lippert in Breitenbach am Herzberg). Die Kosten der von der Standortverwaltung Erfurt mit der Reichsbahn nach Wetzlar transportierten Baracken wurden bei Hensoldt unter der Kostenstelle „A 1054 – Ostländer-Siedlung" verbucht.[235]
Der Lageplan vom Juni 1942 für das Iding-Lager wurde nun pflichtgemäß der „Reichsgruppe Industrie-Werkluftschutz, Bereichsstelle Hessen" in Frankfurt am Main zur Genehmigung vorgelegt. Nach einigen Änderungen gab man den Hen-

1942. Blick von der Hospitalkirche auf den Bereich der Langgasse und Sophienstraße. Im Hintergrund die Hochofenanlagen der Buderus'schen Sophienhütte, und etwa in der Bildmitte Holzbaracken des Hensoldt'schen „Iding-Lagers" für Zwangsarbeiter (Pfeil 1). Weiter links Baracken des „Zwangsarbeiterlagers Jakob Sprenger-Straße" der Pfeiffer Apparatebau GmbH (Pfeil 2).

soldt'schen Lagerplan mit Schreiben vom 15. August 1942 von dort weiter an das Luftgaukommando XII/XIII, Führungsgruppe IA op 3(LS) in Wiesbaden.[236] Dieses genehmigte den Plan am 18. August 1942. Nach den angefügten „Bedingungen für die Ausführung von Holzbaracken und ähnlichen Behelfsbauten" wurde unter anderem vorgeschrieben:[237]

„1) Die Verdunklungseinrichtungen an den Aussenleuchten und an den Lichtaustrittsöffnungen der Gebäude ... sind als endgültige Dauereinrichtungen ... herzustellen ...

5) Gemäss Abs. 3 der Richtlinien sind die Dächer und Aussenflächen der Gebäude mit einem dem Farbton der Umgebung entsprechenden Anstrich zu versehen und der Dachanstrich durch grobkörnigen Kies, zerkleinerte Schlacke oder ähnliche Stoffe aufzurauhen.
Im allgemeinen sind stumpfe braune, dunkelgrüne oder dunkelgraue Anstriche nach Massgabe der ‚Vorläufigen Anwendungs- und Verarbeitungsvorschriften für RLM-Tarnfarben' zu wählen. Bei grösseren Anlagen empfiehlt es sich, abweichend von schönheitlichen Erwägungen, verschiedene Farbtöne zu wählen, um die Zusammengehörigkeit der Anlage möglichst zu verbergen ...

7) Gemäss Abs. 4 der Richtlinien sind ferner für die Lager- oder Gebäudeinsassen überdeckte Deckungsgräben nach Massgabe ... des Reichsministers der Luftfahrt und Oberbefehlshabers der Luftwaffe anzulegen."

Wenig später hatte man sich in Wetzlar offensichtlich über das Baugenehmigungs-Verfahren für Lagerbaracken geeinigt, denn mit Datum vom 31. August 1942 erteilte die Baupolizei der Firma Hensoldt die – allerdings jederzeit widerrufliche – Genehmigung zur Errichtung von sechs Mannschaftsbaracken, einer Wirtschaftsbaracke, einer Waschbaracke und einer Abort- und Waschbaracke.[238] Erst im Januar 1943 wurde schließlich ein Nutzungsvertrag für das Lager zwischen der Stadt Wetzlar bzw. Hensoldt und der Firma Pfeiffer geschlossen. Danach waren unter anderem die Müllgefäße von Hensoldt zur Abfuhr an der Sophien- bzw. Waldschmidtstraße abzustellen, jene von der Firma Pfeiffer an der Jakob-Sprenger-Straße.[239]

Im September 1942 scheint das Iding-Lager schon teilweise belegt gewesen zu sein, denn der Wetzlarer Bürgermeister ermahnte die Firma Hensoldt mit Schreiben vom 2. September 1942:[240]
„Ich bitte, im Interesse der Anlieger die Einfriedigung umgehend anbringen zu lassen."
Das Lager wurde von einem Willi Adam geleitet. Personalchef Moser schilderte dessen Aufgaben in der Spruchkammer-Verhandlung von Dr. Carl Hensoldt und Dr. Hans Hensoldt am 11. August 1948 wie folgt:[241]

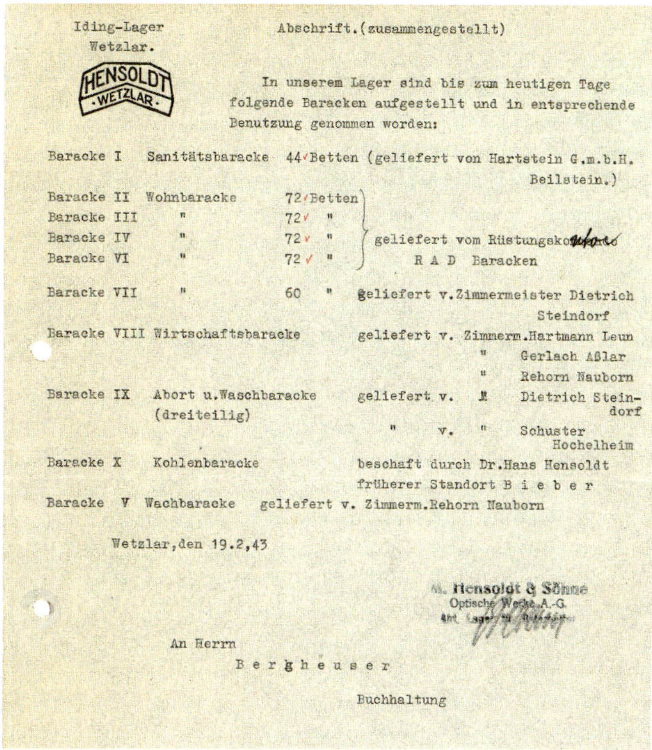

Iding-Lager
Wetzlar.

Abschrift.(zusammengestellt)

HENSOLDT
·WETZLAR·

In unserem Lager sind bis zum heutigen Tage folgende Baracken aufgestellt und in entsprechende Benutzung genommen worden:

Baracke I Sanitätsbaracke 44 Betten (geliefert von Hartstein G.m.b.H. Beilstein.)
Baracke II Wohnbaracke 72 Betten
Baracke III " 72 "
Baracke IV " 72 "
Baracke VI " 72 "
geliefert vom Rüstungskontor RAD Baracken
Baracke VII " 60 " geliefert v.Zimmermeister Dietrich Steindorf
Baracke VIII Wirtschaftsbaracke geliefert v. Zimmerm.Hartmann Leun
" Gerlach Aßlar
" Rehorn Nauborn
Baracke IX Abort u.Waschbaracke (dreiteilig) geliefert v. " Dietrich Steindorf
" v. " Schuster Hochelheim
Baracke X Kohlenbaracke beschaft durch Dr.Hans Hensoldt früherer Standort Bieber
Baracke V Wachbaracke geliefert v. Zimmerm.Rehorn Nauborn

Wetzlar,den 19.2,43

H. Hensoldt & Söhne
Optische Werke A.-G.

An Herrn
Bergheuser
Buchhaltung

Interne Aufstellung der Hensoldt AG, „Abteilung Lager für Ostarbeiter“ vom 19. Februar 1942 über die bis dahin im Iding-Lager aufgestellten Zwangsarbeiterbaracken.

„Er war im Lager und hat teilweise dort gewohnt und hat dafür gesorgt, daß das Essen in Ordnung war und die Kleidung ordentlich war, und er hatte das Wachpersonal unter sich. Ausserdem hat er dafür gesorgt, dass die Mädels immer pünktlich zum Betrieb kamen und sorgte dafür, dass die Unterkünfte immer sauber waren.“

In der Folge musste der Lageplan noch mehrfach geändert werden, da insbesondere die geplante Abort-Baracke nicht geliefert werden konnte und durch zwei kleinere Baracken ersetzt werden musste.[242] Nach dem endgültigen Lageplan vom November 1942 umfasste das Lager dann insgesamt zehn verschieden große Baracken:[243] Eine Sanitätsbaracke aus Beilstein (Nr. I), vier Wohnbaracken vom Rüstungskontor (Nr. II, III, IV und VI), eine Wachbaracke aus Nauborn (Nr. V, 1944 zerstört), eine Wohnbaracke aus Steindorf (Nr. VII), eine Wirtschaftsbaracke (Nr. VIII), eine dreiteilige Abort- und Waschbaracke (Nr. IX, errichtet wurden später hingegen zwei Abortbaracken Nrn. IXa und IXb), eine Kohlenbaracke aus Bieber (Nr. X).

Darüber hinaus befanden sich im Iding-Lager noch folgende Baracken:[244] Eine einfache Baracke (Nr. XI), eine Mannschaftsbaracke (Nr. XII). eine Magazinba-

racke (zerstört) und eine Leichtbetonbaracke. Nach Kriegsende wurden insgesamt zehn dieser Baracken von der Stadt Wetzlar beschlagnahmt und an andere Nutzer weitergegeben. Weitere sieben Baracken waren durch Kriegseinwirkungen zerstört worden.
Eine der damaligen Ausländer-Baracken befindet sich noch heute auf dem Gelände der Firma Holz-Jung an der Bahnhof-Nordseite in Wetzlar.

Das „Lager Güllgasse“

Das „Lager Güllgasse“ war eigentlich eine Unterkunft für französische Westarbeiter der Hensoldt AG in der Lahnstraße 21, rückseitig auf dem Grundstück des „Westfälischen Hofes“. Die Unterkunft befand sich in einer alten Scheune an der Rückseite des Gebäudes, in der früher auch einmal Pferdeställe untergebracht waren.[245] Der Zugang erfolgte von der Güllgasse her. Die Scheune wurde 1949 abgerissen.[246]
Manfred Joneck aus Wetzlar konnte sich 2002 noch gut an die Franzosen im „Westfälischen Hof“ erinnern:[247]
„Ich bin Jahrgang 1929, und unsere Familie hatte das Schuhgeschäft in der Silhöferstraße. Es muß wohl Mai 1943 gewesen sein – ich war damals 14 Jahre alt und in der Hitlerjugend – da marschierte unsere HJ-Gruppe über die alte Lahnbrücke und dann die Lahnstraße hinauf zum Eisenmarkt. Vor dem Westfälischen Hof standen einige Zivilfranzosen. Als wir an ihnen vorbei marschierten, unterließen sie es, die von uns mit geführte Hakenkreuzfahne zu grüßen. Mehr noch: sie spuckten angewidert vor ihr aus.
Daraufhin befahl unser ‚Fähnleinführer‘ sofort ‚Halt!‘, ging zu ihnen hin und schlug einem von ihnen kräftig ins Gesicht. Das habe ich nie vergessen.“

Das „Lager Garbenheimer Straße“

Ebenso wie die optischen Werke Ernst Leitz GmbH und die Pfeiffer-Apparatebau GmbH[248] ließ auch Hensoldt ab Sommer 1944 eine größere Stollenanlage in den Lahnberg an der Garbenheimer Straße sprengen.[249]
Die Anlage soll zuerst von einer privaten Firma begonnen worden sein. Wegen des schleppenden Fortgangs sei sie jedoch später von der OT mit Hilfe gefangener Italiener oder Franzosen[250] weitergeführt worden. Diese Ausländer dürften während der Zeit entweder in einer Unterkunft im Bereich vor dem Stollenmundloch oder aber – was wahrscheinlicher ist – im Stollen selbst gelebt haben.

Die untertägige Anlage bestand aus zwei im Winkel von etwa 75 Grad zur Straße angelegten Parallelstollen mit drei Querstollen, die jedoch bis Kriegsende nicht

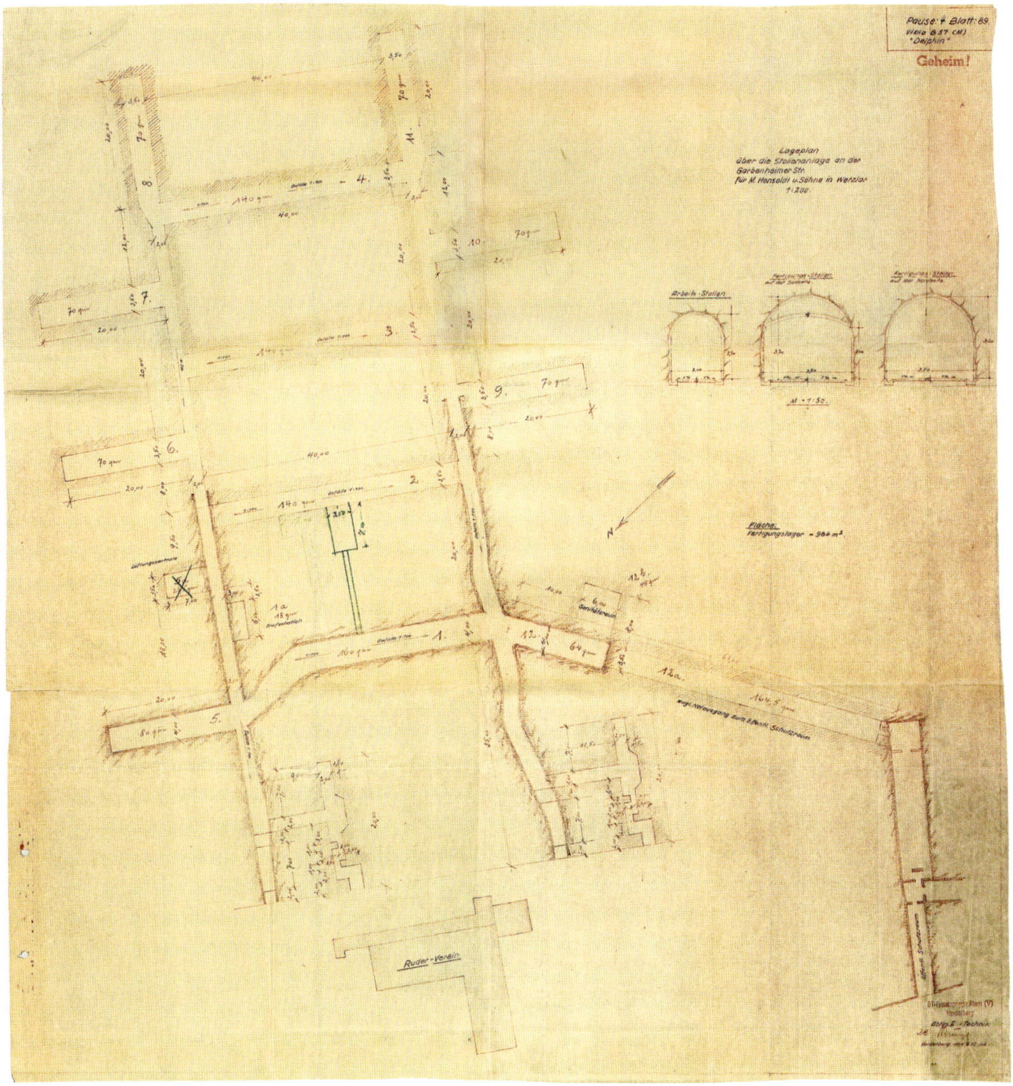

Planzeichnung von 1942 zur Stollenanlage der Hensoldt AG im Lahnberg an der Garbenheimer Straße. Die untertägige Anlage bestand aus zwei im Winkel von etwa 75 Grad zur Straße angelegten Parallelstollen und drei Querstollen, die jedoch bis Kriegsende nicht fertiggestellt werden konnten. Im ersten Querstollen befand sich bereits der Werkzeugbau, als in den hinteren Stollenbereichen noch gesprengt wurde. Außerdem wurde im Stollen noch ein Reservelazarett eingerichtet, und mehrere tausend Wetzlarer Bürger suchten dort in den letzten Kriegstagen Schutz vor dem Einmarsch der Amerikaner.

Amerikanische Luftaufnahme vom 15. März 1945. Das stark vergrößerte Bild zeigt das „Iding-Lager“ der Hensoldt AG an der Ecke Sophienstraße/Hensoldtstraße (Pfeil 1), das „Lager Jakob-Sprenger-Straße“ der Pfeiffer Apparatebau GmbH (Pfeil 2), die Hensoldt'sche Zwangsarbeiter-Baracke in der Hensoldtstraße (Pfeil 3) und das Hensoldt-Werk (Pfeil 4).

fertiggestellt werden konnten. Im ersten Querstollen wurde bereits im Werkzeugbau gearbeitet, während in den hinteren Stollenbereichen noch gesprengt wurde.[251] Außerdem befand sich im Stollen in den letzten Kriegstagen noch ein Reservelazarett, wo mehrere tausend Wetzlarer Bürger bis zum Kriegsende Schutz vor der Besetzung Wetzlars durch die US-Truppen suchten.[252]

Auch die Hensoldt AG musste wegen der ständig zunehmenden alliierten Luftangriffe in den letzten Kriegsmonaten außer dem Werkzeugbau in den Hensoldt-Stollen noch verschiedene andere Fertigungs- und Lagerkapazitäten an andere Produktionsstätten in Wetzlar, in umliegende Ortschaften und in den Vogelsberg auslagern:[253]
In die Zementfabrik Dyckerhoff & Neumann in der Hermannsteiner Straße, in die Zigarrenfabrik Rinn & Cloos in Waldgirmes (Mechanik und Optik, 26 deutsche Männer, 46 deutsche Frauen, 10 Ostarbeiterinnen), in den „Saal Bittendorf“ in

Wißmar (Optik, 10 Männer, 20 Frauen), sowie bei Th. Reeh und Wilhelm Wolf in Wißmar, bei J. B. Noll in Rodheim (Mechanik, 32 deutsche Männer, 17 deutsche Frauen, 6 Franzosen, eine Französin, 10 Italiener und 16 Ostarbeiterinnen), in das Bücking-Werk in Schlitz (Mechanik und Optik, 30 deutsche Männer, 10 Franzosen, 49 deutsche Frauen) und in das Bücking-Werk II in Alsfeld/Oberhessen (Mechanik, 50 deutsche Männer, 45 deutsche Frauen, 10 Ostarbeiterinnen). Ferner nach Beilstein[254] in die Gastwirtschaft Adolf Stahl (Oktober 1944), in die Konservenfabrik Rechtania in Groß-Rechtenbach (60 deutsche Männer, 30 Ausländer), aber auch nach Krofdorf, Griedelbach und Ulm.[255]

Anders, als es die stark nationalsozialistisch geprägte Einstellung der Hensoldt-Firmenleitung vermuten lässt, kann die Behandlung der Zwangsarbeiter während des Zweiten Weltkrieges hier insgesamt für die damaligen Verhältnisse als relativ erträglich bezeichnet werden.[256]

Das Zwangsarbeiterlager und die anderen Ausländerunterkünfte der Hensoldt AG unterstanden im Januar 1945 folgenden Personen:[257]

Lagerleiter:	Albert Moser, Wetzlar, Lauerstraße 5 und
	Willi Adam, Greifenstein-Ulm Nr. 36,
Wachmänner:	Heinrich Kreutz, Nauborn
	Erich Zanger, Wetzlar, Taubenstein und
	Karl Kirch, Krofdorf

Die Firma Arthur Pfeiffer, Wetzlar (Pfeiffer Apparatebau GmbH)

Die Firma „Arthur Pfeiffer, Wetzlar" war im Handelsregister bei dem Amtsgericht Wetzlar erstmals für den 24. Januar 1902 nachweisbar.[258] Inhaber war der Mechaniker Arthur Pfeiffer in Wetzlar.[259] Die Firma wurde am 10. Februar 1956 umgewandelt in die „Arthur Pfeiffer GmbH, Wetzlar", die heute noch als Pfeiffer Vacuum Technology AG, Aßlar, weiterbesteht.[260]
Das Unternehmen fertigte vor dem Zweiten Weltkrieg Hochvakuum-Pumpen und Zubehör, Fotometer, Glasspannungsprüfer und andere Materialprüfgeräte hergestellt. Während des Krieges wurden dann nur noch Hochvakuum-Pumpen mit Zubehör hergestellt.[261]
Am 24. Februar 1920 war zusätzlich die „Arthur Pfeiffer, Physikalische Werke, Wetzlar" gegründet worden, die jedoch ebenfalls bereits am 11. Juni 1953 erlosch.[262]

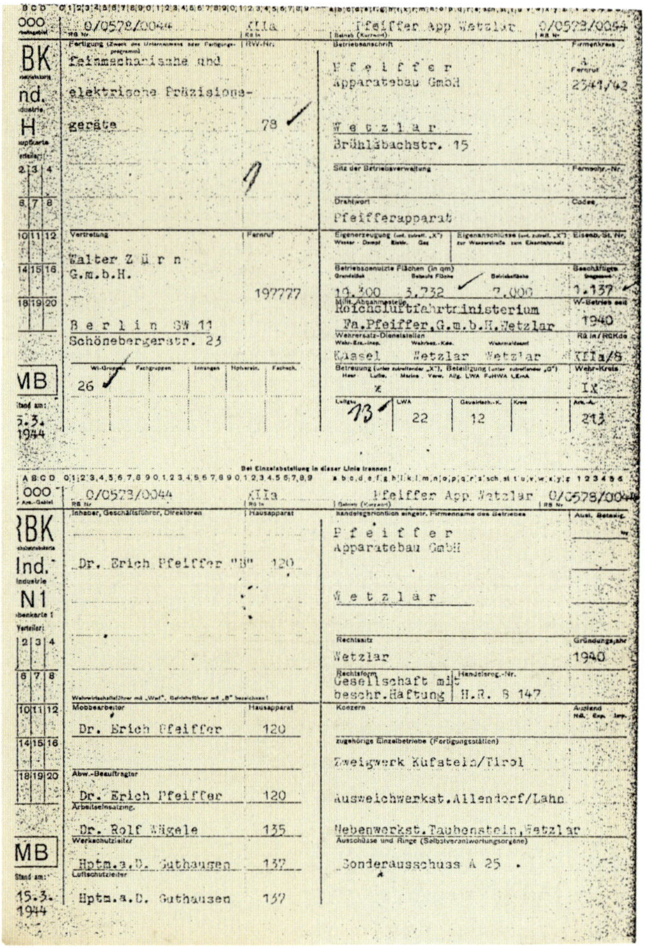
0/0578/0044 XIIa Pfeiffer App Wetzlar 0/0578/0044
Fertigung (Zweck des Unternehmens oder Fertigungsprogramm)
feinmechanische und elektrische Präzisionsgeräte 78
Betriebsanschrift
Pfeiffer Apparatebau GmbH
Wetzlar
Brühlsbachstr. 15
Fernruf 2341/42
Sitz der Betriebsverwaltung
Drahtwort
Pfeifferapparat
Vertretung
Walter Zürn G.m.b.H.
Berlin SW 11
Schönebergerstr. 23
Fernruf 197777
Wi-Gruppen 26
Betriebsgenutzte Flächen (in qm)
Grundstück 19.300 Bebaute Fläche 3.732 Betriebsfläche 7.000
Beschäftigte 1.137
Milit. Abnahmestelle
Reichsluftfahrtministerium
Fa. Pfeiffer, G.m.b.H. Wetzlar
W-Betrieb seit 1940
Wehrersatz-Dienststellen
Kassel Wetzlar Wetzlar
Rü In / RüKdo XIIa/8
Wehr-Kreis IX
Luftgau 13 LWA 22 Gauwirtsch.-K. 12 Arb.-A. 213
Stand am: 15.3.1944
Bei Einzelabstellung in dieser Linie trennen!
0/0578/0044 XIIa Pfeiffer App. Wetzlar 0/0578/0044
Inhaber, Geschäftsführer, Direktoren Hausapparat
Dr. Erich Pfeiffer "B" 120
Handelsgerichtlich eingetr. Firmenname des Betriebes
Pfeiffer Apparatebau GmbH
Wetzlar
Rechtssitz Wetzlar
Gründungsjahr 1940
Rechtsform Gesellschaft mit beschr. Haftung
Handelsreg.-Nr. H.R. B 147
Mobbearbeiter
Dr. Erich Pfeiffer 120
Konzern
zugehörige Einzelbetriebe (Fertigungsstätten)
Zweigwerk Kufstein/Tirol
Ausweichwerkst. Allendorf/Lahn
Nebenwerkst. Taubenstein, Wetzlar
Abw.-Beauftragter
Dr. Erich Pfeiffer 120
Arbeitseinsatzing.
Dr. Rolf Wägele 135
Werkschutzleiter
Hptm. a.D. Guthausen 137
Luftschutzleiter
Hptm. a.D. Guthausen 137
Ausschüsse und Ringe (Selbstverantwortungsorgane)
Sonderausschuss A 25
Stand am: 15.3.1944

Die geheime Karte der Pfeiffer Apparatebau GmbH aus der „Reichsbetriebskartei Industrie“ vom 15. März 1944.

Schon am 1. Oktober 1920 hatte Arthur Pfeiffer in Köln unter seinem Namen eine GmbH gegründet,[263] deren Sitz am 26. Februar 1937 nach Wetzlar verlegt wurde. Auch diese Firma erlosch schon am 8. Juli 1939.[264]

Am 6. Dezember 1940 war ein weiteres Unternehmen gegründet worden: Die „Pfeiffer Apparatebau GmbH, Wetzlar“,[265] welche sich im Eigentum der Firma Arthur Pfeiffer befand. Geschäftsführer war Dr. Erich Pfeiffer.[266]
Die Firma produzierte während des gesamten Krieges im Auftrag der Reichsluftwaffe Flugzeug-Bordgeräte:[267] Hochgeschwindigkeits-Kreisel für automatische Steuerungen – in der Hauptsache für den deutschen Bomber JU 88 und die V1.[268]
Der Hauptbetrieb befand sich in Wetzlar an der Ecke Brühlsbachstraße/Bergstraße.[269]

In einem vermutlich im Januar 1943 von der DAF verfassten Bericht unter dem Titel „Leistungskampf der Betriebe 1942“ wurden die damals existierenden drei Pfeiffer-Firmen wie folgt beschrieben:[270]

„Die drei Firmen sind wirtschaftlich unter Führung der Stammfirma Arthur Pfeiffer zusammengefaßt und haben eine gemeinsame Betriebsführung. Die beiden Gesellschaften sind ausschließlich im Besitz der Familien Arthur Pfeiffer und Dr. Erich Pfeiffer. Die Arbeitsgebiete der drei Firmen sind wie folgt unterteilt:
Arthur Pfeiffer: Verwaltung der drei Firmen und Verkauf von physikalisch-technischen Erzeugnissen, insbesondere von Hochvakuumpumpen und -anlagen, die in ihrem Auftrag ausschließlich bei den:
Physikalischen Werken, Wetzlar GmbH unter Stellung des Materials und Deckung der Kosten durch die Fa. Arthur Pfeiffer hergestellt werden.
Pfeiffer Apparatebau GmbH: Entwicklung von neuen Geräten für die Luftfahrt und Herstellung von Seriengeräten dafür.“

Weitere Unterlagen über die damalige Firmenverflechtung konnten 2002 nicht mehr gefunden werden: Immerhin existierten sowohl die Pfeiffer Apparatebau GmbH als auch die Physikalische Werke GmbH schon seit etwa 50 Jahren nicht mehr, und bei der Pfeiffer-Vakuum Technology AG in Aßlar – letzter Rechtsnachfolger der Firma Arthur Pfeiffer, Wetzlar – gab es kein historisches Firmenarchiv.[271]
Sicher ist jedoch, die „Holding“ Arthur Pfeiffer trat oft zusammen mit der Pfeiffer Apparatebau GmbH auf.[272] Bezeichnend ist auch die Tatsache, dass beide Unternehmen in der Ausländer-Lagerliste des Wetzlarer Landrates vom 18. Januar 1945 gemeinsam unter „Firma Arthur Pfeiffer, Apparatebau, Wetzlar“ aufgeführt waren.[273]

Arthur Pfeiffer, Inhaber bzw. Mitinhaber der Firmen „Arthur Pfeiffer, Wetzlar“, „Arthur Pfeiffer, Physikalische Werke, Wetzlar“ und „Pfeiffer Apparatebau GmbH, Wetzlar“, bei seiner Glückwunschansprache zum 70. Geburtstag von Ernst Leitz II am 1. März 1941.

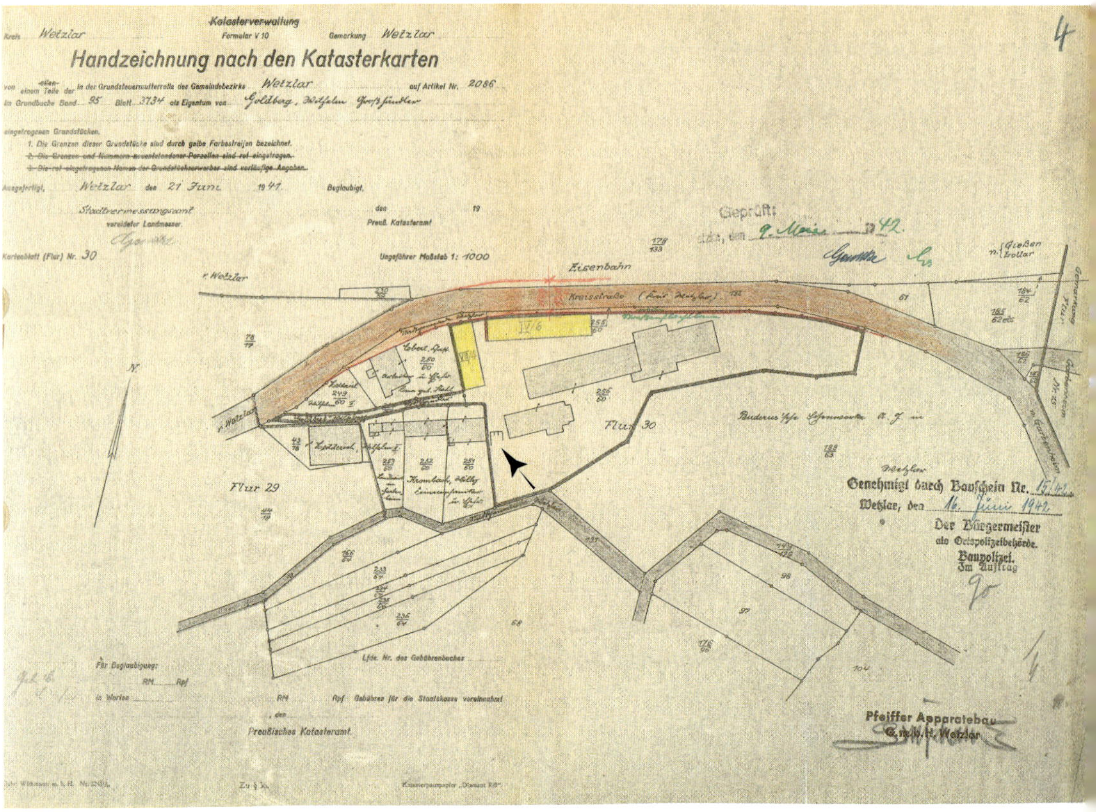

Planzeichnung der Pfeiffer Apparatebau GmbH, Wetzlar, vom 21. Juni 1941 für die Errichtung von zwei Holzbaracken für ihr Zwangsarbeiterlager – es waren Normbaracken des Reichsarbeitsdienstes der Typen VII/4 und IV/6 (hier gelb gezeichnet) – auf dem Gelände der einstigen Eisenerzgrube „Raab" an der Garbenheimerstraße („Lager Taubenstein"). Das Lager wurde direkt gegenüber dem Stollenmundloch des ehemaligen Bergwerkes angelegt (siehe Pfeil).

Für die Pfeiffer Apparatebau GmbH konnten folgende Belegschafts- und Zwangsarbeiterzahlen nachgewiesen werden:

Belegschaftsangehörige:[274]

1942:	1.811 Personen
1943:	776 Personen
1944:	1.036 Personen
1945:	1.131 Personen

Zwangsarbeiter:

7. September 1942:	120 Personen[275]
26. Oktober 1942:	92 Personen[276]
1. April 1943:	219 Personen[277]
18. Januar 1945:	394 Personen[278]

Aber auch die Firma Arthur Pfeiffer selbst beschäftigte Zwangsarbeiter. Nach ihren Meldungen an die Wetzlarer Verwaltungspolizei vom 9. August, 4. Oktober und 2. November 1944 waren dies 7 Franzosen, 2 Belgier, 2 Holländer, 6 Ostarbeiter und 1 Staatenloser.[279]

Im einem der Ausländerlager der Pfeiffer Apparatebau GmbH – vermutlich im Lager in der Jakob-Sprenger-Straße – waren zusätzlich noch 23 Zwangsarbeiter der Lederhandschuhfabrik Mülln, Wetzlar, Frankenstraße, untergebracht.[280]

Das „Lager Taubenstein“

Zusätzlich zum Hauptwerk an der Brühlsbachstraße hatte die Firma Arthur Pfeiffer vermutlich im Frühjahr 1941 einige Gebäude der ehemaligen Eisenerzgrube

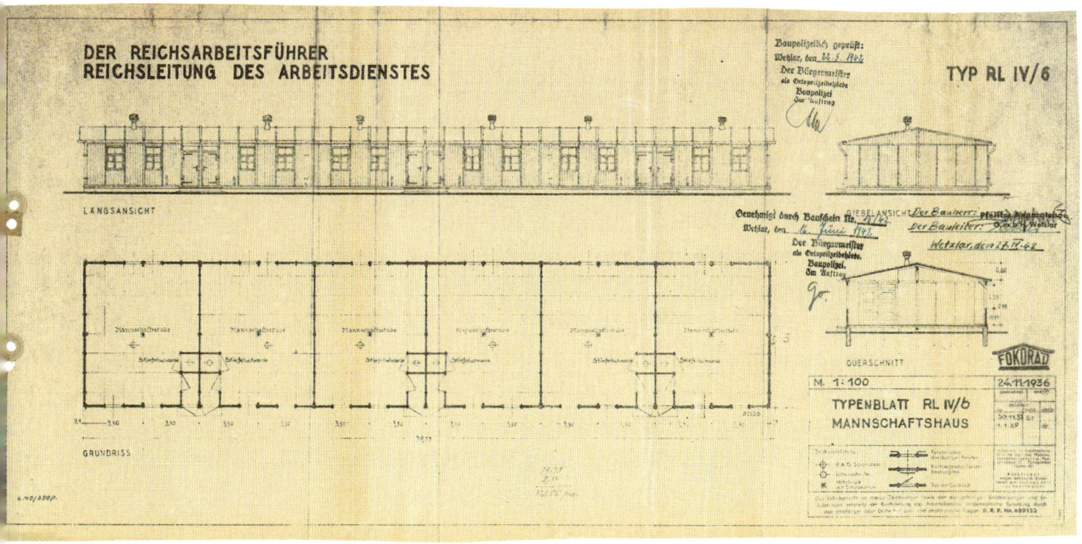

Bauzeichnung der Normbaracke des Reichsarbeitsministeriums Typ IV/6 für das Zwangsarbeiterlager der Pfeiffer Apparatebau GmbH auf der ehemaligen Grube „Raab“ („Lager Taubenstein“). Diese Baracken hatten eine Grundfläche von 39,75 x 8,14 Metern bei einer inneren Raumhöhe von 2,55 Metern, also einen nutzbaren Raum von etwa 825 m³. Sie war aufgeteilt in sechs „Mannschaftsstuben“.

Raab am Taubenstein in Wetzlar vom Früchtevertrieb Wilhelm Goldberg angepachtet.[281] Dort wurden im Juni 1942 zwei zusätzliche RAD-Holzbaracken von 216 und 324 m^2 Grundfläche aufgestellt,[282] für deren Errichtung „zur Unterbringung von Industriearbeitern" am 22. Mai 1942 jedoch die Pfeiffer Apparatebau GmbH den Bauantrag gestellt hatte. In einem Fragebogen zum Bauvorhaben vom 27. April 1942 war allerdings noch von „Unterbringung ausländischer Arbeitskräfte" gesprochen worden, während in einem Schreiben der Pfeiffer Apparatebau GmbH vom 4. November 1942 an die Wetzlarer Baupolizei wieder „untergebrachte ostländische Arbeitskräfte" angegeben wurden (nach einer Lagerliste der DAF lebten am 21. September 1942 insgesamt 92 Russen in diesem Lager).[283]

Am 15. April 1943 vermerkte Stadtbaurat Golder auf der Bauakte:[284]
„Nach Rücksprache mit dem stellv. Betriebsleiter, Herrn Grießbauer, sind die Ostarbeiter an der Jakob Sprenger-Straße untergebracht. Im Lager Taubenstein befinden sich zur Zeit nur Belgier und Franzosen."
Bei den Franzosen dürfte es sich um das Kriegsgefangenen-Arbeitskommando Nr. 1.502 (Stalag Ziegenhain IX A, Wachmann: Gefr. Bergmann) gehandelt haben.[285]
Das „Lager Taubenstein" wurde im Januar 1945 von Hauptmann a. D. Franz Guthausen aus Wetzlar, Krämerstraße 19, geleitet. Wachmänner waren dort Ernst Försterberg, Wilhelm Opfer, Eduard Neckermann und Paul Guth – alle aus Wetzlar.[286]

Das Lager „Jakob-Sprenger-Straße"

Mit Schreiben vom 4. November 1942 teilte die Pfeiffer Apparatebau GmbH der Wetzlarer Baupolizei mit, dass ihr Lager Taubenstein demnächst mit französischen Arbeitern (Westarbeitern) belegt werden würde:[287]
„Für die z. Zt. in unserem Lager Taubenstein untergebrachten ostländischen Arbeitskräfte wird, wie Ihnen bekannt ist, an der Umgehungsstraße[288] ein neues Lager errichtet ... Es besteht die Absicht, das Lager Taubenstein später zur Unterbringung französischer Arbeitskräfte zu nutzen, die nach Möglichkeit in den Werkstätten am Taubenstein arbeiten sollen. Auf diese Weise ist für die Franzosen ein Anmarschweg zur Arbeitsstätte praktisch nicht erforderlich, während andererseits die ostländischen Arbeitskräfte vom Lager Umgehungsstraße zum Werk einen kürzeren Anmarschweg haben als z. Zt. vom Lager Taubenstein zum Werk."

Bereits am 16. Juni 1942 hatte die Firma Arthur Pfeiffer[289] der Wetzlarer Baupolizei mitgeteilt, dass sie an der Umgehungsstraße, auf dem Gelände vor der damaligen Jugendherberge, ein Ausländerlager errichten wolle. Nach Genehmigung durch die Reichsgruppe Industrie-Werkluftschutz am 29. Oktober 1942 – hier war allerdings wieder die Pfeiffer Apparatebau GmbH als Bauherr angegeben – wurde

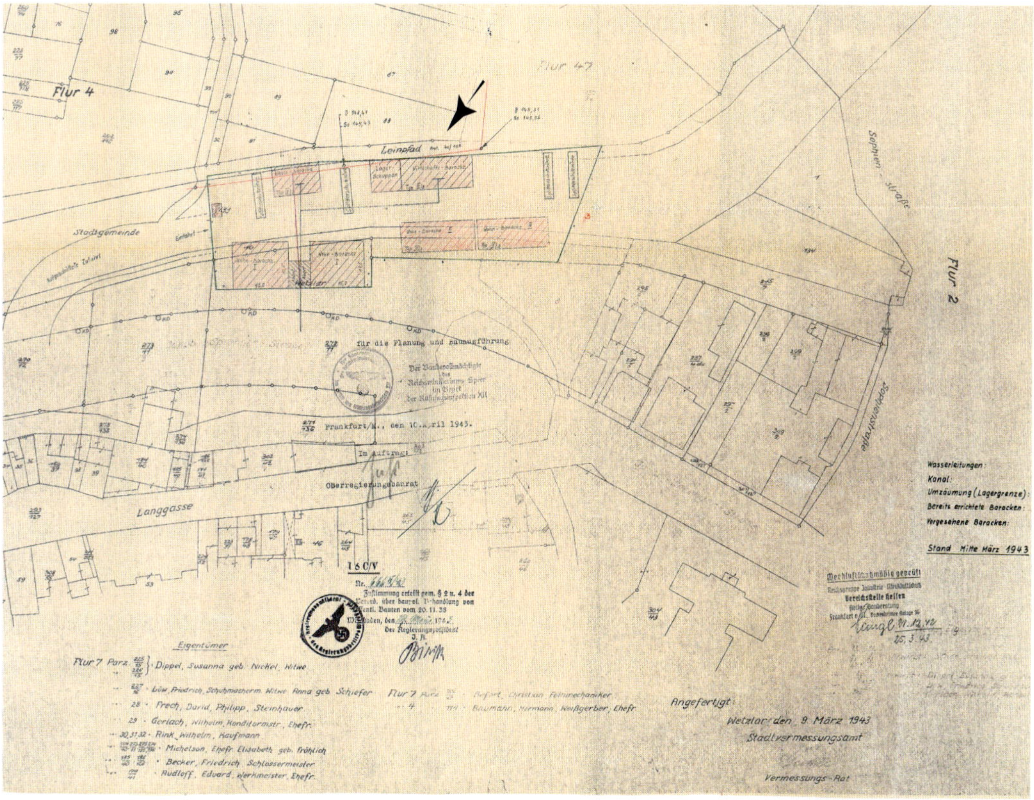

Am 16. Juni 1942 hatte die Firma Arthur Pfeiffer der Wetzlarer Baupolizei mitgeteilt, dass sie an der Umgehungsstraße, auf dem Gelände vor der damaligen Jugendherberge, ein Ausländerlager errichten wolle. Nach Genehmigung durch die Reichsgruppe Industrie-Werkluftschutz am 29. Oktober 1942 wurde der Firma Arthur Pfeiffer am 18. Dezember 1942 durch das Wetzlarer Stadtbauamt die Baugenehmigung erteilt.
Nachdem der Lagerbereich zuerst noch mit der Firma Hensoldt geteilt werden sollte, wurde der Firma Pfeiffer Apparatebau GmbH mit Schreiben vom 22. Januar 1943 schließlich die Erweiterung für ein eigenes Ausländerlager mit vier Wohnbaracken, einer Wirtschaftsbaracke, einer Waschbaracke und einem Lagerschuppen genehmigt (siehe Pfeil).

der Firma Arthur Pfeiffer am 18. Dezember 1942 durch das Wetzlarer Stadtbauamt telefonisch die Baugenehmigung erteilt.[290]
Nachdem der Lagerbereich zuerst noch mit der Firma Hensoldt geteilt werden sollte, wurde der Firma Pfeiffer Apparatebau GmbH mit Schreiben vom 22. Januar 1943 schließlich die Erweiterung für ein eigenes Ausländerlager mit vier Wohnbaracken, einer Wirtschaftsbaracke, einer Waschbaracke und einem Lagerschuppen genehmigt.

Am 2. August 1943 wurde der Aufbau der Baracken im Ausländerlager der Pfeiffer Apparatebau GmbH offiziell für beendet erklärt.[291]
Auch das „Lager Umgehungsstraße" (eigentlich: Jakob Sprenger-Straße) wurde im Januar 1945 von Hauptmann a. D. Franz Guthausen aus Wetzlar geleitet. Wachmänner waren dort: Viktor Preis aus Weilburg, Bernhard Zimmermann aus Wetzlar, Andreas Stamm aus Waldgirmes, Wilhelm Kolmer aus Reiskirchen und Konrad Rust aus Löhnberg.[292]

Das geplante „Lager Stoppelberger Hohl"

Ob die Firma Pfeiffer zusätzlich noch eine große Zahl weiterer Ostarbeiter beschäftigen wollte, oder ob die damaligen Ausländerlager-Verhältnisse der Firmenleitung einfach nur unbefriedigend erschienen, ist nicht bekannt. Im Januar 1943 muss man aber erwogen haben, ein Großlager für Ostarbeiter im damals noch unbebauten Gelände an der Stoppelberger Hohl zu errichten. Das Lager sollte südlich des heutigen Chattenweges zwischen Germanenweg und Stoppelberger Hohl entstehen. Die Zufahrt sollte über den Bereich der späteren Ulmensteinstraße erfolgen.[293]

Möglicherweise hatte auch die Tatsache, dass die 23 Zwangsarbeiter der Lederhandschuhfabrik Mülln (am südlichen Ende der benachbarten Frankenstraße) in einem der beiden Pfeiffer-Lager untergebracht waren,[294] mit zu dieser Entscheidung beigetragen.
Das gefiel den Anliegern an der Stoppelberger Hohl jedoch überhaupt nicht. 80 Wetzlarer Bürgerinnen und Bürger verfassten daher am 30. Januar 1943 einen Bittbrief an den Wetzlarer Bürgermeister mit dem Begehren, von dem Vorhaben abzulassen, da das in Frage kommende Gelände schon seit längerem von ihnen zur Gewinnung von Obst und Gemüse genutzt werde. Das sei wichtiger für die Volksversorgung.
Diesem Bürgerbegehren wurde offensichtlich stattgegeben. Jedenfalls besagte ein späterer Vermerk auf der Rückseite des Briefes:[295]
„Nach dem Ergebnis der Besprechung vom 18. 2. kommt das Grundstück an der Stoppelbergerhohl erst in Frage, wenn die bis jetzt noch verfügbaren Flächen an der Jakob Sprenger-Straße nicht mehr ausreichen. Erst dann soll eine endgültige Verlegung des Lagers Pfeiffer neu erörtert werden."

Das „Wohnlager Scharnhorststraße 4"

Im Januar 1944 beschäftigte die Firma Pfeiffer auch italienische Militärinternierte („I.M.I.'s"). Darüber berichtete der gemeinsame DAF-Betriebsobmann aller

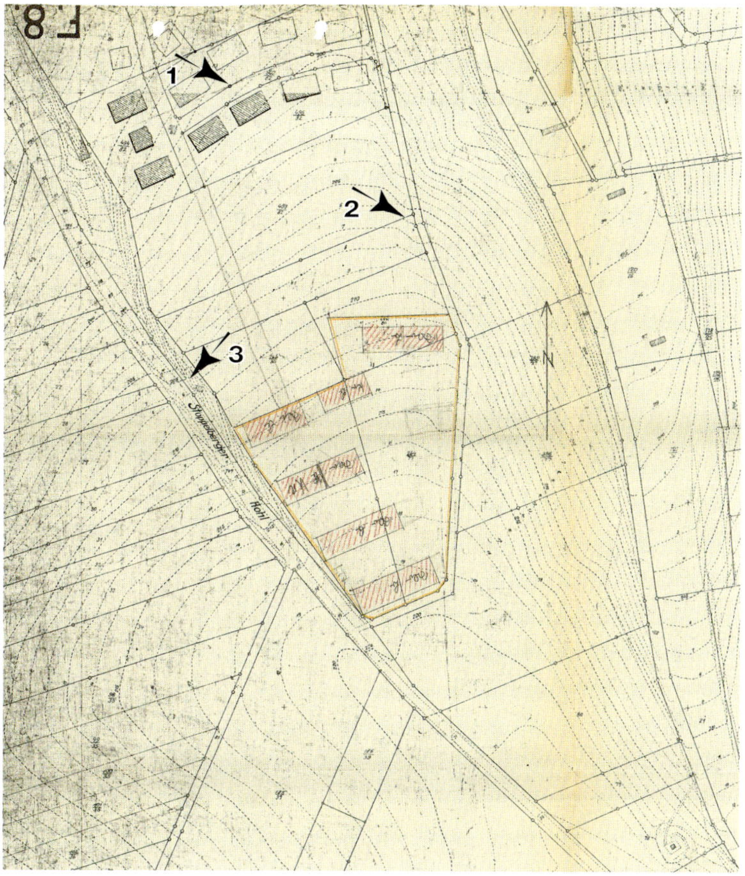

Im Januar 1943 erwog die Firma Pfeiffer Apparatebau GmbH, ein Großlager für Ostarbeiter im damals noch unbebauten Bereich an der Stoppelberger Hohl zu errichten. Das Lager sollte südlich des heutigen Chattenweges (Pfeil 1) zwischen Germanenweg (Pfeil 2) und Stoppelberger Hohl (Pfeil 3) entstehen. Die Zufahrt sollte über den Bereich der späteren Ulmensteinstraße erfolgen.
Das gefiel den Anliegern an der Stoppelberger Hohl jedoch überhaupt nicht. 80 Wetzlarer Bürgerinnen und Bürger verfassten daher einen Bittbrief an den Wetzlarer Bürgermeister mit dem Begehren, von dem Vorhaben abzulassen, da das in Frage kommende Gelände schon seit längerem von ihnen zur Gewinnung von Obst und Gemüse genutzt werde. Diesem Bürgerbegehren wurde offensichtlich stattgegeben.

Pfeiffer-Firmen mit Schreiben vom 12. Januar 1944 an den Kreisobmann der DAF[296] im Adolf Hitler-Haus:[297]
„In unserem Betrieb sind ... italienische Militärinternierte beschäftigt, die nicht in unserem eigenen Lager untergebracht sind, sondern teilweise bei der Fa. Leitz und teilweise bei der Fa. Buderus."

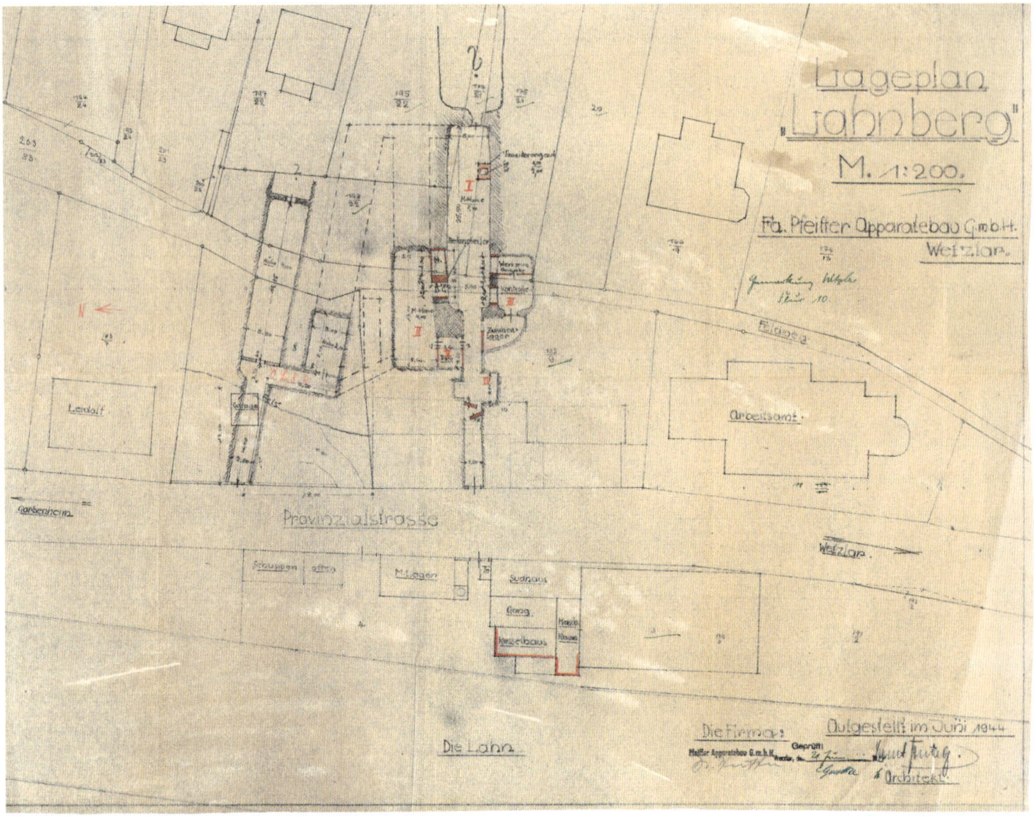

Planzeichnung zum Bauantrag der Pfeiffer Apparatebau GmbH für eine untertägige Produktionsanlage im Lahnberg an der Garbenheimerstraße.
Ab Juni 1944 musste ein Teil der Rüstungsfabrikation (aufgrund eines allgemeinen Verlagerungsbefehls des Reichsluftfahrtministeriums) in den Eis- und Bierkeller der Brauerei Guht in Wetzlar an der Garbenheimerstraße verlegt werden. Der im blanken Fels stehende Keller wurde zu diesem Zweck noch weiter bergmännisch ausgesprengt, so dass schließlich unterirdische Arbeitsplätze für etwa 170 Personen entstanden. Die Anlage befindet sich heute in Privatbesitz.

Das war natürlich nur eine Zwischenlösung. Am 27. März 1944 wurde beim Baubevollmächtigten im Bezirk der Rüstungsinspektion XII in Frankfurt am Main die Einrichtung eines „Lagers für italienische Militärinternierte" in der ehemaligen Maschinenhalle der Eisenerzgrube Raab[298] an der Garbenheimer Straße beantragt, direkt neben dem Pfeiffer'schen Ostarbeiterlager.[299]

Mit Erlass des Reichsführers SS vom 16. August 1944[300] wurden die meisten Italiener jedoch aus den deutschen Internierungslagern entlassen, nachdem sie sich zuvor allerdings schriftlich verpflichten mussten, *„in Deutschland zu den für die*

in Italien angeworbenen zivilen Arbeitskräften geltenden Bedingungen bis zum Kriegsende zu arbeiten".[301]
So auch bei Pfeiffer in Wetzlar. In einem Schreiben vom 26. Oktober 1944 an die Wetzlarer Verwaltungspolizei sprach man nun davon, dass die italienischen Arbeiter im Wohnlager Scharnhorststraße 4[302] untergebracht seien.[303] Offensichtlich hatte man zu dem Zeitpunkt die lagermäßige Unterbringung der vormaligen I.M.I.'s aufgegeben.

Wie fast alle anderen Wetzlarer Industriebetriebe musste auch die Firma Pfeiffer ab dem Frühjahr 1944 ganze Unternehmensteile auslagern:[304] Außer der „Nebenwerkstatt Taubenstein" in Wetzlar bestanden im März 1944 bereits Produktionsstätten in Kiefersfelden bei Kufstein (im „Hotel Innhof")[305] und in Allendorf bei Gießen.

Ab Juni 1944 musste ein Teil der Rüstungsfabrikation aufgrund eines Verlagerungsbefehls des Reichsluftfahrtministeriums – Jägerstab – in den Eis- und Bierkeller der Brauerei Guht in Wetzlar an der Garbenheimer Straße verlegt werden. Der im blanken Fels stehende Keller wurde zu diesem Zweck noch weiter bergmännisch ausgesprengt, so dass schließlich unterirdische Arbeitsplätze für etwa 170 Personen entstanden.[306]

Später kamen noch hinzu: eine Werkstatt in den Fabrikationsräumen der Firma Rinn & Cloos in Dutenhofen (ab 25. September 1944),[307] sowie möglicherweise ein Produktionsstandort in Friedberg (Lokalität unbekannt).[308]

Neun ehemalige Zwangsarbeiter, die einstmals bei Pfeiffer in Allendorf bei Gießen gearbeitet hatten – sechs Niederländer, 2 Franzosen und 1 Russe – wurden nach Kriegsende mit einem LKW der US-Armee in das DP-Lager Wetzlar gefahren.[309]
Das Nachkriegsschicksal der bei den Pfeiffer-Werken beschäftigten Zwangsarbeiter ist nicht bekannt. Es kann aber angenommen werden, dass die meisten von ihnen – in der Hauptsache ehemalige Ostarbeiter – mit den amerikanischen „Repatriierungstransporten" Anfang Mai 1945 Wetzlar verlassen hatten.[310]

Die Herkules-Werk GmbH

Der Inhaber Dr. Otto Coers war schon früh NSDAP-Mitglied und 1933 Beigeordneter der Wetzlarer Stadtverordneten-Versammlung gewesen. Da er Freimaurer war, bekam er 1934 allerdings ein Verfahren vor dem NSDAP-Parteigericht.[311]
Carl Momma, damals noch Mitgesellschafter des Herkules-Werkes, schilderte die

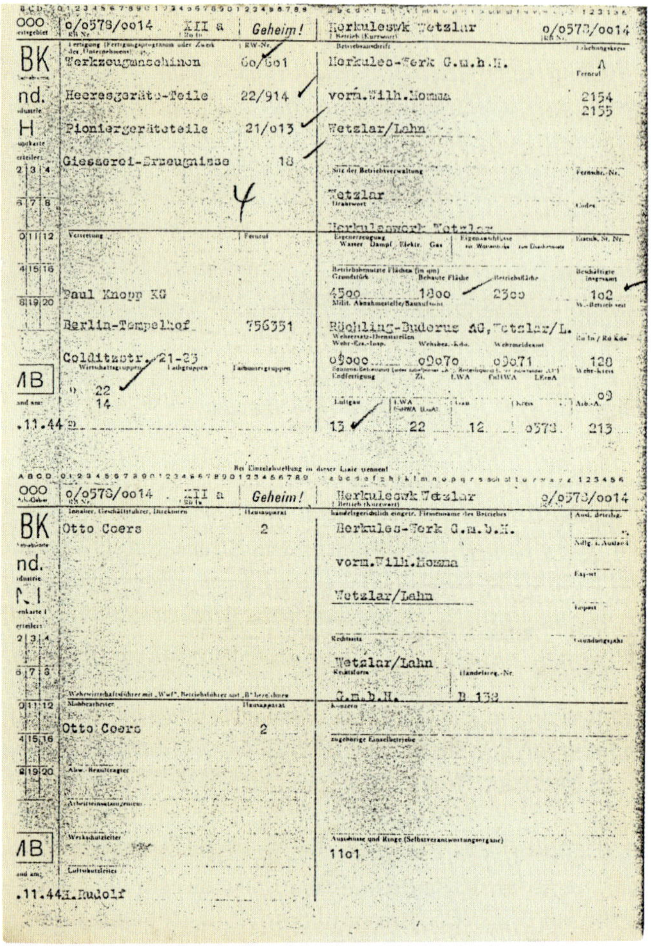

o/0578/0014 XII a Geheim! Herkuleswk Wetzlar o/0578/0014

Werkzeugmaschinen 60/601 Herkules-Werk G.m.b.H.

Heeresgeräte-Teile 22/914 vorm. Wilh. Homma 2154 2155

Pioniergeräteteile 21/013 Wetzlar/Lahn

Giesserei-Erzeugnisse 18

Wetzlar

Herkuleswerk Wetzlar

Paul Knopp KG 4500 1800 2300 102

Berlin-Tempelhof 756351 Röchling-Buderus AG, Wetzlar/L.

Colditzstr. 21-23 09000 09070 09071 120

22 14

13 22 12 0578 213

.11.44

o/0578/0014 XII a Geheim! Herkuleswk Wetzlar o/0578/0014

Otto Coers 2 Herkules-Werk G.m.b.H.

vorm. Wilh. Homma

Wetzlar/Lahn

Wetzlar/Lahn

G.m.b.H. B 138

Otto Coers 2

1101

.11.44 H. Rudolf

Die geheime Karte der Herkuleswerk GmbH aus der „Reichsbetriebs-kartei Industrie" vom 11. November 1944.

überzeugte nationalsozialistische Haltung von Coers in einem Brief vom 8. Januar 1947 an den Öffentlichen Kläger der Spruchkammer Wetzlar:[312]

„Bei der Machtergreifung im Jahre 33 war Herr Coers vielleicht der aktiv am meisten tätige Mann in Wetzlar. Er hißte persönlich die Hakenkreuzfahne am Rathaus, wobei er eine öffentliche Ansprache hielt, und stellte dem späteren Kreisleiter Haus im Herkuleswerk ein Büro mit Telefon kostenlos zur Verfügung."

Die Herkules-Werk GmbH fertigte während des Krieges dieselben Erzeugnisse wie schon vor dem Krieg: Werkzeug- und Blechbearbeitungsmaschinen (Metall-Kaltbiegemaschinen).[313] Insgesamt konnten für das Herkules-Werk folgende Belegschafts- und Zwangsarbeiterzahlen nachgewiesen werden:

Belegschaftsangehörige:[314]

1942:	114 Personen
1943:	119 Personen
1944:	110 Personen und
1945:	105 Personen

Zwangsarbeiter:

26. Oktober 1942:	9 Personen[315]
1. April 1943:	22 Personen[316]
18. Januar 1945:	33 Personen[317]

Als Lagerleiter wurde im Januar 1945 Ernst Befort, wohnhaft in Wetzlar, Hintergasse 1, angegeben. Wachmann war ein Hermann Pfeiffer aus Beilstein.[318]

Die Hollmann-Werke GmbH

Die am 1. Januar 1878 auf der ehemals fürstlich Solms-Braunfels'schen Oberndorfer Hütte von Heinrich Hollmann und Friedrich Hollmann gegründete Gießerei Fr. Hollmann Söhne[319] wurde von Friedrich Hollmann am 17. Januar 1923 in Burgsolms umgewandelt in die Heinrich Hollmann AG. Der Firmensitz wurde am 13. Juni 1936 verlegt nach Wetzlar in die Garbenheimer Straße. Die AG erlosch am 22. Juli 1937.[320] Am selben Tage wurde die Einzelfirma Hollmann-Werke in Wetzlar gegründet, die – nach der völligen Zerstörung der Werksanlagen bei amerikanischen Luftangriffen am 12. und 18. März 1945[321] – am 15. Januar 1948 geschlossen wurde.[322] Sie wurde ersetzt durch die am 13. Januar 1948 gegründete „Hollmann-Werke GmbH", immer noch geführt vom Fabrikanten Friedrich Hollmann.[323] Diese Firma bestand bis zum 6. Januar 1971.[324]
Vor dem Krieg wurden hier Obst-, Gemüse- und Weinpressen hergestellt. Während des Krieges fertigte man 3,7-cm-Granaten und Kugellager.[325]

Friedrich Hollmann war an sich ein durchaus liberal eingestellter Mann. Das kommt unter anderem dadurch zum Ausdruck, dass er bis zum Kriegsende die beiden Wetzlarer Halbjuden Walter und Hans Rabow beschäftigte.[326] Seine politische Einstellung schilderte der Zeuge Heinrich Ulrich aus Frankfurt am Main am 10. November 1947 im Spruchkammer-Verfahren von Friedrich Hollmann:[327]
„Eine kleine, aber meines Erachtens typische Charakterisierung für ihn mag die sein, dass er, wie ich häufig beobachten konnte, den Deutschen Gruß in der Weise

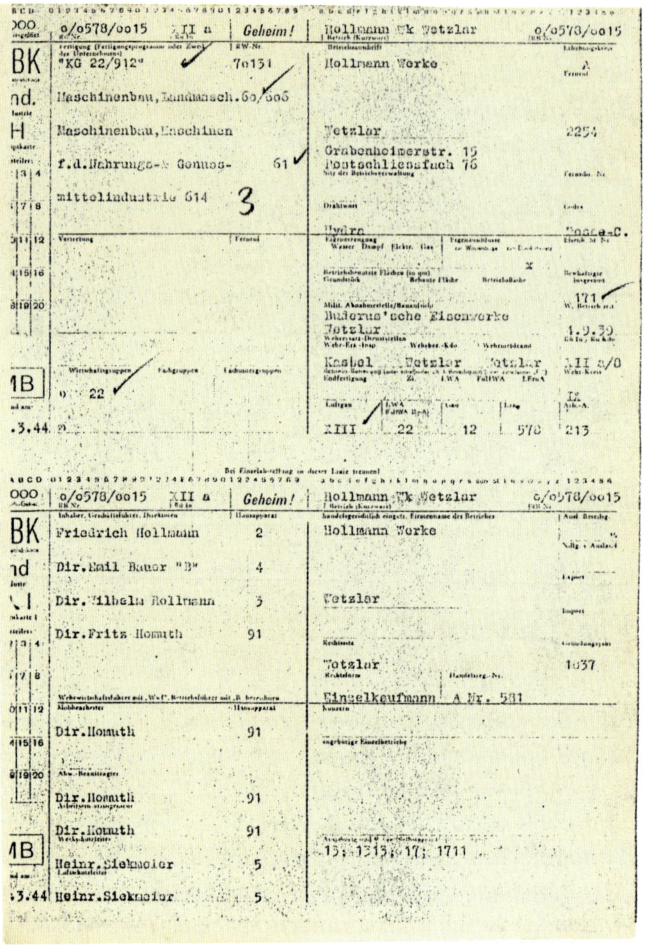
0/0578/0015 XII a Geheim! Hollmann Wk Wetzlar 0/0578/0015
"KG 22/912" 70131 Hollmann Werke
Maschinenbau, Landmasch. 60/605
Maschinenbau, Maschinen Wetzlar 2254
f.d. Nahrungs- u. Genuss- 61 Grabenheimerstr. 15
Postschliessfach 76
mittelindustrie 614 3
Buderus'sche Eisenwerke
Wetzlar 1.9.39
Kassel Wetzlar Wetzlar XII a/0
0 22
XIII 22 12 578 213
0/0578/0015 XII a Geheim! Hollmann Wk Wetzlar 0/0578/0015
Friedrich Hollmann 2 Hollmann Werke
Dir. Emil Bauer "B" 4
Dir. Wilhelm Hollmann 3 Wetzlar
Dir. Fritz Homuth 91
Wetzlar 1037
Einzelkaufmann A Nr. 581
Dir. Homuth 91
Dir. Homuth 91
Dir. Homuth 91
Heinr. Siekmeier 5
Heinr. Siekmeier 5

Die geheime Karte der Hollmann-Werke aus der „Reichsbetriebskartei Industrie" vom 15. März 1944.

zum Ausdruck brachte, dass er lässig die Hand hebend laut und vernehmlich ‚Mahlzeit' sagte."

Dennoch ist nicht auszuschließen, dass bei Hollmann – wenn auch nur in zahlenmäßig ganz geringem Maße – gegen die Genfer Konvention verstoßen wurde: Nämlich wenn die dort beschäftigten sieben französischen Kriegsgefangenen in der Munitionsfertigung gaerbeitet hätten.

Friedrich Hollmann wurde am 18. Dezember 1947 von der Wetzlarer Spruchkammer als „vom Gesetz nicht betroffen" eingestuft.[328]

Folgende Belegschafts- und Ausländerzahlen konnten für die Hollmann-Werke ermittelt werden:

Belegschaftsangehörige:[329]

1942:	137 Personen
1943:	167 Personen
1944:	179 Personen
1945:	160 Personen

Zwangsarbeiter:

7. September 1942:	13 Personen[330]
26. Oktober 1942:	15 Personen[331]
1. April 1943:	67 Personen[332]
21. November 1944:	116 Personen[333]
18. Januar 1945:	94 Personen[334]

Im Januar 1945 war ein Herr Siekmeier aus Wetzlar, Römerstraße, als Lagerleiter im Hollmann-Werk beschäftigt.[335]
Die Mitarbeiter der Hollmann-Werke suchten bei Luftangriffen ebenfalls den Luftschutzstollen der ehemaligen Grube „Raab" auf.[336]

Die Carolinenhütte GmbH

Der am 12. November 1850 in Steinbrücken bei Dillenburg durch den dortigen Hütteninspektor Johann Jakob Jung gegründete Betrieb wurde zuerst am 22. Oktober 1875 als Eisenwalzwerk nach Dillenburg verlegt[337] und schließlich am 1. Januar 1892 an die Nordseite des Wetzlarer Bahnhofes.[338]
Am 7. Juni 1920 wurde die Firma umgewandelt in die „H. Jung & Cie., Carolinenhütte GmbH, Wetzlar". Inhaber waren der Fabrikant Heinrich Jung aus Wetzlar und der Dillenburger Kommerzienrat Albert Jung.[339] Am 7. Januar 1921 übernahm der Fabrikant Ferdinand Jung das Unternehmen,[340] das noch bis zum 11. Juni 1986 bestand.[341]

Inhaber Ferdinand Jung, der von der Wetzlarer Spruchkammer am 26. September 1947 als „Mitläufer" eingestuft wurde, soll sich dennoch während des Krieges den in der Carolinenhütte arbeitenden Ausländern gegenüber sozial verhalten haben.[342]

Folgende Belegschafts- und Ausländerzahlen konnten für die Carolinenhütte ermittelt werden:

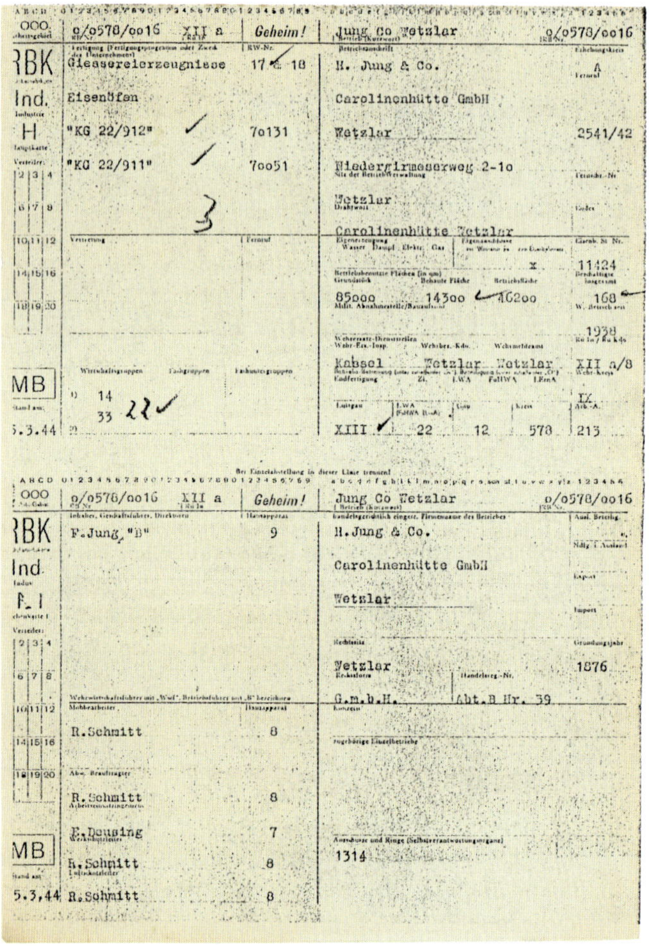
000 | o/0578/oo16 XII a | Geheim! | Jung Co Wetzlar | o/0578/oo16
RBK
Ind.
H
Giessereierzeugnisse | 17 18 | H. Jung & Co.
Eisenöfen | Carolinenhütte GmbH
"KG 22/912" | 70131 | Wetzlar | 2541/42
"KG 22/911" | 70051 | Niedergirmeserweg 2-10
3 | Wetzlar
Carolinenhütte Wetzlar
x | 11424
85000 | 14300 | 16200 | 168
1938
Kassel | Wetzlar | Wetzlar | XII a/8
MB
14
33 22
IX
5.3.44 | XIII | 22 | 12 | 578 | 213

000 | o/0578/oo16 XII a | Geheim! | Jung Co Wetzlar | o/0578/oo16
RBK
Ind.
F. I
F. Jung "B" | 9 | H. Jung & Co.
Carolinenhütte GmbH
Wetzlar
Wetzlar | 1876
G.m.b.H. | Abt. B Nr. 39
R. Schmitt | 8
R. Schmitt | 8
E. Deusing | 7
MB
R. Schmitt | 8 | 1314
5.3.44 | R. Schmitt | 8

Die geheime Karte der Firma H. Jung & Co Carolinenhütte aus der „Reichsbetriebskartei Industrie“ vom 15. März 1944.

<u>Belegschaftsangehörige:</u>[343]

1942:	450 Personen
1943:	162 Personen
1944:	180 Personen
1945:	198 Personen

<u>Zwangsarbeiter:</u>

18. Januar 1945: 39 Personen[344]

Im Januar 1945 war ein Ludwig Schäfer aus Naunheim, Nr. 7, Lagerleiter in der Carolinenhütte. Wachmann war Heinrich Muskat aus Aßlar, Bornstraße 42.[345]

Die Lederhandschuhfabrik Bruno Mülln

Die Handschuhfabrik Bruno Mülln wurde am 10. März 1932 gegründet. Nachdem dort bis etwa 1952 produziert worden war, wurde das Unternehmen am 21. September 1957 durch Eröffnung eines Konkursverfahrens geschlossen.[346]

Bei der Fabrik handelte es sich um einen langen Flachbau im Rondell des heutigen Grünen Weges in Wetzlar (Grüner Weg 13). Im Parterre befand sich eine Gerberei und im ersten Stock die Handschuhnäherei.[347]

Folgende Belegschafts- und Ausländerzahlen konnten für Spinnerei und Weberei ermittelt werden:

Belegschaftsangehörige:[348]

1942:	30 Personen
1943:	35 Personen
1944:	18 Personen
1945:	8 Personen

Zwangsarbeiter:

7. September 1942:	6 Personen[349]
26. Oktober 1942:	6 Personen[350]
1. April 1943:	14 Personen[351]
30. Juni 1944:	23 Personen[352]
28. August 1944:	23 Personen[353]

Es ist nicht klar, ob die zuletzt 23 Zwangsarbeiter der Handschuhfabrik Mülln direkt in einem der Zwangsarbeiterlager der Pfeiffer Apparatebau GmbH untergebracht waren[354] – auf Grund der Entfernung dann vermutlich im Lager Jakob-Sprenger-Straße, oder aber als eine Art „Außenlager" des Pfeiffer'schen Lagers in der Handschuhfabrik selbst.[355]

Die Spinnerei und Weberei KG

Die Firma „Spinnerei und Weberei, Wetzlar" wurde am 4 November 1918 durch den Inhaber Anton van Schellenberg gegründet.[356] Der Betrieb befand sich in Wetzlar auf dem Gelände zwischen der Bahnhofstraße und der Lahn, an der danach benannten „Spinnereistraße"; dort steht heute das Einkaufszentrum „Lahnhof".

Folgende Belegschafts- und Ausländerzahlen konnten hier ermittelt werden:

Belegschaftsangehörige:[357]

1942:	258 Personen
1943:	398 Personen
1944:	284 Personen
1945:	66 Personen

Zwangsarbeiter:

7. September 1942:	55 Personen[358]
26. Oktober 1942:	34 Personen[359]
1. April 1943:	46 Personen[360]
1. September 1944:	48 Personen[361]
18. Januar 1945:	59 Personen[362]

Die Firma Georg Kremp, Optik und Mechanik

Die Firma „Georg Kremp, Optik und Mechanik" in der Ernst-Leitz-Straße 50 in Wetzlar ging zurück auf die 1924 gegründete „Aktiengesellschaft für Optik und Mechanik, vormals Christian Kremp, Wetzlar".[363] Das Unternehmen wurde am 25. Februar 1936 umbenannt in „Georg Kremp, vormals Aktiengesellschaft für Optik und Mechanik, Wetzlar". Mit Wirkung vom 7. April 1941 wurde daraus die Einzelgesellschaft „Georg Kremp, Optik und Mechanik". Etwa von diesem Zeitpunkt an bis zum Kriegsende führte die Firma Kremp nur noch optische Lohnarbeiten für die Ernst Leitz GmbH durch.[364]

Ab dem 1. Januar 1960 wurde diese dann zur Kommanditgesellschaft. Die Firma wurde am 31. Juli 1979 gelöscht.[365]

Die bei der Firma beschäftigten Zwangsarbeiter waren vermutlich in einem Raum im Untergeschoss des Wohnhauses (Braunfelser Straße 46) untergebracht, und sollen von der Lagerküche der Ernst Leitz GmbH verpflegt worden sein.[366]

Folgende Belegschafts- und Ausländerzahlen konnten für die Firma Georg Kremp ermittelt werden:

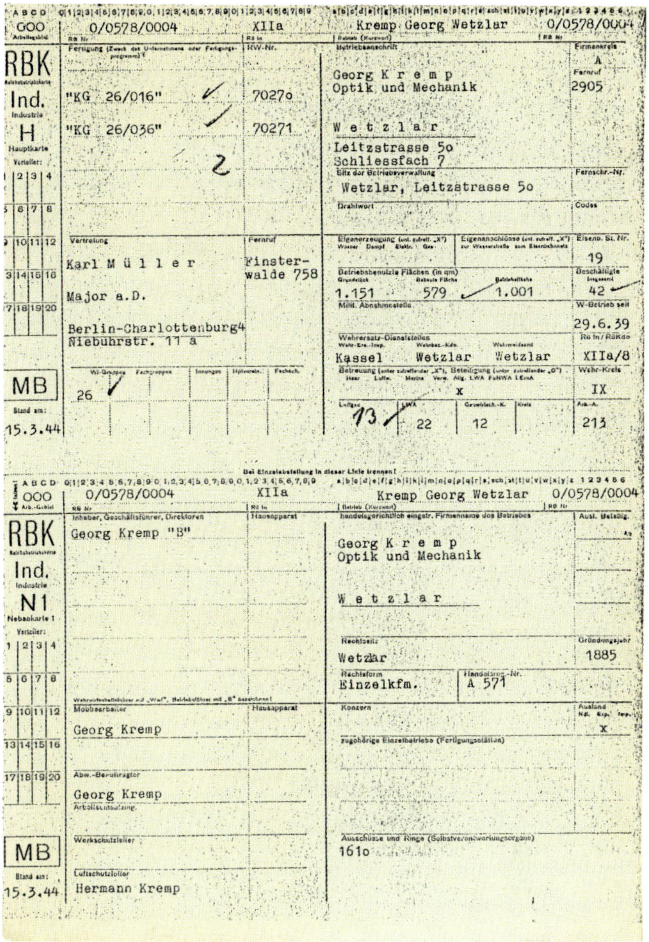

RBK Ind. H — 000 — 0/0578/0004 — XIIa — Kremp Georg Wetzlar — 0/0578/0004

Fertigung: "KG 26/016" — RW-Nr. 70270
"KG 26/036" — 70271

Betriebsanschrift: Georg K r e m p, Optik und Mechanik, W e t z l a r, Leitzstrasse 5o, Schliessfach 7

Sitz der Betriebsverwaltung: Wetzlar, Leitzstrasse 5o

Firmenkreis: A — Fernruf: 2905

Vertretung: Karl M ü l l e r, Major a.D., Berlin-Charlottenburg4, Niebuhrstr. 11 a — Fernruf: Finsterwalde 758

Wi-Gruppe: 26

Eisenb. St. Nr.: 19 — Beschäftigte insgesamt: 42

Betriebsbenutzte Flächen (in qm): Grundstück 1.151 — Bebaute Fläche 579 — Betriebsfläche 1.001

W-Betrieb seit: 29.6.39

Wehrersatz-Dienststellen: Kassel — Wetzlar — Wetzlar — XIIa/8

Wehr-Kreis: IX

Luftgau: 13 — LWA: 22 — Gewerbeaufs.-K.: 12 — Arb.-A.: 213

MB — Stand am: 15.3.44

RBK Ind. N1 — 000 — 0/0578/0004 — XIIa — Kremp Georg Wetzlar — 0/0578/0004

Inhaber, Geschäftsführer, Direktoren: Georg Kremp "B"

Handelsgerichtlich eingetr. Firmenname des Betriebes: Georg K r e m p, Optik und Mechanik, W e t z l a r

Rechtssitz: Wetzlar — Gründungsjahr: 1885

Rechtsform: Einzelkfm. — Handelsreg.-Nr.: A 571

Ausland: x

Mobbearbeiter: Georg Kremp

Abw.-Beauftragter: Georg Kremp

Ausschüsse und Ringe (Selbstverantwortungsorgane): 161o

Luftschutzleiter: Hermann Kremp

MB — Stand am: 15.3.44

Die geheime Karte der Firma Georg Kremp, Optik und Mechanik, aus der „Reichsbetriebskartei Industrie“ vom 15. März 1944.

<u>Belegschaftsangehörige:</u>[367]

1942:	46 Personen
1943:	43 Personen
1944:	43 Personen
1945:	36 Personen

<u>Zwangsarbeiter:</u>

7. September 1942:	8 Personen[368]
26. Oktober 1942:	8 Personen[369]
1. April 1943:	7 Personen[370]

Die Firma Georg Kremp Söhne, Wetzlar

Die Firma „Georg Kremp, Optik und Mechanik, Wetzlar", darf nicht verwechselt werden mit der schon am 4. Juni 1920 gegründeten OHG „Georg Kremp Söhne, Spezialfabrik für Verzahnungen",[371] die aus der 1883 gegründeten Firma „Christian Kremp, Wetzlar" hervorgegangen war und noch heute in Wetzlar existiert als „Kremp-Wetzlar, Präzisionszahnräder, Chr. Kremp GmbH + Co KG". Auch dieser Betrieb beschäftigte im Zweiten Weltkrieg einige Zwangsarbeiter, allerdings erst ab Juni 1944 nachweisbar. Nach einer städtischen Aufstellung vom 30. Juni 1944[372] sollen sie mit im Ausländerlager der Firma Leitz untergebracht gewesen sein.

Folgende Belegschafts- und Ausländerzahlen konnten für die Firma Georg Kremp ermittelt werden:

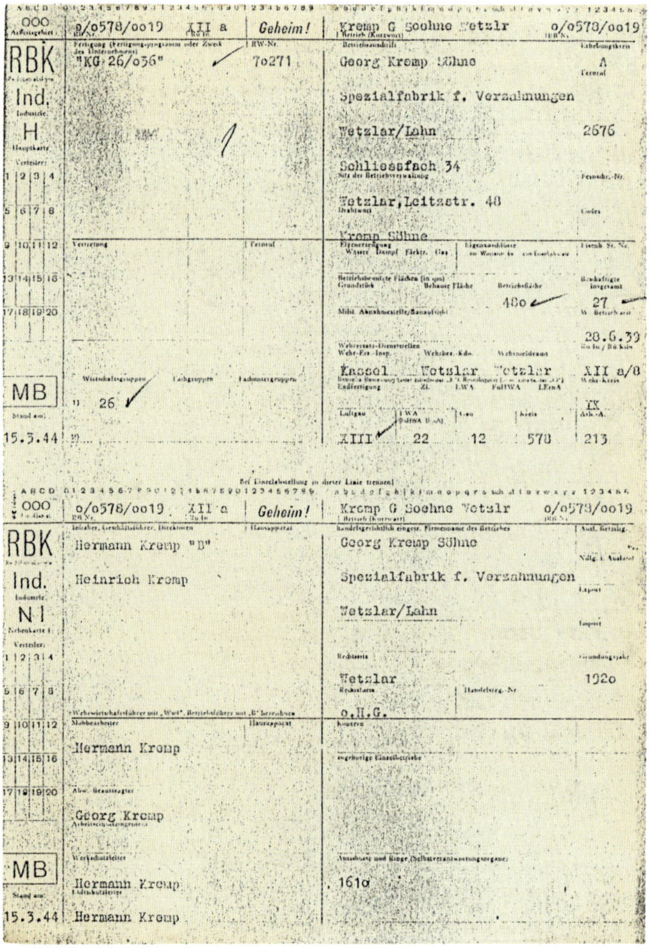
000 o/o578/oo19 XII a Geheim! Kremp G Soehne Wetzlr o/o578/oo19
RBK "KG 26/o36" 7o271 Georg Kremp Söhne A
Ind. Spezialfabrik f. Verzahnungen
H Wetzlar/Lahn 2676
Schliessfach 34
Wetzlar,Leitzstr. 48
Kremp Söhne
4Oo 27
28.6.39
Kassel Wetzlar Wetzlar XII a/8
MB 26 IX
15.3.44 XIII 22 12 578 213

000 o/o578/oo19 XII a Geheim! Kremp G Soehne Wetzlr o/o578/oo19
RBK Hermann Kremp "B" Georg Kremp Söhne
Ind. Heinrich Kremp Spezialfabrik f. Verzahnungen
N 1 Wetzlar/Lahn
Wetzlar 192o
o.H.G.
Hermann Kremp
Georg Kremp
MB Hermann Kremp 161o
15.3.44 Hermann Kremp

Die geheime Karte der Firma Georg Kremp Söhne, aus der „Reichsbetriebskartei Industrie" vom 15. März 1944.

Belegschaftsangehörige:[373]

1942	26 Personen
1943:	28 Personen
1944:	28 Personen
1945:	26 Personen

Zwangsarbeiter:

30. Juni 1944:	5 Personen[374]
24. August 1944:	5 Personen[375]

Der Gleisbautrupp 10 der RBD Frankfurt/Main

Bereits 1942 waren bei der Reichsbahn in Wetzlar 80 Zwangsarbeiter beschäftigt.[376] Wo diese untergebracht waren, ist nicht bekannt – ebenso wenig, ob es sich dabei um Hilfsarbeiter im normalen Bahnbetrieb oder in einem Gleisbautrupp handelte.
Bei den zunehmenden alliierten Luftangriffen kam der Reparatur beschädigter oder zerstörter Eisenbahn-Gleisanlagen natürlich alsbald eine entscheidende Bedeutung zu. Jeder Reichsbahndirektion waren daher mehrere Gleisbautrupps zugeordnet, die einen bestimmten Streckenbereich abdeckten.
Spätestens im Frühjahr 1943 war dies im Bereich Wetzlar der Gleisbautrupp 10 in einem Lager nahe des Bahnübergangs an der Altenberger Straße:[377] Das Lager „B.M.I. Wetzlar, Gleisbautrupp 10, Altenbergerstraße“.[378] Auch er sollte viel zu tun bekommen.[379]

Folgende Ausländerzahlen konnten für die Reichsbahn in Wetzlar ermittelt werden:

7. September 1942:	80 Personen[380]
1. April 1943:	34 Personen[381]
30. Juni 1944:	114 Personen[382]
31. August 1944:	101 Personen[383]
18. Januar 1945:	101 Personen[384]

Lagerleiter war 1945 ein Oberamtsgehilfe Konrad Weizel aus Wetzlar, Niedergirmeser Weg 72.

Darüber hinaus hat die Reichsbahn noch ein Zwangsarbeiterlager in Albshausen unterhalten. Dort hielten sich am 18. Januar 1945 insgesamt 15 Ostarbeiter, 28

Ostarbeiterinnen und ebenfalls 23 Kinder auf. Lagerleiter dort war ein Ernst Kuhl, der im Lager wohnte.[385]

Die Stadtwerke Wetzlar

Auch die Wetzlarer Stadtwerke, welche damals noch eine städtische Abteilung waren, beschäftigten Zwangsarbeiter. Sie sollen im einstigen „Magazinbau" der Stadtwerke untergebracht gewesen sein.[386] Dieser Bau wurde im Zuge des Neubaus der „Enwag"-Verwaltung[387] in den neunziger Jahren des 20. Jahrhunderts abgerissen.

Betriebsführer Karl Stockkamp, der wegen seiner NSDAP- und SA-Mitgliedschaft, aber auch zahlreicher anderer „NS-Posten" bis zum 9. April 1948 im Internierungs- und Arbeitslager Darmstadt eingesessen hatte, wurde von der Spruchkammer Wetzlar am 28. Juni 1948 als „Mitläufer" eingestuft. Das verdankte er mehreren für ihn günstigen Zeugenaussagen, nach denen er insbesondere nach dem Beginn der offenen Judenverfolgungen „in strengem Gegensatz zu den Anweisungen der hiesigen Kreisleitung stand".[388]

Folgende Ausländerzahlen konnten für die Wetzlarer Stadtwerke ermittelt werden:

26. Oktober 1942:	11 Personen[389]
1. April 1943:	20 Personen[390]
1. September 1944:	21 Personen[391]
5. Oktober 1944:	18 Personen[392]
3. November 1944:	23 Personen[393]
10. Januar 1945:	23 Personen[394]
18. Januar 1945:	23 Personen[395]
1. März 1945:	22 Personen[396]

Lagerleiter war ein Heinrich Valdor, Wetzlar, Obertorstraße 12. Wachmann war Heinrich Valentin, Wetzlar, Johanneshof 48.[397]

Die Stadtverwaltung Wetzlar

Wie bereits erwähnt, beschäftigte die Wetzlarer Stadtverwaltung bis zum Kriegsende sowohl französische Kriegsgefangene als auch Westarbeiter.[398] Es waren im Februar und März 1945 noch 25 französische Kriegsgefangene und drei Westarbeiter (zwei französische Zwangsarbeiter und eine französische Zwangsarbeiterin).[399] Elf von ihnen waren am 29. Oktober 1944 nach Wetzlar gekommen.[400] Die französische Zwangsarbeiterin Albertine C. starb bei dem amerikanischen Luftangriff vom 21. November 1944 im Hause der Wetzlarer Friedhofsverwaltung.[401] Sie hatte im Ausländerlager in der Hermannsteiner Straße 61 gewohnt,[402] welches in der Lagerliste vom 18. Januar 1945 allerdings nicht mit als „Lager" aufgeführt war (dort befindet sich heute die „Herberge zur Heimat").[403] In dem Gebäude wohnten zahlreiche Franzosen, die auch in anderen Wetzlarer Gewerbebetrieben arbeiten mussten.

VIERTES KAPITEL

Die Wetzlarer Ausländerlager 1945 – 1949

DP-Lager

Spätestens mit der Einnahme der Stadt Wetzlar durch das 393. Infanterie-Regiment der 99. US-Infanterie-Division am Donnerstag, dem 29. März 1945, in den Morgenstunden[1] war das Zwangsarbeiter- und Kriegsgefangenendasein für Tausende von Ausländern in der Stadt beendet. Gleichzeitig war es die Geburt der Ausländer-Lager in Wetzlar, welche bis zum März 1949 bestehen sollten.[2]
Was sich in den ersten Stunden der amerikanischen Besetzung in der Stadt Wetzlar abspielte, schilderte ein Reporter der US-Soldatenzeitung „Yank" Anfang April 1945:
„Wetzlar, Deutschland. Diese Stadt bereitete den Soldaten der 3. Panzerdivision,[3] die auf ihrem Vormarsch mit der 2. Panzerdivision, welche das Ruhrgebiet vom übrigen Deutschland abgeschnitten hatte, dicht aufgeschlossen hindurchfuhren, keine Schwierigkeiten ... Sie hielten sogar nicht einmal an, um die Scharfschützen und Panzerfaust-Trupps niederzukämpfen ... Das war Sache der Infanterie.
Aber auch die Infanterie nahm Wetzlar nicht sehr ernst. Sie brach den letzten Widerstand in weniger als zwei Tagen und folgte dann den Panzerverbänden. Sie überließ die Stadt der Mannschaft der Militärregierung und der Flak-Einheit,[4] die zurückgelassen wurde, um die Straßenbrücken zu sichern.
In der Tat, die einzigen Menschen, die vom Fall Wetzlars beeindruckt zu sein schienen, waren seine 21.000 Einwohner und die 15.000 ausländischen ... Sklavenarbeiter.[5] Der Führer wäre nicht entzückt gewesen über das, was sich an diesem Nachmittag auf der Adolf-Hitler-Straße[6] abspielte. Russische Jugendliche, die noch das ‚OST'-Abzeichen auf ihren Jacken trugen, das sie als Sklavenarbeiter brandmarkte, zogen die Straße, die ihm zu Ehren benannt war, entlang, lachten und sangen und blieben oftmals stehen, um einen Schluck Cognac mit den stämmigen Sowjetmädchen zu teilen, die sie begleiteten. Eine Gruppe von Franzosen marschierte die Straße entlang, schwenkte die Trikolore und rief ‚Vive la Fance'!

Am 29. März 1945 fuhren Soldaten des 393. US-Infanterie-Regimentes – es hatte gerade Wetzlar besetzt – durch die Bahnhofstraße. Sie trafen auf Tausende freigelassener Zwangsarbeiter/-innen und einstige Kriegsgefangene, die ihre Freude über die wiedergewonnene Freiheit zum Ausdruck brachten, vielfach aber auch ihrer Wut über die jahrelange Unterdrückung durch die Deutschen freien Lauf ließen.

Brandoberndorf, Anfang April 1945. Ehemalige Zwangsarbeiter, die in der Landwirtschaft auf den umliegenden Dörfern arbeiten mussten, sammelten sich zur Fahrt nach Wetzlar. Dort wurden sie bis auf weiteres in den beiden Wetzlarer Kasernen untergebracht, wo sie von dem Mitarbeitern der UNRRA betreut wurden.

lang und laut den verängstigten Deutschen zu, die verstohlen hinter zugezogenen Gardinen zuschauten.
Aber die qualvollste Schmach, die der arischen Überlegenheit an diesem Tage widerfahren sollte, war der total betrunkene polnische Soldat , der vor dem Leica-Kamerawerk stehen geblieben war, und glückselig der amerikanischen Panzerkolonne, die durch die Stadt rollte, zurief.
Begünstigt waren die Kanoniere eines Flak-Geschützes, das in der Nähe eines Lagers, in dem einige hundert ausländische Arbeiterinnen untergebracht waren, in Stellung gebracht wurde.[7]
... Es war der fröhlichste Tag, den Wetzlar je erlebt hatte, obwohl dazu Amerikaner, Russen, Franzosen und andere Nicht-Nordische notwendig waren.

Am nächsten Morgen stand einer der amerikanischen Flaksoldaten geduldig vor einem Luftschutzbunker, in dem er seine dienstfreien Stunden der vergangenen Nacht zugebracht hatte. Ein anderes Mitglied der Mannschaft kam dazu und fragte, auf was er denn warte. „Nun" war die Antwort, „es war nachts dort unten stockfinster. Ich warte hier nur, bis sie herauskommt, damit ich sehen kann, ob sie auch hübsch ist."

Diejenigen Kriegsgefangenen, welche sich bei Kriegsende noch in den einstigen Firmenlagern befanden, wurden vermutlich alsbald von der US-Armee per LKW abtransportiert.[8]

Während das genaue Datum des ersten Rücktransportes der ehemaligen Kriegsgefangenen nicht bekannt ist, kann davon ausgegangen werden, dass der erste Westarbeitertransport zurück in die Niederlande am Sonntag, dem 15. April 1945, Wetzlar verließ. Er wurde von Einheiten der „Allied Expeditionary Force" (AEF) durchgeführt.[9]

In den ersten Wochen nach Kriegsende hatten zuerst die Westarbeiter – Franzosen, Belgier und Niederländer – Wetzlar verlassen und waren oft selbstständig in ihre Heimatländer zurückgekehrt.[10] Italiener (einstige IMI's) scheinen sich hingegen noch länger in Wetzlar aufgehalten zu haben; jedenfalls vermerkten amerikanische Berichte noch im Oktober 1945:[11]

„Zahlreichen Italienern wurden Pässe ausgestellt, damit sie über Innsbruck zurück nach Italien reisen können."

Die Nachkriegszeit hatte begonnen, und von nun an wurden die noch in Deutschland verbliebenen Ausländer von den Amerikanern und vom Personal der Vereinten Nationen als „Displaced Persons" – Verschleppte Personen[12] – kurz: „DP's" bezeichnet.[13]

Bereits in den ersten Tagen nach der Befreiung kam es zu zahllosen Übergriffen durch die Ausländer. Zu lange hatten sie erlebt, wie wenig fremder Besitz oder gar

Im Augenblick der Befreiung entlud sich vielfach der Hass gegen die einstigen „Herrenmenschen". Jahrelange rassische Unterdrückung, menschliche Erniedrigung, oft auch körperliche Züchtigung und andere drakonische Maßnahmen hatten plötzlich ein Ventil gefunden. Hier schlug ein ehemaliger Zwangsarbeiter – er hatte noch ein entsprechendes Zeichen auf dem Rücken – auf einen Deutschen ein. Der amerikanische Soldat links im Bild machte dabei keine besonderen Anstrengungen, um einzugreifen.

ein Menschenleben in dieser Zeit Wert gewesen waren: Plünderungen, Mißhandlungen, Mord und Totschlag waren nun an der Tagesordnung. Der lange aufgestaute Hass der jahrelang Unterdrückten und Gedemütigten machte sich Luft.[14]

Annelore Küstner aus Wetzlar wusste in diesem Zusammenhang zu berichten:[15]
„Mein Vater hatte in der Bahnhofstraße in Wetzlar eine Lebensmittelgroßhandlung. Beim Einmarsch der Amerikaner wohnten wir behelfsmäßig in Breitenbach. Als wir dann zurück nach Wetzlar kamen, erlebten wir ein Chaos.
Die Lebensmittelbestände waren geplündert, der Fußboden des Lagers war zentimeterdick mit Grieß, anderen Lebensmitteln und mit Schmierseife bedeckt. Es waren aber nicht nur Zwangsarbeiter gewesen, die das verursacht hatten. Auch Deutsche hatten offensichtlich kräftig mit geplündert.
... Der Weinkeller meines Vaters war entdeckt worden. Es war keine Flasche mehr da. In der Waschküche haben die Täter ihre Notdurft verrichtet, vieles war einfach vernichtet worden. Wir haben dann sofort begonnen, alles aufzuräumen."

In der Tat konnten auch viele deutsche Einwohner den plötzlichen Verlockungen nicht widerstehen. Auf die Vorhaltungen der Buderus'schen Firmenleitung, an Plünderungen der Buderus'schen Warenlager teilgenommen zu haben, antwortete zum Beispiel der Mitarbeiter Dipl.-Ing. O. am 13. April 1945:[16]
„Ehe 100 Prozent (... der Waren ...) *durch die Ausländer vernichtet werden, holen wir Deutschen uns lieber die letzten 15 Prozent hervor."*

Das war jedoch nicht überall so. Besonders in kleineren Gewerbebetrieben und in der Landwirtschaft, wo Zwangsarbeiter gearbeitet hatten, fühlten sich viele der Ausländer nach so langer Zeit „ihrem" Betrieb oder „ihrer" Bauersfamilie praktisch immer noch zugehörig. Gisela Jäckel aus Wetzlar erinnerte sich:[17]
„Mein Vater arbeitete im Wetzlarer Fuhrgeschäft Wick am Steighausplatz. Die Firma hatte auch einige Landwirtschaft, und so waren bei Kriegsende dort insgesamt 17 Ostarbeiter und ein Franzose beschäftigt.
Als befreite Zwangsarbeiter nach Kriegsende überall in Wetzlar geplündert haben, bewachten diese Ausländer das Wick'sche Firmengelände, damit keiner die Pferde und Wagen sowie sonstige Gegenstände wegholen konnte."
Ottilie Gatzert aus Niederkleen konnte sich an Ähnliches erinnern:[18]
„Die Ukrainerin Kulina Konowal, die während des Krieges mit einem Franzosen und einem Ostarbeiter auf unserem Hof in Niederkleen gearbeitet hatte, kam dann im Sommer 1945 nach Wetzlar in das Ausländer-Sammellager in der Sixt von Armin-Kaserne – in der Silhöfer Au. Als sie uns verließ, hat sie bitterlich geweint und zum Abschied gewinkt."
Erhard Heinrich aus Naunheim berichtete 2001:[19]
„Mein Vater war Schreiner. 1944 war er vorübergehend bei der Firma Hensoldt angestellt. Etwa ab August/September 1944 kamen an den Wochenenden zwei jün-

gere Ostarbeiter zu uns nach Hause, um im Haus und im Wald beim Holzmachen zu helfen.
Nach Kriegsende war der Vater in der Sixt-von-Armin-Kaserne mit Fensterreparaturen beschäftigt. Eines Tages kam er nach Hause und erzählte: Stellt euch vor, heute hat mich der ... (Anm.: der Name war 2001 leider nicht mehr bekannt) *gesehen, ist auf mich zugekommen, fiel mir um den Hals und hat geweint wie ein kleines Kind. Ich weiß aber nicht, warum."*
Ob sich der junge Russe denken konnte, was ihm in seiner Heimat bevorstand?
Aber auch von der Wetzlarer Carolinenhütte gab es Positives zu berichten. Wilhelm K. aus Wetzlar berichtete in einem Schreiben vom 12. März 1947 an die Spruchkammer III in Wetzlar:[20]
„Nach dem Zusammenbruch des ‚Dritten Reiches' hat sich auf der Carolinenhütte kein Russe gefunden, der auch nur etwas mutwillig zerstört hat, obwohl sie noch wochenlang auf dem Werk ein- und ausgegangen sind."

Faustrecht und Gewaltakte vor allem durch Polen setzten sich aber auch in der Folgezeit fort. Die amerikanische Militärregierung vermerkte dazu in ihrem Lagebericht für September 1945 unter anderem:[21]
„Da ausreichende Wachsoldaten nicht bekommen werden konnten, war die Kontrolle der DP-Camps schwierig. Ein Pass-System wurde in diesem Monat entwickelt, um gesetzlose Akte der DP's zu unterbinden ...
Unterdessen haben sich die Fälle von Plünderung, Vandalismus und allgemeiner Mißachtung der Menschen- und Besitzrechte fortgesetzt. Kaum eine Nacht ging vorüber, in der nicht irgend ein auswärtiger Bürgermeister anrief, daß sich die Polen in seinem Gebiet austobten. Das führte jeweils zum Ausrücken der am nächsten gelegenen Sicherheitskräfte, aber in den meisten Fällen waren dann die Vögel längst ausgeflogen.
... Eine Überprüfung des Transport-Offiziers ergab, daß sich viele nicht registrierte Fahrzeuge in der Hand von Lagerinsassen befanden. Die illegalen Fahrzeuge wurden konfisziert und in den zivilen Bestand übergeführt. Die Methoden, wie man an Benzin für diese Fahrzeuge gekommen war, werden zur Zeit noch untersucht."
Im November 1945 hatten sich diese Verhältnisse nicht gebessert. Am 26. November zündeten einige Polen ein russisches Gebetshaus an, das sich vermutlich in der Kaserne an der Silhöfer Au befand.[22] Darüber hinaus konnte man im amerikanischen Monatsbericht lesen:[23]
„Gesetzlose Akte der DP's setzten sich während des Monats fort, trotzdem alle nur möglichen Anstrengungen unternommen wurden, sie zu unterbinden.
... Den DP's haftet immer noch die Meinung an, sie hätten ein ganz eigenes Recht, von den Deutschen alles zu konfiszieren, was ihnen begehrenswert erscheint.
... Obwohl sie in einigen Fällen gefaßt und bestraft wurden, ist es extrem schwierig, die nächtlichen Raubzüge zu unterbinden. Es gab auch Fälle, in denen her-

ausgefunden wurde, daß die Polen bewaffnet waren, eine gefährliche Situation ... Auch eine große Anzahl von Fahrzeugen in den Camps begünstigte diese Situation, da sie die Räuberbanden mobil machte.
... Die Leitung installierte ein Führerschein-System und übergab die Benzinausgabe in die Hände der 15. US-Infantrie-Division ...“
Dennoch wurden die Polen immer dreister. Das zeigte ein Vorfall vom 3. November 1945. Um 13 Uhr suchten etwa fünf bis sieben Polen das Gerichtsgefängnis in der Wertherstraße unter dem Vorwand auf, ihre dort einsitzenden Landsleute besuchen zu wollen. Sie erschossen dabei den Rottwachtmeister der Schutzpolizei Heinrich Lind und befreiten anschließend zehn Polen. Die Witwe Emma Lind – sie war dort Gefängniswärterin – erklärte dazu am selben Tage bei ihrer Vernehmung:[24]
„Im Gerichtsgefängnis war ein polnischer Offizier und ein weitere Pole, der scheinbar Adjutant dieses Offiziers war. Dieser Offizier hat ein an der Eingangstür befestigtes Plakat in polnischer Sprache abgerissen. Das Plakat war eine Verfügung der Militärregierung, in welcher vorgeschrieben war, an welchen Tagen die Polen Sprechstunden hatten und wann ihnen Pakete überbracht werden durften. Bei dem Abreißen hat der Offizier erklärt, daß dies für Polen nicht in Frage käme.
... Vor dem Gerichtsgefängnis in der Wertherstraße bemerkte ich einen Personenwagen. In demselben saß der Kraftfahrer des Offiziers und unterhielt sich mit zwei Polinnen und drei Polen.
... Im Garten hörte ich, daß im Gerichtsgefängnis reger Verkehr war. Als ich in den Hof des Gerichtsgefängnisses kam, sah ich, daß ein Pole, der mit einer Pistole bewaffnet war, meinen Vater, der sich gerade heute zu Besuch bei uns aufhielt, mit einer Hand im Nacken hielt.“
Linds Schwiegervater Adolf Grün aus Beilstein hatte sich an dem Tag zufällig dort aufgehalten. Er gab dazu an:
„Ich hielt mich während des Überfalles auf das Gerichtsgefängnis in der Küche meines Schwiegersohnes auf. ... Ich sah kurz vor 13 Uhr mehrere Polen in das Büro des Gerichtsgefängnisses gehen. Kurz darauf kam ein Pole in die Küche und bedrohte Frau Möbus[25] und mich mit einer Schußwaffe. Er hatte eine große Pistole und rief uns zu: ‚Hände Hoch!‘ Dieser Aufforderung kamen wir nach. In dieser Zeit hörte ich einen erregten Wortwechsel vom Büro aus, den mein Schwiegersohn mit diesen Polen hatte. Der Pole verließ dann für kurze Zeit die Küche.
In diesem Augenblick lief ich zur Hintertür hinaus und wollte durch den Gerichtsgefängnishof nach dem Amtsgericht zu dem Justizwachtmeister Huber. ... Der Pole kam mir nach und faßte mich im Nacken und brachte mich unter Bedrohung mit der Schußwaffe wieder in die Wohnung und dann in das obere Stockwerk des Gerichtsgefängnisses.
Ich habe einen Schuß fallen hören. ... Als wir von den Polen in den obersten Stock des Gerichtsgefängnisses gebracht wurden, sah ich von der Treppe aus meinen

Schwiegersohn im Hausflur hinter der Eingangstüre im Blute liegen. Er lag mit dem Gesicht nach unten und war tot.
In der Zeit, in welcher wir im obersten Stock festgehalten wurden, ließen die Polen andere Polen aus den Zellen heraus. Ich habe dabei vier Polen gesehen, die im Besitz einer Pistole waren. In dem Gefängnis herrschte ein großer Tumult. Ich lief dann zur Militärregierung und meldete den Überfall."
Amtsgerichtsrat Kuhl von der Limburger Staatsanwaltschaft – er führte die Zeugenvernehmungen in Wetzlar durch – vermerkte zur allgemeinen Lage in Wetzlar in seinem Protokoll:[26]
„In Wetzlar befinden sich zur Zeit rund 10.000 Polen. Die Straftaten durch diese haben ... einen ganz ungeheuren Umfang. Von den leichteren Vergehen angefangen bis zu den schwersten Verbrechen.
Nach der Angabe des Wetzlarer Polizeihauptmannes Wieland waren ständige Bemühungen, die Militärregierung zu einem tatkräftigen Einschreiten zu veranlassen, ohne jeden Erfolg.
Die Polizeikräfte in Wetzlar sollen jetzt mit Waffen ausgerüstet werden. Ihre Anwendung gegen Polen ist aber verboten."
Der Leiter des Limburger Landgerichts wies dazu in einer Verfügung vom 8. November 1945 unter anderem an:
„Ich bitte, auch mit der Amerikanischen Militärregierung in Wetzlar Fühlung zu nehmen und auf die ganz unhaltbaren Zustände die durch das Polenlager in Wetzlar entstanden sind, und dessen Insassen die ganze Gegend unsicher machen, hinzuweisen. Abhilfe kann nur geschaffen werden durch den Abtransport der Polen. Ganz entschieden muß gefordert werden, restlose Entwaffnung der Polen im Lager Wetzlar und Maßnahmen dagegen, daß die Polen nachts das Lager verlassen, um Raubzüge zu unternehmen."
Aber selbst die amerikanische Militärregierung sprach nun von *„genereller Gesetzlosigkeit, welche die Aktivitäten der Displaced Persons im Kreis Wetzlar charakterisiere"*,[27] und bestätigte:[28]
„... 92 Prozent der kriminellen Delikte werden den polnischen DP's zugeschrieben."

Nun griff das Militär härter durch. Noch im November 1945 wurden in beiden DP-Camps Razzien durchgeführt, in deren Verlauf bei verschiedenen Bewohnern folgende Gegenstände beschlagnahmt wurden: zwei abgesägte Mausergewehre, eine Pistole, eine Abzugsvorrichtung für ein Maschinengewehr, 150 Kartons deutsche Munition, ein Bajonett, ein Messer, fünf Gallonen US-Benzin und verschiedene amerikanische Luxusgegenstände. Für ein weiteres Gewehr, eine Leuchtpistole und drei Kisten Seife konnten keine Besitzer ermittelt werden.

Das Ende der polnischen Mörderbanden in Wetzlar kam aber erst etwa ein Jahr später – dann aber um so wirksamer. In der Wetzlarer Neuen Zeitung vom 11. November 1946 stand darüber zu lesen:

„Schlagkräftig und wachsam. Die Constabulary stellte eine Mörderbande.
Die Insassen des Polenlagers wurden in den gestrigen Morgenstunden von einer Großrazzia der 37th Constabulary Squadron überrascht, der Mannschaften des in Marburg stationierten Infanterie-Regimentes beigegeben waren. Ein Piper Cup beleuchtete das abgesperrte Gelände. Panzerwagen waren aufgefahren.
Es handelte sich darum, dem Bandenwesen im Kreise Wetzlar das Handwerk zu legen. Gute Vorarbeit war bereits von der städtischen Polizei und den Militärbehörden unter Leitung von Captn. Clark geleistet worden.
Der gesuchte Bandenführer Jan Ballon, ein 22-jähriger, gut aussehender Sportsmann, war bereits vor einigen Tagen durch einen Sprung durch das geschlossene Fenster seiner Unterkunft entkommen, wobei ihm eine anwesende Polin seine Pistole nachgeworfen hatte.
Die gestrige Aktion ist gelungen. Jan Ballon und andere langgesuchte und bereits mehrmals ausgebrochene Mörder, wie: Kubaczynski, Kraska und Dombrowski, dingfest zu machen. Jan Ballon wurde in der Unterkunft der Lagerpolizei verhaftet. Die Bande soll über 40 Morde auf dem Gewissen haben, und wie uns von amtlicher Seite berichtet wurde, auch in Verbindung mit einem Überfall in Albshausen stehen. Die Militärpolizei verhaftete etwa 60 Lagerinsassen.
Bei Redaktionsschluß dauerten die Vernehmungen im Wetzlarer Amtsgerichtsgebäude an."

Diejenigen russischen und polnischen Zwangsarbeiter, die während des Krieges in Wetzlarer Firmenlagern gelebt hatten, dürften vorerst dort geblieben sein. Andere, die in der Landwirtschaft, in kleinen Gewerbebetrieben oder in Haushalten gearbeitet hatten, sind vermutlich gleich in die freistehenden Wetzlarer Kasernen gezogen, wo es außer dem amerikanischen Militär zuerst keine besondere Aufsicht gegeben zu haben scheint.
Die Verpflegung der Ausländer wurde nun zu einem Problem. Die Fürsorgeabteilung des Wetzlarer Beschaffungsamtes schrieb daher am 6. April 1945 an die Militärregierung in Wetzlar:[29]
„Der Wilhelm Zimmermann aus Braunfels ist beauftragt, für die Versorgung der Ausländer und der Bevölkerung des Kreises Wetzlar einschließlich der Stadt Wetzlar Vieh sicherzustellen und gegebenenfalls zu beschlagnahmen.
Die Bürgermeister des Kreises haben ihm die nötige Hilfeleistung zu gewähren.
Es wird gebeten, die Genehmigung hierzu zu erteilen und Herrn Zimmermann einen Ausweis zum Bereisen des Kreises Wetzlar auszustellen."

Nach den einstigen Westarbeitern wurden jetzt die ehemaligen Ostarbeiter „repatriiert" und in die Sowjetunion zurücktransportiert.[30] Das ging allerdings ganz anders vor sich, als es die meisten von ihnen erwartet hatten. Was war geschehen? Schon 1944 hatten die Sowjets von den Amerikanern und Engländern eine zwangsweise Rückführung *„von Millionen ehemaliger Angehörigen der roten*

Armee, Zivilisten und anderen Handlangern des Feindes" gefordert, *„die ihnen nach dem Krieg unweigerlich in die Hände fallen würden"*.
Im Winter 1944/45 befanden sich etwa 40.000 Briten und 75.000 Amerikaner in deutscher Gefangenschaft, und die Westalliierten nahmen an, dass ihre Landsleute letztendlich in sowjetisches Gewahrsam geraten würden. Das machte sie bereit zu einem Abkommen mit den Sowjets.[31] Am 10. und 11. Februar 1945 wurde daher im Abkommen von Jalta die zwangsweise Rückführung aller in Deutschland befindlichen Russen beschlossen. Danach waren sowjetische Staatsbürger, die von den Alliierten befreit worden waren, *„sofort nach ihrer Befreiung von den deutschen Kriegsgefangenen zu trennen"* und später *„an bestimmten Orten und in Lagern zusammenzufassen, wohin sich die sowjetischen Repatriierungsvertreter unverzüglich begeben werden"*.[32]
Die Massenrepatriierung in die Sowjetunion begann schließlich nach Unterzeichnung des Abkommens von Halle am 23. Mai 1945 mit dem *„Plan zur Überstellung von durch die Rote Armee und die Alliierten Truppen befreiten ehemaligen Kriegsgefangenen und Zivilisten über die Zonengrenzen"*. Dieses Abkommen war praktisch der Durchführungsvertrag zu den Verträgen von Jalta.[33]

In der Tat gab die Hensoldt AG am 23. Mai 1945 in einer Personalstands-Meldung an die amerikanische Militärregierung in Wetzlar an, dass sich noch 179 ausländische Arbeiter und 227 ausländische Arbeiterinnen im Hensoldt-Lager befänden.[34] Bei diesen Arbeiterinnen dürfte es sich fast ausschließlich um Ukrainerinnen – also sowjetische Staatsbürger – gehandelt haben.

Die neuen Ereignisse hatten sich unter den Millionen befreiten Russen in Deutschland bald herumgesprochen. Aber noch etwas anderes war schnell bekannt geworden: Zwar hatten sowjetische Regierungsvertreter öffentlich erklärt, *„das Land der Sowjets vergißt seine in die deutsche Sklaverei geratenen Bürger nicht und sorgt sich um sie"*, und *„Sie werden zu Hause als Söhne der Heimat Aufnahme finden"*.
Es gab aber glaubhafte Berichte von bereits repatriierten Landsleuten, wonach die Heimkehrer von den sowjetischen Aufsichtsorganen bedroht, beleidigt und geschlagen worden waren. Hinzu kam, die Eisenbahntransporte wurden – wie schon bei den Deportationen in das Deutsche Reich – überwiegend mit Viehwaggons durchgeführt, und schon in den sowjetischen Sammellagern wurden die Heimkehrer durch Soldaten mit Maschinenpistolen in mehrere Gruppen „grobsortiert": Kriegsgefangene, Zivilisten, Frauen und Kinder. Wieder wurden Familien auseinander gerissen und frisch Vermählte getrennt.[35] Und zu Hause seien erhebliche Repressalien zu erwarten: Die heimgekehrten Männer wurden gehasst, weil sie in Deutschland überlebt hatten, während die eigenen Söhne in der Sowjetarmee den Tod gefunden hatten, und beinahe jeder Dritte von ihnen wurde für Arbeitsbataillone in der Industrie rekrutiert.

Die jungen ehemaligen russischen Zwangsarbeiterinnen wurden sogar zumeist pauschal als Kollaborateurinnen behandelt.[36] Sie wurden als „Deutschenhuren" bezeichnet und waren zahllosen Übergriffen ausgesetzt.[37] Rainer Fischer aus Biskirchen bei Wetzlar wusste in diesem Zusammenhang von einem bemerkenswerten Schicksal zu berichten:[38]
„Im Sommer 1943 war eine junge Ukrainerin zu uns auf den Hof gekommen. Sie hieß Stafka Kowalska, war etwa 24 Jahre alt, Analphabetin und kam aus der Nähe von Sewastopol auf der Krim. Als ich sie das erste Mal sah, war sie normal gekleidet. Sie arbeitete bis zum Kriegsende bei uns, war sehr praktisch veranlagt und arbeitsam. Im Haus hatte sie ihr eigenes Zimmer.
Im Sommer 1945 wurden alle ehemaligen männlichen und weiblichen Zwangsarbeiter aus Biskirchen von belgischer Miltärpolizei abgeholt.[39] Es hieß, sie kämen wieder in ihre Heimat zurück. Einige der jungen Zwangsarbeiter flüchteten damals in die umliegenden Wälder. Ich habe sie nie mehr wieder gesehen.
Obwohl sie es bei uns nicht schlecht gehabt hatte, freute sich ‚unsere' Stafka sehr auf ihre Heimat und ging gern mit den Belgiern mit.
Was dann kam, werde ich nie vergessen. Weihnachten 1945 stand sie wieder vor unserer Haustür. Als sie von uns gegangen war, hatte sie ihre guten Kleider angezogen. Jetzt stand sie da zusammen mit noch einer anderen Russin: in Sträflingskleidung – eine gestreifte KZ-Jacke wie die Juden in den Lagern, mit einer langen Nummer auf der linken Seite. Dazu eine russische Militär-Männerhose.
Unsere Mutter ließ sie ein. Stafka fing fürchterlich an zu weinen und erzählte, daß sie in einem russischen Gefangenenlager mehrfach von russischen Soldaten vergewaltigt worden war. Am nächsten Tag mußte ich die Hebamme holen. Sie hat dann die Stafka untersucht, und – wie mir unsere Mutter später erzählte – festgestellt, daß diese an den Brüsten und am Geschlechtsteil schwere Verletzungen hatte. Sie wurde medizinisch versorgt und gesundete später wieder langsam.
Ende Mai 1946 kam wieder belgische Miltärpolizei und hat die Stafka abgeholt. Sie schrie: ‚Jetzt machen sie mich tot!' Da haben die Belgier ihre Maschinenpistolen auf sie gerichtet und sie abtransportiert. Wir haben sie nie mehr wieder gesehen."

Schon bald nach Beginn der Repatriierungsaktionen war die Zahl der Rückkehr-Unwilligen unter den Russen drastisch angestiegen. Dennoch konnte sich nur eine geringe Zahl von ihnen der zwangsweisen Deportation in ihre Heimat entziehen.[40]

Die Methoden der Repatriierung erinnerten vor allem in der Anfangsphase sehr an die einstigen Methoden der deutschen „Anwerbung" sowjetischer Zivilarbeiter. Lothar Karst aus Wetzlar erinnerte sich dazu 2002:[41]
„Wir wohnten damals in der Sixt-von Armin-Straße (heute: Magdalenenhäuserweg). *Eines Tages – ich meine, es war wohl Ende Mai oder Anfang Juni 1945 –*

kam ich an den Leitzplatz und war völlig überrascht: Vom Leitzplatz bis in den Bereich des Langgässer Tores standen in einer endlosen Schlange amerikanische Militär-LKW. Es waren fast ausnahmslos schwere mehrachsige Sattelschlepper, wohl so 40 bis 50 Fahrzeuge. Sie standen alle in Fahrtrichtung zur Bahnhofstraße. Ich wurde beim ehemaligen Leitz'schen Zwangsarbeiterlager auf dem Stadiongelände Zeuge, wie eine Einheit amerikanischer Militärpolizisten – ich meine, sie hießen damals ‚Constabulary'[42] *– die jungen russischen Mädchen und Frauen in Gruppen auf die LKW trieben. Es war wirklich ein Treiben: im Laufschritt und unter lauten Rufen ‚Dawai! Dawai!'.*[43] *Eines werde ich dabei nie vergessen, weil es so schrecklich und zugleich symbolisch war: Viele der jungen Frauen weigerten sich, die Ladeflächen der LKW zu besteigen. Einige von ihnen klammerten sich dabei mit aller Kraft an das eiserne Geländer der ‚Jacob-Sprenger-Brücke' über die Lahn, und zwar genau dort, wo der Schriftzug ‚Jakob Sprenger' in schmiedeeisernen Buchstaben in das Brückengeländer eingearbeitet war. Diese Brücke, die einmal nach dem einstigen NSDAP-Gauleiter benannt worden war, war ihnen jetzt der letzte Rettungsanker vor ihrem drohenden Abtransport. Genutzt hat es ihnen aber nichts. Die Amerikaner zogen sofort ihre Knüppel und schlugen so lange auf die Mädchen ein, bis sie das Geländer losließen.*
Später habe ich noch oft über diese Ereignisse nachdenken müssen und mich immer wieder gefragt, warum die jungen Frauen nicht mit den Amerikanern fahren wollten. Sicher scheint mir: Was ich sah, war eine Art Blitzaktion. Bei der Reaktion vieler dieser Zwangsarbeiter war mir bald klar: Wenn die Amerikaner den Abtransport vorher angekündigt hätten, wären wahrscheinlich die meisten der russischen Mädchen und Frauen vor dem Abtransport geflüchtet."

Bei der großen Zahl von US-LKW – auf der Ladefläche eines Sattelschleppers konnten sicherlich etwa 80 bis 100 Personen transportiert werden – scheint es nicht unmöglich, dass die US-Armee an diesem Tag fast alle noch in Wetzlar befindlichen sowjetischen Staatsangehörigen abtransportierte: Während sich im Januar 1945 noch 4.320 Russen im Kreis Wetzlar aufhielten,[44] scheinen sich im Juli 1945 in den beiden Wetzlarer UNRRA-Lagern keine Russen mehr aufgehalten zu haben.[45] Im März 1946 befanden sich jedenfalls in den beiden Wetzlarer DP-Camps definitiv keine Russen mehr.[46]

Vermutlich bereits Ende Mai 1945[47] hatte die UNRRA in Wetzlar zwei DP-Camps eingerichtet, die von einem Militärkommandanten geleitet wurden:[48]
Das Camp 1 befand sich in der ehemaligen Nachrichten-Kaserne an der Silhöfer Au. Es wurde vom UNRRA-Team No. 88 unter Leitung eines Mr. Watkinson betreut.[49] Die Aufnahmekapazität des Lagers wurde von den Amerikanern damals mit 7.000 Personen angegeben. Im Juli 1945 hielten sich dort jedoch 7.828 Polen[50] und im Oktober 1945 sogar rund 9.000 Polen in 517 Räumen auf. Das führte natürlich zu akuten Problemen. Die Lagerleitung sah sich dadurch veran-

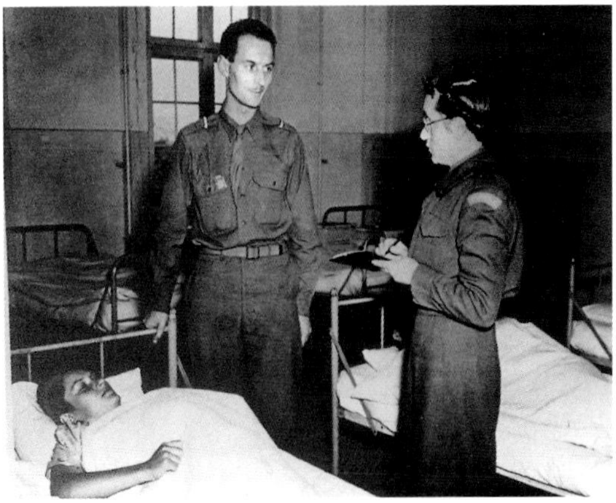

Der französische Arzt Dr. Jacques Marsault und die britische UNRRA-Krankenschwester Ellen Hazell besprachen am 14. Juni 1945 im Hospital eines der beiden DP-Lager in Wetzlar eine Krankengeschichte (vermutlich im Camp 1 an der Silhöfer Au. In dem Lager waren im Juli 1945 über 7.800 polnische DP's untergebracht).

lasst, Blockführer und Etagenaufsichten einzusetzen. Das Headquarter Military Government vermerkte dazu in seinem Report für September 1945:[51]
„One of the most complicated problems confronting this detachment is an over supply of displaced persons.“
Die Verpflegung erfolgte durch eine eigens dafür gebildete Ausländer-Küchenabteilung mit acht Küchen. Für die medizinische Versorgung standen fünf Ärzte (drei Polen, ein Türke und ein Italiener), zwei Zahnärzte (ein Russe und ein Österreicher) und 31 Krankenschwestern (27 Polinnen, eine Russin und drei Italienerinnen) zur Verfügung. Die Krankenstation im Lager hatte 56 Betten.[52] Dennoch muss es auch hier Probleme gegeben haben, denn die Militärregierung sprach von einem *„durch die Gesundheitsbehörde festgestellten alarmierenden Trend einer scharfen Zunahme der Kindersterblichkeit“*.[53]

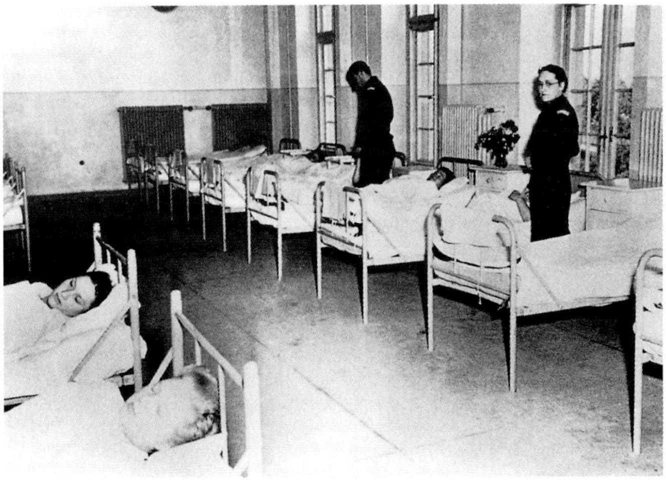

Ebenfalls am 14. Juni 1945. Die britische UNRRA-Krankenschwester Ellen Hazell und ein Pfleger bei der Krankenversorgung in einem UNRRA-Lager in Wetzlar.

Lothar Karst aus Wetzlar konnte sich 2002 auch noch gut an die Mitarbeiter der UNRRA erinnern:[54]

„Das UNRRA-Team für die Kasernen in der Silhöfer Au wohnte im Parterre des heutigen Hauses Magdalenenhäuserweg 10. Es waren Polen, die britische Uniformen trugen – wer anders hätte sich auch mit den Tausenden von Polen im Lager verständigen können? Auf der einen Schulter war der Schriftzug ‚UNRRA' aufgenäht, auf der anderen Seite der Schriftzug ‚Poland'."

Das Camp 2 befand sich in der ehemaligen Spilburg-Kaserne und wurde vom UNRRA-Team No. 179 unter Leitung eines Mr. Neilson betreut.[55] Hier gaben die Amerikaner die Aufnahmekapazität mit 3.000 Personen an. Im Juli 1945 hielten sich dort 2.911 Polen und im Oktober 1945 insgesamt 2.878 Polen auf.[56] Unter ihnen befanden sich etwa 300 junge, unverheiratete Frauen, was bei der großen Zahl der ebenfalls im Lager lebenden jungen Männer bald zu Problemen führte. Die Amerikaner hatten zwar versucht, die jungen Männer und Frauen räumlich zu trennen – im Sanitary Report vom 1. Oktober 1945 hieß es dazu jedoch: *„... but there has not be found a method of keeping them from sleeping were they desire."*[57]
Insgesamt dürften die Verhältnisse dort aber geregelt gewesen sein, denn im Zeitraum zwischen dem 2. Okotober 1945 und 20. Oktober 1946 wurden von der polnischen katholischen Kirche im Lager Spilburg allein etwa 520 Eheschließungen sowie ca. 320 Geburten und 80 Todesfälle verzeichnet.[58]

Am 10. August 1945 erließ die amerikanische Militärregierung ihre „Anweisung N.1", in der es unter „e" hieß:[59]

„Die Verwaltung aller Wohlfahrts- und Unterstützungsstellen ... wird ... nach folgenden Richtlinien gehandhabt:

1. *Unterstützung wird nur im Falle von Bedürfnis gewährt. Alle besonderen Hilfsprogramme, die aus anderen Gründen – wie zum Beispiel Rasse, Privileg, politischer, religiöser oder anderer Einstellung – Unterstützung gewährten, sind aufgehoben.*
2. *Hilfe wird jedem versagt, der Arbeit verweigert.*
3. *Den Bedürfnissen der verschleppten Personen der Vereinten Nationen wird Vorrang gewährt."*

Im Sommer 1945 hielt sich außer einigen tausend DP's auch eine Anzahl ehemaliger KZ-Häftlinge in Wetzlar auf. Nach einer Personenliste der Fürsorgeabteilung des Wetzlarer Beschaffungsamtes vom 19. Juli 1945 waren dies 51 Personen: 41 Polen, 9 Deutsche und eine Südamerikanerin. Darüber hinaus befanden sich noch 13 ehemalige rumänische Kriegsgefangene in Wetzlar. Sie alle wohnten an verschiedenen Stellen in der Stadt und wurden von der Stadtverwaltung eingekleidet[60] und in der Gastwirtschaft „Jägerhof" durch die Stadt kostenlos verpflegt.

Der polnische UNRRA-Mitarbeiter Dionizy Graff (vorn rechts) beaufsichtigte Leibesübungen seiner Landsleute im DP-Camp an der Silhöfer Au in Wetzlar. Schräg rechts hinter ihm stand offensichtlich eine Art Gruppenführer.

Dieses in nordwestlicher Richtung in der einstigen Nachrichtenkaserne an der Silhöfer Au in Wetzlar aufgenommene Foto vom 14. Juni 1945 zeigt im Bildhintergrund das einstige Kantinen- und Festsaalgebäude mit dem Glockenturm. Links im Hintergrund sieht man die Bewaldung der Magdalenenhäuser Höhe. Die meisten der Fahrzeughallen im Bild sind inzwischen ebenso abgerissen wie die Wohnblöcke. Das Stabsgebäude hingegen ist heute noch vorhanden und steht jetzt in einem neuen Gewerbegebiet. Die marschierende Männergruppe wurde von dem gleichen Mann angeführt, der auch auf dem Foto mit dem polnischen UNRRA-Mitarbeiter zu sehen ist.

Nach einer weiteren Aufstellung der Fürsorgeabteilung des Beschaffungsamtes vom 15. August 1945 war ihre Zahl bis dahin auf 67 Personen angestiegen.[61] Zwar ging aus beiden Listen nicht eindeutig hervor, dass es sich bei den Genannten um

Juden handelte; in einem Schreiben des Wetzlarer Beschaffungsamtes vom 28. November 1945 an den Bürgermeister von Wetzlar wurde jedoch *von „Verpflegung und Kohlenlieferung an die Polen-Juden in der Naubornerstr. 51-53"* gesprochen.[62] Dabei waren 24 der offensichtlich jüdischen Namen in beiden Listen identisch.[63] 17 von ihnen wohnten im Polenlager im DP-Camp 1 an der Silhöfer Au, 13 Personen in der Inselstraße 10, acht Personen in der Naubornerstraße 52a, vier Personen am Fischmarkt 9, andere in der Lauerstraße, Merianstraße, Kestnerstraße, Frankenstraße usw.[64]

Die amerikanische Militärregierung – sie bezeichnete deren Unterkünfte als *„Small Jewish installation at Wetzlar"*[65] – hatte vergeblich versucht, sie dazu zu bewegen, in das jüdische Lager der Stadt Frankfurt überzusiedeln.[66]

Nachdem die Inneneinrichtung der Wetzlarer Synagoge im Zusammenhang mit der „Reichspogromnacht" am 8. oder 9. November 1938 weitgehend zerstört worden war[67] (eine Brandstiftung konnte nicht nachgewiesen werden),[68] hatte sie bis zum 12. April 1945 als Unterkunft für französische Kriegsgefangene gedient.[69]

Die Militärregierung in Wetzlar veranlasste im April 1945 die Instandsetzung der Wetzlarer jüdischen Kultureinrichtungen (Synagoge, jüdischer Friedhof an der Bergstraße und alter jüdischer Friedhof im „Zwinger" vor der Stadtmauer am Steighausplatz). Lehrer Waldschmidt erhielt den Auftrag zur Räumung und Instandsetzung des Synagogengebäudes. Am 18. Mai 1945 fand nach provisorischer Einrichtung wieder der erste Gottesdienst in der Wetzlarer Synagoge statt. Gottesdienste und Schule wurden dann während der Wiederherstellungsarbeiten fortgesetzt und fanden ihren Höhepunkt zu „Rosch-Haschannah" (14. bis 17. September 1945) in der neu restaurierten Synagoge.[70]

Über das weitere Schicksal dieser einstigen KZ-Häftlinge ist nichts mehr bekannt. Vielleicht haben sie sich später den osteuropäischen Juden in Wetzlar angeschlossen.

Der französische Versorgungsoffizier Charles Pottgen erklärte zwei ehemaligen Zwangsarbeitern die Wirkungsweise des Motors eines UNRRA-Lastkraftwagens.

Im Spätherbst 1945 dürfte mit etwa 17.000 die Höchstzahl von ausländischen Personen in Wetzlar erreicht worden sein: In den beiden Wetzlarer DP-Lagern befanden sich im September 1945 zusammen etwa 14.000 Personen, zumeist Polen.[71] Außerdem wurde vermutet, dass sich noch ca. 2.000 Personen – ebenfalls hauptsächlich Polen – außerhalb der Lager im Kreis Wetzlar aufhielten.[72] Erstmals im November 1945 waren in Wetzlar zusätzlich noch Esten und Letten nachweisbar. Sie wohnten zuerst im Hotel Kessel, am Neustädter Platz und an der Schönen Aussicht, mussten aber dann in das Camp 2 in der Spilburg umziehen.[73] Außerdem befanden sich noch Ungarn an der Schönen Aussicht und Rumänen im einstigen Zwangsarbeiterlager der Firma Röchling-Buderus in der Gabelsbergerstraße.[74]

Zirka 17.000 DP's standen zu dem Zeitpunkt also knapp 22.000 Wetzlarer Einwohnern gegenüber.[75]

Auch die in Wetzlar lebenden Polen wurden nun repatriiert. Am 13. Oktober 1945 wurden 1.000 Personen aus Camp 1 und 400 Personen aus Camp 2 zurück in ihre Heimat transportiert.[76] Von der Militärregierung in Wiesbaden waren zusätzlich Transporte an folgenden Terminen vorgesehen: 30. Oktober, 3. November, 8. November und 12. November – jeweils mit 1.000 Personen.[77]
In der Tat fand im Oktober 1945 noch ein weiterer Polen-Transport mit etwa 1.250 Personen statt. Das genaue Datum konnte jedoch nicht ermittelt werden. Im November 1945 folgten dann weitere Transporte nach Polen: am 8. November 1.006 Personen, am 14. November 886 Personen und am 21. November 410 Personen.[78]
Ebenso wie bei den schon im Mai/Juni 1945 abtransportierten Russen war auch bei den in Wetzlar lebenden Polen der Wunsch nach Rückkehr in ihre Heimat nicht sehr verbreitet. Die Militärregierung vermerkte in ihrem Monatsbericht für Oktober 1945, dass nur etwa 55 Prozent der Polen heimkehren wollten.[79] Die Gründe dafür waren verschieden: Zum einen war Ostpolen inzwischen von der Sowjetunion okkupiert worden, so dass eine Rückkehr für die dort Beheimateten einen Eintritt in die Sowjetunion bedeutet hätte. Darüber hinaus waren ihre Heimatorte vermutlich zerstört (es war bekannt, dass die Deutschen auf ihrem Rückzug in Richtung Westen rigoros das System der „verbrannten Erde" angewendet hatten), und es war völlig unsicher, ob man in Polen Arbeit, Verpflegung und Sicherheit vorfinden würde.

Die Verhältnisse in den Wetzlarer DP-Camps hingegen waren trotz aller Widrigkeiten relativ gut. Die Gebäude und sanitären Anlagen waren in Ordnung, die Verpflegung war angemessen, Gottesdienste waren möglich, für die Jugendlichen gab es Sportmöglichkeiten,[80] und für die Kleinsten ein Kinder-Theater. Am 5. Mai 1945 wurde im DP-Camp Silhöfer Au ein allgemeines Gymnasium mit den Klassen I (16 Schüler), III (12 Schüler) und IV (16 Schüler) sowie ein Lyzeum für

Am 14. Juni 1945 sprach Austice Crawley aus Windsor, britischer Fürsorge-Offizier bei der UNRRA, mit einer Kindergärtnerin im DP-Camp 1 an der Silhöfer Au in Wetzlar.

Ebenfalls am 14. Juni 1945 – es war ein stürmischer Tag – leitete die niederländische UNRRA-Mitarbeiterin Henny Kamerman eine Malklasse für Kleinkinder im DP-Camp an der Silhöfer Au in Wetzlar.

Mathematik und Naturwissenschaft (12 Schülerinnen) und eine Handelsschule eingerichtet. Insgesamt gab es zu der Zeit 106 Schüler/innen.[81]
Aber auch häusliche Einrichtungen wie etwa Näh- und Schneiderkurse waren vorhanden.[82] Die Militärregierung notierte in ihrem Bericht für September 1945:[83]
„Physikalisch gesehen sind die DP's in den Wetzlarer Zentren in einer bevorzugten Position. Sie sind gut untergebracht, mit den geforderten Kalorien ernährt und es ist ziemlich sicher, daß die jetzt durchgeführten Wintervorbereitungen es ihnen während der kalten Monate komfortabel machen werden."
Auch der „Sonderberater in jüdischen Angelegenheiten" der Militärregierung, Major und Rabbiner Judah Nadich,[84] kam nach einer Lagervisite am 27. September 1945 zu dem Ergebnis, dass hier lediglich Verbesserungen im Verwaltungsvollzug erforderlich wären.[85]
Trotzdem gab es weitere Begehrlichkeiten bei den Lagerbewohnern. Im Oktober 1945 keimte im DP-Camp 1 an der Silhöfer Au ein Aufruhr auf wegen Kritik an

der Verteilung der Rotkreuzpakete. Die Militärregierung hatte angeordnet, die Pakete der normalen Verpflegungsration zuzuschlagen – die Polen hingegen forderten eine individuelle Verteilung der Pakete. Der UNRRA-Direktor rief daraufhin das Militär zu Hilfe, und es stellte sich heraus, dass einige Polen das Personal bedroht hatten: Sie hissten ein Spruchband mit der Aufschrift „Dies ist ein zweites Buchenwald", aber sie wurden durch das Militär schnell zerstreut.[86]

Während die Zahl der Polen in Wetzlar nun stark abgenommen hatte, kamen andererseits wieder etwa 500 Ausländer aus einem Gießener Camp hinzu. Ende November 1945 hielten sich so im Camp 1 insgesamt 5.004 Polen auf, und in Camp 2 waren es 1.913 Personen – insgesamt also 6.917 ehemalige Zwangsarbeiter.[87]
Im Dezember 1945 wurden die beiden Wetzlarer UNRRA-Camps umbenannt: Das Camp 1 des UNRRA-Teams No. 88 – an der Silhöfer Au – erhielt die Lagernummer 538 und das Camp 2 des UNRRA-Teams No. 179 – in der Spilburg – die Lagernummer 539. Gleichzeitig wurde die Oberaufsicht über beide Camps unter das Kommando der taktischen Truppen – 15. US-Infanterie-Division – gestellt. Von jetzt an arbeiteten hier drei Institutionen zusammen: der Direktor der UNRRA mit seinen Mitarbeitern (Team 88 mit 11 Personen und Team 179 mit 13 Personen), der Kommandierende Offizier mit dem DP-Offizier der 15. US-Infanterie-Division, und der DP-Offizier der Militärregierung, die im Buderus'schen Gästehaus an der Haarbachstraße saß (Hausergasse 36) – genau dort, wo bis Kriegsende NSDAP-Kreisleiter Wilhelm Haus residiert hatte. Das Personal der Militärregierung bildeten für Wetzlar Oberstleutnant Eugene M. Lee, die Hauptleute William E. Lockwood und William M. Condon und die Leutnants Waldemar E. Zeitner und William J. Salem.[88]

Das DP-Camp Nr. 539 – UNRRA-Team Nr. 179 – in der Spilburg-Kaserne wurde im April 1946 aufgelöst.[89] Bereits am 28. Februar 1946 hatte die US-Militärbehörde dem Beschaffungsamt der Stadt Wetzlar mitgeteilt, dass der Abtransport der in der Spilburg wohnenden Polen in Kürze bevorstehe.[90] Anfang April zog dort dann die D-Kompanie der 333. US-Ingenieur-Sonderabteilung ein. Sie traf offensichtlich Vorbereitungen für nachrückende US-Einheiten.[91] Die letzten DP's hatten die Spilburg bis zum 20. April 1946 verlassen.[92]
Am 25. April 1946 teilte die amerikanische Militärregierung der Wetzlarer Stadtverwaltung dann mit, dass etwa 1.800 Soldaten – zwei Kompanien und zwei Stäbe – in die Spilburg-Kaserne einziehen würden. Gleichzeitig wurde angeordnet, das Haus Frankenstraße 5 sei bis zum 28. April für einen US-Offizier frei zu machen, und ein Wohnblock in der Frankfurter Straße sei bis zum 29. April 1946 für unverheiratete Offiziere zu räumen.[93]
Von da an war die einstige Spilburg-Kaserne wieder ihrem eigentlichen Zweck zugeordnet.[94] In Wetzlar gab es nun nur noch das DP-Camp Nr. 538 in der Silhö-

fer Au, welches vom UNRRA-Team Nr. 88 betreut wurde. Nach deren Unterlagen war es am 9. März 1946 mit 5.109 Personen belegt – 4.756 Polen, 258 Juden und 95 Personen unbekannter Herkunft. Es waren 2.610 Männer, 2.058 Frauen, 441 Kinder unter sechs Jahren, 276 Kinder von sechs Jahren an aufwärts und 172 Personen im Hospital.[95] Zusätzlich befanden sich im März 1946 außerhalb der DP-Camps in der Stadt Wetzlar noch 189 Ausländer und 29 Staatenlose.[96]

Für Ende März 1946 tauchten in den amerikanischen Unterlagen aber wieder zwei neue, allerdings kleinere Lager auf: Ein jüdisches Lager in Wetzlar und ein DP-Lager in Weilburg, beide dem UNRRA-Lager 538 in Wetzlar zugeordnet. Im Wetzlarer Judenlager hielten sich am 30. März 1946 insgesamt 233 Personen auf, während das Weilburger DP-Lager 82 Litauer und 7 Letten beherbergte.[97]
Wo sich dieses neue jüdische Lager in Wetzlar genau befand, konnte nicht eindeutig geklärt werden. Es hat aber den Anschein, als ob die 258 Juden, welche sich schon im März 1946 im Wetzlarer DP-Camp an der Silhöfer Au aufgehalten hatten,[98] nun in ein von den Polen abgetrenntes Sonderlager im selben Camp umgezogen waren.
Am 20. April 1946 befanden sich diese Juden nicht mehr in Wetzlar, sondern waren in ein in Bad Nauheim offensichtlich neu angelegtes Judenlager verlegt worden.[99] Im Mai 1946 bekam dieses Lager (Bewohner: 235 Juden) die Lagernummer 588. Das Weilburger Lager (Bewohner: 97 Letten und 7 Litauer) erhielt die Nummer 589. Beide blieben aber zusammen mit dem DP-Camp in Wetzlar unter der Betreuung des bisherigen UNRRA-Teams Nr. 88.[100]

Nach den Wochenberichten der amerikanischen Militärregierung befanden sich im September 1946 im Camp an der Silhöfer Au noch 1.548 Polen.[101] Diese müssen jedoch bereits im Oktober 1946 abtransportiert worden sein, denn nach dem Wochenbericht vom 26. Oktober 1946 befanden sich zu der Zeit bereits 4.432 Juden in diesem Lager.[102] Es handelte sich um osteuropäische, dabei in der Hauptsache polnische Juden.[103] Sie waren im Zuge der seit einigen Wochen stattfindenden jüdischen Massenflucht aus Osteuropa in die alliierten Westzonen gekommen. Die Gründe waren unterschiedlich: Teils war es die Faszination des zionistischen Gedankens, teils trieb – wie in Polen – der wieder auflebende Antisemitismus des rechten Flügels der polnischen illegalen Opposition die Juden in die Flucht, teils lag es an der weitgehenden Verstaatlichung von Handel und Industrie, die vielen Juden ihre selbstständige Existenz raubte.[104] Hinzu kam, dass Polen ein kriegsverwüstetes Land war und ihre Wohnungen oftmals innerhalb der auf deutschen Befehl eingerichteten städtischen Ghettos lagen. Außerdem waren ihre Verwandten und Freunde in der Regel tot oder verschollen.[105]
Diese Juden waren also keine befreiten KZ-Häftlinge oder Zwangsarbeiter, sondern sie waren aus ihrer angestammten Heimat geflüchtet. Ihre Anwesenheit in Deutschland war somit keine direkte Kriegsfolge mehr, sondern ein Ergebnis der

besonderen Nachkriegsverhältnisse in ihren Heimatländern. Insofern war auch die Bezeichnung „DP" = „Displaced Persons" für sie nicht zutreffend. Ein neuer, eigener Begriff stand aber nicht mehr zur Verfügung. So war es nicht zufällig, dass in den militärischen und zivilen Verwaltungen fortan eine ungenaue Begrifflichkeit vorherrschte. Ohne dass inhaltliche Unterschiede erkennbar sind, sprach man fälschlicherweise von „jüdischen DP's", oder aber korrekter von „jüdischen Refugees" (Flüchtlingen) und „jüdischen Persecutees" (Verfolgten).[106] Sie wurden in der US-Zone als eigene Gruppe aufgefasst und waren ab dem 22. August 1946 in eigenen jüdischen Lagern unterzubringen.[107]

Das Wetzlarer DP-Camp mit dem Polenlager, in dem sich zuvor vermutlich schon einmal ein kleineres jüdisches Lager befunden hatte, war nun also vollends zum jüdischen Lager geworden. Obwohl offensichtlich bis zur späteren Auflösung des Lagers noch verschiedene andere Volkstumsangehörige – also DP's – dort lebten, wurde es von nun an in den amerikanischen Unterlagen folgerichtig nur noch als „Jüdisches Lager" bezeichnet.[108]

Nachdem die Ära der Zwangsarbeit in Wetzlar bereits am 29. März 1945 – mit dem Einmarsch der Amerikaner in der Stadt – geendet hatte, war hiermit nun auch das Ende des DP-Daseins in der Stadt gekommen.

Das jüdische Lager

Wendet man die Begriffe „Zwangsarbeiter" und „Displaced Persons" konsequent als inhaltliche Zielsetzung dieser Arbeit an, müsste das Buch hier enden. Dagegen sprechen jedoch zwei Gründe: Zum einen die Tatsache, dass die zweieinhalb Jahre dauernde Ära des jüdischen Lagers an der Silhöfer Au in Wetzlar – von Ende 1946 bis zum Frühjahr 1949 – in der Literatur bislang nur sehr wenig beschrieben wurde,[109] und darüber hinaus, weil bei den sehr umfangreichen Recherchen zur Geschichte der DP's in Wetzlar auch einiges auswertbares Material zu dieser Thematik gehoben werden konnte.

In der gesamten amerikanischen Zone befanden sich im Februar 1947 insgesamt 30.486 Juden in Lagern.[110] Im jüdischen Lager Wetzlar hielten sich damals 4.499 Personen auf. Damit befanden sich 14,7 Prozent aller jüdischen Lagerbewohner der Amerikanischen Zone im Lager an der Silhöfer Au in Wetzlar.[111] Zur selben Zeit befanden sich die drei Lager – das jüdische Lager Wetzlar (4.499 Personen), das Weilburger DP-Camp (147 Personen) und das jüdische Lager Bad Nauheim (478 Personen) unter der Bertreuung des UNRRA-Teams Nr. 1.023 in Bad Hersfeld.[112] Das Bad Nauheimer Lager befand sich im Juni 1947 unter Betreuung des Teams Nr. 1022 in Frankfurt am Main.[113]

Im Zeitraum zwischen dem 14. und 20. September 1947 hielten sich im Wetzlarer Lager 4.329 Juden, 38 Polen, 21 Esten, 7 Litauer und 1 Russe auf. Hinzu kamen noch 44 Juden im Krankenhaus Wetzlar.[114] Mitte September 1947 kam das Gerücht auf, das Wetzlarer Lager werde nach Fulda oder in eine andere Stadt verlegt. Die WNZ veröffentlichte daraufhin am 16. September ein Interview mit einem US-Major namens Russe, der bestätigte, das Lager werde geräumt, aber man kenne noch nicht den neuen Standort. Als Ersatz sollten in das Wetzlarer Camp dann ein US-Stab, Ordonnanz-Kompanien, eine Infanterie-Abteilung und die US-Verwaltung einziehen.[115] Dieser Plan wurde aber nie in die Tat umgesetzt, denn das jüdische Lager in Wetzlar bestand noch bis zum März 1949.[116]

Die osteuropäischen Juden betrieben in Wetzlar einen lebhaften Schwarzhandel. Da sie in der Regel vermögenslos nach Deutschland gekommen waren, wurde der „Schwarze Markt" für viele von ihnen zum Ausgangspunkt einer kaufmännischen Karriere. Dort konnten sie einen Teil der hochwertigen Lebensmittel und sonstigen Produkte verkaufen, die sie von der UNRRA oder IRO bekommen hatten.[117] Besonders vor dem jüdischen Lager in der Silhöfer Au,[118] aber auch auf dem Schillerplatz[119] und im Bahnhofsbereich entstanden regelrechte Schwarzmarkt-Zentren. Hans-Joachim Vorwerk aus Wetzlar erinnerte sich:[120]
„Wir wohnten damals in der Wetzlarer Hintergasse. Ich war bei Kriegsende 15 Jahre alt. Etwa 1946 kamen mit der UNRRA viele Hundert Juden nach Wetzlar. Es waren m. E. polnische, vielleicht auch russische Juden. Sie sprachen – wenn überhaupt – nur ganz gebrochen deutsch. Es hieß, sie sollten alle nach Israel gehen. Später waren sie dann ja auch alle wieder weg.
Diese Juden haben in Wetzlar einen schwunghaften Schwarzhandel mit allem nur Möglichen getrieben. Dabei wurde immer mit einer Art ‚Besatzungsgeld' gehan-

Ein Lager-Geldschein im Wert von 10 „Units" aus dem UNRRA-Lager in Bad Wörishofen. Derartige Scheine sind Augenzeugenberichten zufolge auch in den beiden Wetzlarer DP-Camps an der Silhöfer Au und auf der Spilburg verwendet worden. Solche Lager-Geldscheine – es gab sie in Dollar-, Unit- oder Point-„Währung" – hatten nur im jeweiligen DP-Camp Gültigkeit.

delt, das wohl die Amerikaner ausgegeben hatten. Ich meine, das seien zuerst blaue Scheine gewesen. Irgendwann wurde dieses Besatzungsgeld von den Amerikanern aber wieder eingezogen und entwertet. Danach wurde neues Geld ausgegeben. Ich erinnere mich, daß es damals geheißen hatte, mehrere der Juden hätten sich aufgehängt, weil sie durch diese Geldentwertung ihr gesamtes Hab und Gut verloren hätten.“

In der Tat waren in den Lagern auch Verkaufsstellen eingerichtet worden, bei denen – die Deutsche Mark war zu der Zeit ja fast wertlos – Lagerscheine in Dollar-, Unit-[121] oder Point-[122] „Währung“ ausgegeben wurden. Meist waren es verschiedenfarbige Scheine mit Wertaufdruck, der Angabe des jeweiligen DP-Centers und des UNRRA-Teams,[123] andere mit Eindruck der Jewish Community und Stempelaufdruck des jeweiligen Camps,[124] oder in der Form als „Jewish Camp Money, Employment Board for Jewish displaced persons U.S. Zone, Germany“ (dort vermutlich in Points). Die Scheine hatten jedoch nur in den Lagern Gültigkeit.[125]

Ein Lager-Geldschein im Wert von 50 US-Cents aus dem jüdischen Lager in Deggendorf/ Bayern. Nach Augenzeugenberichten wurden solche Lager-Geldscheine auch im jüdischen Lager an der Silhöfer Au in Wetzlar verwendet.

Aber auch viele Deutsche – besonders, wenn sie leichter als der Normalbürger an Lebensmittel oder sonstige Tauschwaren kamen – betrieben natürlich Schwarzhandel.[126] Darüber hinaus beteiligten sich viele Wetzlarer passiv an solchen Geschäften, indem sie für Angehörige der DP-Camps ihre Häuser als Warenlager zur Verfügung stellten.[127] Allerdings waren dabei auch UNRRA-Mitarbeiter beteiligt. Horst Dinkel, der damals mit seine Eltern in der Braunfelser Straße wohnte, erinnerte sich dazu 2002:[128]
„Nach dem Krieg habe ich mit vielen Bewohnern des UNRRA-Lagers Waren getauscht. Meistens brachten sie uns Brot und tauschten dafür Gemüse von mir

ein. Das ging ganz leicht, weil unser Grundstück an der Braunfelser Straße rückwärtig direkt an das Lager grenzte.
Bei uns im Haus war ein polnisch-jüdischer UNRRA-Mitarbeiter mit seiner jungen hübschen Frau einquartiert. Die beiden lebten im absoluten Überfluß. Sie kam oft mit einem Korb voller Eier aus dem Lager und machte sich dann ein Omelette von zwölf (!) Eiern, das sie alleine aufaß. In der Folge wurde sie bald dick und rund von der maßlosen Esserei.
Ich machte mit ihr aber gute Geschäfte: Sie klaute in der Kaserne Kaffee und Schokolade, die ich dann für sie in Wetzlar verkaufen mußte. Sie wog den in ihrer Umhängetasche mit gebrachten Kaffee in so großzügige Pfundportionen um, daß ich beim genauen Nachwiegen hinterher fast immer noch ein Pfund für mich übrig hatte. Das Pfund Kaffee kostete damals am Schwarzmarkt RM 350,- und die Schokolade RM 50,-.
Später wurde ihr Mann – der UNRRA-Mitarbeiter – von der amerikanischen Militärpolizei verhaftet, weil er von einem der UNRRA-Eisenbahnzüge einen Waggon mit Kaffee abgehängt und für Schwarzmarktzwecke beiseite gestellt hatte. Daraufhin ist dann auch die Frau bei uns aus dem Haus ausgezogen."

Die Schwarzmarktpreise waren astronomisch. So konnte man für RM 250,- gerade mal ein Paar Damen-Seidenstrümpfe erstehen, und für RM 1.000,- gab es wahlweise eine Nähmaschine, Baujahr 1900, oder ein Paar Herren-Halbschuhe.[129]
Währungsgrundlage für Schwarzmarktgeschäfte waren amerikanische Zigaretten.[130] Im Dezember 1946 hatte ein Paar amerikanische Armee-Halbschuhe folgenden Wert:[131]
RM 800,- oder 10-12 Päckchen US-Zigaretten oder 5 Pakete US-Tabak oder 25 US-Zigarren oder 3 Flaschen Schnaps bzw. Wein oder Bohnenkaffe oder Butter, Fleisch, Fett, Wurst oder Lebensmittelkarten für einen Monat.
Die Wetzlarer Polizei war dagegen relativ machtlos. Zwar wurden im Sommer 1946 bei Razzien am Bahnhof oder vor dem Lager an der Silhöfer Au große Warenmengen beschlagnahmt – der Schwarzmarkt an sich konnte dabei aber nicht eingedämmt werden. Allein im Zeitraum zwischen dem 16. September und dem 15. Oktober 1948 wurden beschlagnahmt:[132]
Ca. 12.700 Zigaretten, 162 Pfund Kaffee, 108 Tafeln Schokolade, 40 Käselaibe, 20 Pfund Tee, 8 Pfund Kakao, 6 Dosen Fleisch, 6 Dosen Fisch und 3 Dosen Milchpulver.
Allein in der ersten Septemberhälfte 1948 wurden 23 Ausländer und 10 Deutsche wegen Schwarzhandels zur Anzeige gebracht.

Die beschlagnahmten Waren wurden anschließend durch das Kreis-Ernährungsamt an die Wetzlarer Geschäfte übergeben, wo sie dann gegen Bezugsschein von der Bevölkerung erworben werden konnten. In vielen Fällen wurden solche Waren auch an die Ostflüchtlinge in der Stadt ausgegeben.[133]

1948 scheint es in Wetzlar ein Arbeitslager gegeben zu haben. Jedenfalls ordnete der Öffentliche Kläger im Spruchkammer-Verfahren des Dr. Carl Hensoldt in der Sitzung am 14. August 1948 auf den Hinweis der Wetzlarer Rechtsanwältin Claudia Berlinicke an, man könne auf den Zeugen Avieny noch nicht verzichten:[134]

„Dann bitte ich anzuordnen, daß er in einem Arbeitslager in Wetzlar untergebracht wird."

Erstmals im Januar 1949 deutete sich an, dass das jüdische Lager in Wetzlar bald aufgelöst werden würde. Am Abend des 8. Januar 1949 fand in der einstigen Reithalle im Lager ein feierlicher Empfang für den israelischen Generalkonsul in Deutschland, Dr. Chaim Hoffmann, statt. Anwesend waren – neben etwa 3.000 osteuropäischen Juden – Colonel Davidson und Major Daniels von der US-Armee, ein Mister Howl von der Militärregierung und zahlreiche Vertreter der IRO. Konsul Dr. Hoffmann kündigte an dem Abend an, das Wetzlarer Lager werde in den nächsten drei Monaten aufgelöst und die Bewohner würden in andere Lager umquartiert. Die „Freiwilligen für Palästina" würden dann in den Staat Israel transportiert.[135]

In der Tat dauerte es noch knapp drei Monate bis zur endgültigen Auflösung des jüdischen Lagers an der Silhöfer Au. Spätestens am 31. März 1949 hatten aber die letzten Juden das Lager verlassen. In Wetzlar hatte man sie bis zuletzt „DP's" genannt, obwohl es ja nicht die richtige Bezeichnung für sie war. Aber wer machte sich in diesen Zeiten schon Gedanken darüber, ob eine Bezeichnung völlig korrekt war oder nicht?

Über ihre Abreise konnte man an diesem Tag in der Wetzlarer Neuen Zeitung lesen:[136]

„Auf dem Weg in eine neue Heimat. Rund zweieinhalbtausend DP's verließen Wetzlar

Die ehemaligen 9er Kasernen an der Straße nach Steindorf stehen leer. Nur unerfreuliche Reste menschlichen Seins zeigen noch, daß hier Verschleppte aus dem Osten jahrelang hausten.

... Lastwagen bringen Männlein, Weiblein und Kinder samt ihrer Habe zum Güterbahnhof, wo man sich für eine lange Fahrt einrichtet. Größere Transporte gehen nach München, später weiter nach Marseille, mit dem Schiff übers Mittelmeer nach Palästina. Tel Aviv ist das letzte Reiseziel.

... Jedem Einwanderer steht eine harte Arbeit bevor. Aber die Männer hoffen, nach all den Jahren der Beschäftigungslosigkeit, in denen ihnen der Schwarzhandel das Betätigungsfeld bot, möglichst bald in ‚ihr Land' zu kommen, in dem sie sinnvoll arbeiten, das sie aber auch mit allen Mitteln verteidigen wollen.

Andere beschreiten einen vielleicht einfacheren Weg. Sie kommen zunächst nach

Hanau in ein Sammellager, um von dort die Fahrt ins ‚gelobte Land' – diesmal in die USA – anzutreten, wo Verwandte oder Freund sie erwarten.
Die Gruppen handelnder, begehrte Dinge feilbietender DP's am Schillerplatz und anderen ‚kleinen Schwarzmärkten' sind aus dem Stadtbild verschwunden."

Nur wenige Tage zuvor hatte es aber noch einen Zwischenfall gegeben, als einer der Juden mit Brillanten im Wert von ca. DM 8.000,- verschwand, die er für einen auswärtigen Juwelier an die Amerikaner verkaufen sollte. Zwar wurde er von der Militärpolizei in einem der abgehenden jüdischen Transporte aufgespürt; er konnte aber durch die Mithilfe andere Ausländer wieder entkommen.[137]

Das dürfte die letzte Straftat eines osteuropäischen Juden in Wetzlar gewesen sein.

Im Zeitraum vom 20. Oktober 1946 bis 14. März 1949 wurden auf dem Wetzlarer Judenfriedhof an der Bergstraße 45 „israelitische" Ausländer bestattet – darunter 22 Kinder. Es handelte sich hierbei um osteuropäische Juden, die ihre geplante Ausreise aus Deutschland nicht mehr erleben konnten.[138]

Für das DP-Camp Nr. 238, UNRRA-Team Nr. 88, in der Silhöfer Au in Wetzlar konnten folgende Belegungszahlen ermittelt werden:

Juli 1945	7.828 Polen[139]	
September 1945	8.200 Personen[140]	
Oktober 1945	9.000 Polen[141]	
November 1945	5.004 Polen[142]	
9. März 1946	5.109 Personen	4.756 Polen, 258 Juden, 353 Personen unbekannter Herkunft, darunter 2.334 Männer, 2.058 Frauen, 441 Kinder unter 6 Jahren, 276 Kinder unter 14 Jahren und 172 Personen im Hospital.[143]
6. April 1946[144]	5.103 Personen	
1. Juni 1946	5.116 Polen[145]	
Juni 1946	4.924 Personen[146]	

15. Juli 1946	4.401 Personen: In der Hauptsache 4.042 Polen, 7 Litauer, 48 Juden, 248 Letten, 12 Esten, 27 Ukrainer, 1 Jugoslawe und 7 Staatenlose,[147] darunter 98 Jugendliche im Alter von 10-17 Jahren, 2.045 Männer über 18 Jahre, 122 Mädchen im Alter von 10-17 Jahren, 1.902 Frauen über 18, 288 Kinder von 1 und 2 Jahren, 224 Kinder von 5 bis 6 Jahren und 140 Kinder von 6 bis 9 Jahren.[148]
7. September 1946	4.174 Polen:[149] 4.056 Polen, 49 Juden, 45 Letten, 31 Russen, 30 Litauer, 11 Staatenlose, 9 Esten, 9 Personen unbekannter Herkunft und 4 Jugoslawen.[150]
28. September 1946	1.548 Polen[151]
24. Oktober 1946	4.432 Juden[152]
9. November 1946	4.502 Juden[153]
29. Oktober 1946	4.116 Personen, 2.216 Männer und 1.900 Frauen, bei einer Bevölkerungszahl von 53.803 im Kreis Wetzlar.[154]
8. Februar 1947	4.386 Personen:[155] 4.135 Juden und 251 Polen.
3. Mai 1947	4.628 Juden[156]
24. Mai 1947	4.437 Juden[157]
14. Juni 1947	4.427 Juden[158]
9. August 1947	4.477 Juden[159]
6. September 1947	4.450 Juden[160] bei einer Einwohnerzahl für Wetzlar von 28.446 Personen.[161]
20. September 1947	4.404 Juden[162]
17. Oktober 1947	4.148 Juden, 31 Polen, 19 Letten, 7 Litauer und 1 Russe.[163]

25. Oktober 1947	4.270 Juden[164]
November 1947	4.139 Juden, 33 Polen, 20 Letten, 7 Litauer und 1 Russe.[165]
30. September 1948	3.717 Juden, 20 Letten, 18 Polen, 8 Litauer und 5 Russen[166]

Für das DP-Camp Nr. 239, UNRRA-Team Nr. 179, in der Spilburg-Kaserne konnten folgende Belegungsdaten ermittelt werden:

Juli 1945	2.911 Polen[167]
September 1945	2.878 Polen[168]
Oktober 1945	3.000 Polen[169]
November 1945	1.913 Polen[170]
23. Februar 1946	2.269 Personen (1.946 Polen, 140 Letten, 39 Esten, 2 Litauer und 142 Personen unbekannter Herkunft)[171]

Mit der Abreise der letzten osteuropäischen Juden aus dem Lager an der Silhöfer Au im März 1949 endete die schicksalvolle und ereignisreiche Ära der zivilen Ausländer des Zweiten Weltkrieges in Wetzlar endgültig.

1. Anmerkungen

Vorwort

1 Vgl. Porezag, Karsten: „Der Luftkrieg über Wetzlar“, 3. Aufl., Wetzlar 1996, ferner ders.: „Geheime Kommandosache“, 2. Aufl., Wetzlar 1997, ferner Porezag, Karsten und Diether Spieß: „Wetzlar 1945“, 3. Aufl., Wetzlar 1998, ferner Flender, Herbert (Bearb.): Verwaltungsbericht der Stadt Wetzlar vom 1. April 1928 bis 31. März 1952, Wetzlar 1957, S. 497ff., darin: „Wetzlar im Luftkrieg“.

2 In der Hauptsache Rossmann, Witich: „Panzerrohre zu Pflugscharen“, Marburg 1987, ferner in geringem Umfang Gündisch, Dieter (Bearb.): „Damit die nicht machen, was sie wollen“, Wetzlar, 1982. Darüber hinaus gibt es die Abhandlungen: Mayer, Ulrich: „Das Eindringen des Nationalsozialismus in die Stadt Wetzlar“, MGV Heft 24, 1970, sowie Lindenthal, Bernd: „Volksschädlinge, Staatsfeinde und Rosinen-Nazis, über den Umgang der NSDAP mit vermeintlichen oder tatsächlichen Gegnern in Wetzlar“, MGV Heft 37, 1994, S. 125ff.

3 Vgl. Rossmann, Witich: „Panzerrohre zu Pflugscharen“, Marburg 1987, darin: „Verschleppt, entrechtet, ausgebeutet“, S. 84ff., ferner Sommer, Judith: „Sowjetische Zwangsarbeiter in Wetzlar 1941 – 1945“, Mainz 1992. Der Titel von Jahn, Reinhard: „Hausarbeit zur Zwangsarbeit in Wetzlar – eine lokalgeschichtliche Spurensuche“, Marburg 1986/87, ließ auf den ersten Blick eine Dokumentation über die Zwangsarbeit in Wetzlar vermuten. Es handelte sich dabei aber nur um eine Betrachtung zur Situation der lokalgeschichtlichen Forschung in Wetzlar im Zusammenhang mit der Gewerkschafts-Ausstellung „Ausländische Zwangsarbeiter in Wetzlar 1939 – 1945“ im Herbst 1986 – Zitat: *„Das Thema selbst bleibt dabei am Rande“* (S. 2).

4 Vgl. dazu Wiedemann, Andreas: „Wetzlar von 1945-1949“, in: MGV, Heft 33, Wetzlar 1988, S. 91ff.

5 Schoenwerk, August: „Geschichte von Stadt und Kreis Wetzlar“, 2. Aufl., Wetzlar 1975 – das Standardwerk zur Wetzlarer Stadtgeschichte – berichtete nur kurz über Luftkriegsschäden (S. 335f.), die Zeit des Nationalsozialismus fand darin keine Erwähnung.

6 Siehe dazu Kapitel „Zwangsarbeit in Wetzlar“.

Einleitung

1 Horn, Winfried: „Die fiktive Nachversicherung ehemaliger Fremdarbeiter (Art. 6 § 23 FANG), in: „Mitteilungen der Landesversicherungsanstalt Oberfranken und Mittelfranken“, Nr.10/1983, S. 423ff.

2 ADR, Nr. 11/12 vom 30. Dezember 1944, S. 2. Stand: 30. September 1944. Es kann jedoch davon ausgegangen werden, dass die Beschäftigtenzahl noch höher war. Jedenfalls unterschritten sowohl die vom Landesarbeitsamt Hessen als auch die in der Zeitschrift „Der Arbeitseinsatz im Deutschen Reich“ (Quelle: ADR) publizierten Beschäftigungszahlen für Wetzlar die vom Wetzlarer Landrat vor Ort ermittelten Ausländerzahlen im Kreis Wetzlar teils erheblich. Siehe dazu Kapitel „Zwangsarbeit in Wetzlar“.

3 DnR 1940, Nr. 19 vom 9. Mai 1940, S. 335: „Invalidenversicherung der polnischen landwirtschaftlichen Wanderarbeiter“.

4 Siehe z. B. Lagerliste 4.

5 Der Begriff „Dienstverpflichtete“ wurde für Zwangsarbeiter tatsächlich verwendet. Siehe dazu Kapitel „Der Ostarbeiter-Einsatz – Anwerbung“ und „Westarbeiter – Anwerbung“. Vgl. ferner HAW-Buderus, darin Bl. 3ff.: „Dienstverpflichtete Polen für Sophienhütte Wetzlar“, und Schreiben der Buderus'schen Eisenwerke vom 12. Juni 1940 an das Bürgermeisteramt in Wetzlar, ferner WA vom 11. April 1942: „Dienstverpflichtete gut aufgehoben – Wohnlager Gabelsbergerstraße“. Das zur Röchling-Buderus AG gehörende Lager wurde auch „Lahnlager“ genannt.
Noch 1957 – im Verwaltungsbericht der Stadt Wetzlar 1928 – 1952 – wurden die Zwangsarbeiter als „während des Krieges nach Deutschland verpflichtete Fremdarbeiter“ bezeichnet. Vgl. VB II, S. 121.

6 ADR, Nr. 10 vom 31. Oktober 1944, S. 23. Kriegsgefangene: Stand 15. August 1944.

7 Aus dem damaligen Generalgouvernement und Polen.

8 Bei den „Schutzangehörigen“ handelte es sich um Personen, die auf dem Gebiet des Großdeutschen Reichs lebten und weder Deutsche waren, noch für „eindeutschungsfähig“ befunden wurden, jedoch gewillt waren oder sich genötigt sahen, einen Treue-Eid gegenüber dem Deutschen Reich abzulegen. Faktisch bestand diese fast rechtlose und stark diskriminierte Gruppe in erster Linie aus Polen, aber auch aus Ukrainern, Weißrussen und Slowenen aus den annektierten polnischen und jugoslawischen Gebieten. Sie alle waren zwar staatenlos, galten jedoch nicht als Ausländer. Nach: Spoerer, S. 670.

9 Als „staatenlos“ galten deutsche Emigranten, denen vom Deutschen Reich die deutsche Staatsbürgerschaft aberkannt worden war (zum Beispiel emigrierte deutsche Juden oder politische Emigranten), aber auch alle ausländischen Personen, die – aus welchen Gründen auch immer – keine Staatsbürgerschaft im Pass trugen. Darunter fielen auch Russen, die nach dem Ersten Weltkrieg in Deutschland geblieben waren. Wenn diese hier geheiratet hatten, waren ihre späteren Familienangehörigen ebenfalls staatenlos. Frdl. Mitteilung von Luise Sidorenko, Wetzlar, am 1. März 2002.

10 Nach: Winkler, Ulrike (Hrsg.): „Stiften gehen, NS-Zwangsarbeit und Entschädigungsdebatte“, Köln 2000, darin: Eichholtz, Dietrich: „Zwangsarbeit in der deutschen Kriegswirtschaft“, S. 18. Vgl. a. Herbert II, S. 7f.

11 Unter dem gleichen Titel erschien 1943 eine Propaganda-Broschüre des GBA. Nach: HStA-Wi, 482, Nr. 773: Anweisung des GBA vom 14. März 1943 betreffend die *„Behandlung und Betreuung der ausländischen und fremdvölkischen Arbeitskräfte“.*

12 „Das Himmler-Projekt“, in: 3 SAT-TV, 4. November 2001.

13 Der Begriff „Zwangsarbeiter“ taucht in Dokumenten aus der NS-Zeit nicht auf. Die damals übliche Bezeichnung, welche auch von den deutschen Verwaltungsbehörden gebraucht wurde, lautete „Ausländische Zivilarbeiter“. Sie umfasste alle nicht deutschen zivilen Arbeiter/innen in Deutschland – nicht jedoch Kriegsgefangene und KZ-Häftlinge.
Auch in den Ausführungen zum 1932 geltenden Völkerrecht kommen die Begriffe „Zwangsarbeit“ und „Zwangsarbeiter“ nicht vor (vgl. Völkerrecht). Zwangsarbeit war jedoch bereits 1930 von der „Internationalen Arbeitsorganisation“ definiert worden (vgl. Limburg, S. 20): *„Jede Art von Arbeit oder Dienstleistung, die von einer Person unter Androhung irgendeiner Strafe verlangt wird, und für die sie sich nicht freiwillig zur Verfügung gestellt hat.“*
Der Begriff „Zwangsarbeiter“ wird heute von Historikern verwendet. Er bewertet das Schicksal der Betroffenen unter Berücksichtigung der Umstände sowohl ihrer Rekrutierung als auch ihrer Arbeits- und Lebensbedingungen in Deutschland. Dabei gibt es fließende Übergänge: So wurden z. B. die normal angeworbenen französischen Zivilarbeiter in

Deutschland erst mit Erlass des RFSS vom 3. Oktober 1940 de facto zu Zwangsarbeitern. Ein gleiches Schicksal ereilte die italienischen Kriegsgefangenen mit Erlass vom 16. August 1944 (vgl. Kapitel „Zwangsarbeit im Deutschen Reich").
Die Bezeichnung „Fremdarbeiter" – mit ihr waren alle ausländischen Arbeiter in Deutschland gemeint – wurde während der NS-Zeit überwiegend in der Umgangssprache verwendet. Nicht nur Zeitzeugen benutzen sie auch heute noch oft: Siehe z. B. Schöber/Garn: Spilburg, Wetzlar 2000, S. 42: *„Ab Frühjahr (... 1945 ...) überfluteten Tausende von ‚Fremdarbeitern' und ausländischen verschleppten Personen (displaced persons) die Stadt ..."*

14 Wenn in der Folge nur noch der Begriff „Zwangsarbeiter" oder „Ausländische Arbeiter" verwendet wird, so sind darunter selbstverständlich auch „Zwangsarbeiterinnen" und „Ausländische Arbeiterinnen" zu verstehen.

15 Siehe dazu Kapitel „Zwangsarbeit in Wetzlar – Kinder und jugendliche Zwangsarbeiter".

16 Siehe dazu Kapitel „Zwangsarbeit im Deutschen Reich".

17 Die deutsche Gesetzliche Rentenversicherung hatte schon damals – wie noch heute – eine Wartezeit von 5 Jahren. Beitragsleistungen unter 5 Jahren bewirk(t)en also keinen Rentenanspruch. Und da der Krieg vermeintlich bald beendet sein würde, hätten die Zwangsarbeiter, die ja Deutschland dann wieder zu verlassen hätten, auch keinen Leistungsanpruch.

18 Spoerer (S. 665) gab hingegen an: *„Etwa 1 – 1,5 Millionen der ca. 8 Millionen ausländischen Zivilarbeiter waren Freiwillige."*

19 Zit. n. Sommer, S. 13f.

20 Siehe dazu Kapitel „Zwangsarbeit in Wetzlar – Displaced Persons".

21 HStAWi, 483, Nr. 4477a, o. S.: „Der Arbeitseinsatz in Hessen", herausgegeben vom Landesarbeitsamt Hessen, Jg. 1943, Nr. 1/7, Frankfurt am Main, Juli 1943, Übersicht 1. Sommer (S. 1) gab für Mai 1943 an (allerdings ohne Quellenangabe): 151.069 Zivilarbeiter und 57.721 Kriegsgefangene.

22 RMW, Nr. 39 vom 23. September 1941, S. 672.

23 Nach: Völkerrecht, 6. Abschnitt, 2. Teil: Der Landkrieg, B: Kriegsgefangene, III: Arbeitsleistungen, S. 146:
„Zur Arbeit können Kriegsgefangene, ausgenommen Offiziere und Gleichgestellte, herangezogen werden, doch dürfen diese Arbeiten in keiner unmittelbaren Beziehung zu den Kriegshandlungen (z. B. Herstellung und Transport von Munition) stehen und müssen angemessen bezahlt werden."
Im Dezember 1940 schrieb die Rhein-Mainische Wirtschaftszeitung: *„Das Arbeitsamt prüft die eingegangenen Anforderungen danach, ob die gewünschte Beschäftigung arbeitseinsatzmäßig notwendig ist, ob die Arbeit nach den Bestimmungen des Abkommens über die Behandlung der Kriegsgefangenen vom 27. Juli 1929 zulässig ist – nicht zulässig sind Arbeiten, die in unmittelbarem Zusammenhang mit den Kriegshandlungen stehen, z. B. Munitionsherstellung – ... und, ob die vorschriftsmäßige Unterkunft und Verpflegung sichergestellt ist."* Nach: Siebrecht, s. a. RMW, Nr. 39 vom 23. September 1941, S. 672: Beschäftigung von Kriegsgefangenen, Arbeitszeit – Entlohnung.
In der Genfer Konvention vom 12. August 1949 wurde Kriegsgefangenen-Arbeit schließlich wie folgt definiert (II, 49-54, nach: DRK 1): *„Gesunde Kriegsgefangene, ausgenommen die Offiziere, können pflichtmäßig gegen eine bescheidene Vergütung und unter Bedingungen, die nicht schlechter sind, als die den Angehörigen des Gewahrsamsstaates eingeräumten, zur Arbeit herangezogen werden. Sie dürfen jedoch weder zu einer Arbeit militärischer Art, noch zu gefährlichen, ungesunden oder erniedrigenden Arbeiten verwendet werden."*
Spoerer (S. 665) ordnete hingegen Kriegsgefangene pauschal als Zwangsarbeiter ein: *„Unter NS-Zwangsarbeitern werden in der historischen Forschung generell subsumiert: (a)*

ausländische Zivilarbeiter ..., (b) Kriegsgefangene einschließlich italienischer Militärinternierter und (c) Häftlinge aus Konzentrations-, Arbeitserziehungs- und jüdischen Zwangsarbeiterlagern.“

24 HGBA, S. 31.

25 So waren zum Beispiel im Oktober 1944 in der Elektro-Stahlgießerei der Buderus'schen Eisenwerke in Wetzlar (Panzer-Gleiskettenfertigung für den Hauptausschuss „Panzerwagen“) von 74 Ausländern 57 Kriegsgefangene eingesetzt. Nach: HWA, 1104, Nr. 4: „Buderus, Versorgungsfragen im 2. Weltkrieg“. Auch im Hausertorwerk der Ernst Leitz GmbH waren (französische) Kriegsgefangene eingesetzt (StaMa, LA 180, Nr. 3544), ebenso wie bei der Firma Pfeiffer Apparatebau GmbH im Lager an der Garbenheimer Straße (Ebd., Nr. 4418).
Dasselbe galt allerdings auch für deutsche Kriegsgefangene in Gewahrsam der Alliierten, sofern sie ähnliche Arbeiten ausführen mussten.

26 Dabei war „geltendes Recht“ im Deutschen Reich allerdings oft schon mit Unterdrückung gleichzusetzen.

27 WA vom 3. Januar 1943: „Jetzt Gau-Wirtschaftskammer Rhein-Main“.

28 Die Spruchkammern waren gemäß Artikel 35 des „Gesetzes zur Befreiung vom Nationalsozialismus und Militarismus vom 5. März 1946“ eingesetzt worden, um die einschlägigen Verbrechen während des II. Weltkrieges zu sühnen. Dieses Gesetz sollte jedoch kein Strafgesetz im Wortsinne sein, sondern ein „Befreiungs- und Sühnegesetz“. Dem entsprach die Terminologie „Betroffener“ (nicht „Angeklagter“), „Öffentlicher Kläger“ (nicht „Staatsanwalt“), „Sühnemaßnahmen“ (nicht „Strafen“), „Spruch“ (nicht „Urteil“), „Verantwortlichkeit“ (nicht „Schuld“) usw. Nach: Schullze, I. Abschnitt, Artikel 1: Grundsätze. Nach Artikel 4 war die Gruppe der sogenannten „Verantworlichen“ aufgeteilt in: 1. „Hauptschuldige“, 2. „Belastete“ (Aktivisten, Militaristen, Nutznießer), 3. „Minderbelastete“ (Bewährungsgruppe), 4. „Mitläufer“ und 5. „Entlastete“ (Anm. d. Verf.: Personen, die als völlig unschuldig angesehen wurden, bekamen die Bezeichnung „Nicht Betroffener“). Vgl. a. WNZ vom 8. März 1946, S. 3f.

29 Ria Deeg, Gießen, in: Peter, Marianne: „Links, wo das Herz ist“, Gießen 1996, S. 154ff. Der Versuch, Frau Deeg am 24. August 2000 in Gießen telefonisch zu erreichen, verlief erfolglos, da sie zwei Tage zuvor verstorben war.

30 „Persilschein“ = volkstümlich für: Gefälligkeits-Krankheitsattest, Verhandlungs-Unfähigkeitsbescheinigung oder Ähnliches.

31 Z. B. in Gießen. Frdl. Mitteilung des historischen Archivs der Stadt Gießen, Dr. Brake, am 3. Juni 2002.

32 Noch 1987 zitierte Rossmann verschiedene Quellen aus dem Historischen Archiv der Buderus AG, und auch im Hessischen Wirtschaftsarchiv Darmstadt fanden sich relevante Belege, die vermutlich erst in den 80er Jahren bei Buderus eingesehen wurden. Pohl zitierte darüber hinaus 2001 in Band 3 der Buderus-Geschichte verschiedene relevante Quellen, die demzufolge damals noch bei Buderus vorhanden waren. Auf eine schriftliche Anfrage des Autors nach Archiv-Unterlagen im Zusammenhang mit Zwangsarbeitern antwortete die Buderus AG mit Schreiben vom 3. Januar 2001, dass solche wegen laufender Verfahren nicht zur Verfügung gestellt werden könnten.

33 Schriftl. Mitteilung des Sohnes Hans Görnert vom 18. August 2000.

34 Noch am 8. Februar 1949 hatte der Wetzlarer Bürgermeister dem Landrat in Wetzlar auf Anfrage mitgeteilt, die Firma Leitz verfüge noch über diejenigen Karteikarten der ausländischen Arbeiter, von denen sie 1947 der Militärregierung Fragebögen in siebenfacher Ausführung übergeben hätte (nach: HStAWi, 663/97, o. S., Ausländer-Suchaktion). Ria M. erin-

nerte sich am 11. März 2000 und am 9. Juli 2000 (der richtige Name ist dem Autor bekannt, wurde jedoch aus Gründen des Persönlichkeitsschutzes geändert): *„Ich war nach dem Krieg bei der Firma Ernst Leitz GmbH in der Personalabteilung beschäftigt. Im Treppenhaus des Hochhauses II – zwischen dem vierten und fünften Stock – gab es einen Raum, in dem ausschließlich Unterlagen über einstige Zwangsarbeiter und Zwangsarbeiterinnen, sowie alles, was damit zu tun hatte (Bauunterlagen vom Barackenlager usw.), aufbewahrt wurden.*
Etwa 1952/53 – das Jahr weiß ich als Einziges nicht mehr genau – bekam ich von der Firmenleitung den Auftrag, alle diese Unterlagen vernichten zu lassen. Daraufhin sah ich die Akten einmal durch. Ich habe die Karteikarten alle selbst in den Händen gehalten.
Obwohl ich der Firmenleitung vorgeschlagen hatte, diese Akten und Unterlagen dem Stadtarchiv zu übergeben, musste der betreffende Raum wenige Tage später von Arbeitern ausgeräumt werden. Die gesamten Unterlagen wurden dann im Heizungskeller bei Leitz verbrannt."

35 Ein Duplikat davon befindet sich im Historischen Archiv der Stadt Wetzlar.

36 Siehe dazu Kapitel „Propaganda".

37 Der größte Teil der schriftlichen Unterlagen der Hensoldt AG aus dem Zweiten Weltkrieg muss als verloren gelten, da die Firma nach dem Einmarsch der Amerikaner schwere Plünderungen mit Vernichtung der meisten Akten hinnehmen musste. Nach: Schreiben der Hensoldt AG vom 16. September 1947 an die IHK Wetzlar, in: IHK-Statistik.

38 Eine Ausländer-Namensliste vom November 1949 fand sich bei der Hensoldt AG im November 2000 rein zufällig.

39 HStAWi, 663/97, o. S.: „Suchaktion: Ausländer in Wetzlar 1947", darin: Antwort des Wetzlarer Bürgermeisters vom 8. Februar 1949 auf eine Anfrage des Landrates in Wetzlar. Danach waren beim Arbeitsamt keine Karteikarten mehr vorhanden.
Nach Mitteilung des HStAWi, Dr. Eichler, am 27. Juli 2000, müssen die Kriegsunterlagen aller hessischen Arbeitsämter als verloren gelten. Im Arbeitsamt Wetzlar fanden sich aber noch einige Fragmente zu dieser Thematik.

40 Nach Recherchen beim RP Gießen, Staatliches Umweltamt in Wetzlar, im Herbst 1999.

41 Telef. Auskunft des Leiters des Finanzamtes Wetzlar, Herr Schubert, am 24. August 2000.

42 Nach: Dienststellen, S. 104f., ferner Mitteilung von Wilhelm von der Heyde, Sinn (einstiger Geschäftsführer der Kreislandwirtschaftsstelle in Herborn), am 5. Dezember 2000.

43 HStAWi, 663, Nr. 97, o. S., Schreiben des Wetzlarer Landrates an den RP in Wiesbaden vom 10. Februar 1949.

44 Ebd., darin: Aufstellung vom 11. Juni 1947. Danach gab es zu dem Zeitpunkt noch eine Gesamtliste der AOK über Ausländer.

45 Ein Versuch des Autors am 30. Juli 2002, die inzwischen an die AOK-Zentrale in Frankfurt am Main – Abt. Interne Dienste – abgegebene historische Mitgliederkartei der AOK Wetzlar einzusehen, wurde von dort mit Schreiben vom 5. August 2002 unter Hinweis auf das Verbot des dortigen Datenschutz-Beauftragten abgelehnt.

46 Heute: „Enwag"

47 Zwei schriftliche Gesprächsersuchen des Autors an die Geschäftsleitung der Pfeiffer Vacuum Technology AG – mit Schreiben vom 10. Juli 2002 und 15. August 2002 – blieben unbeantwortet.

48 Vgl. dazu: Rotberg, Joachim und Barbara Wieland: Zwangsarbeiter und Kriegsgefangene in katholischen Einrichtungen im Bereich der Diözese Limburg. Limburger Texte Nr. 25, Limburg 2001. Darin ist der Standort Wetzlar nicht aufgeführt, d. h., Belege zur Beschäftigung von Zwangsarbeitern bei der Wetzlarer katholischen Kirchengemeinde sind dort nicht vorhanden. Das wurde in einem Telefonat des Autors am 17. Dezember 2001 mit der Pressestelle des Bistums Limburg, Herr Wittekind, bestätigt.

49 Schreiben des Gemeindeverbandes Evangelischer Kirchengemeinden in Wetzlar vom 12. Februar 2001.
50 HStAWi, 663, Nr. 97, Schreiben des Wetzlarer Bürgermeisters an den Landrat in Wetzlar vom 8. Februar 1949.
51 Lagerliste 3.
52 Siehe: KGf.

Erstes Kapitel

1 Donga-Sylvester, Eva, Günter Czernetzky und Hildegard Toma: Ihr verreckt hier bei ehrlicher Arbeit! Deutsche im GULAG 1936 – 1956, Stuttgart 2000.
2 Nach: „Ural, an der Grenze Europas", Arte-TV, 9. September 2000.
3 Herbert I, Umschlagtext.
4 HStAWi, 483, Nr. 1943, Bl. 120: Schreiben ... betr. die Behandlung Zivilarbeiter und -arbeiterinnen polnischen Volkstums im Reich.
5 Nur wenig später wurden allerdings detaillierte Vorschriften für die Behandlung polnischer Zwangsarbeiter erlassen.
6 „Preußisches Kriegsministerium an Stellvertretende Generalkommandos, 4. August 1914", nach: Elsner, R.: Die ausländischen Arbeiter in der Landwirtschaft der östlichen und mittleren Gebiete des Deutschen Reiches während des Ersten Weltkrieges, Rostock 1961, S. 48f., ferner Dohse, K.: Ausländische Arbeiter und bürgerlicher Staat. Genese und Funktion von staatlicher Ausländerpolitik und Ausländerrecht. Vom Kaiserreich bis zur Bundesrepublik Deutschland, Königstein/Ts. 1981, S. 77f.
7 Befehl des Stellvertretenden Generalkommandos VIII, vom 14. Oktober 1914. Nach: Herbert, S. 87.
8 Winkler, S. 72.
9 Herbert, S. 120.
10 Herbert I, S. 68.
11 RGBl. 1938 I, Nr. 132 vom 25. August 1938, S. 1053ff., s. a.: Herbert, S. 122.
12 Herbert, S. 122.
13 RGBl. 1939 I, Nr. 167 vom 6. September 1939, S. 1667ff.
14 HStAWi, Abt. 423, Nr. 1224, o. S: „Behandlung von Ausländern (Allgem.), 1939 – März 1945", Bl. 11ff. Kopien des 373 Blätter umfassenden Archivales wurden für die Auswertung durchnummeriert.
15 RMW, Nr. 46 vom 11. November 1941, S. 792.
16 HStAWi, 482, Nr. 773: „Arbeitseinsatz ausländischer (insbes. polnischer) Zivilarbeiter in der Landwirtschaft, 1940-1944", darin: „Sonderdienst der Reichspropagandaleitung, Hauptamt Propaganda, Berlin, 15. August 1941", Bl. 11: „Fremdvölkische und blutsverwandte Arbeitskräfte im Reich".
17 Ebd., Bl. 20f.
18 Ebd., Bl. 22.
19 Ebd., Bl. 29.
20 Bericht des OKW an das Wirtschaftsrüstungsamt vom Mai 1941. Nach: Herbert I, S. 78.
21 Siebrecht, S. 731ff.
22 Erlass Görings zur „Sicherung der landwirtschaftlichen Erzeugung" vom 16. November 1939, Herbert, S. 126.

23 Im Bezirk Bialystok lebten überwiegend Tataren, die eigentlich von der Krim stammten. Der Bezirk bestand aus den Arbeitsämtern Bielsk, Bialystok, Grajewo, Grodno und Lomscha. Nach: Gebietsstand, ständige Bevölkerung und Wohnbevölkerung in den Bezirken der Landesarbeitsämter und Arbeitsämter in den Bezirken (Wirtschaftsgebieten) der Reichstreuhänder der Arbeit und in den Gauen der NSDAP, zusammengestellt beim Generalbevollmächtigten für den Arbeitseinsatz, Abt. V B 3, Berlin 1942, S. 31.
(Der Bezirk Bialystok ist seit dem Zweiten Weltkrieg polnisch. Nach: „Nix wie raus", Hessen-TV am 2. Oktober 2000, darin: „Fahrrad-Touren im Bezirk Bialystok".)

24 Ebd., s. 32. Der Bezirk Galizien bestand aus den Arbeitsämtern Lemberg, Drohobyz, Tarnopol und Stanislau. Der Bezirk ist heute ukrainisch. Lemberg heißt heute L'vov.

25 Angabe des Wetzlarer Bürgers Stefan S. am 27. August 2000. Er wurde in einem Dorf ca. 60 Kilometer nordwestlich von Lemberg geboren. Aus Gründen des Persönlichkeitsschutzes wurde der Name geändert.

26 Als Generalgouvernement wurde der Teil des besetzten Polen bezeichnet, welcher vor allem aus rassistischen Gründen nicht in das Deutsche Reich eingegliedert worden war. Auf Grund der Verordnung des Generalgouverneurs vom 1. August 1941 (Verordnungsblatt für das Generalgouvernement, Nr. 67, S. 443f. aus 1941) wurde der Distrikt Galizien von diesem Tage an in das Generalgouvernement eingegliedert.

27 HStAWi, 483, Nr. 3259, Bl. 79a: „Beschäftigung und Unterbringung ausländischer Zivilarbeiter und Kriegsgefangener, 1943-1944".

28 HStAWi, 482, Nr. 773, Bl. 42.

29 Ebd., Bl. 46.

30 Richtlinien Franks vom 25. Januar 1940, Nach.: Herbert, S. 126.

31 RABl. 1944 IV, S. 158ff., ferner HStAWi, 482, Nr. 773, o. S. In der „Reichstarifordnung für die in der Landwirtschaft eingesetzten polnischen Beschäftigten" vom 29. Juni 1944 wurden auch Lohnsätze für 14- und 15-jährige polnische Jungen und Mädchen festgelegt.

32 Nach: Herbert II, S. 95.

33 Das galt eventuell auch für Lagerführer aus entfernteren Regionen. Im Spruchkammer-Verfahren von Dr. Carl Hensoldt gab der ehemalige Lagerführer der Hensoldt AG, Albert Moser, an, er habe 1942 den Auftrag erhalten, Ostarbeiterinnen – keine Polen – aus Kelsterbach abzuholen. Nach: SKH 1, Protokoll, S. 38.

34 DnR 1940, Nr. 13 vom 28. März 1940, S. 175ff.

35 DnR 1940, Nr. 32 vom 8. August 1940, S. 552: „Reichstarifordnung für polnische landwirtschaftliche Arbeitskräfte vom 8. Januar 1940", darin: „*1. Sämtliche zur Entlassung kommenden polnischen Kriegsgefangenen sind nach der Reichstarifordnung zu entlohnen* ..."

36 DnR 1940, Nr. 42 vom 17. Oktober 1940, S. 713ff.

37 HGBA, S. 21, ferner RGBl. 1942 I, Nr. 57 vom 30. Mai 1942, S. 347.

38 HGBA, S. 31f.

39 HGBA, S. 97, ferner ARG, Nr. 999/42 in Nr. 90 vom 27. August 1942, S. 546.

40 Die Personen-Namen wurden aus Gründen des Persönlichkeitsschutzes geändert.

41 Das Gespräch fand am 21. Oktober 1999 in seiner Wohnung in Anwesenheit seiner Frau statt. Er war gesundheitlich sehr angegriffen, anfangs außerordentlich erregt und erwartete erstaunlicherweise von mir die Zusage für eine finanzielle Entschädigung seiner Zwangsarbeitszeit. Erst nach einer ausführlichen Erläuterung meines Vorhabens erzählte er aus seinem Leben.

42 Gespräch am 21. Oktober 1999 in seiner Wohnung in Anwesenheit seiner Frau. Auch er erwartete in der nächsten Zeit eine finanzielle Entschädigung.

43 Gespräch am 23. Oktober 1999 in der ehelichen Wohnung mit beiden Personen. Auch dieser Familienname wurde verändert.

44 HStAWi, 482, Nr. 773, Bl. 215: Mit Erlass vom 29. Juni 1943 hatte der Reichsführer SS verfügt, dass alle Zwangsarbeiter ab sofort ein „Arbeitsbuch für Ausländer" zu führen hätten.

45 ARG, Nr. 499/44, in Nr. 31 vom 15. Juni 1944, S. 254f. In der Liste war unter anderem auch Wetzlar mit aufgeführt.

46 Mende, A I a, S. 4ff.

47 Wenngleich solche Anträge wörtlich nur auf „Vermittlung von Arbeitskräften" lauteten, so war doch jedem klar, dass zu der Zeit keinesfalls mehr deutsche, aber auch keine freiwilligen ausländischen Arbeitskräfte mehr für eine Anwerbung zur Verfügung standen.

48 RABl. 1943 I, Nr. 21, S. 372ff.

49 Mende, A IIIa, S. 1.

50 DnR 1940, Nr. 16 vom 17. April 1940, S. 273ff.

51 ARG Nr. 434/42 in Nr. 40 vom 20. April 1942, S. 246.

52 Mende, S. 7f. Die heutige „Greencard" ist dem Grau- und Grünzettelverfahren des Deutschen Reiches sehr ähnlich – allerdings mit umgekehrtem Vorzeichen: Heute sollen die Ausländer in Deutschland arbeiten, damals mussten sie es.

53 RGBl. 1940 I, Nr. 55 vom 29. März 1940, S. 555ff.

54 HStAWi, 483, Nr. 1943, Bl. 166ff.: Akte der Gestapo-Außendienststelle Wiesbaden zur „Behandlung polnischer Zivilarbeiter".

55 Ebd., Bl. 116f. Für deutsche Konzentrationslager wurde ab 15. Mai 1943 eine Dienstvorschrift erlassen, nach welcher *„Häftlinge, die sich durch Fleiß, Umsichtigkeit, gute Führung und besondere Arbeitsleistung auszeichnen, künftig Vergünstigungen erhalten. Diese bestehen in Gewährung von Hafterleichterung, Verpflegungszulagen, Geldprämien, Tabakwarenbezug und Bordellbesuch"*. Weiter hieß es dazu: *„Für den Besuch des Bordells haben die Häftlinge eine Gebühr von RM 2,- zu entrichten. Die Entrichtung erfolgt durch Abgabe eines Prämienscheines in dieser Höhe, den der Häftling an seiner Arbeitsstätte für seine dort geleistete Arbeit erhalten hat. ...Von diesem Betrag erhält die Insassin des Bordells RM -,45 ... weibliche Häftling RM -,05. Der Rest in Höhe von RM 1,50 ist vorläufig zu hinterlegen ..."* Nach: Lagergeld, S. 61ff.

56 DnR 1940, Nr. 15 vom 11. April 1940, S. 253ff.

57 Die Terminologie: „*... die polnische Arbeitskräfte halten"* klang ähnlich wie: „*... die Vieh halten"*.

58 DnR 1940, Nr. 43 vom 21. Oktober 1940, S. 733ff., betreffend „Behandlung der im Reich eingesetzten Zivilarbeiter und -arbeiterinnen polnischen Volkstums".

59 HStAWi, 483, Nr. 3259, Bl. 80.

60 Ebd., Nr. 1943: Akte der Gestapo-Außendienststelle Wiesbaden zur „Behandlung polnischer Zivilarbeiter", Bl. 168.

61 Siehe dazu ausführlich im Kapitel „Zwangsarbeit in Wetzlar – Sexualleben".

62 Rossmann erwähnte das Thema mit nur 11 Zeilen. Herbert I behandelte es auf knapp drei von 534 Seiten. Bei Mommsen gibt es keinerlei Hinweise dazu. In: Winkler, Ulrike (Hrsg.): Stiften gehen. NS-Zwangsarbeit und Entschädigungsdebatte, Köln 2000, S. 137ff. finden sich bei Hoffmann, Katharina: Zwangsarbeit in der Landwirtschaft, dazu überwiegend Sekundärquellen.

63 HStAWi, 483, Nr. 3259, Bl. 81: Schreiben der Geheimen Staatspolizeistelle Frankfurt am Main an alle oberen Behörden in Hessen vom 15. Februar 1943: *„Betrifft: Behandlung der im Reich eingesetzten ausländischen Arbeitskräfte und Kriegsgefangenen"*, darin: *„4. Polen – p) Geschlechtsverkehr mit deutschen Menschen: Bei polnischen Zivilarbeitern steht auf Geschlechtsverkehr mit deutschen Frauen die Todesstrafe"*.

64 Ebd., Nr. 1943, Bl. 163f.
65 Ebd., Bl. 132ff.
66 HStAWi, 423, Nr. 1224: „Behandlung von Ausländern (Allgem.), 1939 – März 1945", Bl. 125.
67 Ebd., 483, Nr. 3259: „Beschäftigung und Unterbringung ausländischer Zivilarbeiter und Kriegsgefangener 1943-1944", S. 76ff.
68 Mende, A IV a, S. 8f.
69 RMW, Nr. 23 vom 15. Juli 1942, S. 277ff.
70 HStAWi, 483, Nr. 10643, o. S.: „Rundschreiben der NSDAP-Gauleitung Hessen-Nassau zum Einsatz sowie zur Unterbringung, Verpflegung und Überwachung ausländischer Zivilarbeiter, 1942".
71 RGBl. 1943 I, S. 388ff., ferner RABl. 1943 I, Nr. 21, S. 372f.
72 ARG, Nr. 885/43 in Nr. 53 vom 20. Juli 1943, S. 472.
73 Sommer, S. 65.
74 HStAWi, 483,/4440 c., o. S., darin: Schreiben der DAF, Kreiswaltung Wetzlar, vom 13. Januar 1944 an die Burger Eisenwerke wegen einer Unterlagerführerin zur Betreuung der weiblichen Lagerinsassen.
75 RGBl. 1942 I, Nr. 71 vom 2. Juli 1942, S. 419ff.: „Entgelttabelle für Ostarbeiter".
76 Mende, A IV a, S. 13f.
77 Siehe dazu Kapitel: „Zwangsarbeit in Wetzlar".
78 Mende, A II b, S. 1f.
79 DnR 1940, Nr. 28 vom 11. Juli 1940, S. 487f.
80 RMW, Nr. 21 vom 21. Mai 1940, S. 290.
81 RABl. 1941 I, Nr. 29 vom 8. Oktober 1941, S. 448ff.
82 RGBl. 1941 I, Nr. 124 vom 4. November 1941, S. 675: „Verordnung über die Beschäftigung von Juden, vom 3. Oktober 1941", ferner ebd., S. 681f.: „Verordnung zur Durchführung der Verordnung über die Beschäftigung von Juden, vom 31. Oktober 1941", ferner Küppers, H.: „Die vorläufige arbeitsrechtliche Behandlung der Juden", in: RABl. 1941 V, S. 106ff., ferner ders.: „Das Beschäftigungsverhältnis der Juden", in: RABl. 1941 V, S. 569ff.
83 Mende, A II a, S. 7.
84 RABl., 1941 I, Nr. 29, S. 448 ff.
85 RMW, Nr. 26 vom 25 Juni 1940, S. 361.
86 HStAWi, 663, Nr. 401, o. S.: Schreiben des Leiters des Arbeitsamtes Wetzlar vom 19. Juni 1942 an die Bürgermeister und Ortsbauernführer des Kreises Wetzlar wegen neuer Lohnsätze für ausländische Arbeiter.
87 RABl. 1944 IV, S. 158ff., ferner HStAWi, 482, Nr. 773, o. S.
88 Siegel (S. 292, 301) legte zwar statistische Angaben über die Löhne und Arbeitszeiten deutscher Arbeiter in den Jahren 1939-1944 vor. Vorschriften für Zwangsarbeiter wurden hingegegen nicht mit einbezogen. Dasselbe gilt für die in den genannten Reichsverordnungen enthaltenen Arbeitszeitvorschriften.
89 RGBl. 1944 I, Nr. 41 vom 8. September 1944, S. 191f., ferner RABl. 1944 III, Nr. 9 vom 25. September 1944.
90 Mende, A VII b, S. 1.
91 RABl. 1940 I, Nr. 140 vom 8. August 1940, S. 1077: „Verordnung über die Erhebung einer Sozialausgleichsabgabe vom 5. August 1940", darin § 1: „Polen haben eine Sozialausgleichsabgabe als Zuschlag zur Einkommensteuer zu entrichten. § 2: Die Sozialausgleichsabgabe beträgt 15 vom Hundert des Einkommens."
92 Ebd., Nr. 142 vom 12. August 1940, S. 1094ff., hier: „§ 4 – Freibetrag".

93 RStBl. Nr. 69 vom 14. August 1940, S. 739.

94 RGBl. 1942 I, Nr. 52 vom 16. Mai 1942, S. 301ff.: „Lohnsteuertabelle für tägliche Lohnzahlung. Gültig ab 1. Juli 1942."

95 RMW, Nr. 20 vom 30. Mai 1941, S. 362.

96 Ebd., Nr. 28. vom 9. Juli 1940, S. 386.

97 RGBl. 1941 I, Nr. 50 vom 12. Mai 1941, S. 247f. Die Bürgersteuer galt normal für jeden deutschen Staatsbürger.

98 Weder Herbert noch Mommsen oder andere haben sich mit dieser Problematik bislang erkennbar auseinandergesetzt.

99 „Amtliche Nachrichten", Nr. 5, S. 380: „Bekanntmachung betreffend die Befreiung von Ausländern von der Versicherungspflicht nach dem Invalidenversicherungsgesetz vom 7. März 1901", Abschrift, frdl. Mitteilung der LVA Hessen in Frankfurt am 31. August 2000.

100 Amtliche Nachrichten für Reichsversicherung, Nr. 33, 1939, S. IV 517.

101 DnR 1940, Nr. 19 vom 9. Mai 1940, S. 335: „Invalidenversicherung der polnischen landwirtschaftlichen Wanderarbeiter".

102 Ebd., Nr.1/2, 1943, S. II 27.

103 Mende, A VIII a, S. 4ff.: „Ausländische Arbeitskräfte sind bei der Krankenkasse anzumelden, die auch sonst für den Betrieb zuständig ist, in dem sie beschäftigt werden."

104 Ebd., S. 9f.: „An der Mittelaufbringung sind die Beschäftigten bei diesem Versicherungszweig nicht beteiligt. Die Beiträge sind von den Unternehmern allein zu zahlen."

105 Ebd., S. 10ff.

106 RABl. 1939 IV, Nr. 18, S. 302: Rundschreiben des Reichsversicherungsamtes an die Träger der Invalidenversicherung, der Angestelltenversicherung und der knappschaftlichen Pensionsversicherung vom 10. Juni 1939: „Die bisherige Reichsanstalt für Arbeitsvermittlung und Arbeitslosenversicherung führt nach der Verordnung über den Arbeitseinsatz vom 25. März 1939 ... seit dem 1. April 1939 die Bezeichnung „Reichsstock für den Arbeitseinsatz".

107 Mende, A VIII a, S. 12ff.

108 Ebd., S. 2 u. 10.

109 RVO = Reichsversicherungsordnung

110 Vgl. Siegel, S. 292. Das entsprach dem Durchschnittslohn der Jahre 1939-1945 eines deutschen Hilfsarbeiters in der metallverarbeitenden Industrie.

111 RGBl. 1942 I, Nr. 52 vom 16. Mai 1942, S. 301ff.: Lohnsteuertabelle für tägliche Lohnzahlung.

112 HStAWi, 483, Nr. 4471a-c, o. S: „Akten der Deutschen Arbeitsfront", darin: „Allgemeine Ortskrankenkasse für den Kreis Wetzlar, Lohnabzugstabelle, gültig ab 1. Januar 1943."

113 RGBl. 1942 I, Nr. 71 vom 2. Juli 1942, S. 419ff.: „Entgelttabelle für Ostarbeiter".

114 Vgl. Siegel, S. 292. Vgl. a. Kapitel „Zwangsarbeit in Wetzlar – Kriegsgewinne".

115 RGBl. 1944 I, Nr. 41 vom 8. September 1944, S. 191f., ferner RABl. 1944 III, Nr. 9 vom 25. September 1944.

116 DnR 1940, Nr. 16 vom 18. April 1940, S. 276f.

117 HStAWi, 483, Nr. 6522 b, o. S.: „Betreuung ausländischer Zivilarbeiter im Kreis Gelnhausen durch die DAF. 1943-Febr. 1944", darin: Die Deutsche Arbeitsfront, Zentralbüro Berlin: „Zusammenfassende Aufstellung der Lohnüberweisungssätze für die in Deutschland beschäftigten ausländischen Arbeitskräfte, Ausgabe 11/44 (Juni 1944)".

118 DnR 1940, Nr. 15 vom 11. April 1940, S. 255f.

119 RMW, Nr. 37 vom 9. September 1941, S. 638f.

120 HStAWi, 423, Nr. 1224, o. S: „Behandlung von Ausländern (Allgem.), 1939 – März 1945", Bl. 142ff.

[121] Vgl. dazu Kapitel „Ostarbeiter – Krankenversorgung", ferner ausführlicher im Kapitel: „Zwangsarbeit in Wetzlar – Krankheit, ärztliche Versorgung, Schwangerschaft".

[122] RABl. 1942 I, S. 124, ferner RMW, Nr. 47 vom 18. November 1941, S. 809f.

[123] RABl. 1942 I, Nr. 28, S. 430.

[124] Gemeint war natürlich: Wenn der polnische Arbeiter nicht wieder nach Deutschland zurückkehrte.

[125] HStAWi, 423, Nr. 1224, o. S, Bl. 49f.: Schreiben des RP in Wiesbaden an die Landräte des Bezirks vom 11. Mai 1940. Anlage: Abschrift einer Mitteilung der Gestapo Frankfurt/Main o. Dat.

[126] Nach: Herbert, S. 130.

[127] Nach: Herbert I, S. 210f.

[128] Anordnung des GBA Nr. 10 betr. den Einsatz von Arbeitskräften der besetzten Gebiete vom 22. August 1942 und Durchführungsbestimmungen vom 29. Oktober 1942, zit. n. Herbert, S. 213. Ferner Angabe einer holländischen Zeitzeugin in: „Arthur Seyß-Inquart, Die Marionette des Führers", 3 SAT-TV, 10. Mai 2000.

[129] Rapport, No. 126.421, Gustave Meurant, Bl. 3ff.

[130] HStAWi, 423, Nr. 1224, o. S,, Bl. 73f.: Verfügung des Reichsführers SS vom 3. Oktober 1940.

[131] Ebd.: „Behandlung von Ausländern (Allgem.), 1939 – März 1945", Bl. 93ff.: Anweisung des Reichsführers SS vom 28. Oktober 1941.

[132] Limburg, S. 20.

[133] HStAWi, 483, Nr. 4455a, o. S.

[134] Anm. 131, Bl. 80.

[135] Ebd., Bl. 93ff.

[136] Herbert II, S. 98.

[137] Anm. 131, Bl. 89f.: Schreiben des RP Wiesbaden an die Landräte und Polizeipräsidenten des Bezirks, nachrichtlich der Gestapo-Stelle Frankfurt/M. vom 25. Mai 1942.

[138] Siehe dazu Kapitel „Zwangsarbeit in Wetzlar".

[139] HStAWi, 483, Nr. 445a, o. S. Aus dem Brief geht nicht hervor, wer der Schreiber dieser Zeilen war.

[140] HW, zuerst am 12. Mai 1943 rückwirkend für April 1943: „Trennungsgeld Bontemps" und „Trennungsgeld Huguenin", je RM 45,-.

[141] HAL, o. S.: Betriebsmitteilung Nr. 13 der Ernst Leitz GmbH vom 18. Dezember 1942 betr.: „Bezahlung ausländischer Arbeitskräfte – Akkordlohngestaltung ausländischer Arbeitskräfte mit Ausnahme von Ostarbeitern (Nur für die Herren Abteilungsleiter!)".

[142] Herbert I, S. 114.

[143] KTB I/3, S. 13. Danach lief der Zahlungsverkehr über die Deutsche Bank, Abt. Ausland, Berlin W 8.

[144] Dr. Ludwig Leitz berichtete 1986: „*... In Braunschweig bei Voigtländer erzählte uns der Direktor* (Anm.:1944 ..), *man habe hunderttausende Gefangene nach den großen Kesselschlachten in Rußland zusammengetrieben und verhungern und erfrieren lassen. Die kämpfende Truppe erfuhr davon nichts. Aber sie wurde dann zum Opfer in den Gefangenenlagern Stalins.*", in: WNZ vom 20. November 1986.

[145] Nach: Gedenken an die Opfer des Nazi-Terrors, in: WNZ vom 28. Januar 2002.

[146] Nach Angabe ehemaliger sowjetischer Kriegsgefangener, die dieses Martyrium überlebten. In: „Soldaten hinter Stacheldraht – Deutsche Kriegsgefangene des Zweiten Weltkrieges", ARD am 16. November 2000. Bei Kriegsende richteten die Alliierten ähnliche Lager ein – zum Beispiel die „Rheinwiesen-Lager" bei Remagen, Andernach usw. – allerdings nicht in diesen Dimensionen.

147 Nach: Herbert, S. 134 f.
148 Ebd.
149 Geheime Kommandosache: Entwurf vom 11. November 1941 zu einem Vermerk über Ausführungen Görings in einer Sitzung vom 7. November 1941 über den Einsatz russischer und anderer Kriegsgefangener in der Kriegswirtschaft, in: „Prozeß gegen die Hauptkriegsverbrecher vor dem Internationalen Militärgerichtshof. Nürnberg 14. November 1945 – 1. Oktober 1946", Nürnberg 1947, Band XXVII, S. 67, zit. n. Sommer, S.77.
150 KTB 2/9, Bl. 66, Schreiben eines Staatssekretärs Körner des Reichsmarschalls des Großdeutschen Reiches vom 14. November 1941 an die Rüstungs-Inspektionen betreffend den Einsatz von Sowjet-Russen.
151 Nach: Herbert II, S. 237.
152 Ebd., S. 136.
153 KTB 2/9, Bl. 64, Geheimbericht des OKW vom 8. Dezember 1941 betreffend den Einsatz von Sowjet-Russen.
154 KTB 1/10, Bl. 39: Bericht vom 19. März 1942.
155 KTB 1/12, Bl. 13: Bericht vom 8. Juli 1942.
156 Mende, A I a, S. 9.
157 HGBA, S. 32.
158 Mitteilung des Armee-Oberkommandos 2 an die Heeresgruppe B, o. Dat. (Frühjahr 1942?), vgl.: Müller, N. (Hrsg.): „Deutsche Besatzungspolitik in der UdSSR, Dokumente", Köln 1980, S. 293f.
159 Laut Auskunft des ITS Arolsen vom 15. September 1994 arbeitete sie vom 20. August 1942 an bei Hensoldt in Wetzlar. Vom 12. Februar 1943 bis zum 2. März 1943 befand sie sich wegen Diphtherie in der Medizinischen Klinik in Gießen. Später arbeitete sie bei einer Firma in Menden/Westf.
160 Klawdija Tolstikowa, *15. Februar 1926 in Mariupol/Krim. Brief an den Autor vom 26. September 2000.
161 Bericht der Auslandsbrief-Prüfstelle Berlin über die in der Zeit vom 11. September bis 10. November 1942 ausgewerteten Briefe aus den besetzten Ostgebieten, nach: Herbert, S. 140.
162 Czollek, Roswitha: „Faschismus und Okkupation", Ostberlin 1974, S. 159.
163 Herbert Rühl, *31. Oktober 1920, am 17. Oktober 2000.
164 Siehe dazu Kapitel „Zwangsarbeit in Wetzlar – Displaced Persons".
165 BA, RD 19/3, Teil 2A IIIf, S. 24ff.: „Allgemeine Bestimmungen über Anwerbung und Einsatz von Arbeitskräften aus dem Osten" des Reichsführers SS vom 20. Februar 1942, ferner HStAWi, Abt. 423, Nr. 1224, o. S: „Behandlung von Ausländern (Allgem.), 1939 – März 1945", Bl. 155: Anweisung des RP Wiesbaden vom 1. März 1943 an die Landräte des Bezirks zur strikten Durchführung der Bestimmungen des Reichsführer SS.
166 Nach: Polian, S. 42.
167 HStAWi, 483, Nr. 3559, Bl. 82, ferner RMW, Nr. 13-15, August 1944, S. 108.
168 Der Distrikt Galizien war deckungsgleich mit dem Distrikt Lemberg. Die Einwohner der Distrikte Bialystok und Galizien galten ja nun als Polen.
169 ARG, Nr. 1129/42 in Nr. 100 vom 26. September 942, S. 614f.
170 BA, RD 19/3, Teil 2A IIIf, S. 24ff.: „Allgemeine Bestimmungen über Anwerbung und Einsatz von Arbeitskräften aus dem Osten" des Reichsführers SS vom 20. Februar 1942.
171 Nach: Spoerer, S. 669.
172 HGBA, S. 80 und 85, ferner ARG Nr. 1161/43, Nr. 68 vom 25. September 1943, S. 599.
173 HGBA, S. 99.
174 Siehe dazu Erläuterungen am Schluss dieses Kapitels.

175 HStAWi, 483, Nr. 3259: „Beschäftigung und Unterbringung ausländischer Zivilarbeiter und Kriegsgefangener, 1943-1944", S. 76ff. Vgl. a. Kranig, S. 160ff.

176 Ebd.

177 RMW, Nr. 29 vom 15. Oktober 1942, S. 358.

178 Ebd., Nr. 30 vom 1. November 1942, S. 371.

179 Nach: Herbert, S. 141.

180 HStAWi, 482, Nr. 773, o. S.: Merkblatt des Reichsnährstandes über die allgemeinen Grundsätze für die Behandlung der im Reich tätigen ausländischen Arbeitskräfte.

181 ARG, Nr. 919/43 in Nr. 55 vom 27. Juli 1943, S. 486.

182 Ebd., Nr. 1040/43 in Nr. 61 vom 24. August 1943, S. 541.

183 HGBA, S. 6, ferner HWA, 1104, Nr. 5, Rundschreiben Nr. 39 der Buderus'schen Eisenwerke, Gefolgschaftsamt, vom 27. August 1943. Der Erlass beinhaltete auch noch einen zweiten Abschnitt betreffend „Besondere Lohn- und Urlaubsvergünstigungen". Siehe dazu Kapitel „Urlaub und Entlohnung".

184 HWA, 1104, Nr. 5, Rundschreiben Nr. 4 der Buderus'schen Eisenwerke vom 8. Februar 1944.

185 Siehe Kapitel „Zwangsarbeit in Wetzlar – Arbeitszeiten".

186 HStAWi, 423, Nr. 1224, Bl. 285ff.

187 ARG, Nr. 792/44 in Nr. 46 vom 30. August 1944, S. 419f.: „Auszeichnung ausländischer Arbeitskräfte mit der bronzenen Verdienstmedaille zum Deutschen Adlerorden".

188 Anm. 186, Bl. 292: Schreiben des Wetzlarer Landrates an alle Bürgermeister des Kreises Wetzlar vom 5. September 1944 wegen umgehender Meldung der betreffenden Ostarbeiterzahlen für die Volkstumsabzeichen.

189 Vgl. Porezag I, S. 158, ferner Porezag/Spieß.

190 RGBl. 1945 I, Nr. 9 vom 7. April 1945. Dies war die vorletzte Veröffentlichung des Deutschen Reiches im Reichsgesetzblatt. Mit der Veröffentlichung Nr. 10 vom 11. April 1945 war das Kriegsende erreicht.

191 Siehe Tabelle in der Einleitung des Buches.

192 BA R 41/481, Bl. 60: „Allgemeine Bestimmungen über Anwerbung und Einsatz von Arbeitskräften aus dem Osten".

193 Vgl. Sommer, S. 64f.

194 HstAWi, 483, Nr. 3259: „Beschäftigung und Unterbringung ausländischer Zivilarbeiter und Kriegsgefangener 1943-1944", S. 76ff.

195 RGBl. 1942 I, Nr. 71 vom 2. Juli 1942, S. 419ff.

196 Aktennotiz aus dem Stabe des „Vierjahresplanes" über eine Besprechung im Reichsernährungsministerium vom 24. November 1942 betreffend die Ernährung der russischen Kriegsgefangenen und Zivilarbeiter in Deutschland, Dot. 177-USSR, Band XXXIX, S. 446f., zit. n. Sommer, S. 78.

197 Auf der sogenannten „Freibank" wurde minderwertiges Fleisch von leicht erkrankten oder notgeschlachteten Tieren – z. B. nach Luftangriffen oder Unfällen – verkauft.

198 ARG Nr. 1305/42, in Nr. 110 vom 31. Oktober 1942, S. 693ff.

199 Zit. n. Herbert, S. 162.

200 HStAWi, 483, Nr. 6522 b, o. S.: „Betreuung ausländischer Zivilarbeiter im Kreis Gelnhausen durch die DAF 1943-Febr. 1944 darin: Anordnung: „Rationen auf Grund der Lebensmittelkarten für die 59. Zuteilungsperiode vom 7. Februar bis 5. März 1944."

201 Ebd.: „Lebensmittelbedarfsrechnung für Arbeiterlager, Kriegsgefangenen-Arbeitskommandos usw., 70. Zuteilungsperiode" (Anm.: vermutlich November/Dezember 1944).

202 Zit. n. Sommer, S. 83.

203 Mende, B I b, S. 52.
204 HGBA, S. 103f.
205 HWA, 1104, Nr. 5, siehe auch die Kapitel „Behandlung“ und „Entlohnung“.
206 KTB I/20, Bl. 22.
207 RGBl. 1942 I, Nr. 71 vom 2. Juli 1942, S. 419ff.
208 Vgl. a. Kranig, S. 168f.
209 RMW, Nr. 29 vom 15. Oktober 1942, S. 358.
210 RGBl. 1943 I, Nr. 37 vom 10. April 1943, S. 181ff., ferner ARG Nr. 449/43, in Nr. 27 vom 9. April 1943, S. 224ff.
211 Vgl. a. RABl. 1943 I, Nr. 17/18, S. 346, ferner RABl. 1943 V (Soziales Deutschland), Nr. 19, S. 305.
212 Siehe Kapitel „Zwangsarbeit in Wetzlar – Arbeitszeiten“.
213 RABl. 1943 I, Nr. 12/13, S. 270.
214 Anm. 205. Siehe auch Kapitel „Behandlung und Urlaub“.
215 RGBl. 1944 I, Nr. 14 vom 5. April 1944, S. 68f., ferner ARG Nr. 288/44, in Nr. 19 vom 12. April 1944, S. 159ff.
216 RGBl. 1944 I, Nr. 14 vom 5. April 1944, S. 70ff.
217 Vgl. dazu Kapitel „Zwangsarbeit in Wetzlar – Die Betriebe“.
218 HStAWi, 663, Nr. 401, o. S.: Schreiben des Leiters des Arbeitsamtes Wetzlar vom 19. Juni 1942 an die Bürgermeister und Ortsbauernführer des Kreises Wetzlar wegen neuer Lohnsätze für ausländische Arbeiter.
219 ARG Nr. 819/42, in Nr. 75 vom 14. Juli 1942, S. 450ff., ferner HStAWi, 482, Nr. 48b, o. S.: „Arbeitseinsatz, Versorgung und Betreuung ausländischer Zivilarbeiter in der Landwirtschaft, 1940-Febr. 1945“.
220 Mende, B II b, S. 42, ferner HStAWi, 482, Nr. 773, o. S.: „Arbeitseinsatz ausländischer (insbes. polnischer) Zivilarbeiter in der Landwirtschaft, 1940-1944“.
221 ARG Nr. 558/44, in Nr. 34 vom 4. Juli 1944, S. 294ff.
222 RStBl. Nr. 57 vom 18. November 1944, gültig ab 1. Januar 1945, S. 674
223 RABl. 1943 I, Nr. 1,2, S. 28.
224 Ebd., S. 27., ferner ARG Nr. 1444/42, in Nr. 120 vom 5. Dezember 1942, S. 770f.
225 HStAWi, 663, Nr. 401, o. S.: Schreiben des Leiters des Arbeitsamtes Wetzlar vom 10. Juni 1943 an einen Dr. Bruns in Aßlar wegen „Entlohnung der in der Hauswirtschaft eingesetzten Ostarbeiterinnen“.
226 RABl. 1944 I, S. 242ff., ferner ARG Nr. 692/44 in Nr. 41 vom 10. August 1944, S. 365ff., ferner Mende, B II b, S. 42 h ff.
227 RGBl. 1942 I, Nr. 7 vom 27. Januar 1942, S. 41f.
228 RGBl. 1942 I, Nr. 71 vom 2. Juli 1942, S. 419ff.
229 RGBl. 1944 I, Nr. 19 vom 29. April 1944, S. 103.
230 HStAWi, 482, Nr. 48 b, o. S.: „Bestimmungen des Reichsarbeitsministers über die Krankenversorgung der Ostarbeiter“ vom 1. August 1942, ferner RMW, Nr. 27 vom 15. September 1942, S. 334.
231 RGBl. 1942 I, Nr. 71 vom 2. Juli 1942, S. 419ff.
232 RGBl. 1943 I, Nr. 33 vom 31. März 1943, S. 165f.
233 Siegel, S. 292.
234 Herbert (S. 241ff.) gab für den Krupp-Konzern folgende Durchschnittslöhne an: Westarbeiter 91 Prozent des deutschen Lohnes, Ostarbeiter 41 Prozent, Ostarbeiterinnen 37 Prozent und Kriegsgefangene 67 Prozent. Siehe auch Kapitel „Zwangsarbeit in Wetzlar – Entlohnung“.

235 RGBl. 1944 I, Nr. 14 vom 5. April 1944, S. 68f.

236 RMW, Nr. 28 vom 1. Oktober 1942, S. 344: „Klärung von Zweifelsfragen bezüglich der Einsatzbedingungen der Ostarbeiter", darin: „Die Kosten für Bekleidung und Schuhwerk hat grundsätzlich der Ostarbeiter von seinem Arbeitsentgelt zu bezahlen."

237 HStAWi, 482, Nr. 773, o. S.: „Ostarbeitersparen – Merkblatt für Betriebsführer, 3. Ausgabe Januar 1943".

238 RMW, Nr. 45 vom 4. November 1941, S. 772.

239 HStAWi, Abt. 423, Nr. 1224, o. S: „Behandlung von Ausländern (Allgem.), 1939 – März 1945", Bl. 142ff.

240 Zit. n. Hadamar, S. 260.

241 Ebd., S. 262: Runderlass des Reichsministers des Inneren an die Reichsstatthalter, die Oberpräsidenten und die Regierungspräsidenten vom 6. September 1944.

242 Hadamar, S. 269. „Die regionale Begrenzung auf Hessen".

243 RMW, Nr. 6, Mitte April 1944, S. 42. Siehe dazu ausführlicher in den Kapiteln „Zwangsarbeit in Wetzlar – Die Betriebe". Die Angabe von Sommer (S. 89), nach 1942 seien die „Rückkehrsammellager" generell nur noch reine Sterbelager gewesen, scheint so nicht zu stimmen.

244 SKH 1, darin: Bl. 40 des Protokolls der mündlichen Verhandlung vom 10. August, 11. August, 12. August und 19. August 1948.

245 Ebd., Das der Prozessakte beiliegende, allerdings unvollständige ehemalige „Buch für besondere Vorkommnisse" der Firma Hensoldt verzeichnet die erste im Werk verhängte Strafe für den 18. März 1943.

246 HGBA, S. 107f.: „Anordnung Nr. 10 zur Sicherung der Ordnung in den Betrieben", s. a. „Zwangsarbeit in Wetzlar – Widerstand und Bestrafung".

247 HAW, Verwaltungspolizei der Stadt Wetzlar, Akte betr.: „Freigelassene polnische Kriegsgefangene", Bl. 6.

248 Nach: Herbert, S. 142f., inklusive Kriegsgefangene.

249 HStAWi, Abt. 423, Nr. 1224, o. S: „Behandlung von Ausländern (Allgem.), 1939 – März 1945", Bl. 300ff.

250 BA R 43 II/682 b, Bl. 62: Anordnung des OKW vom 3. August 1944, zit. n. Herbert I, S. 304.

251 Vgl. a. HAW, Akte: „Verzeichnis der ausländischen Arbeitnehmer" o. S. In der Belegschafts-Meldung der Hensoldt AG an die Ortspolizeibehörde über die beschäftigten Zwangsarbeiter vom 7. September 1944 wurden unter anderem noch 67 „I.M.I." genannt. In der darauffolgenden Meldung vom 30. September1944 sind es dann 67 „Ital. Zivilarbeiter".

252 Aus Wetzlar wurde berichtet, dass sie ihre Dienstgradabzeichen auch noch als Zwangsarbeiter trugen. Frdl. Mitteilung von Lothar Karst, Wetzlar, am 5. Januar 2002.

253 „OKW" = Oberkommando der Wehrmacht.

254 KTB 1/19, Bl. 30, Anlage Nr. 13 zum Vierteljahresbericht des Rüstungskommandos Gießen, Rundschreiben Nr. 37/44 vom 11. Mai 1944 betreffend italienische Militär-Internierte.

255 Siebrecht, S. 733.

256 Der Pauschsatz betrug RM 1,20 je Verpflegungstag. Nach: RMW, Nr. 21, Anfang November 1943, S. 222.

257 Melioration = Bodenverbesserung

258 RMW, Nr. 39 vom 23. September 1941, S. 672.

259 RABl. 1943 I, S. 477ff. ferner Mende, B II b, S. 94ff., ferner RMW, Nr. 21 Anfang November 1943, S. 221.

260 ARG, Nr. 1145/43, in Nr. 67 vom 21. September 1943, S. 592ff.: Bezahlung der Kriegsgefangenenarbeit.

261 ARG, Nr. 1146/43, in Nr. 67 vom 21. Dezember 1943, S. 594, ferner Mende, S. 91ff.

Zweites Kapitel

1 Am 2. Februar 1942 hatte der Reichsführer SS die sogenannten „Ostarbeitererlasse" verfügt. Danach waren ab sofort alle sowjetischen Zivilarbeiter aus den besetzten Gebieten der Sowjetunion in den Grenzen von 1938 als „Ostarbeiter" zu bezeichnen (siehe dazu Kapitel „Zwangsarbeit im Deutschen Reich – Der Ostarbeitereinsatz – Behandlung"). Die Realität vor Ort sah jedoch anders aus. In diesem Buch werden zahlreiche Dokumente vorgelegt, in denen auch nach dem Februar 1942 die Volksgruppen „Russen", „Ukrainer", „Weißruthenen" und „Tataren" – teilweise auch neben dem Begriff „Ostarbeiter" – genannt wurden (z. B. noch in der Lagerliste des Wetzlarer Landrates vom 18. Januar 1945 – Quelle: Lagerliste 5).

2 Siehe dazu Einleitung des Buches.

3 Ebd.

4 HStAWi, 423, Nr. 1224, o. S: „Behandlung von Ausländern (Allgem.), 1939 – März 1945", Bl. 372: „Monatliche Meldung des Wetzlarer Landrates an die Gestapo Frankfurt am Main vom 21. Januar 1945 über die im Dienstbereich wohnhaften Ausländer nach Nationalitäten und Geschlecht getrennt." Addiert man die Ausländerzahlen aus den monatlichen Meldungen des Landrates, so weicht das Ergebnis allerdings von diesen Zahlen ab – sowohl nach oben als auch nach unten – (siehe Gesamtaufstellung der monatlichen Meldungen). Der Grund hierfür liegt sicher in den damaligen Verhältnissen, bei sich überstürzenden Ereignissen usw.

5 Handschriftliche und maschinenschriftliche Aufstellungen: „Der Bestand der Beschäftigten am 15. Februar 1945: 4.600 Ausländer, 2.700 Ausländerinnen, und 2.270 Kriegsgefangene", in: Arbeitsamt Wetzlar, Altakte „Halbmonatsberichte und Zusammenstellungen" o. S. Die runden Zahlen lassen aber vermuten, dass es sich dabei um eine Schätzung handelte. Aus der Aufstellung geht auch nicht klar hervor, ob die Zahlen für die Stadt Wetzlar oder für den Kreis Wetzlar galten. Bei dieser Größenordnung kann aber Letzteres angenommen werden.

6 Es gibt keine genauen Einwohnerzahlen des Kreises Wetzlar für das Jahr 1945. Im Verwaltungsbericht für den Kreis Wetzlar fanden sich dazu für den Zeitraum zwischen 1939 (92.827 Einwohner) und 1946 (120.748 Einwohner) keine Angaben. Frdl. Mitteilung des Hauptamtes des Lahn-Dill-Kreises (Herr Loh) am 28. Januar 2000. Während des Krieges dürfte sich die Einwohnerzahl nicht sehr erhöht haben. Bei der Angabe für 1946 muss berücksichtigt werden, dass sich zu dem Zeitpunkt schon Tausende von Flüchtlingen aus den ehemaligen deutschen Ostgebieten in Wetzlar aufhielten.

7 HStAWi, 423, Nr. 1224, o. S: „Behandlung von Ausländern (Allgem.), 1939 – März 1945", Bl. 335ff.: Mitteilung des Wetzlarer Landrates vom 18. Januar 1945 an die Gestapo-Stelle in Frankfurt am Main über die im Kreis Wetzlar befindlichen Ausländerlager und ihre Belegung (im Folgenden: „Lagerliste 5"). Die Liste wurde auf Veranlassung der Gestapo-Stelle Frankfurt am Main – Schreiben an die Landräte vom 10. November 1944 (Bl. 325) – auf Grund der schriftlichen Firmenmeldungen erstellt. Im gesamten Kreis Wetzlar gab es danach 45 Ausländerlager.

8 Ebd., Bl. 335-337.

9 In der Stadt Wetzlar selbst gab es ja weniger Landwirtschaft als im sonstigen Kreisgebiet. Siehe dazu weiter hinten im Kapitel.

10 Die US-Soldatenzeitung „Yank" gab Anfang April 1945 fälschlicherweise in einem Bericht über die Einnahme Wetzlars durch die 99. US-Infanterie-Division am 29. März 1945 an, in der Stadt hätten sich zu dem Zeitpunkt „15.000 Sklavenarbeiter" befunden. Nach: Porezag/Spieß, S. 256ff. Auch der Angabe von Pohl (S. 96): „*... In Wetzlar waren am 1. Dezember 1943 insgesamt etwa 9.000 bis 10.000 ausländische Arbeitskräfte tätig*", muss widersprochen werden. Die von ihm zitierte Quelle: „Rossmann, Tabelle 6, S. 434" ist lediglich eine Aufstellung über die Beschäftigten des Buderus-Konzerns am 30. November 1944 (darunter 5.870 Zwangsarbeiter/innen und 776 Kriegsgefangene), welche sich auch im HWA befindet (Abt. 1104, Nr. 5, o. S.). Ein Zusammenhang mit der Gesamtzahl der Ausländer in Wetzlar für 1943 ist dort nicht erkennbar.

11 VB II, S. 44. Danach hatte die Stadt Wetzlar am 31. Dezember 1944 insgesamt 21.946 gemeldete Einwohner. Der hohe Ausländeranteil in der Stadt erklärt sich auch dadurch, dass in Wetzlar schon immer sehr viele Pendler – also nicht in Wetzlar Wohnende – arbeiteten, die während des Krieges durch Ausländer ersetzt wurden: Am 1. November 1949 waren es 11.233 von 18.378 Beschäftigten. Nach: VB II, S. 583.

12 HStAWi, 483, Nr. 4450a, o. S.

13 Die vormalige „Industrie- und Handelskammer für das Rhein-Mainische Wirtschaftsgebiet" war im Januar 1943 umgegliedert worden zur „Gau-Wirtschaftskammer Rhein-Main". Nach: WA vom 3. Januar 1943. Die Bezirksstelle Wetzlar dieser Gau-Wirtschaftskammer umfasste die Kreise Wetzlar, Dillenburg und Biedenkopf, nach: „Die Wirtschaft im Bezirk der Gauwirtschaftskammer Rhein-Main, Zahlen und Schaubilder", Frankfurt am Main 1943, S. 3 und 23, AP. Die Bezirksstellen der Gau-Wirtschaftskammern wurden nach dem Krieg wieder zu Industrie- und Handelskammern umgegründet.

14 Vgl. Flender, 5. Ausg., S. 17. Riekeberg war am 29. Mai 1942 zum kommissarischen Vorsitzenden der Bezirksstelle Wetzlar der „IHK für das Rhein-Mainische Wirtschaftsgebiet" und am 7. August 1943 zum Leiter der Bezirksstelle Wetzlar und Mitglied des Präsidialrates der Gau-Wirtschaftskammer Rhein-Main berufen worden.

15 KTB I/19, Bl. 13, Vierteljahresbericht vom 1. April – 30. Juni 1944.

16 Vgl. Porezag/Spieß.

17 Siehe Kapitel „Die Betriebe – Ernst Leitz GmbH".

18 Siehe Kapitel „Die Betriebe".

19 In der Hauptsache nach: IHK-Statistik, Anlage 1, Bl. 2-6.

20 Vgl. Porezag II, S. 96.

21 Vgl. Porezag I, S. 347ff.

22 Ebd., S. 390ff.

23 KTB 1/2, Bl. 1a. Dort, wo sich heute das Wetzlarer Tierheim am Magdalenenhäuser Weg befindet, war während des Krieges ein Schießplatz für Granatwerfer, auf dem wöchentlich geschossen wurde. Angeliefert wurden Waffen und Munition mit zivilen Fahrzeugen, geschossen wurde von Mitarbeitern der Rüstungsfirmen und abgesperrt von Wehrmachtssoldaten. Frdl. Mitteilung von Lothar Karst, Wetzlar, am 14. Januar 2002. Anm. d. Verf.: Es erscheint möglich, dass hier Granaten der Firmen Buderus und Hollmann, sowie Zünder der Firma Leitz erprobt wurden.

24 HAH, V/2.4: „Bericht über die Prüfung der Jahresabschlüsse auf den 31. Dezember 1940 – 31. Dezember 1944 der Firma Hensoldt & Söhne", darin: Ziff. 160, S. 5: Gegenstand des Unternehmens.

25 Porezag I, S. 244ff.

26 Nach: Gutachten des vereidigten Buchprüfers W. Storck, Frankfurt am Main, über die Firma Georg Kremp, Optik und Mechanik, Wetzlar, vom 11. März 1947, im Besitz von Christian Kremp, Wetzlar.

27 AL-Buderus, e.: Guiseppe Della-Valle, Guiseppe Silvagni und Marino Zanotti. Rossmann (S. 84) und Sommer (S. 2) gingen fehl in der Annahme, die ersten ausländischen Zivilarbeiter seien erst im Sommer 1940 nach Wetzlar gekommen. Pohl (S. 85) gab ebenfalls an, die ersten Ausländer seien im Sommer 1940 nach Wetzlar gekommen, und zwar zu den Buderus'schen Eisenwerken. Die nachfolgenden Personenzahlen und -daten basieren neben den Listen der DAF und des Wetzlarer Landrates in der Hauptsache auf den Firmenlisten zur Ausländerzählung in Wetzlar vom Februar 1946 und November 1949. Diese Listen enthalten zwar die Namen und „Beschäftigungszeiten" der Ausländer; es wurde jedoch nicht angegeben, ob es sich bei den Männern um Kriegsgefangene oder um zivile Ausländer handelte. Jeweils ein Durchschlag der Ausländer-Listen der Röchling-Buderus AG, der Buderus'schen Eisenwerke, der Spinnerei & Weberei sowie ein Listenteil der Hollmann-Werke befinden sich im Archiv Porezag. Die Ausländer-Liste der Hensoldt AG – durch Zufall wieder entdeckt im November 2000, heute im Historischen Archiv der Hensoldt AG – weist dagegen nur Daten zum Arbeitsbeginn der Ausländer bei Hensoldt auf, da die Liste im November 1949 nach Unterlagen der AOK Wetzlar erstellt wurde. Für die Ernst Leitz GmbH – heute Leica Microsystems GmbH –, die Carolinenhütte, Pfeiffer-Apparatebau GmbH, das Herkuleswerk und die Hollman-Werke konnten die Listen bis auf einige Einzelbelege nicht mehr nachgewiesen werden. Weitere Ausländer-Listen befinden sich vermutlich beim Internationalen Suchdienst des Roten Kreuzes (ISD) in Arolsen. Sie waren 2002 jedoch nicht zugänglich.

28 AL-RöBu, f.: Josef Mularoni und Remolo Passudetti.

29 Ebd.: Guiseppe Bruni und Giono Malpeli.

30 Ebd.: Mario Passudetti. Alle diese Ausländer wurden später unter besondere Gesetze gestellt und waren von da an ebenfalls Zwangsarbeiter.

31 Er hatte ab dem 9. September 1940 die Arbeit verweigert, weil er angeblich die ihm zustehenden Lebensmittelrationen nicht erhalten hatte. Außerdem randalierte er am 11. September 1940 betrunken im Gemeinschaftslager, woraufhin er verhaftet wurde. Nach: HStAWi, 409/4, Nr. 3717, o. S.: Gefangenenakten Stefan K. des Untersuchungsgefängnisses Frankfurt-Preungesheim. S. a. Gestapo, Nr. 25523, S. 226. Nach AL-RöBu, b. war er allerdings erst am 11. Dezember 1939 bei Röchling eingetreten.

32 Zum Beispiel Theodor Barth, ein späterer Wachmann im Ostarbeiterlager der Firma Ernst Leitz. Er war gebürtiger Ukrainer und hatte während des I. Weltkrieges im Gefangenenlager Büblingshausen gelebt. Frdl. Mitteilung von Theodor Grass, Wetzlar, am 26. August 2000. Vgl. dazu Kapitel „Die Betriebe, Ernst Leitz GmbH".

33 AL-RöBu, b., der Pole Albert Christian arbeitete vom 21. Februar 1940 bis 3. April 1940 bei Röchling.

34 Ebd., Bernard Bienezyk arbeitete vom 9. Mai 1940 bis 8. Juni 1940 bei Röchling.

35 Ebd., Stanislaus Michalczyk arbeitete vom 10. Mai 1940 bis 10. August 1940 bei Röchling, Rudolf Skasa vom 10. Mai 1940 bis 5. November 1940 und Wladimir Pietrowski vom 10. Mai 1940 bis 1. Oktober 1942.

36 Es handelte sich um das ukrainische Galizien unter polnischer Besetzung. Verwaltungsmäßig waren es die Kreise Lemberg, Drohobycz, Tarnopol und Stanislau. Nach: „Gebietsstand, ständige Bevölkerung und Wohnbevölkerung in den Bezirken der Landesarbeitsämter und Arbeitsämter in den Bezirken (Wirtschaftsgebieten) der Reichstreuhänder der Arbeit und in den Gauen der NSDAP, zusammengestellt beim Generalbevollmächtigten für den Arbeitseinsatz, Abt. V B 3", Berlin 1942, S. 31. Die Einwohner fühlten sich daher als Ukrainer. Sie sprachen sowohl ukrainisch als auch polnisch. Frdl. Mitteilung von Stefan S., Wetzlar, am 29. August 2000.

[37] HAW-Landw. So wurden die vier Arbeiter und Arbeiterinnen bei der Brauerei Waldschmidt in den Meldebögen als Polen bezeichnet (Bl. 60-67), waren jedoch Mitglieder der „Ukrainischen Nationalen Vereinigung" (Bl. 68). Landwirt Kelle gab im Dezember 1940 an, bei ihm sei ein Ukrainer beschäftigt (Bl. 99). Dasselbe gilt für Landwirt Olbrich (Bl.100), die drei Personen auf der Hausermühle (Bl. 104) und einen Mann auf dem Hofgut Helm (Bl. 106). Auch Landwirt Bunne hatte eine Ukrainerin beschäftigt (Bl. 101).

[38] Ebd., Bl. 51ff. Auf den Formularen „Aufenthaltsanzeige eines Ausländers" wurde ihre Staatsangehörigkeit mit „Polen" angegeben, ihre Muttersprache hingegen mit „ukrainisch".

[39] Angabe des Wetzlarer Bürgers Stefan S., der 1940 als Zwangsarbeiter aus der Region Lemberg nach Wetzlar gekommen war. Siehe dazu später in diesem Kapitel. Vgl. a. Kapitel „Zwangsarbeit im Deutschen Reich".

[40] HAW, Landw., Bl. 183.

[41] Ebd., Bl. 98: Antwortschreiben der Brauerei Gebr. Waldschmidt an die Ortspolizeibehörde in Wetzlar vom 18. Dezember 1940 wegen der Beschäftigungsverhältnisse von vier polnischen Landarbeitern. In dem Schreiben steht unter anderem: *„Am 15. März haben dieselben ihre Arbeit bei uns begonnen, und werden bis Kriegsende bei uns bleiben. ... Es sind keine Kriegsgefangenen, nach Mitteilung des hiesigen Arbeitsamtes dürfen sie auch nicht in die Heimat zurückkehren."*

[42] Ebd., Bl. 84: *„Huck ist von Wetzlar abgereist. Über den Aufenthalt ist nichts bekannt."*

[43] Ebd., Bl. 159.

[44] Gemeint war Mönchengladbach.

[45] HAW-Landw., Bl. 82: „Liste über die den polnischen Zivilarbeitern, die bei Landwirten beschäftigt sind, erteilten Arbeitskarten", ferner Bl. 97.

[46] AL-RöBu, b.

[47] AL-Buderus, b., ferner HAW-Buderus, Bl. 2, Schreiben der Buderus'schen Eisenwerke vom 27. Mai 1940 an die Polizeiverwaltung Wetzlar wegen einer Aufsicht über die polnischen Arbeitskräfte, ferner Bl. 3ff.: Am 12. Juni 1940 nachgereichte Namensliste von 67 (?) Polen, davon 61 aus Litzmannstadt (Lodz), 4 aus Zabieniec, einer aus Chojny und einer aus Grabienic.

[48] AL-RöBu, b., ferner HAW-RöBu, Bl. 18.

[49] HStAWi, 483, Nr. 1943: Akte der Gestapo-Außendienststelle Wiesbaden zur „Behandlung polnischer Zivilarbeiter", S. 116f.

[50] Günter Kaps, Wetzlar, am 7. Januar 2001.

[51] Das Arbeitsamt befand sich während des Krieges noch im Haus Garbenheimer Straße 1. Es handelt sich um das noch heute östlich oberhalb der Straße am Hang stehende mehrstöckige Gebäude.

[52] Der richtige Name ist bekannt, wurde jedoch aus Gründen des Persönlichkeits-Schutzes geändert.

[53] Heute: L'vov in der russischen Ukraine.

[54] Das Gespräch fand in Gegenwart seiner Ehefrau Margarete, einer geborenen Wetzlarerin, in ihrer gemeinsamen Wetzlarer Wohnung statt.

[55] Der Name des Bauern ist bekannt.

[56] HAW-Belg., Bl. 7ff.: „Aufenthaltsanzeige für Arbeitskräfte belgischen Volkstums" und Bl. 9ff.: „Aufenthaltsanzeige eines Ausländers". Es handelte sich um die Belgier Silvain Vallée (Dreher), der am 17. August 1940 nach Wetzlar gekommen war, und Emile Sermens (Automechaniker), der am 19. August 1940 gekommen war, ferner Bl. 1ff.: Schreiben des Bürgermeisters der Stadt Wetzlar an den Landrat vom 14. September 1940 mit einer Namensliste von 71 belgischen Zivilarbeitern, die bei den Stahlwerken Röchling-Buderus AG arbeiteten.

Es ist nicht nachvollziehbar, warum eine statistische Personenerhebung der Wirtschaftskammer Hessen vom 31. Mai 1941 für die gesamte hessische Metall-Industrie des Jahres 1940 lediglich 55 Ausländer verzeichnete. 1941 sollten es erst 867 Ausländer und 354 Kriegsgefangene gewesen sein. In der gesamten optisch-feinmechanischen Industrie Hessens sollten demzufolge 1940 nur 11 Ausländer, 1941 gerade 50 Ausländer und 64 Kriegsgefangene gearbeitet haben. HStAWi, 483, Nr. 10963, o. S.: „Monatliche Industrieberichterstattung der Wirtschaftskammer Hessen 1941-1942".

57 HAW-Landw., Bl. 25: Schreiben des Wetzlarer Landrates vom 28. August 1940 an den Bürgermeister von Wetzlar wegen Arbeitskarten für drei Niederländische Zivilarbeiter.

58 KTB 1/4, Bl. 25: Wochenbericht für die Zeit vom 1. – 7. September 1940.

59 AL-Stadt WZ.

60 HStAWi, 483, Nr. 4453a, o. S. Siehe dazu auch weiter hinten in diesem Kapitel.

61 HAW-Buderus, Bl. 37: Schreiben der Buderus'schen Eisenwerke vom 6. Oktober 1940 an die Polizeiverwaltung der Stadt Wetzlar wegen der polzeilichen Anmeldung von Italienern.

62 HStAWi, 423, Nr. 1224: „Behandlung von Ausländern (Allgem.), 1939 – März 1945", Bl. 80. Vgl. a. Kapitel „Zwangsarbeit im Deutschen Reich".

63 Ebd., Bl. 82.

64 Ebd., Bl. 83.

65 HAW, Akte betr.: „Belgische Zivilarbeiter", Bl. 19: „Empfangsbestätigung über erhaltene Arbeitskarten" vom 18. September 1941.

66 HStAWi, 423, Nr. 1224: „Behandlung von Ausländern (Allgem.), 1939 – März 1945", Bl. 84.

67 Ebd.: Handschriftlicher Vermerk auf dem Entwurf: *„ab 9. Oktober 41"*.

68 Ebd., Bl. 31, 34, 49.

69 Ebd., Bl. 85.

70 Ebd., Bl. 86.

71 HStAWi, 423, Nr. 1224, o. S: „Behandlung von Ausländern (Allgem.), 1939 – März 1945", Bl. 364: Schreiben des Wetzlarer Landrates vom 3. Februar 1945 an die Gestapo Frankfurt am Main wegen der Aufenthaltserlaubnis für Westarbeiter.

72 Ebd., Bl. 87.

73 KTB I/4, Bl. 18.

74 Ebd., Bl. 28.

75 KTB 1/5, Bl. 34: Wochenbericht vom 22. Dezember – 31. Dezember 1940. Inwieweit es sich bei den „ausländischen Zivilarbeitern" um Zwangsarbeiter oder normale zivile Ausländer handelte, ist nicht bekannt.

76 KTB 1/7, Bl. 38ff.: Vierteljahresbericht für die Zeit vom 1. April – 30. Juni 1941.

77 „Arbeitsbucherhebung vom 15. August 1941. Die Ergebnisse der Erhebung über die Arbeiter und Angestellten (ohne die zum Wehrdienst Eingezogenen), Bearbeitet vom Reichsarbeitsministerium, Berlin SW, Saarlandstraße 96", S. 20, im Altaktenbestand des Arbeitsamtes Wetzlar.

78 HStAWi, 482, Nr. 69, o. S.: „Der Arbeitseinsatz in Hessen, Herausgegeben vom Landesarbeitsamt Hessen, Frankfurt a. M., Oktober/November 1942. Der Arbeitseinsatz der zivilen Ausländer und der Kriegsgefangenen", Übersichten 1 und 3. Die Zahlen ergaben sich durch Subtraktion der „Zu- oder Abnahmewerte" für den Zeitraum vom 16. Februar 1942 bis zum 15. August 1942 (Tabelle 3) von den Werten per 15. August 1942 (Tabelle 1).

79 Der Arbeitsamtsbezirk Wetzlar war deckungsgleich mit dem Kreis Wetzlar. Der Arbeitsamtsbezirk Dillenburg umfasste jedoch den Dillkreis und den Kreis Biedenkopf. Die Daten für den Arbeitsamtsbezirk Dillenburg in der Übersicht „Der Arbeitseinsatz in Hessen" (Anm. 78) beziehen also auch den Kreis Biedenkopf mit ein. Nach: „Verzeichnis der Öffentlichen

Dienststellen für das Gebiet der Provinz Hessen-Nassau, nach dem Stande vom 1. Juli 1941", Kassel, 1941, darin: „Zuständigkeitstafeln für die Kreise des Regierungsbezirks Wiesbaden", S. 96f., AP.

80 Die von Landesarbeitsamt Hessen veröffentlichten Daten weichen zum Teil erheblich von den Meldedaten des Wetzlarer Landrates ab. Möglicherweise wurden beim Landesarbeitsamt wegen des hohen Arbeitsaufwandes die Daten immer erst zeitlich versetzt publiziert, so dass sie dann schon nicht mehr aktuell waren. Das gilt in besonderem Maße auch für die Reichs-Statistiken „Der Arbeitseinsatz im Großdeutschen Reich" (Quelle: ADR). Die Angaben des Wetzlarer Landrates haben dabei den höheren Zeugniswert, da sie auf orts- und zeitnahen Erhebungen beruhten.

81 Lediglich 1945 befanden sich 15 weibliche Kriegsgefangene des Kommandos 1502 des Stalag IX a Ziegenhain in der Heeres-Standortverwaltung Wetzlar. Nach: KGf., Liste vom 26. Mai 1951. Siehe dazu ausführlicher im Kapitel „Kriegsgefangenen-Kommandos in Wetzlar".

82 Vgl. Anm. 77.

83 HStAWi, 482, Nr. 69 o. S.: „Der Arbeitseinsatz in Hessen", für Oktober/November 1942, Übersicht 1.

84 HStAWi, 483, Nr. 4477a, o. S.: „Der Arbeitseinsatz in Hessen", Nr. 1/7, Juli 1943, Übersichten 2 und 4.

85 Ebd., Nr. 5 vom 31. Mai 1943, S. 43, darunter 3.396 Ostarbeiter.

86 Nach ADR, Nr. 5 vom 31. Mai 1943, S. 43, sind es 3.922 Männer gewesen.

87 ADR, Nr. 7 vom 31. Juli 1943, S. 43. Darunter 3.527 Ostarbeiter. Die Angaben der geheimen Zeitschrift „Der Arbeitseinsatz im Großdeutschen Reich" und des Landesarbeitsamtes Hessen wichen demnach voneinander ab.

88 Ebd., Nr. 10/11 vom 30. November 1943, S. 26, darunter 3.713 Ostarbeiter.

89 ADR, Nr. 2/3 vom 31. März 1944, S. 52. Unter ihnen befanden sich 3.983 Ostarbeiter.

90 Ebd., Nr. 6, 7 und 8, vom 21. August 1944, S. 34, darunter 4.054 Ostarbeiter.

91 Ebd., Nr. 9 vom 30. September 1944, S. 28, darunter 4.060 Ostarbeiter.

92 Ebd., Nr. 11/12 vom 30. Dezember 1944, S. 27, darunter 4.683 Ostarbeiter.

93 Arbeitsamt Wetzlar, Altakte „Halbmonatsberichte und Zusammenstellungen" o. S., darin: Handschriftliche und maschinenschriftliche Aufstellungen: „Der Bestand der Beschäftigten am 15. Februar 1945" (Schätzung ?).

94 KTB 1/14, Bl. 27, Protokoll vom 19. März 1943.

95 Allerdings konnten für den Zeitraum Juli 1943 bis Februar 1945 keine relevanten Beschäftigtenzahlen nachgewiesen werden.

96 HStAWi, 483, Nr. 4453b, o. S.

97 Siehe dazu Kapitel „Die Betriebe, Ernst Leitz GmbH".

98 KTB 1/10, Bl. 41: Wochenbericht vom 15. – 21. März 1942.

99 KTB 1/12, Bl. 14, Protokoll vom 15. Juli 1942.

100 Mit „Barackenlager" war wohl das sogenannte „Flak-Lager am Klosterwald" (auf der „Hohen Straße" in Wetzlar) gemeint, in dem sich seit Ende 1940 eine Ausbildungseinheit für 60-cm-Flakscheinwerfer befand. Vgl. Porezag II, S. 19ff.

101 Lagerliste 1.

102 Das galt jedoch nicht nur für die Lager in der Stadt Wetzlar, sondern für alle Buderus-Ausländerlager.

103 Desgleichen für Röchling.

104 Nach einem Erlass des Reichsarbeitsministers vom 9. September 1940 wurde die „Betreuung der gewerblichen ausländischen Arbeitskräfte während ihrer Beschäftigung im Reich"

von der „Deutschen Arbeitsfront" übernommen. Nach: RMW, Nr. 45 vom 5. November 1940, S. 666. Vgl. a. Mende, A IV a, S. 1ff.

105 Lagerliste 2.

106 Nach einer Aufstellung der Hensoldt AG – vermutlich 1945/46 – arbeiteten 1942 hingegen nur 135 Zwangsarbeiter im Werk. Nach: HAH, II/3.1.1: Schriftwechsel mit der Militärregierung, Bl. 43, Aufstellung „Beschäftigte".

107 Lagerliste 3.

108 „Volksdeutsche" waren deutschstämmige Ausländer, z. B. Bürger/innen aus Elsass-Lothringen (Frankreich) oder Siebenbürgen (Rumänien) u. a.

109 Eine Nachkriegsaufstellung der Hensoldt AG nannte für 1943 hingegen 459 Zwangsarbeiter. Nach: HAH, II/3.1.1: Schriftwechsel mit der Militärregierung, Bl. 43, Aufstellung „Beschäftigte". Es kann daher davon ausgegangen werden, dass im Sommer 1943 eine große Zahl weiterer Zwangsarbeiter in das Hensoldtwerk kam.

110 Ein Zwangsarbeiterlager mit dieser Bezeichnung konnte bislang nicht nachgewiesen werden, obwohl der Begriff auch in Unterlagen der Gestapo vorkam. Siehe dazu Kapitel „Die Betriebe – Ernst Leitz GmbH".

111 Tataren = Von der Krim zugewanderte Einwohner des einstmals ukrainischen Kreises Bialystok, heute der nordöstlichste Verwaltungskreis Polens. Vgl. a. Kapitel 1: „Der Polen-Einsatz".

112 Gemeint war „Göth's Garten" in der Ernst-Leitz-Straße.

113 Diese Zahlen wurden auch von anderer Seite bestätigt, allerdings fälschlicherweise für das Jahr 1942. Ein maschinengeschriebenes Manuskript von Dr. Elsie Kühn-Leitz aus dem Jahr 1941, vermutlich verfasst für eine Festgabe 1941 an die Belegschaftsmitglieder, trug den Zusatz von späterer Hand, jedoch noch während des Krieges: *„Die Firma Leitz hat seit 1942 zahlreiche ausländische Arbeiter / 517 Ukrainerinnen und Russinnen, auch Russen, sowie 280 Franzosen, Belgier und Flamen"*. Nach: HAL, o. S.

114 Nach dieser Übersicht hatte Buderus noch ein weiteres Lager im Kreis Wetzlar: Das Lager Georgshütte in Burgsolms mit 41 Personen. Die Firma beschäftigte am 1. April 1943 allein in den Kreisen Wetzlar und Dillenburg-Biedenkopf 1.712 Zwangsarbeiter.

115 Siehe dazu auch Lagerliste 3. Es handelte sich um die Kommandos Nr. 1.426 im Lager Hermannsteiner Straße 13 (Franzosen), und Nr. 2.503 im Lager Schellweg (Russen). Auf dem Friedhof Niedergirmes wurden auch zwei verstorbene Franzosen des „Arbeitskommandos 1426, Stalag II, Hermannsteiner Straße 13" beerdigt. Nach: Friedhof 1. Siehe dazu auch Kapitel „Die Kriegsgefangenen-Arbeitskommandos in Wetzlar".

116 Die Fabrik befand sich im damals ansonsten noch unbebauten Bereich des heutigen „Grünen Weges", in der Verlängerung der Frankenstraße.

117 Die Stahlwerke Röchling-Buderus hatten zu dem Zeitpunkt ebenfalls noch Lager außerhalb von Wetzlar: Das Gemeinschaftslager Altenberg mit 567 Personen und ein Franzosenlager in Oberbiel mit 125 Personen. Vgl. a. HWW. S. 60ff.

118 Bei 5.327 Ausländern im Arbeitsamtsbezirk Wetzlar. Etwa 64 Prozent der Ausländer im Arbeitsamtsbezirk arbeiteten demnach in der Stadt Wetzlar selbst.

119 AL-Stadt WZ. Siehe dazu weiter vorn in diesem Kapitel sowie im Kapitel „Die Kriegsgefangenen-Arbeitskommandos in Wetzlar".

120 Vgl. a. „Tabelle der Zwangsarbeiter/innen und Kinder, die sich im Stadtgebiet von Wetzlar aufhielten" weiter hinten im Kapitel.

121 Pohl überging diesen Aspekt völlig.

122 Im Oktober 1944 waren in der Elektro-Stahlgießerei der Buderus'schen Eisenwerke in Wetzlar (Panzer-Gleiskettenfertigung für den Hauptausschuß „Panzerwagen") von 74 Aus-

ländern 57 Kriegsgefangene eingesetzt. Nach: HWA, 1104, Nr. 4: „Buderus, Fach 942, Versorgungsfragen im 2. Weltkrieg", ferner IHK-Statistik, Anlage 1, S. 2.

123 KTB 1/10, Bl. 13, Vierteljahresbericht vom 1. Januar – 31. März 1942.

124 KTB 1/14, Bl. 21, Vierteljahresbericht vom 1. Januar – 31. März 1943.

125 Nach: Völkerrecht, 6. Abschnitt, 2. Teil: Der Landkrieg, B: Kriegsgefangene, III: Arbeitsleistungen, S. 146: *„Zur Arbeit können Kriegsgefangene, ausgenommen Offiziere und Gleichgestellte, herangezogen werden,* doch dürfen diese Arbeiten in keiner unmittelbaren Beziehung zu den Kriegshandlungen (z. B. Herstellung und Transport von Munition) stehen und müssen angemessen bezahlt werden." In der Genfer Konvention vom 12. August 1949 wurde Kriegsgefangenen-Arbeit wie folgt definiert (II, 49-54, nach: DRK 1): „Gesunde Kriegsgefangene, ausgenommen die Offiziere, können pflichtmäßig gegen eine bescheidene Vergütung und unter Bedingungen, die nicht schlechter sind, als die den Angehörigen des Gewahrsamsstaates eingeräumten, zur Arbeit herangezogen werden. Sie dürfen jedoch weder zu einer Arbeit militärischer Art, noch zu gefährlichen, ungesunden oder erniedrigenden Arbeiten verwendet werden."

126 KTB 1/2, Bl. 1a, Lagebericht Nr. 1 zum Kriegstagebuch Nr. II für die Zeit vom 1. Januar 1940 – 6. Januar 1940.

127 KGf., Liste des Wetzlarer Landrates vom 26. Mai 1951. Siehe auch Kapitel: „Die Kriegsgefangenen – Arbeitskommandos in Wetzlar".

128 KTB 1/9, Bl. 8, Vermerk vom 17. Oktober 1941.

129 KTB 1/2, Bl. 1a.

130 HStAWi, 483/4453a, o. S.: Protokoll über einen Betriebsbesuch des Kreisfachabteilungswalters Henkel am 9. September 1940 auf einer Baustelle der Firma J. G. Müller am Lahnwehr, wo 30 Franzosen der Stadt Wetzlar arbeiteten.

131 „Die Wirtschaft im Bezirk der Gauwirtschaftskammer Rhein-Main, Zahlen und Schaubilder", Frankfurt am Main 1943, S. 22f.

132 HStAWI, 483, Nr. 4479e, o. S.: „Überwachung ausländischer Zivilarbeiter im Kreise Wetzlar."

133 KTB 1/17, Bl. 8, Protokoll vom 12. Oktober 1943.

134 Flender, 5. Ausg., S. 17.

135 RGBl. 1944 I, Nr. 20 vom 29. April 1944, S. 109f.

136 VB II, S. 44.

137 Lagerliste 5. Bei der Zahl 4.577 sind Zwangsarbeiter von Wetzlarer Betrieben, die sich in Lagern außerhalb der Stadt befanden, nicht mitgerechnet: 175 Zwangsarbeiter der Stahlwerke Röchling-Buderus im Lager Altenberg, 44 Ostarbeiter der Buderus'schen Eisenwerke im Lager Burgsolms und 43 Ostarbeiter mit 23 Kindern bei der Deutschen Reichsbahn Wetzlar im Lager Albshausen.

138 HStAWi, 423, Nr. 1224: „Behandlung von Ausländern (Allgem.), 1939 – März 1945", Bl. 293ff.

139 Vgl. hierzu Kapitel „Zwangsarbeit im Deutschen Reich".

140 Lagerliste 5.

141 Wegen der Vielzahl der Nationalitäten in den einzelnen Lagern wird hier nur die Personenzahl des jeweiligen Lagers genannt. Die Aufstellung selbst ist aber erheblich detaillierter. Der amerikanische „Catalogue of Camps and Prisons in Germany and German-Occupied Territories" gab hingegen unter dem Ortsnamen Wetzlar nur ein Gefängnis an (Weinmann, S. 161). Unter dem Ortsnamen Gießen fand sich aber bei den Zwangsarbeiter-Lagern ein Lager Stadt Wetzlar, all 1944-45" (S. 162). Gemeint war damit möglicherweise ein „Lager Wetzlar" der Firma Heyligenstaedt (vgl.: HWW, S. 34). Nach Schulz, Volker: „Heyligen-

staedt, Geschichte einer Werkzeugmaschinenfabrik 1876-1990", Gießen 1997, S. 160, soll es sich dabei aber um „ein nicht näher bezeichnetes Lager in Wetzlar" gehandelt haben. Ein Lager der Firma Heyligenstaedt in Wetzlar konnte jedoch nicht nachgewiesen werden.

142 Im Bereich der heutigen Seibertstraße, Sophienstraße, Hensoldtstraße, siehe Kapitel „Die Betriebe – Hensoldt AG".

143 Es handelte sich hierbei nicht um das „Lahnlager" der Röchling-Buderus AG in der Gabelsbergerstraße, sondern vermutlich um eine oder zwei Baracken an der Inselstraße bei der Kantine der Hensoldt AG. Siehe dazu Kapitel „Die Betriebe – Hensoldt AG."

144 Die hier als „Lager Güllgasse" bezeichnete Ausländer-Unterkunft befand sich auf dem Grundstück des damaligen „Westfälischen Hofes" in der Wetzlarer Lahnstraße 21: Dieses Grundstück wird auf der Rückseite von der Güllgasse begrenzt und ist auch von dort her zugänglich. In einer amtlichen Wetzlarer Aufstellung vom 30. Juni 1944: „Nachweisung der in Lagern untergebrachten Zivildienstpflichtigen" über „Ostländerinnen" und „andere Ausländer" (nach: Lagerliste 4) war auch bei der Firma Hensoldt neben den Lagern Sophienstraße und Hensoldtstraße noch ein Lager im „Westfälischen Hof" mit „67 anderen Ausländern" vermerkt. Möglicherweise wollte die Hensoldt AG im Januar 1945 für diese Ausländer-Lagerliste des Landrates nicht die Angabe machen, sie hätten 40 französische Zwangsarbeiter im „Westfälischen Hof" untergebracht. Daher die Bezeichnung: „Lager Güllgasse". In der maschinenschriftlichen Lageraufstellung für diese Liste (Bl. 327) wurde bei der Firma M. Hensoldt & Söhne auch ein Lager in der Lahnstraße angegeben. Frau Barta geb. Munz, wohnhaft Güllgasse 25 (gegenüber dem Anwesen Lahnstraße 21), konnte sich am 21. Juli 2002 noch gut an die vielen Zivilfranzosen während des Krieges erinnern: Sie wohnten in einem großen leerstehenden Pferdestall auf dem Grundstück des „Westfälischen Hofes".

145 Bei diesem „Lager Garbenheim" – in der maschinenschriftlichen Aufstellung für diese Lagerliste des Wetzlarer Landrates vom 18. Januar 1945 wurde es auch als „Lager Garbenheimer Straße" bezeichnet (Bl. 327) – dürfte es sich um eine Ausländer-Unterkunft im oder im Bereich des Hensoldt-Stollens an der Garbenheimer Straße gehandelt haben. Dort waren 14 Franzosen untergebracht. Siehe dazu auch Kapitel „Die Betriebe – Hensoldt AG".

146 Nach einer Aufstellung der Hensoldt AG – vermutlich vom Sommer 1945 – arbeiteten dort 1944 hingegen 403 Zwangsarbeiter. Nach: HAH, II/3.1.1: Schriftwechsel mit der Militärregierung, Bl. 43, Aufstellung „Beschäftigte". In einer weiteren Aufstellung vom 23. Mai 1945 wurde die Zahl 407 angegeben. Nach: HAH, II/3.1.1: Schriftwechsel mit der Militärregierung, Bl. 15, Aufstellung: „Gefolgschaftsbestand".

147 Die Tatsache, dass die Firma Ernst Leitz GmbH während des Krieges fast eintausend Zwangsarbeiter und Zwangsarbeiterinnen beschäftigte, wurde später kaum je wieder erwähnt. Selbst Erb beschrieb in seiner ansonsten sehr materialreichen Dissertation von 1955 über die Leitz-Werke die Geschehnisse des Zweiten Weltkrieges nur oberflächlich auf zwei von 196 Seiten (S. 129, 130). Die Frage der Zwangsarbeiter-Beschäftigung reduzierte er dabei auf die Sätze: *„Ausländische Arbeiter wurden als Hilfsarbeiter in den Produktionsprozeß eingebaut. ... Durch Kriegsgefangene und Fremdarbeiter wurde diese Lücke* (Anm.: ... der Einberufenen ...*) bald wieder geschlossen, um 1943 und 1944 sogar eine Höchststärke zu erreichen. ... Das organische Einfügen von weiblichen Arbeitskräften, ausländischen Hilfsarbeitern und Kriegsgefangenen in den Produktionsgang brachte erschwerte organisatorische Aufgaben für die Betriebsleitung."*

148 Es handelte sich eigentlich um ein einziges großes Lager auf dem Stadiongelände, das weisungsgemäß abgetrennt war in ein „Ostlager" für Ukrainerinnen und ein „Westlager" für Franzosen, Belgier und Holländer. Zusätzlich waren 80 Italiener („Badoglios") und eine Ita-

lienerin im kleinen Tanzsaal von Göth's Garten in der Ernst-Leitz-Straße untergebracht (Frdl. Mitteilung von Lothar Karst, Wetzlar, am 5. Januar 2002). Siehe dazu ausführlich im Kapitel „Die Betriebe – Ernst Leitz GmbH".

149 Das Lager befand sich im Bereich zwischen der heutigen Seibertstraße und dem Karl-Kellner-Ring. Die 1936 neu gebaute „Jacob-Sprenger-Straße" – der heutige Karl-Kellner-Ring – wurde in der Bevölkerung oft „Umgehungsstraße" genannt, weil sie erstmals eine Verbindung des Bahnhofsbereiches mit der Oberstadt unter Umgehung der engen Altstadtstraßen brachte.

150 Darunter befanden sich mindestens zwei I.M.I.'s (Italiener). Nach: HAW-Pfeiffer, Bl. 127: Schreiben der Firma Pfeiffer an das Arbeitsamt Wetzlar vom 8. September 1944.

151 Das „Reichsbahnlager Wetzlar" befand sich in der Altenberger Straße an der Bahn, etwa dort, wo sich heute der Parkplatz des OBI-Baumarktes befindet. Frdl. Mitteilung von Stefan S., Wetzlar, am 29. August 2000 (vgl. a. Lagerliste vom Winter 1942/43). Die Reichsbahn unterhielt ein weiteres Lager in Albshausen mit 43 Erwachsenen und 23 Kindern.

152 Die Angaben von Dr. Irene Jung: *„Im bürokratischen Apparat war Zwangsarbeit praktisch wegen fehlender beruflicher Qualifikation und Anforderung, die an Mitarbeiter gestellt worden waren, unmöglich"*, und: *„Zwangsarbeit für hiesige Gemeinden hätte auch keinen Sinn gemacht, da eine laufende Beaufsichtigung mangels deutschem Personal nicht gewährleistet werden konnte"* in: „Für Zwangsarbeit in Städten und Gemeinden finden sich im Wetzlarer Archiv keine Belege", WNZ vom 4. Januar 2000, war insofern irrig, als diese Aussage einerseits davon ausging, dass nur minder qualifizierte Ausländer Zwangsarbeit leisteten, und weil sie darüber hinaus den Bereich der städtischen Arbeiter nicht berücksichtigte.

153 AP, Liste F der Stadt Wetzlar zur Ausländerzählung von 1946.

154 AL-Stadt WZ.

155 HStAWi, 463, Nr. 152: Staatsanwaltschaft Limburg, Totenlisten, Bl. 6.

156 Das größere Haupthaus war früher einmal das – damals noch allein stehende – Pumpenhaus der städtischen Trinkwasser-Pumpstation Niedergirmes. Nachdem 1908 das Wasser dort versiegt war, wurde die Station im Jahre 1915 stillgelegt. Nach: Schütte: „Die Wasserversorgung der Stadt Wetzlar", Wetzlar, 1909, ferner Hollricher, Wilhelm: „Die Trinkwasserversorgung der Stadt Wetzlar", Unveröffentlichtes Manuskript, Wetzlar, 1927. Das alte Maschinenhaus wurde 1922 zu einem Wohnhaus umgebaut. 1931 wurde es durch zwei flache Anbauten erweitert und ist seitdem städtisches Obdachlosenasyl (mit Ausnahme des Krieges). Nach: AB, Baupolizei-Akte Hermannsteinerstraße 61, Städtisches Obdachlosenheim, Flur 11, Parzelle 1.

157 Frdl. Mitteilung von Waldemar Gatzert, Niederkleen, am 29. September 2000. Unterlagen über dieses Wohnlager konnten nicht mehr gefunden werden.

158 Lagerliste 2.

159 Lagerliste 3.

160 HAW, Verwaltungspolizei Wetzlar, Akte: „Verzeichnis der ausländischen Arbeitnehmer", Bl. 10: „Nachweisung der in Lagern untergebrachten Zivildienstpflichtigen", im Folgenden: Lagerliste 4. Es handelte sich dabei vermutlich um den Entwurf einer Aufstellung des Wetzlarer Bürgermeisters als Ortspolizeibehörde. Im Gegensatz zum Nachweis des Wetzlarer Landrates vom 18. Januar 1945 für die Gestapo Frankfurt am Main ist dieser Entwurf jedoch nicht eindeutig. Bei den einzelnen Betrieben wurden unter den Rubriken „Ostländerinnen" und „andere Ausländer" von verschiedenen Händen Zahlen eingetragen, teilweise auch wieder gestrichen. Insofern ist keine verlässliche Zahlenangabe möglich. Von weiterer Hand ist das Datum 30. Juni 44 vermerkt. Die Angabe in der WNZ vom 18. Dezember 1999 in: „Heimische Firmen wollen sich an Zwangsarbeiter-Stiftung beteiligen", die Liste stamme ver-

mutlich von der „Deutschen Arbeitsfront", scheint irrig zu sein. In diesem Bericht wurde auch Fritz Riekeberg, der damalige Technische Direktor der Stahlwerke Röchling-Buderus AG und Leiter der Bezirkstelle Wetzlar der Gau-Wirtschaftskammer Rhein-Main (vgl. Flender, 5. Ausg., S. 17), als „Gauleiter der NSDAP" bezeichnet. Gauleiter war jedoch Jakob Sprenger.

161 Weinmann, S. 162. Hehl (S. 34) und Schulz (S. 160) übernahmen diese Angabe offensichtlich ungeprüft.

162 „International Tracing Service HQ. Catalogue of Camps and Prisons in Germany and German-occupied Territories, Sept. 1st, 1939 – May 8th, 1945", 1st Issue, Arolsen, July 1949, S. 161.

163 Nach: Lagerlisten 2, 3 und 5. Die Aufstellungen weisen geringfügige Ungenauigkeiten auf. So wurden im September 1942 noch Nationalitäten genannt, die später unter „Ostarbeitern" aufgeführt sind: Weißruthenen, Letten, Litauer, Slowaken und Tataren. Auch wurden hier Flamen und Wallonen getrennt aufgeführt, während diese später unter „Belgier" zusammengefasst wurden.

164 Es hat den Anschein, als ob in den Listen vom 26. Oktober 1942 und 18. Januar 1945 die in Wetzlar anwesenden Kriegsgefangenen zum Zwecke der Vereinfachung mit als „Ausländer" geführt wurden.

165 Siehe auch Einleitung im Buch.

166 Vgl. a. Porezag I, S. 347ff.

167 Eine schriftliche Anfrage bei der Gedenkstätte Deutscher Widerstand hierzu vom 15. Dezember 1994 wurde von dort am 19. Dezember 1994 wie folgt beantwortet: *„Die Information über die Außenstelle des Konzentrationslagers Buchenwald in Wetzlar haben wir entnommen dem „Verzeichnis der Haftstätten unter dem Reichsführer SS", herausgegeben vom Internationalen Suchdienst des Roten Kreuzes in Arolsen, erschienen 1979. Sollten Sie weitere Informationen über dieses Außenlager benötigen, so empfehle ich Ihnen, sich direkt mit der Gedenkstätte Buchenwald in Verbindung zu setzen."* Auf entsprechende Anfragen erklärte die Gedenkstätte Buchenwald zuletzt am 21. Dezember 1995, im genannten Verzeichnis der Haftstätten sei ein solcher Hinweis auf Wetzlar nicht vorhanden.

168 Dies waren Rosa Best, Paula Weber und Lina Wollmann – alle geb. Lyon – und Sonja Schmidt geb. Guralnik. Frdl. Mitteilung von Doris Ebertz, Wetzlar, am 30. März 2002. Nach Kropat (S. 377) hätten die letzten Juden Wetzlar hingegen schon 1942 verlassen.

169 Walter Rabow, Wetzlar, *4. Mai 1923, Gespräch am 7. Oktober 2000.

170 Posamenten = veraltet, für: Wäschestickerei, Besatzartikel. Nach: Duden, Band 1, Mannheim 1986, S. 540.

171 Anm.: Es handelt sich dabei um das berüchtigte „KZ Mittelbau-Dora" bei Niedersachswerfen, in dessen direkter Nachbarschaft unter Tage im Berg „Kohnstein" gigantische Fertigungsanlagen für „V-Waffen" angelegt worden waren. Dort ließen bis Kriegsende etwa 16.000 KZ-Häftlinge aus zahlreichen Nationen unter grauenhaften Umständen ihr Leben. Vgl. Porezag I, S. 120ff.

172 Dr. Ludwig Leitz: *„Wenn Leitz sich gegen die Zwangsarbeit gestemmt hätte, wäre das als Kriegsverrat geahndet worden"*, in: WNZ vom 20. November 1986. Etwa dieselbe Terminologie – allerdings mit fehlerhaften Zahlen – verwendete der englische Rabbi Frank Dabba Smith in seiner Publikation „Ernst Leitz aus Wetzlar und die Juden", in: „Fotogeschichte", Marburg 2000, S. 54: *„Da Leitz das Militär belieferte und eine große Zahl seiner Arbeiter eingezogen war, wurden seiner Fabrik von 1942 an ungefähr 700 bis 800 Ukrainerinnen als Zwangsarbeiterinnen zugewiesen."*

173 IHK, darin S. 46: Kühn-Leitz, Knut-Ernst: „Die Geschichte der feinmechanischen und optischen Industrie in Wetzlar".

174 HGBA, S. 89: Anordnung Nr. 5 des Generalbevollmächtigten für den Arbeitseinsatz über die ausschließliche Zuständigkeit der Dienststellen der Arbeitseinsatzverwaltung zur Entgegennahme von Aufträgen auf Gestellung von Arbeitskräften vom 11. Juli 1942.

175 Anordnung Nr. 4 des GBA vom 7. Mai 1942, nach: HGBA, S. 85, ferner ARG 1161/43, in Nr. 68 vom 25. September 1943, S. 599.

176 Gemeint war damit jedoch nicht die arbeitsrechtliche Behandlung im heutigen Sinne, sondern die Bestrafung der Zwangsarbeiter bei „Vergehen gegen die Betriebsordnung" u. Ä.

177 Vgl. Porezag I, S. 455.

178 Sommer, S. 55.

179 Die einstige Industrie- und Handelskammer Wetzlar war im Januar 1943 umgewandelt worden in die „Bezirksstelle Wetzlar der Gau-Wirtschaftskammer Rhein-Main". Nach: WA vom 3. Januar 1943.

180 Mende, A I a, S. 4ff.

181 Wenngleich solche Anträge wörtlich nur auf „Vermittlung von Arbeitskräften" lauteten, so war doch jedem klar, dass seit langem weder deutsche noch freiwillige ausländische Arbeitskräfte für eine Anwerbung zur Verfügung standen.

182 KTB 1/7, Bl. 38ff: Vierteljahresbericht für die Zeit vom 1. April – 30. Juni 1941.

183 HStAWi, 483, 4442a, o. S.

184 Mende, A IIIa, S. 1.

185 HStAWi, 663/97, o. S., darin: Schreiben des Wetzlarer Bürgermeisters vom 8. Februar 1949 an den Landrat in Wetzlar, nach welchem beim Wetzlarer Arbeitsamt dazu keine Karteikarten vorhanden seien. Nach Mitteilung des HStAWi, Herr Dr. Eichler, müssen heute die Unterlagen aller hessischen Arbeitsämter als verloren gelten.

186 Pohl, S. 85.

187 HWA, 1104, Nr. 4.

188 Pohl, S. 85.

189 Siehe dazu auch das Kapitel „Rüstungsproduktion und Ausländer-Einsatz aus der Sicht der Betriebe".

190 Durchschrift im Besitz von Christian Kremp, Wetzlar.

191 In der Tat hatte die Firma Kremp am 14., 15. und 16. Januar 1943 im Wetzlarer Anzeiger entsprechend annociert.

192 „SE" = „Sonder-Einsatz" ?

193 ARG 1155/41, zit. in: ARG 687/42, in Nr. 64 vom 15. Februar 1942, S. 380.

194 Siehe dazu Bild auf Seite 174.

195 Der Name wurde aus Gründen des Persönlichkeitsschutzes verändert.

196 Das Gespräch fand am 21. Oktober 1999 in seiner Wohnung in Anwesenheit seiner Frau statt. Er war gesundheitlich sehr angegriffen, anfangs außerordentlich erregt und erwartete erstaunlicherweise von mir die Zusage für eine finanzielle Entschädigung seiner Zwangsarbeitszeit. Erst nach einer ausführlichen Erläuterung meines Vorhabens erzählte er aus seinem Leben.

197 Laut Auskunft des ITS Arolsen vom 15. September 1994 arbeitete sie vom 20. August 1942 an bei Hensoldt in Wetzlar. Vom 12. Februar 1943 bis zum 2. März 1943 befand sie sich wegen Diphterie in der Med. Klinik in Gießen. Später arbeitete sie bei einer Firma in Menden/Westf.

198 Klawdija Tolstikowa, * 15. Februar 1926 in Mariupol/Krim. Brief an den Autor vom 26. September 2000.

199 Rapport, No. 126.421, Gustave Meurant, Bl. 3ff.

200 HAW-Landw., Bl. 188f. Die Druckstücke konnten zeitlich nicht genau eingeordnet werden.

201 Siehe dazu weiter hinten in diesem Kapitel, aber auch Kapitel „Widerstand und Bestrafung“.

202 In den Haushalten der damaligen Firmeninhaber und Direktoren der Wetzlarer Industrie arbeiteten viele Zwangsarbeiterinnen, von denen einige im „Alten Backhaus“ in Hermannstein untergebracht waren. Frdl. Mitteilung von Heinz-Kurt Schmidt, Braunfels, am 14. Januar 1995.

203 Dennoch sind auch Gestapo-Anzeigen aus Privathaushalten und von Einzelbauern nachgewiesen. Siehe z. B. Gestapo Nr. 18603, S. 150, Nr. 01039, S. 2, Nr. 05270, S. 17 usw.

204 Zit. n. Hadamar, S. 257.

205 Anm. 198. Die Angabe deckt sich auch mit Briefen anderer einstiger Zwangsarbeiterinnen aus den letzten Jahren an Wetzlarer Firmen. Sie gaben in den Briefen immer deutlich ihre damalige Personen-Nummer an.

206 Kiryllow, S. 42.

207 Nach: AL-RöBu, AL-Buderus, AL-Hensoldt, AL-Spinnerei, sowie Lagerliste 5. Vollständige Ausländer-Listen der anderen Wetzlarer Unternehmen lagen nicht vor.

208 Die Personal-Liste der Belgier bei den Buderus'schen Eisenwerken fehlte bei den Unterlagen. Da aber in der Liste des Wetzlarer Landrates vom 18. Januar 1945 (Lagerliste 5) insgesamt 70 Belgier aufgeführt sind, wurde diese Summe mit übernommen.

209 Desgleichen.

210 Siehe dazu Kapitel „Die Betriebe – Stahlwerke Röchling-Buderus AG“.

211 HAW-RöBu 2, Bl. 53ff., Mitteilung des Gemeinschaftsheimes Wetzlar-Niedergirmes vom 16. Mai 1944 an die Verwaltungspolizei Wetzlar wegen „im Laufe des letzten Jahres ausgeschiedener ausländischer Zivilarbeiter“.

212 Lagerliste 5.

213 Vgl. Abschnitt „Widerstand und Bestrafung“, darin: Gestapo-Kartei.

214 Anm. 198.

215 Sie meinte sicher, unter Führung eines Wachmannes. Polizei-Einsätze sind hierbei nicht bekannt geworden.

216 Gisela Jäckel, geb. Best, *23. Februar 1934, wohnte damals im Haus Krämerstraße 17 in Wetzlar. Gespräch am 18. November 2000.

217 Nach Angaben diverser Zeitzeugen in den Dörfern des Altkreises Wetzlar.

218 Elisabeth Bladt, Erda, am 1. Oktober 2000.

219 Waldemar Gatzert, Niederkleen, am 29. September 2000.

220 Gespräch am 2. Oktober 2000. Gretel Herbel geb. Bitzer, * 3. 12. 1923, war von 1939 bis 1948 bei Kremp beschäftigt. Anna Rühl, geb. Schäfer, * 9. 11. 1922, von 1940 bis Februar 1945.

221 KTB I/17, S. 7a: Vermerk vom 27. Oktober 1943. Danach war die Organistion des Werkschutzes in Wetzlar im Oktober 1943 von der Gestapo übernommen worden.

222 SKS, Bl. 17a: Verhandlung vom 26. Juli 1947, Urteilsbegündung, ferner Bl. 29 Aussage des Zeugen und einstigen Werkschutzmannes Arnold G. vom selben Tag.

223 Ebd., Bl. 106: Aussage Sommerey in der Verhandlung vom 8. Oktober 1948.

224 Fast alle Personendaten in der Spruchkammerakte von Albert Sommerey unterlagen 2002 noch einer Schutzfrist. Ihre Namen werden daher im Folgenden verkürzt wiedergegeben.

225 SKS, Bl. 107: Spruchkammer-Verhandlung vom 8. Oktober 1948.

226 Ebd., Bl. 52f.: Vernehmung am 20. Februar 1947.

227 Ebd., Bl. 101.

228 Ebd., Bl. 41: Aktennotiz der Hüttenverwaltung der Röchling-Buderus AG vom 29. April 1947.

229 Ebd., Bl. 29f.,: Verhandlung am 26. Juli 1947.
230 Ebd., Bl. 58: Abschrift des Protokolls.
231 Ebd., Bl. 110.
232 Ebd., Bl. 104: Protokoll vom 8. Oktober 1948.
233 Ebd., Bl. 56.
234 Ebd., Bl. 60.
235 Ebd., Bl. 67.
236 Ebd., Bl. 113.
237 Dr. Bode war wohl ein Werksarzt.
238 SKS, Bl. 52f.
239 Ebd., Bl. 62.
240 Ebd., Bl. 107.
241 Ebd., Bl. 52.
242 Ebd., Bl. 54.
243 Ebd., Bl. 30.
244 Ebd., Bl. 28.
245 Siehe dazu Kapitel „Die Betriebe – Röchling-Buderus AG".
246 WNZ vom 21. Oktober 1986
247 Der Leiter des sogenannten „Lahnlagers" der Röchling-Buderus AG in der Gabelsberger Straße, Heinrich Arabin, ging nach dem Krieg aus dem Spruchkammer-Verfahren als „Nicht Betroffener" hervor.
248 SKR, Bl. 20ff.: „Eidesstattliche Erklärung".
249 SKS, Bl. 17.
250 Ebd., Bl. 116.
251 Mitteilung von Heinz-Kurt Schmidt, Braunfels, am 19. Februar 1992, vgl. a. Porezag/Spieß, S. 317.
252 Mitteilung von Georg Demand, Dorlar, am 19. Februar 1992, vgl. a. Porezag/Spieß, S. 316f. Der Bericht der Kriminalpolizei Wetzlar (Kopie im Archiv Diether Spieß, Niederlemp) vermerkte dazu: *„Straftat: Mord. Müller wurde zur o. a. Tatzeit von bisher unbekannten Ausländern (vermutlich polnischen Fremdarbeitern) mit Knüppeln buchstäblich totgeschlagen. Er ist noch am gleichen Tage im Stadtkrankenhaus Wetzlar an einem Schädelbruch und Hirnblutung verstorben ... Es wurde nichts entwendet, da es sich um einen Racheakt handeln dürfte. Täter konnten nicht ermittelt werden. Den Umständen zufolge dürfte es sich jedoch um ehemalige polnische und russische Fremdarbeiter handeln, die zuvor bei der Fa. Buderus als Zwangs- bzw. Fremdarbeiter beschäftigt waren."*
253 Dr. Friedemann Pitzer, Wetzlar, schriftliche Notiz vom 7. November 2000, AP.
254 SKWe, Protokoll der öffentlichen Sitzung vom 11. Juni 1948. Spruch: „Nicht betroffen".
255 Gündisch, S. 145.
256 WNZ vom 13. Oktober 1986.
257 Pohl (S. 87) schilderte die damaligen Verhältnisse hingegen wie folgt: *„Für die Stahlwerke Röchling-Buderus sind einzelne Übergriffe bekannt; bei den Buderus'schen Eisenwerken scheinen die Fremdarbeiter menschenwürdig behandelt worden zu sein."*
258 SKC.
259 Ebd., Bl. 120.
260 Ebd., Bl. 121.
261 Ebd., Bl. 122
262 Ebd., Bl. 105

263 Die Angabe, bei Leitz seien „osteuropäische Leitz-Sklavinnen" beschäftigt gewesen (Lindenthal, S. 209), konnte in dieser Form ebenso wenig bestätigt werden, wie die Schilderung, Elsie Kühn-Leitz habe Wetzlar möglicherweise vor großem Schaden bewahrt, als sie 1945 den anrückenden Amerikanern mit einer weißen Fahne entgegenradelte (Ebd. vgl. dazu aber Porezag/Spieß, S. 212f.).

264 SKL, Übersetzung der Einsprüche von Dr. Ernst Leitz und Ludwig Leitz gegen das „Gesetz Nr. 8", S. 2.

265 HAL, Ordner „Ausländische Arbeiter", o. S.: Mitteilung der Abteilung Optik I vom 24. Juni 1943 an die Geschäftsleitung: *„Zur Neufestsetzung unserer Zuteilung an Waschmittel geben wir Ihnen nachstehend eine Aufstellung der in unserer Abteilung mit besonders schmutzigen Arbeiten beschäftigten Gefolgschaftsmitglieder"*. In der Aufstellung waren 9 Franzosen oder Belgier mit benannt.

266 Ebd.

267 HStAWi, 483, Nr. 4452 b, o. S.

268 Der Leitz'sche Hausertor-Stollen wurde am 14. Januar 1944 begonnen. Anfang Juli 1944 wurde ein erster Teil der untertägigen Fertigung übergeben. Nach: Schreiben des Betriebsobmannes Krombach an den Kreisobmann der DAF vom 4. Juli 1944, in: HStAWi, 483, Nr. 4452b, o. S.

269 Hermann Ludwig, Heuchelheim, am 3. Juni 2002.

270 SKM, Bl. 32: Niederschrift der Personalleitung und des Betriebsrates der Hensoldt AG über die Aussagen des Adolf H. am 26. Februar 1947.

271 HAH-AL, S. 12: Aktenvermerk der Hensoldt-Personalabteilung vom 4. Juli 1968 nach einer Befragung von Betriebsangehörigen. Hier wurde unter anderem auch vermerkt: *„Körperliche Züchtigungen oder Mißhandlungen wurden durch die damalige Geschäftsleitung nicht geduldet und sind auch nicht vorgekommen."*

272 SKM, Bl. 34.

273 SKH 1, Bl. 39.

274 Ebd., Bl. 42.

275 Ebd., Bl. 43.

276 Dr. Steinbeck war praktisch die „rechte Hand" von Dr. Carl Hensoldt – vermutlich Verwaltungsleiter o. Ä. Frdl. Mitteilung von Hermann Ludwig, Gießen, am 10. Juni 2000.

277 In einer Verhandlung am 19. August 1948 nannte er sie dann „Jotina", vgl. Bl. 124 der Prozessakte. Beide Namen waren jedoch in der Ausländer-Liste der Hensoldt AG nicht verzeichnet, nach: AL-Hensoldt a., Bl. 39ff.

278 SKH 1, Bl. 41.

279 Eine inhaltlich fast identische Angabe machte Dr. Ludwig Leitz in der Wetzlarer Zeitung vom 22. November 1986 über seinen Vater Ernst Leitz: *„Bei der Ankunft und Unterbringung der ersten Frauen aus der Ukraine in „Göth's Garten" gegenüber der Starken Weide war mein Vater als erster dort, um zu sehen, was man tun könnte. ... Man erinnert sich, daß er dann Abend für Abend mit meiner Schwester einen Gang zum Russenlager machte, um nach dem Rechten zu sehen."*

280 SKM, Protokoll, S. 12.

281 SKB, Bl. 137.

282 SKL, Übersetzung der Einsprüche von Dr. Ernst Leitz und Ludwig Leitz gegen das „Gesetz Nr. 8", S. 2.

283 Gisela von Schneidemesser, Wetzlar, am 7. August 2000.

284 Waldemar Gatzert, Niederkleen, am 29. September 2000.

285 Dort befinden sich heute das Wetzlarer Freibad und ein Hotel.

286 Christian Kremp, Wetzlar, gab am 2. Oktober 2000 an, der frühere Meister der Optik bei der Firma Kremp, Otto Dietz, habe dies mehrfach berichtet.
287 Siehe dazu Abschnitt „Tod" in diesem Kapitel.
288 HStAWI, 483, Nr. 4479e, o. S.: „Überwachung ausländischer Zivilarbeiter im Kreise Wetzlar."
289 HW.
290 Noch sechzig Jahre danach kamen ehemalige Zwangsarbeiter wieder zurück an den Ort des damaligen Geschehens und berichteten von guter Behandlung. Vgl. dazu neben vielen anderen Berichten WNZ vom 19. April 2002: „Nikolai Potaptschuk war 1942 Zwangsarbeiter – Jetzt besuchte der Mann aus Weißrussland nochmals Niederkleen", und WNZ vom 20. April 2002: „Kann sein, dass Anna und Peter inzwischen geheiratet haben – Eine Zwangsarbeiterin erinnert sich in Atzbach".
291 S. a. Kiryllow, S. 58.
292 Historische Kartei der Personalabrechnung der Hensoldt AG, Karteikarte Hildegard Löll, *21. April 1924.
293 Hildegard Kunzig geb. Löll, Aßlar, Mitteilung in einem Brief vom 11. Mai 1995 an die Firma Hensoldt.
294 Dies., Gespräch mit dem Autor am 30. Juni 2000.
295 Walter Keul, Rodenroth, Brief vom 20. August 2000.
296 Das gesamte Anwesen wurde bei dem amerikanischen Luftangriff vom 21. November 1944 durch eine Luftmine vollständig zerstört. Vgl. Porezag II, S. 138ff.
297 Gestapo Nr. 29.671, Gestapo Nr. 32.423.
298 Siehe dazu ausführlich im Kapitel „Widerstand und Bestrafung"
299 Edith Gerlach, Wetzlar, undatierter Brief aus dem Februar 2001.
300 An der Stelle befanden sich zwei aneinander grenzende Zwangsarbeiterlager der Hensoldt AG und der Pfeiffer Apparatebau GmbH. Siehe dazu ausführlich Kapitel „Die Betriebe".
301 HAW-Pfeiffer
302 Al-Hensoldt, Liste F, Bl. VI. Siehe dazu ausführlich Kapitel „Die Betriebe".
303 Horst Dinkel, Bissingen (*31. Oktober 1929), am 29. Mai 2002.
304 Kurt Dross I, Greifenstein-Ulm, am 29. Januar 2001.
305 Gespräch am 2. Oktober 2000.
306 Nach Lagerliste 3 befanden sich damals 7 Ukrainerinnen bei Kremp.
307 Dieser Augenzeuge ist seit Jahrzehnten deutscher Staatsbürger. Aus Persönlichkeitsschutzgründen wurde sein Name geändert – dieser fand sich auch in einer Wetzlarer Ausländerliste vom März 1946. Er wurde in einem Dorf ca. 60 Kilometer nordwestlich von Lemberg geboren und kam als Junge zur Zwangsarbeit nach Wetzlar. Gespräch in Wetzlar am 27. August 2000.
308 Auf Grund der Verordnung des Generalgouverneurs vom 1. August 1941 (Verordnungsblatt für das Generalgouvernement, Nr. 67, S. 443f. aus 1941) wurde der Distrikt Galizien (Raum Lemberg) von diesem Tage an in das Generalgouvernement eingegliedert. Siehe dazu Kapitel: „Zwangsarbeit im Deutschen Reich – Der Poleneinsatz".
309 Im November 1943 gebar die Tochter des Bauern einen Sohn. Stefan S. gab am 4. November 2000 an, der Sohn sei bald danach verstorben. Die Unterlagen zur Geburt befinden sich im Privatarchiv des Autors. Unterlagen zum Tod des Jungen konnten hingegen nicht gefunden werden.
310 Siehe dazu Kapitel „Rassenschande".
311 Frdl. Mitteilung von Dr. Friedemann Pitzer, Wetzlar, am 3. November 2000.
312 Ralf Bramesfeld, Steindorf, am 27. März 2002.

313 Ottilie Gatzert geb. Ludwig, * 21. 04. 1930. Niederkleen, am 29. September 2000.
314 Da sie Analphabetin war, ließ sie die Karte offensichtlich von einer Leidensgenossin für sich schreiben. Das genaue Schreibdatum ist unbekannt, da die Briefmarke mit Poststempel später aus der Karte ausgeschnitten wurde.
315 KTB 1/17, Bl. 22, Vierteljahresbericht.
316 HAW, Verwaltungspolizei Wetzlar, Akte: „Belgische Zivilarbeiter", darin Bl. 19: „Empfangsbestätigung über erhaltene Arbeitskarten".
317 Ebd., Akte: „Verzeichnis der ausländischen Arbeitnehmer", darin: „Ostarbeiter u. -arbeiterinnen, die privat wohnen".
318 Heinz Fritz, Wetzlar, am 2. September 2002.
319 René-Nestor Beguin (* 16. 01. 1904 † 28. 11. 1998), ursprünglich wohnhaft in Berck sur Mer, Frankreich, siedelte am 11. April 1969 über nach Wetzlar, Schützenstraße 5. Er zog am 11. April 1991 um zum Liebfrauenberg 4 und wohnte ab dem 13. September 1996 im „Altenheim Minneburg" in der Haarbachstraße 5a, wo er 1998 verstarb. Frdl. Mitteilung des Einwohner-Meldeamtes der Stadt Wetzlar, Herr Hein, am 3. September 2002.
320 HStAWi, 483, Nr. 4453b, o. S.
321 Zit. n. Sommer, S. 59.
322 HStAWi, 483, Nr. 3259: „Beschäftigung und Unterbringung ausländischer Zivilarbeiter und Kriegsgefangener, 1943-1944", S. 76ff.
323 Rapport, Section II, Aussage des Belgiers Gaston Herrent, einst Zwangsarbeiter bei Röchling-Buderus. S. a. AL-RöBu, d.: Belgier, Bl. 4.
324 Nach Kiryllow (S. 40) war das alte Zwangsarbeiterlager der Firma Pfeiffer-Apparatebau GmbH auf dem Gelände der einstigen Grube Raab an der Garbenheimer Straße bei seiner Ankunft in Wetzlar im Juni 1944 (S. 26ff.) mit Stacheldraht umzäunt.
325 Siehe dazu Kapitel „Die Betriebe – Ernst Leitz GmbH".
326 HStAWi, 483, Nr. 4479e, o. S.: „Überwachung ausl. Zivilarbeiter im Kreise Wetzlar."
327 Das Lager grenzte direkt an das „Iding-Lager" der Firma Hensoldt. Kiryllow hielt es in der Erinnerung fälschlicherweise für ein Leitz-Lager. Diese befanden sich aber auf dem Freigelände am Stadion.
328 Kiryllow, S. 67f.
329 Siehe dazu Kapitel „Kriegsgewinne".
330 HStAWi, 483, Nr. 10643, Bl. 141.478ff.: Rundschreiben Nr. 188/42 des Gaustabsamtsleiters Frankfurt am Main betreffend die Verpflegung der Ostarbeiter.
331 KTB 1/13, Bl. 66ff.: Rundschreiben der Rüstungsinspektion III des Reichsministers für Bewaffnung und Munition, Berlin W 15, vom 10. November 1942.
332 Der letzte Absatz wurde von Rossmann (S. 97) aus dem Gesamtzusammenhang der Verfügung herausgenommen und für sich allein zitiert. Zusätzlich wurden dabei Passagen, wie *„wenn der Abfall entsprechend behandelt wird"*, sowie der mittlere Satz (Kaffee-Behandlung) ganz ausgelassen. Dadurch wurde die inhaltliche Gesamtaussage der Verfügung – diese war gerade für die Verbesserung der Ostarbeiterverpflegung erlassen worden – stark verfälscht.
333 SKM, Bl. 31.
334 Siehe dazu die Aussage des ehemaligen Lagerführers des Röchling-Ostarbeiterlagers am Schlachthof, Heinrich Arabin, im Spruchkammerverfahren von Dr. Riekeberg.
335 Klawdija Tolstikowa, Mariupol, Ukraine, * 15. Februar 1926, war damals 16 Jahre alt. Brief an den Autor vom 3. August 2000.
336 SKH 1, darin: Bl. 43 des Protokolls der mündlichen Verhandlung vom 10., 11., 12. und 19. August 1948 . Das bestätigte auch Sommer, S. 82.

337 SKM, Bl. 29.
338 Sommer, S. 82, jedoch ohne Quellenangabe.
339 Gisela Jäckel geb. Best, am 18. November 2000.
340 Das Gebäude wurde im Krieg ausgebombt. Dort steht heute das Stadthaus am Dom.
341 Gespräch am 29. August 2000. Der Name wurde aus Gründen des Persönlichkeitsschutzes geändert. Der tatsächliche Name ist bekannt.
342 In dem Bereich befindet sich heute der sog. Aussiedlerhof an der Dalheimer Kapelle, direkt an der B 49. Christian Moosberger, Lahnau-Atzbach, in: „Die letzten Kriegstage", Erlebnisbericht – S. 2 – vom 30. Januar 2001.
343 KTB 1/18, Bl. 20, Vierteljahresbericht.
344 HW.
345 SKC, Bl. 162.
346 HStAWi, 481, Nr. 9844, Bl. 4a.
347 Ebd., Bl. 77.
348 Ebd., Bl. 88.
349 Rossmann, S. 96.
350 Pollemans, S. 60f.
351 HWA, 1104, Nr. 5.
352 Anm.: Er meinte „frei" offenbar im Gegensatz zu den bewacht gehaltenen russischen Kriegsgefangenen.
353 Heinz-Kurt Schmidt, Braunfels, am 3. August 1987.
354 Waldemar Gatzert, Niederkleen, am 29. September 2000.
355 Pollemans, S. 48f.
356 Rossmann, S. 95.
357 SKR, Bl. 20f.
358 Ebd., Bl. 24f.
359 Kiryllow, S. 4ff.
360 Das Werk befand sich damals in dem Fabrikkomplex an der Ecke Brühlsbach-/Bergstraße, vgl. a. Porezag I, S. 244ff.
361 Kiryllow, S. 71ff.
362 HStAWi, 482, Nr. 48b, o. S: „Arbeitseinsatz, Versorgung und Betreuung ausländischer Zivilarbeiter in der Landwirtschaft, 1940-Febr. 1945", Anweisung der Kreisbauernschaft Wiesbaden vom 7. Juni 1943 betr. Verteilung von Osterpostkarten an Ostarbeiter/innen.
363 HAL, Bildmappe: *„Ostarbeiter – Lager der Firma Ernst Leitz, Wetzlar, an der Neuen Brücke. Angefertigt in Ausführung des Rundschreibens betreffs ‚Bildaktion in Ostarbeiterlagern' vom 14. 4. 43* (siehe vordere innere Einbanddecke) *im Mai 1943 als bildmässiger Beitrag zur geschichtlichen Entwicklung der Firma Ernst Leitz, von Adolf Lux, Abtlgs.-Leiter, Leitz-Atelier III."*
364 Unter anderem dieses Verbot ist der Beleg dafür, dass die farbigen Zwangsarbeiteraufnahmen aus dem Leitzwerk im Buch, auf denen Ausländer mit dem Zeichen „Ost" zu sehen sind, keine Propagandafotos waren.
365 HW.
366 SKM, Protokoll, S. 14.
367 Das Verwaltungsgebäude steht noch heute am Karl-Kellner-Ring neben der Kreisverwaltung.
368 HStAWi, 483, Nr. 4456a, o. S., Vermerk der DAF vom 9. September 1939.
369 Ebd., Vermerk vom 6. November 1939.
370 HStAWi, 483, Nr. 4454a, o. S., Vermerk der DAF vom 29. April 1940.

371 KTB 1/3, Bl. 21: Wochenbericht vom 12. – 18. Mai 1940.
372 Ebd., Bl. 30: Wochenbericht vom 24. – 30. Juni 1940.
373 HStAWi, 483, Nr. 4455a, o. S.
374 KTB 1/8, Bl. 34: Vermerk vom 15. August 1941.
375 HStAWi, Nr. 4451a, o. S., Abschrift des Briefes vom 11. Oktober 1941.
376 KTB 1/10, Bl. 40: Wochenbericht vom 15. – 21. März 1942.
377 Der Begriff „Dienstverpflichtete" war irreführend. Im Wohnlager Gabelsbergerstraße – auch „Lahnlager" genannt – waren zu der Zeit überwiegend Zwangsarbeiter und keine deutschen „Dienstverpflichteten" untergebracht.
378 WA, Samstag, 11. April 1942.
379 Heinz-Kurt Schmidt, Braunfels, am 30. August 2000.
380 HStAWi, Nr. 4450a, o. S., Tagebuch-Nr. 588/1942 vom 27. Mai 1942.
381 Ebd., Nr. 4451a, o. S., Tagebuch-Nr. 1063/1942 vom 25. September 1942.
382 KTB 1/14, Bl. 76.
383 HAH-AL, S. 12: Aktenvermerk der Hensoldt-Personalabteilung vom 4. Juli 1968 nach einer Befragung von Betriebsangehörigen.
384 Klawdija Tolstikowa, Mariupol, Ukraine. Brief an den Autor vom 3. August 2000.
385 BAK, R 42/229, Bl. 14, zit. n. Rossmann, S. 272f.
386 HWA, 1104, Nr. 5, o. S., Rundschreiben Nr. 4 der Buderus'schen Eisenwerke, Gefolgschaftsamt, vom 8. Februar 1944.
387 KTB 1/19, Bl. 19, Rundschreiben Nr. 26/44 vom 6. April 1944.
388 Kiryllow, S. 46f., 66 und 60.
389 Schon im Juli 1943 hatte der Reichsarbeitsminister „Sonntagsarbeit in der Eisen schaffenden Industrie" grundsätzlich genehmigt. Vgl. ARG Nr. 864/43 in Nr. 52 vom 16. Juli 1943, S. 460.
390 RGBl. 1944 I, Nr. 41 vom 8. September 1944, S. 191, ferner RABl. 1944 III, Nr. 9 vom 25. September 1944.
391 HWA, 1104, Nr. 4, o. S.: „Versorgungsfragen im 2. Weltkrieg".
392 Ebd., Nr. 5. Interner Vermerk der Buderus'schen Eisenwerke vom 6. Juli 1945 – also nach Kriegsende – über die Entlohnung der Polen während des Krieges.
393 Waldemar Gatzert (*8. Dezember 1928), Niederkleen, am 29. September 2000.
394 Gespräch am 27. August 2000 in Wetzlar.
395 Auch viele der bei Leitz beschäftigten Ukrainerinnen arbeiteten in ihrer Freizeit bei deutschen Familien. Dort bekamen sie zusätzliche Verpflegung und abgelegte Kleider. Oft durften sie sich dort auch baden. Ob sie ihre Entlohnung für diese Arbeiten selbst erhielten, ist nicht bekannt. Frdl. Mitteilung von Günter Kaps, Wetzlar, am 16. Juni 2000.
396 Klawdija Tolstikowa, Mariupol, Ukraine. Brief an den Autor vom 3. August 2000.
397 SKM, Verhandlungsprotokoll, S. 2.
398 Ebd., S. 12.
399 Erinnerungen von Marianne Krause geb. Lotz und Dr. Guntram Lotz, niedergeschrieben in Göttingen am 29. August 1998.
400 Der Familienname ist bekannt.
401 Bei der Getöteten handelte es sich allerdings um eine Polin namens Marie Kendzivra, * 7. 8. 1921, aus Poppenhof/Polen. Sie erlag am 24. Juli 1944 um 22.45 Uhr im Wetzlarer Krankenhaus ihren Verletzungen, die sie am 20. Juli 1944 im Haus Nauborner Straße 16 erlitten hatte. Nach: „Polizeibericht vom 26. Juli 1944 über den Luftangriff auf Wetzlar am 20. 7. 1944, um 12.03 Uhr", HAW, o. Nr.
402 Gisela von Schneidemesser, Wetzlar, am 7. August 2000.

403 Das galt allerdings nur für Polen und Ostarbeiter. Die Westarbeiter hatten offensichtlich Lebensmittelmarken. Nach: HStAWi, 481, Nr. 9844: Aussage einer Französin.

404 Gisela Jäckel, Wetzlar, am 18. November 2000.

405 Da sich die Mädchen frei bewegen konnten, dürfte es sich um Bewohnerinnen des Reichsbahnlagers an der Altenberger Straße gehandelt haben.

406 RGBl. 1942 I, Nr. 71 vom 2. Juli 1942, § 3, S. 419ff.

407 Siegel, S. 292.

408 Herbert (S. 241) nannte für den Krupp-Konzern 1943 folgende Durchschnitts-Monatslöhne: Deutsche Arbeiter RM 180,-, Westarbeiter RM 165,- (91 Prozent), Ostarbeiter RM 73,- (41 Prozent), Ostarbeiterinnen RM 67,- (37 Prozent) und Kriegsgefangene RM 121,- (67 Prozent). Das ergab für einen Ostarbeiter einen Stundenlohn von 30 Pf. Die für den Raum Wetzlar errechneten Durchschnittslöhne waren im Verhältnis also nicht so schlecht. Sommer führte dazu aus (S. 70, 109f.): *„Bei deren* (Anm.: Zwangsarbeiter) *Entlohnung hielten sich die Wetzlarer Unternehmen ohne Zweifel, ebenso wie die übrige Industrie, an die Richtwerte von GBA und RSHA.“*. Die Entlohnung entsprach jedoch nicht den Vorgaben der Reichsregierung.

409 Buderus-Archiv, 152-3, zit. n. Rossmann, S. 210. Nach einer mündlichen Auskunft des Archivars des Historischen Archivs der Firma Buderus am 13. September 2000 sollen sich diese Unterlagen zu dem Zeitpunkt nicht mehr im Archiv befunden haben.

410 Nach: Schreiben der Hensoldt AG vom 16. September 1947 an die IHK Wetzlar, in: IHK-Statistik.

411 HAH, V/2.2, o. S.: Inventur vom 31. Dezember 44.

412 Ebd., darin: „Soziale Aufwendungen – Werksküche für ausländische Arbeitskräfte“.

413 RGBl. 1944 I, Nr. 14 vom 5. April 1944, S.71. Danach bestimmte der § 3, Abs. 9: *„Jugendlichen Ostarbeitern unter 21 Jahren kann, sofern sie noch nicht die höchste tarifliche Altersstufe erreicht haben, ein Verpflegungsgeldzuschuß bis zu 1 Reichsmark je Kalendertag gewährt werden.“* Das bedeutete, ein solcher jugendlicher Zwangsarbeiter brauchte für Unterkunft und Verpflegung monatlich – je nach Höhe des Verpflegungszuschusses – nur zwischen RM 15,- und RM 30,- zu entrichten.

414 HAH, V/2.2, o. S.: Inventur vom 31. Dezember 44, darin: „Erlöse aus Unterkünften“ im Dezember 1944: RM 18.857,75 geteilt durch RM 45,- gleich 419 Zwangsarbeiter.

415 Lagerliste 5.

416 HStAWi, 483/4471a-c, o. S: „Akten der Deutschen Arbeitsfront“, darin: Lohnabzugstabelle der AOK Wetzlar für 1943.

417 HStAWi, 483, Nr. 4464 b, o. S.: „Tätigkeit der DAF-Kreisfrauenwalterin im Kreis Wetzlar“: Monatsbericht für Juli und August 1940.

418 Ebd., Brief vom 2. Januar 1940: „Jahresbericht 1939“, S. 2.

419 HAH, X/5: Löhne. Die in Sütterlinschrift gehaltene Aufstellung wurde der Firma Hensoldt 1982 von Ernst Schulz, vormals Abteilung Rundoptik, zur Verfügung gestellt. Sie dürfte 1942 entstanden sein, da alle darin verzeichneten Personen 1942 bei Hensoldt angefangen hatten. Nach: HAH-AL, S. 39-46.

420 Bei Hensoldt war es damals üblich, die einzelnen Betriebsabteilungen mit dem Namen des jeweiligen Meisters zu bezeichnen. Meister Schlitt leitete die Rundoptik, Kostenstelle 18. Frdl. Mitteilung von Paul Naumann, Aßlar, am 24. Januar 2001.

421 HAH, V/8, Bl. 204: „Forderungen gegen das Deutsche Reich“.

422 Vgl. Porezag II, S. 138ff.

423 Das entsprach 75 Prozent des Durchschnittslohnes eines deutschen Hilfsarbeiters in der Metall verarbeitenden Industrie, nach: Siegel, S. 292.

424 RGBl. 1942 I, Nr. 52 vom 16. Mai 1942, S. 302ff.: Lohnsteuertabelle für tägliche Lohnzahlung.

425 Die Beiträge zur Invalidenversicherung wurden damals an die Landesversicherungsanstalt (LVA) Hessen-Nassau in Kassel abgeführt. Diese war vom 1. Januar 1891 bis 31. Dezember 1945 für die preußische Provinz Hessen-Nassau einschließlich des Fürstentums Waldeck zuständig. 1932 war der Kreis Wetzlar von der LVA Rheinprovinz hinzu gekommen. Die Provinz Hessen-Nassau wurde am 1. Juli 1944 umgegliedert zur Provinz Kurhessen mit dem Regierungsbezirk Kassel. Am 1. Januar 1946 wurde die LVA Kurhessen eingegliedert in die heutige LVA Hessen. Nach: „Amtliche Mitteilungen der LVA Rheinprovinz", Düsseldorf 11/1989, S. 27ff.

426 HAH, X/5., Löhne, Tabelle „Einkommensstruktur 1939-1941

427 HAH-AL, S. 39 (Hanna Tschaban, * 1. 12. 28, 20 Pf.), S. 41 (Wera Sachachtschenko, * 6. 5. 27, 20 Pf.), S. 42 (Tatjana Krasna, * 15. 2. 28, 20 Pf.), ferner S. 43 (Dunja Kornenko, * 15. 10. 27, 27 Pf.).

428 Anm. 426, Kostenstelle 20.

429 „Tarifordnung für die Eisen-, Metall und Elektroindustrie des Wirtschaftsgebietes Hessen", Frankfurt/M. 1938, S. 45 (HAH). Danach bekam eine vierzehnjährige Hilfsarbeiterin 1938 einen Stundenlohn von 10 Pf.

430 HStAWi, 483, Nr. 4477a, o. S.: „Schriftverkehr der NSDAP-Kreisleitung Wetzlar mit dem dortigen Arbeitsamt", Schreiben der Pfeiffer Apparatebau GmbH, Wetzlar, vom 10. Januar 1944 an den Leiter des Wetzlarer Arbeitsamtes.

431 RABl. 1944 IV, S. 158ff., ferner HStAWi, 482, Nr. 773, o. S.

432 Zum Vergleich: 1 kg Zwiebeln kostete im April 1944 nur 25 Pfennig, 100 Gramm Petersilie 9 Pfennig, nach: HStAWi, 423, Nr. 1224, Bl. 282: Schreiben des Wetzlarer Landrates vom 19. April 1944 an die Bürgermeister des Kreises Wetzlar, Preisverordnung.

433 HStAWi, 483, Nr. 4471a-c: „Deutsche Arbeitsfront", darin: AOK-Wetzlar, Lohnabzugstabelle gültig ab 1. Januar 1943.

434 RGBl. 1942 I, Nr. 52 vom 16. Mai 1942, S. 302ff.: Lohnsteuertabelle für tägliche Lohnzahlung.

435 Klawdija Tolstikowa, Mariupol, Ukraine. Brief an den Autor vom 3. August 2000.

436 Sicher war nicht eine Uniform gemeint, sondern Arbeitskleidung.

437 SKH 2, Bl. 110f.

438 Der Name wurde aus Gründen des Persönlichkeitsschutzes geändert. Gespräch am 2. November 2000. Vgl. a. Kapitel „Jugendliche Zwangsarbeiter und Kinder".

439 HAL, Ordner „Ausländische Arbeiter", o. S.

440 Zum Beispiel in: „Heimische Firmen wollen sich an Zwangsarbeiter-Stiftung beteiligen", WNZ vom 18. Dezember 1999.

441 AB, Akte Firma Ernst Leitz, Stellungnahme des Stadtbauamtes vom 2. November 1943 „Betr. Schankerlaubnis für die Firma Ernst Leitz G.m.b.H für das Ostlager auf der Lahninsel".

442 Ebd., Schreiben des Wetzlarer Bürgermeisters an das Stadtbauamt vom 17. August 1944 wegen „des Antrages der Firma Leitz auf Erteilung der Erlaubnis für eine Schankwirtschaft in dem auf dem Sportfeld auf der Lahninsel gelegenen Westarbeiterlager".

443 SKM, Bl. 31: Aussage des ehemaligen Wachmanns im Iding-Lager Wilhelm S. am 27. Februar 1947.

444 Gesetze 52/53, S. 60f.

445 Siehe dazu Kapitel „Die Wetzlarer Ausländerlager – Displaced Persons".

446 HAH, V/9, Bl. 40, Ausländische Forderungen und Verbindlichkeiten aus der NS-Zeit.

447 HAL, Ordner „Ausländische Arbeiter", o. S.
448 SKH 1, Bl. 7ff.
449 HStAWi, 461, Nr. 9315: „Handakten der Staatsanwaltschaft bei dem Landgericht Frankfurt am Main", darin: Ärztliches Gutachten über den belgischen Zivilarbeiter Alfred A.".
450 Gemeint waren hier – 1941 – nicht die späteren „Imis", sondern frei angeworbene italienische Arbeiter.
451 KTB 1/8, Bl. 41: Bericht vom 5. September 1941.
452 HAW-RöBu, Bl. 19.
453 Ebd., Bl. 29.
454 Er war wohl italienischer oder spanischer Abstammung. Contino, * 21. 8. 1924, fiel am 17. 9. 1943 „im Osten als Grenadier", nach: E-St. Sterbeliste vom 7.- 13. 5. 1944.
455 HWA, 1104, Nr. 5, o. S.: Vermerk vom 6. Juli 1945 betreffend die Entlohnung der Polen.
456 Pohl, S. 89. Pohl benutzte dabei noch 2001 den Begriff „Dienstverpflichtete".
457 HW.
458 RGBl. 1945 I, Nr. 9 vom 7. April 1945, S. 39f.
459 Vgl. Porezag/Spieß.
460 HStAWi, 482, Nr. 48b, o. S.: „Arbeitseinsatz, Versorgung und Betreuung ausländischer Zivilarbeiter in der Landwirtschaft, 1940-Febr.1945".
461 HAW-Landw., Bl. 98: Antwortschreiben der Brauerei Gebr. Waldschmidt vom 18. Dezember 1940 an die Ortspolizeibehörde in Wetzlar wegen der Beschäftigungsverhältnisse von vier polnischen Landarbeitern. Das war praktisch doppelter Lohn gegenüber der Reichs-Anordnung und kann als Indiz für korrekte Entlohnung gedeutet werden. Allerdings konnten keine Hinweise auf die täglichen Arbeitszeiten gefunden werden.
462 Ebd., Bl. 99.
463 Ebd., Bl. 102.
464 Ebd., Bl. 100.
465 Ebd., Bl. 101.
466 Ebd., Bl. 103.
467 Ebd., Bl. 104.
468 Ebd., Bl. 106.
469 HStAWi, 423, Nr. 1224, Bl. 282: Preisfestsetzung des Oberpräsidenten in Kassel vom 19. 4. 1944. Nach der „Anordnung über die Löhne der in der Landwirtschaft eingesetzten Ostarbeiter" vom 17. Juli 1942 waren ihnen RM 15,- monatlich bei freier Unterkunft und Verpflegung zu zahlen. Nach den amtlich festgesetzten Lebensmittel-Preisen vom 19. 4. 1944 kosteten 1 kg weiße Rüben 7 Pf, 1 kg Sellerie 36 Pf, 1 Bund à 10 Radieschen 11 Pf und 1 kg Zwiebeln 25 Pf.
470 Gespräch am 29. August 2000.
471 Elisabeth Bladt, Hohenahr-Erda, am 15. Mai 2000.
472 HStAWi, 483, Nr. 4418b, o. S.: „Organisation und Tätigkeit der DAF in den Betrieben des Kreises Wetzlar".
473 RGBl. 1944 I, Nr. 14 vom 5. April 1944, S. 68ff., vgl. a. Kapitel „Zwangsarbeit".
474 Waldemar Gatzert, Niederkleen, am 29. September 2000.
475 Rapport Definitiv No. 762, Bl. 6ff.: „Annexes".
476 ARG, Nr. 444/42, in Nr. 41 vom 21. April 1942, S. 253f.
477 HStAWi, 482, Nr. 773, o. S.: Merkblatt des Reichsnährstandes über die allgemeinen Grundsätze für die Behandlung der im Reich tätigen ausländischen Arbeitskräfte.
478 Kühn-Leitz, S. 5.
479 HStAWi, 483, Nr 4479e, o. S.

480 Ebd., 483, Nr. 1224, o. S., Bl. 364: Schreiben des Wetzlarer Bürgermeisters vom 3. Februar 1945 an die Gestapo Frankfurt am Main wegen der Aufenthaltserlaubnisse für Ausländer.

481 HWA, 1104, Nr. 5. Interner Vermerk der Buderus'schen Eisenwerke vom 6. Juli 1945 – also nach Kriegsende – über die Entlohnung der Polen während des Krieges.

482 Anordnung des GBA Nr. 10 betr. den Einsatz von Arbeitskräften der besetzten Gebiete vom 22. August 1942 und Durchführungsbestimmungen vom 29. Oktober 1942, zit. n. Herbert, S. 213, vgl. a. Kapitel „Zwangsarbeit".

483 Siehe auch Kapitel „Zwangsarbeit im Deutschen Reich".

484 Bei den Leitzwerken wurde in solchen Fällen ein Formblatt mit folgendem Text verwendet: „Ernst Leitz G.m.b.H, Optische Werke, Wetzlar. Wetzlar, den ....194. An die Geheime Staatspolizei, Aussenstelle Wetzlar, Brühlsbachstrasse. Betrifft: Flüchtigen französischen Zivilarbeiter. Vorgang: Der ... ist am ... arbeitsvertragsbrüchig und flüchtig geworden. ... Ich bitte um Fahndung und gegebenenfalls Festnahme." HAL, o. S.

485 HAW-Pfeiffer, Bl. 24.

486 HAW-Buderus, Bl. 34.

487 KTB I/17, S. 7a.

488 HW.

489 Gestapo, Nr. 05190, S. 15.

490 HStAWi, Abt. 423, Nr. 1224, o. S: „Behandlung von Ausländern (Allgem.), 1939 – März 1945", Bl. 93ff.

491 KTB I/20, Bl. 22.

492 Siehe dazu Kapitel „Zwangsarbeit in im Deutschen Reich – Der Ostarbeiter-Einsatz – Krankheit und Schwangerschaft"

493 HStAWi, 482, Nr. 48b, o. S.: „Arbeitseinsatz, Versorgung und Betreuung ausländischer Zivilarbeiter in der Landwirtschaft, 1940-Febr. 1945", darin: Erlass des Reichsführers SS II/A 2/115/90 vom 26. Oktober 1942.

494 Ebd., 409/4, Nr. 8508, o. S.

495 SKH 2, „Buch über besondere Vorkommnisse" Bl. 112.

496 Walter Rabow, Wetzlar, am 24. April 2000.

497 Siehe dazu Kapitel „Die Betriebe – Pfeiffer Apparatebau GmbH".

498 Kiryllow, S. 52ff.

499 RABl. 1943 I, Nr. 21, S. 372ff.

500 HAL: „Krankenbuch für ausländische Hilfsarbeiter der Leitzwerke, Wetzlar, 11.1942/3.1943", mit handschriftlichem Vermerk: „Kranke Ausländers – Zicke Buitenlanders – Etrangers malades".

501 Historisches Archiv der Gedenkstätte Hadamar, Schreiben der Landes-Heilanstalt vom 6. Juli 1944 an den Oberpräsidenten zu Wiesbaden wegen der geisteskranken Antonia Schtscherbazjka. Diese hatte bei Leitz gearbeitet und war in der AOK Wetzlar versichert. Bei einer Durchsicht der historischen Mitgliederkartei der AOK Wetzlar im Jahre 2000 konnten keine Ausländernamen festgestellt werden. Das könnte darauf hin deuten, dass es bei der AOK Wetzlar im Krieg eine separate Ausländer-Mitgliederkartei gegeben hätte, wie z. B. bei der AOK Frankfurt am Main, wo es während des Krieges sogar einen eigenen „Ausländer-Schalter" gegeben haben soll. Frdl. Mitteilung der Abt. Innere Dienste der AOK Region Frankfurt, Herr Münch, Telefonat am 30. Juli 2002.

502 Ebd., Schreiben des Arbeitsamtes Wetzlar an die Landes-Heilanstalt Hadamar vom 24. August 1944 wegen „Rückführung nicht einsatzfähiger Ostarbeiter". Der Russe Iwan Maslow hatte bei Röchling gearbeitet und war in der BKK versichert.

503 HAL: „Krankenbuch für ausländische Hilfsarbeiter der Leitzwerke, Wetzlar, 11.1942/3.1943".

504 SKM, Protokoll der Spruchkammer-Verhandlung am 29. November 1949, S. 1.

505 Die Breite Straße ging damals noch über die Waldschmidtstraße hinaus bis in den Bereich der heutigen Seibertstraße. Die Jugendherberge befand sich auf dem Gelände der späteren Iding-Schule. Dort steht heute die Sparkassen-Hauptverwaltung.

506 Dr. Friedemann Pitzer, Wetzlar, am 3. November 2000.

507 Pollemans, S. 66ff.

508 Relevante Krankenhaus-Unterlagen konnten nicht gefunden werden.

509 Bereits am 20. Juli 1940 hatten die Buderus'schen Eisenwerke 15 von 67 polnische Zwangsarbeiter, die im Mai 1940 zu Buderus gekommen waren, wegen Arbeitsunfähigkeit oder Krankheit wieder nach Litzmannstadt zurückgeschickt. Nach: HAW-Buderus, Bl. 8. Kranke Westarbeiter wurden aber möglicherweise auch später noch abgeschoben, vgl. HStAWi, 663/97, o. S.: „Deutsche Arbeitsfront", darin: Liste vom 10. Mai 1946 „Leitz Belgier (Zivilarb.)". Bei dem Belgier Van de Wouwer, * 30. 5. 02, aus Merksem ist vermerkt: „2. 11. 42 – 20. 1. 43. Rücktransport wegen Krankheit".

510 StAMa HEF/9894, zit. n. Hohlmann, S. 78.

511 HWW, S. 44f.

512 HStAWi, 423, Nr. 1224, o. S: „Behandlung von Ausländern (Allgem.), 1939 – März 1945", Bl. 142ff.: Schnellbrief des GBA an die Präsidenten der Landesarbeitsämter vom 16. Oktober 1942 betr.: „Nichteinsatzfähige Ostarbeiter".

513 Vgl. Hadamar, S. 260.

514 Hohlmann, S. 81. Danach wurde am 9. September 1942 im Sammellager eine Geburten- und Abtreibungsstation für polnische und russische Frauen eingerichtet. Von da an blieben die Neugeborenen möglicherweise bei ihren Müttern. Nach HWW, S. 44f. sei dem Lager ein „Hilfskrankenhaus" angeschlossen gewesen.

515 Kühn-Leitz, S.1ff.

516 Amtlich: „Rückkehr-Sammellager", vgl. a. Sommer, S. 89.

517 Dies bestätigte Dr. Ernst Leitz in einem Schreiben an den Öffentlichen Kläger der Spruchkammer in Wetzlar vom 6. März 1946, in welchem er auf Seite 6 im Zusammenhang mit seinen Kontrollgängen im Ostarbeiterlager schrieb: *„Diese täglichen Kontrollgänge liess ich mir besonders angelegen sein, als meiner Tochter, Frau Dr. Elsie Kühn-Leitz, als stellvertretender Lagerleiterin infolge ihres Einsatzes für die Arbeiterinnen eines Tages das Betreten des Lagers durch die Gestapo verboten wurde."* SKL. Nach Anordnung des GBA vom 2. Dezember 1942 war auch für Ostarbeiterinnenlager ein Mann als Lagerführer zu bestellen. Dazu hieß es in der Verordnung unter anderem: *„... Ihm wird zweckmäßigerweise eine von der DAF ausgewählte Unterlagerführerin beigegeben werden, die die inneren Aufgaben im Lager (z.B. Einhaltung der Lagerordnung, insbesondere auch hygienischen Erfordernisse und der Betreuung) verantwortlich zu erledigen hat. Um die Einheitlichkeit der Lagerführung zu gewährleisten, darf sie wesentliche Entscheidungen nicht ohne Zustimmung des Lagerführers treffen."* Nach: RABl. 1943 I, Nr. 29.

518 Auch später sind noch Wetzlarer Lagerführer nach Pfaffenwald gefahren. So fand sich im Hauptbuch der Herkules-Werke unter dem 25. Mai 1944 der Eintrag: *„Reisespesen Befort, Pfaffenwalde, RM 6,-."* Nach: HW.

519 Hohlmann, S. 83.

520 HAH-AL, S. 45f.

521 Ebd., S. 41 mit dem Vermerk: *„Angefangen 23. 6. 42 – am 16. 10. 44 wegen Krankheit ausgeschieden".*

522 HStAWi, 483, Nr. 7359b, Schreiben der Reichsärztekammer Westmark in Saarbrücken an den Höheren SS- und Polizeiführer in Wiesbaden vom 5. Mai 1944.

523 Ebd., Schreiben des Höheren SS- und Polizeiführers Wiesbaden an den Präsidenten des Gauarbeitsamtes Rhein/Main in Frankfurt am Main vom 16. Mai 1944.

524 Nach einem Schreiben des SS-Rasse- und Siedlungsamtes vom 16. Mai 1944 an das Gau-Arbeitsamt Rhein-Main. Zit. n. HWW, S. 44f.

525 Hohlmann, S. 173d.

526 Ebd., S. 82, vgl. a. HWW, S. 40f.

527 HStAWi, 482, Nr. 773, o. S.: Merkblatt des Reichsnährstandes über die allgemeinen Grundsätze für die Behandlung der im Reich tätigen ausländischen Arbeitskräfte.

528 Lagerliste 2.

529 Lagerliste 3.

530 Friedhof 1, Bl. 1f. Die Geburtsorte sind jedoch nicht bekannt.

531 Nach: E-Geb.

532 Dr. Friedemann Pitzer, Wetzlar, Gespräch am 3. November 2000.

533 SKR, Bl. 20: Eidesstattliche Erklärung des einstigen Lagerleiters Heinrich Arabin.

534 Pollemans, S. 56.

535 Mit Erlass des Reichsministers für Ernährung und Landwirtschaft vom 6. Januar 1944 war die Verpflegung der Ostarbeiterkinder allerdings eindeutig geregelt. Siehe dazu Kapitel „Krankheit, ärztliche Versorgung und Schwangerschaft".

536 RMW, Nr. 6, Mitte April 1944, S. 42.

537 HStAWi, 482, Nr. 48b, o. S.

538 Ebd., 482, Nr. 773, o. S., ferner DnR, Nr. 46 vom 18. November 1944.

539 ARG, Nr. 477/44, in Nr. 30 vom 9. Juni 1944, S. 248.

540 Vgl. dazu auch: HAW, Akte: Verzeichnis der ausländischen Arbeitnehmer, die im Wohnlager Gabelsberger Straße wohnen", darin: Meldung des Gleisbautrupps 10 der RBD Frankfurt vom 31. August 1944 an die Ortspolizei in Wetzlar. Siehe auch Kapitel „Die Betriebe – Gleisbautrupp der Reichsbahn".

541 Lagerliste 5, Anlage: Ausländer-Meldung der Hollmann-Werke vom 21. November 1944 an das Wetzlarer Landratsamt.

542 HAW, Akte: „Liste der ausländischen Arbeitnehmer", o. S.

543 Nach: E-Geb., E-St. und Friedhof 1.

544 Nach: Friedhof 1.

545 Nach: HAW-Pfeiffer, Bl. 163ff.: Liste der Ostarbeiter im Lager Umgehungsstraße vom 19. Mai 1944.

546 HAW, „Liste der ausländischen Arbeitnehmer", darin: Meldungen der Leitzwerke an die Polizeiverwaltung Wetzlar vom 16. September 1944, 3. Dezember 1944, 3. Januar 1945 und 1. Februar 1945. Aus den Meldungen geht zweifelsfrei hervor, dass es sich ausschließlich um Ostarbeiterkinder handelte.

547 Friedhof 2, Bl. 1.

548 Gisela Jäckel aus Wetzlar wohnte damals am Eisenmarkt. Gespräch am 18. November 2000.

549 Peter, Marianne: „Links, wo das Herz ist", Gießen 1996, darin: Elfriede und Karl Benk: „Ach..., jetzt machen sie in Hitlerjugend", S. 50ff.

550 ARG, Nr. 728/42, in Nr. 67 vom 23. Juni 1942, S. 398.

551 RMW, Nr. 22, Mitte November 1943, S. 250.

552 HWA, 1104, Nr. 5, Rundschreiben Nr. 4 der Buderus'schen Eisenwerke, Gefolgschaftsamt, vom 8. Februar 1944.

553 RGBl. 1944 I, Nr. 14 vom 5. April 1944, S. 68f.

554 KTB I/19, Bl. 13, Vierteljahresbericht vom 1. April – 30. Juni 1944.

555 ARG, Nr. 574/44 in Nr. 35 vom 10. Juli 1944, S. 311.

556 HStAWi, 483, Nr. 1224, Bl. 305.

557 Der Name ist dem Autor bekannt, wurde jedoch aus Gründen des Persönlichkeitsschutzes geändert. Die Gespräche fanden am 11. März 2000 und 9. Juli 2000 statt.

558 HStAWi, 483, Nr. 4451a, o. S.

559 HAW-RöBu 2, Bl. 110ff.

560 SKS, Bl. 76.

561 Ebd., Bl. 29.

562 KTB 1/14, Bl. 13, Protokoll vom 13. Januar 1943. Ob die Angabe der Zwangsarbeiterin tatsächlich Denunziantentum war oder aber eine herausgepresste Aussage, konnte nicht mehr festgestellt werden.

563 Gestapo, Nr. 34921, S. 358.

564 SKB, Anhang zum Fragebogen, Bl. 4.

565 Kühn-Leitz, S. 4f.

566 Dieser Bericht weist allerdings zwei Ungereimtheiten auf: Zum einen hätten natürlich die außerordentlichen Vergünstigungen dieser jungen Frau längst allseits bekannt gewesen sein müssen – eine Ostarbeiterin, die ohne jede Begleitung, dafür aber mit einer Gestapo-Genehmigung auf dem Bahnhof Wetzlar stand, wäre sofort jedem aufgefallen. Zweitens durften sich die Ostarbeiter zu keiner Zeit frei und ungehindert in der Stadt bewegen.

567 SKM, o. S.

568 Darin liegt allerdings ein krasser Widerspruch zu der These des durch die Gestapo „Umgedrehten".

569 Vgl. a. Sommer, S. 102.

570 KTB 1/17, Bl. 7a, Bericht vom 27. Oktober 1943.

571 SKM, Bl. 11.

572 HStAWi, 663/97, o. S.: „Deutsche Arbeitsfront", darin: Schreiben des Wetzlarer Bürgermeisters vom 8. Februar 1949 an den Landrat in Wetzlar.

573 Erkenntnisse über irgendwelche Regeln oder Grundsätze bei solchen Bestrafungen liegen nicht vor.

574 Sommer, S. 80, jedoch ohne Quellenangabe.

575 Die im Krieg gebräuchliche Abkürzung für „Konzentrationslager" lautete „K.L.", nach: Sofsky, Wolfgang: „Die Ordnung des Terrors: Das Konzentrationslager", Frankfurt am Main 1993, vgl. a.: Tuchel, Johannes: „Die Inspektion der Konzentrationslager 1938 – 1945", Berlin, 1994. Im Folgenden soll aber die Abkürzung „KZ" verwendet werden, da sich diese im allgemeinen deutschen Sprachgebrauch durchgesetzt hat.

576 HL, S. 5.

577 Kiryllow, S. 82ff.

578 HStAWi, 483, Nr. 4453b, o. S.

579 HAW-Pfeiffer, Bl. 144.

580 SKH 2, Bl. 106ff.: „Buch über besondere Vorkommnisse", vgl. a. SKB, Bl. 7f.: Aussagen von Ludwig Leitz und der Zeugin Therese N. in der Spruchkammer-Verhandlung von Franz Bauer vom 24. Juli 1947.

581 HGBA, S. 107f.

582 SKH2, Bl. 96.

583 Das der Prozessakte in Fragmenten beigefügte „Strafprotokoll" des Zwangsarbeiterlagers der Firma Hensoldt verzeichnete die erste im Werk verhängte Strafe jedoch schon am 18. März 1943.

584 Bühler korrigierte sich an anderer Stelle in der Erklärung: Gemeint war nicht das Tabakrauchen, sondern die Tabakzuteilung.

585 SKH 1, darin: Protokoll der Spruchkammer-Sitzungen vom 10., 11., 12. und 19. August 1948, Bl. 42

586 SKH 1, Protokoll, Bl. 124.

587 Ebd., Bl. 125.

588 Die „Haager Landkriegsordnung" (HLKO) war ein Teil der ersten Haager Friedenskonferenz von 1899, die auf Veranlassung von Zar Nikolaus II zusammengetreten war. Vertreten waren auf ihr außer den europäischen Staaten die USA, China, Japan, Persien, Mexiko und Siam. Nach der ersten Haager Friedenskonferenz von 1899 wurden die Grundsätze der ersten Genfer Konvention von 1864 – betreffend die Behandlung kranker und verwundeter Militärpersonen – auch auf den Seekrieg übertragen. Nach: Völkerrecht, S. 142ff.

588a So endete ein Eintrag im Büchlein „Meldungen der Werksaufsicht über Vorkommnisse innerhalb des Betriebes" der Leitzwerke vom 11. Januar 1943, nachdem bei einem belgischen Zwangsarbeiter namens Josef Daniels zwei gestohlene Elektro-Motoren gefunden worden waren, auch mit den Worten „Gegen Daniels wurde Strafantrag gestellt". (Siehe dazu weiter hinten im Kapitel.)

589 SKR, Bl. 46.

590 SKS, Bl. 112f.

591 SKB, Bl. 41, Schreiben vom 29. November 1945.

592 Ebd., Protokoll vom 13. September 1947.

593 Es handelte sich hierbei offensichtlich um Aufräumungsarbeiten am Gebäude der Deutschen Bank in Gießen, in dem seit September 1943 das Historische Firmenarchiv und die Wissenschaftliche Bibliothek der Ernst Leitz GmbH eingelagert worden waren. Das Gebäude war bei dem britischen Luftangriff auf Gießen am 6. Dezember 1944 zerstört worden. Vgl. Porezag II, S. 31ff. Siehe dazu auch Kapitel „Die Betriebe – Ernst Leitz GmbH". Die Personenzahl 17 ist zweifelhaft: Nachweislich waren 13 Festnahmen von Franzosen der Leitzwerke durch die Gestapo am 3. Januar 1945 wegen „Gemeinsamer Arbeitsverweigerung und Arbeitsbummelei". Zehn von ihnen kamen in das AEL Heddernheim, drei Männer wurden in Konzentrationslager der Stufe II eingewiesen (z. B. Auschwitz). Siehe dazu weiter hinten in diesem Kapitel.

594 SKB, Protokoll, S. 5.

595 Ebd., S. 11.

596 Ebd., Protokoll vom 13. September 1947.

597 SKH 1, Protokoll, S. 40.

598 SKR, Bl. 19: Abschrift des Manuskriptes.

599 SKB, Protokoll vom 13. September 1947, siehe auch Anm. 593.

600 Gestapo, Nr. 22151, S. 192, ferner Nr. 22259, S. 196, ferner Nr. 22369, S. 199, ferner Nr.29220, S. 277, ferner Nr. 29327, S. 278, ferner Nr. 29629, S. 287, ferner Nr. 31646, S. 306, ferner Nr. 31872, S. 315, ferner Nr. 32657, S. 325, ferner Nr. 32840, S. 331.

601 Es gab folgende Klassifikationen der Konzentrationslager: Stufe I unterschied nach „Mensch" und „Untermensch" (Slawen, Zigeuner, Juden). Stufe II unterteilte nach Reichsangehörigen, Nordeuropäern, Westeuropäern und Südeuropäern, zur Stufe III zählten politische Häftlinge und Bibelforscher, Stufe IV unterschied nach Kriminellen, Asozialen und Homosexuellen. Nach: Sofsky, Wolfgang: „Die Ordnung des Terrors: Das Konzentrationslager", Frankfurt am Main 1993, S. 139ff. Konzentrationslager der Stufe II waren z. B. Buchenau, Flossenbürg, Neuengamme und Auschwitz-Birkenau. Nach: Gestapo, Nr. 32099, S. 321.

602 Gestapo, Nr. 29378, S. 279, ferner Nr. 29394, S. 280 und Nr. 32099, S. 321.

603 SKM, Bl. 39.

604 Gestapo, Nr. 34819, S. 357.
605 HAW-Buderus, Bl. 35.
606 HStAWi, 409/4, Nr. 5008, o. S.
607 HAW-Pfeiffer, Bl. 21.
608 Gestapo, Nr. 01364, S. 6, ferner Nr. 08171, S. 48, ferner Nr. 08173, S. 50, ferner Nr. 16140, S. 123, ferner Nr. 18755, S. 151, ferner Nr. 18756, S. 152, ferner Nr. 23398, S. 219, ferner Nr. 27638, S. 253, ferner Nr. 43282, S. 345 und Nr. 34552, S. 352.
609 HWA, 1104, Nr. 3, „Buderus'sche Eisenwerke, Hüttenverwaltung, Niederschrift über die Sitzung des Vertrauensrates am Mittwoch den 5. August 1942".
610 Ebd., Nr. 4, Niederschrift über die Betriebsleiterbesprechung am 24. September 1942 auf der Forschungsstelle.
611 Gestapo, Nr. 08633, S. 62, ferner Nr. 17388, S. 130, ferner Nr. 19015, S. 158 sowie Nr. 23402, S. 221.
612 Ebd., Nr. 06635, S. 35.
613 Gestapo, Nr. 08206, S. 57.
614 Ebd., Nr. 06321, S. 27.
615 Ebd., Nr. 08167, S. 46.
616 Ebd., Nr. 08637, S. 65.
617 Ebd., Nr. 17113, S. 128.
618 Ebd., Nr. 18795, S. 153.
619 Ebd., Nr. 23271, S. 214.
620 Ebd., Nr. 23295, S. 216.
621 Ebd., Nr. 23476, S. 223.
622 Ebd., Nr. 34252, S. 343.
623 Ebd., Nr. 34302, S. 346.
624 Ebd., Nr. 06587, S. 34.
625 Ebd., Nr. 34558, S. 353.
626 Ebd., Nr. 19436, S. 163. Der Name wurde aus Gründen des Persönlichkeitsschutzes geändert.
627 Gespräch in seiner Wohnung in Anwesenheit seiner Ehefrau.
628 Kiryllow, S. 74.
629 KTB 3/447, Bl. 4, Bericht vom 9. Juli 1943. Ausländer-Unruhen größeren Stils konnten für die Zeit des Zweiten Weltkrieges in Wetzlar jedoch nicht nachgewiesen werden.
630 KTB 1/16, Bl. 14, 16, Vierteljahresbericht für die Zeit vom 1. Juli – 30. September 1943.
631 KTB 1/17, Bl. 7a, Bericht vom 27. Oktober 1943.
632 HWA, 1104, Nr. 4, o. S. In der Tat erfolgte nur fünf Tage später – am 28. Mai 1944 – der erste größere amerikanische Luftangriff auf Wetzlar, bei dem sowohl die Röchling-Buderus AG als auch die Buderus'schen Eisenwerke verhältnismäßig stark beschädigt wurden. Vgl. dazu Porezag II, S. 95ff.
633 VB II, S. 128f.
634 Gestapo, Nr. 34921, S. 358.
635 Ebd., Nr. 23346, S. 217.
636 Ebd., Nr. 08175, S. 52.
637 Ebd., Nr. 16135, S. 118.
638 HStAWi, 483, 4453b, o. S.
639 Gestapo, Nr. 17496, S. 132.
640 Ebd., Nr. 01423, S. 10 und Nr. 16138, S. 121.
641 Ebd., Nr. 22084, S. 188.

642 Siehe dazu Kapitel „Die Betriebe – Hensoldt AG".
643 Gestapo, Nr. 08020, S. 38.
644 Ebd., Nr. 08104, S. 44.
645 Ebd., Nr. 18286, S. 138.
646 Die Hausnummer ist bekannt.
647 Gestapo, Nr. 28466, S. 263.
648 Ebd., Nr. 31913, S. 316.
649 Ebd., Nr. 17346, S. 129.
650 Gestapo. Die Kartei-Unterlagen scheinen in wenigen Einzelfällen nicht ganz vollständig zu sein. Zumindest ist der Ostarbeiter Tomasz Kiryllow, welcher in das AEL Heddernheim eingeliefert wurde (vgl. HAW-Pfeiffer, Bl. 144) und später nach Buchenwald kam, in der Kartei, die 360 Fälle aus Wetzlar beinhaltet, nicht aufgeführt.
651 Das Reichsbahnlager muss als Sonderfall angesehen werden. Dort befanden sich zu der Zeit neben 23 Kindern insgesamt 101 erwachsene Zwangsarbeiter, die nicht – wie in allen anderen Betrieben – in einem geschlossenen Werksbereich, sondern beim offenen Gleisbau, bei Verladearbeiten und bei Fahrzeugreparaturarbeiten eingesetzt wurden. Die Fluchtquote war daher entsprechend hoch: 14 von 24 bekannten Bestrafungsfällen beim Reichsbahnlager – also über 50 Prozent – waren Fluchtfälle.
652 Die Arthur Pfeiffer GmbH war damals Muttergesellschaft der Firmen Pfeiffer Apparatebau GmbH und Physikalische Werke Wetzlar, GmbH (siehe dazu Kapitel „Die Betriebe – Arthur Pfeiffer GmbH). In den Gestapo-Akten wurde unter der Bezeichnung „Pfeiffer" nur in fünf Fällen tatsächlich auch die Tochterfirma Pfeiffer Apparatebau GmbH genannt. Dennoch dürften die meisten Fälle auf diesen Betrieb zurückzuführen sein, da die Pfeiffer-Ausländerlager überwiegend von ihr betrieben wurden.
653 Vermutlich sind hier aber noch der Franzose und die Französin aus der Hensoldt-Unterkunft in der Lahnstraße 21 in Wetzlar zu berücksichtigen.
654 Allerdings muss auch an dieser Stelle auf die mehr als 100 Fälle in der Gestapo-Kartei hingewiesen werden, die im Jahre 2000 nicht mehr einem bestimmten Unternehmen zugeordnet werden konnten.
655 Diese Berechnung ist insofern nicht ganz realistisch, als bei Buderus und Röchling in der DAF-Lagerliste alle Ausländerlager – also auch diejenigen außerhalb Wetzlars – mit einbezogen wurden.
656 Hierbei kommt in einigen Fällen deutlich zum Ausdruck, dass die Unternehmen zu dem Zeitpunkt bereits große Ausländerzahlen beschäftigten: Das ergab in der Relation zu den Bestrafungen hier besonders günstige Werte.
657 Von den anderen beteiligten Wetzlarer Unternehmen standen keine Ausländer-Listen zur Verfügung. Siehe dazu Kapitel „Behandlung", Tabelle der Fluktuation.
658 Zum Beispiel hatte der Buderus-Vorstand im Herbst 1943 beklagt: *„... während wir im September nur weibliche Arbeitskräfte zugeteilt erhielten, die aber für die schwereren körperlichen Anforderungen unserer Betriebe nicht geeignet sind."* Nach: „Geheimbericht an den Aufsichtsrat über das III. Quartal 1943", HWA, 1104, Nr. 5, o. S.
659 Siehe auch Abschnitt „Rüstungsproduktion und Ausländer-Einsatz aus der Sicht der Betriebe".
660 HWA, 1104, Nr. 5, Dr. jur. Heinrich Giesbert an Rittmeister Carl Neuschaefer, 2. September 1942, Feldpost-Nr. 46114.
661 SKM, S. 12.
662 SKH 2, BL. 108ff. Das Buch ist aufgeteilt in einen (unvollständig erhaltenen) Abschnitt *„Bestrafungen von Ausländern durch H. oder C. Hensoldt"* (Bl. 108-111), *„Meldungen an*

Gestapo, Ausländer" (Bl. 112) und *„Meldung an Gestapo, Deutsche"* (Bl. 113). Das Buch hatte bei Hensoldt zwar keine besondere Bezeichnung; es kann sich dabei jedoch nur um ein solches „Buch über besondere Vorkommnisse" gehandelt haben, welches es auch bei den Leitzwerken gegeben hat. Nach: SKB, Protokoll vom 24. Juli 1946, S. 7.

663 Die Formulierung könnte den Eindruck erwecken, die Verhängung einer Arreststrafe war mit Nahrungsentzug verbunden. Die Notizen im Strafprotokoll lauteten aber meistens auf *„Arrest bei Wasser und Brot"*.

664 Dazu beigetragen hat sicher auch die Tatsache, dass Dr. Carl Hensoldt ein allseits bekannter Nationalsozialist war.

665 SKH 1, S. 4 der Klageschrift vom 1. März 1948.

666 Rossmann, S. 106.

667 Peter, Marianne: „Links, wo das Herz ist", Gießen, 1996, S. 63.

668 HAW-Buderus, S. 38ff.: „Verzeichnis der ausländischen Arbeitnehmer, die im Wohnlager der Buderus'schen Eisenwerke Wetzlar, Hermannsteinerstr. 13 wohnen, bzw. Buderusstr. 2 u. 4".

669 SKB, Protokoll, S. 7.

669a Das kleine Buch befindet sich in Privatbesitz.

670 SKMa, Protokoll.

671 Gemeint war das AEL Heddernheim.

672 Gestapo, Nr. 22940, S. 206.

673 Ebd., Nr. 23477, S. 224.

674 Ebd., Nr. 14680, S. 87.

675 Ebd., Nr. 31353, S. 298.

676 Erika Cloos geb. Schneider, *21. September 1926, Erda, am 22. Januar 2001.

677 Siehe dazu Kapitel „Rassenschande".

678 Helmut Sänger (* 5. 5. 1940), Hohensolms, am 22. Januar 2001.

679 HStAWi, 483, Nr. 1943: Akte der Gestapo-Außendienststelle Wiesbaden zur „Behandlung polnischer Zivilarbeiter", Bl. 116f.

680 StAMa, 180/La Hersfeld, 9703, zit. n. Hohlmann, S. 53ff.

681 Allerdings wurde auch für deutsche Konzentrationslager am 15. Mai 1943 eine Dienstvorschrift erlassen, nach welcher *„Häftlinge, die sich durch Fleiß, Umsichtigkeit, gute Führung und besondere Arbeitsleistung auszeichnen, künftig Vergünstigungen erhalten. Diese bestehen in Gewährung von Hafterleichterung, Verpflegungszulagen, Geldprämien, Tabakwarenbezug und Bordellbesuch."* Nach: Lagergeld, S. 61ff.

682 Zit. n. Herbert I, S. 236.

683 HStAWi, 481, Nr. 9844: „Handakten der Staatsanwaltschaft bei dem Landgericht Frankfurt am Main", Bl. 4. Die Betroffene war jedoch als Französin nach Deutschland gekommen. Jedenfalls vermerkte das Gestapo-Protokoll (Bl. 3) unter Staatsangehörigkeit auch: *„Polen (nicht geklärt)"* und *„Carte d'Identité"*.

684 Ebd., Bl. 1.

685 Es handelte sich dabei nicht um das Iding-Lager der Hensoldt-Werke, sondern um die Hensoldt'schen Baracken auf der heutigen Hensoldt-Straße im Bereich der einstigen Schleuse. Diese waren mit Franzosen belegt (vgl. dazu Kapitel „Die Betriebe – Hensoldt AG").

686 Gestapo, Nr. 01039, S. 2.

687 HStAWi, 483, Nr. 4479e, o. S.

688 Ebd.

689 HStAWi, 483, Nr, 152, o. S.: „Staatsanwaltschaft Limburg", darin: Strafanzeige der Kriminalpolizei Wetzlar.

690 Enzephalitis = Gehirnentzündung.

691 HStAWi, 463, Nr. 152 o. S.: Verfahrensakten der Staatsanwaltschaft Frankfurt am Main.

692 Die Entscheidung, ob ein Sondergericht eingeschaltet wurde, traf die Justizbehörde ohne erkennbare Grundsätze.

693 HStAWi, 458a, Nr. 627: Vollziehung der Todesstrafe.

694 Siehe dazu Kapitel „Zwangsarbeit in Deutschland".

695 HStAWi, 483, Nr. 3259, Bl. 81: Rundschreiben der Gestapostelle Frankfurt am Main vom 15. Februar 1943 betreffend: „Behandlung der im Reich eingesetzten ausländischer Arbeitskräfte und Kriegsgefangenen."

696 Ebd., Bl. 85.

697 RGBl. 1935 I, S. 1146, Gesetz zum Schutze deutschen Blutes und der deutschen Ehre (Blutschutzgesetz) vom 15. September 1935, nach: Klein, S. 72ff.: Lagebericht des Generalstaatsanwalts Kassel vom 2. Oktober 1942.

698 HStAWi, 483, Nr. 3259, Bl. 81 und 85. Anders als bei Juden bildeten derartige Verordnungen (des RFSS?) keine Rechtsgrundlage für die Anwendung der Todesstrafe.

699 Sterbebuch der Gemeinde Hohensolms, Nr. 19 vom 9. April 1942. Generalgouvernement = der nicht in das Deutsche Reich eingegliederte Teil des besetzten Polens.

700 Helmut Walch in Staufen bei Freiburg (* 21. 10. 1934), zweitältester Sohn des Bauern Gustav Walch, erinnerte sich am 27. Dezember 2001: *„Unser Vater war sehr früh NSDAP- und SA-Mitglied (SA-Sturmführer) geworden. Da er sich aber weigerte, seinen Viehhandel mit den Juden der umliegenden Dörfer aufzugeben, wurde er schon in den dreißiger Jahren sowohl aus der Partei als auch aus der SA ausgeschlossen. Es war 1941. Der junge Pole, der bei uns „Walter" gerufen wurde, war ein ruhiger und arbeitsamer Bursche. Wir schliefen gemeinsam in einem Raum. Irgendwann kam nachts die Ilse, das deutsche Mädchen, zu uns ins Zimmer und stieg gleich zu Walter ins Bett. Ich sah, wie sie Geschlechtsverkehr miteinander trieben. Das geschah später noch oft so. Mein verstorbener Cousin aus Waldgirmes, der öfters bei uns mit im Zimmer schlief, hat das auch mit erlebt. Nachdem die Ilse schwanger geworden war, wurden beide – der Pole und sie – von unserem Hof abgeholt. Irgendwann im Frühjahr danach tauchten Lastkraftwagen der SS bei uns auf. Sie hielten oberhalb des Hofes im Wald beim Altenberg. Mein Vater und ich fuhren mit dem Pferdewagen dort hin. Zwar besaßen wir dort oben einen Acker, wurden aber von Polizisten zurückgewiesen mit dem Hinweis, das sei jetzt Sperrgebiet. Wir konnten dann hören, wie gehämmert wurde, und durch das Gebüsch konnten wir das Aufschlagen eines Galgens beobachten. Später fuhren die Fahrzeuge alle ab. Etwa zwei bis drei Stunden danach waren die Autos aber plötzlich wieder da. Wir waren sehr aufgeregt, weil wir nicht wußten, was da passierte. Dann fielen dort Schüsse."* Der jüngste Bruder Karlheinz Walch beschrieb diese Geschehnisse später in einem verklärenden Roman, der die tatsächlichen Begebenheiten stark entstellte: Walch, Karlheinz: Wladislaw, Frankfurt am Main, 1987 (im Folgenden: „Wladislaw"). In dem Roman wurden alle Personen- und Ortsnamen geringfügig verändert: Seinen Vater Gustav Walch nannte er „Gustav Wulf", seine Brüder Herbert und Karlheinz „Adolf" und „Hermann", den Hof Moritzburg nannte er „Maxburg", die Orte Königsberg und Hohensolms hießen „Kaiserberg" und „Hohenberg". Seinen Vater schilderte er in dem Buch als überzeugten Humanisten, der sich bewusst gegen den NS-Staat auflehnte. Das deutsche Mädchen namens Ilse Merk beschrieb er als konsequente Verführerin des jungen Polen. Der Autor Karlheinz Walch, der später im Taunus lebte, verstarb 1990.

701 Angabe von Helmut Walch am 27. Dezember 2001.

702 Vgl.: Spieß, Diether, in: Porezag/Spieß, S. 327. Unter Zeitzeugen der umliegenden Orte wurde hingegen noch im Jahre 2000 hinter vorgehaltener Hand gemunkelt, nicht der Pole, sondern

der Bauer selbst sei möglicherweise der Kindsvater gewesen (Zitat: *„Er war kein Kostverächter und hatte natürlich auch Möglichkeiten, die Schuld auf einen anderen zu lenken*“).

703 Hermann Bladt, Erda, am 4. September 2000. Eine entsprechende medizinische Untersuchung des Beschuldigten konnte jedoch nicht nachgewiesen werden.

704 Galgen, S. 157. Nach Wladislaw (S. 115ff.) habe die Hinrichtung erst im Frühjahr 1943 stattgefunden.

705 Nach Angabe von Reinhard Wack aus Erda – Sohn des damaligen Revierförsters Hermann Wack – am 13. Mai 2000 gegenüber Hermann Bladt aus Erda, befindet sich der Hinrichtungsort ca. 400 Meter südwestlich des Hofes Moritzburg auf einer Waldlichtung in der Nähe einer hölzernen Schutzhütte. Diese ist heute noch vorhanden.

706 Totenbuch der Gemeinde Hohensolms, Eintrag Nr. 19 vom 9. April 1942. Die angegebene Todeszeit „9 Uhr 45“ bezog sich vermutlich auf die vermeintliche Erhängung. Jedenfalls dürften die Anfahrt der Gestapoleute von Frankfurt, die Vorbereitungen zur Erhängung sowie die Hin- und Rückfahrt nach Gießen (es gab damals auch noch keine Straßenverbindungen wie heute) einschließlich der Ereignisse in der Gießener Anatomie einige Stunden in Anspruch genommen haben. Andernfalls hätte die Abfahrt in Frankfurt bereits kurz nach Mitternacht erfolgt sein müssen.

707 Galgen, S. 157.

708 Andernorts wurde angegeben, Kaczmarek sei „in Altenberg bei Wetzlar“ erhängt worden. Nach: Unger, Michael: Ferdinand Wagenseil (1887-1967), Integrer Rassenforscher und Bewahrer der Medizinischen Fakultät Gießen, in: Arbeiten zur Geschichte der Medizin in Gießen, Gießen 1998, S. 112.

709 Galgen, S. 157. Mehrere Angaben in der WNZ vom 7. April 1987 waren hingegen irrig: „Will, Helmut: Heute vor 45 Jahren wurde im Stoppelbergwald ein polnischer Arbeiter von der Gestapo gehängt“: Der Todestag sei der 7. April 1942 gewesen, der Pole hätte im Amtsgericht Wetzlar eingesessen, er sei im Stoppelbergwald in Wetzlar erhängt und erschossen worden, und der Klappgalgen sei von der Gestapo erstmals eingesetzt worden (der Galgen wurde bereits am 10. Januar 1942 im Fechenheimer Wald in Frankfurt bei der Hinrichtung eines Polen namens Josef Ochmanek, so wie später, am 10. Juli 1942, in der Wiesbadener Fasanerie bei einem Polen namens Eduard Severyn benutzt. Beide wurden vermutlich ebenfalls wegen Rassenschande hingerichtet. Nach: Galgen, Bl. 160).

710 Nach Wladislaw (S. 122f.) sei Kaczmarek an einem Baum erhängt worden.

711 Diese Angabe widersprach der amtlichen Todesurkunde, wonach der Tod des Polen um 9.45 Uhr eingetreten war.

712 Hermann Bladt, Hohenahr-Erda, gab am 13. Mai 2000 dazu an: *„Es waren alle Parteigrößen aus Hohensolms und Edingen, so wie verschiedene SS-Leute anwesend. Außerdem zahlreiche polnische Zwangsarbeiter aus allen umliegenden Orten – unter anderem auch der von unserem Hof und derjenige, welcher auf dem Hof meiner späteren Schwiegereltern arbeitete. Sie alle mußten der Exekution beiwohnen. Die polnischen Arbeiter haben uns darüber später tief betroffen berichtet.“*

713 Dabei muss es sich um den Wetzlarer Medizinalrat des Staatlichen Gesundheitsamtes, Dr. med. E. S. (der Name ist bekannt) gehandelt haben. Er ordnete später auch in mehreren Fällen Einweisungen von Zwangsarbeitern in die „Irrenanstalten“ Weilmünster und Hadamar an. Nach: Altarchiv des Psychiatrischen Krankenhauses Hadamar, Akte 559, vgl. a.: Rossmann, S. 313ff.

714 HStAWi, Abt. 423, Nr. 1224, o. S: „Behandlung von Ausländern (Allgem.), 1939 – März 1945“, Bl. 163f. Nach einem Erlass des Reichsführers SS vom 4. November 1941 sollten eigentlich keine Fotos mehr von solchen Exekutionen gemacht werden.

715 HStAWi, 520 Gi Nr. 516, Bl. 89ff.: Spruchkammer-Akte des Prof. Dr. Ernst von H., seit 1943 Extraordinarius des Anatomischen Institutes Gießen: „Darstellung der Vorgänge bei der Einlieferung eines hingerichteten, noch lebenden Polen in der Anatomie Giessen im August 1942 (nach Aussagen der gleichzeitig benannten Zeugen)". Anm.: Die Angabe „August 1942" war aus der Erinnerung der Zeugen heraus fehlerhaft. S. a. Bericht der Angestellten des Anatomischen Instituts Gießen Max Ament und Fritz Ament vom 21. Juni 1946 in dieser Akte.

716 Max Ament war Präparator im Institut.

717 Frdl. Mitteilung des Institutes für Geschichte der Medizin der Universität Gießen, Frau Dr. Oehler-Klein, am 7. Februar 2002.

718 Der Augenzeuge und Sohn des damaligen Bauern, Helmut Walch, gab am 27. Dezember 2001 an, dass die Erschießung des Polen bei einem zweiten Aufenthalt der Beteiligten ebenfalls am Ort der zuvor missglückten Hinrichtung oberhalb des Hofes Moritzburg in der Gemarkung Hohensolms erfolgt sei.

719 Nach Wladislaw (S. 128) habe Kaczmarek auf der Fahrt nach Gießen wieder das Bewußtsein erlangt. Danach sei er bei vollem Bewußtsein zur Uni-Klinik Frankfurt gebracht worden, wo man ihn mit einer Giftspritze getötet hätte.

720 RGBl. 1935 I, S. 1334, Blutschutzgesetz vom 14. November 1935, ferner RGBl. 1941 I, S. 549, nach: Klein, S. 72ff.: Lagebericht des Generalstaatsanwalts Kassel vom 2. Oktober 1942.

721 Nach Wladislaw (S. 99ff.) sei er zuvor von einem Frankfurter Schwurgericht rechtskräftig zum Tode verurteilt worden.

722 Klein, S. 216f.

723 Nach Mitteilung von Hermann Bladt, Erda, am 4. September 2000. Das bestätigte Erika Cloos aus Erda am 22. Januar 2001. Sie war zu jener Zeit in der Gastwirtschaft Sänger in Hohenahr beschäftigt, wo auch ein junger polnischer Zwangsarbeiter arbeitete. Dieser musste ebenfalls der Exekution des Kaczmarek beiwohnen und hat danach Erika Cloos seine Erlebnisse tief bestürzt mitgeteilt.

724 Auch bei den schon erwähnten zwei anderen Hinrichtungen mit dem Klappgalgen – in Frankfurt und Wiesbaden – mussten NSDAP-Größen und Zwangsarbeiter aus den bis zu sieben Kilometer entfernt liegenden Ortschaften an der Hinrichtung teilnehmen. Nach: Galgen, S. 160. Am 17. Juni 1941 wurden in einem Eichenwäldchen in Kassel-Bettenhausen zwei polnische Zwangsarbeiter nach einer Anordnung des Reichsführers SS durch Erhängen hingerichtet. Nach der Exekution wurden die in den Kasseler Betrieben beschäftigten polnischen Zwangsarbeiter – es muss sich um eine große Zahl gehandelt haben – in einzelnen Gruppen an den Hingerichteten vorbeigeführt. Nach: KTB, RW 20/9 – 26, Bl. 81.

725 Porezag/Spieß, S. 170ff.

726 HStAWi, 458a, Nr. 560.

727 HStAWi, 483, Nr. 4132 a, o. S.: „Verhaftung eines polnischen Zivilarbeiters wegen Umgangs mit deutschen Frauen".

728 SKC, Bl. 122.

729 SKM, Bl. 41

730 Gestapo, Nr. 15062, S. 100.

731 SKM, Bl. 10ff.

732 Ebd., Blatt 4 des Briefes.

733 SKH 2, „Buch über besondere Vorkommnisse, Meldung an Gestapo, Deutsche", Bl. 113.

734 SKH 1, Protokoll, S. 48.

735 Während des Krieges hatte die Hensoldt AG unter anderem nach Schlitz und Alsfeld Betriebsteile ausgelagert. Siehe dazu Kapitel „Die Betriebe – Hensoldt AG".

736 SKH 1, S. 24.

737 Ebd., S. 12.

738 Gestapo, Nr. 34203, S. 340.

739 SKG, Anlage 7.

740 Gestapo, Nr. 15518, S. 109.

741 Ebd., Nr. 06653, S. 36.

742 Der Name wurde geändert. Gespräch am 27. August 2000 in seiner Wetzlarer Wohnung.

743 Dr. Friedemann Pitzer, Wetzlar, am 3. November 2000.

744 Dr. Pitzer nannte sowohl den richtigen Namen des Betroffenen als auch den des Bauern.

745 Im November 1943 gebar die Tochter des Bauern einen Sohn, der den Vornamen Klaus-Richard bekam. Nach: E-Geb., Liste vom 23. November 1943.

746 Stefan S. bestätigte diesen Sachverhalt am 4. November 2000. Es sei ein Junge gewesen, der aber wenig später verstorben sei. Im Sterberegister der Stadt Wetzlar fand sich aber für den in Frage kommenden Zeitraum kein entsprechender Eintrag.

747 „Hebammenschwester Annamargarethe Pitzer, Wetzlar", unveröffentlichte Biographie, Wetzlar o. J., S. 2.

748 Friedhof 1, Bl. 3. Vgl. a. HAW, Akten: „Einwohnermeldeamt, Sterbefälle 1929-1949".

749 Zumindest vom Friedhof Dillheim ist bekannt, dass auf ihm Zwangsarbeiter beigesetzt wurden, die in Wetzlar gearbeitet hatten. Nach: Archiv Diether Spieß, Niederlemp: *„Gräberliste der auf dem Friedhof zu Dillheim beerdigten ausländischen Arbeiter"*, o. J., ferner Mitteilung der Gemeinde Ehringshausen vom 16. Oktober 2000.

750 Der Verwaltungsbericht der Stadt Wetzlar nennt hingegen unter der Rubrik „Kriegssterbefälle" (S. 58): „62 Ausländer (Kriegsgefangene und Fremdarbeiter)".

751 HStAWi, 663/97, o. S.: „Suchaktion Ausländer 1947".

752 Friedhof 3, Bl. 82-90.

753 Der amerikanische Luftangriff hatte am 21. November 1944 in der Zeit von 12.30 Uhr bis 12.40 Uhr stattgefunden (Nach: Porezag II, S. 138ff.). In der amtlichen Gräberliste sind hingegen fünf Personen mit dem Todesdatum 23. November 1944 vermerkt. Dabei scheint es sich um einen Übertragungsfehler zu handeln.

754 WA vom 17. Oktober 1940.

755 Vgl. Kapitel „Rassenschande"

756 HAW-Buderus, Bl. 19: Schreiben des Wetzlarer Bürgermeisters vom 29. Juni 1940 an den Landrat in Wetzlar wegen des am 23. Juni 1940 in der Medizinischen Klinik Gießen an Typhus verstorbenen Polen Stephan Neideck.

757 Pollemans, S. 68.

758 Das ist so nicht richtig. Am 27. März 1945 stand zwar schon die amerikanische Panzerspitze am „Birkler" oberhalb von Kleinaltenstädten, wo sie das „Dulag-Luft" eingenommen hatten. Am Morgen des 28. März 1945 nahm jedoch das Kampfkommando „A" der 7. US-Panzerdivision nicht Wetzlar ein, sondern fuhr durch Niedergirmes und Naunheim weiter in Richtung Gießen.
Die Stadt Wetzlar selbst wurde erst am Vormittag des 29. März 1945 durch das 393. Infanterie-Regiment der 99. US-Infanterie-Division von Westen her eingenommen. Nach: Porezag/Spieß, S. 163ff. Die von Pollemans geschilderten Ereignisse können sich – wenn überhaupt – daher nur am Donnerstag, dem 29. März 1945, abgespielt haben. Die berichtete Erschießung der Russen könnte dann am Abend des 28. März 1945 oder am Morgen des 29. März 1945 stattgefunden haben.

759 Auch hier irrt der Zeitzeuge in der Erinnerung. Die Wetzlarer Bevölkerung wurde nicht evakuiert. Lediglich die restlichen deutschen Militäreinheiten hatten Wetzlar am Tag zuvor verlassen. Viele Wetzlarer Bürger versteckten sich allerdings in jenen Stunden in den Wetzlarer Stollen, um das Einrücken der Amerikaner abzuwarten.

760 Auch Dr. med. Werner Kaps aus Braunfels, der sich in jenen Tagen oft im Wetzlarer Krankenhaus aufhielt, und dem ein solches Ereignis kaum verborgen geblieben wäre (vgl. Porezag/Spieß, S. 204ff.), hat nichts von Exekutionsopfern gehört (Gespräch am 27. Dezember 2001). Ein Versuch der Kontaktaufnahme mit Herrn Pollemans über das Historische Archiv der Stadt Rüsselsheim – dort war seine Schrift erschienen – wegen Konkretisierung seiner Angaben scheiterte im Januar 2002 wegen seines schlechten gesundheitlichen Zustandes. Schreiben des Stadtarchivs Rüsselsheim vom 5. Februar 2002.

761 Friedhof 1, Bl. 3 und 3a.

762 HStAWi, 463, Nr. 152: Akten der Staatsanwaltschaft Limburg, Bl. 1.

763 Ebd., Bl. 5, Geschäftsnummer 4 Gs.17/45.

764 Vgl. Weckbecker, Gerd: Zwischen Freispruch und Todesstrafe, Die Rechtsprechung der nationalsozialistischen Sondergerichte Frankfurt/Main und Bromberg, Baden-Baden, 1998, S. 249ff., ferner Klein, S. 664.

765 Nach: HStAWi, 663/96, o. S.: „Ausländer-Suchaktion 1946“, ferner ebd., 663/97, o. S.: „Ausländer-Suchaktion 1947“, darin: „Sterbeliste des Friedhofes Niedergirmes“, ferner ebd., 463, Nr. 152: Verfahrensakten der Staatsanwaltschaft Frankfurt am Main, ferner „Liste der Fremdarbeitergräber auf dem Friedhof Wetzlar-Niedergirmes“ vom 7. Juni 1951, im Hist. Archiv der Friedhofsverwaltung Wetzlar, ferner ebd., Liste: „Friedhof Niedergirmes, Block 13a – Kinderteil Ausländer“, ferner HAW, Akte: „Luftangriff am 28. 5. 1944 um 16.00 Uhr auf Wetzlar“, ferner ebd., Akte: „Luftangriff am 20. 7. 1944 um 12.03 Uhr auf Wetzlar“, ferner ebd., Akte „Terrorangriff auf Wetzlar am 21. 11. 1944“.

766 HStAWi, 663/97, o. S.: „Suchaktion Ausländer 1947“.

767 HStAWi, 463, Nr. 152, o. S.: Verfahrensakten der Staatsanwaltschaft bei dem Landgericht Limburg: Sterbeliste ausländischer Arbeiter vom 22. Januar 1947. In der „Liste der Fremdarbeitergräber auf dem Friedhof Wetzlar-Niedergirmes“ vom 7. Juni 1951 sind 36 „Fliegeropfer“ und 5 mögliche Fliegeropfer verzeichnet. Die Angabe von 62 Luftkriegsopfern unter den Ausländern (VB, S. 513) konnte nicht bestätigt werden.

768 HAW, städt. Akte: „Luftangriff am 19. 9. 1944 um 15.00 Uhr auf Wetzlar“, vgl. a. Porezag II, S. 122ff.

769 Ebd., Akte: „Terrorangriff auf Wetzlar am 21. November 1944“, vgl. a. Porezag II, S. 138ff.

770 HAW, städt. Akte: „Luftangriff am 19. 9. 1944 um 15.00 Uhr auf Wetzlar“, darin: „Aufstellung der bei dem Terrorangriff am 19. 9. 1944 ums Leben gekommenen Personen“ vom 22. September 1944. Es handelte sich um den 20-jährigen Alexander Babitschuk aus Kaminij/Russland. Er hatte bei der Hensoldt AG gearbeitet.

771 Vgl. a. Porezag II, S. 138ff.

772 Vgl. a. Porezag I, S. 443ff.

773 HStAWi, 463, Nr. 152, o. S.

774 Ebd., 483, Nr. 4479e, o. S.: „Überwachung ausländischer Zivilarbeiter im Kreise Wetzlar.“

775 Friedhof 1, Bl. 1 und 1a.

776 Ebd. Als Todesursache wurde „Quetschung“ angegeben.

777 ARG, Nr. 800/43 in Nr. 49 vom 3. Juli 1943, S. 421.

778 Ebd.

779 ARG, Nr. 335/44, in Nr. 22 vom 25. April 1944, S. 182.

780 Euthanasie = griechisch: Erleichterung des Sterbens (durch Narkotika). Nach: Duden, S. 253.

781 Hadamar, S. 261ff.

782 Ebd., S. 264.

783 Historisches Archiv der Gedenkstätte Hadamar, Akte: „Aufstellung der Sterbefälle", und sog. „Ami-Liste", eine Aufstellung, die nach dem Krieg im Prozess gegen zwei Hauptbeteiligte in Hadamar erstellt wurde. Nach Rossmann (S. 211, Fußnote 207) sei in mindestens 37 Fällen die Herkunft der ermordeten Zwangsarbeiter aus Wetzlar namentlich nachgewiesen. Das konnte 2000 nicht bestätigt werden. Möglicherweise hatte er alle Personen addiert, die sowohl in der „Aufstellung der Sterbefälle" als auch in der „Ami-Liste" gleichermaßen namentlich aufgeführt waren.

784 Die Ostarbeiter Iwan Maslow (im August 1944 eingeliefert), Dimitri Kalimulin, Dimitri Mischtschirkow und Maxim Mazijewski (alle im September 1944 eingeliefert).

785 Die Ostarbeiterinnen Anna Oletschuk, Lidia Serjazkaja (beide im Juli 1944 eingeliefert) und Maria Targonska (im August 1944 eingeliefert).

786 Die Ostarbeiterin Antonina Schtscherbazjka (im Juli 1944 eingeliefert).

787 Die Ostarbeiterin Anna Papelpu (im August 1944 eingeliefert).

788 Darüber hinaus fanden sich noch vier Personen, die bei den Buderus'schen Eisenwerken in Lollar gearbeitet hatten: Die Ostarbeiterinnen Eugenia Bohajewa, Nadja Hantscheruk, Jella Litwininko und Nina Suhak (alle im November 1944 eingeliefert).

789 Todeseintrag Nr. 59 des Standesamtes Hadamar-Mönchberg vom 5. Mai 1941 (Abschrift), in: SKB, Bl. 115. Als Todesursache wurde angegeben: „Thrombose, Lungenembolie".

790 Auch in der ehemaligen Landesheilanstalt Weilmünster sollen zahlreiche Eingelieferte umgekommen sein. Unterlagen über Personen aus dem Raum Wetzlar waren dort aber nicht mehr vorhanden. Frdl. Mitteilung von Lutz Müller, Leiter des historischen Arbeitskreises im Klinikum Weilmünster, am 1. Dezember 2000.

791 Ebd., Bl. 114. Hier handelte es sich aber noch um die sogenannte „T4-Aktion".

792 Klein, S. 177f.

793 Ebd., S. 189ff.

794 Ebd., S. 179f.

795 Medizinalrat Dr. E. S. war Amtsarzt und Betriebsarzt der Firma Pfeiffer in Wetzlar. Vermutlich hatte er bereits im Falle des bei Königsberg exekutierten Polen Kaczmarek den Totenschein ausgestellt. Er äußerte sich im Juni 1945 zu dem Vorwurf, dass er „durch seine Gutachten Leute ... in die Irrenanstalt Hadamar gebracht hätte": *„Die Vorwürfe widerlegen sich jedoch von selbst, wenn man bedenkt, daß das Gesundheitsamt nur eine rein untersuchende und begutachtende Stelle und bei der Durchführung der gesetzlichen Bestimmungen nur Zwischeninstanz ohne eigene Entscheidungsbefugnis ist."* Nach: HStAWi, 663, Nr. 267 o. S.: Brief des Dr. E. S. vom 6. Juni 1945 an den RP in Wiesbaden. Siehe dazu auch Kapitel „Rassenschande und Tod".

796 Historisches Archiv der Gedenkstätte Hadamar, Akte 559: Anna Papelpu, Wetzlar.

797 Ebd., eine Todesursache ist nicht angegeben.

798 Hadamar, S. 270f.

799 Vgl. z. B. Kühn-Leitz, S. 1ff.

800 HAL, o. S. Die Firmierung lautete: „Ernst Leitz Berlin, Inh. Franz Bergmann, Berlin NW 7, Luisenstraße 45".

801 Ebd. Der gesamte Schriftwechsel zu diesem Vorgang befindet sich in Durchschlägen im HAL.

802 „Pg-Firma" = Betrieb eines Parteigenossen.

803 HAL, o. S.: „Dr. Carl Hensoldt, Wetzlar, An den Herrn Reichswehrminister vom 28. Februar 1934, Berlin W 35." Da sich ein Durchschlag dieses Briefes im Historischen Archiv der

Firma Leica befindet, kann davon ausgegangen werden, dass er damals von Hensoldt an Leitz zur Kenntnis gegeben wurde.

804 HAL. Der Brief trägt den Kopf: „Hans-Werner von Zengen, Ministerialrat, Vertreter des Landes Hessen und des Rhein-Mainischen Industrie- und Handelstages in Berlin, Berlin W. 35, Tiergartenstraße 37".

805 Nach: Rossmann, S. 59.

806 SKH 1.

807 RMW, „Mitteilungen der Rüstungskommission XIIa des Reichsministers für Rüstung und Kriegsproduktion und Generalbevollmächtigten für Rüstungsaufgaben im Vierjahresplan", in: Beilage zum Mitteilungsblatt der Gauwirtschaftskammer Rhein-Main „Die Rhein-Mainische Wirtschaft" Nr. 13/14/15, Wiesbaden, den 25. August 1944.

808 KTB 1/5, Bl. 12 vom 22. Oktober 1940, Bl. 26f., 32f und 40, ferner KTB 1/4, Bl. 33f.

809 „SS-Aufträge" = „Sonderstufen-Aufträge".

810 KTB 1/5, Bl. 7 vom 12. Oktober 1940.

811 Ebd. 1/7, Bl. 30 vom 14. Juni 1941.

812 Ebd., Bl. 39 vom 30. Juni 1941.

813 KTB 1/8, Bl. 10.

814 KTB 1/9, Bl. 1f.: Wochenbericht für die Zeit vom 1.-4. Oktober 1941.

815 Erb (S. 129) hatte hingegen gemeint: *„Der Entwicklung der Leitz-Werke ... wurde durch den Ausbruch des Zweiten Weltkrieges ein gewaltsames Halt geboten."* In dieser ansonsten sehr materialreichen Dissertation von 1955 über die Leitz-Werke beschrieb er die Geschehnisse des Zweiten Weltkrieges lediglich auf zwei von 196 (!) Seiten (S. 129, 130). Dabei wurde das Thema Zwangsarbeiter nur mit drei Sätzen gestreift.

816 Hensoldt 1939, S. 22. Nachdem Ernst Leitz bereits mit Schreiben vom 25. August 1937 an die Wehrwirtschafts-Inspektion IX in Kassel deren Vorschlag vom 19. August 1937, ihn zum Wehrwirtschaftsführer in Aussicht zu nehmen, *„wegen seines hohen Alters ... und auch aus gesundheitlichen Rücksichten"* abgelehnt hatte. Nach: HAL, o. S.

817 Nach der Urteilsbegründung in seinem Spruchkammer-Verfahren vom 21. Juni 1949 war Dr. Carl Hensoldt am 2. Mai 1889 als Lehrling in das väterliche Unternehmen eingetreten. Nach: SKH 1, Bl. 452.

818 Hensoldt 1939, S. 21f.

819 Leitz-Reden, S. 40.

820 Ebd., S. 57ff. Vgl. a. Sonderdrucke aus dem Wetzlarer Anzeiger Nr. 51 vom 1. März 1941, Nr. 52 vom 3. März 1941 und Nr. 54 vom 5. März 1941, ferner Kleine Festschrift: „Zum 70. Geburtstag Dr. Ernst Leitz am 1. März 1941", Wetzlar 1941.

821 Ebd., S. 50ff.

822 Ebd., S. 99f.

823 Das Schreiben in der Spruchkammer-Akte war nicht eindeutig zuzuordnen. Es stammte aber vermutlich vom Anwalt der beiden.

824 SKL, Übersetzung, Fragebogen, Bl. 1 und ebenda, Bericht über die politische Einstellung von Leitz, S. 6.

825 Siehe dazu die Begriffe „Wehrwirtschaftsamt", „Wehrwirtschaftsführer" usw.

826 Vgl., KTB 1, KTB 2 und KTB 3.

827 Ein derartiger Fall konnte für den Raum Wetzlar nicht nachgewiesen werden.

828 SKL, Bl. 11.

829 Dilatorisch = veraltet für: schleppend.

830 SKH 1, Bl. 362.

831 SKK

832 nach: HStAWi, 483, Nr. 4450a, o. S.

833 Siehe dazu Kapitel „Zwangsarbeit im Deutschen Reich – Vermittlung". Die immer wieder verwendete Terminologie „*Die ausländischen Arbeiter wurden den Firmen zugewiesen*" suggeriert den Anschein, die Zwangsarbeiter wären den Unternehmen aufgezwungen worden.

834 Unter den 101 französischen Zwangsarbeitern, die im Zeitraum vom 11. Januar 1943 bis 15. Februar 1943 zur Röchling-Buderus AG kamen, befanden sich 14 Schlosser, 11 Walzer, 10 Schweißer, 7 Dreher, 3 Maurer, 1 Schmied, 1 Kranfahrer, 1 Installateur und 1 Schreiner. Nach: HAW-RöBu 2, Bl. 3ff. Zahlreiche Zwangsarbeiter waren natürlich allein schon deshalb ungelernt, weil sie noch Jugendliche waren.

835 Siehe dazu Kapitel „Zwangsarbeit im Deutschen Reich – Anwerbung".

836 Gisela Germann geb. Bock, Steindorf, im Februar 2001.

837 HWA, 1104, Nr. 5, interner Vermerk der Buderus'schen Eisenwerke aus dem 3. Quartal 1943: „*... während wir ... im wesentlichen nur weibliche Arbeitskräfte zugeteilt erhielten, die aber für die schwereren körperlichen Anforderungen unserer Betriebe nicht geeignet sind.*"

838 Das Textilwerk Hofmann hatte zu der Zeit noch zwei weitere Werke in Launsbach und Weilburg-Guntersau. Nach: HStAWi, 483, Nr. 4442a, o. S.

839 HWA, 1104, Nr. 5, interner Vermerk des Arbeitsamtes Wetzlar.

840 Ebd., Dr. jur. Heinrich Giesbert an Rittmeister Carl Neuschaefer, Feldpost-Nr. 46114.

841 ARG, Nr. 1339/42 in Nr. 112 vom 7. November 1942, s. 714.

842 KTB 1/13, Bl. 24

843 Ebd., Anlage 23, Bl. 74f.: Aktenvermerk betr. Besprechung bei der IHK Wetzlar am 8. Dezember 1942 über die Erfahrungen mit dem Einsatz von Ostarbeitern.

844 Erb (S. 130) formulierte diesen Sachverhalt 1955: „*Durch Kriegsgefangene und Fremdarbeiter wurde diese Lücke* (Anm ... der Einberufenen ...) *bald wieder geschlossen, um 1943 und 1944 sogar eine Höchststärke zu erreichen. Das organische Einfügen von weiblichen Arbeitskräften, ausländischen Hilfsarbeitern und Kriegsgefangenen in den Produktionsgang brachte erschwerte organisatorische Aufgaben für die Betriebsleitung.*"

845 HStAWi, 483, Nr. 4448a, o. S. Protokoll vom 8. November 1943.

846 KTB I/15, S. 44, Rundschreiben Nr. 67/43.

847 HAW-Landw.

848 Gestapo, Nr. 01289, S. 4, ferner Nr. 06519, S. 31.

849 Ebd., Nr. 19234, S. 160.

850 Ebd., Nr. 19639, S. 174.

851 Relevante Unterlagen des Historischen Archivs der Buderus AG/Edelstahlwerke Buderus AG in Wetzlar waren lt. Schreiben der Buderus AG, Bereich Recht, vom 3. Januar 2001 nicht zugänglich.

852 „Verordnung über die Befreiung von der Einhaltung handelsrechtlicher Vorschriften" vom 15. Januar 1940 (RGBl. 1940 I, S. 196), ferner „Verordnung über weitere Maßnahmen auf dem Gebiet des Handelsrechts während des Krieges" vom 4. Oktober 1940 (RGBl. 1040 I, S. 1337), ferner „Zweite Verordnung über weitere Maßnahmen auf dem Gebiet des Handelsrechts während des Krieges" vom 7. Januar 1941 (RGBl. 1941 I, S. 23), nach: HGB, S. 244ff.

853 Ausführlich schrieb dazu Rossmann (S. 58ff.), der 1987 zumindest für die Buderus'schen Eisenwerke und die einstige Röchling-Buderus AG noch Material zur Verfügung hatte, das 2002 nicht mehr zugänglich war.

854 Siehe Kapitel „Arbeitszeiten". Die Arbeitszeitverlängerungen wirkten sich allerdings mit dem Einsetzen der amerikanischen Bombardierungen Wetzlars ab Mai 1944 und der stän-

digen Luftschutzalarme, Rohstoff- und Transportprobleme kaum noch aus. Vgl. dazu Porezag II, S. 95ff.

855 Nach: Pohl, S. 84.

856 Nach: Erb, S. 168. Ohne Leitz-Rastatt. Am 15. März 1944 waren es 3.582 Beschäftigte. Nach: RBK-Leitz, siehe Kapitel „Die Betriebe".

857 Lagerliste 5.

858 Eine andere Quelle gab für den März 1945 „ca. 2.680" an. Nach: Arbeitsamt.

859 Nach: RBK-Hensoldt, siehe Kapitel „Die Betriebe".

860 HAH, X/4, Tabelle „Beschäftigungszahlen". Auch hier gab die Quelle „Arbeitsamt" für den März 1945 weniger – nämlich ca. 1.400 – Mitarbeiter an.

861 Dr. Ludwig Leitz: „Wenn Leitz sich gegen die Zwangsarbeit gestemmt hätte, wäre das als Kriegsverrat geahndet worden", in: WNZ vom 20. November 1986.

862 RGBl. I 1941, S. 323, zit. n. Veith, Hans-Joachim und Veith, Günter: Kommentar zur Dividendenabgabeverordnung, Mit Durchführungsbestimmungen, der Verordnung über den Kapitalverkehr, Formularen und allen anderen einschlägigen Vorschriften, München/Berlin, 1941.

863 RMW, Nr. 19 vom 15. Mai 1942, S. 227ff., ferner RGBl 1944 I, Nr. 28 vom 29. Juni 1944: „Erste Verordnung zur Durchführung der Gewinnabführungs-Verordnung für das Kalenderjahr 1943, vom 21. Juni 1944."

864 Veith, Hans-Joachim und Veith, Günter: Kommentar zur Dividendenabgabeverordnung, Mit Durchführungsbestimmungen, der Verordnung über den Kapitalverkehr, Formularen und allen anderen einschlägigen Vorschriften, München/Berlin, 1941, S. 3: § 6: Kapitalgesellschaften, ferner HGB, S. 246, Nr. 22.

865 Ebd., S. 2 und 67: § 4 – Höhe der Dividende.

866 Ebd., S. 7 und 193: § 14 – Strafbestimmungen.

867 Gruppenpreise und Einheitspreise waren Höchstpreise, die der „Arbeitsstab Gruppenpreise" beim Reichsminister für Rüstung und Kriegsproduktion festsetzte. Bei den Gruppenpreisen war die Stufe I die niedrigste Preisgruppe. Nach: „Merkblatt Zusammenfassung und Erläuterung zum Einheits- und Gruppenpreisrecht" des Reichsministers für Rüstung und Kriegsproduktion vom 1. September 1944.

868 RMW, Nr. 19 vom 15. Mai 1942, S. 228.

869 KTB 1/8, Bl. 11.

870 Rossmann, S. 61f. Er stützte sich dabei auf die Geschäftsberichte der Buderus'schen Eisenwerke von 1933 bis 1944.

871 Nach Pohl, (S. 91) waren es allerdings in den Jahren 1939, 1942 und 1943 jeweils nur RM 1,4 Millionen.

872 BAK, B, R 8119 F/P 1091, Aktenvermerk Frowein vom 5. Juli 1944, zit. n.: Pohl, S. 92.

873 Pohl, S. 91ff.

874 Frdl. Mitteilung von Prof. Dr. Otto Wanik, Rodgau, am 14. März 2002.

875 HStAWi, 483, 4448b, o. S.

876 „Hohe Gewinne", Leserbrief von Dr. Witich Rossmann, Marburg, in: WNZ vom 26. November 1986.

877 BAK, R 2/5240 – R 2/5243: Auswertung der steuerlichen Sonderprüfungsberichte": Ausgewiesener Reingewinn plus Reserven. Zit. n: Rossmann, S. 66. Erb brach in seiner Dissertation von 1955 die Darstellung der Umsatz- und Produktionszahlen der Leitzwerke (S. 171) leider beim Jahr 1940 ab.

878 Treuhand, S. 11.

879 HAH, V/2, Ergebnis-Übersichten der Wirtschaftsprüfungsberichte und Jahresabschlüsse, Tabelle Passiva 1, S. 1.

880 Treuhand, S. 19 und 22.

881 Ebd., S. 19.

882 HAH, V/2.4: „Bericht über die Prüfung der Jahresabschlüsse auf den 31. Dezember 1940 – 31. Dezember 1944". Der Bericht wurde nach Kriegsende angefertigt, denn unter Ziff. 164 fand sich die Formulierung: „Die Zahlen der in den Jahren 1940 bis 1943 durchschnittlich beschäftigten Gehalts- und Lohnempfänger ist nicht mehr zu ermitteln, da die Unterlagen infolge der Ereignisse in den letzten Kriegstagen und Nachkriegstagen verlorengegangen sind."

883 Nach: Heß, Otto: Kommentar zur RPÖ und LSÖ und weitere Erlasse, Hamburg1941. Die staatlichen Preisfestsetzungen galten auch für die jeweiligen Zulieferer und deren Unterlieferanten. Siehe dazu „Zweiter Durchführungs-Erlaß über die Preisbildung bei Rüstungsaufträgen (Rüstungs-Unterlieferer-Erlaß) vom 23. August 1944, in: „Nachrichten des Reichsministers für Rüstung und Kriegsproduktion – Nr. 44 vom 4. September 1944".

884 HAH, Ordner Kalkulations- und Preisunterlagen ab 1. Februar 1941, o. S.

885 HAH, V/2.4: „Bericht über die Prüfung der Jahresabschlüsse auf den 31. Dezember 1940 – 31. Dezember 1944 der Firma Hensoldt & Söhne".

886 HAH, V/2.1: Unkosten-Aufstellungen Juni – Dezember 1942.

887 HAH, V/2.4: „Bericht über die Prüfung der Jahresabschlüsse auf den 31. Dezember 1940 – 31. Dezember 1944 der Firma Hensoldt & Söhne".

888 HAH, V/2.1: Unkosten-Aufstellungen Januar – November 1943.

889 HAH, V/2.4: „Bericht über die Prüfung der Jahresabschlüsse auf den 31. Dezember 1940 – 31. Dezember 1944 der Firma Hensoldt & Söhne".

890 HAH, V/2.2, o. S.: Inventur vom 31. 12. 1944.

891 Das entspricht nach heutigem Wert wohl etwa € 200.000,- bis € 250.000,-.

892 HW.

893 RGBl. 1942 I, Nr. 71 vom 2. Juli 1942, S. 419ff.

894 RGBl. 1943 I, Nr. 37 vom 10. April 1943, S. 181ff.

895 RGBl. 1944 I, Nr. 14 vom 5. April 1944, S. 68f.

896 GmbH seit 18. Januar 1930, nach: HRB II, Bl. 103.

897 Desgl. seit 6. Dezember 1940, nach: HRB III, Bl. 147.

898 HAH, Ergebnis-Übersichten der Wirtschaftsprüfungsberichte und Jahresabschlüsse ab 1903.

899 „Wenn Leitz sich gegen die Zwangsarbeit gestemmt hätte, wäre das als Kriegsverrat geahndet worden", in: WNZ vom 20. November 1986.

900 In nummerischer Reihenfolge. Stand: 6. Juni 2002. Nach: Kgf. bzw. StaMa, LA 180 (Mitteilung der Gedenkstätte und Museum Trutzhain – zum Stalag IX A –, Schwalmstadt, vom 24. Mai 2002).

901 StaMa, LA 180, Nr. 3.544.

902 Lagerliste 3.

903 Zwei der französischen Kriegsgefangenen kamen in Wetzlar ums Leben und wurden auf dem Ausländerfriedhof in Niedergirmes beerdigt: Am 27. Juli 1942 ein Jean Vivicel (Tod durch Schädelbasisbruch bei einem Unfall) und am 17. Oktober 1942 ein André Bisiaux (Tod ebenfalls durch einen Betriebsunfall). Beide wurden am 13. Mai 1945 exhumiert und in ihre Heimat übergeführt. Nach: Friedhof 1, Bl. 1 und 1a.

904 StaMa, LA 180, Nr. 3.544.

905 Ebd., Nr. 4.118.

906 Kgf., Meldung des Wetzlarer Landrates vom 26. Mai 1951.

907 StaMa, LA 180, Nr. 4.118.

908 Ebd., Nr. 3.544. Die Brauerei Waldschmidt hatte das Synagogengebäude am 21. Februar 1939 für RM 2.500,- von der Jüdischen Kultusgemeinde Wetzlar erworben (Kaufvertrag vor Dr. Hecker, Wetzlar). Die Brauerei Waldschmidt bezeichnete diesen geringen Kaufpreis in einem Schreiben vom 11. August 1948 an das Zentralmeldeamt in Bad Nauheim als angemessen: Sie sei damals der einzige Kaufinteressent gewesen, da sich die Synagoge praktisch als Enklave mitten in ihrem Grundbesitz befand.
Nach dem Gesetz Nr. 59 der amerikanischen Militärregierung gingen Besitzansprüche einstiger jüdischer Eigentümer in Deutschland auf die Jewish Restitution Organisation (JRSO) in New York über (etwa: Jüdische Erstattungs-Folgeorganisation). Diese übertrug ihren Anspruch betreffend hessische Liegenschaften mit Datum vom 13. Februar 1951 auf die Hessische Treuhandverwaltung GmbH in Wiesbaden. Die Brauerei Waldschmidt hat für das Synagogengebäude am 7. Oktober 1952 weitere DM 10.000,- an das Amt für Vermögenskontrolle und Wiedergutmachung in Frankfurt am Main gezahlt (nach Unterlagen im Besitz der Familie Keßler/Waldschmidt). Ob es sich bei diesem Betrag um einen reinen Rückkauf von der JRSO handelte, oder ob dieser Betrag die Differenz darstellte zwischen dem tatsächlichen Grundstückswert von 1939 und der damals gezahlten geringen Summe („Arisierungspreis"?), konnte nicht mehr geklärt werden.
Das einstige Synagogengebäude wurde dann 1958 im Zuge des Brauereiausbaus abgerissen (AB, Bauschein 399/58). Siehe dazu auch Kapitel „Die Wetzlarer Ausländerlager – DP-Lager".
Es ist sicher eine Ironie des Schicksals, dass das einstige jüdische Gotteshaus später zur Unterbringung französischer Kriegsgefangener diente. In dem zweistöckigen Gebäude wohnten oben die älteren und unten die jüngeren Franzosen. Sie arbeiteten alle in umliegenden Betrieben und wurden morgens und abends von Soldaten oder auch von Hitlerjungen zur Arbeit und wieder nach Hause geführt (frdl. Mitteilung von Hans-Joachim Moser, Wetzlar, am 29. Oktober 1995).

909 StaMa, LA 180, Nr. 4.118.

910 Siehe dazu Kapitel „Die Betriebe – Lager Carolinenhütte der Röchling-Buderus AG"

911 StaMa, LA 180, Nr. 3.544. Ein Kriegsgefangenen-Lager in der Firma Leitz wurde auch bei Kgf. erwähnt (Meldung des Landrates vom 26. Mai 1951).

912 StaMa, LA 180, Nr. 3.544.

913 Lagerliste 3.

914 StaMa, LA 180, Nr. 3.544.

915 Kgf., Meldung des Wetzlarer Landrates vom 26. Mai 1951.

916 Ebd.

917 Ebd.

918 Ebd., Meldung des Wetzlarer Landrates vom 21. April 1951

919 AP, Liste F der Stadt Wetzlar zur Ausländerzählung von 1946.

920 Siehe dazu auch Kapitel „Zwangsarbeit in Wetzlar".

Drittes Kapitel

1 Die Angabe von Pohl (S. 95): *„Die Zwangsarbeiter der Buderus'schen Eisenwerke und von Röchling-Buderus waren in Lagern auf dem Werksgelände oder in Gemeinschaftslagern mehrerer Unternehmen untergebracht"* kann nur bedingt bestätigt werden. Gemeinschaftslager mehrerer Unternehmen konnten in Wetzlar nicht nachgewiesen werden. Zwar plante

die Stadt Wetzlar im Juni 1942 ein gemeinsames Ausländer-Frauenlager für die Hensoldt AG und die Firma Pfeiffer-Apparatebau GmbH im Bereich der Sophienstraße; dieses wurde aber nie realisiert (siehe dazu Abschnitt „Hensoldt AG" in diesem Kapitel).

2 Lagerliste 5.

3 Nach. HAW, Akte „Verzeichnis der ausländischen Arbeitnehmer", Ausländer-Meldung des Ostarbeiterlagers der Firma Mülln an die Wetzlarer Verwaltungspolizei vom 28. August 1944: *„Betr. Zahl der ausländ. Arbeitskräfte. Im Lager Mülln, das zu der Firma Pfeiffer, Apparatebau, gehört, befinden sich 23 Insassen"* (siehe dazu weiter hinten in diesem Kapitel). Diese Mitbenutzung kann jedoch nicht als „Gemeinschaftslager" bezeichnet werden.

4 Stabfeder = mechanische Fahrgestell-Federung.

5 Siehe dazu: Porezag 1, S. 347ff., ferner IHK-Statistik, Anlage 1, S. 2.

6 KTB 1/18, Bl. 9, Bericht vom 6. März 1945.

7 AL-RöBu, f.: Josef Mularoni und Remolo Pasudetti.

8 Siehe dazu Kapitel „Zwangsarbeit im Deutschen Reich".

9 Al-Röbu b. Nach Pohl (S. 95) seien die ersten Zwangsarbeiter bei Röchling hingegen erst 1942 eingetroffen.

10 Ebd., ferner HAW-RöBu 1, Bl. 10, Namensliste der Röchling-Buderus AG vom 22. Juni 1940.

11 HAW-RöBu 1, Bl. 16, Schreiben des Wetzlarer Landrates vom 30. Juli 1940 an den Bürgermeister in Wetzlar.

12 Ebd., Bl. 15, Schreiben des Wetzlarer Bürgermeisters vom 6. August 1940 an den Landrat in Wetzlar.

13 Es dürfte sich dabei um belgische Kriegsfangene gehandelt haben. Jedenfalls gab Röchling noch im November 1944 an, dass sich dort belgische Kriegsgefangene befänden. Siehe später in diesem Kapitel.

14 HStAWi, 483, Nr. 4455a, o. S.

15 AL-RöBu, e.

16 Ebd., Bl. 90, Namensliste vom 23. Juni 1943 mit dem Zusatz *„wohnen im Saalbau Reinhardt"*.

17 HAW-RöBu 1, Bl. 64ff., Namensliste.

18 Ebd., Bl. 79, Schreiben des Wetzlarer Bürgermeisters vom 19. Januar 1942 an den Landrat in Wetzlar.

19 AL-RöBu, a. Es handelte sich vermutlich um sowjetische Kriegsgefangene. Jedenfalls hatte Röchling im März 1942 bei der Stadt Wetzlar die Genehmigung für „die Aufstellung eines Russenlagers für 500 kriegsgefangene Russen" im Werk beantragt. Siehe dazu im Folgenden.

20 Ebd., g.

21 HAW-RöBu 2, Bl. 4, Namensliste der Röchling-Buderus AG.

22 Ebd., Bl. 3, Namensliste.

23 Ebd., Bl. 5, Namensliste.

24 Ebd., Bl. 53ff., Schreiben des „Gemeinschaftsheim Wetzlar-Niedergirmes, Stahlwerke Röchling-Buderus AG, Wetzlar, Gabelsbergerstraße" vom 16. Mai 1944 an die Verwaltungspolizei Wetzlar „wegen der im Laufe des letzten Jahres wieder ausgeschiedenen ausländischen Zivilarbeiter".

25 IHK-Statistik, Anlage 1, Bl. 2.

26 Nach „Arbeitsamt" waren es im März 1945 ca. 3.640 Mitarbeiter.

27 Lagerliste 1.

28 Lagerliste 2.

29 Lagerliste 3.
30 Lagerliste 5.
31 AB, Baupolizeiakten der Stadt Wetzlar betreffend Gabelsbergerstraße 52, Flur 22, Parzelle115/66: Neubau eines Barackenlagers der Röchling'schen Eisen- und Stahlwerke, darin: Bauschein Nr. 37/40 vom 10. Mai 1940. Pohl gab hingegen an (S. 95, allerdings, ohne eine Quelle zu nennen), das Lahnlager an der Gabelsbergerstraße sei ein Gemeinschaftslager aller Wetzlarer kriegswichtigen Unternehmen gewesen. Lediglich bei der Hensoldt AG wurde von einem „Lager Lahn" berichtet (HStAWi, Abt. 423, Nr. 1224: „Behandlung von Ausländern [Allgem.], 1939 – März 1945", Bl. 271). Dieses dürfte sich aber im Bereich der Lahn an der Inselstraße in Wetzlar befunden haben. Siehe dazu Abschnitt: „Hensoldt AG" in diesem Kapitel.
32 HAW: „Liste der Ausländer im Wohnlager Röchling, Gabelsbergerstraße. Wetzlar, den 15.7.1941". Das erste und offensichtlich letzte Blatt dieser maschinengeschriebenen Liste fand sich interessanterweise in der Akte: „Einwohner-Meldeamt: Eheschließungen 1929-1948", o. S. Nach der Liste wohnten damals 66 Ausländer im Lahnlager.
33 AB, Baupolizeiakten der Stadt Wetzlar betreffend Gabelsbergerstraße 52, Bauschein Nr. 36/42 vom 31. August 1942.
34 Die meisten der nun folgenden Personendaten für Lagerbewohner basieren auf den historischen Lagerlisten 1, 2, 3 und 5. Sofern in der Folge Personendaten zum Zeitpunkt 21. September 1942, 1. April 1943 und 18. Januar 1945 nicht durch Fußnoten gekennzeichnet sind, basieren sie auf diesen Listen.
35 AB, Baupolizeiakten der Stadt Wetzlar betreffend Gabelsbergerstraße 52, Bauschein Nr. 6/43.
36 Lagerliste 3.
37 Anm. 31, Bl. 13 der Akte: „Umschlag zum Baugesuch", darin: Schreiben der Wetzlarer Baupolizei an den Baubevollmächtigten des Rüstungsministeriums Speer in Frankfurt am Main vom 15. Dezember 1943.
38 Ebd., Bl. 16: Bauschein Nr. 109/43.
39 HAW-RöBu 3, Bl. 7: Ausländer-Meldung der Röchling-Buderus AG an die Verwaltungspolizei in Wetzlar vom 31. August 1944.
40 Ebd., Bl. 35, Schreiben vom 2. Oktober 1944.
41 Ebd., Bl. 34, Schreiben vom 2. November 1944.
42 Ebd., Bl. 30, Schreiben vom 2. Dezember 1944.
43 Lagerliste 5.
44 AB, Akte: Baupolizei-Akte „Werksgelände der Röchling-Buderus AG, Flur 24, Parzelle 3, Bau eines Russenlagers", Bl. 17, Bauschein Nr. 6/42 vom 31. August 1942.
45 Ebd., Bl. 9, Baubeschreibung.
46 HAW-RöBu 3, Bl. 7: Ausländer-Meldung der Röchling-Buderus AG an die Verwaltungspolizei in Wetzlar vom 31. August 1944.
47 Ebd., Bl. 35, Schreiben vom 2. Oktober 1944. Aus den „IMI's" waren jetzt italienische Zwangsarbeiter geworden. Siehe dazu Kapitel „Zwangsarbeit im Deutschen Reich".
48 Ebd., Bl. 34, Schreiben vom 2. November 1944.
49 Ebd., Bl. 30, Schreiben vom 2. Dezember 1944.
50 Lagerliste 5.
51 Heinz-Kurt Schmidt, Braunfels, am 14. Januar 1995.
52 Ders., am 27. Dezember 2000.
53 HAW-RöBu 3, Bl. 7: Ausländer-Meldung der Röchling-Buderus AG an die Verwaltungspolizei in Wetzlar vom 31. August 1944.

54 Ebd., Bl. 35, Schreiben vom 2. Oktober 1944.

55 Ebd., Bl. 34, Schreiben vom 2. November 1944 und Bl. 30, Schreiben vom 2. Dezember 1944.

56 Lagerliste 5.

57 Vgl. Kapitel „Die Kriegsgefangenen – Arbeitskommandos in Wetzlar".

58 Es war in der Ausländer-Lagerliste der DAF vom 21. September 1942 (Lagerliste 2) noch nicht aufgeführt.

59 HAW-RöBu 3, Bl. 7: Ausländer-Meldung der Röchling-Buderus AG an die Verwaltungspolizei in Wetzlar vom 31. August 1944.

60 Ebd., Bl. 35, Schreiben vom 2. Oktober 1944.

61 Ebd., Bl. 34, Schreiben vom 2. November 1944.

62 Ebd., Bl. 30, Schreiben vom 2. Dezember 1944.

63 Das Lager war in den Ausländer-Lagerlisten der DAF vom 21. September 1942 und 1. April 1943 (Lagerlisten 2 und 3) noch nicht verzeichnet. Auf eine entsprechende Anfrage bei der Wetzlarer GeWoBau am 2. Januar 2001 wurde von dort mitgeteilt, dass keinerlei Unterlagen mehr vorhanden seien..

64 HStAWi, 483 Nr. 4479e, o. S.: „Überwachung ausländischer Zivilarbeiter im Kreise Wetzlar." Schreiben vom 16. September 1943.

65 HAW-Röbu 2, Bl. 53ff.

66 HAW-RöBu 3, Bl. 7: Ausländer-Meldung der Röchling-Buderus AG an die Verwaltungspolizei in Wetzlar vom 31. August 1944.

67 Ebd., Bl. 35, Schreiben vom 2. Oktober 1944.

68 Ebd., Bl. 34, Schreiben vom 2. November 1944.

69 Lagerliste 5.

70 Heinz-Kurt Schmidt, Braunfels, am 14. Januar 1995.

71 HStAWi, 483, Nr. 4455a, o. S.: „Organisation und Tätigkeit der deutschen Arbeitsfront in den Betrieben im Kreis Wetzlar, Dez. 1933-März 1945", darin: Schreiben eines Lagerleiters an den Kreisobmann der DAF, Helsper, wegen Firmenverpflegung. In dem Schreiben wurde auch das Lager Altenberg erwähnt.

72 Siehe dazu Kapitel „Zwangsarbeit im Deutschen Reich – Westarbeiter".

73 Lagerliste 2.

74 Lagerliste 3. In der Liste fand sich noch eine weitere Angabe, die aber nicht eindeutig geklärt werden konnte: *„Stahlwerke Röchling-Buderus A.G, Oberbiel b. Wetzlar 45 Flamen"*.

75 Lagerliste 5.

76 Heinz-Kurt Schmidt, Braunfels, am 14. Januar 1995.

77 Buderus, darin: Ferfer, J.: „Die neuere Geschichte der Buderus'schen Eisenwerke, IV: Weiterentwicklung und Ausbau zum heutigen großen gemischten Werk", S. 90.

78 Der Kalkfelsen, auf dem sich ganz früher einmal eine kleine Kapelle befunden hatte, stand an der heutigen B 49 in Richtung Oberbiel, etwa 500 Meter westlich von Wetzlar auf der rechten Seite. Nachdem das Kalkvorkommen ausgebeutet worden war, wurde der Bruch mit Hochofenschlacken der Sophienhütte aufgefüllt, so dass sich heute dort wieder ein (bewaldeter) Hügel befindet.

79 AB, Baupolizei-Akte „Betr.: Arbeiterbaracke Kalkbruch Dalheim 1916", darin: Bauerlaubnis-Schein Nr. 42/1916.

80 Siehe hierzu Georg, Rolf, Rainer Haus und Karsten Porezag: „Eisenerzbergbau in Hessen – Historische Fotodokumente mit Erläuterungen 1870-1983", 2. Auflage, Wetzlar 1986, S. 92.

81 Wenn in der Folge von den Buderus'schen Eisenwerken gesprochen wird, so bezieht sich dies ausschließlich auf das Werk Wetzlar.

82 AL-Buderus, e. Die Namen waren: Guiseppe Della-Valle, Guiseppe Silvagni und Marino Zanotti. Pohl gab hingegen an (S. 85), die ersten Ausländer seien erst im November 1941 zu Buderus gekommen. Siehe auch Kapitel „Zwangsarbeit in Wetzlar – Chronologie“.

83 AL-Buderus, e.: An dem Tag kamen 23 Italiener.

84 Ebd., b. In einem Schreiben der Buderus'schen Eisenwerke vom 12. Juni 1940 an das Wetzlarer Bürgermeisteramt wurde allerdings der 17. Mai 1940 als Eintrittsdatum angegeben. Nach: HAW-Buderus, Bl. 3.

85 AL-Buderus, f.

86 KTB 1/9, Bl. 28: Wochenbericht vom 16. – 22. November 1941.

87 AB, Baupolizei-Akte: „Buderus'sche Eisenwerke, Werksgelände Niedergirmes, Neubau einer Betonplattenbaracke“.

88 IHK-Statistik, Anlage 1, Bl. 2.

89 Nach „Arbeitsamt“ seien es im März 1945 ca. 3.000 Mitarbeiter gewesen.

90 Pohl, S. 86.

91 Lagerliste 1.

92 Lagerliste 2.

93 Lagerliste 3.

94 Lagerliste 5.

95 Pohl gab dazu an (S. 86, jedoch ohne Lagerstandorte): *„Auf der Sophienhütte befanden sich im August 1942 vier Baracken für russische Kriegsgefangene und zwei weitere Lager mit – im Juni 1942 – 630 ausländischen Zivilarbeitern und Kriegsgefangenen.“*

96 Im Januar 1945 befanden sich im Leitz-Lager am Stadion 989, im Lahnlager der Röchling-Buderus AG an der Gabelsbergerstraße 739 und im Lager Hermannsteiner Straße 113 der Buderus'schen Eisenwerke 593 Ausländer. Nach: Lagerliste 5.

97 AB, Akte: „Kanalanschluss Portland-Zementwerk Hermannsteiner Straße 13“, darin: Lageplan vom 15. Dezember 1942.

98 Siehe Kapitel „Die Kriegsgefangenen – Arbeitskommandos in Wetzlar“.

99 Ebd.

100 AB, Akte: „Buderus'sche Eisenwerke, Werksgelände, Niedergirmes, Neubau einer Baracke mit Speiseraum“, Bl. 5.

101 Lagerliste 1.

102 Lagerliste 3.

103 Lagerliste 5.

104 Lagerliste 3.

105 HAW-Ausl. 1: Schreiben der Buderus'schen Eisenwerke vom 1. September 1944 an den Wetzlarer Bürgermeister.

106 Lagerliste 5.

107 AB, Baupolizei-Akte: „Buderus'sche Eisenwerke, Werksgelände Niedergirmes, Neubau einer Betonplattenbaracke, Flur 13, Parzelle 174/1, darin Bauschein Nr. 111/41 und Lageplan. Die Genehmigung wurde am 19. Februar 1942 erteilt.

108 Ebd., Akte: „Kanalanschluß Russenlager Buderus'sche Eisenwerke, Schellweg, 1942“.

109 Lagerliste 3.

110 Ebd., Akte: „Bauaufsicht, Reg.-Nr. 258/73, Flur 11, Parzellen 24/1 und 25/1, Hermannsteiner Straße 41, genannt „Lahnhof“. Das Grundstück wurde nach dem Krieg an einen Karl Schneider verkauft.

111 Dieses „Lager Lahnhof“ darf weder mit dem „Lahnlager“ der Röchling-Buderus AG an der Gabelsbergerstraße noch mit dem „Lager Lahn“ der Hensoldt AG an der Inselstraße ver-

wechselt werden. Auf den amerikanischen Luftbildern vom März 1945 ist im Bereich „Lahnhof" an der Buderusstraße allerdings kein Barackenlager mehr erkennbar.

112 Lagerliste 3, dort genannt als „Lager Lahnhof, Buderusstraße".

113 Lagerlisten 3 und 5.

114 Die meisten Holzbaracken brannten vor einigen Jahren ab. Heute steht dort noch eine Baracke.

115 Lagerliste 3.

116 Lagerliste 5.

117 Aus diesem Grund ist der Fundus des Historischen Firmenarchivs der Firma Buderus heute sehr begrenzt.

118 Vgl. dazu Porezag/Spieß, S. 317ff. Die Nationalität der Plünderer ist nicht bekannt. Möglicherweise waren es aber diejenigen Italiener, welche einen großen Teil der untertägigen Anlagen gebaut hatten und sich daher dort gut auskannten – vielleicht aber auch ehemalige Westarbeiter, die in den Baracken auf dem Simberg gewohnt hatten.

119 Lagerliste 3.

120 Ludwig Rühl, (*1931), Hermannstein, am 9. Januar 2001.

121 HStAWi, 483, Nr. 4453b, o. S.: Schreiben der Firma Pfeiffer Apparatebau GmbH vom 12. Januar 1944 an den Kreisobmann der DAF in Wetzlar.

122 Lagerliste 5.

123 HAL, o. S.: Briefkopf des Hans-Werner von Zengen, Ministerialrat, Vertreter des Landes Hessen und des Rhein-Mainischen Industrie- und Handelstages in Berlin, Brief vom 12. Juni 1934 an Dr. Ernst Leitz, Wetzlar.

124 HStAWi, 483, Nr. 7020, o. S.: „Berichte des Sicherheitsdienstes des Reichsführers SS, Außenstelle Wetzlar in Dillenburg betreffend, 1937-1939". Dem Bericht zufolge hatten die Hensoldt-Werke vier Österreicher, einen Spanier und einen Tschechen beschäftigt.

125 HAL, o. S.: Schreiben der Wehrwirtschafts-Inspektion IX, Kassel, vom 19. August 1937 an Dr. Ernst Leitz, sen. Wetzlar.

126 Leitz, S. 35.

127 HStAWi, 520 F, o. Nr.: „Betr.: Entnazifizierung Dr. Ernst Leitz". Akte des öffentlichen Klägers bei der Spruchkammer Wetzlar, 1947, darin: Schreiben von Dr. Ernst Leitz an den Öffentlichen Kläger vom 6. März 1947, S. 11.

128 HStAWi, 483, Nr. 4464 b, o. S.: „Tätigkeit der DAF-Kreisfrauenwalterin im Kreis Wetzlar", darin: Schreiben der Deutschen Arbeitsfront, Kreiswaltung Wetzlar, Abt. Frauenamt, vom 21. November 1938 an die Verwaltung der DAF, Abt. Frauenamt, Frankfurt a. M.

129 Ebd., darin: Schreiben der Deutschen Arbeitsfront, Kreiswaltung Wetzlar, Abt. Frauen, vom 2. Januar 1940 an die Gauwaltung der DAF, Abt. Frauen, Frankfurt am Main.

130 IHK-Statistik, Anlage 1, Bl. 3.

131 Siehe dazu Porezag 1, S. 390ff.

132 IHK-Statistik, Anlage 1, Bl. 3.

133 Ebd. Erb nannte jedoch (S. 130): Für 1942 insgesamt 3.317 Personen, 1943 dann 3.647 Personen, 1944 nahezu unverändert 3.676 Personen und für 1945 nur noch 2.066 Personen.

134 Lagerliste 1.

135 Lagerliste 2.

136 Lagerliste 3.

137 Lagerliste 5.

138 Nach: StaMA, LA 180, Nr. 3544. Vgl. a. KGf., Liste vom 26. Mai 1951. Siehe auch Kapitel „Die Kriegsgefangenen-Arbeitskommandos in Wetzlar".

139 AB, Akte „Unterkunftsbaracke der Firma Ernst Leitz G.m.b.H.", S. 55: Bauschein Nr. 20/1941. Dieser Anbau steht noch heute.

140 AB, Bl. 71ff.: Bauantrag der Firma Ernst Leitz GmbH vom 18. März 1943: „Anbau an das KHD-Lager". Die Baugenehmigung selbst muss als verloren gelten. Die Baracke ist noch vorhanden. Der Gesamtkomplex wurde bis 1953 für Notwohnungen und Schulspeisezwecke benutzt. Anschließend hat man dort die Werksberufsschule der Firma Ernst Leitz mit fünf Klassen, zwei Lehrerzimmern und einem Glaslaboratorium eingerichtet (Bauschein Nr. 127/1954). Später befanden sich in den Baracken der griechische Kirchengemeindebereich und zwei Tanzschulen. Die nordöstliche Querbaracke wurde nach einer Abbruchgenehmigung vom 12. August 1992 abgerissen.

141 KTB 1/9, Bl. 8, Vermerk vom 17. Oktober 1941.

142 KTB 1/10, Bl. 41: Wochenbericht vom 15. – 21. März 1942.

143 AB, Schreiben des Wetzlarer Bürgermeisters als Örtlicher Luftschutzleiter vom 1. November 1943 an die Firma Ernst Leitz GmbH wegen Untersuchung der Baracken hinsichtlich ihrer Luftschutz-Sicherheit.

144 KTB 1/14, Bl. 27, Protokoll vom 19. März 1943.

145 Noch im Juli 1944 wohnten in den Baracken „Mädchen vom Reichsarbeitsdienst". Frdl. Mitteilung von Kurt Mappes, Hasselborn, am 6. Februar 1995.

146 Kühn-Leitz, S. 4.

147 Nach: Leitz, Ludwig: „Wenn Leitz sich gegen die Zwangsarbeit gestemmt hätte, wäre das als Kriegsverrat geahndet worden", in: WNZ vom 20. November 1986.

148 Lagerliste 1.

149 Lagerliste 3.

150 Lagerliste 5.

151 Lothar Karst, Wetzlar, am 5. Januar 2002.

152 KTB 1/13, Bl. 20, „Arbeitseinsatzlage". Der Vermerk spricht zwar nur von „Arbeitskräften". Im November 1942 kann es sich dabei aber nur noch um 470 ausländische Zwangsarbeiter gehandelt haben, da freie deutsche Arbeitskräfte in dieser Zahl nicht mehr zur Verfügung standen. Andernfalls hätte Leitz im November 1942 ja 226 deutsche Arbeiter eingestellt, die dann im Lager auf der Lahninsel gewohnt hätten. Davon ist nichts bekannt.

153 Lagerliste 3.

154 Nach: „Meldungen der Werksaufsicht über Vorkommnisse innerhalb des Betriebes", Eintrag vom 11. Januar 1943, Buch im Privatbesitz, ferner Mitteilung von Ria M., Wetzlar, am 13. Januar 2001.

155 Lagerliste 3.

156 Gestapo, Nr. 08825, Bl. 67. Danach wurde am 2. März 1943 der Franzose Robert P., der „im Lager am Kornmarkt der Firma Leitz in Wetzlar untergebracht war", wegen Sabotageverdacht verhaftet.

157 AB: „Der Bürgermeister der Stadt Wetzlar, Wetzlar, den 24. Juni 1942. Betr.: ‚Unterbringung russischer Arbeitskräfte'."

158 Der Kanal befand sich im Verlauf der heutigen Seibert- und Hensoldtstraße.

159 AB, Akte „Errichtung eines Barackenlagers der Firma Ernst Leitz G.m.b.H.", Bl. 1ff.: Aktennotiz der Baupolizei vom 30. Juli 1942, ferner Schreiben des Bürgermeisters an die Firma Leitz vom 8. August 1942, nach welchem das betreffende Gelände zur Verfügung gestellt wurde. 1924 hatte es Planungen in der Stadt gegeben, auf diesem Gelände eine große Festhalle zu errichten. Nach: Jung, Irene: „Eine Festhalle für Wetzlar", in: Wetzlarer Hefte, Nr. 12/2000, S. 15.

160 Ebd., Bl. 17: Interner Vermerk der städtischen Liegenschaftsverwaltung für das Stadtbauamt vom 9. Januar 1943: „Ausser der Firma E. Leitz G.m.b.H. Wetzlar hat die Firma A. Pfeiffer und Firma M. Hensoldt u. Söhne Wohnbaracken an der Jakob Sprenger-Strasse erstellt."

161 Lagerliste 3.

162 AB, Bl. 22f.

163 Ebd., Bl. 29f., Bauschein Nr. 74/1943 vom 2. August 1943.

164 Siehe dazu Kapitel „Die Kriegsgefangenen – Arbeitskommandos in Wetzlar".

165 HAL, Bildarchiv: „Umzug des Archivs in die Deutsche Bank Giessen, 09/43". Vgl. a. Porezag II, S. 31ff. Die Unterlagen wurden bei dem britischen Luftangriff auf Gießen am 6. Dezember 1944 größtenteils vernichtet. Nach: Loh, Wilhelm: „Verluste der Patentabteilung – Brandangriff auf Gießen richtete 1944 erhebliche Schäden an", in: Leitz-Objektiv, Nr. 122, 06/89, S. 24f.

166 AB, Akte „Errichtung von 6 Luftschutz-Deckungsgräben durch die Firma Ernst Leitz G.m.b.H.", Bl. 5: Genehmigung der „Reichsgruppe Industrie-Werkluftschutz" vom 15. November 1943 für: „Errichtung von 3 Fertigungsbaracken in Holzbauweise in der Gemarkung Finsterloh und Errichtung von LS-Deckungsgräben beim West- und Ostarbeiterlager."

167 Ebd., Bauschein Nr. 110/1943, o. Dat.

168 In der Hauptsache nach: IHK-Statistik, Anlage 2.

169 Der Leitz'sche Hausertor-Stollen wurde am 14. Januar 1944 begonnen. Anfang Juli 1944 wurde ein erster Teil der untertägigen Fertigung übergeben. Nach: Schreiben des Betriebsobmannes Krombach an den Kreisobmann der DAF vom 4. Juli 1944, in: HStAWi, 483, Nr. 4452b, o. S. Die endgültige Inbetriebnahme erfolgte im November 1944.

170 Vgl. dazu: Porezag I, S. 440ff.

171 HAW, Akte: „Verzeichnis der ausländischen Arbeitnehmer", o. S., Schreiben des Ostarbeiterlagers an die Wetzlarer Verwaltungspolizei vom 1. Februar 1945.

172 Vgl. a. „Liste der nach Erdhausen übergesiedelten Angehörigen der Wissenschaftlichen Abteilung", HAL, o. S. Danach befanden sich 14 Personen in Erdhausen, unter ihnen auch Arthur Seibert.

173 US-National Archives Washington D.C, Nr. NND 760123: „Interpretation Report Nr. S.A. 2334: Attack on Wetzlar on 20 July 1944".

174 Vgl. Porezag II, S. 99ff.: Akten betr. „Terrorangriff auf Wetzlar am 20. Juli 1944, am 19. September 1944", HAW o. Nr. Der belgische Arbeiter Joseph Hoymans starb dabei auch nicht im Zwangsarbeiterlager, sondern bei einer Bombendetonation im Bereich des Eingangs zum Kalsmuntstollen.

175 HStAWi, 483, Nr. 4453b, o. S.: Schreiben der Firma Pfeiffer Apparatebau GmbH vom 12. Januar 1944 an den Kreisobmann der DAF in Wetzlar.

176 Lagerliste 5.

177 Porezag III, S. 97ff.: Brief von Ernst Leitz an Dr. Julius Hinckel in Neuwied vom 5. Februar 1910, HAL, o. S.

178 Noch 1971, als der Autor dieses Buches nach Wetzlar übersiedelte, bezeichnete man bei der Firma Ernst Leitz die optisch-feinmechanische Werkstatt von Moritz Hensoldt allgemein als „verlängerte Werkbank des optischen Instituts von Carl Kellner".

179 HACZ, 22.877 – III/II 932: „Geschäftsleitung". Schreiben der Geschäftsleitung der Firma Hensoldt & Söhne vom 18. Dezember 1928 an die Geschäftsleitung der Firma Carl Zeiss in Jena wegen Zustimmung zur vorgesehenen Sanierungs-Transaktion durch Zeiss.

180 Siehe dazu ausführlicher im Kapitel „Kriegsgewinne".

181 Nach: IHK-Statistik, Anlage 1, Bl. 3.

182 Lagerliste 1.

183 Nach einer Nachkriegs-Firmenaufstellung waren 1942 nur 135 Ausländer bei Hensoldt beschäftigt. Nach: HAH, II/3.1.1: Schriftwechsel Militärregierung", Bl. 43. Die zeitnah während des Krieges von Hensoldt an den Wetzlarer Landrat gemeldeten Ausländerzahlen dürften jedoch einen höheren Zeugniswert besitzen als die nach dem Krieg aus vielleicht sogar unvollständigen Unterlagen heraus erstellten Angaben.

184 Lagerliste 3.

185 HAH, II/3.1.1: Schriftwechsel Militärregierung", Bl. 43. In dieser Aufstellung wurden für 1943 insgesamt 459 Ausländer genannt.

186 Die Personenzahlen für Januar-Dezember 1944 wurden errechnet nach: HAH, V/2.2, o. S.: Inventur vom 31. Dezember 1944, darin: „Erlös aus Unterkünften". Siehe dazu auch Kapitel „Kriegsgewinne".

187 Ebd. Für 1944 wurden hier allerdings 520 Ausländer angegeben.

188 Lagerliste 5.

189 HAW-Ausländer 2, Schreiben der Hensoldt AG vom 20. Februar 1946 an den Bürgermeister von Wetzlar. Die Zahl 407 für 1945 deckt sich mit der Angabe in der vorgenannten Liste.

190 HAH, V/2, Wirtschaftsprüfungsbericht 1940-1945.

191 AL-Hensoldt, Bl. 39ff.

192 SKH 1, darin: Protokoll der Spruchkammer-Sitzungen vom 10., 11., 12. und 19. August 1948, Bl. 38f.

193 SKM, Protokoll, S. 1, ferner HAH, II/2.3, Personalkarte Albert Moser.

194 Anm. 192, Bl. 11.

195 HStAWi, 483, Nr. 7020, o. S.: „Berichte des Sicherheitsdienstes des Reichsführers SS, Außenstelle Wetzlar in Dillenburg betreffend, 1937-1939", darin: Aktennotiz des SD in Wiesbaden vom 25. Januar 1939. Danach wurde am 23. Januar 1939 zwischen Moser, dem Wetzlarer SD-Geschäftsführer SS-Scharführer Stoll und einem Wiesbadener SS-Untersturmführer in Wetzlar besprochen, dass Moser als V-Mann mit der SD-Stelle Wetzlar zusammenarbeiten würde. Ferner SKH 1, Bl. 44: Aussage von Dr. Hans Hensoldt am 11. August 1948 in seinem Spruchkammerverfahren. In dieser Verhandlung gab Moser auch an, nicht bei der SS, sondern nur bei der SA gewesen zu sein.

196 SKH 1, Bl. 47.

197 Ebd., Bl. 124: Aussage Dr. Hans Hensoldt am 19. August 1948.

198 SKM, Protokoll, S. 13.

199 Marianne Krause geb. Lotz und Dr. Guntram Lotz, Göttingen, am 29. August 1998.

200 Lagerliste 3.

201 HAH, V/2.4: „Bericht über die Prüfung der Jahresabschlüsse auf den 31. Dezember 1940 – 31. Dezember 1944 der Firma Hensoldt & Söhne", darin: „Vergleich der Erträge für die Geschäftsjahre 1940-1944". Im Bericht sind für 1944 RM 207.096,50 ausgewiesen. Das ergibt 383 Personen im Jahresdurchschnitt (207.096 geteilt durch gesetzlich vorgeschriebene RM 45,- Unterkunfts- und Verpflegungskosten pro Zwangsarbeiter und Monat, also RM 540,- p. a.). Für 1943 wurden hingegen RM 242.451,80 ausgewiesen. Das entsprach 449 Personen.

202 Siehe dazu Kapitel „Zwangsarbeit im Deutschen Reich – I.M.I.'s".

203 Auch ihre Anzahl ließ sich aus den Beträgen für „Erlöse für Unterkunft und Verpflegung für Kriegsgefangene" der Hensoldt-Inventur vom 31. Dezember 1944 (HAH, V/2.2, o. S.: Inventur vom 31.12.44) ermitteln: Nach dem Erlass des GBA vom 8. September 1943, gültig ab 1. November 1943: „Bezahlung der Kriegsgefangenenarbeit" war ihnen vom Lohn

unter anderem für Unterkunft und Verpflegung monatlich RM 36,- abzuziehen (siehe dazu Kapitel „Zwangsarbeit – I.M.I.'s").

204 Lagerliste 5.

205 HAW-AL 1, darin: Schreiben der Firma M. Hensoldt & Söhne, Abt. Idinglager, vom 31. Oktober 1944 an die Ortspolizeibehörde in Wetzlar.

206 Der Grund hierfür konnten nicht ermittelt werden.

207 Am 20. Februar 1946 hatte die Firma dem Wetzlarer Bürgermeister auf eine entsprechende Anfrage allerdings mitgeteilt, dass die meisten Personalunterlagen bei Kriegsende vernichtet worden seien. Aus den noch lückenhaft vorhandenen Lohnaufzeichnungen ließen sich aber mit Stand 31. Januar 1945 insgesamt 407 dort beschäftigte Ausländer nachweisen. Nach: HAW-Ausl. 2.

208 Lagerliste 5. In dieser Liste ist für die Hensoldt AG unter anderem ein „Lager Lahn" mit 19 männlichen und 4 weiblichen Franzosen aufgeführt (Bl. 271). Es handelte sich dabei nicht um das „Lahnlager" der Röchling-Buderus AG in der Gabelsbergerstraße, sondern vermutlich um eine oder zwei Holzbaracken im Bereich der Inselstraße, wo sich auch die Kantine der Hensoldt AG befand (im heutigen „Bootshaus").

209 Siehe dazu weiter hinten in diesem Kapitel.

210 In „Lagerliste 4" war bei der Firma Hensoldt neben den Lagern Sophienstraße und Hensoldtstraße noch ein Lager im „Westfälischen Hof" (Lahnstraße 21) mit 67 „anderen Ausländern" vermerkt. In „Lagerliste 5" wurde diese Unterkunft vermutlich als „Lager Güllgasse" bezeichnet. Siehe dazu ebenfalls weiter hinten in diesem Kapitel.

211 AB, Akte Fa. Hensoldt & Söhne, o. S.: Antrag der Hensoldt AG vom März 1941 auf Genehmigung einer weiteren Baracke in der Moritz-Hensoldt-Straße. Die Genehmigung scheint aber nicht erteilt worden zu sein.

212 SKH 1, darin: Bl. 40 der mündlichen Verhandlungen vom 10., 11., 12. und 19. August 1948 im Spruchkammerverfahren des Dr. Hans Hensoldt als damaligem Betriebsleiter: Aussage des Zeugen Albert Moser, bis Kriegsende zuständig für die Zwangsarbeiter im Werk. In der Verhandlung wurde Dr. Carl Hensoldt durch Rechtsanwalt Dr. Jung aus Gießen vertreten, Dr. Hans Hensoldt durch die Wetzlarer Rechtsanwältin Claudia Berlinicke und den Frankfurter Rechtsanwalt Dr. Praussnitzer.

213 HAH, IX/2: „Bauaktivitäten", Bl. 585f.

214 Spätestens seit August 1941 wurden in den westlichen Ländern jedoch keine Freiwilligen mehr angeworben, sondern nach Deutschland deportiert. Siehe Kapitel „Zwangsarbeit im Deutschen Reich – Westarbeiter".

215 Es konnte nicht geklärt werden, was die Firma Leitz mit der Errichtung dieser Baracke zu tun hatte. Möglicherweise sollte die Baracke aber aus Beständen der Firma Leitz bezogen werden. Dann gäbe die Erklärung von Ernst Leitz jun. zu seinem Einspruch einen gewissen Sinn.

216 HAH, IX/2: „Bauaktivitäten", Bl. 588.

217 Ebd., Bl. 594.

218 HAH, IX/2: „Bauaktivitäten", Bl. 595ff.

219 AB, Akte: „M. Hensoldt & Söhne", Inhaltsverzeichnis. Alle weiteren Unterlagen hierzu müssen als verloren gelten.

220 Vgl. Kapitel „Zwangsarbeit in Wetzlar – Vermittlung".

221 HAH, II/2.3.2: „Firmengeschichte bis 1945", Bl. 1: Rechnung der Westdeutschen Hartstein-Gesellschaft, Wiesbaden, vom 5. Juni 1942.

222 HAH, IX/2, Bl. 549.

223 VB II, S. 376ff.

224 HAH, IX/2: „Bauaktivitäten", Bl. 578f.: Schreiben des Stadtbauamtes an den Stadtkämmerer wegen Planierungsarbeiten auf dem Schleusenkanalgelände.

225 Ebd., Bl. 582.

226 Ebd., Bl. 583: Schreiben des Wetzlarer Bürgermeisters an die Firma Hensoldt vom 9. Januar 1943.

227 HAH-AL, Bl. 39ff. Darüber hinaus fand sich in einer Unkosten-Aufstellung für Juli 1942 die erste Buchung unter der Kostenstelle 43921: „Aufwendungen für Werksküche für ausländische Arbeitskräfte" mit RM 332,84, nach: HAH, V/2.1, o.S: „Bilanz-Inhalte".

228 SKH 1, Bl. 42: Aussage Dr. Hans Hensoldt.

229 Heute: „Saalbau Niedergirmes".

230 SKH 1, Bl. 39.

231 Ebd., Bl. 549. Vgl. a. HAB.

232 Ebd., Bl. 551, Anlage zum Bauerlaubnis-Schein Nr. 29/1942.

233 Ebd., Bl. 554.

234 HAH, II/2.3.2: „Firmengeschichte bis 1945", Bl. 2.

235 Ebd., Bl. 3ff.

236 HAH, IX/2: „Bauaktivitäten", Bl. 559.

237 Ebd., Bl. 560ff.

238 HAH, IX/2: „Bauaktivitäten", Bl. 566ff.: Bauschein Nr. 37/42.

239 AB, Altakte Fa. Pfeiffer-Apparatebau GmbH, Schreiben des Stadtbauamtes vom 20. Januar 1943 an das städtische Liegenschaftsamt.

240 HAH, IX/2: „Bauaktivitäten", Bl. 572. Eine Einzäunung des Lagers – eventuell sogar mit Stacheldraht – konnte nicht nachgewiesen werden. Dass der Bürgermeister eine „Einfriedigung" forderte, deutete lediglich auf eine optische Begrenzung des Geländes nach außen hin – etwa wie bei den beiden Leitz-Lagern mit einer einfachen hölzernen Abgrenzung.

241 SKH 1, Bl. 40.

242 Ebd., Bl. 574: Schreiben der Firma Hensoldt an die Baupolizei vom 17. September 1942.

243 Ebd., Bl. 600, ferner HAH, II/2.3.2, Bl. 25.

244 HAH, V/1: Bilanz vom 31. Dezember 1945, darin: „Holzbaracken".

245 In „Lagerliste 4" war bei der Firma Hensoldt neben den Lagern Sophienstraße und Hensoldtstraße noch ein Lager im „Westfälischen Hof" mit 67 „anderen Ausländern" vermerkt. Möglicherweise wollte die Hensoldt AG im Januar 1945 für die Ausländer-Lagerliste des Landrates nicht die Angabe machen, sie hätten 40 französische Zwangsarbeiter im „Westfälischen Hof" untergebracht. Daher wurde die Unterkunft dort unter der Bezeichnung: „Lager Güllgasse" geführt. Nach Lagerliste 5 war in einer maschinenschriftlichen Lageraufstellung des Wetzlarer Landratsamtes vom 18. Januar 1945 bei der Firma M. Hensoldt & Söhne auch ein Lager in der Lahnstraße angegeben.
Erna Barta, geb. Munz, wohnhaft Güllgasse 25 (genau gegenüber dem Anwesen Lahnstraße 21), konnte sich am 21. Juli 2002 noch gut an die vielen Zivilfranzosen während des Krieges erinnern: Sie wohnten in einer großen leerstehenden Scheune mit früherem Pferdestall, rückseitig auf dem Grundstück des „Westfälischen Hofes".

246 AB, Akte Lahnstraße 21, Bauschein Nr. 78/49: „Abriß einer Scheune auf dem Gelände an der Güllgasse".

247 Manfred Joneck, Wetzlar, am 13. September 2002.

248 Siehe dazu im Folgenden.

249 SKH 1, Aussage von Dr. Hans Hensoldt in der Spruchkammersitzung vom 11. August 1948, Bl. 47 des Protokolls.

250 Nach HAH, II/2.3: Kriegsproduktion, Handschriftliche Aufzeichnungen von Carl Berghäuser, bis Kriegsende Abteilungsleiter bei der Hensoldt AG, Abschrift vom 5. November 1987, o. S., seien dies Italiener gewesen. Nach der „Lagerliste 5" waren dies hingegen 14 Franzosen.

251 Ebd.

252 Frdl. Mitteilung von Dr. med. Werner Kaps, Braunfels, am 27. Dezember 2001.

253 HAH, II/2.3: Aktennotiz vom 9. September 1944: „In unseren Auslagerungsbetrieben sind beschäftigt". Ferner: HAH, II/3.1.1, Schriftwechsel mit der Militärregierung: Anlage zum Schreiben der Hensoldt AG vom 25. April 1945 an den amerikanischen Militärkommandanten.

254 IHK-Statistik, S. 1.

255 Anm. 250.

256 Siehe dazu Kapitel: „Zwangsarbeit in Wetzlar – Behandlung".

257 Lagerliste 5.

258 Im Gegensatz dazu feierte die Pfeiffer Vakuum Technology AG, Aßlar, bereits 1990 das einhundertjährige Bestehen des Unternehmens, ohne jedoch dafür eine Quelle anzugeben. Vg. Pfeiffer.

259 HRA I, Nr. 137, umgeschrieben am 22. Juli 1938 auf HRA III, Nr. 622, Bl. 234.

260 HRA III, Nr. 622, Bl. 234, ferner HRB IV, Nr. 202, umgeschrieben am 12. Januar 1967 nach HRB 44.

261 IHK-Statistik, Anlage 5, Bl. 2.

262 HRB III, Nr. 131, Bl. 71. Gelöscht von Amts wegen am 11. Juni 1953.

263 Amtsgericht Köln, HRB 3309/3. Nach: HRB II, Nr. 116.

264 HRB II, Nr. 116, erloschen am 8. Juli 1939.

265 Die Pfeiffer Apparatebau GmbH wurde am 28. Juni 1951 umbenannt in „Apparatebau Wetzlar GmbH". Am 24. Dezember 1953 wurde diese Firma von Amts wegen gelöscht. Nach: HRB III, Bl. 147.

266 HRB III, Bl. 147 vom 6. Dezember 1940.

267 IHK-Statistik, Anlage 1, Bl. 2.

268 Porezag I, S. 244ff.

269 Die Adresse lautete Brühlsbachstraße 15. Nach: AB, Akte Einbau eines Lagers für ital. Militärinternierte der Firma Pfeiffer Apparatebau GmbH, Wetzlar.

270 HStAWi, 483, Nr. 4453 b, o. S.

271 Im Übrigen teilte der Vorstandsvorsitzende W. Dondorf der Stadtbibliothek Wetzlar – als Antwort auf eine Einladung für eine Podiumsdiskussion zum Thema „Zwangsarbeit" am 3. Dezember 2002 im Stadthaus am Dom – mit Schreiben vom 2. September 2002, neben der Absage zu dem Termin, unter anderem mit: „*... In unserer Firma wurden jedoch keine Zwangsarbeiter beschäftigt, sondern bei einer anderen unternehmerischen Aktivität von Herrn Arthur Pfeiffer.*"

272 Siehe dazu im Folgenden.

273 Lagerliste 5.

274 IHK-Statistik, Anlage 1, Bl. 3.

275 Lagerliste 1.

276 Lagerliste 2.

277 Lagerliste 3.

278 Lagerliste 5. Diese Tatsache wurde in der Firmen-Festschrift von 1990 (vgl. Pfeiffer, o. S., Abschnitt: „1941 – Der Weg zur künstlichen Intelligenz") lediglich mit folgenden Sätzen umschrieben: „*... Anschließend orderte das Reichsluftfahrtministerium in ständig steigen-*

den Stückzahlen künstliche Horizonte für die Flugzeugnavigation. Auf eine Präzisionsfertigung dieser Größenordnung war man nicht eingerichtet. Man mußte improvisieren und immer enger zusammenrücken. ... Wissenschaftler, Ingenieure, Techniker, Facharbeiter und Hilfskräfte wurden eingestellt, neue Abteilungen ... eingerichtet."

279 HAW, Akte: „Verzeichnis der ausländischen Arbeitnehmer". Meldungen der Firma Arthur Pfeiffer, Wetzlar, an die Verwaltungspolizei Wetzlar.

280 Siehe dazu Abschnitt „Lederhandschuhfabrik Mülln, Wetzlar".

281 AB, Altakte Pfeiffer Apparatebau GmbH, Schreiben Goldbergs vom 8. Januar 1941 an die Baupolizei in Wetzlar, ferner Schreiben der Wetzlarer Baupolizei vom 2. Juli 1941 an die Firma Arthur Pfeiffer wegen des geplanten Umbaus der Gebäude am Taubenstein.

282 AB, Bauschein Nr. 15/1942.

283 Lagerliste 2.

284 AB, Altakte Pfeiffer Apparatebau GmbH, rückseitiger Vermerk auf dem Schreiben vom 4. November 1942 an die Wetzlarer Baupolizei wegen Baracken in der Garbenheimer Straße.

285 Siehe Kapitel „Die Kriegsgefangenen – Arbeitskommandos in Wetzlar".

286 Lagerliste 5.

287 Anm. 284, Schreiben vom 4. November 1942.

288 Das Lager lag an der damaligen Jakob-Sprenger-Straße (benannt nach dem Gauleiter) und wurde im Volksmund auch Umgehungsstraße genannt. Der Grund: Durch die neue Straßenführung wurde erstmals die Wetzlarer Altstadt verkehrsmäßig umgangen. Heute: Karl-Kellner-Ring.

289 AB, Altakte Pfeiffer Apparatebau GmbH: Errichtung eines Barackenlagers an der Jakob-Sprenger-Straße, schriftlicher Vermerk der Baupolizei Wetzlar vom 16. Juni 1942 über eine Mitteilung der Firma Artur Pfeiffer, Wetzlar, Herr Brösecke.

290 Ebd., Schreiben des Wetzlarer Bürgermeisters vom 18. Dezember 1942 an die Firma Arthur Pfeiffer.

291 AB, Schreiben des Reichsministeriums Speer, Rüstungsinspektion XII, vom 2. August 1943 an die Wetzlarer Baupolizei.

292 Lagerliste 5.

293 Chattenweg, Germanenweg und Ulmensteinstraße gab es damals noch nicht.

294 Heute: Grüner Weg. Siehe dazu Abschnitt „Lederhandschuhfabrik Mülln, Wetzlar".

295 AB, Anlage zur Akte Firma Arthur Pfeiffer, Wetzlar.

296 HStAWi, 483, Nr. 4453 b, o. S.

297 Das einstige Buderus'sche Gästehaus an der Haarbachstraße. Vgl. a. Porezag, S. 153f., ferner Porezag/Spieß, S. 170f.

298 Vgl. dazu u. a. Porezag, S. 417ff.

299 AB, Akte Pfeiffer-Apparatebau GmbH, Bauschein Nr. 22/44 vom 1. Juli 1944, darin: Schreiben der Firma Pfeiffer vom 27. März 1944. Das Lager bestand aus einem 49 qm großen, 3,15 Meter hohen Raum für die Gefangenen, einem 74,54 qm großen Speiseraum (Raumhöhe 3,4 Meter) und einem 12 qm großen Raum für den Wachmann.

300 HStAWi, Abt. 423, Nr. 1224, o. S: „Behandlung von Ausländern (Allgem.), 1939 – März 1945", Bl. 300ff.

301 BA R 43 II/682 b, Bl. 62: Anordnung des OKW vom 3. August 1944, zit. n. Herbert I, S. 304. Siehe dazu Kapitel „Zwangsarbeit im Deutschen Reich – I.M.I.'s".

302 Heute: Im Winkel. Nach: HAW-Pfeiffer Bl. 129.

303 Lothar Karst aus Wetzlar, der damals in der Scharnhorststraße wohnte, konnte sich am 6. Juni 2002 allerdings weder an ein Ausländerlager noch an Italiener in dem genannten

Gebäude erinnern. Er bestätigte hingegen, dass mehrere der Wohnblöcke in der Scharnhorststraße damals der Firma Pfeiffer gehörten.

304 Nach: RBK, Hauptkarte der Pfeiffer Apparatebau GmbH vom 15. März 1944.

305 Fritz Schneider, Oberbiel, am 5. Juli 1987. Vgl. a. Porezag I, S. 247.

306 AB, Akte Pfeiffer Apparatebau GmbH, Antrag auf Ausnahme vom Bauverbot der Firma Pfeiffer Apparatebau GmbH vom 14. Juni 1944. Vgl. a. Porezag I, S. 249f.

307 IHK-Statistik, Anlage 1, Bl. 2.

308 Fritz Guldenmeister, Braunfels, am 30. Juni 1987. In Friedberg konnte die Pfeiffer Apparatebau GmbH jedoch nicht nachgewiesen werden. Schreiben des Bibliothekszentrums Friedberg vom 14. August 2002.

309 Kgf, Bestätigung der Ausländer-Suchstelle Allendorf/Lahn (bei Gießen) vom 14. Mai 1948.

310 Siehe dazu Kapitel „Displaced Persons".

311 SKC.

312 Ebd., Bl. 11. Diese Angabe muss jedoch vor dem Hintergrund gesehen werden, dass Momma und Coers Rechtsauseinandersetzungen miteinander gehabt hatten.

313 IHK-Statistik, Anlage 1, Bl. 3.

314 Ebd.

315 Lagerliste 2.

316 Lagerliste 3.

317 Lagerliste 5.

318 Ebd., Bl. 337.

319 Gesellschafts-Register, Nr. 43, Bl. 47.

320 HRB 2, 114.

321 Porezag II, S. 196ff.

322 HRA 3, 581, Bl. 145.

323 HRB 3, 154, übertragen am 14. September 1966 nach HRB 20.

324 HRB 20, Bl. 1.

325 IHK-Statistik, Anlage 1, Bl. 2, ferner Lagerliste 4, darin: „Hollmann/Kugellagerwerke u. Pressen".

326 Walter Rabow, Wetzlar, am 7. Oktober 2000. Ferner SKHo, Eidesstattliche Erklärung von Heinz Rabow am 8. Juni 1946 im Spruchkammer-Verfahren von Friedrich Hollmann.

327 SKHo, „Eidesstattliche Aussage über die politische Einstellung des Herrn Friedrich Hollmann, Wetzlar", vom 10. November 1947.

328 Ebd., Spruch der Spruchkammer IV vom 18. Dezember 1947.

329 IHK-Statistik, Anlage 1, Bl. 2.

330 Lagerliste 1.

331 Lagerliste 2: 15 Ostarbeiter: 15 Russen.

332 Lagerliste 3: 38 Ostarbeiter, 22 Ostarbeiterinnen, 3 Franzosen und 4 französische Kriegsgefangene.

333 HStAWi, Abt. 423, Nr. 1224: Ausländer-Meldung der Hollmann-Werke vom 21. November 1944 an das Wetzlarer Landratsamt: 34 Ostarbeiter, 31 Ostarbeiterinnen, 4 Russinnen, 2 Russen (?), 2 Tataren, 1 Tatarin, 20 Italiener, 6 Polinnen, 2 Franzosen – sowie: 3 Polen-Kinder und 6 Russen-Kinder.

334 Lagerliste 5: 40 Ostarbeiter, 35 Ostarbeiterinnen, 6 Ostarbeiterkinder, 2 Tataren, 1 Tatarin, 6 Polinnen, 3 Polenkinder, 20 Italiener und 2 Franzosen.

335 Ebd., Bl. 337.

336 Christian Moosberger, Lahnau-Atzbach, in: „Die letzten Kriegstage", Erlebnisbericht – S. 3 – vom 30. Januar 2001, ferner Gisela von Schneidemesser, Wetzlar, am 22. September 2002.

[337] Gesellschafts-Register, Nr. 38, Bl. 39.
[338] Ebd., Nr. 85, Bl. 115.
[339] HRB 1, 39.
[340] HRB 3, 139, Bl. 110ff., übertragen am 4. Mai 1966 nach HRB 10.
[341] HRB 10, Bl. 1.
[342] SKJ, Spruch der Kammer III in Wetzlar vom 26. September 1947.
[343] IHK-Statistik, Anlage 1, Bl. 2.
[344] Lagerliste 5: 32 Franzosen, 4 Niederländer und 3 Belgier.
[345] Ebd., Bl. 335.
[346] HRA II, Nr. 388, umgeschrieben am 16. März 1938 nach HRA III, Nr. 547.
[347] Ingrid Willer-Uwira (*1936 Wetzlar), Wesseling, am 24. Juli 2002.
[348] IHK-Statistik, Anlage 1, Bl. 5.
[349] Lagerliste 1.
[350] Lagerliste 2: 6 Ukrainerinnen.
[351] Lagerliste 3: 7 Ukrainerinnen und 7 Polinnen.
[352] Lagerliste 4.
[353] HAW, Akte „Verzeichnis der ausländischen Arbeitnehmer", Ausländer-Meldung des Ostarbeiterlagers der Firma Mülln an die Wetzlarer Verwaltungspolizei vom 28. August 1944: 10 Ostarbeiter, 10 Ostarbeiterinnen, 2 Polen und 1 Franzose.
[354] Ebd., Wortlaut: *„Betr. Zahl der ausländ. Arbeitskräfte. Im Lager Mülln, das zu der Firma Pfeiffer, Apparatebau, gehört, befinden sich 23 Insassen."*
[355] In der „Lagerliste 5" war bei der Pfeiffer-Apparatebau GmbH ein „Lager Frankenstraße (Mülln)" durchgestrichen und handschriftlich mit *„aufgehoben"* ergänzt.
[356] HRA I, Nr. 221 vom 4. November 1918, umgeschrieben am 3. Mai 1965 nach HRA 2035.
[357] IHK-Statistik, Anlage 1, Bl. 5.
[358] Lagerliste 1.
[359] Lagerliste 2: 26 Ostarbeiterinnen und 8 Polen.
[360] Lagerliste 3: 39 Ostarbeiterinnen und 7 Polen.
[361] HAW, Akte „Verzeichnis der ausländischen Arbeitnehmer", Ausländer-Meldung der Spinnerei und Weberei an die Wetzlarer Verwaltungspolizei vom 1. September 1944: 36 Ostarbeiterinnen, 3 Ostarbeiter, 3 Belgier, 3 Franzosen und 3 französische Kriegsgefangene.
[362] Lagerliste 5: 32 Ostarbeiterinnen, 3 Ostarbeiter, 7 Polen, 10 Französinnen, 4 Franzosen und 3 Belgier.
[363] HRB I, Nr. 91, nach: WA vom 26. April 1924: Mitteilungen des Amtsgerichts. Ferner Mitteilung von Christian Kremp, Wetzlar, am 31. Juli 2002. Er befand sich im Besitz zweier Schreiben: a) vom 15. September 1923 (Firmen-Briefbogen mit der Aufschrift „Christian Kremp, Werkstätte für Präzisionsmechanik und Spezialfabrik") und b) vom 15. Juli 1924 (Briefkopf: „Aktiengesellschaft für Optik und Mechanik, vormals Christian Kremp, Wetzlar").
[364] Nach: Gutachten eines vereidigten Buchprüfers W. Storck, Frankfurt am Main, über die Firma Georg Kremp, Optik und Mechanik, Wetzlar, vom 11. März 1947, im Besitz von Christian Kremp, Wetzlar. Ferner: Schreiben der Enst Leitz GmbH, Wetzlar, vom 27. Februar 1947 an die Firma Georg Kremp wegen einer Bescheinigung über 1941-1945 ausgeführte optische Lohnarbeiten. Kopie im AP.
[365] HRA III, Nr. 571, Bl. 135 vom 25. Februar 1936. Ab 7. April 1941 umbenannt, ab 1. Januar 1960 KG. Umgeschrieben am 22. Februar 1965 nach HRA 2073, gelöscht am 31. Juli 1979.

366 SKK, Schreiben Georg Kremps vom 11. November 1946 an die Spruchkammer in Wetzlar. Ferner: Mitteilung von Gretel Herbel aus Wetzlar und Anna Rühl aus Naunheim, Dezember 1999.
367 IHK-Statistik, Anlage 1, Bl. 3.
368 Lagerliste 1.
369 Lagerliste 2: 8 Ostarbeiter.
370 Lagerliste 3: 7 Ostarbeiter. Nach dem 1. April 1943 waren für diese Firma keine Zwangsarbeiter mehr nachweisbar.
371 HRA I, Nr. 252 vom 4. Juni 1920, umgeschrieben am 22. Juli 1938 nach HRA III, Nr. 623, Bl. 235, umgeschrieben am 9. Februar 1965 nach HRA 2039.
372 Lagerliste 4.
373 IHK-Statistik, Anlage 1, Bl. 3.
374 Lagerliste 4: 4 Ostländerinnen und 1 „anderer Ausländer“. Möglicherweise waren dies Personen, die zuvor bei der Firma Georg Kremp, Optik und Mechanik gearbeitet hatten.
375 HAW, Akte „Verzeichnis der ausländischen Arbeiter, die in der Gabelsberger Straße wohnen“, Schreiben der Firma Georg Kremp Söhne, Spezialfabrik für Verzahnungen, vom 24. August 1944 an die Verwaltungspolizei in Wetzlar: 3 Ostarbeiterinnen, 1 Ostarbeiter und ein französischer Westarbeiter.
376 Lagerliste 1.
377 Das Lager befand sich direkt westlich der Bahnstrecke auf dem Gelände der späteren Wetzlarer Milchversorgung. Heute befindet sich dort der Parkplatz des Globus-Baumarktes. Frdl. Mitteilung von Stefan S., Wetzlar, am 27. August 2000.
378 Lagerliste 3: 34 Ausländer.
379 Vgl. dazu ausführlich Porezag II.
380 Lagerliste 1.
381 Lagerliste 3: 34 Ausländer.
382 HAW – Ausl. 1: amtliche Aufstellung vom 30. Juni 1944: „Nachweisung der in Lagern untergebrachten Zivildienstpflichtigen“: „Reichsbahn vor Bahnübergang, Altenbergerstraße“: 101 Personen plus 23 Kinder.
383 HAW, Akte „Verzeichnis der ausländischen Arbeitnehmer“, Ausländer-Meldung des Gleisbautrupps 10 der RBD Frankfurt an die Wetzlarer Verwaltungspolizei vom 31. August 1944: 48 Männer, 53 Frauen und 23 Kinder im Alter von 1 – 10 Jahren.
384 Lagerliste 5: „Lager Wetzlar“: 48 männliche und 53 weibliche Ostarbeiter, 23 Kinder“.
385 Ebd.
386 Frdl. Mitteilung von Heinz-Kurt Schmidt, Braunfels, am 5. September 1994.
387 Der heutige Rechtsnachfolger der einstigen Wetzlarer Stadtwerke – die Enwag („Energie-Wasser-Gesellschaft“) – ist eine eigenständige GmbH.
388 SKSt, vor allem eidesstattliche Versicherung der Spinnerei & Weberei, Wetzlar, vom 19. Februar 1947.
389 Lagerliste 1: 11 Russen.
390 Lagerliste 3: 20 Ukrainer.
391 HAW, Akte „Verzeichnis der ausländischen Arbeitnehmer“, Ausländer-Meldung der Stadtwerke an die Wetzlarer Verwaltungspolizei vom 31. August 1944: 20 Ostarbeiter und 1 Holländer.
392 Ebd., Meldung vom 5. Oktober 1944: 18 Ostarbeiter.
393 Ebd., Meldung vom 3. November 1944: 23 Ostarbeiter.
394 Ebd., Meldung vom 10. Januar 1944: 23 Ostarbeiter.
395 Lagerliste 5: „Lager Wetzlar“: 23 Ostarbeiter.

396 HAW, Akte „Verzeichnis der ausländischen Arbeitnehmer", Ausländer-Meldung der Stadtwerke an die Wetzlarer Verwaltungspolizei vom 1. März 1945: 22 Ostarbeiter.

397 Lagerliste 5.

398 AL-Stadt WZ. Diese Ausländer waren in keiner der hier im Buch erwähnten Lagerlisten mit aufgeführt.

399 Die Angaben von Dr. Irene Jung: *„Im bürokratischen Apparat war Zwangsarbeit praktisch wegen fehlender beruflicher Qualifikation und Anforderung, die an Mitarbeiter gestellt worden waren, unmöglich"*, und: *„Zwangsarbeit für hiesige Gemeinden hätte auch keinen Sinn gemacht, da eine laufende Beaufsichtigung mangels deutschem Personal nicht gewährleistet werden konnte"* in: „Für Zwangsarbeit in Städten und Gemeinden finden sich im Wetzlarer Archiv keine Belege", WNZ vom 4. Januar 2000, war insofern irrig, da sie einerseits davon ausging, daß nur minder qualifizierte Ausländer Zwangsarbeit leisteten, und da sie den Bereich der städtischen Arbeiter nicht berücksichtigte.

400 AP, Liste F der Stadt Wetzlar zur Ausländerzählung von 1946.

401 AL-Stadt WZ.

402 HStAWi, 463, Nr. 152: Staatsanwaltschaft Limburg, Totenlisten, Bl. 6.

403 Das größere Haupthaus war früher einmal das – damals noch allein stehende - Pumpenhaus der städtischen Trinkwasser-Pumpstation Niedergirmes. Nachdem 1908 das Wasser dort versiegt war, wurde die Station im Jahre 1915 stillgelegt. Nach: Schütte: „Die Wasserversorgung der Stadt Wetzlar", Wetzlar, 1909, ferner Hollricher, Wilhelm: „Die Trinkwasserversorgung der Stadt Wetzlar", Unveröffentlichtes Manuskript, Wetzlar, 1927. Das alte Maschinenhaus wurde 1922 zu einem Wohnhaus umgebaut. 1931 wurde es durch zwei flache Anbauten erweitert und ist seitdem städtisches Obdachlosenasyl (mit Ausnahme des Krieges). Nach: AB, Baupolizei-Akte Hermannsteinerstraße 61, Städtisches Obdachlosenheim, Flur 11, Parzelle 1.

Viertes Kapitel

1 Vgl. Porezag/Spieß, S. 243ff.

2 WNZ vom 31. März 1949: „Auf dem Weg in eine neue Heimat – Rund zweieinhalbtausend DP's verließen Wetzlar". Siehe dazu weiter hinten im Kapitel.

3 Richtig war: 7. US-Panzerdivision des III. Corps der I. US-Armee, zu der auch die 99. US-Infanterie-Division gehörte, vgl. dazu Porezag/Spieß, S. 75ff. Wiedemann (S. 101) übernahm diesen Fehler.

4 Es handelte sich um das 535. Flak-Artillerie-Bataillon.

5 Während die Einwohnerzahl mit 21.000 fast korrekt angegeben wurde (31. 12. 1944 = 21.946 Einwohner, nach: VB II, S. 44), befanden sich am 29. März 1945 „nur" etwa 5.200 Ausländer im Stadtgebiet von Wetzlar.

6 Gemeint war die „Adolf-Hitler-Anlage", später: Große Promenade, heute: Siena-Anlage.

7 Es dürfte sich bei dem Lager um das Ost- und Westarbeiterlager der Firma Ernst Leitz gehandelt haben, welches sich auf dem einstigen Stadiongelände direkt an der Lahn befand. Die unmittelbar benachbarte „Jacob-Sprenger-Brücke" (heute: Lahnbrücke Karl-Kellner-Ring) wurde von den Amerikanern natürlich mit Flakgeschützen gegen deutsche Luftangriffe gesichert.

8 KGf., Meldungen des Wetzlarer Landrates vom 21. April 1951 und 26. Mai 1951.

9 Pollemans, S. 73ff.

10 WRS, Summary vom 23. Juli 1945. Danach gab es in den beiden Wetzlarer DP-Camps zu der Zeit nur noch Polen.

11 Ebd., Report vom 22. Oktober 1945, S. 6.

12 To displace = englisch: verrücken, verschieben, bzw. sinngemäß: verschleppen.

13 Die gesamte Thematik „Zwangsarbeiter/Displaced Persons" wurde sowohl von Schoenwerk als auch im Verwaltungsbericht der Stadt Wetzlar von 1928-1952 nur gestreift.

14 Vgl. dazu ausführlich Spieß, Diether: Chaos und Rache, in: Porezag/Spieß, S. 314ff.

15 Annelore Küstner geb. Schramm, Wetzlar, am 1. August 1995, nach: Porezag/Spieß, S. 319f.

16 HWA, 1104, Nr. 5: Werksarchiv Buderus, Ordner „Intern" 1. Dezember 1944 – 31. Juli 1945, Aktennotiz vom 13. April 1945, Diktatzeichen H.

17 Gisela Jäckel, Wetzlar, am 18. November 2000.

18 Ottilie Gatzert, geb. Ludwig, Niederkleen, am 29. September 2000.

19 Erhard Heinrich, Naunheim, Schreiben vom 28. März 2001.

20 SKJ, Schreiben vom 12. März 1947 bzw. Eidesstattliche Erklärung vom 1. September 1947.

21 MHR, Report vom 3. Oktober 1945, S. 7.

22 HStAWi, 649, 8/191 – 1/4: Weekly MG Reports for August 1945 – 29 May 1946. Der Bericht vermerkte für den 26. November 1945 die „Brandstiftung der russischen Kirche in Wetzlar, Braunfelser Straße, durch polnische Subjekte". Wetzlarer Bürger, die damals in der Braunfelser Straße wohnten, konnten sich aber nicht an eine solche Kirche erinnern. Es dürfte sich daher um eine Art Gebetshaus innerhalb der Kaserne gehandelt haben.

23 MHR, Report für November 1945, S. 7.

24 HStAWi, 461, Nr. 30983, o. S., Vernehmungsprotokoll des Limburger Staatsanwaltes vom 4. November 1945.

25 Anm.: Nach der Akte handelte es sich dabei um eine Flüchtlingsfrau, welche, da die ihr in Wetzlar zugewiesene Wohnung noch nicht frei war, in der Wohnung des Polizisten übernachtet hatte.

26 Anm. 24.

27 MHR, Report für November 1945, S. 4.

28 Ebd., Report für Dezember 1945, S. 16.

29 HAW-DP, Schreiben der Fürsorgeabteilung Nr. 26 des Wetzlarer Beschaffungsamtes vom 6. April 1945 an die amerikanische Militärregierung.

30 Wiedemann, dessen Arbeit sich ansonsten durch eine große Materialfülle auszeichnet, überging das weitere Schicksal der mehr als viertausend russischen Zwangarbeiter/innen in Wetzlar nach dem Kriegsende völlig.

31 Polian, S. 60.

32 Ebd., S. 64.

33 Ebd., S. 97f.

34 HAH, II/3.1.1: Schriftwechsel mit der Militärregierung, Bl. 15, Aufstellung „Gefolgschaftsbestand" vom 23. Mai 1945.

35 Polian, S. 161.

36 Ein ähnliches Schicksal erlitten aber auch viele der einstigen Westarbeiter, die von ihren Landsleuten ebenfalls oft als Kollaborateure mit den Deutschen angesehen wurden.

37 Polian, S. 102.

38 Rainer Fischer (* 5. Oktober 1932), Biskirchen, am 12. November 2000.

39 Nach: „Rapport Définitif No. 762 – Complexe de Wetzlar de la Ministère féderal des Affaires" (Ministère de la Santé et de la Famille du Belgique, Quelle: „Rapport") müssen sich damals in der Tat Belgier im Raum Wetzlar aufgehalten haben.

40 Polian, S. 103.

41 Lothar Karst, Wetzlar, am 11. Februar 2002.

42 Das ist richtig. „US-Constabulary"-Einheiten hatten polizeiähnliche Funktionen. Vgl. a. WNZ vom 11. November 1946: „Schlagkräftig und wachsam – Die Constabulary stellte eine Mörderbande".

43 „Dawai" = russisch: schnell.

44 Siehe Kapitel „Zwangsarbeit in Wetzlar".

45 WRS, Summary vom 23. Juli 1945. Das war auch die Einschätzung von Hans-Joachim Vorwerk, Wetzlar, am 30. Juni 2002.

46 UNRRA, Report vom 9. März 1946, S. 3 und 4.

47 HAW-DP, Lieferliste des US-Procurement-Departments für requirierte Einrichtungsgegenstände in das DP-Lager 2, Spilburg. Danach erfolgte die erste Lieferung in das Lager am 28. Mai 1945.

48 WRS, Summary vom 23. Juli 1945. Das Schicksal von Tausenden ehemaligen Zwangsarbeiter in der Stadt Wetzlar nach dem Ende des Zweiten Weltkrieges wurde im Verwaltungsbericht der Stadt Wetzlar 1928 – 1952 (VB II) praktisch übergangen. Lediglich im Kapitel „Polizeiwesen – Nachkriegsjahre" (S. 125f.) fanden sich zwei Absätze zu diesem Thema. Das Gleiche gilt für das 268 Seiten umfassende Buch: Schöber, Knut und Wilfried Garn (Wetzlar 2000): Spilburg, ein Idyll im Dialog zwischen gestern, heute und morgen. Hier wurde das Thema Zwangsarbeiter nur auf einer knappen halben Seite beschrieben (S. 42).

49 RoI, Report vom 12. Oktober 1945, S. 1.

50 WRS, Summary vom 23. Juli 1945.

51 MHR, Report vom 3. Oktober 1945, S. 6.

52 MSR, Report vom 1. Oktober 1945.

53 MHR, Report vom 3. Oktober 1945, S. 6.

54 Lothar Karst, Wetzlar, am 11. Februar 2002.

55 RoI, Report vom 12. Oktober 1945, S. 1.

56 Nach Kowalczyk, Wladyslaw: Skolnictwo Polskie w Niemczech, 1945-1948, S. 17, sollen sich im Mai 1945 in Wetzlar insgesamt etwa 12.000 Polen aufgehalten haben, ein Jahr später noch 3.500 Polen.

57 MSR, Report vom 1. Oktober 1945.

58 Kirchenbücher im Besitz des Polnischen Oberseelsorgeamtes in Würzburg. Nach: Schreiben des Polnischen Oberseelsorgeamtes in der Bundesrepublik Deutschland, Würzburg, vom 23. April 1996 an die Katholische Domkirchengemeinde „Unserer Lieben Frau" in Wetzlar. Kopien im HAW.

59 Nach: Schreiben des Wetzlarer Stadtwohlfahrstamtes vom 3. Oktober 1945 an die Militärregierung in Wetzlar, in: HAW, Beschaffungsamt 1945-1947, Fürsorgeabteilung Nr. 26., o. S.

60 HAW-DP, Schreiben des Wetzlarer Bürgermeisters an die amerikanische Militärregierung in Wetzlar vom 23. Juni 1945 wegen der für die städtischen Finanzmittel bedrohlich gestiegenen Einkleidungskosten für ehemalige KZ-Häftlinge und rumänische Kriegsgefangene.

61 Ebd., „Verzeichnis der von der Stadt Wetzlar betreuten ehem. KZ-Häftlinge usw." vom 9. Juli 1945 und 15. August 1945.

62 Ebd., Schreiben des Wetzlarer Beschaffungsamtes vom 28. November 1945 an den Bürgermeister von Wetzlar.

63 Zum Beispiel: Nulla Meisels, Salomon Gisser, Mayer Gisser, Abram Korn, Simcha Kierstein, Leib Krygiermann, Aron Grossnacht, Zeiwel Korn, Schmul Jakubowitsch, Jakob Piwa und Hermann Menche – alle wohnhaft Inselstr. 10, oder Isaak Reich, Josef Reich und David Gutgold – alle wohnhaft Fischmarkt 9.

64 Wiedemann (S. 169) sprach von einem separaten Judenlager in Wetzlar im September 1945. Er bezog sich dabei auf Judah Nadich: Report on Conditions of Jewish Displaced Persons, 27. September 1945 (Nadich, ein Major und Rabbiner, war Sonderberater der US-Militärregierung in jüdischen Angelegenheiten. Siehe dazu weiter hinten in diesem Kapitel). Ein solches Lager konnte für den September 1945 in Wetzlar jedoch nicht nachgewiesen werden, sondern erst für März 1946. Siehe dazu weiter hinten in diesem Kapitel.

65 MHR, Report für November 1945, S. 6. Möglicherweise hatte Nadich im September 1945 diese „Small Jewish installation at Wetzlar" gemeint, bei der es sich aber nicht um ein geschlossenes Lager handelte.

66 WRS, Summary vom 22. Oktober 1945, S. 6.

67 HStAWi, 663/310: Hessisches Landratsamt Wetzlar, Schreiben des Wetzlarer Bürgermeisters vom 5. Juli 1949 an die Jewish Restitution Successor Organisation (JRSO). Danach demolierten ortsansässige SA-Männer die Synagoge am 8. oder 9. November 1938. Toraschrein, Predigerpult und die Pulte für Kantor und Vorleser wurden zerschlagen. Außerdem zerstörte die SA alle Bänke und große Teile der Brüstung zur Frauenempore. Eine Inbrandsetzung der Synagoge sei durch die Intervention von Gustav Waldschmidt (Brauerei Waldschmidt) verhindert worden. Er habe die SA auf die Gefährdung der direkt angrenzenden Fachwerkhäuser und somit der gesamten Altstadt hingewiesen.
Erna Barta geb. Munz, wohnhaft Güllgasse 25 in Wetzlar, berichtete am 21. Juli 2002 in diesem Zusammenhang: *„Unser Wohnhaus Güllgasse 25 steht nur etwa 150 Meter entfernt vom Ort der damaligen Wetzlarer Synagoge. Mein Vater hat als Elektriker u. a. auch die elektrischen Anlagen in der Synagoge betreut. Ich erinnere mich noch genau, daß er nach der Reichspogromnacht dort hin gerufen wurde. Als er abends heim kam, erzählte er, die gesamte elektrische Einrichtung dort sei zerstört gewesen."*

68 Vgl. dazu Schäfer, Ingeburg: Die Synagoge in der Rahmengasse und der Wetzlarer Synagogenstreit, in: Heimat an Lahn und Dill, Nr. 217, Ende Oktober 1988: *„... wurde die Inneneinrichtung des Hauses weitgehend durch Feuer zerstört."* In der dort angegebenen Quelle Arnsberg (Band 2, S. 377), fand sich allerdings nur der Hinweis: *„Die Inneneinrichtung der Synagoge ... wurde 1938 zerstört."* Wiedemann (S. 169) gab sogar an: *„Die Synagoge in der Pfannenstielsgasse war 1938 zerstört worden."*
Heinz Fritz, wohnhaft in der Pfannenstielsgasse 6, bestätigte am 3. September 2002 prinzipiell den tatsächlichen Sachverhalt aus der Sicht eines Augenzeugen: *„Ich bin Jahrgang 1928 und habe daher diese Zeit ganz bewußt mit erlebt. Wir wohnten an der Ecke Silhöferstraße/Pfannenstielsgasse, also ganz in der Nähe der Synagoge. Unsere Familie hätte also jeden Versuch, diese in Brand zu setzen, zweifellos gemerkt. So etwas ist jedoch nicht passiert. Im Gegenteil. Das hätte doch für die gesamte Wetzlarer Altstadt verheerende Folgen haben können, denn rings um die Synagoge herum standen überwiegend alte Fachwerkgebäude, wobei in den meisten von ihnen zu dieser Jahreszeit auch noch Heu oder Stroh eingelagert war (zum Beispiel in den Scheunen der Brauerei Waldschmidt die bekanntlich damals noch viele Pferde und Ochsen hielt – die Synagoge stand ja mitten im Gelände der Brauerei)."*

69 Siehe dazu auch Kapitel „Die Kriegsgefangenen-Arbeitskommandos in Wetzlar".

70 Die Kosten betrugen 12.000,- Reichsmark, nach: HStAWi, 663/310. Schreiben des Bürgermeisters der Stadt Wetzlar vom 5. Juli 1949 an die Jewish Restitution Successor Organisation (JRSO), Bl. 3. Arnsberg, 2. Band (S. 377f.), gab hingegen an, die Synagoge sei in der Zeit vom 14. bis 17. September 1945 erstmals wieder eröffnet worden.
Nach der Abwanderung der letzten osteuropäischen Juden aus Wetzlar diente das Synagogengebäude noch bis zu seinem Abriss Ende 1958 (AB, Bauschein Nr. 399/58 vom 25. Sep-

tember 1958) der Brauerei Waldschmidt als Lagerraum. Heute steht an der Stelle die Senioren-Wohnanlage „Lahnblick".

71 Wiedemann (S. 164) gab hingegen die Zahl 27.000 an, welche jedoch in der von ihm angegebenen Quelle „MHR, Report für September 1945" (ohne Angabe der Seitenzahl) nicht nachgewiesen werden konnte.

72 MHR, Report vom 3. Oktober 1945, S. 6.

73 HAW-DP, Schreiben des Wetzlarer Beschaffungsamtes vom 23. und 26. November 1945 an den Bürgermeister von Wetzlar wegen Übernahme der Heizkosten für „Estländer und Lettländer", ferner WRS, Report vom 22. Oktober 1945, S. 6, darin: „Moving 185 Latvians and Esthonians to a modern house on 24 October".

74 Ebd., Schreiben vom 23. November 1945.

75 Nach: VB II, S. 583 hatte die Stadt Wetzlar am 31. Dezember 1944 insgesamt 21.946 Einwohner.

76 RoI, Report vom 12. Oktober 1945, S. 1.

77 WRS, Summary vom 22. Oktober 1945, S. 6.

78 MHR, Report für November 1945, S. 4.

79 Ebd., Report für Oktober 1945, S. 8.

80 RoI, Report vom 12. Oktober 1945, S. 1. Nach Jacobmeyer (S. 430) gab es eine eigene Berufschule und Englisch-Unterricht.

81 Kowalczyk, Wladyslaw: Skolnictwo Polskie w Niemczech, 1945-1948, S. 122. Nach: Schreiben des Polnischen Oberseelsorgeamtes in der Bundesrepublik Deutschland, Würzburg, vom 23. April 1996 an die Katholische Domkirchengemeinde „Unserer Lieben Frau" in Wetzlar.

82 Kowalczyk, Wladyslaw: Skolnictwo Polskie w Niemczech, 1945-1948, S. 118.

83 MHR, Report vom 3. Oktober 1945, S. 6.

84 Er war der Bearbeiter des „Report on Conditions of Jewish Displaced Persons, 27. September 1945".

85 Jacobmeyer, S. 429f.

86 MHR, Report für Oktober 1945, S. 7.

87 Ebd., Report für November 1945, S. 4.

88 Ebd., Report für Dezember 1945, S. 17.

89 UNRRA, Report vom 6. April 1946, S. 5. Hier war für Wetzlar nur noch das UNRRA-Team Nr. 88 in der Silhöfer Au verzeichnet, allerdings mit dem Zusatz: „*Team 529* (Anm.: Richtig war 539) *in der Spilburg-Kaserne zeigt noch 175 zurück gebliebene DP's ...*" Von da an war sowohl in den Military-Reports (WRS) als auch in den UNRRA-Reports für Wetzlar nur noch das Camp Nr. 538 – UNRRA-Team Nr. 88 – verzeichnet.

90 HAW-DP, Schreiben des Wetzlarer Beschaffungsamtes an den Herrn Bürgermeister vom 18. April 1946 wegen Übernahme der an das Polenlager 2, Spilburg, gelieferten Gegenstände durch die Militärregierung.

91 Ebd., Schreiben des Headquarters Military Government Landkreis Wetzlar vom 12. April 1946 an das Beschaffungsamt der Stadt Wetzlar wegen Hergabe einiger Kochgeräte für die Kompanie.

92 UNRRA, Report vom 20. April 1946, S. 2.

93 HAW-DP, Notiz des Wetzlarer Beschaffungsamtes vom 26. April 1946 über eine Besprechung bei der Militärregierung vom 25. April 1946.

94 Das Camp 2 in der Spilburg tauchte in den noch vorhandenen Lagerlisten letztmalig am 15. März 1946 in einer Ausländerliste auf. Nach: UNRRA, DP-Lagerliste vom 15. März 1946.

[95] UNRRA, Report vom 15. März 1946, S. 3.

[96] HAW, Akte Ausländer-Feststellungen, darin: Nachweisung der in hiesiger Gemeinde anwesenden Ausländer vom 7. März 1946. Unter den dort verzeichneten Ausländern befanden sich 58 Polen, 24 Ungarn, 17 Letten, 13 Österreicher, 13 Holländer, 11 Italiener, 9 Franzosen, 9 Russen, 6 Rumänen, 3 Schweizer, 2 Esten, 2 Litauer und eine Spanierin.

[97] UNRRA, Report vom 30. März 1946, S. 1.

[98] Ebd., Report vom 15. März 1946, S. 3.

[99] Ebd., Report vom 20. April 1946, S. 2.

[100] Ebd., Report vom 11. Mai 1946, S. 2.

[101] WRS, Summary vom 28. September 1946. Wiedemann (S. 169) gab hingegen an, die Polen hätten Wetzlar schon im Frühjahr 1946 verlassen.

[102] Ebd., Summary vom 26. Oktober 1946. Das widersprach jedoch den Angaben im Monatsbericht der Amerikanischen Militärregierung, wonach noch im November 1946 drei Polentransporte stattgefunden haben sollten. Möglicherweise haben die letzten 1.548 Polen und die neu angekommenen 4.432 Juden einen Monat lang gemeinsam im Wetzlarer DP-Camp an der Silhöfer Au gelebt. Wiedemann gab hingegen an (S. 169), das Lager sei bereits „im Frühjahr 1946 mit 5.000 osteuropäischen Juden belegt worden".

[103] Frdl. Mitteilung von Hans-Joachim Vorwerk, Wetzlar, am 19. Februar 2002. Ralf Bramesfeld aus Steindorf berichtete am 29. März 2002, dass er damals einige dieser Juden kannte. Sie waren aus Ostpolen gekommen.

[104] Zit. n.: Kropat, S. 450.

[105] Jacobmeyer, S. 437.

[106] Ebd., S. 422.

[107] Ebd., S. 427.

[108] Nach: IRO, Report vom 30. September 1948, S. 2, befanden sich zu dem Zeitpunkt noch 3.717 Juden, 20 Letten, 18 Polen, 8 Litauer und 5 Russen in diesem Lager.

[109] Vgl. hierzu: Wiedemann, S. 169-171. Er beschrieb das jüdische Lager in Wetzlar allerdings mit unter dem Oberbegriff „Displaced Persons".

[110] WRS, Report vom 8. Februar 1947, S. 14. Die Angabe von Wiedemann (S. 170, vermutlich zitiert nach Kropat, S. 450), allein in Hessen hätten 1946 (ohne genaue Datumsangabe) 35.000 ostjüdische DP's gelebt, konnte in den UNRRA-Unterlagen für Hessen nicht bestätigt werden.

[111] Nach Kropat (S. 450) sei hingegen das Lager Zeilsheim bei Frankfurt am Main – mit zeitweise ca. 3.500 Juden – am bekanntesten gewesen.

[112] UNRRA, Report vom 8. Februar 1947, S. 7.

[113] Ebd., Report vom 7. – 14. Juni 1947, S. 27.

[114] PCIRO, Report vom 3. Oktober 1947.

[115] WNZ vom 16. September 1947: „Räumung des Verschlepptenlagers – Kurzes Interview mit Major Charles S. Russe".

[116] Ebd. vom 31. März 1949: „Auf dem Weg in eine neue Heimat – Rund zweieinhalbtausend DP's verließen Wetzlar".

[117] Nach Kropat (S. 453) soll der relativ hohe Anteil von jüdischen Inhabern von Bars und Amerikaner-Lokalen in Frankfurt und dem sonstigen Rhein-Main-Gebiet im Kern schon auf diese frühe Nachkriegszeit zurückgehen.

[118] WNZ vom 30. Januar 1947: „Streife auf unserem Schwarzmarkt".

[119] Ebd. vom 31. März 1949: „Auf dem Weg in eine neue Heimat – Rund zweieinhalbtausend DP's verließen Wetzlar".

[120] Hans-Joachim Vorwerk, Wetzlar, am 19. Februar 2002.

121 Unit = neutrale Werteinheit.
122 Point = neutrale Punktewertung.
123 Solche gab es auch in Wetzlar. Frdl. Mitteilung von Hans-Joachim Vorwerk und Ralf Bramesfeld, beide Wetzlar, am 30. Juni 2002.
124 Desgl., Mitteilung von Hans-Joachim Vorwerk, Wetzlar, am 30. Juni 2002.
125 Lagergeld, S. 53ff.
126 WNZ 18. März 1947: „Eine freigebige Molkerei", ferner WNZ vom 22. März 1947: „Die Geißel des Normalverbrauchers – Strenge Maßnahmen gegen Schieber und Schwarzschlächter erforderlich".
127 Ebd. vom 29. März 1947: „Ein Textil-Großlager ermittelt".
128 Horst Dinkel, Bissingen in Schwaben, am 29. Mai 2002.
129 WNZ vom 30. Januar 1947: „Streife auf unserem Schwarzmarkt".
130 HAW, Akte „Wochenberichte an die Militärregierung", Bericht vom 12. – 18. Februar 1948, S. 2.
131 Ebd., Akte „Berichte für Radiosender Frankfurt am Main, Band 1", darin: Schreiben des Wetzlarer Bürgermeisters vom 15. Dezember 1946. Die genauen Mengangaben für Kaffee, Butter, Fleisch usw. fehlten leider.
132 WNZ vom 15. Oktober 1948 und WNZ vom 21. Oktober 1948.
133 Ebd. vom 1. Juni 1946: „Wo kommen die beschlagnahmten Lebensmittel hin?"
134 SKH 1, Blatt 25 des Protokolls.
135 WNZ vom 8. Januar 1949: „DP-Lager soll aufgelöst werden – Der israelische Generalkonsul für Deutschland in Wetzlar". Ferner frdl. Mitteilung von Ralf Bramesfeld, Steindorf, am 29. März 2002. Er hatte als Jugendlicher damals Kontakt mit osteuropäischen Juden in Wetzlar, die angaben, nach Israel ausreisen zu wollen.
136 Ebd. vom 31. März 1949: „Auf dem Weg in eine neue Heimat – Rund zweieinhalbtausend DP's verließen Wetzlar".
137 Ebd. vom 30. März 1949: „DP prellt Brillantenhändler".
138 Friedhof 4, Bl. 1-3.
139 WRS, Summary vom 23. Juli 1945, S. 1. Es kann davon ausgegangen werden, dass die frühen amerikanischen Militär-Reports alle in den Camps verbliebenen Nationalitäten pauschal als „Polen" führten.
140 MSR, Report vom 1. Oktober 1945, S. 1.
141 RoI, Report vom 12. Oktober 1945, S. 1.
142 MHR, Report für November 1945, S. 4.
143 UNRRA, Report vom 15. März 1946, S. 2 und 3. Sowohl in dieser als auch in einigen anderen Personenaufzählungen stimmte die Addition der Personenzahlen nicht mit der angegebenen Gesamtzahl überein.
144 Ebd., Report vom 11. April 1946, S. 2.
145 WRS, Summary vom 1. Juni 1946, S. 4.
146 HStAWi, 469, 8/63-2/2, „Headquarters Third United States Army, Relief of Housing Shortages by Movements of DPs", vermutlich Juni 1946.
147 WRS, Summary vom 15. Juli 1946, S. 2.
148 Ebd., S. 5. Die Zahlenangaben auf dieser Seite stimmen in der Summe nicht überein mit den Zahlenangaben auf Seite 2 im selben Bericht.
149 Ebd., Summary vom 7. September 1946.
150 UNRRA, Report vom 4. September 1946, S. 2.
151 WRS, Summary vom 14. und 28. September 1946.
152 Ebd., Summary vom 24. Oktober 1946.

153 Ebd., Summary vom 9. September 1946

154 HStAWi, 649, 8/63-2/2, vorläufiges Ergebnis der Volkszählung am 29. Oktober 1946.

155 UNRRA, Report vom 8. Februar 1947, S. 7.

156 WRS, Summary vom 3. Mai 1947, S. 1.

157 Ebd., Summary vom 24. Mai 1947, S. 1.

158 Ebd., Summary vom 14. Juni 1947.

159 Ebd., Summary vom 9. August 1947.

160 Nach PCIRO, Report für August 1947, S. 26, waren es: 4.400 Juden, 38 Polen, 11 Letten, 7 Litauer und 1 Russe.

161 WRS, Summary vom 6. September 1947, S. 4.

162 Ebd., Summary vom 20. September 1947

163 PCIRO, Report vom 31. Oktober 1947, S. 24.

164 WRS, Summary vom 25. Oktober 1947, S. 4. Die hier angegebene Zahl von 2.270 Juden ist vermutlich ein Schreibfehler, denn gleichzeitig wurde darauf hingewiesen, dass die Belegungskapazität von 4.200 Personen um 270 Personen überschritten worden sei. Vgl. a. PCIRO, Report vom 31. Oktober 1947, S. 24.

165 PCIRO, Report vom 5. Oktober 1947, S. 24.

166 IRO, Report vom 30. September 1948, S. 2. Zum Stichtag 30. Juni 1948 hatten sich in Hessen noch 85.551 Ausländer aufgehalten, darunter 39.272 Polen, 8.046 Letten, 7.340 Litauer und 2.853 Staatenlose. Nach: Statistisches Handbuch für Hessen, Offenbach 1948, S. 42.

167 WRS, Summary vom 23. Juli 1945, S. 1.

168 MSR, Report vom 1. Oktober 1945, S. 4.

169 RoI, Report vom 12. Oktober 1945, S. 1.

170 MHR, Report für November 1945, S. 4.

171 UNRRA, Report vom 15. März 1946, S. 4.

2. Quellen- und Literaturverzeichnis

2.1 Archive

Archiv der evangelischen Kirchengemeinde Wetzlar
Geburts- und Sterberegister

Archiv der katholischen Kirchengemeinde Wetzlar
Akte: „Polnisches Oberseelsorgeamt Würzburg", betreffend die seelsorgische Behandlung polnischer DP's in Wetzlar.

Archiv der Friedhofsverwaltung Wetzlar
Akte: „Liste der Fremdarbeitergräber auf dem Friedhof Wetzlar-Niedergirmes" vom 7. Juni 1951.
Akte: „Friedhof Niedergirmes, Block 13a – Kinderteil Ausländer".
Akte: „Gräberliste der in den Jahren 1946 – 1949 beigesetzten israelitischen Verstorbenen".
Akte: Gräberliste des Kriegsgefangenen-Friedhofs in Büblingshausen.

Archiv der Gedenkstätte Hadamar
Altakten der Euthanasie-Verfahren von ausländischen Zivilarbeitern des Raumes Wetzlar.

Archiv der IG Metall, Gießen
Akten: Arbeitsmaterial zur Buchpublikation „Panzerrohre zu Pflugscharen", Wetzlar 1987 (Fragmente).

Archiv der Industrie- und Handelskammer Wetzlar
Bestand: „Rhein-Mainischen Wirtschaftszeitung", Jahrgänge 1939-1945.
Akte: „Wirtschaftsgeschichtliche Unterlagen 1942-1947".

Archiv der Wetzlarer Neuen Zeitung
Wetzlarer Anzeiger 1939 – 1949.

Archiv des Arbeitsamtes Wetzlar
Akten: Die verwaltungsmäßigen – besonders arbeitsamtlichen – Gliederungen im Deutschen Reich. Akten: Statistiken und Anweisungen des Landesarbeitsamtes Hessen im Zweiten Weltkrieg.

Archiv des Bauordnungsamtes der Stadt Wetzlar
Akten: Historische Bauanträge, Bauzeichnungen und Baugenehmigungen.

Archiv des Einwohner-Meldeamtes der Stadt Wetzlar
Historische Einwohner-Meldekarteien: 1900 – 1962 und 1962 – 1982.

Archiv des Handelsregisters bei dem Amtsgericht Wetzlar
Historisches Gesellschaftsregister.
Akten: Archiv der Handelsregister A und B.

Archiv des Internationalen Suchdienstes des Roten Kreuzes (ITS), Bad Arolsen
Akte: UNRRA – United Nations Relief and Rehabilitation Administration.
Akte: PCIRO – Preparation Commission of the International Refugee Commission.
Akte: IRO – International Refugee Organisation.
Akte: Kriegsgefangenen-Arbeitskommandos in Wetzlar.

Archiv Karsten Porezag
Bestand: Namenslisten der Ausländer-Suchaktion 1946 zu den Firmen Buderus'sche Eisenwerke, Stahlwerke Röchling-Buderus AG, Spinnerei & Weberei und der Stadt Wetzlar.
Bestand: US-Luftaufnahmen Wetzlars vom 15. März 1945.

Service Archives et Documentation du Ministere federal des Affaires sociales de la Sante publique et de l'Environnement: Archive des Service des Victimes de la Guerre, Bruxelles
Akte: Rapport Définitif No. 762 – Complèxe de Wetzlar.

Bundesarchiv Berlin
Bestand R3: Reichs-Betriebskartei Industrie

Bundesarchiv-Militärarchiv Freiburg/Breisgau
Bestand RW 20-9: Kriegstagebuch der Rüstungsinspektion IX Kassel.
Bestand RW 21-22: Kriegstagebücher des Rüstungskommandos Gießen des Reichsministers für Bewaffnung und Munition, 24. August 1939 – 3. Vj. 1944.
Bestand RW 46: Tätigkeits- und Lageberichte des Wehrwirtschaftsoffiziers des Wehrkreiskommandos IX.

Gedenkstätte und Museum Trutzhain – zum Stalag IX A, Schwalmstadt/Hessen
Bestand: Stalag IX A Ziegenhain, Kriegsgefangenen-Arbeitskommandos in Wetzlar.

Hessisches Hauptstaatsarchiv Wiesbaden
Abt. 409/4, Nr. 3717, 3764, 3802, 4502, 4862, 5004, 5008, 5953 und 8508 o. S.: Gefangenenakten des Untersuchungsgefängnisses Frankfurt-Preungesheim.
Abt. 423, Nr. 17: „Fabrikverhältnisse und Industrie im Kreis Wetzlar, 1836-1869".
Abt. 423, Nr. 408: „Genehmigung von Arbeitsordnungen für Fabriken, 1892-93, 1897, 1902."
Abt. 423, Nr. 415: „Förderung von Handel und Gewerbe im Raum Wetzlar, 1880-1894".
Abt. 423, Nr. 1224:„Behandlung von Ausländern (Allgem.), 1939-März 1945".
Abt. 423, Nr. 1274: „Aufsicht über die Ortskrankenkasse für Mechaniker und Optiker in Wetzlar 1913-1930".
Abt. 423, Nr. 1292: „Genehmigungen von Baumaßnahmen im Überschwemmungsgebiet der Dill, 1908-1933".
Abt. 423, Nr. 1560: „Volkszählungen 10. 10. 1938 und 17. 5. 1939".
Abt. 458a, Nr. 560: „Handakten der Staatstsanwaltschaft bei dem Landgericht Frankfurt am Main".
Abt. 458a, Nr. 627: „Vollstreckung der Todesstrafe".
Abt. 461, Nr. 9315, 17727: „Handakten der Staatsanwaltschaft bei dem Landgericht Frankfurt am Main".
Abt. 461, Nr. 9844 und 9969: Gestapokartei Frankfurt am Main.
Abt. 461, Nr. 30983: Staatsanwaltschaft Frankfurt, Prozeß Gestapo Frankfurt, ferner Handakten der Staatsanwaltschaft Limburg.
Abt. 463, Nr. 152: Verfahrensakten der Staatsanwaltschaft Frankfurt am Main.
Abt. 469/9, Nr. 3643: Amtsgericht Herborn, Handelsregister A ab 1937, HRA 303, S. 256f.: „Hensoldt-Werk für Optik und Mechanik Dr. Hans Hensoldt".
Abt. 469/36, Nr. 149: Akten des Arbeitsgerichts Wetzlar: Arbeitsgerichtsverfahren von Arbeitgebern und Arbeitnehmern.
Abt. 469/36, Nr. 5857: Amtsgericht Herborn, Handelsregister A (1909-1948), HRA 634.
Abt. 469/36, Nr. 5982-5984: Amtsgericht Wetzlar, Handelsregister B (1953-1983), 5 HRB 12: „M. Hensoldt und Söhne, Optische Werke AG, Wetzlar".
Abt. 478/1, Nr. 8, 9: Gewerbeaufsichtsamt Wetzlar, Jahresberichte, Band III und IV.
Abt. 482, Nr. 48a, b, c: „Arbeitseinsatz, Versorgung und Betreuung ausländischer Zivilarbeiter in der Landwirtschaft, 1940-Febr. 1945".

Abt. 482, Nr. 69: „Der Arbeitseinsatz in Hessen. Herausgegeben vom Landesarbeitsamt Hessen, Nr. 10/11, Oktober 1942“.
Abt. 482, Nr. 773: „Arbeitseinsatz ausländischer (insbes. polnischer) Zivilarbeiter in der Landwirtschaft, 1940-1944“.
Abt. 483, Nr. 1943: „Akte der Gestapo-Außendienststelle Wiesbaden zur Behandlung polnischer Zivilarbeiter“.
Abt. 483, Nr. 1994a, b: „Fahndung nach flüchtigen ausländischen Arbeitskräften (Akten der Gestapo Koblenz), 1942 – Jan. 1945“.
Abt. 483, Nr. 3259: „Beschäftigung und Unterbringung ausländischer Zivilarbeiter und Kriegsgefangener (meist Rundschreiben der DAF-Gauwaltung Hessen-Nassau), 1943-1944“.
Abt. 483, Nr. 4132 a: Akte: „Verhaftung eines polnischen Zivilarbeiters wegen Umgangs mit deutschen Frauen“.
Abt. 483, Nr. 4162b: „Herborn (1933-1945), darin auch: Belegung einer Baracke mit Ostarbeitern (1943).“
Abt. 483, Nr. 4418a-4419b, 4420a-4424b, 4464c-d, 4491c: „Organisation und Tätigkeit der DAF in den Betrieben des Kreises Wetzlar“.
Abt. 483, Nr. 4434, 4435a-4458c, 4464e, 4467a, 4468a-e, 4471a-c, j-k: „Organisation und Tätigkeit der Deutschen Arbeitsfront in den Betrieben im Kreis Wetzlar, Dez. 1933-März 1945“ (hier fehlen Hensoldt und Leitz).
Abt. 483, Nr. 4464b: „Tätigkeit der DAF-Kreisfrauenwalterin im Kreis Wetzlar“.
Abt. 483, Nr. 4455a: „Liste der Zellen- und Blockwarte in einigen Wetzlarer Betrieben“.
Abt. 483, Nr. 4460b: „Rundschreiben der DAF-Gauverwaltung Hessen-Nassau vom 3. Juli 1940 zur Behandlung polnischer Zivilarbeiter.“
Abt. 483, Nr. 4463e: „Organisationen der DAF im Kreis Wetzlar, 1935-1944“.
Abt. 483, Nr. 4464b: „Tätigkeit der DAF-Kreisfrauenwalterin im Kreis Wetzlar“.
Abt. 483, Nr. 4470a-c: „Verfahren vor dem Ehren- und Disziplinargericht der DAF, Gau Hessen-Nassau (Akten der DAF-Kreiswaltung Wetzlar, 1937-März 1945)“.
Abt. 483, Nr. 4471a-c: „Akten der Deutschen Arbeitsfront“.
Abt. 483, Nr. 4477a: schriftverkehr der NSDAP-Kreisleitung Wetzlar mit dem dortigen Arbeitsamt.“
Abt. 483, Nr. 4479e: „Überwachung ausländischer Zivilarbeiter im Kreise Wetzlar.“
Abt. 483, Nr. 6522a-b: „Betreuung ausländischer Zivilarbeiter im Kreis Gelnhausen durch die DAF. 1943-Febr. 1944“.
Abt. 483, Nr. 7020: „Berichte des Sicherheitsdienstes des Reichsführers SS, Außenstelle Wetzlar in Dillenburg betreffend, 1937-1939“.
Abt. 483, Nr. 7328: „Von der DAF betreute Lager für ausländische Zivilarbeiter im Gau Hessen-Nassau, 1942-1943“.
Abt. 483, Nr. 7359a, b, 7360, 7361, 7362: „Maßnahmen zur Durchführung von Schwangerschaftsunterbrechungen bei ausländischen Zivilarbeiterinnen (Akten des SS-Führers im Rasse- und Siedlungswesen), 1943 – Febr. 1945“.
Abt. 483, Nr. 10643: „Rundschreiben der NSDAP-Gauleitung Hessen-Nassau zum Einsatz sowie zur Unterbringung, Verpflegung und Überwachung ausländischer Zivilarbeiter, 1942“.
Abt. 483, Nr. 10963: „Monatliche Industrieberichterstattung der Wirtschaftskammer Hessen 1941-1942“.

Abt. 483, Nr. 11279: „Bericht der NSDAP-Ortsgruppe Braunfels über das Verhalten dortiger ausländischer Zivilarbeiter, 1943."
Abt. 519: Landesamt für Vermögenskontrolle und Wiedergutmachung in Hessen.
Abt. 520F: „Betr.: Entnazifizierung Dr. Ernst Leitz". Akte des öffentlichen Klägers bei der Spruchkammer Wetzlar, 1947.
Abt. 520 Gi, Nr. 516: Spruchkammer-Akten Professor E. von H., Gießen.
Abt. 649, 8/63-2/2 und andere: Akten des US-Military Government for Hesse (OMGH) Wiesbaden.
Abt. 663, Nr. 267: „Zulassung und Tätigkeit der praktischen Ärzte, Zahnärzte, Fachärzte, Dentisten, Heilpraktiker, Hebammen und Masseure".
Abt. 663, Nr. 310: Hessisches Landratsamt Wetzlar: Wiedergutmachungsansprüche der jüdischen Gemeinde Wetzlar und Materialsammlung zur Situation der Juden nach dem 2. Weltkrieg (Laufzeit 1947-1956).
Abt. 663, Nr. 401: Materialsammlung für die Kreisdokumentation „Die nationalsozialistische Herrschaft im Lahn-Dill-Kreis 1933-1945", o. J.
Abt. 663/96: „Suchaktion Ausländer in Wetzlar 1945".
Abt. 663/97: „Suchaktion Ausländer in Wetzlar 1947".
Abt. We 1569/4717: „Spruchkammer-Akten Dr. Carl Hensoldt.
Abt. 520 Gi, Nr. 16.687: „Spruchkammer-Akten Dr. Hans Hensoldt.

Hessisches Staatsarchiv Marburg
Bestand: LA 180, Kriegsgefangenen-Arbeitskommandos.

Hessisches Wirtschaftsarchiv Darmstadt
Bestand 1104: Materialsammlung Engelke.

Historisches Archiv der Hensoldt AG, Wetzlar
Bestand II/2.3.1: Militäraufträge.
Bestand II/2.3.2: Zwangsarbeiter.
Bestand II/2.3.3: Fertigungsverlagerungen.
Bestand II/3.2: Spruchkammer-Verfahren.
Bestand V/2: Bilanz-Inhalte.
Bestand VIII/2: Krankenkasse.
Bestand IX/2: Bauaktivitäten.
Bestand X/2: Gewinne.

Historisches Archiv der Leica-Microsystems Holdings GmbH, Wetzlar
Bestand: Bildmaterial Fremdarbeiter.
Bestand: Ernst Leitz II.

Historisches Archiv der Stadt Wetzlar
Bestand: Verwaltungspolizei Wetzlar.
Bestand: Einwohnermeldeamt – Geburten 1929-1949, Eheschließungen 1929-1952 und Sterbefälle 1929-1949.
Akten: Luftangriffe auf Wetzlar.
Akten: Einwohner-Meldekartei bis 1900.
Akten: „Ausländer-Feststellungen".
Akten: Besatzungsamt 1945-1946.
Akten: Beschaffungsamt 1945.
Akten: Wochenberichte an die Militärregierung Juni 1945 – August 1948.
Akten: Anordnungen der Militärregierung Nov. 1946 – Febr. 1949.
Akten: Berichte für Radiosender Frankfurt/Main, Band 1.
Akten: Wirtschaftsberichte an die Militärregierung.

2.2 Bibliotheken

Bibliothek der Justus Liebig-Universität Gießen
Bibliothek der Philipps-Universität Marburg
Bibliothek des Kriminologischen Abteilung der Philipps-Universität Marburg

2.3 Zeitungen, Zeitschriften und elektronische Medien

Amtliche Mitteilungen der LVA Rheinprovinz, Düsseldorf 11/1989.
Amtliche Nachrichten für die Reichsversicherung, Berlin.
Ansprachen und Glückwünsche anlässlich des 70. Geburtstages von Dr. h. c. Ernst Leitz am 1. März 1941, Festschrift, Wetzlar o. J. (1941).
„Arbeitsbucherhebung vom 15. Juli 1940. Die Ergebnisse der Erhebung über die Arbeiter und Angestellten (ohne die zum Wehrdienst eingezogenen), Bearbeitet vom Reichsarbeitsministerium, Berlin SW, Saarlandstraße 96".
Desgl. vom 15. August 1941
„Beispiele der Judenverfolgung im Gebiet des Lahn-Dill-Kreises während der nationalsozialistischen Machtherrschaft. Aufgezeichnet anlässlich der 50. Wiederkehr der Reichspogromnacht." Wetzlar 1988. Hrsg. Durch den Kreisausschuss des Lahn-Dill-Kreises, Abt. Hauptamt, Herr Kloneck.
„Den Gefolgschaftsmitgliedern der Firma Ernst Leitz, Optische Werke, zur Erinnerung an den 70. Geburtstag ihres Seniorchefs Dr. h.c. Ernst Leitz. Die Geschäftsleitung. Wetzlar, 1. März 1941." Wetzlar 1941.
Der Arbeitseinsatz im Deutschen Reich (ab Juli 1943: Der Arbeitseinsatz im Großdeutschen Reich), Hrsg.: Der Beauftragte für den Vierjahresplan / Der Generalbevollmächtigte für den Arbeitseinsatz, Berlin, Februar 1943 – Dezember 1944.
Der Arbeitseinsatz in Hessen, herausgegeben vom Landesarbeitsamt Hessen, Jg. 1940-43, Frankfurt am Main.
Die Dienstnachrichten des Reichsnährstandes, Berlin.
Die Industrie-Beschäftigten und die Frauenbeschäftigung im Bereich der Wirtschaftskammer Hessen, am 31. 5. 1940 und 31. 5. 1941. HStAWi. 423, Nr. 10963, o. S.
Die Gesetze Nr. 52 und Nr. 53 der Militärregierung mit Erläuterungen, Deutsche Verlagsanstalt; Stuttgart 1946, darin S. 7ff.: Sperre und Beaufsichtigung von Vermögen nach Gesetz Nr. 52 der Militärregierung, ferner S. 54ff.: Devisenbewirtschaftung nach Gesetz Nr. 53 der Militärregierung.
Die Groß-Hessischen Stadt- und Landkreise, Gebiet-Bevölkerung-Wirtschaft, Statistisches Landesamt für Groß-Hessen, Oktober 1948 (ohne Ort).
Die Wirtschaft im Bezirk der Gauwirtschaftskammer Rhein-Main, Zahlen und Schaubilder, Frankfurt am Main 1943.
Dienstnachrichten des Reichsnährstandes, Herausgeber: Der Reichsbauernführer, Verwaltungsamt, Berlin.
Dr. Carl Hensoldt zum 50-jährigen Jubiläum, Festschrift, Wetzlar o. J. (1939).
Ein Jahrhundert Vakuumgeschichte, Jubiläumsschrift zum 100-jährigen Bestehen der Arthur Pfeiffer Vakuumtechnik Wetzlar GmbH, Wetzlar 1990.
Ergebnisse der Arbeitsbucherhebung vom 25. Juni 1938 für den Landesarbeitsamtsbezirk Hessen, Frankfurt am Main 1939.
Festschrift: Zum 70. Geburtstag Dr. Ernst Leitz am 1. März 1941, Wetzlar 1941.

Frankfurter Rundschau.
„Gebietsstand, ständige Bevölkerung und Wohnbevölkerung in den Bezirken der Landesarbeitsämter und Arbeitsämter in den Bezirken (Wirtschaftsgebieten) der Reichstreuhänder der Arbeit und in den Gauen der NSDAP, zusammengestellt beim Generalbevollmächtigten für den Arbeitseinsatz, Abt. V B 3", Berlin 1942.
„German Firms That Used Slave Or Forced Labour During The Nazi Era, Prepared By The **A**merican **J**ewish **C**ommittee Berlin Office. December 7, 1999". Stand 13. 12. 1999, Internet („Zwangsarbeits-Liste").
Handbuch für die Dienststellen des Generalbevollmächtigten für den Arbeitseinsatz und die interessierten Reichsstellen im Großdeutschen Reich und in den besetzten Gebieten, Band 1, Berlin 1944.
Hessischer Landtag, Drucksache 11/2581 vom 3. Dezember 1984: „Antwort der Landesregierung auf die Große Anfrage der Fraktion der GRÜNEN betreffend Konzentrationslager und andere Lager des NS-Regimes in Hessen, Drucksache 11/87."
Horn, Winfried: „Die fiktive Nachversicherung ehemaliger Fremdarbeiter (Art. 6 § 23 FANG), in: „Mitteilungen der Landesversicherungsanstalt Oberfranken und Mittelfranken", Nr.10/1983.
Küppers, H.: „Die vorläufige arbeitsrechtliche Behandlung der Juden", in: RABl. 1941 V, S. 106ff.
Ders.: „Das Beschäftigungsverhältnis der Juden", in: RABl. 1941 V, S. 569ff.
Nadich, Judah: Report on Conditions of Jewish Displaced Persons, 27. September 1945.
Nachrichten des Reichsministers für Rüstung und Kriegsproduktion, Berlin 1944.
Reichsanzeiger, Berlin
Reichsarbeitsblatt, Berlin.
Reichsgesetzblatt, Berlin.
Reichssteuerblatt, Berlin.
Rhein Mainische Wirtschafts-Zeitung, Amtliche Zeitschrift der Wirtschaftskammer Hessen, Frankfurt am Main. Ab April 1943 (Nr. 8/1943): Die Rhein-Mainische Wirtschaft, Mitteilungsblatt der Gauwirtschaftskammer Rhein-Main.
Runderlasse für die Arbeitseinsatz-, Reichstreuhänder- und Gewerbeaufsichtsverwaltung, Berlin.
Schlögel, A.: Das humanitäre Recht in der Haager Landkriegsordnung. Vortrag auf der 26. Tagung der Justitiare und Konventionsbeauftragen des DRK vom 9. bis 11. September 1982 in Freiburg, in: Deutsches Rotes Kreuz, Schriftenreihe 47, Abteilung Recht, Heft 13, o. J.
Ders.: Die Genfer Rotkreuzabkommen von 1949 in kurzer Zusammenfassung, 1982, o. O.
Schütte: Die Wasserversorgung der Stadt Wetzlar, Wetzlar, 1909.
Statistisches Handbuch für Hessen, Offenbach 1948.
Tarifordnung für die Eisen-, Metall und Elektroindustrie des Wirtschaftsgebietes Hessen, Frankfurt/M. 1938.
US-Soldatenzeitung „Yank"
„Verzeichnis der Gemeinden des Kreises Wetzlar mit Einwohnerzahlen nach dem Stande der Personenstandsaufnahme vom 10. 10. 1938", Wetzlar 1939.
„Verzeichnis der Öffentlichen Dienststellen der Provinz Hessen-Nassau (Nach dem Stande vom 1. Juli 1941)", Kassel 1941.
Wetzlarer Anzeiger.
Wetzlarer Neue Zeitung.

2.4 Sonstige gedruckte Quellen und Literatur

Arnsberg, Paul: Die jüdischen Gemeinden in Hessen, Anfang – Untergang – Neubeginn, 2 Bände, Frankfurt am Main 1971/2.

Czollek, Roswitha: Faschismus und Okkupation, Ostberlin 1974, S. 159.

Diamant, Adolf: Gestapo Frankfurt a. M., Frankfurt am Main 1988.

Didier, Friedrich (Bearb.): Handbuch für die Dienststellen des Generalbevollmächtigten für den Arbeitseinsatz und die interessierten Reichsstellen im Großdeutschen Reich und in den besetzten Gebieten, Band 1, Berlin 1944.

Dohse, K.: Ausländische Arbeiter und bürgerlicher Staat. Genese und Funktion von staatlicher Ausländerpolitik und Ausländerrecht. Vom Kaiserreich bis zur Bundesrepublik Deutschland, Königstein/Ts. 1981.

Donga-Sylvester, Eva, Günter Czernetzky und Hildegard Toma: Ihr verreckt hier bei ehrlicher Arbeit! Deutsche im GULAG 1936 – 1956, Stuttgart 2000.

Duden, Band 1: Rechtschreibung, 19. Auflage, Mannheim/Wien/Zürich 1986.

Einwohnerbuch der Kreise Wetzlar, Dillkreis, Biedenkopf und der Stadt Weilburg, Siegen 1938.

Elsner, R.: Die ausländischen Arbeiter in der Landwirtschaft der östlichen und mittleren Gebiete des Deutschen Reiches während des Ersten Weltkrieges, Rostock 1961.

Erb, Willi: „Die Leitz-Werke, Optische Werke Wetzlar, Ihre Geschichte und ihre Bedeutung für den Wetzlarer Raum“, Marburg 1955.

Flender, Herbert (Bearb.): Verwaltungsbericht der Stadt Wetzlar vom 1. April 1928 bis 31. März 1952, Wetzlar 1957.

Ders.: Kleine Chronik der Industrie- und Handelskammer Wetzlar 1900-1975, 1. bis 8. Ausgabe, Wetzlar 1976.

Georg, Rolf, Rainer Haus und Karsten Porezag: Eisenerzbergbau in Hessen – Historische Fotodokumente mit Erläuterungen 1870-1983, 2. Auflage, Wetzlar 1986.

Gündisch, Dieter (Bearb.): „Damit die nicht machen, was sie wollen, Dokumente aus der Geschichte der Arbeiterbewegung in Wetzlar von 1889 bis 1945“, Wetzlar 1982.

„Heimatgeschichtlicher Wegweiser zu Stätten des Widerstandes und der Verfolgung 1933-1945 – Hessen“, Hrsg.: Studienkreis zur Erforschung und Vermittlung der Geschichte des Widerstandes 1933-1945 und Präsidium der Vereinigung der Verfolgten des Naziregimes – Bund der Antifaschisten, Köln 1984.

Herbert, Ulrich: „Geschichte der Ausländerbeschäftigung in Deutschland 1880 bis 1980: Saisonarbeiter, Zwangsarbeiter, Gastarbeiter“, Berlin; Bonn, 1986.

Ders.: „Fremdarbeiter, Politik und Praxis des ‚Ausländer-Einsatzes‘ in der Kriegswirtschaft des dritten Reiches“, Bonn 1999.

Ders., (Hrsg.): „Europa und der „Reichseinsatz“, Ausländische Zivilarbeiter, Kriegsgefangene und KZ-Häftlinge in Deutschland 1938-1945“, Essen 1991.

Heß, Otto und F. Zeidler: Kommentar der RPÖ und LSÖ und weiterer Erlasse, Die Preisbildung bei öffentlichen Aufträgen, Hamburg1941

Hohlmann = Hohlmann, Susanne: Pfaffenwald, Sterbe- und Geburtenlager 1942 – 1945, Kassel, 1984.

Industrie- und Handelskammer Wetzlar (Hrsg.): „Wirtschaftlicher Wandel im Raum Wetzlar“, Abdruck der Festvorträge zum 100-jährigen Kammerjubiläum, Wetzlar 2000, darin: Braun, Gerd: „Handel im Bereich der Industrie- und Handelskammer Wetzlar“, ferner Porezag, Karsten: „Eisenerzbergbau im Altkreis Wetzlar – eine montanistische Zeitreise“, Spiegelhalter, Hans-Joachim: „Eisenverhüttung – Hephaistos‘ fleißige Jünger“, Kühn-Leitz, Knut-Ernst: „Die Geschichte der feinmechanischen und optischen Industrie in Wetzlar“, Rieder, Joseph: „Banken – Geschichte, Struktur, Perspektiven“ und Heitmann, Knut: „Ausblick zur industriellen Entwicklung“.

Jahn, Reinhard: „Hausarbeit zur Zwangsarbeit in Wetzlar – eine lokalgeschichtliche Spurensuche“, Marburg 1986/87.

Jacobmeyer, Wolfgang: Jüdische Überlebende als „Displaced Persons“ – Untersuchungen zur Besatzungspolitik in den deutschen Westzonen und zur Zuwanderung osteuropäischer Juden 1945 – 1947, in: Juden in Deutschland zwischen Assimilation und Verfolgung, in: Geschichte und Gesellschaft, Heft 3, Göttingen 1983.

Kauer, Jens: Schunk & Ebe, Kindertage eines Weltkonzerns 1913-1947, Gießen 1995.

Kiryllow, Tomasz: Und ihr werdet doch verlieren. Erinnerungen eines polnischen Antifaschisten, Berlin 1985.

Klein, Thomas: Die Lageberichte der Justiz aus Hessen 1940-1945, in: Quellen und Forschungen zur hessischen Geschichte 123, Darmstadt und Marburg 1999.

Kranig, Andreas: Arbeitsrecht im NS-Staat, Texte und Dokumente, Köln 1984.

Kropat, Wolf-Arno: Jüdische Gemeinden, Wiedergutmachung, Rechtsradikalismus und Antisemitismus nach 1945, in: 900 Jahre Geschichte der Juden in Hessen, Schriften der Kommission für die Geschichte der Juden in Hessen VI, Wiesbaden 1983, S. 447ff.

Lindenthal, Bernd: „Klaus Otto Nass: Elsie Kühn-Leitz – Mut zur Menschlichkeit, Bonn 1994“, Rezension in: MGV Heft 37, 1994, S. 209ff.

Mayer, Ulrich: „Das Eindringen des Nationalsozialismus in die Stadt Wetzlar“, MGV Heft 24, 1970.

Mende, Franz, Gerhard Häussler, Alfred Schoch und Günther Schelp: „Die Beschäftigung von ausländischen Arbeitskräften in Deutschland. Ergänzbare Sammlung der geltenden Vorschriften mit ausführlichen Erläuterungen und Verweisungen“. Berlin 1942.

Müller, N. (Hrsg.): „Deutsche Besatzungspolitik in der UdSSR, Dokumente“, Köln 1980.

Nass, Klaus Otto (Hrsg.): Elsie Kühn-Leitz, Mut zur Menschlichkeit, Bonn 1994, darin: Kühn-Leitz, Elsie: „Meine Gefängniszeit bei der Gestapo in Frankfurt/M. (vom 10. 9. bis 28. 11. 1943)“, unveröffentlichtes Manuskript, Wetzlar, Frühjahr 1947 (?).

Neue Wirtschafts-Briefe für Steuer- und Wirtschaftsrecht, NWB-Schriftenreihe Nr. 9: Die D-Mark-Steuerbilanz, Heidelberg/Frankfurt am Main, o. J. (1948?).

Peter, Marianne: „Links, wo das Herz ist“, Gießen 1996.

Pick, Albert und Carl Siemsen: Das Lagergeld der Konzentrations- und D.P.-Lager 1933 – 1947, 2. Aufl., Regenstauf, 1993.

Pohl, Hans: „Buderus 1932-1995, Band 3 der Unternehmensgeschichte“, Wetzlar 2001, darin S. 65-96: „Kriegswirtschaft und Zusammenbuch (1939-1945)“.

Polian, Pavel: Deportiert nach Hause, Sowjetische Kriegsgefangene im Dritten Reich und ihre Repatriierung, München/Wien, 2001.

Pollemans, Piet J.: Als Zwangsarbeiter in Deutschland, Erinnerungen an die Jahre 1943-1945 in Rüsselsheim und Wetzlar, Rüsselsheim 2000.

Porezag, Karsten: „Bergbaustadt Wetzlar, Geschichte von Eisenerzbergbau und Hüttenwesen in historischer Stadtgemarkung“, Wetzlar 1987

Ders.: „Geheime Kommandosache, Geschichte der V-Waffen und geheimen Militäraktionen des Zweiten Weltkrieges an Lahn, Dill und im Westerwald“, 2. Aufl., Wetzlar 1997.

Ders.: „Der Luftkrieg über Wetzlar, Luftkämpfe, Bombenangriffe und ihre Auswirkungen“, 3. Aufl., Wetzlar 1996.

Ders.: Hensoldt – Geschichte eines optischen Werkes in Wetzlar, Band 1: Familien- und Gründungsgeschichte bis 1903“, Wetzlar 2001.

Porezag/Spieß = Porezag, Karsten und Diether Spieß: „Wetzlar 1945, Kriegsende und Neubeginn im Altkreis Wetzlar“, 3. Aufl., Wetzlar 1998.

„Prozeß gegen die Hauptkriegsverbrecher vor dem Internationalen Militärgerichtshof. Nürnberg 14. November 1945 – 1. Oktober 1946“, Nürnberg 1947.

Rahn, D.: Handelsgesetzbuch, Aktien-Gesetz, GMBH-Gesetz, Genossenschafts-Gesetz, Frankfurt am Main 1948.
Rahn, d.: Handelsgesetzbuch, nebst Übersichten über ergänzende Vorschriften und Kriegsrecht, Frankfurt am Main 1948.
Roer, Dorothee u. Dieter Henkel (Hsg.): „Psychiatrie im Faschismus – Die Anstalt Hadamar 1933 – 1945", Bonn, 1986, darin: Kaufmann, Holker u. Klaus Schulmeyer: „Die polnischen und sowjetischen Zwangsarbeiter in Hadamar"
Rossmann, Witich: „Panzerrohre zu Pflugscharen", Marburg 1987.
Rossmann, Witich: „Panzerrohre zu Pflugscharen, Zwangsarbeit, Wiederaufbau, Sozialisierung, Wetzlar 1939-1956", Marburg 1987.
Rotberg, Joachim und Barbara Wieland: Zwangsarbeiter und Kriegsgefangene in katholischen Einrichtungen im Bereich der Diözese Limburg. Limburger Texte Nr. 25, Limburg 2001.
Schäfer, Ingeburg: Die Synagoge in der Rahmengasse und der Wetzlarer Synagogenstreit, in: Heimat an Lahn und Dill Nr. 217, Ende Oktober 1988.
Schaeffer, C. und H. Brode: Völkerrecht, 21. Auflage, Leipzig 1932.
Schöber/Garn: Spilburg, Wetzlar 2000.
Schoenwerk, A.: „Geschichte von Stadt und Kreis Wetzlar", 2. Auflage, bearbeitet von Herbert Flender, Wetzlar 1975
Schröder = Schröder, Paul (Pressereferent der Hensoldt-Werke und während des II. Weltkrieges Kreispressewalter in Wetzlar): „Ahnenreihe der aus Thüringen stammenden Familie Hensoldt, Forschungsergebnis, zusammengestellt von Paul Schröder, Presse-Referent der Hensoldt-Werke, Wetzlar", Wetzlar 194?, HAH, Nr. I/1.1, S. 11-63
Schubert, H., J. Ferfer und G. Schache: „Vom Ursprung und Werden der Buderus'schen Eisenwerke Wetzlar", Bände I und II, München 1938.
Schulz = Schulz, Volker: Heyligenstaedt, Geschichte einer Werkzeugmaschinenfabrik 1876-1990, Gießen 1997.
Schullze = Schullze, Erich (Hrsg.): „Gesetz zur Befreiung von Nationalsozialismus und Militarismus vom 5. März 1946, mit Ausführungsvorschriften, Formblättern, der Anweisung für die Auswerter der Meldebogen und der Rangliste in mehrfarbiger Wiedergabe", 2. Aufl., München 1947.
Siebrecht = Siebrecht, Valentin: Zum Arbeitseinsatz der Kriegsgefangenen. Rückblick – Geltende Regelung – Neue Aufgaben. Frankfurt am Main, 1940, in: RMW, Nr. 49 vom 3. Dezember 1940, S. 731ff.
Siegel = Siegel, Tilla: „Leistung und Lohn in der nationalsozialistischen „Ordnung der Arbeit", Habilitation, Opladen 1989.
Sofsky, Wolfgang: Die Ordnung des Terrors: Das Konzentrationslager, Frankfurt am Main 1993.
Sommer, Judith: „Sowjetische Zwangsarbeiter in Wetzlar 1941-1945", Mainz 1992.
Spoerer, Mark: NS-Zwangsarbeiter im Deutschen Reich. Eine Statistik vom 30. September 1944 nach Arbeitsamtsakten, in: Vierteljahresberichte für Zeitgeschichte, 49. Jg, Heft 4, München, Oktober 2001, S. 665ff.
Tuchel, Johannes: Die Inspektion der Konzentrationslager 1938 – 1945, Berlin, 1994.
Unger, Michael: Ferdinand Wagenseil (1887-1967), Integrer Rassenforscher und Bewahrer der Medizinischen Fakultät Gießen, in: Arbeiten zur Geschichte der Medizin in Gießen, Gießen 1998.
Veith, Joachim und Günter Veith: Kommentar zur Dividendenabgabeverordnung mit Durchführungsbestimmungen, der Verordnung über den Kapitalverkehr, Formularen und allen anderen einschlägigen Vorschriften, München und Berlin 1941.
Verwaltungsbericht der Stadt Wetzlar bis 1927, Wetzlar, 1927.

Walch, Karlheinz: Wladislaw, Frankfurt am Main, 1987.
Weckbecker, Gerd: Zwischen Freispruch und Todesstrafe, Die Rechtsprechung der nationalsozialistischen Sondergerichte Frankfurt/Main und Bromberg, Baden-Baden, 1998.
Weinmann, Martin (Hrsg.): „Das nationalsozialistische Lagersystem“, Frankfurt am Main, 3. Auflage, Juni 1998.
Weisz, Christoph (Hrsg.): OMGUS-Handbuch, Die amerikanische Militärregierung in Deutschland 1945-1949, 2. Aufl. 1995, darin S. 317ff.: Emig, Dieter und Alfred G. Frei: Office of Military Government for Hesse, in: Quellen und Darstellungen zur Zeitgeschichte, Herausgegeben vom Institut für Zeitgeschichte, Band 35, München 1995.
Wichert, Hans Walter: Decknamenverzeichnis deutscher unterirdischer Bauten des Zweiten Weltkrieges, Marsberg 1993: „Geheime Kommandosache: Der Reichsminister für Bewaffnung und Kriegsproduktion, Liste der Decknamen für Untertageverlagerungen, Stand 06. 07. 1944“, ferner: „Liste der unterirdischen Räume, Stand 04. 08. 1944“, ferner: „Rüstungsamt: Alphabetisches Decknamenverzeichnis unterirdischer Bauten nach dem Stand vom 15. Januar 1945“.
Wiedemann, Andreas: Wetzlar von 1945-1949, in: Mitteilungen des Wetzlarer Geschichtsvereins, 33. Heft, Wetzlar 1988, S. 91ff.
Winkler, Ulrike (Hg.): Stiften gehen, NS-Zwangsarbeit und Entschädigungsdebatte, Köln 2000.

2.5 Unveröffentlichte Arbeiten

„Hebammenschwester Annamargarethe Pitzer, Wetzlar“, Biographie, Wetzlar o. J.,
Hollricher, Wilhelm: „Die Trinkwasserversorgung der Stadt Wetzlar“, Manuskript, Wetzlar, 1927.

2.6 Bildnachweis

2.6.1 Abbildungen

Archiv der Kriminologischen Abteilung der Philipps-Universität Marburg, S. 171
Archiv des Bauordnungsamtes der Stadt Wetzlar, S. 350, 353 oben, 360, 371, 382, 383, 389, 394, 395, 397, 399, 400
Archiv Karsten Porezag, S. 36/37, 50/51, 68/69, 184, 304, 327, 348, 357, 363, 378, 392, 402, 404, 406, 409, 410
Christian Kremp, Wetzlar, S. 325
Herkules-Werk, Solms-Oberbiel, S. 213
Hessisches Hauptstaatsarchiv Wiesbaden, S. 28, 34, 73, 124, 172, 244, 250, 275, 281, 288, 289, 293, 308, 309, 311
Hessisches Historisches Archiv der Gedenkstätte Hadamar, S. 312
Historisches Archiv der Hensoldt AG, Wetzlar, S. 235, 248, 249, 387
Historisches Archiv der Leica Microsystems GmbH, Wetzlar, S. 222, 223, 224 unten, 239
Historisches Archiv der Stadt Wetzlar, S. 54, 58/59, 62/63, 76, 82/83, 93, 140, 141, 148, 160, 179, 246, 253, 276
Privatbesitz, S. 44, 47, 48, 49, 66/67, 91, 168, 169, 207, 224 oben
Wirtschaftsarchiv Darmstadt, S. 101

2.6.2 Fotos

Archiv Karsten Porezag, S. 142, 154, 156, 157, 181, 217, 351, 353 unten, 359, 364, 390, 417, 419
Archiv Diether Spieß, Niederlemp, S. 418
Christian Kremp, Wetzlar, S. 203
Doris und Walter Ebertz, Wetzlar, 146
Hessisches Hauptstaatsarchiv Wiesbaden, S. 428, 430, 431, 433
Historisches Archiv der Hensoldt AG, Wetzlar, S. 196
Historisches Archiv der Leica Microsystems GmbH, Wetzlar, S. 158, 159, 193, 218, 262, 263, 265, 320, 321, 366-369, 372-374, 393
Historisches Archiv der Stadt Wetzlar, S. 143-145, 274, 343 unten, 385
Privatbesitz, S. 43, 45, 46, 185, 205, 208, 257, 286, 342

3. Abkürzungen

3.1 Abkürzungen der häufiger gebrauchten Quellen

AB	= Archiv des Bauordnungsamtes der Stadt Wetzlar
ADR	= Der Arbeitseinsatz im Deutschen Reich (ab Juli 1943: Der Arbeitseinsatz im Großdeutschen Reich), Hrsg.: Der Beauftragte für den Vierjahresplan / Der Generalbevollmächtigte für den Arbeitseinsatz, Berlin, Februar 1943 – Dezember 1944
AI	= Archiv der Industrie- und Handelskammer Wetzlar
AJC	= „German Firms That Used Slave Or Forced Labour During The Nazi Era, Prepared By The **A**merican **J**ewish **C**ommittee Berlin Office. December 7, 1999". Stand 13. 12. 1999, Internet („Zwangsarbeits-Liste")
AL-Buderus	= Ausländer-Listen der Buderus'schen Eisenwerke, Wetzlar, Liste F zur Ausländerzählung vom Februar 1946: a. Russland, b. Polen, c. Franzosen, d. Holländer, e. Italiener, f. Bergbau und Kalkbruch Niedergirmes, Archiv Porezag
AL-RöBu	= Desgl. Listen der Röchling-Buderus AG, Wetzlar: a. Rußland, b. Polen, c. Frankreich, d. Belgien, e. Holland, f. Italien, g. Litauen, Archiv Porezag
AL-Spinnerei	= Desgl. Listen der Spinnerei & Weberei KG, Wetzlar: a. Ostarbeiterinnen, b. Polen, c. Französinnen, Archiv Porezag
AL-Stadt WZ	= Desgl. Ausländer-Liste der Stadt Wetzlar: Franzosen, Archiv Porezag
AL-Hensoldt	= Hensoldt AG, Akte: „Liste der im Werk beschäftigten Ausländer während des Zweiten Weltkrieges" vom 10. November 1949: a. Russen, b. Franzosen, c. Italiener, d. Belgier, e. Lettland , HAH, II/2.3.2: Zwangsarbeiter
AP	= Archiv Porezag
Arbeitsamt	= „Beschäftigungszahlen der Wetzlarer Industrie", Schreiben des Leiters vom Arbeitsamt Wetzlar vom 11. Januar 1946 an Bürgermeister Dr. Buch, in: HAW, Akte: „Berichte für Radiosender Frankfurt am Main, Band 1, o. S. (Anm.: Wie auch im Brief selbst erläutert, handelte es sich bei den dort angegebenen Mitarbeiterzahlen lediglich um grobe Schätzungen)
ARG	= Runderlasse für die Arbeitseinsatz-, Reichstreuhänder- und Gewerbeaufsichtsverwaltung, Berlin
Arnsberg	= Arnsberg, Paul: Die jüdischen Gemeinden in Hessen, Anfang – Untergang – Neubeginn, 2. Band, Frankfurt am Main 1972

Abkürzungen der häufiger gebrauchten Quellen

BAB	= Bundesarchiv Berlin
BAK	= Bundesarchiv Koblenz
BAM	= Bundesarchiv-Militärarchiv Freiburg/Breisgau
Bergrevierberichte	= Acta betr. Jahres- und Zeitungsberichte des Bergreviers Wetzlar, HStAWi, 426/8, Nr. I-V
Diamant	= Diamant, Adolf: „Gestapo Frankfurt a. M.", Frankfurt am Main 1988
Dienststellen	= „Verzeichnis der Öffentlichen Dienststellen der Provinz Hessen-Nassau (Nach dem Stande vom 1. Juli 1941)", Kassel 1941, Archiv Porezag
DnR	= Dienstnachrichten des Reichsnährstandes, Herausgeber: Der Reichsbauernführer, Verwaltungsamt, Berlin
DRK	= Schlögel, A.: Das humanitäre Recht in der Haager Landkriegsordnung. Vortrag auf der 26. Tagung der Justitiare und Konventionsbeauftragen des DRK vom 9. bis 11. September 1982 in Freiburg, in: Deutsches Rotes Kreuz, Schriftenreihe 47, Abteilung Recht, Heft 13, o. J., S. 3ff.
DRK 1	= Ders.: Die Genfer Rotkreuzabkommen von 1949 in kurzer Zusammenfassung, 1982, o. O.
Duden	= Duden, Band 1: Rechtschreibung, 19. Auflage, Mannheim/Wien/Zürich 1986
E-Eh.	= HAW, Akten: „Einwohnermeldeamt, Eheschließungen 1929-1952", o. S.
E-Geb.	= Ebd., „Geburten 1929-1949", darin: „Standesamt Wetzlar, Wochenberichte gemäß Runderlass des Reichsministers der Justiz vom 28. 7. 1938", o. S.
E-St.	= Ebd.: „Sterbefälle 1929-1949", o. S.
EB	= „Einwohnerbuch der Kreise Wetzlar, Dillkreis, Biedenkopf und der Stadt Weilburg", Siegen 1938
EK	= Einwohner-Meldekartei der Stadt Wetzlar, „Archivmappen", Historisches Archiv der Stadt Wetzlar
Erb	= Erb, Willi: „Die Leitz-Werke, Optische Werke Wetzlar, Ihre Geschichte und ihre Bedeutung für den Wetzlarer Raum", Marburg 1955
Flender	= Flender, Herbert (Bearb.): „Kleine Chronik der Industrie- und Handelskammer Wetzlar 1900-1975", 1. bis 8. Ausgabe, Wetzlar 1976
Friedhof 1	= Archiv der Friedhofsverwaltung Wetzlar, Akte: „Liste betr. Fremdarbeitergräber auf dem Friedhof Wetzlar-Niedergirmes, Block 13a – Teil für Ausländer" vom 7. Juni 1951
Friedhof 2	= Ebd., darin: Liste „Friedhof Niedergirmes, Block 13a – Kinderteil Ausländer"
Friedhof 3	= Ebd., darin: Liste „Ukrainer- bzw. Russenfriedhof Büblingshausen"
Friedhof 4	= Ebd., darin: „Gräberliste der in den Jahren 1946-1949 beigesetzten israelitischen Verstorbenen" (Anm.: Auf dem Judenfriedhof an der Bergstraße in Wetzlar)
FR	= Frankfurter Rundschau
Galgen	= HStAWi, 461, Nr. 30983, Bd. VI: „Staatsanwaltschaft Frankfurt, Prozeß Gestapo Frankfurt", darin: Bl. 155ff: Vernehmung des befohlenen Henkers des Polen Wladislaw Kaczmarek, Bernhard W., am 20. Mai 1964 in Singen/Hohentwiel durch Beamte der Abteilung V/Sonderkommission des Hessischen Landeskriminalamtes
Gesellschafts-Register	= Gesellschafts-Register im Archiv des Handelsregisters bei dem Amtsgericht Wetzlar: Das älteste noch erhaltene amtliche Wetzlarer Firmenregister
Gesetze 52/53	= Die Gesetze Nr. 52 und Nr. 53 der Militärregierung mit Erläuterungen, Deutsche Verlagsanstalt; Stuttgart 1946, darin S. 7ff.: Sperre und Beaufsichtigung von Vermögen nach Gesetz Nr. 52 der Militärregierung, ferner S. 54ff.: Devisenbewirtschaftung nach Gesetz Nr. 53 der Militärregierung

Gestapo	= HStAWi, 461, Nr. 9844 u. 9969: Gestapokartei Frankfurt am Main, darin: „Bestrafungen ausländischer Zivilarbeiter/innen“ im damaligen Stadtgebiet von Wetzlar
Gündisch	= Gündisch, Dieter (Bearb.): „Damit die nicht machen, was sie wollen, Dokumente aus der Geschichte der Arbeiterbewegung in Wetzlar von 1889 bis 1945“, Wetzlar 1982
Hadamar	= Roer, Dorothee u. Dieter Henkel (Hsg.): „Psychiatrie im Faschismus – Die Anstalt Hadamar 1933 – 1945“, Bonn, 1986, darin: Kaufmann, Holker u. Klaus Schulmeyer: „Die polnischen und sowjetischen Zwangsarbeiter in Hadamar“, S. 256ff.
HACZ	= Historisches Archiv der Carl Zeiss Jena GmbH, Jena
HAH	= Historisches Archiv der Hensoldt AG, Wetzlar
HAL	= Historisches Archiv der Leica-Microsystems Holdings GmbH, Wetzlar
HAW	= Historisches Archiv der Stadt Wetzlar
HAW-Ausl. 1	= Historisches Archiv der Stadt Wetzlar, Bestand: „Verwaltungspolizei der Stadt Wetzlar“, Akte: „Verzeichnis der ausländischen Arbeitnehmer, die im Wohnlager Gabelsbergerstraße wohnen“
HAW-Ausl. 2	= Ebd., Akte: „Ausländer-Feststellungen 1946“
HAW-Belg.	= Ebd., Akte: „Belgische Zivilarbeiter“
HAW-Buderus	= Ebd., Akte: „Polnische Zivilarbeiter, Italiener der Firma Buderus'sche Eisenwerke, 1940“
HAW-DP	= Ebd., Akten „Beschaffungsamt 1945-1947“ und „Besatzungsamt 1945-1946“, darin: Schriftwechsel betreffend die DP-Camps 1 und 2 in Wetzlar
HAW-Landw.	= Ebd., Akte: „Polnische Zivilarbeiter bei Landwirten in Wetzlar, 1940“
HAW-Pfeiffer	= Ebd., Akte: „Belgische und tschechische Zivilarbeiter bei der Fa. Pfeiffer-Apparatebau: Franzosen, Italiener, Holländer, Ostarbeiter“
HAW-Poln.	= Ebd., Akte: „Freigelassene polnische Kriegsgefangene, 1940-?“
HAW-RöBu 1	= Ebd., Akte: „Polnische Zivilarbeiter bei der Röchling-Buderus AG, 1940“
HAW-Röbu 2	= Ebd., Akte: „Belgische und französische Zivilarbeiter und -arbeiterinnen bei der Fa. Röchling-Buderus, Polen und Russen, Holländer“
HAW-RöBu 3	= Ebd., Akte: „Verzeichnis der im Wohnlager Gabelsbergerstraße wohnhaften Ausländer“
Hehl	= Hehl, Ulrich von: Heimatgeschichtlicher Wegweiser zu Stätten des Widerstands und der Verfolgung 1933-1945, Band I - Hessen, Köln 1984
Hensoldt	= Hensoldt AG: Ergebnis-Übersichten der Jahresabschlüsse und Wirtschaftsprüfungsberichte ab 1903, HAH, V/2
Hensoldt 1939	= Dr. Carl Hensoldt zum 50-jährigen Jubiläum, Festschrift, Wetzlar o. J. (1939)
Herbert	= Herbert, Ulrich: „Geschichte der Ausländerbeschäftigung in Deutschland 1880 bis 1980: Saisonarbeiter, Zwangsarbeiter, Gastarbeiter“, Berlin; Bonn, 1986
Herbert I	= Ders.: „Fremdarbeiter, Politik und Praxis des „Ausländer-Einsatzes“ in der Kriegswirtschaft des dritten Reiches“, Bonn 1999
Herbert II	= Ders., (Hrsg.): „Europa und der „Reichseinsatz“, Ausländische Zivilarbeiter, Kriegsgefangene und KZ-Häftlinge in Deutschland 1938-1945“, Essen 1991
HGB	= Rahn, D.: Handelsgesetzbuch, Aktien-Gesetz, GMBH-Gesetz, Genossenschafts-Gesetz, Frankfurt am Main 1948
HGBA	= Handbuch für die Dienststellen des Generalbevollmächtigten für den Arbeitseinsatz und die interessierten Reichsstellen im Großdeutschen Reich und in den besetzten Gebieten, Band 1, Berlin 1944

HL	= Hessischer Landtag, Drucksache 11/2581 vom 3. Dezember 1984: „Antwort der Landesregierung auf die Große Anfrage der Fraktion der GRÜNEN betreffend Konzentrationslager und andere Lager des NS-Regimes in Hessen, Drucksache 11/87."
Hohlmann	= „Pfaffenwald, Sterbe- und Geburtenlager 1942-1945", Kassel 1984
HRA	= Handelsregister, Abteilung A, im Registergericht bei dem Amtsgericht Wetzlar
HRB	= Handelsregister, Abteilung B, im Registergericht bei dem Amtsgericht Wetzlar
HStAWi	= Hessisches Hauptstaatsarchiv Wiesbaden
HW	= Hauptbuch der Herkules-Werke, 10. August 1942 – 31. Juli 1944, im Eigentum der Herkules GmbH, Solms
HWA	= Hessisches Wirtschaftsarchiv Darmstadt
HWW	= „Heimatgeschichtlicher Wegweiser zu Stätten des Widerstandes und der Verfolgung 1933-1945 – Hessen", Hrsg.: Studienkreis zur Erforschung und Vermittlung der Geschichte des Widerstandes 1933-1945 und Präsidium der Vereinigung der Verfolgten des Naziregimes – Bund der Antifaschisten, Köln 1984
IHK	= Industrie- und Handelskammer Wetzlar (Hrsg.): „Wirtschaftlicher Wandel im Raum Wetzlar", Abdruck der Festvorträge zum 100-jährigen Kammerjubiläum, Wetzlar 2000, darin: Braun, Gerd: „Handel im Bereich der Industrie- und Handelskammer Wetzlar", ferner Porezag, Karsten: „Eisenerzbergbau im Altkreis Wetzlar – eine montanistische Zeitreise", Spiegelhalter, Hans-Joachim: „Eisenverhüttung – Hephaistos' fleißige Jünger", Kühn-Leitz, Knut-Ernst: „Die Geschichte der feinmechanischen und optischen Industrie in Wetzlar", Rieder, Joseph: „Banken – Geschichte, Struktur, Perspektiven" und Heitmann, Knut: „Ausblick zur industriellen Entwicklung"
IHK-H	= Industrie- und Handelskammer Wetzlar, Betriebsakten Hensoldt I und II
IHK-Statistik	= „Liste der Betriebe, die mehr als 10 Arbeitskräfte beschäftigen", mit Anlagen 1-5 zum Schreiben der IHK Wetzlar an die Amerikanische Militärregierung in Wetzlar vom 13. Juli 1945, in: Altaktenbestand der IHK Wetzlar, Akte: „Wirtschaftsgeschichtliche Unterlagen 1942-1947", o. S.
IRO	= International Refugee Organisation: Summary of D.P. Population IRO Assembly Centers United States Zone, Office of Statistics and Operational Reports, IRO Headquarters Bad Kissingen
Jacobmeyer	= Jacobmeyer, Wolfgang: Jüdische Überlebende als „Displaced Persons" – Untersuchungen zur Besatzungspolitik in den deutschen Westzonen und zur Zuwanderung osteuropäischer Juden 1945 – 1947, in: Juden in Deutschland zwischen Assimilation und Verfolgung, in: Geschichte und Gesellschaft, Heft 3, Göttingen 1983
Kauer	= Kauer, Jens: Schunk & Ebe, Kindertage eines Weltkonzerns 1913-1947, Gießen 1995
KGf.	= Listen aller Trupps, Gruppen, Einheiten oder Formationen, die stationiert waren oder durchrückten im Ort Wetzlar, ausgestellt vom Landrat Wetzlar am 21. April 1951 und 26. 05. 1951, im Archiv des Internationalen Suchdienstes Bad Arolsen
Kiryllow	= Kiryllow, Tomasz: Und ihr werdet doch verlieren. Erinnerungen eines polnischen Antifaschisten, Berlin 1985
Klein	= Klein, Thomas: Die Lageberichte der Justiz aus Hessen 1940-1945, in: Quellen und Forschungen zur hessischen Geschichte 123, Darmstadt und Marburg 1999
Kranig	= Kranig, Andreas: Arbeitsrecht im NS-Staat, Texte und Dokumente, Köln 1984

Kropat	= Kropat, Wolf-Arno: Jüdische Gemeinden nach 1945, in: 900 Jahre Geschichte der Juden in Hessen, Schriften der Kommission für die Geschichte der Juden in Hessen VI, Wiesbaden 1983, S. 447ff.
KTB 1	= Kriegstagebuch des Rüstungskommandos Gießen des Reichsministers für Bewaffnung und Munition, BAM, RW 21-22/1 bis 20
KTB 2	= Kriegstagebuch der Rüstungsinspektion IX (Kassel) des Reichsministers für Bewaffnung und Munition, BAM, RW 20/9-1 bis 27
KTB 3	= Kriegstagebuch des Wehrwirtschaftsoffiziers des Wehrkreiskommandos IX, Kassel, BAM, RW 46/446 u. 46/447
Kühn-Leitz	= Kühn-Leitz, Elsie: „Meine Gefängniszeit bei der Gestapo in Frankfurt/M. (vom 10. September bis 28. November 1943)", unveröffentlichtes Manuskript, Wetzlar, Frühjahr 1947 (?). Die hier zitierten Passagen wurden wörtlich wiedergegeben in: Nass, Klaus Otto (Hrsg.): „Elsie Kühn-Leitz, Mut zur Menschlichkeit", Bonn 1994, S. 42ff.
Lagergeld	= Pick, Albert und Carl Siemsen: Das Lagergeld der Konzentrations- und D.P.-Lager 1933 – 1947, 2. Aufl., Regenstauf, 1993
Lagerliste 1	= HStAWi, 423, Nr. 1224: „Behandlung von Ausländern allgem., 1939-März 1945", Bl. 134/135: Mitteilung des Wetzlarer Landrates vom 7. September 1942 an den Regierungspräsidenten in Wiesbaden betreffend den Einsatz ausländischer Zivilarbeiter
Lagerliste 2	= HStAWi, 483, Nr. 7328, o. S.: „Die Deutsche Arbeitsfront, Gauwaltung Hessen-Nassau, Hauptstelle Arbeitseinsatz, Stelle: Lagerbetreuung, Liste vom 21. September 1942, berichtigt und ergänzt am 26. Oktober 1942", in: „Von der DAF betreute Lager für ausländische Zivilarbeiter im Gau Hessen-Nassau, 1942-1943"
Lagerliste 3	= Ebd., Liste der DAF vom 1. April 1943
Lagerliste 4	= HAW, Bestand Verwaltungspolizei, Akte „Verzeichnis der ausländischen Arbeitnehmer, die im Wohnlager Gabelsbergerstraße wohnen", Bl. 10: „Nachweisung der in Lagern untergebrachten Zivildienstpflichtigen" vom 30. Juni 1944 (handschriftlich ausgefüllt und später ergänzt)
Lagerliste 5	= HStAWi, 423, Nr. 1224: „Behandlung von Ausländern (Allgem.), 1939 – März 1945", Bl. 325ff. Aufstellung des Wetzlarer Landrates vom 18. Januar 1945 für die Gestapostelle Frankfurt am Main über die im Kreis Wetzlar befindlichen Ausländerlager
Leitz	= „Den Gefolgschaftsmitgliedern der Firma Ernst Leitz, Optische Werke, zur Erinnerung an den 70. Geburtstag ihres Seniorchefs Dr. h.c. Ernst Leitz. Die Geschäftsleitung. Wetzlar, 1. März 1941
Leitz-Reden	= Ansprachen und Glückwünsche anlässlich des 70. Geburtstages von Dr. h. c. Ernst Leitz am 1. März 1941, Festschrift, Wetzlar o. J. (1941)
Limburg	= Rotberg, Joachim und Barbara Wieland: Zwangsarbeiter und Kriegsgefangene in katholischen Einrichtungen im Bereich der Diözese Limburg. Limburger Texte Nr. 25, Limburg 2001
Mende	= Mende, Franz, Gerhard Häussler, Alfred Schoch und Günther Schelp: „Die Beschäftigung von ausländischen Arbeitskräften in Deutschland. Ergänzbare Sammlung der geltenden Vorschriften mit ausführlichen Erläuterungen und Verweisungen". Berlin 1942
MGV	= Mitteilungen des Wetzlarer Geschichtsvereins, Wetzlar
MHR	= „Monthly Historical Reports des Headquarters Military Government Landkreis Wetzlar, Detachment G-41 Co D des 2d Military Government Regiment", HStAWi, 649, 8/191-2/8

MSR = „Monthly Sanitary Report on D.P.Centers des Headquarters der 454th US-Medicine Coll Co., HStAWi. 649, 8/56-1/4

NWB = Neue Wirtschafts-Briefe für Steuer- und Wirtschaftsrecht, NWB-Schriftenreihe Nr. 9: Die D-Mark-Steuerbilanz, Heidelberg/Frankfurt am Main o. J. (1948?)

OMGUS = Weisz, Christoph (Hrsg.): OMGUS-Handbuch, Die amerikanische Militärregierung in Deutschland 1945-1949, 2. Aufl. 1995, darin S. 317ff.: Emig, Dieter und Alfred G. Frei: Office of Military Government for Hesse, in: Quellen und Darstellungen zur Zeitgeschichte, Herausgegeben vom Institut für Zeitgeschichte, Band 35, München 1995

PCIRO = Preparation Commission of the International Refugee Commission: Summary of D. P. Population PCIRO Assembly Centers in United States Zone, Office of Reports and Statistics, Headquarters Heidelberg

Pfeiffer = Ein Jahrhundert Vakuumgeschichte, Jubiläumsschrift zum 100-jährigen Bestehen der Arthur Pfeiffer Vakuumtechnik Wetzlar GmbH, Wetzlar 1990

Pohl = Pohl, Hans: „Buderus 1932-1995, Band 3 der Unternehmensgeschichte", Wetzlar 2001, darin S. 65-96: „Kriegswirtschaft und Zusammenbuch (1939-1945)"

Polian = Polian, Pavel: Deportiert nach Hause, Sowjetische Kriegsgefangene im Dritten Reich und ihre Repatriierung, München/Wien, 2001

Pollemans = Pollemans, Piet J.: Als Zwangsarbeiter in Deutschland, Erinnerungen an die Jahre 1943-1945 in Rüsselsheim und Wetzlar, Rüsselsheim 2000

Porezag = Porezag, Karsten: „Bergbaustadt Wetzlar, Geschichte von Eisenerzbergbau und Hüttenwesen in historischer Stadtgemarkung", Wetzlar 1987

Porezag I = Ders.: „Geheime Kommandosache, Geschichte der V-Waffen und geheimen Militäraktionen des Zweiten Weltkrieges an Lahn, Dill und im Westerwald", 2. Aufl., Wetzlar 1997

Porezag II = Ders.: „Der Luftkrieg über Wetzlar, Luftkämpfe, Bombenangriffe und ihre Auswirkungen", 3. Aufl., Wetzlar 1996

Porezag III = Ders.: Hensoldt – Geschichte eines optischen Werkes in Wetzlar, Band 1: Familien- und Gründungsgeschichte bis 1903", Wetzlar 2001

Porezag/Spieß = Porezag, Karsten und Diether Spieß: „Wetzlar 1945, Kriegsende und Neubeginn im Altkreis Wetzlar", 3. Aufl., Wetzlar 1998

RABl. = Reichsarbeitsblatt, Berlin

Rapport = Rapport Définitif No. 762 – Complexe de Wetzlar de la Ministère fédéral des Affaires sociales, de la Santé publique et de l'Environnement, No. 124.957: Gaston Herrent, No. 126.421: Gustave Meurant

RAZ = Reichsanzeiger, Berlin

RBK = Bundesarchiv Koblenz, Nr. R3/2010. „Reichsbetriebskartei Industrie", darin: Reichswaren-Nummerung, Warengruppen-Übersicht und Kriegsgeräte-Verzeichnis

RGBl. = Reichsgesetzblatt, Berlin

Rheinische Treuhand = Rheinische Treuhand-Gesellschaft AG, Mannheim: Gutachten über die wirtschaftliche Entwicklung der M. Hensoldt & Söhne, Optische Werke AG, Wetzlar, von 1927 bis 1944, Mannheim, 20. Februar 1948, in: Spruchkammer-Akte Dr. Hans Hensoldt (SKH 2), Band 13

RMW = „Rhein Mainische Wirtschafts-Zeitung, Amtliche Zeitschrift der Wirtschaftskammer Hessen", Frankfurt am Main. Ab April 1943 (Nr. 8/1943): „Die Rhein-Mainische Wirtschaft, Mitteilungsblatt der Gauwirtschaftskammer Rhein-Main"

RoI	= Reports of Inspection, Wetzlar Displaced Persons Camp des Headquarters XXIII Corps, HStAWi, 649, 8/58-3/13
Rossmann	= Rossmann, Witich: „Panzerrohre zu Pflugscharen, Zwangsarbeit, Wiederaufbau, Sozialisierung, Wetzlar 1939-1956", Marburg 1987
RStBl.	= Reichssteuerblatt, Berlin
Schoenwerk	= Schoenwerk, A.: „Geschichte von Stadt und Kreis Wetzlar", 2. Auflage, bearbeitet von Herbert Flender, Wetzlar 1975
Schröder	= Schröder, Paul (Pressereferent der Hensoldt-Werke und während des II. Weltkrieges Kreispressewalter in Wetzlar): „Ahnenreihe der aus Thüringen stammenden Familie Hensoldt, Forschungsergebnis, zusammengestellt von Paul Schröder, Presse-Referent der Hensoldt-Werke, Wetzlar", Wetzlar 194?, HAH, Nr. I/1.1, S. 11-63
Schulz	= Schulz, Volker: Heyligenstaedt, Geschichte einer Werkzeugmaschinenfabrik 1876-1990, Gießen 1997
Schullze	= Schullze, Erich (Hrsg.): „Gesetz zur Befreiung von Nationalsozialismus und Militarismus vom 5. März 1946, mit Ausführungsvorschriften, Formblättern, der Anweisung für die Auswerter der Meldebogen und der Rangliste in mehrfarbiger Wiedergabe", 2. Aufl., München 1947
Siebrecht	= Siebrecht, Valentin: Zum Arbeitseinsatz der Kriegsgefangenen. Rückblick – Geltende Regelung – Neue Aufgaben. Frankfurt am Main, 1940, in: RMW, Nr. 49 vom 3. Dezember 1940, S. 731ff.
Siegel	= Siegel, Tilla: „Leistung und Lohn in der nationalsozialistischen „Ordnung der Arbeit", Habilitation, Opladen 1989
Sommer	= Sommer, Judith: „Sowjetische Zwangsarbeiter in Wetzlar 1941-1945", Mainz 1992
SKB	= Akte der Spruchkammer Gießen: „Entnazifizierung Franz Bauer", HStAWi, 520 We, Nr. 768
SKC	= Akte der Spruchkammer Gießen: „Entnazifizierung Dr. Otto Coers", HStAWi, 520 Gi, Nr. 5322
SKG	= Akte der Spruchkammer Wetzlar: Entnazifizierung Dr. Heinrich Giesbert", HStAWi, 520 We, Nr. 3002
SKH 1	= Akte der Spruchkammer Wetzlar: „Entnazifizierung Dr. Carl Hensoldt", HStAWi, 520 We, Nr. G/15666 We, o. S., in: HAH, II/3.2: Spruchkammer-Akten
SKH 2	= Akte der Spruchkammer Wetzlar: „Entnazifizierung Dr. Hans Hensoldt", HStAWi, 520 Gi, Nr. 16.687, in: HAH, II/3.2: Spruchkammer-Akten
SKK	= Akte der Spruchkammer Wetzlar: „Entnazifizierung Georg Kremp" HStAWi, 520 We, Nr. 926
SKL	= Akte der Spruchkammer Wetzlar: „Entnazifizierung Dr. Ernst Leitz", HStAWi, 520 We, Nr. 1981
SKM	= Akte der Spruchkammer Gießen: Entnazifizierung Albert Moser", HStAWi, 520 Gi – 2, Nr. 32
SKMa	= Akte der Spruchkammer Wetzlar: „Entnazifizierung Ferdinand Mai", HStAWi, 520 We, Nr. 4598, o.S
SKP	= Akte der Spruchkammer Wetzlar: „Entnazifizierung Dr. Erich Pfeiffer", HStAWi, 520 We, Nr. 1159
SKR	= Akte der Spruchkammer Wetzlar; „Entnazifizierung Fritz Riekeberg", HStAWi, 520 We, Nr. 4535
SKS	= Akte der Spruchkammer Wetzlar: „Entnazifizierung Albert Sommerey", HStAWi, 520 We, Nr. 2312

SKWe = Akte der Spruchkammer Wetzlar: „Entnazifizierung Hermann Wehmeier", HStAWi, 520 We, Nr. 4192
Spoerer = Spoerer, Mark: NS-Zwangsarbeiter im Deutschen Reich. Eine Statistik vom 30. September 1944 nach Arbeitsamtsakten, in: Vierteljahresberichte für Zeitgeschichte, 49. Jg, Heft 4, München, Oktober 2001, S. 665ff.
StADa = Hessisches Staatsarchiv Darmstadt
StAMa = Hessisches Staatsarchiv Marburg
UNRRA = Statistical Reports, Breakdown by sex and age of Displaced Persons in Centers und Breakdown both by Teams and Installations der United Nations Relief and Rehabilitation Administration: UNNRA District Office No. 2 (For Greater Hesse), Wiesbaden
Vaterländische Treuhand = Vaterländische Treuhand- und Revisionsgesellschaft m. b. H., Heidelberg: Bericht über die Prüfung und Geschäftsführung des früheren Vorstandes der Firma M. Hensoldt & Söhne, Optische Werke A.-G., Wetzlar für die Geschäftsjahre 1936 bis 1944, in: Spruchkammer-Akte Dr. Hans Hensoldt (SKH 2), Band 11
VB I = Verwaltungsbericht der Stadt Wetzlar bis 1927
VB II = Flender, Herbert (Bearb.): Verwaltungsbericht der Stadt Wetzlar vom 1. April 1928 bis 31. März 1952, Wetzlar 1957
Verlagerung = „Aufstellung der Werke, welche ganz oder teilweise in oder außerhalb des Bezirkes Wetzlar verlagert worden sind, unter Benennung der in jedem einzelnen Falle mit verlagerten Anzahl der Arbeitskräfte, sowie das Datum der Verlagerung". Anhang 2 zum Schreiben der IHK Wetzlar an die Amerikanische Militär-Regierung in Wetzlar vom 13. Juli 1945. In: Altaktenbestand der IHK Wetzlar, Akte: „Wirtschaftsgeschichtliche Unterlagen 1942-1947", o. S.
Völkerrecht = Schaeffer, C. und H. Brode: Völkerrecht, 21. Auflage, Leipzig 1932
Weinmann = Weinmann, Martin (Hrsg.): „Das nationalsozialistische Lagersystem", Frankfurt am Main, 3. Auflage, Juni 1998
Wichert = Wichert, Hans Walter: Decknamenverzeichnis deutscher unterirdischer Bauten des Zweiten Weltkrieges, Marsberg 1993: „Geheime Kommandosache: Der Reichsminister für Bewaffnung und Kriegsproduktion, Liste der Decknamen für Untertageverlagerungen, Stand 6. Juli 1944", ferner: „Liste der unterirdischen Räume, Stand 4. August 1944", ferner: „Rüstungsamt: Alphabetisches Decknamenverzeichnis unterirdischer Bauten nach dem Stand vom 15. Januar 1945"
Wiedemann = Wiedemann, Andreas: Wetzlar von 1945-1949, in: Mitteilungen des Wetzlarer Geschichtsvereins, 33. Heft, Wetzlar 1988, S. 91ff.
Winkler = Winkler, Ulrike (Hg.): Stiften gehen, NS-Zwangsarbeit und Entschädigungsdebatte, Köln 2000
WRS = Weekly Regional Military Government Summary des Headquarters Military Government Detachment E1A2 DP and Public Welfare Section, HStAWi, 649, 8/63-2/1

3.2 Erläuterung der Abkürzungen

AA = Arbeitsamt
ABPS = Auslandsbrief-Prüfstelle
AEF = Allied Expeditionary Force

Erläuterung der Abkürzungen

AEL = Arbeitserziehungslager
AES = Allgemeine Erlass-Sammlung des RSHA und RFSS
AO = Reichsabgabenordnung
AOG = Gesetz zur Ordnung der nationalen Arbeit
AOK = Allgemeine Ortskrankenkasse
APVO = Ausländer-Polizeiverordnung
ARG = Runderlasse des Reichsarbeitsministeriums für die Arbeitseinsatz-, Reichstreuhänder- und Gewerbeaufsichtsverwaltung
AVAVG = Gesetz über Arbeitsvermittlung und Arbeitslosenversicherung
AWA = Allgemeines Wehrmachtsamt im OKW

BA = Bundesarchiv
BGB = Bürgerliches Gesetzbuch
BKK = Betriebskrankenkasse
BMA = Bundesarchiv-Militärarchiv Freiburg

CCP = Catalogue of Camps and Prisons in Germany and German-Occupied Territories

DAF = Deutsche Arbeitsfront
DAV = Verordnung zur Begrenzung von Gewinnausschüttungen = Dividendenabgabeverordnung
DIN = Deutsche Industrie-Norm
DP = Displaced Person
DRA = Deutscher Reichsanzeiger
DRK = Deutsches Rotes Kreuz
Dulag = Gefangenen-Durchgangslager
DVO = Durchführungsverordnung

GAV = Gewinnabführungsverordnung
GADV = Gewinnabführungs-Durchführungsverordnung
GBA = Generalbevollmächtigter für den Arbeitseinsatz
Gestapo = Geheime Staatspolizei
GStA = Generalstaatsanwalt

HGB = Handelsgesetzbuch
Hiwi = Hilfswilliger
HJ = Hitlerjugend
HLKO = Haager Landkriegsordnung
HSSPF = Höherer SS- und Polizeiführer
HStAWi = Hessiches Hauptstaatsarchiv Wiesbaden
HWA = Hessisches Wirtschaftsarchiv Darmstadt

IHK = Industrie- und Handelskammer
IMT = International Military Tribunal (Nürnberg)
IRO = International Refugee Organisation

JRSO = Jewish Restitution Successor Organization

Kal. = Kalorien
KdF = Kraft durch Freude

Kdo.	= Kommando
Kgf.	= Kriegsgefangener
KHD	= Kriegs-Hilfsdienst
KTB	= Kriegstagebuch
KWVO	= Kriegswirtschaftsverordnung
KZ (KL)	= Konzentrationslager
LAA	= Landesarbeitsamt
LG	= Landgericht
LSÖ	= Leitsätze zur Ermittlung der Selbstkosten bei öffentlichen Aufträgen
LWV	= Landeswohlfahrtsverband
MHR	= Monthly Historical Report
MSR	= Monthly Sanitary Report
NS	= nationalsozialistisch
NSDAP	= Nationalsozialistische Deutsche Arbeiterpartei
Oflag	= Kriegsgefangenen-Offizierslager
OKH	= Oberkommando des Heeres
OKW	= Oberkommando der Wehrmacht
OMGH	= Office of Military Government for Hesse
OMGUS	= Office of Military Government for Germany, US-Zone of Occupation
OT	= Organisation Todt
Pak	= Panzer-Abwehrkanone
PCIRO	= Preparation Commission of the International Refugee Commission
Pg.	= Parteigenosse
PK	= Prüfungskommission
RABl.	= Reichsarbeitsblatt
RAD	= Reichsarbeitsdienst
RAM	= Reichsarbeitsministerium
RAW	= Reichsbahn-Ausbesserungswerk
RAZ	= Reichsanzeiger
RBD	= Reichsbahndirektion
RdErl.	= Runderlaß
REM	= Reichsernährungsminister(ium)
RFM	= Reichsfinanzminister(ium)
RFSS	= Reichsführer SS
RJM	= Reichsjustizminister(ium)
RGBl.	= Reichsgesetzblatt
RLM	= Reichsluftfahrtministerium
RMdI.	= Reichsminister(ium) des Inneren
RMO	= Reichsminister(ium) für die besetzten Ostgebiete
RMRuK	= Reichsminister(ium) für Rüstung und Kriegsproduktion
RMVP	= Reichsminister(ium) für Volksaufklärung und Propaganda
RMW	= Rhein-Mainische Wirtschaftszeitung
RNSt.	= Reichsnährstand
RoI	= Report oft Inspection

RPÖ = Richtlinien zur Preisbindung bei öffentlichen Aufträgen
RSHA = Reichssicherheitshauptamt
RStBl. = Reichssteuerblatt
RTdA = Reichstreuhänder der Arbeit
RTO = Reichstarifordnung für polnische landwirtschaftliche Arbeitskräfte
RüInsp. = Rüstungsinspektion
RüKdo = Rüstungskommando
RuSHa = Rasse- und Siedlungshauptamt
RVM = Reichsverkehrsminister(ium)
RWK = Reichswirtschaftskammer
RWM = Reichswirtschaftsminister(ium)

SA = Sturmabteilung
SBZ = Sowjetisch Besetzte Zone
SD = Sicherheitsdienst
SiPo = Sicherheitspolizei
SS = Schutzstaffel
StA = Staatsanwaltschaft
StADa = Hessisches Staatsarchiv Darmstadt
Stalag = Kriegsgefangenen-Stammlager
StAMa = Hessisches Staatsarchiv Marburg

UNRRA = United Nations Relief and Rehabilitations Administration

WiGru = Wirtschaftsgruppe

WRS = Weekly Regional Military Government Summary

4. Register

4.1 Namensregister

4.1.1 Personen

4.1.2 Betriebe und Institutionen

4.2 Sachregister

4.3 Ortsregister

(Die Stadt Wetzlar wurde hier nicht mit erwähnt.)